plurall

CB142226

Parabéns!
Agora você faz parte do **Plurall**, a plataforma digital do seu livro didático!
Acesse e conheça todos os recursos e funcionalidades disponíveis para as suas aulas digitais.

Baixe o aplicativo do **Plurall** para Android e IOS ou acesse **www.plurall.net** e cadastre-se utilizando o seu código de acesso exclusivo:

AAAMTMU53

Este é o seu código de acesso Plurall.
Cadastre-se e ative-o para ter acesso aos conteúdos relacionados a esta obra.

@plurallnet

@plurallnetoficial

SOMOS EDUCAÇÃO

PROJETO MÚLTIPLO

Matemática

Ensino Médio

Luiz Roberto Dante

Livre-docente em Educação Matemática pela Unesp – Rio Claro, SP.

Doutor em Psicologia da Educação: Ensino da Matemática, pela PUC – São Paulo.

Mestre em Matemática pela USP.

Pesquisador em ensino e aprendizagem da Matemática pela Unesp – Rio Claro, SP.

Ex-professor da rede estadual do Ensino Fundamental e Médio – São Paulo.

Autor de vários livros, entre os quais: *Formulação e resolução de problemas de Matemática – Teoria e prática; Didática da Matemática na pré-escola; Projeto Ápis – Matemática* (1º ao 5º ano); *Projeto Teláris Matemática* (6º ao 9º ano); *Projeto Voaz Matemática* (Ensino Médio – volume único); *Matemática – Contextos & Aplicações* (Ensino Médio – volume único).

editora ática

editora ática

Diretoria editorial: Lidiane Vivaldini Olo

Editoria de Ciências Exatas: Cármen Matricardi

Editoras: Monique Matos de Oliveira,
Cibeli de Oliveira Chibante Bueno, Letícia Mancini Martins (estag.)

Colaboradora editorial: Pamela Hellebrekers Seravalli

Supervisor de arte e produção: Sérgio Yutaka

Supervisor de arte e criação: Didier Moraes

Coordenadora de arte e criação: Andréa Dellamagna

Editor de arte: André Gomes Vitale

Diagramação: Typegraphic editoração eletrônica e Claudemir Camargo

Design gráfico: UC Produção Editorial, Andréa Dellamagna (miolo e capa)

Gerente de revisão: Hélia de Jesus Gonsaga

Equipe de revisão: Rosângela Muricy (coord.), Ana Paula Chabaribery Malfa, Claudia Virgilio, Vanessa de Paula; Flávia Venézio dos Santos e Gabriela Macedo de Andrade (estags.)

Supervisor de iconografia: Sílvio Kligin

Pesquisadora iconográfica: Cláudia Bertolazzi

Tratamento de imagem: Cesar Wolf e Fernanda Crevin

Foto da capa: Stoneography/Flickr Open/Getty Images

Grafismos: Shutterstock/Glow Images
(utilizados na capa e aberturas de capítulos e seções)

Cartografia: Allmaps e Maps World

Ilustrações: Dam d'Souza, David Iizuka,
Formato Comunicação e Paulo Manzi

Av. das Nações Unidas, 7221, 3º andar, setor C –
Pinheiros – São Paulo – SP

CEP 05425-902

Tel.: 4003-3061

www.atica.com.br/editora@atica.com.br

Dados Internacionais de Catalogação na Publicação (CIP)
(Câmara Brasileira do Livro, SP, Brasil)

Dante, Luiz Roberto
Projeto Múltiplo: Matemática : ensino médio /
Luiz Roberto Dante. -- São Paulo : Ática, 2014.

Obra em 3 v.

1. Projeto Múltiplo: Matemática (Ensino médio) I. Título.

14-02256 CDD-510.7

Índice para catálogo sistemático:

1. Projeto Múltiplo: Matemática : Ensino médio 510.7

2023
ISBN 978 85 08 16705-0 (AL)
ISBN 978 85 08 16706-7 (PR)
Código da obra CL 737770
CAE 501220 (AL)
CAE 501240 (PR)
1ª edição
8ª impressão

Impressão e acabamento: Bercrom Gráfica e Editora

Uma publicação Abril EDUCAÇÃO

Apresentação

Vivemos em um mundo de constantes transformações e inovações, por isso estamos sempre buscando informações para nos manter atualizados.

Pensando nessa constante adaptação, criamos um projeto inovador, que vai viabilizar a criação de condições para que você, aluno, possa compreender as ideias básicas da Matemática desse nível de ensino e ser capaz de atribuir significado ao seu aprendizado e torná-lo aplicável na resolução de problemas do mundo real, além de auxiliá-lo em sua preparação para os processos seletivos de ingresso nos cursos de Educação Superior.

A partir dos princípios gerais da educação – aprender a conhecer, a fazer, a conviver e a ser –, você será levado à experimentação matemática e à percepção da complexidade de acontecimentos significativos do seu cotidiano.

Todos os conceitos básicos próprios do Ensino Médio foram explorados de maneira intuitiva e compreensível nesta obra. As receitas prontas e o formalismo excessivo foram evitados, porém mantivemos o rigor coerente com o nível para o qual ela é proposta.

Espero que você aproveite este momento para ampliar seus conhecimentos e que este projeto contribua para sua formação e seu desenvolvimento social.

Luiz Roberto Dante

Neste livro você vai encontrar

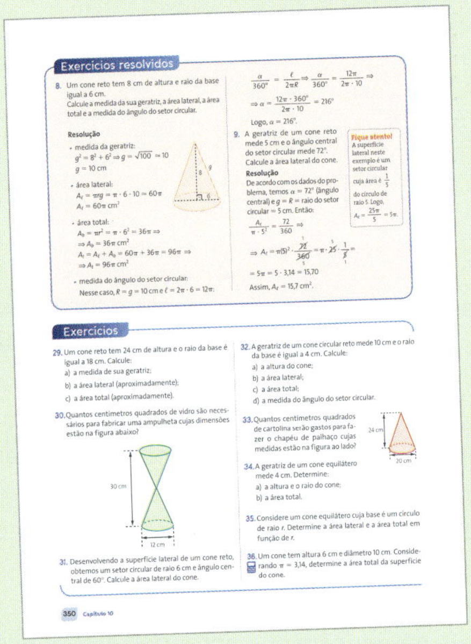

Exercícios resolvidos

Exemplos que ajudam a resolver os exercícios propostos.

Exercícios

Um grande número de exercícios para você treinar e consolidar seus conhecimentos.

Capítulo

A teoria é apresentada com textos dinâmicos e imagens de impacto.

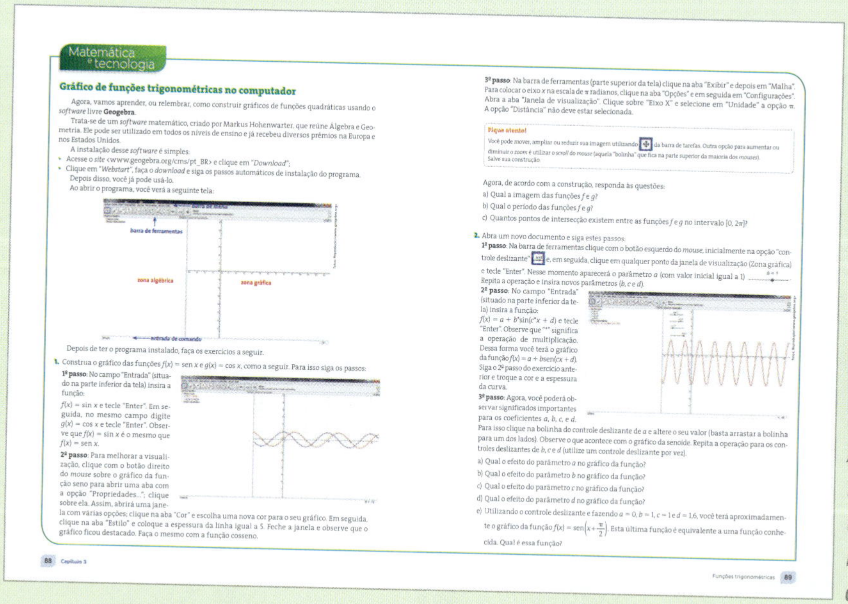

Este ícone indica os Objetos Educacionais Digitais relacionados aos conteúdos do livro. Disponíveis em: <www.projetomultiplo.com.br>.

Matemática e tecnologia

Atividades em que o recurso do computador é utilizado para auxiliar na manipulação e visualização de gráficos e tabelas.

Outros contextos

Textos que evidenciam a relação da Matemática com diversas áreas do conhecimento.

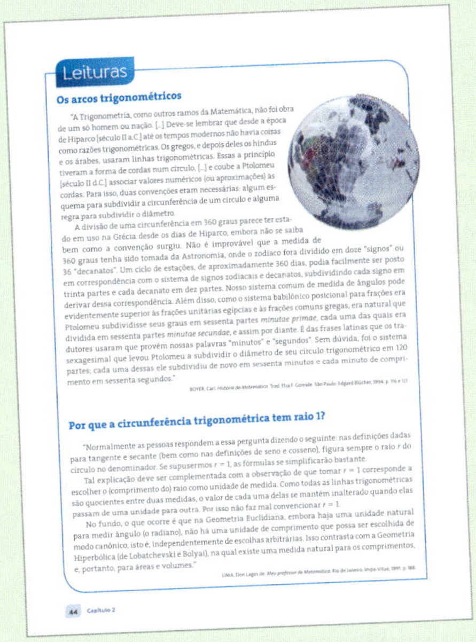

Vestibulares de Norte a Sul

Exercícios de vestibulares de todas as regiões do Brasil com diferentes abordagens dos assuntos.

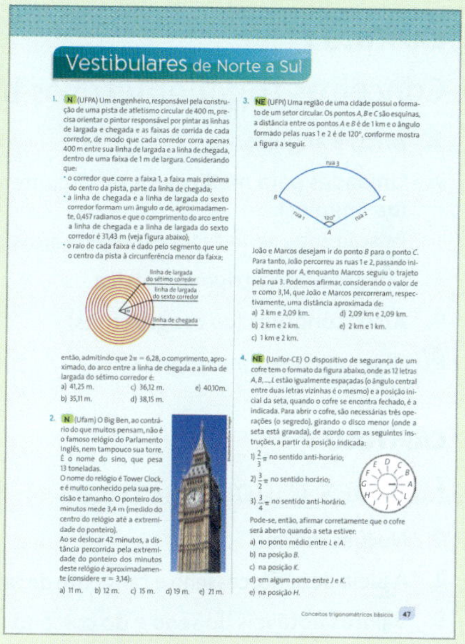

Leitura(s)

Textos que visam ampliar e enriquecer o conteúdo estudado no capítulo.

Enem

Preparamos duas seções especiais que vão aprimorar suas habilidades e competências: ***Pensando no Enem*** *e* ***Caiu no Enem****. Com elas você vai ficar mais do que pronto para encarar esse e outros desafios!*

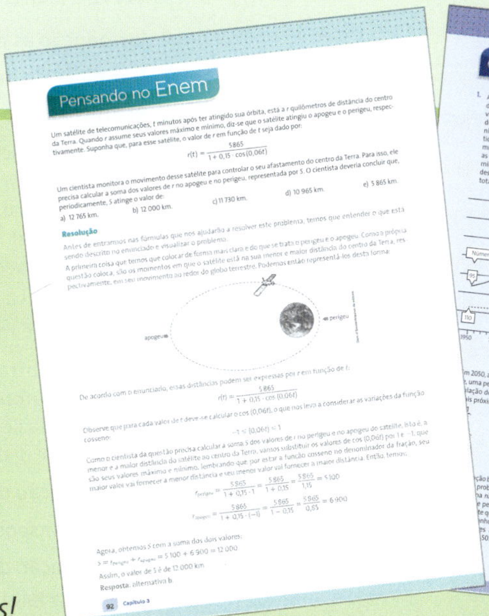

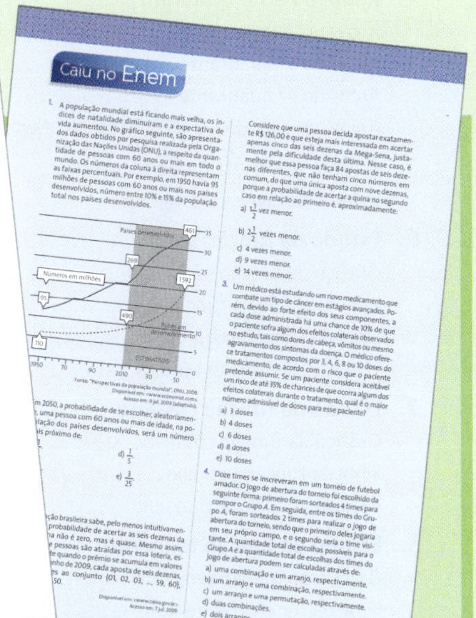

Sumário geral

Parte 1

CAPÍTULO 6

Sistemas lineares

Haveseen/Shutterstock/Glow Images

Parte 2

CAPÍTULO 7

Geometria plana

CAPÍTULO 8

Geometria espacial de posição: uma abordagem intuitiva

CAPÍTULO 9

Poliedros: prismas e pirâmides

CAPÍTULO 10

Corpos redondos

CAPÍTULO 11

Análise combinatória

CAPÍTULO 12

Probabilidade

John Smith/Corbis/Latinstock

Parte 1

Shutterstock/Glow Images

CAPÍTULO 1

Trigonometria: resolução de triângulos quaisquer

Marcus Lyon/Getty Images

Topógrafo usando teodolito.

1 Revisão sobre resolução de triângulos retângulos

Antes de aprender novos conceitos e relações da Trigonometria, vamos revisar o que foi estudado nos anos anteriores. Faça dupla com um colega e tentem resolver os exercícios a seguir.

Quando necessário, use a tabela da página 32 ou uma calculadora científica.

Observação: Usaremos $\overline{AB}$ ora para designar **segmento de reta** *AB*, ora para designar medida do segmento de reta *AB*. Pelo contexto da situação saberemos quando está sendo usado um significado e quando está sendo usado o outro.

Segmento de reta – Parte da reta compreendida entre dois de seus pontos distintos, denominados extremos.

Exercícios

1. Nesta figura, as retas paralelas *r* e *r'* representam as margens de um rio. Determine a largura ℓ desse rio.

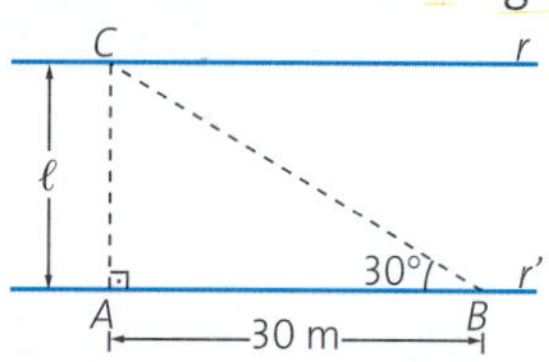

2. Calcule os valores das medidas *x* e *y*:

a)

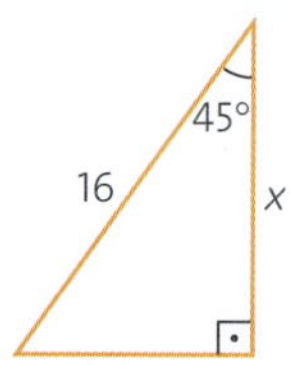

b)

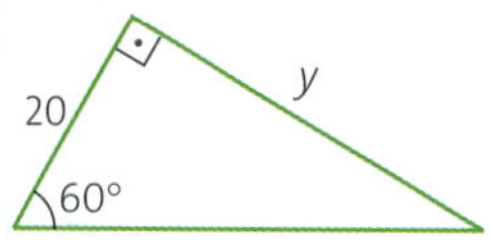

c)

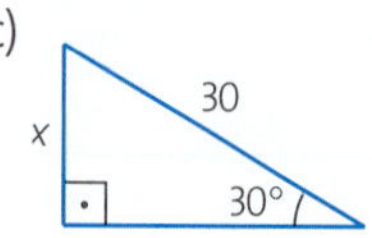

3. Dois níveis de uma praça estão ligados por uma rampa de 2 m de comprimento e 30° de inclinação, conforme a figura. Devem-se construir, sobre a rampa, 8 degraus de mesma altura. Encontre a altura de cada degrau.

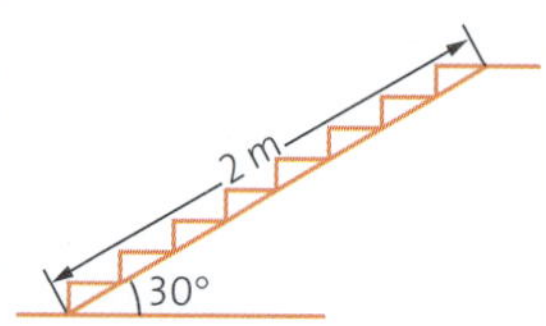

4. Observe a figura:

Dizemos que $\vec{v_x}$ e $\vec{v_y}$ são as componentes retangulares do vetor $\vec{v}$. Considerando o módulo de $\vec{v}$ igual a 10 cm e o ângulo α de 30°, determine os módulos de $\vec{v_x}$ e $\vec{v_y}$.

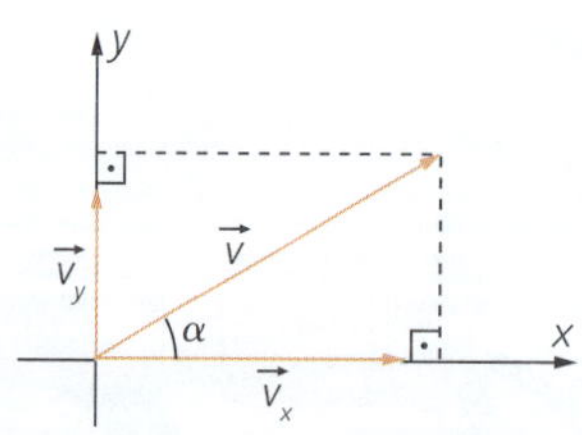

5. Um poste na posição vertical tem sua sombra projetada em uma rua horizontal. A sombra tem 12 m. Se a altura do poste é de $4\sqrt{3}$ m, então qual é a inclinação dos raios solares em relação à rua horizontal?

6. Determine o valor de $\overline{CD}$ na figura abaixo. $\overline{CD}$ é a projeção ortogonal de $\overline{AB}$ sobre um eixo.

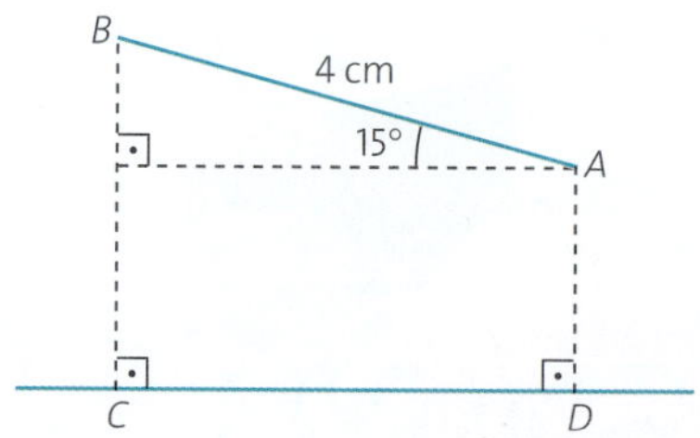

7. Determine a área da região triangular abaixo.

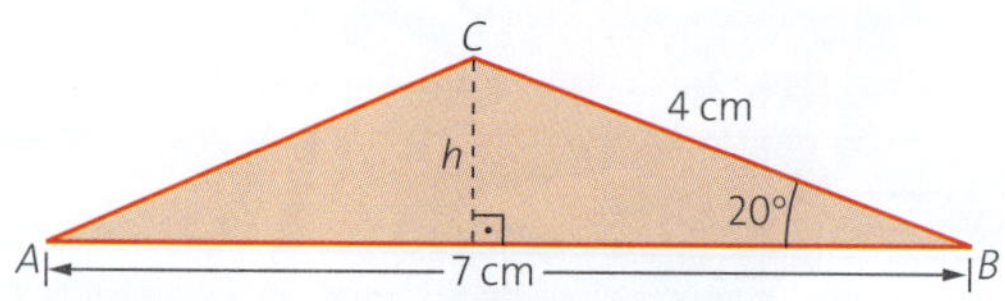

8. Um observador, no ponto *B* da figura ao lado, vê um prédio de modo que o ângulo *ABC* é de 105°. Se esse observador está situado a uma distância de 8 m do prédio e a uma altura de 8 m, qual é a altura do prédio?

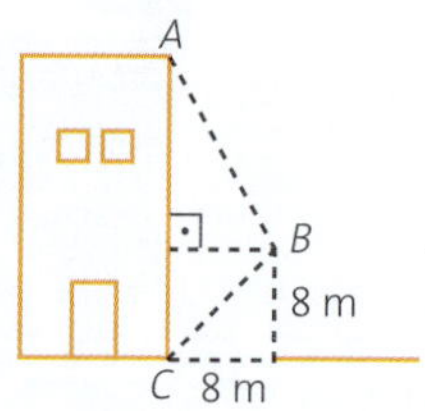

9. Calcule as medidas *x*, *y*, *z* e *w* indicadas nas figuras.

a)

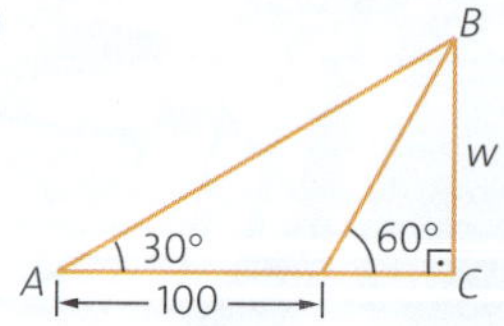

b)

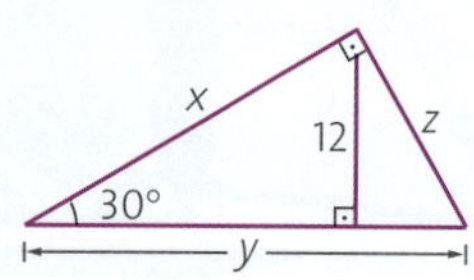

10. No instante em que o ângulo de elevação do Sol acima do horizonte é de 60°, a sombra de um poste mede 3 m, como mostra a figura ao lado.

Qual a altura desse poste?

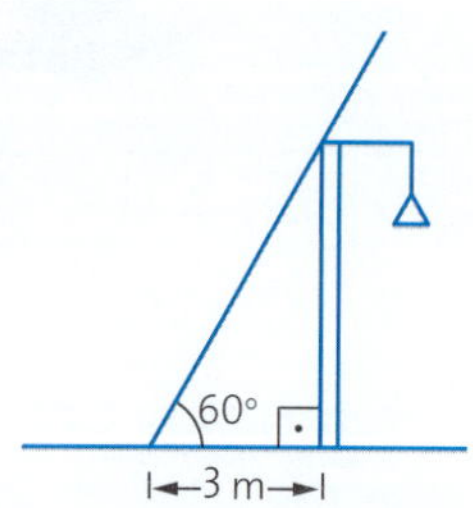

2 Seno e cosseno de ângulos obtusos

Neste capítulo precisaremos, em alguns momentos, saber os valores de senos e cossenos de **ângulos obtusos**. Como esse assunto ainda não foi estudado – não existem ângulos obtusos nos triângulos retângulos –, aprenderemos neste momento apenas como lidar com eles na prática, e deixaremos a parte teórica, que fundamenta o que estudaremos agora, para outro capítulo.

Ângulos obtusos – Ângulos cuja medida está entre 90° e 180°.

Inicialmente, é necessário saber que:

Fique atento!
Lembre-se de que ângulos suplementares são dois ângulos que têm a soma de suas medidas igual a 180°.

- $\text{sen } 90° = 1$ e $\cos 90° = 0$
- senos de ângulos obtusos são exatamente iguais aos senos dos suplementos desses ângulos:

$$\text{sen } x = \text{sen } (180° - x)$$

- cossenos de ângulos obtusos são opostos aos cossenos dos suplementos desses ângulos:

$$\cos x = -\cos (180° - x)$$

Exemplos:

a) sen 120°

O suplemento de 120° é 60°, portanto:

$$\text{sen } 120° = \text{sen } (180° - 120°) = \text{sen } 60° = \frac{\sqrt{3}}{2}$$

b) cos 120°

$$\cos 120° = -\cos (180° - 120°) = -\cos 60° = -\frac{1}{2}$$

Exercícios

11. Obtenha o valor de:

a) sen 135°

b) cos 135°

c) sen 150°

d) cos 150°

12. Obtenha o valor de x em:

a) $x = \text{sen } 20° - \text{sen } 160° + \cos 44° + \cos 136°$

b) $x = \text{sen } 10° \cdot \cos 50° + \cos 130° \cdot \text{sen } 170°$

3 Lei dos senos

Vamos analisar a seguinte situação-problema:

Uma empresa de fornecimento de energia, ao instalar a rede elétrica em uma fazenda, precisou colocar dois postes em lados opostos de um lago para permitir a passagem da fiação. Com isso surgiu um pequeno problema: para fazer o projeto da rede, seria necessário saber a distância entre os postes, e a presença do lago impedia a medição direta dessa distância.

Um dos engenheiros posicionou-se em um local onde era possível visualizar os dois postes e medir a distância entre eles. Com um aparelho apropriado, o teodolito, ele mediu o ângulo entre a sua linha de visão e os postes, obtendo 120°. Um auxiliar mediu a distância entre o engenheiro e o poste mais afastado e obteve 100 m; outro auxiliar mediu o ângulo entre a linha do poste mais próximo do engenheiro e a linha entre os postes, obtendo 45°. Com essas informações, o engenheiro ficou satisfeito, pois ele já conseguiria calcular a distância entre os postes. Acompanhe como, a seguir.

Realidade

Dam d'Souza/Arquivo da editora

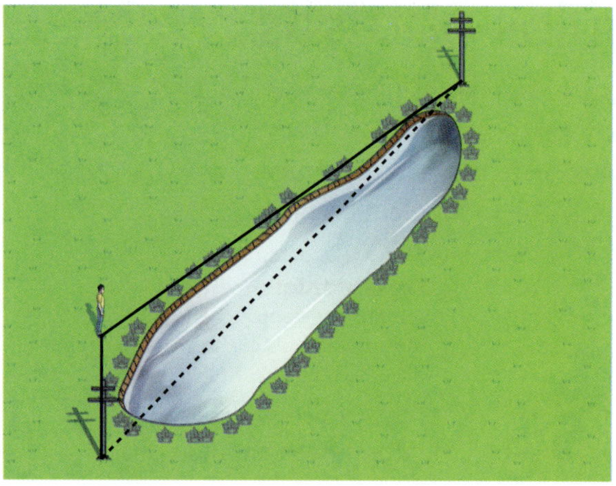

Modelo matemático

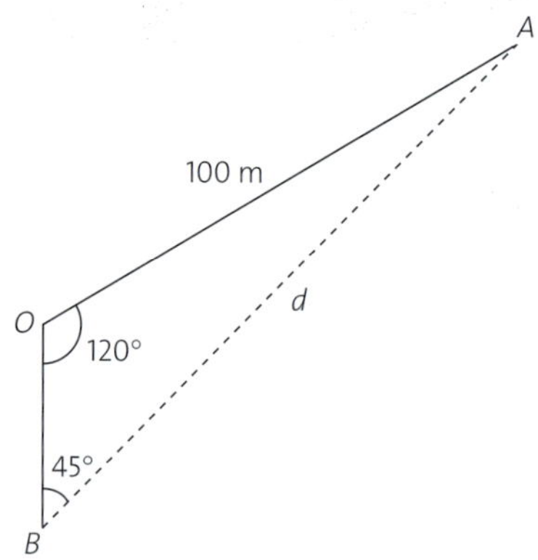

O triângulo *AOB* é obtusângulo, e a resolução desse problema consiste em determinar a medida do lado $\overline{AB}$. Para resolvê-lo, vamos estudar a **lei dos senos**, cujo enunciado vem a seguir:

> Em qualquer triângulo *ABC*, as medidas dos lados são proporcionais aos senos dos ângulos opostos, ou seja:
>
> $$\frac{a}{\text{sen}\,\widehat{A}} = \frac{b}{\text{sen}\,\widehat{B}} = \frac{c}{\text{sen}\,\widehat{C}}$$

Veja a seguir a demonstração da lei dos senos para um triângulo acutângulo.

Consideremos o $\triangle ABC$ acutângulo e duas de suas alturas: $\overline{AH_1}$ e $\overline{BH_2}$.

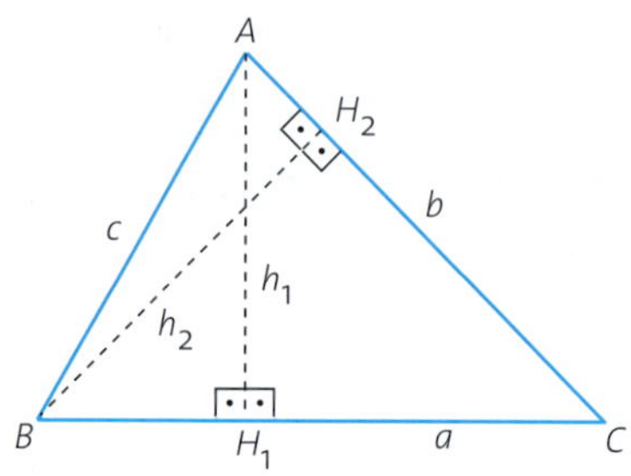

- No $\triangle ACH_1$, retângulo em H_1, temos:

$$\text{sen}\,\widehat{C} = \frac{h_1}{b} \Rightarrow h_1 = b \cdot \text{sen}\,\widehat{C}$$

- No $\triangle ABH_1$, retângulo em H_1, temos:

$$\text{sen}\,\widehat{B} = \frac{h_1}{c} \Rightarrow h_1 = c \cdot \text{sen}\,\widehat{B}$$

Comparando, temos:

$$b \cdot \text{sen}\,\widehat{C} = c \cdot \text{sen}\,\widehat{B} \Rightarrow \frac{b}{\text{sen}\,\widehat{B}} = \frac{c}{\text{sen}\,\widehat{C}} \quad \text{(I)}$$

- No $\triangle BCH_2$, retângulo em H_2, temos:

$$\text{sen}\,\widehat{C} = \frac{h_2}{a} \Rightarrow h_2 = a \cdot \text{sen}\,\widehat{C}$$

- No $\triangle ABH_2$, retângulo em H_2, temos:

$$\text{sen}\,\widehat{A} = \frac{h_2}{c} \Rightarrow h_2 = c \cdot \text{sen}\,\widehat{A}$$

Comparando, temos:

$$a \cdot \text{sen}\,\widehat{C} = c \cdot \text{sen}\,\widehat{A} \Rightarrow \frac{a}{\text{sen}\,\widehat{A}} = \frac{c}{\text{sen}\,\widehat{C}} \quad \text{(II)}$$

De (I) e (II) concluímos que:

$$\frac{a}{\text{sen}\,\widehat{A}} = \frac{b}{\text{sen}\,\widehat{B}} = \frac{c}{\text{sen}\,\widehat{C}}$$

> **Para refletir**
>
> Verifique que a demonstração vale também para o $\triangle ABC$ obtusângulo e para o triângulo retângulo.
>
> 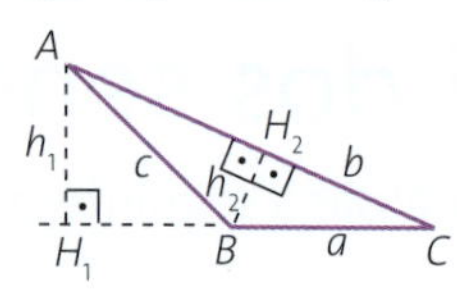
>
>
> 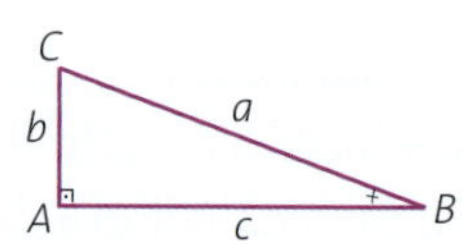
>
>
> [Lembre-se: sen α = sen $(180° - \alpha)$.]

Observações:

1ª) Pode-se provar que a razão $\dfrac{\text{medida do lado}}{\text{seno do ângulo oposto}}$ é constante e igual a $2R$, em que R é o raio da circunferência circunscrita ao triângulo considerado.

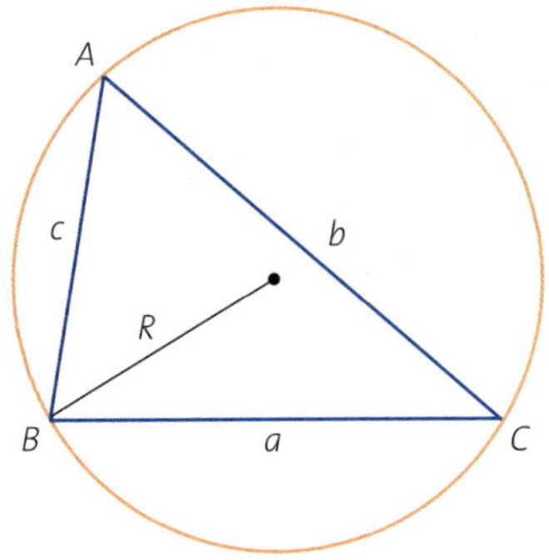

$$\frac{a}{\text{sen}\,\hat{A}} = \frac{b}{\text{sen}\,\hat{B}} = \frac{c}{\text{sen}\,\hat{C}} = 2R$$

2ª) Quando o enunciado de uma questão se refere a um triângulo ABC, temos de colocar o lado a oposto ao ângulo A, o lado b oposto ao ângulo B, e o lado c oposto ao ângulo C, como na figura abaixo:

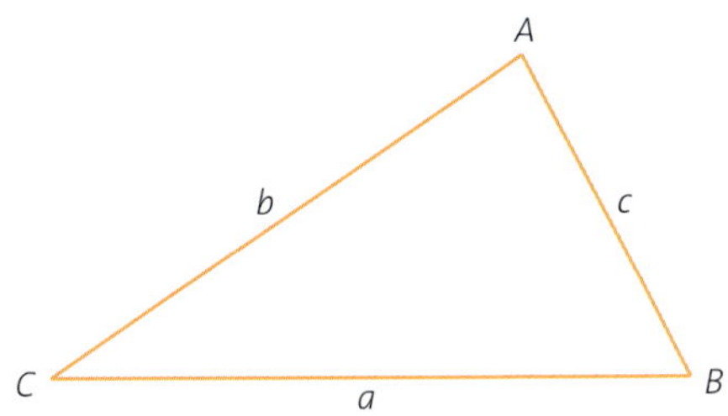

Agora temos condições de resolver a situação-problema apresentada na página 13:

Uma empresa de fornecimento de energia, ao instalar a rede elétrica em uma fazenda, precisou colocar dois postes em lados opostos de um lago para permitir a passagem da fiação. Com isso surgiu um pequeno problema: para fazer o projeto da rede, seria necessário saber a distância entre os postes, e a presença do lago impedia a medição direta dessa distância.

Um dos engenheiros posicionou-se em um local onde era possível visualizar os dois postes e medir a distância entre eles. Com um aparelho apropriado, o teodolito, ele mediu o ângulo entre a sua linha de visão e os postes, obtendo 120°. Um auxiliar mediu a distância entre o engenheiro e o poste mais afastado e obteve 100 m; outro auxiliar mediu o ângulo entre a linha do poste mais próximo do engenheiro e a linha entre os postes, obtendo 45°. Com essas informações, o engenheiro ficou satisfeito, pois ele já conseguiria calcular a distância entre os postes.

Retomando o modelo matemático, temos:

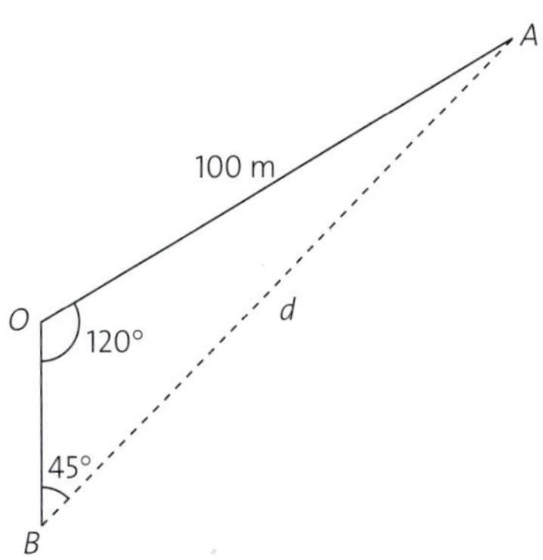

Pela lei dos senos, temos:

$$\frac{100}{\text{sen } 45°} = \frac{d}{\text{sen } 120°} = \frac{100}{\frac{\sqrt{2}}{\not 2}} = \frac{d}{\frac{\sqrt{3}}{\not 2}} \Rightarrow \sqrt{2}d = 100\sqrt{3} \Rightarrow$$

$$\Rightarrow d = \frac{100\sqrt{3}}{\sqrt{2}} = \frac{100\sqrt{3}\cdot\sqrt{2}}{\sqrt{2}\cdot\sqrt{2}} = \frac{100\sqrt{6}}{2} = 50\sqrt{6} \simeq 122,47$$

Aplicação da lei dos senos

Então, a distância entre os postes é de aproximadamente 122,47 m.

Exercícios resolvidos

1. Em um triângulo isósceles, a base mede 6 cm e o ângulo oposto à base mede 120°. Calcule a medida dos lados congruentes do triângulo.

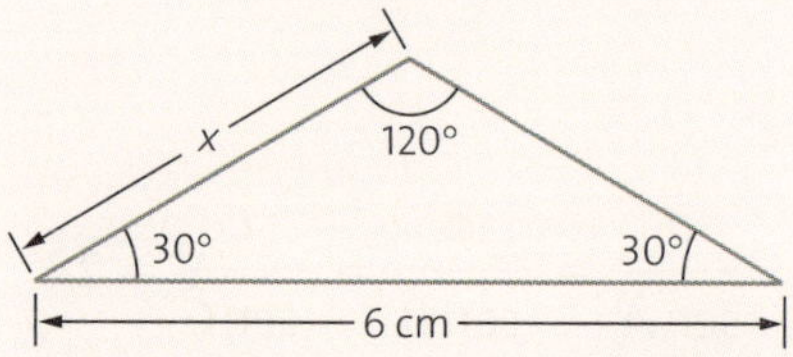

Resolução

Pela lei dos senos, temos:

$$\frac{6}{\text{sen } 120°} = \frac{x}{\text{sen } 30°} \Rightarrow$$

$$\Rightarrow \frac{6}{\frac{\sqrt{3}}{\cancel{2}}} = \frac{x}{\frac{1}{\cancel{2}}} \Rightarrow$$

$$\Rightarrow \sqrt{3}\,x = 6 \Rightarrow x = \frac{6}{\sqrt{3}} = \frac{6\sqrt{3}}{\sqrt{3} \cdot \sqrt{3}} = \frac{6\sqrt{3}}{3} = 2\sqrt{3}$$

Cada um dos lados congruentes mede $2\sqrt{3}$ cm.

Para refletir
Em um triângulo isósceles, a altura relativa à base é também mediana e bissetriz. Use esse fato e resolva este exercício de outra forma.

2. No triângulo *ABC* da figura abaixo, calcule as medidas *b* e *c*.

$\left(\text{Dado: sen } 105° = \frac{\sqrt{6} + \sqrt{2}}{4}.\right)$

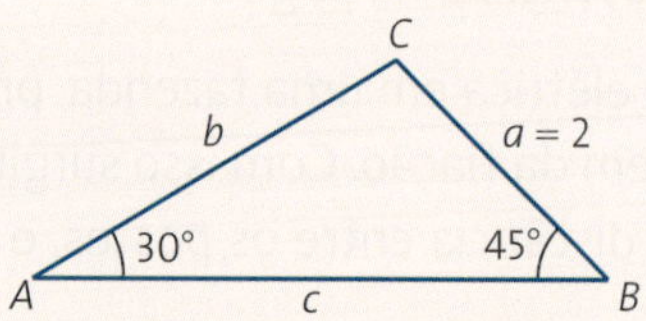

Resolução

$\hat{A} = 30°$ e $\hat{B} = 45° \Rightarrow \hat{C} = 180° - (\hat{B} + \hat{A}) = 105°$

Pela lei dos senos, temos:

$$\frac{a}{\text{sen } \hat{A}} = \frac{b}{\text{sen } \hat{B}} = \frac{c}{\text{sen } \hat{C}} \Rightarrow$$

$$\Rightarrow \frac{2}{\text{sen } 30°} = \frac{b}{\text{sen } 45°} = \frac{c}{\text{sen } 105°}$$

Daí, temos:

$$\frac{2}{\text{sen } 30°} = \frac{b}{\text{sen } 45°} \Rightarrow \frac{2}{\frac{1}{2}} = \frac{b}{\frac{\sqrt{2}}{2}} \Rightarrow$$

$$\Rightarrow \frac{b}{2} = \sqrt{2} \Rightarrow b = 2\sqrt{2}$$

$$\frac{2}{\text{sen } 30°} = \frac{c}{\text{sen } 105°} \Rightarrow \frac{2}{\frac{1}{2}} = \frac{c}{\frac{\sqrt{6} + \sqrt{2}}{4}} \Rightarrow$$

$$\Rightarrow \frac{c}{\cancel{2}} = \frac{\sqrt{6} + \sqrt{2}}{\cancel{2}} \Rightarrow c = \sqrt{6} + \sqrt{2}$$

As medidas procuradas são $b = 2\sqrt{2}$ e $c = \sqrt{6} + \sqrt{2}$.

3. No triângulo *ABC* da figura abaixo, calcule a medida *a*, supondo conhecidos β, γ e o perímetro $2p$.

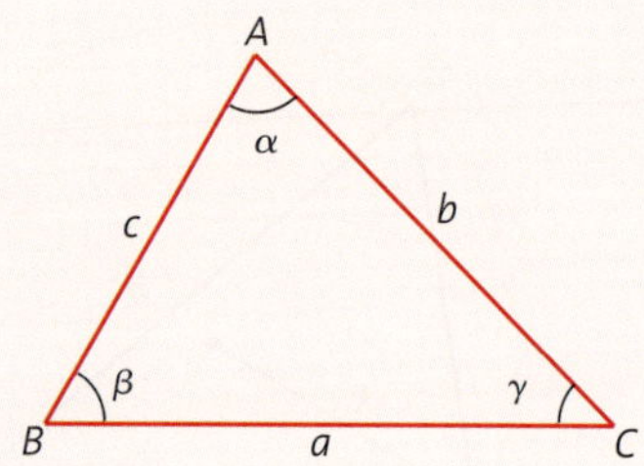

Resolução

Conhecidos β e γ, é possível determinar $\alpha = 180° - (\beta + \gamma)$ e escrever $\text{sen } \alpha = \text{sen } (\beta + \gamma)$.

Usando a lei dos senos, escrevemos

$$\frac{a}{\text{sen}\,\alpha} = \frac{b}{\text{sen}\,\beta} = \frac{c}{\text{sen}\,\gamma}.$$

Daí, temos $\frac{a + b + c}{\text{sen } \alpha + \text{sen } \beta + \text{sen } \gamma} = \frac{a}{\text{sen } \alpha}$, ou seja:

$$\frac{2p}{\text{sen}(\beta + \gamma) + \text{sen}\,\beta + \text{sen}\,\gamma} = \frac{a}{\text{sen}(\beta + \gamma)} \Rightarrow$$

$$\Rightarrow a = \frac{2p \cdot \text{sen } (\beta + \gamma)}{\text{sen } (\beta + \gamma) + \text{sen } \beta + \text{sen } \gamma}$$

(*a* está calculado em função de $2p$, β e γ).

4. Em um triângulo *ABC*, temos $\overline{BC} = 5$ cm, $\hat{A} = 48°$ e $\hat{B} = 25°$. Calcule a medida aproximada do lado $\overline{AB}$ (use a tabela da página 32 ou uma calculadora científica).

Resolução

Pela lei dos senos:

$$\frac{\overline{BC}}{\text{sen}\,\hat{A}} = \frac{\overline{AC}}{\text{sen}\,\hat{B}} = \frac{\overline{AB}}{\text{sen}\,\hat{C}},$$

sendo $\hat{C} = 180° - (48° + 25°) = 107°$.

Fique atento!
Com a tabela calculamos sen 107° ≃ 0,956, procurando sen 73°.

Substituindo:

$$\frac{5}{\text{sen } 48°} = \frac{\overline{AB}}{\text{sen } 107°} \Rightarrow \frac{5}{0{,}743} = \frac{\overline{AB}}{0{,}956} \Rightarrow$$

$$\Rightarrow \overline{AB} = \frac{5 \cdot 0{,}956}{0{,}743} \simeq 6{,}43$$

Portanto, a medida aproximada do lado $\overline{AB}$ é 6,43 cm.

5. O triângulo ABC está inscrito numa circunferência de raio igual a 15 cm. Se $AB = 10$ cm e $AC = 6$ cm, determine, em centímetros, a altura do triângulo ABC relativa ao lado $\overline{BC}$.

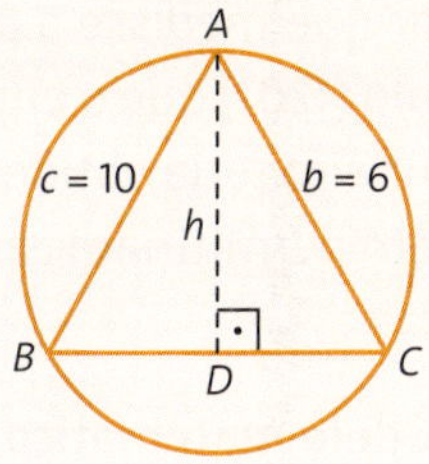

Resolução

Observe a figura ao lado.

Da lei dos senos, temos:

$$\text{sen}\,\hat{B} = \frac{b}{2r} \Rightarrow \text{sen}\,\hat{B} = \frac{6}{2 \cdot 15} \Rightarrow \text{sen}\,\hat{B} = \frac{1}{5}$$

Do triângulo ABD:

$$\text{sen}\,\hat{B} = \frac{h}{c} \Rightarrow \frac{1}{5} = \frac{h}{10} \Rightarrow 5h = 10 \Rightarrow h = 2$$

Portanto, a altura do triângulo ABC relativa ao lado $\overline{BC}$ é de 2 cm.

Exercícios

13. Na figura abaixo, calcule o valor da medida x.

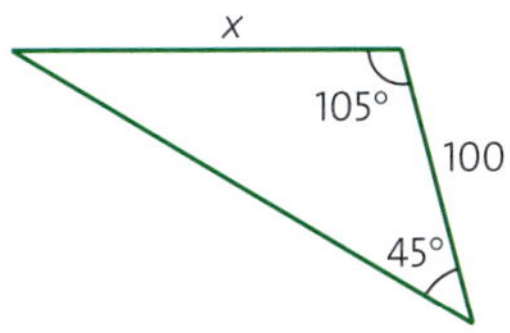

14. No triângulo abaixo, determine as medidas x e y.

$\left(\text{Dado: sen } 15° = \frac{\sqrt{6} - \sqrt{2}}{4}.\right)$

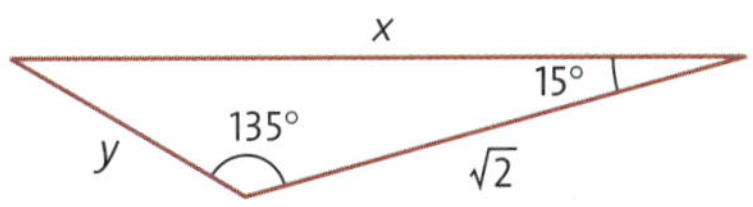

15. No triângulo abaixo, calcule o valor da medida x.

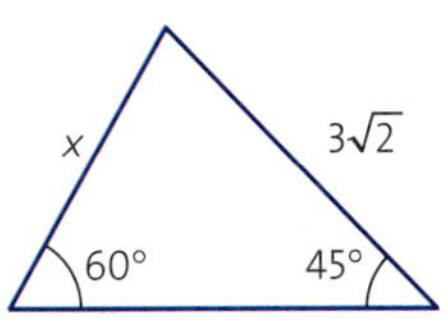

16. Em cada triângulo abaixo, calcule o valor da medida x.

a)

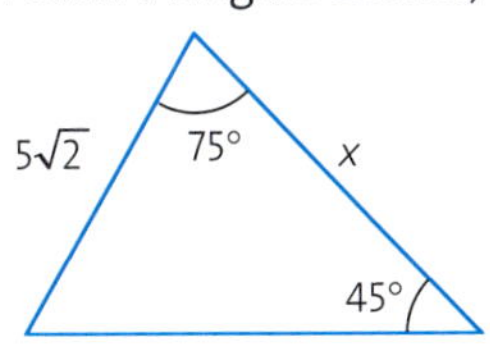

b)

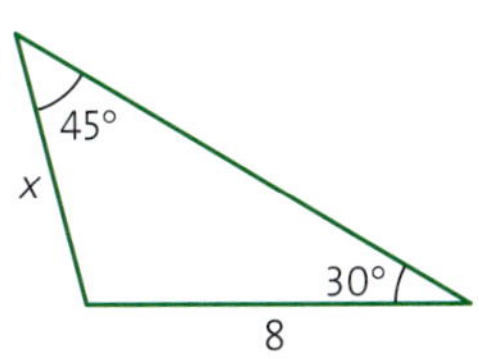

17. Num triângulo ABC, são dados $\hat{A} = 45°$, $\hat{B} = 30°$ e $a + b = \sqrt{2} + 1$. Calcule o valor de a.

18. Encontre o valor do ângulo x:

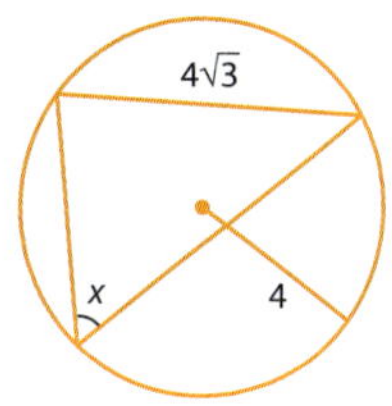

19. A figura ao lado nos mostra um triângulo isósceles de base $\overline{BC}$. Calcule a medida da base $\overline{BC}$, admitindo conhecidos m, α e β.

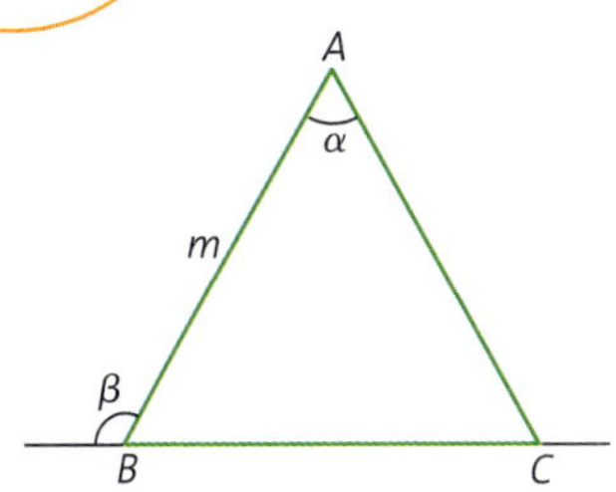

20. Use a tabela da página 32 ou uma calculadora científica e determine os valores de x (aproximadamente):

a)

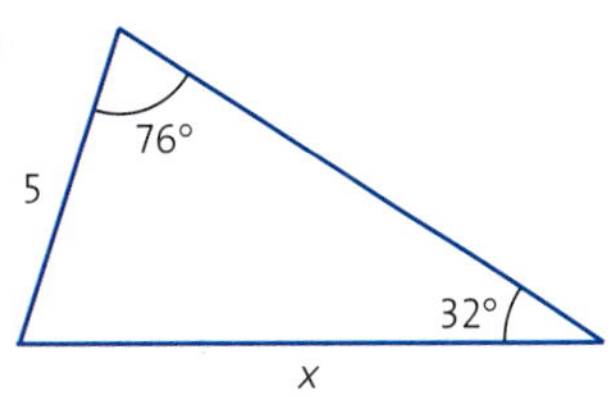

b)

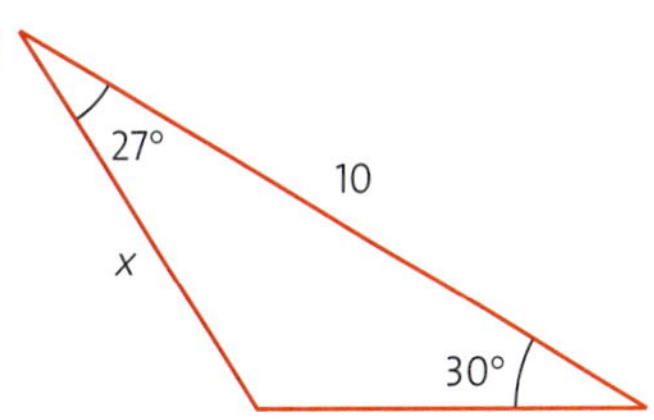

c)

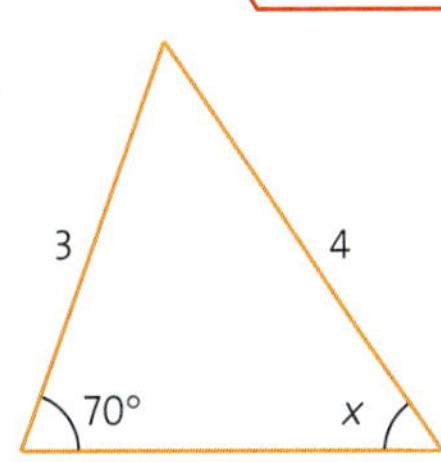

4 Lei dos cossenos

Voltemos ao nosso engenheiro e seu problema em medir a distância entre os postes, sugerido no início do item 3. Se tivesse encontrado alguma dificuldade para obter o ângulo de 45°, ou mesmo que não quisesse obtê-lo, o engenheiro poderia ter pedido ao seu segundo auxiliar que medisse a distância do local onde ele estava até o poste mais próximo. Assim, além do valor do ângulo (120°) que o engenheiro já havia medido e da distância (100 m) entre o poste mais afastado e ele, o engenheiro teria obtido a nova distância, de 36,60 m, entre o poste mais próximo e ele. Essas informações também permitiriam calcular a distância desejada. Observe as representações novamente.

Realidade

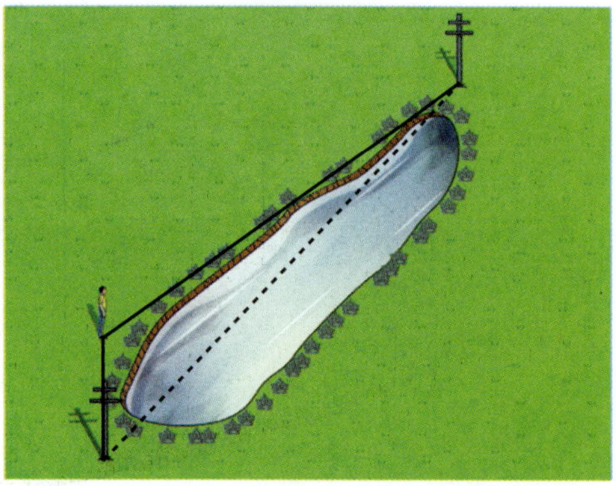

Dam d'Souza/Arquivo da editora

Modelo matemático

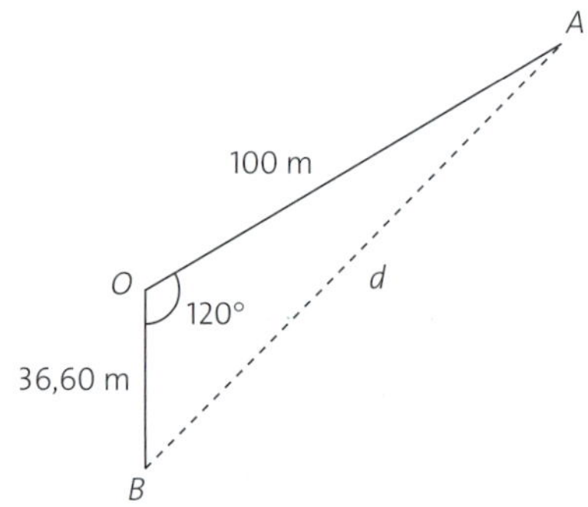

Pelo desenho, observamos que o nosso problema consiste em determinar a medida de um lado de um triângulo, quando conhecemos as medidas dos outros dois, e do ângulo oposto ao lado cuja medida queremos encontrar.

Para resolvê-lo, precisamos estudar a **lei dos cossenos**, enunciada a seguir:

Em qualquer triângulo *ABC*, o quadrado da medida de um lado é igual à soma dos quadrados das medidas dos outros dois lados menos duas vezes o produto das medidas desses lados pelo cosseno do ângulo que eles formam, ou seja:

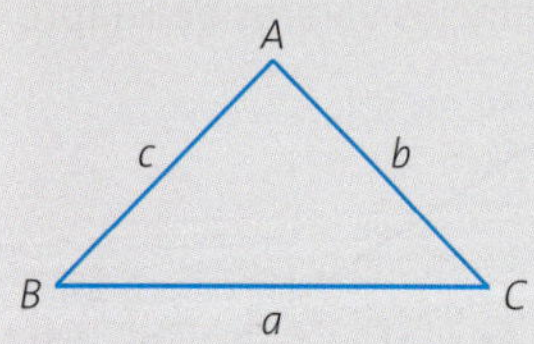

- $a^2 = b^2 + c^2 - 2bc \cdot \cos \hat{A}$
- $b^2 = a^2 + c^2 - 2ac \cdot \cos \hat{B}$
- $c^2 = a^2 + b^2 - 2ab \cdot \cos \hat{C}$

Vamos provar apenas a primeira das relações acima, considerando o **ângulo *A* agudo**; a demonstração das outras relações é análoga.

Ângulo agudo – Ângulo cuja medida é menor do que 90°.

O ângulo agudo *A* pode estar em um triângulo acutângulo, retângulo ou obtusângulo.

Vamos demonstrar a lei dos cossenos usando o triângulo acutângulo.

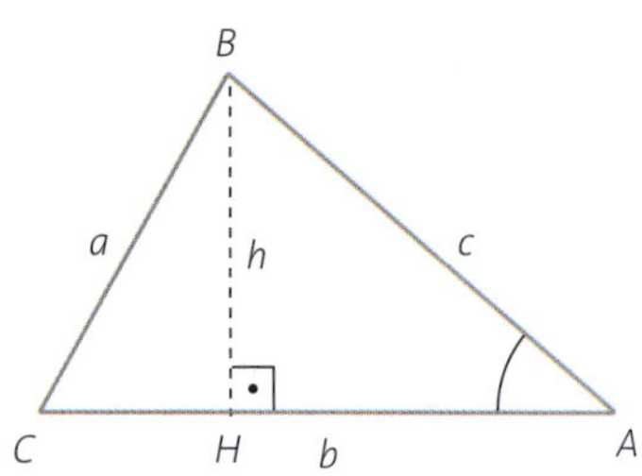

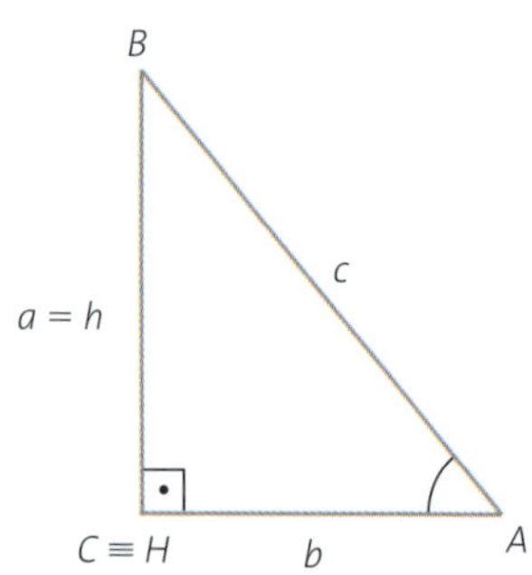

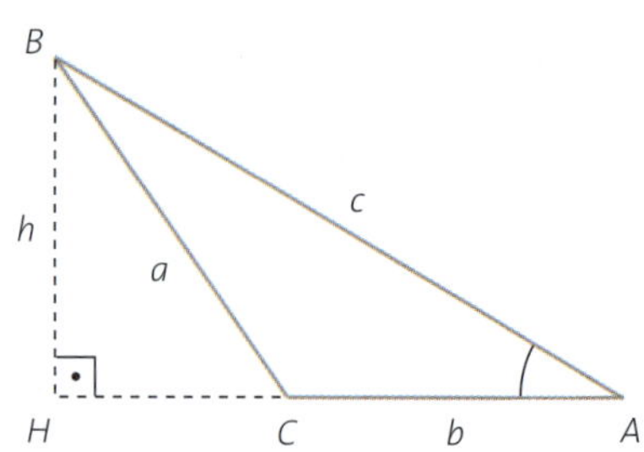

Traçando a altura $\overline{BH}$, obtemos os triângulos retângulos ABH e CBH.

- No $\triangle ABH$, temos:

$$\begin{cases} \cos \hat{A} = \dfrac{\overline{AH}}{c} \Rightarrow AH = c \cdot \cos \hat{A} \\ c^2 = h^2 + \overline{AH}^2 \Rightarrow h^2 = c^2 - \overline{AH}^2 \Rightarrow h^2 = c^2 - (c \cdot \cos \hat{A})^2 \Rightarrow h^2 = c^2 - c^2 \cdot \cos^2 \hat{A} \quad \text{(I)} \end{cases}$$

- No $\triangle CBH$, temos:

$$a^2 = h^2 + \overline{CH}^2 \Rightarrow a^2 = h^2 + (b - \overline{AH})^2 \Rightarrow h^2 = a^2 - (b - c \cdot \cos \hat{A})^2 \Rightarrow$$
$$\Rightarrow h^2 = a^2 - b^2 + 2bc \cdot \cos \hat{A} - c^2 \cdot \cos^2 \hat{A} \quad \text{(II)}$$

- De (I) e (II) temos:

$$a^2 - b^2 + 2bc \cdot \cos \hat{A} - \cancel{c^2 \cdot \cos^2 \hat{A}} = c^2 - \cancel{c^2 \cdot \cos^2 \hat{A}} \Rightarrow \boxed{a^2 = b^2 + c^2 - 2bc \cdot \cos \hat{A}}$$

Para refletir

- Verifique que a relação vale para $\hat{A}$ agudo no triângulo retângulo e no triângulo obtusângulo.
- Podemos considerar o teorema de Pitágoras ($a^2 = b^2 + c^2$) como um caso particular da lei dos cossenos (pois $\cos 90° = 0$).

Agora estamos em condições de resolver a situação-problema colocada no início deste item.

Retomando o modelo matemático, temos:

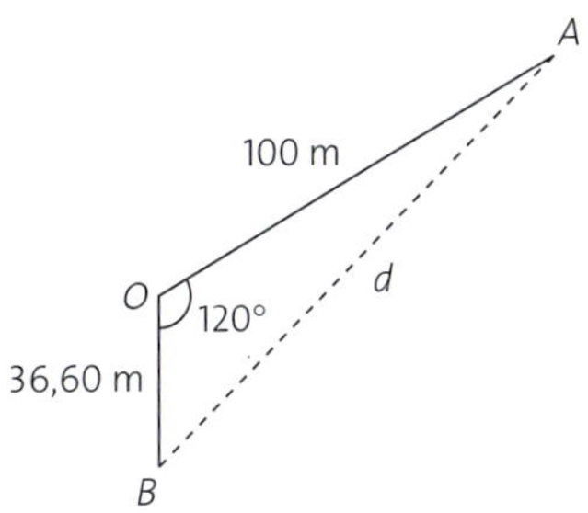

Pela lei dos cossenos, temos:

$$d^2 = 100^2 + (36{,}6)^2 - 2 \cdot 100 \cdot 36{,}6 \cdot \cos 120° \Rightarrow d^2 = 15000 \Rightarrow$$
$$\Rightarrow d = \sqrt{15000} = 50\sqrt{6} \simeq 122{,}47\,\text{m}$$

Observe que esse valor é o mesmo encontrado na página 15.

Exercícios resolvidos

» **passo a passo**: exercício 8

6. No triângulo da figura abaixo, determine a medida a.

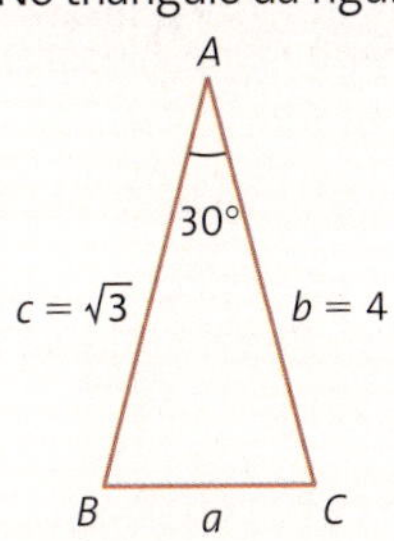

Resolução

Pela lei dos cossenos, temos:

$$a^2 = b^2 + c^2 - 2bc \cdot \cos \hat{A} = 4^2 + (\sqrt{3})^2 - 2 \cdot 4 \cdot \sqrt{3} \cdot \cos 30° =$$
$$= 16 + 3 - 8\sqrt{3} \cdot \frac{\sqrt{3}}{2} = 19 - 12 = 7 \Rightarrow a = \sqrt{7}$$

A medida procurada é $\sqrt{7}$.

7. O ângulo agudo de um losango mede 20° e seus lados medem 5 cm. Calcule as medidas das diagonais menor e maior do losango.

Resolução

- diagonal menor

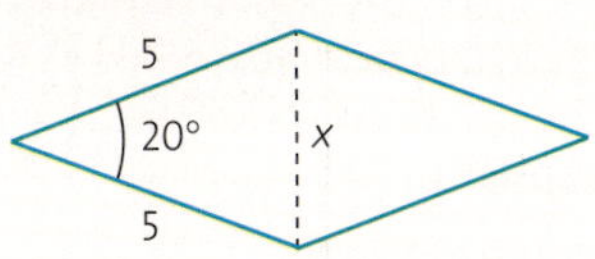

$$x^2 = 5^2 + 5^2 - 2 \cdot 5 \cdot 5 \cdot \cos 20° =$$

usando a tabela da página 32 ou uma calculadora científica

$$= 25 + 25 - 50 \cdot 0{,}94 = 50 - 47 = 3 \Rightarrow x = \sqrt{3} \simeq 1{,}7\text{ cm}$$

- diagonal maior

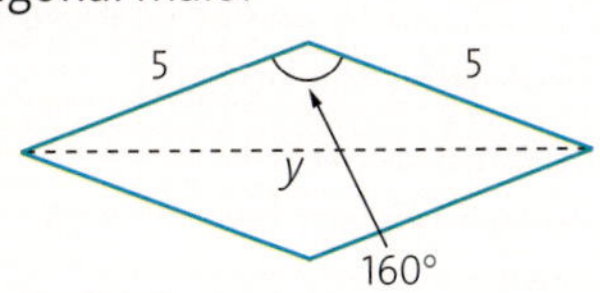

$$y^2 = 5^2 + 5^2 - 2 \cdot 5 \cdot 5 \cdot \underbrace{\cos 160°}_{\cos 160° = -\cos 20°} =$$
$$= 50 + 50 \cdot (-0{,}94) = 50 + 47 = 97 \Rightarrow$$
$$\Rightarrow y = \sqrt{97} \simeq 9{,}8\text{ cm}$$

Resolvido passo a passo

8. *Geografia*

(UEL-PR) Entre os povos indígenas do Brasil contemporâneo, encontram-se os Yanomami. Estimados em cerca de 9 000 indivíduos, vivem muito isolados nos estados de Roraima e Amazonas, predominantemente na serra do Parima. O espaço de floresta usado por cada aldeia yanomami pode ser descrito esquematicamente como uma série de três círculos concêntricos: o primeiro, com raio de 5 km, abrange a área de uso imediato da comunidade; o segundo, com raio de 10 km, a área de caça individual e da coleta diária familiar; e o terceiro, com raio de 20 km, a área das expedições de caça e coleta coletivas, bem como as roças antigas e novas. Considerando que um indivíduo saia de sua aldeia localizada no centro dos círculos, percorra 8 km em linha reta até um local de caça individual e a seguir percorra mais 8 km em linha reta na direção que forma 120° com a anterior, chegando a um local onde está localizada sua roça antiga, a distância do ponto de partida até este local é:

a) $8\sqrt{3}$.

b) $\dfrac{8\sqrt{3}}{3}$.

c) $3\sqrt{8}$.

d) $8\sqrt{2}$.

e) $2\sqrt{8}$.

1. Lendo e compreendendo

a) O que é dado no problema?

É dada a descrição do espaço da floresta usado por cada aldeia (*uma série de três círculos concêntricos: o primeiro, com raio de 5 km, abrange a área de uso imediato da comunidade; o segundo, com raio de 10 km, a área de caça individual e da coleta diária familiar; e o terceiro, com raio de 20 km, a área das expedições de caça e coleta coletivas, bem como as roças antigas e novas*).

Também é dado o trajeto percorrido pelo indivíduo (*ele sai de sua aldeia localizada no centro dos círculos, percorre 8 km em linha reta até um local de caça individual e a seguir percorre mais 8 km em linha reta na direção que forma 120° com a anterior, chegando a um local onde está localizada sua roça antiga*).

b) O que se pede?

Pede-se a distância que um indivíduo estará do local de partida após caminhar seguindo as indicações do enunciado.

2. Planejando a solução

Devemos interpretar o texto montando o trajeto percorrido pelo indivíduo. Assim podemos escolher a melhor maneira de obter a distância dele ao ponto de partida. De acordo com o texto, montamos o esquema abaixo:

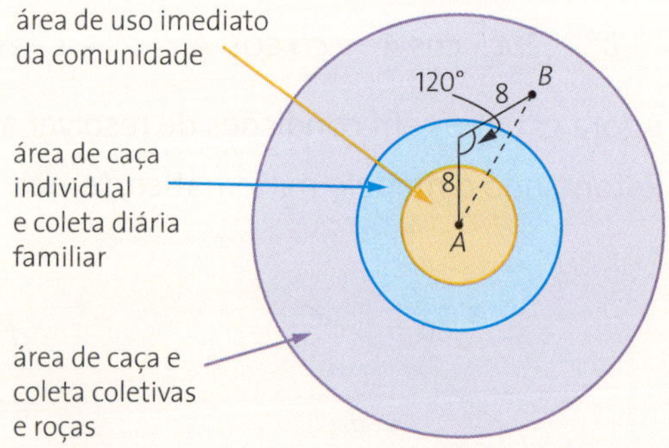

Analisando o esquema anterior, percebemos a necessidade de se obter o lado $\overline{AB}$ do triângulo resultante das informações do enunciado.

Assim, a estratégia se resume a obter o lado $\overline{AB}$, que chamaremos x, do triângulo, usando a lei dos cossenos.

3. Executando o que foi planejado

Chamando a medida do lado $\overline{AB}$ de x, usaremos a lei dos cossenos para obtê-lo:

Lei dos cossenos: $x^2 = 8^2 + 8^2 - 2 \cdot 8 \cdot 8 \cdot \cos 120°$

Como visto no início deste capítulo, o cosseno de 120° equivale ao oposto do cosseno de 60° (ou seja, $\cos 120° = -\cos 60°$).

$x^2 = 64 + 64 - 2 \cdot 8 \cdot 8 \cdot (-\cos 60°) \Rightarrow$

$\Rightarrow x^2 = 64 + 64 + 128 \cdot \cos 60° \Rightarrow$

$\Rightarrow x^2 = 128 + 128 \cdot \dfrac{1}{2} \Rightarrow$

$\Rightarrow x^2 = 192 \Rightarrow x = 8\sqrt{3}$

Assim, o indivíduo em questão estará a $8\sqrt{3}$ km do local de origem (aproximadamente 13,6 km).

4. Emitindo a resposta

A resposta é a alternativa **a**.

5. Ampliando o problema

a) Se o indivíduo em questão desejar retornar à área de caça individual, qual é a distância mínima que ele vai percorrer?

b) *Discussão em equipe*

O artigo 231 da Constituição Federal do Brasil, de 1988, reconhece "aos índios sua organização social, costumes, línguas, crenças e tradições, e os direitos originários sobre as terras que tradicionalmente ocupam, competindo à União demarcá-las, proteger e fazer respeitar todos os seus bens". Os Yanomami tiveram suas terras demarcadas em 1992. Porém, cada nova demarcação de terras indígenas gera muita discussão e processos judiciais, principalmente por causa da retirada dos indivíduos não indígenas que residem nessas áreas.

Troque ideias com seus colegas sobre a situação dos índios no Brasil. Discutam sobre estas questões:

- É importante a preservação da cultura indígena?
- Os povos indígenas devem ter direito a essas áreas exclusivas para viver (as tais áreas demarcadas)?

c) *Pesquisa*

- Além do Brasil, em que outro país vivem os Yanomami? O que significa a palavra Yanomami?
- O que significa a sigla Funai?

9. Reconheça a natureza de um triângulo cujos lados medem 6, 10 e 11.

Resolução

Aplicando a lei dos cossenos usando o ângulo oposto ao maior lado:

$11^2 = 10^2 + 6^2 - 2 \cdot 10 \cdot 6 \cdot \cos \alpha \Rightarrow$

$\Rightarrow 121 = 100 + 36 - 120 \cdot \cos \alpha \Rightarrow$

$\Rightarrow 120 \cdot \cos \alpha = 15 \Rightarrow \cos \alpha = \dfrac{15}{120} \Rightarrow$

$\Rightarrow \cos \alpha = \dfrac{1}{8}$

Como $\cos \alpha$ é positivo, então o ângulo α é agudo e o triângulo é acutângulo.

10. Calcule a medida aproximada de $\widehat{A}$ (use a tabela da página 32 ou uma calculadora científica).

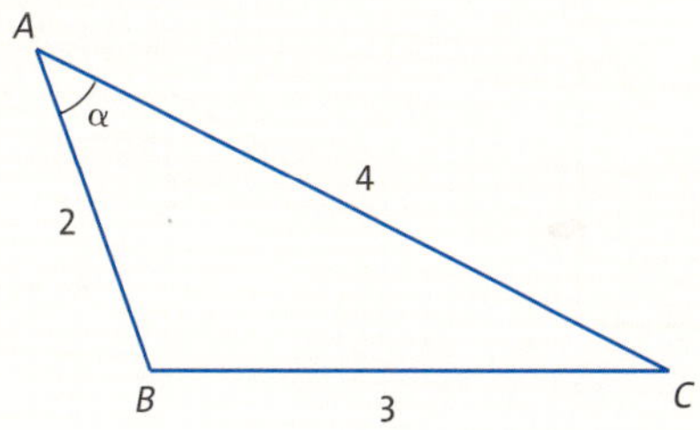

Resolução

$\overline{BC}$ é o lado oposto ao ângulo $\widehat{A}$. Logo, pela lei dos cossenos, temos:

$3^2 = 4^2 + 2^2 - 2 \cdot 4 \cdot 2 \cdot \cos \alpha \Rightarrow$

$\Rightarrow 16 \cdot \cos \alpha = 20 - 9 \Rightarrow \cos \alpha = \dfrac{11}{16} = 0{,}6875 \Rightarrow$

$\Rightarrow \alpha \simeq 47°$

Portanto, $\widehat{A}$ mede aproximadamente 47°.

11. Num triângulo ABC, temos $\widehat{A} = 60°$, $a = \sqrt{7}$ e $b = 3$. Determine o lado c.

Resolução

Primeiro temos de considerar que o lado a é oposto ao ângulo A, e do mesmo modo os lados b e c, como na figura a seguir:

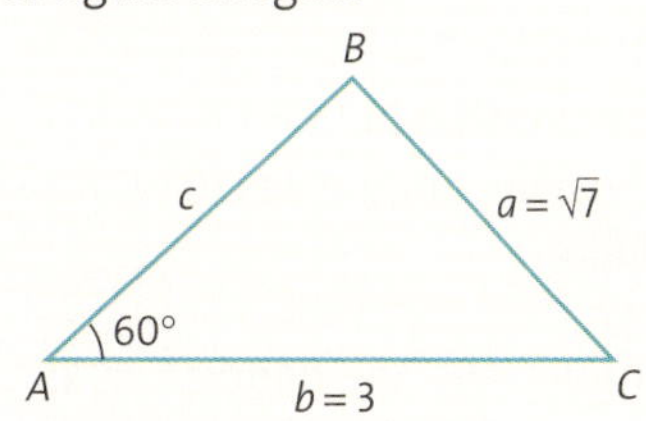

Aplicando a lei dos cossenos:

$(\sqrt{7})^2 = 3^2 + c^2 - 2 \cdot 3 \cdot c \cdot \cos 60° \Rightarrow$

$\Rightarrow 7 = 9 + c^2 - 6 \cdot c \cdot \dfrac{1}{2} \Rightarrow$

$\Rightarrow c^2 - 3 \cdot c + 2 = 0 \Rightarrow$

$\Rightarrow c = 1$ ou $c = 2$

Observação: No capítulo 8 do volume 1 e neste primeiro capítulo sobre Trigonometria, estudamos a trigonometria do triângulo. Neste caso, as funções seno e cosseno têm como domínio o conjunto A de todos os ângulos do plano, menores do que ou iguais a dois **ângulos retos**. Tais funções são independentes da forma de como se medem os ângulos. Logo, dispensam a consideração de arcos de circunferência, radianos, etc. Isso merecerá atenção especial quando estudarmos, no capítulo 3, sen x e cos x como funções reais de uma variável real.

Ângulos retos – Ângulos de medida igual a 90°.

Exercícios

21. Nos triângulos da figura abaixo, calcule a medida x.

a)

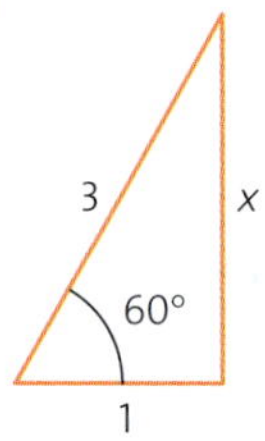

b)

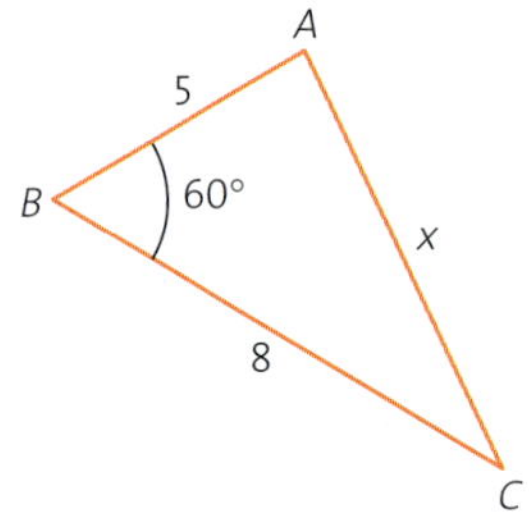

22. No triângulo da figura ao lado, são dados: $a = 4$, $b = 3\sqrt{2}$ e $\hat{C} = 45°$. Calcule a medida c.

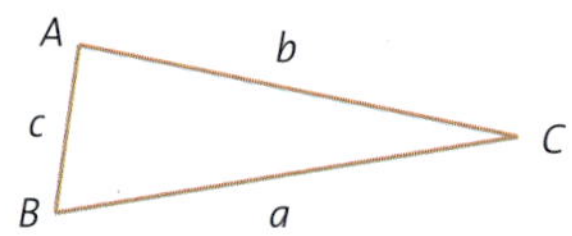

23. Em um triângulo ABC são dados: $\hat{A} = 30°$, $b = 2\sqrt{3}$ e $c = 3$. Calcule a medida do terceiro lado do triângulo.

24. Considere o triângulo ABC com: $\hat{A} = 45°$, $a = 4$ e $b = 4\sqrt{2}$. Determine o lado c.

25. No triângulo ao lado, $AC = 3$, $BC = 4$, $AB = 3$ e $B\hat{A}C = \alpha$. Determine o valor de cos α.

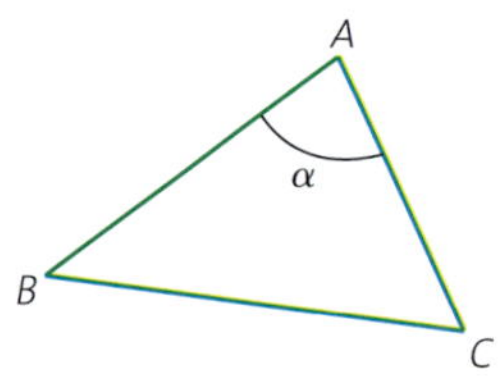

26. Dois lados de um triângulo medem 10 cm e 6 cm e formam entre si um ângulo de 120°. Calcule a medida do terceiro lado.

27. Em um triângulo ABC são dados $\hat{A} = 45°$, $b = 8\sqrt{2}$ e $c = 10$. Calcule a medida do terceiro lado.

28. Dois lados consecutivos de um paralelogramo medem 14 cm e 10 cm e formam um ângulo de 60°. Calcule as medidas de suas diagonais.

29. (FCMSCSP) Considerando a figura ao lado, qual o valor de sen α?

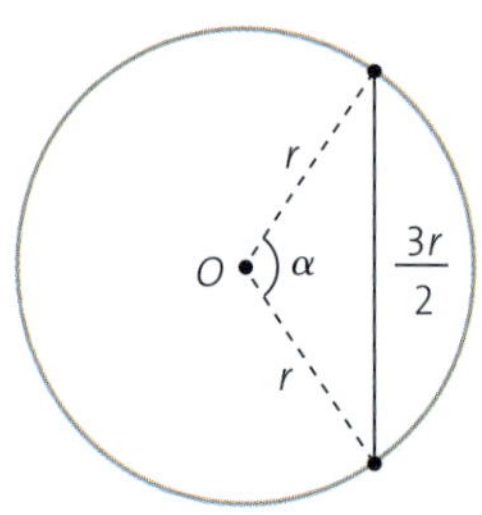

30. DESAFIO *Física*

Duas forças de intensidade $F_1 = 8$ N e $F_2 = 12$ N formam entre si um ângulo de 60°. Qual é a intensidade R resultante dessas duas forças?

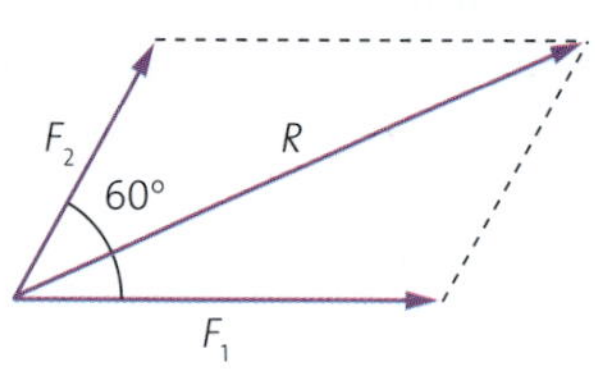

31. Reconheça a natureza de um triângulo de lados medindo 7, 8 e 10.

32. Considere o triângulo de lados 8 cm, 10 cm e 12 cm. Encontre a medida da mediana relativa ao maior lado.

33. Considere uma circunferência de raio r e ℓ a medida do lado de um decágono regular inscrito nessa circunferência. Determine ℓ em função de r $\left(\alpha = \dfrac{360°}{n}\right)$.

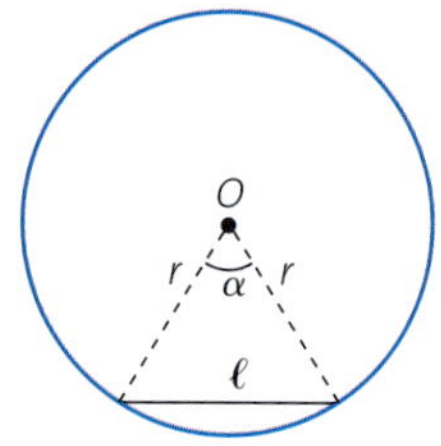

34. DESAFIO Resolva o triângulo ao lado. Use sua calculadora se precisar.

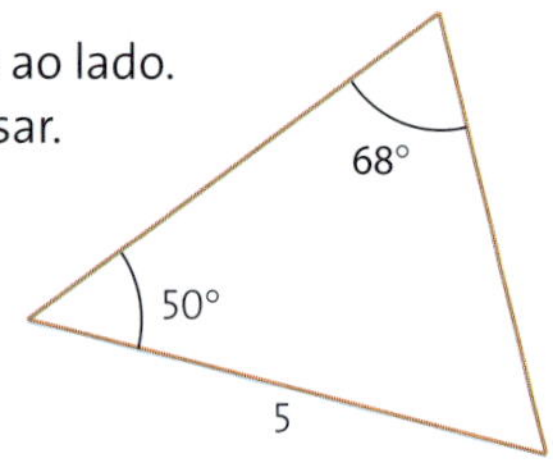

35. *Medida da distância de um ponto A (onde está o observador) a um ponto P inacessível.*

Vamos supor que um observador esteja no ponto A e queira saber a distância entre A e P, que é o ponto onde se localiza uma árvore do outro lado de um rio, conforme representado na figura a seguir.

O observador se locomove de A para B, de onde pode ver também o ponto P.

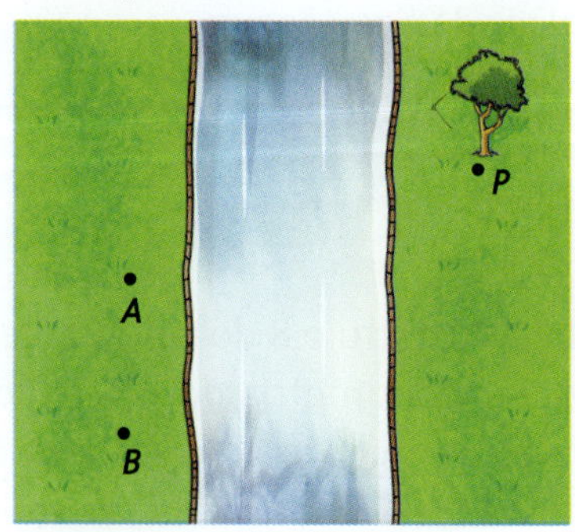

Ilustrações: Dam d'Souza/Arquivo da editora

Qual é a distância de A a P sabendo que a distância de A a B é 2 km, a medida do ângulo $B\hat{A}P$ é igual a 120° e a medida do ângulo $A\hat{B}P$ é igual a 45°?

36. *Física*

Em Física, o módulo do vetor resultante é dado pela diagonal do paralelogramo. Exemplo:

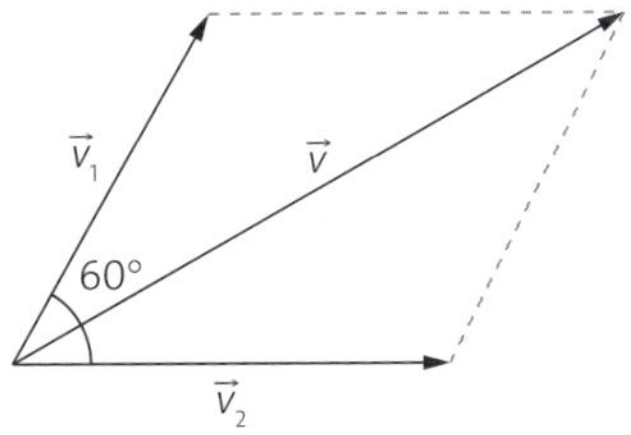

Podemos usar a lei dos cossenos para obter o vetor resultante. Para isso, basta perceber que:

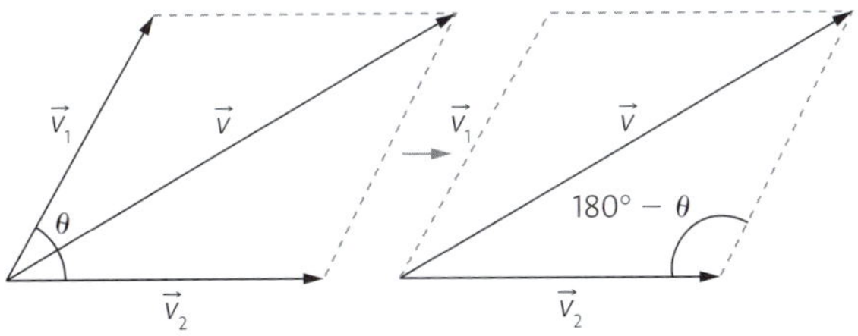

Determine o vetor resultante $\vec{v}$ na situação abaixo:

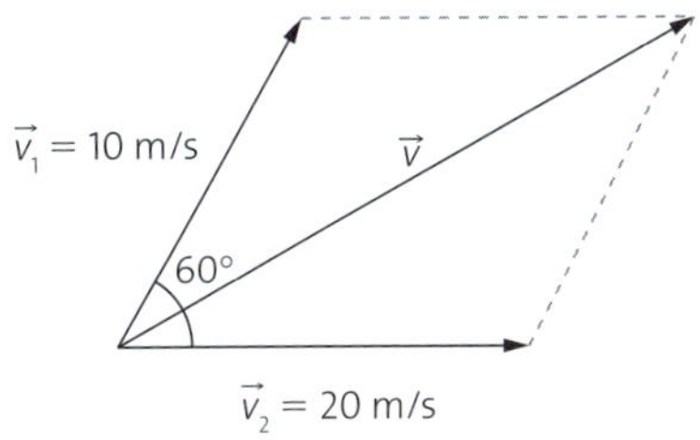

37. Em 2010 as prefeituras de São José (SC) e Florianópolis (SC) inauguraram o pórtico e a ponte sobre o rio Araújo, que liga as duas cidades. Veja:

Dircinha/Flickr/Getty Images

Sabendo que o pórtico forma com a pista aproximadamente um triângulo isósceles, que cada lado do pórtico mede 40 m e que o cosseno do ângulo entre as estruturas metálicas do pórtico (ângulo superior) é de 0,875, qual é a medida da base do pórtico por onde passam as pessoas e os automóveis?

a) 16 m

b) 18 m

c) 20 m

d) 22 m

e) 24 m

38. Uberaba, Uberlândia e Araguari são cidades do Triângulo Mineiro localizadas conforme a figura ao lado.
Com base nos dados fornecidos, determine a distância aproximada de Uberaba a Uberlândia.

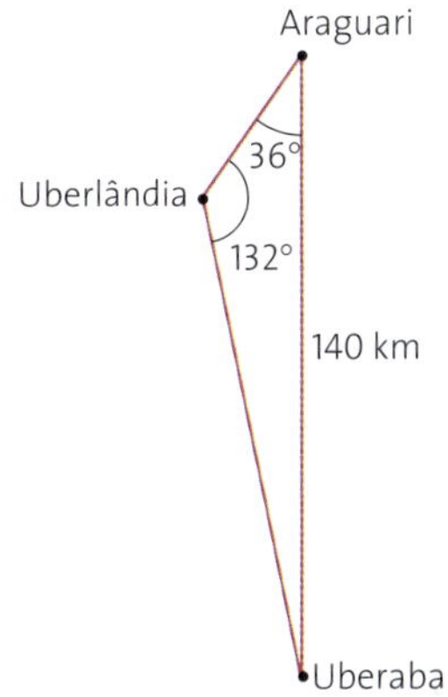

39. Um corredor *A* está sobre uma reta *r* e corre sobre ela no sentido *AX*. Um corredor *B* não está em *r*, correndo em linha reta, pretende alcançar *A*. Sendo a partida simultânea, que direção deve tomar *B* se as velocidades de ambos são conhecidas?

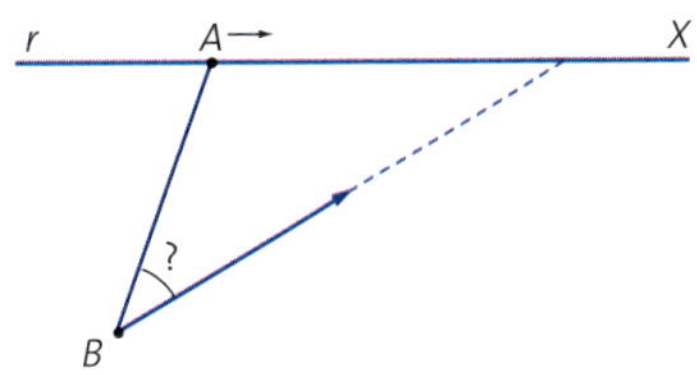

Considere $B\hat{A}X = 110°$, velocidade de *A* igual a 8 m/s e velocidade de *B* igual a 9 m/s. Determine o ângulo que a trajetória de *B* deve fazer com a reta *BA* para que o encontro seja possível.

40. Um barqueiro precisou atravessar um rio, cuja velocidade da correnteza era de $|\vec{V}_2| = 10$ m/s, utilizando uma lancha que se movimentou com velocidade constante de $|\vec{V}_1| = 20$ m/s em relação à margem. O ângulo formado entre os vetores velocidade da correnteza ($\vec{V}_2$) e velocidade da lancha ($\vec{V}_1$) foi de 60°. Sabe-se que na composição vetorial das velocidades da lancha e da correnteza, a velocidade resultante é dada pela diagonal do paralelogramo, como mostra a figura abaixo:

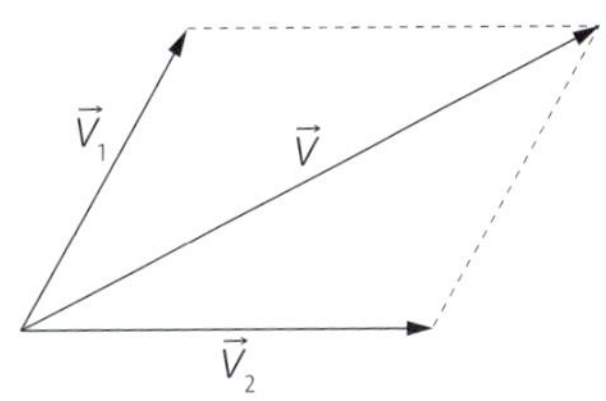

Sabe-se também que, para qualquer triângulo de lados *a*, *b* e *c*, vale a relação $a^2 = b^2 + c^2 - 2 \cdot b \cdot c \cdot \cos \alpha$, em que α é o ângulo oposto ao lado *a*.
De acordo com essas informações, se o percurso da travessia foi de $200\sqrt{7}$ m, então o tempo gasto na travessia do rio foi de:

a) 5 s.

b) 10 s.

c) 15 s.

d) 20 s.

e) 25 s.

41. O Triângulo das Bermudas, também conhecido como Triângulo do Diabo, é uma área situada no oceano Atlântico entre as ilhas Bermudas, Porto Rico e a Flórida (EUA), que envolve muitos mitos. Nessa região triangular ocorreram desaparecimentos misteriosos de aviões, barcos e navios. Um dos desaparecimentos mais famosos aconteceu em dezembro de 1945, quando cinco bombardeiros da marinha norte-americana sumiram sem deixar vestígios durante um exercício de treinamento.

Muitas teorias foram elaboradas para explicar o extraordinário mistério dos aviões e navios desaparecidos. Os esotéricos preferem teorias envolvendo extraterrestres, Atlântida ou dimensões paralelas, e os céticos acreditam que estes acontecimentos não passam de acidentes ocorridos por causas naturais (tempestades, furacões, *tsunamis*, terremotos, etc.) ou falhas humanas. No meio-termo, há quem defenda a culpa de campos magnéticos estranhos ou flatulências oceânicas. Seja qual for a explicação, o lado místico do Triângulo das Bermudas alimenta o temor de quem precisa atravessar essa região.

Mapa-múndi e o Triângulo das Bermudas

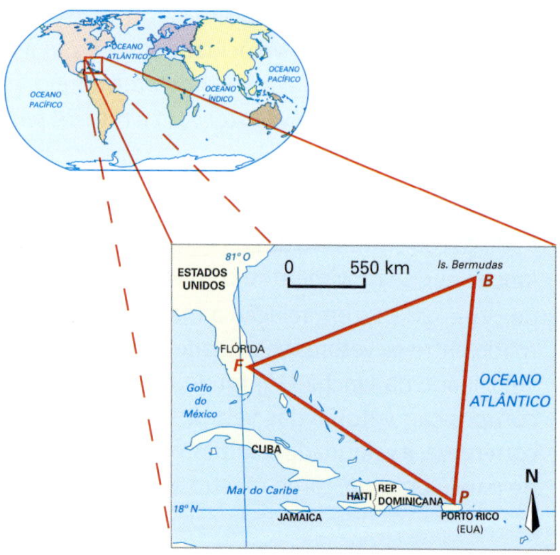

Maps World/Arquivo da editora

Adaptado de: ATLANTE geografico metodico De Agostini 2009-2010. Novara: Istituto Geografico De Agostini, 2009.

Suponha que a distância entre o vértice do triângulo localizado nas Bermudas (B) e o vértice localizado na Flórida (F) seja de aproximadamente 1700 km, e a distância entre Flórida e Porto Rico (P) seja de aproximadamente 1600 km. O ângulo $B\hat{F}P$ pode ser considerado de 60°. De acordo com esses dados, qual é o perímetro do Triângulo das Bermudas, em quilômetros?

a) $100\left(33 + \sqrt{273}\right)$

b) $100\left(33 + \sqrt{417}\right)$

c) $100\left(33 + \sqrt{857}\right)$

d) $100\left(33 + \sqrt{723}\right)$

e) $100\left(33 + \sqrt{372}\right)$

42. O arquiteto brasileiro Oscar Niemeyer (15/12/1907--5/12/2012) é considerado um dos maiores gênios da arquitetura moderna. Suas obras estão espalhadas por diversas cidades do Brasil e do mundo, e uma das características dessas obras é a grande quantidade de linhas curvas. Ele justificou o uso dessas linhas dizendo: *Não é o ângulo reto que me atrai, nem a linha reta, dura, inflexível, criada pelo homem. O que me atrai é a curva livre e sensual, a curva que encontro nas montanhas do meu país, no curso sinuoso dos seus rios, nas ondas do mar, no corpo da mulher preferida. De curvas é feito todo o Universo, o Universo curvo de Einstein.*

Uma das homenagens a Niemeyer é o centro cultural que leva seu nome, localizado em Goiânia, GO, inaugurado em 30 de março de 2006. O conjunto de prédios da obra compreende teatro, museu, biblioteca, palácio de música e um monumento aos direitos humanos, e ocupa 17 mil metros quadrados.

Jacek/kino.com.br

Centro Cultural Oscar Niemeyer, em Goiânia, GO. O projeto arquitetônico é do próprio Niemeyer.

Observe na fotografia como as formas dos prédios são variadas. O prédio pintado em vermelho é o Monumento aos Direitos Humanos e tem a forma de uma pirâmide de 75 m de altura, oca por dentro. A fachada é formada por um triângulo, dois dos lados desse triângulo medem 50 m e 100 m, e o ângulo entre eles é de 60°. O perímetro do triângulo, em metros, é um número compreendido entre:

a) 200 e 220.

b) 220 e 240.

c) 240 e 260.

d) 260 e 280.

e) 280 e 300.

Leitura

A groma

No início do capítulo, você leu a respeito do teodolito, um instrumento moderno utilizado para calcular distâncias que não podem ser determinadas diretamente a partir de medição direta. Com esse mesmo objetivo, os povos antigos criaram diversos equipamentos, por exemplo, a **groma**.

A groma, um esquadro óptico que determina quatro quadrantes, conhecida também como *gromaticus*, tem como objetivo traçar retas e ângulos retos. É composta de quatro tábuas de madeira de mesma dimensão dispostas perpendicularmente entre si, e suas pontas possuem prumos suspensos por fios. As tábuas são presas por um pedaço de metal e uma haste que possibilita a fixação da groma no solo, como mostra a figura ao lado.

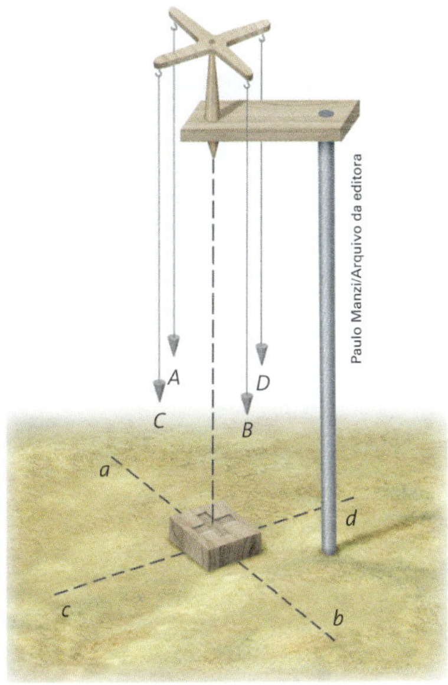

Representação de uma groma.

Sua origem remonta à Mesopotâmia. Ela era utilizada em construções de estradas, templos, cidades, na divisão de terrenos para agricultura e pelas legiões do exército romano, que necessitavam medir e dividir terrenos toda vez que montavam e desmontavam seus acampamentos em suas invasões para conquista de novos territórios.

Com o tempo, os profissionais que utilizavam a groma, conhecidos como agrimensores, passaram a exercer outras funções, como a de verificar as dimensões de propriedades e dividir terrenos em casos de herança. Veja na figura abaixo um exemplo do uso da groma.

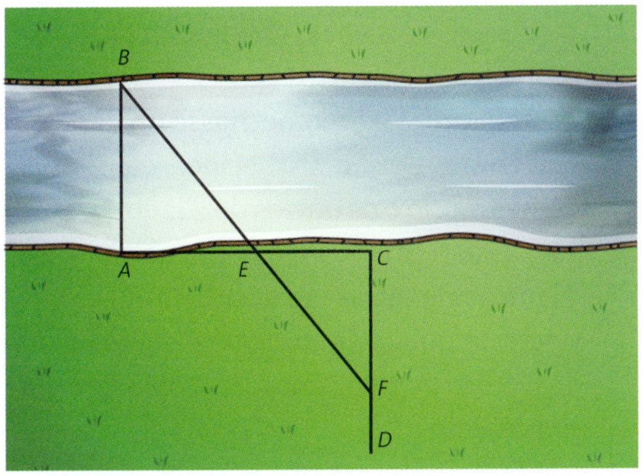

Esquematização do funcionamento de uma groma para medir distâncias inalcançáveis.

Para calcular a largura do rio ($\overline{AB}$), o agrimensor colocava a groma no ponto A e alinhava uma das tábuas de madeira em direção ao ponto B. Demarcava um segmento $\overline{AC}$ ortogonal ao segmento $\overline{AB}$ e marcava o seu ponto médio E. Fixava a groma no ponto C e estabelecia um segmento $\overline{CD}$ ortogonal a $\overline{AC}$. Colocava a groma no ponto E e alinhava uma das tábuas em direção ao ponto B. Em direção ao outro lado dessa tábua marcava um segmento interceptando o segmento $\overline{CD}$ no ponto F. Os triângulos ABE e CFE são congruentes pelo caso ângulo-lado-ângulo. Dessa forma, o segmento $\overline{CF}$ tem a mesma medida que o segmento $\overline{AB}$. E assim eles determinavam a largura do rio.

Fontes: *How to Use the Roman Groma*. Disponível em: <http://legioneromana.altervista.org/it/node/52>; *A história da agrimensura*. Disponível em: <www.amiranet.com.br/artigo/a-historia-da-agrimensura-16>. Acessos em: 22 ago. 2013.

Outros contextos

O mundo na palma das mãos

Neo Edmund/Shutterstock/Glow Images

Satélite.

Erich Lessing/Album/Latinstock

Mapa babilônico. Não se sabe, ao certo, a sua idade. Calculam os estudiosos que tenha entre 2 400 e 2 200 anos antes da Era Cristã.

Sheila Terry/SPL/Latinstock

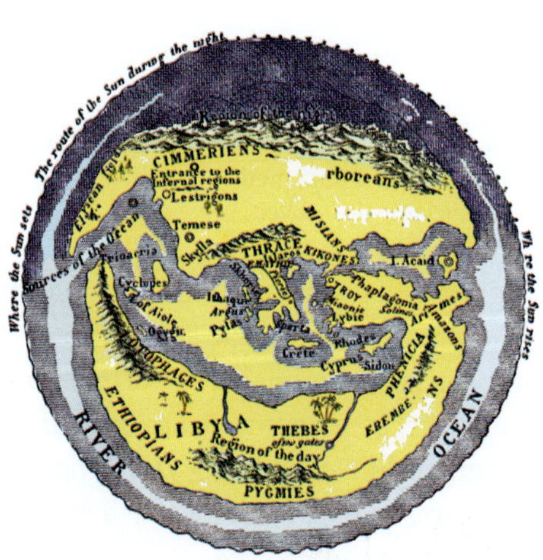

Mapa da Terra baseado nos mitos e conhecimentos dos antigos gregos na época de Homero (1º e 2º milênios antes de Cristo).

Durante séculos, os astros e a Matemática foram os instrumentos que permitiram ao ser humano desenhar mapas para se localizar no planeta. Hoje, quando o planeta é visto de cima pelos satélites, seus contornos não têm mais segredo.

Antes mesmo de começar a escrever, é provável que as pessoas das primeiras civilizações rabiscassem representações gráficas dos lugares por onde passavam. O mapa mais antigo de que se tem notícia é de origem babilônica. Trata-se de um tablete de argila cozido e que contém a representação de duas cadeias de montanhas e, no centro delas, um rio, provavelmente o Eufrates.

Por mais de vinte séculos, o ser humano olhou para o céu para calcular distâncias e representá-las nos mapas. Hoje faz o inverso: vai para o espaço e de lá consegue imagens do planeta com uma precisão inalcançável para quem tem os pés na Terra.

No Egito, essa prática começou cedo. Os egípcios já conheciam a triangulação, uma técnica para determinar distâncias baseada na Matemática, que seria depois usada por muitos outros povos. A triangulação utiliza um princípio da Trigonometria: se um lado e dois ângulos de um triângulo são conhecidos, é possível calcular o terceiro ângulo e os outros dois lados. Determinava-se, então, uma base para se chegar às distâncias desejadas. A medição de terras era quase vital para os faraós e sacerdotes, já que seus incontáveis gastos eram garantidos basicamente pelos impostos cobrados sobre a terra, pagos em cereais.

Mas quem achou o mapa do tesouro da Cartografia foram os gregos. "Eles foram o primeiro povo a ter uma base científica de observação", conta a cartógrafa Regina Vasconcelos, professora da Universidade de São Paulo e membro da Associação Cartográfica Internacional. "A princípio, os gregos acreditavam ser a Terra um disco achatado." Seus primeiros mapas-múndi, como o de Anaximandro de Mileto (610 a.C.-546 a.C.), eram representados por um círculo onde um oceano circundava os três continentes conhecidos: Europa, Ásia e África.

Ainda no século VI a.C., a escola de Pitágoras apresentou uma Terra esférica. Essa suposição tinha base em observações práticas, como a sombra projetada por um eclipse, e considerações filosóficas, como o fato de a esfera ser a forma geométrica mais perfeita.

Coube ao filósofo e astrônomo Erastóstenes (276 a.C.-194 a.C.) a tarefa de medir a circunferência da Terra. Também conhecedor de Matemática, Erastóstenes usou a Trigonometria em seus cálculos. Ele observou que nos dias 20 e 21 de junho o ângulo que os raios do Sol faziam com a superfície da Terra na cidade de Siena (hoje Assuan) era de 90°. Nos mesmos dias, esse ângulo era de 7° para a cidade de Alexandria. Por meio de relatos de viajantes, Erastóstenes sabia que a distância entre as duas cidades era de cerca de 5 000 estádios, ou 206 250 metros. Mais uma vez usando Trigonometria, ele foi capaz de calcular a circunferência da Terra. Chegou ao resultado de 45 000 quilômetros. Uma precisão razoável, já que o valor real é de 40 076 quilômetros.

Posidônio (135 a.C.-51 a.C.), um século mais tarde, utilizou a distância entre Rodes e Alexandria e a altura da estrela Canopus para fazer o mesmo cálculo, chegando ao resultado de 29 000 quilômetros. Provavelmente, foi esse o cálculo adotado por Cristóvão Colombo, quinze séculos mais tarde, fazendo-o acreditar, pelo tempo de viagem, que havia chegado às Índias.

O sistema de coordenadas geográficas latitude e longitude também é um legado dos gregos, graças, mais uma vez, à Matemática, e também às observações de fenômenos celestes.

Adaptado de: LUCÍRIO, Ivonete D.; HEYMANN, Gisela. *Superinteressante*. Disponível em: <http://super.abril.com.br/tecnologia/localizacao-terra-mundo-palma-maos-440278.shtml>; <http://www.algosobre.com.br/geografia/cartografia.html>. Acessos em: 7 nov. 2013.

Trabalhando com o texto

1. Na época de Erastóstenes não existiam instrumentos de medição precisos, por isso ele cometeu um erro ao calcular que a circunferência da Terra era de 45 000 km. Considerando que a circunferência da Terra é de 40 000 km, qual foi o percentual de erro de Erastóstenes?

Pesquisando e discutindo

2. Quem foi Claudius Ptolomeu e qual foi a sua importância no desenvolvimento da Cartografia?

3. Em que período histórico a Cartografia teve maior relevância? Como é, atualmente, o trabalho do cartógrafo? E qual a importância dessa profissão?

4. Em um mapa da sua cidade, localize diversos pontos importantes como escolas, universidades, hospitais. Depois, compare com mapas feitos por colegas de classe.

Veja mais sobre o assunto

Procure mais informações em jornais, revistas e nos *sites*:

- Cartografia: <www.cartografia.org.br> e <www.suapesquisa.com/grandesnavegacoes>.
- Artigo: Equador, paralelos e meridianos: apenas linhas imaginárias?: <www.ufrrj.br/emanped/paginas/conteudo_producoes/docs_27/equador.pdf>. Acessos em: 7 nov. 2013.

Atividades adicionais

1. No triângulo abaixo, calcule a medida x.

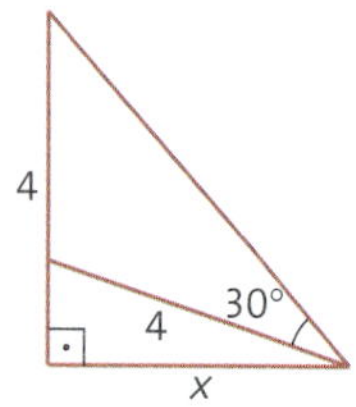

2. Considere o retângulo $ABCD$ e os triângulos ABE e CDE. Sabendo que o segmento $\overline{AE}$ mede 6 cm, determine a medida do segmento $\overline{BD}$.

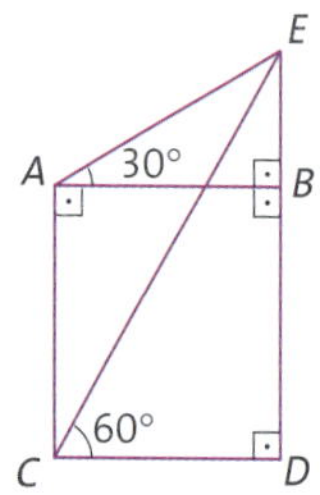

3. Os triângulos retângulos ao lado possuem um cateto em comum. Encontre a medida da altura h.

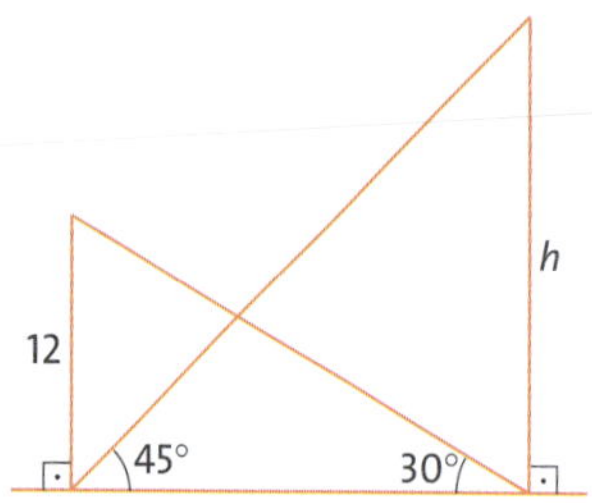

4. *Medida da distância entre dois pontos inacessíveis*
De um lado de um rio é possível ver duas árvores, A e B. Um observador marca dois pontos, P e Q, na margem em que está, distantes 500 m um do outro. Usando instrumentos apropriados, ele mede os ângulos $A\hat{P}B = 30°$, $B\hat{P}Q = 50°$, $A\hat{Q}P = 65°$ e $A\hat{Q}B = 35°$. Qual é a distância entre A e B?

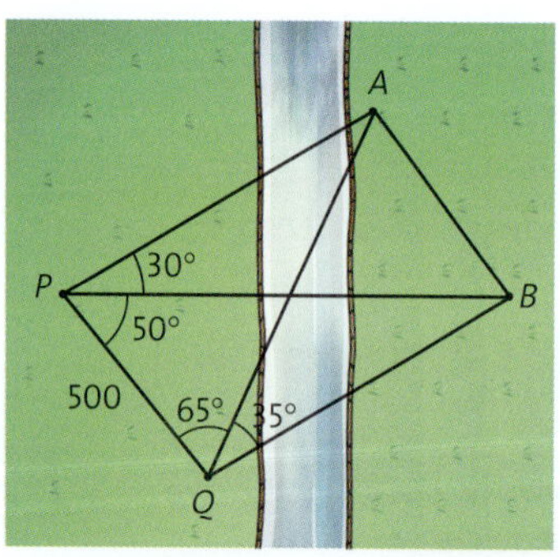

5. Um paralelogramo tem lados medindo 6 cm e 8 cm. Sabendo que a diagonal menor mede $\sqrt{52}$ cm, calcule a medida da diagonal maior.

6. As diagonais de um paralelogramo medem 10 cm e 8 cm e formam um ângulo de 60°. Determine a área dessa região limitada pelo paralelogramo.

7. Numa fazenda, o galpão fica 50 m distante da casa. Sejam x e y, respectivamente, as distâncias da casa e do galpão ao transformador de energia, conforme a figura abaixo. Calcule o valor de $x + y$ em função de α e β.

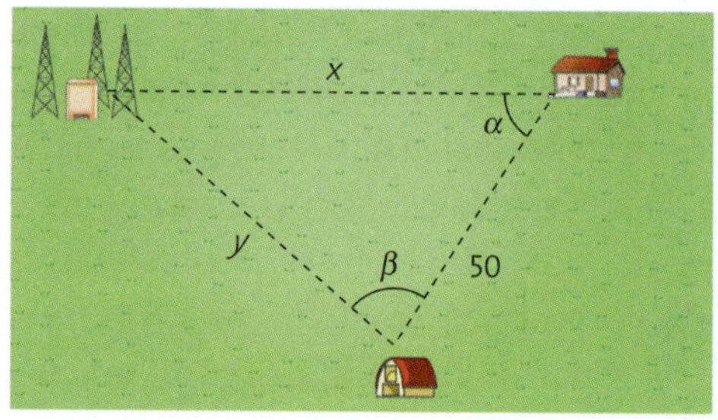

Ilustrações: Dam d'Souza/Arquivo da editora

8. O trapézio abaixo é isósceles. Calcule a medida x, sabendo que sen $75° = \dfrac{\sqrt{6} + \sqrt{2}}{4}$.

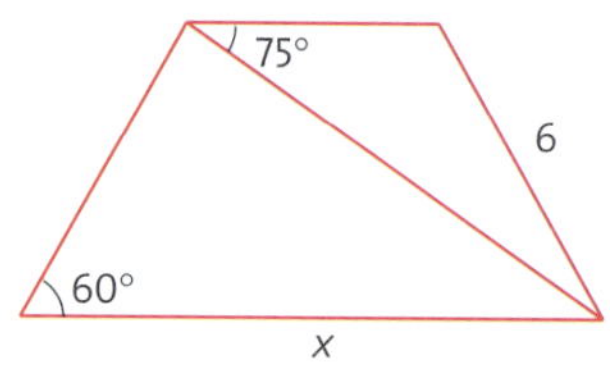

9. O triângulo ABC está inscrito numa circunferência, sendo $\hat{A} = 120°$, $BC = 4\sqrt{3}$ e $AC = 4$. Qual a medida de $\hat{B}$ e do raio da circunferência?

10. Na figura abaixo, calcule x.

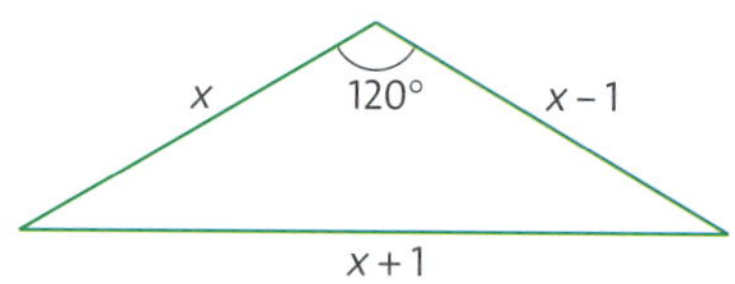

11. Considerando a figura dada, calcule o valor da expressão $x^2 + 5y$.

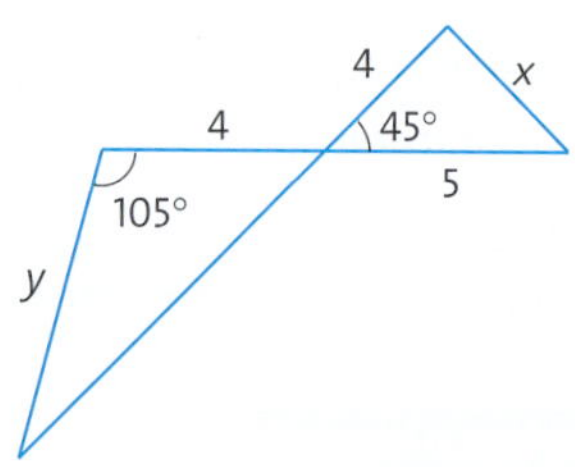

12. Usando a lei dos senos e a propriedade da área, demonstre que, num triângulo ABC qualquer, a área da região triangular pode ser dada por $S = \dfrac{a^2 \cdot \text{sen } \hat{B} \cdot \text{sen } \hat{C}}{2 \cdot \text{sen } \hat{A}}$.

Pensando no Enem

Para determinar a distância de um barco até a praia, um navegante utilizou o seguinte procedimento: a partir de um ponto A, mediu ângulo visual α fazendo mira em um ponto fixo P da praia. Mantendo o barco no mesmo sentido, ele seguiu até um ponto B de modo que fosse possível ver o mesmo ponto P da praia, no entanto, sob um ângulo visual 2α. A figura ilustra essa situação:

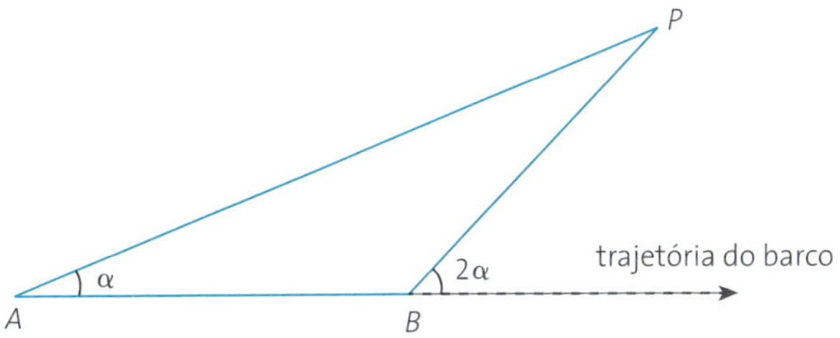

Suponha que o navegante tenha medido o ângulo $\alpha = 30°$ e, ao chegar ao ponto B, verificou que o barco havia percorrido a distância $AB = 2000$ m. Com base nesses dados e mantendo a mesma trajetória, a menor distância do barco até o ponto fixo P será:

a) 1000 m.

b) $1000\sqrt{3}$ m.

c) $2000\dfrac{\sqrt{3}}{3}$ m.

d) 2000 m.

e) $2000\sqrt{3}$ m.

Resolução

O primeiro passo para a resolução desta questão deve ser a transposição dos dados fornecidos pelo enunciado para a figura apresentada:

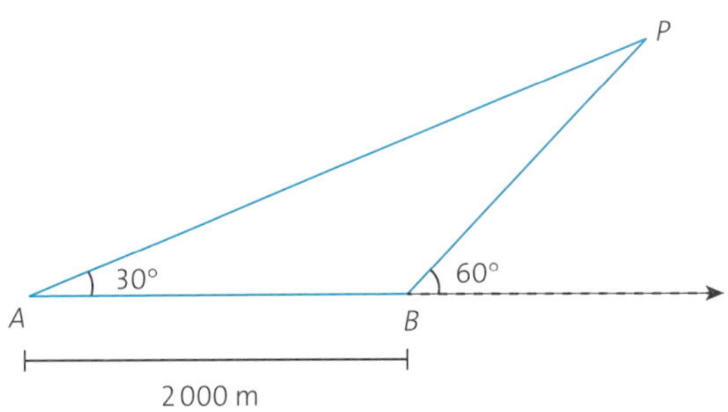

A partir da figura podemos perceber que $\alpha = 30°$, então $2\alpha = 60°$, a distância AB mede 2000 m e a trajetória do barco segue inalterada.

As primeiras informações que deduzimos apenas observando essa figura são os ângulos restantes desse triângulo.

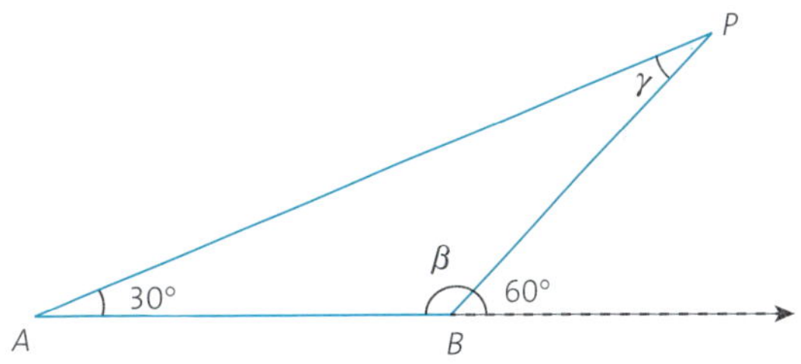

Podemos então concluir que a medida do ângulo β será a diferença entre 180° e 60°. É importante lembrar que a soma dos ângulos internos (α, β e γ) de um triângulo é igual a 180°. Assim:

$\beta = 180° - 60° = 120°$

$120° + 30° + \gamma = 180° \Rightarrow \gamma = 30°$

Como os ângulos α e γ são congruentes, então o triângulo ABP é isósceles; portanto, os segmentos AB e BP têm a mesma medida.

Além disso, é também importante perceber que a menor distância entre o barco e o ponto P é dada pelo segmento $\overline{PC}$, perpendicular à trajetória do barco, de medida d.

Com todos esses dados, enriquecemos nosso desenho inicial e temos:

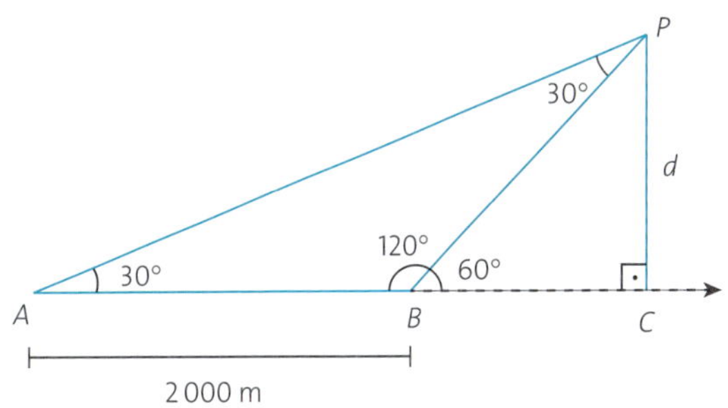

Considerando o triângulo retângulo BCP, cuja hipotenusa é BP, podemos escrever:

$$\text{sen } 60° = \frac{\text{cateto oposto}}{\text{hipotenusa}} = \frac{d}{2000}$$

Sabendo que $\text{sen } 60° = \dfrac{\sqrt{3}}{2}$, temos:

$$\frac{\sqrt{3}}{2} = \frac{d}{2000} \Rightarrow 2d = 2000\sqrt{3} \Rightarrow d = 1000\sqrt{3}$$

Resposta: alternativa **b**.

Vestibulares de Norte a Sul

1. **N** (UFPA) Considere as seguintes informações:
   – De dois pontos, *A* e *B*, localizados na mesma margem de um rio, avista-se um ponto *C*, de difícil acesso, localizado na margem oposta.
   – Sabe-se que *B* está distante 1 000 metros de *A*.
   – Com o auxílio de um teodolito (aparelho usado para medir ângulos) foram obtidas as seguintes medidas: $B\hat{A}C = 30°$ e $A\hat{B}C = 80°$.

   Deseja-se construir uma ponte sobre o rio, unindo o ponto *C* a um ponto *D* entre *A* e *B*, de modo que seu comprimento seja mínimo. Podemos afirmar que o comprimento da ponte será de aproximadamente:
   a) 524 metros.
   b) 532 metros.
   c) 1 048 metros.
   d) 500 metros.
   e) 477 metros.

   Dados: sen 80° = 0,985, sen 70° = 0,940, cos 80° = 0,174 e cos 70° = 0,340.

2. **CO** (UnB-DF) Um observador, situado no ponto *A*, distante 30 m do ponto *B*, vê um edifício sob um ângulo de 30°, conforme a figura.

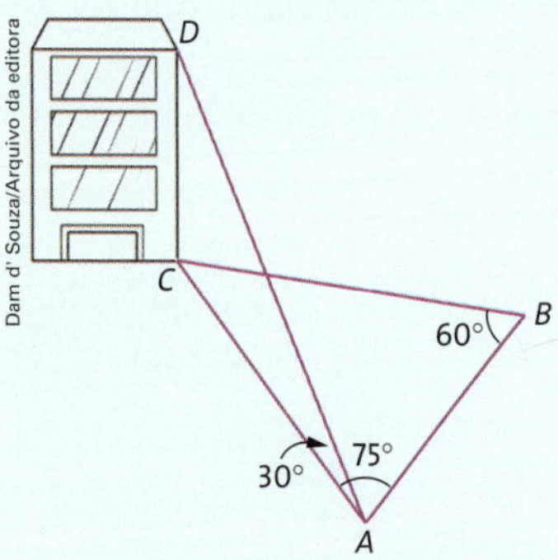

Dam d' Souza/Arquivo da editora

   Baseado nos dados da figura, determine a altura do edifício em metros e divida o resultado por $\sqrt{2}$.
   (Dados: *AB* = 30 m; med $(C\hat{A}D) = 30°$;
   med $(C\hat{A}B) = 75°$; med $(A\hat{B}C) = 60°$; med $(D\hat{C}A) = 90°$.)
   a) 10 m
   b) 11 m
   c) 12 m
   d) 14 m
   e) 15 m

3. **NE** (UFPB) A prefeitura de certa cidade vai construir, sobre um rio que corta essa cidade, uma ponte que deve ser reta e ligar dois pontos, *A* e *B*, localizados nas margens opostas do rio. Para medir a distância entre esses pontos, um topógrafo localizou um terceiro ponto, *C*, distante 200 m do ponto *A* e na mesma margem do rio onde se encontra o ponto *A*. Usando um teodolito (instrumento de precisão para medir ângulos horizontais e ângulos verticais, muito empregado em trabalhos topográficos), o topógrafo observou que os ângulos *ACB* e *BAC* mediam, respectivamente, 30° e 105°, conforme ilustrado na figura abaixo.

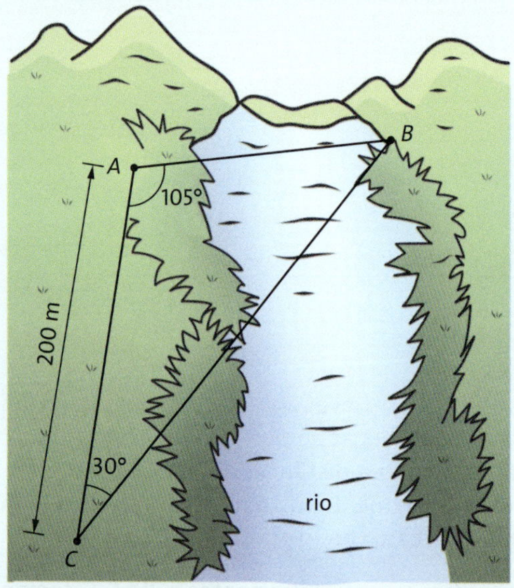

Dam d'Souza/Arquivo da editora

   Com base nessas informações, é correto afirmar que a distância, em metros, do ponto *A* ao ponto *B* é de:
   a) $200\sqrt{2}$ m.
   b) $180\sqrt{2}$ m.
   c) $150\sqrt{2}$ m.
   d) $100\sqrt{2}$ m.
   e) $50\sqrt{2}$ m.

4. **NE** (Uespi) Do topo de uma montanha se avistam os pontos *A* e *B* de uma planície. As linhas de visão do topo aos pontos *A* e *B* formam entre si um ângulo de 30°, em relação à horizontal.

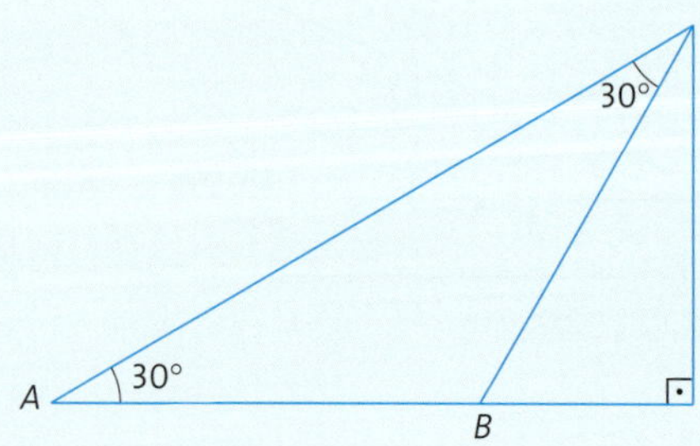

   Se $AB = 2\sqrt{3}$ km, qual a altura da montanha?
   a) 2,8 km
   b) 2,9 km
   c) 3,0 km
   d) 3,1 km
   e) 3,2 km

5. **SE** (UPM-SP) Determine qual é o triângulo retângulo cujos dados estão compatíveis.

a)

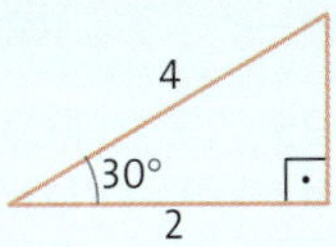

d)

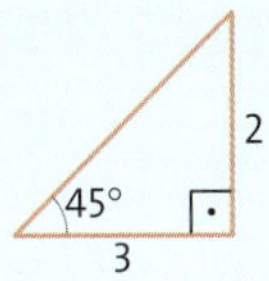

b)

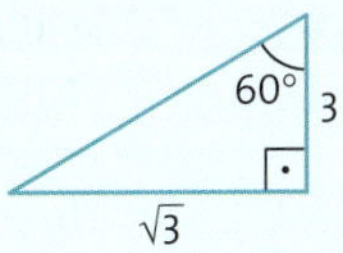

e)

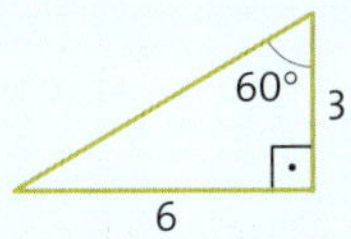

c)

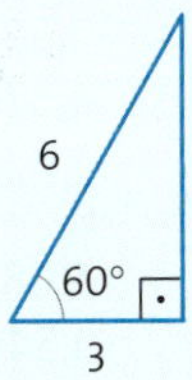

6. **SE** (Unicamp-SP) Caminhando em linha reta ao longo de uma praia, um banhista vai de um ponto A a um ponto B, cobrindo a distância $AB = 1200$ m. Quando em A, ele avista um navio parado em N de tal maneira que o ângulo $N\hat{A}B$ é de 60°; quando em B, verifica que o ângulo $N\hat{B}A$ é de 45°.

a) Faça uma figura ilustrativa da situação descrita.

b) Calcule a distância a que se encontra o navio da praia.

7. **SE** (ITA-SP) Um navio, navegando em linha reta, passa sucessivamente pelos pontos A, B e C. O comandante, quando o navio está em A, observa um farol L e calcula o ângulo $L\hat{A}C = 30°$. Após navegar 4 milhas até B, verifica o ângulo $L\hat{B}C = 75°$. Quantas milhas separam o farol do ponto B?

a) 4 b) $2\sqrt{2}$ c) $\frac{8}{3}$ d) $\frac{\sqrt{2}}{2}$ e) 1

8. **SE** (PUC-MG) Uma porta retangular de 2 m de altura por 1 m de largura gira 30°, conforme a figura.

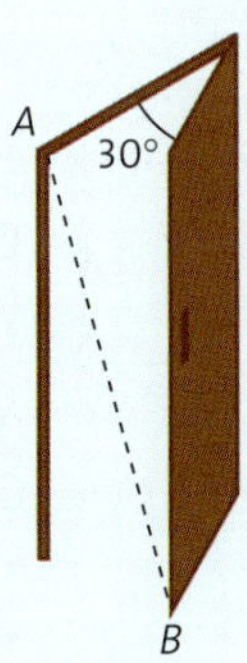

A distância entre os pontos A e B, em metros, é:

a) $\sqrt{5}$.

b) $\sqrt{3}$.

c) $\sqrt{2+\sqrt{3}}$.

d) $\sqrt{4+\sqrt{3}}$.

e) $\sqrt{6-\sqrt{3}}$.

9. **SE** (Vunesp-SP) Duas rodovias A e B se cruzam formando um ângulo de 45°. Um posto de gasolina se encontra na rodovia A, a 4 km do cruzamento. Pelo posto passa uma rodovia retilínea C, perpendicular à rodovia B. A distância do posto de gasolina à rodovia B, indo através de C, em quilômetros, é:

a) $\frac{\sqrt{2}}{8}$. b) $\frac{\sqrt{2}}{4}$. c) $\frac{\sqrt{3}}{2}$. d) $\sqrt{2}$. e) $2\sqrt{2}$.

10. **SE** (Vunesp-SP) Para calcular a distância entre duas árvores situadas nas margens opostas de um rio, nos pontos A e B, um observador que se encontra junto a A afasta-se 20 m da margem, na direção da reta AB, até o ponto C e depois caminha em linha reta até o ponto D, a 40 m de C, do qual ainda pode ver as árvores. Tendo verificado que os ângulos $D\hat{C}B$ e $B\hat{D}C$ medem, respectivamente, cerca de 15° e 120°, que valor ele encontrou para a distância entre as árvores, se usou a aproximação $\sqrt{6} \simeq 2{,}4$?

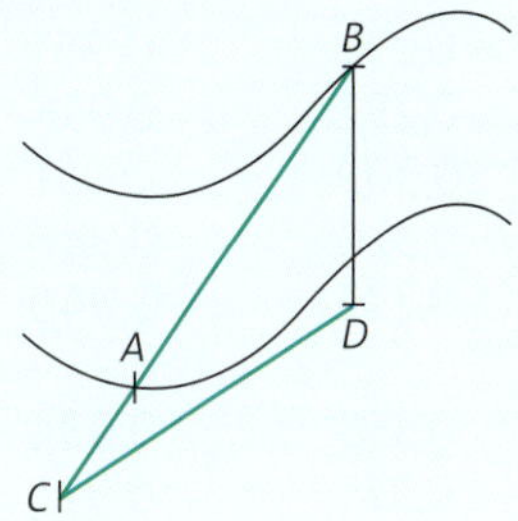

11. **S** (UEM-PR) Um engenheiro precisa conhecer a medida de cada lado de um terreno triangular cujo perímetro é 20 m, porém a planta do terreno foi rasgada e o que restou foi um pedaço, como na figura a seguir.

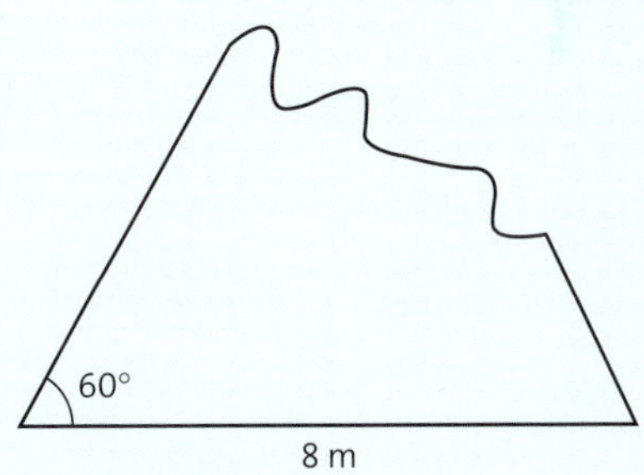

Os lados do triângulo que não aparecem totalmente na planta do terreno medem:

a) $3\sqrt{3}$ m e $(12-3\sqrt{3})$ m.

b) 5 m e 7 m.

c) 4,5 m e 7,5 m.

d) 8 m e 4 m.

e) 3 m e 9 m.

Tabela de razões trigonométricas

Ângulo	sen	cos	tg	Ângulo	sen	cos	tg
1°	0,017	1,000	0,017	**46°**	0,719	0,695	1,036
2°	0,035	0,999	0,035	**47°**	0,731	0,682	1,072
3°	0,052	0,999	0,052	**48°**	0,743	0,669	1,111
4°	0,070	0,998	0,070	**49°**	0,755	0,656	1,150
5°	0,087	0,996	0,087	**50°**	0,766	0,643	1,192
6°	0,105	0,995	0,105	**51°**	0,777	0,629	1,235
7°	0,122	0,993	0,123	**52°**	0,788	0,616	1,280
8°	0,139	0,990	0,141	**53°**	0,799	0,602	1,327
9°	0,156	0,988	0,158	**54°**	0,809	0,588	1,376
10°	0,174	0,985	0,176	**55°**	0,819	0,574	1,428
11°	0,191	0,982	0,194	**56°**	0,829	0,559	1,483
12°	0,208	0,978	0,213	**57°**	0,839	0,545	1,540
13°	0,225	0,974	0,231	**58°**	0,848	0,530	1,600
14°	0,242	0,970	0,249	**59°**	0,857	0,515	1,664
15°	0,259	0,966	0,268	**60°**	0,866	0,500	1,732
16°	0,276	0,961	0,287	**61°**	0,875	0,485	1,804
17°	0,292	0,956	0,306	**62°**	0,883	0,469	1,881
18°	0,309	0,951	0,325	**63°**	0,891	0,454	1,963
19°	0,326	0,946	0,344	**64°**	0,899	0,438	2,050
20°	0,342	0,940	0,364	**65°**	0,906	0,423	2,145
21°	0,358	0,934	0,384	**66°**	0,914	0,407	2,246
22°	0,375	0,927	0,404	**67°**	0,921	0,391	2,356
23°	0,391	0,921	0,424	**68°**	0,927	0,375	2,475
24°	0,407	0,914	0,445	**69°**	0,934	0,358	2,605
25°	0,423	0,906	0,466	**70°**	0,940	0,342	2,747
26°	0,438	0,899	0,488	**71°**	0,946	0,326	2,904
27°	0,454	0,891	0,510	**72°**	0,951	0,309	3,078
28°	0,469	0,883	0,532	**73°**	0,956	0,292	3,271
29°	0,485	0,875	0,554	**74°**	0,961	0,276	3,487
30°	0,500	0,866	0,577	**75°**	0,966	0,259	3,732
31°	0,515	0,857	0,601	**76°**	0,970	0,242	4,011
32°	0,530	0,848	0,625	**77°**	0,974	0,225	4,332
33°	0,545	0,839	0,649	**78°**	0,978	0,208	4,705
34°	0,559	0,829	0,675	**79°**	0,982	0,191	5,145
35°	0,574	0,819	0,700	**80°**	0,985	0,174	5,671
36°	0,588	0,809	0,727	**81°**	0,988	0,156	6,314
37°	0,602	0,799	0,754	**82°**	0,990	0,139	7,115
38°	0,616	0,788	0,781	**83°**	0,993	0,122	8,144
39°	0,629	0,777	0,810	**84°**	0,995	0,105	9,514
40°	0,643	0,766	0,839	**85°**	0,996	0,087	11,430
41°	0,656	0,755	0,869	**86°**	0,998	0,070	14,301
42°	0,669	0,743	0,900	**87°**	0,999	0,052	19,081
43°	0,682	0,731	0,933	**88°**	0,999	0,035	28,636
44°	0,695	0,719	0,966	**89°**	1,000	0,017	57,290
45°	0,707	0,707	1,000				

CAPÍTULO

2 Conceitos trigonométricos básicos

Stephen Dorey/Alamy/Other Images

Sol sobre o Stonehenge durante o solstício de inverno no hemisfério norte.

Stonehenge

1 Arcos e ângulos

No capítulo 8 do volume 1 e no capítulo anterior estudamos a Trigonometria tal qual ela apareceu há milhares de anos, com o objetivo de resolver triângulos. Nos próximos capítulos vamos fazer um estudo mais abrangente de seno, cosseno e tangente, uma necessidade mais recente da Matemática. Nesse novo contexto, o triângulo retângulo é insuficiente para as definições necessárias e precisamos estabelecer um novo "ambiente" para a Trigonometria: a **circunferência trigonométrica**.

Neste capítulo estudaremos conceitos necessários para esse novo estudo.

Vamos recordar alguns conceitos já conhecidos da Geometria plana:

Geometria plana – Campo da Matemática que estuda os elementos do plano (retas, circunferências, ângulos, etc.), suas propriedades e relações.

- **Arco geométrico**: é uma das partes da circunferência delimitada por dois pontos, incluindo-os. Se os dois pontos coincidirem, teremos arco nulo ou arco de uma volta.

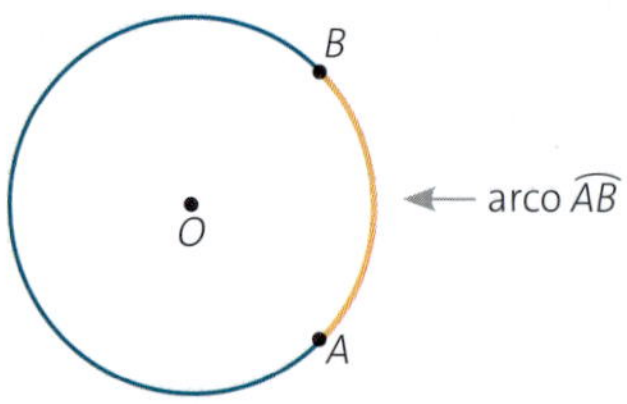

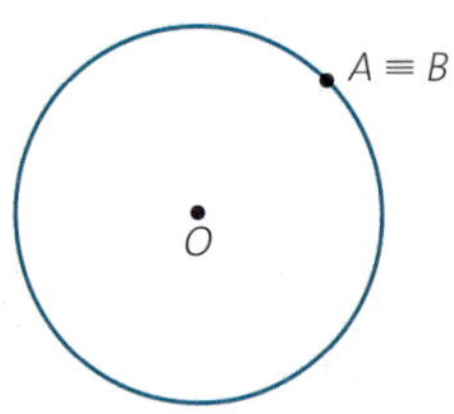

- **Medida e comprimento de um arco**: considere um ponto A sobre uma circunferência de raio r e centro O. Deslocando-se o ponto A sobre a circunferência, ele percorre uma distância ℓ ao mesmo tempo que gira um ângulo α em torno do centro O. Esse movimento do ponto A descreve um arco de circunferência de medida α e comprimento ℓ.

Fique atento!
O comprimento ℓ depende do raio da circunferência, mas a medida α não.

- **Unidades**: para a medida α usam-se geralmente unidades como o "grau" e o "radiano". Para o comprimento ℓ usam-se em geral unidades como "metro", "centímetro", "quilômetro", etc.
- **Arco** e **ângulo central**: todo arco de circunferência tem a mesma medida do ângulo central que o subtende.

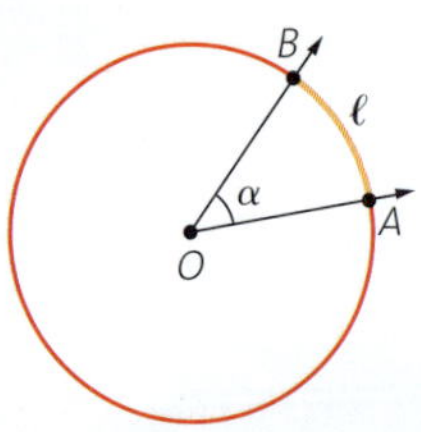

Arco: $\widehat{AB}$
medida de $\widehat{AB}$: α

Ângulo central: $A\hat{O}B$
medida de $A\hat{O}B$: α

Para refletir
Considere cinco circunferências concêntricas de raios diferentes e um mesmo ângulo central subtendendo arcos em todas elas. Os cinco arcos terão a mesma medida? E terão o mesmo comprimento?

- **Comprimento de uma circunferência de raio r**: $C = 2\pi r$.
- **Medida de uma circunferência em graus**: 360°.
- **Relação entre o comprimento ℓ e a medida α (em graus) do arco:**

$\ell = \dfrac{\alpha}{360} \cdot 2\pi r$, pois $\dfrac{2\pi r}{360} = \dfrac{\ell}{\alpha}$. Com α em radianos temos $\ell = \alpha r$, pois $\dfrac{r}{1} = \dfrac{\ell}{\alpha}$.

» Junte-se com um colega e respondam: se o comprimento de uma circunferência é 2π cm, qual seria o comprimento de um arco de:

a) 180° (semicircunferência)? 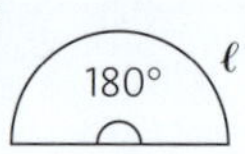

b) 90° (quadrante)? 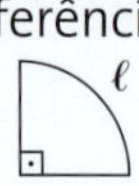

c) 60°? 

d) 30°? 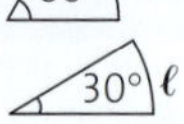

e) 120°? 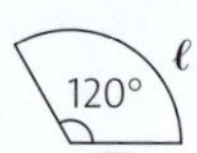

f) 240°? 

g) 270° (3 quadrantes)? 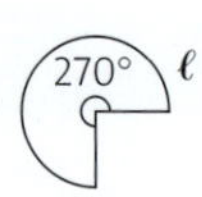

2 Unidades para medir arcos de circunferência (ou ângulos)

As unidades mais usadas para medir arcos de circunferência (ou ângulos) são o **grau** e o **radiano**.

- **Grau**: quando dividimos uma circunferência em 360 partes congruentes, cada uma dessas partes é um arco de um grau (1°).

Considere o arco $\widehat{AB}$, que vai de *A* para *B* no sentido anti-horário:

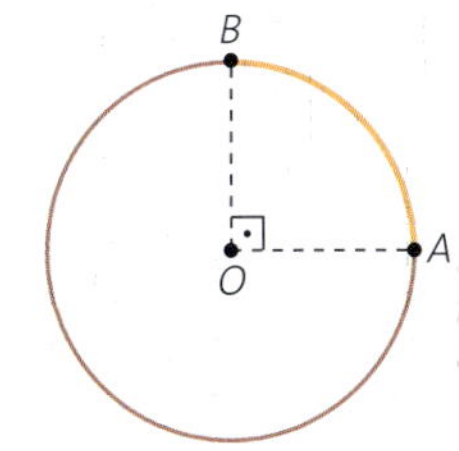

arco $\widehat{AB}$ de 90°
(um quarto de volta)

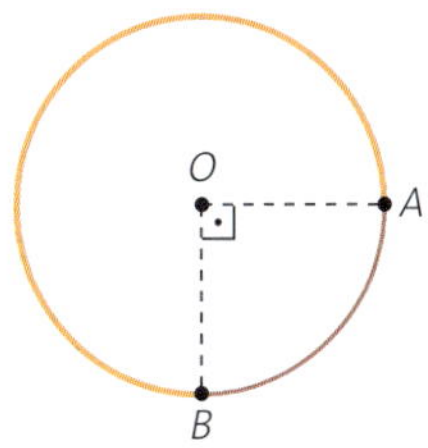

arco $\widehat{AB}$ de 270°
(três quartos de volta)

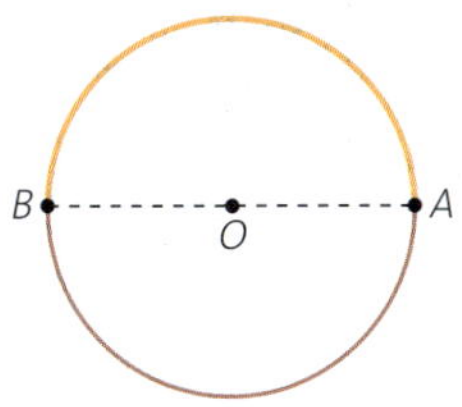

arco $\widehat{AB}$ de 180°
(meia volta)

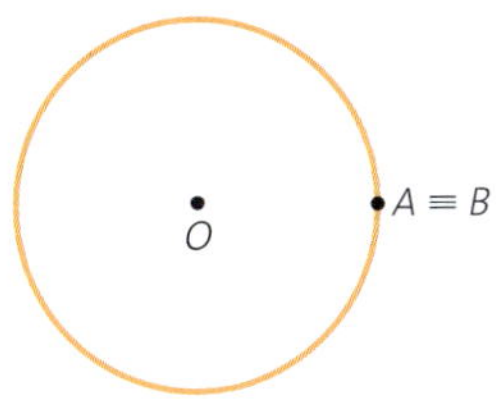

arco $\widehat{AB}$ de 360° ou 0°
(uma volta ou nulo)

Você sabia?
Essa divisão em 360 partes congruentes se deu pela influência do sistema sexagesimal (sistema de base 60) e pela associação do movimento de translação da Terra, que dura aproximadamente 360 dias; com isso a circunferência foi dividida em 360 partes, ou seja, 360 *gradus*, na linguagem atual 360 **graus**.
O grau foi dividido em 60 partes menores chamadas *minutae primae* (primeira parte pequena), o que originou a palavra **minuto** $\left(1' = \left(\frac{1}{60}\right)^{\circ}\right)$.
O minuto foi dividido também em 60 partes menores chamadas *minutae secundae* (próxima parte pequena). Daí a origem da palavra **segundo** $\left(1'' = \left(\frac{1}{60}\right)'\right)$.
Assim, um arco de dois graus, trinta e cinco minutos e quarenta segundos é representado por 2°35'40".

- **Radiano**: um arco de um radiano (1 rad) é um arco cujo comprimento retificado é igual ao raio da circunferência.

Isso deve ser interpretado da seguinte forma: se temos um ângulo central de medida 1 radiano, então ele subtende um arco de medida 1 radiano (lembre que a medida do arco é igual à medida do ângulo central) e comprimento de 1 raio.

Se temos um ângulo central de medida 2 radianos, então ele subtende um arco de medida 2 radianos e comprimento de 2 raios. Se temos um ângulo central de medida α radianos, então ele subtende um arco de medida α radianos e comprimento de α raios. Assim, se a medida α do arco for dada em radianos, teremos $\ell = \alpha r$.

Definição de radiano

Para refletir
"Esticando" o arco $\widehat{AB}$, a medida do segmento obtido será igual à do raio. Use o transferidor e verifique, aproximadamente, a quantos graus corresponde 1 radiano.

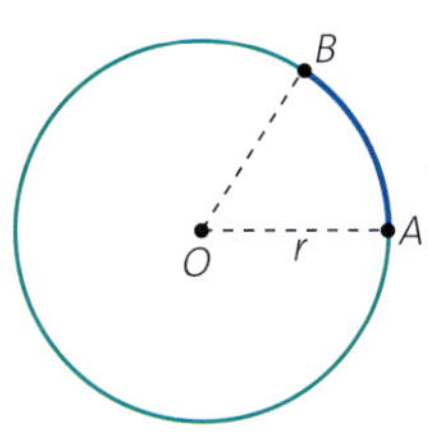

comprimento do arco $\widehat{AB}$ = comprimento de $\overline{OA}$ (*r*)
ou
$m(\widehat{AB}) = 1$ rad

Relação entre as unidades para medir arcos

Lembre-se de que o comprimento C da circunferência de raio r é igual a $C = 2\pi r$, em que $\pi = 3{,}141592...$

Como cada raio r corresponde a 1 rad, podemos afirmar que o arco correspondente à circunferência mede $2\pi r = 2\pi \cdot 1 \text{ rad} = 2\pi \text{ rad}$.

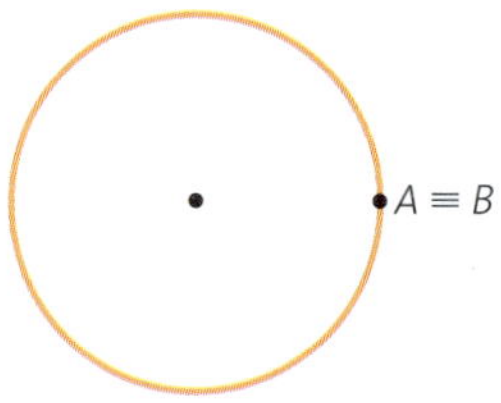

$\overset{\frown}{AB}$: arco de 360° ou arco de 2π rad

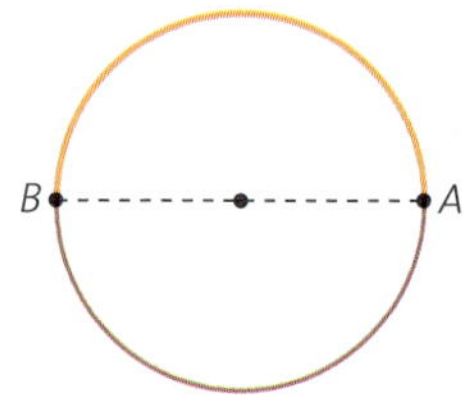

$\overset{\frown}{AB}$: arco de 180° $\left(\dfrac{360°}{2}\right)$ ou arco de π rad $\left(\dfrac{2\pi}{2} \text{ rad}\right)$

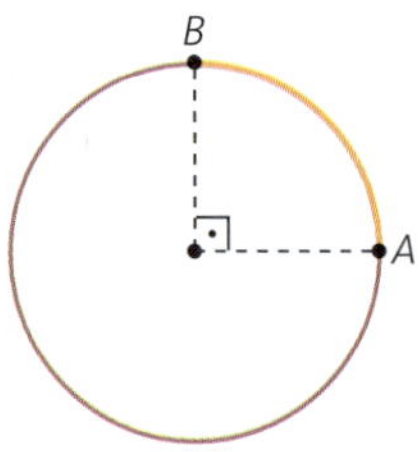

$\overset{\frown}{AB}$: arco de 90° $\left(\dfrac{360°}{4}\right)$ ou arco de $\dfrac{\pi}{2}$ rad $\left(\dfrac{2\pi}{4} \text{ rad}\right)$

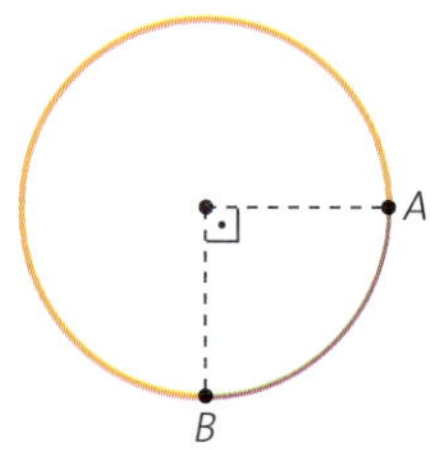

$\overset{\frown}{AB}$: arco de 270° $\left(\dfrac{3}{4} \text{ de } 360°\right)$ ou arco de $\dfrac{3\pi}{2}$ rad $\left(\dfrac{3}{4} \text{ de } 2\pi \text{ rad}\right)$

Observação: Sabendo que um arco de 180° mede π rad, podemos fazer a conversão de unidades usando uma regra de três simples. Porém, recomendamos que você se acostume a fazer as principais conversões entre grau e radiano mentalmente, sem recorrer à regra de três. Esse procedimento é muito simples se observarmos que:

- 90° é $\dfrac{1}{2}$ de 180°; logo, é $\dfrac{1}{2}$ de π rad $\rightarrow 90° = \dfrac{\pi}{2}$ rad
- 30° é $\dfrac{1}{6}$ de 180°; logo, é $\dfrac{1}{6}$ de π rad $\rightarrow 30° = \dfrac{\pi}{6}$ rad
- 60° é $\dfrac{1}{3}$ de 180°; logo, é $\dfrac{1}{3}$ de π rad $\rightarrow 60° = \dfrac{\pi}{3}$ rad
- 45° é $\dfrac{1}{4}$ de 180°; logo, é $\dfrac{1}{4}$ de π rad $\rightarrow 45° = \dfrac{\pi}{4}$ rad

Você pode (e deve) memorizar essas relações para agilizar as conversões.

Veja mais uma: 120° é o dobro de 60°; logo, $120° = 2 \cdot \dfrac{\pi}{3} \text{ rad} = \dfrac{2\pi}{3}$ rad.

Exemplos de conversão utilizando a regra de três simples:

a) 30° em radianos

grau *radiano*

$$\begin{matrix} 180 & \text{———} & \pi \\ 30 & \text{———} & x \end{matrix} \Rightarrow \frac{\overset{6}{\cancel{180}}}{\underset{1}{\cancel{30}}} = \frac{\pi}{x} \Rightarrow 6x = \pi \Rightarrow x = \frac{\pi}{6} \text{ rad}$$

Portanto, $30° = \dfrac{\pi}{6}$ rad.

Fique atento!
Outro modo de resolver:
$30° = \dfrac{180°}{6} = \dfrac{\pi \text{ rad}}{6} = \dfrac{\pi}{6}$ rad

b) $\frac{3\pi}{4}$ rad em graus

grau *radiano*

$$\begin{matrix} 180 & \text{———} & \pi \\ x & \text{———} & \frac{3\pi}{4} \end{matrix} \Rightarrow \frac{180}{x} = \frac{\not\pi}{\frac{3\not\pi}{4}} \Rightarrow \frac{180}{x} = \frac{4}{3} \Rightarrow 4x = 540 \Rightarrow x = 135°$$

Logo, $\frac{3\pi}{4}$ rad $= 135°$.

Fique atento!
É mais simples responder à pergunta "Qual é o comprimento de um arco de 2 radianos em uma circunferência de raio 10 cm?" do que à pergunta "Qual é o comprimento de um arco de 30° em uma circunferência de raio 10 cm?".

c) 1 rad em graus

$$\frac{180}{x} = \frac{\pi}{1} \Rightarrow \pi x = 180 \Rightarrow x = \frac{180}{\pi} \simeq \frac{180}{3,14} \simeq 57,3° \text{ ou } 57°18'$$

Portanto, 1 rad $\simeq$ 57°18′.

d) 1 grau em radianos

$$\frac{180}{1} = \frac{\pi}{x} \Rightarrow 180x = \pi \Rightarrow x = \frac{\pi}{180} \simeq \frac{3,14}{180} \simeq 0,017 \text{ rad}$$

Logo, 1° $\simeq$ 0,017 rad.

Exemplos de transformação em radianos ou em graus sem usar regra de três:

a) $330° = 11 \cdot 30° = 11 \cdot \frac{\pi}{6} = \frac{11\pi}{6}$

b) $225° = 5 \cdot 45° = 5 \cdot \frac{\pi}{4} = \frac{5\pi}{4}$

c) $\frac{7\pi}{6} = 7 \cdot 30° = 210°$

d) $\frac{7\pi}{4} = 7 \cdot 45° = 315°$

e) $\frac{4\pi}{3} = 4 \cdot 60° = 240°$

Fique atento!
- $\frac{\pi}{6} = 30°$; $\frac{\pi}{4} = 45°$; $\frac{\pi}{3} = 60°$
- Quando a unidade não for indicada, subentende-se que é o radiano.

Por exemplo: $\frac{7\pi}{6}$ significa $\frac{7\pi}{6}$ rad.

Exercícios resolvidos

1. Transforme 18°30′ em radianos.

Resolução

Vamos transformar em minutos os graus dados:
1° = 60′
18°30′ = 18 · 60′ + 30′ = 1080′ + 30′ = 1110′
180° = 180 · 60′ = 10800′

minuto *radiano*

$$\begin{matrix} 10800 & \text{———} & \pi \\ 1100 & \text{———} & x \end{matrix} \Rightarrow$$

$$\Rightarrow \frac{10800}{1110} = \frac{\pi}{x} \Rightarrow$$

$$\Rightarrow \frac{360}{37} = \frac{\pi}{x} \Rightarrow 360x = 37\pi \Rightarrow x = \frac{37\pi}{360}$$

Logo, $18°30' = \frac{37\pi}{360}$ rad.

2. Converta $\frac{5\pi}{16}$ rad em graus.

Resolução

grau *radiano*

$$\begin{matrix} 180 & \text{———} & \pi \\ x & \text{———} & \frac{5\pi}{16} \end{matrix} \Rightarrow \frac{180}{x} = \frac{\not\pi}{\frac{5\not\pi}{16}} \Rightarrow$$

$$\Rightarrow \frac{180}{x} = \frac{16}{5} \Rightarrow 16x = 900 \Rightarrow x = 56,25$$

Como $x = 56,25$, devemos transformar a fração do grau $\left(0,25 \text{ ou } \frac{1}{4}\right)$ em minutos:

$0,25 \cdot 60' = 15'$ ou $\frac{1}{4}$ de $60' = 15'$

Então, $x = 56°15'$, ou seja, $\frac{5\pi}{16}$ rad $= 56°15'$.

3. Determine a medida, em radianos, de um arco de 20 cm de comprimento contido em uma circunferência de raio 8 cm.

Resolução

$\ell = 20$ cm; $r = 8$ cm

$$\alpha = \frac{\ell}{r} = \frac{20}{8} = 2{,}5 \text{ rad ou}$$

$$\frac{8 \text{ cm}}{1 \text{ rad}} = \frac{20 \text{ cm}}{x \text{ rad}} \Rightarrow x = \frac{20}{8} = 2{,}5 \text{ rad}$$

4. Qual é o comprimento de um arco correspondente a um ângulo central de 60° contido em uma circunferência de raio 1 cm?

Resolução

Vamos converter 60° em rad: $60° = \frac{180°}{3} = \frac{\pi}{3}$ rad.

Dados $\alpha = \frac{\pi}{3}$ e $r = 1$, temos:

$$\alpha = \frac{\ell}{r} \Rightarrow \ell = \alpha \cdot r = \frac{\pi}{3} \cdot 1 = \frac{\pi}{3} \text{ cm}$$

ou

$$\frac{1 \text{ cm}}{1 \text{ rad}} = \frac{x \text{ cm}}{\frac{\pi}{3} \text{ rad}} \Rightarrow x = \frac{\pi}{3} \text{ cm}$$

Portanto, o comprimento do arco é $\frac{\pi}{3}$ cm, ou seja, aproximadamente 1,05 cm.

5. O ponteiro dos minutos de um relógio mede 10 cm. Qual é a distância que sua extremidade percorre em 30 minutos?

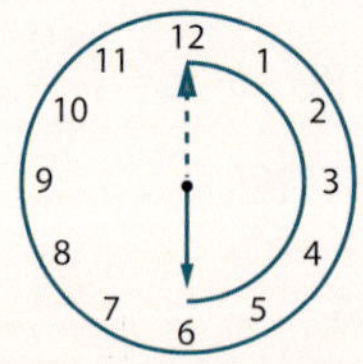

Resolução

Em 30 minutos, o ponteiro percorre $\frac{1}{2}$ da circunferência, isto é, 180°.

Logo, $\alpha = 180° = \pi$ rad.

Como o percurso é dado por $\ell = \alpha \cdot r$, temos:

$\ell = 10\pi \simeq 10 \cdot 3{,}14 = 31{,}4$ cm

Então, a distância percorrida é de aproximadamente 31,4 cm.

Exercícios

1. Converta em radianos:

a) 60°
b) 45°
c) 210°
d) 300°
e) 120°
f) 150°
g) 270°
h) 135°

2. Expresse em graus:

a) $\frac{\pi}{6}$ rad
b) $\frac{\pi}{2}$ rad
c) $\frac{\pi}{4}$ rad
d) $\frac{5\pi}{6}$ rad
e) $\frac{5\pi}{4}$ rad
f) $\frac{4\pi}{3}$ rad

3. Calcule, em radianos, a medida do ângulo central correspondente a um arco de comprimento 15 cm contido em uma circunferência de raio 3 cm.

4. Qual é o comprimento de um arco correspondente a um ângulo central de 45° contido em uma circunferência de raio 2 cm?

5. Determine o ângulo, em radianos, em cada item.

a)

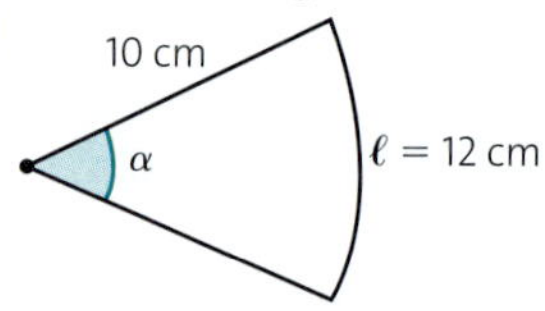

b)

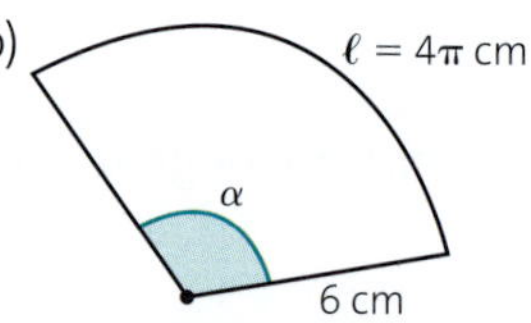

6. Um pêndulo tem 15 cm de comprimento e, no seu movimento, suas posições extremas formam um ângulo de 60°. Qual é o comprimento do arco que a extremidade do pêndulo descreve?

7. A figura ao lado representa uma pista formada por arcos de circunferências. Qual a distância percorrida por um carro que vai do ponto *A* ao ponto *B*?

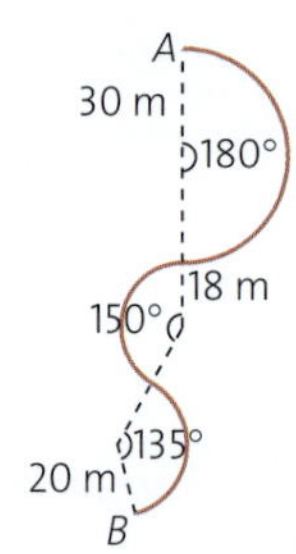

3 Circunferência trigonométrica

Denomina-se **circunferência trigonométrica** a circunferência orientada, de centro na origem do sistema de coordenadas cartesianas ortogonais, cujo raio tem 1 unidade de comprimento e na qual o sentido positivo é o anti-horário.

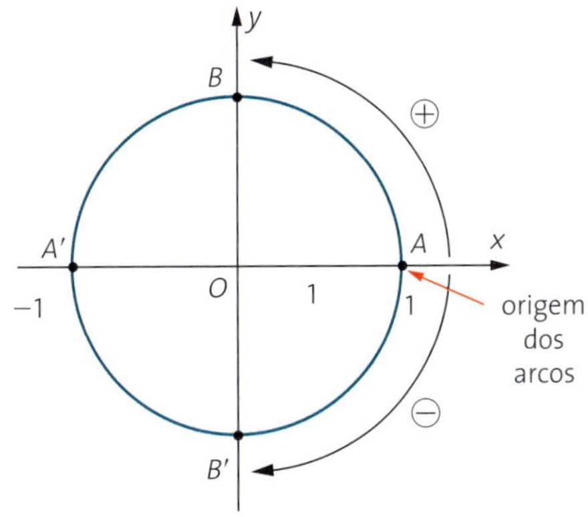

Para refletir
Por que dizemos **circunferência orientada**?

À circunferência trigonométrica de centro *O* vamos associar um sistema de coordenadas cartesianas ortogonais, fixando o ponto *A* de coordenadas (1, 0) como origem dos arcos (conforme figura abaixo).

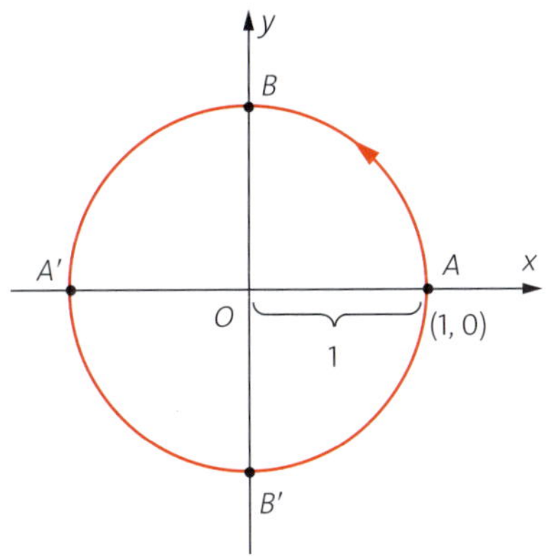

Para refletir
Os pontos *B*, *A'* e *B'* correspondem a quais pares ordenados?

Os eixos *x* e *y* dividem a circunferência trigonométrica em quatro partes congruentes chamadas **quadrantes**, numeradas de 1 a 4 e contadas a partir de *A*, no sentido positivo.

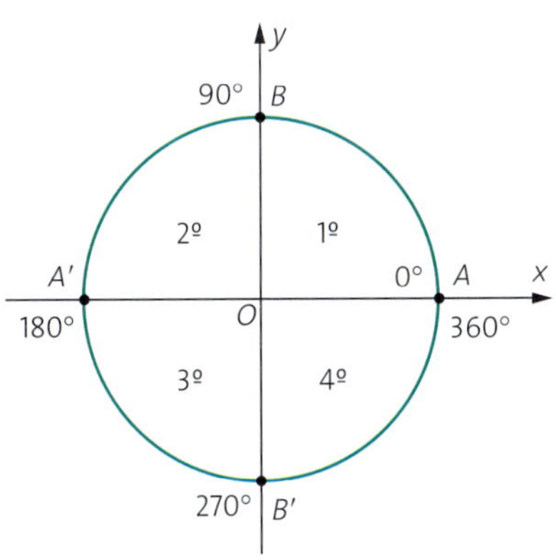

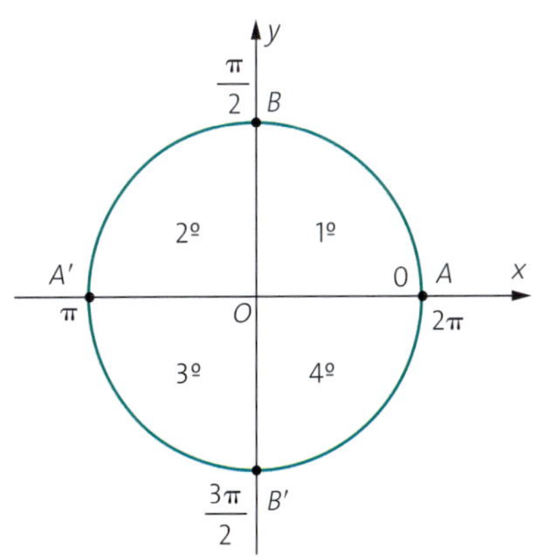

Observações:

1ª) Os pontos *A*, *B*, *A'* e *B'* são pontos dos eixos e por isso não são considerados pontos dos quadrantes.

2ª) Para todo ponto (x, y) pertencente à circunferência trigonométrica, temos $-1 \leqslant x \leqslant 1$ e $-1 \leqslant y \leqslant 1$.

4 Arcos côngruos (ou congruentes)

Toda vez que o ponto da circunferência, final do arco iniciado em (1, 0), é o mesmo para dois arcos diferentes (por exemplo, 0 e 2π), chamamos esses arcos de **arcos côngruos** ou **congruentes**. É conveniente notar que todos os arcos côngruos diferem entre si de um múltiplo de 2π, que é o comprimento de cada volta.

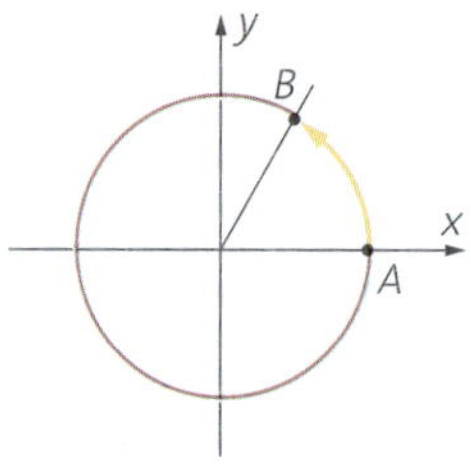

Ao número $\frac{\pi}{3}$ está associado o ponto *B*.

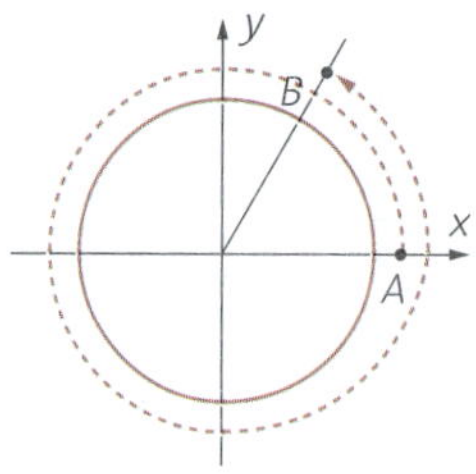

Ao número $\frac{\pi}{3} + 2\pi$ também está associado o ponto *B*.

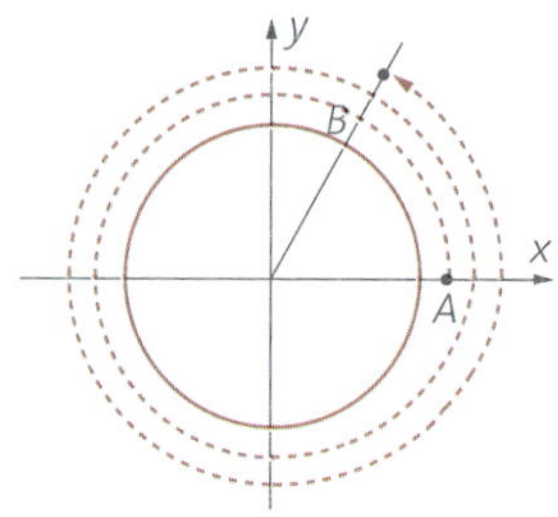

Ao número $\frac{\pi}{3} + 2 \cdot 2\pi$ está associado o mesmo ponto *B*.

Imaginando o ponto como um móvel que se desloca sobre a circunferência no sentido anti-horário, teríamos o seguinte:

- na primeira figura, o ponto deslocou-se $\frac{\pi}{3}$ ou 60° de *A* até *B*;
- na segunda figura, o ponto deslocou-se uma volta inteira (2π ou 360°) e mais $\frac{\pi}{3}$ ou 60°; ou seja, deslocou-se $\frac{7\pi}{3}$ ou 420°;
- na terceira figura, o ponto deslocou-se duas voltas inteiras ($2 \cdot 2\pi$ ou $2 \cdot 360°$) e mais $\frac{\pi}{3}$ ou 60°; ou seja, $\frac{13\pi}{3}$ ou 780°.

Supondo que o ponto se deslocasse *k* voltas inteiras, o número associado à extremidade *B* do arco *AB* seria escrito assim:

$$\frac{\pi}{3} + k \cdot 2\pi \text{ ou } 60° + k \cdot 360°, \text{ com } k \in \mathbb{Z}$$

Podemos então definir:

> Dois arcos são côngruos ou congruentes quando suas medidas diferem de um múltiplo de 2π rad ou 360°.

Exemplos de arcos côngruos:

a) $30°$ e $30° + 360° \left(\text{ou } \frac{\pi}{6} \text{ e } \frac{\pi}{6} + 2\pi\right)$

b) $60°$ e $60° - 3 \cdot 360° \left(\text{ou } \frac{\pi}{3} \text{ e } \frac{\pi}{3} - 3 \cdot 2\pi\right)$

Para refletir

Com relação ao exemplo **a**, podemos afirmar que são côngruos: 30° e 390° ou $\frac{\pi}{6}$ e $\frac{13\pi}{6}$. E com relação ao exemplo **b**?

Nesse último exemplo, o sinal negativo significa que as três voltas completas foram dadas no sentido horário. Dizemos, nesse caso, que $60° - 3 \cdot 360° = -1020°$ ou $-\frac{17\pi}{3}$ são arcos negativos.

Fique atento!

De modo geral:

- Se um arco mede $\alpha°$, os arcos côngruos a ele podem ser dados pela expressão $\alpha° + k \cdot 360°$, com $k \in \mathbb{Z}$.
- Se um arco mede *x* radianos, os arcos côngruos a ele podem ser dados pela expressão $x + k \cdot 2\pi$ ou $x + 2k\pi$, com $k \in \mathbb{Z}$.
- Como a cada ponto da circunferência podem estar associados infinitos arcos côngruos, dizemos que o arco da 1ª volta positiva (entre 0 e 2π ou entre 0° e 360°), associado a um ponto da circunferência, é a 1ª determinação positiva de qualquer arco côngruo associado ao mesmo ponto.

Exercícios resolvidos

6. Escreva a expressão geral dos arcos côngruos aos arcos de:

a) 45°;

b) $\frac{3\pi}{4}$ rad.

Resolução

a) expressão geral: $\alpha + k \cdot 360°$

$\alpha = 45° \longrightarrow 45° + k \cdot 360°$, com $k \in \mathbb{Z}$

b) expressão geral: $x + 2k\pi$

$x = \frac{3\pi}{4}$ rad $\longrightarrow \frac{3\pi}{4} + 2k\pi$, com $k \in \mathbb{Z}$

7. Qual é o menor arco não negativo côngruo ao arco de 1320°, ou seja, qual é a 1ª determinação positiva do arco de 1320°?

Resolução

Devemos obter o menor valor não negativo de α tal que $\alpha + k \cdot 360° = 1320°$, com $k \in \mathbb{Z}$.

Então:

$$\begin{array}{r|l} 1320 & 360 \\ \hline 240 & 3 \end{array} \longrightarrow 1320° = 240° + 360° \cdot 3$$

(240 → α; 3 → k)

Logo, o arco pedido mede 240°.

Para refletir

Qual é o significado de um *número não negativo*?

Fique atento!

Neste exercício dizemos que 240° é a 1ª determinação positiva de 1320° ou que 1320° foi reduzido à 1ª volta.

8. Calcule qual é o menor arco não negativo côngruo ao arco de –750°, ou seja, a 1ª determinação positiva de um arco de –750° (redução à 1ª volta).

Resolução

$$\begin{array}{r|l} 750 & 360 \\ \hline 030 & 2 \end{array} \longrightarrow -750° = -30° - 2 \cdot 360°$$

$$-30° = 330° - 360°$$

(330° → α)

Então, o arco pedido é 330°.

» Resolvido passo a passo

9. (Enem) Nos *X-Games Brasil*, em maio de 2004, o skatista brasileiro Sandro Dias, apelidado "Mineirinho", conseguiu realizar a manobra denominada "900", na modalidade *skate* vertical, tornando-se o segundo atleta no mundo a conseguir esse feito. A denominação "900" refere-se ao número de graus que o atleta gira no ar em torno de seu próprio corpo, que, no caso, corresponde a:

a) uma volta completa.

b) uma volta e meia.

c) duas voltas completas.

d) duas voltas e meia.

e) cinco voltas completas.

» passo a passo: exercício 9

1. Lendo e compreendendo

a) O que é dado no problema?

É explicado que a denominação "900", na manobra do *skate* vertical, se refere ao número de graus que o atleta gira em torno do seu próprio corpo.

b) O que se pede?

Pede-se ao aluno que determine quantas voltas o atleta gira quando faz a manobra denominada "900" no *skate* vertical.

2. Planejando a solução

Sabendo que uma volta completa equivale a um giro de 360°, basta determinarmos quantas voltas equivalem a 900°.

3. Executando o que foi planejado

Chamando de x o número de vezes que 360° "cabe" em 900°, temos:

$$360x = 900 \Rightarrow x = \frac{900}{360} = 2{,}5 \qquad \begin{array}{r|l} 900 & 360 \\ \hline & x \end{array}$$

Portanto, são duas voltas e meia.

4. Emitindo a resposta

A resposta é a alternativa **d**.

5. Ampliando o problema

a) Muitas outras manobras do *skate* vertical (rampa em forma de U) têm no nome números que indicam a rotação em graus do atleta. Uma manobra como "180 *ollie frontside*" consiste em um giro de meia-volta no ar quando o atleta sai da rampa, voltando para ela com o *skate* já na nova posição. Considerando apenas o nome das manobras abaixo, descreva o número de voltas do giro do atleta em cada uma delas:

I. *Fakie* 360

II. 540 *McTwist*

III. 720 *McHawk*

b) *Discussão em equipe*

Skatismo é ou não é esporte? Há quem defenda uma e outra posição. Já quiseram até mesmo incluir essa atividade em olimpíadas. Alguns dos maiores nomes do skatismo mundial dizem que "skatismo não é esporte, é estilo de vida". Mas é considerado também um "esporte radical" e participa dos *X-Games*, a "olimpíada dos esportes radicais". Converse com seus colegas e dê sua opinião.

c) *Pesquisa*

Quem foi o primeiro a executar o "900"? Quando e onde isso aconteceu?

Exercícios

8. Escreva a expressão geral dos arcos congruentes a:

a) $60°$

b) $120°$

c) $\frac{5\pi}{4}$ rad

d) $\frac{11\pi}{6}$ rad

9. Dê a expressão geral, em radianos, dos arcos de extremidades nos pontos indicados, considerando a origem em A:

a)

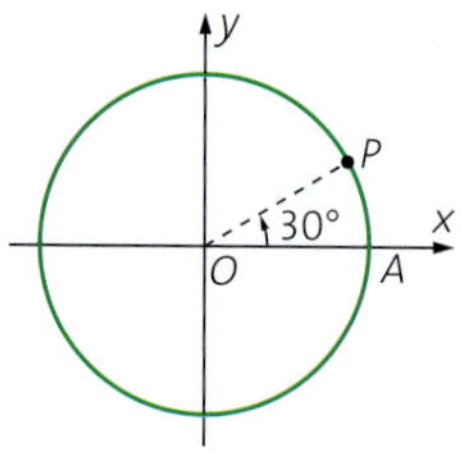

d)

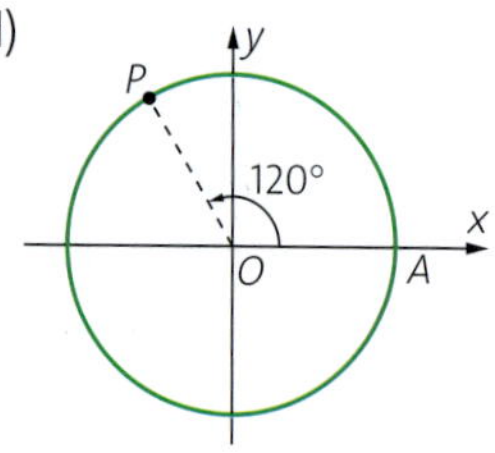

b)

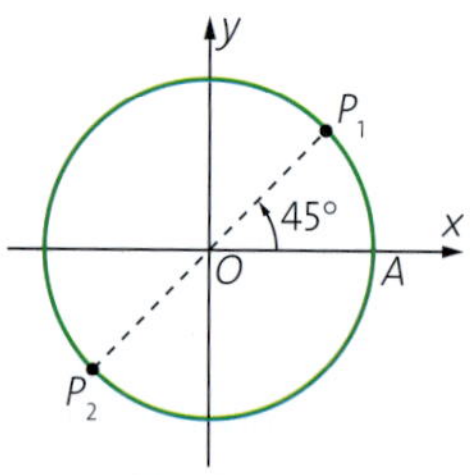

e)

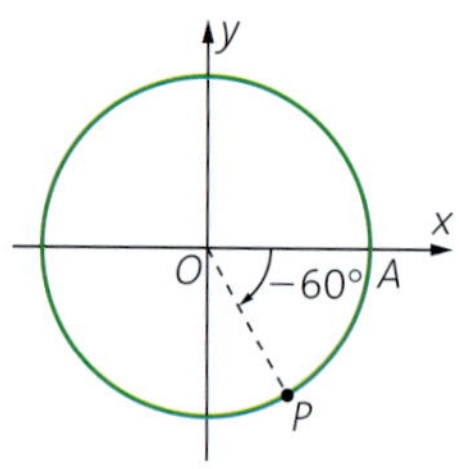

c)

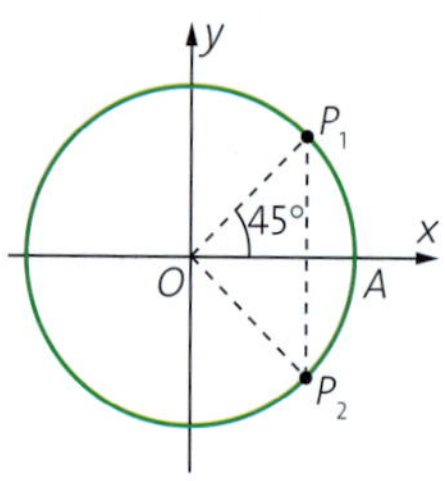

f)

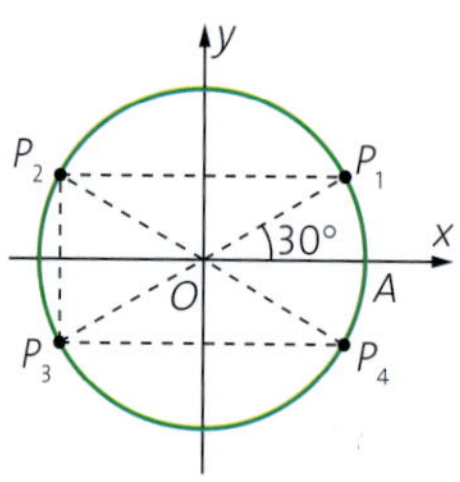

10. Encontre a 1ª determinação, ou seja, o menor valor não negativo côngruo ao arco de:

a) $685°$

b) $780°$

c) $1\,140°$

d) $850°$

e) $-400°$

f) $-1310°$

g) $\frac{15\pi}{2}$ rad

h) $\frac{10\pi}{3}$ rad

i) $\frac{23\pi}{6}$ rad

j) $\frac{21\pi}{5}$ rad

k) $\frac{9\pi}{2}$ rad

l) $\frac{17\pi}{4}$ rad

11. Responda:

a) Convertendo $\frac{7\pi}{4}$ rad em graus, quanto obtemos?

b) Qual é o comprimento de um arco correspondente a um ângulo central de $60°$ contido em uma circunferência de raio $r = 1{,}5$ cm?

c) Quanto mede o menor arco não negativo côngruo de $2\,650°$?

d) Qual é a expressão geral dos arcos côngruos de $\frac{14\pi}{3}$?

12. (PUC-MG) Ao projetar prédios muito altos, os engenheiros devem ter em mente o movimento de oscilação, que é típico de estruturas de arranha-céus. Se o ponto mais alto de um edifício de 400 m descreve um arco de $\left(\frac{1}{2}\right)^{\circ}$, a medida do arco descrito por esse ponto, em metros, é:

a) π.

b) $\frac{3\pi}{4}$.

c) $\frac{4\pi}{3}$.

d) $\frac{10\pi}{9}$.

e) $\frac{11\pi}{10}$.

13. *História*

Em 1792, durante a Revolução Francesa, houve na França uma reforma de pesos e medidas que culminou na adoção de uma nova unidade de medida de ângulos. Essa unidade dividia o ângulo reto em 100 partes iguais, chamadas **grados**. Um grado (1 gr) é, então, a unidade que divide o ângulo reto em 100 partes iguais, e o minuto divide o grado em 100 partes, bem como o segundo divide o minuto também em 100 partes. Tudo isso para que a unidade de medição de ângulos ficasse em conformidade com o sistema métrico decimal. A ideia não foi muito bem-sucedida, mas até hoje encontramos na maioria das calculadoras científicas as três unidades: grau, radiano e grado.

Com base no texto acima, responda:

a) A quantos grados equivale meia volta de circunferência? E uma volta inteira?

b) Em qual quadrante termina o arco trigonométrico de 250 gr?

c) A quantos grados equivale 1 rad?

d) A quantos graus equivale 1 gr?

14. As técnicas usadas para erguer prédios resistentes a terremotos não são tão complexas quanto se pode pensar. Paredes bem elaboradas, no lugar certo, podem fazer a diferença entre algumas rachaduras e o colapso completo da estrutura. O problema é que essas mudanças aumentam os custos da construção – um desafio complicado em países extremamente pobres como o Haiti.

Em empreendimentos mais ousados, como o prédio taiwanês Taipei 101, que tem 508 metros de altura, os mecanismos antissísmicos são mais futuristas. Nessa construção, a segunda mais alta do mundo, um pêndulo de 660 toneladas instalado entre o 87º e o 92º andar é controlado eletronicamente para compensar as oscilações causadas pelo vento ou por tremores.

Adaptado de: THENÓRIO, Iberê. Entenda como são feitos os prédios resistentes a terremotos. Disponível em: <http://g1.globo.com/Noticias/Ciencia/0,,MUL1517047-5603,00-ENTENDA+COMO+SAO+FEITOS+OS+PREDIOS+RESISTENTES+A+TERREMOTOS.html>. Acesso em: 3 mar. 2014.

Considerando as informações do texto e supondo que, em razão de ventos muito fortes, um ponto localizado a 8 metros abaixo do cume do Taipei 101 oscilou descrevendo um arco de 0,006 radianos, qual seria o comprimento, em metros, da oscilação sofrida por esse ponto?

a) 2,0 m
b) 2,3 m
c) 2,7 m
d) 3,0 m
e) 3,3 m

15. Desde as épocas mais remotas, sombras produzidas por instrumentos chamados **gnômons** eram utilizadas para dividir o dia em intervalos. Os gnômons foram então associados a escalas, originando os relógios de sol, que possibilitam determinar as horas do dia através do comprimento ou da posição da sombra projetada pelo Sol.

Um relógio de sol egípcio, de 1500 a.C., é a evidência mais antiga da divisão do dia* em partes iguais. As marcas na escala associam o comprimento da sombra do gnômon a uma unidade padronizada. Antes de o período dia-noite dividido em 24 horas iguais ter se consagrado como uma prática aceita, o número de horas contadas em qualquer período diurno era constante em todas as estações do ano. Desse modo, uma hora no verão era mais longa que uma hora no inverno porque os períodos diurnos são mais longos.

Figura 1

Figura 2

Nas figuras 1 e 2 estão representadas as sombras projetadas pela incidência de luz solar em uma haste vertical (gnômon) em dois momentos do dia. Durante a noite, por não haver sombra, não é possível controlar a passagem do tempo pelo gnômon.

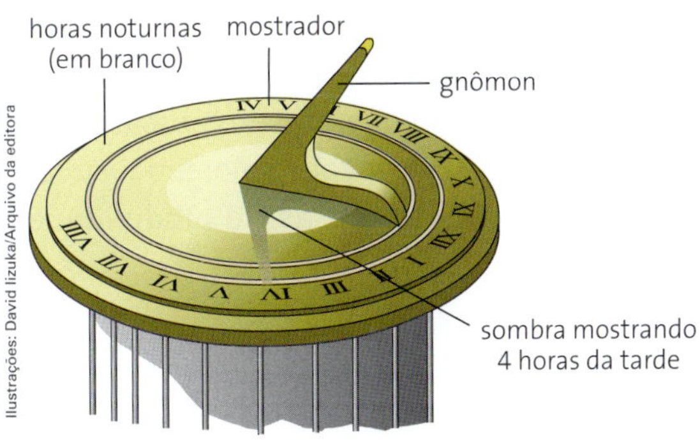

Ilustrações: David Iizuka/Arquivo da editora

Disponível em: <www.numaboa.com/almanaque/relogios/260-sobre-relogios-de-sol>. Acesso em: 7 nov. 2013.

Considerando essas informações, observe acima a ilustração de um relógio de sol com mostrador em números romanos.

Admita que o relógio de sol ilustrado esteja com a marcação de suas horas (de IV da manhã às VIII da noite) distribuídas igualmente em um arco de exatamente 2 radianos. Admita ainda como origem da medição dos arcos (0 radiano) a sombra das 4 horas da manhã. Que horas estará marcando o relógio quando o ângulo for de 0,6875 radianos?

a) 8h
b) 8,5h
c) 9h
d) 9,5h
e) 10h

* Aqui, o termo "dia" significa somente a parte clara do dia de 24 horas.

Leituras

Os arcos trigonométricos

Jupiterimages/Agence France-Presse

"A Trigonometria, como outros ramos da Matemática, não foi obra de um só homem ou nação. [...] Deve-se lembrar que desde a época de Hiparco [século II a.C.] até os tempos modernos não havia coisas como razões trigonométricas. Os gregos, e depois deles os hindus e os árabes, usaram linhas trigonométricas. Essas a princípio tiveram a forma de cordas num círculo, [...] e coube a Ptolomeu [século II d.C.] associar valores numéricos (ou aproximações) às cordas. Para isso, duas convenções eram necessárias: algum esquema para subdividir a circunferência de um círculo e alguma regra para subdividir o diâmetro.

A divisão de uma circunferência em 360 graus parece ter estado em uso na Grécia desde os dias de Hiparco, embora não se saiba bem como a convenção surgiu. Não é improvável que a medida de 360 graus tenha sido tomada da Astronomia, onde o zodíaco fora dividido em doze "signos" ou 36 "decanatos". Um ciclo de estações, de aproximadamente 360 dias, podia facilmente ser posto em correspondência com o sistema de signos zodiacais e decanatos, subdividindo cada signo em trinta partes e cada decanato em dez partes. Nosso sistema comum de medida de ângulos pode derivar dessa correspondência. Além disso, como o sistema babilônico posicional para frações era evidentemente superior às frações unitárias egípcias e às frações comuns gregas, era natural que Ptolomeu subdividisse seus graus em sessenta partes *minutae primae*, cada uma das quais era dividida em sessenta partes *minutae secundae*, e assim por diante. É das frases latinas que os tradutores usaram que provêm nossas palavras "minutos" e "segundos". Sem dúvida, foi o sistema sexagesimal que levou Ptolomeu a subdividir o diâmetro de seu círculo trigonométrico em 120 partes; cada uma dessas ele subdividiu de novo em sessenta minutos e cada minuto de comprimento em sessenta segundos."

BOYER, Carl. *História da Matemática*. Trad. Elza F. Gomide. São Paulo: Edgard Blücher, 1994. p. 116 e 121.

Por que a circunferência trigonométrica tem raio 1?

"Normalmente as pessoas respondem a essa pergunta dizendo o seguinte: nas definições dadas para tangente e secante (bem como nas definições de seno e cosseno), figura sempre o raio r do círculo no denominador. Se supusermos $r = 1$, as fórmulas se simplificarão bastante.

Tal explicação deve ser complementada com a observação de que tomar $r = 1$ corresponde a escolher o (comprimento do) raio como unidade de medida. Como todas as linhas trigonométricas são quocientes entre duas medidas, o valor de cada uma delas se mantém inalterado quando elas passam de uma unidade para outra. Por isso não faz mal convencionar $r = 1$.

No fundo, o que ocorre é que na Geometria Euclidiana, embora haja uma unidade natural para medir ângulo (o radiano), não há uma unidade de comprimento que possa ser escolhida de modo canônico, isto é, independentemente de escolhas arbitrárias. Isso contrasta com a Geometria Hiperbólica (de Lobatchevski e Bolyai), na qual existe uma medida natural para os comprimentos, e, portanto, para áreas e volumes."

LIMA, Elon Lages de. *Meu professor de Matemática*. Rio de Janeiro: Impa-Vitae, 1991. p. 188.

Atividades adicionais

1. Transforme em radianos ou em graus:

   a) 330°

   b) 225°

   c) 15°

   d) $\frac{7\pi}{6}$

   e) $\frac{7\pi}{4}$

   f) $\frac{5\pi}{3}$

   g) $\frac{5\pi}{9}$

   h) $\frac{2\pi}{3}$

2. Divida, a partir da origem em A, a circunferência unitária em 8 partes iguais. A seguir, determine, em rad, a medida do menor arco não negativo associado a cada ponto de divisão.

3. Divida, a partir da origem em A, a circunferência unitária em 12 partes iguais. A seguir, determine, em rad, a medida do menor arco não negativo associado a cada ponto de divisão.

4. Escreva a expressão geral dos arcos congruentes a:
   (*Sugestão*: Determine primeiro o menor arco não negativo côngruo ao arco dado.)

   a) 800°;

   b) 420°;

   c) $\frac{9\pi}{4}$ rad;

   d) $\frac{19\pi}{3}$ rad.

5. Considerando a origem em A, represente, na circunferência unitária, a outra extremidade dos arcos dados, em radianos, pela expressão (com $k \in \mathbb{Z}$):

   a) $x = \frac{\pi}{4} + k\pi$

   b) $x = \frac{\pi}{6} + k\pi$

   c) $x = \frac{2\pi}{3} + 2k\pi$

   d) $x = -\frac{\pi}{3} + 2k\pi$

   e) $x = -\frac{\pi}{4} + k\pi$

6. Transforme:

   a) 1 rad em graus;

   b) 1 grau em radianos.

7. Determine o quadrante do arco $\frac{37\pi}{3}$ rad, além de representar a expressão geral dos arcos côngruos.

8. Dê a expressão geral, em radianos, dos arcos de extremidades nos pontos indicados, considerando a origem em A:

   a)

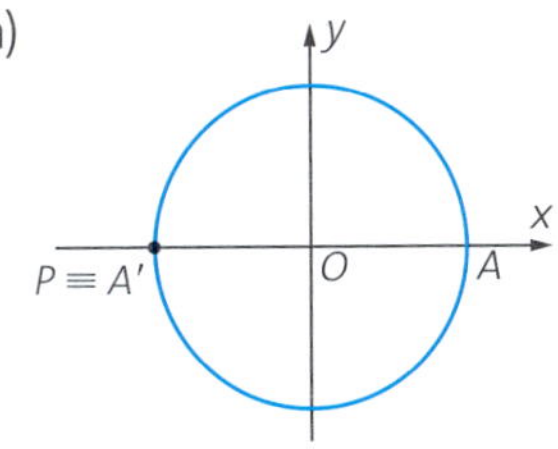

   b)

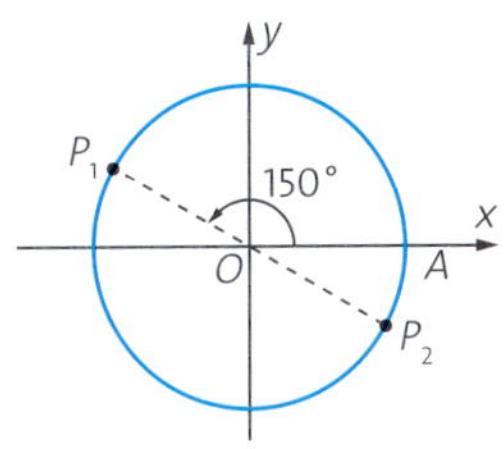

9. Na circunferência da figura abaixo estão representadas as extremidades M_1, M_2, M_3 e M_4 dos arcos dados, em radianos, pela expressão (com $k \in \mathbb{Z}$):

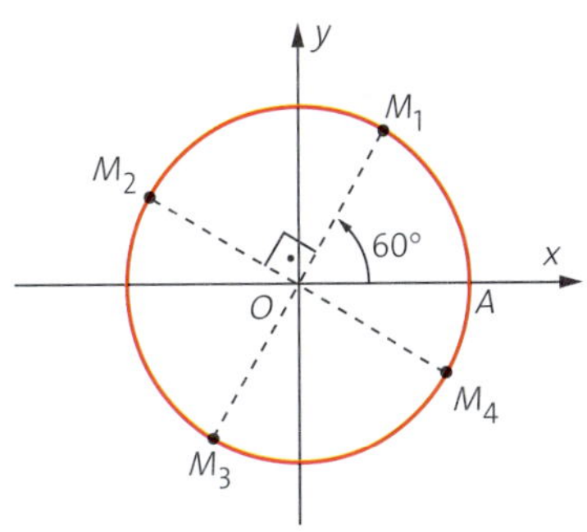

   a) $\frac{\pi}{3} + 2k\pi$.

   b) $\frac{\pi}{3} + k\pi$.

   c) $\frac{\pi}{6} + 2k\pi$.

   d) $\frac{\pi}{6} + k\pi$.

   e) $\frac{\pi}{3} + k \cdot \frac{\pi}{2}$.

Pensando no Enem

Considere um ponto P em uma circunferência de raio r no plano cartesiano. Seja Q a projeção ortogonal de P sobre o eixo x, como mostra a figura, e suponha que o ponto P percorra, no sentido anti-horário, uma distância $d \leqslant r$ sobre a circunferência.

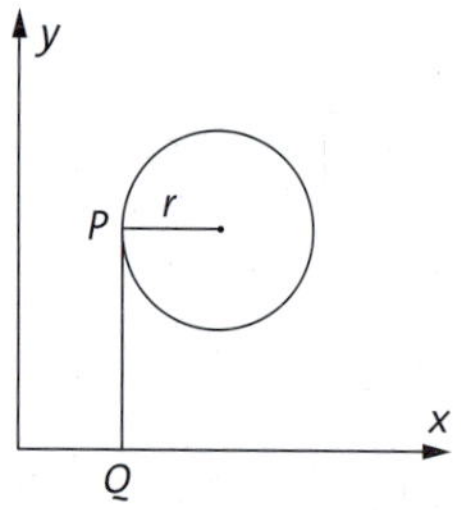

Então, o ponto Q percorrerá, no eixo x, uma distância dada por:

a) $r\left(1 - \text{sen}\,\frac{d}{r}\right)$.

b) $r\left(1 - \cos\frac{d}{r}\right)$.

c) $r\left(1 - \text{tg}\,\frac{d}{r}\right)$.

d) $r\,\text{sen}\,\frac{r}{d}$.

e) $r\cos\frac{r}{d}$.

Resolução

Nesta questão, podemos observar que o ponto P se desloca em sentido anti-horário por uma distância d, desconhecida, que pode ser menor ou igual ao raio r da circunferência. Esse deslocamento criará um novo ponto na figura e, consequentemente, uma nova projeção ortogonal. Lembre-se de que a projeção ortogonal é aquela que se faz perpendicularmente ao eixo.

Chamando o novo ponto de R e sua projeção no eixo x de S, chegamos ao que a questão pede: que se determine a equação da distância percorrida pelo ponto Q, que se trata da medida do segmento QS.

Chamando o centro da circunferência de O, os segmentos OP e OR são raios dessa circunferência e têm medida r. Consideremos agora o ângulo $P\hat{O}R$, cuja medida indicaremos por α.

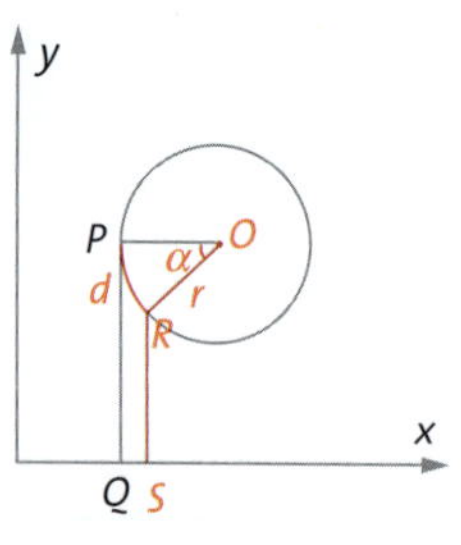

Temos então um setor circular cujo comprimento de arco medirá no máximo r, pois $d \leqslant r$. Lembrando do círculo trigonométrico, podemos dizer que esse arco terá um comprimento máximo de 1 radiano e, portanto, a medida de α em radianos será no máximo de 1 rad. Como o comprimento da circunferência, $2\pi r$, corresponde a um ângulo de 2π rad, então podemos escrever a proporcionalidade: $2\pi r$ está para 2π assim como d está para α, isto é, $\frac{2\pi r}{2\pi} = \frac{d}{\alpha}$. De onde obtemos que $d = r\alpha$ ou $\alpha = \frac{d}{r}$.

Agora, vamos considerar o triângulo retângulo obtido a partir da projeção ortogonal de R no segmento OP. Esse triângulo terá como hipotenusa o raio r da circunferência e como um dos catetos uma parte do segmento OP, que chamaremos de x. Desse desenvolvimento podemos perceber que a medida do segmento QS será dada por $r - x$, como pode ser visto abaixo:

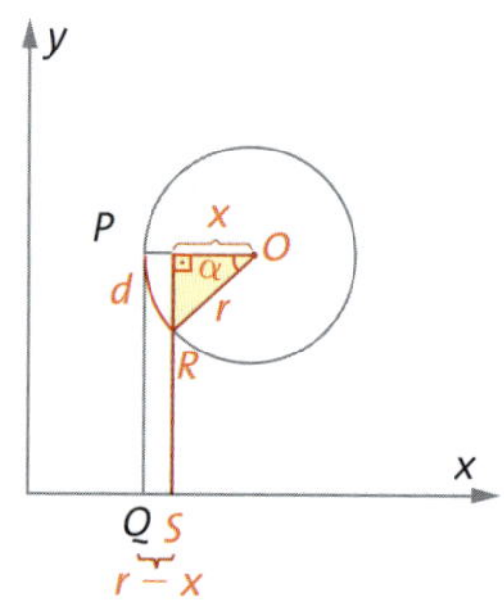

Sabemos que o cosseno de um ângulo no triângulo retângulo é a razão entre o cateto adjacente a esse ângulo e a hipotenusa, então temos:

$$\cos\alpha = \frac{x}{r}$$

Substituindo o valor de α, obtemos:

$$x = r \cdot \cos\alpha = r \cdot \cos\frac{d}{r}$$

Finalmente, substituindo o valor obtido para x, podemos calcular a medida do segmento QS:

$$\text{med}\,(QS) = r - x = r - r \cdot \cos\frac{d}{r} \Rightarrow$$

$$\Rightarrow \text{med}\,(QS) = r\left(1 - \cos\frac{d}{r}\right)$$

Resposta: alternativa **b**.

Vestibulares de Norte a Sul

1. **N** (UFPA) Um engenheiro, responsável pela construção de uma pista de atletismo circular de 400 m, precisa orientar o pintor responsável por pintar as linhas de largada e chegada e as faixas de corrida de cada corredor, de modo que cada corredor corra apenas 400 m entre sua linha de largada e a linha de chegada, dentro de uma faixa de 1 m de largura. Considerando que:
   - o corredor que corre a faixa 1, a faixa mais próxima do centro da pista, parte da linha de chegada;
   - a linha de chegada e a linha de largada do sexto corredor formam um ângulo α de, aproximadamente, 0,457 radianos e que o comprimento do arco entre a linha de chegada e a linha de largada do sexto corredor é 31,43 m (veja figura abaixo);
   - o raio de cada faixa é dado pelo segmento que une o centro da pista à circunferência menor da faixa;

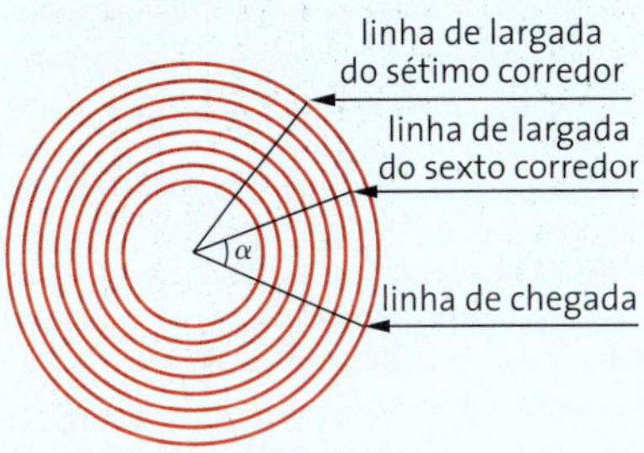

então, admitindo que $2\pi = 6{,}28$, o comprimento, aproximado, do arco entre a linha de chegada e a linha de largada do sétimo corredor é:

a) 41,25 m.
b) 35,11 m.
c) 36,12 m.
d) 38,15 m.
e) 40,10m.

2. **N** (Ufam) O Big Ben, ao contrário do que muitos pensam, não é o famoso relógio do Parlamento Inglês, nem tampouco sua torre. É o nome do sino, que pesa 13 toneladas.
O nome do relógio é Tower Clock, e é muito conhecido pela sua precisão e tamanho. O ponteiro dos minutos mede 3,4 m (medido do centro do relógio até a extremidade do ponteiro).
Ao se deslocar 42 minutos, a distância percorrida pela extremidade do ponteiro dos minutos deste relógio é aproximadamente (considere $\pi = 3{,}14$):

Shutterstock/Glow Images

a) 11 m. b) 12 m. c) 15 m. d) 19 m. e) 21 m.

3. **NE** (UFPI) Uma região de uma cidade possui o formato de um setor circular. Os pontos A, B e C são esquinas, a distância entre os pontos A e B é de 1 km e o ângulo formado pelas ruas 1 e 2 é de 120°, conforme mostra a figura a seguir.

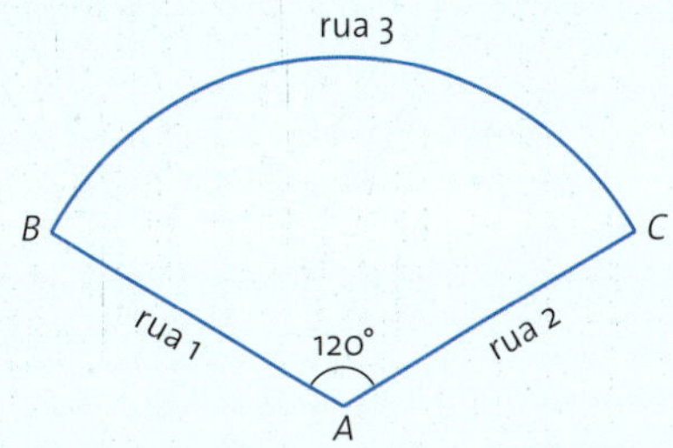

João e Marcos desejam ir do ponto B para o ponto C. Para tanto, João percorreu as ruas 1 e 2, passando inicialmente por A, enquanto Marcos seguiu o trajeto pela rua 3. Podemos afirmar, considerando o valor de π como 3,14, que João e Marcos percorreram, respectivamente, uma distância aproximada de:

a) 2 km e 2,09 km.
b) 2 km e 2 km.
c) 1 km e 2 km.
d) 2,09 km e 2,09 km.
e) 2 km e 1 km.

4. **NE** (Unifor-CE) O dispositivo de segurança de um cofre tem o formato da figura abaixo, onde as 12 letras $A, B, ..., L$ estão igualmente espaçadas (o ângulo central entre duas letras vizinhas é o mesmo) e a posição inicial da seta, quando o cofre se encontra fechado, é a indicada. Para abrir o cofre, são necessárias três operações (o segredo), girando o disco menor (onde a seta está gravada), de acordo com as seguintes instruções, a partir da posição indicada:

1) $\frac{2}{3}\pi$ no sentido anti-horário;

2) $\frac{3}{2}\pi$ no sentido horário;

3) $\frac{3}{4}\pi$ no sentido anti-horário.

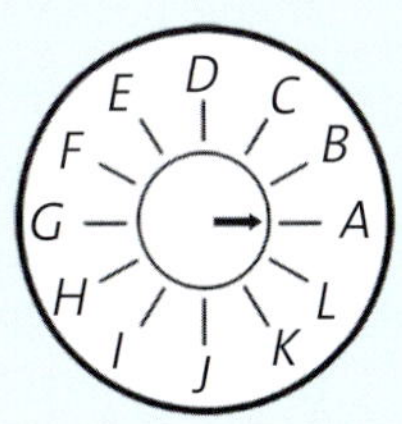

Pode-se, então, afirmar corretamente que o cofre será aberto quando a seta estiver:

a) no ponto médio entre L e A.
b) na posição B.
c) na posição K.
d) em algum ponto entre J e K.
e) na posição H.

5. **CO** (UFG-GO) Deseja-se marcar nas trajetórias circulares concêntricas, representadas na figura abaixo, os pontos *A* e *B*, de modo que dois móveis partindo, respectivamente, dos pontos *A* e *B*, no sentido horário, mantendo-se na mesma trajetória, percorram distâncias iguais até a linha de origem.

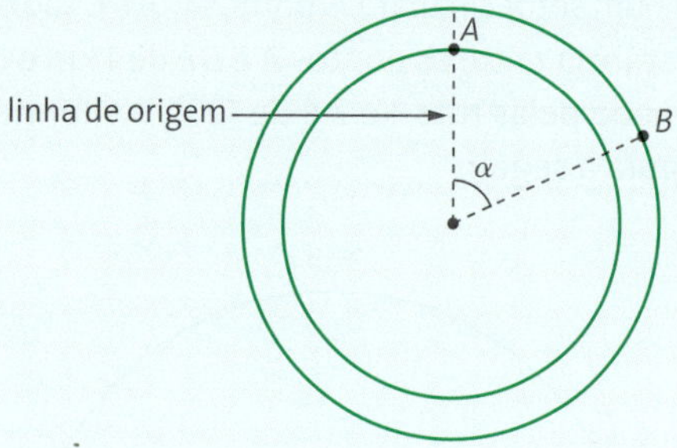

Considerando que o ponto *A* deverá ser marcado sobre a linha de origem a 8 m do centro e o ponto *B* a 10 m do centro, o valor do ângulo α, em graus, será igual a:

a) 30. b) 36. c) 45. d) 60. e) 72.

6. **CO** (UFG-GO) O mostrador do relógio de uma torre é dividido em 12 partes iguais (horas), cada uma das quais é subdividida em outras 5 partes iguais (minutos). Se o ponteiro das horas (*OB*) mede 70 cm e o ponteiro dos minutos (*OA*) mede 1 m, qual será a distância *AB*, em função do ângulo entre os ponteiros, quando o relógio marcar 1 hora e 12 minutos?

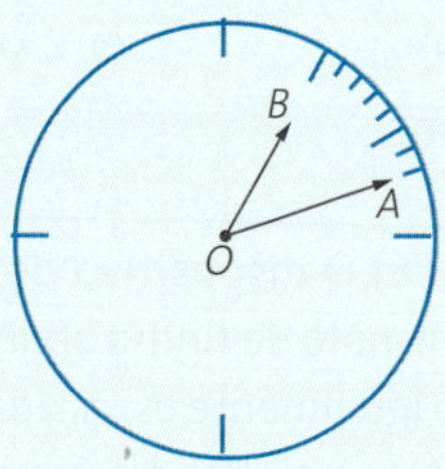

7. **CO** (UFGD-MS) Um dispositivo mecânico pode girar no sentido horário e anti-horário e um contador registra o ângulo, em graus, que mede o quanto o dispositivo girou em relação ao ponto de partida. Se o contador marca um ângulo de 5 000° negativos, o ângulo positivo correspondente é:

a) 32°.
b) 320°.
c) 13°.
d) 40°.
e) 328°.

8. **SE** (Vunesp-SP) Em um jogo eletrônico, o "monstro" tem a forma de um setor circular de raio 1 cm, como mostra a figura. A parte que falta no círculo é a boca do "monstro", e o ângulo de abertura mede 1 radiano. O perímetro do "monstro", em cm, é:

a) $\pi - 1$.
b) $\pi + 1$.
c) $2\pi - 1$.
d) 2π.
e) $2\pi + 1$.

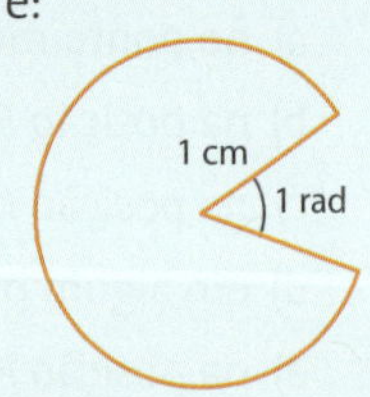

9. **SE** (PUC-SP) Na figura, têm-se 3 circunferências de centros *A*, *B* e *C*, tangentes duas a duas. Os segmentos $\overline{QC}$ e $\overline{PT}$ são perpendiculares. Sendo 4 m o raio da circunferência maior, quantos metros devemos percorrer para ir de *P* a *Q*, seguindo as flechas?

a) 2π
b) 3π
c) 4π
d) 6π
e) 12π

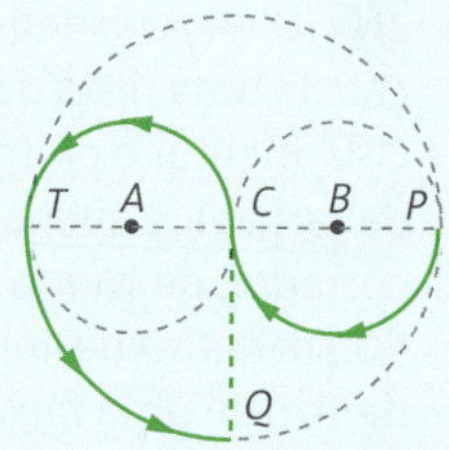

10. **SE** (UPM-SP) *A*, *B*, *C*, *D*, *E* e *F* são vértices de um hexágono regular inscrito na circunferência de raio 5. Então, a soma dos comprimentos de todos os arcos da figura é:

a) 30.
b) 30π.
c) 15.
d) 15π.
e) 6π.

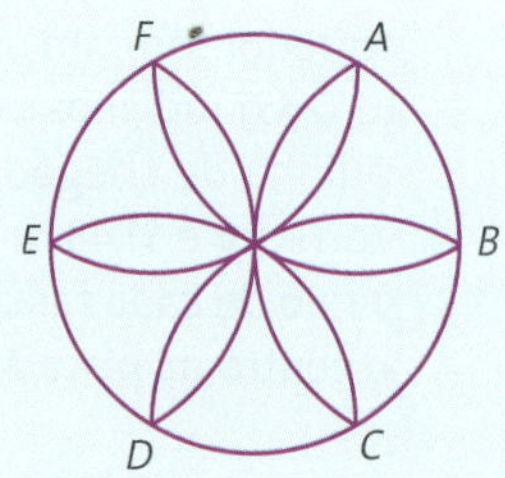

11. **S** (UFRGS-RS) Se o ponteiro menor de um relógio percorre um arco de $\frac{\pi}{12}$ rad, o ponteiro maior percorre um arco de:

a) $\frac{\pi}{6}$ rad.
b) $\frac{\pi}{4}$ rad.
c) $\frac{\pi}{3}$ rad.
d) $\frac{\pi}{2}$ rad.
e) π rad.

12. **S** (UFRGS-RS) Dentre os desenhos abaixo, aquele que representa o ângulo que tem medida mais próxima de 1 radiano é:

a)
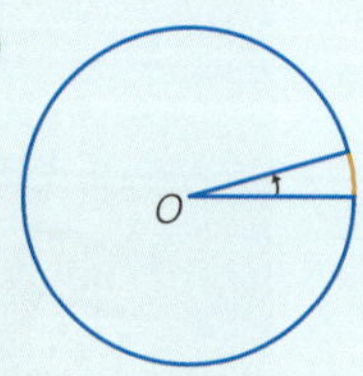

b)
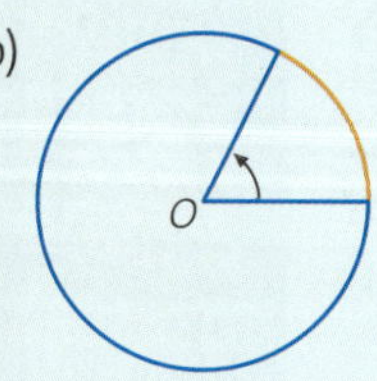

c)
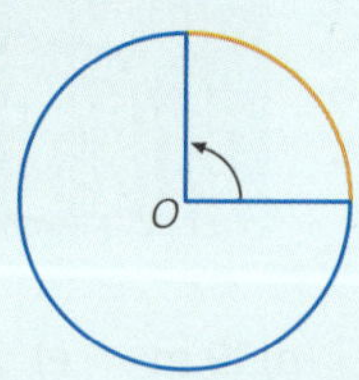

d)
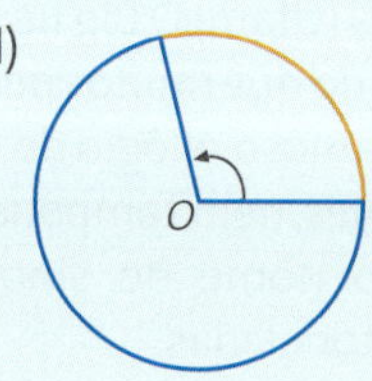

e)
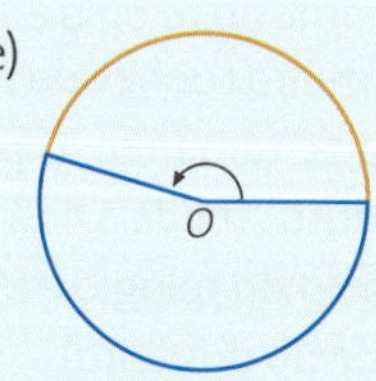

CAPÍTULO

3 Funções trigonométricas

Fabio Eugenio/Arquivo da editora

O movimento periódico e oscilatório de um pêndulo pode ser descrito por meio de uma função trigonométrica.

1 Noções iniciais

No capítulo 8 do volume 1, os valores sen α, cos α e tg α foram definidos apenas para ângulos agudos, ou seja, para $0 < \alpha < \frac{\pi}{2}$, com α indicando a medida do ângulo em radianos.

Para esses valores de α foram demonstradas duas importantes relações:

$$\text{sen}^2\,\alpha + \cos^2\alpha = 1 \qquad \text{e} \qquad \text{tg}\,\alpha = \frac{\text{sen}\,\alpha}{\cos\alpha}$$

No primeiro capítulo deste volume, os valores de sen α, cos α e tg α foram estendidos para $\alpha = 0$ (ângulo nulo), $\alpha = \frac{\pi}{2}$ (ângulo reto) e $\frac{\pi}{2} < \alpha < \pi$ (ângulos obtusos) para possibilitar a resolução de triângulos quaisquer, mas sem a justificativa desses valores.

Neste capítulo vamos estender a noção de sen α, cos α e tg α para **todos os valores reais** de α, justificando seus valores de modo que sejam mantidas as duas relações fundamentais $\left(\text{sen}^2\,\alpha + \cos^2\alpha = 1;\ \text{tg}\alpha = \frac{\text{sen}\,\alpha}{\cos\alpha}\right)$. Assim, poderemos definir seno, cosseno e tangente como funções de variáveis reais, quando for conveniente. Por isso, muitas vezes nos referimos ao seno, ao cosseno e à tangente como **funções trigonométricas**.

» Formem duplas com seus colegas, leiam o texto a seguir e façam o que se pede.

Um fenômeno periódico é algo que se repete da mesma maneira, em intervalos regulares. A sequência dos dias da semana (segunda-feira, terça-feira, ..., sábado, domingo, segunda-feira, terça-feira, ...) e a dos meses do ano (janeiro, fevereiro, ..., novembro, dezembro, janeiro, ...) são periódicas. No caso dos dias da semana o período é de 7 dias, no dos meses do ano o período é de 12 meses. As funções também podem ser periódicas.

Observem os gráficos das funções a seguir e tentem identificar quais representam funções periódicas. Nesse caso, qual é o período?

a)

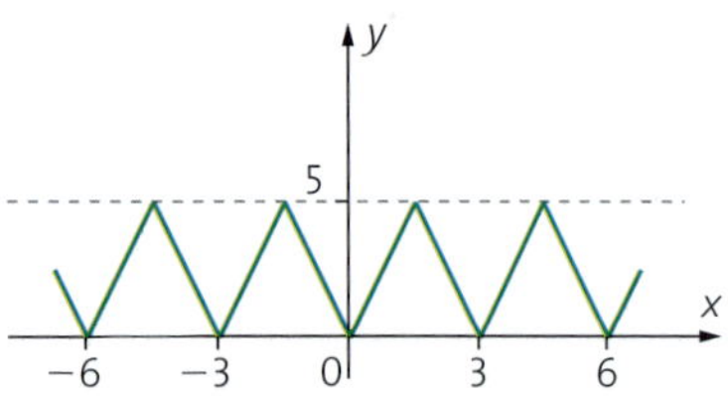

b)

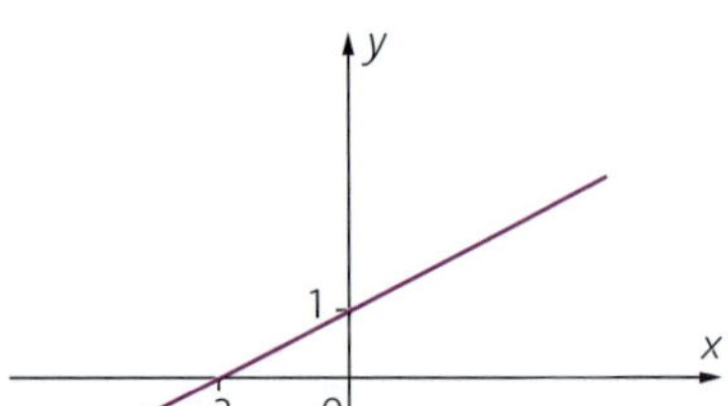

c)

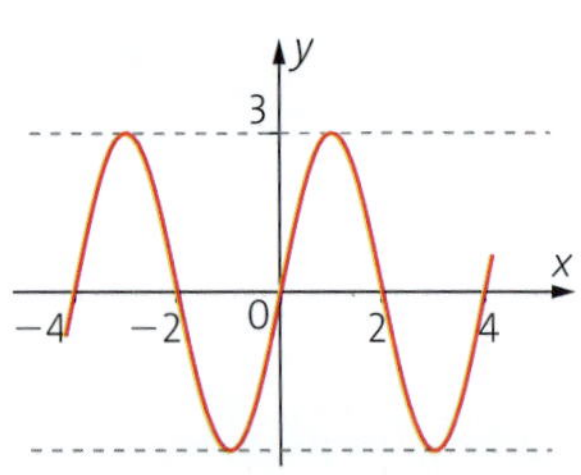

d)

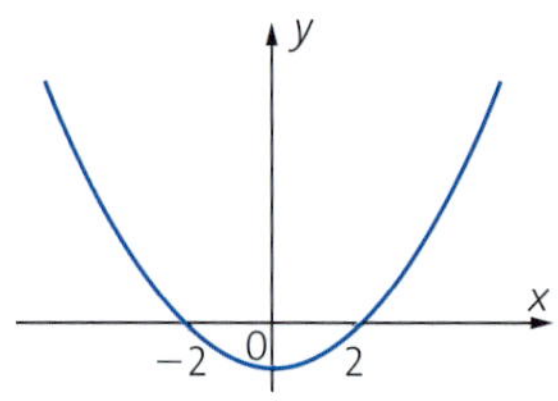

e)

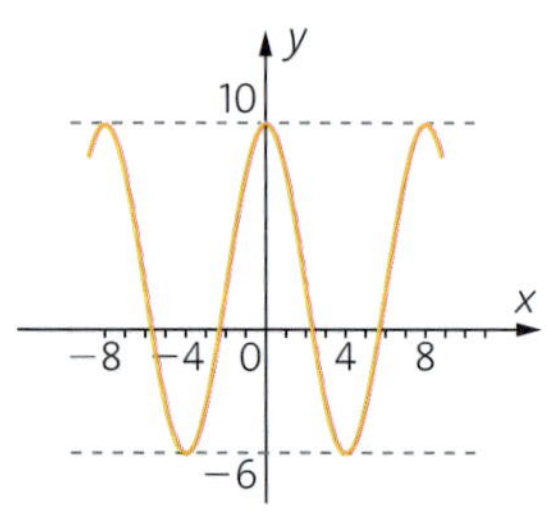

f)

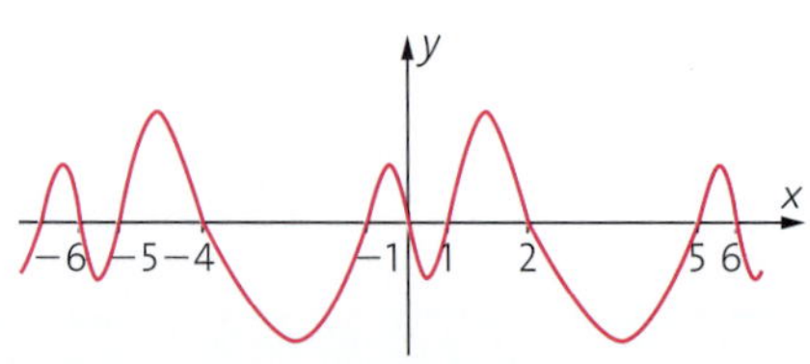

2 A ideia de seno, cosseno e tangente de um número real

Consideremos $P(x, y)$ um ponto da circunferência trigonométrica, ponto final do arco de medida α rad, definido a partir do número real α. Nessas condições, temos:

sen α = ordenada de P cos α = abscissa de P $\text{tg}\ \alpha = \dfrac{\text{sen}\,\alpha}{\cos\alpha}$ (com $\alpha \neq 0$)

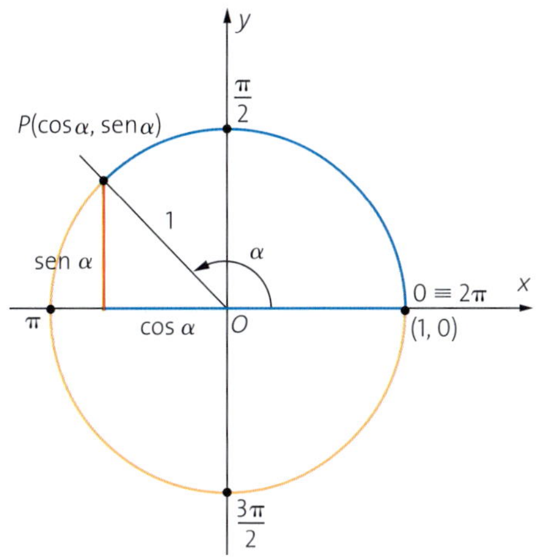

Observe que essa definição coincide com aquela dada para ângulos agudos, pois, como todos os pontos da circunferência trigonométrica estão à distância 1 da origem, pela relação de Pitágoras, temos:

$$\text{sen}^2\,\alpha + \cos^2\alpha = 1$$

Assim, essa definição, estendida agora para qualquer número real, mantém as relações fundamentais.

Observe também que tg α não é definida para alguns valores de α, como para $\alpha = \dfrac{\pi}{2}$ e $\alpha = \dfrac{3\pi}{2}$, em que $\cos\alpha = 0$.

Observações:

1ª) Dessa forma, ao associar um número real α a um arco da circunferência, estamos associando o número real ao ponto P cuja abscissa é o cosseno de α e cuja ordenada é o seno de α.

2ª) Apesar de as definições de seno e cosseno na circunferência trigonométrica necessitarem do arco em radianos — por causa da associação com os números reais (como exposto no capítulo anterior) —, não há problema em se referir aos valores dos ângulos em graus. Então, agora podemos pensar em seno e cosseno de arcos (ou ângulos) maiores do que 90°, algo impensável quando se trabalhava com triângulos retângulos. Também podemos pensar em senos e cossenos de ângulos negativos.

3ª) O eixo das abscissas é também chamado **eixo dos cossenos** e o eixo das ordenadas é também chamado **eixo dos senos**.

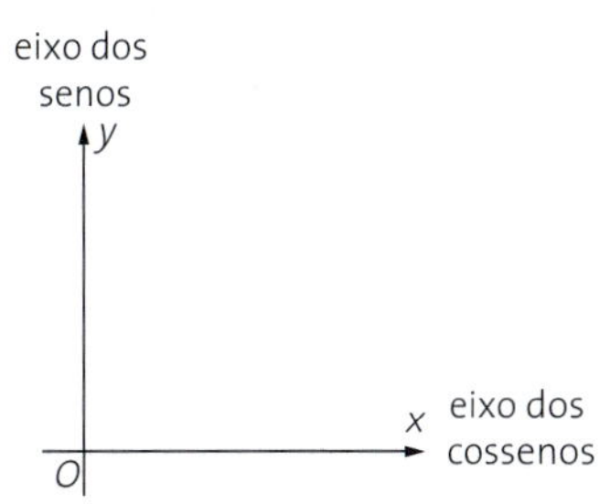

3 Valores notáveis do seno e do cosseno

Observe nas figuras a seguir os pontos $A(1, 0)$, $B(0, 1)$, $A'(-1, 0)$ e $B'(0, -1)$. Lembrando que a abscissa do ponto P é o cosseno, e a ordenada é o seno, temos:

> **Para refletir**
> Por que o nome "valores notáveis"?

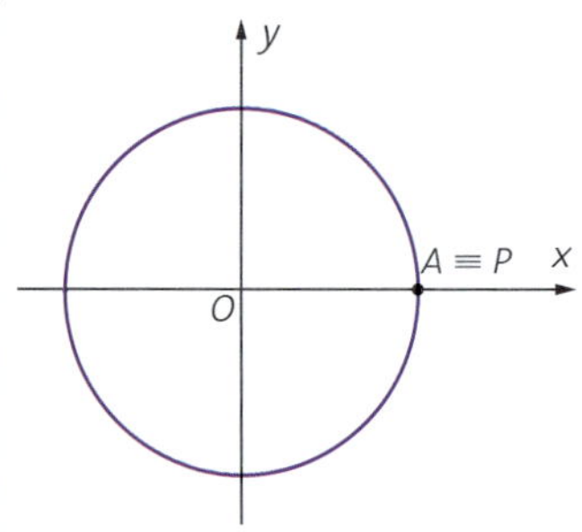

$x = 0$ (0°)

$\text{sen } 0 = 0$

$\cos 0 = 1$

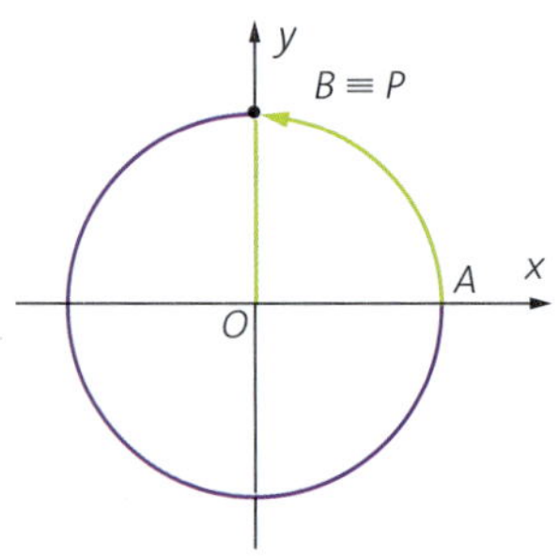

$x = \frac{\pi}{2}$ (90°)

$\text{sen } \frac{\pi}{2} = 1$

$\cos \frac{\pi}{2} = 0$

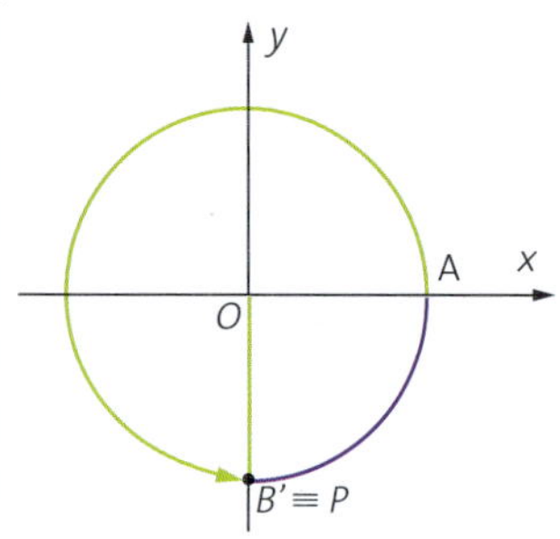

$x = \frac{3\pi}{2}$ (270°)

$\text{sen } \frac{3\pi}{2} = -1$

$\cos \frac{3\pi}{2} = 0$

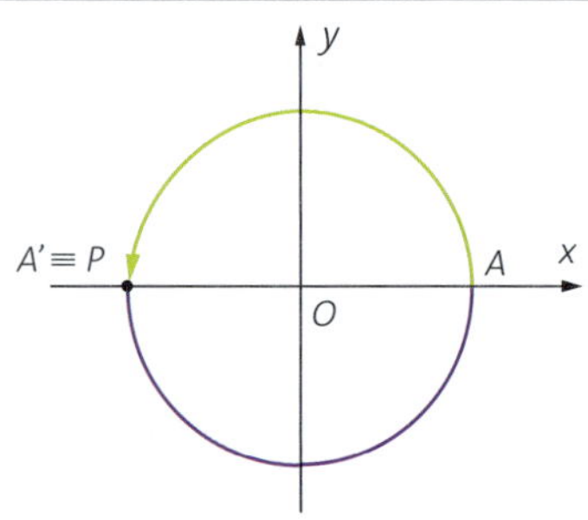

$x = \pi$ (180°)

$\text{sen } \pi = 0$

$\cos \pi = -1$

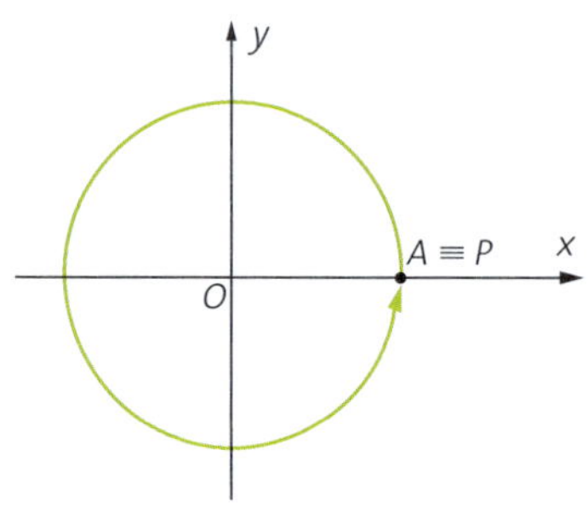

$x = 2\pi$ (360°)

$\text{sen } 2\pi = 0$

$\cos 2\pi = 1$

Veja a tabela com os valores notáveis do seno e do cosseno:

x	0	$\frac{\pi}{6}$ (30°)	$\frac{\pi}{4}$ (45°)	$\frac{\pi}{3}$ (60°)	$\frac{\pi}{2}$ (90°)	π (180°)	$\frac{3\pi}{2}$ (270°)	2π (360°)
sen x	0	$\frac{1}{2}$	$\frac{\sqrt{2}}{2}$	$\frac{\sqrt{3}}{2}$	1	0	−1	0
cos x	1	$\frac{\sqrt{3}}{2}$	$\frac{\sqrt{2}}{2}$	$\frac{1}{2}$	0	−1	0	1

4 Redução ao 1º quadrante

Sabendo os valores da tabela da página 32 e usando a simetria dos pontos da circunferência, podemos obter valores de seno e cosseno de arcos em todos os quadrantes.

Observe como usar a simetria nas figuras a seguir.

Arcos no 2º quadrante

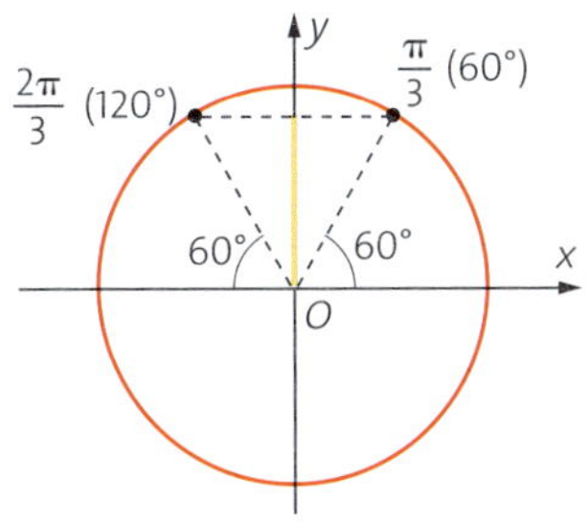

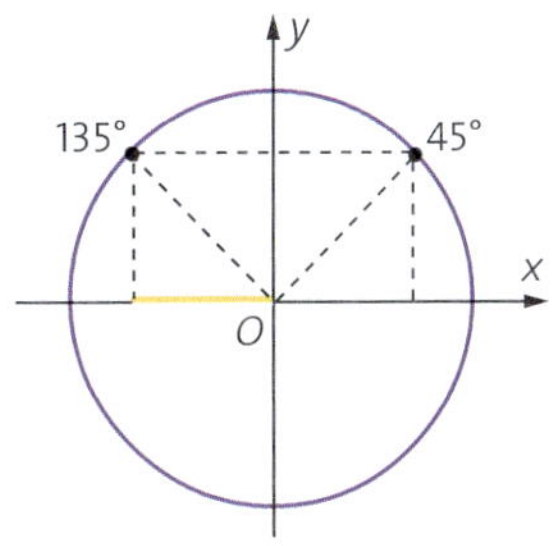

Para determinar o seno ou o cosseno de um ângulo do 2º quadrante, basta compará-lo com o ângulo correspondente do 1º quadrante.

$$\text{sen}\,(\pi - x) = \text{sen}\,x$$
$$\cos\,(\pi - x) = -\cos x$$

Arcos no 3º quadrante

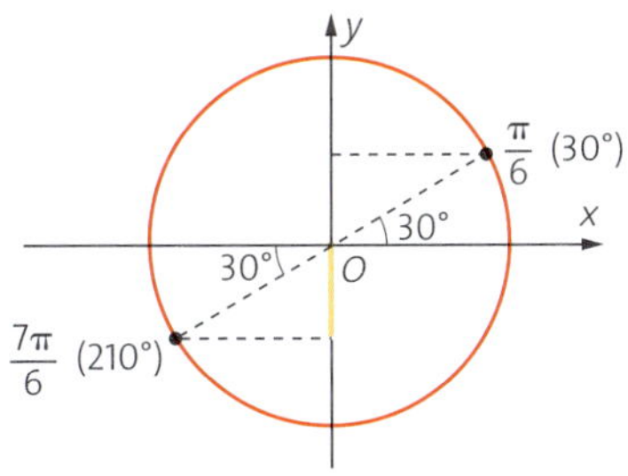

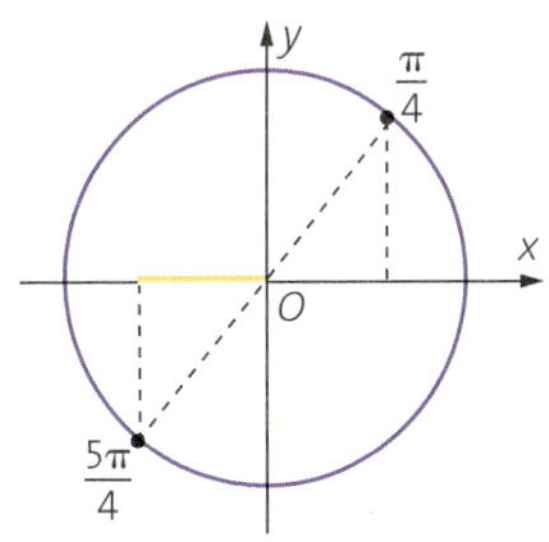

Para determinar o seno ou o cosseno de um ângulo do 3º quadrante, basta compará-lo com o ângulo correspondente do 1º quadrante.

$$\text{sen}\,(\pi + x) = -\text{sen}\,x$$
$$\cos\,(\pi + x) = -\cos x$$

Arcos no 4º quadrante

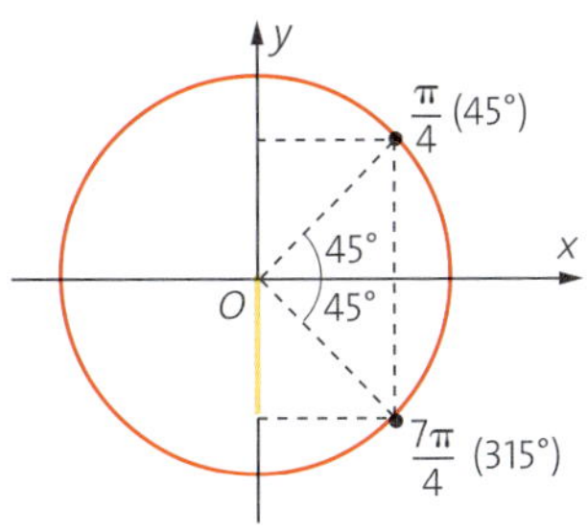

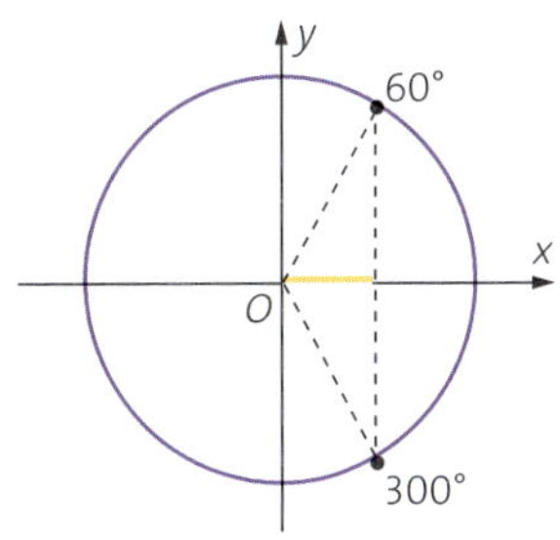

Para determinar o seno ou o cosseno de um ângulo do 4º quadrante, basta compará-lo com o ângulo correspondente do 1º quadrante.

$$\text{sen}\,(2\pi - x) = -\text{sen}\,x$$
$$\cos\,(2\pi - x) = \cos x$$

Arcos maiores do que 360° (fora da 1ª volta)

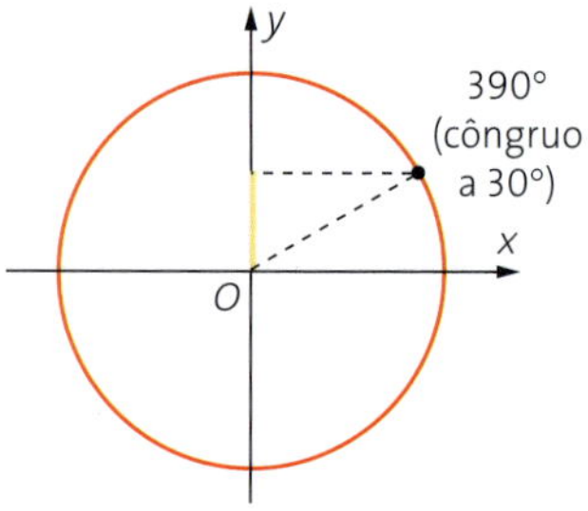

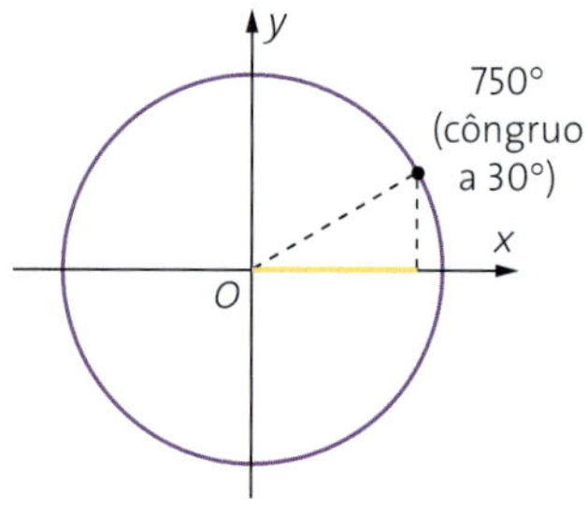

> **Fique atento!**
> Toda vez que o ponto da circunferência final do arco iniciado em (1, 0) for o mesmo para dois arcos diferentes, por exemplo 0 e 2π, chamamos esses arcos de **arcos côngruos** ou **congruentes**.

Para determinar o seno ou o cosseno de um arco fora da 1ª volta, basta considerar seu côngruo na 1ª volta.

Exercícios resolvidos

1. Calcule o valor de:

a) $\text{sen } \frac{2\pi}{3}$

b) $\cos 135°$

c) $\text{sen } 210°$

d) $\cos \frac{7\pi}{6}$

e) $\text{sen } \frac{7\pi}{4}$

f) $\cos 300°$

g) $\text{sen } 390°$

h) $\cos 750°$

> **Fique atento!**
> Perceba os sinais de seno e cosseno em cada quadrante:

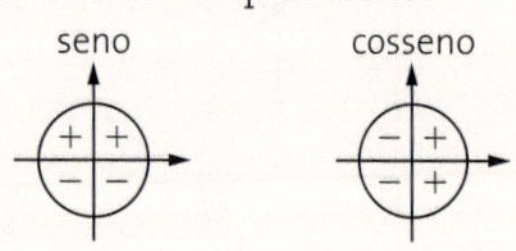

Resolução

a) $\text{sen } \frac{2\pi}{3} = \text{sen } \frac{\pi}{3} = \frac{\sqrt{3}}{2}$

b) $\cos 135° = -\cos 45° = \frac{-\sqrt{2}}{2}$

c) $\text{sen } 210° = -\text{sen } 30° = \frac{-1}{2}$

d) $\cos \frac{7\pi}{6} = -\cos \frac{\pi}{6} = \frac{-\sqrt{3}}{2}$

e) $\text{sen } \frac{7\pi}{4} = -\text{sen } \frac{\pi}{4} = -\frac{\sqrt{2}}{2}$

f) $\cos 300° = \cos 60° = \frac{1}{2}$

g) $\text{sen } 390° = \text{sen } 30° = \frac{1}{2}$

h) $\cos 750° = \cos 30° = \frac{\sqrt{3}}{2}$

2. Determine x tal que:

a) $0 \leqslant x < 2\pi$ e $\text{sen } x = -\frac{1}{2}$

b) $0 \leqslant x < 2\pi$ e $\text{sen } x = \text{sen } \frac{7\pi}{9}$

Resolução

a) Sabemos que $\text{sen } \frac{\pi}{6} = \frac{1}{2}$. Então, fazendo as simetrias necessárias descobrimos os possíveis valores de x, que são $\frac{7\pi}{6}$ e $\frac{11\pi}{6}$.

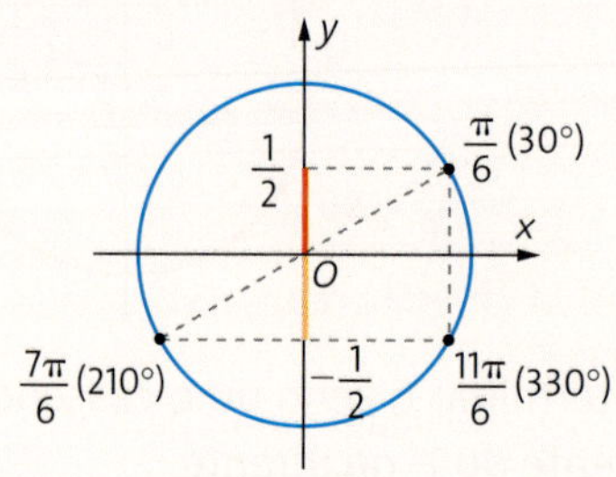

b) Um dos valores de x é o próprio $\frac{7\pi}{9}$ (140°). Outro valor é $\frac{2\pi}{9}$ (40°), descoberto ao se fazer uma simetria em relação ao eixo Oy. Logo, $x = \frac{7\pi}{9}$ ou $x = \frac{2\pi}{9}$.

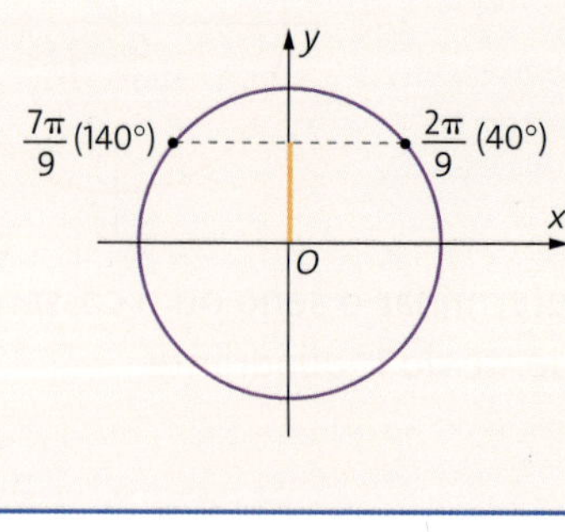

3. Determine todos os valores reais de x para os quais $\text{sen}\, x = \frac{\sqrt{3}}{2}$.

Resolução

Sabemos que $\text{sen}\, \frac{\pi}{3} = \frac{\sqrt{3}}{2}$ e pela figura vemos que também $\text{sen}\, \frac{2\pi}{3} = \frac{\sqrt{3}}{2}$.

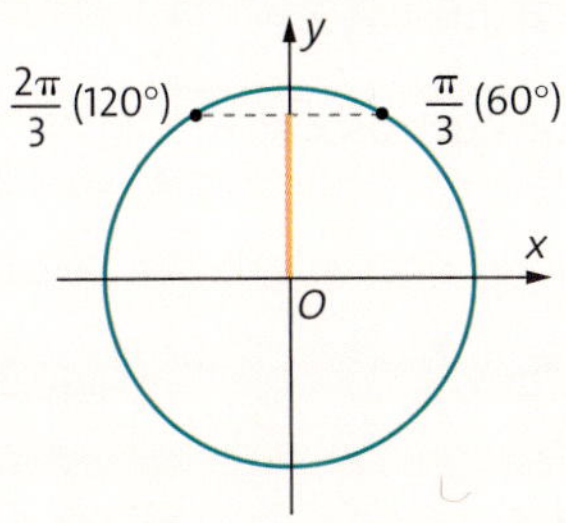

Então, os valores reais de x podem ser $\frac{\pi}{3}$, $\frac{2\pi}{3}$ e todos os arcos côngruos a eles, ou seja, $x = \frac{\pi}{3} + 2k\pi$ ou $x = \frac{2\pi}{3} + 2k\pi$, com $k \in \mathbb{Z}$.

> **Fique atento!**
> Nos exercícios em que há ângulos a serem calculados, como nestes a seguir, costuma-se representá-los pela letra x, por ser ela mais usada que as letras gregas na representação de incógnitas.

4. Simplifique:

a) $\cos (90° + x)$

b) $\text{sen}\, (270° - x)$

Resolução

No volume 1, estudamos que, para ângulos complementares, como $90° - x$ e x, temos $\text{sen}\, (90° - x) = \cos x$ e $\cos (90° - x) = \text{sen}\, x$.
Vamos considerar, sem perda de generalidade, que $0 < x < 90°$; portanto:

a) $90° + x$ pertence ao 2º quadrante:

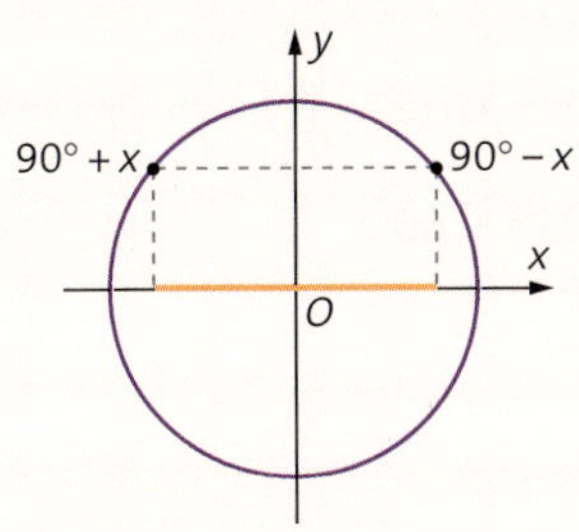

$180° - (90° + x) = 90° - x$

$\cos (90° + x) = -\cos (90° - x) \Rightarrow$

$\Rightarrow \cos (90° + x) = -\text{sen}\, x$

b) $270° - x$ pertence ao 3º quadrante:

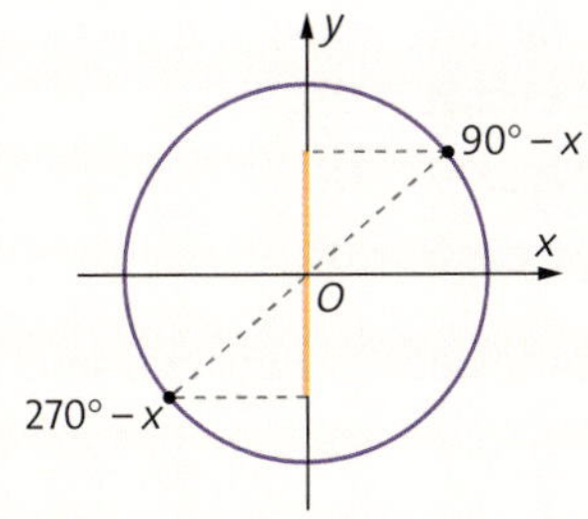

$(270° - x) - 180° = 90° - x$

$\text{sen}\, (270° - x) = -\text{sen}\, (90° - x) \Rightarrow$

$\Rightarrow \text{sen}\, (270° - x) = -\cos x$

5. Calcule:

a) $\cos 750°$ b) $\cos \left(-\frac{5\pi}{4}\right)$

Resolução

a) $\cos 750°$

$750° = 720° + 30°$
↓
2 voltas

Então, $\cos 750°$ é igual a $\cos 30°$, isto é, $\cos 750° = \frac{\sqrt{3}}{2}$.

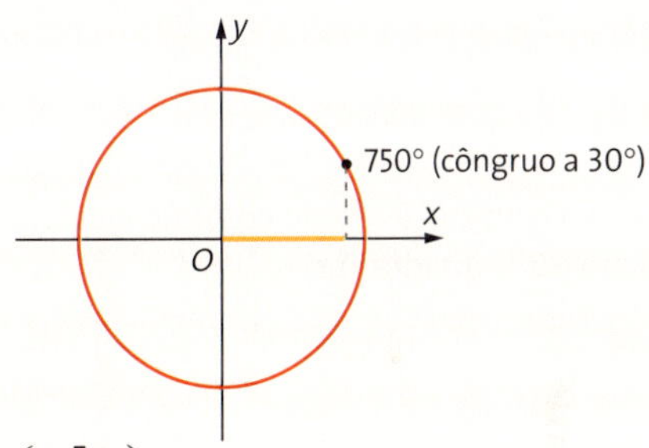

b) $\cos \left(-\frac{5\pi}{4}\right)$

$-\frac{5\pi}{4}$ $(-225°)$
↓
côngruo a $\frac{3\pi}{4}$

Se $\cos \frac{\pi}{4} = \frac{\sqrt{2}}{2}$, então $\cos \left(-\frac{5\pi}{4}\right) = -\frac{\sqrt{2}}{2}$.

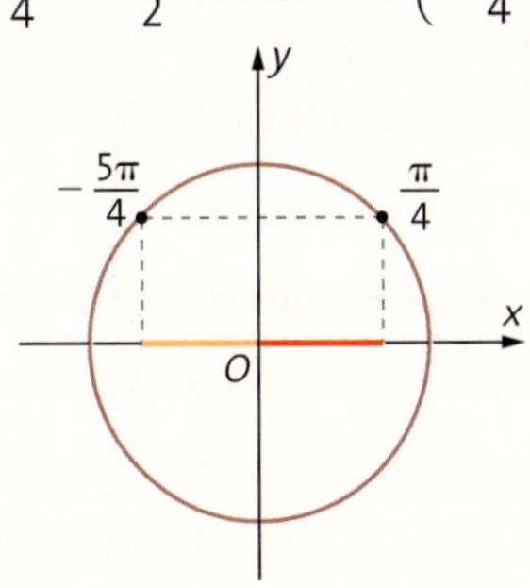

Exercícios

1. Em que quadrante temos simultaneamente:
   a) sen $\alpha < 0$ e cos $\alpha < 0$?
   b) sen $\alpha > 0$ e cos $\alpha > 0$?
   c) sen $\alpha < 0$ e cos $\alpha > 0$?

2. A que quadrante pode pertencer α se:
   a) $\text{sen } \alpha = -\frac{1}{4}$?
   b) $\cos \alpha = -\frac{\sqrt{3}}{3}$?
   c) $\cos \alpha = \frac{2}{5}$?
   d) $\text{sen } \alpha = \frac{\sqrt{5}}{3}$?

3. Determine cos x sabendo que $\frac{\pi}{2} < x < \pi$ e $\text{sen } x = \frac{3}{5}$.
   (Lembre-se de que $\text{sen}^2 x + \cos^2 x = 1$.)

4. Use os valores notáveis do seno para calcular pela redução ao 1º quadrante:
   a) $\text{sen } \frac{5\pi}{6}$
   b) $\text{sen } \frac{4\pi}{3}$
   c) sen 330°

5. Determine x nos seguintes casos:
   a) $0° \leqslant x < 360°$ e $\text{sen } x = -1$
   b) $0 \leqslant x \leqslant 2\pi$ e $\text{sen } x = \frac{1}{2}$
   c) $0 \leqslant x \leqslant \frac{\pi}{2}$ e $\text{sen } x = \frac{\sqrt{3}}{2}$
   d) $0 \leqslant x < \pi$ e $\text{sen } x = 0$
   e) $0 \leqslant x < \frac{\pi}{2}$ e $\text{sen } x = -\frac{1}{2}$

6. Use os valores notáveis do cosseno e calcule fazendo redução ao 1º quadrante:
   a) $\cos \frac{5\pi}{6}$
   b) cos 315°
   c) $\cos \frac{2\pi}{3}$

7. Use a tabela trigonométrica (página 32) e calcule:
   a) cos 28°
   b) cos 130°
   c) cos 185°
   d) cos 310°
   e) sen 580°
   f) sen (−14°)
   g) $\text{sen } \frac{34\pi}{9}$
   h) $\text{sen } \frac{24\pi}{5}$
   i) $\cos \frac{7\pi}{9}$
   j) sen 730°
   k) cos (−83°)
   l) sen 1 125°

Fique atento!
Confira os resultados do exercício 7 em uma calculadora.

8. Calcule os possíveis valores reais de x em:
   a) $\text{sen } x = -1$
   b) $\text{sen } x = \frac{\sqrt{2}}{2}$
   c) $\text{sen } x = -\frac{1}{2}$
   d) $\text{sen } x = 0$

9. Determine x tal que:
   a) $0° \leqslant x < 360°$ e $\cos x = \frac{1}{2}$
   b) $0 \leqslant x < 2\pi$ e $\cos x = -\frac{\sqrt{3}}{3}$
   c) $0 \leqslant x < 2\pi$ tal que $\cos x = 0$
   d) $x \in \mathbb{R}$ tal que $\cos x = -\frac{\sqrt{3}}{2}$
   e) $x \in \mathbb{R}$ tal que $\cos x = -1$

10. Use os valores notáveis do seno e calcule:
    a) $\text{sen } \frac{37\pi}{6}$
    b) sen (−225°)
    c) sen 6π
    d) $\text{sen } \frac{19\pi}{4}$
    e) sen 630°
    f) $\text{sen}\left(-\frac{\pi}{3}\right)$

11. Calcule usando arcos côngruos:
    a) $\cos \frac{9\pi}{4}$
    b) cos (−330°)
    c) $\cos \frac{9\pi}{2}$
    d) cos 1140°
    e) $\cos \frac{25\pi}{6}$
    f) $\cos\left(-\frac{15\pi}{4}\right)$
    g) cos 11π
    h) cos 570°

12. Calcule o valor das expressões:
    a) sen 45° + cos 90°
    b) $2 \cdot \text{sen } \frac{\pi}{3} - 5 \cdot \cos \frac{5\pi}{6}$
    c) $\dfrac{\text{sen } \frac{7\pi}{3}}{\cos \frac{7\pi}{3}}$
    d) $\text{sen}^2 \frac{\pi}{6} + \cos^2 \frac{\pi}{6}$
    e) sen (30° + 60°)
    f) sen 30° + sen 60°
    g) cos 60° + cos 30°
    h) cos (60° + 30°)
    i) sen (2 · 60°)
    j) 2 · sen 60°
    k) 2 · sen 60° · cos 60°

13. Calcule sen x sabendo que $\cos x = -\frac{\sqrt{3}}{3}$ e $x \in \left[\pi, \frac{3\pi}{2}\right]$.

14. Se $0 \leqslant x < 2\pi$ e $\text{sen } x = \frac{1}{2}$, determine os possíveis valores de cos x e de x.

5 A ideia geométrica de tangente

Dado um arco $\widehat{AP}$ de medida x na circunferência trigonométrica, definimos tangente de x como o valor obtido assim:

$$\text{tg}\, x = \frac{\text{sen}\, x}{\cos x}, \text{ para } \cos x \neq 0$$

Geometricamente, o cosseno de x é a abscissa de P, e o seno de x é a ordenada de P.

Vejamos agora o significado geométrico de tg x.

Para isso, vamos considerar na circunferência trigonométrica a reta t, tangente à circunferência no ponto A, com a mesma orientação do eixo y.

Observe as figuras com P em cada um dos quadrantes:

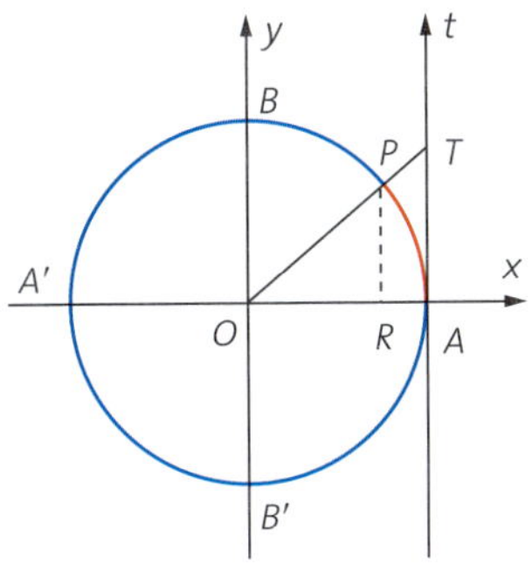

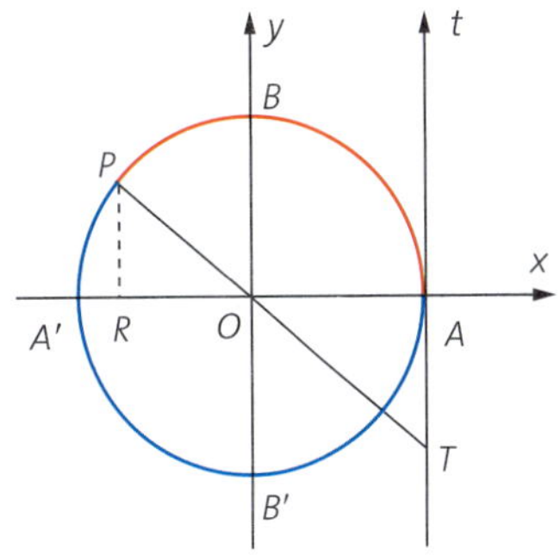

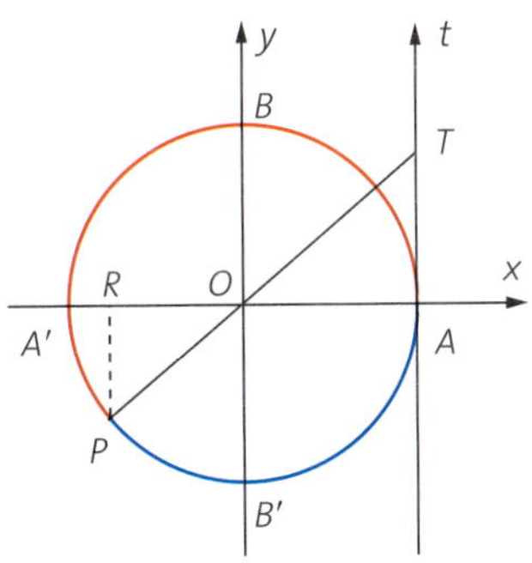

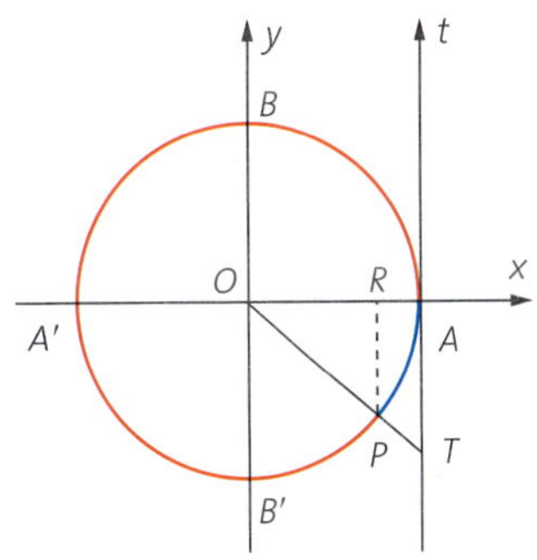

Para refletir
Justifique que $\triangle ORP \sim \triangle OAT$.

Em todos os casos, $\triangle ORP$ e $\triangle OAT$ são semelhantes. Dessa semelhança, tem-se:

$$\frac{PR}{OR} = \frac{TA}{OA} \text{ ou } \frac{\text{sen}\, x}{\cos x} = \frac{TA}{1}$$

Como $\frac{\text{sen}\, x}{\cos x} = \text{tg}\, x$ (com $\cos x \neq 0$) e $\text{tg}\, x = \frac{TA}{OA} = \frac{TA}{1} = TA$, então temos $\text{tg}\, x = TA$, ou seja, geometricamente a tg x é TA, medida algébrica de $\overline{TA}$.

Observação: medida algébrica de $\overline{TA}$ significa que ela pode ser positiva, negativa ou nula.
Se T é o encontro das retas $\overleftrightarrow{OP}$ e t, no caso de essas retas serem paralelas, não existe TA e, por isso, não existe tg x.
Por exemplo, $\text{tg}\, \frac{\pi}{2}$ e $\text{tg}\, \frac{3\pi}{2}$ não existem $\left(\text{perceba que } \cos \frac{\pi}{2} = 0 \text{ e } \cos \frac{3\pi}{2} = 0\right)$.

Valores notáveis da tangente

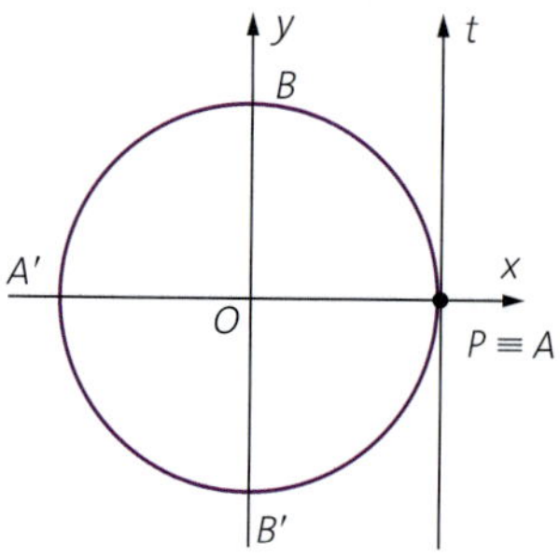

$x = 0$

$\text{tg } 0 = 0$

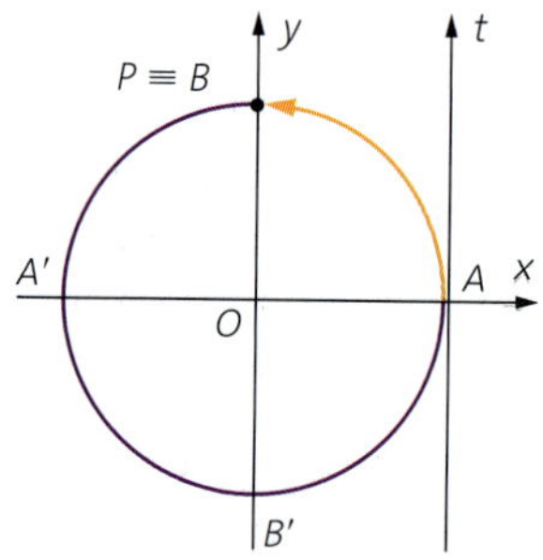

$x = \dfrac{\pi}{2}$

Não é definida a $\text{tg } \dfrac{\pi}{2}$.

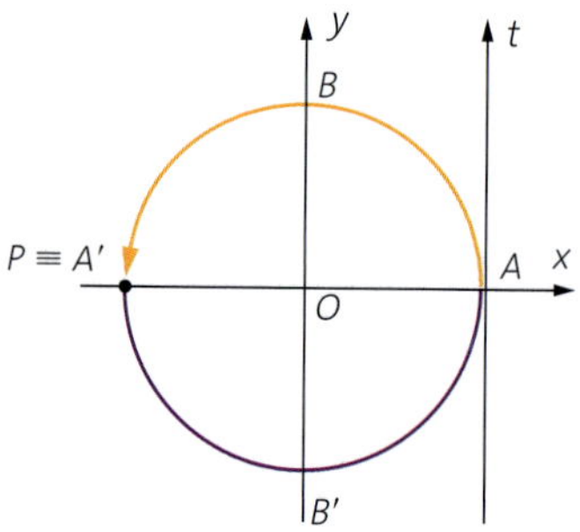

$x = \pi$

$\text{tg } \pi = 0$

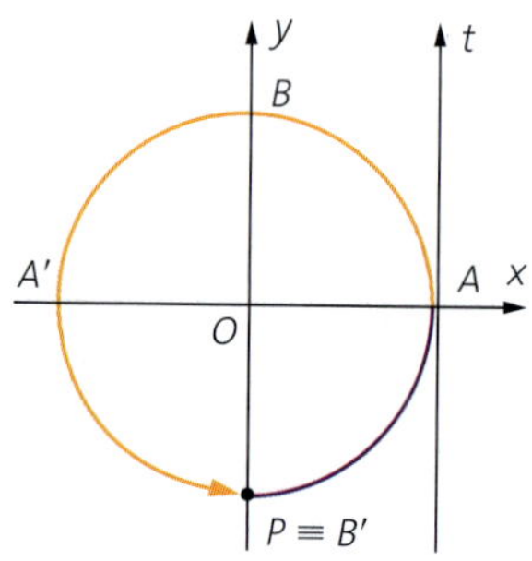

$x = \dfrac{3\pi}{2}$

Não é definida a $\text{tg } \dfrac{3\pi}{2}$.

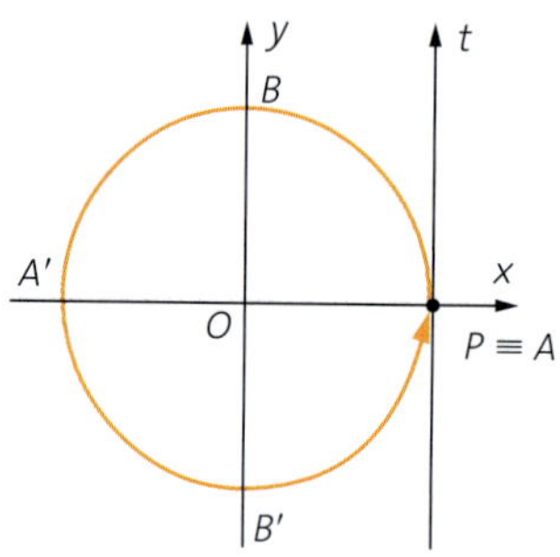

$x = 2\pi$

$\text{tg } 2\pi = 0$

Temos, então, a tabela com os valores notáveis da tangente:

x	0	$\frac{\pi}{6}$ (30°)	$\frac{\pi}{4}$ (45°)	$\frac{\pi}{3}$ (60°)	$\frac{\pi}{2}$ (90°)	π (180°)	$\frac{3\pi}{2}$ (270°)	2π (360°)
tg *x*	0	$\frac{\sqrt{3}}{3}$	1	$\sqrt{3}$	não é definida	0	não é definida	0

Para o cálculo dos valores das tangentes de ângulos no 2º, 3º e 4º quadrantes, procedemos exatamente da mesma maneira que fizemos com senos e cossenos: sabendo o sinal da tangente em cada quadrante, basta reduzir cada arco desejado ao 1º quadrante para saber o valor da tangente desse arco.

Acompanhe as simetrias nas figuras abaixo:

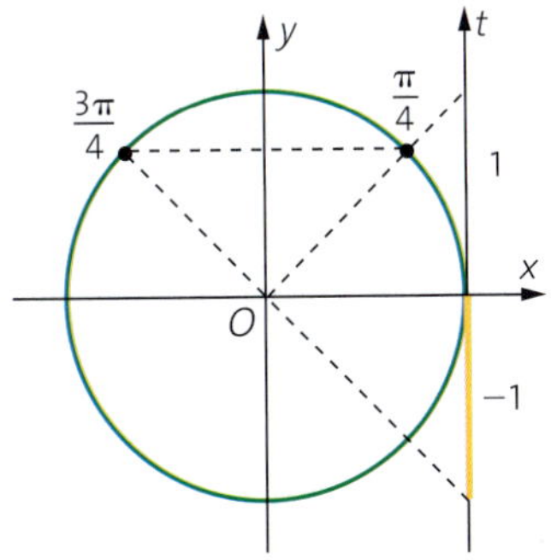

$\text{tg}\,\frac{3\pi}{4} = -\,\text{tg}\,\frac{\pi}{4} = -1$

Fique atento!
Comparação de um arco do 2º quadrante com um correspondente do 1º quadrante.
$\text{tg}\,(\pi - x) = -\text{tg}\,x$

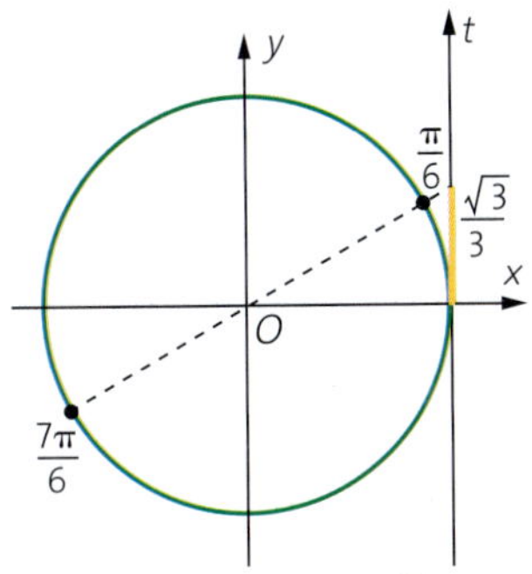

$\text{tg}\,\frac{7\pi}{6} = \text{tg}\,\frac{\pi}{6} = \frac{\sqrt{3}}{3}$

Fique atento!
Comparação de um arco do 3º quadrante com um correspondente do 1º quadrante.
$\text{tg}\,(\pi + x) = \text{tg}\,x$

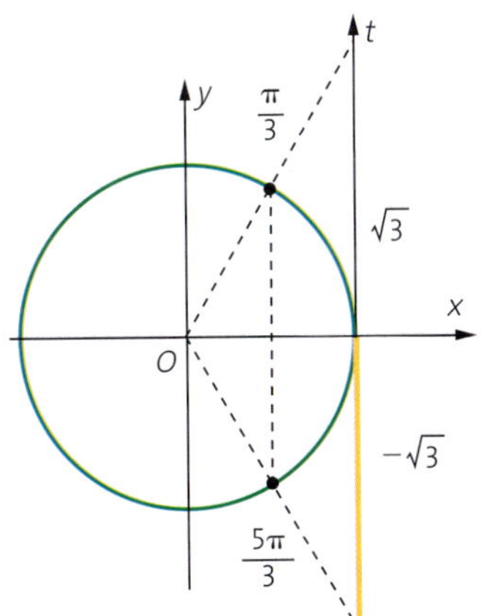

$\text{tg}\,\frac{5\pi}{3} = -\text{tg}\,\frac{\pi}{3} = -\sqrt{3}$

Fique atento!
Comparação de um arco do 4º quadrante com um correspondente do 1º quadrante.
$\text{tg}\,(2\pi - x) = -\text{tg}\,x$

Como a reta *t* é orientada "para cima", a tangente é positiva quando *P* é do 1º ou do 3º quadrante; e é negativa quando *P* é do 2º ou do 4º quadrante. Assim, temos o sinal da tangente em qualquer quadrante, conforme mostrado na circunferência trigonométrica abaixo.

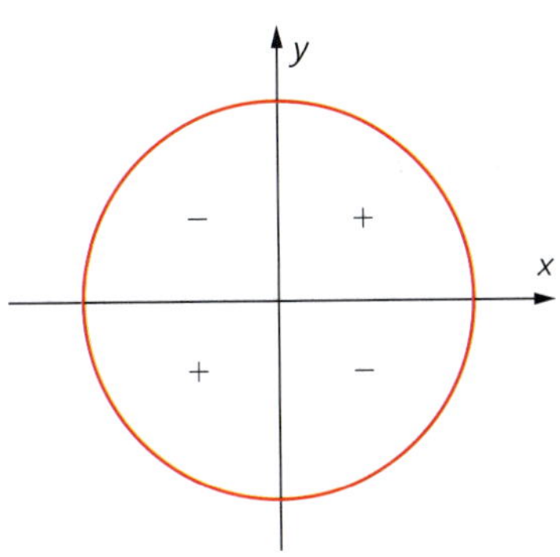

» passo a passo: exercício 7

6. Determine o valor de sen x e tg x sabendo que $\pi < x < \frac{3\pi}{2}$ e $\cos x = -\frac{1}{3}$.

Resolução

Aplicando a relação fundamental:

- $\text{sen}^2 x + \cos^2 x = 1 \Rightarrow \text{sen}^2 x + \left(-\frac{1}{3}\right)^2 = 1 \Rightarrow$

  $\Rightarrow \text{sen}^2 x = 1 - \frac{1}{9} \Rightarrow \text{sen}^2 x = \frac{8}{9} \Rightarrow$

  $\Rightarrow \text{sen}^2 x = \pm\sqrt{\frac{8}{9}} \Rightarrow \text{sen } x = \pm\frac{2\sqrt{2}}{3}$

  Como $\pi < x < \frac{3\pi}{2}$, então $\text{sen } x = -\frac{2\sqrt{2}}{3}$.

- $\text{tg } x = \frac{\text{sen } x}{\cos x} \Rightarrow \text{tg } x = \frac{-\frac{2\sqrt{2}}{3}}{-\frac{1}{3}} \Rightarrow$

  $\Rightarrow \text{tg } x = 2\sqrt{2}$

» Resolvido passo a passo

7. (CPCar-MG) Observe a figura abaixo, sabendo-se que o raio do arco $\widehat{AB}$ é igual a 1.

A área do trapézio retângulo *BCDE* vale:

a) $\frac{\sqrt{3}}{24}$.

b) $\frac{\sqrt{3}}{18}$.

c) $\frac{\sqrt{3}}{12}$.

d) $\frac{\sqrt{3}}{6}$.

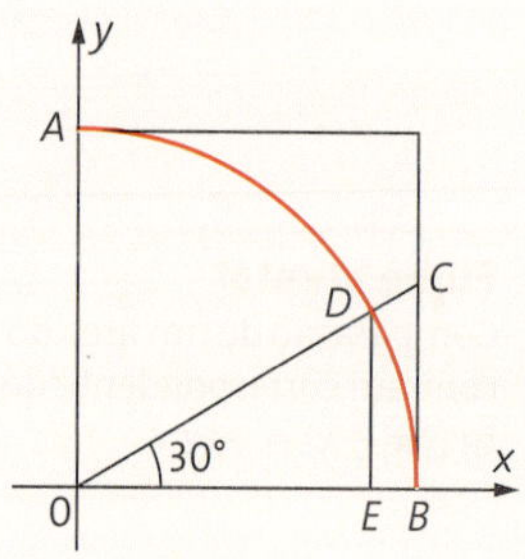

1. Lendo e compreendendo

a) O que é dado no problema?

É dada uma figura, onde é possível ver um trapézio, e indica-se que o raio do arco $\widehat{AB}$ é igual a 1.

b) O que se pede?

Pede-se a área do trapézio especificado na figura.

2. Planejando a solução

Para obter a área do trapézio, precisamos lembrar que ela é dada pela fórmula:

$$A_T = \frac{(\text{base maior} + \text{base menor}) \cdot \text{altura}}{2}$$

De acordo com a figura, a base maior é o segmento $\overline{CB}$, a base menor é o segmento $\overline{ED}$ e a altura é o segmento $\overline{EB}$. Portanto, precisamos obter a medida desses três segmentos para poder obter a área do trapézio.

É importantíssimo que se perceba que a figura dada corresponde ao 1º quadrante do círculo trigonométrico. Note que o raio do arco $\widehat{AB}$ é 1. Dessa forma, de acordo com as definições de seno, cosseno e tangente no círculo trigonométrico, temos que a medida do segmento $\overline{ED}$ é o seno do ângulo dado na figura, a de $\overline{OE}$ é o cosseno, e a de $\overline{CB}$ é a tangente. Ou seja: os segmentos $\overline{ED}$ e $\overline{CB}$, necessários para o cálculo da área do trapézio, são de obtenção imediata por definição; o terceiro segmento necessário, $\overline{EB}$, é a diferença entre os valores de $\overline{OB}$ (raio do círculo trigonométrico) e $\overline{OE}$ (cosseno).

3. Executando o que foi planejado

De acordo com nossa estratégia, precisamos obter três segmentos: $\overline{ED}$, $\overline{CB}$ e $\overline{EB}$. Ainda de acordo com a estratégia, para obter $\overline{ED}$ e $\overline{CB}$ bastam as definições de seno e tangente:

$CB = \text{tg } 30° = \frac{\sqrt{3}}{3}$

$ED = \text{sen } 30° = \frac{1}{2}$

Já a medida do segmento $\overline{EB}$ equivale à diferença entre $\overline{OB}$ e $\overline{OE}$.

$\overline{OB}$ é o raio do círculo trigonométrico: $OB = 1$

$\overline{OE}$ é, por definição, cosseno do ângulo mostrado na figura: $OE = \cos 30°$

$EB = OB - OE \Rightarrow EB = 1 - \cos 30° = 1 - \frac{\sqrt{3}}{2}$

Assim, a área do trapézio será:

$$A_T = \frac{(\text{base maior} + \text{base menor}) \cdot \text{altura}}{2} =$$

$$= \frac{(CB + ED) \cdot EB}{2} = \frac{\left(\frac{\sqrt{3}}{3} + \frac{1}{2}\right) \cdot \left(1 - \frac{\sqrt{3}}{2}\right)}{2}$$

Agora, precisamos usar nossos conhecimentos algébricos para simplificar o resultado obtido e, assim, conseguir escolher uma alternativa correta. Vamos por partes:

- $\frac{\sqrt{3}}{3} + \frac{1}{2} = \frac{2\sqrt{3} + 3}{6}$

- $1 - \frac{\sqrt{3}}{2} = \frac{2 - \sqrt{3}}{2}$

Então:

$$\left(\frac{\sqrt{3}}{3}+\frac{1}{2}\right)\cdot\left(1-\frac{\sqrt{3}}{2}\right)=\frac{2\sqrt{3}+3}{6}\cdot\frac{2-\sqrt{3}}{2}=$$

$$=\frac{(2\sqrt{3}+3)(2-\sqrt{3})}{12}=$$

$$=\frac{4\sqrt{3}-2(\sqrt{3})^2+6-3\sqrt{3}}{12}=$$

$$=\frac{4\sqrt{3}-6+6-3\sqrt{3}}{12}=\frac{4\sqrt{3}-3\sqrt{3}}{12}=\frac{\sqrt{3}}{12}$$

E, finalmente:

$$\frac{\left(\frac{\sqrt{3}}{3}+\frac{1}{2}\right)\cdot\left(1-\frac{\sqrt{3}}{2}\right)}{2}=\frac{\frac{\sqrt{3}}{12}}{2}=\frac{\sqrt{3}}{12}\cdot\frac{1}{2}=\frac{\sqrt{3}}{24}$$

4. Verificando

Para verificar, vamos calcular a área pedida de outra forma. Vamos retirar a área do triângulo *DEO* (A_2) da área do triângulo *CBO* (A_1). Então, $A_T = A_1 - A_2$.

A área do triângulo *CBO* é $\frac{\text{base} \cdot \text{altura}}{2}$, em que a base é o raio unitário do círculo (*BO*) e a altura é $CB = \text{tg } 30°$. Assim, $A_1 = \frac{1 \cdot \text{tg } 30°}{2} = \frac{\sqrt{3}}{6}$.

A área do triângulo *DEO* é $\frac{\text{base} \cdot \text{altura}}{2}$, em que a base é $OE = \cos 30°$ e a altura é $OD = \text{sen } 30°$.

Assim, $A_1 = \frac{\cos 30° \cdot \text{sen } 30°}{2} = \frac{\sqrt{3}}{8}$ e

$$AT = \frac{\sqrt{3}}{6} - \frac{\sqrt{3}}{8} = \frac{4\sqrt{3}-3\sqrt{3}}{24} = \frac{\sqrt{3}}{24}$$

Isso confirma o resultado.

5. Emitindo a resposta

A resposta é a alternativa **a**.

6. Ampliando o problema

a) De acordo com a figura dada, qual é a medida do arco $\widehat{BD}$?

b) Generalize a solução obtida, adotando um ângulo α ($0° < \alpha < 90°$) em substituição ao ângulo de 30° dado no problema.

Exercícios

15. Calcule o valor: (Use os valores notáveis, redução ao 1º quadrante e arcos côngruos.)

a) tg 180°
b) tg 0°
c) tg 30°
d) tg 90°
e) tg 45°
f) tg 60°
g) tg 210°
h) tg 300°
i) $\text{tg } \frac{3\pi}{4}$
j) $\text{tg } \frac{4\pi}{3}$
k) $\text{tg}\left(-\frac{5}{6}\right)$
l) $\text{tg } \frac{5\pi}{6}$

16. Use a tabela da página 32 e calcule:

a) tg 100°
b) $\text{tg } \frac{10\pi}{9}$
c) tg (−55°)
d) $\text{tg } \frac{37\pi}{18}$
e) tg 244°
f) tg (−310°)

17. Calcule usando arcos côngruos:

a) tg 870°
b) tg 2160°
c) tg −60°
d) $\text{tg } \frac{17\pi}{3}$
e) $\text{tg } \frac{31\pi}{6}$
f) $\text{tg } -\frac{7\pi}{4}$

18. Usando a tabela da página 32, calcule:

a) tg 500°
b) tg (−310°)
c) $\text{tg } \frac{37\pi}{18}$
d) $\text{tg } -\frac{7\pi}{18}$

19. Represente a expressão geral de x para que se tenha $\text{tg } x = 1$.

20. Determine x nos seguintes casos, com $x \in \mathbb{R}$:

a) $\text{tg } x = \sqrt{3}$
b) $\text{tg } x = -1$

21. Determine x nos seguintes casos, $0 \leqslant x \leqslant 2\pi$:

a) $\text{tg } x = \frac{\sqrt{3}}{3}$
b) $\text{tg}^2 x = 1$

22. Determine tg x sabendo que $\frac{3\pi}{2} \leqslant x \leqslant 2\pi$ e $\text{sen } x = -\frac{3}{5}$.

23. Se $x \in [90°, 180°]$, $\cos x = -\frac{3\sqrt{2}}{5}$ e $\text{tg } x = -\frac{\sqrt{14}}{6}$, qual é o valor de sen x?

24. Determine o valor de tg 1935°.

25. Qual o valor da expressão $A = \cos 12° + \cos 25° + ... + \cos 142° + \cos 155° + \cos 168°$?

6 Estudo da função seno

Dado um número real x, podemos associar a ele o valor do seno de um ângulo (ou arco) de x radianos:

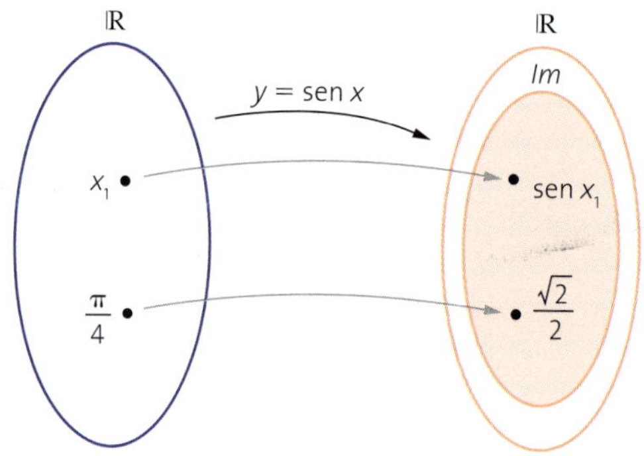

Fique atento!
Para cada valor real de x existe sempre um único valor real para sen x.

Assim, definimos a **função trigonométrica seno** como a função real de variáveis reais que associa a cada número real x o valor real **sen *x***, ou seja,

$$f: \mathbb{R} \rightarrow \mathbb{R}$$
$$x \rightarrow f(x) = \text{sen } x$$

Já estudamos o processo que permite associar um número real x à medida x de um ângulo (ou arco), para posterior obtenção do valor sen x. Estudamos também como obter os valores sen x para quaisquer valores x de medidas de ângulos (ou arcos). Lembramos que x, medida de ângulo (ou arco), é expresso em radianos.

Gráfico da função seno

Para construir o gráfico da função seno vamos construir uma tabela com valores de x da 1ª volta positiva. O seno, em alguns casos, será usado com valores aproximados.

x	0	$\frac{\pi}{6}$	$\frac{\pi}{4}$	$\frac{\pi}{3}$	$\frac{\pi}{2}$	$\frac{2\pi}{3}$	$\frac{3\pi}{4}$	$\frac{5\pi}{6}$	π
sen *x*	0	$\frac{1}{2}$	$\frac{\sqrt{2}}{2}$	$\frac{\sqrt{3}}{2}$	1	$\frac{\sqrt{3}}{2}$	$\frac{\sqrt{2}}{2}$	$\frac{1}{2}$	0
sen *x*	0	0,5	0,7	0,9	1	0,9	0,7	0,5	0

x	$\frac{7\pi}{6}$	$\frac{5\pi}{4}$	$\frac{4\pi}{3}$	$\frac{3\pi}{2}$	$\frac{5\pi}{3}$	$\frac{7\pi}{4}$	$\frac{11\pi}{6}$	2π
sen *x*	$-\frac{1}{2}$	$-\frac{\sqrt{2}}{2}$	$-\frac{\sqrt{3}}{2}$	-1	$-\frac{\sqrt{3}}{2}$	$-\frac{\sqrt{2}}{2}$	$-\frac{1}{2}$	0
sen *x*	−0,5	−0,7	−0,9	−1	−0,9	−0,7	−0,5	0

Veja o gráfico inicialmente para $x \in [0, 2\pi]$ e depois para $x \in \mathbb{R}$:

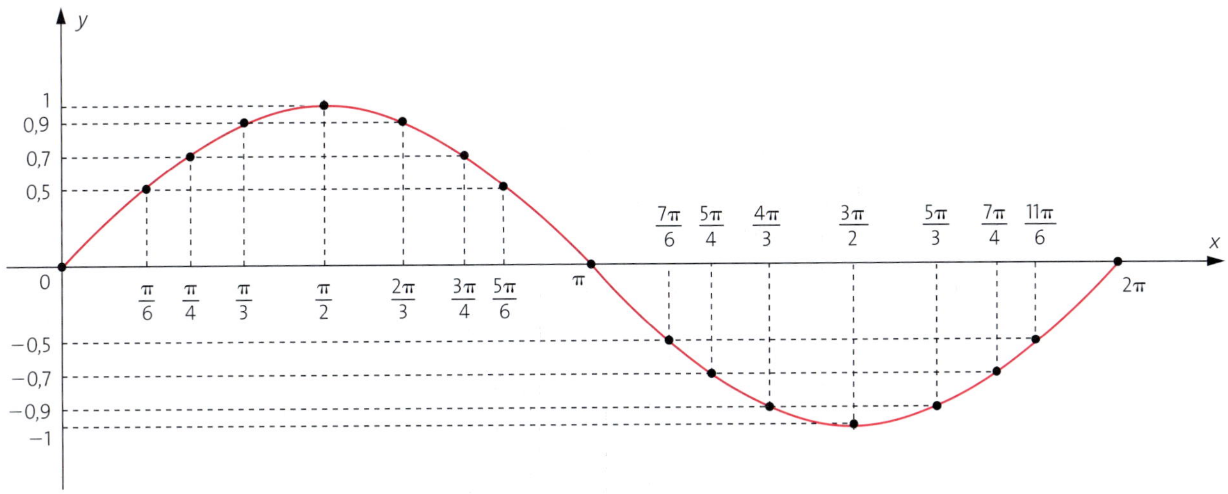

Como a função $f(x) = \text{sen } x$ é definida no conjunto dos números reais, ou seja, seu domínio é $\mathbb{R}$, a curva pode ser estendida para valores de x menores do que zero e maiores do que 2π. Assim, o gráfico da função $f: \mathbb{R} \rightarrow \mathbb{R}$, definida por $f(x) = \text{sen } x$, é a curva chamada **senoide**, que tem o seguinte aspecto:

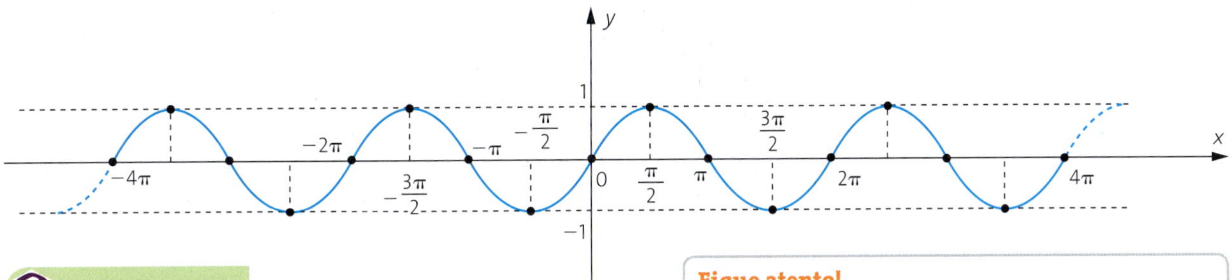

Gráfico da função seno

Fique atento!
O gráfico de $f(x) = \text{sen } x$ é simétrico em relação à origem.

Periodicidade da função seno

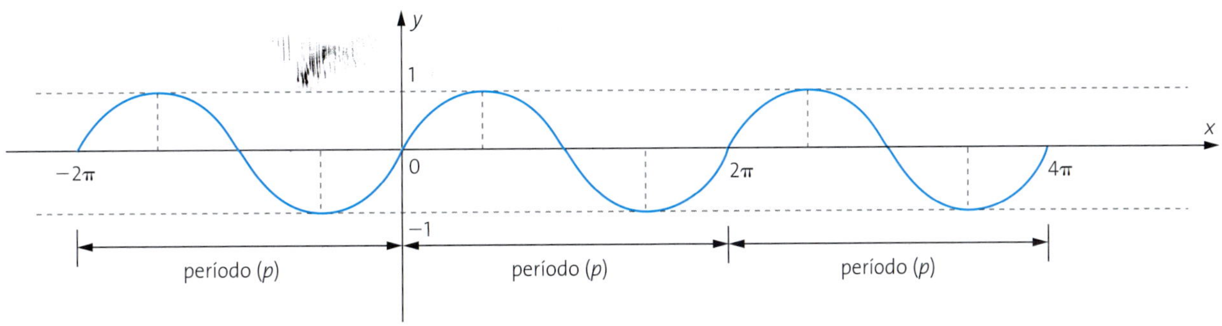

Observando o gráfico da função seno, vemos que a função repete periodicamente seus valores nos intervalos ..., $[-2\pi, 0]$, $[0, 2\pi]$, $[2\pi, 4\pi]$, ... Daí dizermos que a função seno é **periódica**.

Observe no gráfico que:

$$\text{sen } x = \text{sen } (x + 2\pi) = \text{sen } (x + 4\pi) = \ldots \text{ para todo } x \in \mathbb{R}$$

Dizemos então que o **período** da função seno é 2π e indicamos assim: $p = 2\pi$.

Para encontrar o período basta observar no gráfico o deslocamento horizontal necessário para que ele comece a se repetir.

Sinal da função seno

Observando o sinal da função seno, vemos que a função é **positiva** para valores do 1º e 2º quadrantes e **negativa** para valores do 3º e 4º quadrantes.

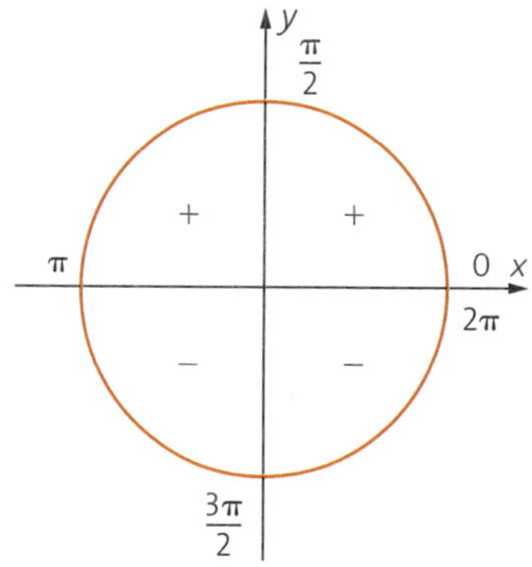

Variação da função seno

Considerando valores de $x \in [0, 2\pi]$, observe o que acontece com sen x_1 e sen x_2, para $x_1 > x_2$, nos quatro quadrantes:

1º quadrante

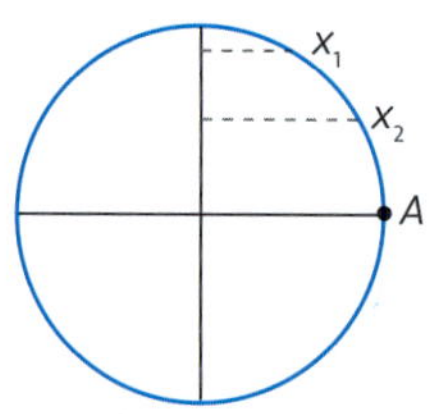

$x_1 > x_2$

sen $x_1 >$ sen x_2

2º quadrante

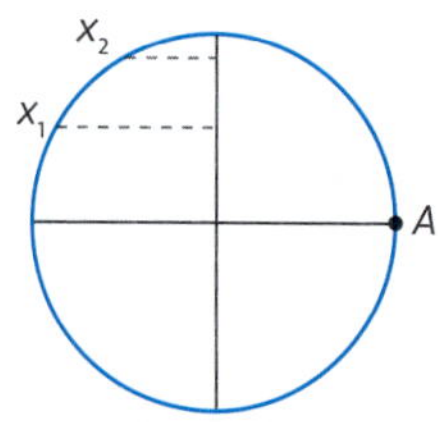

$x_1 > x_2$

sen $x_1 <$ sen x_2

3º quadrante

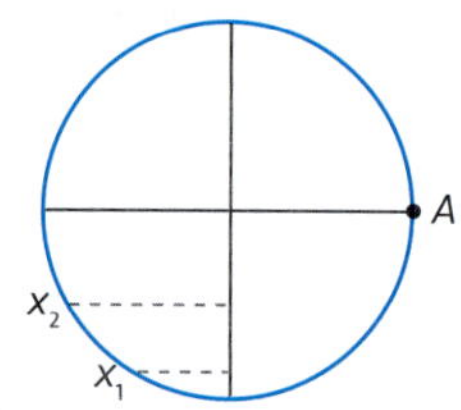

$x_1 > x_2$

sen $x_1 <$ sen x_2

4º quadrante

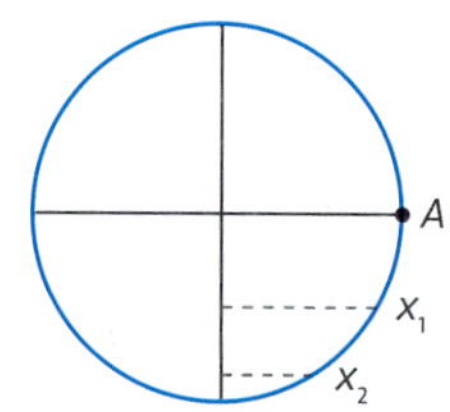

$x_1 > x_2$

sen $x_1 >$ sen x_2

Vamos interpretar o gráfico construído a partir da variação em cada quadrante.

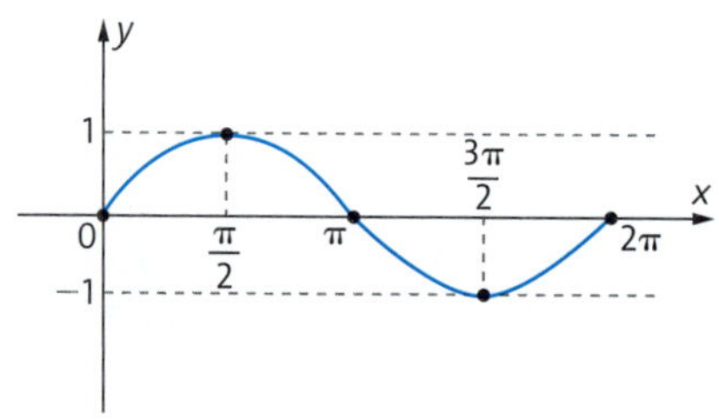

1º quadrante: Quando x cresce de 0 a $\frac{\pi}{2}$, sen x cresce de 0 a 1.

2º quadrante: Quando x cresce de $\frac{\pi}{2}$ a π, sen x decresce de 1 a 0.

3º quadrante: Quando x cresce de π a $\frac{3\pi}{2}$, sen x decresce de 0 a −1.

4º quadrante: Quando x cresce de $\frac{3\pi}{2}$ a 2π, sen x cresce de −1 a 0.

Observações sobre a função seno:

1ª) Função seno é a função de $\mathbb{R}$ em $\mathbb{R}$ definida por $f(x) = \text{sen } x$.

2ª) A função seno tem $D = \mathbb{R}$ e $Im = [-1, 1]$.

3ª) A função seno não é injetiva nem sobrejetiva.

4ª) A função seno é função ímpar, isto é, $\text{sen }(-x) = -\text{sen } x$, para todo x real.

5ª) A função seno é periódica de período $p = 2\pi$.

6ª) • $\text{sen } x = 0$, para $x = k\pi$, com $k \in \mathbb{Z}$.

• $\text{sen } x > 0$, para x do 1º e 2º quadrantes e para $x = \dfrac{\pi}{2} + 2k\pi$, com $k \in \mathbb{Z}$.

• $\text{sen } x < 0$, para x do 3º e 4º quadrantes e para $x = \dfrac{3\pi}{2} + 2k\pi$, com $k \in \mathbb{Z}$.

Fique atento!
x é a medida do arco em radianos.

Exercícios resolvidos

8. Determine os valores reais que m pode assumir para que exista um número real x que satisfaça a igualdade $\text{sen } x = 2m - 3$.

Resolução

Condição: $-1 \leqslant \text{sen } x \leqslant 1 \Rightarrow -1 \leqslant 2m - 3 \leqslant 1$

Resolvendo a dupla desigualdade, temos:

$-1 \leqslant 2m - 3 \leqslant 1 \Rightarrow -1 + 3 \leqslant 2m \leqslant 1 + 3 \Rightarrow$

$\Rightarrow 2 \leqslant 2m \leqslant 4 \Rightarrow 1 \leqslant m \leqslant 2$

Logo, os valores de m são dados pelo conjunto $\{m \in \mathbb{R} \mid 1 \leqslant m \leqslant 2\}$.

9. Determine os valores reais de m para os quais a equação $\text{sen } x = m^2 - m - 1$ tenha solução.

Resolução

Condição: $-1 \leqslant \text{sen } x \leqslant 1 \Rightarrow -1 \leqslant m^2 - m - 1 \leqslant 1$

Resolvendo a dupla desigualdade, temos:

• $m^2 - m - 1 \leqslant 1 \Rightarrow m^2 - m - 2 \leqslant 0$

$\Delta = 9$

$m' = 2$ e $m'' = -1$

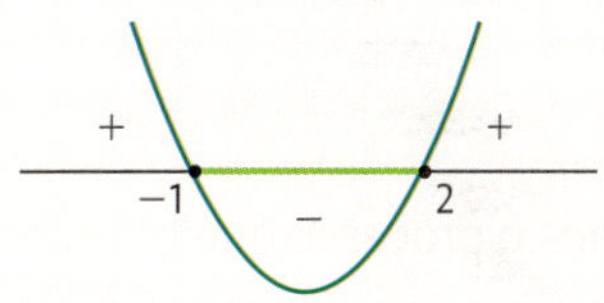

$S_1 = \{m \in \mathbb{R} \mid -1 \leqslant m \leqslant 2\}$

• $m^2 - m - 1 \geqslant -1 \Rightarrow m^2 - m \geqslant 0$

$\Delta = 1$

$m' = 1$ e $m'' = 0$

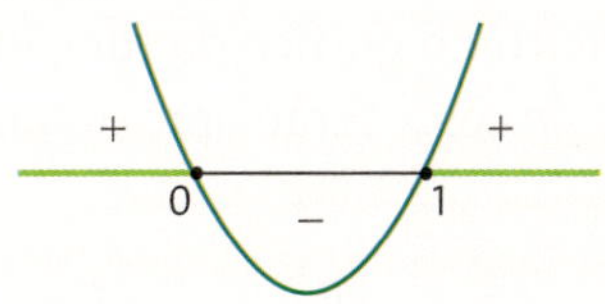

$S_2 = \{m \in \mathbb{R} \mid m \leqslant 0 \text{ ou } m \geqslant 1\}$

Quadro de resolução

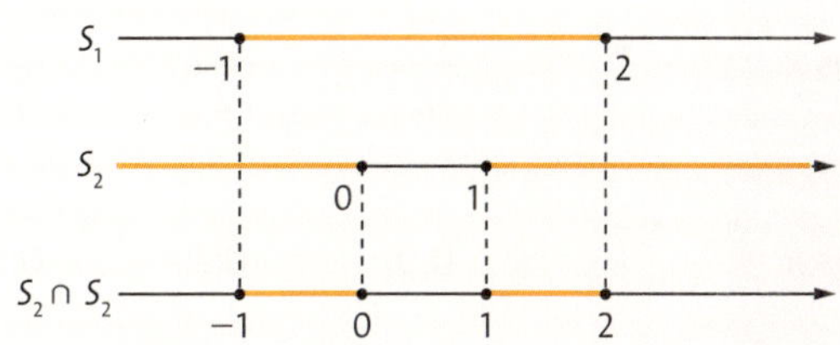

Temos então que os valores de m são dados por $\{m \in \mathbb{R} \mid -1 \leqslant m \leqslant 0 \text{ ou } 1 \leqslant m \leqslant 2\}$.

Exercício

26. Determine os valores reais de m para os quais as seguintes equações tenham solução:

a) $\text{sen } x = 2m - 7$

b) $\text{sen } x = 3m - 2$

c) $\text{sen } x = m^2 - 1$

d) $4m + \text{sen } x = 1$

7 Estudo da função cosseno

Dado um número real *x*, podemos associar a ele o valor do cosseno de um ângulo (ou arco) de *x* radianos:

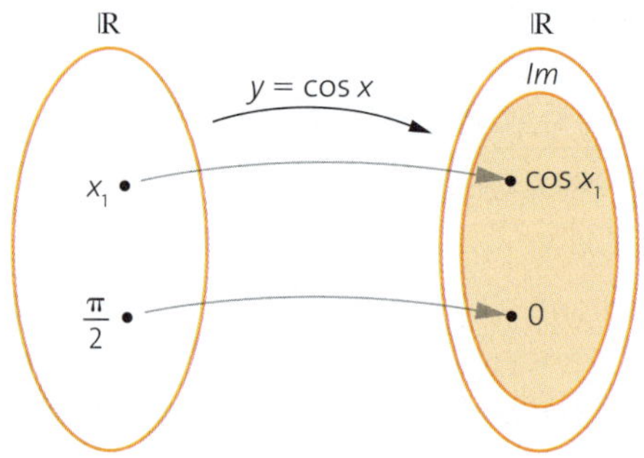

Fique atento!
Para cada valor real de *x*, existe sempre um único valor real para cos *x*.

Assim, definimos a **função trigonométrica cosseno** como a função real de variáveis reais que associa a cada número real *x* o valor real cos *x*, ou seja:

$$f: \mathbb{R} \rightarrow \mathbb{R}$$
$$x \rightarrow f(x) = \cos x$$

Já estudamos o processo que permite associar um número real *x* à medida *x* de um ângulo (ou arco) para posterior obtenção do valor cos *x*. Estudamos também como obter os valores cos *x* para quaisquer valores *x* de medidas de ângulos (ou arcos). Lembramos que *x*, medida de ângulo (ou arco), é expresso em radianos.

Gráfico da função cosseno

Vamos construir o gráfico da função $f(x) = \cos x$, inicialmente para $x \in [0, 2\pi]$ e depois para $x \in \mathbb{R}$. Alguns valores de cos *x* serão aproximados.

x	0	$\frac{\pi}{6}$	$\frac{\pi}{4}$	$\frac{\pi}{3}$	$\frac{\pi}{2}$	$\frac{2\pi}{3}$	$\frac{3\pi}{4}$	$\frac{5\pi}{6}$	π
cos x	1	$\frac{\sqrt{3}}{2}$	$\frac{\sqrt{2}}{2}$	$\frac{1}{2}$	0	$-\frac{1}{2}$	$-\frac{\sqrt{2}}{2}$	$-\frac{\sqrt{3}}{2}$	−1
cos x	1	0,9	0,7	0,5	0	−0,5	−0,7	−0,9	−1

x	$\frac{7\pi}{6}$	$\frac{5\pi}{4}$	$\frac{4\pi}{3}$	$\frac{3\pi}{2}$	$\frac{5\pi}{3}$	$\frac{7\pi}{4}$	$\frac{11\pi}{6}$	2π
cos x	$-\frac{\sqrt{3}}{2}$	$-\frac{\sqrt{2}}{2}$	$-\frac{1}{2}$	0	$\frac{1}{2}$	$\frac{\sqrt{2}}{2}$	$\frac{\sqrt{3}}{2}$	1
cos x	−0,9	−0,7	−0,5	0	0,5	0,7	0,9	1

Veja o gráfico inicialmente para $x \in [0, 2\pi]$ e depois para $x \in \mathbb{R}$.

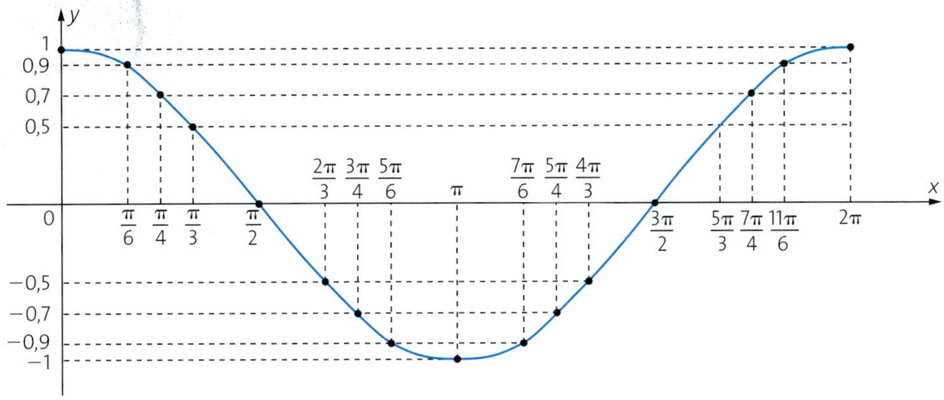

Como a função $f(x) = \cos x$ é definida no conjunto dos números reais, ou seja, seu domínio é $\mathbb{R}$, a curva pode ser estendida para valores de x menores do que zero e maiores do que 2π. Assim, o gráfico da função $f: \mathbb{R} \to \mathbb{R}$, definida por $f(x) = \cos x$, é a curva chamada **cossenoide**, que tem o seguinte aspecto:

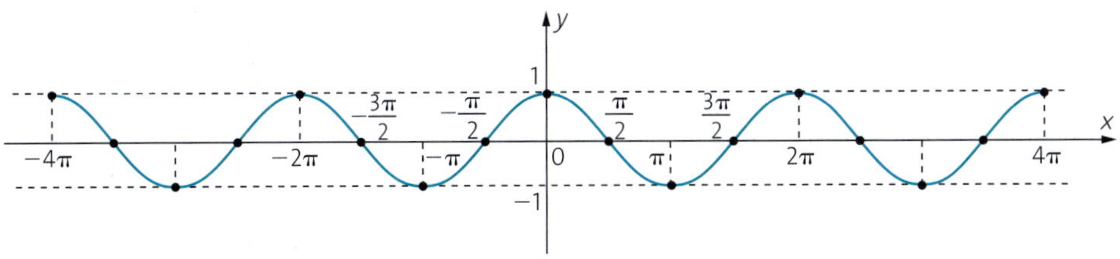

Fique atento!
O gráfico de $f(x) = \cos x$ é simétrico em relação ao eixo y.

Gráfico da função cosseno

Observações sobre a função cosseno:

1ª) A cossenoide **não** é uma nova curva, e sim uma senoide transladada $\frac{\pi}{2}$ unidade para a direita. Observe na senoide da página 63 que, se colocarmos o eixo y no ponto de abscissa $x = \frac{\pi}{2}$, teremos exatamente o gráfico da cossenoide. Isso faz com que a maioria dos aspectos relevantes da função cosseno seja a mesma da função seno.

2ª) O domínio é o mesmo: $f: \mathbb{R} \to \mathbb{R}$ tal que $f(x) = \cos x$ tem $D = \mathbb{R}$.

3ª) A imagem é a mesma: $f: \mathbb{R} \to \mathbb{R}$ tal que $f(x) = \cos x$ tem $Im = [-1, 1]$.

4ª) O período é o mesmo: a função cosseno é periódica de período $p = 2\pi$.

5ª) A função cosseno também não é nem injetiva nem sobrejetiva.

As diferenças entre a função cosseno e a função seno ficam por conta dos aspectos que dependem dos valores das imagens associados aos domínios, que transladam $\frac{\pi}{2}$ unidade. Por exemplo, a função seno é ímpar e a função cosseno é par, pois $\cos(-x) = \cos x$, para todo x do $D(f) = \mathbb{R}$.

Sinal da função cosseno

Observando o sinal da função $f(x) = \cos x$, vemos que a função cosseno é **positiva** para valores do 1º e 4º quadrantes e **negativa** para valores do 2º e 3º quadrantes.

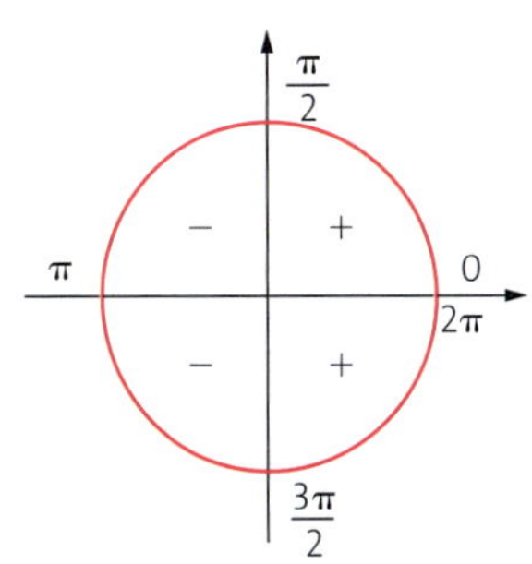

Variação da função cosseno

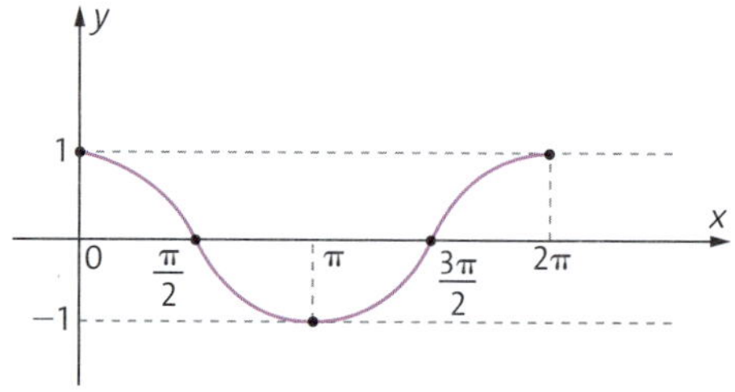

Analisando a variação no intervalo $[0, 2\pi]$, temos o seguinte quadro:

1º quadrante: Quando x cresce de 0 a $\frac{\pi}{2}$, $\cos x$ decresce de 1 a 0.

2º quadrante: Quando x cresce de $\frac{\pi}{2}$ a π, $\cos x$ decresce de 0 a -1.

3º quadrante: Quando x cresce de π a $\frac{3\pi}{2}$, $\cos x$ cresce de -1 a 0.

4º quadrante: Quando x cresce de $\frac{3\pi}{2}$ a 2π, $\cos x$ cresce de 0 a 1.

Fique atento!
Como a função cosseno é periódica de período 2π, essa variação se repete em outros intervalos, como $[2\pi, 4\pi]$, $[-2\pi, 0]$, etc.

Exercícios resolvidos

10. Calcule o valor de $\text{sen}\left(-\frac{\pi}{6}\right) + \cos\left(-\frac{\pi}{4}\right)$.

Resolução

Como a função seno é ímpar, então $\text{sen}(-x) = -\text{sen}\, x$. Portanto:

$$\text{sen}\left(-\frac{\pi}{6}\right) = -\text{sen}\,\frac{\pi}{6} = -\frac{1}{2}$$

Como a função cosseno é par, então $\cos(-x) = \cos x$.

Logo, $\cos\left(-\frac{\pi}{4}\right) = \cos\frac{\pi}{4} = \frac{\sqrt{2}}{2}$.

Assim:

$$\text{sen}\left(-\frac{\pi}{6}\right) + \cos\left(-\frac{\pi}{4}\right) = -\frac{1}{2} + \frac{\sqrt{2}}{2} = \frac{\sqrt{2}-1}{2}$$

11. Observe os gráficos e responda:

I.

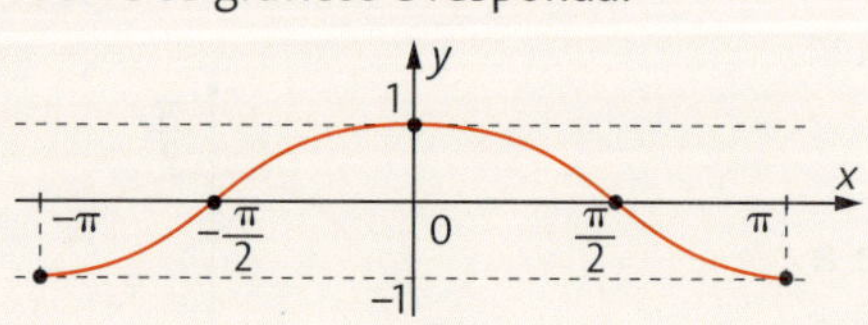

II.

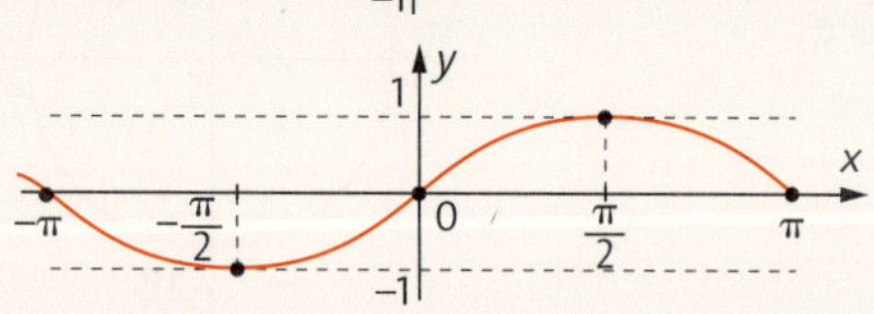

a) Qual é o gráfico da função $f(x) = \text{sen}\, x$ e da função $g(x) = \cos x$?

b) No intervalo $\left[0, \frac{\pi}{2}\right]$, essas funções são crescentes ou decrescentes?

c) Para quais valores de x, $-\pi < 0 < \pi$, temos os valores máximos de cada função?

Resolução

a) De acordo com a tabela abaixo, o gráfico I representa a função cosseno e o gráfico II representa a função seno.

	$-\pi$	$-\frac{\pi}{2}$	0	$\frac{\pi}{2}$	π
sen	0	−1	0	1	0
cos	−1	0	1	0	−1

b) A função seno é crescente e a função cosseno é decrescente.

c) Para a função seno, o valor máximo ocorre em $x = \frac{\pi}{2}$ e, para a função cosseno, o valor máximo ocorre em $x = 0$.

Exercícios

27. Determine os valores reais de m para que exista um número real x que satisfaça as seguintes igualdades:

a) $\cos x = 2m + 5$

b) $\cos x = m - 3$

c) $\cos x = 3m + 4$

d) $\cos x = 3m^2 - m - 1$

e) $\cos x = 1 - m^2$

f) $\cos x + 5m = 6$

28. Considerando f e g funções de $\mathbb{R}$ em $\mathbb{R}$ tais que $f(x) = \text{sen } x$ e $g(x) = \cos x$:

a) calcule $f(\pi)$, $g(\pi)$, $f\left(\frac{\pi}{3}\right) - g\left(\frac{\pi}{4}\right)$, $\dfrac{f\left(\frac{\pi}{6}\right)}{g\left(\frac{\pi}{6}\right)}$, $f\left(-\frac{3\pi}{4}\right)$ e $g\left(-\frac{3\pi}{4}\right)$;

b) determine $x \in [0, 2\pi]$ tal que $f(x) = g(x)$;

c) determine se existe $x \in \mathbb{R}$ tal que $\frac{\pi}{2} < x < \pi$ e $f(x) = g(x)$ (justifique sua resposta).

29. Veja como determinar os valores máximo e mínimo da função $y = 2 + 3 \cdot \text{sen } x$.

Para $\text{sen } x = -1$, que é o valor mínimo de $\text{sen } x$, temos:
$y = 2 + 3(-1) = -1$

Para $\text{sen } x = 1$, que é o valor máximo de $\text{sen } x$, temos:
$y = 2 + 3 \cdot 1 = 5$

Logo, $y_{mín.} = -1$ e $y_{máx.} = 5$.

Agora é com você: determine os valores máximo e mínimo de y em cada item:

a) $y = \text{sen } x - 10$

b) $y = 6 - 10 \cdot \cos x$

c) $y = 3 \cdot \cos^2 x + 1$

d) $y = \text{sen } x + \cos x$

30. DESAFIO Seja $f(x) = \text{sen } x + \cos x$. Calcule o valor de $\sqrt{6} \cdot f\left(\frac{\pi}{12}\right)$.

8 Estudo da função tangente

Definimos *função tangente* como a função real de variáveis reais que associa a cada número real x o valor *tg* x, desde que x não seja $\frac{\pi}{2}$ nem $\frac{3\pi}{2}$ e nenhum de seus respectivos arcos côngruos, isto é:

$$f\colon D \to \mathbb{R}$$
$$x \to f(x) = \text{tg } x$$

em que $D = \left\{x \in \mathbb{R} \mid x \neq \frac{\pi}{2} + k\pi,\ k \in \mathbb{Z}\right\}$.

Já estudamos o processo que permite associar um número real x à medida x de um ângulo (ou arco) para posterior obtenção do valor tg x. Estudamos também como obter os valores tg x para quaisquer valores de $x \left\{x \neq \frac{\pi}{2} + k\pi,\ k \in \mathbb{Z}\right\}$ de medidas de ângulos (ou arcos). Lembramos que x, medida do ângulo (ou arco), é expresso em radianos.

Exercício

31. Se f é a função tangente definida por $f(x) = \text{tg } x$, responda:

a) Quais são $D(f)$ e $Im(f)$?

b) Qual o valor de $f\left(\frac{\pi}{4}\right)$, $f(\pi)$, $f\left(-\frac{\pi}{3}\right)$, $f\left(\frac{7\pi}{6}\right)$, $f(7\pi)$ e $f\left(\frac{20\pi}{3}\right)$?

c) Qual o valor de x tal que $x \in [0, 2\pi]$ e $f(x) = -1$?

Gráfico da função tangente

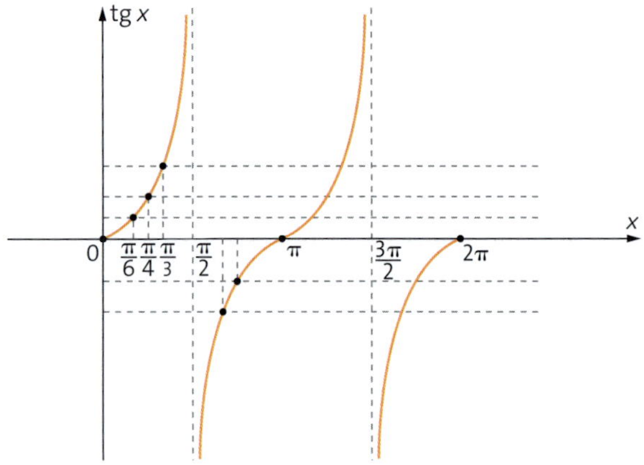

Vamos construir o gráfico da função $f(x) = \text{tg } x$ inicialmente no intervalo $[0, 2\pi]$.

Note que, à medida que x tende aos valores em que tg x não existe $\left(\frac{\pi}{2}, \frac{3\pi}{2}\right.$ e seus respectivos arcos côngruos, como $\left.\frac{5\pi}{2}, \frac{7\pi}{2}, \text{etc.}\right)$, o gráfico da tangente tende ao infinito (positivo ou negativo). Essas retas verticais tracejadas nesses valores são chamadas de *assíntotas*, ou seja, retas cujo ponto de intersecção com o gráfico tende ao infinito.

Como a função $f(x) = \text{tg } x$ tem o seu domínio $D = \mathbb{R} - \left\{x \in \mathbb{R} \mid x = \frac{\pi}{2} + k\pi, k \in \mathbb{Z}\right\}$, a curva pode ser estendida para valores menores do que zero e maiores do que 2π. Assim, o gráfico da função $f: D \to \mathbb{R}$ definida por $f(x) = \text{tg } x$ é a curva chamada *tangentoide*, que tem o seguinte aspecto:

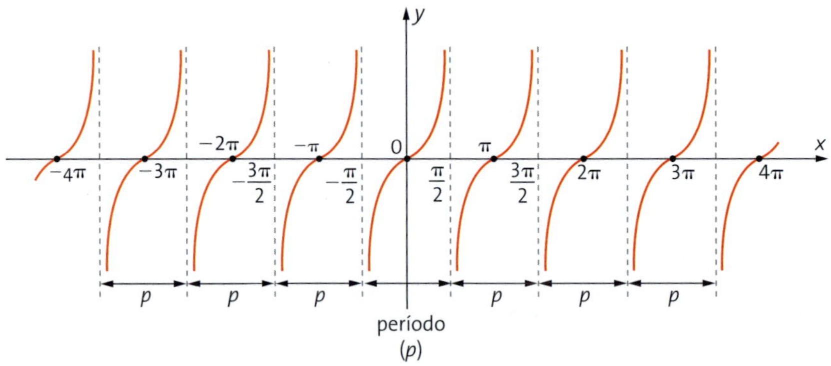

A partir do gráfico é possível fazer algumas afirmações sobre a função tangente:

- Tem $D(f) = \left\{x \in \mathbb{R} \mid x \neq \frac{\pi}{2} + k\pi, \text{ com } k \in \mathbb{Z}\right\}$ e $Im(f) = \mathbb{R}$.
- A função tangente não é injetiva, mas é sobrejetiva.
- A função tangente é função ímpar, isto é, $\text{tg } x = -\text{tg } (-x), \forall\, x \in D(f)$.
- A função tangente é periódica de período $p = \pi$, isto é, $\text{tg } x = \text{tg } (x + k\pi)$, com $k \in \mathbb{Z}$ e $x \in D(f)$.

> **Para refletir**
> Justifique cada uma das afirmações.

Sinal da função tangente

Observando o sinal da função tangente, vemos que a função é *positiva* para valores do 1º e do 3º quadrantes e *negativa* para valores do 2º e do 4º quadrantes.

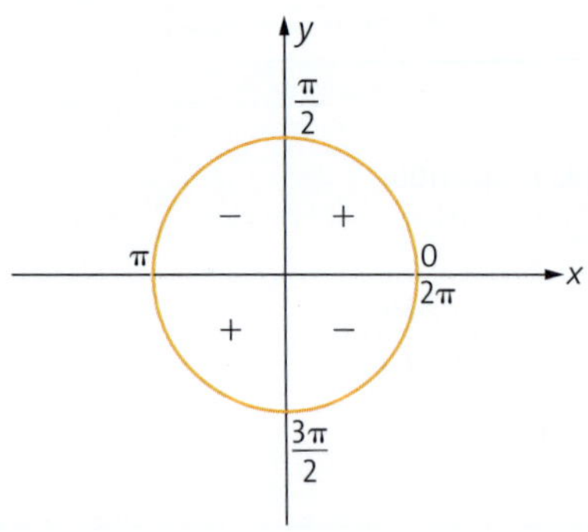

> **Para refletir**
> Qual é o valor da tg x quando temos $x = 0$, $x = \frac{\pi}{2}$, $x = \pi$ e $x = \frac{3\pi}{2}$ e seus arcos côngruos?

Variação da função tangente

Analisando o gráfico da função $f(x) = \text{tg}\, x$, vemos que:

1º quadrante: Quando x cresce de 0 a $\frac{\pi}{2}$, tg x cresce de 0 a $+\infty$.

2º quadrante: Quando x cresce de $\frac{\pi}{2}$ a π, tg x cresce de $-\infty$ a 0.

3º quadrante: Quando x cresce de π a $\frac{3\pi}{2}$, tg x cresce de 0 a $+\infty$.

4º quadrante: Quando x cresce de $\frac{3\pi}{2}$ a 2π, tg x cresce de $-\infty$ a 0.

Fique atento!
Como a função tangente é periódica de período π, a variação ocorrida em $[0, \pi]$ se repete em $[\pi, 2\pi]$, $[2\pi, 3\pi]$, $[-\pi, 0]$, etc.

9 As funções cossecante, secante e cotangente

A partir das ideias já conhecidas de seno, cosseno e tangente de x, definem-se cossecante, secante e cotangente de x. Assim:

- $\text{cossec}\, x = \dfrac{1}{\text{sen}\, x}$, para $\text{sen}\, x \neq 0$
- $\sec x = \dfrac{1}{\cos x}$, para $\cos x \neq 0$
- $\text{cotg}\, x = \dfrac{\cos x}{\text{sen}\, x}$, para $\text{sen}\, x \neq 0$

Quando $\text{sen}\, x \neq 0$ e $\cos x \neq 0$, podemos ainda escrever $\text{cotg}\, x = \dfrac{1}{\text{tg}\, x}$.

Veja o exemplo a seguir.

Sabemos que $\text{sen}\, \frac{\pi}{6} = \frac{1}{2}$, $\cos \frac{\pi}{6} = \frac{\sqrt{3}}{2}$ e $\text{tg}\, \frac{\pi}{6} = \frac{\sqrt{3}}{3}$. Podemos então calcular:

- $\text{cossec}\, \dfrac{\pi}{6} = \dfrac{1}{\frac{1}{2}} = \dfrac{2}{1} = 2$
- $\sec \dfrac{\pi}{6} = \dfrac{1}{\frac{\sqrt{3}}{2}} = \dfrac{2}{\sqrt{3}} = \dfrac{2\sqrt{3}}{3}$
- $\text{cotg}\, \dfrac{\pi}{6} = \dfrac{\frac{\sqrt{3}}{2}}{\frac{1}{2}} = \dfrac{2\sqrt{3}}{2} = \sqrt{3}$ ou $\text{cotg}\, \dfrac{\pi}{6} = \dfrac{1}{\frac{\sqrt{3}}{3}} = \dfrac{3}{\sqrt{3}} = \dfrac{3\sqrt{3}}{3} = \sqrt{3}$

Exercícios

32. Calcule quando existir:

a) $\text{cossec}\, \frac{\pi}{4}$

b) $\sec \frac{\pi}{3}$

c) $\text{cotg}\, \frac{\pi}{4}$

d) $\text{cotg}\, \pi$

e) $\sec 120°$

f) $\text{cossec}\, (-30°)$

g) $\text{cotg}\, \frac{2\pi}{3}$

h) $\sec 2\pi$

33. Sabendo que $\text{sen}\, \theta = \frac{3}{5}$ e $\cos \theta = -\frac{4}{5}$, calcule:

a) $\text{cossec}\, \theta$

b) $\sec \theta$

c) $\text{cotg}\, \theta$

34. Determine os valores das demais funções trigonométricas de um arco x quando:

a) $\text{sen}\, x = -\frac{1}{2}$ e $\frac{3\pi}{2} < x < 2\pi$;

b) $\cos x = \frac{1}{3}$ e $0 < x < \frac{\pi}{2}$;

c) $\text{cossec}\, x = -\sqrt{2}$ e $\pi < x < \frac{3\pi}{2}$;

d) $\text{tg}\, x = \sqrt{3}$ e $0 < x < \frac{\pi}{2}$.

35. Se $\cos \theta = -\frac{3}{\sqrt{10}}$, $\frac{\pi}{2} < \theta < \pi$, então qual o valor de $\sqrt{2\, \text{cotg}\, \theta + \text{cossec}^2\, \theta}$?

Função cossecante

Chamamos de *função cossecante* a função definida por $f(x) = \text{cossec}\ x$ ou $f(x) = \dfrac{1}{\text{sen}\ x}$, para todo $x \in \mathbb{R}$ tal que $\text{sen}\ x \neq 0$.

$D(f) = \{x \in \mathbb{R} \mid x \neq k\pi, \text{com } k \in \mathbb{Z}\}$ e $Im(f) = \{y \in \mathbb{R} \mid y \leqslant -1 \text{ ou } y \geqslant 1\}$.

Fique atento!
Se um número real diferente de zero está entre -1 e 1, então o seu inverso é > 1 ou < -1.

Gráfico de $f(x) = \text{cossec}\ x$

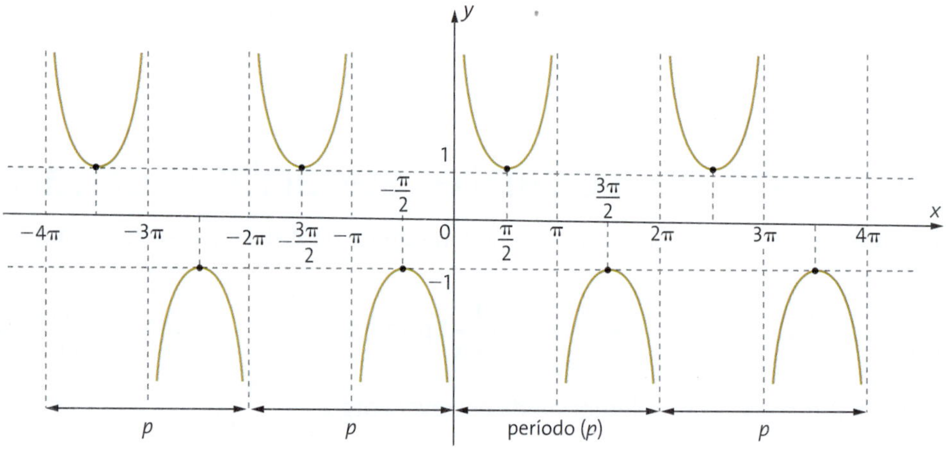

Observe que, quando x tende aos valores em que a cossec x não existe, o gráfico da cossecante tende ao infinito (positivo ou negativo). Essas retas verticais tracejadas nesses valores de x são chamadas de *assíntotas*.

Para refletir
Por quais valores de x passam as assíntotas no gráfico de $f(x) = \text{cossec}\ x$?

Função secante

Chamamos de *função secante* a função definida por $f(x) = \sec x$ ou $f(x) = \dfrac{1}{\cos\ x}$, para todo $x \in \mathbb{R}$ tal que $\cos x \neq 0$.

$D(f) = \left\{x \in \mathbb{R} \mid x \neq \dfrac{\pi}{2} + k\pi, \text{com } k \in \mathbb{Z}\right\}$ e $Im(f) = \{y \in \mathbb{R} \mid y \leqslant -1 \text{ ou } y \geqslant 1\}$.

Gráfico de $f(x) = \sec x$

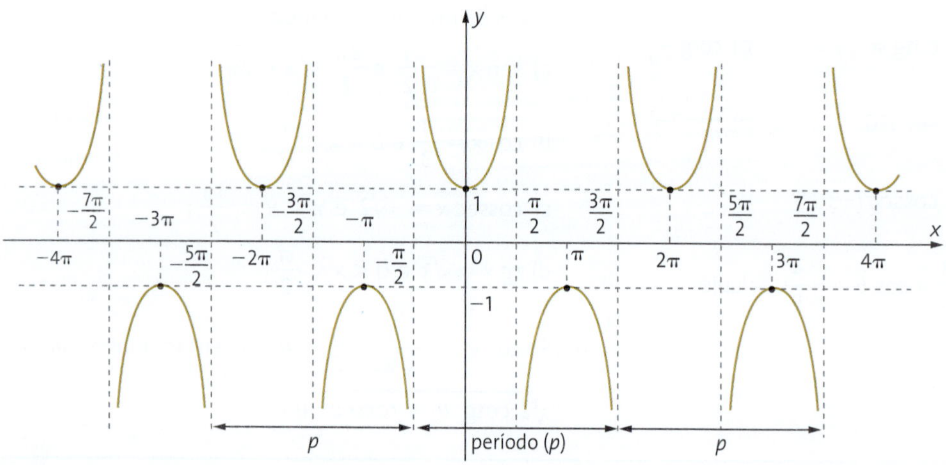

Para refletir
Por quais valores de x passam as assíntotas no gráfico da função secante?

Função cotangente

Chamamos de *função cotangente* a função definida por $f(x) = \text{cotg}\, x$ ou $f(x) = \frac{\cos x}{\text{sen}\, x}$, para todo $x \in \mathbb{R}$ tal que $\text{sen}\, x \neq 0$.

$D(f) = \{x \in \mathbb{R} \mid x \neq k\pi, \text{com } k \in \mathbb{Z}\}$ e $Im(f) = \mathbb{R}$.

Gráfico de $f(x) = \text{cotg}\, x$

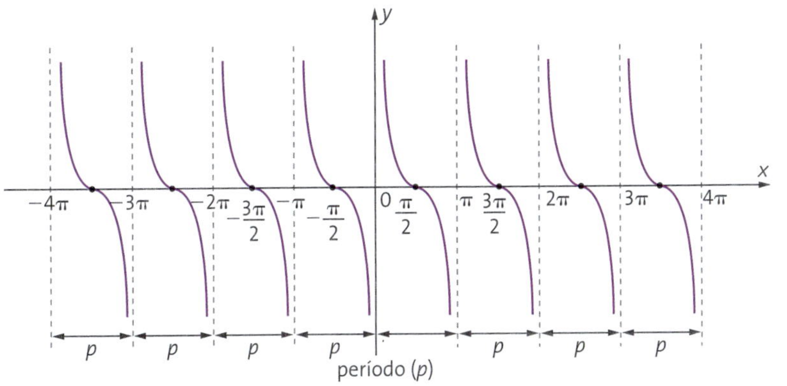

Para refletir
Por quais valores de x passam as assíntotas no gráfico da função cotangente?

Exercícios

36. O que muda no gráfico da função cossecante em relação ao da função secante?

37. Utilizando as definições e os gráficos das funções cossecante, secante e cotangente, responda com relação a cada uma:

a) É função par ou ímpar?

b) Quando tem valor positivo, negativo ou nulo?

c) Como é a variação do sinal nos quatro quadrantes?

d) É função periódica? Se for, qual é o período?

e) Qual é seu valor para $x = 0$, $x = \frac{\pi}{2}$, $x = \pi$ e $x = \frac{3\pi}{2}$?

10 Outras funções trigonométricas

Além das funções trigonométricas estudadas, existem outras que envolvem seno, cosseno, tangente, cossecante, secante e cotangente, que chamaremos *funções do tipo trigonométricas*. Por exemplo, as funções f, g, h e i tais que:

- $f(x) = 2 + \cos x$, com $x \in \mathbb{R}$.
- $g(x) = \text{sen}\, 2x$, com $x \in \mathbb{R}$.
- $h(x) = \text{tg}\, x + \sec x$, com $x \neq \frac{\pi}{2} + k\pi$, com $k \in \mathbb{Z}$.
- $i(x) = 1 - \text{cossec}\, x$, com $x \neq k\pi$, com $k \in \mathbb{Z}$.

Você sabia?

As senoides e os fenômenos periódicos

A natureza está repleta de fenômenos físicos ditos periódicos, ou seja, que se repetem sem alteração cada vez que transcorre um intervalo de tempo determinado (período). Por exemplo, os movimentos das marés, da radiação eletromagnética, da luz visível, dos pêndulos e das molas são todos periódicos. As funções trigonométricas, principalmente as senoides, são excelentes para descrever tais fenômenos, uma vez que são funções periódicas. A maneira mais básica de associar as senoides a um movimento periódico é imaginar um ponto percorrendo toda a circunferência trigonométrica. A projeção desse ponto no eixo dos senos ou no eixo dos cossenos descreve um movimento periódico.

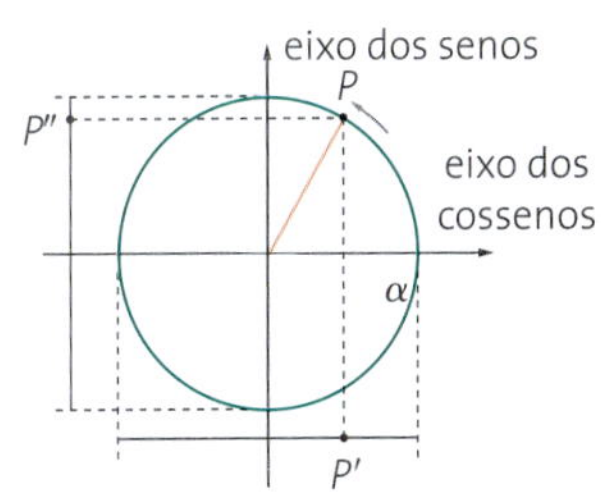

A projeção do ponto $P(x, y)$ sobre o eixo dos cossenos descreve um movimento cuja equação é do tipo $x = \cos \alpha$, e sobre o eixo dos senos é $y = \text{sen}\, \alpha$.

Dessa forma podemos associar a qualquer movimento periódico uma função senoidal do tipo $f(x) = a + b \cdot \text{sen}\,(cx + d)$ ou $f(x) = a + b \cdot \cos\,(cx + d)$, cuja imagem é dada por $[a - |b|, a + |b|]$, e cujo período é dado por $\frac{2\pi}{|c|}$. Na descrição dos fenômenos periódicos, em geral se opta por valores b e c positivos, de forma que a imagem da senoide nesses casos passa a ser $[a - b; a + b]$ e o período fica sendo $\frac{2\pi}{c}$.

Exercícios resolvidos

12. Construa e analise os gráficos das funções abaixo dando seu domínio, sua imagem e seu período. (Construa apenas um período completo.)

a) $f(x) = 3 \cdot \text{sen } x$ b) $f(x) = 1 + \cos x$

Resolução

a)

x	sen x	$3 \cdot$ sen x	$y = f(x)$
0	0	$3 \cdot 0 = 0$	0
$\frac{\pi}{2}$	1	$3 \cdot 1 = 3$	3
π	0	$3 \cdot 0 = 0$	0
$\frac{3\pi}{2}$	-1	$3(-1) = -3$	-3
2π	0	$3 \cdot 0 = 0$	0

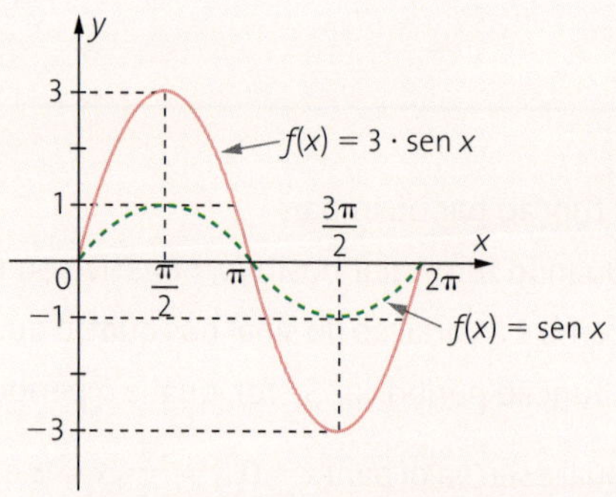

$D = \mathbb{R}$, $Im = [-3, 3]$, $p = 2\pi$

Fique atento!
Verifique que mudanças ocorreram nos gráficos de: $f(x) = 3 \cdot \text{sen } x$ com relação a $f(x) = \text{sen } x$.

b)

x	$\cos x$	$1 + \cos x$	$y = f(x)$
0	1	$1 + 1 = 2$	2
$\frac{\pi}{2}$	0	$1 + 0 = 1$	1
π	-1	$1 + (-1) = 0$	0
$\frac{3\pi}{2}$	0	$1 + 0 = 1$	1
2π	1	$1 + 1 = 2$	2

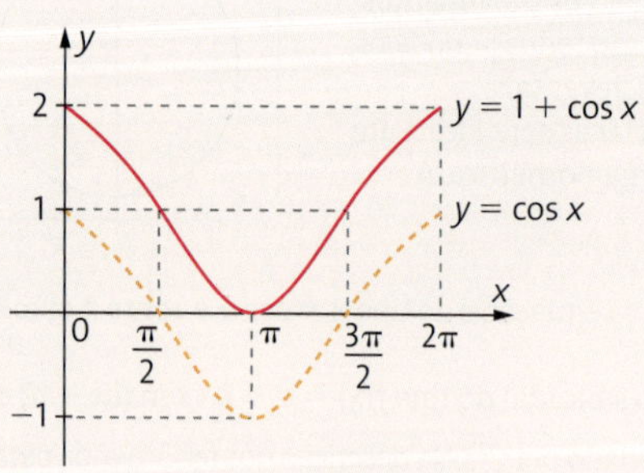

$D = \mathbb{R}$, $Im = [0, 2]$, $p = 2\pi$

13. Descreva com uma senoide a altitude do mar em um dia em determinado local sabendo que nesse dia, na maré alta, a altitude do mar foi 1,6 m e na maré baixa foi 0,2 m. As marés altas ocorrem às 2h e às 14h, e as marés baixas ocorrem às 8h e às 20h. Considere a contagem do tempo em horas a partir da meia-noite.

Resolução

O texto pode ser resumido pelo gráfico abaixo.

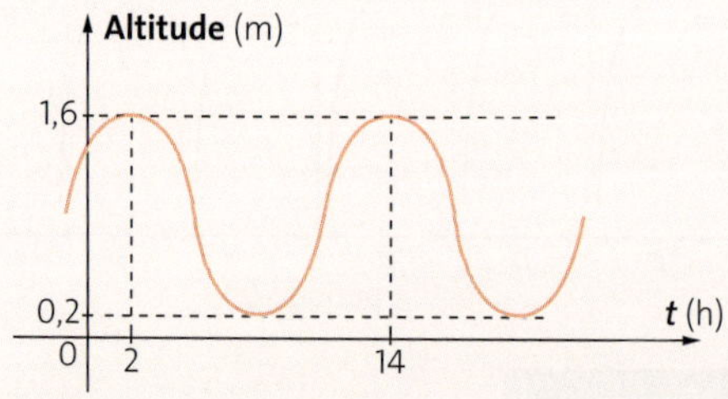

Então, precisamos obter as constantes a, b, c e d em $f(x) = a + b \cdot \text{sen } (cx + d)$ ou em $f(x) = a + b \cdot \cos (cx + d)$. Optaremos por $h(t) = a + b \cdot \text{sen } (ct + d)$ sem que haja motivo específico para isso. Optaremos também por b e c positivos, que é o mais comum.

Assim, temos:

$$\begin{cases} a + b = 1{,}6 \\ a - b = 0{,}2 \end{cases} \Rightarrow a = 0{,}9 \text{ e } b = 0{,}7$$

O período das marés é de $14 - 2 = 12$ h. Então:

$$\frac{2\pi}{c} = 12 \Rightarrow c = \frac{\pi}{6}$$

Existe deslocamento horizontal da senoide. Então, para obter a constante d, percebemos que nesse caso o máximo seno ocorre quando $t = 2$; como já sabemos que $c = \frac{\pi}{6}$, temos:

$$\text{sen}\left(\frac{\pi}{6} \cdot 2 + d\right) = 1 \Rightarrow \text{sen}\left(\frac{\pi}{3} + d\right) = 1 \Rightarrow$$

$$\Rightarrow \frac{\pi}{3} + d = \frac{\pi}{2} + 2k\pi \Rightarrow$$

$$\Rightarrow d = \frac{\pi}{2} - \frac{\pi}{3} + 2k\pi = \frac{\pi}{6} + 2k\pi$$

Variando k, encontramos os possíveis valores de d, que são $\frac{\pi}{6}$, $\frac{13\pi}{6}$, etc. Optaremos por $d = \frac{\pi}{6}$.

Assim, nesse dia e nesse local, a altitude do mar pode ser descrita por:

$$h(t) = 0{,}9 + 0{,}7 \cdot \text{sen}\left(\frac{\pi}{6}t + \frac{\pi}{6}\right)$$

14. Sendo $f(x) = 2 + \cos x$, com $x \in \mathbb{R}$, e $g(x) = \text{sen}\, 2x$, com $x \in \mathbb{R}$, determine $f\left(\frac{\pi}{3}\right)$ e $g\left(\frac{\pi}{2}\right)$.

Resolução

$$f\left(\frac{\pi}{3}\right) = 2 + \cos\frac{\pi}{3} = 2 + \frac{1}{2} = \frac{5}{2}$$

$$g\left(\frac{\pi}{2}\right) = \text{sen}\left(2 \cdot \frac{\pi}{2}\right) = \text{sen}\,\pi = 0$$

15. Determine o domínio da função f tal que:

a) $f(x) = \dfrac{1}{1 - \cos x}$

b) $f(x) = \sqrt{\text{sen}\ x}$

c) $f(x) = \sec x + \text{cossec}\, x$

Resolução

a) Devemos ter $1 - \cos x \neq 0$, ou seja, $\cos x \neq 1$.

Como $\cos x = 1$ para $x = 2k\pi$, então,

$D(f) = \{x \in \mathbb{R} \mid x \neq 2k\pi, \text{com } k \in \mathbb{Z}\}$.

b) Devemos ter $\text{sen}\ x \geqslant 0$. Observando a figura abaixo, verificamos os possíveis valores de x.

Logo:

$D(f) = \{x \in \mathbb{R} \mid 2k\pi \leqslant x \leqslant (2k + 1)\pi, \text{com } k \in \mathbb{Z}\}$.

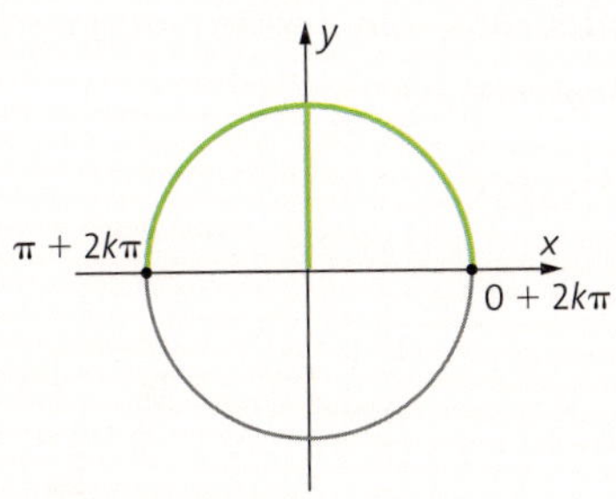

c) Para existir $\sec x$, devemos ter $\cos x \neq 0$, ou seja,

$x \neq \dfrac{\pi}{2} + k\pi$.

Para existir $\text{cossec}\ x$, devemos ter $\text{sen}\ x \neq 0$, ou seja, $x \neq k\pi$.

A função f dada tem então como domínio

$D(f) = \left\{x \in \mathbb{R} \mid x \neq k \cdot \dfrac{\pi}{2}, \text{com } k \in \mathbb{Z}\right\}$.

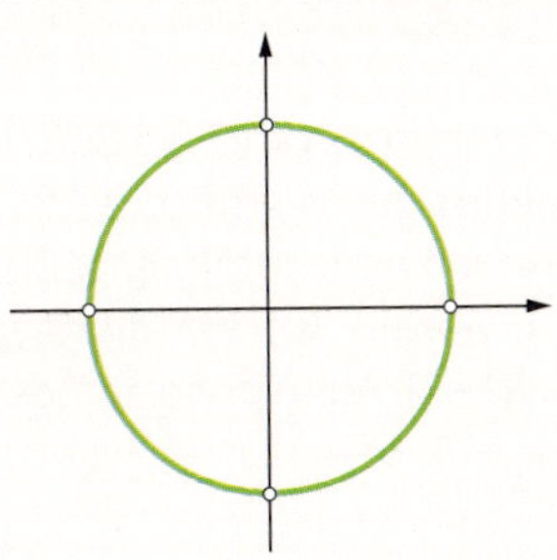

16. Trace os gráficos das funções abaixo:

a) $f(x) = 2 + \text{sen}\ x$

b) $f(x) = 2 \cdot \text{sen}\ x$

c) $f(x) = \text{sen}\ 2x$

d) $f(x) = \text{sen}\left(x - \dfrac{\pi}{3}\right)$

Resolução

Devemos atribuir valores a x e calcular y, marcar os pontos e traçar o gráfico por esses pontos. Para que o gráfico fique bem definido vamos fazer com que o ângulo seja igual a $0, \frac{\pi}{2}, \pi, \frac{3\pi}{2}$ e 2π:

a) $f(x) = y = 2 + \text{sen}\ x$

$x = 0 \rightarrow y = 2 + \text{sen}\ 0 = 2 + 0 = 2$

$x = \frac{\pi}{2} \rightarrow y = 2 + \text{sen}\frac{\pi}{2} = 2 + 1 = 3$

$x = \pi \rightarrow y = 2 + \text{sen}\ \pi = 2 + 0 = 2$

$x = \frac{3\pi}{2} \rightarrow y = 2 + \text{sen}\frac{3\pi}{2} = 2 - 1 = 1$

$x = 2\pi \rightarrow y = 2 + \text{sen}\ 2\pi = 2 + 0 = 2$

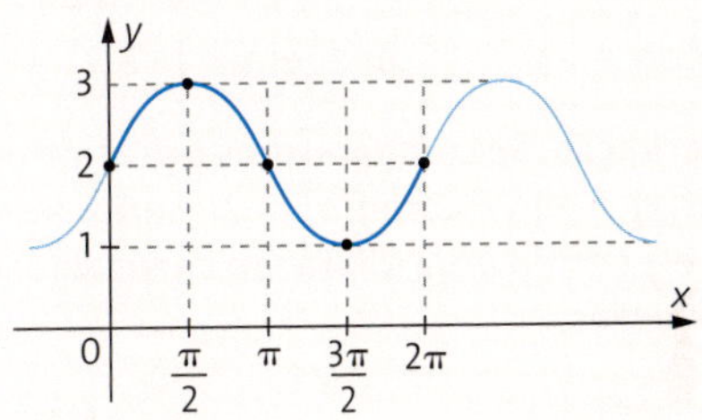

Período $= 2\pi$ Imagem $= [1, 3]$

Observação: Se compararmos o gráfico da função $f(x) = \text{sen}\ x$ com $f(x) = 2 + \text{sen}\ x$, veremos que ele sofreu um deslocamento (translação) de duas unidades para cima.

$f(x) = \text{sen}\ x$

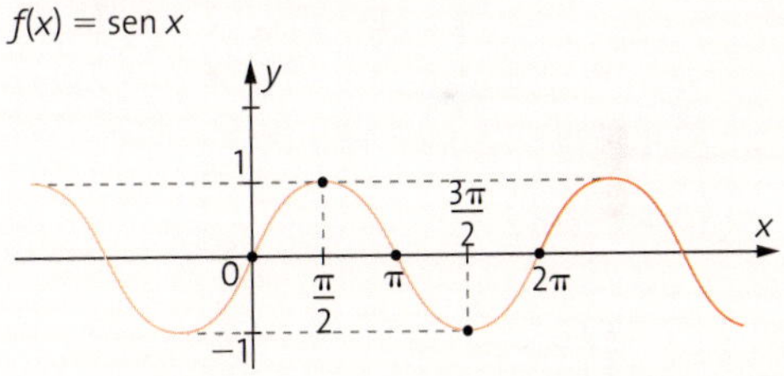

$f(x) = 2 + \text{sen}\ x$

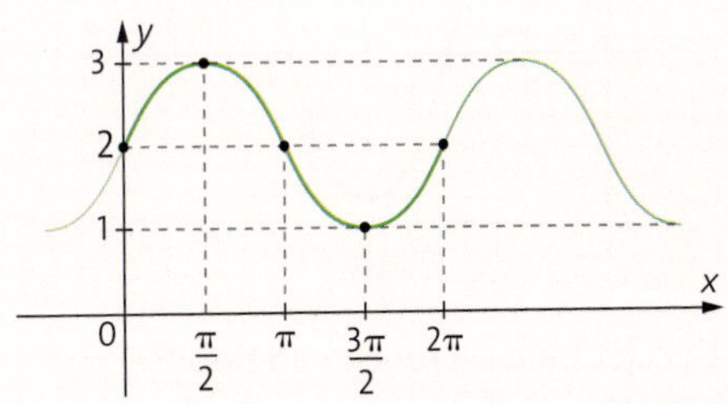

De modo geral, ao considerarmos a função do tipo $f(x) = a + \text{sen}\ x$, o gráfico de $f(x) = \text{sen}\ x$ será transladado para cima ($a > 0$) ou para baixo ($a < 0$) em a unidades.

b) $f(x) = 2 \cdot \text{sen } x$

$$x = 0 \rightarrow y = 2 \cdot \text{sen } 0 = 2 \cdot 0 = 0$$

$$x = \frac{\pi}{2} \rightarrow y = 2 \cdot \text{sen } \frac{\pi}{2} = 2 \cdot 1 = 2$$

$$x = \pi \rightarrow y = 2 \cdot \text{sen } \pi = 2 \cdot 0 = 0$$

$$x = \frac{3\pi}{2} \rightarrow y = 2 \cdot \text{sen } \frac{3\pi}{2} = 2 \cdot (-1) = -2$$

$$x = 2\pi \rightarrow y = 2 \cdot \text{sen } 2\pi = 2 \cdot 0 = 0$$

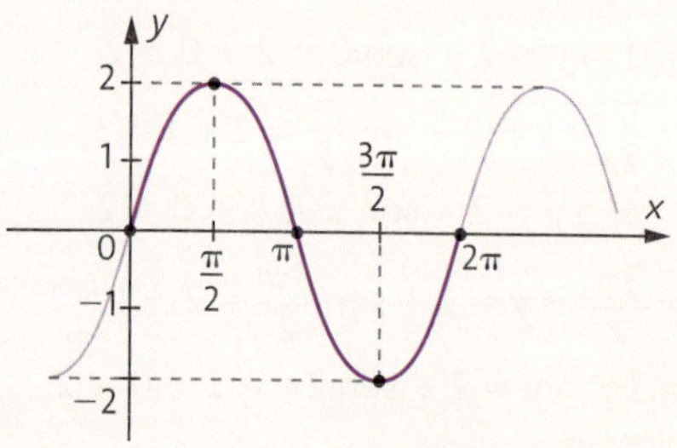

Período = 2π Imagem = $[-2, 2]$

Observação: Se compararmos o gráfico da função $f(x) = \text{sen } x$ com $f(x) = 2 \cdot \text{sen } x$, veremos que ele sofreu uma dilatação vertical (esticou) duas vezes.

$f(x) = \text{sen } x$

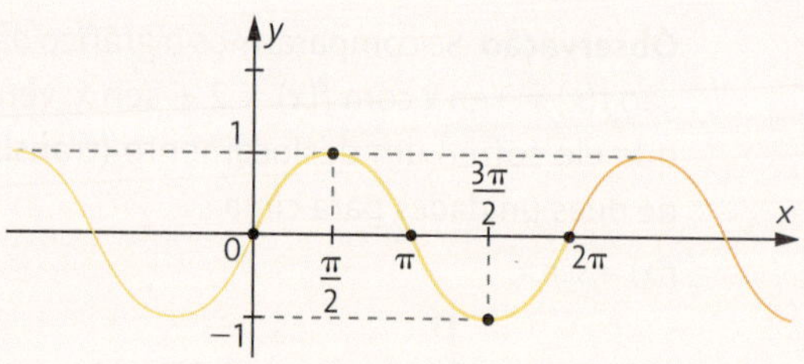

$f(x) = 2 \cdot \text{sen } x$

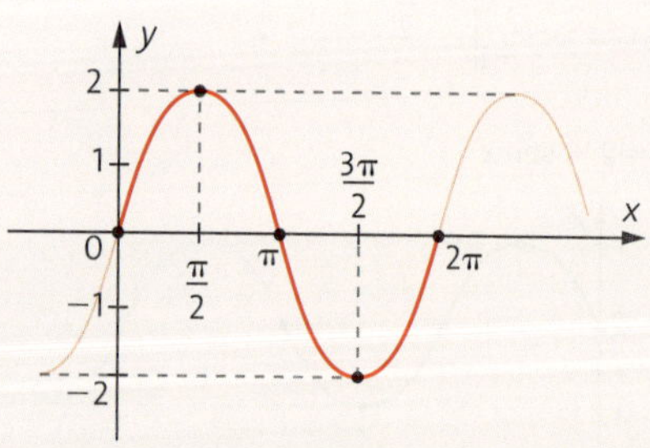

Considerando a função do tipo $f(x) = b \cdot \text{sen } x$, o gráfico de $f(x) = \text{sen } x$ será dilatado se $|b| > 1$, ou comprimido se $0 < |b| < 1$ um número b de vezes. Caso $b < 0$, o gráfico sofre uma rotação em relação ao eixo x, ficando simétrico ao gráfico com $b > 0$.

c) $f(x) = y = \text{sen } 2x$

Queremos que os ângulos sejam $0, \frac{\pi}{2}, \pi, \frac{3\pi}{2}$ e 2π; para isso devemos atribuir a x metade desses valores:

$$x = 0 \rightarrow y = \text{sen } (2 \cdot 0) = \text{sen } 0 = 0$$

$$x = \frac{\pi}{4} \rightarrow y = \text{sen } \left(2 \cdot \frac{\pi}{4}\right) = \text{sen } \frac{\pi}{2} = 1$$

$$x = \frac{\pi}{2} \rightarrow y = \text{sen } \left(2 \cdot \frac{\pi}{2}\right) = \text{sen } \pi = 0$$

$$x = \frac{3\pi}{4} \rightarrow y = \text{sen } \left(2 \cdot \frac{3\pi}{4}\right) = \text{sen } \frac{3\pi}{2} = -1$$

$$x = \pi \rightarrow y = \text{sen } 2\pi = 0$$

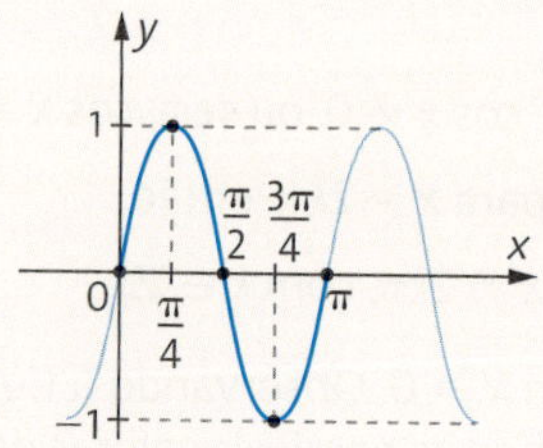

Período = π Imagem = $[-1, 1]$

Observação: Ao comparar o gráfico de $f(x) = \text{sen } x$ com o gráfico de $f(x) = \text{sen } 2x$, vemos que ele sofreu uma compressão horizontal de duas unidades, enquanto o período foi alterado para $\frac{2\pi}{2}$.

$f(x) = \text{sen } x$

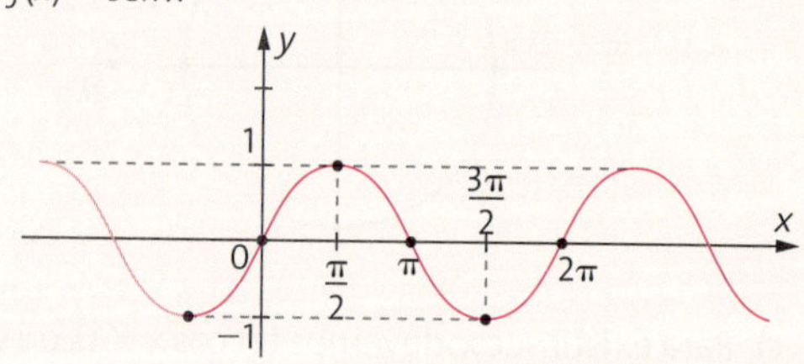

$f(x) = \text{sen } 2x$

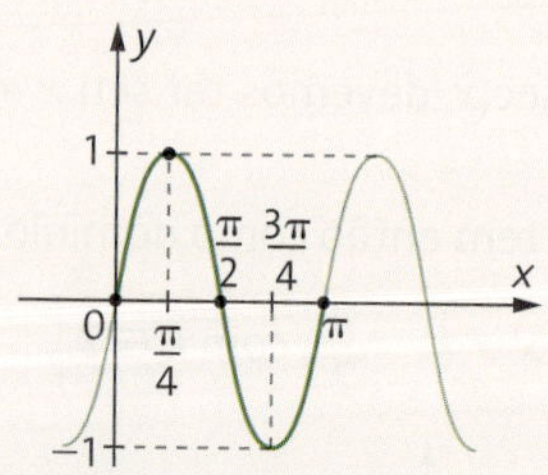

Considerando o gráfico do tipo $f(x) = \text{sen } (c \cdot x)$, concluímos que o gráfico de $f(x) = \text{sen } x$ será comprimido horizontalmente em c unidades se $|c| > 1$, porém sofrerá dilatação horizontal se $0 < |c| < 1$. Além disso, temos que o período é igual a $\frac{2\pi}{|c|}$.

d) $f(x) = \text{sen}\left(x - \frac{\pi}{3}\right)$

Queremos que os ângulos sejam 0, $\frac{\pi}{2}$, π, $\frac{3\pi}{2}$ e 2π; para isso devemos atribuir a x esses valores aumentados em $\frac{\pi}{3}$:

$x = \frac{\pi}{3} \rightarrow y = \text{sen}\left(\frac{\pi}{3} - \frac{\pi}{3}\right) = \text{sen } 0 = 0$

$x = \frac{5\pi}{6} \rightarrow y = \text{sen}\left(\frac{5\pi}{6} - \frac{\pi}{3}\right) = \text{sen } \frac{\pi}{2} = 1$

$x = \frac{4\pi}{3} \rightarrow y = \text{sen}\left(\frac{4\pi}{3} - \frac{\pi}{3}\right) = \text{sen } \pi = 0$

$x = \frac{11\pi}{6} \rightarrow y = \text{sen}\left(\frac{11\pi}{6} - \frac{\pi}{3}\right) = \text{sen } \frac{3\pi}{2} = -1$

$x = \frac{7\pi}{3} \rightarrow y = \text{sen}\left(\frac{7\pi}{3} - \frac{\pi}{3}\right) = \text{sen } 2\pi = 0$

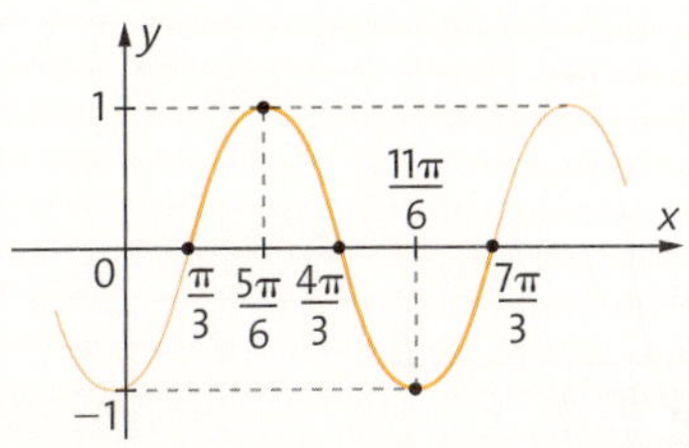

Período = 2π Imagem = $[-1, 1]$

Observação: Comparando o gráfico de $f(x) = \text{sen } x$ com o gráfico de $f(x) = \text{sen}\left(x - \frac{\pi}{3}\right)$ podemos ver que ele sofreu um deslocamento (translação) horizontal para a direita de $\dfrac{\frac{\pi}{3}}{1}$ unidade.

$f(x) = \text{sen } x$

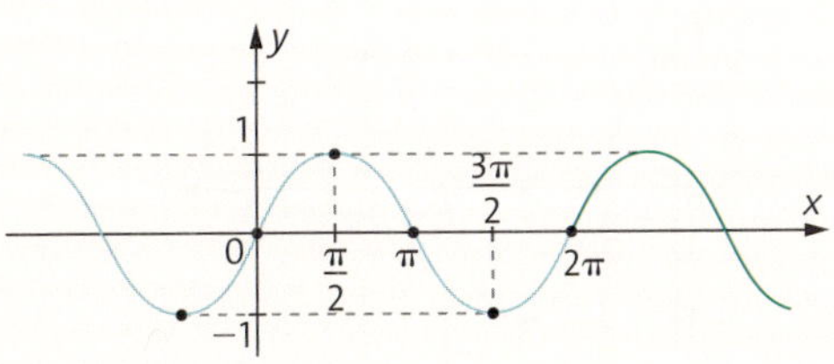

$f(x) = \text{sen}\left(x - \frac{\pi}{3}\right)$

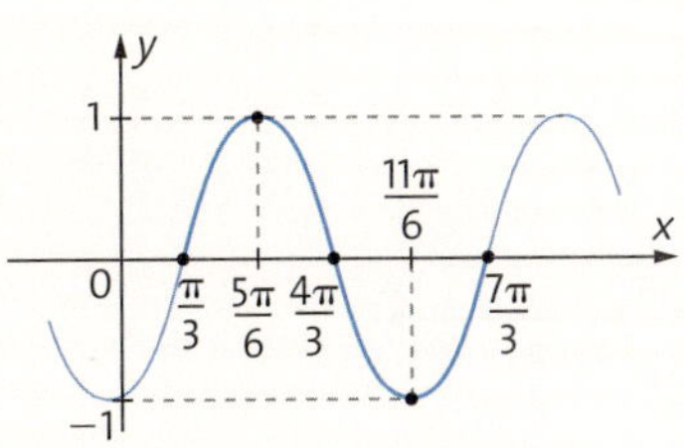

Considerando o gráfico do tipo $f(x) = \text{sen}(cx - d)$, concluímos que o gráfico de $f(x) = \text{sen } x$ será deslocado horizontalmente em $\left|\frac{d}{c}\right|$ unidades para a direita se $d > 0$, ou para a esquerda se $d < 0$.

As conclusões feitas com relação à translação, dilatação e compressão das funções do tipo $f(x) = a + b \cdot \text{sen}(cx + d)$ são válidas para as demais funções.

17. Trace os gráficos das funções:

a) $f(x) = 3 + 2 \cdot \cos x$

b) $f(x) = \cos\left(2x - \frac{\pi}{3}\right)$

c) $f(x) = 2 + 3\cos\left(3x + \frac{\pi}{2}\right)$

Resolução

a) $f(x) = y = 3 + 2 \cdot \cos x$

$x = 0 \rightarrow y = 3 + 2 \cdot \cos 0 = 3 + 2 \cdot 1 = 5$

$x = \frac{\pi}{2} \rightarrow y = 3 + 2 \cdot \cos \frac{\pi}{2} = 3 + 2 \cdot 0 = 3$

$x = \pi \rightarrow y = 3 + 2 \cdot \cos \pi = 3 + 2 \cdot (-1) = 1$

$x = \frac{3\pi}{2} \rightarrow y = 3 + 2 \cdot \cos \frac{3\pi}{2} = 3 + 2 \cdot 0 = 3$

$x = 2\pi \rightarrow y = 3 + 2 \cdot \cos 2\pi = 3 + 2 \cdot 1 = 5$

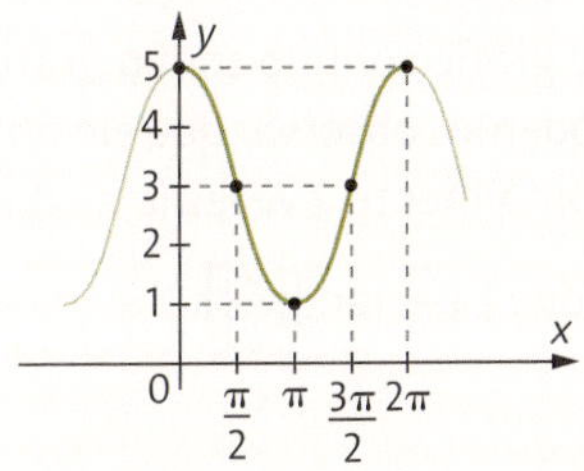

Período = 2π Imagem = $[1, 5]$

Observação: Comparando o gráfico obtido com o gráfico de $f(x) = \cos x$, podemos observar que ele foi deslocado 3 unidades para cima ($a = 3$) e dilatado verticalmente 2 vezes ($b = 2$).

$f(x) = \cos x$

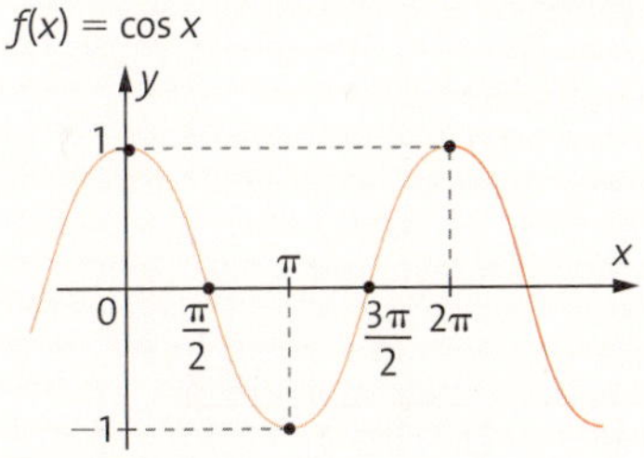

$f(x) = 3 + 2\cos x$

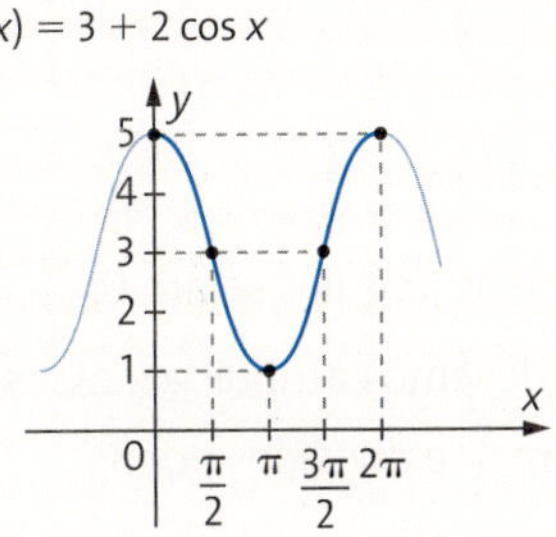

b) $f(x) = \cos\left(2x - \frac{\pi}{3}\right)$

Queremos que os ângulos sejam $0, \frac{\pi}{2}, \pi, \frac{3\pi}{2}$ e 2π; para isso devemos atribuir esses valores aumentados em $\frac{\pi}{3}$ e divididos por 2:

$x = \frac{\pi}{6} \rightarrow y = \cos\left(2 \cdot \frac{\pi}{6} - \frac{\pi}{3}\right) = \cos 0 = 1$

$x = \frac{5\pi}{12} \rightarrow y = \cos\left(2 \cdot \frac{5\pi}{12} - \frac{\pi}{3}\right) = \cos\frac{\pi}{2} = 0$

$x = \frac{2\pi}{3} \rightarrow y = \cos\left(2 \cdot \frac{2\pi}{3} - \frac{\pi}{3}\right) = \cos \pi = -1$

$x = \frac{11\pi}{12} \rightarrow y = \cos\left(2 \cdot \frac{11\pi}{12} - \frac{\pi}{3}\right) = \cos\frac{3}{2} = 0$

$x = \frac{7\pi}{6} \rightarrow y = \cos\left(2 \cdot \frac{7\pi}{6} - \frac{\pi}{3}\right) = \cos 2\pi = 1$

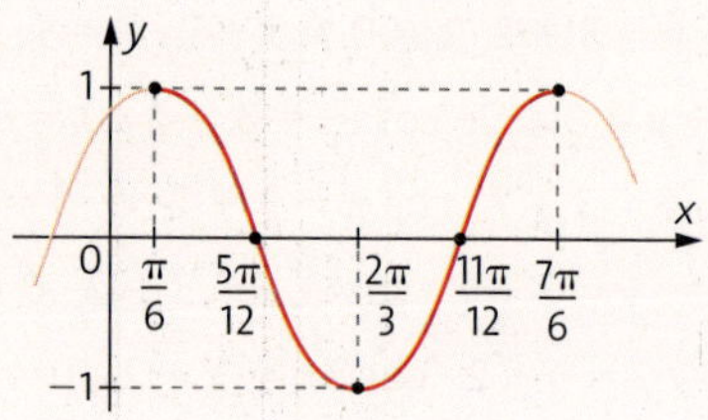

Comparando o gráfico obtido com o gráfico de $f(x) = \cos x$, podemos observar que ele foi comprimido horizontalmente 2 vezes ($c = 2$) e deslocado para a direita $\frac{\pi}{6}$ rad $\left(\left|\frac{d}{c}\right|\right)$.

$f(x) = \cos x$

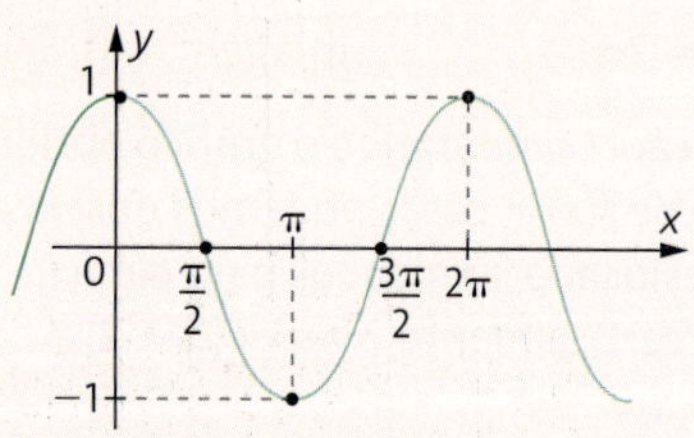

$f(x) = \cos\left(2x - \frac{\pi}{3}\right)$

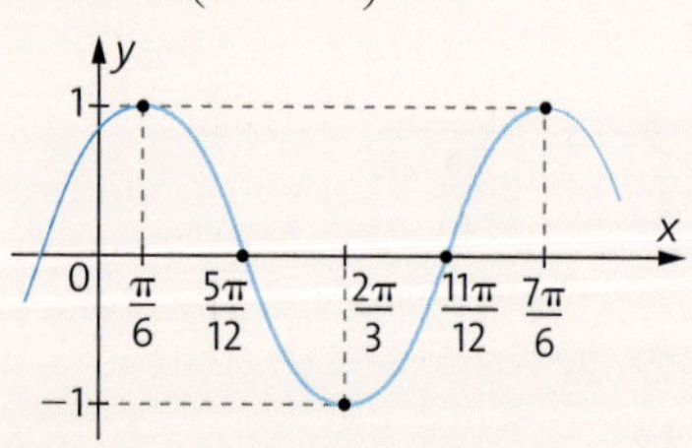

c) $f(x) = 2 + 3\cos\left(3x + \frac{\pi}{2}\right)$

Queremos que os ângulos sejam $0, \frac{\pi}{2}, \pi, \frac{3\pi}{2}$ e 2π; para isso devemos atribuir a x esses valores diminuídos em $\frac{\pi}{2}$ e divididos por 3:

$x = -\frac{\pi}{6} \rightarrow y = 2 + 3\cos\left[3 \cdot \left(-\frac{\pi}{6}\right) + \frac{\pi}{2}\right] =$
$= 2 + 3\cos 0 = 2 + 3 \cdot 1 = 5$

$x = 0 \rightarrow y = 2 + 3\cos\left(3 \cdot 0 + \frac{\pi}{2}\right) =$
$= 2 + 3\cos\frac{\pi}{2} = 2 + 3 \cdot 0 = 2$

$x = \frac{\pi}{6} \rightarrow y = 2 + 3\cos\left(3 \cdot \frac{\pi}{6} + \frac{\pi}{2}\right) =$
$= 2 + 3\cos \pi = 2 + 3 \cdot (-1) = -1$

$x = \frac{\pi}{3} \rightarrow y = 2 + 3\cos\left(3 \cdot \frac{\pi}{3} + \frac{\pi}{2}\right) =$
$= 2 + 3\cos\frac{3\pi}{2} = 2 + 3 \cdot 0 = 2$

$x = \frac{\pi}{2} \rightarrow y = 2 + 3\cos\left[3 \cdot \frac{\pi}{2} + \frac{\pi}{2}\right] =$
$= 2 + 3\cos 2\pi = 2 + 3 \cdot 1 = 5$

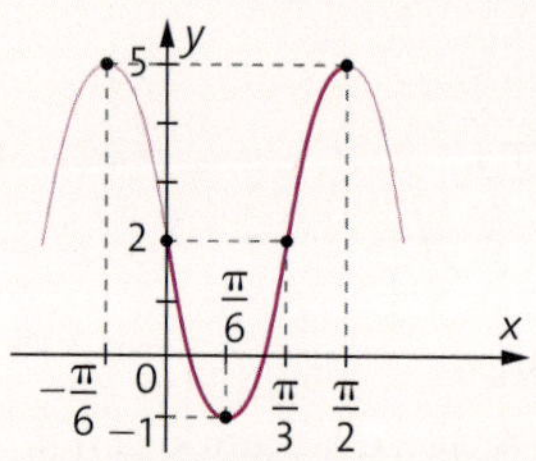

Comparando o gráfico obtido com o gráfico de $f(x) = \cos x$, podemos observar que ele foi deslocado para cima 2 unidades ($a = 2$), dilatado verticalmente 3 vezes, comprimido horizontalmente 3 vezes ($c = 3$) e deslocado para a esquerda $-\frac{\pi}{6}$ rad $\left(\left|\frac{d}{c}\right|\right)$.

$f(x) = \cos x$

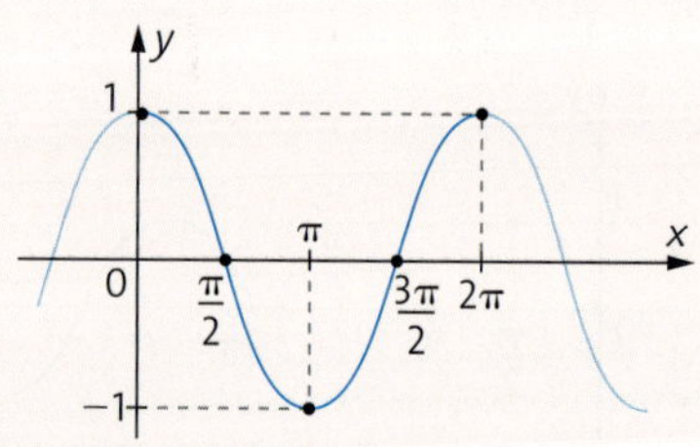

$f(x) = 2 + 3\cos\left(3x + \frac{\pi}{2}\right)$

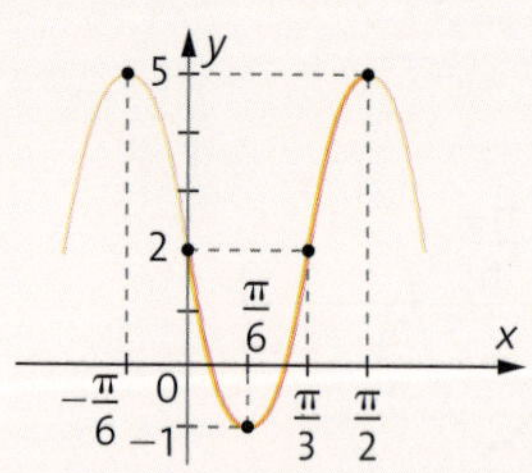

18. Qual o valor máximo da função $f(x) = 2\cos^2 x - 4\,\text{sen}^2 x$?

Resolução

Substituindo $\text{sen}^2 x$ por $1 - \cos^2 x$:

$f(x) = 2\cos^2 x - 4(1 - \cos^2 x) \Rightarrow f(x) = 6\cos^2 x - 4 \Rightarrow f(x) = 6\cos^2 x - 3 - 1 \Rightarrow f(x) = 3(2\cos^2 x - 1) - 1 \Rightarrow$

$\Rightarrow f(x) = 3\cos 2x - 1$

O valor máximo da função se dá quando $\cos 2x$ for igual a 1; dessa maneira, podemos afirmar que o valor máximo é $3 \cdot 1 - 1 = 2$.

19. Qual o valor máximo da função $f(x) = 3 \cdot \text{sen}\, x + 4 \cdot \cos x$?

Resolução

Para encontrarmos o valor máximo, dividiremos a expressão por k ($k > 0$):

$$\frac{f(x)}{k} = \frac{3}{k}\,\text{sen}\, x + \frac{4}{k}\cos x$$

Agora vamos considerar um ângulo α, tal que $\cos\alpha = \frac{3}{k}$ e $\text{sen}\,\alpha = \frac{4}{k}$; portanto:

$$\text{sen}^2\alpha + \cos^2\alpha = \left(\frac{4}{k}\right)^2 + \left(\frac{3}{k}\right)^2 \Rightarrow 1 = \frac{16}{k^2} + \frac{9}{k^2} \Rightarrow 1 = \frac{25}{k^2} \Rightarrow k^2 = 25 \Rightarrow k = 5$$

Dessa maneira, a expressão se torna:

$$\frac{f(x)}{5} = \cos\alpha\,\text{sen}\, x + \text{sen}\,\alpha\cos x \Rightarrow \frac{f(x)}{5} = \text{sen}\,(x + \alpha) \Rightarrow f(x) = 5\,\text{sen}\,(x + \alpha)$$

O valor máximo de $f(x)$ se dá quando $\text{sen}\,(x + \alpha) = 1$, ou seja, $f(x)_{\text{máx.}} = 5 \cdot 1 = 5$.

Exercícios

38. Considere as funções f e g definidas por:

- $f(x) = \text{sen}\, 4x$
- $g(x) = 1 - \cos x$

Determine:

a) $f\left(\frac{\pi}{2}\right)$

b) $g(\pi)$

c) $f\left(\frac{\pi}{6}\right)$

d) $D(g)$

e) $Im(g)$

f) $x \in [0, 2\pi]$ tal que $f(x) = 1$

39. Construa o gráfico (um período completo) e dê o domínio, a imagem e o período de cada função. (*Sugestão*: para construí-lo, reveja os gráficos de seno e cosseno.)

a) f tal que $f(x) = \cos 3x$

b) g tal que $g(x) = |\text{sen}\, x|$

c) f tal que $f(x) = 2\,\text{sen}\, x$

40. Determine o domínio de cada função f tal que:

a) $f(x) = \sqrt{\cos x}$

b) $f(x) = \dfrac{1}{\sqrt{\text{sen}\, x}}$

c) $f(x) = \dfrac{1}{1 + \text{tg}\, x}$

d) $f(x) = \text{sen}\, 2x$

e) $f(x) = \sec 2x$

f) $f(x) = \text{tg}\, 2x$

g) $f(x) = \cos x + \text{cotg}\, x$

h) $f(x) = \text{cossec}\, \dfrac{x}{2}$

i) $f(x) = 2 + \text{cossec}\left(3x + \dfrac{\pi}{6}\right)$

j) $f(x) = 4 + 3\sec\left(2x + \dfrac{\pi}{3}\right)$

k) $f(x) = \text{tg}\,(5x - \pi)$

l) $f(x) = \text{cotg}\,(2x - 3\pi)$

Funções trigonométricas do tipo $y = a + b \cdot trig\ (cx + d)$

De modo geral as funções do tipo trigonométricas são escritas na forma

$$f(x) = a + b \cdot trig\ (cx - d),$$

em que a, b, c, d são constantes ($b \neq 0$ e $c \neq 0$) e *trig* indica uma das seis funções trigonométricas estudadas (seno, cosseno, tangente, secante, cossecante e cotangente).

Por exemplo:

- $f(x) = 3 \cdot \text{sen}\ x$
- $f(x) = 1 + \cos x$
- $f(x) = \cos 3x$
- $f(x) = 1 + \text{tg}\left(2x - \frac{\pi}{3}\right)$

são funções do tipo $f(x) = a + b \cdot trig\ (cx - d)$.

Em $f(x) = 3 \cdot \text{sen}\ x$ temos $a = 0$, $b = 3$, $trig = \text{sen}$, $c = 1$ e $d = 0$.

Em $f(x) = 1 + \cos x$ temos $a = 1$, $b = 1$, $trig = \cos$, $c = 1$ e $d = 0$.

Em $f(x) = \cos 3x$ temos $a = 0$, $b = 1$, $trig = \cos$, $c = 3$ e $d = 0$.

Em $f(x) = 1 + \text{tg}\left(2x - \frac{\pi}{3}\right)$ temos $a = 1$, $b = 1$, $trig = \text{tg}$, $c = 2$ e $d = -\frac{\pi}{3}$.

Papel das constantes a, b, c e d

As funções do tipo $f(x) = a + b \cdot trig\ (cx - d)$ têm características que podem ser relacionadas com as funções trigonométricas e seus gráficos padrões, estudados nos itens anteriores deste capítulo.

As constantes a e b alteram a imagem da função (valores de y), e as constantes c e d alteram as características relacionadas aos valores de x da seguinte forma:

- A constante a *translada* o gráfico padrão em a unidades verticais. Se $a > 0$, então o gráfico "sobe" a unidades, e, se $a < 0$, então o gráfico "desce" $|a|$ unidades. No exercício resolvido 12b, na página 74, podemos ver o gráfico de $f(x) = 1 + \cos x$ em relação ao de $y = \cos x$.
- A constante b *comprime* ou *dilata* o gráfico verticalmente. Se $|b| > 1$, então o gráfico dilata, e, se $0 < |b| < 1$, o gráfico comprime. No exercício resolvido 12a, na página 74, podemos ver o gráfico de $f(x) = 3 \cdot \text{sen}\ x$ em relação ao de $y = \text{sen}\ x$.
  Se $b = -1$, o gráfico fica invertido. Se $b < 0$, o gráfico fica simétrico (em relação ao eixo x) ao original com $b > 0$. O valor de b é, muitas vezes, chamado de *amplitude do gráfico*.
- A constante c altera o período padrão (p_{trig}) da função *trig*, ou seja, comprime ou dilata o gráfico-padrão na horizontal.

> Se $|c| > 1$, $f(x)$ será comprimido horizontalmente em $|c|$ unidades.
> Se $0 < |c| < 1$, $f(x)$ será dilatado horizontalmente em $|c|$ unidades.

O novo período é dado por $p_y = \frac{p_{trig}}{|c|}$.

- A constante d translada o gráfico padrão em $\left|\frac{d}{c}\right|$ unidades horizontais. Se $d > 0$, o gráfico translada $\left|\frac{d}{c}\right|$ unidades para a direita, e, se $d < 0$, o gráfico translada $\left|\frac{d}{c}\right|$ unidades para a esquerda.

Observação: Desde o primeiro capítulo sabemos que, para um ângulo agudo, cosseno x é igual ao seno do complementar de x. Exprimindo essa igualdade em radianos, temos que $\cos x = \text{sen}\left(\frac{\pi}{2} - x\right)$, ou seja, a função cosseno é uma função seno com $a = 0$, $b = 1$, $c = -1$ e $d = \frac{\pi}{2}$. Isso nos permite estabelecer que a imagem da função cosseno é igual à da função seno; que o período da função cosseno é $p_y = \frac{p_{trig}}{|c|} = \frac{2\pi}{|-1|} = 2\pi$, o mesmo da função seno; e que o início de um período da função cosseno é $x = -\frac{d}{c} = -\frac{\frac{\pi}{2}}{-1} = \frac{\pi}{2}$. Isso comprova a afirmação da página 67 de que o gráfico da função cosseno também é uma senoide transladada $\frac{\pi}{2}$ unidade para a frente.

passo a passo: exercício 23

Exercícios resolvidos

20. Determine o período da função

$f(x) = \cos\left(\frac{x}{2} - \frac{\pi}{3}\right)$.

Resolução

Vamos resolver este exercício de duas maneiras:

1ª maneira:

O período da função cosseno é $p = 2\pi$.

Devemos então verificar o que ocorre com $\left(\frac{x}{2} - \frac{\pi}{3}\right)$ quando varia de 0 a 2π:

$$\frac{x}{2} - \frac{\pi}{3} = 0 \Rightarrow \frac{x}{2} = \frac{\pi}{3} \Rightarrow x = \frac{2\pi}{3}$$

$$\frac{x}{2} - \frac{\pi}{3} = 2\pi \Rightarrow \frac{x}{2} = 2\pi + \frac{\pi}{3} \Rightarrow \frac{x}{2} = \frac{7\pi}{3} \Rightarrow$$

$$\Rightarrow x = \frac{14\pi}{3}$$

$$p = \frac{14\pi}{3} - \frac{2\pi}{3} = \frac{12\pi}{3} \Rightarrow p = 4\pi$$

O período da função dada é $p = 4\pi$.

2ª maneira:

Como o período-padrão da função cosseno é $p = 2\pi$, então:

$$p_y = \frac{2\pi}{\left|\frac{1}{2}\right|} = 4\pi$$

21. Qual é o período da função $f(x) = 1 + \text{tg}\left(2x - \frac{\pi}{3}\right)$?

Resolução

Vamos resolver este exercício de duas maneiras:

1ª maneira:

A função tangente tem período $p = \pi$.

Vamos verificar, então, o que ocorre com $\left(2x - \frac{\pi}{3}\right)$ quando varia de 0 a π.

$$2x - \frac{\pi}{3} = 0 \Rightarrow 2x = \frac{\pi}{3} \Rightarrow x = \frac{\pi}{6}$$

$$2x - \frac{\pi}{3} = \pi \Rightarrow 2x = \pi + \frac{\pi}{3} \Rightarrow 2x = \frac{4\pi}{3} \Rightarrow$$

$$\Rightarrow x = \frac{4\pi}{6} = \frac{2\pi}{3}$$

$$p = \frac{2\pi}{3} - \frac{\pi}{6} = \frac{4\pi - \pi}{6} = \frac{3\pi}{6} = \frac{\pi}{2}$$

Logo, o período da função dada é $p = \frac{\pi}{2}$.

2ª maneira:

O período da função tangente é $p = \pi$, então

$$p_y = \frac{\pi}{|2|} = \frac{\pi}{2}.$$

22. Encontre uma nova maneira de resolver os exercícios resolvidos 12a e 12b da página 74:

Construa e analise os gráficos das funções abaixo, dando o seu domínio, sua imagem e seu período. (Construa apenas um período completo.)

a) $f(x) = 3 \cdot \text{sen}\, x$ b) $y = f(x) = 1 + \cos x$

Resolução

a) $f(x) = 3 \cdot \text{sen}\, x$

Imagem: $f(x)_{\text{máx.}} = 3 \cdot 1 = 3$

$f(x)_{\text{mín.}} = 3(-1) = -3$

Logo, $Im(f) = [-3, 3]$ (dilatou verticalmente, mas não transladou).

Período: $p_y = \frac{2\pi}{|1|} = 2\pi$ (não mudou)

Translação horizontal: $d = 0$ (não transladou)

Agora, basta esboçar o gráfico:

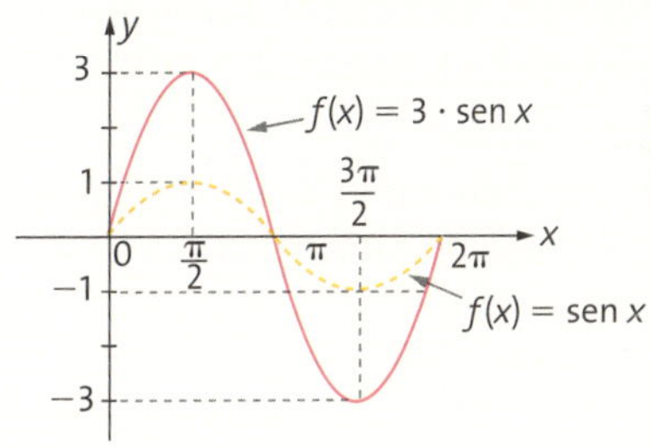

$D = \mathbb{R}$, $Im = [-3, 3]$, $p = 2\pi$

b) $y = f(x) = 1 + \cos x$

Imagem: $f(x)_{\text{máx.}} = 1 + 1 = 2$

$f(x)_{\text{mín.}} = 1 + (-1) = 0$

Logo, $Im(f) = [0, 2]$ (só transladou verticalmente; não dilatou).

Período: $p_y = \frac{2\pi}{|1|} = 2\pi$ (não mudou)

Translação horizontal: $d = 0$ (não transladou)

Agora, basta esboçar o gráfico abaixo:

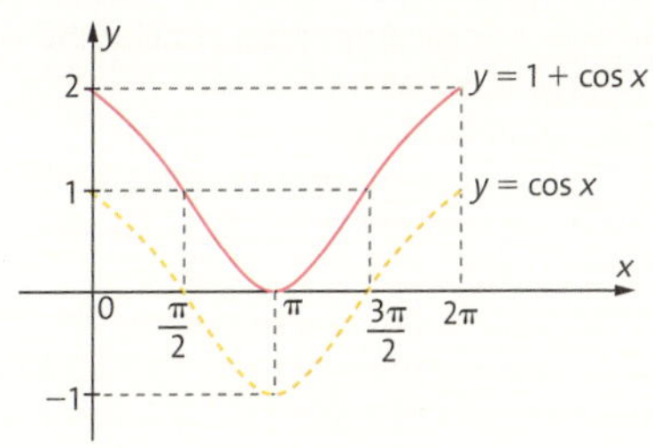

$D = \mathbb{R}$, $Im = [0, 2]$, $p = 2\pi$

Resolvido passo a passo

23. (FGV-SP) Um supermercado, que fica aberto 24 horas por dia, faz a contagem do número de clientes na loja a cada 3 horas. Com base nos dados observados, estima-se que o número de clientes possa ser calculado pela função trigonométrica $f(x) = 900 - 800 \text{ sen}\left(\frac{x \cdot \pi}{12}\right)$, onde $f(x)$ é o número de clientes e x, a hora da observação (x é um inteiro tal que $0 \leqslant x \leqslant 24$). Utilizando essa função, a estimativa da diferença entre o número máximo e o número mínimo de clientes dentro do supermercado, em um dia completo, é igual a:

a) 600.
b) 800.
c) 900.
d) 1500.
e) 1600.

1. Lendo e compreendendo

a) O que é dado no problema?
É dada uma função senoide para que o aluno obtenha as informações de que precisa a partir da interpretação dessa função.

b) O que se pede?
Pede-se a estimativa da máxima quantidade de pessoas no supermercado, durante as 24 horas em que ele fica aberto, e também a estimativa da mínima quantidade. Feito isso, pede-se a diferença entre esses dois valores.

2. Planejando a solução

Precisamos do valor máximo e do mínimo da função, obtendo depois a diferença. Lembrando que $-1 \leqslant \text{sen } a \leqslant 1$, para obter o máximo e o mínimo valor de uma senoide, basta calcular o valor de $f(x)$ para quando o seno valer 1 e -1. Depois, comparamos os dois valores para estabelecer qual é o mínimo e qual é o máximo.

3. Executando o que foi planejado

Quando tivermos $\text{sen}\left(\frac{x \cdot \pi}{12}\right) = 1$, $f(x)$ valerá $900 - 800 \cdot 1 = 100$; portanto, a estimativa é de que teremos 100 pessoas no supermercado.

Quando tivermos $\text{sen}\left(\frac{x \cdot \pi}{12}\right) = -1$, $f(x)$ valerá $900 - 800 \cdot (-1) = 1700$; portanto, a estimativa é de que teremos 1700 pessoas no supermercado. Logo, o mínimo estimado são 100 pessoas e o máximo são 1700 pessoas. A diferença procurada é 1600 pessoas.

4. Emitindo a resposta

Alternativa **e**.

5. Ampliando o problema

Nos itens **a**, **b** e **c** abaixo, considere que o valor de x seja exatamente o horário durante o dia, contado desde 0h (meia-noite de um dia) até 24h (meia-noite do dia seguinte).

a) Nesse supermercado, em que horário do dia se estima ter o maior número de clientes?

b) E em que horário do dia a estimativa é de se ter o menor número de clientes?

c) Em que horário do dia a estimativa é de se ter 1300 clientes?

d) *Discussão em equipe*

Troque ideias com seus colegas sobre o fluxo de clientes em supermercados, bancos, lojas, restaurantes. Vocês acham que existem horários do dia em que é possível prever que haverá mais gente, e que isso aconteça regularmente todos os dias? Ou isso muda de dia para dia? Comparem suas conclusões com os valores obtidos nos itens **a** e **b** e analisem se a função dada no enunciado é coerente com a visão que a equipe tem da realidade.

Você sabia?

Os movimentos periódicos de elevação e abaixamento da superfície dos oceanos, mares e lagos são provocados pela força gravitacional da Lua e do Sol sobre a Terra. As marés ocorrem a intervalos regulares de 6 horas e 12 minutos. Portanto, a cada 24 horas e 48 minutos, o mar sobe e desce duas vezes, constituindo o fluxo e refluxo das águas.
À medida que a Terra gira, outras regiões passam a sofrer elevações, como se a subida de nível se deslocasse, seguindo a Lua.
No lado oposto da Terra dá-se o mesmo: as águas também se erguem, de forma que uma elevação compensa a outra. Assim, nas regiões da costa, essas elevações das águas correspondem às marés altas.
Enquanto o nível das águas sobe em dois lados opostos na Terra, em outras duas regiões do globo (também diametralmente opostas) ele desce: é a maré baixa.
A diferença entre a maré baixa e a maré alta é denominada **amplitude das marés**, medida por meio de uma régua graduada ou marégrafo. Como o movimento das marés é periódico, as funções trigonométricas são amplamente utilizadas para se fazer uma modelagem matemática desse fenômeno.

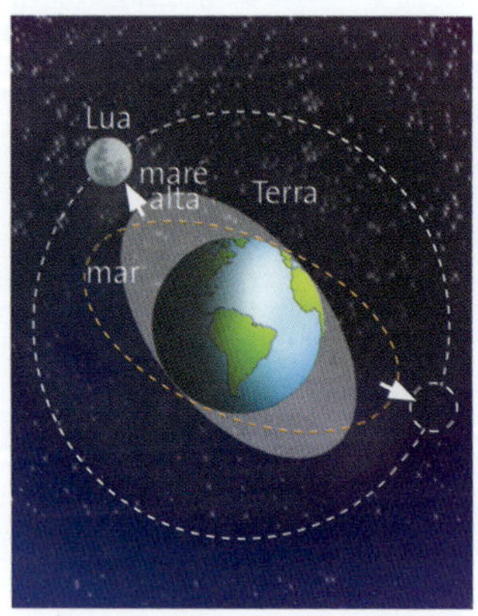

Dam d'Souza/Arquivo da editora

Exercícios

41. Determine o conjunto imagem das funções *f* e *g* definidas por $f(x) = 3 + \cos x$ e $g(x) = 3 \cdot \cos x$.

42. Construa o gráfico (um período completo) e dê o domínio, a imagem e o período da função $g(x) = -2 \cdot \text{sen}\,\frac{x}{2}$.

43. Determine o período das seguintes funções:

a) $f(x) = \text{sen}\,7x$

b) $f(x) = \text{sen}\left(2x - \frac{\pi}{4}\right)$

c) $f(x) = 2 \cdot \cos\left(2x + \frac{\pi}{3}\right)$

d) $f(x) = 1 + \text{sen}\,(\pi x - 3)$

e) $f(x) = \sec\,\frac{2x}{3}$

f) $f(x) = \text{tg}\,5x$

g) $f(x) = \sec\left(3x - \frac{\pi}{2}\right)$

h) $f(x) = 1 + \text{tg}\,\frac{2x}{3}$

44. Obtenha a imagem de cada item da questão anterior.

45. Determine:

a) o valor de *m*, sabendo que o período da função $f(x) = 1 + \cos mx$ é igual a 3π;

b) o valor de *a*, sabendo que o período da função $f(x) = \text{sen}\,\frac{2x}{a}$ é igual a $\frac{5\pi}{2}$;

c) o valor de *m*, sabendo que o período da função $f(x) = -1 + \text{tg}\left(mx - \frac{\pi}{4}\right)$ é igual a $\frac{\pi}{2}$.

46. Considerando as funções a seguir, obtidas a partir de $f(x) = a + b \cdot \text{sen}\,(cx)$, com $a > 0$, $b > 0$ e $c > 0$, determine os valores de *a*, *b* e *c*:

a)

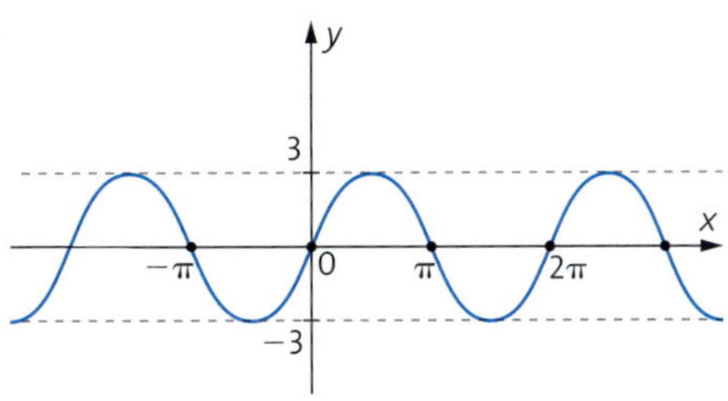

b)

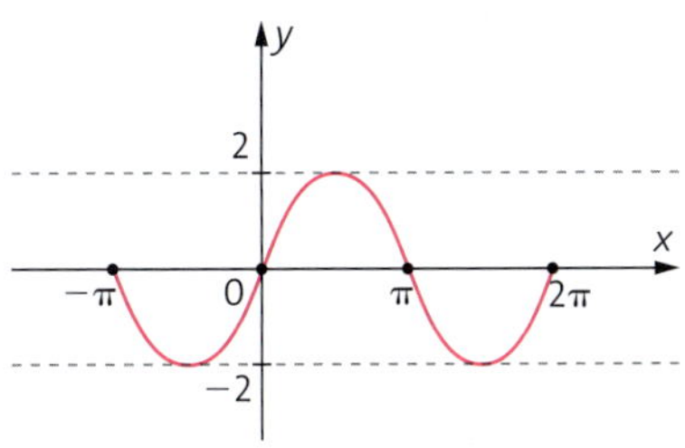

47. Qual a imagem da função $f(x) = \cos^2 x - \text{sen}^2 x$?

48. Qual o valor mínimo de $f(x) = 3\cos^2 x$?

49. Considerando as funções abaixo, obtidas a partir de $f(x) = a + b \cdot \cos\,(cx)$, com $a > 0$, $b > 0$ e $c > 0$, determine os valores de *a*, *b* e *c*:

a)

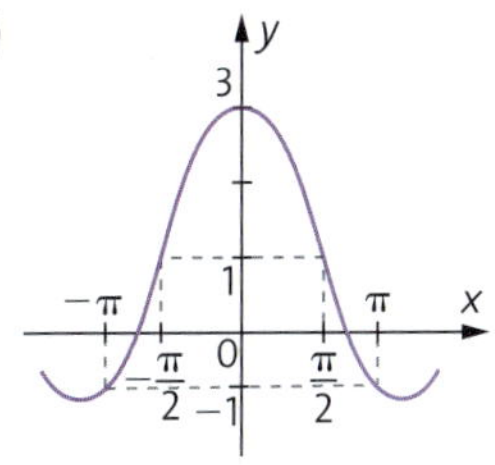

b)

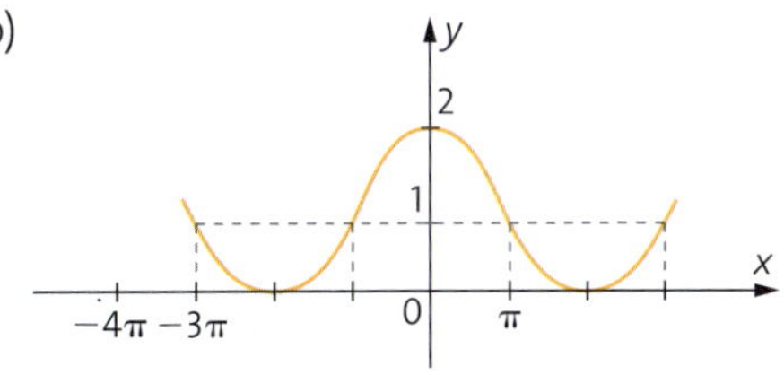

50. Trace os gráficos das funções abaixo, determinando o período, o domínio e a imagem.

a) $f(x) = 4 + \text{sen}\,x$

b) $f(x) = -2 + \text{sen}\,x$

c) $f(x) = 3 \cdot \text{sen}\,x$

d) $f(x) = -3 \cdot \text{sen}\,x$

e) $f(x) = \text{sen}\,(3x)$

f) $f(x) = \text{sen}\left(x - \frac{\pi}{4}\right)$

g) $f(x) = \text{sen}\left(3x - \frac{\pi}{4}\right)$

> **Você sabia?**
> Para traçar os gráficos, você pode atribuir valores para *x* ou usar translações, dilatações, etc., conforme sua preferência.

51. Compare cada item do exercício anterior com a função $f(x) = \text{sen}\,x$ e analise o tipo de transformação que ocorreu no gráfico.

52. Trace os gráficos das funções abaixo, determinando o período, o domínio e a imagem.

a) $f(x) = 3 + \cos x$

b) $f(x) = -1 + \cos x$

c) $f(x) = 2 \cdot \cos x$

d) $f(x) = -3 \cdot \cos x$

e) $f(x) = \cos\,(2x)$

f) $f(x) = \cos\left(x + \frac{\pi}{4}\right)$

g) $f(x) = 4 + 2 \cdot \cos\left(3x - \frac{\pi}{4}\right)$

53. Compare cada item do exercício anterior com a função $f(x) = \cos x$ e analise o tipo de transformação que ocorreu no gráfico.

54. Qual o período e a imagem das funções abaixo?

a) $y = 8\,\text{sen}\,x \cdot \cos x$

b) $y = \text{sen}\,x \cdot \cos x$

Movimento Harmônico Simples (MHS)

Um tipo de movimento periódico muito comum é o movimento harmônico simples (MHS), caracterizado pelo movimento de um corpo em trajetória retilínea, com oscilações em torno de um ponto de equilíbrio. Os MHS são fenômenos periódicos no tempo. As constantes *a*, *b*, *c* e *d* são substituídas por constantes que representam aspectos relevantes do MHS. A constante *a* é nula, pois considera-se que o sistema de coordenadas tem origem na posição de equilíbrio (centro de oscilação); *b* é a amplitude *A* do movimento a partir do centro de oscilação; *c* é a frequência angular ω; *d* é a fase inicial φ_0; e o argumento do seno (ou cosseno), ou seja, $\omega t + \varphi_0$, é chamado fase do movimento no tempo *t*. Dessa forma, a equação do espaço no MHS é comumente apresentada como $x = A \cdot \cos(\omega t + \varphi_0)$ ou $x = A \cdot \text{sen}(\omega t + \varphi_0)$.

As ondas, sejam do mar, sonoras, sejam eletromagnéticas (luz, micro-ondas, raios *X*, etc.), também são fenômenos periódicos descritos por senoides. Neste caso, são fenômenos periódicos no espaço, e cada onda se caracteriza por uma amplitude *A*, um comprimento λ, uma velocidade de propagação *v* e uma frequência *f* (ou período *T*). O comprimento de onda λ é a distância entre duas cristas, ou seja, é o período da senoide que representa a função, e não deve ser confundido com o período *T* do movimento da onda.

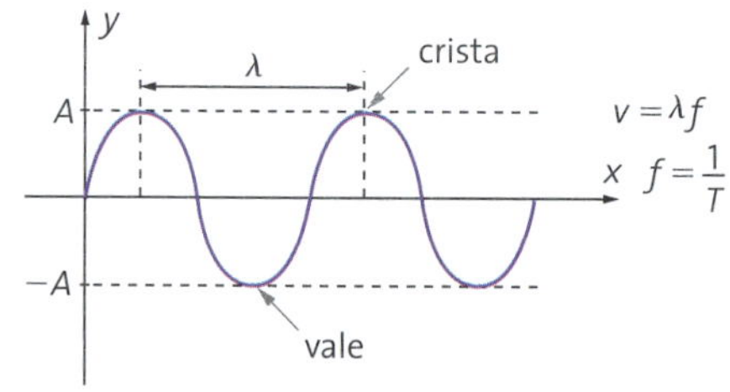

A equação da onda no momento inicial da propagação pode ser descrita por $y = A \cdot \text{sen}(kx)$, sendo o parâmetro *k* chamado de **número de onda**.

Exercício resolvido

24. *Física*

Uma das aplicações das funções trigonométricas é o estudo do Movimento Harmônico Simples (MHS) em Física. A seguir, você terá a oportunidade de resolver exercícios que envolvem esse assunto.

(Fuvest-SP) Uma caneta move-se ao longo do eixo *y* com um movimento harmônico simples. Ela registra uma linha sobre uma fita de papel e se move com velocidade de 10 cm/s da direita para a esquerda. O gráfico a seguir representa esse movimento.

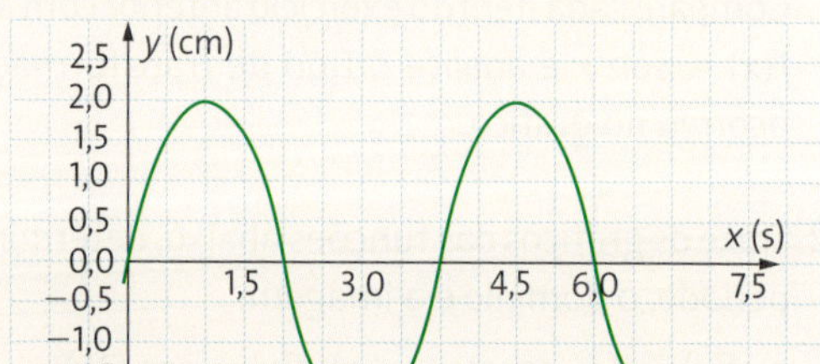

a) Determine a função $y(x)$ que representa a curva mostrada no gráfico.

b) Supondo que o instante $t = 0$ corresponda à passagem da caneta pelo ponto $x = 0$ e $y = 0$, determine a função $y(t)$ que representa seu movimento.

c) Qual a frequência, em hertz, do movimento da caneta?

Observação: Lembre-se de que frequência é o inverso de período.

Resolução

a) O formato do gráfico é uma senoide sem translação em *x*; portanto, $d = 0$.
A imagem do gráfico é $[-2, 2]$; portanto, temos $a = 0$ e $b = 2$.
O período é 4, portanto:

$$4 = \frac{2\pi}{|c|} \Rightarrow |c| = \frac{\pi}{2} \Rightarrow c = \pm\frac{\pi}{2}$$

Assim, a função é $y(x) = 2 \cdot \text{sen}\left(\frac{\pi}{2}x\right)$.

Observação: Essa mesma função poderia ser escrita usando-se a função cosseno, bastando para isso lembrar que $\text{sen}\, x = \cos\left(\frac{\pi}{2} - x\right)$. Portanto, o item **a** poderia ser $y(x) = 2 \cdot \cos\left(\frac{\pi}{2} - \frac{\pi}{2}x\right)$.

b) Como a velocidade é de 10 cm/s, então os valores do eixo *x*, medidos em segundos, são $\frac{1}{10}$ dos valores em centímetros. Assim, apenas o período muda para 0,4:

$$0{,}4 = \frac{2\pi}{|c|} \Rightarrow |c| = \frac{2\pi}{0{,}4} \Rightarrow c = \pm 5\pi$$

Logo, a função $y(t)$ ficaria $y(t) = 2 \cdot \text{sen}\, 5\pi t$ ou $y(t) = 2 \cdot \cos\left(\frac{\pi}{2} - 5\pi t\right)$.

c) Se a frequência é o inverso do período, então $f = \frac{1}{0{,}4} = 2{,}5$ Hz.

Exercícios

55. O gráfico representa, num dado instante, a velocidade transversal dos pontos de uma corda na qual se propaga uma onda senoidal na direção do eixo x.

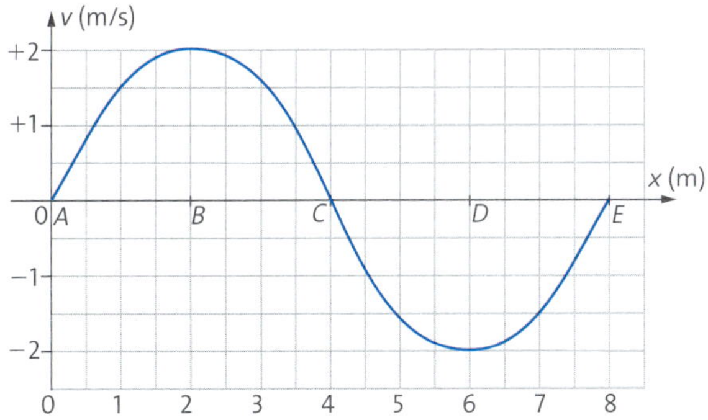

Por esse instante, determine uma senoide que relaciona a velocidade v com a posição x dos pontos da corda.

56. Qual é a imagem da função $f: \mathbb{R} \to \mathbb{R}$; $f(x) = 2 \cdot \text{sen}\, x + 3 \cdot \cos x$?

57. A menstruação é uma descamação do endométrio uterino (membrana que reveste a cavidade do útero), acompanhada da saída de sangue. Isso ocorre porque os ovários reduzem muito a secreção de hormônios, e estes, por vários mecanismos, reduzem o estímulo ao endométrio, cujas células morrem e descamam. O primeiro dia do ciclo menstrual é o dia de início da menstruação, não importando quantos dias ela dure. Ainda enquanto o endométrio descama, o hormônio FSH (foliculoestimulante) começa a ser secretado [...], fazendo com que se desenvolvam os folículos ovarianos (bolsas de líquido que contêm os óvulos ou oócitos). Perto do 7º dia do ciclo, o FSH começa a diminuir e, com a falta desse hormônio, alguns folículos param de crescer e morrem. [...]. O folículo começa a crescer mais ou menos a partir do sétimo dia do ciclo. Durante seu crescimento, secreta quantidades cada vez maiores de **estradiol**, que é um hormônio feminino.

Quando a quantidade de estradiol no sangue é máxima, o endométrio atinge também o máximo crescimento e o muco se torna ótimo para ser penetrado pelo espermatozoide. [...] Nessa ocasião, é estimulada a secreção de um hormônio da hipófise: o hormônio luteinizante (LH). O LH aumenta muito depressa no sangue e atinge o máximo (pico de LH). Algumas horas após, ocorre a ovulação. [...] Em média, a ovulação ocorre no décimo quarto dia do ciclo menstrual (mas pode ocorrer antes ou depois, sem que isso impeça a gravidez).

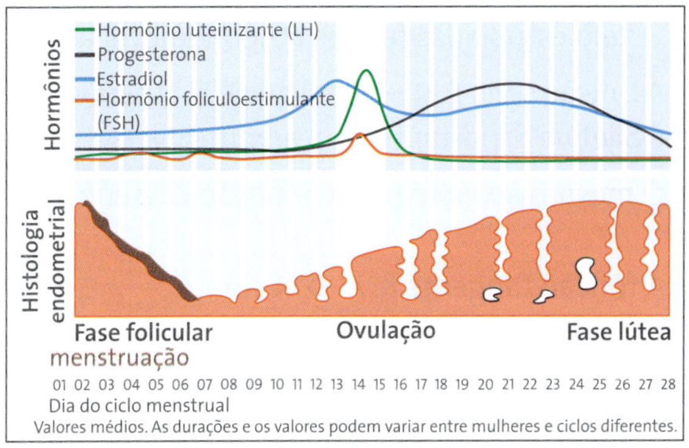

Fonte: <revistaescola.abril.com.br/ensino-medio/processo-ovulacao-humana-586149.shtml>. Acesso em: 3 mar. 2014.

Suponha que a quantidade do hormônio estradiol produzida por uma mulher seja dada aproximadamente pela função $f(x) = 2 \cdot \left|\text{sen}\,\frac{x}{10}\right|$, com x dado em dias. Qual é a duração do ciclo menstrual dessa mulher?

a) 26 dias
b) 28 dias
c) 30 dias
d) 32 dias
e) 34 dias

58. Os alvéolos pulmonares são pequenas estruturas encontradas nos sacos alveolares, ductos alveolares e bronquíolos respiratórios, constituindo a última porção da árvore brônquica. [...] O oxigênio do ar alveolar passa para o sangue capilar através de um conjunto de membranas; o gás carbônico irá se difundir em direção contrária. Estima-se que os pulmões contenham aproximadamente 300 milhões de alvéolos, aumentando de forma considerável a superfície de trocas gasosas.

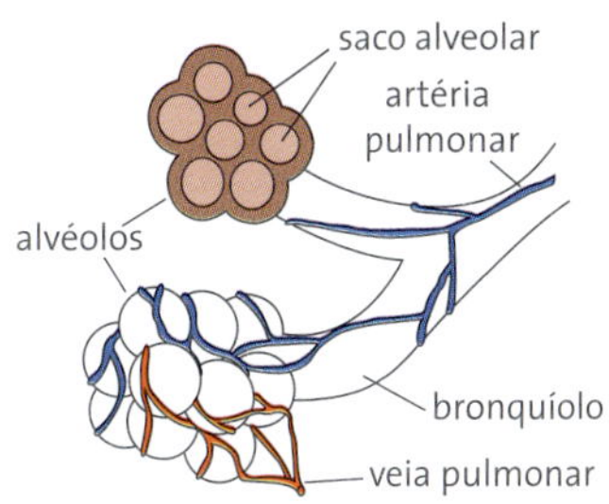

Esquema de pequena parte do pulmão; sem escala; as cores não são as reais.

Fonte: <www.infoescola.com/sistema-respiratorio/alveolos-pulmonares>. Acesso em: 3 mar. 2014.

Considere que o volume total de ar (em litros) nos pulmões de um adulto sadio em função do tempo (em segundos) seja dado pela expressão $V(t) = 4 + 2 \cdot \cos\left(\frac{\pi}{3}t\right)$. Se todos os alvéolos forem considerados esferas de mesmo tamanho, cuja soma dos volumes equivale ao volume máximo de ar que cabe nos pulmões, então o volume de cada alvéolo é: (Dados: $1000\ cm^3 = 1$ litro.)

a) $0,1\ mm^3$.
b) $0,2\ mm^3$.
c) $0,01\ mm^3$.
d) $0,02\ mm^3$.
e) $0,001\ mm^3$.

11 Funções trigonométricas inversas

Pelo estudo das funções trigonométricas, sabemos que:

- A função seno $f: \mathbb{R} \rightarrow \mathbb{R}$ tal que $f(x) = \text{sen } x$ não é injetiva nem sobrejetiva. Então f não é bijetiva e, portanto, não admite inversa.
- O mesmo acontece com a função cosseno $g: \mathbb{R} \rightarrow \mathbb{R}$ tal que $g(x) = \cos x$.

Para refletir
Justifique estas três afirmações.

- A função tangente $h: A \rightarrow \mathbb{R}$ com $A = \left\{x \in \mathbb{R} \mid x \neq k\dfrac{\pi}{2}\right\}$, tal que $h(x) = \text{tg } x$ é sobrejetiva, mas não é injetiva. Logo, h também não é bijetiva e, portanto, não admite inversa.

Veremos agora que, escolhidos certos domínios e contradomínios, essas mesmas sentenças definem funções bijetivas que, consequentemente, admitem inversa.

1º) $f: \left[-\dfrac{\pi}{2}, \dfrac{\pi}{2}\right] \rightarrow [-1, 1]$, tal que $f(x) = \text{sen } x$ ou $y = \text{sen } x$, é função bijetiva, logo admite inversa.

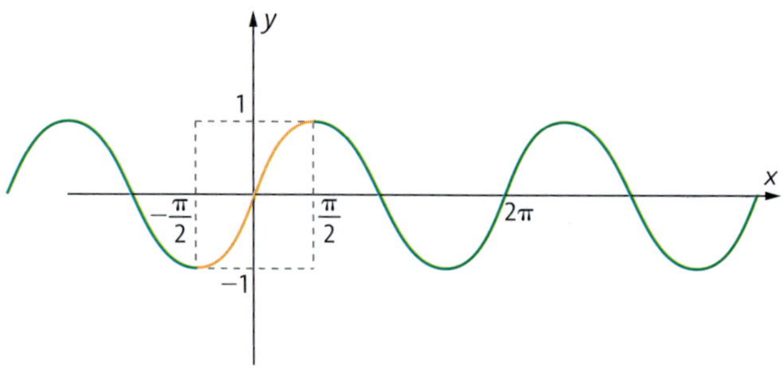

Inversa de $f \rightarrow x = \text{sen } y \rightarrow y = \text{arcsen } x$ $\left(\text{lê-se } y \text{ é o arco } de\ -\dfrac{\pi}{2}\ a\ \dfrac{\pi}{2} \text{ cujo seno é } x\right)$.

2º) $g: [0, \pi] \rightarrow [-1, 1]$, tal que $g(x) = \cos x$ ou $y = \cos x$ é função bijetiva, logo admite inversa.

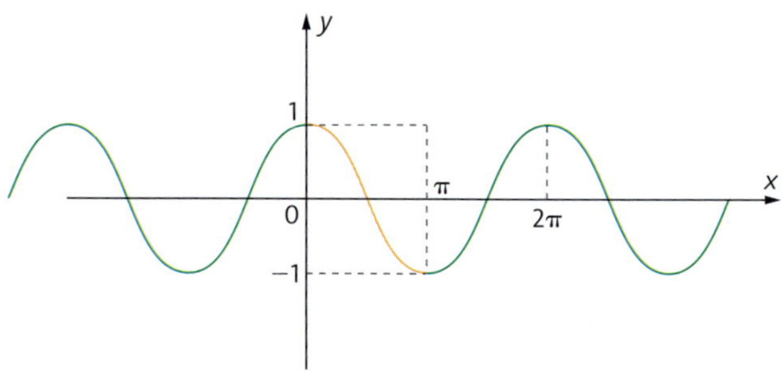

Inversa de $g \rightarrow x = \cos y \rightarrow y = \text{arccos } x$ (lê-se y é o arco *de* 0 a π cujo cosseno é x).

3º) $h: \left(-\dfrac{\pi}{2}, \dfrac{\pi}{2}\right) \rightarrow \mathbb{R}$, tal que $h(x) = \text{tg } x$ ou $y = \text{tg } x$ é função bijetiva, logo admite inversa.

Inversa de $h \rightarrow x = \text{tg } y \rightarrow y = \text{arctg } x$ $\left(\text{lê-se } y \text{ é o arco } entre\ -\dfrac{\pi}{2} \text{ e } \dfrac{\pi}{2} \text{ cuja tangente é } x\right)$.

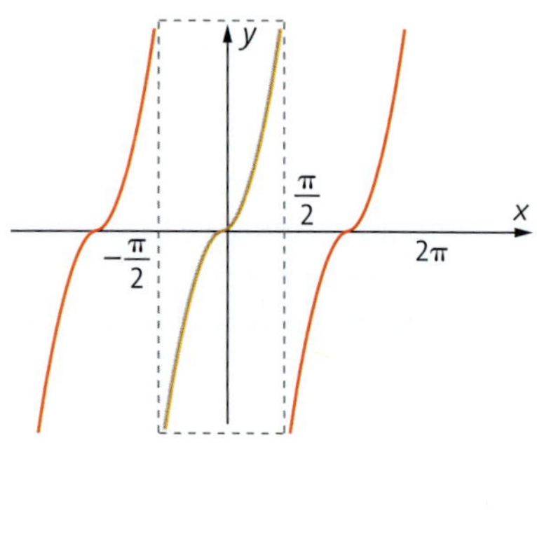

Definimos então:

- Função arco-seno é a função de $[-1, 1]$ em $\left[-\dfrac{\pi}{2}, \dfrac{\pi}{2}\right]$ tal que $y = \text{arcsen } x$.
- Função arco-cosseno é a função de $[-1, 1]$ em $[0, \pi]$ tal que $y = \text{arccos } x$.
- Função arco-tangente é a função de $\mathbb{R}$ em $\left(-\dfrac{\pi}{2}, \dfrac{\pi}{2}\right)$ tal que $y = \text{arctg } x$.

Exercícios resolvidos

25. Calcule o valor de α:

a) $\alpha = \text{arcsen } \frac{1}{2}$

b) $\alpha = \text{arccos } 0$

c) $\alpha = \text{arctg } (-1)$

Resolução

a) $\alpha = \text{arcsen } \frac{1}{2} \Rightarrow \text{sen } \alpha = \frac{1}{2}, -\frac{\pi}{2} \leqslant \alpha \leqslant \frac{\pi}{2} \Rightarrow \alpha = \frac{\pi}{6}$

b) $\alpha = \text{arccos } 0 \Rightarrow \cos \alpha = 0, \Rightarrow 0 \leqslant \alpha \leqslant \pi \Rightarrow \alpha = \frac{\pi}{2}$

c) $\alpha = \text{arctg } (-1) \Rightarrow \text{tg } \alpha = -1, \Rightarrow -\frac{\pi}{2} < \alpha < \frac{\pi}{2} \Rightarrow \alpha = -\frac{\pi}{4}$

26. Calcule $\cos\left(\text{arcsen } \frac{\sqrt{3}}{2}\right)$.

Resolução

Fazendo $\alpha = \text{arcsen } \frac{\sqrt{3}}{2}$, temos: $\text{sen } \alpha = \frac{\sqrt{3}}{2}, -\frac{\pi}{2} \leqslant \alpha \leqslant \frac{\pi}{2} \Rightarrow \alpha = \frac{\pi}{3}$.

Então, $\cos \alpha = \cos \frac{\pi}{3} = \frac{1}{2}$. Logo, $\cos\left(\text{arcsen } \frac{\sqrt{3}}{2}\right) = \frac{1}{2}$.

27. Calcule $\text{sen}\left(\text{arccos } \frac{3}{5}\right)$.

Resolução

Fazendo $\alpha = \text{arccos } \frac{3}{5}$, vem $\cos \alpha = \frac{3}{5}$, com $0 \leqslant \alpha < \pi$.

Usando $\text{sen}^2 \alpha + \cos^2 \alpha = 1$, com $0 \leqslant \alpha \leqslant \pi$, chegamos a $\text{sen } \alpha = \frac{4}{5}$.

Logo, $\text{sen}\left(\text{arccos } \frac{3}{5}\right) = \frac{4}{5}$.

Exercícios

59. Calcule:

a) $\text{arcsen}\left(\frac{\sqrt{3}}{2}\right)$

b) $\text{arcsen}\left(-\frac{1}{2}\right)$

c) $\text{arccos}\left(\frac{1}{2}\right)$

d) $\text{arccos}\left(-\frac{\sqrt{2}}{2}\right)$

e) $\text{arctg } (\sqrt{3})$

f) $\text{arctg}\left(-\frac{\sqrt{3}}{3}\right)$

60. Calcule:

a) $\cos\left(\text{arctg } -\frac{\sqrt{3}}{3}\right)$

b) $\text{tg}\left(\text{arcsen } \frac{\sqrt{2}}{3}\right)$

c) $\text{tg}\left(\text{arcsen } \frac{1}{3}\right)$

d) $\text{sen}\left(\text{arctg } -\frac{12}{13}\right)$

61. Calcule o valor de $y = \text{tg}\left(\text{arcsen } \frac{3}{5} + \text{arccos } \frac{4}{5}\right)$.

Matemática e tecnologia

Gráfico de funções trigonométricas no computador

Agora, vamos aprender, ou relembrar, como construir gráficos de funções quadráticas usando o *software* livre **Geogebra**.

Trata-se de um *software* matemático, criado por Markus Hohenwarter, que reúne Álgebra e Geometria. Ele pode ser utilizado em todos os níveis de ensino e já recebeu diversos prêmios na Europa e nos Estados Unidos.

A instalação desse *software* é simples:

- Acesse o *site* <www.geogebra.org/cms/pt_BR> e clique em "*Download*";
- Clique em "*Webstart*", faça o *download* e siga os passos automáticos de instalação do programa.

Depois disso, você já pode usá-lo.

Ao abrir o programa, você verá a seguinte tela:

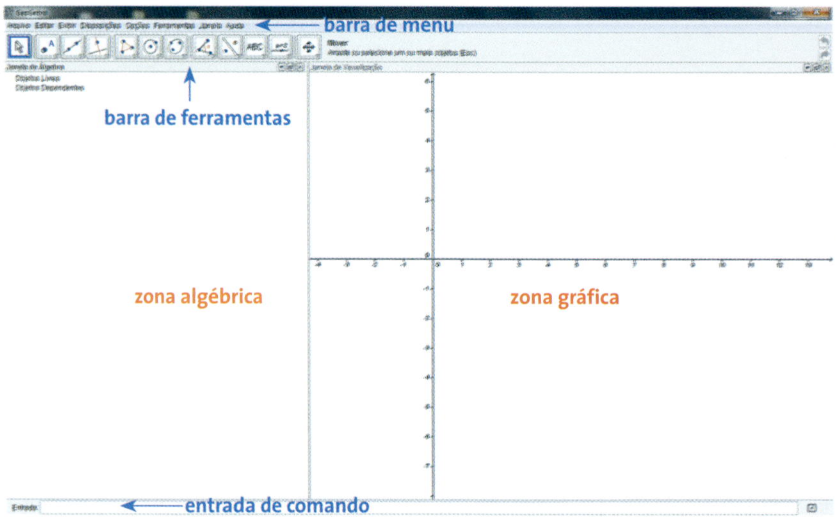

Fotos: Reprodução/<www.geogebra.org>

Depois de ter o programa instalado, faça os exercícios a seguir.

1. Construa o gráfico das funções $f(x) = \text{sen } x$ e $g(x) = \cos x$, como a seguir. Para isso siga os passos:

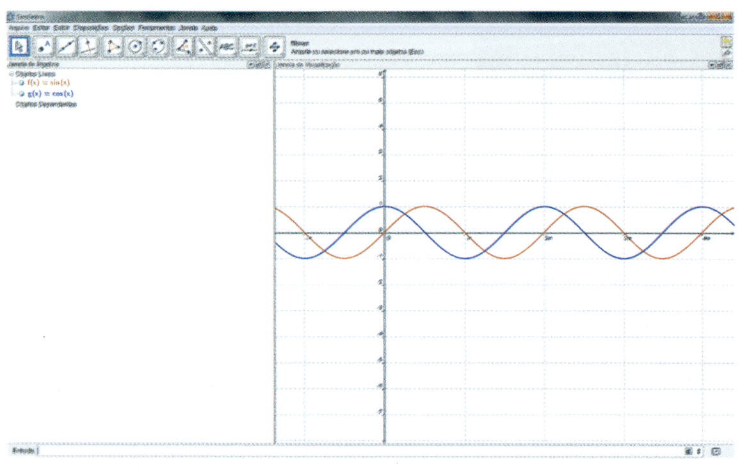

1º passo: No campo "Entrada" (situado na parte inferior da tela) insira a função:

$f(x) = \sin x$ e tecle "Enter". Em seguida, no mesmo campo digite $g(x) = \cos x$ e tecle "Enter". Observe que $f(x) = \sin x$ é o mesmo que $f(x) = \text{sen } x$.

2º passo: Para melhorar a visualização, clique com o botão direito do *mouse* sobre o gráfico da função seno para abrir uma aba com a opção "Propriedades..."; clique sobre ela. Assim, abrirá uma janela com várias opções; clique na aba "Cor" e escolha uma nova cor para o seu gráfico. Em seguida, clique na aba "Estilo" e coloque a espessura da linha igual a 5. Feche a janela e observe que o gráfico ficou destacado. Faça o mesmo com a função cosseno.

3º passo: Na barra de ferramentas (parte superior da tela) clique na aba "Exibir" e depois em "Malha". Para colocar o eixo *x* na escala de π radianos, clique na aba "Opções" e em seguida em "Configurações". Abra a aba "Janela de visualização". Clique sobre "Eixo X" e selecione em "Unidade" a opção π. A opção "Distância" não deve estar selecionada.

> **Fique atento!**
> Você pode mover, ampliar ou reduzir sua imagem utilizando da barra de tarefas. Outra opção para aumentar ou diminuir o *zoom* é utilizar o *scroll* do *mouse* (aquela "bolinha" que fica na parte superior da maioria dos *mouses*).
> Salve sua construção.

Agora, de acordo com a construção, responda às questões:

a) Qual a imagem das funções *f* e *g*?

b) Qual o período das funções *f* e *g*?

c) Quantos pontos de intersecção existem entre as funções *f* e *g* no intervalo $[0, 2\pi]$?

2. Abra um novo documento e siga estes passos:

1º passo: Na barra de ferramentas clique com o botão esquerdo do *mouse*, inicialmente na opção "controle deslizante" e, em seguida, clique em qualquer ponto da janela de visualização (Zona gráfica) e tecle "Enter". Nesse momento aparecerá o parâmetro *a* (com valor inicial igual a 1) a = 1.
Repita a operação e insira novos parâmetros (*b*, *c* e *d*).

2º passo: No campo "Entrada" (situado na parte inferior da tela) insira a função:
$f(x) = a + b*\text{sin}(c*x + d)$ e tecle "Enter". Observe que "*" significa a operação de multiplicação. Dessa forma você terá o gráfico da função $f(x) = a + b\text{sen}(cx + d)$. Siga o 2º passo do exercício anterior e troque a cor e a espessura da curva.

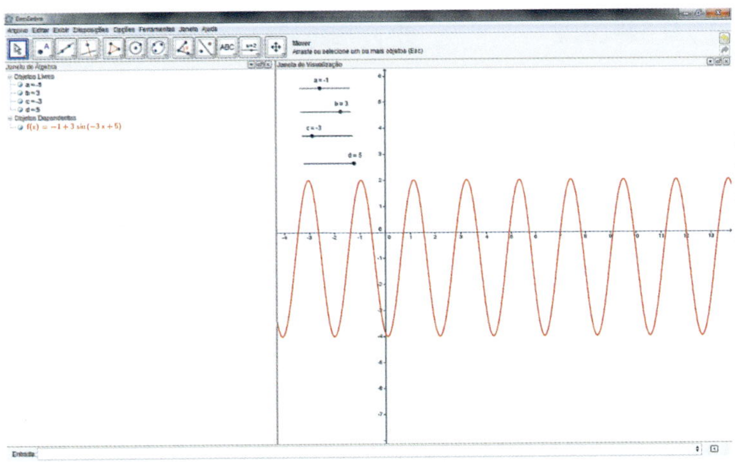

Fotos: Reprodução/<www.geogebra.org>

3º passo: Agora, você poderá observar significados importantes para os coeficientes *a*, *b*, *c*, e *d*. Para isso clique na bolinha do controle deslizante de *a* e altere o seu valor (basta arrastar a bolinha para um dos lados). Observe o que acontece com o gráfico da senoide. Repita a operação para os controles deslizantes de *b*, *c* e *d* (utilize um controle deslizante por vez).

a) Qual o efeito do parâmetro *a* no gráfico da função?

b) Qual o efeito do parâmetro *b* no gráfico da função?

c) Qual o efeito do parâmetro *c* no gráfico da função?

d) Qual o efeito do parâmetro *d* no gráfico da função?

e) Utilizando o controle deslizante e fazendo $a = 0$, $b = 1$, $c = 1$ e $d = 1{,}6$, você terá aproximadamente o gráfico da função $f(x) = \text{sen}\left(x + \frac{\pi}{2}\right)$. Esta última função é equivalente a uma função conhecida. Qual é essa função?

Atividades adicionais

1. O gráfico abaixo é o da função $y = a \cdot \text{sen}\, bx$.

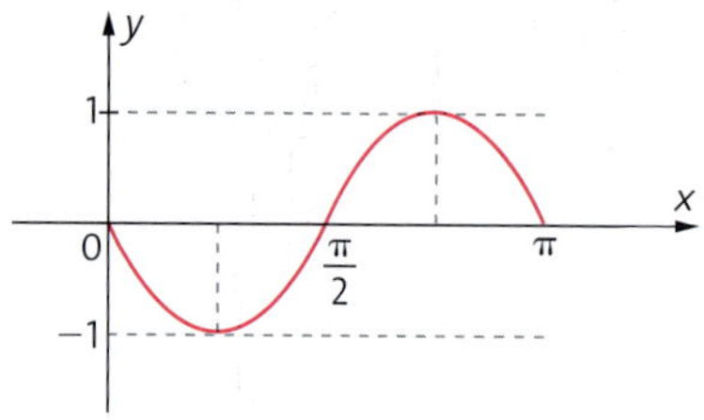

Os números a e b são, respectivamente:

a) 1 e 2.
b) 2 e 1.
c) 2 e −1.
d) −1 e 2.
e) −1 e −2.

2. O gráfico abaixo representa a função:

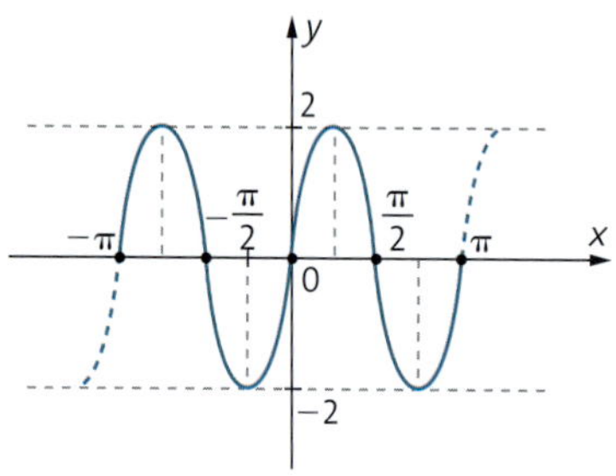

a) $y = -2 \cdot \cos x$.
b) $y = \cos \frac{x}{2}$.
c) $y = 2 \cdot \text{sen}\, x$.
d) $y = \text{sen}\, \frac{x}{2}$.
e) $y = 2 \cdot \text{sen}\, 2x$.

3. Resolva a equação $\text{sen}\, 2x = \text{sen}\, x$.

4. Resolva:

a) $\text{sen}\, 2x \cdot \left(\sec^2 x - \frac{1}{3}\right) \leq 0$

b) $\begin{cases} \text{sen}\, 2x > 0 \\ \text{cotg}\, x < 0 \end{cases}$

5. Qual o menor valor de $f(x) = \cos x + \cos 2x$?

6. Qual a imagem de $f(x) = 2\cos^2 x - \text{sen}^2 x$, para $x \in \left[0, \frac{\pi}{2}\right]$?

7. Encontre a imagem de $f(x) = 2\,\text{sen}\, x + 3\cos x$.

8. Determine o domínio (D) e a imagem (Im) da função $f(x) = 3 + 2\cos\left(\frac{3x}{2} - \frac{\pi}{2}\right)$.

9. Determine o período e o domínio da função $y = \text{tg}\left(\frac{2x}{3} + \frac{\pi}{2}\right)$.

10. Qual o domínio da função dada por $f(x) = \text{cotg}\left(2x - \frac{\pi}{3}\right)$?

11. Sejam $\alpha = \text{arcsen}\left(\frac{4}{5}\right)$ um arco no 2º quadrante e $\beta = \text{arctg}\left(-\frac{4}{3}\right)$ um arco no 4º quadrante. Calcule o valor de $100\cos(\alpha + \beta)$.

12. Quantas soluções existem para a equação $\text{sen}\, 2x = \frac{x}{\pi}$?

13. Qual o número de raízes $\text{sen}\, x + \cos 2x = 1$ no intervalo $[0, \pi]$?

14. A partir do gráfico de $f(x) = \text{tg}\, x$, trace os gráficos das funções, encontrando o período:

a) $f(x) = 3 + \text{tg}\, x$
b) $f(x) = -2 + \text{tg}\, x$
c) $f(x) = \text{tg}\left(x - \frac{\pi}{4}\right)$
d) $f(x) = \text{tg}\left(x + \frac{\pi}{6}\right)$
e) $f(x) = 2 + \text{tg}\left(2x - \frac{\pi}{3}\right)$

15. Esboce o gráfico de cada função abaixo:

a) $f(x) = 4 + \sec x$
b) $f(x) = -2 + \sec x$
c) $f(x) = \text{cossec}\left(x - \frac{\pi}{4}\right)$
d) $f(x) = 3 + \text{cossec}\left(x + \frac{\pi}{3}\right)$
e) $f(x) = 2 + \text{tg}\, x$
f) $f(x) = -3 + \text{tg}\left(x - \frac{\pi}{6}\right)$

16. Determine a imagem de cada função da questão anterior.

17. Qual o valor máximo de $y = 2\,\text{sen}\, x + \cos 2x$?

18. Qual a imagem da função $f(x) = 5\cos x + 12\,\text{sen}\, x$?

19. Qual o valor máximo da função $f(x) = \text{sen}\, x + \text{sen}^2 x$?

20. Sabendo que $0 \leq \text{arccos}\, x \leq \pi$ para $-1 \leq x \leq 1$, calcule o valor de $\text{sen}\left(2\ \text{arccos}\left(-\frac{3}{5}\right)\right)$.

21. Determine o domínio da função $f(x) = \sqrt{2\cos\left(2x + \frac{\pi}{3}\right) - 1}$.

22. (PUC-PR) Um terremoto de magnitude 8 graus da escala Richter atingiu, em setembro de 2009, a região de Samoa. O terremoto causou ondas de até 3 metros. A maré alta neste local ocorreu à meia-noite. Suponha que o nível de água na maré alta era de 3 metros; mais tarde, na maré baixa, era de 3 cm. Supondo que a próxima maré alta seja exatamente ao meio-dia e que a altura da água é dada por uma curva seno ou cosseno, qual das alternativas a seguir corresponde à fórmula para o nível da água na região em função do tempo?

a) $1{,}515 + 1{,}485 \cdot \cos\left(\frac{\pi}{6}t\right)$

b) $1{,}515 + 1{,}485 \cdot \text{sen}\left(\frac{\pi}{6}t\right)$

c) $1{,}485 \cdot \cos\left(\frac{\pi}{6}t\right)$

d) $1{,}485 \cdot \text{sen}\left(\frac{\pi}{6}t\right)$

e) $1{,}485 + 1{,}515 \cdot \cos(\pi t)$

23. (UFRGS-RS) Se $f(x) = a + b \cdot \text{sen}\, x$ tem como gráfico:

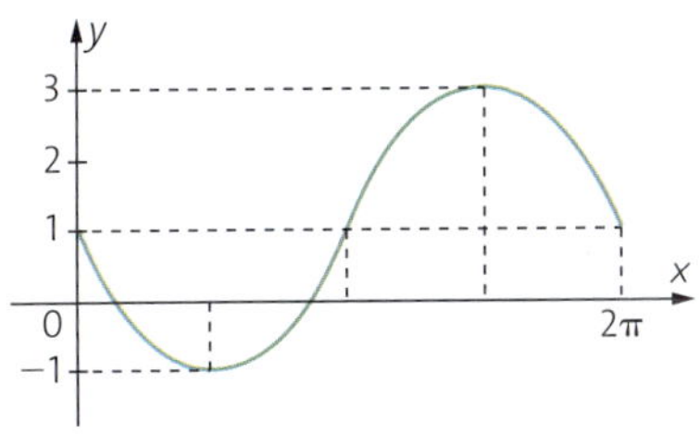

Então:

a) $a = -2$ e $b = 1$.

b) $a = -1$ e $b = 2$.

c) $a = 1$ e $b = -1$.

d) $a = 1$ e $b = -2$.

e) $a = 2$ e $b = -1$.

24. (UEL-PR) Uma bomba de água aspira e expira água a cada três segundos. O volume de água da bomba varia entre um mínimo de 2 litros e um máximo de 4 litros. Dentre as alternativas a seguir, assinale a expressão algébrica para o volume (y) de água na bomba, em função do tempo (t).

a) $y = 2 + 2\,\text{sen}\left[\left(\frac{\pi}{3}\right) \cdot t\right]$

b) $y = 2 + 2\,\text{sen}\left[\left(\frac{2\pi}{3}\right) \cdot t\right]$

c) $y = 3 + \text{sen}\left[\left(\frac{\pi}{3}\right) \cdot t\right]$

d) $y = 3 + \text{sen}\left[\left(\frac{2\pi}{3}\right) \cdot t\right]$

e) $y = -3 + 2\,\text{sen}\left[\left(\frac{\pi}{3}\right) \cdot t\right]$

25. (Vunesp-SP) Uma máquina produz diariamente x dezenas de certo tipo de peças. Sabendo-se que o custo de produção $C(x)$ e o valor de venda $V(x)$ são dados,

$C(x) = 2 - \cos\left(\frac{x\pi}{6}\right)$ e $V(x) = 3\sqrt{2}\,\text{sen}\left(\frac{x\pi}{12}\right), 0 \leq x \leq 6$.

O lucro, em reais, obtido na produção de 3 dezenas de peças é:

a) 500.

b) 750.

c) 1000.

d) 2000.

e) 3000.

26. (Unifesp) Um jogo eletrônico consiste de uma pista retangular e de dois objetos virtuais, O_1 e O_2, os quais se deslocam, a partir de uma base comum, com O_1 sempre paralelamente às laterais da pista e O_2 formando um ângulo x com a base, $x \in \left(0, \frac{\pi}{2}\right)$. Considere v_1 e v_2 os módulos, respectivamente, das velocidades de O_1 e O_2. Considere, ainda, que os choques do objeto O_2 com as laterais da pista (lisas e planas) são perfeitamente elásticos e que todos os ângulos de incidência e de reflexão são iguais a x.

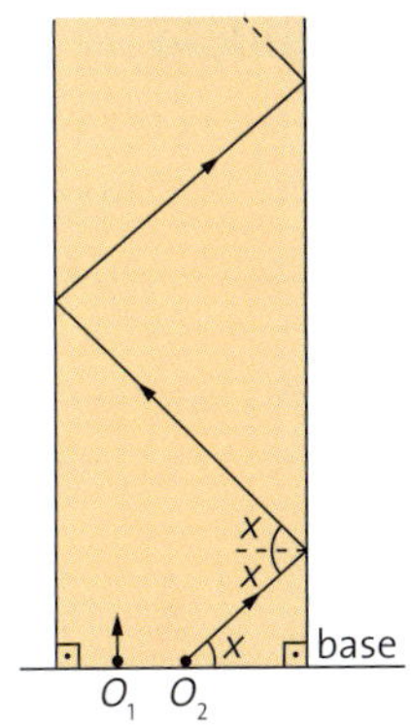

a) Exiba o gráfico da função $y = f(x)$ que fornece o módulo da componente da velocidade de deslocamento do objeto O_2, no sentido do deslocamento do objeto O_1, em função do ângulo, $x \in \left(0, \frac{\pi}{2}\right)$.

b) Se $v_1 = 10$ m/s e $v_2 = 20$ m/s, determine todos os valores de x, $x \in \left(0, \frac{\pi}{2}\right)$, para os quais os objetos O_1 e O_2, partindo num mesmo instante, nunca se choquem.

27. (UFG-GO) *Física*

O gráfico a seguir mostra a posição em função do tempo de uma partícula em movimento harmônico simples (MHS) no intervalo de tempo entre 0 e 4 s. A equação da posição em função do tempo para este movimento harmônico é dada por $x = A \cdot \cos(\omega t + \phi)$. A partir do gráfico, encontre as constantes A, ω e ϕ.

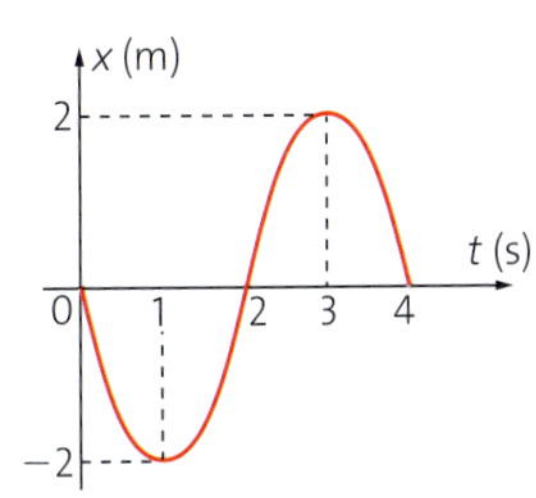

Pensando no Enem

Um satélite de telecomunicações, t minutos após ter atingido sua órbita, está a r quilômetros de distância do centro da Terra. Quando r assume seus valores máximo e mínimo, diz-se que o satélite atingiu o apogeu e o perigeu, respectivamente. Suponha que, para esse satélite, o valor de r em função de t seja dado por:

$$r(t) = \frac{5\,865}{1 + 0{,}15 \cdot \cos(0{,}06t)}$$

Um cientista monitora o movimento desse satélite para controlar o seu afastamento do centro da Terra. Para isso, ele precisa calcular a soma dos valores de r no apogeu e no perigeu, representada por S. O cientista deveria concluir que, periodicamente, S atinge o valor de:

a) 12 765 km.
b) 12 000 km.
c) 11 730 km.
d) 10 965 km.
e) 5 865 km.

Resolução

Antes de entrarmos nas fórmulas que nos ajudarão a resolver este problema, temos que entender o que está sendo descrito no enunciado e visualizar o problema.

A primeira coisa que temos que colocar de forma mais clara é do que se trata o perigeu e o apogeu. Como a própria questão coloca, são os momentos em que o satélite está na sua menor e maior distância do centro da Terra, respectivamente, em seu movimento ao redor do globo terrestre. Podemos então representá-los desta forma:

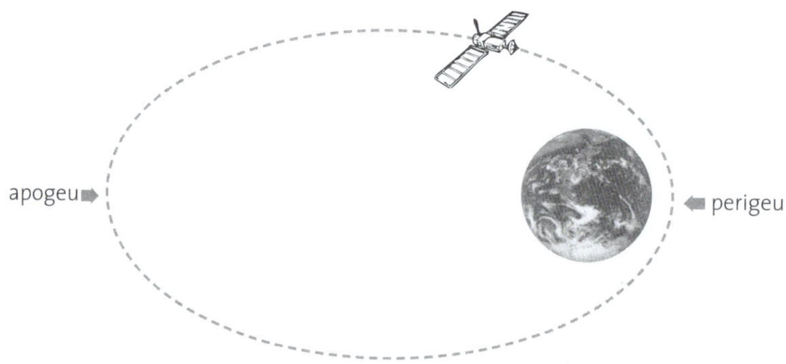

Dam d'Souza/Arquivo da editora

De acordo com o enunciado, essas distâncias podem ser expressas por r em função de t:

$$r(t) = \frac{5\,865}{1 + 0{,}15 \cdot \cos\,(0{,}06t)}$$

Observe que para cada valor de t deve-se calcular o cos (0,06t), o que nos leva a considerar as variações da função cosseno:

$$-1 \leqslant (0{,}06t) \leqslant 1$$

Como o cientista da questão precisa calcular a soma S dos valores de r no perigeu e no apogeu do satélite, isto é, a menor e a maior distância do satélite ao centro da Terra, vamos substituir os valores de cos (0,06t) por 1 e −1, que são seus valores máximo e mínimo, lembrando que por estar a função cosseno no denominador da fração, seu maior valor vai fornecer a menor distância e seu menor valor vai fornecer a maior distância. Então, temos:

$$r_{perigeu} = \frac{5\,865}{1 + 0{,}15 \cdot 1} = \frac{5\,865}{1 + 0{,}15} = \frac{5\,865}{1{,}15} = 5100$$

$$r_{apogeu} = \frac{5\,865}{1 + 0{,}15 \cdot (-1)} = \frac{5\,865}{1 - 0{,}15} = \frac{5\,865}{0{,}85} = 6\,900$$

Agora, obtemos S com a soma dos dois valores:

$S = r_{perigeu} + r_{apogeu} = 5\,100 + 6\,900 = 12\,000$

Assim, o valor de S é de 12 000 km.

Resposta: alternativa **b**.

Vestibulares de Norte a Sul

1. **N** (Ufac) Considere um círculo de raio r e centro C sobre a origem do plano cartesiano. Seja $0 < \theta$ o ângulo formado pelo raio do círculo e o eixo horizontal, conforme a figura abaixo.

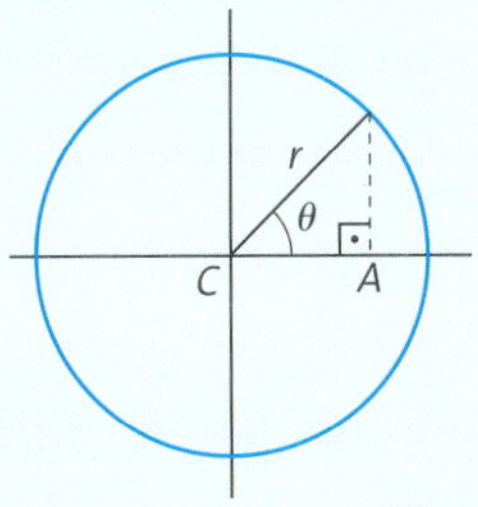

Supondo que $\cos\theta \text{ cm} + r = \dfrac{20 + \sqrt{2}}{2}$ cm e que a distância da origem até o ponto A é igual a $5\sqrt{2}$ cm, vale que:

a) r mede um número ímpar de centímetros.
b) $\theta < 45°$.
c) r é maior que 8 cm.
d) $\theta > 45°$.
e) r é menor que 8 cm.

2. **N** (UFPA) Considere o gráfico da função trigonométrica abaixo, no qual $f(\pi) = 5$:

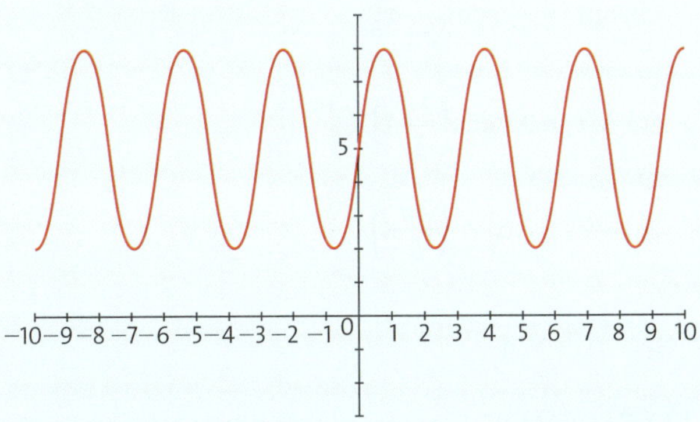

Interpretando o gráfico, podemos concluir que $f(3\pi)$ é igual a:

a) 4.
b) 5.
c) 6.
d) 7.
e) 8.

3. **N** (Ufac) O subconjunto A do intervalo $[0, 2\pi]$, onde $\operatorname{sen} x \leq 0$ e $\cos x \geq 0$ para todo x em A, é:

a) $\left[0, \dfrac{\pi}{2}\right]$.
b) $\left[\dfrac{\pi}{2}, \pi\right]$.
c) $[\pi, 2\pi]$.
d) $\left[\dfrac{3\pi}{2}, 2\pi\right]$.
e) $[0, \pi]$.

4. **NE** *Biologia*

(UFPE) Admita que a pressão arterial $P(t)$ de uma pessoa no instante t, medido em segundos, seja dada por $P(t) = 96 + 18\cos(2\pi t)$, $t \geq 0$. Considerando esses dados, analise a veracidade das seguintes afirmações.

a) O valor máximo da pressão arterial da pessoa é 114.
b) O valor mínimo da pressão arterial da pessoa é 78.
c) A pressão arterial da pessoa se repete a cada segundo, ou seja, $P(t + 1) = P(t)$, para todo $t \geq 0$.
d) Quando $t = \dfrac{1}{3}$ de segundo, temos $P\left(\dfrac{1}{3}\right) = 105$.
e) O gráfico de $P(t)$ para $0 \leq t \leq 4$ é:

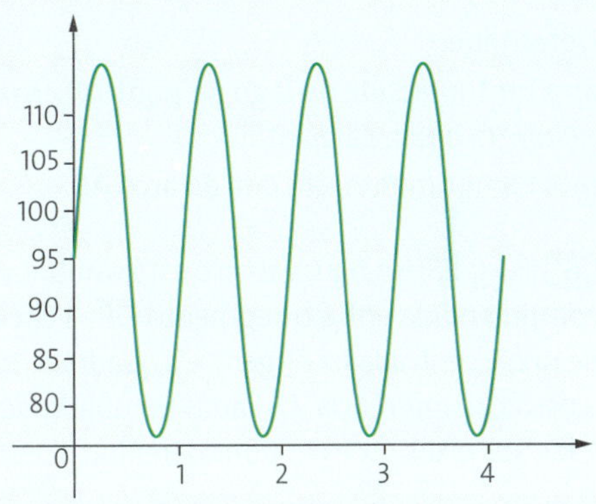

5. **NE** (Unifor-CE) O valor da expressão

$$\cos\left(\frac{\pi}{3} + \frac{\pi}{6} + \frac{\pi}{12} + \ldots\right) +$$

$$+ \operatorname{sen}\left(\frac{\pi}{3} + \frac{\pi}{9} + \frac{\pi}{27} + \ldots\right) \text{ é igual a:}$$

a) −1.
b) $-\dfrac{1}{2}$.
c) $\dfrac{1}{2}$.
d) 1.
e) 0.

6. **CO** (Unemat-MT) Um estudante, ao resolver uma questão de Trigonometria, chegou à seguinte expressão: $\dfrac{\operatorname{sen} 150° + \cos 135°}{\operatorname{sen} 210°}$. Com base nisso, julgue os itens.

1) O valor da expressão equivale a $\sqrt{2} - 1$.
2) A expressão $\cos(-x) = \cos x$ é válida para todo x pertencente ao intervalo $[0, 2\pi]$.
3) O valor da expressão $\operatorname{sen} y + \cos x$ é sempre menor ou igual a 2, independente dos valores de x e de y.

7. **SE** (Uerj) A extremidade A de uma planta aquática encontra-se 10 cm acima da superfície da água de um lago (fig. 1).

Quando a brisa a faz balançar, essa extremidade toca a superfície da água no ponto B, situado a $10\sqrt{3}$ cm do local em que sua projeção ortogonal C, sobre a água, encontrava-se inicialmente (fig. 2). Considere $\overline{OA}$, $\overline{OB}$ e $\overline{BC}$ segmentos de retas e o arco $\widehat{AB}$ uma trajetória do movimento da planta.

Fig. 1

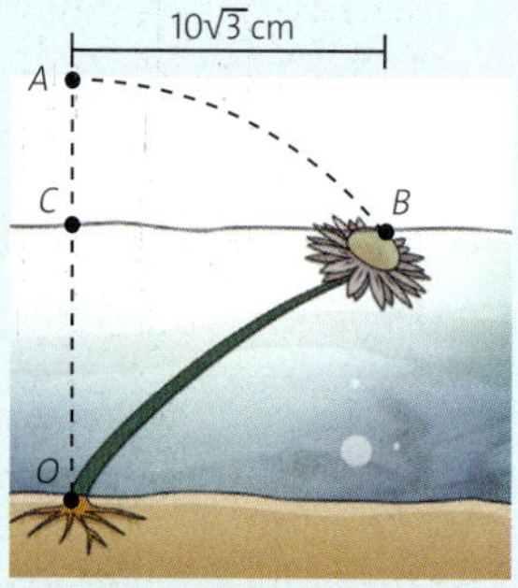

Fig. 2

Determine:

a) a profundidade do lago no ponto O em que se encontra a raiz da planta;

b) o comprimento, em cm, do arco $\widehat{AB}$.

8. **S** (Furg-RS) Na figura abaixo está sombreada a região compreendida entre o segmento $\overline{OP}$, a circunferência de raio 1, centrada na origem, e o quadrado circunscrito a essa circunferência. Os lados do quadrado são paralelos aos eixos Ox e Oy. Considere que o segmento $\overline{OP}$ forma um ângulo θ com o eixo Ox. Quando $0 \leqslant \theta \leqslant \dfrac{\pi}{4}$ a área $A(\theta)$ está representada na figura a seguir.

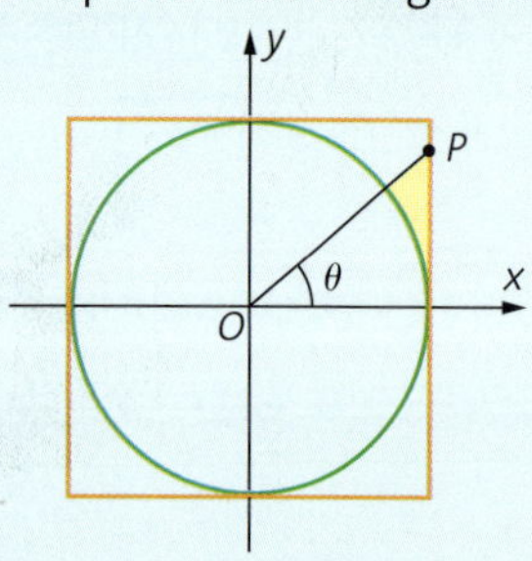

A área $A(\theta)$ da região sombreada em função do ângulo θ é dada por:

a) $A(\theta) = \dfrac{\text{tg}\,\theta}{2} - \dfrac{\theta}{2}$.

b) $A(\theta) = 1 - \dfrac{\theta}{2}$.

c) $A(\theta) = \dfrac{\text{tg}\,\theta}{2} - \theta$.

d) $A(\theta) = \dfrac{2\theta}{\pi}\left(1 - \dfrac{\theta}{2}\right)$.

e) $A(\theta) = \theta\,(4 - \pi)$.

9. **SE** *Biologia*

(Vunesp-SP) Em situação normal, observa-se que os sucessivos períodos de aspiração e expiração de ar dos pulmões em um indivíduo são iguais em tempo, bem como na quantidade de ar inalada e expelida. A velocidade de aspiração e expiração de ar dos pulmões de um indivíduo está representada pela curva do gráfico, considerando apenas um ciclo do processo.

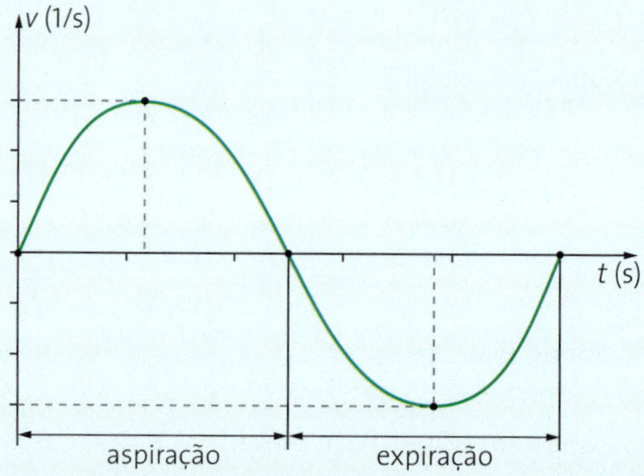

Sabendo-se que, em uma pessoa em estado de repouso, um ciclo de aspiração e expiração completo ocorre a cada 5 segundos, e que a taxa máxima de inalação e exalação, em módulo, é 0,6 m/s, a expressão da função cujo gráfico mais se aproxima da curva representada na figura é:

a) $v(t) = \dfrac{2\pi}{5}\,\text{sen}\left(\dfrac{3}{5}t\right)$.

b) $v(t) = \dfrac{3}{5}\,\text{sen}\left(\dfrac{5}{2\pi}t\right)$.

c) $v(t) = 0{,}6\cos\left(\dfrac{2\pi}{5}t\right)$.

d) $v(t) = 0{,}6\,\text{sen}\left(\dfrac{2\pi}{5}t\right)$.

e) $v(t) = \dfrac{5}{2\pi}\cos(0{,}6t)$.

10. **S** (UFSM-RS) Em determinada cidade, a concentração diária, em gramas, de partículas de fósforo na atmosfera é medida pela função $C(t) = 3 + 2\,\text{sen}\left(\dfrac{\pi t}{6}\right)$, em que t é a quantidade de horas para fazer essa medição. O tempo mínimo necessário para fazer uma medição que registrou 4 gramas de fósforo é de:

a) $\dfrac{1}{2}$ hora.

b) 1 hora.

c) 2 horas.

d) 3 horas.

e) 4 horas.

CAPÍTULO

4 Relações trigonométricas

Andre Goncalves/Shutterstock/Glow Images

O Monumento dos Descobrimentos, localizado em Lisboa, homenageia os envolvidos nas Grandes Navegações.

1 Relações fundamentais

As relações entre os valores das funções trigonométricas de um mesmo arco são denominadas **relações trigonométricas**. Já conhecemos duas delas, consideradas fundamentais:

$$\text{sen}^2 x + \cos^2 x = 1 \text{, para todo } x \in \mathbb{R}$$

$$\text{tg}\, x = \frac{\text{sen}\, x}{\cos x} \text{, para todo } x \neq \frac{\pi}{2} + k\pi$$

Outras relações fundamentais:

$$\text{cotg}\, x = \frac{1}{\text{tg}\, x} = \frac{\cos x}{\text{sen}\, x} \text{, para todo } x \neq k\pi$$

$$\sec x = \frac{1}{\cos x} \text{, para todo } x \neq \frac{\pi}{2} + k\pi$$

$$\text{cossec}\, x = \frac{1}{\text{sen}\, x} \text{, para todo } x \neq k\pi$$

Fique atento!
Para simplificar as expressões, consideramos o fator $k \in \mathbb{Z}$, sempre que não especificado.

» Agora, você vai descobrir algumas relações trigonométricas que podem ser obtidas a partir das relações dadas. Reúna-se com um colega e façam o que se pede.

a) A partir de $\text{sen}^2 x + \cos^2 x = 1$, dividam tudo por $\text{sen}^2 x$. Que relação vocês encontraram?

b) Agora, dividam $\text{sen}^2 x + \cos^2 x = 1$ por $\cos^2 x$ e escrevam a nova relação encontrada.

Comparem os resultados obtidos com as demais duplas da classe.

Exercícios resolvidos

1. Sendo $\text{sen}\, x = -\frac{1}{4}$, com $\pi < x < \frac{3\pi}{2}$, determine tg x e sec x.

Resolução

$$\text{sen}^2 x + \cos^2 x = 1 \Rightarrow \left(-\frac{1}{4}\right)^2 + \cos^2 x = 1 \Rightarrow \cos^2 x = \frac{15}{16} \Rightarrow \cos x = \pm\frac{\sqrt{15}}{4}$$

Como x é do 3º quadrante, $\cos x = -\frac{\sqrt{15}}{4}$. Então:

$$\text{tg}\, x = \frac{\text{sen}\, x}{\cos x} \Rightarrow \text{tg}\, x = \frac{-\frac{1}{4}}{-\frac{\sqrt{15}}{4}} \Rightarrow \text{tg}\, x = \frac{\sqrt{15}}{15} \Rightarrow \sec x = \frac{1}{\cos x} \Rightarrow \sec x = \frac{1}{-\frac{\sqrt{15}}{4}} \Rightarrow \sec x = -\frac{4\sqrt{15}}{15}$$

2. Dado $\text{cossec}\, x = \frac{7}{4}$, com $\frac{\pi}{2} < x < \pi$, determine cos x.

Resolução

$$\text{cossec}\, x = \frac{1}{\text{sen}\, x} \Rightarrow \frac{7}{4} = \frac{1}{\text{sen}\, x} \Rightarrow 7 \cdot \text{sen}\, x = 4 \Rightarrow \text{sen}\, x = \frac{4}{7}$$

$$\text{sen}^2 x + \cos^2 x = 1 \Rightarrow \left(\frac{4}{7}\right)^2 + \cos^2 x = 1 \Rightarrow \cos^2 x = \frac{33}{49} \Rightarrow \cos x = \pm\frac{\sqrt{33}}{7}$$

Como x é do 2º quadrante, $\cos x = -\frac{\sqrt{33}}{7}$.

3. Determine o valor de m para que se tenha simultaneamente $\text{sen } x = \sqrt{m-2}$ e $\cos x = m - 1$.

Resolução

Usando a relação $\text{sen}^2 x + \cos^2 x = 1$ e fazendo as substituições, temos:

$(\sqrt{m-2})^2 + (m-1)^2 = 1 \Rightarrow$

$\Rightarrow m - 2 + m^2 - 2m + 1 = 1 \Rightarrow$

$\Rightarrow m^2 - m - 2 = 0$ (equação do 2º grau em m)

$\Delta = 9\ m' = 2$ e $m'' = -1$

O valor $m = -1$ não satisfaz, pois

$\sqrt{m-2} = \sqrt{-1-2} = \sqrt{-3} \notin \mathbb{R}$ ou porque

$\cos x = -1 - 1 = -2$ não satisfaz a existência do cosseno.

Já o valor $m = 2$ serve para $\text{sen } x = \sqrt{2-2} = 0$

e $\cos x = 2 - 1 = 1$.

Logo, $m = 2$.

Para refletir

No exercício resolvido 3, qual é o valor de x para $0 \leq x < 2\pi$?

4. Simplifique a expressão $y = \dfrac{\text{cotg } x + \text{cossec } x}{\text{sen } x}$, supondo $0 < x < \dfrac{\pi}{2}$.

Resolução

Escrevendo todos os termos da expressão em função de sen x e cos x, temos:

$$y = \frac{\text{cotg } x + \text{cossec } x}{\text{sen } x} = \frac{\frac{\cos x}{\text{sen } x} + \frac{1}{\text{sen } x}}{\text{sen } x} =$$

$$= \frac{\frac{\cos x + 1}{\text{sen } x}}{\text{sen } x} = \frac{\cos x + 1}{\text{sen } x} : \text{sen } x =$$

$$= \frac{\cos x + 1}{\text{sen } x} \cdot \frac{1}{\text{sen } x} = \frac{\cos x + 1}{\text{sen}^2 x}$$

Como $\text{sen}^2 x + \cos^2 x = 1 \Leftrightarrow \text{sen}^2 x = 1 - \cos^2 x$, fazemos a substituição:

$$y = \frac{\cos x + 1}{1 - \cos^2 x} = \frac{\cancel{\cos x + 1}}{\cancel{(1 + \cos x)}(1 - \cos x)} =$$

$$= \frac{1}{1 - \cos x}$$

Portanto, $y = \dfrac{1}{1 - \cos x}$.

Exercícios

1. Determine os valores das demais funções trigonométricas de um arco x quando:

a) $\text{sen } x = -\dfrac{\sqrt{3}}{2}$ e $\pi < x < \dfrac{3\pi}{2}$.

b) $\text{sen } x = -\dfrac{1}{2}$ e $\dfrac{3\pi}{2} < x < 2\pi$.

c) $\cos x = \dfrac{1}{3}$ e $0 < x < \dfrac{\pi}{2}$.

d) $\cos x = -\dfrac{\sqrt{2}}{2}$ e $\dfrac{\pi}{2} < x < \pi$.

e) $\text{cossec } x = -\sqrt{2}$ e $\pi < x < \dfrac{3\pi}{2}$.

f) $\text{tg } x = \sqrt{3}$ e $0 < x < \dfrac{\pi}{2}$.

2. Sendo $\cos x = \dfrac{4}{5}$ e $0 < x < \dfrac{\pi}{2}$, calcule o valor de $\text{sen}^2 x - 3 \cdot \text{sen } x$.

3. Sabendo que $\cos a = -\dfrac{\sqrt{5}}{5}$ e $\dfrac{\pi}{2} < a < \pi$, determine o valor de $(1 + \text{sen } a)(1 - \text{sen } a)$.

4. Dado $\cos x = \dfrac{\sqrt{2}}{2}$, com $0 < x < \dfrac{\pi}{2}$, determine o valor de $\sec x + \text{cossec } x$.

5. Se $\cos a = \dfrac{1}{2}$ e $0 < a < \dfrac{\pi}{2}$, qual é o valor da expressão $y = \dfrac{\text{cossec } a - \text{sen } a}{\sec a - \cos a}$?

6. Simplifique as expressões:

a) $y = \dfrac{\sec x - \text{cossec } x}{1 - \text{cotg } x}$

b) $y = (\sec x - \cos x)(\text{cossec } x - \text{sen } x)(\text{tg } x + \text{cotg } x)$

7. Determine o valor de $A = \dfrac{\text{cotg } x - 1}{\text{cossec } x - \sec x}$, dado $\cos x = \dfrac{1}{2}$.

2 Relações decorrentes das fundamentais

Com base nas relações fundamentais podemos chegar a outras relações também importantes:

- $\text{sen}^2 x + \cos^2 x = 1 \Rightarrow \frac{\text{sen}^2 x}{\cos^2 x} + \frac{\cos^2 x}{\cos^2 x} = \frac{1}{\cos^2 x} \Rightarrow \text{tg}^2 x + 1 = \sec^2 x$ para $\cos x \neq 0$

  Assim, $\text{tg}^2 x + 1 = \sec^2 x$, para $x \neq \frac{\pi}{2} + k\pi,\ k \in \mathbb{Z}$.

Fique atento!
Não se deve confundir $\text{tg}^2 x + 1$ com $\text{tg}^2 (x + 1)$.

- $\text{sen}^2 x + \cos^2 x = 1 \Rightarrow \frac{\text{sen}^2 x}{\text{sen}^2 x} + \frac{\cos^2 x}{\text{sen}^2 x} = \frac{1}{\text{sen}^2 x} \Rightarrow 1 + \text{cotg}^2 x = \text{cossec}^2 x$ para $\text{sen } x \neq 0$

  Assim, $\text{cotg}^2 x + 1 = \text{cossec}^2 x$, para $x \neq k\pi,\ k \in \mathbb{Z}$.

Exercício resolvido

5. Dado $\text{sen } x = \frac{\sqrt{2}}{2}$, calcule o valor da expressão $A = \frac{\sec^2 x - 1}{\text{tg}^2 x + 1}$.

Resolução

Vamos escrever a expressão dada em função de sen *x* e cos *x*:

$$A = \frac{\sec^2 x - 1}{\text{tg}^2 x + 1} = \frac{\left(\frac{1}{\cos x}\right)^2 - 1}{\left(\frac{\text{sen } x}{\cos x}\right)^2 + 1} = \frac{\frac{1}{\cos^2 x} - 1}{\frac{\text{sen}^2 x}{\cos^2 x} + 1} = \frac{\frac{1 - \cos^2 x}{\cos^2 x}}{\frac{\text{sen}^2 x + \cos^2 x}{\cos^2 x}} =$$

$$= \frac{1 - \cos^2 x}{\cancel{\cos^2 x}} \cdot \frac{\cancel{\cos^2 x}}{\text{sen}^2 x + \cos^2 x} = \frac{\text{sen}^2 x}{1} = \text{sen}^2 x$$

Como $\text{sen } x = \frac{\sqrt{2}}{2}$, então o valor da expressão é $A = \left(\frac{\sqrt{2}}{2}\right)^2 = \frac{2}{4} = \frac{1}{2}$.

Exercícios

8. Dado $\text{sen } x = \frac{1}{3}$, com $\frac{\pi}{2} < x < \pi$, determine o valor de cotg *x*.

9. Para $\cos x = \frac{1}{2}$, qual é o valor da expressão
$$y = \frac{\text{cossec } x - \text{sen } x}{\text{cotg } x \cdot \sec x} + \sec x?$$

10. Qual é o valor de sen *x*, sabendo que $\cos x + 2 \cdot \text{sen } x = 2$?

11. Sejam os números reais *m* e *x* que satisfazem simultaneamente as condições $\text{sen } x = m - 1$ e $\cos x = \sqrt{1 - m^2}$. Qual é o valor de *m*?

12. Encontre os valores de *k* para que sejam satisfeitas simultaneamente as igualdades $\cos a = \frac{3k}{5}$ e $\text{cossec } a = \frac{5}{4k}$.

13. Se $\text{sen } \alpha = 3t - 1$ e $\cos \alpha = 1 - t$, então α pertence a que quadrante?

14. Calcule o valor de $y = \text{sen } x \cdot \cos x$ sabendo que $\text{tg } x + \text{cotg } x = 2$.

15. Escreva a expressão $y = \text{sen } x \cdot \text{tg } x + 2 \cdot \cos x$ em função de cos *x*.

16. Se $\text{tg } x = \frac{\text{sen } x}{\cos x} = t$, escreva a expressão
$$y = \frac{\text{sen}^2 x + \text{sen } x \cdot \cos x}{\text{sen}^2 x - \cos^2 x}$$ em função de *t*.

(*Sugestão*: Use a fatoração no numerador e no denominador da fração.)

17. Se $m = \text{sen } x + \cos x$ e $n = \text{sen } x - \cos x$, prove que $m^2 + n^2 = 2$.

3 Identidades trigonométricas

Toda igualdade que envolve funções trigonométricas verificada para todos os valores do domínio dessas funções é uma **identidade trigonométrica**.

Por exemplo, considerando o domínio das funções, a igualdade $\text{sen}\, x \cdot \sec x = \text{tg}\, x$ é uma identidade trigonométrica, pois, independentemente do valor de x, ela se verifica. Para $x \neq \frac{\pi}{2} + k\pi$, temos:

$$\text{sen}\, x \cdot \sec x = \text{sen}\, x \cdot \frac{1}{\cos x} = \frac{\text{sen}\, x}{\cos x} = \text{tg}\, x$$

Fique atento!
As relações fundamentais são identidades trigonométricas.

Já a igualdade $\text{sen}\, x + \cos x = 1$, para $x \in \mathbb{R}$, não é uma identidade, pois ela não é verdadeira para todo $x \in \mathbb{R}$. Dizemos que $\text{sen}\, x + \cos x = 1$ é uma **equação trigonométrica**.

Para demonstrar que uma igualdade é uma identidade, há vários caminhos. Vejamos isso nos exercícios resolvidos, em que apresentamos maneiras diferentes de resolução.

Para refletir
Verifique o que acontece com $\text{sen}\, x + \cos x = 1$, para $x = \frac{\pi}{2}$ e para $x = \frac{\pi}{4}$.

Exercícios resolvidos

6. Demonstre que $(1 - \cos^2 x)(\text{cotg}^2 x + 1) = 1$, para $x \neq k\pi$, é uma identidade.

Resolução

Consideramos que o primeiro membro da igualdade é $f(x)$ e o segundo membro é $g(x)$ e procuramos simplificar o primeiro membro, expressando-o em função de sen x e de cos x:

$$(1-\cos^2 x)\left(\frac{\cos^2 x}{\text{sen}^2 x}+1\right) = \underbrace{(1-\cos^2 x)}\underbrace{\left(\frac{\cos^2 x + \text{sen}^2 x}{\text{sen}^2 x}\right)} = \cancel{\text{sen}^2 x} \cdot \frac{1}{\cancel{\text{sen}^2 x}} = 1$$

Fique atento!
Partindo de $f(x) = (1 - \cos^2 x)(\text{cotg}^2 x + 1)$, chegamos a $g(x) = 1$. Logo, $f(x) = g(x)$.

7. Demonstre que $\frac{\text{tg}\, x}{1+\text{tg}^2 x} = \frac{\text{sen}\, x}{\sec x}$ é uma identidade para $x \neq \frac{\pi}{2} + k\pi$.

Resolução

Vamos simplificar isoladamente cada membro:

- $f(x) = \frac{\text{tg}\, x}{1+\text{tg}^2 x} = \frac{\frac{\text{sen}\, x}{\cos x}}{\sec^2 x} = \frac{\frac{\text{sen}\, x}{\cos x}}{\frac{1}{\cos^2 x}} = \frac{\text{sen}\, x}{\cancel{\cos x}} \cdot \cos^{\cancel{2}} x = \text{sen}\, x \cdot \cos x$
- $g(x) = \frac{\text{sen}\, x}{\sec x} = \frac{\text{sen}\, x}{\frac{1}{\cos x}} = \text{sen}\, x \cdot \cos x$

Fique atento!
Partindo separadamente de $f(x) = \frac{\text{tg}\, x}{1 + \text{tg}^2 x}$ e $g(x) = \frac{\text{sen}\, x}{\sec x}$, chegamos ao mesmo valor. Logo, $f(x) = g(x)$.

8. Demonstre a identidade $\sec^2 x - \text{sen}^2 x = \text{tg}^2 x + \cos^2 x$.

Resolução

Considerando $\sec^2 x - \text{sen}^2 x$ com o $f(x)$ e $\text{tg}^2 x + \cos^2 x$ como $g(x)$, podemos fazer:
$f(x) - g(x) = \sec^2 x - \text{sen}^2 x - \text{tg}^2 x - \cos^2 x = (\sec^2 x - \text{tg}^2 x) - (\text{sen}^2 x + \cos^2 x) = 1 - 1 = 0$
Se $f(x) - g(x) = 0$, então $f(x) = g(x)$ ou $\sec^2 x = \text{tg}^2 x + \cos^2 x$.

Para refletir
Para que valores de x vale esta identidade?

9. Demonstre que $\text{sen}^4 x - \cos^4 x = 1 - 2\cos^2 x$.

Resolução

$\text{sen}^4 x - \cos^4 x = (\text{sen}^2 x - \cos^2 x)(\text{sen}^2 x + \cos^2 x) = (\text{sen}^2 x - \cos^2 x) \cdot 1 = -1(\cos^2 x - \text{sen}^2 x) =$
$= 1 - \cos^2 x - \cos^2 x = 1 - 2\cos^2 x$

Exercícios

18. Demonstre as seguintes identidades trigonométricas:
    a) $\cos x \cdot \text{tg}\, x \cdot \text{cossec}\, x = 1$
    b) $\text{tg}\, x \cdot \cos x = \text{sen}\, x$
    c) $(1 + \text{sen}\, x)(1 - \text{sen}\, x) = \cos^2 x$
    d) $\text{tg}^2 x \cdot \text{cossec}^2 x = 1 + \text{tg}^2 x$
    e) $\text{cossec}^2 x \cdot \text{tg}\, x = \text{cotg}\, x \cdot \sec^2 x$
    f) $\sec^2 x \cdot \text{cossec}^2 x = \sec^2 x + \text{cossec}^2 x$
    g) $(\text{sen}\, x + \text{tg}\, x)(\cos x + \text{cotg}\, x) = (1 + \text{sen}\, x)(1 + \cos x)$
    h) $(\text{tg}\, x + 1)(1 - \text{tg}\, x) = 2 - \sec^2 x$
    i) $(\text{tg}\, x - \text{sen}\, x)^2 + (1 - \cos x)^2 = (\sec x - 1)^2$
    j) $(a \cdot \text{sen}\, x - b \cdot \cos x)^2 + (a \cdot \cos x + b \cdot \text{sen}\, x)^2 =$
    $= a^2 + b^2$
    k) $\dfrac{\sec x + \text{tg}\, x}{\cos x + \text{cotg}\, x} = \text{tg}\, x \cdot \sec x$
    l) $\dfrac{\text{sen}\, x}{1 + \text{cotg}\, x} + \dfrac{\cos x}{1 + \text{tg}\, x} = \dfrac{1}{\text{sen}\, x + \cos x}$

Você sabia?
As demonstrações das identidades podem ser vistas como um exercício de quebra-cabeça trigonométrico.

19. Demonstre que $(\sec x - \text{tg}\, x)^2 = \dfrac{1 - \text{sen}\, x}{1 + \text{sen}\, x}$.

20. Se $A = (\cos a + \cos b)(\cos a - \cos b) +$
$+ (\text{sen}\, a + \text{sen}\, b)(\text{sen}\, a - \text{sen}\, b)$, prove que $A = 0$.

21. Se $f(x) = \dfrac{\text{sen}\, x + \text{tg}\, x}{\text{cotg}\, x + \text{cossec}\, x}$ e $g(x) = \text{sen}\, x \cdot \text{tg}\, x$, prove que $f(x) = g(x)$.

22. Se $P = \dfrac{1}{1 + \text{sen}^2 x} + \dfrac{1}{1 + \cos^2 x} +$
$+ \dfrac{1}{1 + \sec^2 x} + \dfrac{1}{1 + \text{cossec}^2 x}$, demonstre que $P = 2$.

4 Fórmulas de adição

Vamos comparar sen (60° + 30°) e sen 60° + sen 30°:

$\text{sen}\,(60° + 30°) = \text{sen}\, 90° = 1$

$\text{sen}\, 60° + \text{sen}\, 30° = \dfrac{\sqrt{3}}{2} + \dfrac{1}{2} = \dfrac{\sqrt{3} + 1}{2}$

Logo, $\text{sen}\,(60° + 30°) \neq \text{sen}\, 60° + \text{sen}\, 30°$.

De modo geral, podemos verificar que:

- $\text{sen}\,(a + b) \neq \text{sen}\, a + \text{sen}\, b$
- $\text{sen}\,(a - b) \neq \text{sen}\, a - \text{sen}\, b$
- $\cos\,(a + b) \neq \cos a + \cos b$
- $\cos\,(a - b) \neq \cos a - \cos b$

Para refletir
Compare também:
a) cos (60° + 30°) e cos 60° + cos 30°
b) tg (60° − 30°) e tg 60° − tg 30°
c) sen (90° + 0°) e sen 90° + sen 0°

Veremos agora como é possível expressar sen $(a \pm b)$ e cos $(a \pm b)$ em função de sen a, sen b, cos a e cos b, sendo a e b dois números reais quaisquer. Veremos também tg $(a \pm b)$ em função de tg a e tg b.

Adição e subtração de arcos

É possível demonstrar que:

1) $\text{sen}\,(a + b) = \text{sen}\, a \cdot \cos b + \text{sen}\, b \cdot \cos a$

2) $\text{sen}\,(a - b) = \text{sen}\, a \cdot \cos b - \text{sen}\, b \cdot \cos a$

3) $\cos\,(a + b) = \cos a \cdot \cos b - \text{sen}\, a \cdot \text{sen}\, b$

4) $\cos\,(a - b) = \cos a \cdot \cos b + \text{sen}\, a \cdot \text{sen}\, b$

5) $\text{tg}\,(a + b) = \dfrac{\text{tg}\, a + \text{tg}\, b}{1 - \text{tg}\, a \cdot \text{tg}\, b}$ (para os arcos em que a tangente for definida)

6) $\text{tg}\,(a - b) = \dfrac{\text{tg}\, a - \text{tg}\, b}{1 + \text{tg}\, a \cdot \text{tg}\, b}$ (para os arcos em que a tangente for definida)

Exemplos:

1º) $\text{sen } 75° = \text{sen } (45° + 30°) = \text{sen } 45° \cdot \cos 30° + \text{sen } 30° \cdot \cos 45° = \frac{\sqrt{2}}{2} \cdot \frac{\sqrt{3}}{2} + \frac{1}{2} \cdot \frac{\sqrt{2}}{2} =$

$= \frac{\sqrt{6}}{4} + \frac{\sqrt{2}}{4} = \frac{\sqrt{6} + \sqrt{2}}{4}$

2º) $\text{sen } (\pi + x) = \text{sen } \pi \cdot \cos x + \text{sen } x \cdot \cos \pi = 0 \cdot \cos x + \text{sen } x \cdot (-1) = -\text{sen } x$

Para refletir

Utilize o conhecimento que você obteve no capítulo anterior, desenhe uma circunferência trigonométrica e demonstre que $\text{sen } (\pi + x) = -\text{sen } x$.

3º) $\text{sen } 15° = \text{sen } (45° - 30°) = \text{sen } 45° \cdot \cos 30° - \text{sen } 30° \cdot \cos 45° =$

$= \frac{\sqrt{2}}{2} \cdot \frac{\sqrt{3}}{2} - \frac{1}{2} \cdot \frac{\sqrt{2}}{2} = \frac{\sqrt{6}}{4} - \frac{\sqrt{2}}{4} = \frac{\sqrt{6} - \sqrt{2}}{4}$

4º) $\text{sen } (\pi - x) = \text{sen } \pi \cdot \cos x - \text{sen } x \cdot \cos \pi = 0 \cdot \cos x - \text{sen } x \cdot (-1) = \text{sen } x$

Isso demonstra que ângulos suplementares têm senos iguais.

5º) $\cos 75° = \cos (45° + 30°) = \cos 45° \cdot \cos 30° - \text{sen } 45° \cdot \text{sen } 30° = \frac{\sqrt{2}}{2} \cdot \frac{\sqrt{3}}{2} - \frac{\sqrt{2}}{2} \cdot \frac{1}{2} =$

$= \frac{\sqrt{6}}{4} - \frac{\sqrt{2}}{4} = \frac{\sqrt{6} - \sqrt{2}}{4}$

6º) $\cos (\pi + x) = \cos \pi \cdot \cos x - \text{sen } \pi \cdot \text{sen } x = (-1) \cdot \cos x - 0 \cdot \text{sen } x = -\cos x$

7º) $\cos 15° = \cos (45° - 30°) = \cos 45° \cdot \cos 30° + \text{sen } 45° \cdot \text{sen } 30° =$

$= \frac{\sqrt{2}}{2} \cdot \frac{\sqrt{3}}{2} + \frac{\sqrt{2}}{2} \cdot \frac{1}{2} = \frac{\sqrt{6}}{4} + \frac{\sqrt{2}}{4} = \frac{\sqrt{6} + \sqrt{2}}{4}$

8º) $\cos (\pi - x) = \cos \pi \cdot \cos x + \text{sen } \pi \cdot \text{sen } x = (-1) \cdot \cos x + 0 \cdot \text{sen } x = -\cos x$

Exercícios resolvidos

10. Dado $\text{sen } x = \frac{1}{3}$, com $0 < x < \frac{\pi}{2}$, calcule $\text{sen}\left(\frac{\pi}{6} - x\right)$.

Resolução

Inicialmente, vamos calcular o valor de cos *x*:

$\text{sen}^2 x + \cos^2 x = 1 \Rightarrow \frac{1}{9} + \cos^2 x = 1 \Rightarrow$

$\Rightarrow \cos^2 x = 1 - \frac{1}{9} = \frac{8}{9} \Rightarrow \cos x = \pm\sqrt{\frac{8}{9}} = \pm\frac{\sqrt{8}}{3}$

Como $0 < x < \frac{\pi}{2}$, temos $\cos x = \frac{\sqrt{8}}{3}$.

Vamos aplicar a fórmula:

$\text{sen}\left(\frac{\pi}{6} - x\right) = \text{sen } \frac{\pi}{6} \cdot \cos x - \text{sen } x \cdot \cos \frac{\pi}{6} =$

$= \frac{1}{2} \cdot \frac{\sqrt{8}}{3} - \frac{1}{3} \cdot \frac{\sqrt{3}}{2} = \frac{\sqrt{8}}{6} - \frac{\sqrt{3}}{6} =$

$= \frac{\sqrt{8} - \sqrt{3}}{6}$

11. Dados $\text{sen } x = \frac{3}{5}$ e $\cos y = \frac{5}{13}$, calcule $\cos (x + y)$ sabendo que $0 < x < \frac{\pi}{2}$ e $\frac{3\pi}{2} < y < 2\pi$.

Resolução

Calculamos cos *x* $\left(0 < x < \frac{\pi}{2}\right)$:

$\cos x = +\sqrt{1 - \text{sen}^2 x} = \sqrt{1 - \frac{9}{25}} = \sqrt{\frac{16}{25}} = \frac{4}{5}$

Calculamos sen *y* $\left(\frac{3\pi}{2} < y < 2\pi\right)$:

$\text{sen } y = -\sqrt{1 - \cos^2 y} = -\sqrt{1 - \frac{25}{169}} =$

$= -\sqrt{\frac{144}{169}} = -\frac{12}{13}$

Aplicamos a fórmula:

$\cos (x + y) = \cos x \cdot \cos y - \text{sen } x \cdot \text{sen } y =$

$= \frac{4}{5} \cdot \frac{5}{13} - \frac{3}{5}\left(-\frac{12}{13}\right) = \frac{20}{65} + \frac{36}{65} = \frac{56}{65}$

12. Dados $\text{sen}\,x = \frac{4}{5}$, com $0 < x < \frac{\pi}{2}$, e $x + y = \frac{\pi}{3}$, determine sen y.

Resolução

Determinamos $\cos x \left(0 < x < \frac{\pi}{2}\right)$:

$$\cos x = +\sqrt{1 - \text{sen}^2\,x} = \sqrt{1 - \frac{16}{25}} = \sqrt{\frac{9}{25}} = \frac{3}{5}$$

Isolamos y:

$$x + y = \frac{\pi}{3} \Rightarrow y = \frac{\pi}{3} - x$$

Calculamos sen y:

$$\text{sen}\,y = \text{sen}\left(\frac{\pi}{3} - x\right) =$$

$$= \text{sen}\,\frac{\pi}{3} \cdot \cos x - \text{sen}\,x \cdot \cos\frac{\pi}{3} =$$

$$= \frac{\sqrt{3}}{2} \cdot \frac{3}{5} - \frac{4}{5} \cdot \frac{1}{2} =$$

$$= \frac{3\sqrt{3}}{10} - \frac{4}{10} = \frac{3\sqrt{3} - 4}{10}$$

13. Sabe-se que $\text{tg}\,x = m$ e $\text{tg}\,y = 2m$. Determine $\text{tg}\,(x + y)$ e $\text{cotg}\,(x + y)$, quando existirem, em função de m.

Resolução

- $$\text{tg}\,(x + y) = \frac{\text{tg}\,x + \text{tg}\,y}{1 - \text{tg}\,x \cdot \text{tg}\,y} = \frac{m + 2m}{1 - m \cdot 2m} =$$

$$= \frac{3m}{1 - 2m^2}$$

Para refletir
Para que valores de m existe $\text{tg}\,(x + y)$?

- $\text{cotg}\,(x + y) =$

$$= \frac{1}{\text{tg}\,(x + y)} = \frac{1}{\frac{3m}{1 - 2m^2}} = \frac{1 - 2m^2}{3m}$$

14. Simplifique a expressão

$$y = \frac{\text{sen}\left(\frac{\pi}{2} + x\right) \cdot \cos\,(\pi - x)}{\cos\left(\frac{3\pi}{2} + x\right) \cdot \text{cotg}\,(\pi + x)}.$$

Resolução

Vamos desenvolver separadamente:

- $\text{sen}\left(\frac{\pi}{2} + x\right) =$

$$= \text{sen}\,\frac{\pi}{2} \cdot \cos x + \text{sen}\,x \cdot \cos\frac{\pi}{2} =$$

$$= 1 \cdot \cos x + \text{sen}\,x \cdot 0 = \cos x$$

- $\cos\,(\pi - x) = \cos\pi \cdot \cos x + \text{sen}\,\pi \cdot \text{sen}\,x =$

$$= -1 \cdot \cos x + 0 \cdot \text{sen}\,x = -\cos x$$

- $\cos\left(\frac{3\pi}{2} + x\right) =$

$$= \cos\frac{3\pi}{2} \cdot \cos x - \text{sen}\,\frac{3\pi}{2} \cdot \text{sen}\,x =$$

$$= 0 \cdot \cos x - (-1) \cdot \text{sen}\,x = \text{sen}\,x$$

- $$\text{cotg}\,(\pi + x) = \frac{\cos\,(\pi + x)}{\text{sen}\,(\pi + x)} =$$

$$= \frac{\cos\pi \cdot \cos x - \text{sen}\,\pi \cdot \text{sen}\,x}{\text{sen}\,\pi \cdot \cos x + \text{sen}\,x \cdot \cos\pi} =$$

$$= \frac{-1 \cdot \cos x - 0 \cdot \text{sen}\,x}{0 \cdot \cos x + \text{sen}\,x \cdot (-1)} =$$

$$= \frac{-\cos x}{-\text{sen}\,x} = \frac{\cos x}{\text{sen}\,x}$$

Vamos substituir na expressão:

$$y = \frac{(\cos x)(-\cos x)}{\cancel{\text{sen}\,x} \cdot \frac{\cos x}{\cancel{\text{sen}\,x}}} =$$

$$= \frac{\cancel{(\cos x)}(-\cos x)}{\cancel{\cos x}} = -\cos x$$

15. *Aplicação na Geometria*

Dado o triângulo retângulo abaixo, calcule $\text{tg}\,x$.

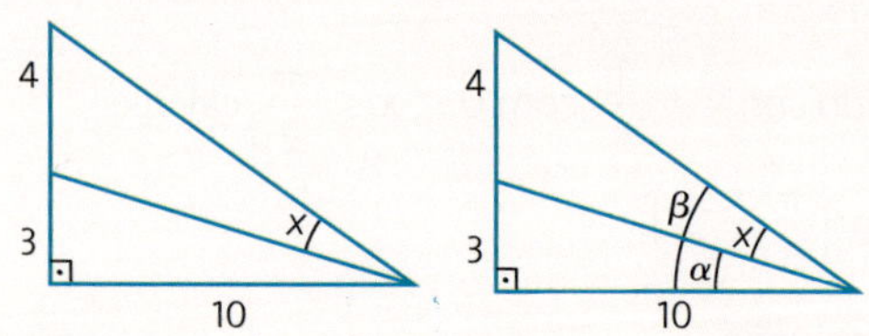

Resolução

Temos:

$$\text{tg}\,\alpha = \frac{3}{10} = 0{,}3$$

$$\text{tg}\,\beta = \frac{3 + 4}{10} = \frac{7}{10} = 0{,}7$$

Para refletir
Use a tabela da página 32 e verifique qual destes é o valor mais próximo de x: 18°, 20° ou 25°?

Mas:

$$\beta = \alpha + x \Rightarrow x = \beta - \alpha$$

Logo:

$$\text{tg}\,x = \text{tg}\,(\beta - \alpha) = \frac{\text{tg}\,\beta - \text{tg}\,\alpha}{1 + \text{tg}\,\beta \cdot \text{tg}\,\alpha} =$$

$$= \frac{0{,}7 - 0{,}3}{1 + 0{,}7 \cdot 0{,}3} = \frac{0{,}4}{1 + 0{,}21} = \frac{0{,}4}{1{,}21} = \frac{40}{121} \simeq 0{,}33$$

Exercícios

23. Usando as fórmulas da adição, determine:

a) cos 105°;
b) cos 135°;
c) sen 195°;
d) sen 165°;
e) sen 225°;
f) cos 225°;
g) cos 300°;
h) sen 345°.

24. Dado o triângulo retângulo abaixo, calcule tg x.

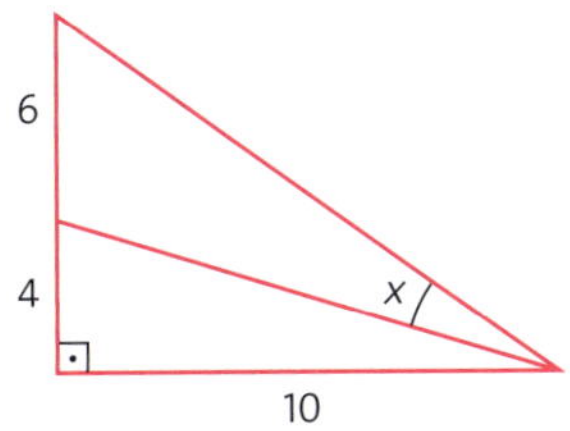

25. Demonstre, usando as fórmulas da adição, que:

a) $\text{sen}(\pi - x) = \text{sen}\,x$;

b) $\text{sen}(2\pi - x) = -\text{sen}\,x$;

c) $\text{sen}\left(\frac{\pi}{2} - x\right) = \cos x$;

d) $\text{sen}\left(\frac{3\pi}{2} - x\right) = -\cos x$;

e) $\cos(2\pi - x) = \cos x$;

f) $\cos(2\pi + x) = \cos x$;

g) $\text{tg}(2\pi - x) = -\text{tg}\,x$;

h) $\text{tg}(2\pi + x) = \text{tg}\,x$.

26. É dado $\text{sen}\,x = \frac{3}{5}$, com $0 < x < \frac{\pi}{2}$. Calcule $\text{sen}\left(x - \frac{\pi}{6}\right)$, $\cos\left(\frac{\pi}{3} + x\right)$ e $\text{tg}\left(x + \frac{\pi}{4}\right)$.

27. Se $\text{tg}\,x = \frac{1}{2}$ e $\text{tg}\,y = \frac{1}{4}$, determine $\text{tg}(x + y)$.

28. Dado $\text{tg}\,x = \frac{1}{2}$, calcule o valor de $y = \text{tg}(x + 45°) + \text{tg}(x - 45°)$.

29. Calcule $\cos(a + b)$ e $\text{sen}(a - b)$, dados $\text{sen}\,a = -\frac{3}{5}$ e $\cos b = \frac{1}{3}$, com $\frac{3\pi}{2} < a,\ b < 2\pi$.

30. Sabe-se que $\text{sen}\,a = \frac{4}{5}$ e $\text{sen}\,b = \frac{12}{13}$, com $0 < a < \frac{\pi}{2}$ e $0 < b < \frac{\pi}{2}$. Determine, então, $\text{sen}(a + b)$, $\cos(a - b)$ e $\text{tg}(a + b)$.

31. Se $\text{sen}\,a = \frac{3}{5}$ e $\text{tg}\,b = 2$, com $0 < a < \frac{\pi}{2}$ e $0 < b < \frac{\pi}{2}$, calcule $\text{tg}(a + b)$.

32. Se $\text{tg}(x + y) = 2$ e $\text{tg}\,y = 1$, calcule tg x.

33. Sabe-se que $x + y = \frac{\pi}{4}$ e $\text{sen}\,x = \frac{5}{13}$, com $0 < x < \frac{\pi}{2}$. Calcule sen y e cos y.

34. Simplifique a expressão

$$y = \frac{\text{sen}\left(\frac{\pi}{2} - x\right) \cdot \text{sen}(\pi + x)}{\cos(\pi - x) \cdot \cos(2\pi - x)}.$$

35. Determine o valor de:

a) $\text{sen}\,40° \cdot \cos 20° + \text{sen}\,20° \cdot \cos 40°$;

b) $\cos 50° \cdot \cos 10° - \text{sen}\,50° \cdot \text{sen}\,10°$;

c) $\text{sen}\,160° \cdot \cos 70° - \text{sen}\,70° \cdot \cos 160°$;

d) $\cos 75° \cdot \cos 15° + \text{sen}\,75° \cdot \text{sen}\,15°$;

e) $\frac{\text{tg}\,46° + \text{tg}\,14°}{1 - \text{tg}\,46° \cdot \text{tg}\,14°}$;

f) $\frac{\text{tg}(45° + x) - \text{tg}\,x}{1 + \text{tg}(45° + x) \cdot \text{tg}\,x}$.

36. Simplifique a expressão

$$\frac{\text{sen}\,3a \cdot \cos a + \text{sen}\,a \cdot \cos 3a}{\cos 7a \cdot \cos 3a + \text{sen}\,7a \cdot \text{sen}\,3a}.$$

37. (Fuvest-SP) Nos triângulos retângulos da figura, $AC = 1$ cm, $BC = 7$ cm, $AD = BD$. Sabendo que $\text{sen}(a - b) = \text{sen}\,a \cdot \cos b - \cos a \cdot \text{sen}\,b$, o valor de sen x é:

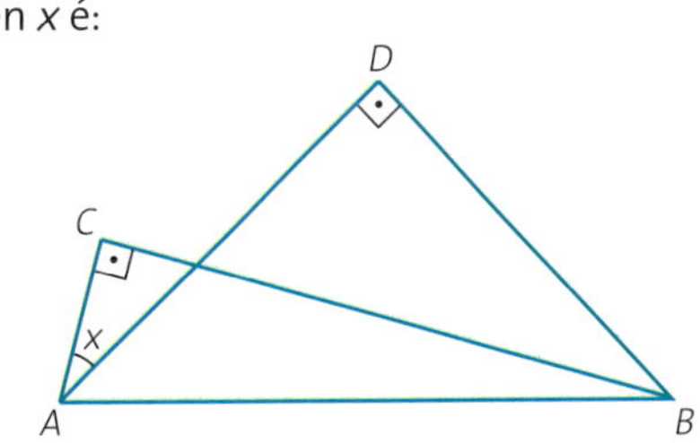

a) $\frac{\sqrt{2}}{2}$.

b) $\frac{7}{\sqrt{50}}$.

c) $\frac{3}{5}$.

d) $\frac{4}{5}$.

e) $\frac{1}{\sqrt{50}}$.

Uma aplicação importante

Uma aplicação importante das fórmulas de adição é determinar as coordenadas do ponto $A'(x', y')$ obtido do ponto $A(x, y)$ por meio de uma rotação do ângulo β em torno da origem do sistema de eixos.

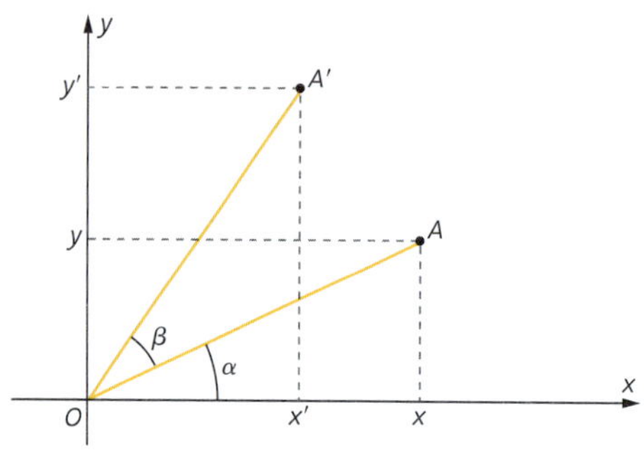

$\overrightarrow{Ox}$ e $\overline{OA}$ formam o ângulo α.

Se $r = OA = OA'$, temos:

$x = r \cdot \cos \alpha$ $\qquad$ $x' = r \cdot \cos (\alpha + \beta)$

$y = r \cdot \text{sen } \alpha$ $\qquad$ $y' = r \cdot \text{sen } (\alpha + \beta)$

Aplicando as fórmulas de adição, obtemos:

$$x' = r \cdot \cos \alpha \cdot \cos \beta - r \cdot \text{sen } \alpha \cdot \text{sen } \beta = x \cdot \cos \beta - y \cdot \text{sen } \beta$$

$$y' = r \cdot \cos \alpha \cdot \text{sen } \beta + r \cdot \text{sen } \alpha \cdot \cos \beta = x \cdot \text{sen } \beta + y \cdot \cos \beta$$

Assim, a rotação do ângulo β em torno da origem é a função que associa a cada par ordenado (x, y) do plano o par ordenado $(x \cdot \cos \beta - y \cdot \text{sen } \beta, x \cdot \text{sen } \beta + y \cdot \cos \beta)$ desse mesmo plano.

Exercícios

38. Dado o ponto $A(8, 6)$ no plano cartesiano, obtenha as coordenadas do ponto A', resultado da rotação de 30° do ponto A em torno da origem, no sentido anti-horário.

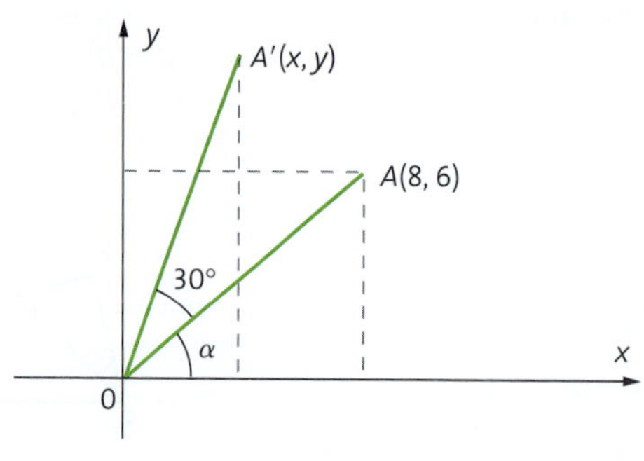

39. Em um sistema de eixos temos $A(2, 0)$ e $B(14, 5)$. Fazendo uma rotação de $\overline{AB}$ em torno de A, de 45° no sentido anti-horário, obtém-se $\overline{AB'}$. Determine B'.

(*Sugestão*: Antes de fazer a rotação em torno do ponto A, translade o segmento $\overline{AB}$ de modo que A coincida com a origem. Depois de rotacionado, translade o segmento $\overline{AB}$ de volta à posição original, ou seja, com o ponto A em $(2, 0)$.)

5 Fórmulas do arco duplo e do arco metade

Veremos agora as expressões das funções trigonométricas dos arcos duplos, ou seja, dos arcos de medida $2a$. Trata-se de um caso particular das fórmulas de adição, sendo suficiente fazer $b = a$.

Retomando e desenvolvendo as fórmulas da adição, temos:

- $\text{sen } 2a = \text{sen } (a + a) = \text{sen } a \cdot \cos a + \text{sen } a \cdot \cos a = 2 \cdot \text{sen } a \cdot \cos a$

  Assim:

$$\text{sen } 2a = 2 \cdot \text{sen } a \cdot \cos a$$

- $\cos 2a = \cos (a + a) = \cos a \cdot \cos a - \text{sen } a \cdot \text{sen } a = \cos^2 a - \text{sen}^2 a$

  Assim:

$$\cos 2a = \cos^2 a - \text{sen}^2 a$$

Além dessa fórmula, para $\cos 2a$ podemos obter mais duas fórmulas alternativas apenas combinando a relação fundamental com ela:

$\text{sen}^2 a + \cos^2 a = 1 \Rightarrow \text{sen}^2 a = 1 - \cos^2 a$ (I)

ou

$\cos^2 a = 1 - \text{sen}^2 a$ (II)

Substituindo (I) em $\cos 2a = \cos^2 a - \text{sen}^2 a$, temos:

$\cos 2a = \cos^2 a - (1 - \cos^2 a) \Rightarrow$ $\cos 2a = 2 \cdot \cos^2 a - 1$

Substituindo (II) em $\cos 2a = \cos^2 a - \text{sen}^2 a$, temos:

$\cos 2a = (1 - \text{sen}^2 a) - \text{sen}^2 a \Rightarrow$ $\cos 2a = 1 - 2 \cdot \text{sen}^2 a$

Assim, podemos escrever:

$$\cos 2a = \cos^2 a - \text{sen}^2 a$$

$$\cos 2a = 2 \cdot \cos^2 a - 1$$

$$\cos 2a = 1 - 2 \cdot \text{sen}^2 a$$

- $\text{tg } 2a = \text{tg } (a + a) = \dfrac{\text{tg } a + \text{tg } a}{1 - \text{tg } a \cdot \text{tg } a} = \dfrac{2 \cdot \text{tg } a}{1 - \text{tg}^2 a}$, válida para quando existirem as tangentes envolvidas.

  Portanto:

$$\text{tg } 2a = \frac{2 \cdot \text{tg } a}{1 - \text{tg}^2 a}$$

Observação: Para se obter o arco metade de senos e cossenos não é necessário memorizar novas fórmulas. Basta usar adequadamente as fórmulas alternativas de $\cos 2a$, apenas lembrando que, se $2a$ é o arco duplo de a, então a é o arco metade de $2a$. O arco metade de tangentes é obtido a partir da própria fórmula da tangente.

Fique atento!
Numericamente é simples verificar, por exemplo, que os valores de seno, cosseno e tangente de 60° não são o dobro dos valores de um arco de 30°.

Exercícios resolvidos

» **passo a passo**: exercício 22

16. Dado $\text{sen } x = \frac{\sqrt{3}}{2}$, com $0 < x < \frac{\pi}{2}$, determine sen 2x, cos 2x e tg 2x usando as fórmulas do arco duplo.

Resolução

Vamos calcular $\cos x \left(0 < x < \frac{\pi}{2}\right)$.

Sendo $0 < x < \frac{\pi}{2}$ e $\text{sen } x = \frac{\sqrt{3}}{2}$, temos $x = \frac{\pi}{3}$.

Daí, $\cos x = \cos \frac{\pi}{3} = \frac{1}{2}$.

Vamos calcular tg x:

Como $x = \frac{\pi}{3}$, então $\text{tg } x = \text{tg } \frac{\pi}{3} = \sqrt{3}$.

Determinamos, agora, sen 2x, cos 2x e tg 2x:

- $\text{sen } 2x = 2 \cdot \text{sen } x \cdot \cos x = \cancel{2} \cdot \frac{\sqrt{3}}{\cancel{2}} \cdot \frac{1}{2} = \frac{\sqrt{3}}{2}$
- $\cos 2x = \cos^2 x - \text{sen}^2 x = \left(\frac{1}{2}\right)^2 - \left(\frac{\sqrt{3}}{2}\right)^2 =$
  $= \frac{1}{4} - \frac{3}{4} = -\frac{2}{4} = -\frac{1}{2}$
- $\text{tg } 2x = \frac{2 \cdot \text{tg } x}{1 - \text{tg}^2 x} = \frac{2 \cdot \sqrt{3}}{1 - (\sqrt{3})^2} = \frac{2\sqrt{3}}{1-3} = \frac{\cancel{2}\sqrt{3}}{\cancel{-2}} =$
  $= -\sqrt{3}$

> **Fique atento!**
> Como $x = \frac{\pi}{3}$, podemos também determinar sen 2x, cos 2x e tg 2x calculando $\text{sen } \frac{2\pi}{3}$, $\cos \frac{2\pi}{3}$ e $\text{tg } \frac{2\pi}{3}$ por meio da circunferência trigonométrica.

17. Sabendo que sen x + cos x = 0,2, determine o valor de sen 2x.

Resolução

$(\text{sen } x + \cos x)^2 = (0{,}2)^2 \Rightarrow$

$\Rightarrow \text{sen}^2 x + 2 \cdot \text{sen } x \cdot \cos x + \cos^2 x = 0{,}04 \Rightarrow$

$\Rightarrow \underbrace{\text{sen}^2 x + \cos^2 x}_{1} + \underbrace{2 \cdot \text{sen } x \cdot \cos x}_{\text{sen } 2x} =$

$= 0{,}04 \Rightarrow 1 + \text{sen } 2x = 0{,}04 \Rightarrow \text{sen } 2x = 0{,}04 - 1 \Rightarrow$

$\Rightarrow \text{sen } 2x = -0{,}96$

> **Fique atento!**
> O artifício usado no exercício resolvido 18 é muito útil em Trigonometria.

18. Dados $\text{sen } a = \frac{1}{2}$ e $\text{sen } b = \frac{1}{4}$, com $0 < a, b < \frac{\pi}{2}$, determine cos (2a + 2b).

Resolução

Vamos desenvolver cos (2a + 2b):

$\cos (2a + 2b) =$

$= \cos 2a \cdot \cos 2b - \text{sen } 2a \cdot \text{sen } 2b$ (I)

Vamos determinar cos a e cos b $\left(0 < a, b < \frac{\pi}{2}\right)$:

- $\cos a = +\sqrt{1 - \text{sen}^2 a} = \sqrt{1 - \frac{1}{4}} = \sqrt{\frac{3}{4}} = \frac{\sqrt{3}}{2}$
- $\cos b = +\sqrt{1 - \text{sen}^2 b} = \sqrt{1 - \frac{1}{16}} = \sqrt{\frac{15}{16}} = \frac{\sqrt{15}}{4}$

Determinamos cos 2a, cos 2b, sen 2a e sen 2b:

- $\cos 2a = 2 \cdot \cos^2 a - 1 = 2\left(\frac{\sqrt{3}}{2}\right)^2 - 1 =$
  $= 2 \cdot \frac{3}{4} - 1 = \frac{3}{2} - 1 = \frac{1}{2}$
- $\cos 2b = 2 \cdot \cos^2 b - 1 = 2\left(\frac{\sqrt{15}}{4}\right)^2 - 1 =$
  $= 2 \cdot \frac{15}{16} - 1 = \frac{15}{8} - 1 = \frac{7}{8}$
- $\text{sen } 2a = 2 \cdot \text{sen } a \cdot \cos a = \cancel{2} \cdot \frac{1}{\cancel{2}} \cdot \frac{\sqrt{3}}{2} = \frac{\sqrt{3}}{2}$
- $\text{sen } 2b = 2 \cdot \text{sen } b \cdot \cos b = \cancel{2} \cdot \frac{1}{\cancel{4}_2} \cdot \frac{\sqrt{15}}{4} = \frac{\sqrt{15}}{8}$

Substituímos esses valores na igualdade (I) e encontramos:

$\cos (2a + 2b) = \frac{1}{2} \cdot \frac{7}{8} - \frac{\sqrt{3}}{2} \cdot \frac{\sqrt{15}}{8} =$

$= \frac{7}{16} - \frac{\sqrt{45}}{16} = \frac{7 - 3\sqrt{5}}{16}$

19. Simplifique a expressão $k = \frac{\text{sen } 3a}{\text{sen } a} - \frac{\cos 3a}{\cos a}$.

Resolução

$k = \frac{\text{sen } 3a}{\text{sen } a} - \frac{\cos 3a}{\cos a} \Rightarrow$

$\Rightarrow k = \frac{\text{sen } 3a \cdot \cos a - \text{sen } a \cdot \cos 3a}{\text{sen } a \cdot \cos a} \Rightarrow$

$\Rightarrow k = \frac{\text{sen}(3a - a)}{\text{sen } a \cdot \cos a}$

Sabemos que 2 · sen a · cos a = sen 2a. Então, multiplicando o numerador e o denominador por 2, teremos:

$k = \frac{2 \cdot \text{sen } 2a}{2 \cdot \text{sen } a \cdot \cos a} \Rightarrow k = \frac{2 \cdot \text{sen } 2a}{\text{sen } 2a} \Rightarrow k = 2$

20. Demonstre a igualdade $\dfrac{\cos 2x}{1+\text{sen } 2x} = \dfrac{1-\text{tg } x}{1+\text{tg } x}$.

Resolução

- $f(x) = \dfrac{\cos 2x}{1+\text{sen } 2x} = \dfrac{\cos^2 x - \text{sen}^2 x}{1+2\cdot\text{sen } x\cdot\cos x} =$

$= \dfrac{\cos^2 x - \text{sen}^2 x}{\text{sen}^2 x + \cos^2 x + 2\cdot\text{sen } x\cdot\cos x} =$

$= \dfrac{\cancel{(\cos x + \text{sen } x)}(\cos x - \text{sen } x)}{(\cos x + \text{sen } x)^{\cancel{2}}} =$

$= \dfrac{\cos x - \text{sen } x}{\cos x + \text{sen } x}$

- $g(x) = \dfrac{1-\text{tg } x}{1+\text{tg } x} = \dfrac{1-\dfrac{\text{sen } x}{\cos x}}{1+\dfrac{\text{sen } x}{\cos x}} =$

$= \dfrac{\dfrac{\cos x - \text{sen } x}{\cos x}}{\dfrac{\cos x + \text{sen } x}{\cos x}} = \dfrac{\cos x - \text{sen } x}{\cos x + \text{sen } x}$

Como $f(x) = g(x)$, então $\dfrac{\cos 2x}{1+\text{sen } 2x} = \dfrac{1-\text{tg } x}{1+\text{tg } x}$.

21. Dado $\cos 45° = \dfrac{\sqrt{2}}{2}$, determine sen 22°30′, cos 22°30′ e tg 22°30′.

> **Fique atento!**
> 22°30′ é do 1º quadrante. Logo, temos sen 22°30′ > 0, cos 22°30′ > 0 e tg 22°30′ > 0.

Resolução

$22°30' = \dfrac{45°}{2} \Rightarrow \begin{cases} 2a = 45° \\ a = 22°30' \end{cases}$

Aplicando as fórmulas:

- $\cos 2a = 1 - 2\cdot\text{sen}^2 a \Rightarrow$

$\Rightarrow \cos 45° = 1 - 2\cdot\text{sen}^2 22°30' \Rightarrow$

$\Rightarrow \dfrac{\sqrt{2}}{2} = 1 - 2\cdot\text{sen}^2 22°30' \Rightarrow$

$\Rightarrow \dfrac{\dfrac{\sqrt{2}}{2}-1}{2} = -\text{sen}^2 22°30' \Rightarrow$

$\Rightarrow \text{sen}^2 22°30' = -\dfrac{\dfrac{\sqrt{2}}{2}-1}{2} = \dfrac{2-\sqrt{2}}{4} \Rightarrow$

$\Rightarrow \text{sen } 22°30' = \sqrt{\dfrac{2-\sqrt{2}}{4}}$

- $\cos 2a = 2\cdot\cos^2 a - 1 \Rightarrow$

$\Rightarrow \cos 45° = 2\cdot\cos^2 22°30' - 1 \Rightarrow$

$\Rightarrow \dfrac{\sqrt{2}}{2} = 2\cdot\cos^2 22°30' - 1 \Rightarrow$

$\Rightarrow \dfrac{\sqrt{2}}{2} + 1 = 2\cdot\cos^2 22°30' \Rightarrow$

$\Rightarrow \cos^2 22°30' = \dfrac{\dfrac{\sqrt{2}+2}{2}}{2} \Rightarrow$

$\Rightarrow \cos^2 22°30' = \dfrac{\sqrt{2}+2}{4} \Rightarrow$

$\Rightarrow \cos 22°30' = \sqrt{\dfrac{\sqrt{2}+2}{4}}$

- $\text{tg } 2a = \dfrac{\text{sen } 22°30'}{\cos 22°30'} = \dfrac{\dfrac{\sqrt{2-\sqrt{2}}}{2}}{\dfrac{\sqrt{2+\sqrt{2}}}{2}} =$

$= \dfrac{\sqrt{2-\sqrt{2}}}{\sqrt{2+\sqrt{2}}} = \sqrt{\dfrac{2-\sqrt{2}}{2+\sqrt{2}}} =$

$= \sqrt{\dfrac{(2-\sqrt{2})(2-\sqrt{2})}{(2+\sqrt{2})(2-\sqrt{2})}} = \sqrt{\dfrac{4-4\sqrt{2}+2}{4-2}} =$

$= \sqrt{\dfrac{6-4\sqrt{2}}{2}} = \sqrt{3-2\sqrt{2}}$

» Resolvido passo a passo

22. (UFTM-MG) A figura ilustra recomendações dos especialistas em visão para o posicionamento correto de um indivíduo diante da tela do computador:

Dam d'Souza/Arquivo da editora

$60 \leqslant d \leqslant 65$ (em cm)
$10° \leqslant \alpha \leqslant 20°$

Seguindo-se tais recomendações e admitindo-se $\cos 10° = k$, todos os comprimentos possíveis da linha de visada (v), em cm, estão no intervalo:

a) $\dfrac{60}{k} \leqslant v \leqslant \dfrac{65}{2k^2-1}$.

b) $\dfrac{60}{k} \leqslant v \leqslant \dfrac{65}{2-k^2}$.

c) $\dfrac{65}{2k} \leqslant v \leqslant \dfrac{60}{k}$.

d) $\dfrac{60}{k} \leqslant v \leqslant \dfrac{65}{k^2}$.

e) $\dfrac{30}{k} \leqslant v \leqslant \dfrac{65}{2k}$.

1. Lendo e compreendendo

a) O que é dado no problema?

São dados os limites de variação de d e α e um esquema mostrando o correto posicionamento de uma pessoa em relação ao monitor do computador (relacionando v, d e α). Também é dado que $\cos 10° = k$.

b) O que se pede?

Pede-se o intervalo de variação da linha de visada v, entre o olho do usuário e a tela do computador, de acordo com os limites dados no enunciado.

2. Planejando a solução

Precisamos de duas estratégias, uma para cada parte da resolução. Primeiro, devemos conseguir estabelecer limites máximos e mínimos para o valor v da linha de visada. Depois, usaremos os conhecimentos trigonométricos para colocar a resposta em função de k.

O esquema mostrando o correto posicionamento de uma pessoa em relação ao monitor do computador é um triângulo retângulo e, portanto, podemos usar Trigonometria básica (cosseno) para relacionar v, d e α. Depois, usando os limites dados para d e α, vamos determinar o intervalo de variação de v.

Para colocar os valores em função de k, precisamos usar uma das fórmulas de arco duplo para transformar o cosseno de 20° em cosseno de 10° [$\cos(2\alpha) = 2\cos^2\alpha - 1$].

3. Executando o que foi planejado

Do esquema dado, temos que

$$\cos\alpha = \frac{d}{v} \Rightarrow v = \frac{d}{\cos\alpha}.$$

Para estabelecer os limites máximo e mínimo de v, precisamos obter o maior e o menor resultado possível para a razão $\frac{d}{\cos\alpha}$.

- A maior razão $\frac{d}{\cos\alpha}$ acontecerá com o maior d e o menor $\cos\alpha$.
- A menor razão $\frac{d}{\cos\alpha}$ acontecerá com o menor d e o maior $\cos\alpha$.

Para estabelecer qual é o maior cosseno, basta perceber que no 1º quadrante o cosseno é decrescente, ou seja, quanto maior o ângulo, menor o cosseno (lembre-se de que $\cos 0° = 1$ e $\cos 90° = 0$). Logo, como $20° > 10°$, $\cos 20° < \cos 10°$.

Assim, a maior razão $\frac{d}{\cos\alpha}$ ocorrerá com $d = 65$ cm e $\cos 20°$, e a menor razão ocorrerá com $d = 60$ cm e $\cos 10°$.

Portanto, $\frac{60}{\cos 10°} \leqslant v \leqslant \frac{65}{\cos 20°}$.

Perceba que isso ainda não é suficiente para escolhermos a resposta correta na questão.

Agora, precisamos escrever $\cos 20°$ em função de $\cos 10°$. Para isso, devemos perceber que 20° é o arco duplo de 10° e, portanto, podemos usar a fórmula $\cos(2\alpha) = 2\cos^2\alpha - 1$, com $\alpha = 10°$.

$$\cos(20°) = \cos(2 \cdot 10°) = 2 \cdot \cos^2 10° - 1 \Rightarrow$$
$$\Rightarrow \cos 20° = 2k^2 - 1$$

Assim, $\frac{60}{\cos 10°} \leqslant v \leqslant \frac{65}{\cos 20°}$ equivale a

$$\frac{60}{k} \leqslant v \leqslant \frac{65}{2k^2 - 1}.$$

4. Emitindo a resposta

A resposta é a alternativa **a**.

5. Ampliando o problema

a) Refaça o exemplo acima para $10° \leqslant \alpha \leqslant 20°$ e $60 \leqslant v \leqslant 70$ (em cm), obtendo os limites para o valor d. Considere novamente $\cos 10° = k$.

b) *Discussão em equipe*

A Ergonomia visa à qualidade da adaptação de um dispositivo a seu operador e à tarefa que ele realiza. Assim, é a ciência que se preocupa, entre muitas outras coisas, em promover a melhor interação homem-computador, para otimizar o bem-estar humano e o desempenho geral do processo como um todo.

Converse com seus colegas e discutam se faz alguma diferença, na qualidade do trabalho do ser humano na frente de um computador, o respeito a alguns requisitos como: distância correta entre a pessoa e a tela do computador, altura dos olhos em relação ao monitor, altura, tipo e posicionamento da cadeira, existência de descanso para o pulso, e uma série de outras preocupações.

Exercícios

40. Se sen $x = \frac{3}{5}$ e $\cos x = \frac{4}{5}$, com $0 < x < \frac{\pi}{2}$, determine sen $2x$, $\cos 2x$ e tg $2x$.

41. Se sen $x = m$ e $\cos x = n$, determine sen $2x$, $\cos 2x$ e tg $2x$ em função de m e n.

42. Se tg $x = \frac{1}{4}$, calcule o valor de tg $2x$.

43. Sendo $\cos x = -\frac{1}{3}$, com $\pi < x < \frac{3\pi}{2}$, calcule sen $2x$ e $\cos 2x$.

44. Sabendo que sen $x = \frac{3}{5}$, com $0 < x < \frac{\pi}{2}$, determine tg $\left(\frac{\pi}{4} + 2x\right)$.

45. Sabendo que $\cos x = \frac{3}{5}$ e que $0 < x < \frac{\pi}{2}$, encontre o valor de:

a) sen x;
b) sen $2x$;
c) $\cos 2x$;
d) sen $3x$;
e) $\cos 3x$;
f) sen $4x$;
g) $\cos 4x$.

46. Dado sen $a = \frac{2}{3}$, com $0 < a < \frac{\pi}{2}$, determine sen $2a$, $\cos 2a$ e tg $2a$.

47. Simplifique a expressão $A = \frac{\text{sen } 2x}{\text{sen } x} - \frac{\cos 2x}{\cos x}$.

48. DESAFIO (FEI-SP) Calcule sen $2x$, sendo dado tg x + cotg $x = 3$.

49. Demonstre que:

a) sen $3a = 3 \cdot$ sen $a - 4 \cdot \text{sen}^3\, a$. (*Sugestão*: Faça $3a = 2a + a$.)

b) $\cos 3a = 4 \cdot \cos^3 a - 3 \cdot \cos a$.

c) $\text{tg } 3a = \frac{3 \cdot \text{tg } a - \text{tg}^2\, a}{1 - 3 \cdot \text{tg}^2\, a}$.

50. Sabendo que sen $a - \cos a = \frac{2}{5}$, calcule sen $2a$.

51. Mostre que, se sen $x + \cos x = m$, então sen $2x = m^2 - 1$.

52. Sabendo que $\cos 2a = \cos^2 a - \text{sen}^2\, a$ e $\text{sen}^2\, a + \cos^2 a = 1$, demonstre que:

a) $\cos 2a = 2 \cdot \cos^2 a - 1$;

b) $\cos 2a = 1 - 2 \cdot \text{sen}^2\, a$.

53. Demonstre que $\cos 4a = 8 \cdot \cos^4 a - 8 \cdot \cos^2 a + 1$. (Faça $4a = 2a + 2a$.)

54. Prove que:

a) $\frac{1 - \text{tg}^2\, x}{1 + \text{tg}^2\, x} = \cos 2x$;

b) $2(\text{sen } y + \text{sen } x)(\text{sen } y - \text{sen } x) = \cos 2x - \cos 2y$.

55. Determine $BS = x$ sabendo que $\overline{AS}$ é bissetriz do ângulo A no triângulo retângulo ABC.

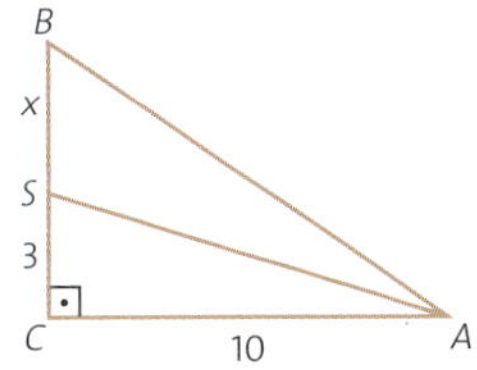

56. Sabendo que sen $x \cdot \cos x = \frac{1}{2}$, calcule o valor de $\text{sen}^4\, x + \cos^4 x$.

57. Calcule $y = \frac{1}{\text{sen } 10°} - \frac{\sqrt{3}}{\cos 10°}$.

58. Calcule:

a) $y = \cos 36° \cdot \cos 72°$;

b) $y = \text{sen } 10° \cdot \cos 20° \cdot \cos 40°$.

59. Dado:

a) $\cos x = \frac{1}{2}$, com $0 < x < \frac{\pi}{2}$, determine $\cos \frac{x}{2}$;

b) $\cos x = \frac{2}{3}$, com $0 < x < \frac{\pi}{2}$, determine sen $\frac{x}{2}$;

c) sen $x = \frac{3}{5}$, com $0 < x < \frac{\pi}{2}$, determine sen $\frac{x}{2}$, $\cos \frac{x}{2}$ e tg $\frac{x}{2}$;

d) $\cos 135° = -\frac{\sqrt{2}}{2}$, calcule sen 67°30′ e cos 67°30′.

60. Dado tg $\frac{x}{2} = \frac{1}{4}$, determine sen x, $\cos x$ e tg x.

61. Sendo $\cos \frac{x}{2} = \frac{1}{3}$ e $\frac{\pi}{2} < x < \pi$, determine o valor de sen x, $\cos x$ e tg x.

62. Sabendo que sen $4a = \frac{1}{4}$ e $0 < 4a < \pi$, determine o valor de sen $2a$, $\cos 2a$ e tg $2a$.

63. Sabendo que $x = \frac{x}{2} + \frac{x}{2}$, prove que:

a) sen $x = 2 \cdot$ sen $\frac{x}{2} \cdot \cos \frac{x}{2}$;

b) $\cos x = \cos^2 \frac{x}{2} - \text{sen}^2 \frac{x}{2}$;

c) $\cos x = 2 \cdot \cos^2 \frac{x}{2} - 1$.

6 Fórmulas de transformação em produto

Em muitas ocasiões, é útil transformar somas algébricas do tipo sen p + sen q, sen p − sen q, cos p + cos q e cos p − cos q em produtos. Para tanto, retomamos as seguintes fórmulas de adição e subtração:

$\text{sen}(A+B) = \text{sen}\,A \cdot \cos B + \text{sen}\,B \cdot \cos A$ (I)

$\cos(A+B) = \cos A \cdot \cos B - \text{sen}\,A \cdot \text{sen}\,B$ (III)

$\text{sen}(A-B) = \text{sen}\,A \cdot \cos B - \text{sen}\,B \cdot \cos A$ (II)

$\cos(A-B) = \cos A \cdot \cos B + \text{sen}\,A \cdot \text{sen}\,B$ (IV)

Então, temos:

(I) + (II): $\text{sen}(A+B) + \text{sen}(A-B) = 2\,\text{sen}\,A \cdot \cos B$

(III) + (IV): $\cos(A+B) + \cos(A-B) = 2\cos A \cdot \cos B$

(I) − (II): $\text{sen}(A+B) - \text{sen}(A-B) = 2\,\text{sen}\,B \cdot \cos A$

(III) − (IV): $\cos(A+B) - \cos(A-B) = -2\,\text{sen}\,A \cdot \text{sen}\,B$

Vamos considerar agora: $\begin{cases} A+B=p \\ A-B=q \end{cases} \Rightarrow A = \dfrac{p+q}{2}$ e $B = \dfrac{p-q}{2}$.

Substituindo nas quatro igualdades obtidas, encontramos:

- $\text{sen}\,p + \text{sen}\,q = 2\,\text{sen}\left(\dfrac{p+q}{2}\right) \cdot \cos\left(\dfrac{p-q}{2}\right)$
- $\cos p + \cos q = 2\cos\left(\dfrac{p+q}{2}\right) \cdot \cos\left(\dfrac{p-q}{2}\right)$
- $\text{sen}\,p - \text{sen}\,q = 2\,\text{sen}\left(\dfrac{p-q}{2}\right) \cdot \cos\left(\dfrac{p+q}{2}\right)$
- $\cos p - \cos q = -2\,\text{sen}\left(\dfrac{p+q}{2}\right) \cdot \text{sen}\left(\dfrac{p-q}{2}\right)$

Exercícios resolvidos

23. Transforme em produto (ou fatore) a expressão sen 60° + sen 30°.

Resolução

$$\text{sen}\,60° + \text{sen}\,30° = 2 \cdot \text{sen}\,\frac{60° + 30°}{2} \cdot \cos\,\frac{60° - 30°}{2} = 2 \cdot \text{sen}\,45° \cdot \cos 15°$$

24. Fatore (ou transforme em produto) a expressão sen $2a$ − sen a.

Resolução

$$\text{sen}\,2a - \text{sen}\,a = 2 \cdot \text{sen}\,\frac{2a - a}{2} \cdot \cos\,\frac{2a + a}{2} = 2 \cdot \text{sen}\,\frac{a}{2} \cdot \cos\,\frac{3a}{2}$$

25. Transforme em produto a expressão cos $5x$ + cos $3x$.

Resolução

$$\cos 5x + \cos 3x = 2 \cdot \cos\frac{5x + 3x}{2} \cdot \cos\frac{5x - 3x}{2} = 2 \cdot \cos 4x \cdot \cos x$$

26. Demonstre que $\dfrac{\text{sen}\,3x + \text{sen}\,x}{\cos 3x + \cos x} = \text{tg}\,2x$.

Resolução

- $f(x) = \dfrac{\text{sen}\,3x + \text{sen}\,x}{\cos 3x + \cos x} = \dfrac{2 \cdot \text{sen}\,\dfrac{3x+x}{2} \cdot \cos\,\dfrac{3x-x}{2}}{2 \cdot \cos\,\dfrac{3x+x}{2} \cdot \cos\,\dfrac{3x-x}{2}} = \dfrac{\cancel{2} \cdot \text{sen}\,2x \cdot \cancel{\cos x}}{\cancel{2} \cdot \cos 2x \cdot \cancel{\cos x}} = \dfrac{\text{sen}\,2x}{\cos 2x} = \text{tg}\,2x$
- $g(x) = \text{tg}\,2x$

Como $f(x) = g(x)$, está demonstrada a identidade.

27. Transforme em produto a expressão $y = 1 + \cos x$.

Resolução

Sabemos que $1 = \cos 0°$. Então, $y = \cos 0° + \cos x$.

$$y = 2 \cdot \cos\,\frac{0° + x}{2} \cdot \cos\,\frac{0° - x}{2} = 2 \cdot \cos\,\frac{x}{2} \cdot \cos\,\frac{(-x)}{2}$$

Como $\cos\left(-\dfrac{x}{2}\right) = \cos\,\dfrac{x}{2}$, temos: $y = 2 \cdot \cos\,\dfrac{x}{2} \cdot \cos\,\dfrac{x}{2} = 2\left(\cos\,\dfrac{x}{2}\right)^2 = 2 \cdot \cos^2\,\dfrac{x}{2}$

28. Simplifique a expressão $y = \dfrac{\text{sen } 100° + \text{sen } 20°}{\cos 100° + \text{sen } 20°}$.

Resolução

$$y = \frac{2 \text{ sen } \dfrac{100° + 20°}{2} \cdot \cos \dfrac{100° - 20°}{2}}{2 \cos \dfrac{100° + 20°}{2} \cdot \cos \dfrac{100° - 20°}{2}} = \frac{2 \text{ sen } \dfrac{120°}{2} \cdot \cos \dfrac{80°}{2}}{2 \cos \dfrac{120°}{2} \cdot \cos \dfrac{80°}{2}} = \frac{\cancel{2}\text{sen } 60° \cdot \cancel{\cos 40°}}{\cancel{2}\cos 60° \cdot \cancel{\cos 40°}} =$$

$$= \frac{\text{sen } 60°}{\cos 60°} = \text{tg } 60° = \sqrt{3}$$

29. Fatore a expressão $y = \text{sen } x + \text{sen } 3x + \text{sen } 2x + \text{sen } 4x$.

Resolução

Agrupando os termos dois a dois, temos:

$$y = (\text{sen } x + \text{sen } 3x) + (\text{sen } 2x + \text{sen } 4x) = 2 \cdot \text{sen } \frac{x + 3x}{2} \cdot \cos \frac{x - 3x}{2} + 2 \cdot \text{sen } \frac{2x + 4x}{2} \cdot \cos \frac{2x - 4x}{2} =$$

$$= 2 \cdot \text{sen } 2x \cdot \cos (-x) + 2 \cdot \text{sen } 3x \cdot \cos (-x)$$

- Como $\cos (-x) = \cos x$, colocando $2 \cdot \cos x$ em evidência, temos:

$$y = 2 \cdot \text{sen } 2x \cdot \cos x + 2 \cdot \text{sen } 3x \cdot \cos x = 2 \cdot \cos x \cdot (\text{sen } 2x + \text{sen } 3x) =$$

$$= 2 \cdot \cos x \cdot \left[2 \cdot \text{sen} \frac{2x + 3x}{2} \cdot \cos \frac{2x - 3x}{2}\right] = 2 \cdot \cos x \cdot 2 \cdot \text{sen } \frac{5x}{2} \cdot \cos \left(-\frac{x}{2}\right)$$

- Como $\cos \left(-\dfrac{x}{2}\right) = \cos \dfrac{x}{2}$, temos:

$$y = 2 \cdot \cos x \cdot 2 \cdot \text{sen } \frac{5x}{2} \cdot \cos \frac{x}{2} = 4 \cdot \text{sen } \frac{5x}{2} \cdot \cos x \cdot \cos \frac{x}{2}$$

30. Escreva em forma de produto a expressão $A = \text{sen } 2x + 2 \cdot \cos x$.

Resolução

$$A = \text{sen } 2x + 2 \cdot \cos x = 2 \cdot \text{sen } x \cdot \cos x + 2 \cdot \cos x = 2 \cdot \cos x \cdot (\text{sen } x + 1) = 2 \cdot \cos x \cdot \left(\text{sen } x + \text{sen } \frac{\pi}{2}\right) =$$

$$= 2 \cdot \cos x \cdot \left[2 \cdot \text{sen } \frac{x + \frac{\pi}{2}}{2} \cdot \cos \frac{x - \frac{\pi}{2}}{2}\right] = 2 \cdot \cos x \cdot 2 \cdot \text{sen}\left(\frac{x}{2} + \frac{\pi}{4}\right) \cdot \cos \left(\frac{x}{2} - \frac{\pi}{4}\right) =$$

$$= 4 \cdot \cos x \cdot \text{sen}\left(\frac{x}{2} + \frac{\pi}{4}\right) \cdot \cos \left(\frac{x}{2} - \frac{\pi}{4}\right)$$

31. Se $\cos \theta = \dfrac{3}{4}$, determine o valor de $16 \cdot \text{sen} \dfrac{3\theta}{2} \cdot \text{sen } \dfrac{\theta}{2}$.

Resolução

Comparando a expressão com o 2º termo da fórmula $\cos x - \cos y = -2 \cdot \text{sen } \dfrac{x + y}{2} \cdot \text{sen } \dfrac{x - y}{2}$, temos:

$$\begin{cases} \dfrac{x + y}{2} = \dfrac{3\theta}{2} \\ \dfrac{x - y}{2} = \dfrac{\theta}{2} \end{cases} \Rightarrow x = 2\theta \text{ e } y = \theta$$

Substituindo na fórmula:

$$\cos 2\theta - \cos \theta = -2 \text{ sen } \frac{3\theta}{2} \cdot \text{sen } \frac{\theta}{2} \Rightarrow 1 - 2 \cos^2 \theta - \cos \theta = -2 \text{ sen } \frac{3\theta}{2} \cdot \text{sen } \frac{\theta}{2} \Rightarrow$$

$$\Rightarrow 1 - 2 \cdot \frac{9}{16} - \frac{3}{4} = -2 \text{ sen } \frac{3\theta}{2} \cdot \text{sen } \frac{\theta}{2} \Rightarrow -\frac{7}{8} = -2 \text{ sen } \frac{3\theta}{2} \cdot \text{sen } \frac{\theta}{2} \Rightarrow 16 \text{ sen } \frac{3\theta}{2} \cdot \text{sen } \frac{\theta}{2} = 7$$

Exercícios

64. Transforme em produto as expressões:

a) $\text{sen } 60° - \text{sen } 40°$

b) $\text{sen } 3a + \text{sen } 5a$

c) $\text{sen } (2x + y) + \text{sen } (2x - y)$

d) $\cos 50° + \cos 30°$

e) $\cos 5x - \cos x$

f) $\cos (a + b + c) + \cos (a + b - c)$

g) $y = \dfrac{\cos x + \cos y}{\cos x - \cos y}$

65. Transforme em produto as expressões:

a) $1 + \cos x$

b) $1 - \cos x$

c) $\cos 2x + 1$

d) $1 + \text{sen } 2x$

e) $\text{sen } x - \cos x$

f) $\text{sen } 60° + \cos 40°$

g) $\text{sen } x \cdot \cos x + \cos^2 x$

66. Demonstre que $\dfrac{\text{sen } 6a + \text{sen } 4a}{\cos 6a + \cos 4a} = \text{tg } 5a$.

67. Simplifique as expressões:

a) $\dfrac{\text{sen } a + \text{sen } b}{\cos a + \cos b}$

b) $\dfrac{\cos 4a + \cos 2a}{\text{sen } 4a - \text{sen } 2a}$

68. Fatore as expressões:

a) $y = \text{sen } 2x - 2 \cdot \text{sen } x$

b) $y = \text{sen } x + \text{sen } x \cdot \cos 4x$

69. Demonstre que $\dfrac{1 - \cos x}{1 + \cos x} = \text{tg}^2 \dfrac{x}{2}$.

70. Simplifique $\dfrac{\text{sen}30° + \text{sen } 40° + \text{sen}50°}{\cos 30° + \cos 40° + \cos 50°}$.

71. Guta estava vendo os livros de cálculo de seu irmão João, que cursava Engenharia, e, em um capítulo sobre integrais, deparou com algumas fórmulas que nunca tinha visto:

1) $\text{sen}^2 x = \dfrac{1}{2}(1 - \cos 2x)$

2) $\cos^2 x = \dfrac{1}{2}(1 + \cos 2x)$

3) $\text{sen } x \cdot \cos x = \dfrac{1}{2} \cdot \text{sen } 2x$

4) $\text{sen } x \cdot \cos y = \dfrac{1}{2}[\text{sen } (x - y) + \text{sen } (x + y)]$

5) $\text{sen } x \cdot \text{sen } y = \dfrac{1}{2}[\cos (x - y) - \cos (x + y)]$

6) $\cos x \cdot \cos y = \dfrac{1}{2}[\cos (x - y) + \cos (x + y)]$

Guta perguntou a seu irmão por que ela não tinha aprendido aquelas fórmulas no Ensino Médio. João lhe disse que não eram fórmulas novas, e sim as mesmas fórmulas que ela já havia estudado, porém reescritas de forma a serem úteis no cálculo das integrais. Percebendo o interesse da irmã, resolveu mostrar a ela como as fórmulas são obtidas.

"Veja", disse ele, "vou lhe mostrar como se obtém a 4ª fórmula dessa lista". E começou:

"Sabe a fórmula que transforma em produto a soma de senos?"

Guta: "A fórmula

$\text{sen } x + \text{sen } y = 2 \cdot \text{sen} \left(\dfrac{x + y}{2}\right) \cdot \cos \left(\dfrac{x - y}{2}\right)$?"

João: "Isso mesmo. Veja só:

Fazendo $\dfrac{x + y}{2} = A$ e $\dfrac{x - y}{2} = B$, chegamos à conclusão de que $A + B = x$ e $A - B = y$.

Assim:

$\text{sen } x + \text{sen } y = 2 \cdot \text{sen}\left(\dfrac{x + y}{2}\right) \cdot \cos \left(\dfrac{x - y}{2}\right) \Rightarrow$

$\Rightarrow \text{sen } (A + B) + \text{sen } (A - B) =$

$= 2 \cdot \text{sen } A \cdot \cos B \Rightarrow \text{sen } A \cdot \cos B =$

$= \dfrac{1}{2} [\text{sen } (A + B) + \text{sen } (A - B)]$".

Guta: "Mas não tem problema usarmos A e B no lugar de x e y?"

João: "Lógico que não. Se você quiser, pode colocar qualquer letra no lugar de A e qualquer outra no lugar de B."

Guta: "É mesmo!!! Ficou igualzinho. Obrigada, João!"

João: "Agora, quero ver você fazer a demonstração das outras cinco fórmulas..."

Faça a dedução das outras cinco fórmulas que estavam no livro de cálculo de João.

72. A palavra **Trigonometria** origina-se da língua grega e significa 'medida das partes de um triângulo'. Matemáticos gregos, entre eles o astrônomo e matemático Hiparco de Niceia (cerca de 190 a.C.-120 a.C.), conhecido como "o pai da Trigonometria", fizeram cuidadosamente as relações entre ângulos ou arcos em uma circunferência e os comprimentos de suas cordas. A Trigonometria da época baseava-se no estudo da relação entre um arco arbitrário e sua corda. Hiparco elaborou uma obra em 12 livros e nela construiu a primeira tabela trigonométrica de que temos registro, apoiando-se em uma tábua com o comprimento de cordas. A corda de um arco não é seu seno, mas, se o comprimento do arco for conhecido, pode-se calcular o seno da metade do arco, já que a metade do comprimento da corda dividida pelo raio do círculo é justamente o valor do seno. Ou seja, considerando um círculo de raio unitário, o comprimento da corda subtendida por um ângulo x é $2 \cdot \text{sen}\ \frac{x}{2}$, conforme a figura a seguir:

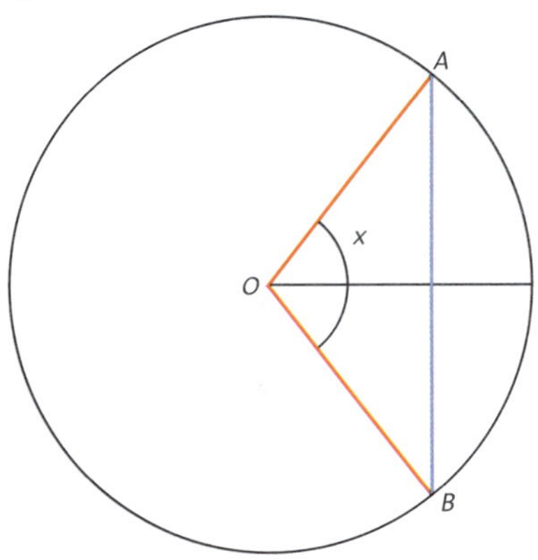

$A\hat{O}B = x$

$\overline{OB} = r$

$\text{sen}\ \frac{x}{2} = \frac{AB}{2r}$

Analise as afirmações a seguir, supondo $\pi \simeq 3$, $AB = 13$ cm, e indique a verdadeira.

a) De acordo com o texto, se $x = 80°$ e $r = 10$ cm, então sen 40° é aproximadamente 0,65.

b) Nas condições do item anterior podemos afirmar que o valor de cos 80° é aproximadamente 0,21.

c) Se $\text{sen}\ \frac{x}{2} = 0{,}57$ e $r = 10$ cm, então $x = 50°$.

d) Na figura temos $\text{sen}\ \frac{x}{2} = \frac{AB}{2r}$, então é verdade que $\text{sen}\ \frac{x^2}{2} = \frac{AB^2}{4r}$.

e) Se $x = 50°$ e $r = 5$ cm, então $\cos \frac{x}{2} = 0{,}29$, aproximadamente.

73. Represente cada produto com soma ou diferença de seno ou de cosseno:

a) $2 \cdot \text{sen}\ 3x \cdot \cos x$

b) $2 \cdot \text{sen}\ 15° \cdot \cos 75°$

c) $2 \cdot \cos 20° \cdot \cos 10°$

d) $-2 \cdot \text{sen}\ 2a \cdot \text{sen}\ a$

74. Qual o valor de $\text{sen}\ \frac{13\pi}{12} \cdot \cos \frac{13\pi}{12}$?

75. Prove que, se os ângulos internos α, β e γ de um triângulo satisfazem a equação:

$\text{sen}\ 3\alpha + \text{sen}\ 3\beta + \text{sen}\ 3\gamma = 0$, então pelo menos um dos três ângulos, α, β ou γ, é igual a 60°.

76. Consideremos uma situação na qual um engenheiro deverá fechar os 10 m de frente de um terreno com um portão *BCDE*, cujo comprimento deverá ser de 3 m, e um muro *ABEF*, nos 7 m restantes. O problema está no fato de que o proprietário quer que sejam colocadas duas travessas, *AD* e *CE*, conforme a figura abaixo.

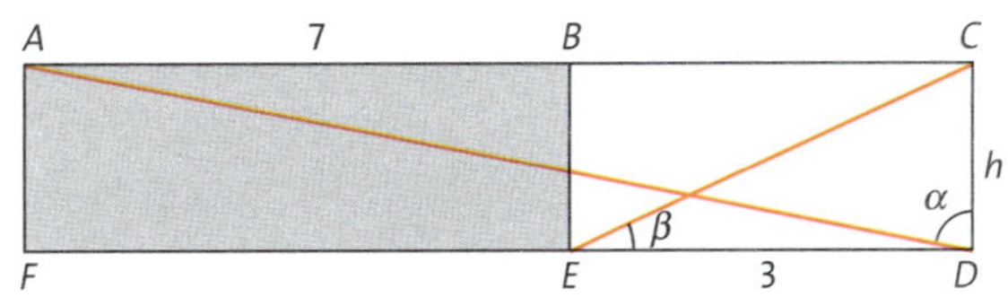

O arquiteto responsável só permitirá a colocação das tais travessas se a diferença $\alpha - \beta$ dos ângulos mostrados na figura for igual a 45°, pois de outra forma comprometerá a estética do projeto. Para tanto, a altura do muro e a do portão deverão ser a medida h, conforme a figura.

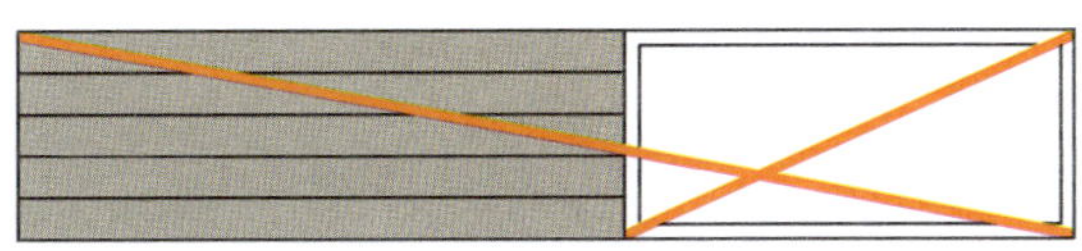

Um valor conveniente de h para atender às exigências do enunciado é: (*Sugestão*: Utilize $\text{tg}\ (\alpha - \beta)$.)

a) 2 m.

b) 2,5 m.

c) 3 m.

d) 3,5 m.

e) 4 m.

7 Equações trigonométricas

No capítulo 3 já aprendemos a resolver equações trigonométricas simples, da forma sen $x = a$, cos $x = a$ ou tg $x = a$. Agora vamos aprender alguns artifícios que nos permitem resolver outras equações trigonométricas.

Equações da forma sen $x = a$, cos $x = a$ e tg$x = a$

Quando não for explicitado o conjunto universo, devemos considerar $U = \mathbb{R}$.

Exercício resolvido

32. Resolva as equações:

a) $\text{tg } x = 1$

b) $\text{sen } 2x = 1$

c) $\cos\left(x - \frac{\pi}{3}\right) = \frac{\sqrt{3}}{2}$

d) $2 \cdot \text{sen}^2 x + 3 \cdot \text{sen } x - 2 = 0$

Resolução

a) $\text{tg } x = 1$

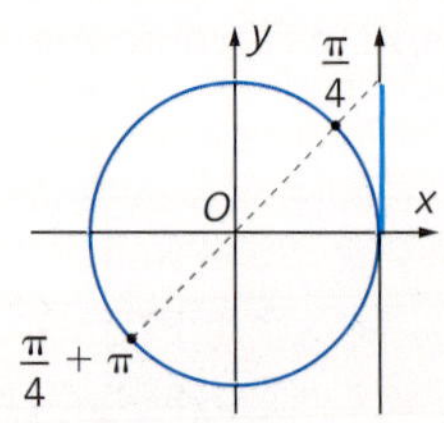

Os arcos com tangente igual a 1 na 1ª determinação são $\frac{\pi}{4}$ e $\frac{5\pi}{4}$. Então, em todas as voltas $x = \frac{\pi}{4} + k\pi$.

$S = \left\{x \in \mathbb{R} \mid x = \frac{\pi}{4} + k\pi\right\}$

b) $\text{sen } 2x = 1$

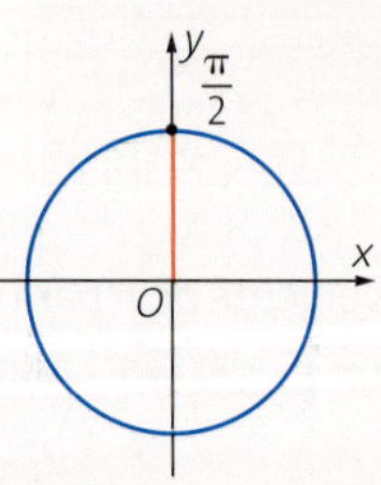

Como sen $\frac{\pi}{2} = 1$, temos:

$$2x = \frac{\pi}{2} + 2k\pi \Rightarrow x = \frac{\frac{\pi}{2} + 2k\pi}{2} = \frac{\pi}{4} + k\pi$$

$S = \left\{x \in \mathbb{R} \mid x = \frac{\pi}{4} + k\pi\right\}$

c) $\cos\left(x - \frac{\pi}{3}\right) = \frac{\sqrt{3}}{2}$

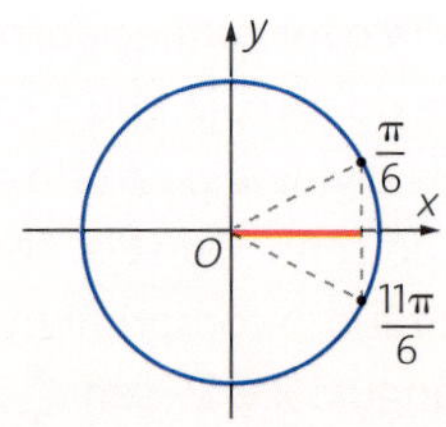

Como na 1ª determinação $\frac{\pi}{6}$ e $\frac{11\pi}{6}$ têm cosseno igual a $\frac{\sqrt{3}}{2}$, temos:

$$x - \frac{\pi}{3} = \frac{\pi}{6} + 2k\pi \Rightarrow x = \frac{\pi}{6} + \frac{\pi}{3} + 2k\pi \Rightarrow$$

$$\Rightarrow x = \frac{\pi}{2} + 2k\pi \text{ ou}$$

$$x - \frac{\pi}{3} = \frac{11\pi}{6} + 2k\pi \Rightarrow x = \frac{11\pi}{6} + \frac{\pi}{3} + 2k\pi \Rightarrow$$

côngruo a $\frac{\pi}{6}\left(2\pi + \frac{\pi}{6}\right)$

$$\Rightarrow x = \frac{13\pi}{6} + 2k\pi = \frac{\pi}{6} + 2k\pi$$

$S = \left\{x \in \mathbb{R} \mid x = \frac{\pi}{2} + 2k\pi \text{ ou } x = \frac{\pi}{6} + 2k\pi\right\}$

d) $2 \cdot \text{sen}^2 x + 3 \cdot \text{sen } x - 2 = 0$

Fazendo sen $x = t$, ficamos com $2t^2 + 3t - 2 = 0$:

$\Delta = 25$

$t' = \frac{1}{2}$ e $t'' = -2 \left(t = \frac{1}{2} \text{ ou } t = -2\right)$

Então:

$$\begin{cases} \text{sen } x = \frac{1}{2} \Rightarrow x = \frac{\pi}{6} + 2k\pi \text{ ou } \frac{5\pi}{6} + 2k\pi \\ \text{ou} \\ \text{sen } x = -2 \Rightarrow \nexists\, x \in \mathbb{R} \end{cases}$$

$S = \left\{x \in \mathbb{R} \mid x = \frac{\pi}{6} + 2k\pi \text{ ou } \frac{5\pi}{6} + 2k\pi\right\}$

Resolução de uma equação em intervalo dado

Para resolver uma equação trigonométrica em um determinado intervalo, fazemos o seguinte:

1º) Resolvemos normalmente a equação.

2º) Determinamos os valores da solução geral que pertencem ao intervalo dado. Esses valores vão constituir o **conjunto solução** da equação.

Conjunto solução – Conjunto cujos elementos são as soluções de uma equação. Esse conjunto pode ser *vazio*, se o problema não tiver solução; *finito*, se houver um número finito de soluções; *unitário*, se houver apenas uma solução para o problema; ou *infinito*, se o número de soluções for infinito.

» passo a passo: exercício 33

Exercício resolvido

» Resolvido passo a passo

33. (Vunesp-SP/modificado) *Física*

A figura abaixo mostra a órbita elíptica de um satélite S em torno do planeta Terra. Na elipse estão assinalados dois pontos: o ponto A (apogeu), que é o ponto da órbita mais afastado do centro da Terra, e o ponto P (perigeu), que é o ponto da órbita mais próximo do centro da Terra. O ponto O indica o centro da Terra e o ângulo $P\hat{O}S$ tem medida α, com $0° \leqslant \alpha \leqslant 360°$. A altura H, em km, do satélite à superfície da Terra, dependendo do ângulo α, é dada aproximadamente pela função:

$$H = \left(-64 + \frac{7980}{100 + 5\cos\alpha}\right) \cdot 10^2.$$

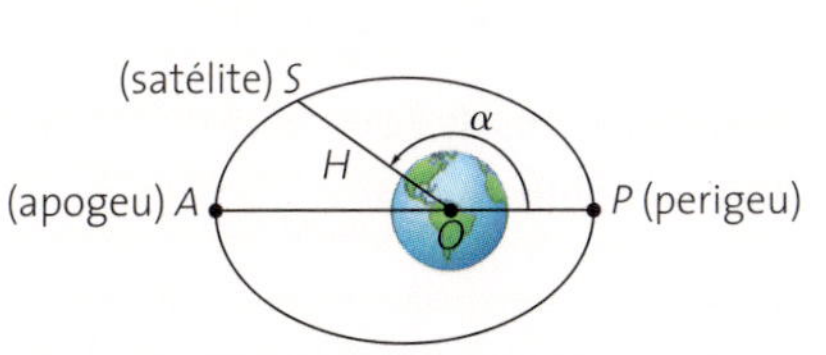

Dam d'Souza/Arquivo da editora

(Figura fora de escala.)

Determine os valores de α quando a altura H do satélite é de 1580 km.

1. Lendo e compreendendo

a) O que é dado no problema?

São dados uma função que relaciona a altura H do satélite (em km) com o ângulo α e o intervalo de variação de α, $0° \leqslant \alpha \leqslant 360°$.

b) O que se pede?

Pede-se ao aluno que determine os valores do ângulo α no momento em que o satélite está a 1580 km de altura.

2. Planejando a solução

Para obter o valor de α, vamos usar a função dada, substituindo o valor de 1580 km em H, e depois resolver a equação trigonométrica resultante dessa substituição.

3. Executando o que foi planejado

Do enunciado, sabemos que:

$$H = \left(-64 + \frac{7980}{100 + 5\cos\alpha}\right) \cdot 10^2$$

Para $H = 1580$ km:

$$1580 = \left(-64 + \frac{7980}{100 + 5\cos\alpha}\right) \cdot 10^2$$

Dividindo ambos os membros por 10^2 (ou seja, 100) e isolando $\cos\alpha$, temos:

$$15{,}80 = -64 + \frac{7980}{100 + 5\cos\alpha} \Rightarrow$$

$$\Rightarrow 79{,}80 = \frac{7980}{100 + 5\cos\alpha} \Rightarrow$$

$$\Rightarrow 79{,}80 \cdot (100 + 5\cos\alpha) = 7980 \Rightarrow$$

$$\Rightarrow 100 + 5\cos\alpha = \frac{7980}{79{,}80} \Rightarrow$$

$$\Rightarrow 100 + 5\cos\alpha = 100 \Rightarrow 5\cos\alpha = 0 \Rightarrow \cos\alpha = 0$$

Com o cosseno isolado, podemos avaliar que valores de α são solução da equação $\cos\alpha = 0$. Considerando-se o intervalo dado no enunciado, $0° \leqslant \alpha \leqslant 360°$, esses valores são $\alpha = 90°$ ou $\alpha = 270°$.

4. Emitindo a resposta

Quando o satélite está a 1580 km de altura, os valores de α são: $\alpha = 90°$ ou $\alpha = 270°$.

5. Ampliando o problema

a) Usando uma tabela trigonométrica ou uma calculadora científica, estime os valores do ângulo α para quando a altura do satélite for de 1500 km.

b) *Pesquisa*

Qual foi o primeiro satélite artificial do mundo a ser lançado no espaço, quem o lançou e quando isso ocorreu?

Exercícios

77. Determine o valor de x:

a) $\cos x = \frac{\sqrt{2}}{2}$

b) $\operatorname{tg} x = -\sqrt{3}$

c) $2 \cdot \operatorname{sen} x = -1$, para $0 < x < 2\pi$

d) $1 + \cos x = 0$, para $-\pi < x < \pi$

e) $\operatorname{sen} x = \sqrt{2}$

f) $\sec x = \sqrt{2}$

78. Resolva as equações trigonométricas:

a) $\operatorname{sen} 3x = 1$

b) $\cos\left(x + \frac{\pi}{6}\right) = -1$

c) $\operatorname{tg} 5x = 0$, sendo $0 < x < 2\pi$

d) $\operatorname{sen}\left(3x - \frac{\pi}{4}\right) = \frac{\sqrt{2}}{2}$

e) $\cos 2x = 0$

f) $3 \cdot \operatorname{tg} 2x - \sqrt{3} = 0$, com $0 < x < 3\pi$

g) $\sec 2x = \sqrt{2}$, com $-2\pi < x < 2\pi$

h) $\operatorname{cossec}\left(x + \frac{\pi}{3}\right) = \frac{1}{3}$

79. Resolva as equações para $0 < x < 2\pi$:

a) $2 \cdot \operatorname{sen} x \cdot \cos x - \cos x = 0$

b) $\operatorname{sen}^2 x - \operatorname{sen} x = 0$

c) $\operatorname{tg}^2 x = 3$

d) $2 \cdot \operatorname{sen}^2 x + \operatorname{sen} x - 1 = 0$

e) $2 \cdot \cos^2 x - \sqrt{3} \cdot \cos x = 0$

f) $4 \cdot \cos x + 3 \cdot \sec x = 8$

80. Resolva as equações:

a) $\sqrt{2} \cdot \operatorname{sen} x + 1 = 0$

b) $\operatorname{sen} x + \cos x = 0$

c) $\sec x = -2$

d) $\operatorname{cotg} x = \sqrt{3}$

81. Resolva a equação $\operatorname{sen} x = 1 + \operatorname{sen}^2 x$.

82. Resolva a equação $\cos x \cdot \operatorname{tg} x - \cos x = 0$ no intervalo $[0, 2\pi]$.

83. Determine o domínio da função

$$f(x) = \sqrt{2\cos\left(2x + \frac{\pi}{3}\right) - 1}.$$

84. Demonstre a identidade $\frac{\operatorname{sen} x}{\operatorname{cossec} x - \operatorname{cotg} x} = 1 + \cos x$, válida para todo x em que as funções envolvidas estão definidas.

85. *Física*

Um dos principais movimentos periódicos oscilatórios é o movimento harmônico simples (MHS). Um objeto se move sobre uma reta de modo que a intensidade da força exercida sobre ele aumenta e diminui de forma periódica. Esse tipo de movimento está presente em diversas ocasiões na natureza.

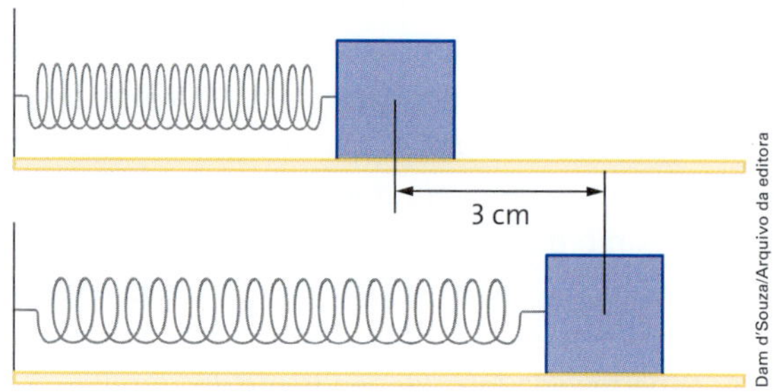

O objeto acima se desloca de tal modo que sua posição x (em centímetros) em função do tempo t (em segundos), com $t \leq \pi$ é dada pela função $x(t) = 4 + 3\cos\left(2t + \frac{\pi}{2}\right)$.

A soma dos valores de t quando $x(t) = 1$ cm e $x(t) = 7$ cm é numericamente igual a:

a) $\frac{\pi}{2}$.

b) π.

c) $\frac{3\pi}{2}$.

d) 2π.

e) $\frac{5\pi}{2}$.

86. Considerando $-\pi < x < \pi$, resolva a equação $\cos 2x + 3\cos x + 2 = 0$.

87. Resolva:

a) $\operatorname{sen} 7x + \operatorname{sen} 5x = 0$

b) $\cos 6x + \cos 2x = 0$

c) $\operatorname{sen} 3x - \operatorname{sen} x = 0$

d) $\cos 3x + \operatorname{sen} x = 0$

e) $\operatorname{sen} x + \operatorname{sen} 3x + \operatorname{sen} 4x + \operatorname{sen} 6x = 0$

8 Inequações trigonométricas

Uma inequação trigonométrica é uma desigualdade em que aparecem funções trigonométricas da incógnita.

Exemplos:

1º) $\text{sen } x < \frac{1}{2}$ 2º) $\cos x \leqslant \frac{\sqrt{2}}{2}$ 3º) $\text{tg } x \geqslant \sqrt{3}$

Exercícios resolvidos

34. Resolva as seguintes inequações:

a) $\text{sen } x \leqslant -\frac{1}{2}$, em $[0, 2\pi]$

b) $\cos x \leqslant -\frac{1}{2}$, para $x \in [0, 2\pi]$

c) $\text{tg } x > \sqrt{3}$

Resolução

a) $\text{sen } x \leqslant -\frac{1}{2}$ em $[0, 2\pi]$

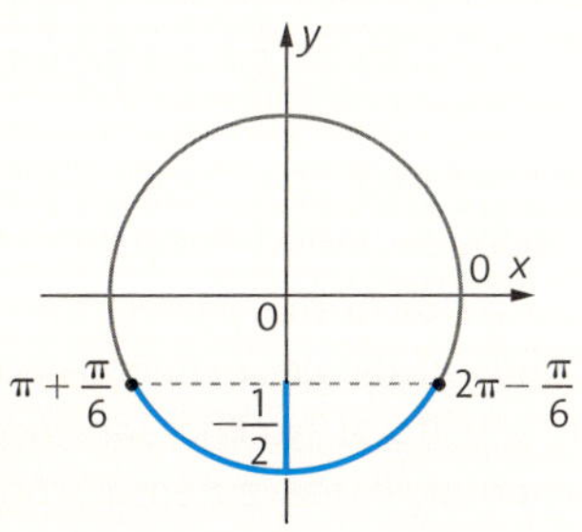

Observando o círculo trigonométrico, temos no intervalo $[0, 2\pi]$:

$$S = \left\{x \in \mathbb{R} \mid \frac{7\pi}{6} \leqslant x \leqslant \frac{11\pi}{6}\right\}$$

b) $\cos x \leqslant -\frac{1}{2}$, para $x \in [0, 2\pi]$

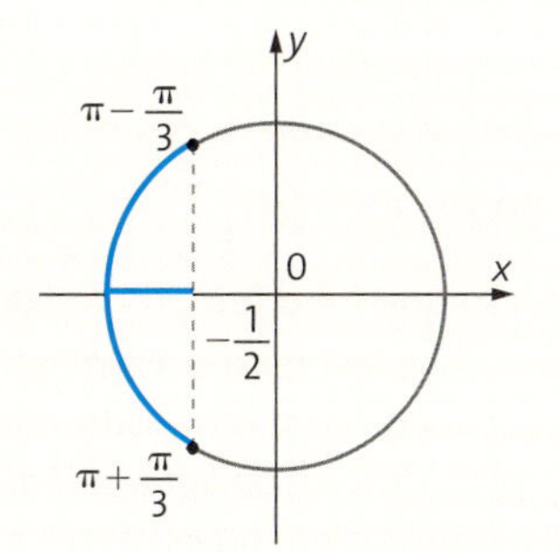

Observando o círculo trigonométrico, temos:

$$S = \left\{x \in \mathbb{R} \mid \frac{2\pi}{3} \leqslant x \leqslant \frac{4\pi}{3}\right\}$$

c) $\text{tg } x > \sqrt{3}$

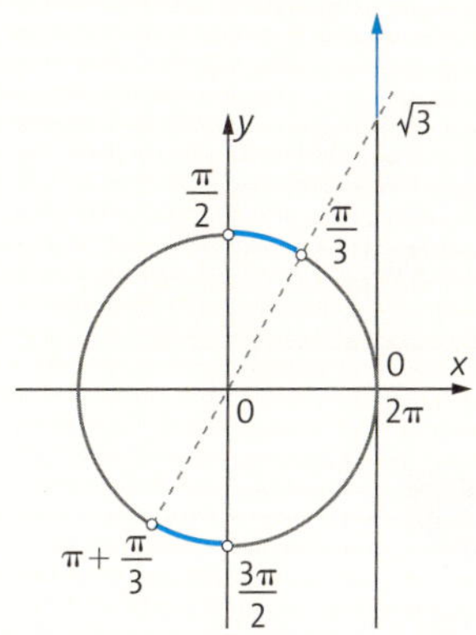

No intervalo $0 \leqslant x \leqslant 2\pi$, devemos inicialmente considerar $x \neq \frac{\pi}{2}$ e $x \neq \frac{3\pi}{2}$ (para existir tg x).

Então:

$$\text{tg } x > \sqrt{3} \Rightarrow \begin{cases} \frac{\pi}{3} < x < \frac{\pi}{2} \\ \text{ou} \\ \frac{4\pi}{3} < x < \frac{3\pi}{2} \end{cases}$$

Então, a solução geral é:

$$S = \left\{x \in \mathbb{R} \mid \frac{\pi}{3} + 2k\pi < x < \frac{\pi}{2} + 2k\pi \text{ ou } \frac{4\pi}{3} + 2k\pi < x < \frac{3\pi}{2} + 2k\pi\right\}$$

Fique atento!
No exercício resolvido 33c podemos escrever:

$$S = \left\{x \in \mathbb{R} \mid \frac{\pi}{3} + k\pi < x < \frac{\pi}{2} + k\pi\right\}$$

35. Resolva $|\cos x| > \frac{1}{2}$ em $[0, 2\pi]$.

Resolução

Se $|\cos x| > \frac{1}{2}$, então $\cos x > \frac{1}{2}$ ou $\cos x < -\frac{1}{2}$.

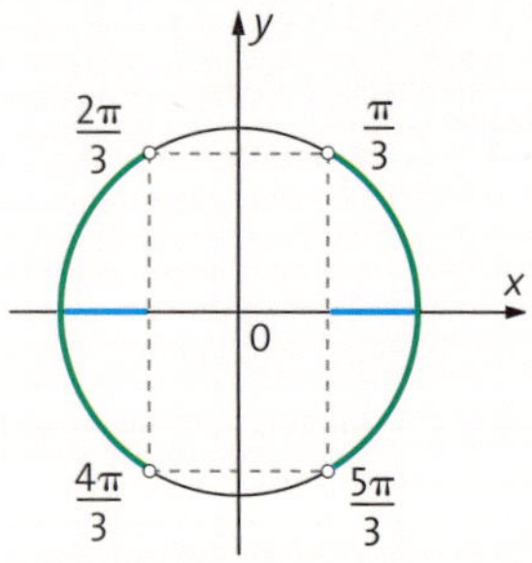

$$S = \left\{x \in \mathbb{R} \mid 0 \leqslant x < \frac{\pi}{3} \text{ ou } \frac{2\pi}{3} < x < \frac{4\pi}{3} \text{ ou } \frac{5\pi}{3} < x \leqslant 2\pi\right\}$$

36. Determine o domínio da função f tal que $f(x) = \sqrt{\operatorname{sen}\left(x - \frac{\pi}{3}\right)}$.

Resolução

Para que $\sqrt{\operatorname{sen}\left(x - \frac{\pi}{3}\right)}$ exista em $\mathbb{R}$, devemos ter $\operatorname{sen}\left(x - \frac{\pi}{3}\right) \geqslant 0$, que é uma inequação trigonométrica.

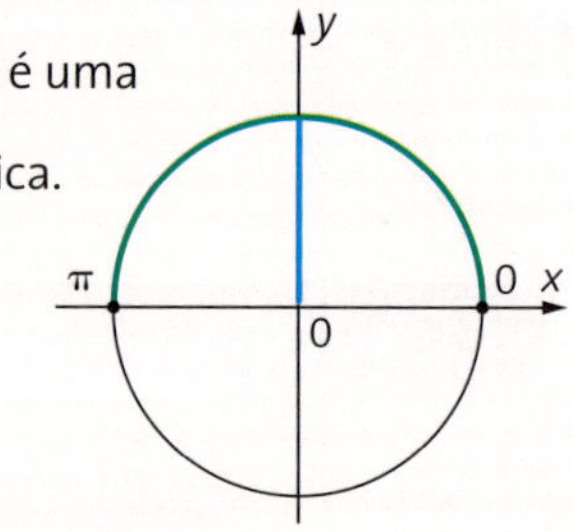

Observando a figura, temos:

$$\operatorname{sen}\left(x - \frac{\pi}{3}\right) \geqslant 0 \Rightarrow$$

$$\Rightarrow 0 + 2k\pi \leqslant x - \frac{\pi}{3} \leqslant \pi + 2k\pi \Rightarrow$$

$$\Rightarrow \frac{\pi}{3} + 2k\pi \leqslant x \leqslant \pi + \frac{\pi}{3} + 2k\pi$$

$$D(f) = \left\{x \in \mathbb{R} \mid \frac{\pi}{3} + 2k\pi \leqslant x \leqslant \frac{4\pi}{3} + 2k\pi\right\}$$

Exercícios

88. Resolva as seguintes inequações trigonométricas no intervalo $0 \leqslant x \leqslant 2\pi$:

a) $\operatorname{sen} x > \frac{\sqrt{2}}{2}$

b) $\cos x > \frac{\sqrt{2}}{2}$

c) $\operatorname{tg} x + 1 < 0$

d) $0 \leqslant \operatorname{sen} x \leqslant \frac{1}{2}$

e) $0 \leqslant \cos x \leqslant \frac{1}{2}$

f) $0 < \operatorname{tg} x < \sqrt{3}$

89. Explicite o domínio da função f definida por $f(x) = \sqrt{\sec x}$.

90. Resolva a equação $\operatorname{sen} x \cdot \cos x = \frac{1}{4}$.

91. Resolva as seguintes inequações:

a) $\operatorname{sen} 2x < 0$

b) $\operatorname{tg} 2x > 1$

92. Resolva as inequações:

a) $|\operatorname{sen} x| \leqslant \frac{\sqrt{2}}{2}$ para $0 \leqslant x \leqslant 2\pi$

b) $2 \cdot \cos^2 x + \cos x - 1 < 0$ para $x \in [0, 2\pi]$

93. Resolva o sistema $\begin{cases} \cos x > 0 \\ \operatorname{sen} x \geqslant \frac{1}{2} \end{cases}$, com $x \in [0, 2\pi]$.

94. As belezas naturais de Florianópolis atraem milhares de visitantes todos os anos. Principalmente no verão, turistas brasileiros e de outros países da América do Sul – como argentinos, uruguaios e chilenos – usufruem da diversidade de seu litoral. Na ilha, são encontrados os mais variados tipos de praias: extensas, com larga faixa de areia, ou pequenas, incrustadas em enseadas; praias urbanizadas e repletas de banhistas, e as desertas, com acesso somente por trilhas. É o paraíso para os amantes do surfe, windsurfe, vela e pesca. [...] Atualmente, Florianópolis conta com cerca de 300 mil habitantes, número que triplica durante o verão.

Disponível em: <www.braziltour.com/site/br/cidades/materia.php?id_cidade=1023&regioes=3&estados=24>. Acesso em: 23 dez. 2010.

Considere que a quantidade de habitantes de Florianópolis no ano 2015 seja dada, aproximadamente, pela função $P(t) = 600 + 300 \cdot \operatorname{sen}\left(\frac{\pi t}{6} + \frac{\pi}{6}\right)$, em milhares de habitantes, em que t é o tempo medido em meses ($t = 1$ é janeiro, $t = 2$ é fevereiro, e assim por diante).

Nesse ano, preocupada com o trânsito, com o fornecimento de energia elétrica e de água, a Prefeitura da cidade resolveu identificar em quais meses a quantidade de pessoas na cidade será mínima e máxima. Os meses encontrados foram, respectivamente:

a) janeiro e julho.

b) janeiro e agosto.

c) fevereiro e agosto.

d) fevereiro e setembro.

Atividades adicionais

1. Se $k = \text{tg } 35° + \text{tg } 55°$, então qual o valor de $k \cdot \text{sen } 70°$?

2. Seja $f(x) = \text{sen } x + \cos x$. Calcule o valor de $f\left(\frac{\pi}{12}\right)$.

3. Prove que $\frac{\text{sen }(2x)}{\cos(2x) - 1} = -\frac{1}{\text{tg } x}$ para todo $x \neq \frac{\pi}{2} + k\pi, k \in \mathbb{Z}$.

4. Sendo $\cos 8a = \frac{1}{4}$, determine o valor de $|\cos 4a|$.

5. Se $\text{sen } x + \cos x = \frac{1}{3}$, calcule $\cos 2x$.

6. Encontre o valor de $\cos^4 \frac{\pi}{8} - \text{sen}^4 \frac{\pi}{8}$.

7. Determine a área de um octógono regular inscrito em uma circunferência em que o raio mede 4 cm.

8. Considere que $\text{sen } 2x = 4k$, $\text{sen } x = 6k$ e $0 < x < \frac{\pi}{2}$. Encontre o valor de k.

9. Conhecendo o valor de $\text{sen } x = \frac{3}{5}$ e $x \in \left[0, \frac{\pi}{2}\right]$, calcule o valor numérico da expressão

$$\left(\frac{\sec^2 x \cdot \text{cotg } x - \text{cossec } x \cdot \text{tg } x}{6 \cdot \text{sen } x \cdot \text{cossec}^2 x}\right)^{-1}.$$

10. Sendo $\text{sen } x = \frac{1}{3}$ e $x \in \left[0, \frac{\pi}{2}\right]$, determine o valor de $\sec 2x$ e $\text{cossec } 2x$.

11. Dado $\text{tg } \frac{\theta}{4} = \frac{1}{2}$, encontre o valor de $\cos \frac{\theta}{2}$.

12. Qual é o maior valor inteiro menor do que $20 \cdot \cos^2 15°$?

13. Sendo $\cos 2\theta = \frac{3}{4}$ e $0 < \theta < \frac{\pi}{2}$, determine o valor de $20 \cdot \cos^2 \theta + 44 \cdot \text{sen}^2 \theta$.

14. Dados $x + y = \frac{\pi}{4}$ e $\text{tg } y = t$, calcule $\text{tg } x$ em função de t.

15. Se $\text{tg }(x + y) = 1$ e $\text{tg } x + \text{tg } y = 2$, calcule $\text{tg } x \cdot \text{tg } y$.

16. Se $y = \text{sen } x \cdot \cos^3 x + \text{sen}^3 x \cdot \cos x$, para todo x real, mostre que $y = \frac{\text{sen } 2x}{2}$.

17. Dado $A = [(\text{sen } x + \cos x) + 1][(\text{sen } x + \cos x) - 1]$, mostre que $A = \text{sen } 2x$.

18. Qual o valor de $\text{arcsen}\left(\cos \frac{33\pi}{5}\right)$?

19. Qual o valor do arco dado por $2 \text{ arctg } \frac{1}{3} + \text{arctg } \frac{1}{7}$?

20. Um projétil lançado horizontalmente descreve uma trajetória parabólica como a representada na figura ao lado.
O tempo que o projétil leva do lançamento no solo até a altura máxima é $t = \frac{\vec{v}_y}{\vec{g}}$, em que $\vec{g}$ é a aceleração da gravidade $\vec{v}$ e $\vec{v}_y$ é a componente vertical do vetor velocidade. O alcance horizontal é dado por $d = |\vec{v}_x| \cdot \Delta t$, em que $|\vec{v}_x|$ é a norma da componente vertical do vetor velocidade e Δt é o tempo desde o lançamento até a queda no solo.
Obtenha o ângulo α de lançamento do projétil para que o alcance horizontal seja o máximo possível.

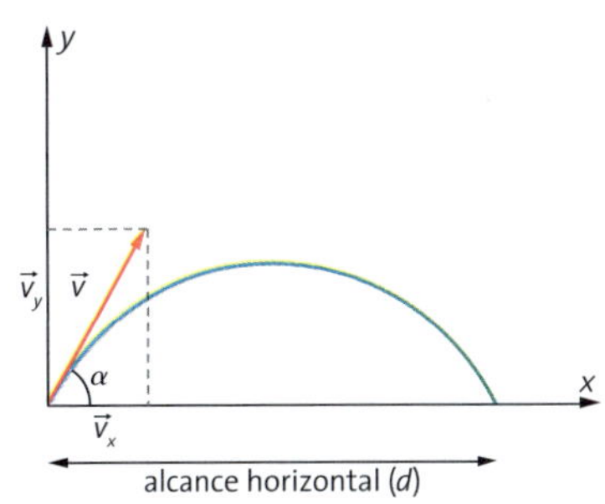

Vestibulares de Norte a Sul

1. **NE** (Ufal) Para quantos inteiros não nulos n, a equação $4 + n \cdot \text{sen}\, x = (n + 2)^2$ admite solução?

a) 1 b) 2 c) 3 d) 4 e) 5

2. **N** (Ufam) A solução da equação trigonométrica $2 \cos x - 5 \sec x = 9$ é igual a:

a) $S = \left\{x = k\pi \pm \frac{\pi}{4};\, k \in \mathbb{Z}\right\}$.

b) $S = \left\{x = k\pi \pm \frac{\pi}{6};\, k \in \mathbb{Z}\right\}$.

c) $S = \left\{x = 2k\pi \pm \frac{2\pi}{3};\, k \in \mathbb{Z}\right\}$.

d) $S = \left\{x = 2k\pi \pm \frac{\pi}{4};\, k \in \mathbb{Z}\right\}$.

e) $S = \left\{x = 2k\pi \pm \frac{\pi}{6};\, k \in \mathbb{Z}\right\}$.

3. **NE** (Unifor-CE) A soma de todas as raízes da equação $2 \cdot 2^{\text{sen}\, x} = \sqrt{2}$, no intervalo $[0, 2\pi]$, é:

a) π. c) 3π. e) 5π.

b) 2π. d) 4π.

4. **S** (PUC-RS) A solução da equação $\cos\left(3x - \frac{\pi}{4}\right) = 0$, quando $0 \leqslant x \leqslant \frac{\pi}{2}$, é:

a) $\frac{\pi}{4}$. d) $\frac{\pi}{2}$.

b) $-\frac{\pi}{4}$. e) 0.

c) $\frac{7\pi}{12}$.

5. **S** (UFSC) Satisfeitas as condições de existência, determine a soma dos números associados às afirmativas verdadeiras.

01) Se $\text{sen}\, x - \cos x = m$, então $\text{sen}\, (2x) = m^2 - 1$.

02) $(2 \cos x + 1) \cdot (2 \cos x - 1) = 2 \cos (2x)$.

04) $\text{sen}\, \frac{x}{2} = \sqrt{\frac{1 - \cos x}{2}}$ considerando x no 1º quadrante.

08) Se $\text{tg}\, x = 2$, então $\text{tg}\, 2x = -\frac{4}{3}$.

6. **N** (Ufam) Quando simplificamos a expressão $\frac{\cos x}{1 + \text{sen}\, x} + \frac{1 + \text{sen}\, x}{\cos x}$, vamos obter:

a) $2 \sec x$. d) $2 \cos x$.

b) $2 \text{cossec}\, x$. e) $\cos x$.

c) $2 \sec^2 x$.

7. **CO** (UFMS) A figura abaixo mostra um retângulo $ABCD$ onde $AB = BM = MN = NC$. Calcule $6\, \text{tg}\, \theta + 51$.

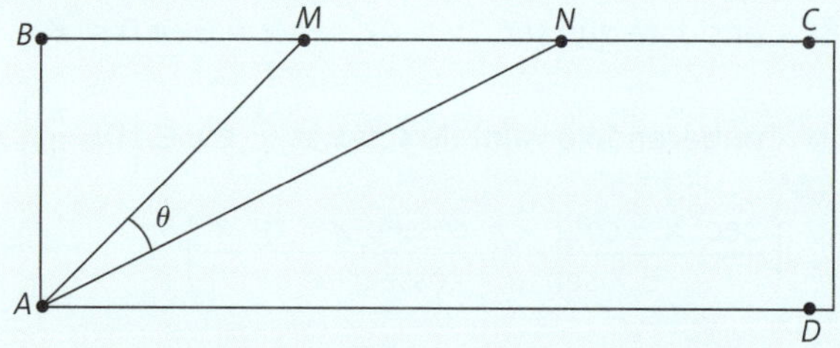

8. **SE** (ITA-SP) O valor de x que satisfaz a equação $\sqrt{x} = \text{tg}\, \frac{\pi}{12}$ é:

a) $x = 4\sqrt{3}$.

b) $x = 5 - 4\sqrt{3}$.

c) $x = 7 - \sqrt{3}$.

d) $x = 7 - 4\sqrt{3}$.

e) $x = 9 - 4\sqrt{3}$.

9. **SE** (FGV-SP) Sabe-se que $\text{sen}\, x = -\frac{1}{4}$ e $\pi < x < \frac{3\pi}{2}$. Então, a expressão $\cos x \cdot \sec x \cdot \text{tg}^2 x$ tem valor:

a) $-\frac{1}{15}$. d) 1.

b) $\frac{1}{15}$. e) 0.

c) -1.

10. **SE** (UFJF-MG) O valor de:
$y = \text{sen}^2\, 10° + \text{sen}^2\, 20° + \text{sen}^2\, 30° + \text{sen}^2\, 40° + \text{sen}^2\, 50° + \text{sen}^2\, 60° + \text{sen}^2\, 70° + \text{sen}^2\, 80° + \text{sen}^2\, 90°$ é:

a) -1. d) 4.

b) 1. e) 5.

c) 2.

CAPÍTULO

5 Matrizes e determinantes

Bioraven/Shutterstock/Glow Images

Por meio de conceitos simples da Álgebra matricial, grandes empresas e governos criptografam mensagens sigilosas.

1 Introdução às matrizes

Atualmente, um dos bens mais desejados pelas empresas é a informação sobre os potenciais clientes. Algumas das empresas mais valiosas e lucrativas do mundo são detentoras de uma enorme quantidade dessas informações, como alguns *sites* de busca e algumas redes sociais.

Essas informações, porém, não teriam valor algum se não fossem organizadas de forma lógica e não pudessem ser facilmente recuperadas e relacionadas. Essa organização é feita usando-se um banco de dados, que é uma coleção de tabelas relacionadas entre si.

As **matrizes** são tabelas que relacionam dados numéricos.

» Junte-se a um colega e façam o que se pede.

As tabelas a seguir relacionam dados sobre o desempenho das equipes do grupo **B** da Liga Mundial de Vôlei, em 2012. Depois de analisar os dados das tabelas, construam uma tabela com a pontuação total dessas quatro equipes.

	Vitórias por 3×0 ou 3×1	Vitórias por 3×2	Derrotas por 3×0 ou 3×1	Derrotas por 3×2
Canadá	2	1	7	2
Finlândia	2	2	8	0
Brasil	7	0	1	4
Polônia	8	2	1	1

	Pontos obtidos por qualquer uma das equipes, em cada caso
Vitória por 3×0 ou 3×1	3
Vitória por 3×2	2
Derrota por 3×0 ou 3×1	0
Derrota por 3×2	1

Alexandre Guzanshe/EM/D.A Press

Lance da partida entre Brasil e Polônia durante a Liga Mundial 2012 de vôlei masculino.

Agora, acompanhe esta outra situação:

Em uma editora, a venda de livros de Matemática, Física e Química no primeiro trimestre de um ano pode ser expressa pela tabela a seguir.

	Janeiro	**Fevereiro**	**Março**
Matemática	20 000	32 000	45 000
Física	15 000	18 000	25 000
Química	16 000	17 000	23 000

Se quisermos saber:

- quantos livros de Matemática foram vendidos em fevereiro, basta olharmos o número que está na **primeira linha** e na **segunda coluna**;
- quantos livros de Física foram vendidos em janeiro, basta olharmos o número que está na **segunda linha** e na **primeira coluna**;
- quantos livros de Química foram vendidos em março, basta olharmos o número que está na **terceira linha** e na **terceira coluna**.

Uma tabela desse tipo, em que os números estão dispostos em 3 linhas e 3 colunas, denomina-se **matriz 3 × 3** (lê-se três por três) e podemos representá-la por:

$$\begin{bmatrix} 20\,000 & 32\,000 & 45\,000 \\ 15\,000 & 18\,000 & 25\,000 \\ 16\,000 & 17\,000 & 23\,000 \end{bmatrix} \text{ ou } \begin{pmatrix} 20\,000 & 32\,000 & 45\,000 \\ 15\,000 & 18\,000 & 25\,000 \\ 16\,000 & 17\,000 & 23\,000 \end{pmatrix}$$

Para refletir
Por que se diz "matriz três por três"?

CURIOSIDADE

Historicamente, a representação de conjuntos de números em forma de matrizes aparece no século XIX, embora haja indícios de que por volta de 2500 a.C. os chineses já resolvessem alguns tipos de problemas com cálculos efetuados sobre uma tabela (apresentados em um dos nove capítulos do livro chinês *Chiu-Chang Suan-Shu*, que trata da arte matemática). Augustin-Louis Cauchy (1789-1857), matemático francês, parece ter sido o primeiro a nomear essas configurações numéricas de *tableau* ('tabela', em francês), em 1826, e só em 1850, com o matemático inglês James Joseph Sylvester (1814-1897), é que esse tipo de configuração numérica recebeu o nome de matriz.

SPL/Latinstock

Augustin-Louis Cauchy

Bettmann/Corbis/Latinstock

James Joseph Sylvester

2 Definição de matriz

Sejam m e n dois números inteiros maiores ou iguais a 1.

> Denomina-se matriz $m \times n$ (lê-se m por n) uma tabela retangular formada por $m \cdot n$ números reais, dispostos em m linhas e n colunas.

Dizemos que a matriz é do **tipo** $m \times n$ ou de **ordem** $m \times n$.
Exemplos:

a) $\begin{bmatrix} 2 & 3 \\ 5 & 1 \end{bmatrix}$ é uma matriz do tipo 2×2 (dois por dois – duas linhas e duas colunas).

b) $\begin{pmatrix} \frac{1}{2} & -5 & 1 \\ 2 & \sqrt{3} & 0 \end{pmatrix}$ é uma matriz do tipo 2×3 (dois por três – duas linhas e três colunas).

c) Quando $m = 1$, a matriz é chamada **matriz linha**. Por exemplo: $(1 \quad 3 \quad -2)$ é uma matriz linha do tipo 1×3.

> **Para refletir**
> Por que se diz "matriz linha" e "matriz coluna"?

d) Quando $n = 1$, a matriz é chamada **matriz coluna**. Por exemplo: $\begin{pmatrix} \sqrt{5} \\ 2 \\ -1 \\ 0 \end{pmatrix}$ é uma matriz coluna do tipo 4×1.

Quando temos matrizes linha ou matrizes coluna, também podemos chamá-las de **vetores**. Embora essa não seja uma denominação comum no Ensino Médio, é bastante utilizada no Ensino Superior, principalmente em Computação e Álgebra linear. É muito comum uma matriz linha como $[2 \quad 0 \quad 5]$ ser escrita como (2, 0, 5) quando se trabalha com vetores.

Exercícios

1. Escreva no caderno a matriz correspondente à tabela de notas de três alunos no primeiro bimestre:

	Matemática	**Física**	**Química**	**Biologia**
Ana	6	4	5	8
Antônio	5	7	5	5
Beatriz	5	6	7	4

Com relação à matriz obtida, responda:

a) O que significam os números da 1ª linha?

b) O que significam os números da 2ª coluna?

c) O que significa o número da 3ª linha e 3ª coluna?

2. Identifique o tipo das seguintes matrizes:

a) $\begin{bmatrix} 4 & 6 \\ 1 & 5 \end{bmatrix}$

b) $\begin{pmatrix} \frac{1}{2} \\ 5 \\ -\sqrt{6} \end{pmatrix}$

c) $\begin{bmatrix} 1 & 3 & 0 \\ 2 & -6 & 2 \\ 5 & 4 & 1 \\ 10 & -1 & -3 \\ 0 & 0 & -1 \end{bmatrix}$

> **Para refletir**
> Entre as matrizes do exercício 2, qual é a matriz coluna?

3 Representação genérica de uma matriz

Os números que aparecem na matriz são chamados **elementos** ou **termos** da matriz.

Analisemos, por exemplo, a seguinte matriz:

$$\begin{pmatrix} 3 & 2 & 5 & -1 \\ -5 & 4 & 10 & 0 \\ 6 & -2 & 2 & \sqrt{2} \end{pmatrix}$$

Nela, podemos observar que:

- o elemento 3 está na **1ª linha** e na **1ª coluna**; indica-se: a_{11} (lê-se: *a* um um) $= 3$;
- o elemento -5 está na **2ª linha** e na **1ª coluna**; indica-se: a_{21} (lê-se: *a* dois um) $= -5$;
- o elemento 6 está na **3ª linha** e na **1ª coluna**; indica-se: a_{31} (lê-se: *a* três um) $= 6$;
- o elemento 2 está na **1ª linha** e na **2ª coluna**; indica-se: a_{12} (lê-se: *a* um dois) $= 2$;
- o elemento $\sqrt{2}$ está na **3ª linha** e na **4ª coluna**; indica-se: a_{34} (lê-se: *a* três quatro) $= \sqrt{2}$.

Assim:

- para representar o elemento de uma matriz, usamos uma letra com dois índices: o primeiro indica em que **linha** o elemento se encontra, e o segundo indica em que **coluna**; por exemplo, a_{23} é o elemento que está na 2ª linha e na 3ª coluna;
- o elemento genérico de uma matriz *A* será indicado por a_{ij}, em que *i* representa a linha, e *j* representa a coluna na qual o elemento se encontra; ele é chamado *ij*-ésimo elemento da matriz;
- a matriz *A*, do tipo $m \times n$, será escrita, genericamente, do seguinte modo:

$$A = \begin{bmatrix} a_{11} & a_{12} & a_{13} & \cdots & a_{1n} \\ a_{21} & a_{22} & a_{23} & \cdots & a_{2n} \\ a_{31} & a_{32} & a_{33} & \cdots & a_{3n} \\ \vdots & \vdots & \vdots & & \vdots \\ a_{m1} & a_{m2} & a_{m3} & \cdots & a_{mn} \end{bmatrix} \text{ ou } A = \begin{pmatrix} a_{11} & a_{12} & a_{13} & \cdots & a_{1n} \\ a_{21} & a_{22} & a_{23} & \cdots & a_{2n} \\ a_{31} & a_{32} & a_{33} & \cdots & a_{3n} \\ \vdots & \vdots & \vdots & & \vdots \\ a_{m1} & a_{m2} & a_{m3} & \cdots & a_{mn} \end{pmatrix}$$

A lista ordenada $(a_{i1}, a_{i2}, ..., a_{in})$ chama-se a *i*-ésima linha ou o *i*-ésimo vetor linha da matriz, enquanto $(a_{1j}, a_{2j}, ..., a_{mj})$ chama-se a *j*-ésima coluna ou o *j*-ésimo vetor coluna da matriz.

De maneira abreviada, podemos escrever a matriz *A* na forma:

$$A = (a_{ij})_{m \times n}, \text{ com } 1 \leq i \leq m, 1 \leq j \leq n \text{ e } i, j \in \mathbb{N}$$

Fique atento!
Podemos também escrever: $A = [a_{ij}]_{m \times n}$.

Lê-se: matriz *A*, dos elementos a_{ij}, do tipo $m \times n$.

Por exemplo, acompanhe como escrever a matriz $X = (a_{ij})$, com $1 \leq i \leq 3$ e $1 \leq j \leq 3$, tal que $\begin{cases} a_{ij} = 1 \text{ para } i = j \\ a_{ij} = 0 \text{ para } i \neq j \end{cases}$.

A matriz deve ter 3 linhas e 3 colunas tal que:

$a_{11} = a_{22} = a_{33} = 1$

$a_{12} = a_{13} = a_{21} = a_{23} = a_{31} = a_{32} = 0$

Assim, $X = \begin{bmatrix} 1 & 0 & 0 \\ 0 & 1 & 0 \\ 0 & 0 & 1 \end{bmatrix}$.

Exercícios resolvidos

1. Escreva a matriz $A = (a_{ij})_{3 \times 2}$ tal que $a_{ij} = 3i - 2j + 4$.

Resolução

A matriz deve ter 3 linhas e 2 colunas.

$$A = \begin{pmatrix} a_{11} & a_{12} \\ a_{21} & a_{22} \\ a_{31} & a_{32} \end{pmatrix}$$

$a_{ij} = 3i - 2j + 4$ é a "lei de formação" da matriz. Cada termo da matriz é definido substituindo-se i e j pelos valores correspondentes.

$a_{11} = 3 \cdot 1 - 2 \cdot 1 + 4 = 5$

$a_{12} = 3 \cdot 1 - 2 \cdot 2 + 4 = 3$

$a_{21} = 3 \cdot 2 - 2 \cdot 1 + 4 = 8$

$a_{22} = 3 \cdot 2 - 2 \cdot 2 + 4 = 6$

$a_{31} = 3 \cdot 3 - 2 \cdot 1 + 4 = 11$

$a_{32} = 3 \cdot 3 - 2 \cdot 2 + 4 = 9$

Portanto, a matriz pedida é $A = \begin{pmatrix} 5 & 3 \\ 8 & 6 \\ 11 & 9 \end{pmatrix}$.

2. Escreva a matriz $X = (a_{ij})$, com $1 \leqslant i \leqslant 4$ e $1 \leqslant j \leqslant 4$, tal que $\begin{cases} a_{ij} = -1 \text{ para } i = j \\ a_{ij} = 0 \text{ para } i \neq j \end{cases}$.

Resolução

A matriz deve ter 4 linhas e 4 colunas tal que:

$a_{11} = a_{22} = a_{33} = a_{34} = -1$

$a_{12} = a_{13} = a_{14} = a_{21} = a_{23} = a_{24} = a_{31} = a_{32} = a_{34} = a_{41} = a_{42} = a_{43} = 0$

Assim, $X = \begin{bmatrix} -1 & 0 & 0 & 0 \\ 0 & -1 & 0 & 0 \\ 0 & 0 & -1 & 0 \\ 0 & 0 & 0 & -1 \end{bmatrix}$.

Exercícios

3. Identifique:

a) os elementos a_{11}, a_{22} e a_{13} na matriz

$$\begin{pmatrix} 2 & 6 & 10 \\ 4 & -5 & -1 \end{pmatrix};$$

b) os elementos a_{31}, a_{23} e a_{33} na matriz

$$\begin{bmatrix} 1 & 3 & 0 \\ -4 & 10 & 2 \\ 6 & \sqrt{3} & \sqrt{2} \end{bmatrix}.$$

4. Escreva as matrizes:

a) $A = (a_{ij})_{2 \times 3}$ tal que $a_{ij} = i^2 + j^2$

b) $M = (a_{ij})$, com $1 \leqslant i \leqslant 3$ e $1 \leqslant j \leqslant 3$, tal que $a_{ij} = 3i + 2j - 5$

c) $X = (a_{ij})_{4 \times 2}$ de modo que $a_{ij} = 2i^2 - j$

d) $A = (a_{ij})$, com $1 \leqslant i \leqslant 3$ e $1 \leqslant j \leqslant 3$, tal que

$$\begin{cases} a_{ij} = i^j, \text{ para } i = j \\ a_{ij} = 2i + j, \text{ para } i \neq j \end{cases}$$

4 Matrizes especiais

Matriz quadrada

Consideremos uma matriz $m \times n$. Quando $m = n$ (o número de linhas é igual ao número de colunas), diz-se que a matriz é **quadrada** do tipo $n \times n$ ou simplesmente de ordem n.

Exemplos:

a) $\begin{bmatrix} 3 & 5 \\ 2 & 6 \end{bmatrix}$ é uma matriz quadrada de **ordem 2** ($m = n = 2$).

b) $\begin{pmatrix} 5 & 3 & 10 \\ -1 & -4 & 6 \\ \sqrt{2} & 0 & -\frac{1}{2} \end{pmatrix}$ é uma matriz quadrada de **ordem 3** ($m = n = 3$).

Em uma matriz quadrada de ordem n, os elementos $a_{11}, a_{22}, a_{33}, ..., a_{nn}$ formam a **diagonal principal** da matriz (são os elementos a_{ij} com $i = j$).

$\begin{pmatrix} 3 & 2 \\ -1 & 6 \end{pmatrix}$ diagonal principal

$\begin{pmatrix} 1 & 3 & 10 \\ -3 & 0 & 8 \\ 5 & -1 & 6 \end{pmatrix}$ diagonal principal

Fique atento!
Se $i = j$, então a_{ij} está na diagonal principal.
Se $i > j$, então a_{ij} está abaixo da diagonal principal.
Se $i < j$, então a_{ij} está acima da diagonal principal.

Você sabia?
A outra diagonal da matriz quadrada, que vai do último elemento da 1ª linha até o 1º elemento da última linha, é conhecida como diagonal secundária.

Matriz triangular

Vamos considerar uma matriz quadrada de ordem n. Quando os elementos acima ou abaixo da diagonal principal são todos nulos, dizemos que a matriz é **triangular**.

Exemplos:

$\begin{pmatrix} 2 & 0 & 0 \\ 8 & 3 & 0 \\ 7 & 9 & -5 \end{pmatrix}$ matriz triangular inferior

$\begin{pmatrix} 1 & 5 & 7 & -9 \\ 0 & 3 & 8 & -\frac{2}{3} \\ 0 & 0 & 0 & -1 \\ 0 & 0 & 0 & 4 \end{pmatrix}$ matriz triangular superior

$\begin{bmatrix} 3 & 0 \\ 2 & 5 \end{bmatrix}$ matriz triangular inferior

Fique atento!
Toda matriz triangular é quadrada, mas nem toda matriz quadrada é triangular.

Em uma matriz triangular, $a_{ij} = 0$ para $i > j$ ou $a_{ij} = 0$ para $i < j$.

Matriz diagonal

A matriz quadrada de ordem n em que todos os elementos acima e abaixo da diagonal principal são nulos é chamada de **matriz diagonal**. Os elementos da diagonal principal também podem ser nulos.

Exemplos:

$\begin{bmatrix} 2 & 0 & 0 \\ 0 & 3 & 0 \\ 0 & 0 & -5 \end{bmatrix}$ $\begin{pmatrix} 1 & 0 & 0 & 0 \\ 0 & -1 & 0 & 0 \\ 0 & 0 & 3 & 0 \\ 0 & 0 & 0 & 4 \end{pmatrix}$ $\begin{pmatrix} 2 & 0 \\ 0 & -\frac{1}{3} \end{pmatrix}$ $\begin{bmatrix} 0 & 0 & 0 \\ 0 & 0 & 0 \\ 0 & 0 & 0 \end{bmatrix}$

Em uma matriz diagonal, $a_{ij} = 0$ para $i \neq j$.

Para refletir
Qual é a diferença entre "acima *ou* abaixo" e "acima e abaixo" da diagonal principal?

Matriz identidade

A matriz quadrada de ordem n em que todos os elementos da diagonal principal são iguais a 1 e os outros elementos são iguais a zero é chamada **matriz identidade** e seu símbolo é I_n.

Exemplos:

$$I_3 = \begin{bmatrix} 1 & 0 & 0 \\ 0 & 1 & 0 \\ 0 & 0 & 1 \end{bmatrix} \quad I_2 = \begin{bmatrix} 1 & 0 \\ 0 & 1 \end{bmatrix} \quad I_5 = \begin{bmatrix} 1 & 0 & 0 & 0 & 0 \\ 0 & 1 & 0 & 0 & 0 \\ 0 & 0 & 1 & 0 & 0 \\ 0 & 0 & 0 & 1 & 0 \\ 0 & 0 & 0 & 0 & 1 \end{bmatrix} \quad I_1 = [1]$$

Em uma matriz identidade temos: $\begin{cases} a_{ij} = 1 \text{ para } i = j \\ a_{ij} = 0 \text{ para } i \neq j \end{cases}$.

Matriz nula

No conjunto das matrizes, a matriz que tem todos os elementos iguais a zero denomina-se **matriz nula**. Vamos simbolizar a matriz nula do tipo $m \times n$ por $0_{m \times n}$, e a matriz nula de ordem n por 0_n.

Exemplos:

$$0_{3 \times 2} = \begin{pmatrix} 0 & 0 \\ 0 & 0 \\ 0 & 0 \end{pmatrix} \quad 0_2 = \begin{bmatrix} 0 & 0 \\ 0 & 0 \end{bmatrix} \quad 0_3 = \begin{pmatrix} 0 & 0 & 0 \\ 0 & 0 & 0 \\ 0 & 0 & 0 \end{pmatrix} \quad 0_{1 \times 4} = [0 \ \ 0 \ \ 0 \ \ 0]$$

Na matriz nula do tipo $m \times n$ temos $a_{ij} = 0$, quaisquer que sejam i e j, com $1 \leqslant i \leqslant m$ e $1 \leqslant j \leqslant n$.

Exercícios

5. Qual é a ordem da matriz quadrada $\begin{pmatrix} 2 & 6 & 1 & 0 \\ 3 & -2 & 7 & 5 \\ -1 & 0 & 2 & -4 \\ 0 & 3 & -1 & 3 \end{pmatrix}$?

6. Quais são os números que formam a diagonal principal da matriz quadrada $\begin{pmatrix} 2 & 10 & 1 \\ 3 & -5 & 6 \\ 8 & -1 & 4 \end{pmatrix}$?

7. Calcule o produto dos elementos da diagonal principal da matriz $\begin{bmatrix} 2 & 5 \\ -1 & -4 \end{bmatrix}$.

8. Escreva a matriz quadrada de ordem 2, cujo elemento genérico é $a_{ij} = 4i - 2j + 3$.

9. Seja a matriz quadrada $\begin{pmatrix} 3 & 6 \\ 2 & 10 \end{pmatrix}$. Calcule a diferença entre o produto dos elementos da diagonal principal e o produto dos elementos da diagonal secundária.

10. Escreva a matriz diagonal de ordem 3, em que $a_{ij} = i + j$ para $i = j$.

11. Escreva a matriz triangular de ordem 4, em que

$$\begin{cases} a_{ij} = 0, \text{ para } i > j \\ a_{ij} = (i + j)^2, \text{ para } i = j. \\ a_{ij} = -2, \text{ para } i < j \end{cases}$$

12. Escreva a matriz identidade de ordem 2 (I_2) e a matriz identidade de ordem 3 (I_3).

5 Igualdade de matrizes

Vamos considerar duas matrizes, A e B, de mesmo tipo, $m \times n$, no caso 3×2:

$$A = \begin{pmatrix} a_{11} & a_{12} \\ a_{21} & a_{22} \\ a_{31} & a_{32} \end{pmatrix} \quad B = \begin{pmatrix} b_{11} & b_{12} \\ b_{21} & b_{22} \\ b_{31} & b_{32} \end{pmatrix}$$

Em matrizes de mesmo tipo, os elementos que ocupam a mesma posição são denominados **elementos correspondentes**.

Então, nas matrizes A e B consideradas, são elementos correspondentes, a_{11} e b_{11}, a_{12} e b_{12}, a_{21} e b_{21}, a_{22} e b_{22}, a_{31} e b_{31}, a_{32} e b_{32}.

Definimos:

> Duas matrizes, A e B, são iguais se, e somente se, têm o mesmo tipo e seus elementos correspondentes são iguais.
>
> Dadas as matrizes $A = (a_{ij})_{m \times n}$ e $B = (b_{ij})_{m \times n}$, temos simbolicamente:
>
> $$A = B \Leftrightarrow a_{ij} = b_{ij}, \text{ com } 1 \leqslant i \leqslant m \text{ e } 1 \leqslant j \leqslant n$$

Exemplos:

a) $\begin{pmatrix} 3 & 1 \\ 5 & 6 \end{pmatrix} = \begin{pmatrix} 6:2 & 2-1 \\ 5\cdot 1 & 4+2 \end{pmatrix}$ → as matrizes são quadradas de ordem 2 e os elementos correspondentes são iguais.

b) Se $A = \begin{bmatrix} 1 & 3 & 2 \\ -1 & 0 & 4 \end{bmatrix}$ e $B = \begin{bmatrix} 1 & 3 \\ -1 & 0 \\ 2 & 4 \end{bmatrix}$, então $A \neq B$, pois A e B não têm o mesmo tipo.

Exercício resolvido

3. Determine x e y para que sejam iguais as matrizes $\begin{pmatrix} 3x+2y & 2 \\ 2 & 3x-3y \end{pmatrix}$ e $\begin{pmatrix} 7 & 2 \\ 2 & -3 \end{pmatrix}$.

Resolução

As duas matrizes têm a mesma ordem (2).

Para que as matrizes sejam iguais devemos ter ainda:

$$\begin{cases} 3x+2y=7 \\ 3x-3y=-3 \end{cases}$$

Resolvendo esse sistema de equações do 1º grau, temos:

$$\begin{array}{r} \cancel{3x} + 2y = 7 \\ -\cancel{3x} + 3y = 3 \\ \hline 5y = 10 \Rightarrow y = 2 \end{array}$$

$3x + 2y = 7 \Rightarrow 3x + 2(2) = 7 \Rightarrow 3x + 4 = 7 \Rightarrow$

$\Rightarrow 3x = 3 \Rightarrow x = 1$

Portanto, $x = 1$ e $y = 2$.

Exercícios

13. Sabendo que $\begin{bmatrix} a+b & b+c \\ 2b & 2a-3d \end{bmatrix} = \begin{bmatrix} 9 & -1 \\ 6 & 18 \end{bmatrix}$, determine a, b, c e d.

14. Determine a, b, x e y para que as matrizes $\begin{pmatrix} x+y & 2a+b \\ 2x-y & a-b \end{pmatrix}$ e $\begin{pmatrix} 3 & -1 \\ 0 & 7 \end{pmatrix}$ sejam iguais.

15. Determine m e n para que se tenha $\begin{pmatrix} m+n & m \\ 0 & n \end{pmatrix} = I_2$.

16. Determine a, b e c para que se tenha $\begin{pmatrix} a+b-1 & 0 \\ a-3c & b \\ 2b & 0 \end{pmatrix} = 0_{3 \times 2}$.

6 Adição e subtração de matrizes

Acompanhe a seguinte situação:

O gerente de vendas de uma loja tem à sua disposição as tabelas de vendas mensais, em reais, dos seus três vendedores, por produto vendido. Veja:

	Vendas em janeiro (R$)	
Vendedor	**Geladeiras**	**Fogões**
Paulo	23 000,00	12 000,00
Germano	27 000,00	10 000,00
Rodolfo	19 000,00	15 000,00

	Vendas em fevereiro (R$)	
Vendedor	**Geladeiras**	**Fogões**
Paulo	21 000,00	10 000,00
Germano	16 000,00	6 000,00
Rodolfo	20 000,00	9 000,00

O gerente precisava saber as vendas do 1º bimestre, em reais por produto vendido, dos seus três vendedores. Nesse caso, ele somou os dados das duas tabelas (janeiro e fevereiro), obtendo a tabela dos dados bimestrais:

	Vendas no 1º bimestre (R$)	
Vendedor	**Geladeiras**	**Fogões**
Paulo	44 000,00	22 000,00
Germano	43 000,00	16 000,00
Rodolfo	39 000,00	24 000,00

Para refletir
Qual foi o melhor vendedor de geladeiras do bimestre? E de fogões?

Depois, o gerente precisava saber a evolução das vendas de janeiro para fevereiro: tiveram aumento? Diminuíram? Qual a diferença do faturamento entre janeiro e fevereiro?

Uma maneira de obter essas informações é calcular a diferença dos dados das duas primeiras tabelas (fevereiro e janeiro), obtendo a tabela da evolução das vendas de janeiro para fevereiro:

	Evolução das vendas de janeiro e fevereiro (R$)	
Vendedor	**Geladeiras**	**Fogões**
Paulo	−2 000,00	−2 000,00
Germano	−11 000,00	−4 000,00
Rodolfo	1 000,00	−6 000,00

Para refletir
Qual vendedor teve a maior queda de vendas de geladeira de janeiro para fevereiro?

Esse exemplo ilustra as operações de adição e subtração de matrizes.

Adição de matrizes

Consideremos duas matrizes, A e B, do tipo 2×3:

$$A = \begin{pmatrix} 3 & 5 & -2 \\ 2 & 8 & -6 \\ 1 & 4 & 2 \end{pmatrix} \quad B = \begin{pmatrix} 1 & -4 & -1 \\ 7 & 0 & 2 \\ 3 & 1 & 0 \end{pmatrix}$$

Vamos determinar uma matriz C tal que $c_{ij} = a_{ij} + b_{ij}$, ou seja, $A + B = C$:

$$\underbrace{\begin{pmatrix} 3 & 5 & -2 \\ 2 & 8 & -6 \\ 1 & 4 & 2 \end{pmatrix}}_{A} + \underbrace{\begin{pmatrix} 1 & -4 & -1 \\ 7 & 0 & 2 \\ 3 & 1 & 0 \end{pmatrix}}_{B} = \begin{pmatrix} 3+1 & 5+(-4) & (-2)+(-1) \\ 2+7 & 8+0 & (-6)+2 \\ 1+3 & 4+1 & 2+0 \end{pmatrix} = \underbrace{\begin{pmatrix} 4 & 1 & -3 \\ 9 & 8 & -4 \\ 4 & 5 & 2 \end{pmatrix}}_{C}$$

A matriz C assim obtida denomina-se **soma da matriz *A* com a matriz *B*** ou **soma das matrizes *A* e *B***.

Assim:

> Dadas duas matrizes, A e B, do mesmo tipo, $m \times n$, denomina-se soma da matriz A com a matriz B, que representamos por $A + B$, a matriz C do tipo $m \times n$ na qual cada elemento é obtido adicionando-se os elementos correspondentes de A e B.
>
> Se $A = (a_{ij})$ e $B = (b_{ij})$ são matrizes do tipo $m \times n$, a soma $A + B$ é a matriz $C = (c_{ij})$ do tipo $m \times n$ tal que:
>
> $$c_{ij} = a_{ij} + b_{ij}, \text{ com } 1 \leq i \leq m \text{ e } 1 \leq j \leq n$$

Matriz oposta de uma matriz *A*

> Denomina-se **matriz oposta** de uma matriz A (representa-se por $-A$) a matriz que somada com A resulta em uma matriz nula.

Exemplo:

Se $A = \begin{pmatrix} 3 & 6 \\ -2 & 1 \end{pmatrix}$, então a matriz oposta de A é $\begin{pmatrix} -3 & -6 \\ 2 & -1 \end{pmatrix}$, pois:

$$\underbrace{\begin{pmatrix} 3 & 6 \\ -2 & 1 \end{pmatrix}}_{A} + \underbrace{\begin{pmatrix} -3 & -6 \\ 2 & -1 \end{pmatrix}}_{-A} = \underbrace{\begin{pmatrix} 0 & 0 \\ 0 & 0 \end{pmatrix}}_{\text{matriz nula}}$$

Observação: Os elementos correspondentes de A e $-A$ são números opostos. Obtemos $-A$ mudando os sinais de todos os elementos de A.

> **Para refletir**
>
> Escolha três matrizes, A, B e C, de mesma ordem e verifique que:
>
> - $A + B = B + A$
> - $(A + B) + C = A + (B + C)$
> - $A + 0 = 0 + A = A$, sendo 0 a matriz nula de mesma ordem
> - $A + (-A) = (-A) + A = 0$

Propriedades da adição de matrizes

Já foram estudadas no Ensino Fundamental as propriedades da adição de números reais.

Com a definição dada para a adição de matrizes, é possível verificar que essas propriedades são válidas para a adição de matrizes.

	Números reais	**Matrizes $m \times n$**
Comutativa	$a + b = b + a$	$A + B = B + A$
Associativa	$(a + b) + c = a + (b + c)$	$(A + B) + C = A + (B + C)$
Elemento neutro	$a + 0 = 0 + a = a$	$A + 0 = 0 + A = A$
Elemento oposto	$a + (-a) = (-a) + a = 0$	$A + (-A) = (-A) + A = 0$
Cancelamento	$a = b \Leftrightarrow a + c = b + c$	$A = B \Leftrightarrow A + C = B + C$

Subtração de matrizes

Sendo A e B duas matrizes do tipo $m \times n$, denomina-se diferença entre A e B (representada por $A - B$) a soma da matriz A com a matriz oposta de B.

$$A - B = A + (-B)$$

Fique atento!
Lembra-se da diferença entre números inteiros?
$3 - 4 = 3 + (-4)$

Por exemplo:

$$\begin{pmatrix} 3 & -2 & 5 \\ 10 & 0 & -1 \end{pmatrix} - \begin{pmatrix} 2 & -3 & 6 \\ -4 & 5 & 1 \end{pmatrix} = \begin{pmatrix} 3 & -2 & 5 \\ 10 & 0 & -1 \end{pmatrix} + \begin{pmatrix} -2 & 3 & -6 \\ 4 & -5 & -1 \end{pmatrix} = \begin{pmatrix} 1 & 1 & -1 \\ 14 & -5 & -2 \end{pmatrix}$$

Podemos também definir $A - B$ assim:

Dadas as matrizes $A = (a_{ij})_{m \times n}$ e $B = (b_{ij})_{m \times n}$, $A - B = (c_{ij})_{m \times n}$ tal que $c_{ij} = a_{ij} - b_{ij}$, para $1 \leqslant i \leqslant m$ e $1 \leqslant j \leqslant n$.

Exercícios

17. Dadas as matrizes $A = \begin{pmatrix} -2 & 4 \\ 0 & -1 \end{pmatrix}$, $B = \begin{pmatrix} 4 & 2 \\ -6 & 0 \end{pmatrix}$ e $C = \begin{pmatrix} 3 & 0 \\ -5 & 2 \end{pmatrix}$, calcule:

a) $A + B$ b) $B + C$ c) $A + B + C$

18. Seja a matriz $A = (a_{ij})$ do tipo 3×2 dada por $a_{ij} = 3i - j$, calcule:

a) $A + A$ b) $A + 0_{3 \times 2}$

19. Dadas as matrizes $A = \begin{pmatrix} 2 \\ 6 \\ 3 \end{pmatrix}$, $B = \begin{pmatrix} 1 \\ 6 \\ 2 \end{pmatrix}$ e $C = \begin{pmatrix} 0 \\ 4 \\ -2 \end{pmatrix}$, calcule $A + B - C$ e $A - B - C$.

20. Escreva a matriz oposta de $A = \begin{pmatrix} 3 & 0 \\ 10 & -5 \\ -4 & 2 \end{pmatrix}$.

21. Dadas as seguintes matrizes quadradas de ordem 2:

A com $a_{ij} = \begin{cases} i + 2j, \text{ para } i \geqslant j \\ 0, \text{ para } i < j \end{cases}$ e B com

$b_{ij} = \begin{cases} i^3, \text{ para } i \geqslant j \\ 0, \text{ para } i < j \end{cases}$, calcule $A + B$ e $B + A$.

22. A e B são duas matrizes quadradas de ordem 2, cujos elementos são dados por $a_{ij} = 3i - 2j$ e $b_{ij} = (a_{ij})^2$. Calcule $A - B$ e $A + B$.

23. Se $A = (a_{ij})$ é uma matriz quadrada de ordem 2 tal que $a_{ij} = 2i + 3j - 5$, escreva a matriz oposta de A.

7 Multiplicação de número real por matriz

Vamos voltar à situação do gerente de vendas:

Suponha que a comissão dos vendedores seja de 5% sobre o total mensal de vendas de cada tipo de produto. Dessa forma, o gerente pode desejar ter a informação acerca de qual é o custo das comissões pagas aos vendedores, por tipo de produto vendido, em janeiro. Para obter tal informação, ele pode multiplicar cada valor da tabela das vendas de janeiro por 0,05 (pois 0,05 = 5%, que é o percentual pago de comissão pelas vendas). Assim, teríamos:

	Comissões pagas em janeiro (R$)	
Vendedor	**Geladeiras**	**Fogões**
Paulo	$23\,000{,}00 \cdot 0{,}05$	$12\,000{,}00 \cdot 0{,}05$
Germano	$27\,000{,}00 \cdot 0{,}05$	$10\,000{,}00 \cdot 0{,}05$
Rodolfo	$19\,000{,}00 \cdot 0{,}05$	$15\,000{,}00 \cdot 0{,}05$

Efetuados os cálculos, a tabela com a informação das comissões pagas em janeiro seria:

	Comissões pagas em janeiro (R$)	
Vendedor	**Geladeiras**	**Fogões**
Paulo	1150,00	600,00
Germano	1350,00	500,00
Rodolfo	950,00	750,00

Esse exemplo ilustra a operação de multiplicar uma matriz por um número real.
Acompanhe outro exemplo:

Sendo $A = \begin{pmatrix} 5 & 8 & -1 \\ -4 & 3 & 6 \end{pmatrix}$, então $2A$:

$$2A = 2\begin{pmatrix} 5 & 8 & -1 \\ -4 & 3 & 6 \end{pmatrix} = \begin{pmatrix} 2 \cdot 5 & 2 \cdot 8 & 2(-1) \\ 2(-4) & 2 \cdot 3 & 2 \cdot 6 \end{pmatrix} = \begin{pmatrix} 10 & 16 & -2 \\ -8 & 6 & 12 \end{pmatrix}$$

Assim:

Se A é uma matriz $m \times n$, de elementos a_{ij}, e α é um número real, então αA é uma matriz $m \times n$ cujos elementos são αa_{ij}.

Para refletir

Sendo α e β números reais e A e B matrizes de mesma ordem, verifique que:

$(\alpha + \beta)A = \alpha A + \beta A$

$\alpha(A + B) = \alpha A + \alpha B$

$\alpha(\beta A) = (\alpha\beta)A$

$1A = A$

8 Matriz transposta

O mesmo gerente citado anteriormente vai fazer uma apresentação para seus superiores e, entre outras coisas, deseja mostrar as vendas bimestrais dos três vendedores. Ao preparar a apresentação, ele percebe que a visualização da tabela ficaria melhor se o nome dos vendedores estivesse nas colunas e os produtos nas linhas da tabela. Em outras palavras, ele quer fazer o seguinte:

A tabela era assim:

	Vendas no 1º bimestre (R$)	
Vendedor	**Geladeiras**	**Fogões**
Paulo	44 000,00	22 000,00
Germano	43 000,00	16 000,00
Rodolfo	39 000,00	24 000,00

E vai ficar assim:

	Vendedor	Paulo	Germano	Rodolfo
Vendas no 1º bimestre (R$)	**Geladeiras**	44 000,00	43 000,00	39 000,00
	Fogões	22 000,00	16 000,00	24 000,00

A nova tabela do gerente é um exemplo de transposição de matriz.

Então:

> Seja A uma matriz $m \times n$, denomina-se **matriz transposta** de A (indica-se por A^t) a matriz $n \times m$ cujas linhas são, ordenadamente, as colunas de A.

Exemplos:

a) $A = \begin{pmatrix} 6 & -2 \\ 4 & 5 \end{pmatrix} \Rightarrow A^t = \begin{pmatrix} 6 & 4 \\ -2 & 5 \end{pmatrix}$

Para refletir
Qual é o significado da palavra "ordenadamente" nessa definição?

b) $A = \begin{pmatrix} 3 & 10 & -1 \\ 0 & -2 & 6 \end{pmatrix} \Rightarrow A^t = \begin{pmatrix} 3 & 0 \\ 10 & -2 \\ -1 & 6 \end{pmatrix}$

c) $A = \begin{bmatrix} 4 & 2 & 1 \\ 0 & 5 & 8 \\ -3 & 2 & 10 \end{bmatrix} \Rightarrow A^t = \begin{bmatrix} 4 & 0 & -3 \\ 2 & 5 & 2 \\ 1 & 8 & 10 \end{bmatrix}$

Notamos que, se $A = (a_{ij})$ é do tipo $m \times n$, então $A^t = (b_{ji})$ é do tipo $n \times m$ e $b_{ji} = a_{ij}$.

Exercícios

24. Sendo $A = \begin{pmatrix} 2 & 0 & -1 \\ -4 & 1 & 3 \end{pmatrix}$ e $B = \begin{pmatrix} 0 & -1 & 2 \\ 5 & 0 & 6 \end{pmatrix}$, determine:

a) $5A$

b) $-2B$

c) $\frac{1}{2}A$

d) $2A + 3B$

e) $3A - \frac{1}{2}B$

f) $5A - 0_{2 \times 3}$

25. Escreva a matriz transposta das seguintes matrizes:

a) $A = (5 \quad 2 \quad 6)$

b) $B = \begin{pmatrix} 2 & 5 \\ -1 & 4 \\ 0 & 6 \end{pmatrix}$

c) $C = \begin{pmatrix} -4 & 2 \\ 5 & -1 \end{pmatrix}$

d) $D = \begin{pmatrix} 1 & 3 & 2 \\ 0 & 0 & 5 \\ -1 & 4 & 3 \end{pmatrix}$

26. Calcule $\begin{pmatrix} 3 & 5 \\ 2 & 8 \end{pmatrix} + \begin{pmatrix} 1 & 6 \\ 4 & 5 \end{pmatrix}$.

27. Dada a matriz $A = \begin{bmatrix} 4 & 1 \\ 3 & -4 \end{bmatrix}$, calcule:

a) $A + A$

b) $A + A + A$

c) $\underbrace{A + A + \ldots + A}_{6 \text{ parcelas}}$

28. A e B são duas matrizes quadradas de ordem 2, cujos elementos são dados por $a_{ij} = 3i - 2j$ e $b_{ij} = (a_{ij})^2$. Calcule $A - B$.

29. Sendo $A = \begin{pmatrix} 2 & 1 \\ 3 & 2 \end{pmatrix}$ e $B = \begin{pmatrix} 1 & 5 \\ 2 & -2 \end{pmatrix}$, determine:

a) $A + B$

b) $A - B$

c) $5A$

d) A^t

e) B^t

f) $A^t + B$

g) $A + B^t$

h) $3 \cdot A^t$

i) $(5A - B)^t$

j) $(3A)^t - 3A^t$

k) $-(A^t + B^t)$

30. Seja A uma matriz quadrada de ordem 3 cujos elementos são dados por $aij = \begin{cases} 0, \text{ se } i \neq j \\ i + j, \text{ se } i = j \end{cases}$, calcule:

a) A

b) $A + I_3$

c) $A + O_3$

d) $3A$

e) A^t

f) $A + A^t$

g) $A - A^t$

h) $2A + 3A^t - I_3$

31. DESAFIO Sendo $A = \begin{pmatrix} 1 & 2 \\ 3 & 4 \end{pmatrix}$ e $B = \begin{pmatrix} 2 & 0 \\ 1 & 2 \end{pmatrix}$, mostre que:

a) $(A^t)^t = A$

b) $(A + B)^t = A^t + B^t$

c) $(2A)^t = 2A^t$

d) $(A - B)^t = A^t - B^t$

Para refletir

Verifique que:

- $(A^t)^t = A$
- $(\alpha A)^t = \alpha \cdot A^t$
- $(A + B)^t = A^t + B^t$

32. DESAFIO Uma equipe de criadores de jogos para celular acabou de lançar dois jogos, o "Avião Maluco" e o "Fura Bolo", nas versões **A** e **B**. As tabelas abaixo mostram o número de *downloads* de cada jogo, em cada tipo de versão, por dia:

	***Downloads* em 23 de outubro**	
Jogo	**Versão A**	**Versão B**
Avião Maluco	23	21
Fura Bolo	28	36

	***Downloads* em 24 de outubro**	
Jogo	**Versão A**	**Versão B**
Avião Maluco	67	89
Fura Bolo	122	104

De acordo com os dados das tabelas, faça o que se pede:

a) Elabore a matriz A, quadrada de ordem 2, com os dados da tabela do dia 23 de outubro.

b) Elabore a matriz B, quadrada de ordem 2, com os dados da tabela do dia 24 de outubro.

c) Elabore a matriz $A + B$ e interprete o que são os valores dessa matriz, de acordo com o contexto do enunciado.

d) Elabore a matriz $B - A$ e interprete o que são os valores dessa matriz, de acordo com o contexto do enunciado.

e) Exatamente 10% do total de usuários que fizeram o *download* dos jogos nesses dois dias avaliaram os jogos como sendo ótimos. Qual alternativa abaixo contém a operação matricial que gera a matriz C contendo a quantidade de usuários que nesses dois dias avaliou cada jogo, em cada versão, como sendo ótimo?

- $C = 0{,}1 \cdot A + B$
- $C = 0{,}1 \cdot A^t + B$
- $C = 0{,}1 \cdot (A + B)$
- $C = 0{,}1 \cdot (A^t + B)$

9 Multiplicação de matrizes

A multiplicação de matrizes não é uma operação tão simples como as outras já estudadas até aqui; não basta multiplicar os elementos correspondentes. Vamos introduzi-la por meio da seguinte situação:

Durante as Olimpíadas, realizadas em Londres em 2012, o grupo **C** do futebol masculino era formado por quatro países: Brasil, Egito, Bielorrússia e Nova Zelândia. Observe os resultados (número de vitórias, empates e derrotas) de cada um, registrados em uma tabela e em uma matriz A, do tipo 4×3:

	Vitórias	Empates	Derrotas
Brasil	3	0	0
Egito	1	1	1
Bielorrússia	1	0	2
Nova Zelândia	0	1	2

$$A = \begin{bmatrix} 3 & 0 & 0 \\ 1 & 1 & 1 \\ 1 & 0 & 2 \\ 0 & 1 & 2 \end{bmatrix}$$

Pelo regulamento das Olimpíadas, cada resultado (vitória, empate ou derrota) tem pontuação correspondente (3 pontos, 1 ponto ou 0 ponto). Veja esse fato registrado em uma tabela e em uma matriz B, do tipo 3×1.

	Número de pontos
Vitória	3
Empate	1
Derrota	0

$$B = \begin{bmatrix} 3 \\ 1 \\ 0 \end{bmatrix}$$

Terminada a primeira fase, foi verificado o total de pontos dos países participantes. Essa pontuação pode ser registrada em uma matriz que é representada por AB (produto de A por B). Veja como é obtida a matriz da pontuação dos países de cada grupo:

Brasil: $3 \cdot 3 + 0 \cdot 1 + 0 \cdot 0 = 9$

Egito: $1 \cdot 3 + 1 \cdot 1 + 1 \cdot 0 = 4$

Bielorrússia: $1 \cdot 3 + 0 \cdot 1 + 2 \cdot 0 = 3$

Nova Zelândia: $0 \cdot 3 + 1 \cdot 1 + 2 \cdot 0 = 1$

$$AB = \begin{bmatrix} 9 \\ 4 \\ 3 \\ 1 \end{bmatrix}$$

Esse exemplo sugere como deve ser feita a multiplicação de matrizes. Observe a relação que existe entre as ordens das matrizes:

$$A_{4 \times 3} \cdot B_{3 \times 1} = AB_{4 \times 1}$$

Para refletir
Como é determinado cada elemento de AB?

Veja agora a definição matemática da multiplicação de matrizes:

> Dada uma matriz $A = (a_{ij})$ do tipo $m \times n$ e uma matriz $B = (b_{ij})$ do tipo $n \times p$, o produto da matriz A pela matriz B é a matriz $C = (c_{ij})$ do tipo $m \times p$ tal que o elemento c_{ij} é calculado multiplicando-se ordenadamente os elementos da linha i, da matriz A, pelos elementos da coluna j, da matriz B, e somando-se os produtos obtidos. Para dizer que a matriz C é o produto de A por B, vamos indicá-la por AB.

Observe que só definimos o produto AB de duas matrizes quando o número de colunas de A for igual ao número de linhas de B; além disso, notamos que o produto AB possui o número de linhas de A e o número de colunas de B:

$$A_{\textcircled{m}\times n} \cdot B_{n\times \textcircled{p}} = AB_{\textcircled{m}\times\textcircled{p}}$$

Fique atento!
A matriz identidade é o elemento neutro da multiplicação de matrizes, ou seja, quando existirem os produtos, temos:
$A \cdot I = A$ e $I \cdot B = B$

Multiplicação de matrizes

passo a passo: exercício 7

Exercícios resolvidos

4. Dadas as matrizes $A = (a_{11}, a_{12}, a_{13})_{1\times 3}$ e $B = \begin{pmatrix} b_{11} \\ b_{21} \\ b_{31} \end{pmatrix}_{3\times 1}$, determine AB:

Resolução

$$AB = (a_{11}, a_{12}, a_{13})_{1\times 3} \cdot \begin{pmatrix} b_{11} \\ b_{21} \\ b_{31} \end{pmatrix}_{3\times 1} = a_{11}b_{11} + a_{12}b_{21} + a_{13}b_{31}$$

5. Dados $A = \begin{bmatrix} 1 & 3 & 2 \\ 0 & 5 & -1 \end{bmatrix}$ e $B = \begin{bmatrix} 3 & 0 \\ 4 & -2 \\ 1 & 6 \end{bmatrix}$ determine AB.

Resolução

$\left.\begin{matrix} A \text{ é uma matriz } 2\times 3 \\ B \text{ é uma matriz } 3\times 2 \end{matrix}\right\} AB$ será uma matriz 2×2.

$$AB = \begin{bmatrix} c_{11} & c_{12} \\ c_{21} & c_{22} \end{bmatrix}$$

c_{11}: usa-se a **1ª linha** de A e a **1ª coluna** de B, multiplicando-se ordenadamente os elementos:
$1 \cdot 3 + 3 \cdot 4 + 2 \cdot 1 = 17$

c_{12}: usa-se a **1ª linha** de A e a **2ª coluna** de B: $1 \cdot 0 + 3(-2) + 2 \cdot 6 = 6$

c_{21}: usa-se a **2ª linha** de A e a **1ª coluna** de B: $0 \cdot 3 + 5 \cdot 4 + (-1)1 = 19$

c_{22}: usa-se a **2ª linha** de A e a **2ª coluna** de B: $0 \cdot 0 + 5(-2) + (-1)6 = -16$

Concluindo: $\underbrace{\begin{bmatrix} 1 & 3 & 2 \\ 0 & 5 & -1 \end{bmatrix}}_{A_{2\times 3}} \underbrace{\begin{bmatrix} 3 & 0 \\ 4 & -2 \\ 1 & 6 \end{bmatrix}}_{B_{3\times 2}} = \underbrace{\begin{bmatrix} 17 & 6 \\ 19 & -16 \end{bmatrix}}_{AB_{2\times 2}}$

6. Dados $A = \begin{pmatrix} 3 & 2 \\ 5 & 0 \\ 1 & 4 \end{pmatrix}$ e $B = \begin{pmatrix} 3 & 1 \\ 6 & 2 \end{pmatrix}$, determine AB.

Resolução

Como A é uma matriz 3×2 e B é uma matriz 2×2, o número de colunas de A é igual ao número de linhas de B; assim, está definido o produto AB, que será uma matriz 3×2, isto é:

$$AB = \begin{pmatrix} c_{11} & c_{12} \\ c_{21} & c_{22} \\ c_{31} & c_{32} \end{pmatrix} = \underbrace{\begin{pmatrix} 3 & 2 \\ 5 & 0 \\ 1 & 4 \end{pmatrix}}_{3 \times 2} \underbrace{\begin{pmatrix} 3 & 1 \\ 6 & 2 \end{pmatrix}}_{2 \times 2} = \begin{pmatrix} 3 \cdot 3 + 2 \cdot 6 & 3 \cdot 1 + 2 \cdot 2 \\ 5 \cdot 3 + 0 \cdot 6 & 5 \cdot 1 + 0 \cdot 2 \\ 1 \cdot 3 + 4 \cdot 6 & 1 \cdot 1 + 4 \cdot 2 \end{pmatrix} = \underbrace{\begin{pmatrix} 21 & 7 \\ 15 & 5 \\ 27 & 9 \end{pmatrix}}_{3 \times 2}$$

» Resolvido passo a passo

7. *Biologia*

(UEL-PR) Uma nutricionista recomendou aos atletas de um time de futebol a ingestão de uma quantidade mínima de certos alimentos (fruta, leite e cereais) necessária para uma alimentação sadia. A matriz D fornece a quantidade diária mínima (em gramas) daqueles alimentos. A matriz M fornece a quantidade (em gramas) de proteínas, gorduras e carboidratos fornecida por cada grama ingerida dos alimentos citados.

$$D = \begin{bmatrix} 200 \\ 300 \\ 600 \end{bmatrix} \begin{matrix} \text{fruta} \\ \text{leite} \\ \text{cereais} \end{matrix}$$

$$M = \begin{matrix} & \text{fruta} & \text{leite} & \text{cereais} & \\ & \left[\begin{matrix} 0{,}006 \\ 0{,}001 \\ 0{,}084 \end{matrix}\right. & \begin{matrix} 0{,}033 \\ 0{,}035 \\ 0{,}052 \end{matrix} & \left.\begin{matrix} 0{,}108 \\ 0{,}018 \\ 0{,}631 \end{matrix}\right] & \begin{matrix} \text{proteínas} \\ \text{gorduras} \\ \text{carboidratos} \end{matrix} \end{matrix}$$

A matriz que mostra a quantidade diária mínima (em gramas) de proteínas, gorduras e carboidratos fornecida pela ingestão daqueles alimentos é:

a) $\begin{bmatrix} 18{,}20 \\ 36{,}30 \\ 454{,}20 \end{bmatrix}$.

b) $\begin{bmatrix} 29{,}70 \\ 16{,}20 \\ 460{,}20 \end{bmatrix}$.

c) $\begin{bmatrix} 48{,}30 \\ 36{,}00 \\ 432{,}40 \end{bmatrix}$.

d) $\begin{bmatrix} 51{,}90 \\ 48{,}30 \\ 405{,}60 \end{bmatrix}$.

e) $\begin{bmatrix} 75{,}90 \\ 21{,}50 \\ 411{,}00 \end{bmatrix}$.

1. Lendo e compreendendo

a) O que é dado no problema?

São dadas duas matrizes, uma delas com a quantidade mínima de frutas, leite e cereais necessária para uma alimentação sadia dos atletas de um time de futebol; e a outra com a quantidade de proteínas, gorduras e carboidratos obtida pela ingestão de cada grama de frutas, leite e cereais.

b) O que se pede?

Pede-se a matriz que contém como elementos a quantidade mínima diária de proteínas, gorduras e carboidratos fornecida pela ingestão dos alimentos recomendados pela nutricionista do enunciado.

2. Planejando a solução

Podemos usar duas estratégias:

- *1ª estratégia*:
Usando as matrizes apenas como fonte de informação e interpretando corretamente o texto, podemos determinar as quantidades pedidas, para posteriormente montar uma matriz com essas quantidades;
- *2ª estratégia*:
Mais teórica, faz uso do conceito de multiplicação de matrizes. A matriz resposta será o produto da matriz M pela matriz D, nessa ordem, pois sabemos que na matriz resposta teremos as linhas sendo quantidade de proteínas, gorduras e carboidratos, como na matriz M. Assim, chamando de X a matriz resposta, teremos $X = M \cdot D$.

3. Executando o que foi planejado

- *1ª estratégia*:
Basta interpretarmos adequadamente o conteúdo de cada matriz dada. Assim, para obter a quantidade diária mínima de proteína fornecida pela ingestão daqueles alimentos, basta sabermos a quantidade de cada alimento e quanto cada grama dele contém de proteína.

Da matriz D sabemos que são 200 g de frutas; da matriz M sabemos que cada grama de fruta nos dá 0,006 g de proteína. Assim, o total de proteína obtido com a ingestão de frutas é $200 \cdot 0{,}006 = 1{,}2$ g.

Da matriz D sabemos que são 300 g de leite; da matriz M sabemos que cada grama de leite nos dá 0,033 g de proteína. Assim, o total de proteína obtido com a ingestão de leite é $300 \cdot 0{,}033 = 9{,}9$ g.

Da matriz D sabemos que são 600 g de cereais; da matriz M sabemos que cada grama de cereais nos dá 0,108 g de proteína. Assim, o total de proteína obtido com a ingestão de cereais é $600 \cdot 0{,}108 = 64{,}8$ g.

Então, o total de proteína fornecido é $1{,}2 + 9{,}9 + 64{,}8 = 75{,}9$ g.

É interessante notar que esse resultado já é suficiente para que possamos escolher adequadamente uma alternativa, no caso a alternativa **e**, pois é a única que contém 75,9 g de proteínas na matriz resposta.

Outro ponto a salientar é que essa estratégia, embora correta, é trabalhosa, pois para obter toda a matriz resposta ainda faltaria fazer os cálculos para gorduras e carboidratos, de forma análoga ao que fizemos para o cálculo das proteínas.

- *2ª estratégia*:
Se a matriz resposta será dada por $X = M \cdot D$, então:

$$X = \begin{bmatrix} 0{,}006 & 0{,}033 & 0{,}108 \\ 0{,}001 & 0{,}035 & 0{,}018 \\ 0{,}084 & 0{,}052 & 0{,}631 \end{bmatrix} \cdot \begin{bmatrix} 200 \\ 300 \\ 600 \end{bmatrix} = \begin{bmatrix} 0{,}006 \cdot 200 + 0{,}033 \cdot 300 + 0{,}108 \cdot 600 \\ 0{,}001 \cdot 200 + 0{,}035 \cdot 300 + 0{,}018 \cdot 600 \\ 0{,}084 \cdot 200 + 0{,}052 \cdot 300 + 0{,}631 \cdot 600 \end{bmatrix} = \begin{bmatrix} 75{,}90 \\ 21{,}50 \\ 411{,}00 \end{bmatrix}.$$

A contrapartida dessa segunda estratégia, notadamente menos trabalhosa, é o saber teórico necessário para que se perceba que o problema pode ser resolvido pelo produto de matrizes. De forma geral, quanto mais conhecimento teórico reunimos sobre determinado assunto, menos trabalho será empregado na resolução dos problemas, pois será possível avaliar a melhor estratégia na hora da resolução.

4. Emitindo a resposta

A resposta é a alternativa **e**.

5. Ampliando o problema

a) Suponha que os atletas dessa equipe necessitem também de certa quantidade de vitamina C, e que essa vitamina é fornecida pelas frutas, leite e cereais em determinadas quantidades. Com essa introdução da necessidade de vitamina C, o que mudaria nas matrizes D e M para que a matriz resposta contenha também a quantidade de vitamina C, além de proteínas, gorduras e carboidratos?

b) DESAFIO A profissão de nutricionista está cada vez mais presente nos vários setores da vida cotidiana, seja preparando um plano de regime para pessoas que precisam controlar o "peso" ou têm problemas de saúde, seja estabelecendo cardápios adequados para atletas de várias modalidades esportivas. Converse com seus colegas e discutam se uma alimentação adequada influi na prática de esportes.

Exercícios

33. Só definimos o produto AB de duas matrizes quando o número de colunas de A for igual ao número de linhas de B. Então, associe **V** ou **F** a cada uma das seguintes afirmações:

a) Se A é uma matriz 3×1 e B é uma matriz 1×2, existe o produto AB.

b) Se $A = \begin{pmatrix} 1 \\ 3 \\ 5 \end{pmatrix}$ e $B = (1\ 5\ 2)$, existe o produto AB.

c) Se A é uma matriz 4×3 e B é uma matriz 1×4, existe o produto AB.

d) Se A e B são matrizes quadradas de ordem 2, então o produto AB será, também, uma matriz quadrada de ordem 2.

34. Responda, pensando na definição:

a) Dadas duas matrizes quaisquer, é sempre possível determinar o seu produto?

b) Pela definição, se A é uma matriz $m \times n$ e B é uma matriz $n \times p$, existe o produto AB? Se existe, de que tipo é a matriz AB?

c) Se A é uma matriz 2×3 e B é uma matriz 3×4, existe o produto AB?
Existindo o produto, de que tipo é a matriz AB?

d) Dadas duas matrizes quadradas de ordem n, seu produto sempre existe? Se existir, de que tipo é a matriz produto?

35. Seja a equação matricial $A \cdot B + X = C^t$. Se A e B são matrizes de tipos 3×4 e 4×2, respectivamente, então para que exista uma matriz X, solução da equação, a matriz C deve ser do tipo:

a) 2×3.
b) 2×4.
c) 3×2.
d) 3×3.
e) 3×4.

36. Dadas as matrizes $A = \begin{bmatrix} 1 & 3 \\ 0 & -2 \end{bmatrix}$ e $B = \begin{bmatrix} 4 & -1 \\ 1 & 2 \end{bmatrix}$, determine:

a) AB
b) BA

37. Determine o produto AB, sendo $A = \begin{pmatrix} 4 & 1 \\ 8 & 2 \end{pmatrix}$ e $B = \begin{pmatrix} -3 & 5 \\ 12 & -20 \end{pmatrix}$.

38. DESAFIO Observe os resultados obtidos nos exercícios 36 e 37 acima e avalie como verdadeira (**V**) ou falsa (**F**) cada sentença abaixo (considere A e B matrizes quadradas, de mesma ordem):

a) $AB = BA$;

b) Se $AB = 0$, então $A = 0$ e $B = 0$.

Para refletir

Dadas as matrizes quadradas A e B de mesma ordem, às vezes temos $AB = BA$, mas às vezes $AB \neq BA$.
Quando $AB = BA$, dizemos que A e B comutam.
Dadas $E = \begin{bmatrix} 0 & -1 \\ 0 & 2 \end{bmatrix}$, $F = \begin{bmatrix} 3 & 0 \\ 3 & 1 \end{bmatrix}$ e $G = \begin{bmatrix} 2 & 0 \\ -3 & 4 \end{bmatrix}$, verifique quais são as duas matrizes que comutam.

39. Dadas as matrizes $A = \begin{pmatrix} 2 & 3 \\ 5 & 1 \end{pmatrix}$ e $B = \begin{pmatrix} 3 & 1 \\ 2 & 1 \end{pmatrix}$, determine:

a) A^2, em que $A^2 = AA$;
b) B^2, em que $B^2 = BB$;
c) $(A + B)(A - B)$;
d) $A^2 - B^2$.

Fique atento!
Só podemos calcular A^2 quando A é matriz quadrada.

40. Observando os resultados obtidos no exercício anterior, responda: para essas matrizes, A e B, vale a igualdade $(A + B)(A - B) = A^2 - B^2$?

41. Se $A = \begin{bmatrix} 4 & 1 \\ 6 & -2 \end{bmatrix}$ e I_2 é a matriz identidade de ordem 2, determine:

a) $A \cdot I_2$
b) $I_2 \cdot A$

42. Determine os produtos:

a) $\begin{pmatrix} 6 & 5 \\ 1 & 0 \end{pmatrix}\begin{pmatrix} 2 & 4 \\ 1 & 3 \end{pmatrix}$

b) $\begin{pmatrix} 1 \\ 3 \\ 6 \end{pmatrix}(2\quad 5\quad 0)$

c) $\begin{bmatrix} 1 & 3 & 6 \\ 2 & 5 & 1 \\ 4 & 0 & 2 \end{bmatrix}\begin{bmatrix} 5 & 0 \\ 2 & 4 \\ 3 & 2 \end{bmatrix}$

d) $\begin{bmatrix} 5 & 1 \\ 3 & 2 \end{bmatrix}\begin{bmatrix} 0 & 5 & 1 & 6 \\ 2 & -1 & 4 & -3 \end{bmatrix}$

e) $\begin{pmatrix} 1 & 6 \\ -2 & 1 \\ 4 & 3 \end{pmatrix}\begin{pmatrix} 3 & 5 \\ -1 & 2 \end{pmatrix}$

f) $\begin{pmatrix} 5 & -4 \\ 2 & 1 \end{pmatrix}\begin{pmatrix} 7 & 4 \\ -6 & 2 \end{pmatrix}$

43. Considere as matrizes:

$A = (a_{ij})_{3 \times 4}$, onde $a_{ij} = i + j$;
$B = (b_{ij})_{4 \times 5}$, onde $b_{ij} = ij$;
$C = A \cdot B$.

Determine o valor do elemento c_{32}.

44. Sejam as matrizes $A = \begin{pmatrix} 2 & 3 \\ 1 & 4 \end{pmatrix}$ e $B = \begin{pmatrix} 1 & -1 \\ 2 & 5 \end{pmatrix}$.
Determine:

a) A^2;
b) B^2;
c) AB;
d) $2AB$;
e) $(A + B)^2$;
f) $A^2 + 2AB + B^2$.

45. Observando os resultados obtidos no exercício anterior, responda: Para essas matrizes A e B vale a igualdade $(A + B)^2 = A^2 + 2AB + B^2$?

46. Determine o produto AB quando:

a) $A = \begin{pmatrix} 4 & 1 \\ 8 & 2 \end{pmatrix}$ e $B = \begin{pmatrix} -3 & 5 \\ 12 & -20 \end{pmatrix}$;

b) $A = \begin{pmatrix} 5 & 1 \\ 10 & 2 \end{pmatrix}$ e $B = \begin{pmatrix} 3 & -2 \\ -15 & 10 \end{pmatrix}$.

47. Observando os resultados obtidos no exercício anterior, responda: O produto de duas matrizes não nulas pode resultar numa matriz nula?

48. Sendo $A = \begin{pmatrix} 3 & -1 \\ 0 & 1 \end{pmatrix}$ e $B = \begin{pmatrix} 0 & 2 \\ -2 & -1 \end{pmatrix}$, determine:

a) A^tB;

b) AB^t;

c) A^tB^t;

d) B^tA^t;

e) $(AB)^t$.

49. Para a fabricação de caminhões, uma indústria montadora precisa de eixos e rodas para seus três modelos de caminhões, com a seguinte especificação:

Componentes/Modelo	A	B	C
Eixos	2	3	4
Rodas	4	6	8

Para os dois primeiros meses do ano, a produção da fábrica deverá seguir a tabela abaixo:

Modelo/Meses	Janeiro	Fevereiro
A	30	20
B	25	18
C	20	15

Usando a multiplicação de matrizes, responda: nessas condições, quantos eixos e quantas rodas são necessários em cada um dos meses para que a montadora atinja a produção planejada?

Propriedades da multiplicação de matrizes

Já conhecemos as propriedades da multiplicação dos números reais; veremos agora que apenas algumas delas são válidas para a multiplicação de matrizes.

A multiplicação de matrizes não é comutativa

Observe os seguintes exemplos:

1º) Dadas as matrizes $A = \begin{pmatrix} 2 & 5 \\ -1 & 3 \end{pmatrix}$ e $B = \begin{pmatrix} -3 & 2 \\ 4 & 6 \end{pmatrix}$, vamos calcular AB e BA.

$$AB = \begin{pmatrix} 2 & 5 \\ -1 & 3 \end{pmatrix}\begin{pmatrix} -3 & 2 \\ 4 & 6 \end{pmatrix} = \begin{pmatrix} 14 & 34 \\ 15 & 16 \end{pmatrix} \quad BA = \begin{pmatrix} -3 & 2 \\ 4 & 6 \end{pmatrix}\begin{pmatrix} 2 & 5 \\ -1 & 3 \end{pmatrix} = \begin{pmatrix} -8 & -9 \\ 2 & 38 \end{pmatrix}$$

Notamos que $AB \neq BA$.

2º) Vejamos agora para $A = \begin{bmatrix} 1 & 0 \\ -1 & 1 \end{bmatrix}$ e $B = \begin{bmatrix} 2 & 0 \\ 1 & 2 \end{bmatrix}$.

A é de ordem 2 e B é de ordem 2. Logo podemos calcular AB e também BA.

$$AB = \begin{bmatrix} 1 & 0 \\ -1 & 1 \end{bmatrix}\begin{bmatrix} 2 & 0 \\ 1 & 2 \end{bmatrix} = \begin{bmatrix} 2 & 0 \\ -1 & 2 \end{bmatrix} \quad BA = \begin{bmatrix} 2 & 0 \\ 1 & 2 \end{bmatrix}\begin{bmatrix} 1 & 0 \\ -1 & 1 \end{bmatrix} = \begin{bmatrix} 2 & 0 \\ -1 & 2 \end{bmatrix}$$

Quando $AB = BA$, dizemos que as matrizes A e B comutam, ou A comuta com B, ou A e B são comutáveis. Mas devemos lembrar que a multiplicação de matrizes não é comutativa, ou seja, AB nem sempre é igual a BA.

Fique atento!

- Com números reais: $a \cdot b = b \cdot a, \forall\, a, b \in \mathbb{R}$.
- Com matrizes: AB e BA podem ou não ter resultados iguais.

Na multiplicação de matrizes não vale a propriedade do cancelamento

Dadas as matrizes $A = \begin{pmatrix} 1 & 2 \\ 1 & 2 \end{pmatrix}$, $B = \begin{pmatrix} 3 & 0 \\ 4 & 7 \end{pmatrix}$ e $C = \begin{pmatrix} 11 & 2 \\ 0 & 6 \end{pmatrix}$, vamos calcular AB e AC.

$$AB = \begin{pmatrix} 1 & 2 \\ 1 & 2 \end{pmatrix}\begin{pmatrix} 3 & 0 \\ 4 & 7 \end{pmatrix} = \begin{pmatrix} 11 & 14 \\ 11 & 14 \end{pmatrix} \qquad AC = \begin{pmatrix} 1 & 2 \\ 1 & 2 \end{pmatrix}\begin{pmatrix} 11 & 2 \\ 0 & 6 \end{pmatrix} = \begin{pmatrix} 11 & 14 \\ 11 & 14 \end{pmatrix}$$

> **Você sabia?**
> Com números reais, se $ab = ac$, com $a \neq 0$, então $b = c$.

Note que podemos ter $AB = AC$, com $B \neq C$.

> Se A, B e C são matrizes tal que $AB = AC$, não podemos garantir que B e C sejam iguais.

Na multiplicação de matrizes não vale a propriedade do anulamento

Dadas as matrizes $A = \begin{pmatrix} 1 & -1 \\ -2 & 2 \end{pmatrix}$ e $B = \begin{pmatrix} 5 & 5 \\ 5 & 5 \end{pmatrix}$, não nulas, vamos calcular AB.

$$AB = \begin{pmatrix} 1 & -1 \\ -2 & 2 \end{pmatrix}\begin{pmatrix} 5 & 5 \\ 5 & 5 \end{pmatrix} = \begin{pmatrix} 0 & 0 \\ 0 & 0 \end{pmatrix} = 0$$

Notamos que $AB = 0$, mas $A \neq 0$ e $B \neq 0$.

> **Fique atento!**
> Com números reais:
> $ab = 0 \Rightarrow a = 0$ ou $b = 0$.

> Se A e B são matrizes tal que $AB = 0$ (matriz nula), não podemos garantir que uma delas seja nula.

Observação: A definição de multiplicação de matrizes e o fato de ela não ser comutativa nos levam a analisar com cuidado a propriedade do elemento neutro.

Seja A uma matriz quadrada, por exemplo, de ordem 3: $A = \begin{bmatrix} 2 & -1 & 0 \\ 3 & 4 & 2 \\ -1 & -2 & 5 \end{bmatrix}$.

Veja o que acontece fazendo AI_3 e I_3A:

$$AI_3 = \begin{bmatrix} 2 & -1 & 0 \\ 3 & 4 & 2 \\ -1 & -2 & 5 \end{bmatrix}\begin{bmatrix} 1 & 0 & 0 \\ 0 & 1 & 0 \\ 0 & 0 & 1 \end{bmatrix} = \begin{bmatrix} 2 & -1 & 0 \\ 3 & 4 & 2 \\ -1 & -2 & 5 \end{bmatrix} = A \quad I_3A = \begin{bmatrix} 1 & 0 & 0 \\ 0 & 1 & 0 \\ 0 & 0 & 1 \end{bmatrix}\begin{bmatrix} 2 & -1 & 0 \\ 3 & 4 & 2 \\ -1 & -2 & 5 \end{bmatrix} = \begin{bmatrix} 2 & -1 & 0 \\ 3 & 4 & 2 \\ -1 & -2 & 5 \end{bmatrix} = A$$

Agora, seja A uma matriz não quadrada, por exemplo, do tipo 2×3: $A = \begin{bmatrix} 5 & 3 & 1 \\ -1 & 0 & 2 \end{bmatrix}$.

Podemos fazer: $\underset{2\times 3}{A} \cdot \underset{3\times 3}{I_3} = \begin{bmatrix} 5 & 3 & 1 \\ -1 & 0 & 2 \end{bmatrix}\begin{bmatrix} 1 & 0 & 0 \\ 0 & 1 & 0 \\ 0 & 0 & 1 \end{bmatrix} = \begin{bmatrix} 5 & 3 & 1 \\ -1 & 0 & 2 \end{bmatrix} = A$

$$\underset{2\times 2}{I_2} \cdot \underset{2\times 3}{A_3} = \begin{bmatrix} 1 & 0 \\ 0 & 1 \end{bmatrix}\begin{bmatrix} 5 & 3 & 1 \\ -1 & 0 & 2 \end{bmatrix} = \begin{bmatrix} 5 & 3 & 1 \\ -1 & 0 & 2 \end{bmatrix} = A$$

> **Fique atento!**
> Com números reais:
> $1 \cdot a = a \cdot 1 = a, \forall a \in \mathbb{R}$.

Podemos escrever:

- Se A é uma matriz quadrada de ordem n, então $AI_n = I_nA = A$.
- Se A é uma matriz do tipo $m \times n$, com $m \neq n$, então $AI_n = I_mA = A$.

As propriedades associativa e distributiva valem para a multiplicação de matrizes

Pode-se demonstrar que, na multiplicação de matrizes, sempre que for possível efetuar as multiplicações envolvidas, temos:

$A(BC) = (AB)C$ $\quad$ $(A + B)C = AC + BC$ $\quad$ $A(B + C) = AB + AC$

Escolha três matrizes, A, B e C, e verifique essas propriedades.

Para refletir
É preciso cuidado com a posição das matrizes envolvidas. Não se pode garantir, por exemplo, que $A(BC)$ e $(BA)C$ sejam iguais. Justifique.

Uma propriedade envolvendo transposta de matriz produto

No caso de existirem os produtos envolvidos, temos mais uma propriedade da multiplicação de matrizes:

$$(AB)^t = B^tA^t$$

Para refletir
Use $A = \begin{pmatrix} 3 & -1 \\ 0 & 2 \end{pmatrix}$ e $B = \begin{pmatrix} 4 & 0 \\ -2 & -1 \end{pmatrix}$ e calcule $(AB)^t$, A^tB^t e B^tA^t.

Exercícios resolvidos

8. As matrizes $A = \begin{pmatrix} 1 & 2 \\ 3 & 0 \end{pmatrix}$ e $B = \begin{pmatrix} x & y \\ 3 & 5 \end{pmatrix}$ comutam, isto é, são tais que $AB = BA$. Calcule x e y.

Resolução

$$AB = \begin{pmatrix} 1 & 2 \\ 3 & 0 \end{pmatrix}\begin{pmatrix} x & y \\ 3 & 5 \end{pmatrix} = \begin{pmatrix} 1x + 2 \cdot 3 & 1y + 2 \cdot 5 \\ 3x + 0 \cdot 3 & 3y + 0 \cdot 5 \end{pmatrix} =$$

$$= \begin{pmatrix} x + 6 & y + 10 \\ 3x & 3y \end{pmatrix}$$

$$BA = \begin{pmatrix} x & y \\ 3 & 5 \end{pmatrix}\begin{pmatrix} 1 & 2 \\ 3 & 0 \end{pmatrix} =$$

$$= \begin{pmatrix} x \cdot 1 + 3y & x \cdot 2 + y \cdot 0 \\ 3 \cdot 1 + 5 \cdot 3 & 3 \cdot 2 + 5 \cdot 0 \end{pmatrix} = \begin{pmatrix} x + 3y & 2x \\ 18 & 6 \end{pmatrix}$$

Como $AB = BA$, pela igualdade de matrizes, temos:

$$\begin{cases} x + 6 = x + 3y \\ y + 10 = 2x \\ 3x = 18 \\ 3y = 6 \end{cases}$$

Resolvendo o sistema:

$3x = 18 \Rightarrow x = 6$

$3y = 6 \Rightarrow y = 2$

Esses valores satisfazem também as outras duas equações.

Para refletir
Verifique que $x = 6$ e $y = 2$ satisfazem as equações $y + 10 = 2x$ e $x + 6 = x + 3y$.

9. Dadas as matrizes $A = \begin{pmatrix} 1 & 0 & 0 \\ 0 & -1 & 2 \\ 2 & 0 & 1 \end{pmatrix}$ e $B = \begin{pmatrix} 2 \\ 3 \\ 1 \end{pmatrix}$, determine a matriz X na equação matricial $AX = B$.

Resolução

Pela definição de multiplicação de matrizes, a matriz X deve ter:

- número de linhas = número de colunas de A;
- número de colunas = número de colunas de B.

Logo, X é uma matriz 3×1, ou seja, $X = \begin{pmatrix} x \\ y \\ z \end{pmatrix}$.

Então:

$$\begin{pmatrix} 1 & 0 & 0 \\ 0 & -1 & 2 \\ 2 & 0 & 1 \end{pmatrix}\begin{pmatrix} x \\ y \\ z \end{pmatrix} = \begin{pmatrix} 2 \\ 3 \\ 1 \end{pmatrix} \Rightarrow \begin{pmatrix} x \\ -y + 2z \\ 2x + z \end{pmatrix} = \begin{pmatrix} 2 \\ 3 \\ 1 \end{pmatrix}$$

Pela igualdade de matrizes, temos: $\begin{cases} x = 2 \\ -y + 2z = 3 \\ 2x + z = 1 \end{cases}$

$x = 2$

$2x + z = 1 \Rightarrow 2(2) + z = 1 \Rightarrow 4 + z = 1 \Rightarrow z = -3$

$-y + 2z = 3 \Rightarrow -y + 2(-3) = 3 \Rightarrow -y = 9 \Rightarrow y = -9$

Logo, a matriz procurada é $X = \begin{pmatrix} 2 \\ -9 \\ -3 \end{pmatrix}$.

10. Sendo $A = \begin{pmatrix} 2 & 1 \\ 0 & 3 \end{pmatrix}$, determine a matriz X tal que $AX = I_2$.

Resolução

X é uma matriz quadrada de ordem 2, ou seja, $X = \begin{pmatrix} a & b \\ c & d \end{pmatrix}$.

Então:

$$\begin{pmatrix} 2 & 1 \\ 0 & 3 \end{pmatrix}\begin{pmatrix} a & b \\ c & d \end{pmatrix} = \begin{pmatrix} 1 & 0 \\ 0 & 1 \end{pmatrix} \Rightarrow \begin{pmatrix} 2a + c & 2b + d \\ 0a + 3c & 0b + 3d \end{pmatrix} = \begin{pmatrix} 1 & 0 \\ 0 & 1 \end{pmatrix}$$

Pela igualdade de matrizes, temos o seguinte sistema de equações:

$$\begin{cases} 2a + c = 1 \\ 2b + d = 0 \\ 3c = 0 \\ 3d = 1 \end{cases}$$, que resolvido nos dá $a = \frac{1}{2}$, $b = -\frac{1}{6}$, $c = 0$ e $d = \frac{1}{3}$.

Logo, a matriz pedida é:

$$X = \begin{pmatrix} \frac{1}{2} & -\frac{1}{6} \\ 0 & \frac{1}{3} \end{pmatrix}.$$

Exercícios

50. Sendo:

$A = \begin{pmatrix} 0 & 2 \\ 3 & 1 \end{pmatrix}$, $B = \begin{pmatrix} 1 & 2 \\ 3 & 2 \end{pmatrix}$ e $C = \begin{pmatrix} 1 & 3 \\ 3 & 0 \end{pmatrix}$, verifique que:

a) $AB = BA$;

b) $A(BC) = (AB)C$;

c) $A(B + C) = AB + AC$;

d) $BC \neq CB$;

e) $BI_2 = I_2B = B$.

51. Sendo $A = \begin{pmatrix} 2 & 1 \\ 4 & -2 \end{pmatrix}$ e $B = \begin{pmatrix} 1 & 2 \\ 5 & 0 \end{pmatrix}$, mostre que $(AB)^2 \neq A^2B^2$.

52. Sendo $A = \begin{pmatrix} 5 & 2 \\ -1 & 6 \end{pmatrix}$, determine a matriz X tal que $AX = A$.

53. Dado $A = \begin{pmatrix} 6 & 4 \\ 1 & 3 \end{pmatrix}$, determine o produto AI_2.

54. Se $A = \begin{pmatrix} mn & -m^2 \\ n^2 & -mn \end{pmatrix}$, prove que $A^2 = 0$, quaisquer que sejam m e n.

55. Sendo $A = \begin{pmatrix} 2 & 3 \\ 1 & 2 \end{pmatrix}$ e $B = \begin{pmatrix} 0 & 3 \\ 1 & 0 \end{pmatrix}$, mostre que $A^2 - 4B - 7I_2 = 0$.

56. Se $A = \begin{pmatrix} a & 0 \\ 0 & b \end{pmatrix}$, calcule a e b para que $A^2 = I_2$.

57. Considere A e B matrizes quadradas de mesma ordem. As afirmações $(A + B)^2 = A^2 + 2AB + B^2$ e $(A + B)(A - B) = A^2 - B^2$ podem ou não ser verdadeiras. Justifique e diga em que casos elas são verdadeiras.

Para refletir

Se a e b são números reais, as afirmações $(a + b)^2 = a^2 + 2ab + b^2$ e $(a + b)(a - b) = a^2 - b^2$ são sempre verdadeiras. Justifique.

58. Calcule a matriz X sabendo que:

a) $A = \begin{pmatrix} 4 & 1 \\ 2 & -1 \end{pmatrix}$, $B = \begin{pmatrix} 24 \\ 6 \end{pmatrix}$ e $AX = B$

b) $A = \begin{pmatrix} 1 & 2 \\ 0 & 1 \end{pmatrix}$, $B = \begin{pmatrix} 2 \\ 1 \end{pmatrix}$ e $AX = B$

c) $X\begin{pmatrix} 2 & 4 \\ 2 & 5 \end{pmatrix} = I_2$

d) $A = \begin{pmatrix} 1 & 3 \\ 4 & -3 \end{pmatrix}$ $B = \begin{pmatrix} 6 \\ 4 \end{pmatrix}$ e $AX = 3B$

59. Mostre a propriedade $(AB)^t = B^tA^t$ no caso de A e B serem matrizes quadradas de ordem 2.

10 Equações matriciais

Definidas as operações de adição, subtração e multiplicação de matrizes e multiplicação de um número real por uma matriz, já é possível resolver equações cujas incógnitas são matrizes.

Essas equações são chamadas de *equações matriciais*.

Exercícios resolvidos

11. Sendo $A = \begin{pmatrix} 1 & -3 \\ 1 & 5 \\ 2 & 0 \end{pmatrix}$ e $B = \begin{pmatrix} -1 & -3 \\ 1 & -5 \\ 2 & 4 \end{pmatrix}$, obtenha a matriz X tal que $X + A = B$.

Para refletir
Verifique em cada passagem abaixo qual foi a propriedade usada.

Resolução

$X + A = B \Rightarrow X + A + (-A) = B + (-A) \Rightarrow$
$\Rightarrow X + 0 = B - A \Rightarrow X = B - A$

$$X = \begin{pmatrix} -1 & -3 \\ 1 & -5 \\ 2 & 4 \end{pmatrix} - \begin{pmatrix} 1 & -3 \\ 1 & 5 \\ 2 & 0 \end{pmatrix} =$$

$$= \begin{pmatrix} -1 & -3 \\ 1 & -5 \\ 2 & 4 \end{pmatrix} + \begin{pmatrix} -1 & 3 \\ -1 & -5 \\ -2 & 0 \end{pmatrix} = \begin{pmatrix} -2 & 0 \\ 0 & -10 \\ 0 & 4 \end{pmatrix}$$

Logo, a matriz pedida é $X = \begin{pmatrix} -2 & 0 \\ 0 & -10 \\ 0 & 4 \end{pmatrix}$.

12. Resolva o sistema de equações matriciais, ou seja, determine as matrizes X e Y tal que

$\begin{cases} X + Y = A + 3B \\ 2X - Y = 3A - 2B \end{cases}$, em que $A = \begin{pmatrix} 3 & 0 \\ -1 & 2 \end{pmatrix}$ e $B = \begin{pmatrix} 1 & -2 \\ 0 & 4 \end{pmatrix}$.

Fique atento!
Verifique que a resolução é feita usando as propriedades das operações estudadas com matrizes.

Resolução

Vamos, inicialmente, resolver o sistema:

$$\begin{cases} X + Y = A + 3B \\ 2X - Y = 3A - 2B \end{cases}$$

$$\begin{array}{l} X + \cancel{Y} = A + 3B \\ \underline{2X + \cancel{Y} = 3A - 2B} \\ 3X = 4A + B \Rightarrow X = \dfrac{4A + B}{3} \end{array}$$

$$X + Y = A + 3B \Rightarrow \frac{4A + B}{3} + Y = A + 3B \Rightarrow$$

$$\Rightarrow 4A + B + 3Y = 3A + 9B \Rightarrow$$

$$\Rightarrow 3Y = 3A + 9B - 4A - B \Rightarrow$$

$$\Rightarrow 3Y = 8B - A \Rightarrow Y = \frac{8B - A}{3}$$

Cálculo da matriz X:

$$X = \frac{4A + B}{3} = \frac{4}{3}A + \frac{1}{3}B \Rightarrow$$

$$\Rightarrow X = \frac{4}{3}\begin{pmatrix} 3 & 0 \\ -1 & 2 \end{pmatrix} + \frac{1}{3}\begin{pmatrix} 1 & -2 \\ 0 & 4 \end{pmatrix} \Rightarrow$$

$$\Rightarrow X = \begin{pmatrix} 4 & 0 \\ -\frac{4}{3} & \frac{8}{3} \end{pmatrix} + \begin{pmatrix} \frac{1}{3} & -\frac{2}{3} \\ 0 & \frac{4}{3} \end{pmatrix} = \begin{pmatrix} \frac{13}{3} & -\frac{2}{3} \\ -\frac{4}{3} & 4 \end{pmatrix}$$

Cálculo da matriz Y:

$$Y = \frac{8B - A}{3} = \frac{8}{3}B - \frac{1}{3}A \Rightarrow$$

$$\Rightarrow Y = \frac{8}{3}\begin{pmatrix} 1 & -2 \\ 0 & 4 \end{pmatrix} - \frac{1}{3}\begin{pmatrix} 3 & 0 \\ -1 & 2 \end{pmatrix} \Rightarrow$$

$$\Rightarrow Y = \begin{pmatrix} \frac{8}{3} & -\frac{16}{3} \\ 0 & \frac{32}{3} \end{pmatrix} - \begin{pmatrix} 1 & 0 \\ -\frac{1}{3} & \frac{2}{3} \end{pmatrix} = \begin{pmatrix} \frac{5}{3} & -\frac{16}{3} \\ \frac{1}{3} & 10 \end{pmatrix}$$

Exercícios

60. Determine a matriz X tal que $X - A + B = 0$, sendo dados $A = \begin{pmatrix} 3 \\ -2 \\ 5 \end{pmatrix}$ e $B = \begin{pmatrix} 1 \\ -2 \\ 4 \end{pmatrix}$.

61. Qual é a matriz X solução da equação $\begin{pmatrix} 0 & 1 \\ 1 & 0 \end{pmatrix} + X = \begin{pmatrix} 1 & 0 \\ 0 & 1 \end{pmatrix}$?

62. Sendo $A = \begin{bmatrix} 2 & 1 \\ 3 & -1 \end{bmatrix}$, $B = \begin{bmatrix} -1 & 2 \\ 1 & 0 \end{bmatrix}$ e $C = \begin{bmatrix} 4 & -1 \\ 2 & 1 \end{bmatrix}$, determine a matriz X que verifica a igualdade $3(X - A) = 2(B + X) + 6C$.

63. Sabe-se que $A = \begin{pmatrix} 1 & 2 \\ 0 & 1 \end{pmatrix}$ e $B = \begin{pmatrix} 1 & 2 \\ 1 & 1 \end{pmatrix}$. Calcule as matrizes X e Y que verificam as condições

$$\begin{cases} 2X + Y = 3A + B \\ X - Y = 2A - 3B \end{cases}$$

64. Sabendo que $A = \begin{pmatrix} 1 & 0 \\ -1 & 1 \end{pmatrix}$ e $B = \begin{pmatrix} 2 & 5 \\ 3 & -1 \end{pmatrix}$:

a) verifique se $A^{-1} = \begin{pmatrix} 1 & 0 \\ 1 & 1 \end{pmatrix}$;

b) determine X tal que $AX = B$.

11 Determinante de uma matriz

A história da teoria dos determinantes

O determinante de uma matriz é um número real associado às matrizes quadradas. Toda matriz quadrada possui determinante.

Historicamente, o determinante surgiu para indicar sistemas determinados (sistemas que têm solução única, como estudaremos no próximo capítulo), mas ao longo do tempo tornou-se uma ferramenta matemática com diversas aplicações.

Estudaremos os determinantes mais usuais (os de ordem 2 e de ordem 3), aprendendo a determiná-los por meio de regras práticas. Veremos também algumas de suas propriedades mais relevantes. E, ao longo desta coleção, estudaremos a aplicação dos determinantes para classificar sistemas lineares, para calcular áreas de triângulos e para obter equação da reta, entre outras coisas.

» Junte-se com um colega e reflitam sobre que valor (ou valores) de x resolve(m) cada uma das equações abaixo. Depois, discutam com os colegas da classe os valores escolhidos.

a) $2x = 8$

b) $2x = 0$

c) $0x = 0$

d) $0x = 5$

Determinante de ordem 1

Seja a matriz quadrada de ordem 1, indicada por $A = [a_{11}]$.

Por definição, o determinante de A é igual ao número a_{11}.

Indicamos assim: $\det A = a_{11}$.

Por exemplo, dadas as matrizes $A = [4]$ e $B = [-2]$, escrevemos $\det A = 4$; $\det B = -2$; $\det A + \det B = 4 + (-2) = 2$.

Determinante de ordem 2

Vamos analisar a solução do seguinte sistema 2 × 2: $\begin{cases} a_{11}x + a_{12}y = k_1 \\ a_{21}x + a_{22}y = k_2 \end{cases}$

Isolando x na primeira equação, temos:

$$x = \frac{k_1 - a_{12}y}{a_{11}}$$

Substituindo na segunda equação, temos:

$$a_{21}\left(\frac{k_1 - a_{12}y}{a_{11}}\right) + a_{22}y = k_2 \Rightarrow a_{21}k_1 - a_{12}a_{21}y + a_{11}a_{22}y = a_{11}k_2 \Rightarrow (a_{11}a_{22} - a_{12}a_{21})y = a_{11}k_2 - a_{21}k_1$$

Para que exista um único valor de y que satisfaça essa igualdade é necessário que $(a_{11}a_{22} - a_{12}a_{21})$ não seja nulo. Existindo um único valor de y, existirá um único valor de x, e o sistema terá solução (será determinado). Sendo assim, o número $(a_{11}a_{22} - a_{12}a_{21})$ é chamado de **determinante da matriz de ordem 2**, pois conforme seu valor sabemos de antemão se o sistema 2 × 2 é ou não é determinado.

Esse número pode ser obtido facilmente a partir de operações que envolvem os elementos da matriz dos coeficientes do sistema que está sendo analisado por meio de uma regra prática.

Por exemplo, para o sistema $\begin{cases} a_{11}x + a_{12}y = k_1 \\ a_{21}x + a_{22}y = k_2 \end{cases}$ a matriz dos coeficientes é $\begin{bmatrix} a_{11} & a_{12} \\ a_{21} & a_{22} \end{bmatrix}$. Observe que, se fizermos o produto dos elementos da diagonal principal menos o produto dos elementos da diagonal secundária, obteremos exatamente $(a_{11}a_{22} - a_{12}a_{21})$, que foi definido como o determinante da matriz $\begin{bmatrix} a_{11} & a_{12} \\ a_{21} & a_{22} \end{bmatrix}$. Como essa matriz é de ordem 2, o determinante é dito de ordem 2.

Assim, dada a matriz $A = \begin{bmatrix} a_{11} & a_{12} \\ a_{21} & a_{22} \end{bmatrix}$, indicamos seu determinante deste modo:

$$\det A = a_{11} \cdot a_{22} - a_{12} \cdot a_{21} \quad \text{ou} \quad \begin{vmatrix} a_{11} & a_{12} \\ a_{21} & a_{22} \end{vmatrix} = a_{11} \cdot a_{22} - a_{12} \cdot a_{21}$$

Por exemplo, o determinante de matriz A (det A), sendo $A = \begin{pmatrix} 6 & 3 \\ 2 & -4 \end{pmatrix}$, é dado por:

$$\det A = \begin{vmatrix} 6 & 3 \\ 2 & -4 \end{vmatrix} = 6 \cdot (-4) - 3 \cdot 2 = -24 - 6 = -30.$$

Fique atento!

É errado escrever $\begin{bmatrix} 6 & 3 \\ 2 & -4 \end{bmatrix} = -30$, pois não é a matriz, e sim seu determinante, um número, que é −30. O correto é $\det A = -30$ ou $\begin{vmatrix} 6 & 3 \\ 2 & -4 \end{vmatrix} = -30$.

Determinante de ordem 3

De forma análoga, vamos analisar a solução do seguinte sistema 3 × 3: $\begin{cases} a_{11}x + a_{12}y + a_{13}z = k_1 \\ a_{21}x + a_{22}y + a_{23}z = k_2 \\ a_{31}x + a_{32}y + a_{33}z = k_3 \end{cases}$

Fazendo as operações adequadas, obtemos a seguinte equação na variável z:

$$(a_{11}a_{22}a_{33} + a_{12}a_{23}a_{31} + a_{13}a_{21}a_{32} - a_{13}a_{22}a_{31} - a_{12}a_{21}a_{33} - a_{11}a_{23}a_{32})z =$$
$$= (a_{11}a_{22}k_3 + a_{12}k_2a_{31} + k_1a_{21}a_{32} - k_1a_{22}a_{31} - a_{11}k_2a_{32} - a_{12}a_{21}k_3)$$

Da mesma forma que na equação obtida no sistema 2 × 2, para que exista um único valor de z, é necessário que $(a_{11}a_{22}a_{33} + a_{12}a_{23}a_{31} + a_{13}a_{21}a_{32} - a_{13}a_{22}a_{31} - a_{12}a_{21}a_{33} - a_{11}a_{23}a_{32})$ não seja nulo. Então, o número $(a_{11}a_{22}a_{33} + a_{12}a_{23}a_{31} + a_{13}a_{21}a_{32} - a_{13}a_{22}a_{31} - a_{12}a_{21}a_{33} - a_{11}a_{23}a_{32})$ é chamado **determinante da matriz de ordem 3**, e, conforme seu valor, sabemos se o sistema 3 × 3 é determinado ou não.

Consideremos a matriz genérica de ordem 3: $A = \begin{bmatrix} a_{11} & a_{12} & a_{13} \\ a_{21} & a_{22} & a_{23} \\ a_{31} & a_{23} & a_{33} \end{bmatrix}$.

> **Fique atento!**
> Quando se diz determinante de ordem n, deve-se entender determinante de uma matriz de ordem n.

Define-se o determinante da matriz de ordem 3 ao número:

$$\det A = \begin{vmatrix} a_{11} & a_{12} & a_{13} \\ a_{21} & a_{22} & a_{23} \\ a_{31} & a_{32} & a_{33} \end{vmatrix} = a_{11}a_{22}a_{33} + a_{12}a_{23}a_{31} + a_{13}a_{21}a_{32} - a_{13}a_{22}a_{31} - a_{12}a_{21}a_{33} - a_{11}a_{23}a_{32}$$

Podemos obter esses seis produtos de uma forma prática, conhecida como **regra de Sarrus**, fazendo o seguinte:

- repetimos as duas primeiras colunas à direita da matriz e efetuamos as seis multiplicações como indicado:

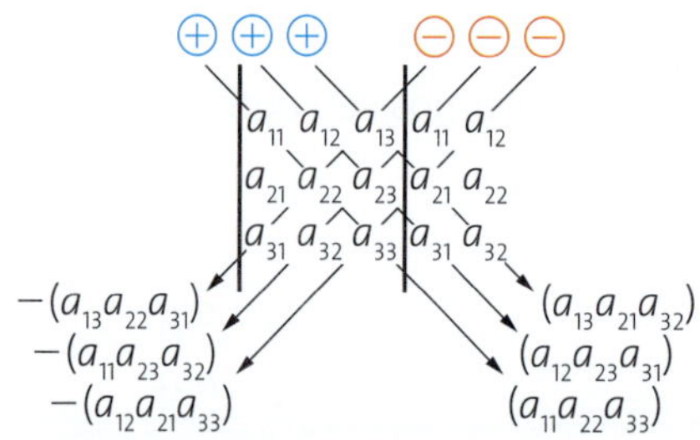

- os produtos obtidos na direção da diagonal principal permanecem com o mesmo sinal;
- os produtos obtidos na direção da diagonal secundária mudam de sinal;
- o determinante é a soma dos valores assim obtidos.

Exemplo:

$$A = \begin{bmatrix} 3 & 1 & 5 \\ 2 & 0 & -2 \\ -1 & 4 & -3 \end{bmatrix}$$

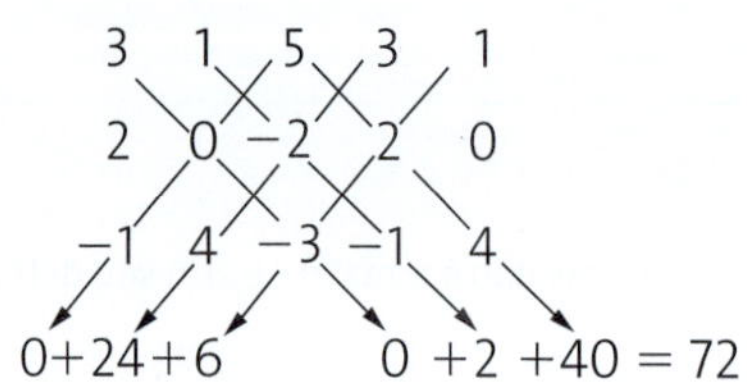

> **Fique atento!**
> Os três produtos da esquerda já estão com o sinal trocado.

Portanto, $\det A = 72$.

Exercícios resolvidos

13. Calcule o determinante $\begin{vmatrix} \sqrt{2} & -1 \\ 3 & 5\sqrt{2} \end{vmatrix}$.

Resolução

$$\begin{vmatrix} \sqrt{2} & -1 \\ 3 & 5\sqrt{2} \end{vmatrix} = (\sqrt{2})(5\sqrt{2}) - [3 \cdot (-1)] = 10 + 3 = 13$$

14. Dadas as matrizes

$A = \begin{bmatrix} 3 & 1 \\ -1 & 2 \end{bmatrix}$ e $B = \begin{bmatrix} -1 & 5 \\ 0 & -1 \end{bmatrix}$, calcule:

a) $\det(A + B)$ b) $\det(AB)$ c) $(\det A)B$

Resolução

a) Obtemos inicialmente a matriz $A + B = \begin{bmatrix} 2 & 6 \\ -1 & 1 \end{bmatrix}$ para depois calcular:

$$\det(A + B) = \begin{vmatrix} 2 & 6 \\ -1 & 1 \end{vmatrix} = 2 + 6 = 8$$

b) Obtemos $AB = \begin{bmatrix} -3 & 14 \\ 1 & -7 \end{bmatrix}$ e, em seguida,

$\det(AB) = 21 - 14 = 7$.

c) Calculamos $\det A = 6 + 1 = 7$ e depois

$$(\det A)B = 7\begin{bmatrix} -1 & 5 \\ 0 & -1 \end{bmatrix} = \begin{bmatrix} -7 & 35 \\ 0 & -7 \end{bmatrix}.$$

15. Dadas as matrizes $A = \begin{bmatrix} 2 & x \\ 3 & 9 \end{bmatrix}$ e $B = \begin{bmatrix} 1 & -1 & 0 \\ 2 & 3 & x \\ -1 & 2 & 1 \end{bmatrix}$, determine o valor de x para que se tenha $\det A = \det B$.

Resolução

- A é matriz de ordem 2: $\det A = 2 \cdot 9 - 3x = 18 - 3x$
- B é matriz de ordem 3; usamos a regra de Sarrus:

$$\begin{matrix} 1 & -1 & 0 & 1 & -1 \\ 2 & 3 & x & 2 & 3 \\ -1 & 2 & 1 & -1 & 2 \end{matrix}$$

$0 - 2x + 2 \quad +3 + x \quad 0 \Rightarrow \det B = -x + 5$

$\det A = \det B \Rightarrow 18 - 3x = -x + 5 \Rightarrow$

$\Rightarrow -3x + x = 5 - 18 \Rightarrow -2x = -13 \Rightarrow x = \frac{13}{2}$

Logo, $x = \frac{13}{2}$.

16. Resolva a equação $\begin{vmatrix} 5 & 2 \\ x - 1 & x + 3 \end{vmatrix} = -1$.

Resolução

Vamos calcular o determinante:

$$\begin{vmatrix} 5 & 2 \\ x - 1 & x + 3 \end{vmatrix} = 5(x + 3) - 2(x - 1) =$$

$= 5x + 15 - 2x + 2 = 3x + 17$

A equação a ser resolvida é:

$3x + 17 = -1 \Rightarrow 3x = -1 - 17 \Rightarrow 3x = -18 \Rightarrow x = -6$

$S = \{-6\}$

17. Resolva a equação $\begin{vmatrix} x & 3 & 5 \\ x + 1 & 2 & 1 \\ 3 & 2 & 4 \end{vmatrix} = 0$.

Resolução

Vamos calcular o determinante pela regra de Sarrus:

$$\begin{matrix} x & 3 & 5 & x & 3 \\ x + 1 & 2 & 1 & x + 1 & 2 \\ 3 & 2 & 4 & 3 & 2 \end{matrix}$$

$-30 \quad -2x \quad -12(x + 1) \quad +8x \quad +9 \quad +10(x + 1)$

$-30 - 2x - 12x - 12 + 8x + 9 + 10x + 10 = 4x - 23$

A equação a ser resolvida é:

$4x - 23 = 0 \Rightarrow 4x = 23 \Rightarrow x = \frac{23}{4}$

$S = \left\{\frac{23}{4}\right\}$

» Resolvido passo a passo

18. (Vunesp-SP/modificado) Foi realizada uma pesquisa, num bairro de determinada cidade, com um grupo de 500 crianças de 3 a 12 anos de idade. Para esse grupo, em função da idade x da criança, concluiu-se que o "peso" médio $p(x)$, em quilogramas, era dado pelo determinante da matriz A, onde

$$A = \begin{bmatrix} 1 & -1 & 1 \\ 3 & 0 & -x \\ 0 & 2 & \frac{2}{3} \end{bmatrix}.$$

Com base na fórmula $p(x) = \det A$, determine o "peso" médio de uma criança de 5 anos.

1. Lendo e compreendendo

a) O que é dado no problema?

É dada uma matriz A cujo determinante é o "peso" médio de uma criança de idade x anos.

b) O que se pede?

Pede-se o "peso" médio de uma criança de 5 anos com base na fórmula dada no enunciado.

2. Planejando a solução

Primeiramente, devemos calcular o determinante da matriz A para obter a lei da função que relaciona o "peso" médio com a idade x da criança.

Em seguida, devemos atribuir para x o valor pedido (5 anos) e calcular o "peso" médio referente a essa idade.

3. Executando o que foi planejado

Usando a regra de Sarrus, temos:

$$\begin{array}{ccccc} 1 & -1 & 1 & 1 & -1 \\ 3 & 0 & -x & 3 & 0 \\ 0 & 2 & \frac{2}{3} & 0 & 2 \end{array} \Rightarrow \det A = 2x + 8$$

$$0 \quad 2x \quad 2 \qquad 0 \quad 0 \quad 6$$

Portanto, $p(x) = 2x + 8$. Para $x = 5$, temos $p(5) = 2 \cdot 5 + 8 = 18$ kg.

4. Verificando

Vamos substituir o valor $x = 5$ na matriz e calcular o determinante:

Usando a regra de Sarrus, temos:

$$\left|\begin{array}{ccc} 1 & -1 & 1 \\ 3 & 0 & -5 \\ 0 & 2 & \frac{2}{3} \end{array}\right| \begin{array}{cc} 1 & -1 \\ 3 & 0 \\ 0 & 2 \end{array} \Rightarrow \det A = 10 + 2 + 6 = 18$$

$$0 \; +10 \; +2 \qquad 0 \quad 0 \quad 6$$

Portanto, a resposta está verificada.

5. Emitindo a resposta

O "peso" médio de uma criança de 5 anos é 18 kg.

6. Ampliando o problema

a) (Vunesp-SP/modificado) Ainda com base na fórmula $p(x) = \det A$, determine a idade mais provável de uma criança cujo "peso" é 30 kg.

b) *Discussão em equipe*

Um estudo publicado pela Sociedade Brasileira de Endocrinologia e Metabologia (SBEM), indica que 15% das crianças no Brasil são obesas ou têm sobrepeso, e essa característica não faz distinção de nível socioeconômico, atingindo crianças de todas as classes sociais. Essas crianças e adolescentes acabam tendo uma maior predisposição para doenças crônicas, como doenças cardíacas, hipertensão arterial, diabetes e problemas emocionais na adolescência e idade adulta.

Troque ideias com os colegas sobre o problema da obesidade infantil. Discutam estas questões:

- Quais seriam as suas causas?
- E as suas soluções?

Exercícios

65. Calcule os determinantes:

a) $\begin{vmatrix} 6 & 2 \\ 4 & 3 \end{vmatrix}$

b) $\begin{vmatrix} -3 & -8 \\ 1 & 2 \end{vmatrix}$

c) $\begin{vmatrix} 1+\sqrt{5} & 3 \\ 4 & 1-\sqrt{5} \end{vmatrix}$

d) $\begin{vmatrix} 6 & 10 \\ 3 & 5 \end{vmatrix}$

e) $\begin{vmatrix} a & b \\ a+b & a+b \end{vmatrix}$

f) $\begin{vmatrix} \operatorname{sen} x & \cos x \\ -\operatorname{sen} y & \cos y \end{vmatrix}$

g) $\begin{vmatrix} \cos a & \cos b \\ \operatorname{sen} b & \cos a \end{vmatrix}$

h) $\begin{vmatrix} a & a+1 \\ b & b+1 \end{vmatrix}$

66. Dadas as matrizes

$A = [5]$, $B = \begin{bmatrix} -1 & 2 \\ 3 & -5 \end{bmatrix}$ e $C = \begin{bmatrix} 2 & -2 \\ 3 & 0 \end{bmatrix}$, calcule:

a) $\det A$

b) $\det B$

c) $\det C$

d) $\det A - \det B$

e) $\det B \cdot \det C$

f) $\det (B - C)$

g) $(\det C)B$

h) $2 \cdot \det B$

i) $\det (2B)$

j) $\det (I_2 + C)$

67. Determine os valores de x que anulam o determinante $\begin{vmatrix} x & 2 \\ 3x & x \end{vmatrix}$.

68. Se $A = \begin{pmatrix} 2 & 1 \\ 3 & 4 \end{pmatrix}$ e $B = \begin{pmatrix} 4 & 2 \\ 3 & -1 \end{pmatrix}$, determine o número real x tal que $\det(A - xB) = 0$.

69. Sendo x e y, respectivamente, os determinantes das matrizes $\begin{pmatrix} a & b \\ c & d \end{pmatrix}$ e $\begin{pmatrix} 2a & 2c \\ 3b & 3d \end{pmatrix}$, calcule o valor de $\dfrac{x}{y}$.

70. Aplicando a regra de Sarrus, calcule os determinantes:

a) $\begin{vmatrix} 3 & 2 & -1 \\ 5 & 0 & 4 \\ 2 & -3 & 1 \end{vmatrix}$

b) $\begin{vmatrix} 2 & 1 & -2 \\ 3 & -1 & 0 \\ 4 & 1 & -3 \end{vmatrix}$

c) $\begin{vmatrix} a & 0 & 0 \\ 0 & b & a \\ 0 & 1 & 1 \end{vmatrix}$

d) $\begin{vmatrix} 3 & 5 & -1 \\ 0 & 4 & 2 \\ 0 & 0 & -2 \end{vmatrix}$

e) $\begin{vmatrix} 3 & 0 & 8 \\ 0 & 7 & 7 \\ 4 & 9 & 0 \end{vmatrix}$

f) $\begin{vmatrix} 0 & 0 & 5 \\ 8 & 10 & 3 \\ 0 & 7 & 4 \end{vmatrix}$

71. Seja $A = (a_{ij})$ a matriz quadrada de ordem 3 em que $a_{ij} = \begin{cases} 0, \text{ se } i < j \\ i + j, \text{ se } i = j \\ i - j, \text{ se } i > j \end{cases}$. Calcule det A.

72. Para que valores de x o determinante $\begin{vmatrix} 2 & 4 & 1 \\ 2 & 4 & x \\ 3 & 1 & 2 \end{vmatrix}$ é positivo?

73. Lembrando que $\text{sen}^2 x + \cos^2 x = 1$, calcule o determinante associado à matriz quadrada

$$A = \begin{pmatrix} \text{sen } x & \cos^2 x & 1 \\ \text{sen } x & \cos x & 0 \\ \text{sen } x & 1 & 1 \end{pmatrix}.$$

74. Calcule o determinante

$$\begin{vmatrix} 1 & \sec^2 x & \text{cossec}^2 x \\ \text{sen}^2 x & 1 & 1 \\ \cos^2 x & \text{tg}^2 x & \text{cotg}^2 x \end{vmatrix}, \text{ para } x \in \mathbb{R} \text{ e}$$

$x \neq \dfrac{k\pi}{2}$ $(k \in \mathbb{Z})$.

75. Dadas as matrizes $A = \begin{bmatrix} -1 & 3 \\ 2 & -8 \end{bmatrix}$ e $B = \begin{bmatrix} 2 & -1 \\ 3 & 0 \end{bmatrix}$, determine:

a) $A + B$
b) A^t
c) $A \cdot B$
d) det A
e) det A^t
f) det B
g) det $(A + B)$
h) det A + det B
i) det (AB)
j) det $A \cdot$ det B

76. Se $A = \begin{bmatrix} 3 & 1 \\ 4 & 8 \end{bmatrix}$ e $B = \begin{bmatrix} -1 & 2 \\ -2 & 6 \end{bmatrix}$, determine det (AB).

77. Resolva as equações:

a) $\begin{vmatrix} x-2 & 6 \\ 3 & 5 \end{vmatrix} = 2$

b) $\begin{vmatrix} 2 & 3 & -2 \\ 0 & 1 & x \\ 2 & x & -3 \end{vmatrix} = 2$

78. Calcule o determinante das matrizes:

a) $I_2 = \begin{bmatrix} 1 & 0 \\ 0 & 1 \end{bmatrix}$

b) $I_3 = \begin{bmatrix} 1 & 0 & 0 \\ 0 & 1 & 0 \\ 0 & 0 & 1 \end{bmatrix}$

79. Calcule o determinante das matrizes:

a) $A = \begin{bmatrix} 0 & 0 \\ 0 & 0 \end{bmatrix}$

b) $B = \begin{bmatrix} 3 & 1 & 3 \\ 2 & -1 & 2 \\ 8 & 5 & 8 \end{bmatrix}$

c) $C = \begin{bmatrix} 0 & 0 & 0 \\ 4 & 1 & 3 \\ -1 & 2 & 1 \end{bmatrix}$

d) $D = \begin{bmatrix} 1 & 2 & 1 \\ 4 & 8 & 3 \\ -2 & -4 & 3 \end{bmatrix}$

80. Se det $A = 5$ e det $B = 2$, determine:

a) det (AB)
b) det (A^2)
c) det (B^3)

81. Lembrando que a matriz identidade I é o elemento neutro da multiplicação de matrizes, calcule o determinante de uma matriz identidade qualquer (ordem n), a partir do raciocínio abaixo: (A e I são da mesma ordem e det $A \neq 0$.)

$A \cdot I = A \Rightarrow \det(AI) = \det A \Rightarrow \det A \cdot \det I = \det A \Rightarrow$
$\Rightarrow \det I = ?$

Para refletir
Qual é o determinante de qualquer matriz identidade?

Propriedades dos determinantes

O estudo das propriedades dos determinantes nos permite mais agilidade em alguns cálculos de determinantes.

1ª propriedade: fila de zeros

> Se todos os elementos de uma linha (ou uma coluna) de uma matriz quadrada *M* forem iguais a zero, seu determinante será nulo, isto é, det $M = 0$.

Exemplos:

1º) $\begin{vmatrix} 0 & 48 \\ 0 & -\frac{1}{3} \end{vmatrix} = 0$

2º) Se $A = \begin{bmatrix} -1 & -4 & 9 \\ 2 & 8 & 3 \\ 0 & 0 & 0 \end{bmatrix}$, então det $A = 0$.

2ª propriedade: filas iguais

> Se os elementos correspondentes de duas linhas (ou duas colunas) de uma matriz quadrada *M* forem iguais, seu determinante será nulo, isto é, det $M = 0$.

Exemplos:

1º) $\begin{vmatrix} 4 & 5 & 5 & 9 \\ 6 & -2 & -2 & 8 \\ -7 & 3 & 3 & 0 \\ 1 & 8 & 8 & 6 \end{vmatrix} = 0$ (2ª e 3ª colunas iguais)

2º) Se $A = \begin{bmatrix} x & 3 & 4 \\ 8 & -6 & 9 \\ x & 3 & 4 \end{bmatrix}$, então det $A = 0$, pois a 1ª e a 3ª linhas são iguais.

3ª propriedade: filas proporcionais

> Se uma matriz quadrada *M* possui duas linhas (ou duas colunas) proporcionais, seu determinante será nulo, isto é, det $M = 0$.

Fique atento!
Note que a 2ª propriedade é um caso particular da 3ª propriedade.

Exemplos:

1º) $\begin{bmatrix} 3 & 7 \\ 9 & 21 \end{bmatrix} = 0$ (2ª linha: triplo da 1ª)

2º) $\begin{vmatrix} 1 & 0 & 2 & 4 \\ 4 & 2 & 8 & 7 \\ -3 & 8 & -6 & 9 \\ 5 & 6 & 10 & 6 \end{vmatrix} = 0$ (3ª coluna: dobro da 1ª)

4ª propriedade: multiplicação de uma fila por uma constante

> Se todos os elementos de uma linha (ou uma coluna) de uma matriz quadrada são multiplicados por um mesmo número real *k*, então seu determinante fica multiplicado por *k*.

Exemplos:

1º) $\begin{vmatrix} 21 & -35 \\ 4 & 9 \end{vmatrix} = 7\begin{vmatrix} 3 & -5 \\ 4 & 9 \end{vmatrix}$

2º) Se $A = \begin{bmatrix} 3 & -6 & 7 \\ 9 & 8 & -5 \\ 4 & 2 & -9 \end{bmatrix}$ e $B = \begin{bmatrix} 3 & -3 & 7 \\ 9 & 4 & -5 \\ 4 & 1 & -9 \end{bmatrix}$, então det $B = \frac{1}{2} \cdot$ det A ou det $A = 2 \cdot$ det B.

5ª propriedade: multiplicação da matriz por uma constante

Se uma matriz quadrada M de ordem n é multiplicada por um número real k, o seu determinante fica multiplicado por k^n, isto é:

$$\det(kM_n) = k^n \cdot \det M_n$$

Fique atento!
Esta 5ª propriedade é decorrente da aplicação sucessiva da 4ª propriedade.

Exemplos:

1º) $A = \begin{bmatrix} 3 & 4 \\ 2 & 5 \end{bmatrix} \Rightarrow \det A = 15 - 8 = 7$ e $5A = \begin{bmatrix} 15 & 20 \\ 10 & 25 \end{bmatrix} \Rightarrow \det(5A) = 375 - 200 = 175 = 5^2 \cdot 7$

2º) $B = \begin{bmatrix} 1 & 2 & -1 \\ 5 & 3 & 0 \\ 2 & -2 & 5 \end{bmatrix} \Rightarrow \det B = 15 + 0 + 10 + 6 + 0 - 50 = -19$

$$2B = \begin{bmatrix} 2 & 4 & -2 \\ 10 & 6 & 0 \\ 4 & -4 & 10 \end{bmatrix} \Rightarrow \det(2B) = 120 + 0 + 80 + 48 + 0 - 400 = -152 = 2^3(-19)$$

Observação: Não devemos confundir $3\begin{bmatrix} 5 & 4 \\ -1 & 2 \end{bmatrix}$ com $3\begin{vmatrix} 5 & 4 \\ -1 & 2 \end{vmatrix}$. Observe para $A = \begin{bmatrix} 5 & 4 \\ -1 & 2 \end{bmatrix}$.

$$3\begin{bmatrix} 5 & 4 \\ -1 & 2 \end{bmatrix} = \begin{bmatrix} 15 & 12 \\ -3 & 6 \end{bmatrix} \rightarrow \text{ 3A é uma matriz}$$

$$3\begin{vmatrix} 5 & 4 \\ -1 & 2 \end{vmatrix} = 3(10 + 4) = 42 \text{ ou } 3\begin{vmatrix} 5 & 4 \\ -1 & 2 \end{vmatrix} = \begin{vmatrix} 15 & 12 \\ -1 & 2 \end{vmatrix} = 30 + 12 = 42 \rightarrow 3 \cdot \det A \text{ é um número}$$

6ª propriedade: determinante da transposta

O determinante de uma matriz quadrada M é igual ao determinante de sua transposta, isto é, $\det M = \det(M^t)$.

Exemplo:

$$A = \begin{bmatrix} 2 & 3 \\ 4 & 5 \end{bmatrix} \text{ e } A^t = \begin{bmatrix} 2 & 4 \\ 3 & 5 \end{bmatrix} \Rightarrow \det A = -2 \text{ e } \det A^t = -2 \Rightarrow \det A = \det A^t$$

7ª propriedade: troca de filas paralelas

Se trocarmos de posição (entre si) duas linhas (ou duas colunas) de uma matriz quadrada M, o determinante da nova matriz obtida é o oposto do determinante da matriz anterior.

Exemplo:

$$A = \begin{bmatrix} 1 & -2 & 3 \\ 4 & 5 & 6 \\ 7 & 8 & -9 \end{bmatrix} \text{ e } B = \begin{bmatrix} -2 & 1 & 3 \\ 5 & 4 & 6 \\ 8 & 7 & -9 \end{bmatrix}$$

A matriz B foi obtida a partir de A, trocando a 1ª e a 2ª colunas.

$\det A = -45 - 84 + 96 - 105 - 48 - 72 = 96 - 354 = -258$
$\det B = 72 + 48 + 105 - 96 + 84 + 45 = -96 + 354 = 258$
números opostos

$8^{\underline{a}}$ propriedade: determinante da matriz triangular

> O determinante de uma matriz triangular é igual ao produto dos elementos da diagonal principal.

Exemplos:

1º) $A = \begin{bmatrix} 5 & 3 \\ 0 & 2 \end{bmatrix} \Rightarrow \det A = \underbrace{5 \cdot 2 + 0 \cdot 3 = 10}_{5 \cdot 2}$

2º) $B = \begin{bmatrix} 5 & 0 & 0 \\ -1 & 2 & 0 \\ 3 & 1 & 4 \end{bmatrix} \Rightarrow \det B = 5 \cdot 2 \cdot 4 + 0 \cdot 0 \cdot 3 + 0 \cdot (-1) \cdot 1 - 0 \cdot 2 \cdot 3 - 0 \cdot 1 \cdot 5 - 0 \cdot (-1) \cdot 4 = \underbrace{40}_{5 \cdot 2 \cdot 4}$

$9^{\underline{a}}$ propriedade: teorema de Binet

> Sendo A e B duas matrizes quadradas de mesma ordem e AB a matriz produto, então $\det(AB) = (\det A)(\det B)$ (teorema de Binet).

Exemplo:

$A = \begin{bmatrix} 3 & 2 \\ 5 & -1 \end{bmatrix}, B = \begin{bmatrix} 0 & 2 \\ 3 & 4 \end{bmatrix}$

Para refletir
Calcule e compare:
$\det(A + B)$ e $\det A + \det B$.

$AB = \begin{bmatrix} 6 & 14 \\ -3 & 6 \end{bmatrix} \Rightarrow \det(AB) = 36 + 42 = 78$

$\det A \cdot \det B = (-3 - 10)(0 - 6) = (-13)(-6) = 78$

$10^{\underline{a}}$ propriedade: teorema de Jacobi

> O determinante de uma matriz quadrada não se altera quando se adicionam, aos elementos de uma fila (linha ou coluna) qualquer, os elementos correspondentes de outra fila (linha ou coluna) paralela previamente multiplicada por uma constante.

Exemplos:

1º) $A = \begin{bmatrix} 1 & 5 \\ 4 & 9 \end{bmatrix} \Rightarrow \det A = 9 - 20 = -11$

Multiplicando a 1ª linha por -2 e somando os resultados à 2ª linha, obtemos:

$B = \begin{bmatrix} 1 & 5 \\ 2 & -1 \end{bmatrix} \Rightarrow \det B = -1 - 10 = -11$, ou seja, $\det A = \det B$

Para refletir
A partir de A do 1º exemplo, multiplique a 2ª coluna por 5 e some à 1ª coluna, obtendo B. Calcule $\det A$ e $\det B$ para confirmar a propriedade.

Vamos indicar assim:

$\cdot(-2) \begin{vmatrix} 1 & 5 \\ 4 & 9 \end{vmatrix} = \begin{vmatrix} 1 & 5 \\ 2 & -1 \end{vmatrix} = -11$ (1ª linha multiplicada por -2 e somada (+) à 2ª linha)

2º) $A = \begin{bmatrix} 1 & -2 & 5 \\ -1 & 4 & -10 \\ 3 & 3 & -4 \end{bmatrix}$

Vamos obter a matriz B, multiplicando a 2ª coluna por 3 e somando os resultados à 3ª coluna:

$$B = \begin{bmatrix} 1 & -2 & -1 \\ -1 & 4 & 2 \\ 3 & 3 & 5 \end{bmatrix}$$

> **Para refletir**
> A partir de A do 2º exemplo, faça o mesmo com outra linha ou coluna e obtenha B. Depois confirme que $\det A = \det B$.

Usando a regra de Sarrus, verificamos:

$$\left.\begin{array}{l} \det A = -16 + 60 - 15 - 60 + 30 + 8 = 7 \\ \det B = 20 - 12 + 3 + 12 - 6 - 10 = 7 \end{array}\right\} \det A = \det B$$

Veja como podemos indicar:

$$\begin{vmatrix} 1 & -2 & 5 \\ -1 & 4 & -10 \\ 3 & 3 & -4 \end{vmatrix} = \begin{vmatrix} 1 & -2 & -1 \\ -1 & 4 & 2 \\ 3 & 3 & 5 \end{vmatrix} = 7$$

$\cdot(3)$ → $+$

11ª propriedade: adição de determinantes (ou decomposição de uma fila)

> Se cada elemento de uma linha (ou coluna) de uma matriz é a soma de duas parcelas, então o determinante dessa matriz é a soma de dois determinantes, em cada um dos quais aquela linha (ou coluna) tem seus elementos substituídos por uma das parcelas.

Exemplos:

1º) $A = \begin{bmatrix} 1 & 0 & -1 \\ 2 & 3 & 1 \\ 4 & -2 & 0 \end{bmatrix} \Rightarrow \det A = 18$ $\qquad B = \begin{bmatrix} 1 & 5 & -1 \\ 2 & 1 & 1 \\ 4 & 1 & 0 \end{bmatrix} \Rightarrow \det B = 21$

$$C = \begin{bmatrix} 1 & 0+5 & -1 \\ 2 & 3+1 & 1 \\ 4 & -2+1 & 0 \end{bmatrix} = \begin{bmatrix} 1 & 5 & -1 \\ 2 & 4 & 1 \\ 4 & -1 & 0 \end{bmatrix} \Rightarrow \det C = 39 = \det A + \det B$$

2º) $A = \begin{bmatrix} 0 & 3 \\ 4 & 2 \end{bmatrix}$ $\qquad B = \begin{bmatrix} 0 & 1 \\ 4 & 1 \end{bmatrix}$ $\qquad C = \begin{bmatrix} 0 & 3+1 \\ 4 & 2+1 \end{bmatrix} = \begin{bmatrix} 0 & 4 \\ 4 & 3 \end{bmatrix}$

$\det A = -12$ $\qquad \det B = -4$ $\qquad \det C = -16 = \det A + \det B$

> **Fique atento!**
> Observe que os determinantes de duas matrizes de ordem n só podem ser somados se as matrizes tiverem $n - 1$ linhas (ou colunas) respectivamente iguais.

Exercícios

82. Das seis matrizes seguintes, cinco têm o determinante igual a zero. Descubra quais são elas, usando as propriedades dos determinantes. Justifique.

$$A = \begin{pmatrix} 5 & -4 & 10 & -1 \\ 3 & 9 & 6 & 6 \\ 1 & 5 & 2 & -3 \\ 2 & 3 & 4 & 2 \end{pmatrix} \quad C = \begin{pmatrix} 8 & 0 & 0 & 0 \\ 1 & 4 & 0 & 0 \\ -2 & 1 & 3 & 0 \\ 3 & 2 & 1 & 5 \end{pmatrix} \quad E = \begin{pmatrix} 2 & 9 & -3 & 4 \\ 0 & 5 & -2 & 2 \\ 0 & 0 & 0 & 3 \\ 0 & 0 & 0 & 7 \end{pmatrix}$$

$$B = \begin{pmatrix} 3 & -2 & 9 & 6 \\ 2 & 9 & -1 & 8 \\ 6 & 7 & 4 & 0 \\ 6 & 7 & 4 & 0 \end{pmatrix} \quad D = \begin{pmatrix} 3 & 0 & 2 & 4 \\ 2 & 0 & 6 & 8 \\ -1 & 0 & -3 & 6 \\ 4 & 0 & 1 & 5 \end{pmatrix} \quad F = \begin{pmatrix} -4 & 5 & 0 & 2 \\ 3 & -1 & 2 & 5 \\ 4 & -5 & 0 & -2 \\ 6 & 8 & 3 & -5 \end{pmatrix}$$

83. Se det $A = 10$, qual é o determinante de A^{-1}?

84. Se det $A = 20$, calcule det (A^t).

85. Se det A $= \begin{vmatrix} a & b \\ c & d \end{vmatrix} = 10$, calcule:

a) det $B = \begin{vmatrix} b & a \\ d & c \end{vmatrix}$

b) det $B = \begin{vmatrix} 4a & 4b \\ c & d \end{vmatrix}$

86. Seja A uma matriz quadrada de ordem 3 tal que det $A = m$. Calcule det $(2A)$ em função de m.

87. Sendo $A = \begin{vmatrix} 2 & 5 & -1 & 3 \\ 0 & 3 & 0 & 1 \\ 0 & 0 & 5 & -1 \\ 0 & 0 & 0 & 10 \end{vmatrix}$, calcule det A.

88. Sejam A e B duas matrizes quadradas de mesma ordem. Sabendo que det $A = 6$ e det $B = 4$, calcule det (AB).

89. Sendo $M = \begin{vmatrix} 3 & 0 & 0 \\ 1 & 5 & 0 \\ 2 & 4 & 1 \end{vmatrix}$, calcule det M.

90. Seja M uma matriz quadrada de 2ª ordem tal que det $M = D$. Constrói-se uma nova matriz quadrada N de 2ª ordem em que cada elemento é igual ao triplo dos elementos da matriz M. Calcule det N.

91. Determine os valores reais de x que verifiquem a desigualdade $\begin{vmatrix} 0 & 4 & 0 & 0 \\ x^2 & x & 6 & x \\ x & 6 & 3 & 4 \\ 0 & 7 & 0 & 1 \end{vmatrix} > 0$.

92. Se $\begin{vmatrix} 1 & x & a \\ 6 & y & b \\ -2 & z & c \end{vmatrix} = 7$ e $\begin{vmatrix} 0 & x & a \\ 3 & y & b \\ 5 & z & c \end{vmatrix} = 10$, determine o valor de $\begin{vmatrix} 1 & x & a \\ 9 & y & b \\ 3 & z & c \end{vmatrix}$.

Abaixamento de ordem ou regra de Chió

Veremos agora uma regra que nos permite calcular o determinante de uma matriz de ordem n usando uma matriz de ordem $n - 1$. Essa regra, conhecida como regra de Chió, é muito prática se o elemento a_{11} for igual a 1. Assim:

- Sendo $a_{11} = 1$, suprime-se a 1ª linha e a 1ª coluna da matriz.
- De cada elemento restante, subtrai-se o produto dos dois elementos suprimidos, na linha e na coluna desse elemento restante.
- Com os resultados das subtrações acima obtém-se uma matriz de ordem menor que a anterior, porém com mesmo determinante.

Observe as passagens acima no exemplo com a matriz $M = \begin{bmatrix} 1 & 2 & 0 & -1 \\ 1 & 3 & 6 & 9 \\ 4 & 1 & 2 & 0 \\ -2 & 2 & 3 & -4 \end{bmatrix}$ de ordem 4.

- $\begin{bmatrix} 1 & 2 & 0 & -1 \\ 1 & 3 & 6 & 9 \\ 4 & 1 & 2 & 0 \\ -2 & 2 & 3 & -4 \end{bmatrix}$

- $\begin{bmatrix} 3 - 2 \cdot 1 & 6 - 0 \cdot 1 & 9 - (-1)1 \\ 1 - 2 \cdot 4 & 2 - 0 \cdot 4 & 0 - (-1)4 \\ 2 - 2(-2) & 3 - 0(-2) & -4 - (-1)(-2) \end{bmatrix}$

- $\begin{bmatrix} 1 & 6 & 10 \\ -7 & 2 & 4 \\ 6 & 3 & -6 \end{bmatrix}$

A matriz $\begin{bmatrix} 1 & 6 & 10 \\ -7 & 2 & 4 \\ 6 & 3 & -6 \end{bmatrix}$ tem o mesmo determinante que a matriz $\begin{bmatrix} 1 & 2 & 0 & -1 \\ 1 & 3 & 6 & 9 \\ 4 & 1 & 2 & 0 \\ -2 & 2 & 3 & -4 \end{bmatrix}$. A diferença é que, usando a matriz de ordem 3, ele pode ser calculado facilmente pela regra de Sarrus.

Observações:

1ª) Se o elemento a_{11} não for 1, porém existir algum elemento igual a 1 em algum lugar da matriz, é possível obter uma matriz com determinante equivalente usando no máximo duas vezes a 7ª propriedade, ou seja, trocando-se a posição de linhas e colunas. No exemplo a seguir, primeiro troca-se a 1ª linha com a 3ª linha, depois troca-se a 2ª coluna com a 1ª coluna:

$$\begin{vmatrix} 3 & 2 & 0 & -1 \\ 2 & 3 & 6 & 9 \\ 4 & 1 & 2 & 0 \\ -2 & 2 & 3 & -4 \end{vmatrix} = -\begin{vmatrix} 4 & 1 & 2 & 0 \\ 2 & 3 & 6 & 9 \\ 3 & 2 & 0 & -1 \\ -2 & 2 & 3 & -4 \end{vmatrix} = \begin{vmatrix} 1 & 4 & 2 & 0 \\ 3 & 2 & 6 & 9 \\ 2 & 3 & 0 & -1 \\ 2 & -2 & 3 & -4 \end{vmatrix}$$

O sinal do determinante passou de + para − e voltou de − para +.

2ª) Se o elemento a_{11} não for 1 e não houver nenhum elemento igual a 1 na matriz, pode-se usar a 10ª propriedade (teorema de Jacobi) para criar elementos iguais a 1 na matriz.

Note que existem muitas maneiras de criar "1" nessa matriz. No exemplo abaixo multiplicamos a 2ª linha por (−1) e somamos esse resultado à 1ª linha.

$$\begin{vmatrix} 3 & 2 & 0 & -1 \\ 2 & 3 & 6 & 9 \\ 4 & 5 & 2 & 0 \\ -2 & 2 & 3 & -4 \end{vmatrix} \cdot(-1) = \begin{vmatrix} 1 & -1 & -6 & -10 \\ 2 & 3 & 6 & 9 \\ 4 & 5 & 2 & 0 \\ -2 & 2 & 3 & -4 \end{vmatrix}$$

3ª) Outra propriedade que também pode ser útil para criar elemento "1" na matriz é a 4ª propriedade (colocar um número em evidência). Por exemplo:

$$\begin{vmatrix} 4 & 6 & 2 & 0 \\ 3 & -3 & 5 & 2 \\ -4 & 5 & -3 & 3 \\ 6 & 7 & -2 & 4 \end{vmatrix} = 2 \cdot \begin{vmatrix} 2 & 3 & 1 & 0 \\ 3 & -3 & 5 & 2 \\ -4 & 5 & -3 & 3 \\ 6 & 7 & -2 & 4 \end{vmatrix}$$

Trocando as posições da 1ª coluna e da 3ª coluna (7ª propriedade), temos:

$$(-1) \cdot 2 \cdot \begin{vmatrix} 1 & 3 & 2 & 0 \\ 5 & -3 & 3 & 2 \\ -3 & 5 & -4 & 3 \\ -2 & 7 & 6 & 4 \end{vmatrix}$$

Exercícios resolvidos

19. Encontre o valor do determinante

$$\begin{vmatrix} 2 & -1 & 0 & 3 & 2 \\ -2 & 3 & 2 & 0 & -2 \\ -3 & 2 & -1 & -5 & 4 \\ -1 & 3 & 2 & -2 & 0 \\ 0 & 4 & -2 & -1 & 3 \end{vmatrix}.$$

Resolução

Usando o teorema de Jacobi (10ª propriedade), podemos multiplicar a 2ª coluna por 1 e somar o resultado à 1ª coluna. Depois, podemos usar a regra de Chió:

$$\begin{vmatrix} 2 & -1 & 0 & 3 & 2 \\ -2 & 3 & 2 & 0 & -2 \\ -3 & 2 & -1 & -5 & 4 \\ -1 & 3 & 2 & -2 & 0 \\ 0 & 4 & -2 & -1 & 3 \end{vmatrix} \xrightarrow{\text{Jacobi}} \begin{vmatrix} 1 & -1 & 0 & 3 & 2 \\ 1 & 3 & 2 & 0 & -2 \\ -1 & 2 & -1 & -5 & 4 \\ 2 & 3 & 2 & -2 & 0 \\ 4 & 4 & -2 & -1 & 3 \end{vmatrix} \xrightarrow{\text{Chió}}$$

(+ ↑ (×1))

$$\xrightarrow{\text{Chió}} \begin{vmatrix} 4 & 2 & -3 & -4 \\ 1 & -1 & -2 & 6 \\ 5 & 2 & -8 & -4 \\ 8 & -2 & -13 & -5 \end{vmatrix}$$

Agora, trocando as posições da 1ª linha com a 2ª linha (4ª propriedade), podemos novamente aplicar Chió:

$$-\begin{vmatrix} 1 & -1 & -2 & 6 \\ 4 & 2 & -3 & -4 \\ 5 & 2 & -8 & -4 \\ 8 & -2 & -13 & -5 \end{vmatrix} \text{ (trocou) } \xrightarrow{\text{Chió}}$$

$$\xrightarrow{\text{Chió}} -\begin{vmatrix} 6 & 5 & -28 \\ 7 & 2 & -34 \\ 6 & 3 & -53 \end{vmatrix}$$

Aplicando Sarrus, temos: det = −559

20. Encontre o valor do determinante

$$\begin{vmatrix} 1 & 3 & 2 & 1 \\ 0 & 4 & 2 & 3 \\ 3 & 1 & -1 & -2 \\ -1 & 0 & 4 & 5 \end{vmatrix}.$$

Resolução

$$\begin{vmatrix} 1 & 3 & 2 & 1 \\ 0 & 4 & 2 & 3 \\ 3 & 1 & -1 & -2 \\ -1 & 0 & 4 & 5 \end{vmatrix} \xrightarrow{\text{Chió}}$$

$$\xrightarrow{\text{Chió}} \begin{vmatrix} 4-0\cdot 3 & 2-0\cdot 2 & 3-0\cdot 1 \\ 1-3\cdot 3 & -1-3\cdot 2 & -2-3\cdot 1 \\ 0-(-1)\cdot 3 & 4-(-1)\cdot 2 & 5-(-1)\cdot 1 \end{vmatrix} =$$

$$= \begin{vmatrix} 4 & 2 & 3 \\ -8 & -7 & -5 \\ 3 & 6 & 6 \end{vmatrix}$$

Aplicando Sarrus, temos: det $= -63$

21. Resolva a equação $\begin{vmatrix} x & x & x & x \\ x & 3 & 3 & 3 \\ x & 3 & 2 & 2 \\ x & 3 & 2 & 1 \end{vmatrix} = 0.$

Resolução

Usando a 5ª propriedade, colocamos x em evidência na 1ª linha e usamos a regra de Chió:

$$x\begin{vmatrix} 1 & 1 & 1 & 1 \\ x & 3 & 3 & 3 \\ x & 3 & 2 & 2 \\ x & 3 & 2 & 1 \end{vmatrix} \xrightarrow{\text{Chió}} x\begin{vmatrix} 3-x & 3-x & 3-x \\ 3-x & 2-x & 2-x \\ 3-x & 2-x & 1-x \end{vmatrix}$$

Usando novamente a 5ª propriedade, colocamos $(3-x)$ em evidência na 1ª linha e usamos a regra de Chió:

$$x(3-x)\begin{vmatrix} 1 & 1 & 1 \\ 3-x & 2-x & 2-x \\ 3-x & 2-x & 1-x \end{vmatrix} \xrightarrow{\text{Chió}}$$

$$\xrightarrow{\text{Chió}} x(3-x)\begin{vmatrix} -1 & -1 \\ -1 & -2 \end{vmatrix} = x(3-x)(2-1) = x(3-x)$$

Assim:

$x(3-x) = 0 \Rightarrow x = 0$ ou $x = 3$

Logo, $S = \{0, 3\}$.

Exercícios

93. Encontre o valor de cada determinante:

a) $\begin{vmatrix} 1 & 1 & 1 & 1 \\ 1 & 2 & 2 & 2 \\ 1 & 2 & 3 & 3 \\ 1 & 2 & 3 & 4 \end{vmatrix}$

b) $\begin{vmatrix} 1 & 2 & 0 & 0 \\ 2 & 3 & 0 & 0 \\ 0 & 0 & 3 & 1 \\ 0 & 0 & 1 & 1 \end{vmatrix}$

c) $\begin{vmatrix} 1 & 1 & 0 & 0 \\ x & 1 & x & 0 \\ x & x & 1 & 0 \\ x & 1 & 0 & 1 \end{vmatrix}$

d) $\begin{vmatrix} 1 & 0 & -4 & -1 & 0 \\ 0 & 1 & 1 & 1 & 1 \\ 3 & 2 & -10 & -2 & 4 \\ 0 & 0 & 1 & 6 & -1 \\ 2 & 1 & -5 & 0 & 5 \end{vmatrix}$

94. Uma matriz quadrada A, de ordem $n \geqslant 2$, é chamada de matriz de Vandermonde quando tem a seguinte forma:

$$A = \begin{bmatrix} 1 & 1 & 1 & \dots & 1 \\ a_1 & a_2 & a_3 & \dots & a_n \\ a_1^2 & a_2^2 & a_3^2 & \dots & a_n^2 \\ \vdots & \vdots & \vdots & \vdots & \vdots \\ a_1^{n-1} & a_2^{n-1} & a_3^{n-1} & \dots & a_n^{n-1} \end{bmatrix}$$

Nesse caso, é possível encontrar o determinante fazendo:

$\det A = (a_2 - a_1)(a_3 - a_1)(a_3 - a_2) \cdot \dots \cdot$

$\cdot\, (a_n - a_1)(a_n - a_2)(a_n - a_3) \cdot \dots \cdot (a_n - a_{n-1})$

Dentre as matrizes seguintes, determine qual é a de Vandermonde e, com ela, calcule o determinante pela regra de Sarrus ou de Chió e depois pela regra indicada anteriormente:

$$A = \begin{bmatrix} 1 & 1 & 1 \\ 3 & 5 & -2 \\ 6 & 10 & -4 \end{bmatrix}$$

$$B = \begin{bmatrix} 1 & 1 & 1 \\ 1 & 0 & -1 \\ 2 & 0 & 1 \end{bmatrix}$$

$$C = \begin{bmatrix} 1 & 1 & 1 \\ -2 & 3 & 5 \\ 4 & 9 & 25 \end{bmatrix}$$

95. Calcule o determinante da seguinte matriz de Vandermonde:

$$A = \begin{bmatrix} 1 & 1 & 1 & 1 \\ 2 & -1 & 0 & 3 \\ 4 & 1 & 0 & 9 \\ 8 & -1 & 0 & 27 \end{bmatrix}$$

96. Encontre o valor de x para que o determinante

$$\begin{vmatrix} 1 & 1 & 1 & 1 \\ x & 3 & 4 & 5 \\ x^2 & 9 & 16 & 25 \\ x^3 & 27 & 64 & 125 \end{vmatrix}$$ seja nulo.

97. Calcule os valores dos determinantes abaixo:

a) $\begin{vmatrix} 1 & 4 & 16 & 64 \\ 1 & 3 & 9 & 27 \\ 1 & 1 & 1 & 1 \\ 1 & -1 & 1 & -1 \end{vmatrix}$

b) $\begin{vmatrix} 1 & 1 & 1 & 1 \\ 1 & 2 & 3 & 4 \\ 1^2 & 2^2 & 3^2 & 4^2 \\ 1^3 & 2^3 & 3^3 & 4^3 \end{vmatrix}$

98. Seja $y = \begin{vmatrix} x & 1 & 2 & 0 \\ 0 & x & 1 & 1 \\ 0 & 0 & x & 1 \\ 0 & 0 & 0 & x \end{vmatrix}$. Calcule os valores reais de x para que $y^2 - 2y + 1 = 0$.

99. Calcule $\det A = \begin{vmatrix} 0 & -1 & 0 & 7 & -6 \\ 0 & 2 & 5 & -2 & 1 \\ 0 & -3 & 0 & 7 & 2 \\ 2 & 2 & 3 & 1 & -1 \\ 0 & 5 & 0 & 3 & -2 \end{vmatrix}$.

100. Calcule os determinantes pela regra de Chió:

a) $\begin{vmatrix} 2 & 1 & 3 & 1 \\ -1 & 2 & 5 & 1 \\ 4 & 1 & 3 & 4 \\ 0 & 0 & -2 & -1 \end{vmatrix}$

b) $\begin{vmatrix} 2 & 1 & -3 & 2 \\ 3 & 0 & 0 & 0 \\ 4 & 1 & 5 & 1 \\ 10 & 3 & -2 & 2 \end{vmatrix}$

c) $\begin{vmatrix} 0 & a & 1 & 0 \\ 1 & b & -1 & 1 \\ 2 & c & 0 & -1 \\ 0 & d & 1 & 0 \end{vmatrix}$

101. Leia atentamente o texto a seguir.

Caracterização geométrica dos determinantes

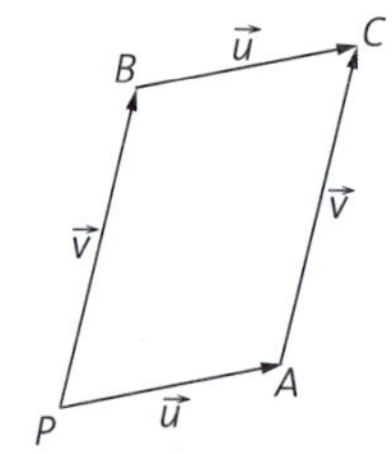

Os determinantes de ordem 2 podem ser interpretados geometricamente como a área de um paralelogramo; os determinantes de ordem 3, como o volume de um paralelepípedo.

Para isso, é necessário considerar tanto o paralelogramo quanto o paralelepípedo definidos pelos seus vetores, no plano ou no espaço.

O paralelogramo é definido pelos vetores $\vec{u}$ e $\vec{v}$, pois, a partir do ponto P, os outros três vértices são $A = P + \vec{u}$, $B = P + \vec{v}$ e $C = P + \vec{u} + \vec{v}$.

Sejam os vetores $\vec{u} = (\vec{u}_x, \vec{u}_y)$ e $\vec{v} = (\vec{v}_x, \vec{v}_y)$ dados em função de suas projeções nos eixos x e y; então a área do paralelogramo é dada pelo módulo do determinante $\begin{vmatrix} u_x & u_y \\ v_x & v_y \end{vmatrix}$.

O paralelepípedo é definido pelos vetores $\vec{u}$, $\vec{v}$ e $\vec{w}$, pois, a partir do ponto P, os outros sete vértices são $A = P + \vec{u}$, $B = P + \vec{v}$, $C = P + \vec{w}$, $D = P + \vec{u} + \vec{v}$, $E = P + \vec{v} + \vec{w}$, $F = P + \vec{u} + \vec{w}$ e $G = P + \vec{u} + \vec{w} + \vec{v}$.

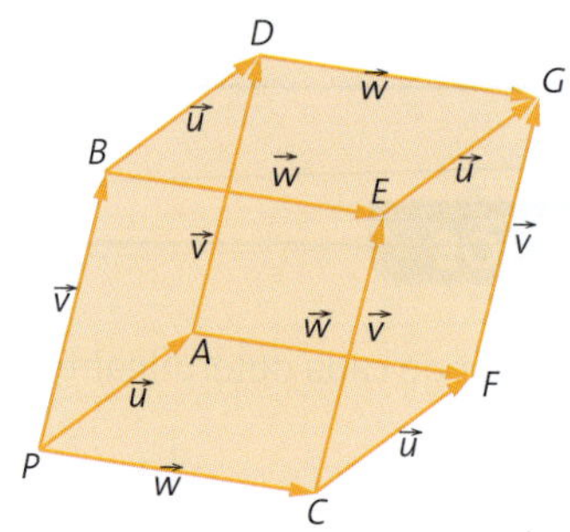

Sejam os vetores $\vec{u} = (\vec{u}_x, \vec{u}_y, \vec{u}_z)$, $\vec{v} = (\vec{v}_x, \vec{v}_y, \vec{v}_z)$ e $\vec{w} = (\vec{w}_x, \vec{w}_y, \vec{w}_z)$ dados em função de suas projeções nos eixos x, y e z. Então, o volume do paralelepípedo é dado pelo módulo do determinante $\begin{vmatrix} u_x & u_y & u_z \\ v_x & v_y & v_z \\ w_x & w_y & w_z \end{vmatrix}$.

Com base no texto acima, calcule:

a) a área de um paralelogramo $ABCD$, sabendo que as coordenadas cartesianas dos vértices são $A(0, 0)$, $B(1, 5)$, $C(5, 6)$ e $D(4, 1)$.

b) o volume de um paralelepípedo $ABCDEFGP$, sabendo que $\overline{AB}$, $\overline{AC}$ e $\overline{AD}$ são arestas do paralelepípedo e as coordenadas espaciais desses vértices são $A(0, 0, 0)$, $B(1, 2, 0)$, $C(-3, 5, 0)$ e $D(1, 1, 4)$.

102. O Ministério da Saúde disponibiliza em seu portal da internet um documento denominado *Guia alimentar para a população brasileira*, que traz orientações sobre a alimentação adequada para prevenir doenças causadas por deficiências nutricionais, reforçar a resistência orgânica a doenças infecciosas e reduzir a incidência de doenças crônicas não transmissíveis (DCNT). No início, esse guia apresenta algumas afirmações que remontam a centenas de anos e já atestavam a relação vital entre a alimentação e a saúde:

> "Deixe que a alimentação seja o seu remédio e o remédio a sua alimentação." (Hipócrates)
>
> "O destino das nações depende daquilo e de como as pessoas se alimentam." (Brillat-Savarin, 1825)

Fonte: <http://dtr2001.saude.gov.br/editora/produtos/livros/pdf/05_1109_M.pdf>. Acesso em: 27 mar. 2014.

De acordo com esse documento, o consumo de vegetais, como frutas, verduras e legumes, em doses adequadas, pode contribuir para a prevenção de doenças crônicas decorrentes da obesidade, doenças por falta de micronutrientes e de alguns tipos de câncer. Para isso é necessário que as pessoas adultas consumam 400 g de vegetais por dia, considerando-se uma dieta de 2 000 kcal, o que significa aumentar em pelo menos três vezes o consumo médio atual da população.

Fotocrisis/Shutterstock/Glow Images

O ministério incentiva o consumo desses alimentos em suas formas naturais, excluindo assim os produtos com alta concentração de açúcar, como as geleias de frutas, as bebidas com sabor de frutas e os vegetais em conserva.

Após ler essas informações, Paulo saiu para almoçar com sua família, mas antes fizeram uma pesquisa para saber em que restaurante obteriam o preço mais baixo. Eles iriam pedir três tipos de salada: uma de alface, outra de agrião e a terceira de tomate. Pediriam porções com 100 g para cada tipo de salada, como mostra a tabela *M*. A tabela *N* representa as quantidades de calorias, cálcio e vitamina C, em mg, e a tabela *P* indica o preço, em reais, dessas três saladas em três diferentes restaurantes. A tabela *Q* mostra a quantidade de calorias, cálcio e vitamina C que a família iria ingerir.

(Os valores das tabelas a seguir são aproximados.)

Matriz *M* (porções de 100 g)	
Alface	3
Agrião	4
Tomate	2

	Matriz *N* (por 100 g)		
	Alface	**Agrião**	**Tomate**
Calorias	10	30	20
Cálcio (mg)	40	110	40
Vitamina C (mg)	10	40	20

	Matriz *P* (R$ por 100 g)		
	Alface	**Agrião**	**Tomate**
Coma bem	2	5	2,5
Bom sabor	1,8	6	3
Coma e viva	1,6	7	2

	Matriz *Q* (porções de 100 g)
Calorias	190
Cálcio (mg)	640
Vitamina C (mg)	230

Considere que a matriz *N*, 3×3, seja construída com os elementos da tabela *N* e a matriz *P*, também 3×3, construída com os elementos da tabela *P*. Considere também que as matrizes inversas de *N* e *P* sejam N^{-1} e P^{-1} e assinale qual das afirmações a seguir é a verdadeira:

a) O determinante de N^{-1} é igual à décima parte do determinante de *N*.

b) O determinante de $N \cdot P$ é maior do que o determinante de $P \cdot N$.

c) O determinante de $N \cdot P$ é o inverso do determinante de $P \cdot N$.

d) O determinante de N^{-1} é igual a $25 \cdot 10^{-5}$.

e) O determinante de P^{-1} é o oposto do determinante de *P*.

12 Matriz inversa de uma matriz dada

Dada uma matriz quadrada A, de ordem n, se X é uma matriz tal que $AX = I_n$ e $XA = I_n$, então x é denominada **matriz inversa** de A e é indicada por A^{-1}. Lembre-se de que I é a matriz identidade.

Quando existe a matriz inversa de A, dizemos que A é uma matriz invertível ou não singular. Isso ocorrerá sempre que $\det A \neq 0$.

Exemplo:

A matriz $A = \begin{pmatrix} 1 & -1 \\ 2 & 0 \end{pmatrix}$ é invertível, pois $\det A \neq 0$, e sua matriz inversa é $A^{-1} = \begin{pmatrix} 0 & \frac{1}{2} \\ -1 & \frac{1}{2} \end{pmatrix}$.

Note que: $\begin{pmatrix} 1 & -1 \\ 2 & 0 \end{pmatrix} \begin{pmatrix} 0 & \frac{1}{2} \\ -1 & \frac{1}{2} \end{pmatrix} = \underbrace{\begin{pmatrix} 1 & 0 \\ 0 & 1 \end{pmatrix}}_{I_2}$ e $\begin{pmatrix} 0 & \frac{1}{2} \\ -1 & \frac{1}{2} \end{pmatrix} \begin{pmatrix} 1 & -1 \\ 2 & 0 \end{pmatrix} = \underbrace{\begin{pmatrix} 1 & 0 \\ 0 & 1 \end{pmatrix}}_{I_2}$.

Então, A é invertível e $A^{-1} = \begin{pmatrix} 0 & \frac{1}{2} \\ -1 & \frac{1}{2} \end{pmatrix}$, ou seja, $AA^{-1} = A^{-1}A = I_2$.

Para refletir
Verifique as multiplicações efetuadas.

Observação: Todo número real a diferente de zero possui o inverso multiplicativo a^{-1}, pois $aa^{-1} = a^{-1}a = 1$. Dada uma matriz quadrada $n \times n$, nem sempre existe uma matriz B, do tipo $n \times n$, tal que $AB = BA = I_n$. É necessário que $\det A \neq 0$ para que exista essa matriz B, inversa de A.

Determinante da inversa

Seja A uma matriz quadrada invertível e A^{-1} sua inversa. Então, $\det A^{-1} = \dfrac{1}{\det A}$.

Exemplo:

Observe que $\begin{bmatrix} 1 & -1 \\ 2 & 0 \end{bmatrix} \cdot \begin{bmatrix} 0 & \frac{1}{2} \\ -1 & \frac{1}{2} \end{bmatrix} = \begin{bmatrix} 0 & \frac{1}{2} \\ -1 & \frac{1}{2} \end{bmatrix} \cdot \begin{bmatrix} 1 & -1 \\ 2 & 0 \end{bmatrix} = \begin{bmatrix} 1 & 0 \\ 0 & 1 \end{bmatrix}$.

Então, se $A = \begin{bmatrix} 1 & -1 \\ 2 & 0 \end{bmatrix}$, temos $A^{-1} = \begin{bmatrix} 0 & \frac{1}{2} \\ -1 & \frac{1}{2} \end{bmatrix}$.

Para refletir
Demonstre esta propriedade lembrando que, se A é invertível, então vale a igualdade $A \cdot A^{-1} = I$
Sugestão: Aplique a 9ª propriedade dos determinantes no 1º membro da igualdade e a 8ª propriedade no 2º membro.

Assim, $\det A = 0 + 2 = 2$ e $\det A^{-1} = 0 + \dfrac{1}{2} = \dfrac{1}{2}$, ou seja, $\det A^{-1} = \dfrac{1}{\det A}$.

Essa propriedade sugere um fato importante: A é invertível se e somente se $\det A \neq 0$.

Exercício resolvido

22. Verifique se existe e, em caso afirmativo, determine a matriz inversa de $A = \begin{pmatrix} 5 & 8 \\ 2 & 3 \end{pmatrix}$.

Resolução

Seja X a matriz quadrada de ordem 2 procurada, isto é, $X = \begin{pmatrix} a & b \\ c & d \end{pmatrix}$.

Pela definição, inicialmente devemos ter:

$$\begin{pmatrix} 5 & 8 \\ 2 & 3 \end{pmatrix}\begin{pmatrix} a & b \\ c & d \end{pmatrix} = \begin{pmatrix} 1 & 0 \\ 0 & 1 \end{pmatrix} \Rightarrow$$

$$\Rightarrow \begin{pmatrix} 5a + 8c & 5b + 8d \\ 2a + 3c & 2b + 3d \end{pmatrix} = \begin{pmatrix} 1 & 0 \\ 0 & 1 \end{pmatrix}$$

Pela igualdade de matrizes, temos os sistemas:

Ⓘ $\begin{cases} 5a + 8c = 1 \\ 2a + 3c = 0 \end{cases}$, que resolvido nos dá $a = -3$ e $c = 2$.

Ⓘⓘ $\begin{cases} 5b + 8d = 0 \\ 2b + 3d = 1 \end{cases}$, que resolvido nos dá $b = 8$ e $d = -5$.

Daí, temos $X = \begin{pmatrix} a & b \\ c & d \end{pmatrix} = \begin{pmatrix} -3 & 8 \\ 2 & -5 \end{pmatrix}$, para a qual $AX = I_2$.

A seguir, verificamos se $XA = I_2$:

$$\begin{pmatrix} -3 & 8 \\ 2 & -5 \end{pmatrix}\begin{pmatrix} 5 & 8 \\ 2 & 3 \end{pmatrix} = \begin{pmatrix} 1 & 0 \\ 0 & 1 \end{pmatrix}.$$

Então, podemos dizer que $\begin{pmatrix} -3 & 8 \\ 2 & -5 \end{pmatrix}$ é a matriz inversa de $\begin{pmatrix} 5 & 8 \\ 2 & 3 \end{pmatrix}$, ou seja, $A^{-1} = \begin{pmatrix} -3 & 8 \\ 2 & -5 \end{pmatrix}$.

Exercícios

103. Determine, se existir, a inversa de cada uma das seguintes matrizes:

a) $A = \begin{pmatrix} 1 & 3 \\ 0 & 2 \end{pmatrix}$ b) $A = \begin{pmatrix} 5 & 10 \\ 2 & 4 \end{pmatrix}$

104. Se $A = \begin{pmatrix} 1 & 2 \\ 2 & 1 \end{pmatrix}$, determine $(A^{-1})^t$.

105. $A = \begin{pmatrix} 1 & 0 \\ 0 & 1 \end{pmatrix}$ é uma matriz quadrada de ordem 2. Determine $(A + A^{-1})^2$.

106. Dadas as matrizes $A = \begin{pmatrix} 3 & 2 \\ 7 & 5 \end{pmatrix}$ e $B = \begin{pmatrix} 1 & 1 \\ -1 & 1 \end{pmatrix}$, calcule $AB + A^{-1}$.

107. Calcule o determinante de cada matriz abaixo e determine se elas são invertíveis ou não.

a) $A = \begin{bmatrix} 3 & 1 \\ 4 & 6 \end{bmatrix}$

b) $B = \begin{bmatrix} 2 & 3 \\ 4 & 6 \end{bmatrix}$

c) $C = \begin{bmatrix} 1 & 0 & -1 \\ 4 & 2 & 1 \\ 5 & 2 & 3 \end{bmatrix}$

108. Sejam A e B matrizes de ordem 3. Se $B = A^{-1}$, determine o produto AB.

109. Sejam $A = \begin{bmatrix} 1 & 2 \\ 1 & 3 \end{bmatrix}$ e $B = \begin{bmatrix} a & c \\ b & d \end{bmatrix}$:

a) determine B sabendo que $AB = I_2$;

b) determine A^{-1}.

110. Sejam $A = \begin{bmatrix} 6 & 2 \\ 2 & 1 \end{bmatrix}$ e $A^{-1} = \begin{bmatrix} \frac{1}{2} & -1 \\ -1 & 3 \end{bmatrix}$, determine:

a) $\det A$ b) $\det A^{-1}$ c) $\det (AA^{-1})$

111. DESAFIO Lembrando que, se $AA^{-1} = I$, então $\det (AA^{-1}) = \det I$, calcule $\det A^{-1}$ sabendo que $\det A = 3$.

112. Dada a matriz $A = \begin{pmatrix} 1 & 2 & a \\ 3 & 2 & 2 \\ 0 & 1 & 1 \end{pmatrix}$, calcule a para que A seja invertível. (Lembre-se: A é invertível se $\det A \neq 0$.)

113. Sabendo que $A = \begin{pmatrix} 3 & -1 & 0 \\ 0 & 1 & 2 \\ -1 & 1 & 3 \end{pmatrix}$, calcule $\det A^{-1}$, se existir A^{-1}.

13 Aplicações de matrizes

Geometria e coordenadas

Observe a região triangular P no plano cartesiano a seguir.

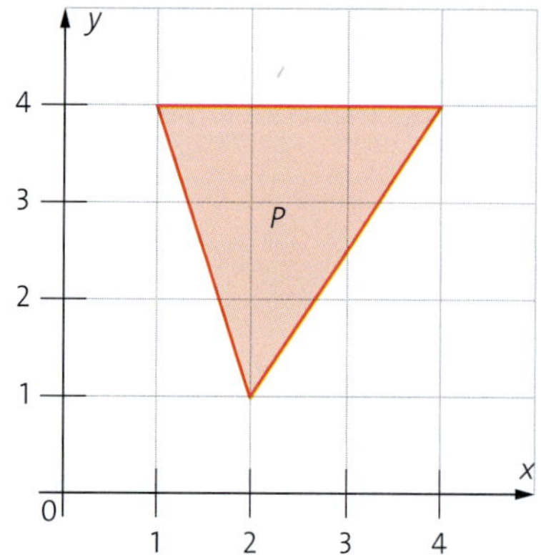

Os vértices desse triângulo são descritos pelos pares ordenados: (1, 4); (4, 4) e (2, 1). Podemos escrever esses pares ordenados em colunas, formando uma matriz. Veja:

$$\begin{pmatrix} 1 & 4 & 2 \\ 4 & 4 & 1 \end{pmatrix}$$

Exercícios

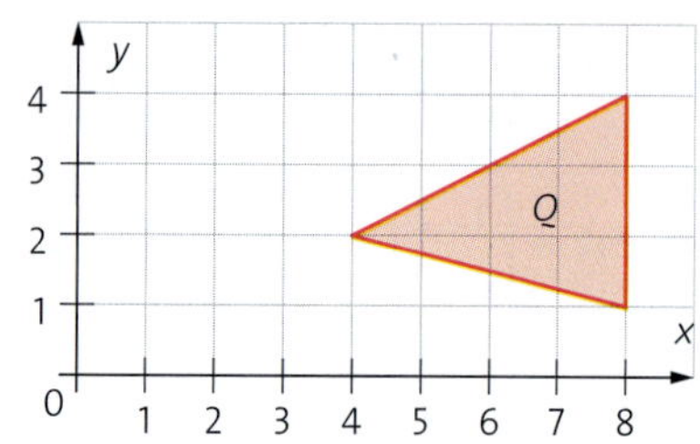

114. Observe o triângulo Q no plano cartesiano ao lado e faça o que se pede:

a) Escreva os pares ordenados que descrevem seus vértices.

b) Escreva esses pares ordenados formando uma matriz 2×3.

115. Escreva a matriz correspondente aos vértices de cada figura a seguir.

a) R

b) S

c) T

d) U

e) V

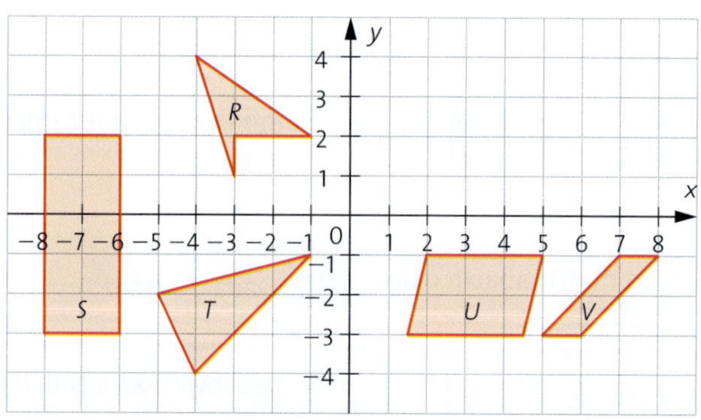

116. Coloque os pares ordenados de cada matriz a seguir no plano cartesiano. Ligue os pontos (em ordem) para formar uma figura.

a) $\begin{pmatrix} 2 & 1 & 2 & 3 \\ 1 & 3 & 6 & 3 \end{pmatrix}$ b) $\begin{pmatrix} 0 & 1 & 5 & 4 \\ 0 & 2 & 2 & 0 \end{pmatrix}$ c) $\begin{pmatrix} 3 & 1 & 0 \\ -2 & -3 & 0 \end{pmatrix}$ d) $\begin{pmatrix} 0 & 5 & 5 & 0 \\ 0 & -2 & 4 & 4 \end{pmatrix}$

Computação gráfica e transformações geométricas

Uma tela de computador ou televisão são formadas por pequenos pontos (*pixels*), elementos de uma matriz.

Por exemplo, uma imagem de resolução 800×600 tem $800 \cdot 600 = 480\,000$ *pixels* distribuídos em 800 colunas e 600 linhas.

Quando um programa gráfico altera a posição, reflete, rotaciona ou muda a escala da imagem, na verdade está mudando a posição dos *pixels* que a formam. Isso tudo é feito por operações de matrizes, em computação gráfica é o que se chama de **transformações geométricas**.

Basicamente, as transformações geométricas no plano são quatro: **rotação**, **reflexão**, **escala** e **translação**.

Observe nas figuras abaixo um $\triangle ABC$ sujeito a cada uma dessas transformações:

- Rotação do $\triangle ABC$, de 30° no sentido anti-horário, em torno da origem.

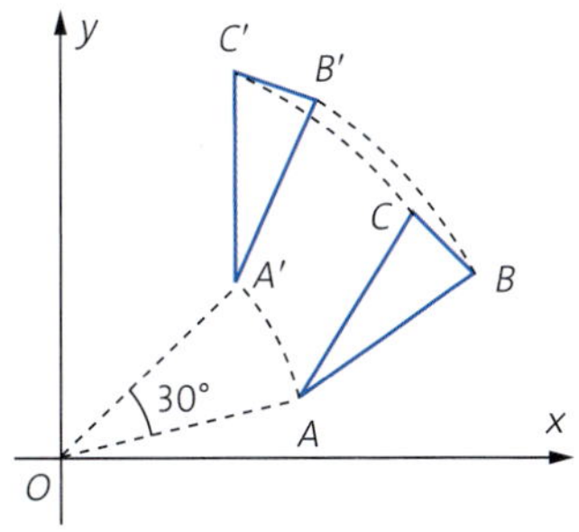

- Reflexão do $\triangle ABC$ em relação ao eixo y.

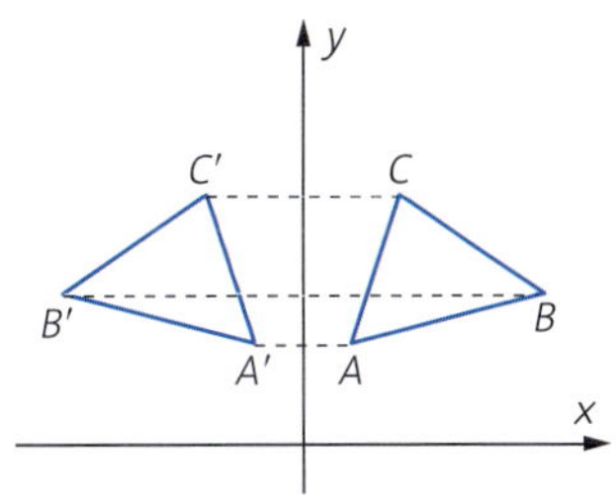

- Mudança de escala do $\triangle ABC$ em 50%.

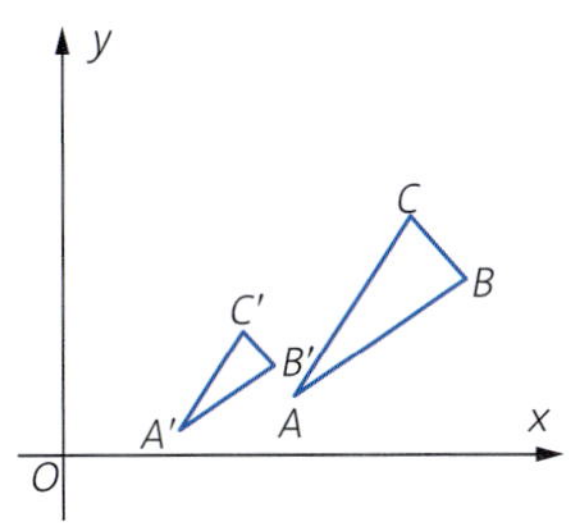

- Translação do $\triangle ABC$ com 2 unidades para a esquerda e 2 unidades para cima.

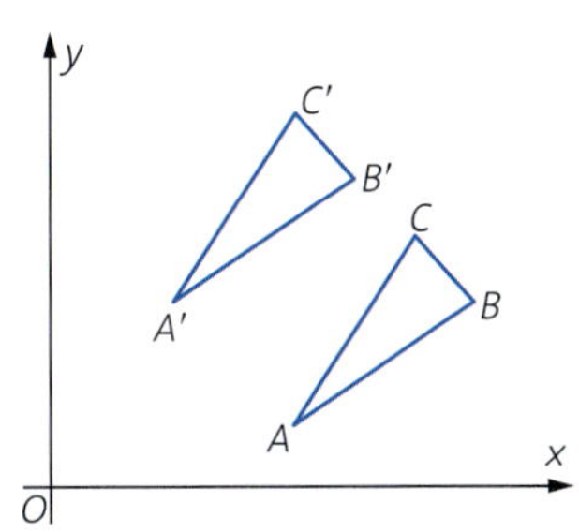

Translação

Observe as figuras abaixo.

Vértices da região triangular A: (0, 2); (3, 6) e (4, 2).

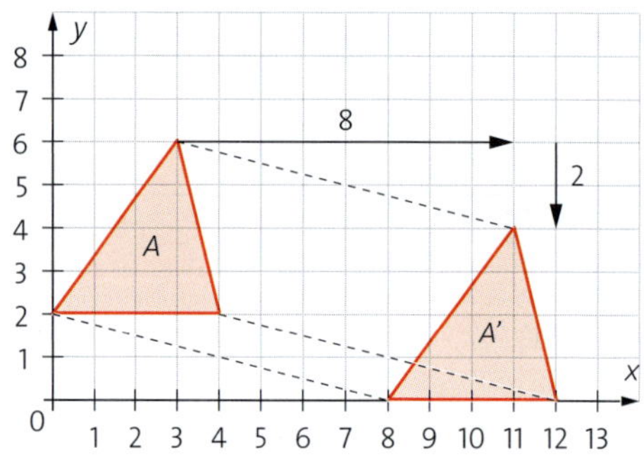

Vértices da região triangular A': (8, 0); (11, 4) e (12, 0).

As matrizes relacionadas às figuras acima são:

$$A = \begin{pmatrix} 0 & 3 & 4 \\ 2 & 6 & 2 \end{pmatrix} \text{ e } A' = \begin{pmatrix} 8 & 11 & 12 \\ 0 & 4 & 0 \end{pmatrix}$$

A região triangular A sofreu uma translação dando origem à região triangular A'. Podemos descrever essa translação usando uma matriz coluna:

$$\begin{pmatrix} 8 \\ -2 \end{pmatrix} \begin{array}{l} \rightarrow \text{movemos 8 unidades à direita ao longo do eixo } x\text{, e depois} \\ \rightarrow \text{movemos 2 unidades para baixo ao longo do eixo } y. \end{array}$$

Observe que:

- $\begin{pmatrix} 0 \\ 2 \end{pmatrix} + \begin{pmatrix} 8 \\ -2 \end{pmatrix} = \begin{pmatrix} 8 \\ 0 \end{pmatrix}$
- $\begin{pmatrix} 3 \\ 6 \end{pmatrix} + \begin{pmatrix} 8 \\ -2 \end{pmatrix} = \begin{pmatrix} 11 \\ 4 \end{pmatrix}$
- $\begin{pmatrix} 4 \\ 2 \end{pmatrix} + \begin{pmatrix} 8 \\ -2 \end{pmatrix} = \begin{pmatrix} 12 \\ 0 \end{pmatrix}$

De modo geral, para transladar um ponto $P(x, y)$ de a unidades para a direita e b unidades para cima, efetuamos a adição de matrizes:

$$\begin{pmatrix} x \\ y \end{pmatrix} + \begin{pmatrix} a \\ b \end{pmatrix} = \begin{pmatrix} x + a \\ y + b \end{pmatrix}$$

Exercícios

117. Escreva o que significa cada uma das translações dada pelas matrizes:

a) $\begin{pmatrix} 2 \\ 3 \end{pmatrix}$ b) $\begin{pmatrix} 3 \\ -1 \end{pmatrix}$ c) $\begin{pmatrix} -2 \\ -1 \end{pmatrix}$ d) $\begin{pmatrix} -2 \\ 4 \end{pmatrix}$

118. Copie o diagrama abaixo em uma malha quadriculada. Translade o triângulo *A* de acordo com cada matriz coluna dada e desenhe o triângulo transladado.

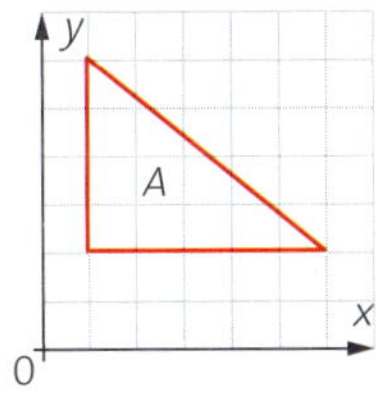

a) $\begin{pmatrix} 2 \\ 3 \end{pmatrix}$, dando origem ao triângulo *B*.

b) $\begin{pmatrix} -3 \\ -4 \end{pmatrix}$, dando origem ao triângulo *C*.

c) $\begin{pmatrix} 2 \\ -5 \end{pmatrix}$, dando origem ao triângulo *D*.

d) $\begin{pmatrix} -3 \\ -2 \end{pmatrix}$, dando origem ao triângulo *E*.

e) Em cada caso, escreva a adição de matrizes correspondentes.

Reflexão

Observe o diagrama abaixo. A figura *A* sofreu uma reflexão em relação ao eixo *y* dando origem à figura *A'*.

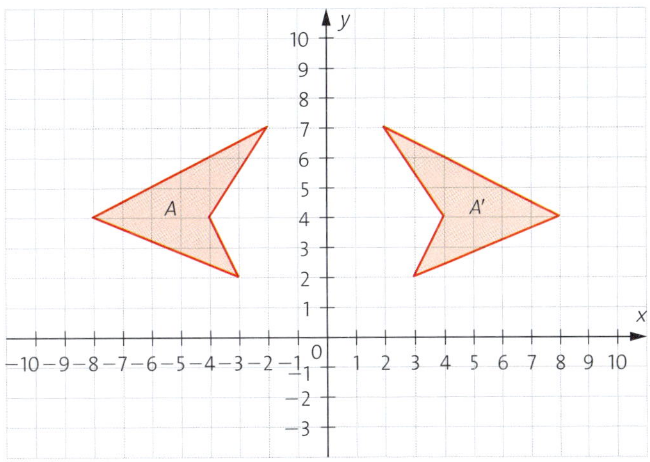

Vértices da figura *A*: (−3, 2), (−4, 4), (−2, 7), (−8, 4) Vértices da figura *A'*: (3, 2), (4, 4), (2, 7), (8, 4)

Veja a matriz associada a cada figura:

$$A = \begin{pmatrix} -3 & -4 & -2 & -8 \\ 2 & 4 & 7 & 4 \end{pmatrix} \text{ e } A' = \begin{pmatrix} 3 & 4 & 2 & 8 \\ 2 & 4 & 7 & 4 \end{pmatrix}$$

A reflexão que leva *A* em *A'* é indicada por:

$$A \rightarrow A', \text{ ou seja, } \begin{pmatrix} -3 & -4 & -2 & -8 \\ 2 & 4 & 7 & 4 \end{pmatrix} \rightarrow \begin{pmatrix} 3 & 4 & 2 & 8 \\ 2 & 4 & 7 & 4 \end{pmatrix}$$

Observe que neste caso a reflexão é em relação ao eixo *y*.

Podemos obter a matriz de *A'* multiplicando a matriz de *A* pela matriz $\begin{pmatrix} -1 & 0 \\ 0 & 1 \end{pmatrix}$, ou seja:

$$\begin{pmatrix} -1 & 0 \\ 0 & 1 \end{pmatrix} \cdot \begin{pmatrix} -3 & -4 & -2 & -8 \\ 2 & 4 & 7 & 4 \end{pmatrix} = \begin{pmatrix} 3 & 4 & 2 & 8 \\ 2 & 4 & 7 & 4 \end{pmatrix}$$

Agora, considere uma reflexão da figura A em relação ao eixo x, dando origem à figura B. Veja:

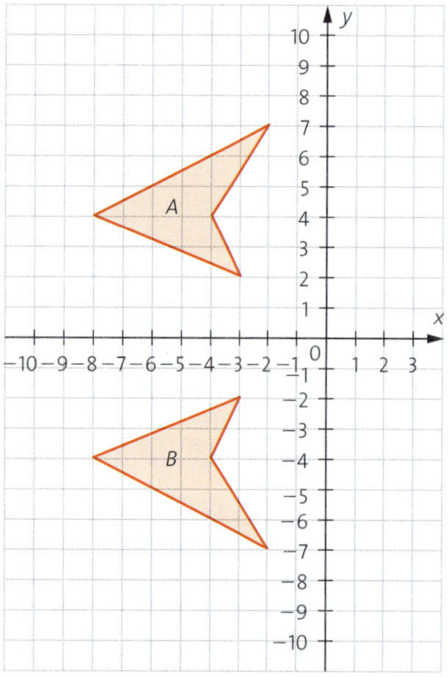

Vértices da figura A: $(-3, 2), (-4, 4), (-2, 7), (-8, 4)$

Matriz associada: $\begin{pmatrix} -3 & -4 & -2 & -8 \\ 2 & 4 & 7 & 4 \end{pmatrix}$

Vértices da figura B: $(-3, -2), (-4, -4), (-2, -7), (-8, -4)$

Matriz associada: $\begin{pmatrix} -3 & -4 & -2 & -8 \\ -2 & -4 & -7 & -4 \end{pmatrix}$

Veja a matriz associada a essas figuras:

$$A = \begin{pmatrix} -3 & -4 & -2 & -8 \\ 2 & 4 & 7 & 4 \end{pmatrix} \text{ e } B = \begin{pmatrix} -3 & -4 & -2 & -8 \\ -2 & -4 & -7 & -4 \end{pmatrix}$$

A reflexão que leva A em B é indicada por:

$$A \rightarrow B, \text{ ou seja, } A = \begin{pmatrix} -3 & -4 & -2 & -8 \\ 2 & 4 & 7 & 4 \end{pmatrix} \rightarrow \begin{pmatrix} -3 & -4 & -2 & -8 \\ -2 & -4 & -7 & -4 \end{pmatrix}$$

Observe que neste caso a reflexão é em relação ao eixo x, podemos obter a matriz de B multiplicando a matriz de A pela matriz $\begin{pmatrix} 1 & 0 \\ 0 & -1 \end{pmatrix}$, ou seja:

$$\begin{pmatrix} 1 & 0 \\ 0 & -1 \end{pmatrix} \cdot \begin{pmatrix} -3 & -4 & -2 & -8 \\ 2 & 4 & 7 & 4 \end{pmatrix} = \begin{pmatrix} -3 & -4 & -2 & -8 \\ -2 & -4 & -7 & -4 \end{pmatrix}$$

De modo geral, para se obter a reflexão em relação ao eixo y de uma figura cuja matriz associada é dada, por exemplo, por $\begin{pmatrix} a & b & c & d \\ e & f & g & h \end{pmatrix}$, basta efetuar a multiplicação:

$$\begin{pmatrix} -1 & 0 \\ 0 & 1 \end{pmatrix} \cdot \begin{pmatrix} a & b & c & d \\ e & f & g & h \end{pmatrix}$$

E, para se obter a reflexão em relação ao eixo x de uma figura cuja matriz associada é dada por $\begin{pmatrix} a & b & c & d \\ e & f & g & h \end{pmatrix}$, basta efetuar a multiplicação:

$$\begin{pmatrix} 1 & 0 \\ 0 & -1 \end{pmatrix} \cdot \begin{pmatrix} a & b & c & d \\ e & f & g & h \end{pmatrix}$$

Rotação

Observe a representação a seguir:

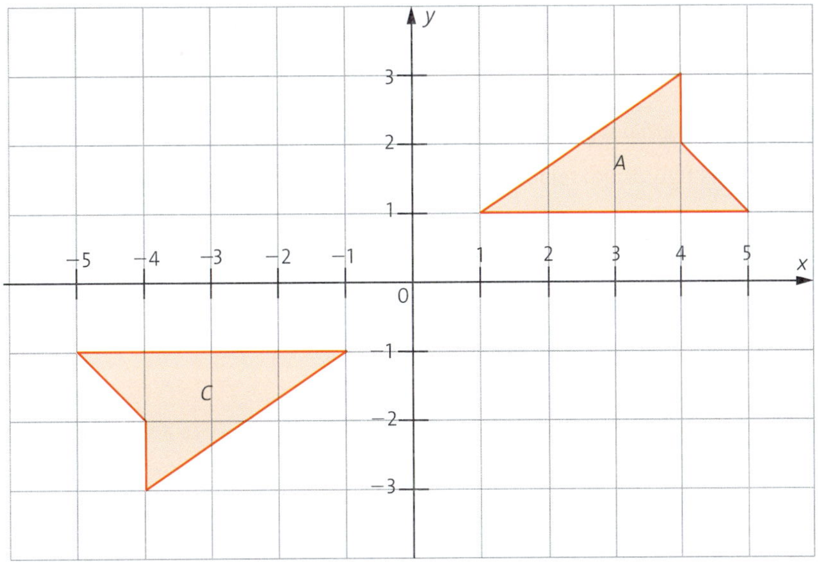

A figura A sofreu uma rotação de 180° no sentido anti-horário em torno da origem (0, 0), dando origem à figura C.

As matrizes associadas a cada uma dessas figuras são:

$$A = \begin{pmatrix} 1 & 4 & 4 & 5 \\ 1 & 3 & 2 & 1 \end{pmatrix} \quad \text{e} \quad C = \begin{pmatrix} -1 & -4 & -4 & -5 \\ -1 & -3 & -2 & -1 \end{pmatrix}$$

Indicamos a rotação que leva A em C por:

$$A \rightarrow C\text{, ou seja, } \begin{pmatrix} 1 & 4 & 4 & 5 \\ 1 & 3 & 2 & 1 \end{pmatrix} \rightarrow \begin{pmatrix} -1 & -4 & -4 & -5 \\ -1 & -3 & -2 & -1 \end{pmatrix}$$

Nesse caso, obtemos a matriz associada à figura C, multiplicando a matriz associada à figura A pela matriz $\begin{pmatrix} -1 & 0 \\ 0 & 1 \end{pmatrix}$ que é correspondente a $\begin{pmatrix} \cos 180° & -\text{sen}\, 180° \\ \text{sen}\, 180° & \cos 180° \end{pmatrix}$, ou seja:

$$\begin{pmatrix} -1 & 0 \\ 0 & 1 \end{pmatrix} \cdot \begin{pmatrix} 1 & 4 & 4 & 5 \\ 1 & 3 & 2 & 1 \end{pmatrix} = \begin{pmatrix} -1 & -4 & -4 & -5 \\ -1 & -3 & -2 & -1 \end{pmatrix}$$

De modo geral, para se obter uma rotação de α graus no sentido anti-horário em torno da origem (0, 0) de uma figura cuja matriz associada é dada, por exemplo, por $\begin{pmatrix} a & b & c & d \\ e & f & g & h \end{pmatrix}$, basta efetuar a multiplicação:

$$\begin{pmatrix} \cos \alpha & -\text{sen}\, \alpha \\ \text{sen}\, \alpha & \cos \alpha \end{pmatrix} \cdot \begin{pmatrix} a & b & c & d \\ e & f & g & h \end{pmatrix}$$

Exercícios

119. Faça o que se pede para cada matriz a seguir:

$$M = \begin{pmatrix} 0 & 1 & 3 \\ 3 & 5 & 1 \end{pmatrix} \qquad N = \begin{pmatrix} 0 & 2 & 3 \\ -2 & 0 & -4 \end{pmatrix} \qquad Z = \begin{pmatrix} -1 & -3 & -5 & -4 \\ 2 & 2 & 1 & 4 \end{pmatrix}$$

a) Marque os pares ordenados em um plano cartesiano e ligue os pontos, em ordem, para formar uma figura.

b) Efetue uma reflexão das figuras em relação ao eixo x e escreva a matriz de cada figura refletida.

c) Constate que a matriz da figura refletida pode ser obtida multiplicando-se a matriz associada à figura pela matriz:

$$\begin{pmatrix} -1 & 0 \\ 0 & 1 \end{pmatrix}$$

120. Repita o exercício anterior, usando uma reflexão em relação ao eixo y.

121. Considere a figura A e uma rotação de 90° no sentido anti-horário em torno da origem (0, 0), originando uma figura D.

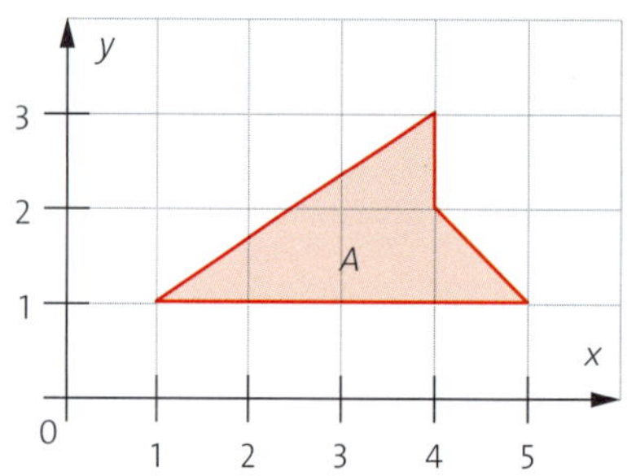

a) Obtenha a matriz associada à figura D.

b) Desenhe em um mesmo plano cartesiano as figuras A e D.

c) Verifique que a matriz associada pode ser obtida pelo produto $\begin{pmatrix} \cos 90° & -\text{sen } 90° \\ \text{sen } 90° & \cos 90° \end{pmatrix} \cdot \begin{pmatrix} 1 & 4 & 4 & 5 \\ 1 & 2 & 3 & 1 \end{pmatrix}$.

122. Faça o que se pede para cada matriz a seguir.

$$A = \begin{pmatrix} 1 & 1 & 3 \\ 1 & 3 & 3 \end{pmatrix} \qquad B = \begin{pmatrix} 2 & 1 & 5 & 4 \\ 2 & 4 & 4 & 2 \end{pmatrix} \qquad C = \begin{pmatrix} 1 & 1 & 4 & 4 \\ 1 & 3 & 3 & 1 \end{pmatrix}$$

a) Coloque os pares ordenados de cada matriz no plano cartesiano e ligue os pontos em ordem para formar uma figura.

b) Na matriz A aplique uma rotação de 90°, em B uma rotação de 180° e em C uma rotação de 270°, no sentido anti-horário, em torno da origem (0, 0).

c) Em todos os casos escreva a matriz associada à figura final e desenhe-as em um mesmo plano cartesiano.

d) Verifique que a matriz associada pode ser obtida multiplicando-se a matriz associada à figura inicial por $\begin{pmatrix} \cos \alpha & -\text{sen } \alpha \\ \text{sen } \alpha & \cos \alpha \end{pmatrix}$.

Escala

Nem todas as transformações geométricas preservam distâncias e formas como as estudadas até aqui. Acompanhe o caso a seguir.

Consideremos uma mudança de escala de um ponto $P(x, y)$ em relação à origem, usando um fator multiplicativo S_x para a coordenada x e um fator multiplicativo S_y para a coordenada y. Assim, sendo a matriz $E = \begin{pmatrix} S_x & 0 \\ 0 & S_y \end{pmatrix}$ e a matriz $P = \begin{pmatrix} x \\ y \end{pmatrix}$, devemos ter $P' = E \cdot P$.

Por exemplo, observe a região triangular A a seguir:

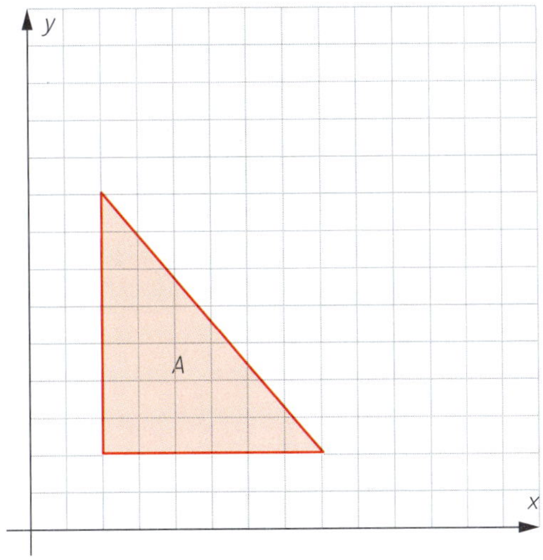

Podemos aplicar a transformação escala a todos os pontos $P(x, y)$ dessa figura em 100%. Aumentar em 100% nas direções dos eixos O_x e O_y é multiplicar por 2. Assim, $S_x = 2$ e $S_y = 2$. Logo,

$$A' = \begin{pmatrix} 2 & 0 \\ 0 & 2 \end{pmatrix} \cdot \begin{pmatrix} 2 & 2 & 6 \\ 2 & 6 & 2 \end{pmatrix} = \begin{pmatrix} 4 & 4 & 12 \\ 4 & 12 & 4 \end{pmatrix}$$

Verificando geometricamente, temos:

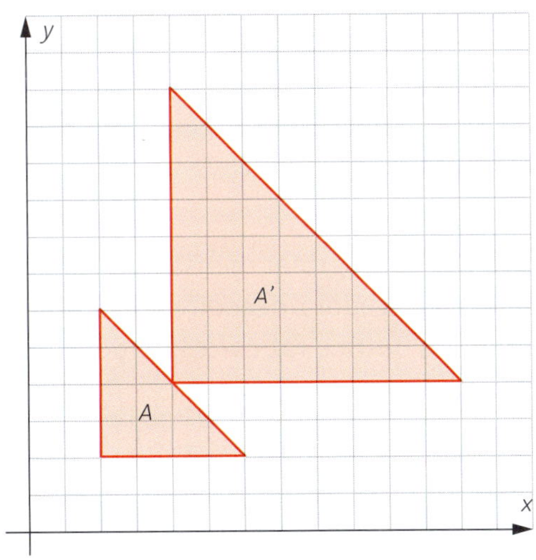

Matrizes associadas às figuras A e A':

$$A = \begin{pmatrix} 2 & 2 & 6 \\ 2 & 6 & 2 \end{pmatrix} \text{ e } A' = \begin{pmatrix} 4 & 4 & 12 \\ 4 & 12 & 4 \end{pmatrix}$$

Exercícios

123. Considere o triângulo *A* a seguir. Aplique nele uma transformação escala segundo os fatores 3 e 1 nas direções dos eixos O_x e O_y, respectivamente. Faça a verificação geométrica.

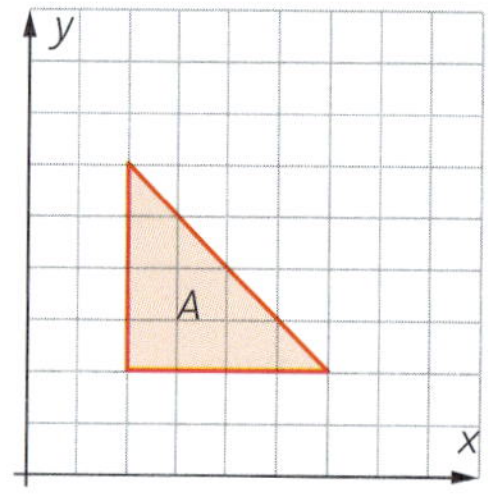

124. Transforme a figura a seguir usando a matriz de transformação escala:

$$A = \begin{pmatrix} 3 & 0 \\ 0 & 1 \end{pmatrix} \quad B = \begin{pmatrix} -2 & 0 \\ 0 & 1 \end{pmatrix}$$

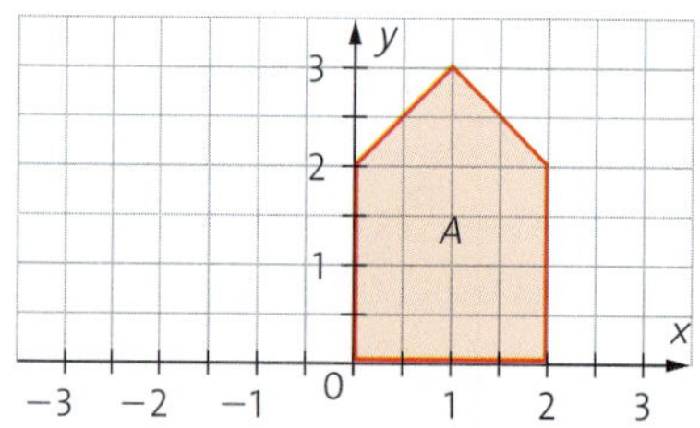

a) Qual é a área da figura *A*?

b) Qual é a área de cada figura transformada?

c) Qual é a relação entre a área da figura inicial *A* e a área de cada figura transformada? O que ocorreu com a figura *A* após sofrer cada transformação?

125. Explore, investigue e responda.

a) O que ocorre com uma figura quando aplicamos uma transformação escala do tipo $\begin{pmatrix} k & 0 \\ 0 & 1 \end{pmatrix}$, para um número real *k* qualquer?

b) Qual é a relação entre a área da figura inicial e a área da figura transformada pela transformação escala do tipo $\begin{pmatrix} k & 0 \\ 0 & 1 \end{pmatrix}$, para um real *k* qualquer?

Criptografia

Como dito anteriormente, podemos criptografar mensagens com o auxílio de matrizes. Uma técnica bastante simples utiliza como chave codificadora/decodificadora um par de matrizes quadradas (*A* e *B*) de elementos inteiros e inversas uma da outra e faz correspondência entre letras do alfabeto, símbolos e números.

Por exemplo, dadas as matrizes $A = \begin{bmatrix} 3 & 1 \\ 2 & 1 \end{bmatrix}$ e $B = \begin{bmatrix} 1 & -1 \\ -2 & 1 \end{bmatrix}$ e a tabela:

A	B	C	D	E	F	G	H	I	J	K	L	M	N
1	2	3	4	5	6	7	8	9	10	11	12	13	14

O	P	Q	R	S	T	U	V	W	X	Y	Z	.	#
15	16	17	18	19	20	21	22	23	24	25	26	27	28

Suponhamos que a mensagem a ser transmitida seja:

CRIPTOGRAFIA E MATRIZES.

De acordo com a tabela numérica temos os números: 3, 18, 9, 16, 20, 15, 7, 18, 1, 6, 9, 1, 28, 5, 28, 13, 1, 20, 18, 9, 26, 5, 19 e 27.

Devemos arrumar a sequência de números acima em uma matriz M de duas linhas.

$$M = \begin{bmatrix} 3 & 18 & 9 & 16 & 20 & 15 & 7 & 18 & 1 & 6 & 9 & 1 \\ 28 & 5 & 28 & 13 & 1 & 20 & 18 & 9 & 26 & 5 & 19 & 27 \end{bmatrix}$$

O remetente utiliza a matriz A para codificar a mensagem, fazendo: $N = AM$ e, desse modo, obtém a matriz N.

$$AM = \begin{bmatrix} 3 & 1 \\ 2 & 3 \end{bmatrix} \cdot \begin{bmatrix} 3 & 18 & 9 & 16 & 20 & 15 & 7 & 18 & 1 & 6 & 9 & 1 \\ 28 & 5 & 28 & 13 & 1 & 20 & 18 & 9 & 26 & 5 & 19 & 27 \end{bmatrix} =$$

$$= \begin{bmatrix} 37 & 59 & 55 & 61 & 61 & 65 & 39 & 63 & 29 & 23 & 46 & 30 \\ 90 & 51 & 102 & 71 & 43 & 90 & 68 & 63 & 80 & 27 & 75 & 83 \end{bmatrix} = N$$

Os elementos de N constituem a mensagem codificada: 37, 59, 55, 61, 61, 65, 39, 63, 29, 23, 46, 30, 90, 51, 102, 71, 43, 90, 68, 63, 80, 27, 75 e 83.

Quando esta mensagem codificada chega ao destinatário, ele utiliza a matriz decodificadora B para desfazer os procedimentos anteriores, sendo que já deve ter se estabelecido que:

$$BN = BAM = IM = M$$

Com os números da mensagem codificada recebida, o destinatário constrói uma matriz com duas linhas (N) e efetua o produto BN. Veja:

$$BN = \begin{bmatrix} \frac{3}{7} & -\frac{1}{7} \\ -\frac{2}{7} & \frac{3}{7} \end{bmatrix} \cdot \begin{bmatrix} 37 & 59 & 55 & 61 & 61 & 65 & 39 & 63 & 29 & 23 & 46 & 30 \\ 90 & 51 & 102 & 71 & 43 & 90 & 68 & 63 & 80 & 27 & 75 & 83 \end{bmatrix} =$$

$$= \begin{bmatrix} 3 & 18 & 9 & 16 & 20 & 15 & 7 & 18 & 1 & 6 & 9 & 1 \\ 28 & 5 & 28 & 13 & 1 & 20 & 18 & 9 & 26 & 5 & 19 & 27 \end{bmatrix} = M$$

Os elementos da matriz M obtida formam a sequência de números: 3, 18, 9, 16, 20, 15, 7, 18, 1, 6, 9, 1, 28, 5, 28, 13, 1, 20, 18, 9, 26, 5, 19 e, 27 cuja decodificação é:

3	18	9	16	20	15	7	18	1	6	9	1	28	5
C	R	I	P	T	O	G	R	A	F	I	A	#	E

28	13	1	20	18	9	26	5	19	27
#	M	A	T	R	I	Z	E	S	.

Exercício

126. Codifique uma mensagem utilizando os códigos dados acima, depois entregue para outro colega decodificar.

Outros contextos

Calendário

Bases de um calendário

Rawan Hussein/Alamy/Other Images

O calendário islâmico, ou calendário hegírico, é um calendário baseado no ciclo lunar.

Um calendário é um sistema de organização das unidades de tempo, com o objetivo de contá-las por períodos longos, de modo a satisfazer as necessidades e preocupações de uma sociedade.

Os calendários sempre exerceram um papel importante para o planejamento de atividades agrícolas, de ciclos de migração e de eventos religiosos e civis.

Existem cerca de 40 calendários atualmente em uso em todo o mundo.

Para calendários com base astronômica, a unidade fundamental pode ser o dia (baseado na rotação da Terra em torno de seu eixo), o ano (baseado na revolução da Terra em torno do Sol) ou o mês (baseado na revolução da Lua em torno da Terra). A complexidade desses calendários é consequência do fato de que esses ciclos não são constantes nem comensuráveis uns em relação aos outros.

Os calendários também incorporam elementos não astronômicos, como ciclos numéricos, usos locais ou determinações de autoridades locais. No calendário gregoriano, a semana é um exemplo.

Adaptado de: TARSIA, Rodrigo Dias. O calendário gregoriano. *Revista Brasileira de Física*, vol. 17, n. 1, 1995. Disponível em: <www.sbfisica.org.br/rbef/pdf/vol17a06.pdf>. Acesso em: 27 mar. 2014.

Nosso calendário

O calendário gregoriano é utilizado na maior parte do mundo e em todos os países ocidentais. Foi promulgado pelo papa Gregório XIII em 24 de fevereiro de 1582 para substituir o calendário juliano.

Gregório XIII reuniu um grupo de especialistas para reformar o calendário juliano e, passados cinco anos de estudos, foi elaborado o calendário gregoriano, que foi sendo implementado lentamente em vários países. Oficialmente, o primeiro dia desse calendário foi 15 de outubro de 1582.

A reforma gregoriana tinha por finalidade fazer regressar o equinócio da primavera a 21 de março e desfazer o erro de 10 dias já existente. Para isso, a bula papal mandava que o dia imediato à quinta-feira, 4 de outubro, fosse designado por sexta-feira, 15 de outubro. Como se vê, embora houvesse um salto nos dias, manteve-se intacto o ciclo semanal.

Para evitar, no futuro, a repetição da diferença, foi estabelecido que os anos seculares só seriam bissextos se fossem divisíveis por 400. Seriam suprimidos, assim, 3 dias em cada 400 anos, razão pela qual o ano 1600 foi bissexto, mas não o foram os anos 1700, 1800 e 1900, que teriam sido segundo a regra juliana, por serem divisíveis por 4.

A duração do ano gregoriano é, em média, de 365 d 05 h 49 min 12 s, isto é, tem atualmente mais 27 s do que o ano trópico. A acumulação dessa diferença ao longo do tempo representará um dia em cada 3 mil anos. É evidente que não valia a pena, aos astrônomos de Gregório XIII, atender a tão pequena e longínqua diferença, nem na atualidade ela tem ainda importância. Talvez lá pelo ano 5000 da nossa era, se ainda continuarmos com o mesmo calendário, seja necessário levar isso em consideração.

Adaptado de: Calendário gregoriano, Museu de Topografia Prof. Laureano Ibrahim Chaffe, Departamento de Geodésia – UFRGS. Texto original de autoria de: Manuel Nunes Marques, diretor do Observatório Astronômico de Lisboa.

Album/akg-Images/Latinstock

Papa Gregório XIII (1572-1585)

Trabalhando com o texto

1. Qual é a relação entre o texto e o assunto estudado neste capítulo?

2. Há palavras no texto que você desconhece? Pesquise o significado delas.

3. Em nosso calendário os anos têm 365 dias, com exceção dos anos bissextos, que têm 366 dias. Um ano é bissexto quando é múltiplo de 4, mas não é múltiplo de 100, a menos que também seja múltiplo de 400. Quantos anos bissextos haverá no século XXI?

4. *História*

(Enem-adaptado) Existem muitas diferenças entre as culturas cristã e islâmica. Uma das principais diz respeito ao calendário. Enquanto o calendário cristão (gregoriano) considera um ano como o período correspondente ao movimento de translação da Terra em torno do Sol, aproximadamente 365 dias, o calendário muçulmano se baseia nos movimentos de translação da Lua em torno da Terra, aproximadamente 12 por ano, o que corresponde a anos intercalados de 354 e 355 dias. Considere que o calendário muçulmano teve início em 622 da era cristã e que cada 33 anos do calendário muçulmano correspondem a 32 anos do calendário cristão. O ano de 2013 no calendário muçulmano corresponderá a que ano no calendário cristão?

a) 2013 b) 2236 c) 2574 d) 2815 e) 3027

Pesquisando e discutindo

5. Pesquise características do calendário maia.

6. A data da Páscoa oscila entre 22 de março e 25 de abril. A Semana Santa tem uma grande influência para os cristãos, para o turismo e para a economia. Pesquise por que essa data é variável.

7. Pesquise quais outros calendários são utilizados atualmente no mundo.

Veja mais sobre o assunto

Procure mais informações em jornais, revistas e nos *sites*:

- História dos calendários: <www.ufrgs.br/igeo/m.topografia/>.
- Calendários romanos: <www.infoescola.com/historia/calendarios-romanos/>.Acessos em: 27 mar. 2014.

Atividades adicionais

1. Identifique o tipo ou a ordem das seguintes matrizes:

a) $\begin{bmatrix} \sqrt{2} & 0 & 1 & 4 \\ 10 & -1 & 6 & 0 \\ 7 & -3 & 0 & -2 \end{bmatrix}$

b) $\begin{pmatrix} -3 & 0 & 3 & \frac{1}{5} \end{pmatrix}$

c) $\begin{pmatrix} 2 & \frac{1}{4} & -3 & -\sqrt{2} \\ 6 & 4 & \sqrt{10} & 0 \\ 1 & -1 & \frac{3}{5} & -1 \\ 3 & 5 & 6 & 1 \end{pmatrix}$

2. Escreva as matrizes:

a) $A = (a_{ij})_{4 \times 4}$ tal que $\begin{cases} a_{ij} = 0 \text{ para } i = j \\ a_{ij} = 1 \text{ para } i \neq j \end{cases}$

b) $A = (a_{ij})_{2 \times 4}$, com $a_{ij} = |i - j|$

c) $A = (a_{ij})$, com $1 \leqslant i \leqslant 2$ e $1 \leqslant j \leqslant 2$, tal que $a_{ij} = (-2)^i(-1)^j$

3. Escreva a matriz quadrada de ordem 3 tal que $a_{ij} = i^3 - 2j$.

4. Dada a matriz quadrada $\begin{pmatrix} 2 & -6 \\ \frac{1}{3} & -1 \end{pmatrix}$, seja x o produto dos elementos da diagonal principal e seja y o produto dos elementos da diagonal secundária. Calcule $x - y$.

5. Escreva a matriz diagonal de ordem 4, em que $a_{ij} = i$ para $i = j$.

6. Escreva a matriz triangular de ordem 3, na qual $\begin{cases} a_{ij} = 0, \text{ para } i > j \\ a_{ij} = i^3, \text{ para } i \leqslant j \end{cases}$.

7. Seja $A = (a_{ij})$ uma matriz quadrada de ordem 2 tal que $a_{ij} = i + j$. Determine x, y, z e t para que se tenha $\begin{pmatrix} x + y & x + z \\ 3x - t & t + z \end{pmatrix} = A$.

8. Se $\begin{pmatrix} x \\ y \\ z \end{pmatrix} = \begin{pmatrix} 3 \\ 10 \\ x \end{pmatrix}$, calcule x, y e z.

9. Determine x, y, z e t sabendo que:

a) $\begin{pmatrix} x \\ y \\ z \end{pmatrix} + \begin{pmatrix} 3 \\ -1 \\ 5 \end{pmatrix} = \begin{pmatrix} 10 \\ -4 \\ 5 \end{pmatrix}$

b) $\begin{pmatrix} x \\ y \\ z \end{pmatrix} + \begin{pmatrix} y \\ z \\ -x \end{pmatrix} = \begin{pmatrix} 2 \\ 2 \\ 16 \end{pmatrix}$

c) $\begin{bmatrix} x & y \\ 3 & 2z \end{bmatrix} + \begin{bmatrix} x & 3 \\ t & z \end{bmatrix} = \begin{bmatrix} 10 & -1 \\ 4 & 18 \end{bmatrix}$

d) $\begin{pmatrix} x^2 & 1 \\ y & z^2 \end{pmatrix} - \begin{pmatrix} 2 & -5t \\ -3 & -1 \end{pmatrix} = \begin{pmatrix} -1 & 4 \\ 8 & 10 \end{pmatrix}$

10. Determine, se existir, a inversa da matriz $A = \begin{pmatrix} 1 & 2 \\ 1 & 3 \end{pmatrix}$.

11. Seja $A = (a_{ij})$ uma matriz quadrada de ordem 2 tal que $a_{ij} = 2i - j + 3$.

Se $X + A = \begin{bmatrix} 3 & -2 \\ 5 & 10 \end{bmatrix}$, determine a matriz X.

12. Se $A = \begin{pmatrix} -1 \\ 2 \\ 3 \end{pmatrix}$ e $B = \begin{pmatrix} 4 \\ -3 \\ 7 \end{pmatrix}$, determine a matriz X tal que $X + 2B = A$.

13. Seja X uma matriz quadrada de ordem 2 tal que $5X - 2A = 2X$. Se $A = \begin{bmatrix} 18 & 9 \\ 9 & 18 \end{bmatrix}$, calcule a matriz X.

14. Seja $A = (a_{ij})$ uma matriz quadrada de ordem 2 tal que $a_{ij} = 2i - 3j$ e seja $B = \begin{pmatrix} 1 & 0 \\ -1 & 1 \end{pmatrix}$. Calcule a matriz X tal que $X + 2A = B$.

15. Determine as matrizes X e Y que são as soluções do sistema $\begin{cases} X + Y = A + 3B \\ X - Y = 3A - 2B \end{cases}$, sendo $A = \begin{pmatrix} 1 \\ 0 \\ 2 \end{pmatrix}$ e $B = \begin{pmatrix} 4 \\ 2 \\ 0 \end{pmatrix}$.

16. Calcule os determinantes:

a) $\begin{vmatrix} -2 & 5 \\ 3 & 7 \end{vmatrix}$

b) $\begin{vmatrix} a+b & b \\ a+b & -a \end{vmatrix}$

c) $\begin{vmatrix} \cos a & \text{sen } b \\ \text{sen } b & \cos a \end{vmatrix}$

d) $\begin{vmatrix} \log a & \log 10a \\ \log b & \log 10b \end{vmatrix}$

17. Calcule det A, sendo:

a) $A = (a_{ij})$ uma matriz quadrada de 2ª ordem, com $a_{ij} = i^2 + ij$;

b) A a matriz dos coeficientes das incógnitas do sistema $\begin{cases} 7x - 3y = 10 \\ 2x + 5y = 6 \end{cases}$, na posição em que aparecem.

18. Sendo $A = \begin{pmatrix} 1 & 3 \\ 0 & 2 \end{pmatrix}$ e $B = \begin{pmatrix} -1 & 3 \\ 2 & 0 \end{pmatrix}$, calcule det AB.

19. Dado $A = \begin{pmatrix} 1 & 0 \\ 2 & 4 \end{pmatrix}$, calcule det A^{-1}.

20. Resolva a equação: $\dfrac{\begin{vmatrix} 1 & x \\ 1 & 1 \end{vmatrix}}{\begin{vmatrix} 1 & 1 \\ x & 1 \end{vmatrix}} = \begin{vmatrix} 1 & 1 \\ x & 1 \end{vmatrix}$.

21. Dadas as matrizes $A = \begin{bmatrix} 1 & -2 & 3 \\ 0 & 1 & 0 \end{bmatrix}$ e $B = \begin{bmatrix} 6 & 5 \\ 3 & 0 \\ 1 & 0 \end{bmatrix}$, calcule det AB.

22. Demonstre que a sentença

$\begin{vmatrix} x & 1 \\ 0 & x \end{vmatrix} + \begin{vmatrix} 0 & y \\ y & 1 \end{vmatrix} = \begin{vmatrix} x & y+1 \\ y & x+1 \end{vmatrix}$ é equivalente a $x = y$.

23. Aplicando a regra de Sarrus, calcule os determinantes:

a) $\begin{vmatrix} 2 & 2 & 0 \\ 1 & 1 & 1 \\ 4 & 3 & 0 \end{vmatrix}$

b) $\begin{vmatrix} -2 & 1 & 3 \\ 0 & 5 & 0 \\ 2 & -1 & 1 \end{vmatrix}$

c) $\begin{vmatrix} 3 & -1 & -2 \\ 0 & 3 & 10 \\ 5 & 8 & 2 \end{vmatrix}$

d) $\begin{vmatrix} a^2 & ab & b^2 \\ 2a & a+b & 2b \\ 1 & 1 & 1 \end{vmatrix}$

e) $\begin{vmatrix} 100 & 0 & 0 \\ 0 & 20 & 0 \\ 0 & 0 & -30 \end{vmatrix}$

f) $\begin{vmatrix} 1 & -1 & 1 \\ -1 & 1 & 1 \\ 1 & 1 & -1 \end{vmatrix}$

24. Sabendo que $x = \begin{vmatrix} 1 & 3 \\ 2 & 2 \end{vmatrix}$ e $y = \begin{vmatrix} 1 & 3 & 1 \\ 2 & 2 & 1 \\ 3 & 1 & 3 \end{vmatrix}$, determine $x^2 - 2y$.

25. Qual é o determinante associado à matriz

$A = \begin{pmatrix} 1 & x & 2x+b \\ 1 & y & 2y+b \\ 1 & z & 2z+b \end{pmatrix}$?

26. Se $A = \begin{vmatrix} 2 & 1 & -2 \\ 3 & -1 & 0 \\ 4 & 1 & -3 \end{vmatrix}$ e $B = \begin{vmatrix} -1 & 0 & 2 \\ 2 & -1 & 0 \\ 3 & 4 & 1 \end{vmatrix}$, calcule $A^2 - AB + 3B$.

27. Calcule x e y tal que $\begin{vmatrix} 1 & 0 & 1 \\ 2 & 4 & 3 \\ x & y & 5 \end{vmatrix} = 6$ e $\begin{vmatrix} 3 & 1 & x \\ 2 & y & -1 \\ 0 & 3 & 5 \end{vmatrix} = 47$.

28. Aplicando o Teorema de Laplace, calcule os determinantes:

a) $\det A = \begin{vmatrix} 3 & 5 & -1 \\ 1 & 2 & 0 \\ 4 & 0 & 3 \end{vmatrix}$

b) $\det A = \begin{vmatrix} 4 & 2 & -1 \\ -1 & 1 & 2 \\ 0 & 5 & 3 \end{vmatrix}$

c) $\det A = \begin{vmatrix} 0 & 4 & 2 & 0 \\ 1 & -1 & 0 & 3 \\ 2 & 0 & 3 & 7 \\ -1 & 0 & 0 & 2 \end{vmatrix}$

29. Observe as seguintes matrizes:

$A = \begin{pmatrix} 3 & -1 \\ 1 & 4 \end{pmatrix}$ $\quad C = \begin{bmatrix} 3 & -1 & 0 \\ 2 & 2 & 1 \\ -2 & 3 & -1 \end{bmatrix}$

$B = \begin{bmatrix} -2 & 0 \\ 1 & 2 \end{bmatrix}$ $\quad D = \begin{bmatrix} -1 & 3 & -1 & 2 \\ 0 & 1 & 2 & -1 \\ 0 & -2 & -1 & 2 \\ 1 & 1 & 2 & 2 \end{bmatrix}$

Calcule, quando existir:

a) det A.

b) det C.

c) det D.

d) det D^t.

e) det $(2B)$.

f) $2 \cdot$ det B.

g) det $(A - B)$.

h) det A − det B.

i) det $A \cdot$ det B.

j) det (AB).

k) det $(B + C)$.

l) det B + det C.

m) (det A)B.

n) (det $A)^2$.

o) det (A^2).

30. Dada a matriz $A = \begin{bmatrix} -1 & -2 & 1 \\ 0 & -3 & 2 \\ -2 & 1 & 0 \end{bmatrix}$, determine:

a) det A.

b) det A^t.

c) a matriz A^{-1}, inversa de A, se existir.

d) det A^{-1}.

Pensando no Enem

Um aluno registrou as notas bimestrais de algumas de suas disciplinas numa tabela. Ele observou que as entradas numéricas da tabela formavam uma matriz 4×4, e que poderia calcular as médias anuais dessas disciplinas usando o produto de matrizes. Todas as provas possuíam o mesmo peso, e a tabela que ele conseguiu é mostrada a seguir:

ME	1º bimestre	2º bimestre	3º bimestre	4º bimestre
Matemática	5,9	6,2	4,5	7,7
Português	6,6	7,1	6,5	9,0
Geografia	8,6	6,8	7,8	8,4
História	6,2	5,6	5,9	7,7

Para obter essas médias, ele multiplicou a matriz obtida a partir da tabela por:

a) $\begin{bmatrix} \frac{1}{2} & \frac{1}{2} & \frac{1}{2} & \frac{1}{2} \end{bmatrix}$

b) $\begin{bmatrix} \frac{1}{4} & \frac{1}{4} & \frac{1}{4} & \frac{1}{4} \end{bmatrix}$

c) $\begin{bmatrix} 1 \\ 1 \\ 1 \\ 1 \end{bmatrix}$

d) $\begin{bmatrix} \frac{1}{2} \\ \frac{1}{2} \\ \frac{1}{2} \\ \frac{1}{2} \end{bmatrix}$

e) $\begin{bmatrix} \frac{1}{4} \\ \frac{1}{4} \\ \frac{1}{4} \\ \frac{1}{4} \end{bmatrix}$

Resolução

É mais fácil resolvermos esta questão se visualizarmos a matriz presente na tabela, entendermos o que fazer com a informação que consta nela e lembrarmos as condições para a realização de um produto de matrizes. Como o enunciado explica, o aluno percebeu "que as entradas numéricas da tabela formavam uma matriz 4×4", e que, portanto, poderia usar a multiplicação de matrizes para manipular esses números e obter mais informações. Assim, comecemos por representar a matriz das notas bimestrais:

$$\begin{bmatrix} 5{,}9 & 6{,}2 & 4{,}5 & 7{,}7 \\ 6{,}6 & 7{,}1 & 6{,}5 & 9{,}0 \\ 8{,}6 & 6{,}8 & 7{,}8 & 8{,}4 \\ 6{,}2 & 5{,}6 & 5{,}9 & 7{,}7 \end{bmatrix}$$

Como o que se deseja é uma nova matriz com as médias de cada disciplina e sabe-se que as notas possuem todas o mesmo peso, basta realizar uma média aritmética entre os valores presentes em cada linha para obter a média anual desejada:

$$\text{média}_{\text{anual}} = \frac{\text{nota}_{1^{\circ}\text{bimestre}} + \text{nota}_{2^{\circ}\text{bimestre}} + \text{nota}_{3^{\circ}\text{bimestre}} + \text{nota}_{4^{\circ}\text{bimestre}}}{4}$$

Ou usando a notação de matrizes:

$$\text{média}_{\text{anual}} = \frac{a_{11} + a_{12} + a_{13} + a_{14}}{4}$$

Assim, espera-se um somatório de todos os elementos de uma linha, multiplicados por $\frac{1}{4}$. A matriz resultante dessa operação, com o valor das médias, terá quatro linhas (matérias) por uma coluna (média final de cada disciplina).

$$\begin{bmatrix} \frac{a_{1,1}}{4} + \frac{a_{1,2}}{4} + \frac{a_{1,3}}{4} + \frac{a_{1,4}}{4} \\ \frac{a_{2,1}}{4} + \frac{a_{2,2}}{4} + \frac{a_{2,3}}{4} + \frac{a_{2,4}}{4} \\ \frac{a_{3,1}}{4} + \frac{a_{3,2}}{4} + \frac{a_{3,3}}{4} + \frac{a_{3,4}}{4} \\ \frac{a_{4,1}}{4} + \frac{a_{4,2}}{4} + \frac{a_{4,3}}{4} + \frac{a_{4,4}}{4} \end{bmatrix}$$

Lembre-se de que a multiplicação entre matrizes só pode ser realizada se o número de colunas da primeira matriz for igual ao número de linhas da segunda. Se A é uma matriz $m \times n$ e B é uma matriz $n \times p$, então seu produto é uma matriz $m \times p$.

Já vimos que a matriz que desejamos calcular possui quatro linhas, também já deduzimos que a matriz resultante da multiplicação possui uma coluna. Logo, precisamos multiplicar sua matriz de notas (4×4) por uma matriz (4×1), lembrando que a matriz produto é obtida por:

$$(AB)_{ij} = \sum_{r=1}^{n} a_{ir}b_{rj} = a_{i1}b_{1j} + a_{i2}b_{2j} + \ldots + a_{in}b_{nj}$$

Como já vimos, a matriz final deve ser o somatório das notas de cada bimestre dividida por quatro. Assim, a matriz B deve ser:

$$\begin{bmatrix} \frac{1}{4} \\ \frac{1}{4} \\ \frac{1}{4} \\ \frac{1}{4} \end{bmatrix}$$

Resposta: alternativa **e.**

Vestibulares de Norte a Sul

1. **N** (Ufam) Considere a matriz $A = \begin{bmatrix} -4 & 0 \\ 7 & 2 \end{bmatrix}$. Os valores de k que tornam nulo o determinante da matriz $A = kI$, sendo I a matriz identidade, são:
a) 0 e 5.
b) −2 e 4.
c) 0 e 4.
d) −4 e 2.
e) −4 e 0.

2. **N** (Unir-RO) Em uma determinada cidade, a cada ano, 30% das mulheres casadas se divorciam e 20% das mulheres solteiras se casam. Existem, hoje, 8 000 mulheres casadas e 2 000 mulheres solteiras. Supondo que a população total de mulheres permaneça constante e que as mulheres divorciadas sejam consideradas solteiras, quantas mulheres estarão casadas e quantas estarão solteiras depois de 1 ano? E depois de 2 anos? Para tanto, forme uma matriz A onde os elementos da primeira linha são os percentuais, respectivamente, das mulheres casadas e das solteiras que estarão casadas um ano depois, e os elementos da segunda linha são os percentuais, respectivamente, das mulheres casadas e das solteiras que estarão solteiras um ano depois. Então $A = \begin{pmatrix} 0{,}70 & 0{,}20 \\ 0{,}30 & 0{,}80 \end{pmatrix}$. Se $X = \begin{pmatrix} 8\,000 \\ 2\,000 \end{pmatrix}$, o número de mulheres casadas e solteiras depois de 1 ano pode ser obtido multiplicando-se A por X. Para encontrar o número de mulheres casadas e solteiras depois de 2 anos, calcule A^2X, ou seja, $A(AX)$. Assinale a razão entre o número das mulheres casadas e o das solteiras depois de 2 anos.
a) 1 b) $\frac{3}{2}$ c) $\frac{2}{3}$ d) $\frac{1}{2}$

3. **CO** (UFG-GO) Seja $M = [a_{ij}]_{n \times n}$ uma matriz quadrada de ordem n, onde $a_{ij} = i + j$. Nessas condições, a soma dos elementos da diagonal principal dessa matriz é:
a) n^2.
b) $2n + 2n^2$.
c) $2n + n^2$.
d) $n^2 + n$.
e) $n + 2n^2$.

4. **NE** (UFC-CE) Considere a matriz $A = \begin{bmatrix} 1 & 1 \\ 0 & 1 \end{bmatrix}$ de ordem 2×2. Então, pode-se afirmar que a soma $A + A^2 + ... + A^n$ é igual a:
a) $\begin{bmatrix} 1 & n \\ 0 & 1 \end{bmatrix}$.
b) $\begin{bmatrix} n & n^2 \\ 0 & n \end{bmatrix}$.
c) $\begin{bmatrix} 1 & \frac{n(n+1)}{2} \\ 0 & 1 \end{bmatrix}$.
d) $\begin{bmatrix} n & \frac{n^2+n}{2} \\ 0 & n \end{bmatrix}$.
e) $\begin{bmatrix} n & n \\ 0 & n \end{bmatrix}$.

5. **NE** (Uece) Se n é um número inteiro positivo e X é a matriz $\begin{bmatrix} 1 & 0 & 0 \\ 1 & 2 & 0 \\ 1 & 1 & 3 \end{bmatrix}$, então o valor do determinante da matriz $Y = X^n$ é:
a) 2^n.
b) 3^n.
c) 6^n.
d) 9^n.

6. **NE** (Uece) Considere as matrizes $A = \begin{bmatrix} 1 & 2 & 3 \\ 2 & 0 & 2 \\ 3 & 2 & 1 \end{bmatrix}$ e $B = \begin{bmatrix} 1 & 2 & 3 \\ 0 & 1 & 2 \\ 0 & 0 & 1 \end{bmatrix}$. O valor do determinante da matriz $C = A \cdot B$ é:
a) 6.
b) 16.
c) 26.
d) −6.

7. **CO** (UFMS) Considere as matrizes reais 3×3, $A=\begin{pmatrix}1 & 2 & 3\\0 & -1 & 2\\0 & 0 & 3\end{pmatrix}$ e $B=\begin{pmatrix}c & 1 & 0\\0 & 2 & 0\\0 & 0 & 1\end{pmatrix}$, em que c é um número real. Sabendo-se que o valor do determinante da matriz produto $A \cdot B$ é -60, calcule o valor de c.

8. **SE** (PUC-MG) Seja $A = (a_{ij})_{2 \times 3}$, cuja lei de formação é dada abaixo:

$$a_{ij} = \begin{cases}3i+j, \text{ se } i \neq j\\2i-3j, \text{ se } i=j\end{cases}$$

É correto afirmar que:

a) $A=\begin{pmatrix}-1 & -5\\6 & 7\\2 & 9\end{pmatrix}$.

b) $A=\begin{pmatrix}-1 & 7\\-5 & 2\\6 & -9\end{pmatrix}$.

c) $A=\begin{pmatrix}-1 & 7 & 5\\6 & 2 & 9\end{pmatrix}$.

d) $A=\begin{pmatrix}-1 & 5 & 6\\7 & -2 & 9\end{pmatrix}$.

9. **SE** (Uerj) A temperatura corporal de um paciente foi medida, em graus Celsius, três vezes ao dia, durante cinco dias. Cada elemento a_{ij} da matriz abaixo corresponde à temperatura observada no instante i do dia j.

$$\begin{bmatrix}35{,}6 & 36{,}4 & 38{,}6 & 38{,}0 & 36{,}0\\36{,}1 & 37{,}0 & 37{,}2 & 40{,}5 & 40{,}4\\35{,}5 & 35{,}7 & 36{,}1 & 37{,}0 & 39{,}2\end{bmatrix}$$

Determine:

a) o instante e o dia em que o paciente apresentou a maior temperatura;

b) a temperatura média do paciente no terceiro dia de observação.

10. **SE** (Vunesp-SP) Considere as matrizes $A = \begin{pmatrix}1 & x\\y & z\end{pmatrix}$, $B=\begin{pmatrix}1 & 2\\1 & 1\end{pmatrix}$ e $C = \begin{pmatrix}4 & 5\\36 & 45\end{pmatrix}$, com x, y, z números reais.

Se $A \cdot B = C$, a soma dos elementos da matriz A é:

a) 9.

b) 40.

c) 41.

d) 50.

e) 81.

11. **S** (Udesc) Considere as matrizes $A=\begin{bmatrix}1 & x\\x & 1\end{bmatrix}$, $I=\begin{bmatrix}1 & 0\\0 & 1\end{bmatrix}$ e $0=\begin{bmatrix}0 & 0\\0 & 0\end{bmatrix}$, a soma dos valores numéricos de x, para os quais a igualdade $A^2 - 2A - 3I = 0$ é verificada para:

a) $x = 0$.

b) $x = 2$.

c) $x = 1$.

d) $x = -2$.

e) $x = -1$.

12. **S** (UEL-PR) Dadas as matrizes $A = (a_{ij})_{3 \times 2}$, definida por $a_{ij} = i - j$; $B = (b_{ij})_{2 \times 3}$, definida por $b_{ij} = j$; $C = (c_{ij})$, definida por $C = A \cdot B$, é correto afirmar que o elemento c_{23} é:

a) igual ao elemento c_{12}.

b) igual ao produto de a_{23} por b_{23}.

c) o inverso do elemento c_{32}.

d) igual à soma de a_{12} com b_{11}.

e) igual ao produto de a_{21} por b_{13}.

13. **S** (UEL-PR) Uma das formas de enviar uma mensagem secreta é por meio de códigos matemáticos, seguindo os passos:

1) Tanto o destinatário quanto o remetente possuem uma matriz chave C.
2) O destinatário recebe do remetente uma matriz P, tal que $MC = P$, onde M é a matriz mensagem a ser decodificada.
3) Cada número da matriz M corresponde a uma letra do alfabeto: $1 = a$, $2 = b$, $3 = c$, ..., $23 = z$.
4) Consideremos o alfabeto com 23 letras, excluindo as letras k, w e y.
5) O número zero corresponde ao ponto de exclamação.
6) A mensagem é lida, encontrando a matriz M, fazendo a correspondência número/letra e ordenando as letras por linhas da matriz conforme segue: $m_{11}m_{12}m_{13}m_{21}m_{22}m_{23}m_{31}m_{32}m_{33}$.

Considere as matrizes $C = \begin{bmatrix}1 & 1 & 0\\0 & -1 & 0\\0 & 2 & 1\end{bmatrix}$, e $P = \begin{bmatrix}2 & -10 & 1\\18 & 38 & 17\\19 & 14 & 0\end{bmatrix}$. Com base nos conhecimentos e nas informações descritas, assinale a alternativa que apresenta a mensagem que foi enviada por meio da matriz M.

a) Boasorte!

b) Boaprova!

c) Boatarde!

d) Ajudeme!

e) Socorro!

CAPÍTULO

6 Sistemas lineares

Nair Bueno/*Diário do Litoral*/Futura Press

Os sistemas de equações lineares auxiliam a distribuir, do melhor modo possível, os contêineres nos navios.

1 Introdução

Equações na China antiga

Os sistemas lineares 2×2 são estudados desde os anos finais do Ensino Fundamental, provenientes de situações-problema, matemáticas ou não. Neste capítulo avançaremos na teoria dos sistemas lineares e aprenderemos a resolver sistemas 3×3 ou maiores.

Antes disso, vamos retomar a resolução de sistemas lineares 2×2.

» Forme dupla com um colega e resolvam os sistemas a seguir pelo método que preferirem: adição, substituição, comparação ou fazendo a interpretação geométrica para obter retas concorrentes, paralelas ou coincidentes. Você pode usar um método e seu colega usar outro, se preferirem.

a) $\begin{cases} x + y = 10 \\ 2x - y = 2 \end{cases}$

b) $\begin{cases} 2x + y = 7 \\ x - 3y = 16 \end{cases}$

c) $\begin{cases} 10x + 10y = 30 \\ 6x - 3y = 9 \end{cases}$

2 Equações lineares

Cada linha dos sistemas que resolvemos acima é uma equação linear. Veja outros exemplos:

a) $x + y = 10$ é uma **equação linear** nas incógnitas x e y;

b) $2x + 3y - 2z = 10$ é uma **equação linear** nas incógnitas x, y e z;

c) $x - 5y + z - 4t = 0$ é uma **equação linear** nas incógnitas x, y, z e t;

d) $4x - 3y = x + y + 1$ é uma **equação linear** nas incógnitas x e y.

De modo geral, denomina-se **equação linear** toda equação que pode ser escrita na forma geral:

$$a_1x_1 + a_2x_2 + a_3x_3 + ... + a_nx_n = b$$

na qual:

- $x_1, x_2, x_3, ..., x_n$ são incógnitas;
- $a_1, a_2, a_3, ..., a_n$ são números reais chamados **coeficiente das incógnitas**;
- b é o termo independente.

Observação: As incógnitas $x_1, x_2, x_3, ...$ geralmente aparecem como $x, y, z, ...$

Pela definição, **não** são equações lineares:

- $xy = 10$
- $x^2 + y = 6$
- $x^2 - xy - yz + z^2 = 1$

Para refletir
Por que as equações ao lado não são lineares?

Observe, agora, as seguintes equações lineares:

a) $3x + 2y = 18$

Dizemos que:

- o par ordenado (4, 3) é uma solução da equação, pois $3 \cdot 4 + 2 \cdot 3 = 18$;
- o par ordenado (6, 0) é uma solução da equação, pois $3 \cdot 6 + 2 \cdot 0 = 18$;
- o par ordenado (5, 1) não é solução da equação, pois $3 \cdot 5 + 2 \cdot 1 \neq 18$.

Fique atento!
O par ordenado $\left(\alpha, \frac{18-3\alpha}{2}\right)$, com $\alpha \in \mathbb{R}$, é a solução geral da equação do item **a**.

b) $3x + y - 2z = 8$

Dizemos que:

- o terno ordenado (2, 4, 1) é uma solução da equação, pois $3 \cdot 2 + 4 - 2 \cdot 1 = 8$;
- o terno ordenado (0, 6, −1) é uma solução da equação, pois $3 \cdot 0 + 6 - 2 \cdot (-1) = 8$;
- o terno ordenado (5, −2, 3) não é solução da equação, pois $3 \cdot 5 + (-2) - 2 \cdot 3 \neq 8$.

Fique atento!
Para $\alpha \in \mathbb{R}$ e $\beta \in \mathbb{R}$, o terno ordenado $\left(\alpha, \beta, \frac{-8+3\alpha+\beta}{2}\right)$ é a solução geral da equação do item **b**.

Generalizando, dada a equação linear:

$$a_1x_1 + a_2x_2 + a_3x_3 + ... + a_nx_n = b$$

dizemos que a ênupla ordenada de números reais $(\alpha_1, \alpha_2, \alpha_3, ..., \alpha_n)$ é solução da equação **se, e somente se**:

$$a_1\alpha_1 + a_2\alpha_2 + a_3\alpha_3 + ... + a_n\alpha_n = b$$

Se, e somente se — Expressão de uma relação de equivalência.

Observação:

Geometricamente:

a) cada par ordenado (x, y) de números reais representa um ponto no plano;

b) cada terno ordenado (x, y, z) de números reais representa um ponto no espaço.

Exercícios

1. Resolva cada sistema linear abaixo pelo método que preferir:

a) $\begin{cases} x + y = 5 \\ x - y = 1 \end{cases}$

b) $\begin{cases} 2x + y = 0 \\ x + 4y = 14 \end{cases}$

c) $\begin{cases} 20x + 10y = 10 \\ x + y = 2 \end{cases}$

d) $\begin{cases} -x - y = -6 \\ 2x - 3y = -3 \end{cases}$

2. Classifique as equações abaixo entre lineares e não lineares.

a) $5x - 2y = 6$
b) $x + 4y - z = 0$
c) $x + y - z - t = 0$
d) $x^2 + y = 10$
e) $3xy = 10$
f) $x + y = z - 2$
g) $2x - y + xy = 8$
h) $2x + y + 5z = 15$
i) $4x + y + z = -5$
j) $3x_1 + 4x_2 - x_3 = 0$

3. Verifique se o par ordenado:

a) (6, 2) é uma solução da equação linear $4x - 3y = 18$.

b) (3, −5) é uma solução da equação linear $2x + 3y = 21$.

c) (0, 0) é uma solução da equação linear $5x - 2y = -7$.

4. Verifique se o terno ordenado:

a) (1, 3, 2) é uma solução da equação linear $2x + y + 5z = 15$.

b) (0, 0, 0) é uma solução da equação linear $2x + 7y - 3z = 0$.

5. Calcule o valor de k para que o par ordenado $(3, k)$ seja uma solução da equação linear $3x - 2y = 5$.

6. O terno ordenado $(k, 2, k + 1)$ é uma das soluções da equação linear $4x + 5y - 3z = 10$. Determine k.

7. Dada a equação $2x - y = -1$, fazendo $x = \alpha$, com $\alpha \in \mathbb{R}$, escreva a solução geral dessa equação.

3 A igualdade $ax = b$, com incógnita x e a e b constantes reais

Observe igualdades desse tipo nos exemplos:

a) Em $2x = 6$, temos $x = \frac{6}{2} = 3$ como o único valor real possível para x.

b) Em $0x = 7$, não temos valor real para x, pois não existe número real que multiplicado por 0 dê 7.

c) Em $0x = 0$, x pode assumir qualquer valor real, pois todo número real multiplicado por 0 dá 0.

De modo geral:

- $ax = b$, com $a \neq 0 \Rightarrow x = \frac{b}{a}$ é o valor único de x.
- $ax = b$, com $a = 0$ e $b \neq 0 \Rightarrow$ não existe valor real para x.
- $ax = b$, com $a = 0$ e $b = 0 \Rightarrow x$ pode assumir qualquer valor real.

4 Sistemas de equações lineares

Denomina-se **sistema linear** $m \times n$ o conjunto de m equações lineares em n incógnitas, que pode ser representado assim:

$$\begin{cases} a_{11}x_1 + a_{12}x_2 + a_{13}x_3 + \ldots + a_{1n}x_n = b_1 \\ a_{21}x_1 + a_{22}x_2 + a_{23}x_3 + \ldots + a_{2n}x_n = b_2 \\ \ldots\ldots\ldots\ldots\ldots\ldots\ldots\ldots\ldots\ldots\ldots\ldots\ldots \\ a_{m1}x_1 + a_{m2}x_2 + a_{m3}x_3 + \ldots + a_{mn}x_n = b_m \end{cases}$$

Fique atento!
$m \times n$ se lê: m por n.

Exemplos:

a) $\begin{cases} 3x - 2y = 6 \\ x + 3y = 10 \end{cases}$ é um sistema linear 2×2 (2 equações e 2 incógnitas) nas incógnitas x e y.

b) $\begin{cases} x - 2y - z = 0 \\ 2x - y - z = -1 \\ x - y + z = 8 \end{cases}$ é um sistema linear 3×3 (3 equações e 3 incógnitas) nas incógnitas x, y e z.

c) $\begin{cases} x + 4y - 2z = 1 \\ 3x - y + z = 6 \end{cases}$ é um sistema linear 2×3 (2 equações e 3 incógnitas) nas incógnitas x, y e z.

Solução de um sistema linear

Dizemos que $(\alpha_1, \alpha_2, \alpha_3, \ldots, \alpha_n)$ é solução de um sistema linear quando $(\alpha_1, \alpha_2, \alpha_3, \ldots, \alpha_n)$ é solução de cada uma das equações do sistema, ou seja, satisfaz simultaneamente todas as equações do sistema.

Veja:

a) (5, 1) é solução do sistema $\begin{cases} 2x + 3y = 13 \\ 3x - 5y = 10 \end{cases}$, pois $\begin{cases} 2 \cdot 5 + 3 \cdot 1 = 13 \\ 3 \cdot 5 - 5 \cdot 1 = 10 \end{cases}$.

b) (2, 3) não é solução do sistema $\begin{cases} 2x + 3y = 13 \\ 3x - 5y = 10 \end{cases}$, pois $\begin{cases} 2 \cdot 2 + 3 \cdot 3 = 13 \\ 3 \cdot 2 - 5 \cdot 3 \neq 10 \end{cases}$.

c) (1, 3, −2) é solução do sistema $\begin{cases} x + 2y + 3z = 1 \\ 4x - y - z = 3 \\ x + y - z = 6 \end{cases}$.

Fique atento!
Geometricamente:
- cada equação do primeiro sistema representa os pontos de uma reta no plano;
- cada equação do terceiro sistema representa os pontos de um plano no espaço.

Resolução pelo método da adição e interpretação geométrica de sistemas lineares 2 × 2

Observe, com bastante atenção, os três exemplos abaixo, todos eles sistemas 2 × 2 resolvidos pelo método da adição.

> **Fique atento!**
> Optamos pelos sistemas 2 × 2 porque já estudamos esse tipo de sistema desde o Ensino Fundamental. Entretanto, os resultados e as definições podem ser generalizados para quaisquer sistemas.

a) $\begin{cases} 3x - y = 10 \cdot (5) \\ 2x + 5y = 1 \end{cases} \Rightarrow \begin{cases} 15x - \cancel{5y} = 50 \\ 2x + \cancel{5y} = 1 \end{cases}$

$17x = 51 \Rightarrow x = \dfrac{51}{17} = 3$ (valor único de x)

$\begin{cases} 3x - y = 10 \cdot (-2) \\ 2x + 5y = 1 \cdot (3) \end{cases} \Rightarrow \begin{cases} -\cancel{6x} + 2y = -20 \\ \cancel{6x} + 15y = 3 \end{cases}$

$17y = -17 \Rightarrow y = \dfrac{-17}{17} = -1$ (valor único de y)

Então, (3, −1) é o único par ordenado de $\mathbb{R} \times \mathbb{R}$ que é solução do sistema.

Dizemos então que o sistema tem como solução $S = \{(3, -1)\}$ e que ele é um **sistema possível e determinado** (tem uma única solução).

Interpretação geométrica: Para fazer a representação gráfica desse sistema, devemos perceber que cada equação linear dele pode ser reescrita como uma função afim, cujo gráfico é uma reta.

$\begin{cases} 3x - y = 10 \rightarrow y = 3x - 10 \\ 2x + 5y = 1 \rightarrow y = \dfrac{-2x + 1}{5} \end{cases}$

> **Fique atento!**
> Os pares ordenados de números reais que são soluções de uma equação linear com duas incógnitas determinam no gráfico uma reta. A intersecção das duas retas das equações do sistema determina sua solução, se existir.

Traçando o gráfico dessas duas retas no mesmo plano cartesiano, temos:

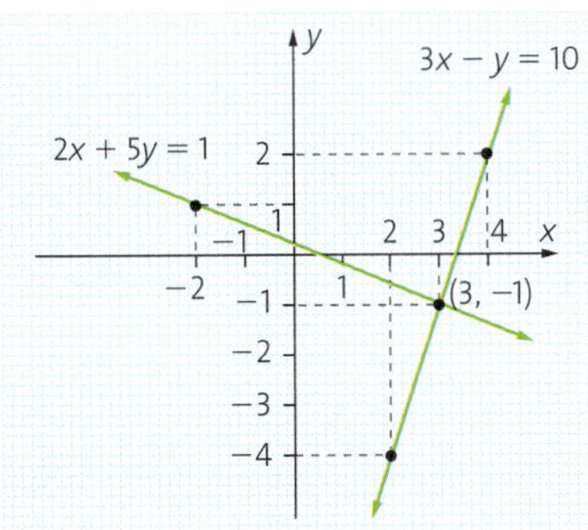

As retas concorrentes indicam que existe um único par ordenado que é solução do sistema (sistema possível e determinado).

b) $\begin{cases} x - 2y = 5 \quad \cdot (-2) \\ 2x - 4y = 2 \end{cases} \Rightarrow \begin{cases} -\cancel{2x} + 4y = -10 \\ \cancel{2x} - 4y = 2 \end{cases}$

$0y = -8$

Se em $0y = -8$ não existe valor real para y, então não existe par ordenado de números reais que seja solução do sistema.

Dizemos que o sistema tem como solução $S = \varnothing$ e que ele é um **sistema impossível** (não tem nenhuma solução).

Interpretação geométrica: Veja a representação gráfica desse sistema: $\begin{cases} x - 2y = 5 \Rightarrow y = \dfrac{x - 5}{2} \\ 2x - 4y = 2 \Rightarrow y = \dfrac{x - 1}{2} \end{cases}$.

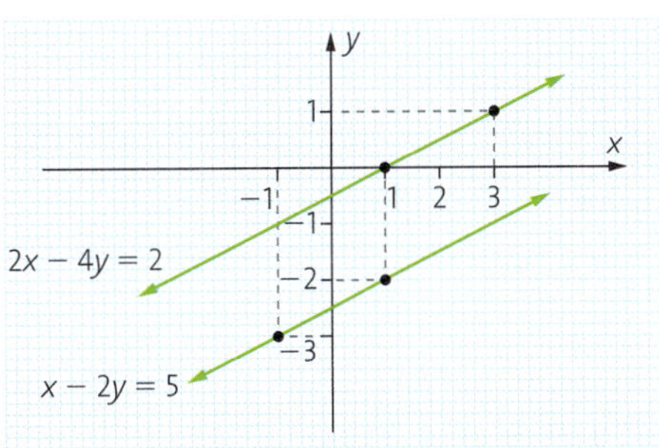

> **Fique atento!**
> $\begin{cases} x - 2y = 5 \rightarrow (1, -2),\ (-1, -2), \ldots \\ 2x - 4y = 2 \rightarrow (1, 0),\ (3, 1), \ldots \end{cases}$

As retas paralelas e distintas indicam que não existe par ordenado que seja solução do sistema (sistema impossível).

c) $\begin{cases} 2x - 6y = 8 \cdot (3) \\ 3x - 9y = 12 \cdot (-2) \end{cases} \Rightarrow \begin{cases} \not{6x} - 18y = 24 \\ -\not{6x} + 18y = -24 \end{cases}$

$$0y = 0$$

Se $0y = 0$, a incógnita y pode assumir qualquer valor real. Fazendo $y = \alpha$, com $\alpha \in \mathbb{R}$, e substituindo em uma das equações do sistema, temos:

$$2x - 6y = 8 \Rightarrow 2x - 6\alpha = 8 \Rightarrow 2x = 8 + 6\alpha \Rightarrow x = \frac{8 + 6\alpha}{2} = 4 + 3\alpha$$

O par ordenado $(4 + 3\alpha, \alpha)$, com $\alpha \in \mathbb{R}$, é a solução geral do sistema. Para cada valor de α, temos uma solução para o sistema, por exemplo: (7, 1), (4, 0), (1, –1), conforme α seja, respectivamente, 1, 0 ou –1.

Dizemos que o sistema tem solução $S = \{4 + 3\alpha, \alpha \mid \alpha \in \mathbb{R}\}$ e que ele é um **sistema possível e indeterminado** (tem infinitas soluções).

Interpretação geométrica: Observe a representação gráfica desse sistema: $\begin{cases} 2x - 6y = 8 \Rightarrow y = \dfrac{x-4}{3} \\ 3x - 9y = 12 \Rightarrow y = \dfrac{x-4}{3} \end{cases}$.

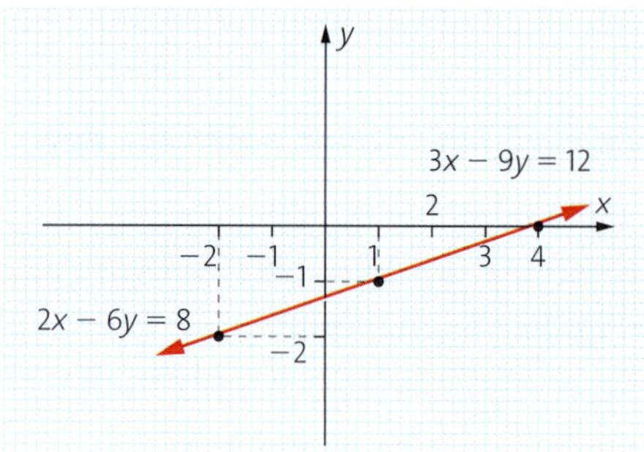

Fique atento!

$\begin{cases} 2x - 6y = 8 \to (4, 0), (1, -1), \ldots \\ 3x - 9y = 12 \to (1, -1), (4, 0), \ldots \end{cases}$

As retas coincidentes indicam que existem infinitos pares ordenados que são soluções do sistema (sistema possível e indeterminado).

O esquema abaixo resume as três possibilidades de classificação:

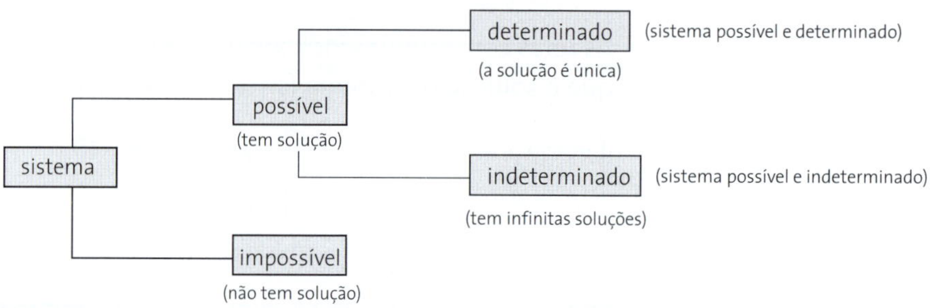

Exercícios

8. Verifique se:

a) (0, 0, 0) é uma solução do sistema $\begin{cases} x + y + z = 0 \\ 2x - 3y + 5z = 0 \\ 4x + 7y - 3z = 0 \end{cases}$.

b) (0, –1) é uma solução do sistema $\begin{cases} x - y = 1 \\ x + y = -1 \\ 3x + y = 2 \end{cases}$.

c) (4, 1, 3) é uma solução do sistema $\begin{cases} 2x + y - z = 6 \\ x + 3y + 2z = 13 \end{cases}$.

d) (5, 2) é uma solução do sistema $\begin{cases} 2x + 3y = 18 \\ x - 2y = 1 \end{cases}$.

9. DESAFIO Resolva cada sistema e depois classifique-os:

a) $\begin{cases} 4x + 2y = 4 \\ 2x + 4y = 5 \end{cases}$

b) $\begin{cases} 3x - 2y = -12 \\ 5x + 6y = 8 \end{cases}$

c) $\begin{cases} 5x - 10y = 15 \\ 2x - 4y = 6 \end{cases}$

10. DESAFIO Faça a representação gráfica de cada sistema do exercício anterior e verifique se estão de acordo com a classificação feita.

Classificação de um sistema linear 2 × 2

Em um sistema linear 2 × 2 é simples fazer essa classificação apenas observando suas equações. Vejamos algumas condições:

- Se há proporcionalidade entre os coeficientes das mesmas incógnitas e essa proporcionalidade se mantém nos termos independentes, o sistema é **possível e indeterminado** (SPI). Equações assim são chamadas equivalentes.
- Se há proporcionalidade entre os coeficientes das mesmas incógnitas e essa proporcionalidade **não** se mantém nos termos independentes, o sistema é **impossível** (SI). Dizemos que equações assim são incompatíveis.
- Se **não** há proporcionalidade entre os coeficientes das mesmas incógnitas, o sistema é **possível e determinado** (SPD).

Resumindo:

$$\begin{cases} a_1x + b_1y = k_1 \\ a_2x + b_2y = k_2 \end{cases} \Rightarrow \begin{array}{l} \dfrac{a_1}{a_2} = \dfrac{b_1}{b_2} = \dfrac{k_1}{k_2} \Rightarrow \text{SPI} \\ \dfrac{a_1}{a_2} = \dfrac{b_1}{b_2} \neq \dfrac{k_1}{k_2} \Rightarrow \text{SI} \\ \dfrac{a_1}{a_2} \neq \dfrac{b_1}{b_2} \Rightarrow \text{SPD} \end{array}$$

Exemplos de classificação de sistemas:

a) $\begin{cases} 3x - 2y = 4 \\ x - 4y = 2 \end{cases}$

Os coeficientes das mesmas incógnitas nas duas equações não são proporcionais: 3 é o triplo de 1 e −2 é metade de −4. Então, o sistema é possível e determinado $\left(\dfrac{3}{1} \neq \dfrac{-2}{-4} \text{ ou } 3(-4) \neq 1(-2)\right)$.

b) $\begin{cases} 2x - 6y = 5 \\ 3x - 9y = 1 \end{cases}$

Nesse sistema, os coeficientes das mesmas incógnitas nas duas equações são proporcionais, porém essa proporcionalidade não se mantém nos termos independentes: 2 está para 3 assim como −6 está para −9; no entanto, não como 5 está para 1. Então, o sistema é impossível $\left(\dfrac{2}{3} = \dfrac{-6}{-9} \neq \dfrac{5}{1}\right)$.

c) $\begin{cases} 3x + y = -2 \\ -6x - 2y = 4 \end{cases}$

Nesse caso, há proporcionalidade entre os coeficientes das mesmas incógnitas e essa proporcionalidade se mantém nos termos independentes: −6 está para 3 assim como −2 está para 1, assim como 4 está para −2 (ou, ainda, a 2ª equação é o oposto do dobro da 1ª). Então, o sistema é possível e indeterminado $\left(\dfrac{3}{-6} = \dfrac{1}{-2} = \dfrac{-2}{4}\right)$.

Exercício

11. Classifique os seguintes sistemas lineares:

a) $\begin{cases} x + y = 6 \\ x - y = 8 \end{cases}$

b) $\begin{cases} x + 2y = 4 \\ 2x - y = 3 \end{cases}$

c) $\begin{cases} x + y = 10 \\ 2x + 2y = 20 \end{cases}$

d) $\begin{cases} 4x - 6y = 2 \\ 6x - 9y = 3 \end{cases}$

e) $\begin{cases} 2x + 3y = 6 \\ 2x + 3y = 12 \end{cases}$

f) $\begin{cases} x + y = 10 \\ 2x + 2y = 30 \end{cases}$

g) $\begin{cases} 5(x - 2y + 1) = x - 8y + 7 \\ \dfrac{2x - y}{3} = \dfrac{1}{5} \end{cases}$

h) $\begin{cases} 2x + y = x + 4 \\ 2x + y = x + 2y + 1 \end{cases}$

i) $\begin{cases} 6x - 10y = 8 \\ 9x = 15y + 12 \end{cases}$

Matrizes, sistemas lineares e determinantes

Qualquer sistema linear $n \times n$ pode ser escrito como um produto de matrizes.

Exemplos:

a) o sistema $\begin{cases} a_{11}x + a_{12}y = k_1 \\ a_{21}x + a_{22}y = k_2 \end{cases}$ pode ser escrito como $\begin{bmatrix} a_{11} & a_{12} \\ a_{21} & a_{22} \end{bmatrix} \cdot \begin{bmatrix} x \\ y \end{bmatrix} = \begin{bmatrix} k_1 \\ k_2 \end{bmatrix}$

b) o sistema $\begin{cases} a_{11}x + a_{12}y + a_{13}z = k_1 \\ a_{21}x + a_{22}y + a_{23}z = k_2 \\ a_{31}x + a_{32}y + a_{33}z = k_3 \end{cases}$ pode ser escrito como $\begin{bmatrix} a_{11} & a_{12} & a_{13} \\ a_{21} & a_{22} & a_{23} \\ a_{31} & a_{32} & a_{33} \end{bmatrix} \cdot \begin{bmatrix} x \\ y \\ z \end{bmatrix} = \begin{bmatrix} k_1 \\ k_2 \\ k_3 \end{bmatrix}$

No capítulo anterior, ao justificarmos o cálculo do determinante das matrizes 2×2 e 3×3, mostramos que um determinante não nulo indica um sistema determinado. Agora, sabemos com mais precisão o que é um sistema possível e determinado e o que são sistemas não determinados. Assim, se D for o determinante da matriz dos coeficientes de um sistema, então o sistema será determinado se $D \neq 0$. E se $D = 0$, o sistema será indeterminado ou impossível. Isso significa que usar o determinante para classificar o sistema **não é** um modo eficaz.

Entretanto, conhecendo-se o tipo de sistema, é plenamente possível prever o resultado do determinante D da matriz dos coeficientes do sistema:

- sistemas possíveis e determinados sempre têm determinante não nulo ($D \neq 0$);
- sistemas possíveis e indeterminados ou impossíveis sempre têm determinante nulo ($D = 0$).

Exercício resolvido

1. Determine o valor de k para que o sistema $\begin{cases} kx - y = 2 \\ x + 5y = 3 \end{cases}$ seja impossível.

Resolução

Se o sistema é impossível, então $D = 0$.
Assim:

$\begin{vmatrix} k & -1 \\ 1 & 5 \end{vmatrix} = 0 \Rightarrow 5k + 1 = 0 \Rightarrow k = -\frac{1}{5}$

Exercícios

12. Escreva os sistemas abaixo na forma de um produto matricial e verifique se eles são determinados ou não.

a) $\begin{cases} 2x + 5y = 8 \\ x + y = 7 \end{cases}$

b) $\begin{cases} x + y + 2z = 5 \\ x - 2y + z = 3 \\ 2x - y + 3z = -4 \end{cases}$

13. Determine m para que o sistema linear $\begin{cases} 2x + my = 3 \\ mx + 8y = 6 \end{cases}$ tenha uma única solução.

Sistemas lineares 3 × 3

Consideremos o sistema

$$\begin{cases} a_1x + b_1y + c_1z = d_1 \\ a_2x + b_2y + c_2z = d_2 \\ a_3x + b_3y + c_3z = d_3 \end{cases}$$

> **Fique atento!**
> Nos sistemas de duas equações com duas incógnitas tínhamos duas retas no plano. Agora, temos três planos no espaço.

de três equações com três incógnitas. Geometricamente, cada uma das equações, nessa ordem, define os planos π_1, π_2 e π_3, respectivamente. O terno ordenado (x, y, z) é solução desse sistema quando o ponto $P(x, y, z)$ pertence à intersecção $\pi_1 \cap \pi_2 \cap \pi_3$, ou seja, quando P está simultaneamente nos três planos.

Associadas a esse sistema há duas matrizes: a incompleta (I) e a completa (II).

$$\begin{bmatrix} a_1 & b_1 & c_1 \\ a_2 & b_2 & c_2 \\ a_3 & b_3 & c_3 \end{bmatrix}_{3 \times 3} \text{(I)} \quad \text{e} \quad \begin{bmatrix} a_1 & b_1 & c_1 & d_1 \\ a_2 & b_2 & c_2 & d_2 \\ a_3 & b_3 & c_3 & d_3 \end{bmatrix}_{3 \times 4} \text{(II)}$$

Os vetores linha da matriz incompleta são $\ell_1 = (a_1, b_1, c_1)$, $\ell_2 = (a_2, b_2, c_2)$ e $\ell_3 = (a_3, b_3, c_3)$, e os vetores linha da matriz completa são $L_1 = (a_1, b_1, c_1, d_1)$, $L_2 = (a_2, b_2, c_2, d_2)$ e $L_3 = (a_3, b_3, c_3, d_3)$, todos não nulos.

Possibilidades para as posições relativas dos três planos no espaço

Existem oito possibilidades para as posições relativas dos três planos, π_1, π_2 e π_3, no espaço.

1ª possibilidade: os três planos coincidem

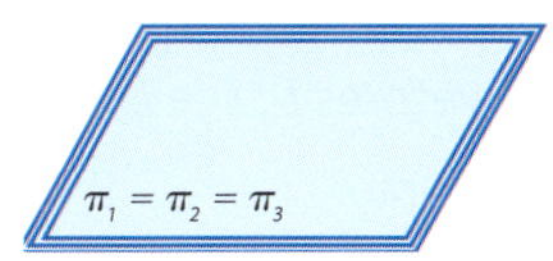

Neste caso, todos os pontos $P(x, y, z)$ de π_1 são soluções do sistema. Há, portanto, infinitas soluções para o sistema.

O sistema é possível e indeterminado (SPI).

Pode-se provar que isso ocorre quando L_1, L_2 e L_3 são múltiplos uns dos outros. Por exemplo:

$$\begin{cases} x + y - z = 1 \rightarrow L_1 = (1, 1, -1, 1) \\ 2x + 2y - 2z = 2 \rightarrow L_2 = (2, 2, -2, 2) \\ 4x + 4y - 4z = 4 \rightarrow L_3 = (4, 4, -4, 4) \end{cases}$$

Nesse caso, temos $L_2 = 2L_1$, $L_3 = 4L_1$ e $L_3 = 2L_2$.

Da primeira equação $x + y - z = 1$ tiramos que $z = x + y - 1$. Assim, as soluções do sistema são todos os pontos da forma $(x, y, x + y - 1)$, em que x e y são números reais arbitrários.

Por exemplo, são soluções (1, 1, 1); (1, 2, 2); (2, 5, 6); etc.

2ª possibilidade: dois planos coincidem e o terceiro é paralelo a eles

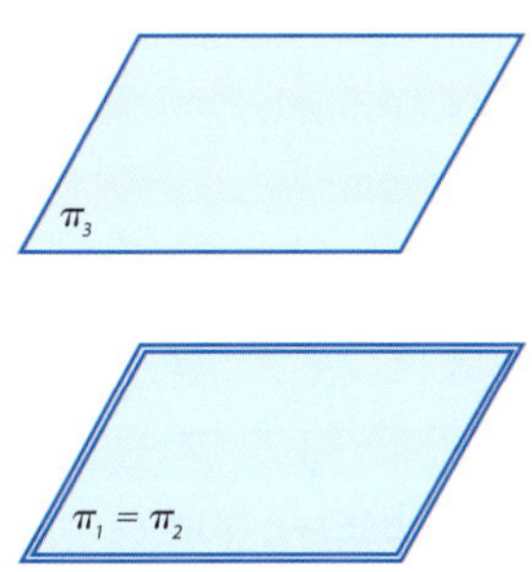

Neste caso, o sistema é impossível, não possui solução (SI).

Pode-se provar que isso ocorre quando L_2 é múltiplo de L_1, ou seja, $L_2 = kL_1$, o que acarreta $\ell_2 = k\ell_1$; $\ell_3 = m\ell_1$; mas L_3 não é múltiplo de L_1.

Exemplo:

$$\begin{cases} x + y - z = 1 \rightarrow L_1 = (1, 1, -1, 1) \text{ e } \ell_1 = (1, 1, -1) \\ 2x + 2y - 2z = 2 \rightarrow L_2 = (2, 2, -2, 2) \text{ e } \ell_2 = (2, 2, -2) \\ 4x + 4y - 4z = 7 \rightarrow L_3 = (4, 4, -4, 7) \text{ e } \ell_3 = (4, 4, -4) \end{cases}$$

Nesse caso, temos $L_2 = 2L_1$; $\ell_3 = 4\ell_1$; mas L_3 não é múltiplo de L_1. Logo, o sistema não tem solução; é impossível.

$3^{\underline{a}}$ possibilidade: dois planos coincidem e o terceiro os intersecta segundo uma reta

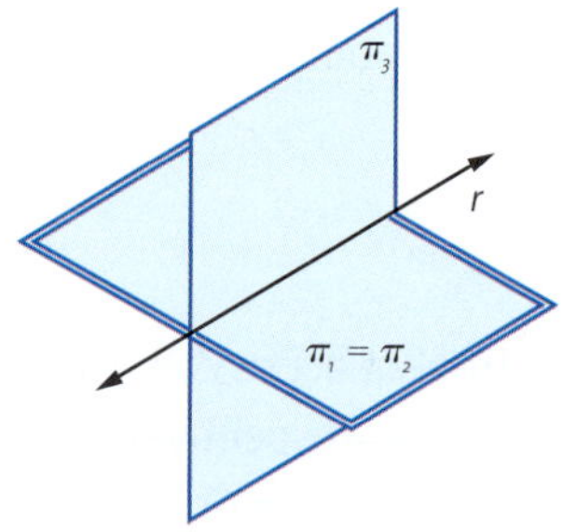

Neste caso, todos os pontos $P(x, y, z)$ da reta são soluções. Há, portanto, infinitas soluções. O sistema é possível e indeterminado (SPI). Pode-se provar que isso ocorre quando $L_2 = kL_1$ (e, portanto, $\ell_2 = k\ell_1$); mas ℓ_3 não é múltiplo de ℓ_1.

Exemplo:

$$\begin{cases} x + y - z = 1 \rightarrow L_1 = (1, 1, -1, 1) \text{ e } \ell_1 = (1, 1, -1) \\ 2x + 2y - 2z = 2 \rightarrow L_2 = (2, 2, -2, 2) \text{ e } \ell_2 = (2, 2, -2) \\ 4x + 4y - z = 4 \rightarrow L_3 = (4, 4, -1, 4) \text{ e } \ell_3 = (4, 4, -1) \end{cases}$$

$\pi_1 = \pi_2$, mas $\ell_3 = (4, 4, -1)$ não é múltiplo de $\ell_1 = (1, 1, -1)$. Assim, $\pi_3 \cap \pi_1$ é a reta r. Essa reta é formada pelos pontos $P(x, y, z)$, cujas coordenadas são as soluções do sistema:

$$\begin{cases} x + y - z = 1 \\ 4x + 4y - z = 4 \end{cases} \Rightarrow \begin{cases} y - z = 1 - x \cdot (-4) \\ 4y - z = 4 - 4x \end{cases} \Rightarrow \begin{cases} \cancel{-4y} + 4z = \cancel{-4} + \cancel{4x} \\ \cancel{4y} - z = \cancel{4} - \cancel{4x} \end{cases}$$
$$3z = 0 \Rightarrow z = 0$$

Se $z = 0$, então $y = 1 - x$.

Portanto, as soluções do sistema são todos os pontos da forma $(x, 1 - x, 0)$ para qualquer valor real de x. Por exemplo, são soluções $(1, 0, 0)$; $(2, -1, 0)$; $(6, -5, 0)$; etc.

$4^{\underline{a}}$ possibilidade: os planos são paralelos dois a dois

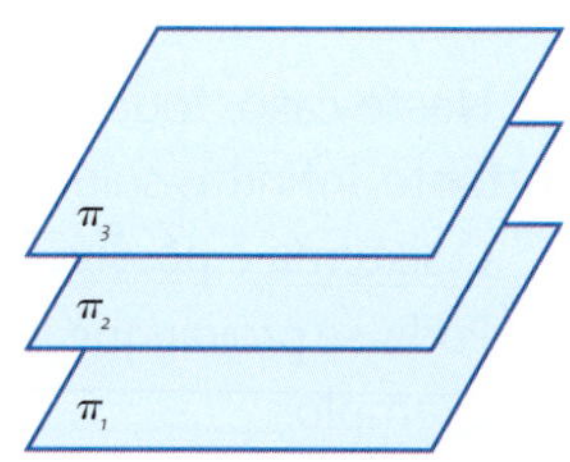

Neste caso, o sistema não possui solução; é impossível (SI). Pode-se provar que isso ocorre quando cada um dos vetores, ℓ_1, ℓ_2 e ℓ_3, é múltiplo do outro, mas os vetores L_1, L_2 e L_3 não são múltiplos um do outro, dois a dois.

Exemplo:

$$\begin{cases} x + y - z = 1 \rightarrow L_1 = (1, 1, -1, 1) \text{ e } \ell_1 = (1, 1, -1) \\ 2x + 2y - 2z = 3 \rightarrow L_2 = (2, 2, -2, 3) \text{ e } \ell_2 = (2, 2, -2) \\ 4x + 4y - 4z = 7 \rightarrow L_3 = (4, 4, -4, 7) \text{ e } \ell_3 = (4, 4, -4) \end{cases}$$

Nesse caso, temos que ℓ_1, ℓ_2 e ℓ_3 são múltiplos um do outro, mas L_1, L_2 e L_3 não são múltiplos um do outro, dois a dois.

Logo, esse sistema não tem solução; é impossível.

$5^{\underline{a}}$ possibilidade: dois planos são paralelos e o outro os intersecta segundo retas paralelas *r* e *s*

π_1 e π_2 são paralelos. Logo, $\pi_1 \cap \pi_2 = \varnothing$. Isso acarreta que $\pi_1 \cap \pi_2 \cap \pi_3 = \varnothing$. Portanto, o sistema não possui solução; é impossível (SI).

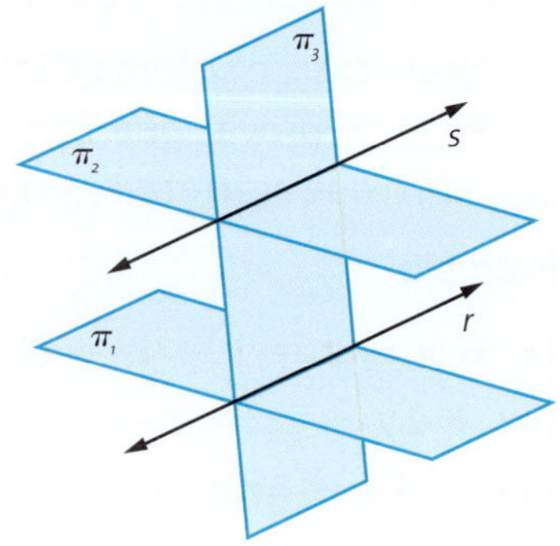

Pode-se provar que isso acontece quando $\ell_2 = k\ell_1$, mas L_2 não é múltiplo de L_1, pois $\pi_1 /\!/ \pi_2$. Além disso, ℓ_3 não é múltiplo de ℓ_1, pois $\pi_3 \not\parallel \pi_1$.

Exemplo:

$$\begin{cases} x + y - z = 1 \rightarrow L_1 = (1, 1, -1, 1) \text{ e } \ell_1 = (1, 1, -1) \\ 2x + 2y - 2z = 3 \rightarrow L_2 = (2, 2, -2, 3) \text{ e } \ell_2 = (2, 2, -2) \\ 4x + 4y - z = 4 \rightarrow L_3 = (4, 4, -1, 4) \text{ e } \ell_3 = (4, 4, -1) \end{cases}$$

Observe que $\ell_2 = 2\ell_1$, porém L_2 não é múltiplo de L_1. Observe também que ℓ_3 não é múltiplo de ℓ_1.

Logo, o sistema é impossível.

6ª possibilidade: os três planos são distintos e têm uma reta em comum

Neste caso, todos os pontos $P(x, y, z)$ da reta r são soluções. Há, portanto, infinitas soluções.

O sistema é possível e indeterminado (SPI). Pode-se provar que isso ocorre quando nenhum dos vetores ℓ_1, ℓ_2 e ℓ_3 é múltiplo do outro e L_3 pode ser escrito como combinação linear de L_1 e L_2, isto é, $L_3 = kL_2 + mL_1$.

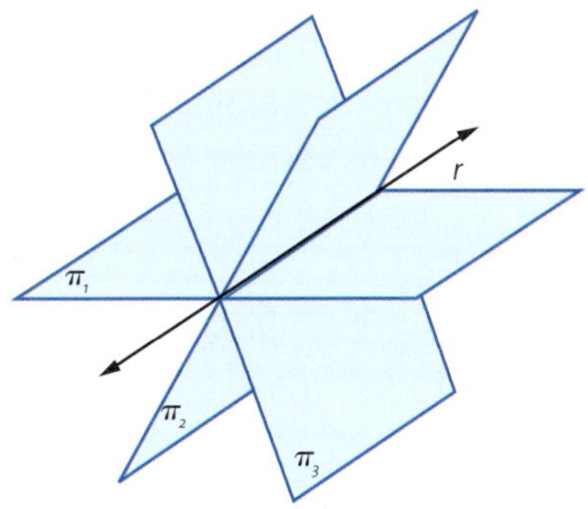

$\pi_1 \cap \pi_2 \cap \pi_3 = r$

Exemplo:

$$\begin{cases} x + y + z = 1 \rightarrow L_1 = (1, 1, 1, 1) \text{ e } \ell_1 = (1, 1, 1) \\ 2x - y + z = 5 \rightarrow L_2 = (2, -1, 1, 5) \text{ e } \ell_2 = (2, -1, 1) \\ 4x + y + 3z = 7 \rightarrow L_3 = (4, 1, 3, 7) \text{ e } \ell_3 = (4, 1, 3) \end{cases}$$

Observe que nenhum dos vetores ℓ_1, ℓ_2 e ℓ_3 é múltiplo do outro. E, também, que $L_3 = 2L_1 + L_2$:

$$\begin{array}{rl} 2L_1 \rightarrow & 2x + 2y + 2z = 2 \\ L_2 \rightarrow & \underline{2x - y + z = 5} \\ & 4x + y + 3z = 7 \rightarrow L_3 \end{array}$$

Logo, o sistema é indeterminado.

$\pi_1 \cap \pi_2 \cap \pi_3 = r$. Esta reta é formada pelos pontos $P(x, y, z)$, cujas coordenadas são as soluções dos sistemas:

$$\begin{cases} x + y + z = 1 \\ 2x - y + z = 5 \end{cases} \text{ e } \begin{cases} 2x - y + z = 5 \\ 4x + y + 3z = 7 \end{cases} \Rightarrow \begin{cases} -6x + 3y - 3z = -15 \\ 4x + y + 3z = 7 \end{cases}$$

$$\downarrow \qquad\qquad \downarrow$$

$$z = \frac{6 - 3x}{2} \qquad\qquad y = \frac{-4 + x}{2}$$

Portanto, as soluções do sistema são todos os pontos da forma $\left(x, \frac{-4 + x}{2}, \frac{6 - 3x}{2}\right)$ para qualquer valor real de x. Por exemplo, são soluções do sistema: $(0, -2, 3)$; $(2, -1, 0)$; $(-2, -3, 6)$; etc.

7ª possibilidade: os três planos se intersectam, dois a dois, segundo retas paralelas umas às outras

Neste caso, o sistema é impossível (SI).

Os vetores ℓ_1, ℓ_2 e ℓ_3 não são múltiplos um do outro, pois não há paralelismo nem coincidência entre nenhum dos planos. Além disso, é possível provar que $\ell_3 = k\ell_1 + m\ell_2$ e $L_3 \neq kL_1 + mL_2$.

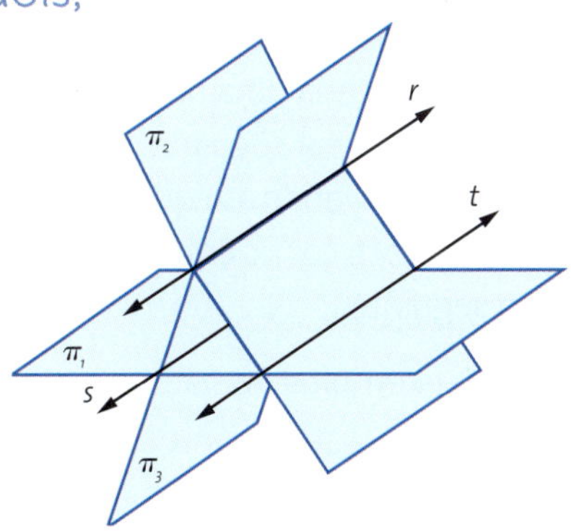

Exemplo:

$$\begin{cases} x + y - 3z = 1 \rightarrow L_1 = (1, 1, -3, 1) \text{ e } \ell_1 = (1, 1, -3) \\ 5x + 2y + z = 2 \rightarrow L_2 = (5, 2, 1, 2) \text{ e } \ell_2 = (5, 2, 1) \\ 9x + 3y + 5z = 5 \rightarrow L_3 = (9, 3, 5, 5) \text{ e } \ell_3 = (9, 3, 5) \end{cases}$$

Observe que os vetores ℓ_1, ℓ_2 e ℓ_3 não são múltiplos um do outro. Note também que $\ell_3 = 2\ell_2 - \ell_1$, mas $L_3 \neq 2L_2 - L_1$. Vejamos: $L_3 = (9, 3, 5, 5)$; $2L_2 = (10, 4, 2, 4)$; $-L_1 = (-1, -1, 3, -1)$; logo, $2L_2 - L_1 = (9, 3, 5, 3)$ e $L_3 = (9, 3, 5, 5)$. Assim, $L_3 \neq 2L_2 - L_1$.

Portanto, esse sistema é impossível.

8ª possibilidade: os três planos têm um único ponto em comum

Neste caso, o sistema é possível e determinado (SPD).

É possível provar que o sistema tem uma única solução se, e somente se, os vetores ℓ_1, ℓ_2 e ℓ_3 são linearmente independentes (LI).

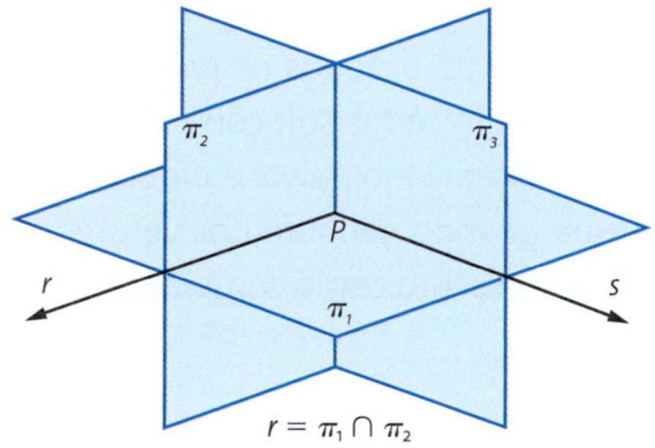

$r = \pi_1 \cap \pi_2$

$s = \pi_1 \cap \pi_3$

Exemplo:

$$\begin{cases} x + 2y - 3z = 4 \rightarrow \ell_1 = (1, 2, -3) \\ 2x + 3y + 4z = 5 \rightarrow \ell_2 = (2, 3, 4) \\ 4x + 7y - z = 13 \rightarrow \ell_3 = (4, 7, -1) \end{cases}$$

Uma maneira de saber se os vetores (1, 2, −3), (2, 3, 4) e (4, 7, −1) são LI é verificar se o determinante $\begin{vmatrix} 1 & 2 & -3 \\ 2 & 3 & 4 \\ 4 & 7 & -1 \end{vmatrix}$ é diferente de zero.

Como $\begin{vmatrix} 1 & 2 & -3 \\ 2 & 3 & 4 \\ 4 & 7 & -1 \end{vmatrix} = -1 \neq 0$, os vetores são LI. Portanto, esse sistema é possível e determinado (SPD).

Escalonamento de sistemas lineares

Acompanhe um método para classificar, resolver e discutir sistemas lineares de quaisquer ordens, chamado **método de escalonamento**.

» Junte-se com um colega e tentem resolver o sistema 4 × 4 abaixo. Prestem atenção nos detalhes!

$$\begin{cases} x + y + z + t = 8 \\ 2y + z + t = 2 \\ 2z + t = 5 \\ 2t = 6 \end{cases}$$

Esse sistema está escalonado, e, por isso, é simples resolvê-lo. Vamos, então, estudar o método de escalonamento.

Inicialmente é necessário saber o que é um sistema linear escalonado.

Considerando um sistema genérico $m \times n$, dizemos que ele está escalonado quando a matriz dos coeficientes tiver, em cada uma de suas linhas, o primeiro elemento não nulo situado à esquerda do primeiro elemento não nulo da linha seguinte. Além disso, linhas com todos os elementos nulos devem estar abaixo de todas as outras. Observando as equações do sistema escalonado, percebe-se que, em cada linha considerada, a primeira incógnita com coeficiente não nulo está sempre à esquerda da primeira incógnita com coeficiente não nulo da linha seguinte.

São exemplos de sistemas escalonados:

a) $\begin{cases} x - 2y + 5z = 7 \\ 3y + 2z = 1 \\ 4z = 8 \end{cases}$

b) $\begin{cases} 3x_1 - 2x_2 + 7x_3 = 11 \\ 4x_2 + 5x_3 = -4 \end{cases}$ ou $\begin{cases} 3x_1 - 2x_2 + 7x_3 = 11 \\ 4x_2 + 5x_3 = -4 \\ 0x_3 = 0 \end{cases}$

c) $\begin{cases} x - 2x + z + t = 9 \\ 4z + 5t = 10 \end{cases}$ ou $\begin{cases} x - 2y + z + t = 9 \\ 0y + 4z + 5t = 10 \\ 0z + 0t = 0 \\ 0t = 0 \end{cases}$

Classificação e resolução de sistemas lineares escalonados

Para classificar um sistema escalonado, basta observar a última linha. Mas é preciso estar atento, pois a última linha em um sistema de n incógnitas é a enésima linha, que, se não existir, deve ser considerada totalmente nula ($0x + 0y + 0z + ... = 0$, que equivale a $0 = 0$), como mostram os exemplos **b** e **c** na página anterior.

Generalizando a última linha de um sistema escalonado $a_n \cdot x_n = k_n$, em que a_n é o coeficiente, x_n é a incógnita e k_n é o termo independente, podemos ter três situações:

- se $a_n \neq 0$, então a solução é única: sistema possível e determinado;
- se $a_n = 0$ e $k_n = 0$, então temos infinitas soluções: sistema possível e indeterminado;
- se $a_n = 0$ e $k_n \neq 0$, então não temos soluções: sistema impossível.

Se o sistema é possível, basta resolvê-lo de baixo para cima, como veremos nos exemplos a seguir.

a) $\begin{cases} 3x - 2y + z = -6 \\ 4y - 2z = 0 \\ 5z = 10 \end{cases}$

Sistema 3×3 já escalonado (número de equações = número de incógnitas).
Da 3ª equação, tiramos $z = 2$. Da 2ª equação, fazendo $z = 2$, temos $4y - 2 \cdot 2 = 0$ e daí $y = 1$.
Fazendo $y = 1$ e $z = 2$ na 1ª equação, temos $3x - 2(1) + 2 = -6$ e daí $x = -2$.
Podemos concluir que o sistema é possível e determinado, com $S = \{(-2, 1, 2)\}$.

b) $\begin{cases} 9x - 2y + 3z - w = 1 \\ y - 2z + 4w = 6 \\ 5z + 2w = 3 \\ 0w = 9 \end{cases}$

Sistema 4×4 já escalonado. A 4ª equação permite dizer que o sistema é impossível, logo $S = \varnothing$.

c) $\begin{cases} x + y + z = 0 \\ 3y - 6z = 0 \end{cases}$

Fique atento!
No exemplo **c** dizemos que o grau de indeterminação é 1 $(3 - 2)$ e que temos uma incógnita livre.
- Para $k = 0$, a solução é $(0, 0, 0)$;
- Para $k \neq 0$, as soluções podem ser $(-3, 2, 1)$, $(-15, 10, 5)$ e outras.

Sistema 2×3 já escalonado (número de equações < número de incógnitas).
Quando um sistema escalonado tem mais incógnitas do que equações e pelo menos um coeficiente não nulo em cada equação, ele é possível e indeterminado, pois as equações que faltam podem ser consideradas $0 = 0$. A incógnita que não aparece no começo das equações é chamada **incógnita livre**.
Nesse exemplo, z é a incógnita livre. Fazendo $z = k$, com $k \in \mathbb{R}$, para descobrir a solução do sistema.
Da 2ª equação, temos: $3y - 6k = 0 \Rightarrow y = 2k$
Usando $z = k$ e $y = 2k$, temos: $x + 2k + k = 0 \Rightarrow x = -3k$
Portanto, o sistema é possível e indeterminado e sua solução geral é $(-3k, 2k, k)$.

d) $\begin{cases} 2x - y + z - t = 2 \\ 2z + 3t = 1 \end{cases}$

Aqui o sistema é possível e indeterminado (está escalonado e tem duas equações e quatro incógnitas) e são duas as incógnitas livres (y e t).

Fazemos $y = \alpha$ e $t = \beta$, com $\alpha \in \mathbb{R}$ e $\beta \in \mathbb{R}$. Substituindo nas equações:

Fique atento!
No exemplo **d** o grau de indeterminação é 2 $(4 - 2)$ e são duas as incógnitas livres.
O sistema tem infinitas soluções e duas delas são $(2, 0, -1, 1)$ e $\left(\frac{11}{2}, 2, -4, 3\right)$.

$$2z + 3\beta = 1 \Rightarrow 2z = 1 - 3\beta \Rightarrow z = \frac{1 - 3\beta}{2}$$

$$2x - \alpha + \frac{1 - 3\beta}{2} - \beta = 2 \Rightarrow 4x = 2\alpha - 1 + 3\beta + 2\beta + 4 \Rightarrow x = \frac{2a + 5\beta + 3}{4}$$

Solução geral: $\left(\frac{2a + 5\beta + 3}{4}, \alpha, \frac{1 - 3\beta}{2}, \beta\right)$.

Sistemas lineares equivalentes

Dois sistemas lineares são equivalentes quando possuem o mesmo conjunto solução.

Por exemplo, os sistemas $\begin{cases} x+y=10 \\ x-y=2 \end{cases}$ e $\begin{cases} 3x+2y=26 \\ 2x-5y=-8 \end{cases}$ são equivalentes, pois, resolvidos, ambos apresentam como solução $S = \{(6, 4)\}$.

Exercício resolvido

2. Calcule a e b para que os sistemas $\begin{cases} x-y=9 \\ x+y=5 \end{cases}$ e $\begin{cases} ax+y=12 \\ 2x+by=20 \end{cases}$ sejam equivalentes.

Resolução

Primeiramente, resolvemos o sistema $\begin{cases} x-y=9 \\ x+y=5 \end{cases}$.

$$\begin{cases} x-y=9 \\ x+y=5 \end{cases}$$
$$2x=14 \Rightarrow x=7$$

$7-y=9 \Rightarrow y=7-9 \Rightarrow y=-2$

Para que os sistemas sejam equivalentes, $S = \{(7, -2)\}$ também deve ser o conjunto solução do outro sistema dado, então:

$ax + y = 12 \Rightarrow a \cdot (7) + (-2) = 12 \Rightarrow 7a - 2 = 12 \Rightarrow$
$\Rightarrow 7a = 14 \Rightarrow a = 2$

$2x - by = 20 \Rightarrow 2 \cdot (7) - b \cdot (-2) = 20 \Rightarrow$
$\Rightarrow 14 + 2b = 20 \Rightarrow 2b = 6 \Rightarrow b = 3$

Portanto, para os sistemas serem equivalentes devemos ter $a = 2$ e $b = 3$.

Exercícios

14. Verifique se os sistemas abaixo são equivalentes:

a) $\begin{cases} x+y=6 \\ y=2 \end{cases}$ e $\begin{cases} x+2y=8 \\ x=4 \end{cases}$

b) $\begin{cases} x+y+z=10 \\ y+2z=5 \\ z=1 \end{cases}$ e $\begin{cases} x+y-z=7 \\ x+y=8 \\ x=5 \end{cases}$

c) $\begin{cases} x+y+z=0 \\ y+2z=0 \\ z=0 \end{cases}$ e $\begin{cases} x+y-z=0 \\ x+y=1 \\ x=0 \end{cases}$

15. Classifique e resolva os sistemas lineares escalonados.

a) $\begin{cases} 2x-y+3z=0 \\ 2y-z=1 \\ 2z=-6 \end{cases}$

b) $\begin{cases} 5x-2y+z=3 \\ 4y-z=5 \\ 0z=8 \end{cases}$

c) $\begin{cases} 3x_1-2x_2+x_3=2 \\ x_2-x_3=0 \end{cases}$

d) $\begin{cases} x-y+z-w=0 \\ y+z+w=5 \\ -z-2w=1 \\ -w=2 \end{cases}$

e) $\begin{cases} a+2b-c+d=2 \\ c-d=0 \end{cases}$

f) $\begin{cases} 3x-5y=6 \\ 2y=1 \end{cases}$

16. Sejam os sistemas $\begin{cases} 2x-y=1 \\ 3x+2y=5 \end{cases}$ e $\begin{cases} kx+y=3k+5 \\ x+y=2 \end{cases}$, com $k \in \mathbb{R}$. Calcule k para que os sistemas sejam equivalentes.

17. Os sistemas $\begin{cases} x+y=20 \\ x-y=4 \end{cases}$ e $\begin{cases} ax+2y=32 \\ 3x-by=20 \end{cases}$ são equivalentes. Calcule a e b.

18. DESAFIO Observe os dois planos cartesianos abaixo, cada um contendo a representação gráfica de um sistema linear 2×2. É possível afirmar que esses sistemas lineares são equivalentes? Argumente, defendendo sua resposta.

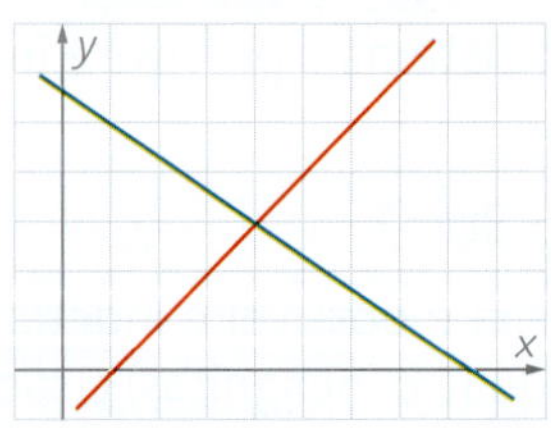

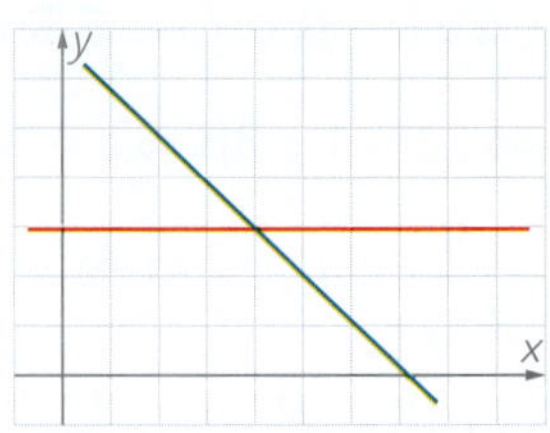

Processo para escalonamento de um sistema linear

Quando o sistema linear não está escalonado, podemos obter um sistema equivalente a ele, que esteja escalonado, por meio de algumas operações elementares. Para transformar um sistema não escalonado em um sistema equivalente escalonado, alguns procedimentos podem ser feitos:

- Podemos trocar a posição das equações. Exemplo:

$$\begin{cases} 3x-2y=6 \\ x+4y=1 \end{cases} \Rightarrow \begin{cases} x+4y=1 \\ 3x-2y=6 \end{cases}$$

- Podemos multiplicar todos os termos de uma equação pelo mesmo número real diferente de zero:

$3x - y + z = 5 \Rightarrow 6x - 2y + 2z = 10$

- Podemos multiplicar os dois membros de uma equação por um mesmo número real diferente de zero e somar os resultados aos membros correspondentes da outra equação. Exemplo:

$$\begin{cases} x - 2y + 4z = 7 \cdot (-3) \\ 3x - 5y + 9z = 25 \;\; + \end{cases} \Rightarrow \begin{cases} x - 2y + 4z = 7 \\ y - 3z = 4 \end{cases}$$

- Se no processo de escalonamento obtivermos uma equação com todos os coeficientes nulos e o termo independente diferente de zero, essa equação será suficiente para afirmar que o sistema é impossível, isto é, tem $S = \varnothing$.

  Exemplo:
  $0x + 0y + 0z = 7 \Rightarrow S = \varnothing$

Vejamos agora alguns exemplos nos quais os sistemas são escalonados e, depois, classificados e resolvidos.

a) $$\begin{cases} x + 2y + z = 7 \cdot (-2) \quad \cdot 3 \\ 2x + 7y + z = 21 \;\; + \\ -3x - 5y + 2z = -8 \;\; + \end{cases}$$

Para anular os coeficientes de x na 2ª e na 3ª equações, podemos:

- multiplicar a 1ª por −2 e somar com a 2ª;
- multiplicar a 1ª por 3 e somar com a 3ª.

Depois, podemos trocar as posições das duas últimas equações para que o coeficiente de y seja 1 na 2ª equação.

$$\begin{cases} x + 2y + z = 7 \\ 3y - z = 7 \\ y + 5z = 13 \end{cases} \Rightarrow \begin{cases} x + 2y + z = 7 \\ y + 5z = 13 \cdot (-3) \\ 3y - z = 7 \;\; + \end{cases} \Rightarrow \begin{cases} x + 2y + z = 7 \\ y + 5z = 13 \\ -16z = -32 \end{cases}$$

Fique atento!
É conveniente, mas não obrigatório, que o 1º coeficiente da equação que vai ser multiplicada seja 1 ou −1.

O sistema obtido está escalonado e é equivalente ao sistema dado.

Podemos agora resolver:

- $z = \dfrac{-32}{-16} = 2$
- $y + 5 \cdot 2 = 13 \Rightarrow y = 13 - 10 = 3$
- $x + 2 \cdot 3 + 2 = 7 \Rightarrow x = 7 - 6 - 2 = -1$

Sistema possível e determinado, com $S = \{(-1, 3, 2)\}$.

b) $\begin{cases} x+2y-z=3 & \cdot(-3)\cdot(-2) \\ 3x-y+z=1 & \leftarrow + \\ 2x+4y-2z=6 & \leftarrow + \end{cases} \Rightarrow \begin{cases} x+2y-z=2 \\ -7y+4z=-8 \\ 0x+0y-0z=0 \end{cases} \Rightarrow \begin{cases} x+2y-z=7 \\ -7y+4z=-8 \\ 0z=0 \end{cases}$

Sistema possível e indeterminado (escalonamento e 2×3).
Dizemos que z é uma incógnita livre, ou seja, o valor de z pode ser qualquer número real.

- $z=\alpha \Rightarrow -7y+4\alpha=-8 \Rightarrow -7y=-8-4\alpha \Rightarrow y=\dfrac{8+4\alpha}{7}$
- $x+2\cdot\dfrac{8+4\alpha}{7}-\alpha=3 \Rightarrow 7x+16+8\alpha-7\alpha=21 \Rightarrow 7x=5-\alpha \Rightarrow x=\dfrac{5-\alpha}{7}$

Fique atento!
y também poderia ser a incógnita livre.

Solução geral: $\left(\dfrac{5-\alpha}{7}, \dfrac{8+4\alpha}{7}, \alpha\right)$.

c) $\begin{cases} 2x-4y+10z=6 : (2) \\ 3x-6y+15z=11 \end{cases} \Rightarrow \begin{cases} x-2y+5z=3 & \cdot(-3) \\ 3x-6y+15z=11 & \leftarrow + \end{cases} \Rightarrow \begin{cases} x-2y+5z=3 \\ 0x+0y+0z=2 \end{cases}$

Sistema impossível, portanto $S=\varnothing$.

d) $\begin{cases} 3x-2y=-5 \\ x+3y=2 \\ -x+4y=5 \end{cases} \Rightarrow \begin{cases} x+3y=2 & \cdot(-3)\ \cdot 1 \\ 3x-2y=-5 & \leftarrow + \\ -x+4y=5 & \leftarrow + \end{cases} \Rightarrow \begin{cases} x+3y=2 \\ -11y=-1 \\ 7y=7 \end{cases}$

Fique atento!
Dividir todos os termos de uma igualdade por 2 equivale a multiplicar por $\frac{1}{2}$.

Esse sistema tem o número de equações maior do que o número de variáveis (3×2).
As duas primeiras equações obtidas formam um sistema escalonado, que, resolvido, nos dá:

- $y=\dfrac{-11}{-11}=1$ e
- $x=2-3\cdot 1=-1$

O valor $y=1$ satisfaz também a 3ª equação ($7y=7$).
Logo, o sistema dado é possível e determinado e tem $S=\{(-1, 1)\}$.

e) $\begin{cases} x-2y=4 & \cdot(-4)\ \cdot(-6) \\ 4x-6y=10 & \leftarrow + \\ 6x-9y=0 & \leftarrow + \end{cases} \Rightarrow \begin{cases} x-2y=4 \\ 2y=-6 \\ 3y=-24 \end{cases}$

- $2y=-6 \Rightarrow y=-3$
- $3y=-24 \Rightarrow y=-8$

Logo, o sistema é impossível, pois não podemos ter, simultaneamente, $y=-3$ e $y=-8$.
Portanto, $S=\varnothing$.

f) $\begin{cases} 3x-9y=6 & :(3) \\ 5x-15y=10 \\ -2x+6y=-4 \end{cases} \Rightarrow \begin{cases} x-3y=2 & \cdot(-5)\ \cdot(+2) \\ 5x-15y=10 & \leftarrow + \\ -2x+6y=-4 & \leftarrow + \end{cases} \Rightarrow \begin{cases} x-3y=2 \\ 0x+0y=0 \\ 0x+0y=0 \end{cases} \Rightarrow \begin{cases} x-3y=2 \\ 0y=0 \end{cases}$

A incógnita y é livre.
Para $y=\alpha$, com $\alpha \in \mathbb{R}$, temos:
$x-3\alpha=2 \Rightarrow x=2+3\alpha$
Logo, o sistema é possível e indeterminado, com solução geral $(2+3\alpha, \alpha)$.

Exercício resolvido

Resolvido passo a passo

3. (FGV-SP-modificado) As livrarias *A*, *B*, *C* e *D* de uma cidade vendem livros de Matemática do 6º ao 9º ano do Ensino Fundamental, de uma mesma coleção, com preço comum estabelecido pela editora. Os dados de vendas diárias são os seguintes:

Livraria	Número de livros vendidos				Valor total recebido (R$)
	6º ano	7º ano	8º ano	9º ano	
A	2	2	3	2	563,10
B	2	1	2	4	566,10
C	0	5	0	0	304,50
D	3	2	5	1	687,90

Qual é o preço de venda de cada um dos livros da coleção?

1. Lendo e compreendendo

a) O que é dado no problema?

É dada uma tabela contendo o valor total recebido por cada livraria na venda de certas quantidades diárias de livros de uma coleção. Por exemplo, segundo a tabela, a livraria *A* recebeu R$ 563,10 pela venda de 2 livros do 6º ano, 2 do 7º ano, 3 do 8º ano e 2 do 9º ano.

b) O que se pede?

Pede-se o preço de venda de cada um dos livros da coleção: do livro do 6º ano, do livro do 7º ano, do livro do 8º ano e do livro do 9º ano.

2. Planejando a solução

Devemos montar um sistema de equações com os dados da tabela e resolvê-lo. O sistema terá quatro equações e quatro incógnitas, e o ideal é resolvê-lo por escalonamento. Convém notar que a terceira linha terá apenas uma incógnita, que pode ser obtida imediatamente e, se substituída no sistema, o reduz para um sistema de três equações e três incógnitas.

3. Executando o que foi planejado

Vamos chamar de *x*, *y*, *z* e *w* os valores do livro do 6º ano, 7º ano, 8º ano e 9º ano respectivamente. Assim, montando o sistema, temos:

$$\begin{cases} 2x + 2y + 3z + 2w = 563{,}10 \\ 2x + y + 2z + 4w = 566{,}10 \\ 5y = 304{,}50 \\ 3x + 2y + 5z + w = 687{,}90 \end{cases}$$

Da terceira linha temos:

$5y = 304{,}50 \Rightarrow y = 60{,}90$

Substituindo esse valor nas outras três linhas, temos o seguinte sistema:

$$\begin{cases} 2x + 3z + 2w = 441{,}30 \\ 2x + 2z + 4w = 505{,}20 \\ 3x + 5z + w = 566{,}10 \end{cases}$$

Dividimos a segunda linha por 2 e invertemos a posição da segunda linha com a primeira linha:

$$\begin{cases} 2x + 3z + 2w = 441{,}30 \\ x + z + 2w = 252{,}60 \\ 3x + 5z + w = 566{,}10 \end{cases} \Rightarrow$$

$$\Rightarrow \begin{cases} x + z + 2w = 252{,}60 \\ 2x + 3z + 2w = 441{,}30 \\ 3x + 5z + w = 566{,}10 \end{cases}$$

Multiplicamos a primeira linha por −2 e somamos com a segunda linha; também multiplicamos a primeira linha por −3 e somamos com a terceira linha, eliminando a incógnita *x* dessas linhas:

$$\begin{cases} x + z + 2w = 252{,}60 \\ z - 2w = -63{,}90 \\ 2z - 5w = -191{,}70 \end{cases}$$

Agora, multiplicamos a segunda linha por −2 e somamos com a terceira linha, eliminando a incógnita z da terceira linha:

$$\begin{cases} x + z + 2w = 252{,}60 \\ z - 2w = -63{,}90 \\ -w = -63{,}90 \end{cases}$$

Da terceira linha temos que $w = 63{,}90$. Substituindo esse valor na segunda linha, temos:

$z - 2 \cdot 63{,}90 = -63{,}90 \Rightarrow z = 63{,}90$

Substituindo *z* e *w* na primeira linha, temos:

$x + 63{,}90 + 2 \cdot 63{,}90 = 252{,}60 \Rightarrow x = 60{,}90$

Portanto, $x = y = 60{,}90$ e $z = w = 63{,}90$.

4. Emitindo a resposta

Os preços de venda dos livros são: 6º e 7º anos, R$ 60,90 cada; 8º e 9º anos, R$ 63,90 cada.

5. Ampliando o problema

a) (FGV-SP-modificado) Quantas coleções completas (do 6º ao 9º ano) são vendidas diariamente em cada uma das livrarias?

b) (FGV-SP-modificado) Quando uma livraria compra 100 coleções completas (do 6º ao 9º ano), a editora emite uma fatura no valor de R$ 22 963,20. Qual é a porcentagem de desconto que a livraria recebe nesse caso?

Exercícios

19. Escalone, classifique e resolva os sistemas lineares abaixo:

a) $\begin{cases} x + 3y + z = 0 \\ 3x - 3y + z = 8 \\ 2y + z = 0 \end{cases}$

b) $\begin{cases} x + 2y + 4z = 0 \\ 2x + 3y - z = 8 \\ x - 14z = 0 \end{cases}$

c) $\begin{cases} x + y + z = 4 \\ 2x + y - z = 10 \\ 2x - y - 7z = 0 \end{cases}$

d) $\begin{cases} x + y - z = 2 \\ 2x + 3y + 2z = 5 \end{cases}$

20. Classifique e resolva os sistemas lineares.

a) $\begin{cases} x + y = 3 \\ 2x + 2y = 6 \\ 3x + 3y = 8 \end{cases}$

b) $\begin{cases} x + 2y + z = 1 \\ 4x + 3y + 5z = 5 \\ 3x + y + 4z = 4 \end{cases}$

21. Resolva a equação matricial $\begin{pmatrix} 1 & 4 & 7 \\ 2 & 3 & 6 \\ 5 & 1 & -1 \end{pmatrix} \begin{pmatrix} x \\ y \\ z \end{pmatrix} = \begin{pmatrix} 2 \\ 2 \\ 8 \end{pmatrix}$.

22. (Unicamp-SP) Resolva o seguinte sistema de equações lineares:

$$\begin{cases} 2x + y + z + w = 1 \\ x + 2y + z + w = 2 \\ x + y + 2z + w = 3 \\ x + y + z + 2w = 4 \end{cases}$$

23. Se (a, b, c) é solução do sistema $\begin{cases} x - y = 3 \\ x + z = 4 \\ y + 4z = 10 \end{cases}$, calcule o valor de abc.

24. Determine o valor de w no sistema a seguir:

$$\begin{cases} x + y + z + w = 0 \\ 2x - y + w = 1 \\ y + z - 2w = 0 \\ 4y + 3z = 7 \end{cases}$$

25. DESAFIO (UFG-GO) Roberto gosta de fazer caminhadas em uma pista próxima a sua casa. Ao longo da pista existem uma lanchonete, um posto médico e uma banca de revistas. Fazendo o mesmo caminho diariamente, Roberto constatou que, da lanchonete à banca de revistas, passando pelo posto médico, caminhou 1000 passos. Do posto médico à lanchonete, passando pela banca de revistas, caminhou 800 passos, e da banca de revistas ao posto médico, passando pela lanchonete, caminhou 700 passos. Considerando que cada um dos passos de Roberto mede 80 cm, qual é o comprimento da pista?

26. Tenho 156 moedas que pesam ao todo meio quilo e totalizam R$ 34,00. Sabendo que dentre elas há as de 1 real, que pesam 10 g cada, as de 50 centavos, que pesam 8 g cada, e as de 10 centavos, que pesam 2 g cada, quantas são as moedas de cada tipo?

27. O controle do fluxo de veículos nas ruas de mão única no horário do *rush* no centro de uma cidade pode ser compilado e estudado com auxílio de um sistema de equações lineares. A figura a seguir representa dois conjuntos de ruas de mão única que se cruzam no centro de uma cidade.

Observação: As ruas na direção horizontal formam um conjunto e as ruas na direção vertical formam outro conjunto.

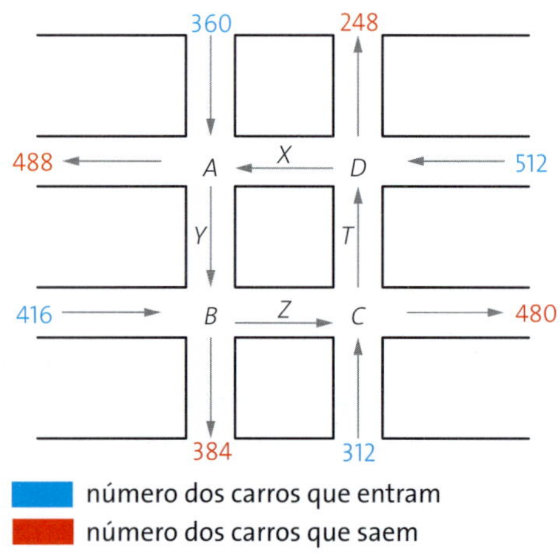

A média do número de veículos por hora que entram e a média dos que saem de uma seção durante o horário de *rush* estão informadas na figura. O número de veículos que entram tem de ser igual ao número de veículos que saem. Leve em consideração as setas indicadas pela figura e os dados nela mostrados. Sabendo que em T a média é de 160 veículos por hora, determine a média em X, Y e Z.

Analise as afirmações abaixo e indique qual é a verdadeira, sabendo que em T a média é de 160 veículos por hora:

a) Em Z a quantidade de veículos é igual a 348.

b) Na passagem de A para B temos 240 veículos.

c) Entre os cruzamentos A e B temos mais veículos que entre os cruzamentos B e C.

d) Entre os cruzamentos D e A temos 424 veículos.

e) Entre B e C temos 428 veículos.

Atividade elaborada pelos professores Letícia M. Panciera e Márcio V. Ferreira, da Unifra-RS.

28. Como em qualquer sistema homogêneo, todos os termos independentes são nulos; ao escalonarmos um sistema homogêneo, a última linha sempre será algo do tipo $a_n \cdot x_n = 0$, em que $a_n \neq 0$ ou $a_n = 0$. O que isso significa em termos de classificação de um sistema homogêneo quanto ao número de soluções?

29. DESAFIO *Química*

Considere a reação química não balanceada:

$$\underset{\text{cálcio}}{\underset{\downarrow}{Ca}} + \underset{\text{ácido fosfórico}}{\underset{\downarrow}{H_3PO_4}} \rightarrow \underset{\text{fosfato de cálcio}}{\underset{\downarrow}{Ca_3P_2O_8}} + \underset{\text{gás hidrogênio}}{\underset{\downarrow}{H_2}}$$

Essa equação pode ser balanceada fazendo:

$$xCa + yH_3PO_4 \Rightarrow zCa_3P_2O_8 + wH_2$$

dando origem ao sistema $\begin{cases} x = 3z \\ 3y = 2w \\ y = 2z \\ 4y = 8z \end{cases}$

a) Resolva o sistema.

b) Determine o menor número inteiro de átomos de cálcio, hidrogênio, fósforo e oxigênio, com o qual ocorre o balanceamento.

30. Há alguns anos, o modo de atender os clientes nos bancos era muito diferente do atual. Por exemplo, cada caixa atendia uma fila formada diante de seu guichê de trabalho. A tabela abaixo simula uma situação de atendimento ao público para cada um dos caixas: caixa 1, caixa 2 e caixa 3, de acordo com a experiência e habilidade no trabalho de cada profissional, referente à quantidade total de clientes que devem ser atendidos por ele em sua jornada de trabalho.

Caixa	**Classificação** (clientes/hora)			**Total** (clientes/dia)
	Geral	**Idosos**	**PNE*/ Gestantes**	
1	10	8	5	51
2	6	6	4	34
3	8	7	5	43

* PNE é a sigla de Portador de Necessidades Especiais.

Com base na tabela acima, e sabendo que as quantidades de horas por dia que cada caixa gasta com cada uma das classes de clientes são *x*, *y* e *z*, para as classes Geral, Idosos e PNE/Gestantes, respectivamente, determine o número de clientes idosos atendidos por dia pelos três caixas.

31. Se em um sistema linear todos os termos independentes são nulos, o sistema é denominado sistema linear homogêneo. Resolva os sistemas homogêneos abaixo e classifique-os.

a) $\begin{cases} x - y + z = 0 \\ 2x + y + z = 0 \\ -x + 2y + 5z = 0 \end{cases}$

b) $\begin{cases} x + y + z = 0 \\ x + z = 0 \\ y + 5z = 0 \end{cases}$

32. (Fuvest-SP) Um senhor feudal construiu um fosso, circundado por muros, em volta de seu castelo, conforme a planta a seguir, e uma ponte para atravessá-lo. Em um certo dia, ele deu uma volta completa no muro externo, atravessou a ponte e deu uma volta completa no muro interno. Esse trajeto foi completado em 5 320 passos. No dia seguinte, ele deu duas voltas completas no muro externo, atravessou a ponte e deu uma volta completa no muro interno, completando esse novo trajeto em 8 120 passos. Pode-se concluir que a largura *L* do fosso, em passos, é:

a) 36.
b) 40.
c) 44.
d) 48.
e) 50.

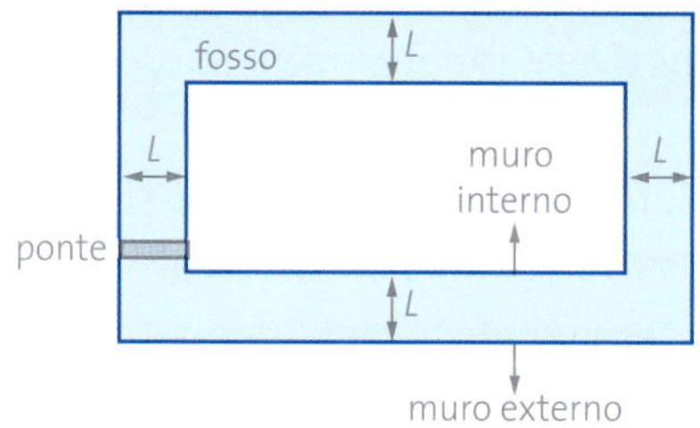

33. *Biologia*

O organismo humano, bem como o de outros animais, para seu bom funcionamento, necessita de vários tipos de substâncias, sais minerais, vitaminas, proteínas, etc. Vamos supor que uma pessoa precisa fazer uma receita de modo que a quantidade de cada alimento a ser ingerido corresponda às necessidades diárias de vitamina C, cálcio e magnésio. Ela se alimentará de três diferentes ingredientes, e cada um deles possui uma determinada quantidade de nutrientes (expressa em miligramas) por unidade de ingrediente (por exemplo, por colher), conforme apresentado na tabela a seguir.

Nutriente	**Tipo de alimento**			**Total necessário de nutrientes** (mg)
	1	**2**	**3**	
Vitamina C	10	20	30	100
Cálcio	40	40	10	210
Magnésio	20	10	30	110

Os dados da tabela são meramente ilustrativos.

Analise os dados da tabela em relação às quantidades *x*, *y* e *z* de unidades dos ingredientes 1, 2 e 3, respectivamente, e indique a afirmação verdadeira.

a) A quantidade necessária de unidades do ingrediente 1 é o dobro da quantidade de unidades do ingrediente 2.

b) Para que a receita satisfaça as necessidades de vitamina C, cálcio e magnésio, são necessárias 3 unidades do ingrediente 2.

c) A quantidade de unidades do ingrediente 2 é o dobro da quantidade de unidades do ingrediente 3.

d) O ingrediente 1 deve contribuir com 40% do total necessário de vitamina C, cálcio e magnésio essenciais à dieta alimentar do paciente.

e) O ingrediente 2 contribuirá com 50 mg de cálcio para que a receita alcance o resultado desejado.

Discussão de um sistema linear

Observe o sistema:

$$\begin{cases} 3x + \ \ y = b \\ ax + 2y = 4 \end{cases}$$

Nesse sistema de incógnitas x e y, o coeficiente a e o termo independente b são chamados **parâmetros**; seus valores não estão estabelecidos.

Discutir um sistema significa descobrir para que valores dos parâmetros ele é possível e determinado, possível e indeterminado ou impossível.

Para saber em que condições o sistema é possível e determinado, podemos calcular o determinante da matriz dos coeficientes do sistema.

No sistema dado acima, temos:

$$D = \begin{vmatrix} 3 & 1 \\ a & 2 \end{vmatrix} = 6 - a$$

- Quando $a \neq 6$, teremos $D \neq 0$, e poderemos garantir que o sistema é possível e determinado, independentemente do valor de b.
- Quando $a = 6$, teremos $D = 0$, portanto não poderemos classificar o sistema sem escaloná-lo.

Substituindo $a = 6$ no sistema, teremos:

$$\begin{cases} 3x + \ \ y = b \\ 6x + 2y = 4 \end{cases}$$

Escalonando o sistema, obtemos:

$$\begin{cases} 3x + y = b \\ \quad 0y = 4 - 2b \end{cases}$$

Se $4 - 2b = 0$, teremos $0y = 0$ e o sistema será possível e indeterminado.
Se $4 - 2b \neq 0$, teremos um sistema impossível.
Assim:
$4 - 2b = 0 \Rightarrow b = 2$

Logo, a discussão do sistema será:
- para $a \neq 6$, temos um sistema possível e determinado (para qualquer $b \in \mathbb{R}$);
- para $a = 6$ e $b = 2$, temos um sistema possível e indeterminado;
- para $a = 6$ e $b \neq 2$, temos um sistema impossível.

Observação: Para discutir um sistema qualquer $n \times n$, é conveniente utilizar o cálculo do determinante da matriz dos coeficientes aliado ao escalonamento.
Primeiramente calcula-se o determinante de modo que seu valor não seja nulo, obtendo então as condições dos parâmetros para que o sistema seja sistema possível e determinado.
Depois, com o mesmo determinante, impõe-se que seu valor seja nulo para então substituirmos no sistema os valores obtidos a partir dessa condição (se houver mais de um valor para o mesmo parâmetro, teremos mais de um sistema a ser considerado).
Em seguida, escalona(m)-se o(s) sistema(s) até a última linha e, a partir dela, pode ser concluída a discussão do sistema de acordo com as classificações possíveis dos sistemas lineares escalonados.

Exercícios resolvidos

4. Discuta o sistema linear $\begin{cases} x + ky = 1 \\ x + 2y = 3 \end{cases}$.

Resolução

$$D = \begin{vmatrix} 1 & k \\ 1 & 2 \end{vmatrix} = 2 - k$$

- $D \neq 0$, ou seja, $2 - k \neq 0 \Rightarrow k \neq 2$, o sistema é possível e determinado.
- $D = 0$, ou seja, $2 - k = 0 \Rightarrow k = 2$, devemos substituir $k = 2$ no sistema $\begin{cases} x + 2y = 1 \\ x + 2y = 3 \end{cases}$ e observar as equações.

Nessas condições, com $k = 2$, o sistema terá conjunto solução vazio, pois as duas equações são incompatíveis.

Portanto:

$\begin{cases} \text{para } k \neq 2, \text{ o sistema é possível e determinado;} \\ \text{para } k = 2, \text{ o sistema é impossível.} \end{cases}$

5. Discuta o sistema $\begin{cases} ax + 2y = 1 \\ x + y = b \end{cases}$.

Resolução

$$D = \begin{vmatrix} a & 2 \\ 1 & 1 \end{vmatrix} = a - 2$$

Se $D \neq 0 \Rightarrow a - 2 \neq 0 \Rightarrow a \neq 2$, teremos sistema possível e determinado.

Para $D = 0 \Rightarrow a = 2$, é preciso escalonar.

Substituindo $a = 2$, temos:

$$\begin{cases} 2x + 2y = 1 \\ x + y = b \end{cases}$$

Escalonando, obtemos:

$$\begin{cases} x + y = b \\ 0y = 1 - 2b \end{cases}.$$

Se $1 - 2b = 0 \Rightarrow b = \frac{1}{2}$, o sistema será possível e indeterminado. Senão, será sistema impossível.

Portanto:

- $a \neq 2 \rightarrow$ sistema possível e determinado;
- $a = 2$ e $b = \frac{1}{2} \rightarrow$ sistema possível e indeterminado;
- $a = 2$ e $b \neq \frac{1}{2} \rightarrow$ sistema impossível.

6. Discuta o sistema $\begin{cases} x - 2y + az = 1 \\ x - y - z = 2 \\ -x + 2y - 2z = b \end{cases}$ em função dos parâmetros a e b.

Resolução

$$D = \begin{vmatrix} 1 & -2 & a \\ 1 & -1 & -1 \\ -1 & 2 & -2 \end{vmatrix} = a - 2$$

Para $D \neq 0 \Rightarrow a \neq 2$ (sistema possível e determinado).

Com $a = 2$, temos $D = 0$.

$$\begin{cases} x - 2y + 2z = 1 \\ x - y - z = 2 \\ -x + 2y - 2z = b \end{cases} \rightarrow \text{escalonando} \rightarrow$$

$$\rightarrow \begin{cases} x - 2y + 2z = 1 \\ y - 3z = 1 \\ 0 = b + 1 \end{cases}$$

Observando a última linha, teremos uma igualdade verdadeira se $b + 1 = 0$, portanto, $b = -1$ (sistema possível e indeterminado).

A igualdade será falsa para $b + 1 \neq 0$ ou $b \neq -1$ (sistema impossível).

Portanto:

- $a \neq 2 \rightarrow$ sistema possível e determinado;
- $a \neq 2$ e $b = -1 \rightarrow$ sistema possível e indeterminado;
- $a \neq 2$ e $b \neq -1 \rightarrow$ sistema impossível.

7. Determine os valores de a para que o sistemas lineares sejam possíveis e determinados.

a) $\begin{cases} a + 3y = a \\ 3x + ay = -a \end{cases}$

b) $\begin{cases} 3x + 2y = 1 \\ ax - 6y = 0 \end{cases}$

Resolução

Para que os sistemas sejam possíveis e determinados, deve-se ter $D \neq 0$.

a) $\begin{vmatrix} a & 3 \\ 3 & a \end{vmatrix} \neq 0 \Rightarrow a^2 - 9 \neq 0 \Rightarrow a \neq 3$ e $a \neq -3$

Logo, o sistema será possível e determinado sempre que $a \neq 3$ e $a \neq -3$.

b) $\begin{vmatrix} 3 & 2 \\ a & -6 \end{vmatrix} \neq 0 \Rightarrow -2a - 18 \neq 0 \Rightarrow a \neq -9$

Logo, o sistema será possível e determinado sempre que $a \neq -9$.

Exercícios

34. Classifique e resolva os sistemas lineares:

a) $\begin{cases} 3x + y = 10 \\ 2x - 3y = -8 \end{cases}$ b) $\begin{cases} 2x + 5y = 20 \\ 4x + 10y = 40 \end{cases}$

35. Discuta os seguintes sistemas lineares:

a) $\begin{cases} x + y + z = 3 \\ x + 2y + 3z = 6 \\ 2x + 3y + 4z = a \end{cases}$

b) $\begin{cases} 2x + my = 3 \\ mx - 8y = 6 \end{cases}$

c) $\begin{cases} x + 2y + z = 0 \\ 2x + y + \lambda z = 0 \\ 3x + 3y + \lambda z = 0 \end{cases}$

d) $\begin{cases} mx + y = 2 \\ x - y = 1 \end{cases}$

36. Resolva a equação matricial $\begin{pmatrix} 2 & 1 \\ 1 & -3 \end{pmatrix}\begin{pmatrix} x \\ y \end{pmatrix} = \begin{pmatrix} 7 \\ 7 \end{pmatrix}$.

37. Calcule o valor de k para que o sistema

$\begin{cases} x + y = 1 \\ 3x + 3y = k + 1 \end{cases}$ seja possível e indeterminado.

38. Para que valores de a o sistema

$\begin{cases} 2x - ay + z = -7 \\ 4x + y + 2z = 13 \\ x - y + az = 3 \end{cases}$

é possível e determinado?

39. Determine k para que o sistema

$\begin{cases} -3x + 2y = 3 - k \\ 4x - 2z = 2 \\ -4y + 3z = 1 \end{cases}$ seja possível e indeterminado.

40. Determine a para que o sistema

$\begin{cases} -y + az = -2 \\ ax - 2y + 4z = -5 \\ x + y + z = a \end{cases}$ admita uma única solução.

41. Dado o sistema linear

$\begin{cases} x + y + z = 1 \\ x + a^2y + z = a^2 \\ 2x + 2y + (3 - a)z = b \end{cases}$

determine a e b para que o sistema seja possível e indeterminado.

42. Seja o sistema linear:

$\begin{cases} 2x + 3y - 4z = 1 \\ 3x + 4y + 3z = b \\ 5x + 7y + az = 8 \end{cases}$

calcule os valores de a e b para que o sistema seja impossível.

43. Verifique se o sistema linear homogêneo

$\begin{cases} x + y + z = 0 \\ 2x + 2y + 4z = 0 \\ x + y + 3z = 0 \end{cases}$

é determinado ou indeterminado.

5 Resolução de sistema pela regra de Cramer

A regra de Cramer, uma das regras mais tradicionais para resolver sistemas de equações lineares, apresenta vantagens e desvantagens sobre outros métodos. A grande vantagem é que ela fornece os valores das incógnitas diretamente como quociente de dois determinantes. Mas, em comparação com o método do escalonamento, ela apresenta duas desvantagens. A primeira delas é que a **regra de Cramer só se aplica quando o determinante da matriz do sistema é diferente de zero**. A segunda é que é mais trabalhosa; por exemplo, dá mais trabalho calcular quatro determinantes do que escalonar um único sistema 3×3.

Consideremos o sistema de três equações lineares com três incógnitas:

$$\begin{cases} a_1x + b_1y + c_1z = d_1 \\ a_2x + b_2y + c_2z = d_2 \\ a_3x + b_3y + c_3z = d_3 \end{cases}$$

- Inicialmente, calcula-se D, o determinante da matriz dos coeficientes do sistema (matriz incompleta).

$$D = \begin{vmatrix} a_1 & b_1 & c_1 \\ a_2 & b_2 & c_2 \\ a_3 & b_3 & c_3 \end{vmatrix}$$

Se $D \neq 0$, podemos prosseguir, pois o sistema é possível e determinado (SPD).

Se $D = 0$, não se aplica a regra de Cramer.

- Em seguida, para cada incógnita que se quer determinar, calcula-se um novo determinante, que é o determinante da matriz obtida, substituindo-se, na matriz dos coeficientes, a coluna dos coeficientes da incógnita a ser determinada pela coluna dos termos independentes:

$$D_x \text{ (para determinar } x) = \begin{vmatrix} d_1 & b_1 & c_1 \\ d_2 & b_2 & c_2 \\ d_3 & b_3 & c_3 \end{vmatrix} \qquad D_z \text{ (para determinar } z) = \begin{vmatrix} a_1 & b_1 & d_1 \\ a_2 & b_2 & d_2 \\ a_3 & b_3 & d_3 \end{vmatrix}$$

$$D_y \text{ (para determinar } y) = \begin{vmatrix} a_1 & d_1 & c_1 \\ a_2 & d_2 & c_2 \\ a_3 & d_3 & c_3 \end{vmatrix}$$

- O valor de cada incógnita é o quociente de cada um desses determinantes por D, ou seja:

$$x = \frac{D_x}{D} \qquad y = \frac{D_y}{D} \qquad z = \frac{D_z}{D}$$

A regra de Cramer pode ser usada para qualquer sistema $n \times n$, com $D \neq 0$.

Vamos demonstrá-la para um sistema 2×2:

Consideremos um sistema linear genérico 2×2 que seja determinado: $\begin{cases} a_1x + b_1y + c_1 \\ a_2x + b_2y = c_2 \end{cases}$, com $\frac{a_1}{a_2} \neq \frac{b_1}{b_2}$, ou seja, $a_1b_2 \neq a_2b_1$, ou, ainda, $a_1b_2 - a_2b_1 \neq 0$.

Observe sua resolução por adição:

$$\begin{cases} a_1x + b_1y = c_1 \quad \cdot (b_2) \\ a_2x + b_2y = c_2 \quad \cdot (-b_1) \end{cases} \Rightarrow \begin{cases} a_1b_2x + \cancel{b_1b_2y} = b_2c_1 \\ -a_2b_1x - \cancel{b_1b_2y} = -b_1c_2 \end{cases}$$

$$(a_1b_2 - a_2b_1)x = b_2c_1 - b_1c_2 \qquad \text{(I)}$$

$$\begin{cases} a_1x + b_1y = c_1 \quad \cdot (-a_2) \\ a_2x + b_2y = c_2 \quad \cdot (a_1) \end{cases} \Rightarrow \begin{cases} -\cancel{a_1a_2x} + a_2b_1y = -a_2c_1 \\ \cancel{a_1a_2x} - a_1b_2y = a_1c_2 \end{cases}$$

$$(a_1b_2 - a_2b_1)y = a_1c_2 - a_2c_1 \qquad \text{(II)}$$

Observe agora os determinantes de matrizes obtidas a partir do sistema:

$$D = \begin{vmatrix} a_1 & b_1 \\ a_2 & b_2 \end{vmatrix} = a_1b_2 - a_2b_1 \neq 0 \qquad D_x = \begin{vmatrix} c_1 & b_1 \\ c_2 & b_2 \end{vmatrix} = b_2c_1 - b_1c_2 \qquad D_y = \begin{vmatrix} a_1 & c_1 \\ a_2 & c_2 \end{vmatrix} = a_1c_2 - a_2c_1$$

Comparando as igualdades (I) e (II) com os valores de D, D_x e D_y, podemos escrever $D \cdot x = D_x$ e $D \cdot y = D_y$.

Como $D \neq 0$, temos uma única solução para o sistema, dada por $x = \frac{D_x}{D}$ e $y = \frac{D_y}{D}$.

Exercícios resolvidos

8. Resolva os sistemas pela regra de Cramer:

a) $\begin{cases} 2x - 5y = -2 \\ 3x + 2y = 16 \end{cases}$ b) $\begin{cases} 5x + y - 1 = 2(x + y) \\ 2x + 2y = 4 - 3x \end{cases}$

Resolução

a) $D = \begin{vmatrix} 2 & -5 \\ 3 & 2 \end{vmatrix} = 19 \neq 0$

$D_x = \begin{vmatrix} -2 & -5 \\ 16 & 2 \end{vmatrix} = 76$

$D_y = \begin{vmatrix} 2 & -2 \\ 3 & 16 \end{vmatrix} = 38$

$x = \dfrac{D_x}{D} = \dfrac{76}{19} = 4$

$y = \dfrac{D_y}{D} = \dfrac{38}{19} = 2$

$S = \{(4, 2)\}$

b) O sistema dado pode ser escrito como $\begin{cases} 3x - y = 1 \\ 5x + 2y = 4 \end{cases}$. Daí obtemos:

$D = \begin{vmatrix} 3 & -1 \\ 5 & 2 \end{vmatrix} = 11$

$D_x = \begin{vmatrix} 1 & -1 \\ 4 & 2 \end{vmatrix} = 6$

$D_y = \begin{vmatrix} 3 & 1 \\ 5 & 4 \end{vmatrix} = 7$

$x = \dfrac{D_x}{D} = \dfrac{6}{11}$

$y = \dfrac{D_y}{D} = \dfrac{7}{11}$

$S = \left\{\left(\dfrac{6}{11}, \dfrac{7}{11}\right)\right\}$

> **Para refletir**
> Verifique a correspondência do sistema dado em **b** e o sistema usado na resolução.

9. Resolva a equação matricial $\begin{pmatrix} 1 & -1 \\ 2 & 5 \end{pmatrix}\begin{pmatrix} x \\ y \end{pmatrix} = \begin{pmatrix} 4 \\ 1 \end{pmatrix}$ usando a regra de Cramer.

Resolução

Essa equação matricial equivale ao sistema $\begin{cases} x - y = 4 \\ 2x + 5y = 1 \end{cases}$, no qual $\begin{pmatrix} 1 & -1 \\ 2 & 5 \end{pmatrix}$ é a matriz dos coeficientes das incógnitas. Daí:

$D = \begin{vmatrix} 1 & -1 \\ 2 & 5 \end{vmatrix} = 7$

$D_x = \begin{vmatrix} 4 & -1 \\ 1 & 5 \end{vmatrix} = 21$

$D_y = \begin{vmatrix} 1 & 4 \\ 2 & 1 \end{vmatrix} = -7$

$x = \dfrac{D_x}{D} = \dfrac{21}{7} = 3$

$y = \dfrac{D_y}{D} = \dfrac{-7}{7} = -1$

Logo, a solução é $\begin{pmatrix} 3 \\ -1 \end{pmatrix}$, ou seja, $x = 3$ e $y = -1$.

10. Resolva o sistema $\begin{cases} 2x - y + z = 3 \\ x + y + z = 6 \\ x - y + 2z = 3 \end{cases}$.

Resolução

$D = \begin{vmatrix} 2 & -1 & 1 \\ 1 & 1 & 1 \\ 1 & -1 & 2 \end{vmatrix} = 5$

Como $D = 5 \neq 0$, o sistema é SPD; então podemos prosseguir.

$D_x = \begin{vmatrix} 3 & -1 & 1 \\ 6 & 1 & 1 \\ 3 & -1 & 2 \end{vmatrix} = 9$

$D_y = \begin{vmatrix} 2 & 3 & 1 \\ 1 & 6 & 1 \\ 1 & 3 & 2 \end{vmatrix} = 12$

$D_z = \begin{vmatrix} 2 & -1 & 3 \\ 1 & 1 & 6 \\ 1 & -1 & 3 \end{vmatrix} = 9$

$x = \dfrac{D_x}{D} = \dfrac{9}{5}$

$y = \dfrac{D_y}{D} = \dfrac{12}{5}$

$z = \dfrac{D_z}{D} = \dfrac{9}{5}$

A solução do sistema é $S = \left\{\left(\dfrac{9}{5}, \dfrac{12}{5}, \dfrac{9}{5}\right)\right\}$.

Exercícios

44. Resolva os sistemas lineares abaixo usando a regra de Cramer:

a) $\begin{cases} 3x - 4y = 1 \\ x + 3y = 9 \end{cases}$

b) $\begin{cases} 2x + y = 4 \\ 3x - 2y = -1 \end{cases}$

45. Os seguintes sistemas lineares admitem uma única solução; determine essa solução aplicando a regra de Cramer:

a) $\begin{cases} x - 2y - 2z = -1 \\ x - y + z = -2 \\ 2x + y + 3z = 1 \end{cases}$ b) $\begin{cases} 2x + 3y + 3z = 18 \\ 3x + 2y + 5z = 23 \\ 5x + 4y + 2z = 27 \end{cases}$ c) $\begin{cases} x + y + z = 7 \\ 2x - 3y - 2z = 4 \\ 3x + 4y - z = -1 \end{cases}$

46. Resolva o sistema:

$$\begin{cases} \cos a \cdot x + \text{sen } a \cdot y = \text{sen } a \\ -\text{sen } a \cdot x + \cos a \cdot y = \cos a \end{cases}$$

47. Considere o sistema:

$$\begin{cases} x \cdot \cos a + y \cdot \text{sen } a = \text{sen } 2a \\ x \cdot \text{sen } a - y \cdot \cos a = -\cos 2a \end{cases}$$

Se a solução do sistema satisfaz a igualdade $4 \cdot x \cdot y = 1$, determine a medida de a.

6 Sistemas lineares homogêneos

Se em um sistema linear todos os termos independentes são nulos, o sistema é denominado **sistema linear homogêneo**.

Assim, são sistemas lineares homogêneos:

- $\begin{cases} 2x - y = 0 \\ x + y = 0 \end{cases}$

- $\begin{cases} x + 2y - z = 0 \\ 3x - 2y + z = 0 \\ x - 4y + 2z = 0 \end{cases}$

Convém notar que um sistema linear homogêneo $n \times n$ (com $n \geqslant 2$) é sempre possível, pois admite pelo menos a solução (0, 0, 0), denominada **solução trivial**, **nula** ou **imprópria**.

Esses sistemas homogêneos, como são sempre possíveis, são os únicos que podem ser classificados apenas a partir do cálculo do determinante. Como não há chance de o sistema homogêneo ser SI, se o determinante for nulo, o sistema homogêneo será SPI. Mesmo assim, para resolver o sistema quando $D = 0$, teremos de escaloná-lo.

Observação: O uso de determinantes ou de escalonamento na resolução, classificação e discussão de sistemas fica a critério de cada um, de acordo com as características do exercício.

Exercícios resolvidos

11. Verifique se o sistema:

$$\begin{cases} 2x + 5y = 0 \\ x - 3y = 0 \end{cases}$$ é determinado ou indeterminado.

Resolução

a) Usando determinante:

$$D = \begin{vmatrix} 2 & 5 \\ 1 & -3 \end{vmatrix} = -11 \neq 0$$

b) Usando escalonamento:

$$\begin{cases} x - 3y = 0 \cdot (-2) \\ 2x + 5y = 0 \end{cases} \Rightarrow \begin{cases} x - 3y = 0 \\ 11y = 0 \end{cases}$$

O sistema é determinado; logo, $S = \{(0, 0)\}$.

12. Resolva os sistemas:

a) $\begin{cases} 4x - 6y = 0 \\ 6x - 9y = 0 \end{cases}$ b) $\begin{cases} x - y + z = 0 \\ 2x + y + z = 0 \\ -x + 2y + 5z = 0 \end{cases}$

Resolução

a) $D = \begin{vmatrix} 4 & -6 \\ 6 & -9 \end{vmatrix} = -36 + 36 = 0$

Se $D = 0$ e o sistema é homogêneo, ele só pode ser possível e indeterminado (tem a solução trivial e outras).

Fazendo $y = k$ e tomando uma das equações, temos:

$4x - 6y = 0 \Rightarrow 4x - 6k = 0 \Rightarrow x = \frac{6k}{4} = \frac{3k}{2}$

A solução $x = \frac{3k}{2}$ e $y = k$, tirada da 1ª equação, é também solução da 2ª, pois:

$6 \cdot \frac{3k}{2} - 9k = 9k - 9k = 0$

$S = \left\{\left(\frac{3k}{2}, k\right) \mid k \in \mathbb{R}\right\}$

b) $D = \begin{vmatrix} 1 & -1 & 1 \\ 2 & 1 & 1 \\ -1 & 2 & 5 \end{vmatrix} = 19$

Se $D \neq 0$ e o sistema é homogêneo, então a única solução do sistema é a trivial, ou seja, $S = \{(0, 0, 0)\}$.

13. Determine a para que o sistema

$$\begin{cases} x + y - az = 0 \\ x + ay - z = 0 \\ x + (a + 1)y + z = 0 \end{cases}$$ admita outras soluções

além da solução trivial (0, 0, 0).

Resolução

Para que um sistema homogêneo 3×3 admita outras soluções além da trivial, devemos ter $D = 0$, ou seja:

$$\begin{vmatrix} 1 & 1 & -a \\ 1 & a & -1 \\ 1 & a + 1 & 1 \end{vmatrix} = 0 \Rightarrow a - 1 = 0 \Rightarrow a = 1$$

Logo, $a = 1$.

Exercícios

48. Verifique se o sistema linear homogêneo

$$\begin{cases} x - y + 2z = 0 \\ 2x - 2y + 4z = 0 \\ 3x - y + 2z = 0 \end{cases}$$ é determinado ou indeterminado.

49. Para quais valores de k o sistema linear abaixo admite apenas a solução trivial?

$$\begin{cases} kx + 2y = 0 \\ kx + ky = 0 \end{cases}$$

50. Classifique quanto ao número de soluções o sistema

linear $\begin{cases} x + y + 2z = 0 \\ x + 4y = 0 \\ x - y - 3z = 0 \end{cases}$.

51. Calcule os valores de a para que o sistema

$$\begin{cases} x + y + z = 0 \\ x + 3y + az = 0 \\ x + 9y + a^2z = 0 \end{cases}$$

seja determinado.

52. Calcule os valores de a para os quais o sistema

$$\begin{cases} a^2x + y - a^2z = 0 \\ x - a^2y + z = 0 \\ x + y - z = 0 \end{cases}$$

admita outras soluções além de $x = y = z = 0$.

7 Sistemas lineares $n \times n$, $n \geqslant 4$

Sistemas lineares $n \times n$ devem ser tratados como os sistemas 3×3. Apesar de nesse caso valer a regra de Cramer, deve-se dar preferência ao **escalonamento** para resolver, classificar ou discutir os sistemas $n \times n$.

Exercícios resolvidos

14. Quando se escreve uma equação química, é importante verificar sempre se o número de átomos de cada elemento é o mesmo em ambos os lados da equação, ou seja, se ela está balanceada. Para realizar o balanceamento, temos de colocar um número (denominado coeficiente estequiométrico) antes dos símbolos. Esses coeficientes usados no balanceamento de uma equação química devem ser sempre os menores números inteiros possíveis, pois não dá para imaginar $\frac{1}{2}$ molécula de algum elemento químico. Veja como exemplo o balanceamento da equação da água.

A equação $H_2 + O_2 \rightarrow H_2O$ não está balanceada; note que a quantidade de oxigênio em ambos os lados não é a mesma.

Se os coeficientes estequiométricos forem, respectivamente, x, y e z, temos:

$xH_2 + yO_2 \rightarrow zH_2O$

ou seja:

$$\begin{cases} 2x = 2z \text{ (hidrogênio)} \\ 2y = z \text{ (oxigênio)} \end{cases}$$

O sistema é SPI e admite mais de uma solução (x, y, z), porém nos interessa a menor solução inteira. A solução genérica desse sistema é $(2\alpha, \alpha, 2\alpha)$, portanto temos a menor solução inteira para $\alpha = 1$.

Assim, $x = 2$, $y = 1$ e $z = 2$, e a equação balanceada é $2H_2 + O_2 \rightarrow 2H_2O$.

Obtenha os quatro coeficientes estequiométricos para o balanceamento da equação abaixo:

$C_6H_6 + O_2 \rightarrow CO_2 + H_2O$

Resolução

$xC_6H_6 + yO_2 \rightarrow zCO_2 + wH_2O$

$$\begin{cases} 6x = z \\ 6x = 2w \\ 2y = 2z + w \end{cases} \Rightarrow \begin{cases} 6x - z = 0 \\ 6x - 2w = 0 \\ 2y - 2z - w = 0 \end{cases} \rightarrow$$

$$\rightarrow \text{escalonamento} \rightarrow \text{SPI} \rightarrow S = \left\{\left(\frac{\alpha}{3}, \frac{5\alpha}{2}, 2\alpha, \alpha\right)\right\}$$

Então a menor solução inteira precisa de $\alpha = 6$: $S = \{(2, 15, 12, 6)\}$.

Portanto, a equação balanceada é $2C_6H_6 + 15O_2 \rightarrow 12CO_2 + 6H_2O$.

15. O latão é uma liga metálica composta basicamente de cobre e zinco. Em geral, a porcentagem de zinco na liga varia de 20% a 35%, dependendo das características que se quer dar ao latão. Uma empresa possuía em estoque dois grandes lotes de latão, sendo um lote de 4 toneladas de latão com 23% de zinco na sua composição e um lote de 5 toneladas de latão com 33% de zinco. Essa empresa foi consultada sobre a possibilidade de fazer uma entrega de uma certa quantidade de latão, de modo que, no total, a porcentagem de zinco fosse de 25%.

a) Para cada tonelada com 25% de zinco, quantos quilos de cada tipo de latão que a empresa tinha em estoque seriam necessários?

b) Qual a quantidade máxima que ela poderia obter de latão com 25% de zinco com base em seus estoques atuais?

Resolução

a) x = quantidade de latão com 23% de zinco

y = quantidade de latão com 33% de zinco

$$\begin{cases} x + y = 1000 \\ 0{,}23x + 0{,}33y = 250 \end{cases}$$

Resolvendo o sistema, obtemos $x = 800$ e $y = 200$.

Assim:

latão com 23% de zinco: 800 kg para cada tonelada

latão com 33% de zinco: 200 kg para cada tonelada

b) Quantidades máximas que poderiam ser obtidas do latão a partir do estoque:

latão com 23% de zinco: $\frac{4000}{800} = 5$

latão com 33% de zinco: $\frac{5\,000}{200} = 25$

Então, só é possível obter 5 toneladas de latão com 25% de zinco.

Exercícios

53. Uma nutricionista vai preparar um suco a partir de três espécies de alimento: laranja, couve e gengibre. Ao pesquisar, obteve o seguinte resultado para a composição de cada um deles, em função de três componentes nutricionais, *A*, *B* e *C*:

	A	*B*	*C*
Laranja	1	3	4
Couve	2	3	5
Gengibre	3	0	3

Sabendo que para a elaboração de 1 copo de suco ela quer obter 11 unidades de *A*, 9 unidades de *B* e 20 unidades de *C*, e que 1 laranja custa R$ 0,60, 1 folha de couve, R$ 0,10 e 1 ramo de gengibre, R$ 0,10, calcule:

a) a quantidade de laranjas, folhas de couve e ramos de gengibre (tomados obrigatoriamente inteiros) necessária para a elaboração de 1 copo de suco;

b) o custo de cada copo de suco.

54. Em um campeonato, a vitória vale 2 pontos, o empate, 1 ponto, e a derrota, zero. Uma equipe já acumula 7 pontos nos 10 primeiros jogos e ainda vai participar de mais 5 jogos. Quais são as possibilidades de resultados para essa equipe, se para ser vencedora precisa completar 12 pontos? É possível, nessas condições, que essa equipe não empate em nenhum jogo? E quanto às derrotas, é possível não haver alguma? Justifique.

55. O exercício anterior é representado por um sistema linear possível e indeterminado, mas o conjunto solução não é infinito. Ao contrário, possui um número finito de elementos maior que 1. Por quê?
Ainda analisando esse problema, responda:

a) Quantas são as possibilidades de resultados (número de vitórias, empates e derrotas), levando-se em conta as duas etapas mencionadas no enunciado?

b) Quantas são as possibilidades de resultados se não forem consideradas as duas etapas, ou seja, se a equipe participar de 15 jogos e precisar somar 12 pontos?

Leitura

Programa linear e a otimização de funções

As equações e inequações lineares, bem como os sistemas de equações e inequações simultâneas, são bastante úteis na resolução de problemas de economia, transporte, alimentação (dietas), etc. Em problemas como esses é comum precisarmos saber os valores máximo ou mínimo de uma função cujas variáveis estão sujeitas a certas desigualdades. Em muitos deles a função que se quer otimizar (ou seja, da qual se quer encontrar o máximo ou o mínimo) é uma função linear, e as desigualdades a que estão sujeitas suas variáveis também são lineares. Quando isso ocorre, dizemos então que estamos diante de um problema de **programação linear**.

O método gráfico

Consideremos a seguinte situação-problema:

Dois produtos, *P* e *Q*, contêm as vitaminas *A*, *B* e *C* nas quantidades indicadas no quadro abaixo. A última coluna indica a quantidade mínima necessária de cada vitamina para uma alimentação sadia, e a última linha indica o preço de cada produto por unidade. Que quantidade de cada produto uma dieta deve conter para que proporcione uma alimentação sadia com o mínimo custo?

	P	*Q*	
A	3	1	12
B	3	4	30
C	2	7	28
	3	2	

Diante de um problema de programação linear, consideramos as seguintes orientações para resolvê-lo:

1. Estabelecemos a **função objetivo**, isto é, a função que queremos maximizar ou minimizar.

2. Transformamos as restrições impostas no problema em um sistema de inequações lineares.

3. Traçamos o gráfico da região poligonal convexa correspondente a essas restrições, determinando as coordenadas dos seus vértices.

4. Calculamos os valores da função objetivo em cada um dos vértices.

5. Constatamos que o maior desses valores é o máximo e o menor é o mínimo da função objetivo. Voltamos ao problema e damos a sua solução.

Acompanhe cada passo na resolução da nossa situação-problema:

Seja x a quantidade do produto P, e y a quantidade do produto Q nas condições do problema.

1. Função objetivo:

O custo é dado por $C = 3x + 2y$, o qual queremos minimizar.

2. Restrições:

As condições impostas pelo problema são $x \geqslant 0$, $y \geqslant 0$, $3x + y \geqslant 12$, $3x + 4y \geqslant 30$ e $2x + 7y \geqslant 28$.

3. Gráfico:

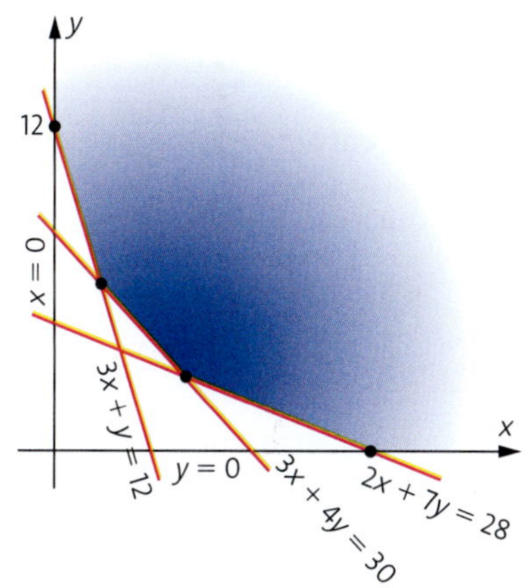

Nesse caso, a região de possibilidades é a parte do plano limitada pelas retas $x = 0$, $y = 0$, $3x + y = 12$, $3x + 4y = 30$ e $2x + 7y = 28$. Os vértices são dados pelas soluções dos sistemas:

$$\begin{cases} x = 0 \\ 3x + y = 12 \end{cases} \rightarrow (x, y) = (0, 12)$$

$$\begin{cases} 3x + y = 12 \\ 3x + 4y = 30 \end{cases} \rightarrow (x, y) = (2, 6)$$

$$\begin{cases} 2x + 7y = 28 \\ 3x + 4y = 30 \end{cases} \rightarrow (x, y) = \left(\frac{98}{13}, \frac{24}{13}\right)$$

$$\begin{cases} 2x + 7y = 28 \\ y = 0 \end{cases} \rightarrow (x, y) = (14, 0)$$

4. Valores que a função objetivo assume nos vértices:

Vértice	Valor da função $C = 3x + 2y$
(0,12)	$C = 3 \cdot 0 + 2 \cdot 12 = 24$
(2,6)	$C = 3 \cdot 2 + 2 \cdot 6 = 18 \leftarrow$ mínimo
$\left(\frac{98}{13}, \frac{24}{13}\right)$	$C = 3 \cdot \frac{98}{13} + 2 \cdot \frac{24}{13} = 26{,}3$
(14,0)	$C = 3 \cdot 14 + 2 \cdot 0 = 42 \leftarrow$ máximo

5. Conclusão:

A combinação ótima, que é sadia e tem custo mínimo, consiste em consumir 2 unidades do produto P e 6 unidades do produto Q.

Agora, responda às questões a seguir.

a) Qual é o custo de consumir 4 unidades do produto P e 5 unidades do produto Q?

b) Quanto de vitamina A seria consumido com 4 unidades do produto P e 5 unidades do produto Q?

c) Quanto de vitaminas B e C seria consumido nas mesmas condições da pergunta anterior?

d) Essa dieta (4 unidades do produto P e 5 unidades do produto Q) está de acordo com o texto?

e) Pesquise qual profissional deve ser consultado antes de se iniciar uma dieta. Você conhece algum? Discuta com seus colegas os perigos de fazer dietas sem acompanhamento médico.

Atividades adicionais

1. Classifique e resolva os sistemas lineares:

a) $\begin{cases} 5x - 2y = -9 \\ -3x + 4y = 11 \end{cases}$

b) $\begin{cases} x + y = 10 \\ 2x + 2y = 5 \end{cases}$

c) $\begin{cases} 2x + 2y = 10 \\ x + y = 5 \end{cases}$

2. Determine os valores de m para que o sistema linear $\begin{cases} (m + 2)x + (m + 5)y = 7 \\ 2x + (m + 3)y = 0 \end{cases}$ seja possível e determinado.

3. Determine os valores de a e b para que o sistema $\begin{cases} (a - b)x + (a + b)y = a \\ (a^2 - b^2)x + (a^2 + b^2)y = b \end{cases}$ seja possível e determinado.

4. Determine para que valores reais de k são equivalentes os sistemas $\begin{cases} x = 1 \\ y = 1 \end{cases}$ e $\begin{cases} x + ky = k + 1 \\ x + y = 2 \end{cases}$, com $k \in \mathbb{R}$.

5. Escalone, classifique e resolva os sistemas lineares abaixo:

a) $\begin{cases} 3x + 15y + 6z = 3 \\ 2x + 10y + 4z = 10 \end{cases}$

b) $\begin{cases} x + y - 3z = 1 \\ 2x - 3y + 4z = 2 \end{cases}$

6. Resolva os sistemas lineares abaixo usando a regra de Cramer:

a) $\begin{cases} 4x + y = 14 \\ 2x - 3y = -28 \end{cases}$

b) $\begin{cases} -2x + 5y = -20 \\ 3x - 2y = 19 \end{cases}$

7. Os seguintes sistemas lineares admitem uma única solução. Determine essa solução aplicando a regra de Cramer:

a) $\begin{cases} x + y + z = 8 \\ x - y = 0 \\ 3x + 2z = 14 \end{cases}$

b) $\begin{cases} x + y = 1 \\ -2x + 3y - 3z = 2 \\ x + z = 1 \end{cases}$

8. Verifique se o sistema $\begin{cases} x = -y + z \\ x = y + t \\ x = z - t \\ y = t + z \end{cases}$ admite soluções próprias.

9. Dado o sistema linear $\begin{cases} (1 - a)x + y + z = 0 \\ x + (1 - a)y + z = 0, \\ x + y + (1 - a)z = 0 \end{cases}$ determine os valores de a para que o sistema seja indeterminado.

10. Qual deve ser o valor de k para que o sistema $\begin{cases} 3x + 5z = 2y \\ x - y = -3z \\ x + kz = 0 \end{cases}$ admita somente a solução nula?

11. Calcule as intensidades das correntes i_1, i_2 e i_3 no circuito da figura abaixo.

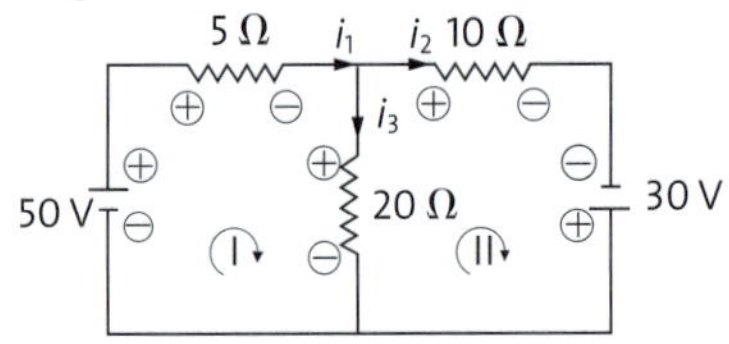

Informações complementares:

Pela lei dos nós de Kirchhoff:

$i_1 = i_2 + i_3 \Rightarrow i_1 - i_2 - i_3 = 0$

Pela lei das malhas de Kirchhoff:

- para a malha I: $+50 - 5i_1 - 20i_3 = 0 \Rightarrow$ $\Rightarrow 5i_1 + 20i_3 = 50$
- para a malha II: $30 + 20i_3 - 10i_2 = 0 \Rightarrow$ $\Rightarrow 10i_2 - 20i_3 = 30$

12. O termo inglês *container*, conhecido em português como contêiner ou contentor, é um equipamento utilizado para transportar carga. Trata-se de um recipiente de metal ou madeira, geralmente de grandes dimensões, destinado ao acondicionamento e transporte de carga em navios, trens, etc. É também conhecido como cofre de carga, por ser dotado de dispositivos de segurança previstos em legislações nacionais e convenções internacionais.

Imagine que o navio de uma companhia de transporte marítimo tenha compartimentos com capacidades diferenciadas: A, B e C. Nesses compartimentos são colocados os contêineres, que podem ser de três tamanhos: I, II e III. A quantidade de compartimentos e suas capacidades são dadas pela tabela:

Recipiente	**Tipo**		
	I	**II**	**III**
A	4	3	2
B	5	2	3
C	2	2	3

Sabendo-se que certa companhia deve transportar 42 contêineres do tipo I, 27 contêineres do tipo II e 33 contêineres do tipo III , os números de compartimentos x, y e z dos tamanhos A, B, C de cada categoria são tais que a soma $(x + y + z)$ é igual a:

a) 10.
b) 11.
c) 12.
d) 13.
e) 14.

Pensando no Enem

Um grupo de 50 pessoas fez um orçamento inicial para organizar uma festa, que seria dividido entre elas em cotas iguais. Verificou-se ao final que, para arcar com todas as despesas, faltavam R$ 510,00, e que 5 novas pessoas haviam ingressado no grupo. No acerto foi decidido que a despesa total seria dividida em partes iguais pelas 55 pessoas. Quem não havia ainda contribuído pagaria a sua parte, e cada uma das 50 pessoas do grupo inicial deveria contribuir com mais R$ 7,00.

De acordo com essas informações, qual foi o valor da cota calculada no acerto final para cada uma das 55 pessoas?

a) R$ 14,00
b) R$ 17,00
c) R$ 22,00
d) R$ 32,00
e) R$ 57,00

Resolução

Pela leitura do enunciado podemos perceber que não são dados os valores do orçamento inicial nem do final, então a solução desse problema consiste na montagem de um sistema linear de duas equações para determinar os valores das duas variáveis: o orçamento inicial da festa (que chamaremos de *x*) e o orçamento final (que chamaremos de *y*).

Temos, assim, um sistema que agrega todos os dados da questão: $\begin{cases} x + 510 = y \\ \dfrac{y}{55} = \dfrac{x}{50} + 7 \end{cases}$.

Perceba que todos os dados fornecidos estão nesse sistema. O valor inicial *x* que, acrescido de 510 reais, se torna o valor final *y*. Se *y* for dividido igualmente entre as 55 pessoas que acabaram por participar do evento, essa situação será igual ao valor pago por cada uma das 50 pessoas, que originalmente organizaram a festa, acrescido de 7 reais.

Para resolver esse sistema, podemos usar o método da substituição ou o da adição, mas do modo que ele se apresenta, a substituição é o mais indicado. Ao optarmos pela substituição também podemos fazê-la trocando na segunda equação o valor de *y* dado na primeira, obtendo:

$$\frac{x + 510}{55} = \frac{x}{50} + 7$$

Resolvendo a equação, encontraremos $x = 1250$, para depois encontrar $y = 1760$ e, aí sim, obter a resposta do problema, que é dada pela divisão do valor encontrado para *y* entre as 55 pessoas.

No entanto, devemos lembrar que em exames como o Enem o tempo é precioso, sendo mais interessante, ao resolver o sistema, já obtermos o valor de *y* e, portanto, substituir na segunda equação o valor de *x* encontrado na primeira:

$$x = y - 510 \Rightarrow \frac{y}{55} = \frac{y - 510}{50} + 7 \Rightarrow \frac{y}{55} = \frac{y - 510 + 350}{50} \Rightarrow \frac{y}{55} = \frac{y - 160}{50} \Rightarrow 50y = 55(y - 160) \Rightarrow$$

$$\Rightarrow 50y = 55y - 8\,800 \Rightarrow 5y = 8\,800 \Rightarrow y = 1760$$

Sabemos agora que a festa custou 1 760 reais, que devem ser divididos entre 55 pessoas:

$$\frac{1760}{55} = 32$$

Temos, assim, que cada pessoa pagou, no acerto final, uma cota de 32 reais.

Resposta: alternativa **d**.

Vestibulares de Norte a Sul

1. **N** (UFPA/PSS) No mercado Ver-o-Peso, três vendedores combinaram vender três espécies de peixe, cada uma delas pelo mesmo preço, e fazer uma competição para ver quem vendia mais peixe pelo preço combinado, durante uma hora. Sabendo-se que:
   - o vendedor A vendeu 7 kg do peixe x, 5 kg do peixe y, 4 kg do peixe z e arrecadou R$ 65,00;
   - o vendedor B vendeu 8 kg do peixe x, 7 kg do peixe y, 6 kg do peixe z e arrecadou R$ 88,00;
   - o vendedor C vendeu 5 kg do peixe x, 4 kg do peixe y, 3 kg do peixe z e arrecadou R$ 49,00;

   quais os preços, por kg, dos peixes x, y e z, respectivamente?

2. **SE** (Unicamp-SP) Uma empresa deve enlatar uma mistura de amendoim, castanha-de-caju e castanha-do-pará. Sabe-se que o quilo de amendoim custa R$ 5,00, o quilo de castanha-de-caju, R$ 20,00, e o quilo de castanha-do-pará, R$ 16,00. Cada lata deve conter meio quilo da mistura e o custo total dos ingredientes de cada lata deve ser de R$ 5,75. Além disso, a quantidade de castanha-de-caju em cada lata deve ser igual a um terço da soma das outras duas.
   a) Escreva o sistema linear que representa a situação descrita acima.
   b) Resolva o referido sistema, determinando as quantidades, em gramas, de cada ingrediente por lata.

3. **N** (Ufam) Determine o valor de x, y e z, respectivamente, tais que $\begin{cases} \dfrac{2}{x} - \dfrac{1}{y} - \dfrac{1}{z} = -1 \\ \dfrac{1}{x} + \dfrac{1}{y} + \dfrac{1}{z} = 0 \\ \dfrac{3}{x} - \dfrac{2}{y} + \dfrac{1}{z} = 4 \end{cases}$.

   a) $-3, -\dfrac{9}{14}$ e $-\dfrac{9}{17}$

   b) $-3, \dfrac{9}{14}$ e $\dfrac{9}{17}$

   c) $3, -\dfrac{9}{14}$ e $\dfrac{9}{17}$

   d) $-3, -\dfrac{9}{14}$ e $\dfrac{9}{17}$

   e) $-3, \dfrac{9}{14}$ e $-\dfrac{9}{17}$

4. **SE** (Fuvest-SP) João entrou na lanchonete BOG e pediu 3 hambúrgueres, 1 suco de laranja e 2 cocadas, gastando R$ 21,50. Na mesa ao lado, algumas pessoas pediram 8 hambúrgueres, 3 sucos de laranja e 5 cocadas, gastando R$ 57,00. Sabendo-se que o preço de um hambúrguer, mais o de um suco de laranja, mais o de uma cocada totaliza R$ 10,00, calcule o preço de cada um desses itens.

5. **NE** (UFPB) O sistema $\begin{cases} y - x = -1 \\ y + x = 1 \\ y - 2x = 1 \end{cases}$ tem conjunto solução:
   a) vazio.
   b) unitário.
   c) formado por dois elementos.
   d) formado por três elementos.
   e) infinito.

6. **SE** (FGV-SP) O sistema linear $\begin{cases} x + \alpha y - 2z = 0 \\ x + y + z = 0 \\ x - y - z = 0 \end{cases}$ admite solução não trivial, se:
   a) $\alpha = -2$.
   b) $\alpha \neq -2$.
   c) $\alpha = 2$.
   d) $\alpha \neq 2$.
   e) $\alpha \in \mathbb{R}$, sendo $\mathbb{R}$ o conjunto dos números reais.

7. **SE** (ITA-SP) O sistema linear $\begin{cases} bx + y = 1 \\ by + z = 1 \\ x + bz = 1 \end{cases}$ não admite solução se e somente se o número real b for igual a:
   a) -1.
   b) 0.
   c) 1.
   d) 2.
   e) -2.

8. **S** (UFRGS-RS) O sistema linear $\begin{cases} (k+2)x + y - z = 0 \\ x + ky + z = 0 \\ -x + (k-1)z = 4 \end{cases}$ é possível e determinado, exceto para um número finito de valores de k. A soma de todos esses valores de k é:
   a) -1.
   b) $-\dfrac{1}{2}$.
   c) 0.
   d) $\dfrac{1}{2}$.
   e) 1

9. CO (UFG-GO) Um sistema linear tem a seguinte matriz de coeficientes: $\begin{bmatrix} 3 & 4 & 5 \\ 2 & k & 4 \\ 1 & -2 & 2 \end{bmatrix}$. Uma condição necessária e suficiente sobre k para que o sistema tenha uma única solução é:

a) $k \neq 4$.

b) $k \neq \frac{12}{11}$.

c) $k \neq 0$.

d) $k \neq -\frac{12}{11}$.

e) $k \neq -4$.

10. S (UEL-PR) Um comerciante varejista comprou 80 calças de dois tamanhos diferentes, pequeno e médio, gastando R$ 4 300,00. Cada calça de tamanho pequeno custou R$ 50,00 e cada calça de tamanho médio custou R$ 60,00. Quantas calças de tamanho pequeno e médio, respectivamente, ele comprou?

a) 30 e 50

b) 37 e 43

c) 40 e 40

d) 43 e 37

e) 50 e 30

11. N (Unir-RO) Considere o sistema de equações lineares

$$\begin{cases} 4x - 6y - 2z = 0 \\ -3x + 2y + z = 0 \\ -2x + 3y - az = 0 \end{cases}.$$

Qual deve ser o valor de a para que o sistema tenha infinitas soluções?

a) −2

b) 0

c) 1

d) −1

e) 2

12. N (UFT-TO) Considere o seguinte sistema de equações no conjunto dos números reais $\mathbb{R}$, nas variáveis x, y, z, no qual k é um parâmetro:

$$\begin{cases} (k-2)x + y + (k-2)z = 4 \\ x + (k-2)y + z = -7 \\ x + y + (k-2)z = 10 \end{cases}$$

O conjunto que representa os valores de k para os quais o sistema possua uma única solução é dado por:

a) $\mathbb{R} - \{1, 3\}$.

b) $\mathbb{R} - \{-1, 1\}$.

c) $\{1, 3\}$.

d) $\{-1, 1\}$.

13. SE (ITA-SP) Em uma mesa de uma lanchonete, o consumo de 3 sanduíches, 7 xícaras de café e 1 pedaço de torta totalizou R$ 31,50. Em outra mesa, o consumo de 4 sanduíches, 10 xícaras de café e 1 pedaço de torta totalizou R$ 42,00. Então, o consumo de 1 sanduíche, 1 xícara de café e 1 pedaço de torta totaliza o valor de:

a) R$ 17,50.

b) R$ 16,50.

c) R$ 12,50.

d) R$ 10,50.

e) R$ 9,50.

14. NE (UFPE) Sabendo-se que o sistema $\begin{cases} x + y = 1 \\ y + z = 0 \\ x + mz = n \end{cases}$ é possível e indeterminado e que m e n são números reais, é correto afirmar que o valor de:

a) m é igual a −1, e o valor de n pode ser qualquer número real.

b) n é igual a 1, e o valor de m pode ser qualquer número real.

c) m é igual a −1, e o valor de n é igual a 1.

d) m é igual a zero, e o valor de n é igual a 1.

e) m é igual a 1, e o valor de n é igual a −1.

15. NE (UFPB) Em um determinado moinho, são usados dois tipos de grão de café, que são misturados e moídos para se obter o café em pó, vendido aos consumidores em três embalagens diferentes (*A*, *B* e *C*). Os percentuais dos tipos de grão presentes no café moído estão indicados, por embalagem, na tabela a seguir.

Tipos de grãos	Embalagem		
	A	***B***	***C***
I	40%	60%	30%
II	60%	40%	70%

O preço por kg do café da embalagem *A* é R$ 4,80 e o da embalagem *B*, R$ 5,20. Nesse contexto, sabendo-se que o preço do café, em cada embalagem, é proporcional aos respectivos percentuais dos tipos de grão da mistura, é correto afirmar que o preço por kg do café da embalagem *C* é:

a) R$ 5,80.

b) R$ 6,40.

c) R$ 4,60.

d) R$ 4,20.

e) R$ 5,60.

Respostas

Capítulo 1

Trigonometria: resolução de triângulos quaisquer

1. $\ell = 10\sqrt{3}$ m
2. a) $x = 8\sqrt{3}$ c) $x = 15$
   b) $y = 20\sqrt{3}$
3. 12,5 cm
4. $|\vec{V_x}| = 5\sqrt{3}$ cm e $|\vec{V_y}| = 5$ cm.
5. 30°
6. $\overline{CD} \simeq 3{,}9$ cm
7. $A \simeq 4{,}8$ cm²
8. 21,6 m
9. a) $w = 50\sqrt{3}$
   b) $x = 24$; $y = 16\sqrt{3}$ e $z = 8\sqrt{3}$
10. $3\sqrt{3}$
11. a) $\frac{\sqrt{2}}{2}$ c) $\frac{1}{2}$
    b) $-\frac{\sqrt{2}}{2}$ d) $-\frac{\sqrt{3}}{2}$
12. a) 0 b) 0
13. $x = 100\sqrt{2}$
14. $x = 2$ e $y = \sqrt{3} - 1$
15. $x = \frac{2\sqrt{3}}{3}$
16. a) $x = 5\sqrt{3}$ b) $x = 4\sqrt{2}$
17. $a = \sqrt{2}$
18. $x = 60°$
19. $a = \frac{m \cdot \text{sen}\,\alpha}{\text{sen}\,\beta}$
20. a) $x \simeq 9{,}151$ c) $x \simeq 45°$
    b) $x \simeq 5{,}959$

Resolvido passo a passo

5. a) $(8\sqrt{3} - 10)$ km ou aproximadamente 3,9 km.
   d) • Venezuela.
   • "Yanomami" significa "ser humano".
   • Fundação Nacional do Índio.

21. a) $x = \sqrt{7}$
    b) $x = 7$
22. $c = \sqrt{10}$
23. $a = \sqrt{3}$
24. $c = 4$
25. $\cos\alpha = \frac{1}{9}$
26. 14 cm
27. $2\sqrt{17}$
28. $BD = 2\sqrt{39}$ cm; $AC = 2\sqrt{109}$ cm.
29. $\text{sen}\,\alpha = \frac{3\sqrt{7}}{8}$
30. $r = 4\sqrt{19}$ N
31. Triângulo acutângulo.
32. $m = \sqrt{46}$
33. $r = \sqrt{2(1 - \cos 36°)}$
34. $\alpha = 62°$; $x = 4{,}13$; $y = 4{,}76$.
35. 5,459 km ou 5 459 m.
36. $|\vec{v}|^2 \simeq 26{,}5$ m/s
37. c
38. 111,6 km
39. $\theta \simeq 56{,}6°$
40. d
41. a
42. b

Outros contextos

1. 12,5%
2. Ele escreveu a obra mais importante da cartografia na época clássica, *Geographia*, na qual apresenta as coordenadas de 8 000 lugares e, no último volume, dá dicas para a elaboração de mapas-múndi e discute alguns pontos fundamentais da cartografia. Ele também foi o primeiro a defender a teoria geocêntrica, afirmando que a Terra era um corpo fixo em torno do qual giravam os outros planetas.
3. Na época das Grandes Navegações e Descobrimentos Marítimos (séculos XV e XVI), pois era importante que as embarcações não se perdessem nos vastos oceanos. Atualmente, os cartógrafos trabalham com informações gráficas enviadas por satélites. Como esses dados são precisos, o cartógrafo deve interpretá-los e organizá-los de forma científica. Os mapas cartográficos auxiliam na agricultura, na previsão do tempo, na construção de rodovias, na aviação, no planejamento ambiental, em sistemas de orientação que usamos no dia a dia e contribui para o estudo de diversas áreas da Geografia.

Atividades adicionais

1. $x = 2\sqrt{3}$
2. $BD = 6$
3. $h = 12\sqrt{3}$
4. $AB \simeq 496{,}7$ cm
5. $BD = 2\sqrt{37}$
6. $20\sqrt{3}$ cm
7. $x + y = \frac{50\,(\text{sen}\,\alpha + \text{sen}\,\beta)}{\text{sen}\,(\alpha + \beta)}$
8. $x = 6\sqrt{3} - 6$
9. $\hat{B} = 30°$ e $r = 4$
10. $x = \frac{5}{2}$
11. 41

Vestibulares de Norte a Sul

1. a
2. e
3. d
4. c
5. c
6. b) 780 m
7. b
8. e
9. e
10. 28 m
11. b

Capítulo 2

Conceitos trigonométricos básicos

Questão da p. 34

a) π c) $\frac{\pi}{3}$ e) $\frac{2\pi}{3}$ g) $\frac{3\pi}{2}$
b) $\frac{\pi}{2}$ d) $\frac{\pi}{6}$ f) $\frac{4\pi}{3}$

1. a) $\frac{\pi}{3}$ rad e) $\frac{2\pi}{3}$ rad
   b) $\frac{\pi}{4}$ rad f) $\frac{5\pi}{6}$ rad
   c) $\frac{7\pi}{6}$ rad g) $\frac{3\pi}{2}$ rad
   d) $\frac{5\pi}{3}$ rad h) $\frac{3\pi}{4}$ rad
2. a) 30° d) 150°
   b) 90° e) 225°
   c) 45° f) 240°
3. 5 rad
4. $\alpha \simeq 1{,}57$ cm
5. a) 1,2 rad b) $\frac{2\pi}{3}$ rad
6. $\ell \simeq 15{,}7$ cm
7. 60π m

Resolvido passo a passo

5. a) I. giro de 360°: volta completa.
II. giro de 540°: 1 volta e meia.
III. giro de 720°: 2 voltas completas.
c) Tony Hawk; em 27 de junho de 1999, nos *X-Games* de São Francisco, Califórnia (Estados Unidos).

8. a) $\alpha = 60° + k \cdot 360°$, com $k \in \mathbb{Z}$
b) $\alpha = 120° + k \cdot 360°$, com $k \in \mathbb{Z}$
c) $\alpha = \frac{5\pi}{4} + 2k\pi \cdot 360°$, com $k \in \mathbb{Z}$
d) $\alpha = \frac{11\pi}{6} + 2k\pi \cdot 360°$, com $k \in \mathbb{Z}$

9. a) $x = \frac{\pi}{6} + 2k\pi$, com $k \in \mathbb{Z}$
b) $x = \frac{\pi}{4} + 2k\pi$, com $k \in \mathbb{Z}$
c) $x = \pm\frac{\pi}{4} + 2k\pi$, com $k \in \mathbb{Z}$
d) $x = \frac{2\pi}{3} + 2k\pi$, com $k \in \mathbb{Z}$
e) $x = -\frac{\pi}{3} + 2k\pi$, com $k \in \mathbb{Z}$
f) $x = \pm\frac{\pi}{3} + k\pi$, com $k \in \mathbb{Z}$

10. a) $\alpha = 325°$ g) $\alpha = \frac{3\pi}{2}$
b) $\alpha = 60°$ h) $\alpha = \frac{4\pi}{3}$
c) $\alpha = 60°$ i) $\alpha = \frac{11\pi}{6}$
d) $\alpha = 130°$ j) $\alpha = \frac{\pi}{5}$
e) $\alpha = 320°$ k) $\alpha = \frac{\pi}{2}$
f) $\alpha = 130°$ l) $\alpha = \frac{\pi}{4}$

11. a) 315° c) 130°
b) $\frac{\pi}{2}$ cm d) $\frac{2\pi}{3} + 2k\pi$, com $k \in \mathbb{Z}$

12. d

13. a) 200 grados; 400 grados
b) No 3º quadrante.
c) $\frac{200}{\pi}$ grados
d) 0,9°

14. d

15. d

Atividades adicionais

1. a) $\frac{11\pi}{6}$ e) 315°
b) $\frac{5\pi}{4}$ f) 300°
c) $\frac{\pi}{12}$ g) 100°
d) 210° h) 120°

4. a) $\alpha = 80° + k \cdot 360°$, com $k \in \mathbb{Z}$
b) $\alpha = 60° + k \cdot 360°$, com $k \in \mathbb{Z}$
c) $\alpha = \frac{\pi}{4} + 2k\pi$, com $k \in \mathbb{Z}$
d) $\alpha = \frac{\pi}{3} + 2k\pi$, com $k \in \mathbb{Z}$

6. a) 57°18' b) 0,017 rad.

7. 1º quadrante; $\frac{\pi}{3} + 2k\pi$, com $k \in \mathbb{Z}$.

8. a) $x = \pi + 2k\pi$, com $k \in \mathbb{Z}$ ou
$x = (2k + 1)\pi$, com $k \in \mathbb{Z}$
b) $x = \frac{5\pi}{6} + k\pi$, com $k \in \mathbb{Z}$

9. e

Vestibulares de Norte a Sul

1. d
2. c
3. a
4. a
5. e
6. $AB = \sqrt{14\,900 - 14\,000 \cos \alpha}$ cm
7. d
8. e
9. d
10. b
11. e
12. b

Para refletir

Página 34

As cinco circunferências terão arcos de mesma medida e iguais ao ângulo central, que é o mesmo. Mas não terão o mesmo comprimento, pois o comprimento do arco depende do raio.

Página 35

Aproximadamente 57°.

Página 39

- Porque os arcos são considerados com medidas positivas, negativas ou nulas em relação à orientação da circunferência.
- $B(0, 1)$; $A'(-1,0)$ e $B'(0, -1)$

Página 40

60° e −1020° ou $\frac{\pi}{3}$ e $-\frac{17\pi}{3}$.

Página 41

Um número positivo ou nulo.

Capítulo 3

Funções trigonométricas

Questão da p. 50

a) Período: 3.	d) Não periódica.
b) Não periódica.	e) Período: 8.
c) Período: 4.	f) Período: 6.

1. a) 3º quadrante.
b) 1º quadrante.
c) 4º quadrante.

2. a) 3º quadrante ou 4º quadrante.
b) 2º quadrante ou 3º quadrante.
c) 1º quadrante ou 4º quadrante.
d) 1º quadrante ou 2º quadrante.

3. $\cos x = -\frac{4}{5}$

4. a) $\frac{1}{2}$ b) $-\frac{\sqrt{3}}{2}$ c) $-\frac{1}{2}$

5. a) $x = 270°$ d) $x = 0$
b) $x = \frac{\pi}{6}$ ou $x = \frac{5\pi}{6}$ e) Não é possível.
c) $x = \frac{\pi}{3}$

6. a) $-\frac{\sqrt{3}}{2}$ d) $\frac{\sqrt{3}}{2}$
b) $\frac{\sqrt{2}}{2}$ e) $-\frac{\sqrt{2}}{2}$
c) $-\frac{1}{2}$ f) $-\frac{1}{2}$

7. a) 0,883 g) −0,643
b) −0,643 h) 0,588
c) −0,996 i) −0,766
d) 0,643 j) 0,174
e) −0,643 k) 0,122
f) −0,242 l) 0,707

8. a) $x = \frac{3\pi}{2} + 2k\pi$, com $k \in \mathbb{Z}$
b) $x = \frac{3\pi}{4} + 2k\pi$, com $k \in \mathbb{Z}$
c) $x = \frac{11\pi}{6} + 2k\pi$, com $k \in \mathbb{Z}$
d) $x = k\pi$, com $k \in \mathbb{Z}$

9. a) $x = 60°$ ou $x = 300°$.
b) $x = \frac{3\pi}{4}$ ou $x = \frac{5\pi}{4}$.
c) $x = \frac{\pi}{2}$ ou $x = \frac{3\pi}{2}$.
d) $x = \frac{5\pi}{6} + 2k\pi$ ou $x = \frac{7\pi}{6} + 2k\pi$, com $k \in \mathbb{Z}$.
e) $x = \pi + 2k\pi$ ou $x = (2k + 1)\pi$, com $k \in \mathbb{Z}$.

10. a) $\frac{1}{2}$ d) $\frac{\sqrt{2}}{2}$
b) $\frac{\sqrt{2}}{2}$ e) −1
c) 0 f) $-\frac{\sqrt{3}}{2}$

11. a) $\frac{\sqrt{2}}{2}$ e) $\frac{\sqrt{3}}{2}$
b) $\frac{\sqrt{3}}{2}$ f) $\frac{\sqrt{2}}{2}$
c) 0 g) −1
d) $\frac{1}{2}$ h) $-\frac{\sqrt{3}}{2}$

12. a) $\frac{\sqrt{2}}{2}$ g) $\frac{1+\sqrt{3}}{2}$
b) $\frac{7\sqrt{3}}{2}$ h) 0
c) $\sqrt{3}$ i) $\frac{\sqrt{3}}{2}$
d) 1 j) $\sqrt{3}$
e) 1 k) $\frac{\sqrt{3}}{2}$
f) $\frac{1+\sqrt{3}}{2}$

13. $-\frac{\sqrt{6}}{3}$

14. $\cos x = \frac{\sqrt{3}}{2} \Rightarrow x = \frac{\pi}{6}; \cos x = -\frac{\sqrt{3}}{2} \Rightarrow$
$\Rightarrow x = \frac{5\pi}{6}$

Resolvido passo a passo

6. a) 30°
b) $A_r = \frac{(\text{sen }\alpha + \text{tg }\alpha)(1 - \cos\alpha)}{2}$

15. a) 0
b) 0
c) $\frac{\sqrt{3}}{3}$
d) Não é definida.
e) 1
f) $\sqrt{3}$
g) $\frac{\sqrt{3}}{3}$
h) $-\sqrt{3}$
i) -1
j) $\sqrt{3}$
k) $\frac{\sqrt{3}}{3}$
l) $-\frac{\sqrt{3}}{3}$

16. a) $-5{,}671$
b) 0,364
c) $-1{,}428$
d) 0,176
e) 2,050
f) 1,192

17. a) $-\frac{\sqrt{3}}{3}$
b) 0
c) $-\sqrt{3}$
d) $-\sqrt{3}$
e) $\frac{\sqrt{3}}{3}$
f) 1

18. a) $-0{,}839$
b) 1,192
c) 0,176
d) $-2{,}747$

19. $\left\{x \in \mathbb{R} \mid x = \frac{\pi}{4} + k\pi, \text{ com } k \in \mathbb{Z}\right\}$

20. a) $\left\{x \in \mathbb{R} \mid x = \frac{\pi}{3} + k\pi, \text{ com } k \in \mathbb{Z}\right\}$
b) $\left\{x \in \mathbb{R} \mid x = \frac{3\pi}{4} + k\pi, \text{ com } k \in \mathbb{Z}\right\}$

21. a) $\left\{\frac{\pi}{6}, \frac{7\pi}{6}\right\}$
b) $\left\{\frac{\pi}{4}, \frac{3\pi}{4}, \frac{5\pi}{4}, \frac{7\pi}{4}\right\}$

22. $-\frac{3}{4}$

23. $\frac{\sqrt{7}}{5}$

24. -1

25. $A = 0$

26. a) $\{m \in \mathbb{R} \mid 3 \leq m \leq 4\}$
b) $\left\{m \in \mathbb{R} \mid \frac{1}{3} \leq m \leq 1\right\}$
c) $\{m \in \mathbb{R} \mid -\sqrt{2} \leq m \leq \sqrt{2}\}$
d) $\left\{m \in \mathbb{R} \mid 0 \leq m \leq \frac{1}{2}\right\}$

27. a) $\{m \in \mathbb{R} \mid -3 \leq m \leq -2\}$
b) $\{m \in \mathbb{R} \mid 2 \leq m \leq 4\}$
c) $\left\{m \in \mathbb{R} \mid -\frac{5}{3} \leq m \leq -1\right\}$
d) $\left\{m \in \mathbb{R} \mid -\frac{2}{3} \leq m \leq -1\right\}$ ou $\left\{\frac{1}{3} \leq m \leq 1\right\}$
e) $\{m \in \mathbb{R} \mid -\sqrt{2} \leq m \leq \sqrt{2}\}$
f) $\left\{m \in \mathbb{R} \mid 1 \leq m \leq \frac{7}{5}\right\}$

28. a) $f(\pi) = 0; g(\pi) = -1; f\left(\frac{\pi}{3}\right) - g\left(\frac{\pi}{4}\right) = \frac{\sqrt{3} - \sqrt{2}}{2}; \frac{f\left(\frac{\pi}{6}\right)}{g\left(\frac{\pi}{6}\right)} = \frac{\sqrt{3}}{3};$
$f\left(-\frac{3\pi}{4}\right) = -\frac{\sqrt{2}}{2}; g\left(-\frac{3\pi}{4}\right) = -\frac{\sqrt{2}}{2}$
b) $x = \frac{\pi}{4}$ ou $x = \frac{5\pi}{4}$
c) Não existe, porque nesse intervalo $\text{sen } x > 0$ e $\cos x > 0$.

29. a) $y_{máx.} = -9; y_{mín.} = -11$
b) $y_{máx.} = 16; y_{mín.} = -4$
c) $y_{máx.} = 4; y_{mín.} = 1$
d) $y_{máx.} = \sqrt{2}; y_{mín.} = -\sqrt{2}$

30. 3

31. a) $D(f) = \left\{x \in \mathbb{R} \mid x \neq \frac{\pi}{2} + k\pi, \text{com } k \in \mathbb{Z}\right\};$
$Im(f) = \mathbb{R}$
b) $f\left(\frac{\pi}{4}\right) = 1; f(\pi) = 0; f\left(-\frac{\pi}{3}\right) = -\sqrt{3};$
$f\left(\frac{7\pi}{6}\right) = \frac{\sqrt{3}}{3}; f(7\pi) = 0;$
$f\left(\frac{20\pi}{3}\right) = -\sqrt{3}$
c) $x = \frac{3\pi}{4}$ ou $x = \frac{7\pi}{4}$

32. a) $\sqrt{2}$
b) 2
c) 1
d) Não existe.
e) -2
f) -2
g) $-\frac{\sqrt{3}}{3}$
h) 1

33. a) $\frac{5}{3}$
b) $-\frac{5}{4}$
c) $-\frac{4}{3}$

34. a) $\cos x = \frac{\sqrt{3}}{2}; \text{tg } x = -\frac{\sqrt{3}}{3};$
$\text{cotg } x = -\sqrt{3};$
$\sec x = \frac{2\sqrt{3}}{3}; \text{cossec } x = -2.$
b) $\text{sen } x = \frac{2\sqrt{3}}{3}; \text{tg } x = 2\sqrt{2};$
$\text{cotg } x = \frac{\sqrt{2}}{4}; \sec x = 3;$
$\text{cossec } x = \frac{3\sqrt{2}}{4}.$
c) $\text{sen } x = -\frac{\sqrt{2}}{2}; \cos x = -\frac{\sqrt{2}}{2};$
$\text{tg } x = 1; \text{cotg } x = 1; \sec x = -\sqrt{2}.$
d) $\text{sen } x = \frac{\sqrt{3}}{2}; \cos x = \frac{1}{2};$
$\text{cotg } x = \frac{\sqrt{3}}{3}; \sec x = 2;$
$\text{cossec } x = \frac{2\sqrt{3}}{3}.$

35. 2

36. Ele é o próprio gráfico da função secante transladado de $\frac{\pi}{2}$.

37. • Função cossecante:
a) Ímpar.
b) Positivo se $2k\pi < x < (2k + 1)\pi$, com $k \in \mathbb{Z}$;
negativo se $(2k + 1\pi) < x < (2k + 2)\pi$, com $k \in \mathbb{Z}$ e nunca será nula.
c) Positivo no 1º e 2º quadrante e negativo no 3º e 4º quadrante.
d) Sim, de período 2π.
e) cossec 0 não define; $\text{cossec } \frac{\pi}{2} = 1$;
$\text{cossec } \pi$ não se define; $\text{cossec } \frac{3\pi}{2} = -1$.

• Função secante:
a) Par.
b) Positivo se $2k\pi < x < \frac{\pi}{2} + 2k\pi$ ou $\frac{3\pi}{2} + 2k\pi < x < 2\pi + 2k\pi$, com $k \in \mathbb{Z}$;
negativo se $\frac{\pi}{2} + 2k\pi < x < \frac{3\pi}{2} + 2k\pi$, com $k \in \mathbb{Z}$ e nunca será nula.
c) Positivo no 1º e no 4º quadrantes e negativo no 2º e no 3º quadrantes.
d) Sim, de período 2π.
e) $\sec 0 = 1$; $\sec \frac{\pi}{2}$ não se define;
$\sec \pi = -1$; $\sec \frac{3\pi}{2}$ não se define.

• Função cotangente:
a) Ímpar.
b) Positivo se $2k\pi < x < \frac{\pi}{2} + 2k\pi$, com $k \in \mathbb{Z}$;
negativo se $\frac{\pi}{2} + 2k\pi < x < \pi + 2k\pi$.
c) Positivo no 1º e no 3º quadrantes e negativo no 2º e no 4º quadrantes.
d) Sim, de período π.
e) cotg 0 não se define; $\text{cotg } \frac{\pi}{2} = 0$; cotg π não se define; $\text{cotg } \frac{3\pi}{2} = 0$.

38. a) 0
b) 2
c) $\frac{\sqrt{3}}{2}$
d) $\mathbb{R}$
e) [0,2]
f) $x = \frac{\pi}{8}$ ou $\frac{5\pi}{8}$ ou $\frac{9\pi}{8}$ ou $\frac{13\pi}{8}$

39. a) $D(f) = \mathbb{R}; Im(f) = [-1,1]; p = \frac{2\pi}{3}$
b) $D(f) = \mathbb{R}; Im(f) = [0,1]; p = \pi$
c) $D(f) = \mathbb{R}; Im(f) = [-2,2]; p = 2\pi$

40. a) $D(f) = \left\{x \in \mathbb{R} \mid 2k\pi \leq x \leq \left(2k + \frac{1}{2}\right)\pi\right.$ ou $\left.\left(2k + \frac{3}{2}\right)\pi \leq x \leq (2 + 2k)\pi, \text{com } k \in \mathbb{Z}\right\}$
b) $D(f) = \{x \in \mathbb{R} \mid 2k\pi < x < (2k + 1)\pi$, com $k \in \mathbb{Z}\}$
c) $D(f) = \left\{x \in \mathbb{R} \mid x \neq \frac{\pi}{2} + k\pi\right.$ e $\left.x \neq \frac{3\pi}{4} + k\pi, \text{com } k \in \mathbb{Z}\right\}$
d) $D(f) = \mathbb{R}$
e) $D(f) = \left\{x \in \mathbb{R} \mid x \neq \frac{\pi}{4} + \frac{k\pi}{4}, \text{com } k \in \mathbb{Z}\right\}$

f) $D(f)=\left\{x\in\mathbb{R} \mid x\neq \frac{\pi}{4}+\frac{k\pi}{2}, \text{com } k\in\mathbb{Z}\right\}$

g) $D(f)=\{x\in\mathbb{R} \mid x\neq k\pi, \text{com } k\in\mathbb{Z}\}$

h) $D(f)=\{x\in\mathbb{R} \mid x\neq 2k\pi, \text{com } k\in\mathbb{Z}\}$

i) $D(f)=\left\{x\in\mathbb{R} \mid x\neq -\frac{\pi}{18}+\frac{k\pi}{3}, \text{com } k\in\mathbb{Z}\right\}$

j) $D(f)=\left\{x\in\mathbb{R} \mid x\neq \frac{\pi}{12}+\frac{k\pi}{2}, \text{com } k\in\mathbb{Z}\right\}$

k) $D(f)=\left\{x\in\mathbb{R} \mid x\neq \frac{3\pi}{10}+\frac{k\pi}{5}, \text{com } k\in\mathbb{Z}\right\}$

l) $D(f)=\left\{x\in\mathbb{R} \mid x\neq \frac{3\pi}{2}+\frac{k\pi}{2}, \text{com } k\in\mathbb{Z}\right\}$

Resolvido passo a passo

5. a) 18h b) 6h c) 14h e 22h.

41. $Im(f)=[2,4]; Im(g)=[-3,3]$.

42. $D(g)=\mathbb{R}; Im(g)=[-2,2]; p=4\pi$.

43. a) $\frac{2\pi}{7}$ b) π c) π d) 2 e) $p=3\pi$ f) $p=\frac{\pi}{5}$ g) $p=\frac{2\pi}{3}$ h) $p=\frac{3\pi}{2}$

44. a) $Im(f)=\{y\in\mathbb{R} \mid -1\leq y\leq 1\}$
b) $Im(f)=\{y\in\mathbb{R} \mid -1\leq y\leq 1\}$
c) $Im(f)=\{y\in\mathbb{R} \mid -2\leq y\leq 2\}$
d) $Im(f)=\{y\in\mathbb{R} \mid 0\leq y\leq 2\}$
e) $Im(f)=\{y\in\mathbb{R} \mid y\leq -1 \text{ ou } y\geq 1\}$
f) $Im(f)=\mathbb{R}$
g) $Im(f)=\{y\in\mathbb{R} \mid y\leq -1 \text{ ou } y\geq 1\}$
h) $Im(f)=\mathbb{R}$

45. a) $a=\pm\frac{2}{3}$ b) $a=\pm\frac{5}{2}$ c) $a=\pm 2$

46. a) $a=0, b=3, c=1$
b) $a=0, b=2, c=1$

47. $Im(f)=[-1,1]$

48. 0

49. a) $a=1, b=2, c=1$
b) $a=1, b=1, c=\frac{1}{2}$

50. a) $D(f)=\mathbb{R}; Im(f)=[3,5]$ e $p=2\pi$
b) $D(f)=\mathbb{R}; Im(f)=[-3,-1]$ e $p=2\pi$
c) $D(f)=\mathbb{R}; Im(f)=[-3,3]$ e $p=2\pi$
d) $D(f)=\mathbb{R}; Im(f)=[-3,3]$ e $p=2\pi$
e) $D(f)=\mathbb{R}; Im(f)=[-1,1]$ e $p=\frac{2\pi}{3}$
f) $D(f)=\mathbb{R}; Im(f)=[-1,1]$ e $p=2\pi$
g) $D(f)=\mathbb{R}; Im(f)=[-1,1]$ e $p=\frac{2\pi}{3}$

51. a) O gráfico "subiu" 4 unidades.
b) O gráfico "desceu" 2 unidades.
c) O gráfico "dilatou" verticalmente 3 unidades.
d) O gráfico ficou "invertido" em relação ao eixo x e "dilatou" verticalmente 3 unidades.
e) O gráfico "comprimiu" horizontalmente 3 vezes.
f) O gráfico ficou "transladado" horizontalmente $\frac{\pi}{4}$ unidades para a direita.
g) O gráfico ficou "comprimido" horizontalmente e "transladado" horizontalmente para a direita.

52. a) $D(f)=\mathbb{R}; Im(f)=[2,4]$ e $p=2\pi$
b) $D(f)=\mathbb{R}; Im(f)=[2,4]$ e $p=2\pi$
c) $D(f)=\mathbb{R}; Im(f)=[-2,2]$ e $p=2\pi$
d) $D(f)=\mathbb{R}; Im(f)=[-3,3]$ e $p=2\pi$
e) $D(f)=\mathbb{R}; Im(f)=[-1,1]$ e $p=2\pi$
f) $D(f)=\mathbb{R}; Im(f)=[-1,1]$ e $p=2\pi$
g) $D(f)=\mathbb{R}; Im(f)=[2,6]$ e $p=\frac{2\pi}{3}$

53. a) O gráfico "subiu" 3 unidades.
b) O gráfico "desceu" 1 unidade.
c) O gráfico "dilatou" verticalmente 2 unidades.
d) O gráfico ficou "invertido" em relação ao eixo x e "dilatou" verticalmente 3 unidades.
e) O gráfico "comprimiu" horizontalmente 2 vezes.
f) O gráfico ficou "transladado" horizontalmente $\frac{\pi}{4}$ unidades para a esquerda.
g) O gráfico "subiu" 4 unidades, "dilatou" verticalmente 2 unidades, "comprimiu" horizontalmente 3 vezes e "transladou" $\frac{\pi}{4}$ unidades para a direita.

54. a) $p=\pi; Im(f)=[-4,4]$.
b) $p=\pi; Im(f)=\left[-\frac{1}{2},\frac{1}{2}\right]$.

55. $v(x)=2\cdot \text{sen}\left(\frac{\pi}{4}x\right)$

56. $[-\sqrt{13},\sqrt{13}]$

57. d

58. d

59. a) $\frac{\pi}{3}$ b) $-\frac{\pi}{6}$ c) $\frac{\pi}{3}$ d) $\frac{3\pi}{4}$ e) $\frac{\pi}{3}$ f) $-\frac{\pi}{6}$

60. a) $\frac{\sqrt{3}}{2}$ b) $\sqrt{3}$ c) $\frac{\sqrt{2}}{4}$ d) $-\frac{12\sqrt{313}}{313}$

61. $y=\frac{24}{7}$

Matemática e tecnologia

1. a) $Im=\{y\in\mathbb{R} \mid -1\leq y\leq 1\}$
b) $p=2\pi$
c) 2 pontos.

2. a) Promove a translação vertical do gráfico.
b) Promove a dilatação (ou compressão) do gráfico.
c) Altera o período da função, comprimindo ou dilatando o gráfico na horizontal.
d) Promove a translação horizontal do gráfico.
e) Função cosseno ($y=\cos x$).

Atividades adicionais

1. d

2. e

3. $S=\left\{x\in\mathbb{R} \mid x=k\pi \text{ ou } x=\pm\frac{\pi}{3}+2k\pi, k\in\mathbb{Z}\right\}$

4. a) $S=\left\{x\in\mathbb{R} \mid \frac{\pi}{2}+k\pi\leq x\leq \pi+k\pi, k\in\mathbb{Z}\right\}$
b) $S=\varnothing$

5. -1

6. $Im(f)=[-1,2]$

7. $Im(f)=\left[-3,\frac{5\sqrt{2}}{2}\right]$

8. $D(f)=\mathbb{R}; Im(f)=[1,5]$.

9. $D(f)=\left\{x\in\mathbb{R} \mid x\neq \frac{3}{2}k\pi, \text{com } k\in\mathbb{Z}\right\}$; $p=\frac{3\pi}{2}$.

10. $D(f)=\left\{x\in\mathbb{R} \mid x\neq \frac{k\pi}{2}+\frac{\pi}{6}, \text{com } k\in\mathbb{Z}\right\}$

11. 28

12. 3 soluções.

13. 4 raízes.

14. a) $p=\pi$ b) $p=\pi$ c) $p=\pi$ d) $p=\pi$ e) $p=\frac{\pi}{2}$

16. a) $Im=\{y\in\mathbb{R} \mid y\leq 3 \text{ ou } y\geq 5\}$
b) $Im=\{y\in\mathbb{R} \mid y\leq -3 \text{ ou } y\geq -1\}$
c) $Im=\{y\in\mathbb{R} \mid y\leq -1 \text{ ou } y\geq 1\}$
d) $Im=\{y\in\mathbb{R} \mid y\leq 2 \text{ ou } y\geq 4\}$
e) $Im=\mathbb{R}$
f) $Im=\mathbb{R}$

17. $\sqrt{2}$

18. $Im(f)=\left[-\frac{17\sqrt{2}}{2},\frac{17\sqrt{2}}{2}\right]$

19. 2

20. $-\frac{24}{25}$

21. $D(f)=\left\{x\in\mathbb{R} \mid -\frac{\pi}{3}+k\pi\leq x\leq k\pi \text{ com } k\in\mathbb{Z}\right\}$

22. a

23. d

24. d

25. c

26. b) $x\neq 30°$ ou $x\neq\frac{\pi}{6}$ rad.

27. $A=2; \omega=\frac{\pi}{6}$ e $\phi=\frac{-3\pi}{2}$.

Vestibulares de Norte a Sul

1. c

2. b

3. d

4. a) Verdadeiro. b) Verdadeiro. c) Verdadeiro. d) Falso. e) Falso.

5. c

6. a) Correto.
b) Correto.
c) Correto.

7. a) 10 cm   b) $\frac{10\pi}{3}$ cm

8. a

9. d

10. b

Para refletir

Página 52
Notável: digno de ser notado, de atenção.

Página 57
$O\hat{R}P \cong O\hat{A}T$ (retos)
$P\hat{O}R \cong T\hat{O}R$ (comum ou opostos pelo vértice)
Então, pelo critério AA, $\Delta ORP \sim \Delta OAT$.

Página 70
$x = 0 \Rightarrow \text{tg}\, x = 0; x = \frac{\pi}{2} \Rightarrow \text{tg}\, x$ não existe;
$x = \pi \Rightarrow \text{tg}\, x = 0; x = \frac{3\pi}{2} \Rightarrow \text{tg}\, x$ não existe.

Página 72
- $x = k\pi$, com $k \in \mathbb{Z}$
- $x = \frac{\pi}{2} + k\pi$, com $k \in \mathbb{Z}$

Página 73
$x = k\pi$, com $k \in \mathbb{Z}$

Capítulo 4

Relações trigonométricas

Questão da p. 96
a) $\text{tg}^2 x + 1 = \sec^2 x$
b) $\text{cotg}^2 x + 1 = \text{cossec}^2 x$

1. a) $\cos x = \frac{\sqrt{3}}{2}; \text{tg}\, x = -\frac{\sqrt{3}}{3};$
$\text{cotg}\, x = -\sqrt{3};$
$\text{cossec}\, x = -2; \sec x = \frac{2\sqrt{3}}{3}.$

b) $\cos x = \frac{\sqrt{3}}{2}; \text{tg}\, x = -\frac{\sqrt{3}}{3};$
$\text{cotg}\, x = -\sqrt{3}; \sec x = \frac{2\sqrt{3}}{3};$
$\text{cossec}\, x = -2.$

c) $\text{sen}\, x = \frac{2\sqrt{2}}{3}; \text{tg}\, x = 2\sqrt{2};$
$\text{cotg}\, x = \frac{\sqrt{2}}{4}; \sec x = 3; \text{cossec}\, x = \frac{3\sqrt{2}}{4}.$

d) $\text{sen}\, x = \frac{\sqrt{2}}{2}; \text{tg}\, x = -1;$
$\text{cotg}\, x = -1; \text{cossec}\, x = \sqrt{2};$
$\sec x = -\sqrt{2}.$

e) $\text{sen}\, x = -\frac{\sqrt{2}}{2}; \cos x = -\frac{\sqrt{2}}{2};$
$\text{tg}\, x = 1; \text{cotg}\, x = 1; \sec x = -\sqrt{2}.$

f) $\text{sen}\, x = \frac{\sqrt{3}}{2}; \cos x = \frac{1}{2};$
$\text{cotg}\, x = \frac{\sqrt{3}}{3}; \sec x = 2; \text{cossec}\, x = \frac{2\sqrt{2}}{3}.$

2. $-\frac{36}{25}$

3. $\frac{1}{5}$

4. $2\sqrt{2}$

5. $y = \frac{\sqrt{3}}{9}$

6. a) $y = \sec x$ b) $y = 1$

7. $A = \frac{1}{2}$

8. $-2\sqrt{2}$

9. $y = \frac{9}{4}$

10. $\text{sen}\, x = 1$ ou $\text{sen}\, x = \frac{5}{3}$.

11. $m = \frac{1}{2}$

12. $k = \pm 1$

13. 1º ou 4º quadrante.

14. $y = \frac{1}{2}$

15. $y = \frac{1 + \cos^2 x}{\cos x}$

16. $y = \frac{t}{t - 1}$

23. a) $\frac{\sqrt{2} - \sqrt{6}}{4}$ e) $-\frac{\sqrt{2}}{2}$
b) $-\frac{\sqrt{2}}{2}$ f) $-\frac{\sqrt{2}}{2}$
c) $\frac{\sqrt{2} - \sqrt{6}}{4}$ g) $\frac{1}{2}$
d) $\frac{\sqrt{6} - \sqrt{2}}{4}$ h) $\frac{\sqrt{2} - \sqrt{6}}{4}$

24. $\frac{3}{7}$

26. $\text{sen}\left(x - \frac{\pi}{6}\right) = \frac{3\sqrt{3} - 4}{10};$
$\cos\left(\frac{\pi}{3} + x\right) = \frac{4 - 3\sqrt{3}}{10}; \text{tg}\left(x + \frac{\pi}{4}\right) = 7.$

27. $\frac{6}{7}$

28. $\frac{8}{3}$

29. $\cos(a + b) = \frac{4 - 6\sqrt{2}}{15};$
$\text{sen}(a - b) = \frac{8\sqrt{2} - 3}{15}.$

30. $\text{sen}(a + b) = \frac{56}{65}; \cos(a - b) = \frac{63}{65};$
$\text{tg}(a + b) = -\frac{56}{33}.$

31. $-\frac{11}{2}$

32. $\frac{1}{3}$

33. $\text{sen}\, y = \frac{7\sqrt{2}}{26}; \cos y = \frac{17\sqrt{2}}{26}.$

34. $y = \text{tg}\, x$

35. a) $\frac{\sqrt{3}}{2}$ d) $\frac{1}{2}$
b) $\frac{1}{2}$ e) $\sqrt{3}$
c) 1   f) 1

36. $\text{tg}\, 4a$

37. c

38. $A'(4\sqrt{3} - 3, 3\sqrt{3} + 4)$

39. $B'\left(\frac{4 + 7\sqrt{2}}{2}, \frac{19\sqrt{2}}{2}\right)$

Resolvido passo a passo
5. a) $60(2k^2 - 1) \leq d \leq 70k$

40. $\text{sen}\, 2x = \frac{24}{25}; \cos 2x = \frac{7}{25}; \text{tg}\, 2x = \frac{24}{7}.$

41. $\text{sen}\, x = 2mn; \cos 2x = n^2 - m;$
$\text{tg}\, 2x = \frac{2mn}{n^2 - m^2}.$

42. $\frac{8}{15}$

43. $\text{sen}\, 2x = \frac{4\sqrt{2}}{9}$ e $\cos 2x = -\frac{7}{9}$

44. $-\frac{31}{17}$

45. a) $\frac{4}{5}$ e) $-\frac{117}{125}$
b) $\frac{24}{25}$ f) $-\frac{336}{625}$
c) $-\frac{7}{25}$ g) $-\frac{527}{625}$
d) $\frac{44}{125}$

46. $\text{sen}\, 2a = \frac{4\sqrt{5}}{9}; \cos 2a = \frac{1}{9}; \text{tg}\, 2a = 4\sqrt{5}.$

47. $\sec x$

48. $\frac{2}{3}$

50. $\frac{21}{25}$

55. Aproximadamente 3,6.

56. $\frac{1}{2}$

57. $y = 4$

58. a) $y = \frac{1}{4}$
b) $y = \frac{1}{8}$

59. a) $\frac{\sqrt{3}}{2}$
b) $\frac{\sqrt{6}}{6}$
c) $\text{sen}\, \frac{x}{2} = \frac{\sqrt{10}}{10}; \cos \frac{x}{2} = \frac{3\sqrt{10}}{10};$
$\text{tg}\, \frac{x}{2} = \frac{1}{3}.$
d) $\text{sen}\, 67°30' = \frac{\sqrt{2 + \sqrt{2}}}{2};$
$\cos 67°30' = \frac{\sqrt{2 - \sqrt{2}}}{2}.$

60. $\text{sen } x = \frac{8}{17}$; $\cos x = \frac{15}{17}$; $\text{tg } x = \frac{8}{15}$.

61. $\text{sen } x = \frac{4\sqrt{2}}{9}$; $\cos x = -\frac{7}{9}$; $\text{tg } x = -\frac{4\sqrt{2}}{7}$.

62. $\text{sen } 2a = \sqrt{\frac{4-\sqrt{15}}{8}}$;

$\cos 2a = \sqrt{\frac{4+\sqrt{15}}{8}}$;

$\text{tg } 2a = \sqrt{\frac{4-\sqrt{15}}{4+\sqrt{15}}}$ ou

$\text{sen } 2a = \sqrt{\frac{4+\sqrt{15}}{8}}$;

$\cos 2a = \sqrt{\frac{4-\sqrt{15}}{8}}$;

$\text{tg } 2a = \sqrt{\frac{4+\sqrt{15}}{4-\sqrt{15}}}$.

64. a) $2 \cdot \text{sen } 10° \cdot \cos 50°$
b) $2 \cdot \text{sen } 4a \cdot \cos a$
c) $2 \cdot \text{sen } 2x \cdot \cos y$
d) $2 \cdot \cos 40° \cdot \cos 10°$
e) $-2 \cdot \text{sen } 3x \cdot \text{sen } 2x$
f) $2 \cdot \cos(a+b) \cdot \cos c$
g) $\left(-\text{cotg}\frac{x+y}{2}\right)\left(\text{cotg}\frac{x-y}{2}\right)$

65. a) $2 \cdot \cos^2 \frac{x}{2}$
b) $2 \cdot \text{sen}^2 \frac{x}{2}$
c) $2 \cdot \cos^2 x$
d) $2 \cdot \text{sen}^2\left(\frac{\pi}{4} + x\right)$
e) $\sqrt{2} \cdot \text{sen}^2\left(x - \frac{\pi}{4}\right)$
f) $2 \cdot \text{sen } 55° \cdot \cos 5°$
g) $\sqrt{2} \cdot \cos x \cdot \cos\left(\frac{\pi}{4} - x\right)$

67. a) $\text{tg}\frac{a+b}{2}$
b) $\text{cotg } a$

68. a) $y = -4 \text{ sen } x \cdot \text{sen}^2 \frac{x}{2}$
b) $y = 2 \cdot \text{sen } x \cdot \cos^2 2x$

70. tg 40°

72. **a**

73. a) $\text{sen } 4x + \text{sen } 2x$
b) $1 - \text{sen } 60°$
c) $\cos 30° + \cos 10°$
d) $\cos 3a - \cos a$

74. $\frac{1}{4}$

76. **a**

Resolvido passo a passo

5. a) 78,5° ou 281,5°
b) O Sputnik; a então União Soviética (URSS); em 4 de outubro de 1957.

77. a) $S = \left\{x \in \mathbb{R} \mid x = \frac{\pi}{4} + 2k\pi \text{ ou } x = \frac{7\pi}{4} + 2k\pi, k \in \mathbb{Z}\right\}$
b) $S = \left\{x \in \mathbb{R} \mid x = \frac{2\pi}{3} + k\pi, k \in \mathbb{Z}\right\}$
c) $S = \left\{\frac{7\pi}{6}, \frac{11\pi}{6}\right\}$
d) $S = \varnothing$
e) $S = \varnothing$
f) $S = \left\{x \in \mathbb{R} \mid x = \frac{\pi}{4} + 2k\pi \text{ ou } x = \frac{7\pi}{4} + 2k\pi, k \in \mathbb{Z}\right\}$

78. a) $S = \left\{x \in \mathbb{R} \mid x = \frac{\pi}{6} + k \cdot \frac{2\pi}{3}, k \in \mathbb{Z}\right\}$
b) $S = \left\{x \in \mathbb{R} \mid x = \frac{5\pi}{6} + 2k\pi, k \in \mathbb{Z}\right\}$
c) $S = \left\{\frac{\pi}{5}, \frac{2\pi}{5}, \frac{3\pi}{5}, \frac{4\pi}{5}, \pi, \frac{6\pi}{5}, \frac{7\pi}{5}, \frac{8\pi}{5}, \frac{9\pi}{5}\right\}$
d) $S = \left\{x \in \mathbb{R} \mid x = \frac{\pi}{6} + k \cdot \frac{2\pi}{3} \text{ ou } x = \frac{\pi}{3} + k \cdot \frac{2\pi}{3}, \text{com } k \in \mathbb{Z}\right\}$
e) $S = \left\{x \in \mathbb{R} \mid x = \frac{\pi}{4} + k \cdot \frac{\pi}{2}, \text{com } k \in \mathbb{Z}\right\}$
f) $S = \left\{\frac{\pi}{12}, \frac{7\pi}{12}, \frac{13\pi}{12}, \frac{19\pi}{12}, \frac{25\pi}{12}, \frac{31\pi}{12}\right\}$
g) $S = \left\{\frac{-15\pi}{8}, \frac{-9\pi}{8}, \frac{-7\pi}{8}, \frac{-\pi}{8}, \frac{\pi}{8}, \frac{7\pi}{8}, \frac{9\pi}{8}, \frac{15\pi}{8}\right\}$
h) $S = \varnothing$

79. a) $S = \left\{\frac{\pi}{6}, \frac{\pi}{2}, \frac{5\pi}{6}, \frac{3\pi}{2}\right\}$
b) $S = \left\{\frac{\pi}{2}, \pi\right\}$
c) $S = \left\{\frac{\pi}{3}, \frac{2\pi}{3}, \frac{4\pi}{3}, \frac{5\pi}{3}\right\}$
d) $S = \left\{\frac{\pi}{6}, \frac{5\pi}{6}, \frac{3\pi}{2}\right\}$
e) $S = \left\{\frac{\pi}{6}, \frac{\pi}{2}, \frac{3\pi}{2}, \frac{11\pi}{6}\right\}$
f) $S = \left\{\frac{\pi}{3}, \frac{5\pi}{3}\right\}$

80. a) $S = \left\{x \in \mathbb{R} \mid x = \frac{5\pi}{4} + 2k\pi \text{ ou } x = \frac{7\pi}{4} + 2k\pi, k \in \mathbb{Z}\right\}$
b) $S = \left\{x \in \mathbb{R} \mid x = \frac{3\pi}{4} + k\pi, \text{com } k \in \mathbb{Z}\right\}$
c) $S = \left\{x \in \mathbb{R} \mid x = \frac{2\pi}{3} + 2k\pi \text{ ou } x = \frac{4\pi}{3} + 2k\pi, k \in \mathbb{Z}\right\}$
d) $S = \left\{x \in \mathbb{R} \mid x = \frac{\pi}{6} + k\pi, \text{com } k \in \mathbb{Z}\right\}$

81. $S = \varnothing$

82. $x = \frac{\pi}{4}$ ou $x = \frac{5\pi}{4}$

83. $D(f) = \left\{x \in \mathbb{R} \mid -\frac{\pi}{3} + k\pi \leqslant x \leqslant k\pi, k \in \mathbb{Z}\right\}$

85. **b**

86. $S = \left\{\frac{2\pi}{3}, -\frac{2\pi}{3}\right\}$

87. a) $S = \left\{x \in \mathbb{R} \mid x = \frac{k\pi}{6} \text{ ou } x = \frac{\pi}{2} + k\pi, \text{com } k \in \mathbb{Z}\right\}$
b) $S = \left\{x \in \mathbb{R} \mid x = \frac{\pi}{8} + \frac{k\pi}{4} \text{ ou } x = \frac{\pi}{4} + \frac{k\pi}{2}, \text{com } k \in \mathbb{Z}\right\}$
c) $S = \left\{x \in \mathbb{R} \mid x = k\pi \text{ ou } x = \frac{\pi}{4} + \frac{k\pi}{2}, \text{com } k \in \mathbb{Z}\right\}$
d) $S = \left\{x \in \mathbb{R} \mid x = \frac{\pi}{4} + k\pi \text{ ou } x = \frac{3\pi}{8} + \frac{k\pi}{2}, \text{com } k \in \mathbb{Z}\right\}$
e) $S = \left\{x \in \mathbb{R} \mid x = \frac{\pi}{2} + k\pi \text{ ou } x = \frac{2k\pi}{7} \text{ ou } x = \frac{\pi}{3} + \frac{2k\pi}{3}, \text{com } k \in \mathbb{Z}\right\}$

88. a) $S = \left\{x \in \mathbb{R} \mid \frac{\pi}{4} < x < \frac{3\pi}{4}\right\}$
b) $S = \left\{x \in \mathbb{R} \mid 0 \leqslant x < \frac{\pi}{4} \text{ ou } \frac{7\pi}{4} < x \leqslant 2\pi\right\}$
c) $S = \left\{x \in \mathbb{R} \mid \frac{\pi}{2} < x < \frac{3\pi}{4} \text{ ou } \frac{3\pi}{2} < x < \frac{7\pi}{4}\right\}$
d) $S = \left\{x \in \mathbb{R} \mid 0 \leqslant x \leqslant \frac{\pi}{6} \text{ ou } \frac{5\pi}{6} \leqslant x \leqslant \pi\right\}$
e) $S = \left\{x \in \mathbb{R} \mid \frac{\pi}{3} \leqslant x \leqslant \frac{\pi}{2} \text{ ou } \frac{3\pi}{2} \leqslant x \leqslant \frac{5\pi}{3}\right\}$
f) $S = \left\{x \in \mathbb{R} \mid 0 < x < \frac{\pi}{3} \text{ ou } \pi < x < \frac{4\pi}{3}\right\}$.

89. $D(f) = \left\{x \in \mathbb{R} \mid 2k\pi \leqslant x < \frac{\pi}{2} + 2k\pi \text{ ou } \frac{3\pi}{2} + 2k\pi < x \leqslant 2\pi + 2k\pi, \text{com } k \in \mathbb{Z}\right\}$.

90. $S = \left\{x \in \mathbb{R} \mid x = \frac{\pi}{12} + k\pi \text{ ou } x = \frac{5\pi}{12} + k\pi, \text{com } k \in \mathbb{Z}\right\}$.

91. a) $S = \left\{x \in \mathbb{R} \mid \frac{\pi}{2} + k\pi < x < \pi + k\pi\right\}$

b) $S = \left\{x \in \mathbb{R} \mid \frac{\pi}{8} + k \cdot \frac{\pi}{2} < x < \frac{\pi}{4} + k \cdot \frac{\pi}{2}\right\}$

92. a) $S = \left\{x \in \mathbb{R} \mid 0 \leqslant x \leqslant \frac{\pi}{4} \text{ ou } \frac{3\pi}{4} \leqslant x \leqslant \frac{5\pi}{4} \text{ ou } \frac{7\pi}{4} \leqslant x \leqslant 2\pi\right\}$.

b) $S = \left\{x \in \mathbb{R} \mid \frac{\pi}{3} < x < \frac{5\pi}{3} \text{ e } x \neq \pi\right\}$

93. $S = \left\{x \in \mathbb{R} \mid \frac{\pi}{6} \leqslant x < \frac{\pi}{2}\right\}$

94. c

Atividades adicionais

1. 2

2. $\frac{\sqrt{6}}{2}$

4. $\sqrt{\frac{5}{8}}$

5. $\pm\frac{\sqrt{17}}{9}$

6. $\frac{\sqrt{2}}{2}$

7. $32\sqrt{2}$ cm²

8. $k = \frac{\sqrt{2}}{9}$

9. 12

10. $\sec 2x = \frac{9}{7}$; $\text{cossec } 2x = \frac{9\sqrt{2}}{8}$.

11. $\frac{3}{5}$

12. 18

13. $\frac{47}{2}$

14. $\frac{1-t}{1+t}$

15. −1

18. Aproximadamente 68°.

19. 45°

20. $\alpha = 45°$

Vestibulares de Norte a Sul

1. c

2. c

3. c

4. a

5. 12

6. a

7. 53

8. d

9. b

10. e

Para refletir

Página 97

$x = 0$

Página 99

- $x = \frac{\pi}{2}$: $\text{sen } x + \cos x = 1$;

  $x = \frac{\pi}{4}$: $\text{sen } x + \cos x = \sqrt{2}$.

- $x \neq \frac{\pi}{2} + k\pi$, com $k \in \mathbb{Z}$

Página 100

a) $\cos(60° + 30°) \neq \cos 60° + \cos 30°$

b) $\text{tg}(60° - 30°) \neq \text{tg } 60° - \text{tg } 30°$

c) $\text{sen}(90° + 0°) = \text{sen } 90° + \text{sen } 0°$

Página 102

- $m \neq \pm\frac{\sqrt{2}}{2}$
- $x = 18°$

Capítulo 5

Matrizes e determinantes

1. $\begin{bmatrix} 6 & 4 & 5 & 8 \\ 5 & 7 & 5 & 5 \\ 5 & 6 & 7 & 4 \end{bmatrix}$

a) As notas de Ana em cada matéria.

b) As notas de cada aluno em Física.

c) A nota de Beatriz em Química.

2. a) 2×2 c) 5×3

b) 3×1

3. a) $a_{11} = 2$; $a_{22} = -5$; $a_{13} = 10$.

b) $a_{31} = 6$; $a_{23} = 2$; $a_{33} = \sqrt{2}$.

4. a) $A = \begin{bmatrix} 2 & 5 & 10 \\ 5 & 8 & 13 \end{bmatrix}$

b) $M = \begin{bmatrix} 0 & 2 & 4 \\ 3 & 5 & 7 \\ 6 & 8 & 10 \end{bmatrix}$

c) $X = \begin{bmatrix} 1 & 0 \\ 7 & 6 \\ 17 & 16 \\ 31 & 30 \end{bmatrix}$

d) $A = \begin{bmatrix} 1 & 4 & 5 \\ 5 & 4 & 7 \\ 7 & 8 & 27 \end{bmatrix}$

5. Ordem 4.

6. 2, −5 e 4

7. −8

8. $\begin{bmatrix} 5 & 3 \\ 9 & 7 \end{bmatrix}$

9. 18

10. $\begin{bmatrix} -1 & -3 & -5 \\ 6 & 4 & 2 \\ 25 & 23 & 21 \end{bmatrix}$

11. $\begin{bmatrix} 4 & -2 & -2 & -2 \\ 0 & 16 & -2 & -2 \\ 0 & 0 & 36 & -2 \\ 0 & 0 & 0 & 64 \end{bmatrix}$

12. $I_3 = \begin{bmatrix} 1 & 0 & 0 \\ 0 & 1 & 0 \\ 0 & 0 & 1 \end{bmatrix}$; $I_2 = \begin{bmatrix} 1 & 0 \\ 0 & 1 \end{bmatrix}$.

13. $a = 6$; $b = 3$; $c = -4$ e $d = -2$.

14. $a = 2$; $b = -5$; $x = 1$ e $y = 2$.

15. $m = 0$ e $n = 1$.

16. $a = 1$; $b = 0$ e $c = \frac{1}{3}$.

17. a) $\begin{pmatrix} 2 & 6 \\ -6 & -1 \end{pmatrix}$ c) $\begin{pmatrix} 5 & 6 \\ -11 & 1 \end{pmatrix}$

b) $\begin{pmatrix} 7 & 2 \\ -11 & 2 \end{pmatrix}$

18. a) $\begin{bmatrix} 4 & 2 \\ 10 & 8 \\ 16 & 14 \end{bmatrix}$

b) $\begin{bmatrix} 2 & 1 \\ 5 & 4 \\ 8 & 7 \end{bmatrix}$

19. $\begin{pmatrix} 3 \\ 8 \\ 7 \end{pmatrix}$ e $\begin{pmatrix} 1 \\ -4 \\ 3 \end{pmatrix}$.

20. $\begin{pmatrix} -3 & 0 \\ -10 & 5 \\ 4 & -2 \end{pmatrix}$

21. $\begin{bmatrix} 4 & 0 \\ 12 & 14 \end{bmatrix}$

22. $\begin{bmatrix} 0 & -2 \\ -12 & -2 \end{bmatrix}$; $\begin{bmatrix} 2 & 0 \\ 20 & 6 \end{bmatrix}$.

23. $\begin{bmatrix} 0 & -3 \\ -2 & -5 \end{bmatrix}$

24. a) $\begin{pmatrix} 10 & 0 & -5 \\ -20 & 5 & -15 \end{pmatrix}$

b) $\begin{pmatrix} 0 & 2 & -4 \\ -10 & 0 & -12 \end{pmatrix}$

c) $\begin{pmatrix} 1 & 0 & -\frac{1}{2} \\ -2 & \frac{1}{2} & \frac{3}{2} \end{pmatrix}$

d) $\begin{pmatrix} 4 & -3 & 4 \\ 7 & 2 & 24 \end{pmatrix}$

e) $\begin{pmatrix} 6 & \frac{1}{2} & -4 \\ -\frac{29}{2} & 3 & 6 \end{pmatrix}$

f) $\begin{pmatrix} 10 & 0 & -5 \\ -20 & 5 & -15 \end{pmatrix}$

25. a) $A^t = \begin{pmatrix} 5 \\ 2 \\ 6 \end{pmatrix}$

b) $B^t = \begin{pmatrix} 2 & -1 & 0 \\ 5 & 4 & 6 \end{pmatrix}$

c) $C^t = \begin{pmatrix} -4 & 5 \\ 2 & -1 \end{pmatrix}$

d) $D^t = \begin{pmatrix} 1 & 0 & -1 \\ 3 & 0 & 4 \\ 2 & 5 & 3 \end{pmatrix}$

26. $\begin{pmatrix} 4 & 11 \\ 6 & 13 \end{pmatrix}$

27. a) $\begin{bmatrix} 8 & -2 \\ 6 & -8 \end{bmatrix}$ c) $\begin{bmatrix} 24 & 6 \\ 8 & -24 \end{bmatrix}$

b) $\begin{bmatrix} 12 & 3 \\ 9 & -12 \end{bmatrix}$

28. $\begin{bmatrix} 0 & -2 \\ -12 & -2 \end{bmatrix}$

29. a) $\begin{pmatrix} 3 & 6 \\ 5 & 0 \end{pmatrix}$ g) $\begin{pmatrix} 3 & 3 \\ 8 & 0 \end{pmatrix}$

b) $\begin{pmatrix} 1 & -4 \\ 1 & 4 \end{pmatrix}$ h) $\begin{pmatrix} 6 & 9 \\ 3 & 6 \end{pmatrix}$

c) $\begin{pmatrix} 10 & 5 \\ 15 & 10 \end{pmatrix}$ i) $\begin{pmatrix} 9 & 13 \\ 0 & 12 \end{pmatrix}$

d) $\begin{pmatrix} 2 & 3 \\ 1 & 2 \end{pmatrix}$ j) $\begin{pmatrix} 0 & 0 \\ 0 & 0 \end{pmatrix}$

e) $\begin{pmatrix} 1 & 2 \\ 5 & -2 \end{pmatrix}$ k) $\begin{pmatrix} -3 & -5 \\ -6 & 0 \end{pmatrix}$

f) $\begin{pmatrix} 3 & 8 \\ 3 & 0 \end{pmatrix}$

30. a) $\begin{bmatrix} 2 & 0 & 0 \\ 0 & 4 & 0 \\ 0 & 0 & 6 \end{bmatrix}$ e) $\begin{bmatrix} 2 & 0 & 0 \\ 0 & 4 & 0 \\ 0 & 0 & 6 \end{bmatrix}$

b) $\begin{bmatrix} 3 & 0 & 0 \\ 0 & 5 & 0 \\ 0 & 0 & 7 \end{bmatrix}$ f) $\begin{bmatrix} 4 & 0 & 0 \\ 0 & 8 & 0 \\ 0 & 0 & 12 \end{bmatrix}$

c) $\begin{bmatrix} 2 & 0 & 0 \\ 0 & 4 & 0 \\ 0 & 0 & 6 \end{bmatrix}$ g) $\begin{bmatrix} 0 & 0 & 0 \\ 0 & 0 & 0 \\ 0 & 0 & 0 \end{bmatrix}$

d) $\begin{bmatrix} 6 & 0 & 0 \\ 0 & 12 & 0 \\ 0 & 0 & 18 \end{bmatrix}$ h) $\begin{bmatrix} 9 & 0 & 0 \\ 0 & 19 & 0 \\ 0 & 0 & 29 \end{bmatrix}$

32. a) $A = \begin{pmatrix} 23 & 21 \\ 28 & 36 \end{pmatrix}$

b) $B = \begin{pmatrix} 67 & 89 \\ 122 & 104 \end{pmatrix}$

c) $A + B = \begin{pmatrix} 90 & 110 \\ 150 & 140 \end{pmatrix}$; total de *downloads* dos dois jogos nos dois dias.

d) $B - A = \begin{pmatrix} 44 & 68 \\ 94 & 68 \end{pmatrix}$; quantidade de *downloads* feitos a mais no dia 24 de outubro.

e) $C = 0{,}1 \cdot (A + B)$

Resolvido passo a passo

5. a) A matriz *D* não mudaria, e a matriz *M* precisaria apenas de uma nova linha (linha 4) contendo quantidades de vitamina C por grama de frutas, leite e cereais.

33. a) Verdadeiro. c) Falso.
b) Verdadeiro. d) Verdadeiro.

34. a) Não.
b) Sim, $m \times n$.
b) Sim, 2×4.
b) Sim, quadrado de ordem *n*.

35. a

36. a) $AB = \begin{pmatrix} 7 & 5 \\ -2 & -4 \end{pmatrix}$

b) $BA = \begin{pmatrix} 4 & 14 \\ 1 & -1 \end{pmatrix}$

37. $\begin{pmatrix} 0 & 0 \\ 0 & 0 \end{pmatrix}$

38. a) Falsa. b) Falsa.

39. a) $\begin{pmatrix} 19 & 19 \\ 15 & 16 \end{pmatrix}$ c) $\begin{pmatrix} 7 & 10 \\ -1 & 14 \end{pmatrix}$

b) $\begin{pmatrix} 11 & 4 \\ 8 & 3 \end{pmatrix}$ d) $\begin{pmatrix} 8 & 5 \\ 7 & 13 \end{pmatrix}$

40. Não.

41. a) *A*
b) *A*

42. a) $\begin{pmatrix} 17 & 39 \\ 2 & 4 \end{pmatrix}$

b) $\begin{pmatrix} 2 & 5 & 0 \\ 6 & 15 & 0 \\ 12 & 30 & 0 \end{pmatrix}$

c) $\begin{bmatrix} 29 & 24 \\ 23 & 22 \\ 26 & 4 \end{bmatrix}$

d) $\begin{bmatrix} 2 & 24 & 9 & 27 \\ 4 & 13 & 11 & 12 \end{bmatrix}$

e) $\begin{pmatrix} -3 & 17 \\ -7 & -8 \\ 9 & 26 \end{pmatrix}$

f) $\begin{pmatrix} 59 & 12 \\ 8 & 10 \end{pmatrix}$

43. 120

44. a) $\begin{pmatrix} 7 & 18 \\ 6 & 19 \end{pmatrix}$ d) $\begin{pmatrix} 16 & 26 \\ 18 & 38 \end{pmatrix}$

b) $\begin{pmatrix} -1 & -6 \\ 12 & 23 \end{pmatrix}$ e) $\begin{pmatrix} 15 & 24 \\ 36 & 87 \end{pmatrix}$

c) $\begin{pmatrix} 8 & 13 \\ 9 & 19 \end{pmatrix}$ f) $\begin{pmatrix} 22 & 38 \\ 36 & 80 \end{pmatrix}$

45. Não.

46. a) $\begin{pmatrix} 0 & 0 \\ 0 & 0 \end{pmatrix}$ b) $\begin{pmatrix} 0 & 0 \\ 0 & 0 \end{pmatrix}$

47. Sim.

48. a) $\begin{bmatrix} 0 & 6 \\ -2 & -3 \end{bmatrix}$ d) $\begin{bmatrix} 2 & -2 \\ 7 & -1 \end{bmatrix}$

b) $\begin{bmatrix} -2 & -5 \\ 2 & -1 \end{bmatrix}$ e) $\begin{bmatrix} 2 & -2 \\ 7 & -1 \end{bmatrix}$

c) $\begin{bmatrix} 0 & -6 \\ 2 & 1 \end{bmatrix}$

49. 215 eixos para janeiro e 154 para fevereiro; 430 rodas para janeiro e 308 para fevereiro.

52. $\begin{pmatrix} 1 & 0 \\ 0 & 1 \end{pmatrix}$

53. $\begin{pmatrix} 6 & 4 \\ 1 & 3 \end{pmatrix}$

56. $a = 1$ e $b = 1$ ou $a = 1$ e $b = -1$ ou $a = -1$ e $b = 1$ ou $a = -1$ e $b = -1$.

58. a) $\begin{pmatrix} 5 \\ 4 \end{pmatrix}$ c) $\begin{bmatrix} \frac{5}{2} & -2 \\ -1 & 1 \end{bmatrix}$

b) $\begin{pmatrix} 0 \\ 1 \end{pmatrix}$ d) $\begin{pmatrix} 6 \\ 4 \end{pmatrix}$

60. $\begin{bmatrix} 2 \\ 0 \\ 1 \end{bmatrix}$

61. $\begin{pmatrix} 1 & -1 \\ -1 & 1 \end{pmatrix}$

62. $\begin{bmatrix} 28 & 1 \\ 23 & 3 \end{bmatrix}$

63. $X = \begin{bmatrix} 1 & 2 \\ -\frac{2}{3} & 1 \end{bmatrix}$ e $Y = \begin{bmatrix} 2 & 4 \\ \frac{7}{3} & 2 \end{bmatrix}$

64. a) $\begin{pmatrix} 1 & 0 \\ 0 & 1 \end{pmatrix}$ é a matriz inversa de *A*.

b) $\begin{pmatrix} 2 & 5 \\ 5 & 4 \end{pmatrix}$

Resolvido passo a passo

6. a) $p(x) = 30 \Rightarrow 30 = 2x + 8 \Rightarrow$
$\Rightarrow 2x = 22 \Rightarrow x = 11$ anos

65. a) 10 e) $a^2 - b^2$
b) 2 f) $\text{sen}\,(x + y)$
c) −16 g) $\cos^2 a - \text{sen}^2 a$
d) 0 h) $a - b$

66. a) 5 g) $\begin{bmatrix} -6 & 12 \\ 18 & 20 \end{bmatrix}$
b) −1 h) −2
c) 6 i) −4
d) 6 j) 9
e) −6
f) 15

67. $x = 0$ ou $x = 6$.

68. $x = \frac{1}{2}$ ou $x = -1$.

69. $\frac{1}{6}$

70. a) 57 d) −24
b) 1 e) −413
c) $ab - a^2$ f) 280

71. 48

72. $x > 1$

73. $\text{sen}^3\,x$

74. 0

75. a) $\begin{bmatrix} 1 & 2 \\ 5 & -8 \end{bmatrix}$
b) $\begin{bmatrix} -1 & 2 \\ 3 & -8 \end{bmatrix}$
c) $\begin{bmatrix} 7 & 1 \\ -20 & -2 \end{bmatrix}$
d) 2
e) 2
f) 3
g) −18
h) 5
i) 6
j) 6

76. −40

77. a) $S = \{6\}$ b) $S = \{1, 2\}$

78. a) 1 b) 1

79. a) 0 b) 0 c) 0 d) 0

80. a) 10 b) 25 c) 8

81. 1

82.
- det $A = 0$, pois a 1ª e a 3ª colunas são proporcionais (3ª col. $= 2 \cdot$ 1ª col.).
- det $B = 0$, pois a 3ª e a 4ª linha são iguais.
- det $D = 0$, pois a 2ª coluna tem todos os elementos iguais a zero.
- det $E = 0$, pois a matriz é triangular e um dos elementos da diagonal principal é zero.
- det $F = 0$, pois a 1ª e a 3ª linhas são proporcionais (1ª linha $= -1 \cdot$ 3ª linha).

83. 0,1

84. 20

85. a) −10 b) 40

86. $8m$

87. 300

88. 24

89. 15

90. $9D$

91. $S = \{x \in \mathbb{R} \mid 0 < x < 2\}$

92. 17

93. a) 1 b) −2 c) $1 - x$ d) −16

94. Matriz C; det $C = 70$.

95. 72

96. $x = 3$; $x = 4$ ou $x = 5$.

97. a) 270 b) 12

98. $x = 1$; ou $x = -1$.

99. −3120

100. a) 28 b) −75 c) $3d - 3a$

101. a) 19 unidades de área.
b) 44 unidades de volume.

102. **d**

103. a) $\begin{pmatrix} 1 & -\frac{3}{2} \\ 0 & -\frac{1}{2} \end{pmatrix}$ b) Não existe.

104. $\begin{pmatrix} -\frac{1}{3} & \frac{2}{3} \\ \frac{2}{3} & -\frac{1}{3} \end{pmatrix}$

105. $\begin{pmatrix} 4 & 0 \\ 0 & 4 \end{pmatrix}$

106. $\begin{pmatrix} 6 & 3 \\ -5 & 15 \end{pmatrix}$

107. a) Sim. b) Não. c) Sim.

108. I_3

109. a) $\begin{bmatrix} 3 & -2 \\ -1 & 1 \end{bmatrix}$ b) $\begin{bmatrix} 3 & -2 \\ -1 & 1 \end{bmatrix}$

110. a) 2 b) $\frac{1}{2}$ c) 1

111. $\frac{1}{3}$

112. $a \neq 2$

113. $\frac{1}{5}$

114. a) Vértices: (4, 2), (8, 1), (8, 4).
b) $\begin{pmatrix} 4 & 8 & 8 \\ 2 & 1 & 4 \end{pmatrix}$

115. a) $\begin{pmatrix} -3 & -3 & -1 & -4 \\ 1 & 2 & 2 & 4 \end{pmatrix}$
b) $\begin{pmatrix} -8 & -6 & -6 & -8 \\ -3 & -3 & 2 & 2 \end{pmatrix}$
c) $\begin{pmatrix} -5 & -4 & -1 \\ -2 & -4 & -1 \end{pmatrix}$
d) $\begin{pmatrix} 1{,}5 & 2 & 5 & 4{,}5 \\ -3 & -1 & -1 & -3 \end{pmatrix}$
e) $\begin{pmatrix} 5 & 6 & 8 & 7 \\ -3 & -3 & -1 & -1 \end{pmatrix}$

117. a) Movemos 2 unidades à direita ao longo do eixo x, e depois movemos 3 unidades para cima ao longo do eixo y.
b) Movemos 3 unidades à direita ao longo do eixo x, e depois movemos 1 unidade para baixo ao longo do eixo y.
c) Movemos 8 unidades à esquerda ao longo do eixo x, e depois movemos 1 unidade para baixo ao longo do eixo y.
d) Movemos 2 unidades à esquerda ao longo do eixo x, e depois movemos 2 unidades para cima ao longo do eixo y.

118. a) $\begin{pmatrix} 3 \\ 5 \end{pmatrix}; \begin{pmatrix} 8 \\ 5 \end{pmatrix}; \begin{pmatrix} 3 \\ 9 \end{pmatrix}.$
b) $\begin{pmatrix} -2 \\ -2 \end{pmatrix}; \begin{pmatrix} 3 \\ -2 \end{pmatrix}; \begin{pmatrix} -2 \\ 2 \end{pmatrix}.$
c) $\begin{pmatrix} 3 \\ -3 \end{pmatrix}; \begin{pmatrix} 8 \\ -3 \end{pmatrix}; \begin{pmatrix} 3 \\ 1 \end{pmatrix}.$
d) $\begin{pmatrix} -2 \\ 0 \end{pmatrix}; \begin{pmatrix} 3 \\ 0 \end{pmatrix}; \begin{pmatrix} -2 \\ 4 \end{pmatrix}.$

119. b) Matrizes associadas às figuras refletidas:
$\begin{pmatrix} 0 & 1 & 3 \\ -3 & -5 & -1 \end{pmatrix}; \begin{pmatrix} 0 & 2 & 3 \\ 2 & 0 & 4 \end{pmatrix};$
$\begin{pmatrix} -1 & -3 & -5 & -4 \\ -2 & -2 & -1 & -4 \end{pmatrix}.$

120. b) Matrizes associadas às figuras refletidas:
$\begin{pmatrix} 0 & -1 & -3 \\ 3 & 5 & 1 \end{pmatrix}; \begin{pmatrix} 0 & -2 & -3 \\ -2 & 0 & -4 \end{pmatrix};$
$\begin{pmatrix} 1 & 3 & 5 & 4 \\ 2 & 2 & 1 & 4 \end{pmatrix}.$

121. a) $\begin{pmatrix} -1 & -3 & -2 & -1 \\ 1 & 4 & 4 & 5 \end{pmatrix}$

122. c) Matriz associada de A':
$\begin{pmatrix} -1 & -3 & -3 \\ 1 & 1 & 3 \end{pmatrix}$
Matriz associada de B':
$\begin{pmatrix} -2 & -1 & -5 & -4 \\ -2 & -4 & -4 & -2 \end{pmatrix}$
Matriz associada de C':
$\begin{pmatrix} 1 & 3 & 3 & 1 \\ -1 & -1 & -4 & -4 \end{pmatrix}$

124. a) 4 unidades de área.
b) 12 unidades de área; 8 unidades de área.
c) Área de A': $3 \times$ área de A e área de B': $2 \times$ área de B. A transformação dada por $\begin{pmatrix} 3 & 0 \\ 0 & 1 \end{pmatrix}$ "espichou" a figura A na direção positiva do eixo O_x, segundo um fator 3. A transformação dada por $\begin{pmatrix} -2 & 0 \\ 0 & 1 \end{pmatrix}$ "espichou" a figura A na direção negativa do eixo O_x, segundo um fator −2.

125. a) Ela fica "espichada" ("esticada") na direção positiva do eixo O_x se k é positivo e na direção negativa do eixo O_x se k é negativo.
b) A área de uma figura transformada é k vezes a área da figura original.

Outros contextos

1. O calendário é organizado em forma de tabela e pode ser representado por uma matriz.

3. 24 anos bissextos.

4. **c**

6. O calendário maia é baseado no ciclo solar com 365 dias agrupados em 18 meses de 20 dias e mais cinco dias que não pertencem a nenhum mês e são acrescentados ao calendário para completar o ano. Ele foi o calendário mais elaborado das antigas civilizações pré-colombianas.

Atividades adicionais

1. a) 3×4 b) Matriz linha; 1×4 c) 4×4

2. a) $\begin{bmatrix} 0 & 1 & 1 & 1 \\ 1 & 0 & 1 & 1 \\ 1 & 1 & 0 & 1 \\ 1 & 1 & 1 & 0 \end{bmatrix}$

b) $\begin{bmatrix} 0 & 1 & 2 & 3 \\ 1 & 0 & 1 & 2 \end{bmatrix}$

c) $\begin{bmatrix} 2 & -2 \\ -4 & 4 \end{bmatrix}$

3. $\begin{bmatrix} -1 & -3 & -5 \\ 6 & 4 & 2 \\ 25 & 23 & 21 \end{bmatrix}$

4. 0

5. $\begin{bmatrix} 1 & 0 & 0 & 0 \\ 0 & 2 & 0 & 0 \\ 0 & 0 & 3 & 0 \\ 0 & 0 & 0 & 4 \end{bmatrix}$

6. $\begin{bmatrix} 1 & 1 & 1 \\ 0 & 8 & 8 \\ 0 & 0 & 27 \end{bmatrix}$

7. $x = 2, y = 0, z = 1$ e $t = 3$.

8. $x = 3, y = 0, z = 3$.

9. a) $x = 7, y = -3, z = 0$.
b) $x = 10, y = -3, z = 0$.
c) $x = 5, y = -4, z = 6$ e $t = 1$.
d) $x = \pm 1, y = 5, z = \pm 3$ e $t = \frac{3}{5}$.

10. $\begin{pmatrix} 3 & -2 \\ -1 & 1 \end{pmatrix}$

11. $\begin{bmatrix} -1 & -5 \\ -1 & 5 \end{bmatrix}$

12. $\begin{pmatrix} -9 \\ 8 \\ -11 \end{pmatrix}$

13. $\begin{bmatrix} 12 & 6 \\ 6 & 12 \end{bmatrix}$

14. $\begin{pmatrix} 3 & 8 \\ -3 & 5 \end{pmatrix}$

15. $X = \begin{pmatrix} 4 \\ 1 \\ 4 \end{pmatrix}$ e $Y = \begin{pmatrix} 9 \\ 5 \\ -2 \end{pmatrix}$.

16. a) -29 c) $\cos^2 a - \text{sen}^2 b$
b) $-(a + b)^2$ d) $\log\left(\frac{a}{b}\right)$

17. a) -2
b) 41

18. -12

19. $\frac{1}{4}$

20. $S = \{0\}$

21. -15

23. a) 2 d) $(a - b)^3$
b) -40 e) -60000
c) -242 f) -4

24. 32

25. 0

26. 47

27. $x = 3$ e $y = 2$.

28. a) 11 c) -38
b) -17

29. a) 13 i) -52
b) -15 j) -52
c) -6 k) Não existe.
d) -6 l) -19
e) -16 m) $\begin{bmatrix} -26 & 0 \\ 13 & 26 \end{bmatrix}$
f) -8
g) 10 n) 169
h) 17 o) 169

30. a) 4
b) 4
c) $\begin{bmatrix} -\frac{1}{2} & \frac{1}{4} & -\frac{1}{4} \\ 1 & \frac{1}{2} & \frac{1}{2} \\ -\frac{3}{2} & \frac{5}{4} & \frac{3}{4} \end{bmatrix}$
d) $\frac{1}{4}$

Vestibulares de Norte a Sul

1. **d**

2. **a**

3. **d**

4. **d**

5. **c**

6. **b**

7. 10

8. **d**

9. a) Instante 2, dia 4. b) 37,3

10. **b**

11. **a**

12. **b**

13. **a**

Para refletir

Página 123
Porque é uma matriz com 3 linhas e 3 colunas.

Página 124
- Porque é a matriz que só tem uma linha e uma coluna, respectivamente.
- A matriz do item **b**.

Página 127
Acima e abaixo: as duas coisas devem ocorrer; acima ou abaixo: pelo menos uma das duas deve ocorrer.

Página 130
- Paulo; Rodolfo.
- Germano.

Página 134
Significa "em ordem", da primeira à última. Por exemplo, a 1ª linha de A^t é a 1ª coluna de A.

Página 136
Cada elemento da matriz AB é obtido multiplicando-se ordenadamente os elementos da linha i da matriz A pelos elementos da coluna j da matriz B e somando-se os produtos obtidos.

Página 140
Só as matrizes F e G comutam, pois $EF \neq FE$, $EG \neq GE$ e $FG = GF$.

Página 143
- $A(BC) = (AB)C$
Entretanto, $(AB)C = (BA)C$ somente quando A e B comutam, isto é, quando $AB = BA$.
- $(AB)^t = \begin{bmatrix} 14 & -4 \\ 1 & -2 \end{bmatrix}$; $A^tB^t = \begin{bmatrix} 12 & -6 \\ -4 & 0 \end{bmatrix}$;
$B^tA^t = \begin{bmatrix} 14 & -4 \\ 1 & -2 \end{bmatrix}$.
- $y + 10 = 2x \Rightarrow 2 + 10 = 2 \cdot 6 \Rightarrow 12 = 12$ (V)
$x + 6 = x + 3y \Rightarrow 6 + 6 = 6 + 3 \cdot 2 \Rightarrow$
$\Rightarrow 12 = 12$ (V)

Página 145
Foram usadas as propriedades nesta ordem: cancelamento, elemento oposto, elemento neutro.

Página 151
1

Página 154
- $\det(A + B) \neq \det A + \det B$
- $\det A = -11$ e $\det B = -11$

Página 155
$\det A = 7$ e $\det B = 7$

Capítulo 6

Sistemas lineares

Questões da p. 182
a) $x = 4; y = 6$.
b) $x = 1; y = 5$.
c) $x = 2; y = 1$.

1. a) $x = 3; y = 2$.
b) $y = 4; x = -2$.
c) $x = -1; y = 3$.
d) $y = 3; x = 3$.

2. Lineares: **a**, **b**, **c**, **f**, **h**, **i**, **j**. Não lineares: **d**, **e**, **g**.

3. a) Sim. c) Não.
b) Não.

4. a) Sim. b) Sim.

5. 2

6. 3

7. $(\alpha, 2\alpha + 1)$

8. a) Sim. c) Sim.
b) Não. d) Não.

9. a) $S = \varnothing$; sistema impossível.
b) $S = \{(2-, 3)\}$; sistema possível e determinado.
c) O par $\left(\alpha, \frac{\alpha - 3}{2}\right)$ é a solução geral do sistema; sistema possível e indeterminado.

11. a) Sistema possível e determinado.
b) Sistema possível e determinado.
c) Sistema possível e indeterminado.
d) Sistema possível e indeterminado.
e) Sistema impossível.

f) Sistema impossível.
g) Sistema impossível.
h) Sistema possível e determinado.
i) Sistema possível e indeterminado.

12. a) Sistema determinado.
b) Sistema não determinado.

13. $m \neq -4$ e $m \neq 4$.

14. a) Sim. c) Não.
b) Não.

15. a) Sistema possível e determinado; $S = \{(4, -1, -3)\}$.
b) Sistema impossível; $S = \varnothing$.
c) Sistema possível e indeterminado; $S = \left\{\left(\frac{k-2}{3}, k, k\right)\right\}$.
d) Sistema possível e determinado; $S = \{(-1, 4, 3, -2)\}$.
e) Sistema possível e indeterminado; $S = \{(2 - 2\alpha, \alpha, \beta, \beta)\}$.
f) Sistema possível e determinado; $S = \left\{\left(\frac{17}{6}, \frac{1}{2}\right)\right\}$.

16. $k = -2$

17. $a = \frac{4}{3}$ e $b = 2$.

18. Sim.

Resolvido passo a passo

5. a) Livraria *A*: 2 coleções; livraria *B*: 1 coleção; livraria *C*: nenhuma coleção e livraria *D*: 1 coleção.
b) 8%

19. a) Sistema possível e determinado; solução geral: (1, −1, 2).
b) Sistema possível e indeterminado; solução geral: $(14k, -9k, k)$.
c) Sistema impossível; $S = \varnothing$.
d) Sistema possível e indeterminado; solução geral: $(1 + 5k, 1 - 4k, k)$.

20. a) Sistema impossível; $S = \varnothing$.
b) Sistema impossível e indeterminado; $\left(\frac{7 - 7\alpha}{5}, \frac{\alpha - 1}{5}, \alpha\right), \alpha \in \mathbb{R}$.

21. $\begin{pmatrix} 1 \\ 2 \\ -1 \end{pmatrix}$

22. $S = \{(-1, 0, 1, 2)\}$

23. −6

24. $w = 8$

25. 1000 m

26. 16 moedas de 1 real, 10 moedas de 50 centavos e 130 moedas de 10 centavos.

27. d

28. Significa que um sistema homogêneo nunca será impossível; ou será possível e determinado ou será possível e indeterminado.

29. a) $S = \{(3\alpha, 2\alpha, \alpha, 3\alpha)\}, \alpha \in \mathbb{R}$.
b) cálcio: 3; hidrogênio: 6; fósforo: 2; oxigênio: 8.

30. 42 idosos.

31. a) Sistema possível e determinado; $S = \{(0, 0, 0)\}$.
b) Sistema possível e determinado; $S = \{(0, 0, 0)\}$.

32. b

33. c

34. a) Sistema possível e determinado; $S = \{(2, 4)\}$.
b) Sistema possível e indeterminado; $S = \left\{\left(k; \frac{20 - 2k}{5}\right)\right\}$.

36. $S = \{(4, -1)\}$

37. $k = 2$

38. $a \neq -\frac{1}{2}$ e $a \neq \frac{1}{2}$.

39. $k = 5$

40. $a \neq -4$ e $a \neq 1$.

41. $a \neq 1$ e b qualquer, ou $a = 1$ e $b = 2$.

42. $a = -1$ e $b \neq 7$.

43. Indeterminado.

44. a) $S = \{(3, 2)\}$
b) $S = \{(1, 2)\}$

45. a) $S = \{(1, 2, -1)\}$
b) $S = \{(3, 2, 2)\}$
c) $S = \{(4, -2, 5)\}$

46. a) $S = \{(1, 0)\}$

47. $a = \frac{\pi}{12} + k\pi$ ou $a = \frac{5\pi}{12} + k\pi$ $(k \in \mathbb{Z})$.

48. Indeterminado.

49. $k \neq 0$ e $k \neq 2$.

50. Uma única solução.

51. $a \neq 1$ e $a \neq 3$.

52. $a = 1$ e $a = -1$.

53. a) Uma laranja, duas folhas de couve e dois ramos de gengibre.
b) R$ 1,00

54. As possibilidades de resultado são: 5 empates; 1 vitória, 1 derrota e 3 empates; 2 vitórias, 2 derrotas e 1 empate. Não é possível o empate. Sim, é possível não haver derrotas.

55. a) 6 possibilidades.
b) 7 possibilidades.

Leitura

5. a) 22
b) 17
c) 32 e 43.
d) Ela atende aos requisitos vitamínicos, porém, não é a dieta de custo mínimo.
e) Nutricionista.

Atividades adicionais

1. a) Sistema possível e determinado; $S = \{(-1, 2)\}$.
b) Sistema impossível; $S = \varnothing$.
c) Sistema possível e indeterminado; a solução geral é $S = \{(k, 5 - k)\}$.

2. $m \neq -4$ e $m \neq 1$.

3. $a \neq 0, b \neq 0$ e $a \neq b$.

4. Para todo k real.

5. a) Sistema impossível; $S \neq \varnothing$.
b) Sistema possível e indeterminado; a solução geral é $S = \{(1 + k, 2k, k)\}$.

6. a) $S = \{(1, 10)\}$
b) $S = \{(5, -2)\}$

7. a) $S = \{(2, 2, 4)\}$
b) $S = \{(-1, 2, 2)\}$

8. Não.

9. $a = 0$ ou $a = 3$.

10. $k \neq -1$

11. $i_1 = 6$ A; $i_2 = 5$ A e $i_3 = 1$ A.

12. c

Vestibulares de Norte a Sul

1. $x =$ R$ 3,00; $y =$ R$ 4,00; $z =$ R$ 6,00.

2. a) $\begin{cases} x + y + z = 0{,}5 \\ x - 3y + z = 0 \\ 5x + 20y + 16z = 5{,}75 \end{cases}$

b) Amendoim: 250 g; castanha-de-caju: 125 g; castanha-do-pará: 125 g.

3. d

4. Hambúrguer: R$ 4,00; suco de laranja: R$ 2,50; cocada: R$ 3,50.

5. a

6. a

7. a

8. a

9. e

10. e

11. d

12. a

13. d

14. c

15. c

Para refletir

Página 182

Porque não são equações do 1º grau.

Parte 2

Petr Svarc/Getty Images

Geometria plana

Jorge Macedo/Futura Press

O lago Caracaranã, localizado em Roraima, é um exemplo de aplicação de Geometria plana.

1 Introdução

No volume 1 desta coleção revisamos alguns aspectos da Geometria plana para possibilitar uma boa compreensão da Trigonometria no triângulo retângulo. Agora, retomamos a revisão de mais alguns tópicos da Geometria plana para prepará-lo para o estudo da Geometria espacial a partir do próximo capítulo.

Neste capítulo estudaremos os polígonos inscritos na circunferência e as ideias associadas a áreas.

A ideia de área está ligada à noção de medição de terrenos. Saber mensurar o tamanho de superfícies é uma habilidade importante não só para os estudos escolares. É um assunto milenar, de importância vital há mais de 3 mil anos.

» Vamos fazer um teste: formem grupos de três ou quatro alunos e opinem sobre qual dos dois lagos mostrados abaixo (lago 1 ou lago 2) tem maior superfície. Depois que cada colega der sua opinião, criem uma maneira de comparar as áreas de cada superfície e verifiquem quem acertou.

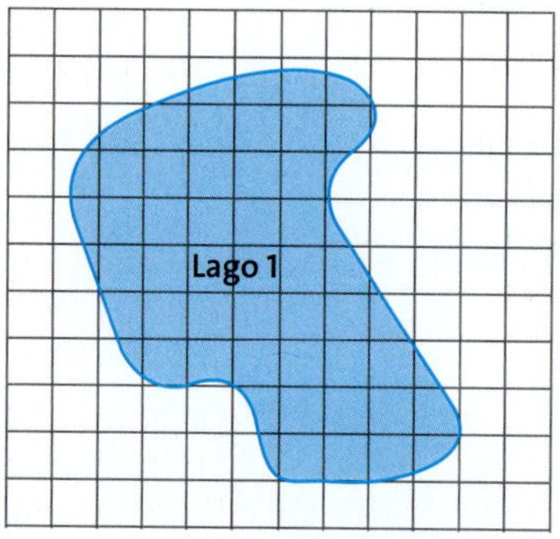

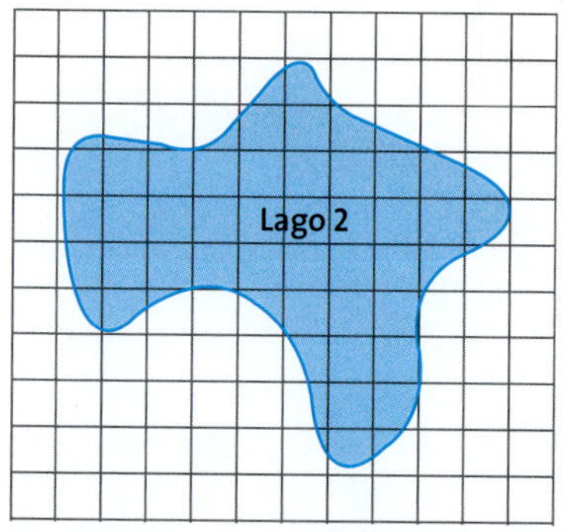

Antes de estudarmos as áreas, vamos retomar alguns assuntos importantes.

2 Circunferência

É uma figura geométrica formada por todos os pontos de um plano equidistantes de um dado ponto desse plano, chamado **centro**.

Posições relativas entre reta e circunferência

Tangentes (um único ponto comum)	**Secantes (dois pontos comuns)**	**Externas (nenhum ponto comum)**
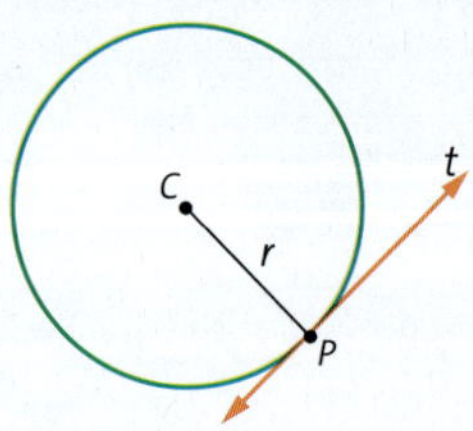 $d_{C,t} =$ raio	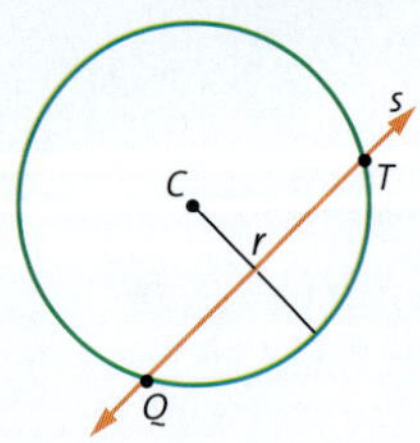 $d_{C,s} <$ raio	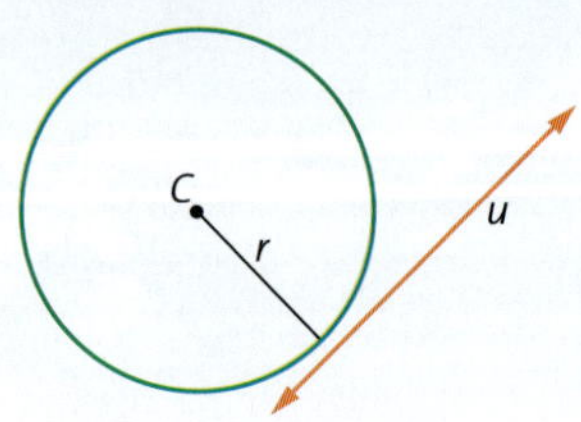 $d_{C,u} >$ raio

Fique atento!
Qualquer reta tangente a uma circunferência é perpendicular à reta que passa pelo centro e pelo ponto de tangência *T*.

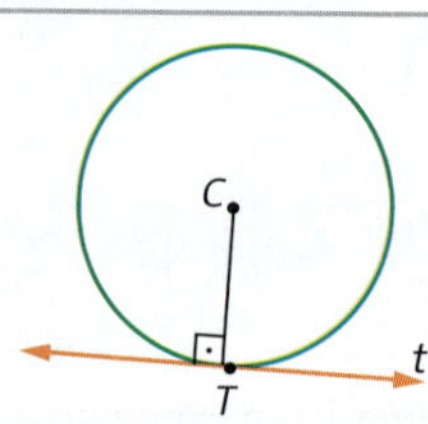

Exercícios

1. Dadas uma circunferência e uma reta, localizadas em um mesmo plano, verifique se as afirmações abaixo são verdadeiras ou falsas.
   a) Se a distância entre o ponto *C*, centro da circunferência, e um ponto *P* qualquer da reta for igual ao raio da circunferência, então a reta não pode ser externa à circunferência.
   b) Se a distância entre o ponto *C*, centro da circunferência, e um ponto *P* qualquer da reta for menor que o raio da circunferência, então a reta pode ser tangente ou externa à circunferência.
   c) Se a reta for tangente à circunferência, existirão nela 2 pontos distintos que pertencem também à circunferência.
   d) Se a reta for secante à circunferência, existirão nela 2 pontos distintos que pertencem também à circunferência.

2. Demonstre que dada uma circunferência de centro *C* e um ponto *P* externo a ela, as retas que passam por *P* e são tangentes à circunferência determinam segmentos congruentes de extremidades *P* e os pontos de tangência.

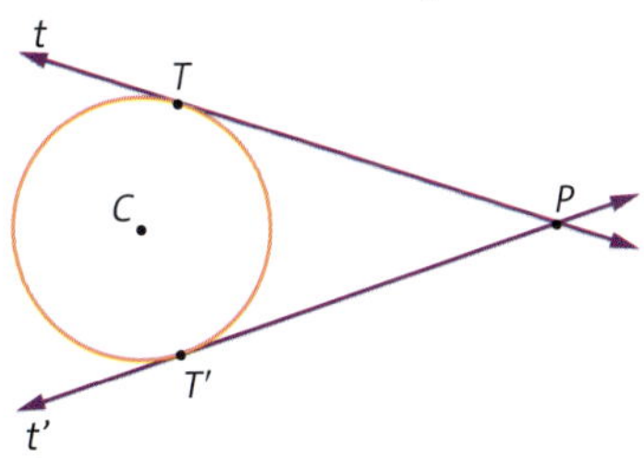

3. Determine a medida do segmento $\overline{PT}$, tangente à circunferência, sabendo que o raio da circunferência mede 3,5 cm e que o perímetro do quadrilátero *PTOQ* é 28 cm.

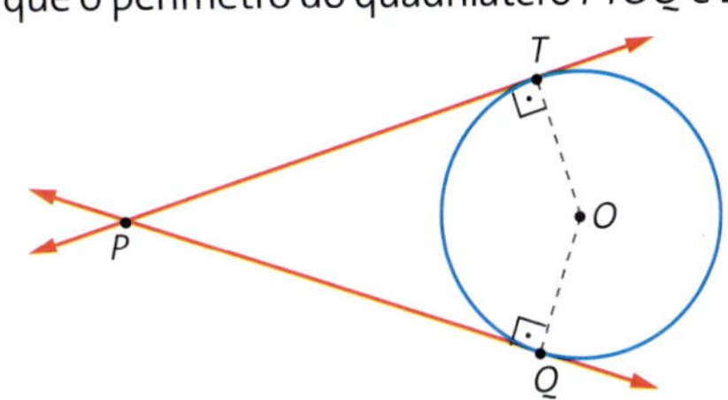

4. Se os lados de um triângulo são tangentes a uma circunferência, dizemos que a circunferência está *inscrita* neste triângulo, como mostra a figura abaixo:

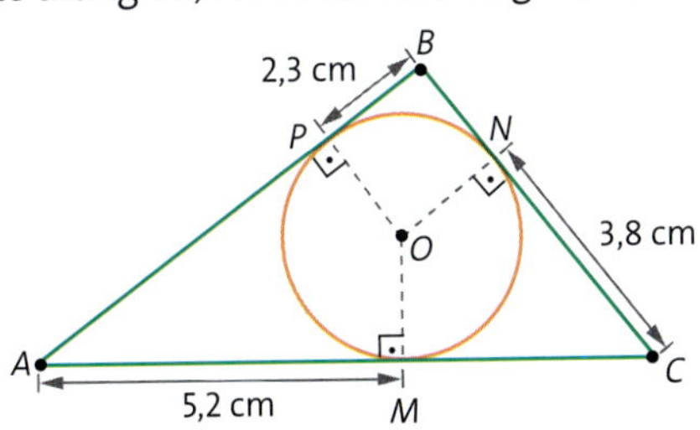

Observe as medidas e calcule o perímetro desse triângulo.

5. Na figura abaixo, a circunferência está inscrita no quadrilátero. Observe as medidas e calcule o perímetro desse quadrilátero.

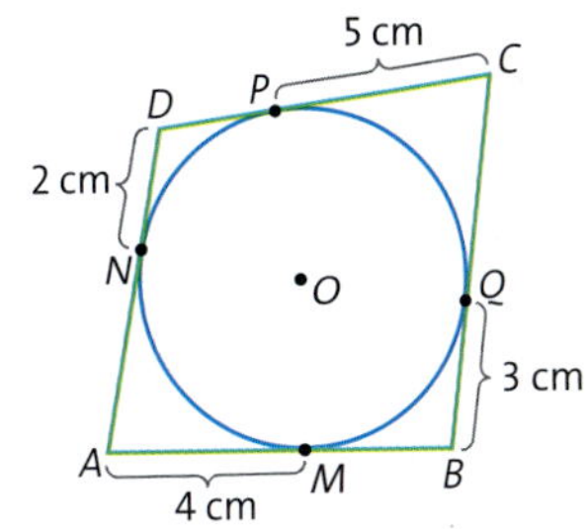

Fique atento!
Se a circunferência está inscrita em um polígono, podemos dizer que o polígono está *circunscrito* à circunferência.

6. Na figura abaixo, o triângulo está circunscrito à circunferência. Calcule o valor de *x*.

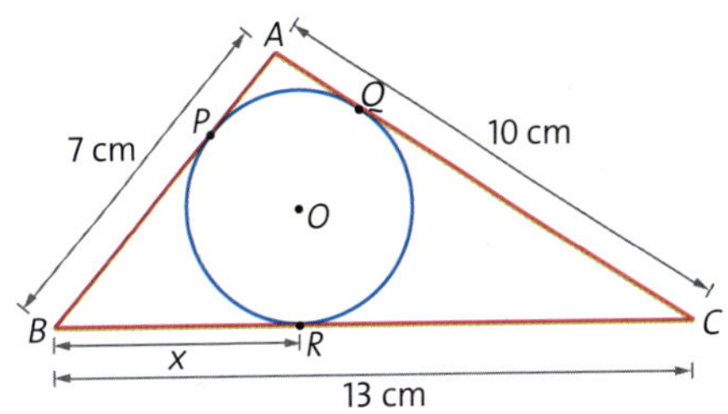

7. Calcule a altura do trapézio *ABCD*, sabendo que $\overline{AB}$ é diâmetro e que os outros lados são tangentes à circunferência.

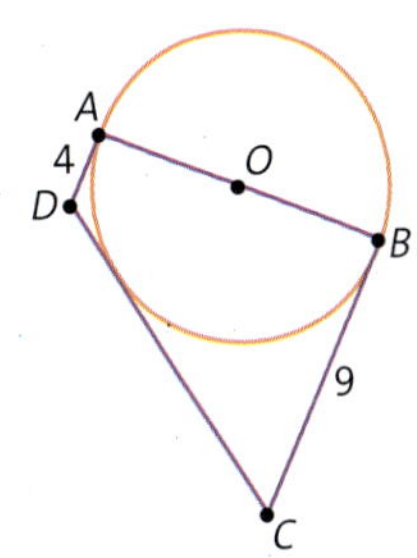

8. Na figura a seguir, *M*, *N* e *P* são pontos de tangência, e a medida de $\overline{OM}$ é 16. Calcule o perímetro do triângulo assinalado.

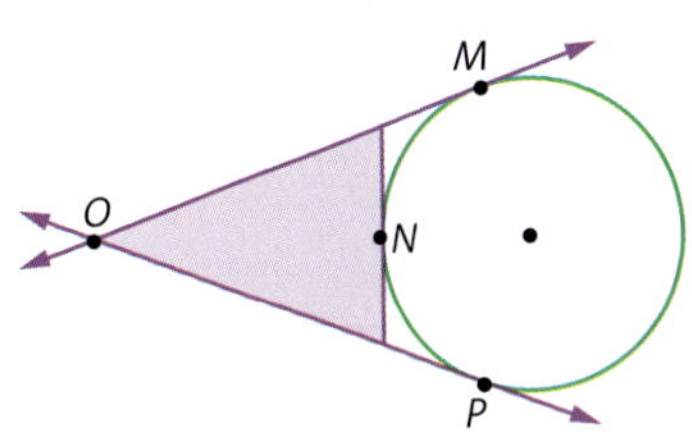

Posições relativas entre duas circunferências

São dadas em função do número de pontos comuns às circunferências. Chamando de O_1 e O_2 os centros e r_1 e r_2 os respectivos raios, sendo $r_1 > r_2$, obteremos:

Pontos comuns	Posição relativa	Distância entre os centros em função dos raios	Figura
2	Secantes	$r_1 - r_2 < d < r_1 + r_2$	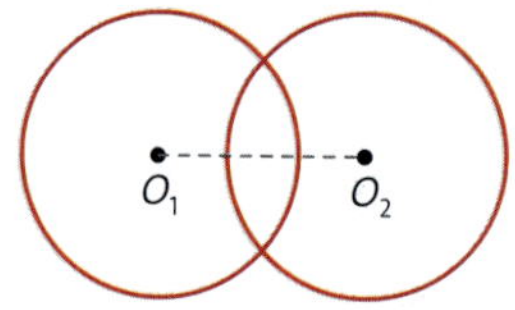
1	Tangentes internas	$d = r_1 - r_2$	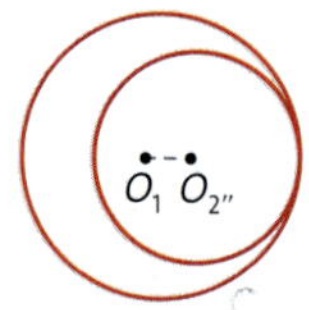
	Tangentes externas	$d = r_1 + r_2$	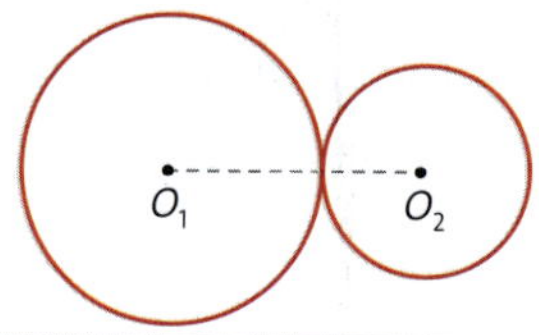
0	Internas concêntricas	$d = 0$	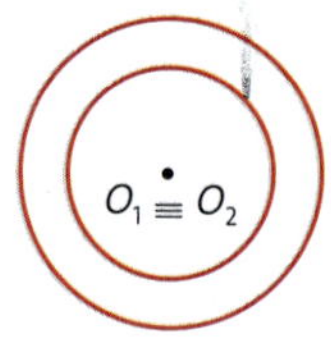
	Internas não concêntricas	$d < r_1 - r_2$	
	Externas	$d > r_1 + r_2$	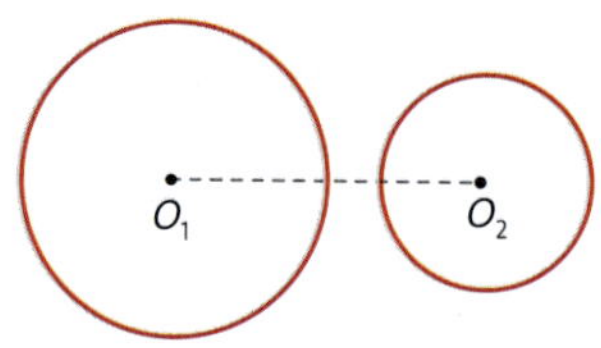

Observações:

1ª) No caso de as circunferências serem tangentes, os centros e os pontos de tangência são sempre colineares.

2ª) A posição "concêntricas" satisfaz a condição $d < r_1 - r_2$, pois é um caso particular de circunferências internas.

Exercícios

9. Duas circunferências de centros *O* e *P* são secantes e seus raios medem 4 cm e 9 cm. Determine os possíveis valores da distância entre *O* e *P*.

10. Duas circunferências tangenciam-se externamente e a distância entre os centros é de 10 cm. O raio da circunferência menor é $\frac{2}{3}$ do raio da circunferência maior. Quanto medem os raios?

Ângulos em uma circunferência

Ângulo central

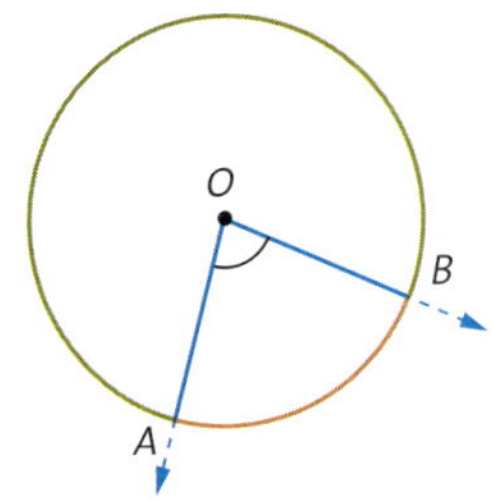

É um ângulo que tem como vértice o centro da circunferência e seus lados passam por pontos pertencentes a ela.

Observação: Um ângulo central $A\hat{O}B$ determina na circunferência dois arcos cujas medidas somam 360°.

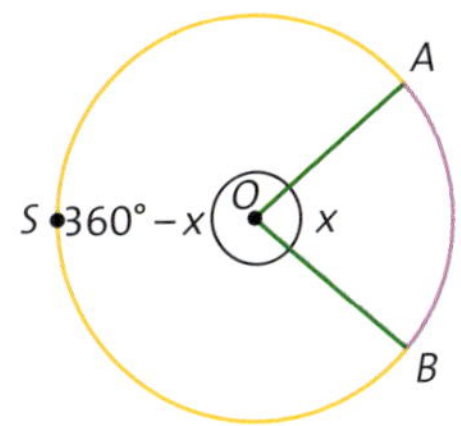

Exercícios

11. Em cada caso, calcule a medida do ângulo central determinado pelos ponteiros destes relógios que marcam horas exatas.

a) 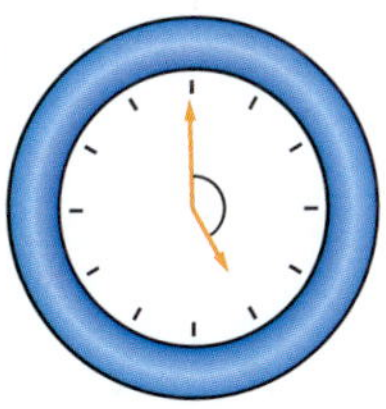

b) 

c) 

d) 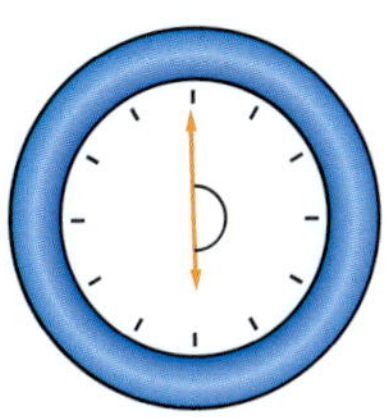

e) 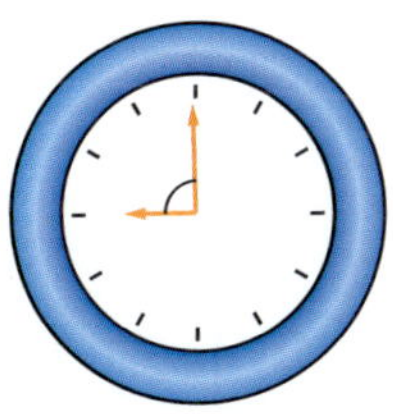

f) 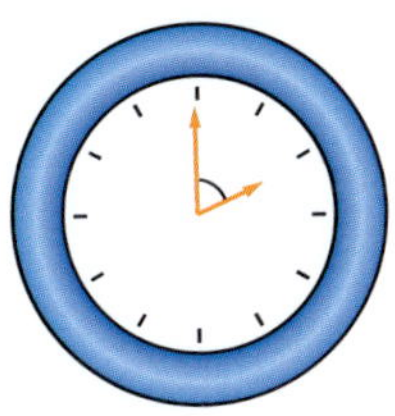

g) 

h) 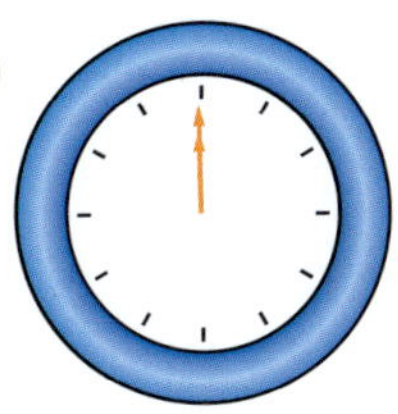

12. Quantos lados tem um polígono regular cujo ângulo central mede 24°?

13. Descubra e escreva qual é a medida do ângulo central em cada polígono regular indicado:

a) Triângulo equilátero (triângulo regular)

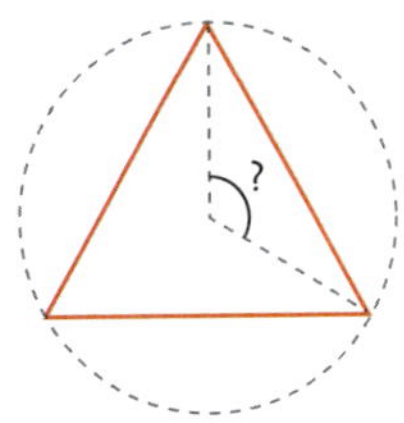

b) Quadrado (quadrilátero regular)

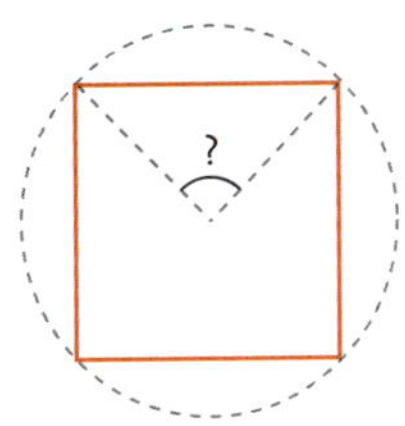

c) Decágono regular

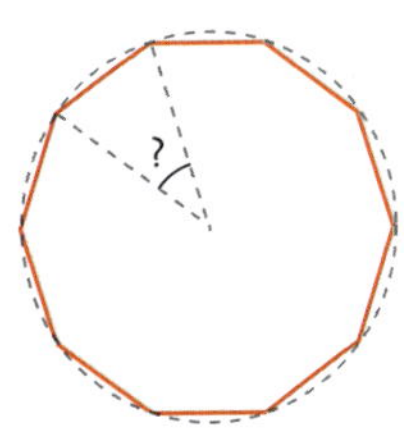

d) Octógono regular

e) Eneágono regular

f) Dodecágono regular (12 lados)

g) Icoságono regular (20 lados)

Ângulo inscrito

É um ângulo que tem como vértice um ponto da circunferência e cujos lados passam por dois outros pontos da circunferência, determinando nela duas cordas.

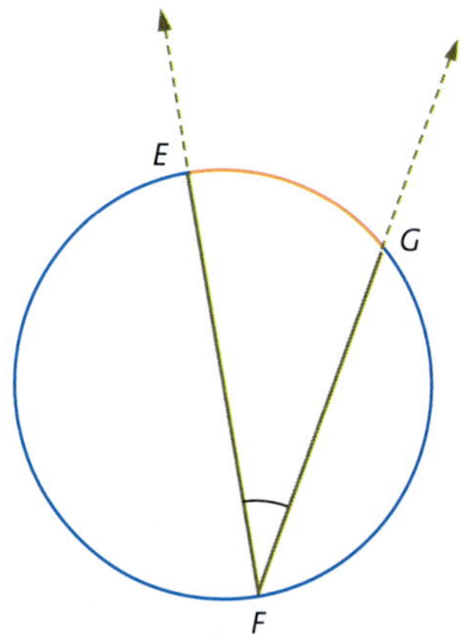

Propriedade

Se um ângulo central e um ângulo inscrito em uma circunferência têm o mesmo arco correspondente, então a medida do ângulo central é o dobro da medida do ângulo inscrito.

Podemos considerar três situações:

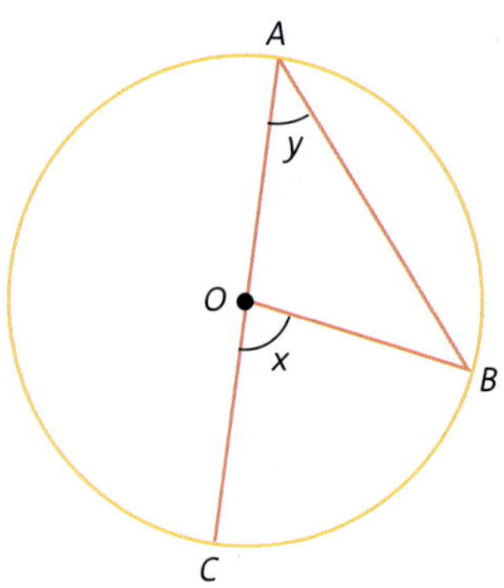

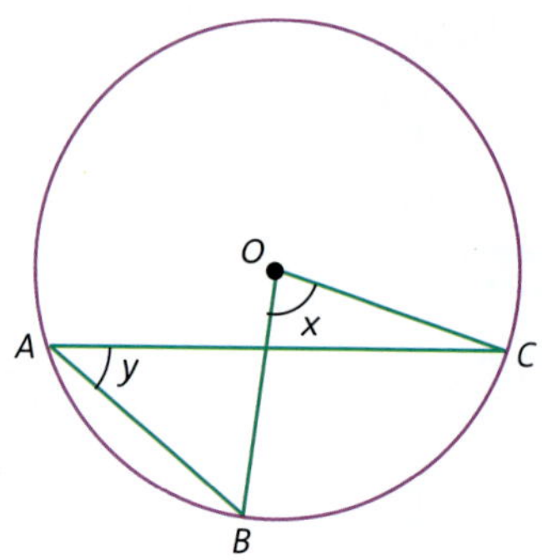

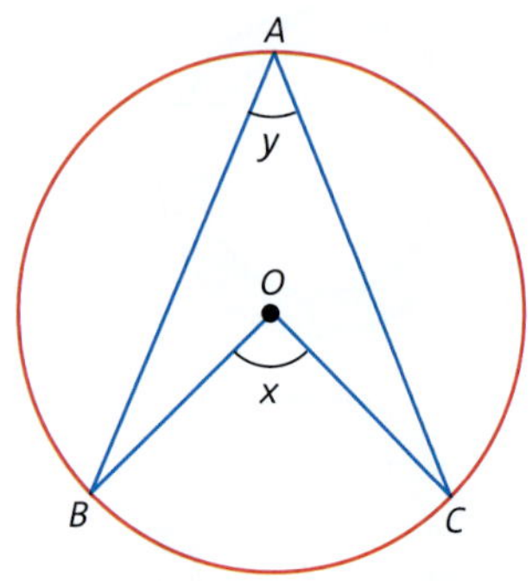

Exercícios

14. Demonstre a propriedade enunciada acima considerando cada uma das situações.

15. Demonstre que se $\overline{AB}$ é um diâmetro e C um ponto qualquer da circunferência, distinto de A e B, então o $\triangle ABC$ é retângulo em C, isto é, $\hat{C}$ é reto.

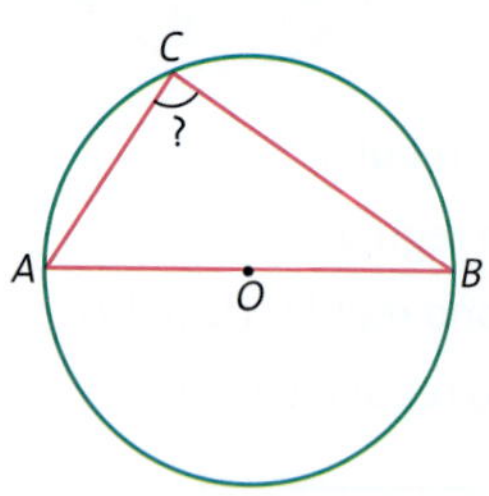

16. Justifique: Se dois ângulos inscritos têm o mesmo arco correspondente, então suas medidas são iguais.

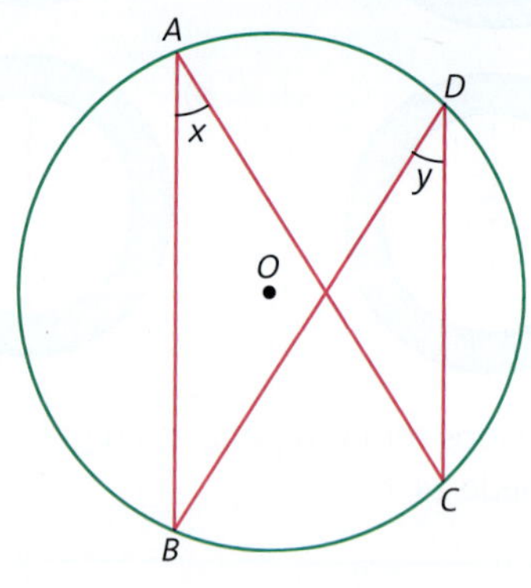

17. Calcule o valor de *x* nas figuras abaixo, sendo *O* o centro das circunferências.

a)

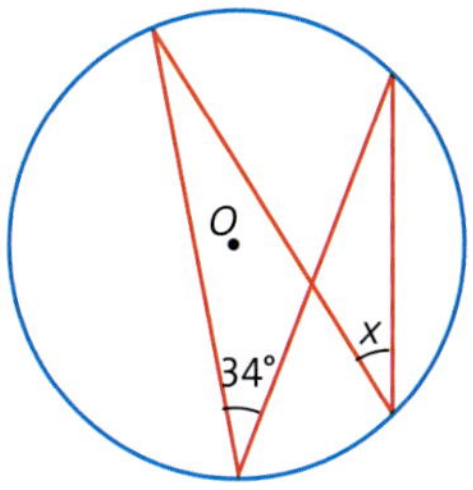

b)

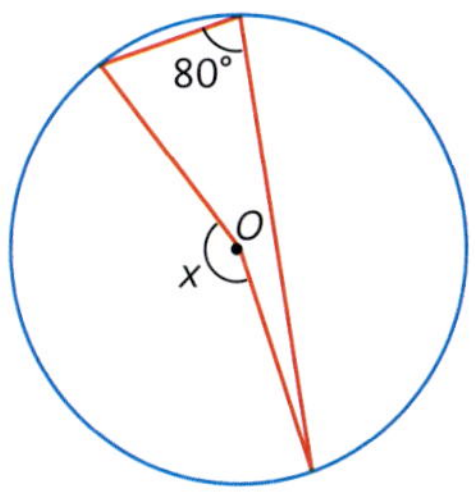

c)

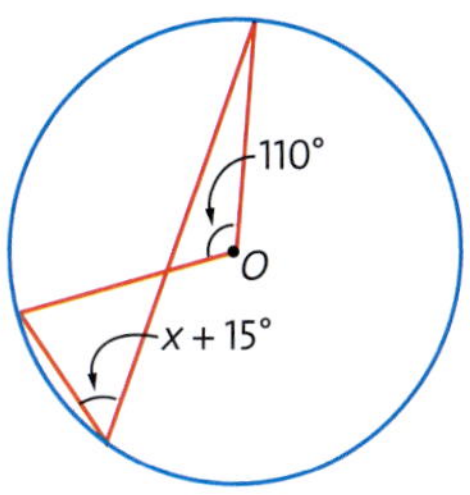

d)

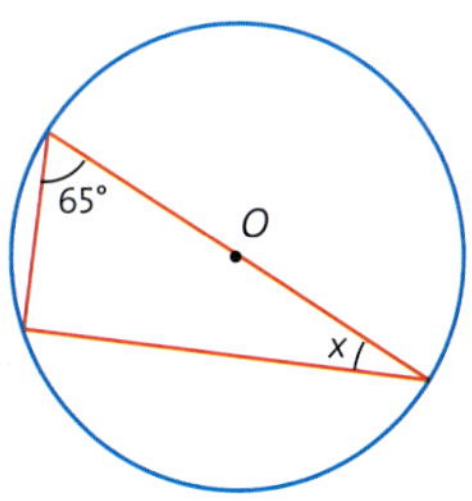

18. Calcule o valor de *x*, sabendo que *O* é o centro da circunferência.

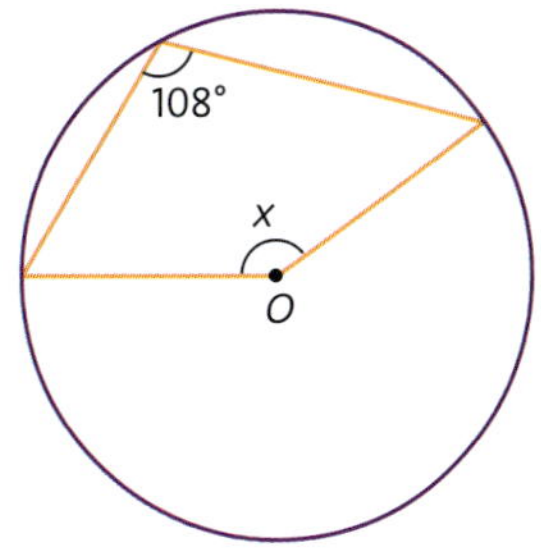

19. Determine o valor de *x* e de *y* nas figuras abaixo:

a) Não é dado o centro da circunferência.

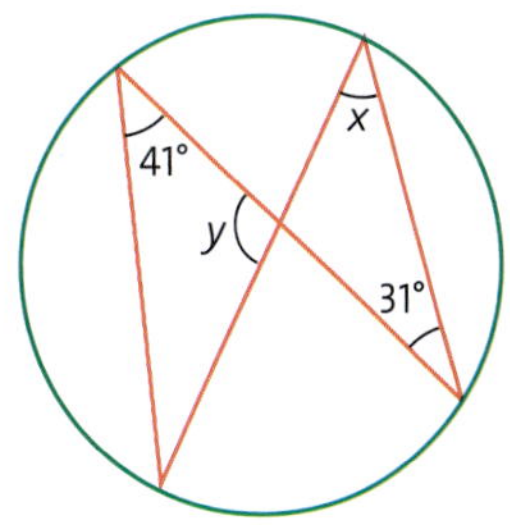

b) É dado o ponto *O*, centro da circunferência.

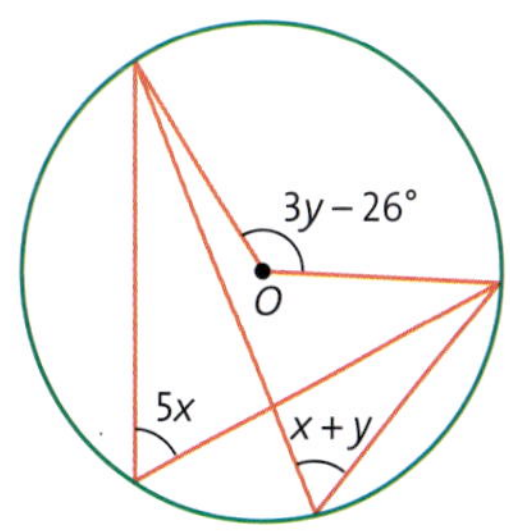

Ângulo de segmento

É um ângulo que tem como vértice um ponto da circunferência, um lado secante à circunferência e o outro tangente a ela.

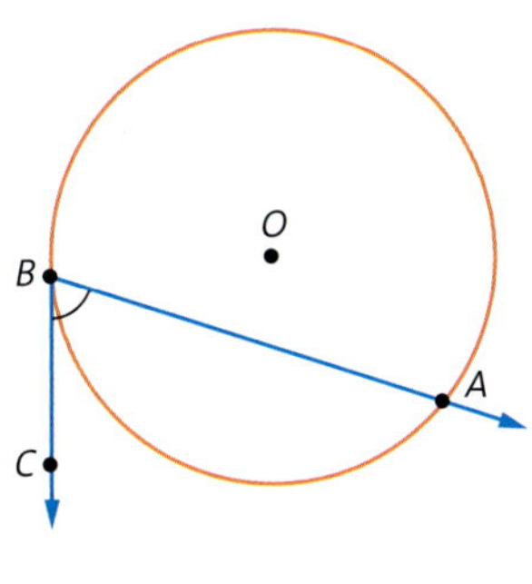

$A\hat{B}C$ é ângulo de segmento.

Propriedade

A medida do ângulo de segmento é a metade da medida angular do arco determinado na circunferência por um de seus lados.

Exercícios

20. Demonstre a propriedade enunciada na página anterior.

21. Calcule a medida x do ângulo de segmento de cada figura:

a)

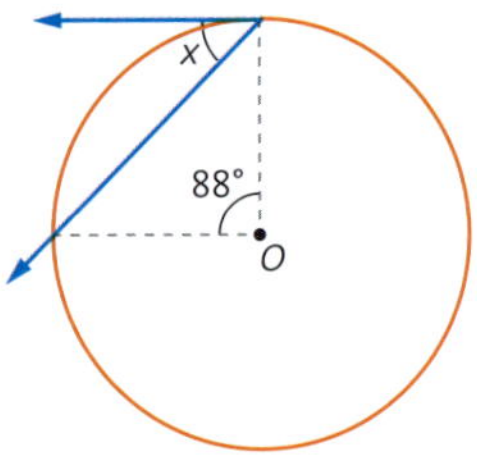

b)

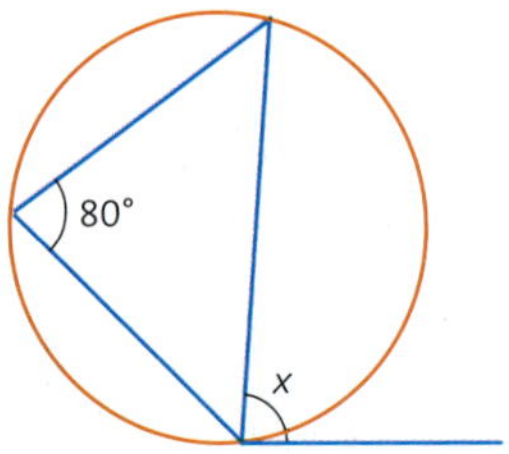

c)

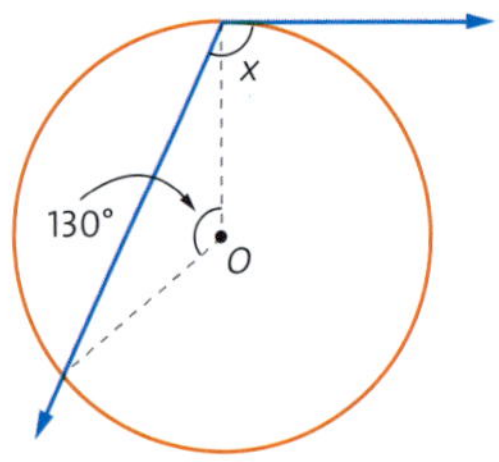

22. Observe a figura:

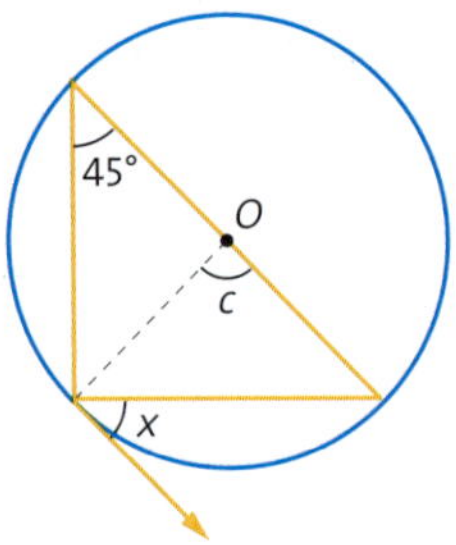

a) Qual a medida x do ângulo de segmento assinalado?

b) Qual a medida c do ângulo central?

23. Em uma circunferência de centro O, a reta $\overleftrightarrow{AB}$ é tangente em A, o segmento de reta $\overline{AC}$ é uma corda e $C\hat{A}B$ mede 50°. Calcule as medidas de $O\hat{A}B$ e $C\hat{O}A$.

24. Determine o valor de x, y e z nas figuras abaixo:

a)

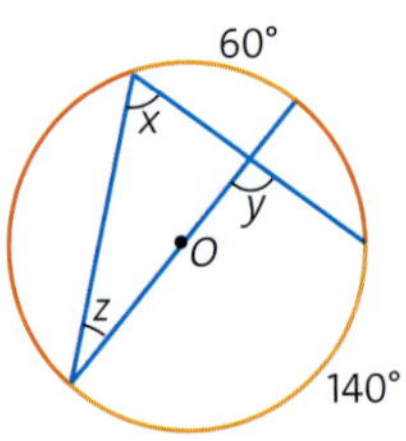

b)

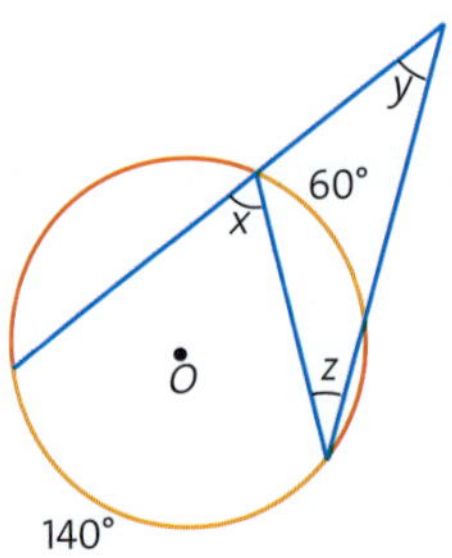

25. Determine x nas figuras a seguir:

a)

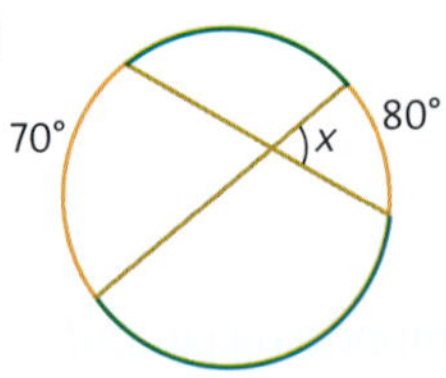

b)

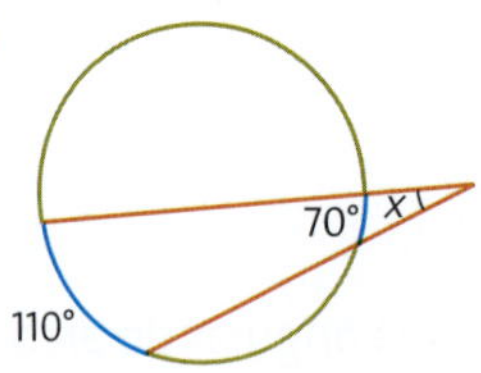

c)

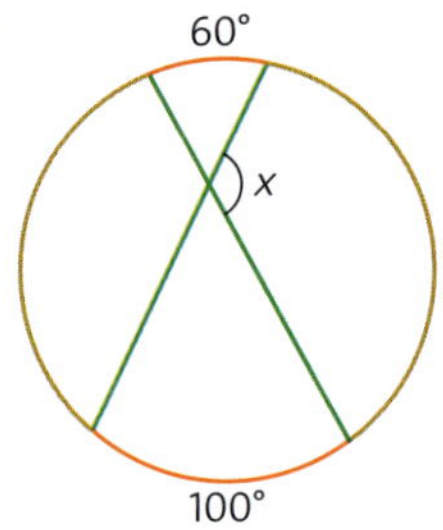

d)

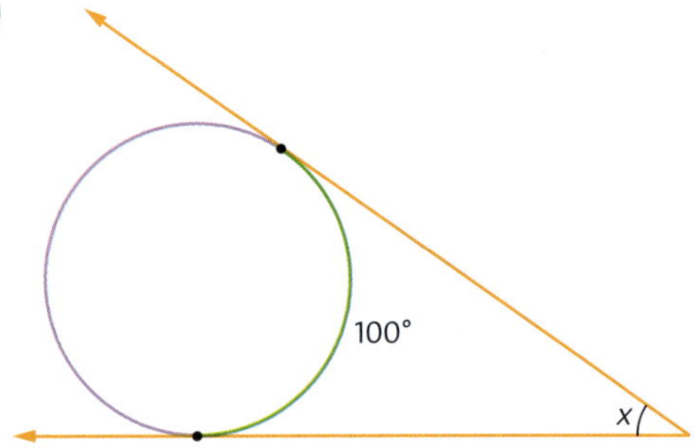

26. Determine o valor de x nas figuras abaixo, sabendo que os polígonos indicados são regulares e estão inscritos nas circunferências.

a) Pentágono regular

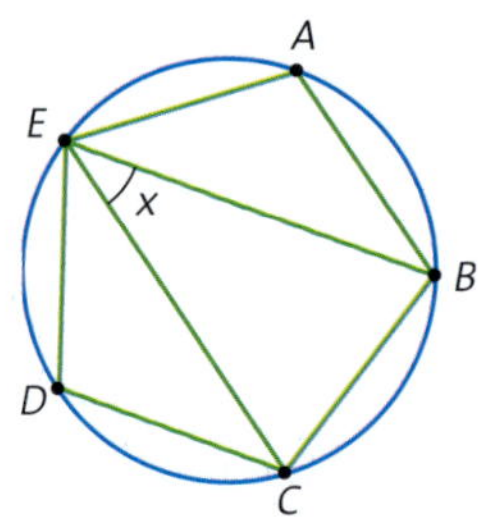

b) Octógono regular

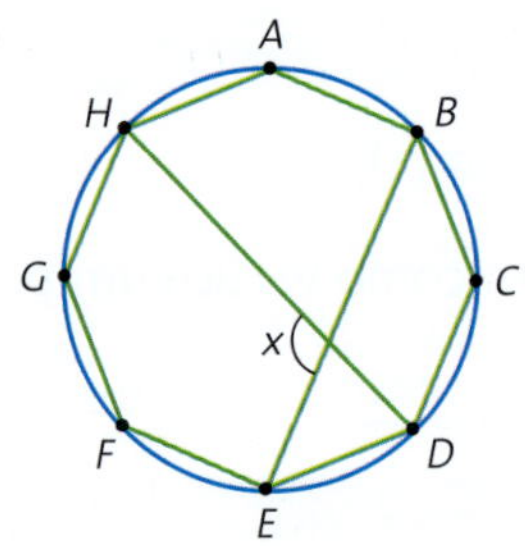

27. Calcule o ângulo $\hat{F}$ assinalado na figura:

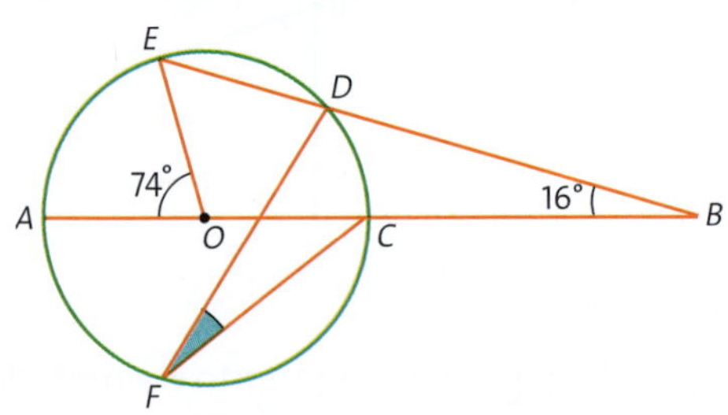

Relações métricas na circunferência

Vamos definir mais dois elementos da circunferência:

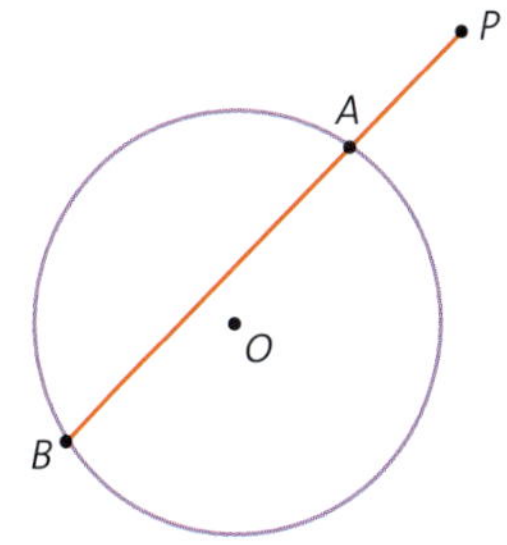

Segmento secante

Uma de suas extremidades é um ponto fora da região circular.

Esse segmento tem dois pontos comuns com a circunferência, sendo um deles a outra extremidade.

$\overline{PB}$ é um segmento secante.

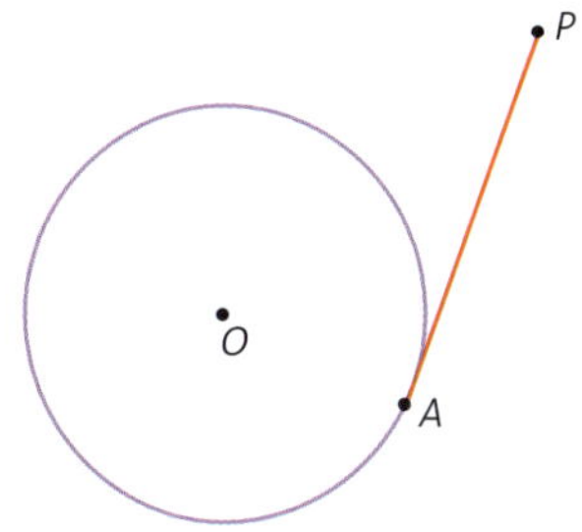

Segmento tangente

Segmento que está sobre uma reta tangente à circunferência, e o ponto de tangência é uma de suas extremidades.

$\overline{PA}$ é um segmento tangente.

A seguir, vamos conhecer três relações: entre duas cordas, entre dois segmentos secantes e entre um segmento secante e um segmento tangente.

Cruzamento de duas cordas

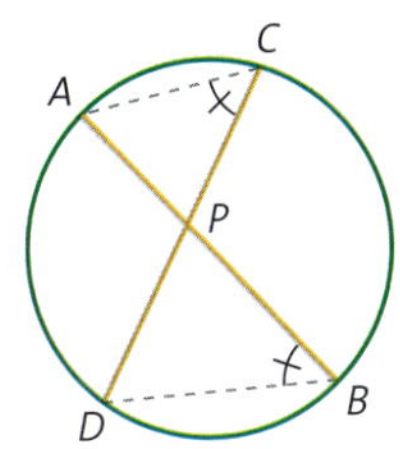

Na circunferência ao lado, $\overline{AB}$ e $\overline{CD}$ são duas cordas que se cruzam no ponto P.

Considerando os triângulos APC e DPB, temos:

- $A\hat{C}D \cong D\hat{B}A$ (ângulos inscritos de mesmo arco)
- $A\hat{P}C \cong D\hat{P}B$ (ângulos opostos pelo vértice)

Da congruência dos dois ângulos podemos concluir que $\triangle APC$ e $\triangle DPB$ são semelhantes. Eles têm, portanto, lados homólogos proporcionais, ou seja:

$$\frac{AP}{DP} = \frac{CP}{BP} = \frac{AC}{DB}$$

Da primeira igualdade, tiramos:

$$AP \cdot BP = CP \cdot DP$$

Assim, foi demonstrada a seguinte propriedade:

> Em toda circunferência, quando duas cordas se cruzam, o produto das medidas das duas partes de uma é igual ao produto das medidas das duas partes de outra.

Dois segmentos secantes a partir de um mesmo ponto

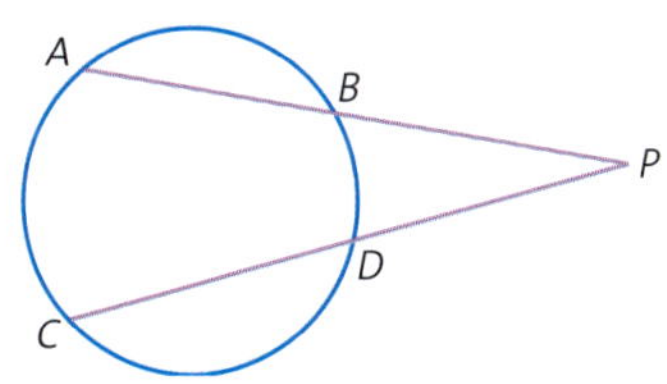

Os triângulos PAD e PCB são semelhantes, pois:

- $\hat{P}$ é comum
- $P\hat{A}D \cong P\hat{C}B$ (ângulos inscritos de mesmo arco),

o que corresponde ao caso AA de semelhança. Temos, portanto:

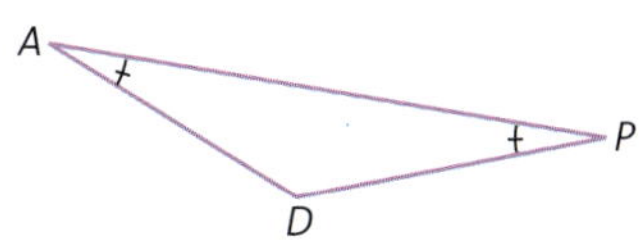

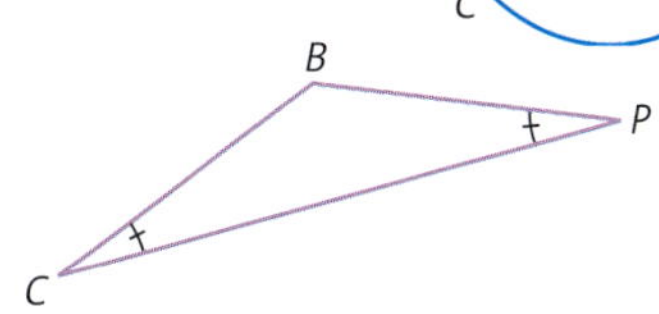

$$\frac{PA}{PC} = \frac{PD}{PB} \Rightarrow PA \cdot PB = PC \cdot PD$$

> Em toda circunferência, se traçamos dois segmentos secantes a partir de um mesmo ponto, o produto da medida de um deles pela medida da sua parte externa é igual ao produto da medida do outro pela medida da sua parte externa.

Segmento secante e segmento tangente a partir de um mesmo ponto

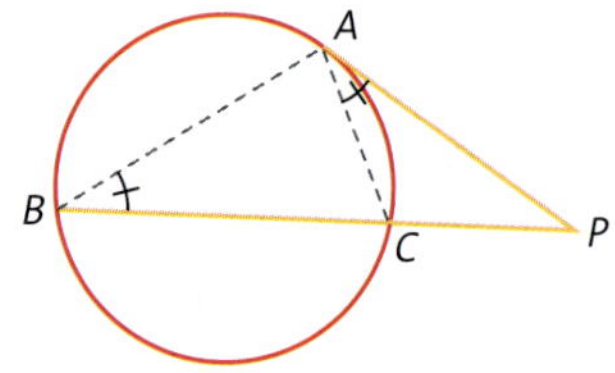

Na figura ao lado, a partir do ponto P, temos um segmento tangente $\overline{PA}$ e um segmento secante $\overline{PB}$.

Analisando os triângulos PAC e PBA, temos:

- $\hat{P} \cong \hat{P}$ (ângulo comum)
- $P\hat{A}C \cong P\hat{B}A$ (ângulo de segmento e ângulo inscrito de mesmo arco)

Se os dois ângulos são congruentes, $\triangle PAC \sim \triangle PBA$. Portanto, os lados homólogos têm medidas proporcionais:

$$\frac{PA}{PB} = \frac{PC}{PA} = \frac{AC}{BA}$$

Da primeira igualdade, tiramos:

$$PA \cdot PA = PB \cdot PC \quad \text{ou} \quad (PA)^2 = PB \cdot PC$$

Fica, assim, demonstrada mais uma propriedade:

> Em toda circunferência, se traçamos a partir de um mesmo ponto um segmento tangente e um segmento secante, o quadrado da medida do segmento tangente é igual ao produto da medida do segmento secante pela medida da sua parte externa.

Exercícios

28. Use uma das propriedades que vimos e determine o valor de x nas figuras abaixo:

a)

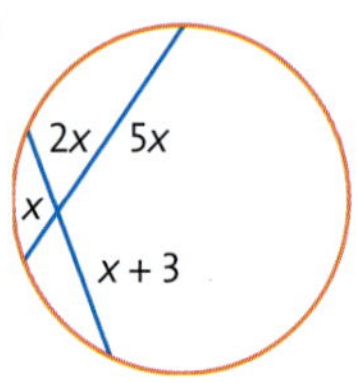

b)

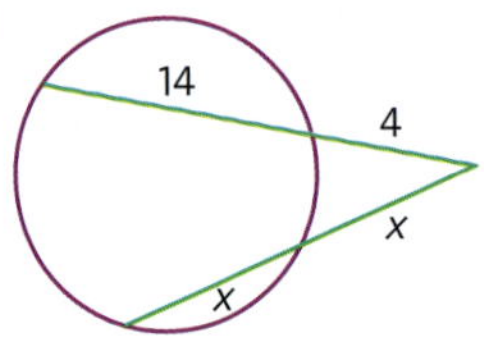

29. Com base no que acabamos de ver, determine o valor de x nestas figuras, que têm traçados um segmento tangente e um segmento secante a partir de um mesmo ponto.

a)

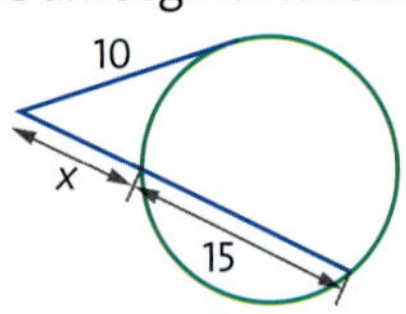

b)

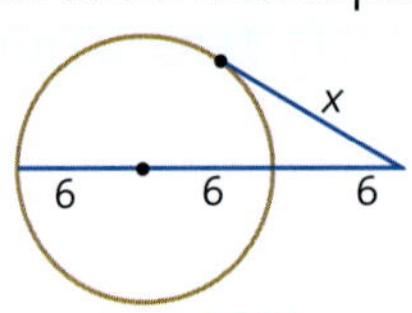

30. Determine a medida do raio R na figura ao lado.

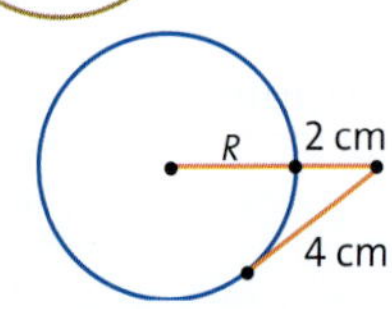

31. Sendo $AB = 8$ cm e $AC = 6$ cm, calcule o diâmetro da circunferência inscrita ao $\triangle ABC$, na figura ao lado.

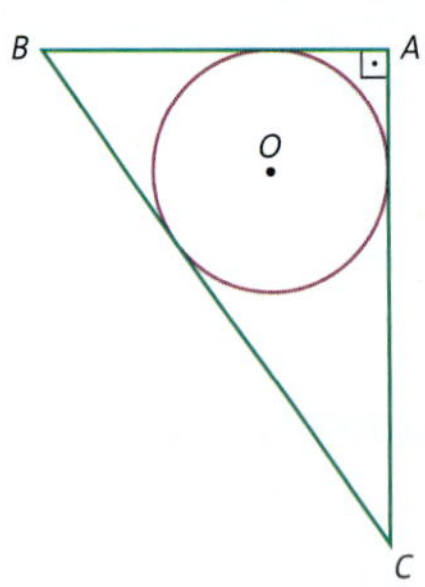

32. Considere duas circunferências de raios 4 cm e 6 cm, respectivamente. Seja t uma reta tangente a ambas, e T_1 e T_2 seus pontos de tangência. Se a distância entre as circunferências é 6 cm, calcule o comprimento do segmento T_1T_2.

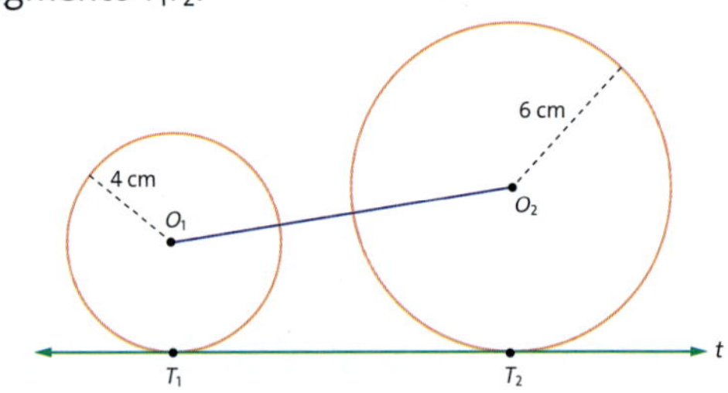

33. Considere o triângulo isósceles ABC, sendo $\overline{AB}$ e $\overline{AC}$ seus lados congruentes. Sejam C_1 e C_2 circunferências, como mostra a figura, de raios $r_1 = 6$ cm e $r_2 = 10$ cm, respectivamente. Calcule o comprimento da altura do triângulo ABC, referente à base $\overline{BC}$, sabendo que a circunferência C_2 está inscrita nele e a circunferência C_1 é tangente à C_2 e aos lados $\overline{AB}$ e $\overline{AC}$.

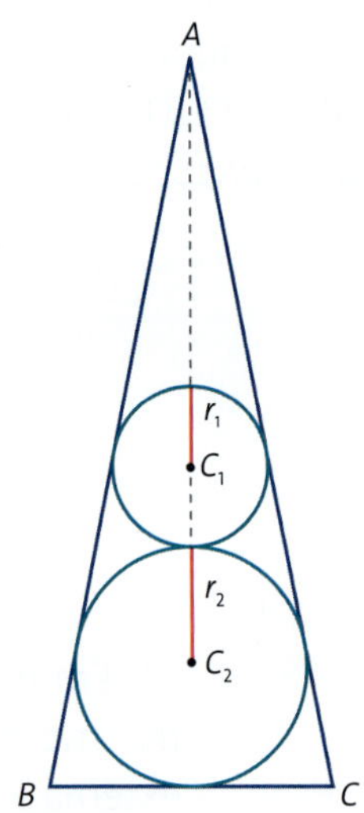

3 Polígonos regulares inscritos na circunferência

Os polígonos regulares são aqueles em que todos os lados e todos os ângulos são congruentes. Os mais importantes são o quadrado, o triângulo equilátero e o hexágono regular. Observe a seguir o quadrado e o pentágono regular inscritos em circunferências:

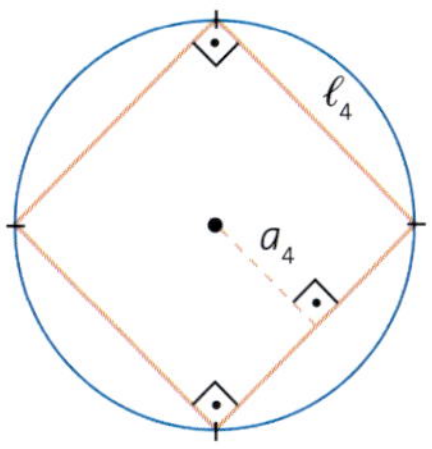

quadrado inscrito em uma circunferência
ℓ_4: lado
a_4: apótema

Fique atento!
Apótema é um segmento com uma extremidade no centro da circunferência e outra no ponto médio do lado do polígono regular.
Ele coincide com o raio da circunferência inscrita no polígono regular.

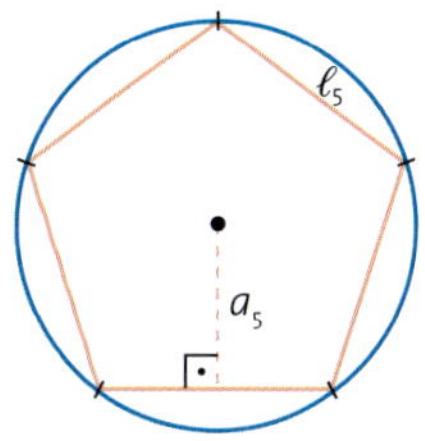

pentágono regular inscrito em uma circunferência
ℓ_5: lado
a_5: apótema

Para refletir
Os *n* vértices do polígono regular dividem a circunferência circunscrita em *n* partes iguais.
Verifique isso nas figuras desta página.

Cálculo da medida do lado e do apótema de um polígono regular em função do raio da circunferência

Quadrado inscrito em uma circunferência

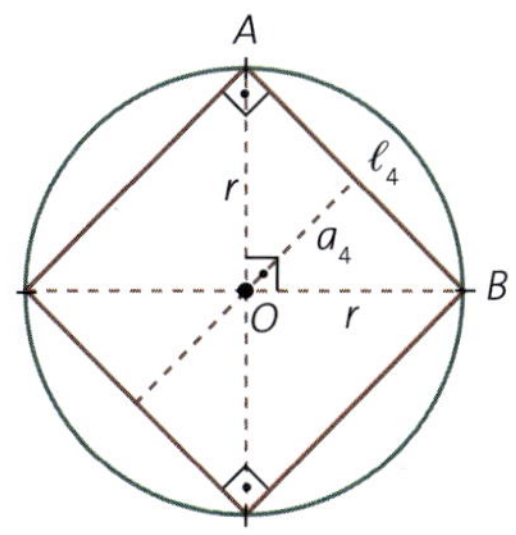

a) lado: ℓ_4

Aplicando o teorema de Pitágoras no $\triangle AOB$, temos:

$\ell_4^2 = r^2 + r^2 \Rightarrow \ell_4^2 = 2r^2 \Rightarrow$

$\Rightarrow \boxed{\ell_4 = r\sqrt{2}}$.

b) apótema: a_4

Observe na figura que:

$a_4 + a_4 = \ell_4 \Rightarrow$

$\Rightarrow 2a_4 = \ell_4 \Rightarrow a_4 = \dfrac{\ell_4}{2}$

Ou seja: $\boxed{a_4 = \dfrac{r\sqrt{2}}{2}}$.

Fique atento!
- O apótema é a metade do lado do quadrado.
- O diâmetro da circunferência é a diagonal do quadrado.

Exercício resolvido

1. Calcule o lado e o apótema de um quadrado inscrito em uma circunferência de 30 cm de raio.

Resolução

- $\ell_4 = r\sqrt{2} \Rightarrow \ell_4 = 30\sqrt{2} \Rightarrow \ell_4 \simeq 42{,}3$ cm
- $a_4 = \dfrac{r\sqrt{2}}{2} \Rightarrow a_4 = \dfrac{30\sqrt{2}}{2} \Rightarrow a_4 \simeq 21{,}2$ cm

Hexágono regular inscrito em uma circunferência

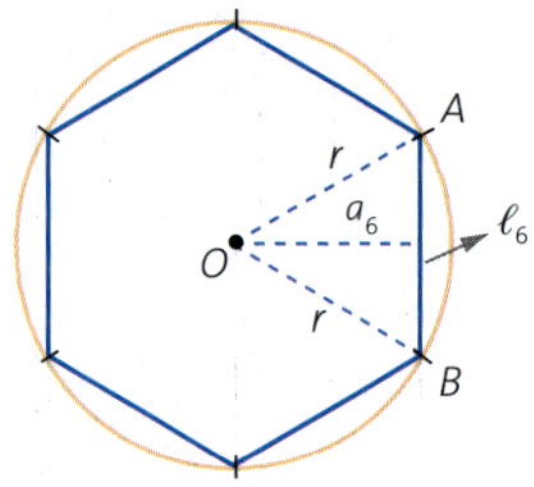

a) lado: ℓ_6

$A\hat{O}B$: $\frac{360°}{6} = 60°$; $\overline{OA} \cong \overline{OB} \Rightarrow O\hat{A}B \cong O\hat{B}A$

Nesse caso, $O\hat{A}B$ e $O\hat{B}A$ também medem $60° \left(\frac{180° - 60°}{2}\right)$.

Então, $\triangle OAB$ é equilátero e, daí, $\ell_6 = r$.

b) apótema: a_6

Como $\frac{AB}{2} = \frac{r}{2}$, temos:

$r^2 = a_6^2 + \frac{r^2}{4} \Rightarrow$

$\Rightarrow a_6^2 = \frac{3r^2}{4} \Rightarrow a_6 = \frac{r\sqrt{3}}{2}$

Triângulo equilátero inscrito em uma circunferência

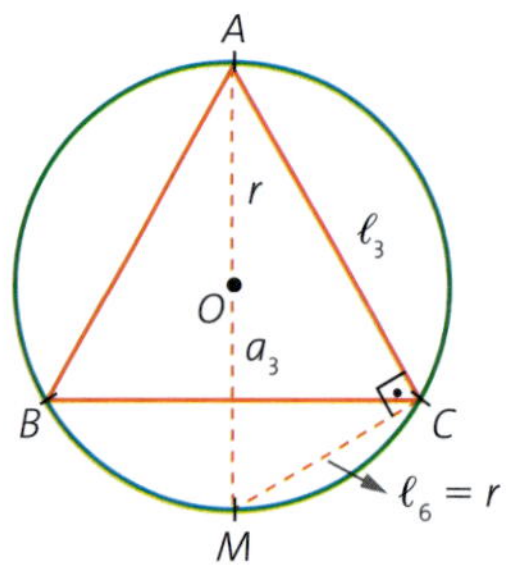

a) lado: ℓ_3

Observe que $AC = \ell_3 \Rightarrow CM = \ell_6$. Logo, $CM = r$.

Aplicando o teorema de Pitágoras no $\triangle ACM$, temos:

$\ell_3^2 + r^2 = (2r)^2 \Rightarrow \ell_3^2 = 3r^2 \Rightarrow \ell_3 = r\sqrt{3}$

b) apótema: a_3

$a_3^2 + \left(\frac{\ell_3}{2}\right)^2 = r^2 \Rightarrow a_3^2 = r^2 - \left(\frac{r\sqrt{3}}{2}\right)^2 \Rightarrow$

$\Rightarrow a_3 = \frac{r}{2}$

Exercícios resolvidos

2. Calcule o lado e o apótema de um hexágono regular inscrito em uma circunferência de 20 cm de raio.

Resolução

- $\ell_6 = r \Rightarrow \ell_6 = 20$ cm
- $a_6 = \frac{r\sqrt{3}}{2} \Rightarrow a_6 = \frac{20\sqrt{3}}{2} \Rightarrow a_6 \simeq 17{,}3$ cm

3. Calcule o lado e o apótema de um triângulo equilátero inscrito em uma circunferência de 35 cm de raio.

Resolução

- $\ell_3 = r\sqrt{3} \Rightarrow \ell_3 = 35\sqrt{3} \Rightarrow \ell_3 \simeq 60{,}6$ cm
- $a_3 = \frac{r}{2} \Rightarrow a_3 = \frac{35}{2} \Rightarrow a_3 = 17{,}5$ cm

Fique atento!
O apótema é a terça parte da altura do triângulo equilátero.

Comprimento da circunferência

Arquimedes

Historicamente, o cálculo do comprimento de uma circunferência sempre foi feito a partir da comparação com o diâmetro. Há cerca de 4 mil anos, os babilônios obtinham o comprimento da circunferência triplicando o diâmetro. Essa razão entre o comprimento da circunferência e o diâmetro dela é conhecida como o número π, ou seja, $\pi = \frac{C}{D}$. Então, para os babilônios, $\pi = 3$. Há cerca de 2 mil anos, Arquimedes (287 a.C.-212 a.C.), um dos mais importantes geômetras gregos de toda a História, publicou um tratado matemático contendo o cálculo do valor de π como um número entre $\frac{223}{71}$ e $\frac{22}{7}$. Isso equivalia a usar $\pi = 3{,}14$, o mesmo que usamos atualmente nos cálculos práticos, um feito notável para a época.

Hoje sabemos que π é o número irracional 3,14159265358979323846264338327950288419716939937510..., aqui escrito com as cinquenta primeiras casas decimais, mas que já foi obtido com precisão de 8 quatrilhões de casas decimais por poderosos computadores. Porém, mesmo hoje em dia, usar $\pi = 3{,}14$ é suficiente para as nossas necessidades práticas. Em cálculos teóricos, não substituímos π pelo seu valor. Assim, usamos para o comprimento da circunferência a fórmula $C = 2\pi r$, pois:

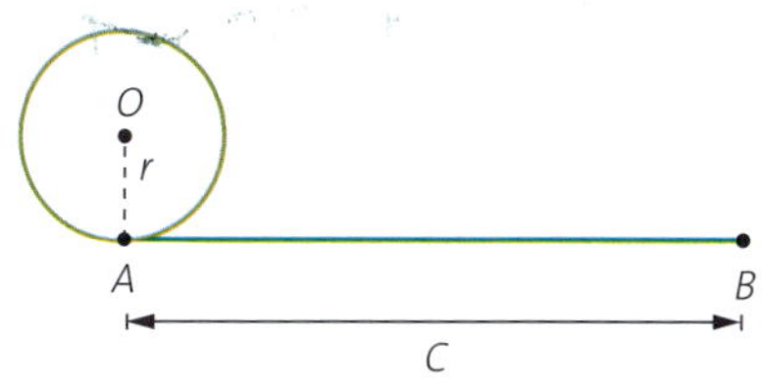

AB: medida da circunferência ou comprimento da circunferência (*C*)

$$\frac{C}{D} = \pi \Rightarrow \frac{C}{2r} = \pi \Rightarrow C = 2\pi r$$

Comprimento de um arco

O comprimento ℓ de um arco pode ser calculado de forma proporcional ao comprimento da circunferência. Uma semicircunferência, por exemplo, é um arco de 180° (metade de 360°), sendo seu comprimento, então, a metade do comprimento da circunferência.

Dessa forma, podemos escrever:

$$\frac{\ell}{2\pi r} = \frac{\alpha_{\text{graus}}}{360°} = \frac{\alpha_{\text{rad}}}{2\pi} = \text{fração da circunferência ocupada pelo arco}$$

Dependendo da informação conhecida (α em graus, α em radianos ou fração da circunferência), usamos uma das relações acima.

Exercícios resolvidos

4. Determine o valor aproximado do comprimento de uma circunferência que tenha 5 cm de raio.

Resolução

$C = 2\pi r \Rightarrow C = 2 \cdot \pi \cdot 5 \Rightarrow C \simeq 10\pi$ cm

5. Determine o comprimento do arco $\widehat{AB}$ na circunferência de raio 6 m da figura ao lado.

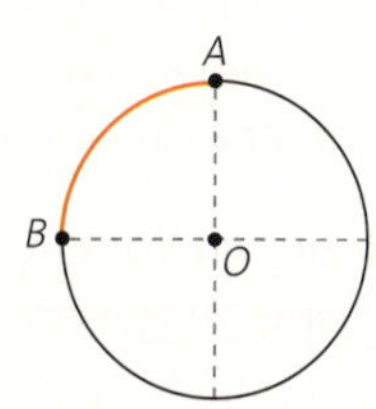

Resolução

O arco representa $\frac{1}{4}$ da circunferência. Então:

$$\frac{\ell}{2 \cdot \pi \cdot 6} = \frac{1}{4} \Rightarrow \ell = \frac{1}{4} \cdot \pi \cdot 12 = 3\pi \text{ m}$$

Exercícios

34. Calcule a medida do lado e do apótema de um polígono regular em função do raio da circunferência circunscrita a ele, em cada caso:

a) quadrado;

b) hexágono regular;

c) triângulo equilátero.

35. Escreva, em cada caso, o raio da circunferência, em função do lado do polígono regular:

a)

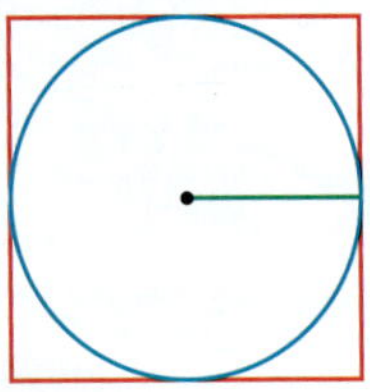

b)

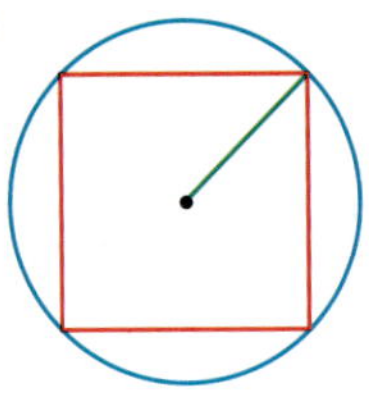

c)

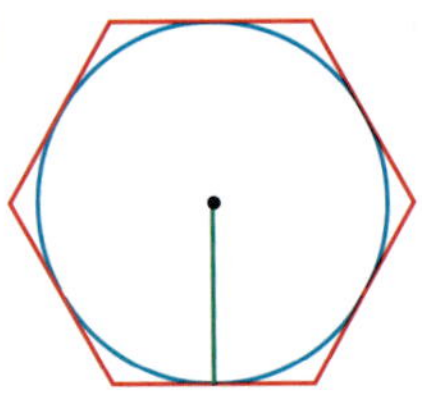

d)

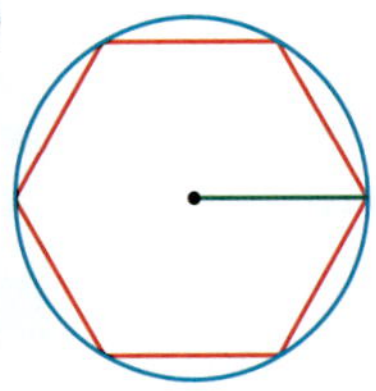

e)

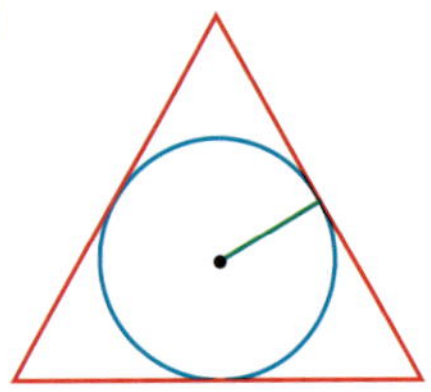

f)

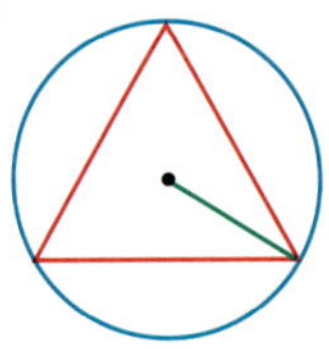

36. Prove que o apótema de um triângulo equilátero é a terça parte da medida de sua altura.

37. Em uma circunferência de 10 cm de raio, calcule as medidas do lado e do apótema de um:

a) triângulo equilátero inscrito;

b) quadrado inscrito;

c) hexágono regular inscrito.

38. Determine o perímetro do hexágono regular inscrito em uma circunferência de raio igual a 5 cm.

39. Um triângulo equilátero de lado 5 cm está inscrito em uma circunferência de raio *r*. Qual é a medida do diâmetro dessa circunferência?

40. Determine a razão entre o apótema de um quadrado e o lado de um triângulo equilátero, ambos inscritos em uma circunferência de raio igual a 6 cm.

41. Determine o comprimento de uma circunferência cujo diâmetro é 14 cm.

42. Calcule a medida do raio de uma circunferência cujo comprimento é 14π cm.

43. Uma roda tem 30 cm de raio. Para percorrer 188,4 m, quantas voltas completas ela precisa dar?

44. Uma roda de bicicleta tem diâmetro de 60 cm. Qual é a distância percorrida pela bicicleta depois que a roda deu 500 voltas?

45. Como ficará o comprimento de uma circunferência quando seu raio:

a) dobrar?

b) triplicar?

46. Determine o comprimento de uma circunferência inscrita em um quadrado de lado 5 cm.

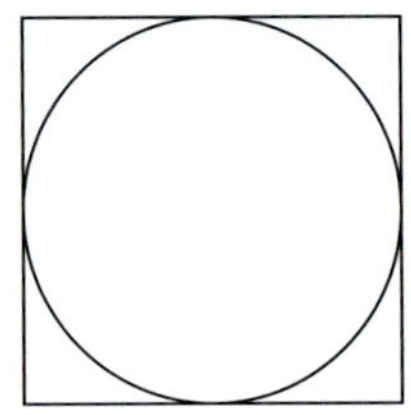

47. Calcule o comprimento de uma circunferência na qual está circunscrito um triângulo equilátero cujo apótema é 6 cm.

48. Qual é o comprimento dos arcos $\widehat{AB}$ a seguir, sendo 10 cm o raio de cada circunferência de centro *O*?

a)

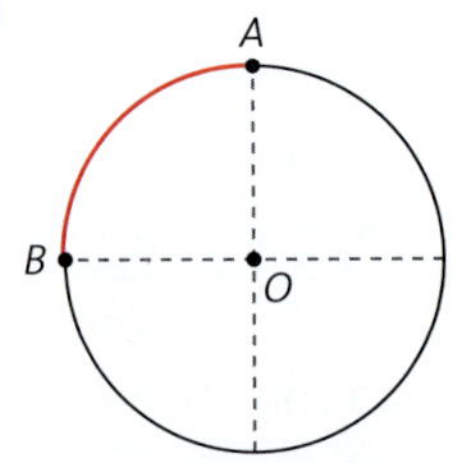

b)

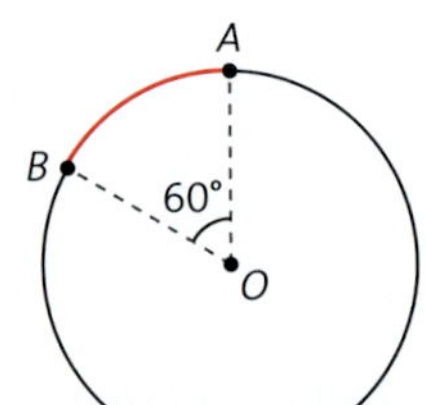

49. Qual é o comprimento de cada arco $\widehat{AB}$ abaixo, considerando que em cada caso os polígonos inscritos são regulares e o raio de cada circunferência é 24 cm? Lembre-se de que os vértices do polígono regular dividem a circunferência circunscrita a eles em partes iguais.

a)

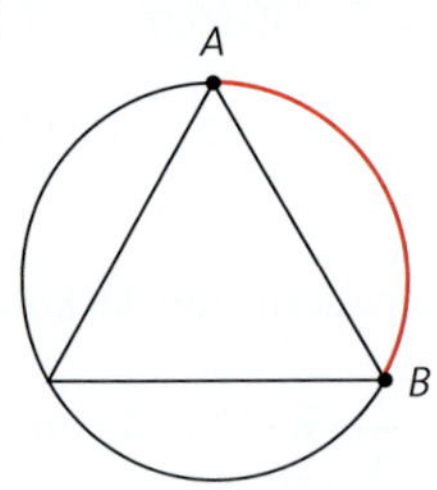

b)

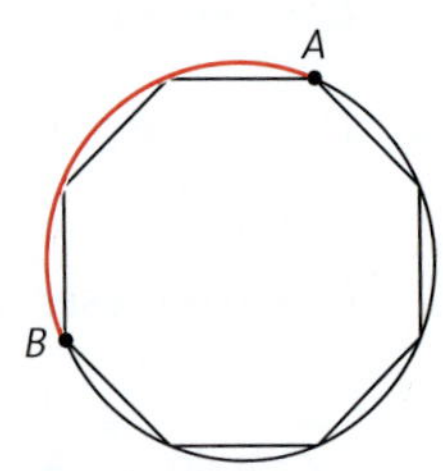

4 Áreas: medidas de superfícies

Desde a época dos antigos egípcios, que procuravam medir e demarcar suas terras (daí surgiu o nome Geometria = medida da terra), até hoje, quando topógrafos, geólogos e arquitetos fazem mapeamentos e plantas, o cálculo de áreas tem sido uma preocupação constante.

No começo deste capítulo você teve a oportunidade de, junto com seus colegas, sugerir maneiras de comparar a área da superfície de dois lagos para determinar a maior delas. Agora, aprofundaremos esse estudo, estabelecendo valores às medidas das superfícies e conhecendo as fórmulas para o cálculo da área das superfícies mais comuns.

Fabio Colombini/Acervo do fotógrafo

A floresta Amazônica tem cerca de 5 500 000 km² de área.

A ideia intuitiva de área

Suponha que queiramos medir a região do plano indicada por *F* na figura abaixo. Para isso, precisamos comparar *F* com uma unidade de área que chamaremos de U. O resultado dessa comparação é um número que exprime quantas vezes a região *F* contém a unidade de área U. Esse número assim obtido é a área de *F*.

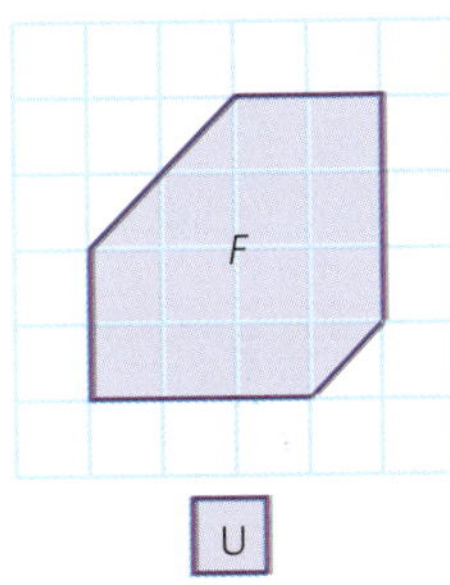

unidade de área: U

Então, a área da região plana *F* é 13,5 U, ou seja:

área de $F = 13{,}5$ U

Região quadrada unitária

Vamos estabelecer como unidade de área uma região quadrada cujo lado mede uma unidade de comprimento. Ela será chamada **região quadrada unitária**.

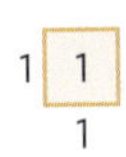

região quadrada unitária

Qualquer região quadrada cujo lado meça 1 terá, por definição, área igual a 1.

Área da região quadrada

- Consideremos uma região quadrada Q cujo lado mede n, em que n é um número natural. Ela pode ser decomposta em n^2 regiões quadradas justapostas, cada uma com lado unitário e, portanto, com área 1. Logo, a região quadrada Q tem área n^2:

$$\text{área de } Q = n^2$$

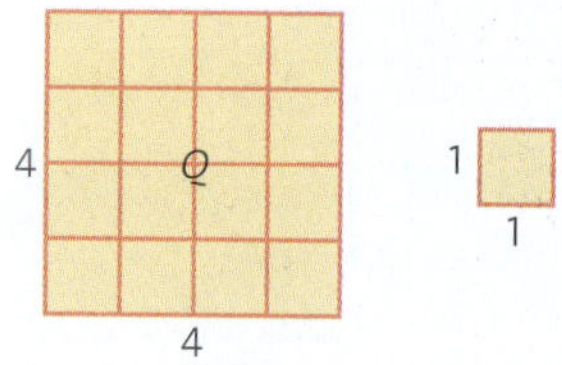

Região quadrada de lado 4, decomposta em $16 = 4^2$ regiões quadradas unitárias.

> **Fique atento!**
> Quadrado é todo quadrilátero que tem os quatro lados congruentes e os quatro ângulos retos.

- Vejamos agora quando o lado da região quadrada Q tem por medida $\frac{1}{n}$ em que $n \in \mathbb{N}^*$. Nesse caso, a região quadrada unitária pode ser decomposta em n^2 regiões quadradas justapostas, todas congruentes a Q.

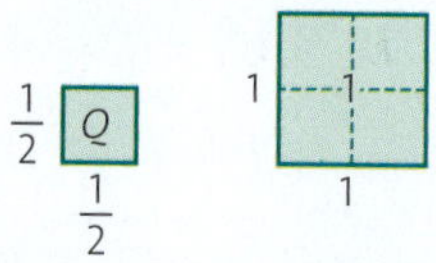

Região quadrada unitária decomposta em $4 = 2^2$ regiões quadradas congruentes a Q.

Área da região $Q = \frac{1}{4}\left(\frac{1^2}{2^2}\right)$ ou $\left(\frac{1}{2}\right)^2$.

Assim, $n^2 \cdot (\text{área de } Q) = 1$. Logo:

$$\text{área de } Q = \frac{1}{n^2} \text{ ou } \left(\frac{1}{n}\right)^2$$

- Passemos agora para um caso mais geral, em que a medida do lado da região quadrada Q é um número racional do tipo $\frac{m}{n}$, $m \in \mathbb{N}$ e $n \in \mathbb{N}^*$.

  Nesse caso, pode-se decompor Q em m^2 regiões quadradas, cada uma das quais com lado $\frac{1}{n}$. Assim, a área de cada uma dessas regiões quadradas menores é $\frac{1}{n^2}$.

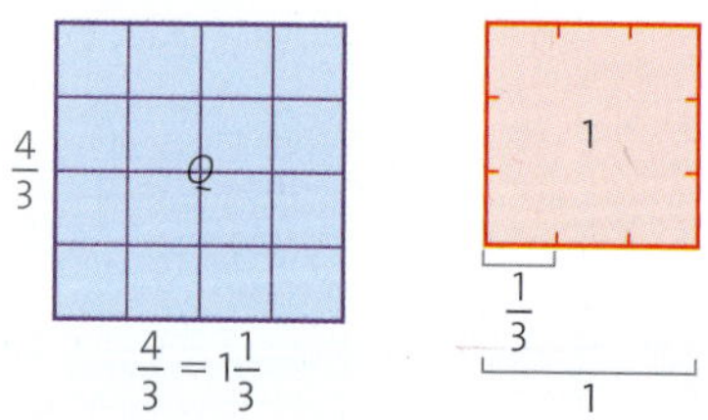

Região quadrada de lado $\frac{4}{3}$, decomposta em $16 = 4^2$ regiões quadradas menores, cada uma com lado cuja medida é $\frac{1}{3}$ e cuja área é $\frac{1}{3^2} = \frac{1}{9}$.

Área da região $Q = \frac{16}{9}\left(\frac{4^2}{3^2}\right)$ ou $\left(\frac{4}{3}\right)^2$.

Assim, neste caso, a área da região quadrada Q será dada por $m^2\left(\frac{1}{n^2}\right) = \frac{m^2}{n^2}$, ou seja:

$$\text{área de } Q = \left(\frac{m}{n}\right)^2$$

É possível provar que, se a medida do lado da região Q for um número irracional k, ainda assim:

$$\text{área de } Q = k^2$$

Conclusão: A área de uma região quadrada Q cujo lado mede ℓ é dada por:

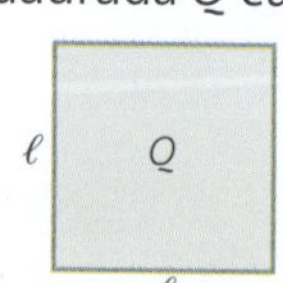

$$\text{área de } Q = \ell^2$$

sendo ℓ um número real positivo qualquer: natural, fracionário ou irracional.

Área da região retangular

A região retangular pintada abaixo contém 15 unidades de área. Portanto, sua área é de 15 cm^2.

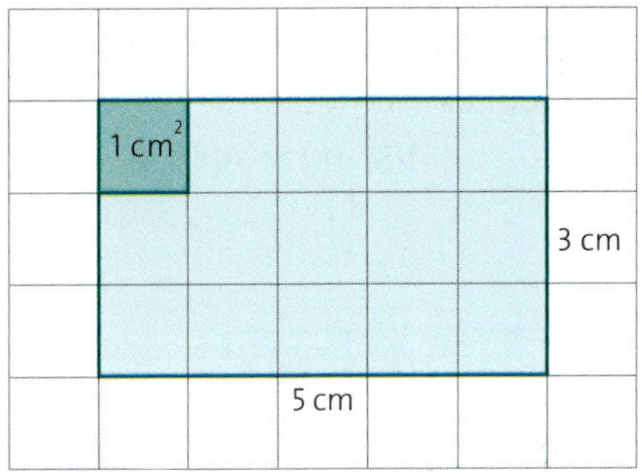

Fique atento!
Retângulo é todo quadrilátero que tem os quatro ângulos retos.

Observe que, em vez de contar quantas unidades de área estão contidas na região retangular, basta multiplicar a medida do comprimento pela medida da largura:

$$5 \text{ cm} \cdot 3 \text{ cm} = 15 \text{ cm}^2$$

Nesse caso, as medidas do comprimento e da largura são números naturais.

Vamos provar que, se a medida da base (b) e a medida da altura (h) forem números reais quaisquer, a área da região retangular R é dada por:

$$\text{área de } R = b \cdot h$$

Consideramos uma região retangular R de base b e altura h, em que b e h são números reais.

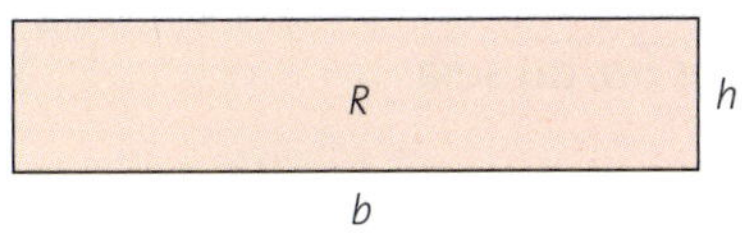

Construímos uma região quadrada cuja medida do lado é $b + h$, que contém duas cópias de R e mais duas regiões quadradas, uma cujo lado mede b e outra cujo lado mede h.

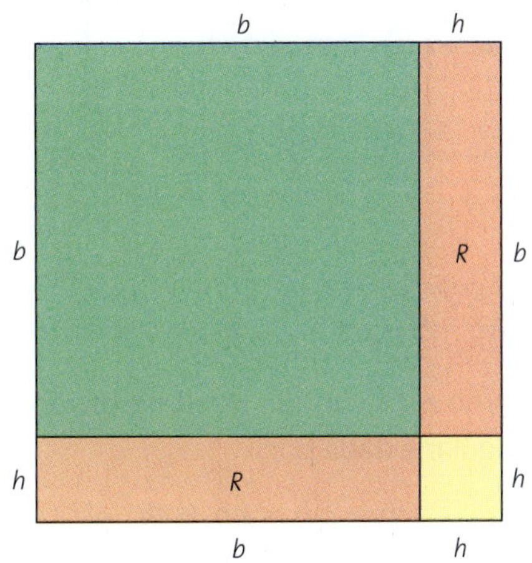

A área dessa região quadrada (Q) é dada pelo quadrado de uma soma:

$$\text{área de } Q = (b + h)^2 = b^2 + 2bh + h^2 \quad \text{(I)}$$

Como as regiões quadradas têm áreas iguais a h^2 e b^2, concluímos que:

$$\text{área de } Q = b^2 + h^2 + 2 \cdot (\text{área de } R) \quad \text{(II)}$$

Comparando (I) e (II), chegamos a:

$$\text{área de } R = b \cdot h$$

Proporcionalidade e área da região retangular

A área da região retangular é proporcional a cada uma de suas dimensões, ou seja, se mantivermos constante uma das dimensões e multiplicarmos a segunda dimensão por um número natural qualquer, a área também será multiplicada pelo mesmo número natural. Isso pode ser observado no exemplo a seguir.

Sendo $A(x, y)$ a área de uma região retangular de dimensões x e y:

$$A(h, 3b) = A(3h, b) = 3A(h, b)$$

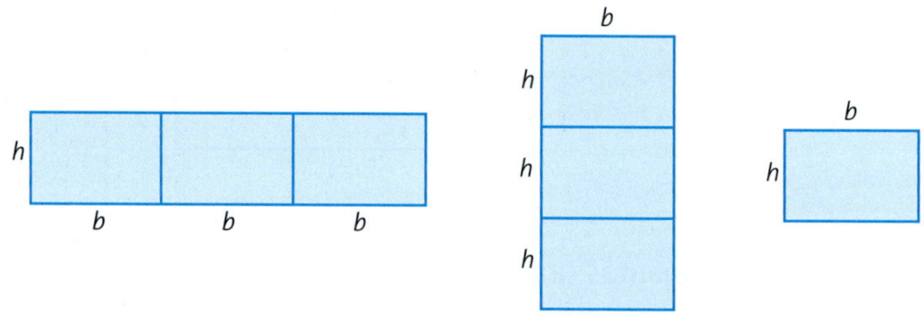

Usando essa ideia de proporcionalidade e a região quadrada unitária:

podemos também chegar à área da região retangular com dimensões h e b quaisquer:

$$A(h, b) = h \cdot A(1, b) = h \cdot b \cdot \underbrace{A(1, 1)}_{1} = hb$$

Logo, essa é outra maneira de provarmos que a área de uma região retangular cujo comprimento (base) é b e cuja largura (altura) é h é dada por hb, ou seja:

$$A = hb$$

Área da região limitada por um paralelogramo

Vamos calcular a área da região plana limitada pelo paralelogramo $ABCD$ tomando como base $\overline{AB}$ de medida b e sua altura $\overline{CE}$ (perpendicular a $\overline{AB}$) de medida h.

Examine a figura:

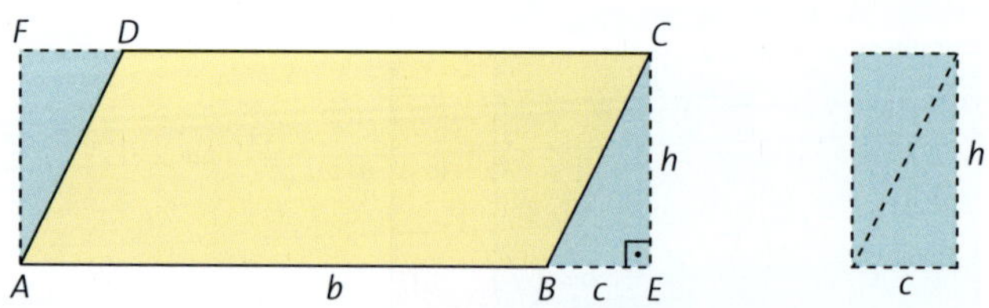

Fique atento!
Paralelogramo é todo quadrilátero no qual os lados opostos são paralelos.

A região limitada pelo paralelogramo está contida em uma região retangular de base $b + c$ e altura h. Você já sabe: a área dessa região retangular é dada por:

$$(b + c)h = bh + ch$$

Observe que a região retangular é formada pela região limitada pelo paralelogramo mais duas regiões triangulares que, juntas, formam uma região retangular de área ch. Assim:

$$bh + ch = (\text{área da região limitada pelo paralelogramo}) + ch$$

Portanto:

$$\text{área da região limitada pelo paralelogramo} = bh$$

Isso significa que a área da região limitada por um paralelogramo é igual ao produto da medida de uma de suas bases pela medida da altura correspondente a essa base escolhida.

Fique atento!
Esse resultado não depende da base escolhida. Se tivéssemos escolhido outro lado como base e tomado a altura correspondente, o resultado seria o mesmo.

Área da região triangular

Conhecendo-se a área da região limitada por um paralelogramo, fica muito simples determinar a área de uma região triangular. Sabe por quê? Porque toda região triangular é metade da região limitada por um paralelogramo de mesma base e mesma altura.

Veja:

Dada a região triangular *ABC*, cuja área queremos determinar, traçamos paralelas aos lados $\overline{AB}$ e $\overline{BC}$, determinando o ponto *D* e a região limitada pelo paralelogramo *ABCD*. Consideremos a altura $\overline{AE}$ de medida *h* desse paralelogramo.

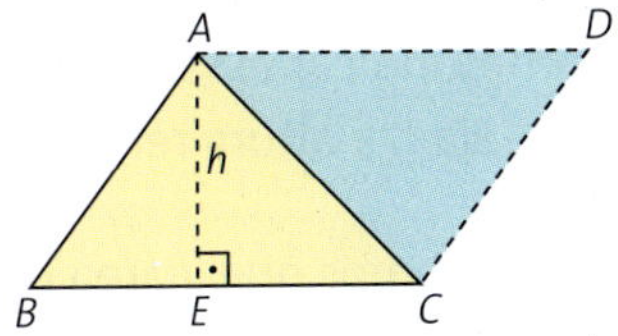

Já sabemos que, se a medida de $\overline{BC}$ é *b*, então a área da região limitada pelo paralelogramo é *bh*. Mas as regiões triangulares *ABC* e *ADC* são congruentes (pelo caso de congruência de triângulos ALA: têm um lado comum compreendido entre dois ângulos de mesma medida). Logo, essas regiões triangulares têm áreas iguais.

Assim:

área da região *ABCD* = 2 · área da região triangular *ABC*

ou

$bh = 2 \cdot$ área da região triangular *ABC*

Portanto:

$$\text{área da região triangular } ABC = \frac{bh}{2} \text{ ou } \frac{1}{2}bh$$

Fique atento!
Esse resultado não depende da base escolhida. Temos três escolhas para a base *b*, cada uma com sua altura *h* correspondente. Seja qual for a escolha, o valor de $\frac{bh}{2}$ será sempre o mesmo.

Podemos escrever: a área de uma região triangular é a metade do produto da medida da base pela medida da altura correspondente.

Área da região limitada por um triângulo equilátero

No triângulo equilátero, todos os lados são congruentes (ℓ, ℓ e ℓ), todos os ângulos internos são congruentes (60°, 60° e 60°), e toda altura é também mediana e bissetriz.

Veja o cálculo da área, usando a base (ℓ) e a altura (*h*):

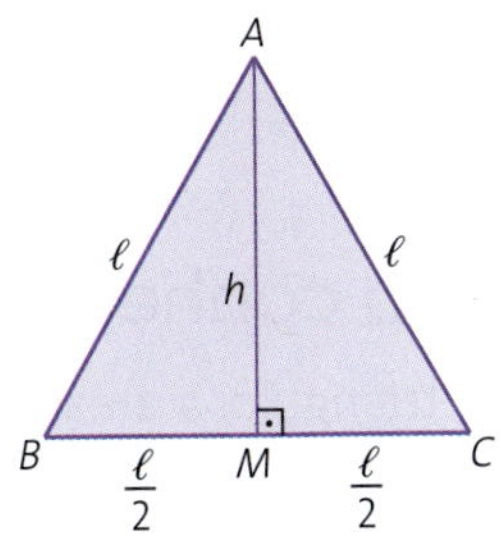

Fique atento!
Mediana é o segmento de reta que une um vértice ao ponto médio do lado oposto.

O triângulo *AMC* é retângulo em *M* e, portanto, vale a relação de Pitágoras:

$$\ell^2 = h^2 + \left(\frac{\ell}{2}\right)^2 \Rightarrow h^2 = \frac{3\ell^2}{4} \Rightarrow h = \frac{\ell\sqrt{3}}{2}$$

Logo, a área da região limitada pelo triângulo *ABC* é dada por:

$$A = \frac{\text{base} \cdot \text{altura}}{2} = \frac{BC \cdot h}{2} = \frac{\ell \cdot \frac{\ell\sqrt{3}}{2}}{2} = \frac{\ell^2\sqrt{3}}{4}$$

Portanto, $A = \frac{\ell^2\sqrt{3}}{4}$. (área da região triangular equilátera de lado ℓ)

Área da região triangular por meio da Trigonometria

Este caso se aplica quando são conhecidos dois lados do triângulo e o ângulo formado por eles.

Observe que LAL é um caso de congruência de triângulos, o que significa que um triângulo fica perfeitamente determinado quando conhecemos dois de seus lados e o ângulo formado por eles.

Consideremos o triângulo *ABC* representado na figura abaixo.

Suponhamos que sejam conhecidas as medidas dos lados $\overline{AC}$ e $\overline{CB}$ e o ângulo formado por eles, $A\hat{C}B$. Vamos indicar essas medidas assim: $AC = b$, $CB = a$ e $A\hat{C}B = \alpha$ para facilitar a demonstração.

Seja h a altura relativa à base $\overline{BC}$.

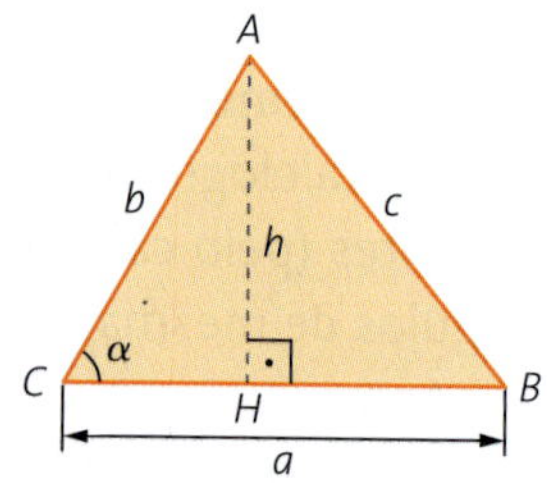

Sabemos que a área desse triângulo é dada por $S = \dfrac{ah}{2}$.

Se nós conhecemos α, podemos escrever $\text{sen}\,\alpha = \dfrac{h}{b}$, já que *ACH* é um triângulo retângulo.

Agora, podemos encontrar a altura em função de α e b:

$$h = b \cdot \text{sen}\,\alpha$$

Assim, a área será dada por:

$$S = \frac{ab \cdot \text{sen}\,\alpha}{2}$$

Para refletir
Se no triângulo retângulo podemos dizer que a área vale a metade do produto das medidas dos catetos, o que se pode concluir quanto ao valor do seno de 90°?

Mas o triângulo possui três alturas, cada uma dependendo do lado que considerarmos como base. Então, suponha que sejam conhecidos outros dois lados, $\overline{AB}$ e $\overline{BC}$, por exemplo, e o ângulo formado por eles, $A\hat{B}C$, e verifique que a igualdade acima também vale para eles.

Isso nos permite afirmar que:

A área *S* de qualquer região triangular é igual à metade do produto das medidas de dois dos seus lados multiplicada pelo seno do ângulo formado por eles.

Fique atento!
Esta conclusão se estende aos triângulos obtusângulos, ou seja, aqueles que têm um dos ângulos maior que 90°.

Área da região triangular sendo conhecidos os três lados

Conhecidos os três lados (*a*, *b* e *c*) de um triângulo, a área da região triangular pode ser calculada pela fórmula de Heron.

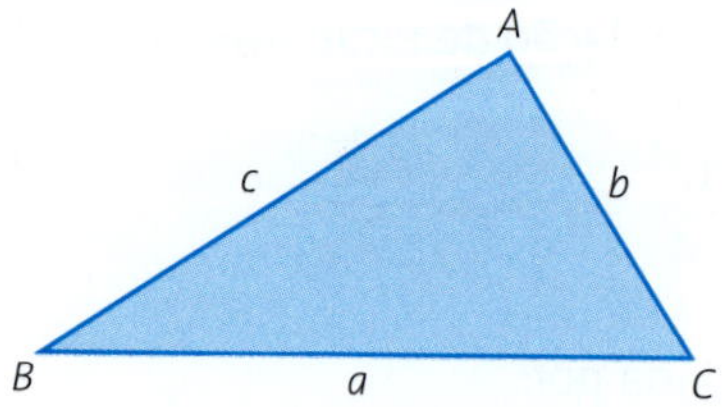

Para refletir
O que significa semiperímetro de um polígono?

Sendo o semiperímetro $p = \dfrac{a + b + c}{2}$, é possível demonstrar que:

$$A = \sqrt{p(p - a)(p - b)(p - c)}$$ fórmula de Heron

Área da região limitada por um trapézio

Podemos decompor uma figura plana em regiões cujas áreas já sabemos calcular. A área dessa figura plana será a soma das áreas das regiões em que a figura foi decomposta.

Por exemplo, vamos decompor a área da região limitada por um trapézio traçando uma de suas diagonais.

Dividimos a região limitada por um trapézio em duas regiões triangulares: uma de base B e altura h e outra de base b e altura h.

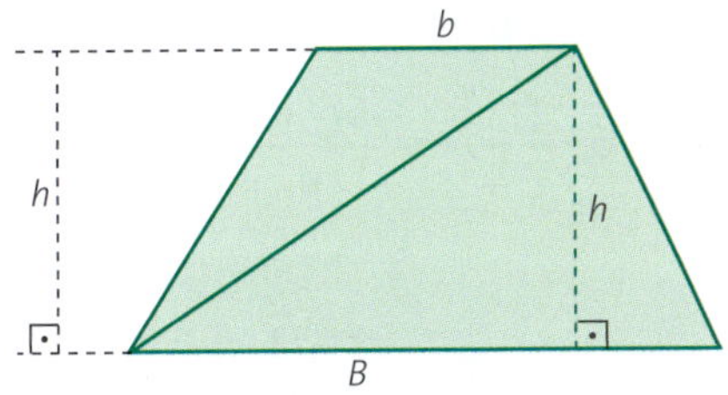

Fique atento!
Trapézio é todo quadrilátero com um só par de lados paralelos (bases).

A área de uma região triangular você já aprendeu a calcular. Portanto, a área da região trapezoidal é dada por:

$$A = \frac{Bh}{2} + \frac{bh}{2} = \frac{Bh + bh}{2} = \frac{(B + b)h}{2}$$

Então:

$$A = \frac{(B + b)h}{2} \quad \text{ou} \quad A = \frac{(\text{base maior} + \text{base menor}) \cdot \text{altura}}{2}$$

Dizemos que a área de uma região trapezoidal é igual à semissoma das medidas das bases vezes a medida da altura.

Área da região limitada por um losango

Todo losango é um paralelogramo, daí a área da região limitada por ele poder ser calculada como o produto da base pela altura. Entretanto, em geral, as dimensões de um losango são expressas pelas medidas de suas diagonais D e d.

Toda região limitada por um losango tem a mesma área de uma região retangular com altura D e base $\frac{d}{2}$, como mostram as figuras:

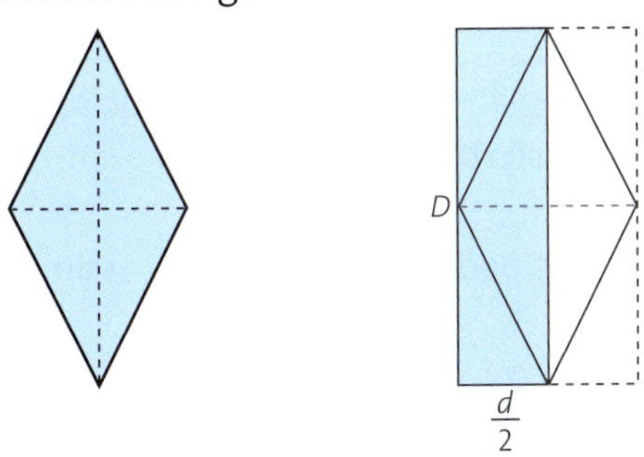

Fique atento!
Losango é todo quadrilátero que tem os quatro lados com medidas iguais.

Assim, a área da região limitada por um losango é dada pela metade do produto das medidas das diagonais. Veja:

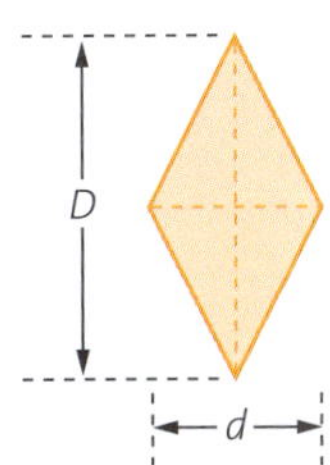

$$A = D \cdot \frac{d}{2} \quad \text{ou} \quad A = \frac{Dd}{2} \quad \text{ou} \quad A = \frac{\text{diagonal maior} \cdot \text{diagonal menor}}{2}$$

Fique atento!
Como todo quadrado é um losango, às vezes é conveniente calcular a área da região quadrada em função das suas diagonais, que têm a mesma medida. Nesse caso, a área da região quadrada é dada por $A = \frac{d^2}{2}$.

Área da região limitada por um hexágono regular

A região limitada por um hexágono regular é formada por seis regiões triangulares equiláteras. Como a área da região triangular equilátera é dada por:

$$A = \frac{\ell^2\sqrt{3}}{4}$$

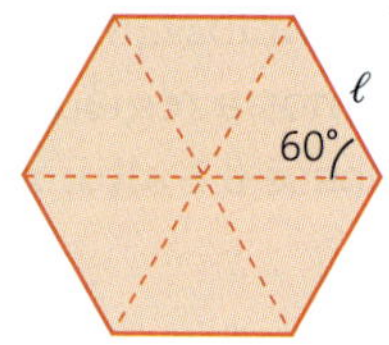

a área da região limitada por um hexágono regular é dada por:

$$A = 6 \cdot \frac{\ell^2\sqrt{3}}{4} = \frac{6\ell^2\sqrt{3}}{4} = \frac{3\ell^2\sqrt{3}}{2}$$

ou seja:

$$A = \frac{3\ell^2\sqrt{3}}{2}$$

Área de uma região limitada por um polígono regular

Observe alguns exemplos de polígonos regulares nos contornos das regiões poligonais:

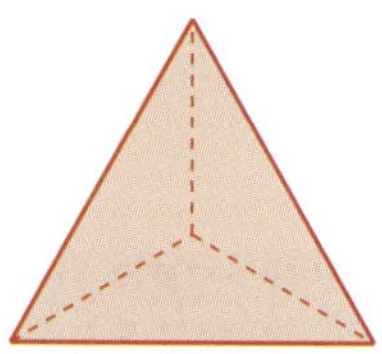

Triângulo equilátero
(polígono regular de três lados)

Quadrado
(polígono regular de quatro lados)

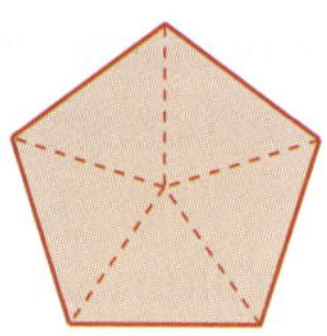

Pentágono regular
(polígono regular de cinco lados)

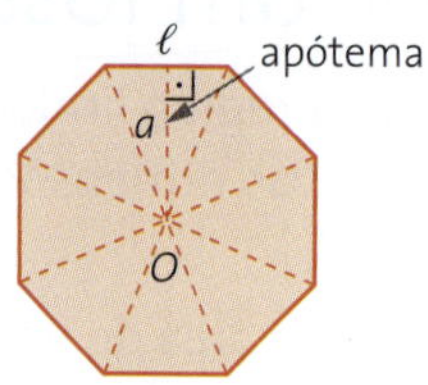

Octógono regular
(polígono regular de oito lados)

Fique atento!
Polígono regular é aquele que tem todos os lados e todos os ângulos internos congruentes. Ele pode sempre ser inscrito em uma circunferência.

Pode-se perceber que, se o polígono regular tem n lados, a região limitada por ele pode ser decomposta em n regiões limitadas por triângulos isósceles. Em cada um desses triângulos, a base é o lado (ℓ) e a altura é o apótema (a) do polígono regular.

A área da região limitada por um polígono regular de n lados pode então ser escrita assim:

$$A = n \cdot \frac{\ell a}{2} \quad \text{ou} \quad A = \frac{n\ell}{2} \cdot a \quad \text{ou} \quad A = pa$$

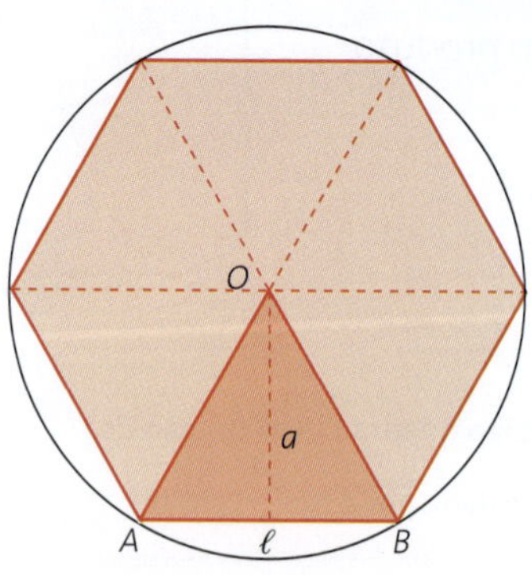

em que ℓ: lado
a: apótema
$n\ell$: perímetro ($2p$)
p: semiperímetro

Para refletir
No pentágono regular temos $A = \frac{5}{2}\ell a$ e no octógono regular temos $A = 4\ell a$.
Escreva no caderno a área de um decágono regular em função do lado e do apótema.

Exercícios resolvidos

» Resolvido passo a passo

6. (Enem) O tangram é um jogo oriental antigo, uma espécie de quebra-cabeça, constituído de sete peças: 5 triângulos retângulos e isósceles, 1 paralelogramo e 1 quadrado. Essas peças são obtidas recortando-se um quadrado de acordo com o esquema da figura 1. Utilizando-se todas as sete peças, é possível representar uma grande diversidade de formas, como as exemplificadas nas figuras 2 e 3.

figura 1

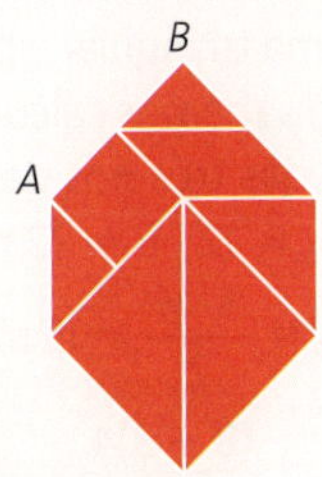

figura 2

figura 3

Se o lado $\overline{AB}$ do hexágono mostrado na figura 2 mede 2 cm, então a área da figura 3, que representa uma "casinha", é igual a:

a) 4 cm^2.
b) 8 cm^2.
c) 12 cm^2.
d) 14 cm^2.
e) 16 cm^2.

1. Lendo e compreendendo

a) O que é dado no problema?

É dado o esquema de um tangram e duas das formas que podem ser feitas com ele — um hexágono e uma casinha. Também é fornecido o comprimento de um dos lados do hexágono (2 cm).

b) O que se pede?

A área da casinha mostrada na figura 3.

2. Planejando a solução

Primeiramente, devemos perceber que, como a casinha foi feita usando-se todas as peças do tangram, a sua área equivale à área do quadrado da figura 1 e à área do hexágono da figura 2. Dessa forma, não precisamos calcular área por área de cada peça do tangram.

A seguir, devemos perceber que o segmento $\overline{AB}$ do hexágono coincide com metade da diagonal do quadrado da figura 1, pois ambos são formados pelo lado do quadrado e por um dos catetos do triângulo pequeno.

Assim, determinaremos a área do quadrado a partir de sua diagonal, e isso pode ser feito de duas formas:

1ª maneira:

A partir da diagonal, obtemos o lado (ℓ), e assim podemos usar a fórmula da área do quadrado ($A_{\text{quadrado}} = \ell^2$).

2ª maneira:

Lembrando que todo quadrado é um losango, podemos usar a fórmula da área do losango para obter a área do quadrado a partir de suas diagonais $\left(A_{\text{losango}} = \dfrac{D \cdot d}{2}\right)$.

3. Executando o que foi planejado

Se $AB = 2$ cm equivale à metade da diagonal do quadrado da figura 1, então a diagonal do quadrado mede 4 cm. A partir da diagonal do quadrado, de acordo com nossa estratégia, podemos obter a sua área de duas maneiras distintas:

1ª maneira:

A diagonal D do quadrado de lado ℓ é dada por $D = \ell \cdot \sqrt{2}$. Assim, temos:

$$4 = \ell \cdot \sqrt{2} \Rightarrow \ell = \frac{4}{\sqrt{2}}$$

Não há necessidade de racionalizar esse resultado, pois ele foi calculado apenas para ser usado na fórmula da área do quadrado:

$$A_{\text{quadrado}} = \ell^2 \Rightarrow A_{\text{quadrado}} = \left(\frac{4}{\sqrt{2}}\right)^2 = \frac{16}{2} = 8$$

2ª maneira:

As duas diagonais do quadrado são iguais; então, ambas medem 4 cm.

$$A_{\text{losango}} = \frac{D \cdot d}{2} \Rightarrow A_{\text{losango}} = \frac{4 \cdot 4}{2} = \frac{16}{2} = 8$$

Assim, a área do quadrado da figura 1 é 8 cm^2 e também a área da casinha da figura 3 (e do hexágono da figura 2).

4. Emitindo a resposta

A resposta é a alternativa **b**.

5. Ampliando o problema

a) O hexágono da figura 2 é regular? Justifique.

b) Se a área do triângulo menor for A, qual é a área das demais peças (quadrado, paralelogramo, triângulo médio e os dois triângulos maiores)?

c) *Discussão em equipe*

Conversem sobre a utilidade de jogos e brincadeiras, como o tangram, em sala de aula com o objetivo de ajudar o ensino de Matemática. Na opinião de vocês, essa prática é útil ou não?

d) *Pesquisa*

De que país é originário o tangram? Em que ano foi publicado o primeiro livro conhecido que menciona o tangram?

7. Determine a área do terreno plano ao lado usando as medidas dadas.

Resolução

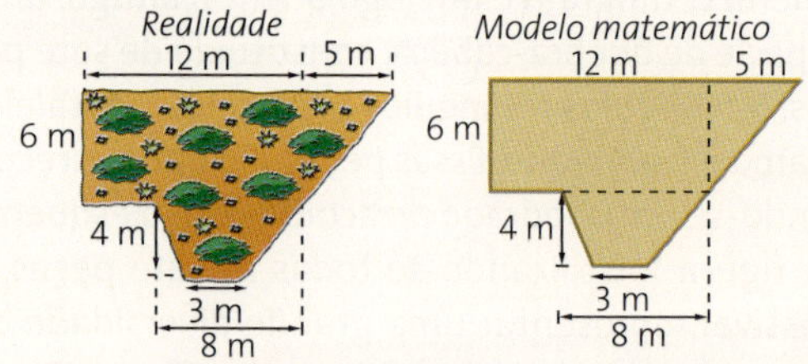

Dam d'Souza/Arquivo da editora

O terreno foi decomposto em três regiões: uma retangular, uma triangular e outra em forma de trapézio. Como já sabemos calcular a área de cada uma delas, a soma das três nos dará a área do terreno.

$A_{\text{retângulo}} = 12 \cdot 6 = 72\ \text{m}^2$

$A_{\text{triângulo}} = \dfrac{5 \cdot 6}{2} = 15\ \text{m}^2$

$A_{\text{trapézio}} = \dfrac{(8 + 3)4}{2} = 22\ \text{m}^2$

Área total $= 72\ \text{m}^2 + 15\ \text{m}^2 + 22\ \text{m}^2 = 109\ \text{m}^2$

Exercícios

50. Feito o levantamento de um terreno, foram determinados os dados indicados na figura abaixo. Nessas condições, qual é a área do terreno?

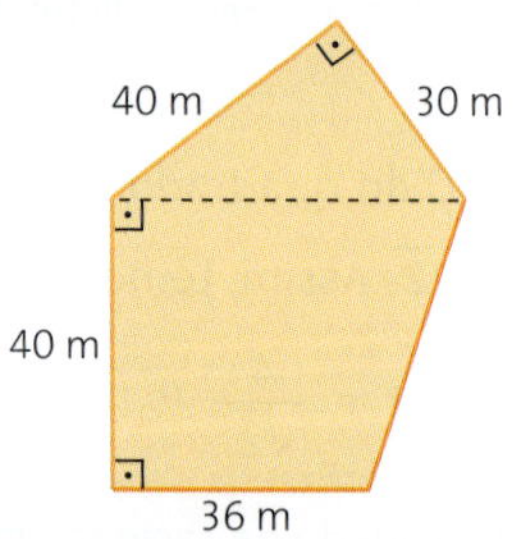

51. Na figura abaixo, $DM = MN = NC$. Calcule a área da região colorida dessa figura.

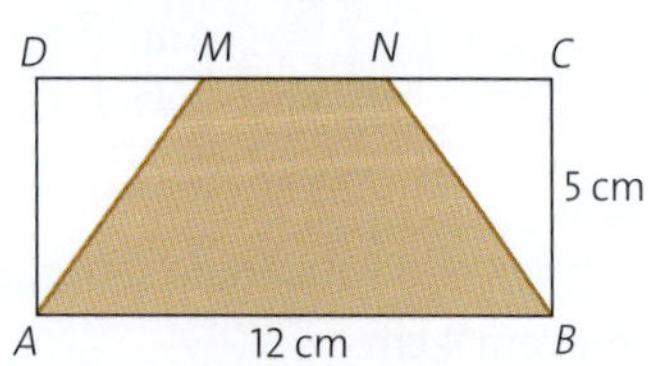

52. Um terreno tem a forma de um trapézio de bases 20 m e 14 m, e altura 11 m. Nesse terreno, construiu-se uma piscina retangular de 8 m por 5 m. No restante do terreno foram colocadas pedras mineiras. Qual foi a área onde se colocou pedra?

53. De uma placa de alumínio foi recortada uma região triangular equilátera de lado 20 cm. Qual é a área dessa região que foi recortada?

54. Mostre que a fórmula $A = \dfrac{(B + b)a}{2}$ pode ser obtida decompondo-se a região limitada pelo trapézio como na figura a seguir.

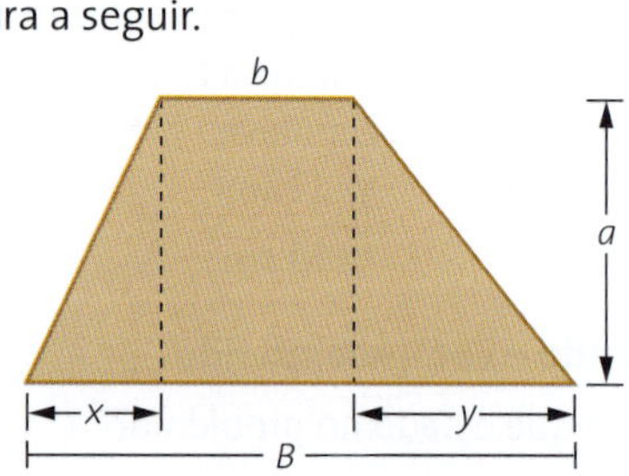

55. Qual é a área do material usado para fazer as quatro bandeirinhas abaixo?

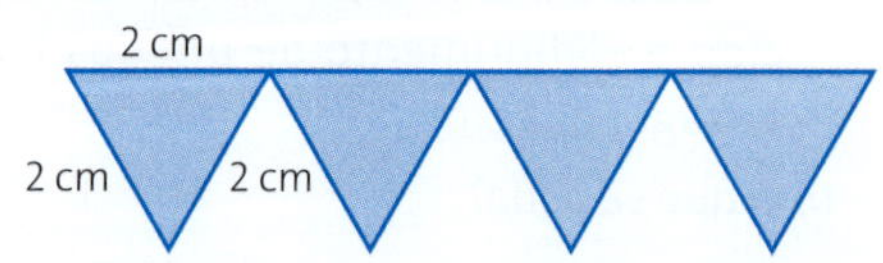

56. Um tetraedro regular é um sólido formado por quatro triângulos equiláteros. Qual é a área total da superfície do tetraedro regular abaixo?

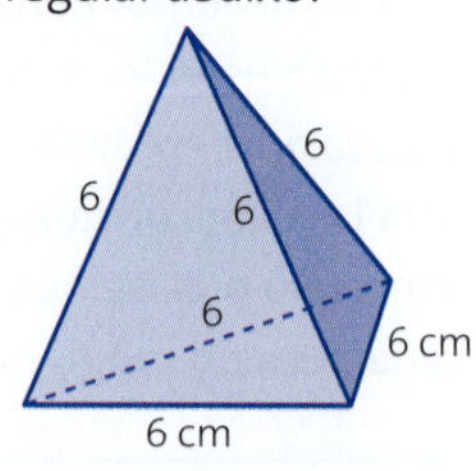

57. Determine a área da região triangular abaixo:

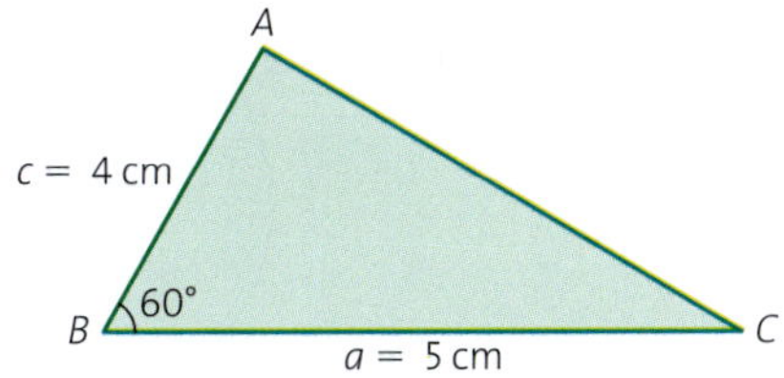

58. Em um triângulo *ABC*, dois lados medem 4 cm e formam um ângulo de 60°. Determine a área dessa região triangular.

59. Qual é a área da região limitada por um paralelogramo cujos lados medem 10 cm e 16 cm, sabendo que formam um ângulo de 30°?

60. As diagonais de um paralelogramo medem 10 cm e 8 cm e formam um ângulo de 60°. Determine a área dessa região limitada pelo paralelogramo.

61. Um piso de cerâmica tem a forma hexagonal regular. O lado do piso mede 8 cm. Qual é a área desse piso?

62. Um cubo é um sólido formado por 6 quadrados. Determine a área total da superfície do cubo da figura abaixo.

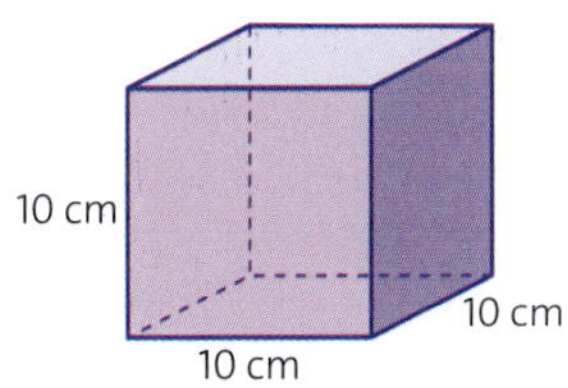

63. Um bloco retangular é um sólido formado por 6 retângulos. Determine a área total da superfície do bloco retangular da figura abaixo.

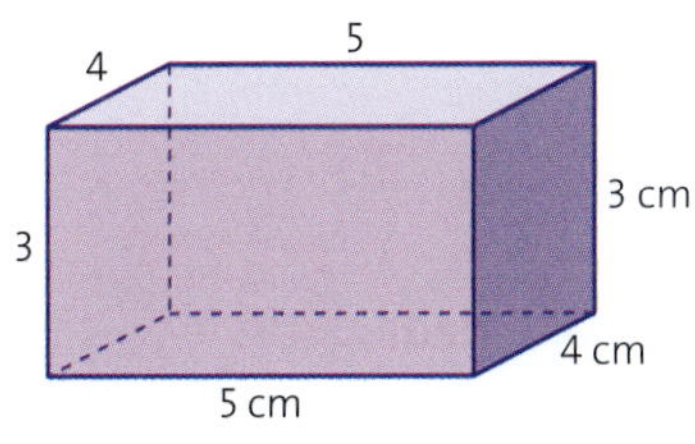

64. Qual é a área de toda a parte colorida da figura ao lado? Qual é a área da região não colorida?

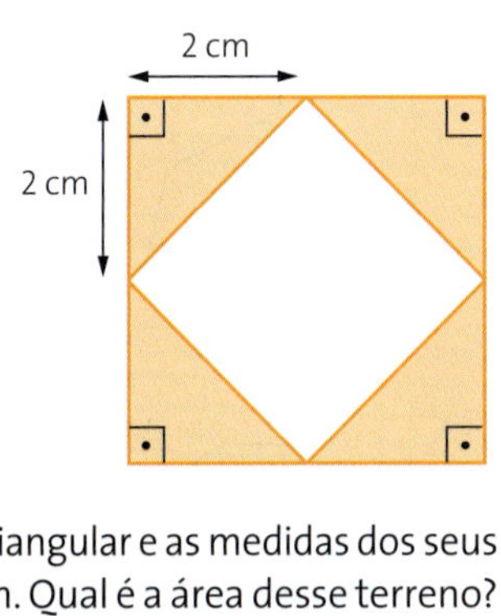

65. Um terreno tem forma triangular e as medidas dos seus lados são 17 m, 15 m e 8 m. Qual é a área desse terreno?

66. DESAFIO (Unicamp-SP) Alguns jornais calculam o número de pessoas presentes em atos públicos considerando que cada metro quadrado é ocupado por 4 pessoas. Qual a estimativa do número de pessoas presentes numa praça de 4 000 m^2 que tenha ficado lotada para um comício, segundo essa avaliação?

67. DESAFIO *Geografia*

(PUC-SP) Um mapa é feito em uma escala de 1 cm para cada 200 km. O município onde se encontra a capital de certo estado está representado, nesse mapa, por um losango que tem um ângulo de 120° e cuja diagonal menor mede 0,2 cm. Determine a área desse município.

68. Uma região quadrada tem 8 cm de lado.

a) Se cada lado aumentar em 3 cm, a área aumentará em quantos centímetros quadrados?

b) Se cada lado aumentar em 20%, a área aumentará em quanto por cento?

69. Uma cesta de lixo tem por faces laterais trapézios isósceles e por fundo um quadrado de 19 cm de lado. Desprezando a espessura da madeira, quantos metros quadrados de madeira foram necessários para fabricar essa cesta de lixo?

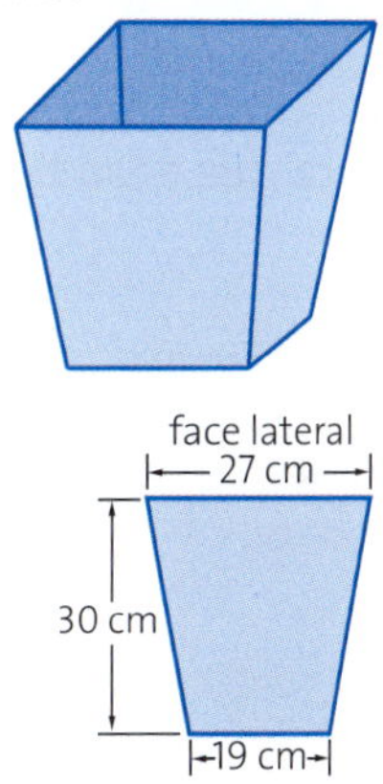

70. Calcule a área da região poligonal de uma cartolina limitada por um hexágono regular de lado 10 cm.

71. A figura abaixo mostra uma folha circular de zinco, de onde foi recortada a região triangular equilátera colorida. Calcule a área dessa região colorida.

$\left(\ell_3 = r\sqrt{3} \text{ e } a_3 = \dfrac{r}{2}\right)$

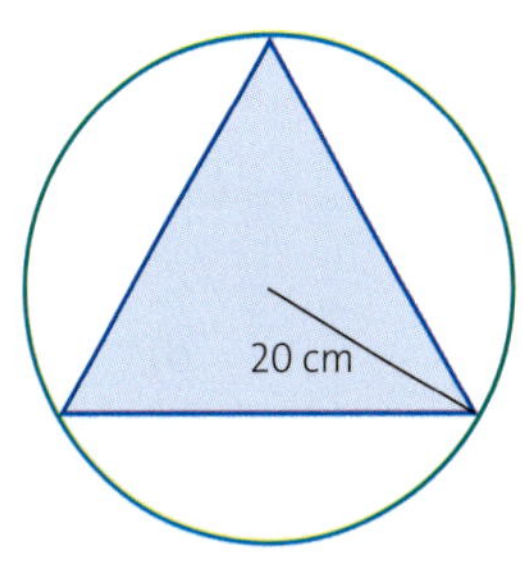

Área do círculo

A fórmula da área do círculo

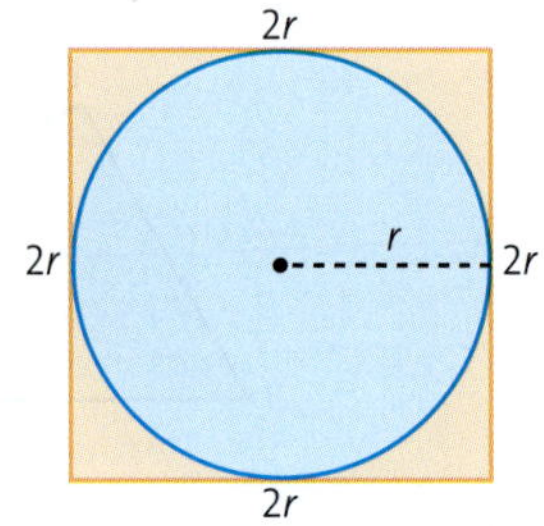

Veja o círculo ao lado inscrito em um quadrado.

Medida do lado do quadrado: $2r$.

Área da região quadrada: $(2r)^2 = 4r^2$.

Então, a área do círculo com raio de medida r é menor do que $4r^2$.

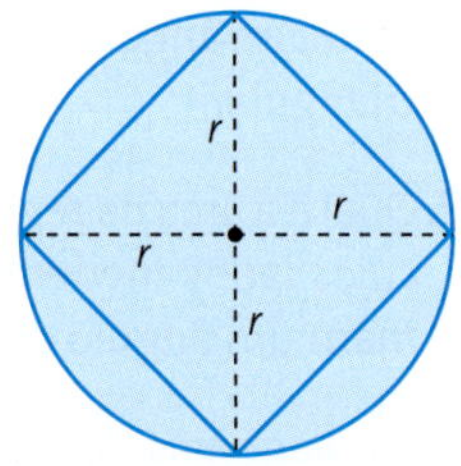

Agora observe ao lado o mesmo círculo circunscrito a um quadrado.

O quadrado tem diagonais de medidas $2r$ e $2r$.

Como o quadrado é um caso particular de losango, a área da região quadrada pode ser obtida assim:

$$\frac{2r \cdot 2r}{2} = \frac{4r}{2} = 2r^2$$

Então, a área do círculo com raio de medida r é maior do que $2r^2$.

Assim, em um círculo com raio de medida r, a área A é tal que:

$$2r^2 < A < 4r^2$$

ou seja, a área A é obtida pelo produto de um número próximo de 3 (que veremos que é o π) por r^2.

Determinação da área do círculo

1ª maneira: usando círculo dividido em setores

O círculo a seguir foi dividido em um número par de setores circulares que formaram uma figura cujo contorno lembra um paralelogramo. Sua base mede a metade do comprimento da circunferência $\left(\frac{2\pi r}{2} = \pi r\right)$ e sua altura mede r.

A área dessa figura, que é também a área do círculo, é $A = (\pi r)r = \pi r^2$, isto é:

$$A = \pi r^2$$

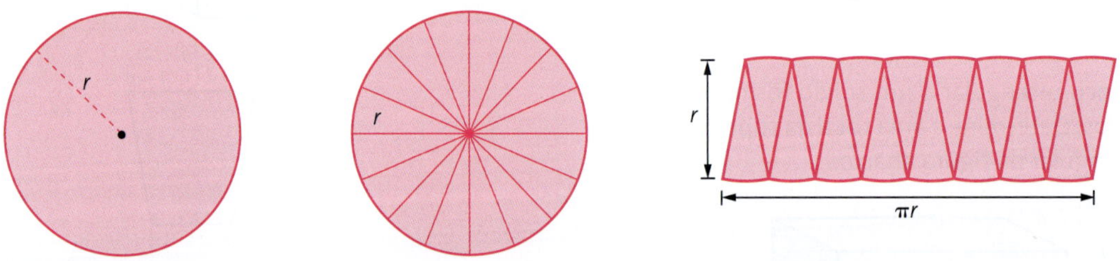

2ª maneira: usando polígonos regulares

Já vimos que a área da região determinada por um polígono regular é dada por $A = \frac{aP}{2}$, em que a é a medida do apótema e P é o perímetro.

Analise esta sequência.

O que você pode perceber?

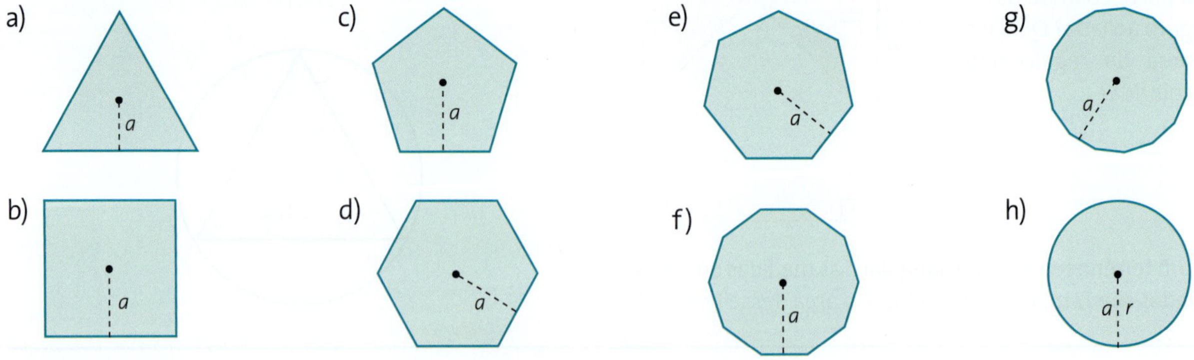

À medida que aumentamos suficientemente o número de lados dos polígonos regulares, a tendência é chegar ao círculo, no qual o apótema passa a ser o raio (r) e o perímetro passa a ser o comprimento da circunferência ($2\pi r$).

Assim, a área do círculo pode ser representada por:

O círculo e a história da Segunda Guerra Mundial

$$A = \frac{aP}{2} = \frac{r \cdot 2\pi r}{2} = \pi r^2, \text{ ou seja,}$$

$$A = \pi r^2$$

Área do setor circular

A parte pintada da figura é conhecida como setor circular de um círculo de raio r. Todo setor circular tem um arco correspondente (ℓ) e um ângulo (α).

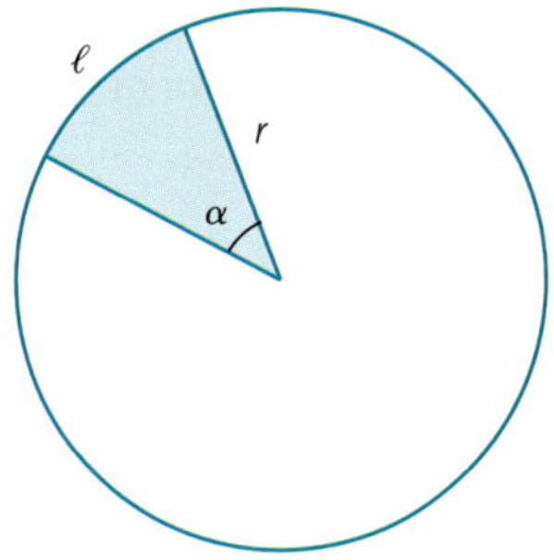

O setor circular é uma fração do círculo, e sua área A é diretamente proporcional ao ângulo central α. Um semicírculo, por exemplo, é um setor circular cujo ângulo central é 180° (metade de 360°) e sua área é metade da área do círculo.

O comprimento ℓ do arco também é proporcional ao ângulo central α. Então, podemos escrever que:

$$\frac{A_{setor}}{\pi r^2} = \frac{\alpha_{graus}}{360°} = \frac{\alpha_{rad}}{2\pi} = \frac{\ell}{2\pi r}$$

Dependendo da informação conhecida (α em graus, α em radianos, ou comprimento ℓ do arco) usamos as razões acima.

Exercícios resolvidos

8. Calcule quantas pessoas cabem, aproximadamente, em uma praça circular de 20 m de raio, considerando 5 pessoas por metro quadrado. (Use $\pi = 3{,}14$.)

Resolução

$A = \pi r^2$; $\pi = 3{,}14$; $r = 20$

$A = 20^2 \cdot 3{,}14 = 1256 \text{ m}^2$

Número aproximado de pessoas: $1256 \cdot 5 = 6280$.

Assim, cabem aproximadamente 6280 pessoas nessa praça.

9. Calcule a área do setor circular pintado ao lado.

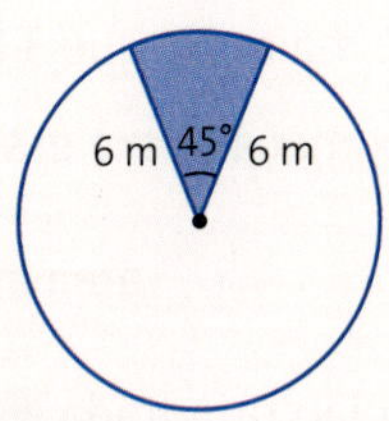

Resolução

área do setor: $\frac{A_{setor}}{\pi \cdot 6^2} = \frac{45°}{360°} \Rightarrow A_{setor} = \frac{1}{8} \cdot \pi \cdot 36 = \frac{9\pi}{2}$

A área do setor circular pintado é $\frac{9\pi}{2}$ m².

Cálculo aproximado de áreas

Você saberia calcular a área desta região R?

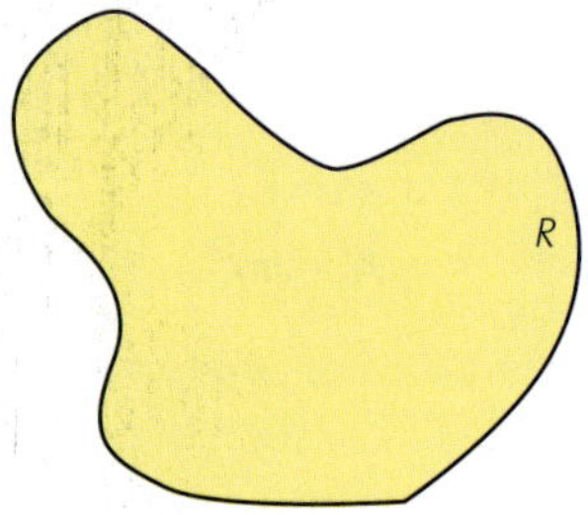

Que método podemos adotar para achar a área de regiões com formas parecidas com essa?

Para responder a essas perguntas usamos o seguinte procedimento:

Primeiramente decalcamos essa região em uma malha quadriculada e contamos o maior número possível de regiões quadradas inteiras que cabem dentro dela.

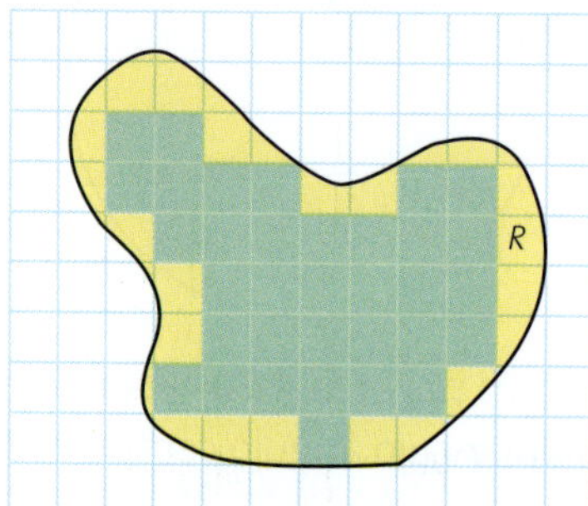

Em seguida, contamos o menor número possível de regiões quadradas inteiras que cobrem R totalmente:

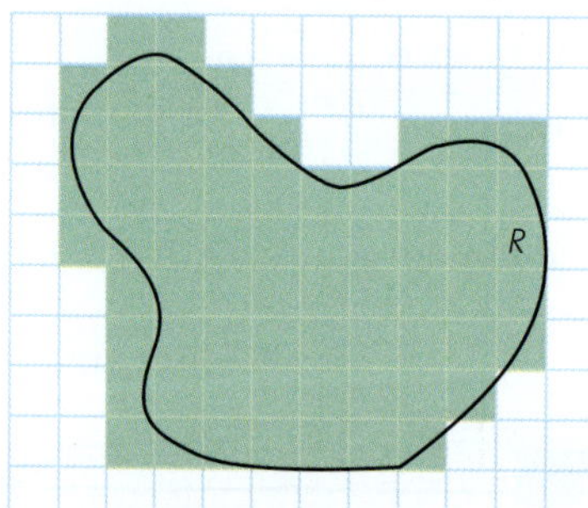

Assim:

- cabem 34 regiões quadradas inteiras dentro da região R.

  Dizemos que a **área por falta** da região R é de 34 ■.

- 67 regiões quadradas inteiras cobrem a região R.

  Dizemos que a **área por excesso** da região R é de 67 ■.

Conseguiu descobrir qual é a área?

A área da região R é maior do que 34 ■ e menor do que 67 ■.

Uma razoável aproximação para essa área é dada pela média aritmética dos dois valores encontrados:

$$\text{área aproximada} = \frac{34 + 67}{2} = 50{,}5 \ ■$$

Como a área da região quadrada ■ da malha quadriculada é de $(0{,}5)^2 \text{ cm}^2 = 0{,}25 \text{ cm}^2$, então a área aproximada da região R é dada por $A \simeq 50{,}5 \cdot 0{,}25 = 12{,}63 \text{ cm}^2$.

Exercícios

72. Tem-se um círculo de raio 10 cm. Determine:

a) o perímetro desse círculo;

b) a área desse círculo.

73. Determine a área dos setores circulares da figura abaixo. O raio de todos mede 6 cm.

a) 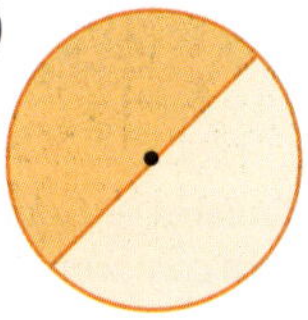

b) 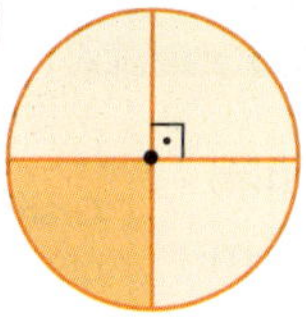

c) 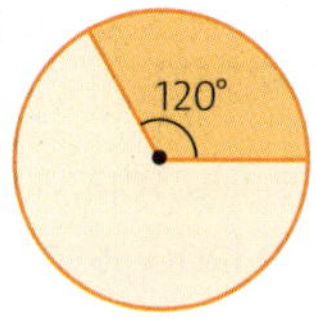

74. Qual é a área da região colorida da figura ao lado?

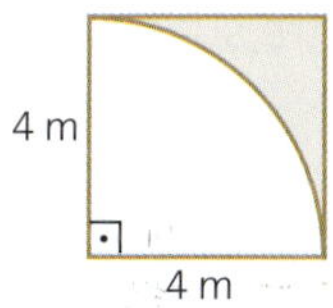

75. Um terreno tem a forma da figura ao lado. Na figura estão registrados alguns dados do terreno, que nos permitem calcular a sua área. Calcule então a área desse terreno.

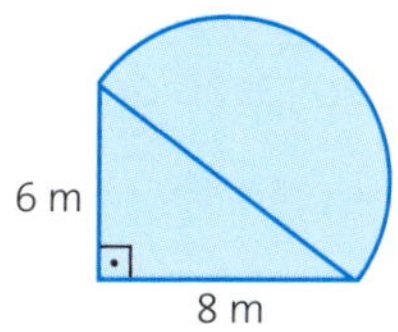

76. Um disco de cobre tem 20 cm de diâmetro. Qual é a área desse disco?

77. Determine a área do círculo inscrito a um triângulo equilátero de lado 12 cm.

78. Determine a área de um círculo circunscrito a um hexágono regular de lado 8 cm.

79. Quantos centímetros quadrados de alumínio são necessários para fazer uma arruela cujas dimensões estão na figura?

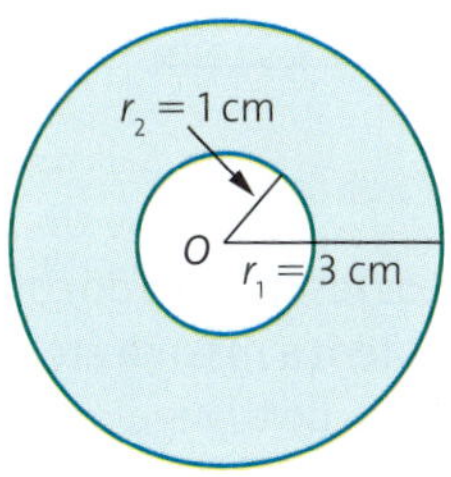

80. Calcule a área do setor circular da figura.

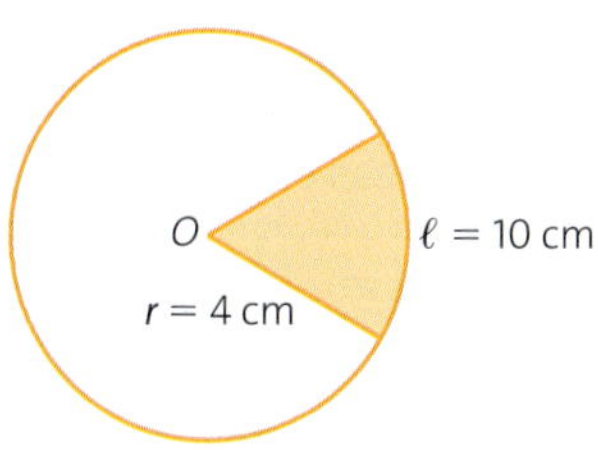

81. Dado um quadrado de lado 10 cm, qual é a área da coroa circular limitada pelas circunferências inscritas e circunscritas nesse quadrado?

82. Uma região quadrada tem 8 cm de lado.

a) Se cada lado aumentar 3 cm, a área aumentará quantos centímetros quadrados?

b) Se cada lado aumentar 20%, quanto por cento aumentará a área?

83. O perímetro do quadrado *ABCD* da figura é 32 cm. Calcule a área da região colorida da figura.

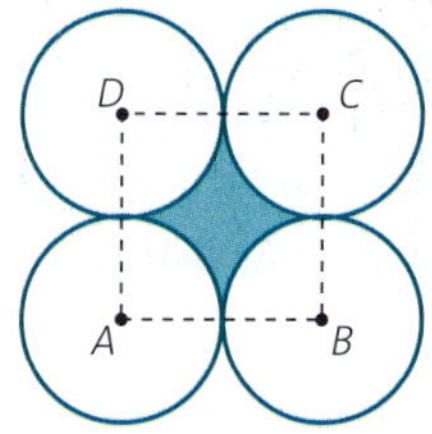

84. (Vunesp-SP) Certos registros históricos babilônicos indicam o uso de uma regra para o cálculo da área do círculo equivalente à fórmula (em notação atual) $A = \frac{C^2}{12}$ em que *C* representa o comprimento da circunferência correspondente. Determine o valor de π oculto nesses registros.

85. Calcule a área do setor circular da figura em função de *g* e *r*:

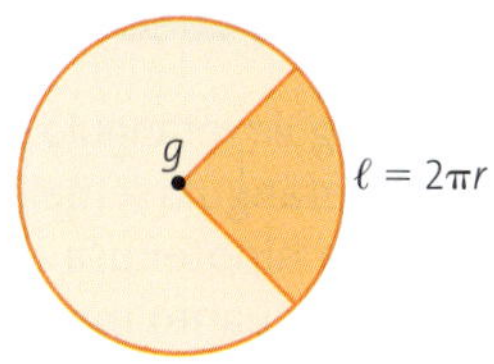

86. Releia o texto do início deste capítulo e calcule a área da superfície de cada um dos dois lagos; depois, determine a área maior.

87. Calcule a área aproximada de cada uma destas regiões. Use o  como unidade de área.

a) 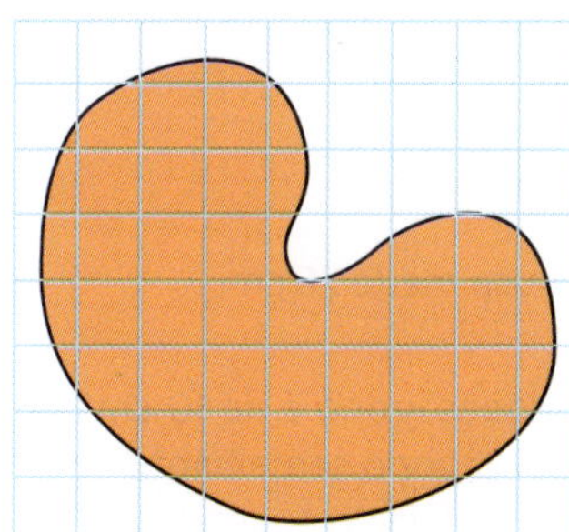

b) 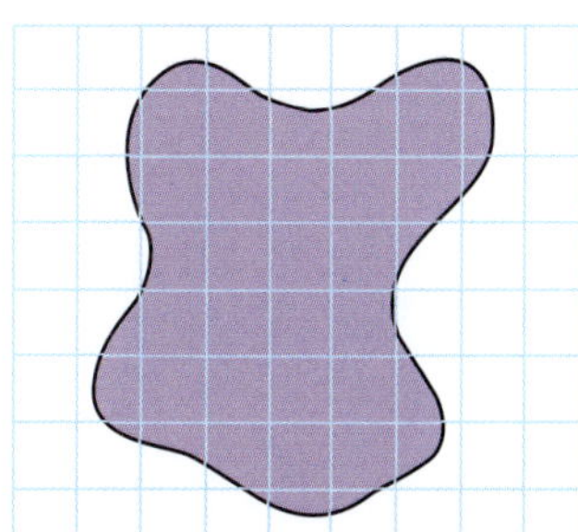

Razão de semelhança para áreas

Todos os quadrados são semelhantes entre si.

Considere três quadrados de lados x, $2x$ e $3x$:

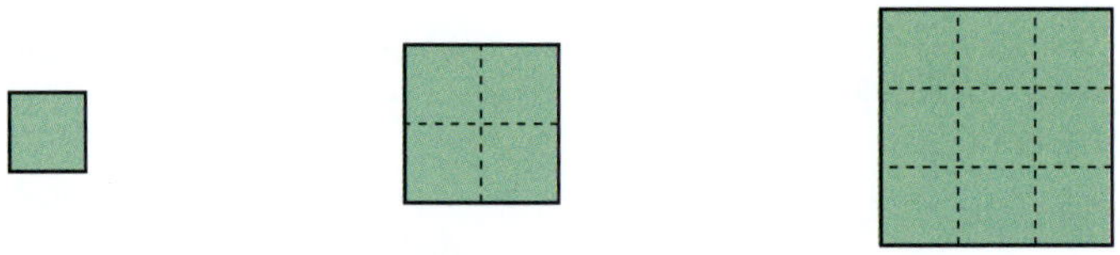

Note que suas áreas são x^2, $4x^2$ e $9x^2$, respectivamente. Ou seja, a área não é proporcional ao lado, e sim proporcional ao quadrado do lado. Isso também pode ser explicado pelo princípio da proporcionalidade: se duas figuras geométricas forem semelhantes com razão de semelhança k entre suas **grandezas lineares**, então suas áreas terão razão de semelhança k^2:

Grandezas lineares — Grandezas que expressam comprimento, como a medida do lado de um quadrado, por exemplo.

$$A(kx, ky) = kA(x, ky) = k^2A(x, y), \text{ seja qual for a área } A(x, y)$$

Observação: Isso pode ser estendido a volumes de sólidos semelhantes, pois todo volume depende de três grandezas lineares. Portanto, em sólidos semelhantes, cujas grandezas lineares tenham razão de semelhança k, as áreas terão razão de semelhança k^2 e os volumes terão razão de semelhança k^3.

Exercícios resolvidos

10. A área de um triângulo retângulo é de 30 cm². A área de um triângulo retângulo semelhante ao primeiro é de 120 cm². Se a hipotenusa do primeiro triângulo mede 13 cm, quanto mede a hipotenusa do segundo triângulo?

Resolução

A razão entre as hipotenusas é

$$k = \frac{\text{hipot.}_2}{\text{hipot.}_1} = \frac{x}{13}.$$

A razão entre as áreas é:

$$k^2 = \frac{A_2}{A_1} = \frac{120}{30} = 4 \Rightarrow k = \sqrt{4} = 2$$

Então, $\frac{x}{13} = 2 \Rightarrow x = 26.$

Logo, a hipotenusa mede 26 cm.

11. A área de um dodecágono é de 10 cm². Qual é a área de um dodecágono semelhante ao primeiro cujo perímetro é o triplo do perímetro do primeiro?

Resolução

A razão entre os perímetros é $k = \frac{\text{perím.}_2}{\text{perím.}_1}$.

Assim, $k = \frac{3}{1} = 3.$

A razão entre as áreas é:

$$k^2 = 3^2 = \frac{A_2}{A_1} \Rightarrow 9 = \frac{x}{10} \Rightarrow x = 90$$

Logo, a área do segundo dodecágono é de 90 cm².

12. Um triângulo escaleno de altura $AH = 10$ cm foi cortado perpendicularmente à sua altura $\overline{AH}$, de forma que os dois pedaços resultantes tivessem a mesma área. A que distância do vértice A foi feito o corte?

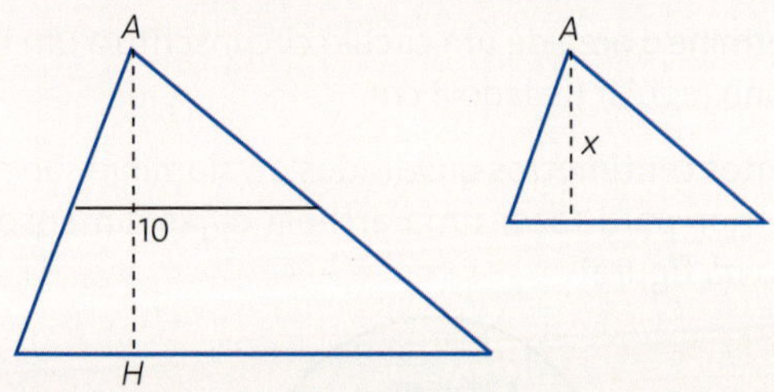

Resolução

Se os dois pedaços resultantes do corte (um triângulo e um trapézio) têm a mesma área, cada um deles tem metade da área do triângulo original. O triângulo menor é semelhante ao maior, pois o corte foi perpendicular à altura, portanto paralelo à base.

A razão entre as alturas é $k = \frac{\text{altura}_2}{\text{altura}_1} = \frac{x}{10}$.

A razão entre as áreas é:

$$k^2 = \frac{A_2}{A_1} = \frac{1}{2} \Rightarrow k = \sqrt{\frac{1}{2}} = \frac{1}{\sqrt{2}} = \frac{\sqrt{2}}{2}$$

Então: $\frac{x}{10} = \frac{\sqrt{2}}{2} \Rightarrow x = 5\sqrt{2} \simeq 7{,}1.$

Logo, o corte foi feito a aproximadamente 7,1 cm do vértice A.

Exercícios

88. (Unicamp-SP) Um fio de 48 cm de comprimento é cortado em duas partes para formar dois quadrados, de modo que a área de um deles seja quatro vezes a área do outro.

a) Qual deve ser o comprimento de cada uma das partes dos fios?

b) Qual será a área de cada um dos quadrados formados?

89. (FGV-SP) Uma pizzaria vende *pizzas* com preços proporcionais às suas áreas. Se a *pizza* média tiver raio igual a 80% do raio da grande, seu preço será:

a) 59% do preço da grande.

b) 64% do preço da grande.

c) 69% do preço da grande.

d) 74% do preço da grande.

e) 80% do preço da grande.

90. (Fuvest-SP) No papel quadriculado da figura a seguir, adota-se como unidade de comprimento o lado do quadrado hachurado. $\overline{DE}$ é paralelo a $\overline{BC}$. Para que a área do triângulo *ADE* seja a metade da área do triângulo *ABC*, a medida de $\overline{AD}$, na unidade adotada, é:

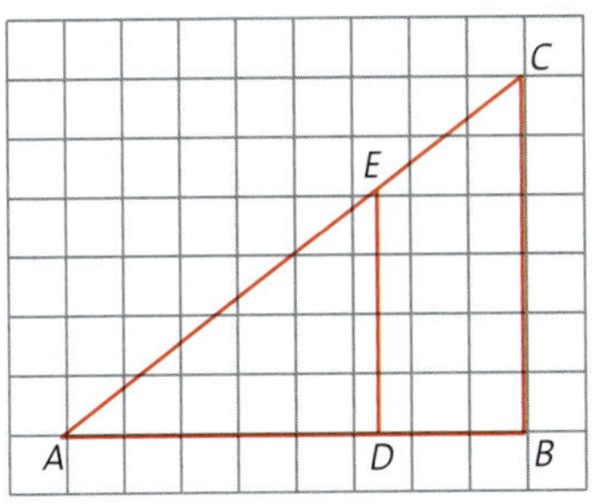

a) $4\sqrt{2}$.

b) 4.

c) $3\sqrt{3}$.

d) $\frac{8\sqrt{3}}{3}$.

e) $\frac{7\sqrt{3}}{2}$.

91. *Física*

(Faap-SP) Uma chapa de metal circular, com 1 m de raio, ficou exposta ao sol. Em consequência, sofreu uma dilatação de 1% na dimensão do raio. (Considere $\pi = 3{,}14$.) A área dessa chapa após a dilatação (em metros quadrados) é:

a) 3,14.

b) 3,32.

c) 3,10.

d) 3,20.

e) 3,45.

92. (FEI-SP) Uma chapa metálica de formato triangular (triângulo retângulo) tem inicialmente as medidas indicadas e deverá sofrer um corte reto (paralelo ao lado que corresponde à hipotenusa do triângulo) representado pela linha pontilhada, de modo que sua área seja reduzida à metade. Quais serão as novas medidas *x* e *y*?

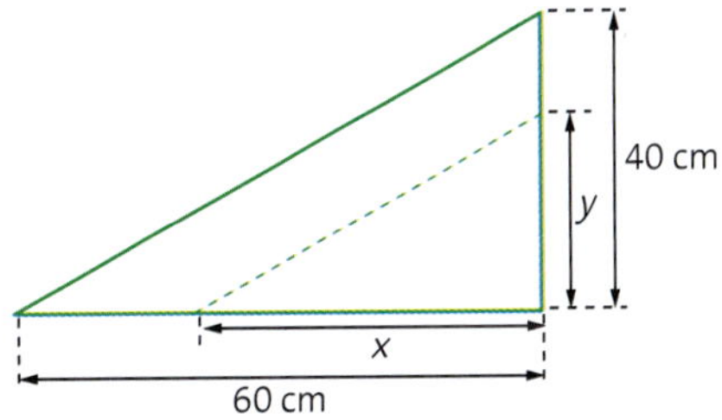

a) $x = 30$ cm, $y = 20$ cm

b) $x = 40$ cm, $y = 30$ cm

c) $x = 30\sqrt{2}$ cm, $y = 20\sqrt{2}$ cm

d) $x = 20\sqrt{2}$ cm, $y = 30\sqrt{2}$ cm

e) $x = 90\sqrt{2}$ cm, $y = 60\sqrt{2}$ cm

93. (Udesc) Se o raio de um círculo aumenta 10%, então o seu perímetro e a sua área aumentarão respectivamente:

a) 10% e 10%.

b) 10% e 21%.

c) 21% e 21%.

d) 10% e 0%.

e) 0% e 10%.

94. (UFC-CE) A planta de um apartamento está confeccionada na escala 1:50. Então a área real, em metros quadrados, de uma sala retangular cujas medidas na planta são 12 cm e 14 cm é:

a) 24.

b) 26.

c) 28.

d) 42.

e) 54.

95. (Fazu-MG) Um agricultor leva 3 h para limpar um terreno circular de 5 m de raio. Se o raio do terreno fosse igual a 10 m, ele levaria:

a) 8 h.

b) 15 h.

c) 6 h.

d) 10 h.

e) 12 h.

96. (Unicamp-SP) Em uma fotografia aérea, um trecho retilíneo de uma estrada que mede 12,5 km aparece medindo 5 cm e, na mesma fotografia, uma área queimada aparece com 9 cm^2. Calcule:

a) o comprimento que corresponde a 1 cm na mesma fotografia;

b) a área da superfície queimada.

Outros contextos

Conflito pela terra

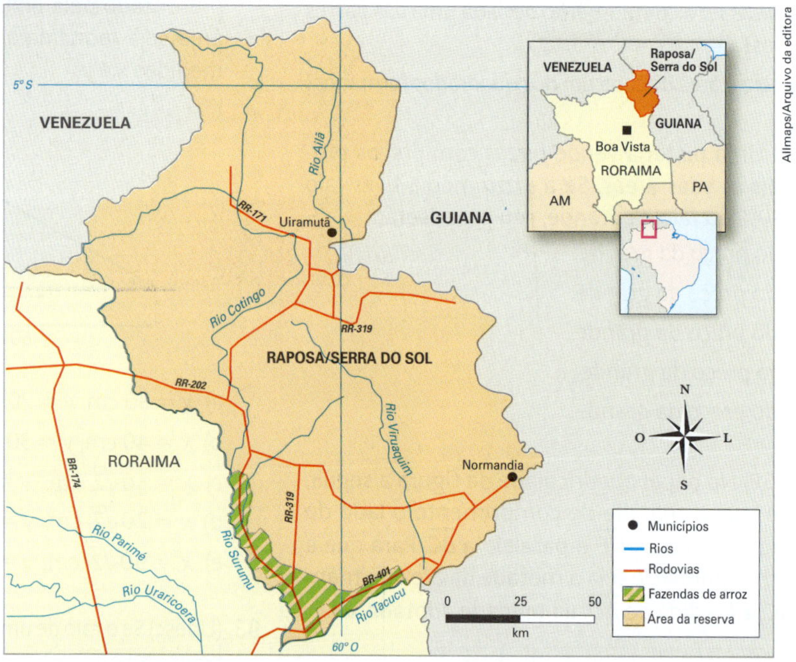

Adaptado de: Funai e IBGE, 2013.

Com 1,7 milhão de hectares, a Terra Indígena Raposa/Serra do Sol era alvo de disputa desde 1917, quando começou seu processo de identificação e demarcação. Em 2005, o decreto de demarcação foi homologado pela Presidência da República. Mas a retirada de não indígenas foi interrompida quando um grupo de **rizicultores** se recusou a sair. Em 2009, o STF decidiu que a reserva seria contínua e os arrozeiros teriam de deixá-la, mas os indígenas ou a Funai não podem impedir que a União entre nas terras para defender as fronteiras ou construir escolas e hospitais, entre outras condições. Em 2013, a luta desses indígenas ainda não havia acabado. Veja o histórico a seguir.

Rizicultores — Aqueles que cultivam arroz.

Histórico

Antes do século XX – A chegada dos colonizadores

No vale do rio Branco, na região de Roraima, onde hoje fica a capital, Boa Vista, no século XVIII, os portugueses encontraram indígenas Macuxi, uma das etnias residentes em Raposa/Serra do Sol atualmente. Depois, os colonizadores passaram a arregimentar mão de obra indígena para extração vegetal.

1917 – Primeira delimitação

No dia 16 de outubro de 1917, o estado do Amazonas edita a Lei Estadual n. 941, que delimita as terras entre os rios Surumu e Cotingo para a ocupação e usufruto dos indígenas Macuxi e Jaricuna. A demarcação só se iniciou em 1919.

1984 – Aumento da reserva

Mais uma terra indígena é instituída. Mesmo sem ser conclusivo, o trabalho do grupo propõe o aumento da demarcação para 1,57 milhão de hectares depois de identificar cinco áreas contíguas: Xununuetamu, Surumu, Raposa, Maturuca e Serra do Sol.

2009 – Decisão histórica

O STF resolveu: a demarcação da reserva Raposa/Serra do Sol deveria ser contínua, e os arrozeiros que ocupam a região teriam de deixá-la. Mas o tribunal estabeleceu 19 condições, sugeridas pelo ministro Carlos Alberto Menezes Direito, para a demarcação contínua da reserva, entre as quais: proibição de cobrança de pedágio, proibição de exploração de recursos hídricos, de potencial energético e garimpagem do subsolo.

2012 – A luta continua

A publicação no *Diário Oficial da União* (DOU) da Portaria n. 303 da Advocacia-Geral da União (AGU), em 17 de julho de 2012, gerou mobilizações para sua revogação. Essa portaria impede o usufruto de territórios tradicionais e permite a sobreposição militar, os empreendimentos hidrelétricos, minerais e viários, sem consultar os povos indígenas e a Fundação Nacional do Índio (Funai), e prevê ainda a revisão dos territórios já demarcados e homologados. Até o final de 2012 os indígenas haviam conseguido impedir o avanço dessa portaria e lutavam por sua revogação total.

2013 – O abandono da reserva

A luta pela revogação da Portaria 303 continua, porém outros problemas preocupam. Atualmente, a reserva passa por situações de abandono: a produção de arroz está paralisada, o gado morre de fome e sede, estradas e pontes estão quebradas. Muitos indígenas estão desempregados e passam fome. A busca pela sobrevivência tem levado os indígenas a migrarem para outras regiões ou se sujeitarem a subempregos. Esta situação tem aproximado índios e fazendeiros, fazendo-os chegar a pontos de consenso, entretanto, ainda não foi encontrada uma solução para o problema.

A Reserva Raposa/Serra do Sol em números

- 19 mil indígenas, aproximadamente
- 1,7 milhão de hectares, equivalente a 12 vezes o tamanho da cidade de São Paulo
- 5 etnias convivem na região

Adaptado de: <www.estadao.com.br/especiais/a-disputa-pela-raposa-serra-do-sol,17895.htm> e <www.ecoamazonia.org.br/2013/04/abandono-raposa-serra-sol/>. Acessos em: 4 fev. 2014.

Trabalhando com o texto

1. Com o auxílio de uma calculadora e tomando como base a Reserva Raposa/Serra do Sol, descubra: Se fosse feita uma distribuição igualitária, cada indígena teria direito a quantos hectares? Quantos indígenas estariam ocupando uma área equivalente à cidade de São Paulo?

2. Sabe-se que um hectare tem medida equivalente a 10 000 m^2. Qual a área em m^2 da Reserva Raposa/Serra do Sol? E em km^2?

Pesquisando e discutindo

3. Quantos indígenas vivem no Brasil atualmente e quanto representam da população brasileira? Qual é a área das reservas indígenas no Brasil atualmente e quanto representam do território nacional?

4. Pesquise a organização social, costumes, línguas, crenças e tradições dos indígenas no Brasil e apresente aos seus colegas.

Veja mais sobre o assunto

Procure mais informações em jornais, revistas e nos *sites*:

- Funai: <www.funai.gov.br>;
- Portal de diálogo intercultural: <www.indiosonline.org.br>;
- Conselho de Missão entre Índios: <www.comin.org.br>. Acessos em: 4 fev. 2014.

Pensando no Enem

Para decorar a fachada de um edifício, um arquiteto projetou a colocação de vitrais compostos de quadrados de lado medindo 1 m, conforme a figura a seguir.

Nesta figura, os pontos *A*, *B*, *C* e *D* são pontos médios dos lados do quadrado e os segmentos $\overline{AP}$ e $\overline{QC}$ medem $\frac{1}{4}$ da medida do lado do quadrado. Para confeccionar um vitral, são usados dois tipos de materiais: um para a parte sombreada da figura, que custa R$ 30,00 o m², e outro para a parte mais clara (regiões *ABPDA* e *BCDQB*), que custa R$ 50,00 o m².

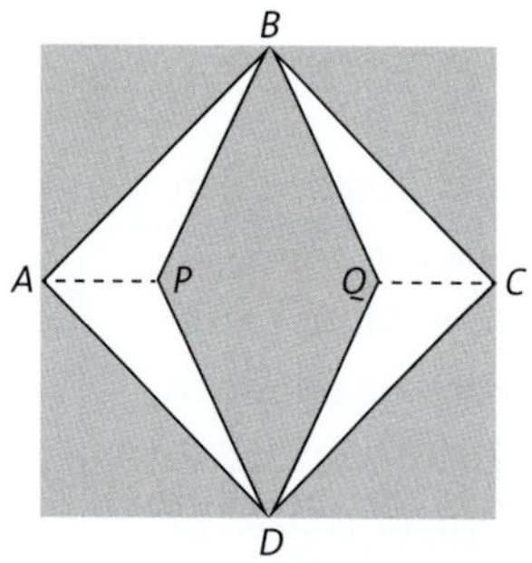

De acordo com esses dados, qual é o custo dos materiais usados na fabricação de um vitral?

a) R$ 22,50
b) R$ 35,00
c) R$ 40,00
d) R$ 42,50
e) R$ 45,00

Resolução

Primeiro devemos ler o enunciado e observar a imagem apresentada. Assim, vamos destacar todas as medidas dadas e os polígonos que aparecem dentro do quadrado maior e nos interessam. Como foi dito, existe o quadrado sombreado (que vamos chamar de *EFGH*) e dentro dele podemos ainda perceber outro quadrado (*ABCD*) e um losango (*BPDQ*).

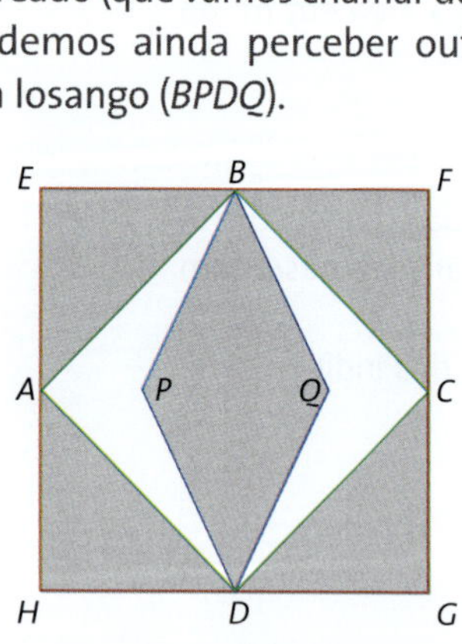

O enunciado fornece a medida do lado do quadrado *EFHG*, que é de 1 m. Sabemos ainda que os segmentos $\overline{AP}$ e $\overline{QC}$ medem um quarto da medida do lado do quadrado *EFGH*, ou seja, 0,25 m. Podemos então deduzir que o segmento $\overline{PQ}$, uma das diagonais do losango, mede 0,50 m. Já a medida do lado do quadrado *ABCD* pode ser obtida aplicando o teorema de Pitágoras, pois se trata da hipotenusa de um triângulo retângulo isósceles, com cada cateto medindo 0,50 m.

Veja cada um desses polígonos abaixo:

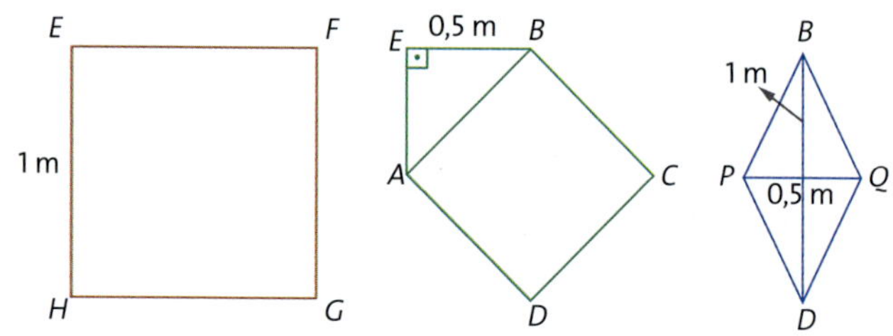

Assim, temos que o quadrado *EFGH* mede 1 m² de área. Para encontrarmos a área do quadrado *ABDC* é necessário primeiro obter a medida de seus lados:

$AB^2 = AE^2 + EB^2 = 0{,}5^2 + 0{,}5^2 \Rightarrow$

$\Rightarrow AB = \sqrt{0{,}25 + 0{,}25} = \sqrt{0{,}5}$ m

$\text{área}_{ABCD} = AB^2 = (\sqrt{0{,}5})^2 = 0{,}5 \text{ m}^2$

Para calcular a área do losango *BPDQ*, basta aplicar as medidas das diagonais à fórmula:

$$\text{área}_{BPDQ} = \frac{D_1 \cdot D_2}{2} = \frac{1 \cdot 0{,}5}{2} = \frac{0{,}5}{2} = 0{,}25 \text{ m}^2$$

Temos, assim, que o quadrado *ABCD* tem uma área de 0,5 m², e o losango *BPDQ* tem uma área de 0,25 m². Agora, precisamos determinar as dimensões das regiões claras e sombreadas do vitral. Podemos ver na figura que a região clara corresponde à diferença entre a área do quadrado *ABCD* e a área do losango *BPDQ*.

$\text{área}_{clara} = \text{área}_{ABCD} - \text{área}_{BPDQ} = 0{,}5 - 0{,}25 = 0{,}25 \text{ m}^2$

Já a área sombreada pode ser obtida subtraindo a área clara da área total do vitral, ou seja, do quadrado *EFGH*.

$\text{área}_{sombreada} = \text{área}_{EFGH} - \text{área}_{clara} = 1 - 0{,}25 = 0{,}75 \text{ m}^2$

Com esses dados em mãos, podemos finalmente determinar o valor final de cada metro quadrado do vitral. Sabendo que o material para a área clara custa R$ 50,00 o metro quadrado e o material para a área sombreada custa R$ 30,00 o metro quadrado, temos:

$\text{valor}_{vitral} = (50 \cdot \text{área}_{clara}) + (30 \cdot \text{área}_{sombreada}) =$

$= (50 \cdot 0{,}25) + (30 \cdot 0{,}75) = 12{,}5 + 22{,}5 = 35$

Resposta: alternativa **b**.

Vestibulares de Norte a Sul

1. **N** (Ufam) Observe a figura abaixo:
Nessa figura, o quadrado *ABCD* tem área igual a 4, o triângulo *BPQ* é equilátero, e os pontos *P* e *Q* pertencem, respectivamente, aos lados $\overline{CD}$ e $\overline{AD}$. Assim sendo, a área do triângulo *ABQ* é:

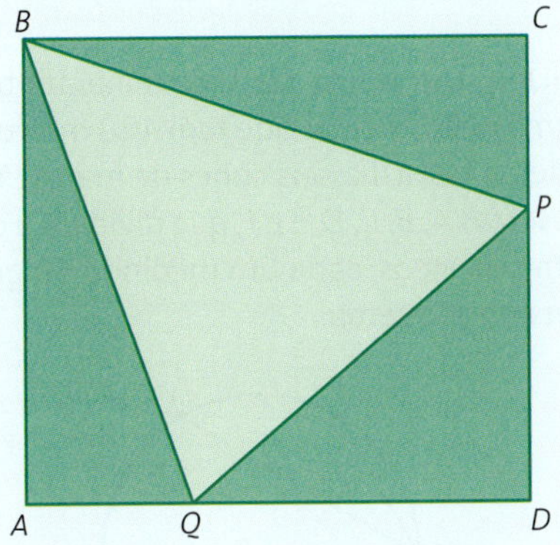

a) $4 - \sqrt{3}$.
b) $4 + 2\sqrt{3}$.
c) $4 - 2\sqrt{3}$.
d) $4 + \sqrt{3}$.
e) $2 + 2\sqrt{3}$.

2. **NE** (UFC-CE) Na figura abaixo, a razão entre o perímetro da região hachurada e o perímetro da circunferência é:
(*O* é o centro da circunferência.)

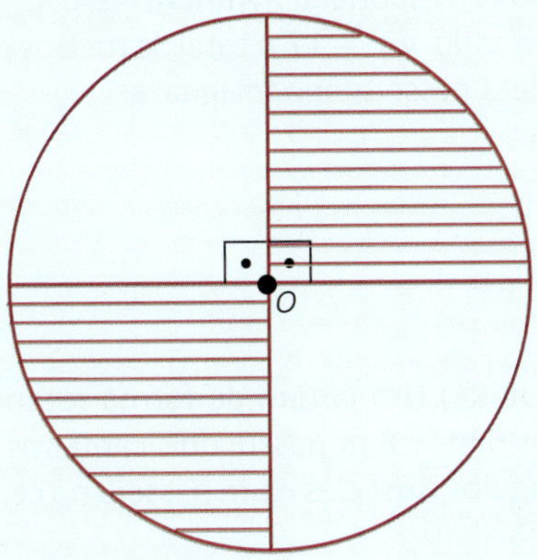

a) $\frac{1}{3}$.
b) $\frac{\pi + 4}{4\pi}$.
c) $\frac{\pi}{4}$.
d) $\frac{\pi + 4}{2\pi}$.
e) 2.

3. **NE** (Uece) Se E_1 e E_2 são duas circunferências concêntricas cujas medidas dos raios são respectivamente 3 m e 5 m e se uma reta tangente a E_1 intercepta E_2 nos pontos *X* e *Y*, então a medida, em metros, do segmento de reta $\overline{XY}$ é:
a) 4.
b) 6.
c) 8.
d) 10.

4. **NE** (UFCG-PB) A figura a seguir mostra uma praça em forma de um polígono *ABCDEF*, no qual dois lados consecutivos quaisquer são sempre perpendiculares. As medidas, em metros, de alguns lados estão indicadas na figura.

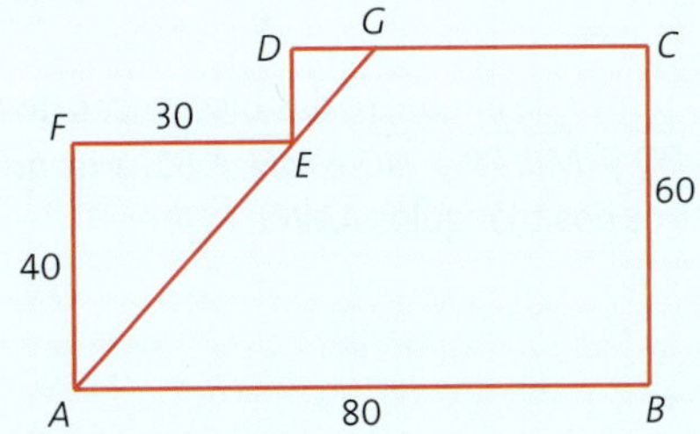

Um pedestre, para diminuir o trajeto de sua corrida diária pela praça, decide fazer o percurso poligonal *ABCGEA*, em que o segmento de reta $\overline{GA}$ passa pelo ponto *E*. Seguindo esse novo trajeto, a distância total percorrida pelo pedestre, em metros, é:
a) 125.
b) 200.
c) 185.
d) 287.
e) 250.

5. **NE** (Ufal) A fachada de um depósito tem contorno formado por um arco de circunferência e um retângulo, como ilustrado a seguir.

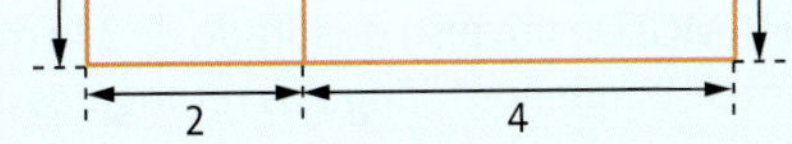

A base do retângulo mede 6 m, a altura do retângulo mede 4 m, e a distância entre o ponto médio do arco e a base superior do retângulo é 1 m.
Qual a distância *d* indicada na figura?
a) $2\sqrt{6}$ m
b) $2\sqrt{5}$ m
c) 4,7 m
d) 4,8 m
e) 4,9 m

6. **NE** (UFPI) No triângulo ABC (figura abaixo), os lados $\overline{AB}$, $\overline{AC}$ e $\overline{BC}$ medem respectivamente 5 cm, 7 cm e 9 cm.

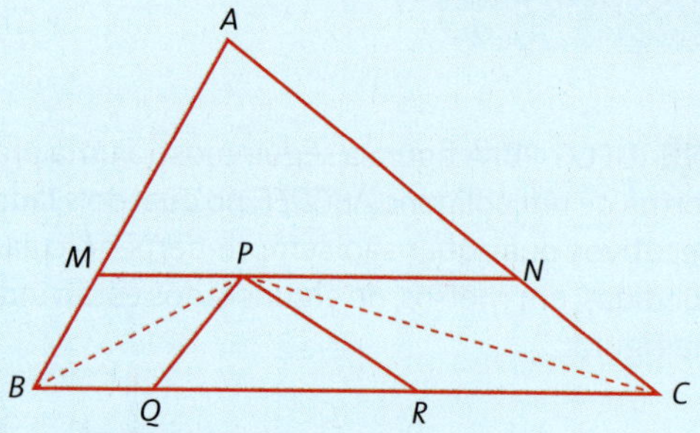

Se P é o ponto de encontro das bissetrizes dos ângulos $\hat{B}$ e $\hat{C}$ e $\overline{PQ} \parallel \overline{MB}$, $\overline{PR} \parallel \overline{NC}$ e $\overline{MN} \parallel \overline{BC}$, a razão entre os perímetros dos triângulos AMN e PQR é:

a) $\frac{10}{9}$.

b) $\frac{9}{8}$.

c) $\frac{7}{6}$.

d) $\frac{4}{3}$.

e) $\frac{7}{5}$.

7. **CO** (UFMS) Uma sequência de quatro quadrados foi construída, na ordem do maior para o menor, de forma que um quadrado está circunscrito na circunferência na qual o quadrado seguinte está inscrito e assim sucessivamente, como ilustrado na figura abaixo:

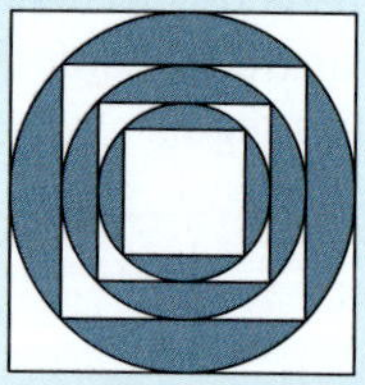

Sabendo-se que a área do menor quadrado mede 4 m^2, então a área total destacada em azul mede: (Use $\pi = 3$, para obter o valor procurado final.)

a) 16 m^2. b) 14 m^2. c) 12 m^2. d) 10 m^2. e) 8 m^2.

8. **SE** (UFV-MG) De um piso quadrado de 34 cm de lado recortam-se pequenos triângulos retângulos isósceles de cateto x, de modo a obter um piso em forma de octógono regular, conforme ilustra a figura abaixo. Considere $\sqrt{2} = 1{,}4$.

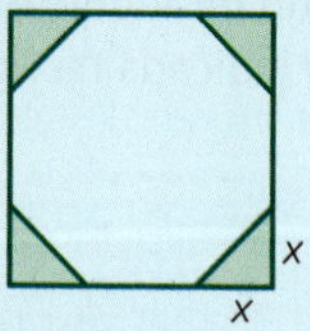

a) Determine o valor de x.

b) Calcule a área de um dos triângulos recortados.

c) Calcule a área do octógono.

9. **SE** (Fuvest-SP) No trapézio $ABCD$, M é o ponto médio do lado $\overline{AD}$; N está sobre o lado $\overline{BC}$ e $2BN = NC$. Sabe-se que as áreas dos quadriláteros $ABNM$ e $CDMN$ são iguais e que $DC = 10$. Calcule AB.

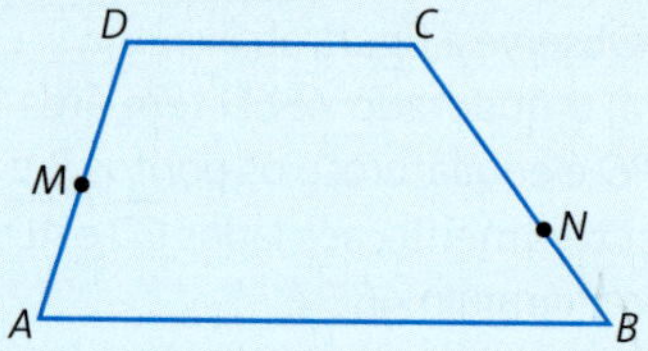

10. **SE** (Uerj) Um atleta faz seu treinamento de corrida em uma pista circular que tem 400 metros de diâmetro. Nessa pista, há seis cones de marcação indicados pelas letras A, B, C, D, E e F, que dividem a circunferência em seis arcos, cada um medindo 60 graus. Observe o esquema:

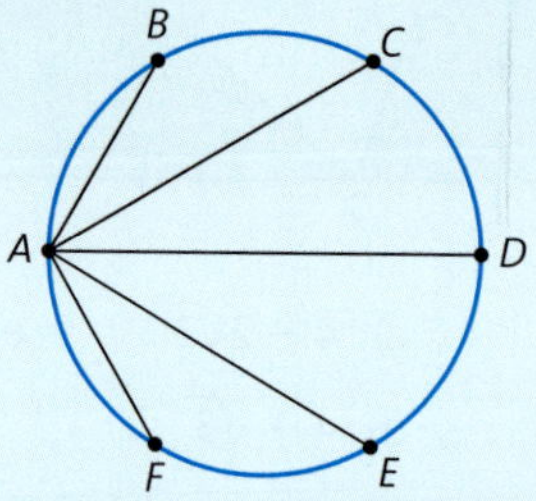

O atleta partiu do ponto correspondente ao cone A em direção a cada um dos outros cones, sempre correndo em linha e retornando ao cone A. Assim, seu percurso correspondeu a $ABACADAEAFA$.
Considerando $\sqrt{3} = 1{,}7$, o total de metros percorridos pelo atleta nesse treino foi igual a:

a) 1480.

b) 2960.

c) 3080.

d) 3120.

11. **S** (PUC-RS) Um jardim de forma retangular com medidas 6 m × 8 m possui dois canteiros em forma de triângulos isósceles e um passeio no centro, como na figura abaixo.

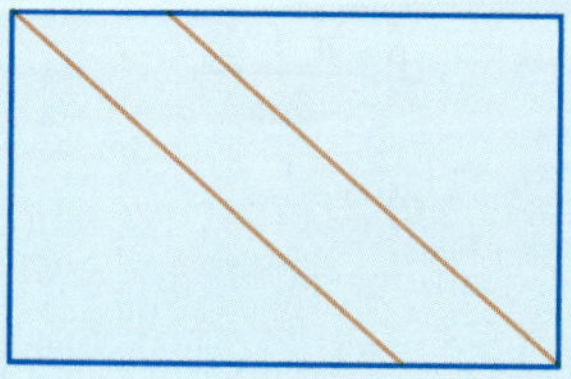

A área do passeio, em metros quadrados, é:

a) 64.

b) 36.

c) 24.

d) 12.

e) 2.

CAPÍTULO 8

Geometria espacial de posição: uma abordagem intuitiva

Delfim Martins/Pulsar Imagens

A Geometria de posição é fundamental para viabilizar projetos estruturais, como o do edifício do Masp/SP.

1 Geometria de posição no plano

No estudo da Geometria é comum, e adequado, usar objetos do cotidiano como modelos aproximados para os conceitos geométricos. Por exemplo, para a ideia de ponto, costumamos pensar em uma marca de giz na lousa ou em um ponto-final. Para a ideia de reta, costumamos usar um fio de barbante esticado. Para a ideia de plano, costumamos usar uma folha de papel ou tampo de mesa.

A marca de giz na lousa ou o ponto-final no caderno têm dimensões (embora sejam pequenas), enquanto o ponto geométrico não tem dimensões. Formem trios e reflitam sobre as limitações físicas do lápis como modelo de reta e da folha de papel como modelo de plano.

No Ensino Fundamental é feito o estudo das posições relativas de pontos e retas de um mesmo plano (Geometria de posição no plano).

Por exemplo:

- **Relação entre um ponto e uma reta**

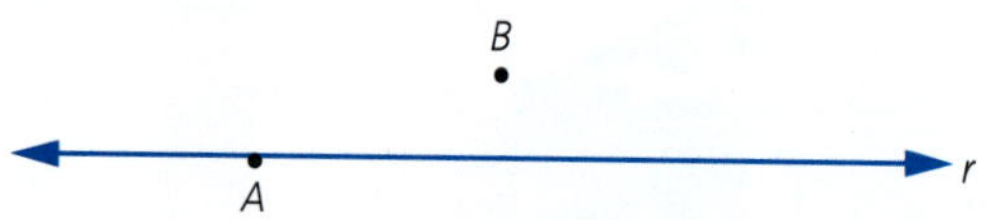

O ponto *A* pertence à reta *r*.
O ponto *B* não pertence à reta *r*.

- **Relação entre pontos**

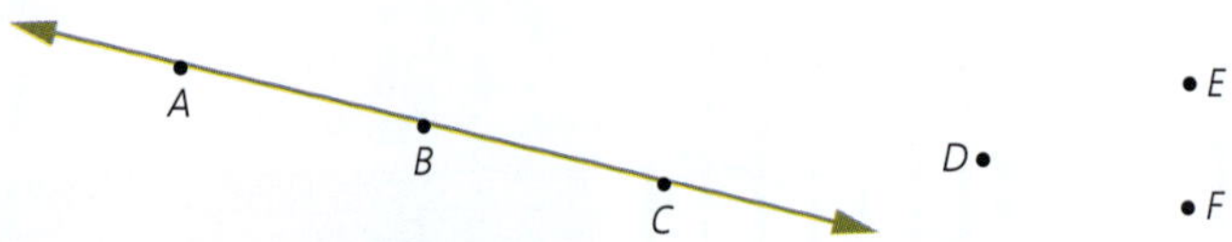

> **Fique atento!**
> Dois pontos são sempre colineares.

Os pontos *A*, *B* e *C* são **colineares** (existe uma reta que passa pelos três).
Os pontos *D*, *E* e *F* não são colineares (não existe reta que passa pelos três simultaneamente).

- **Relação entre duas retas de um plano**

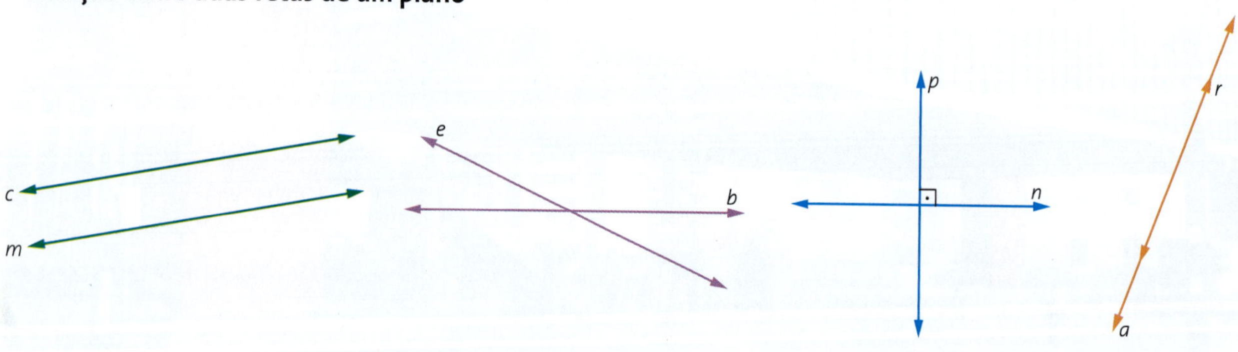

As retas *c* e *m* são distintas e paralelas.
As retas *b* e *e* são concorrentes e oblíquas.
As retas *p* e *n* são concorrentes e perpendiculares.
As retas *a* e *r* são coincidentes (paralelas iguais).

> **Fique atento!**
> Ao se considerar a reta um conjunto infinito de pontos, o termo ideal seria **paralelas iguais**, já que dois conjuntos com os mesmos elementos são ditos **iguais**.

Agora, no Ensino Médio, será feito o estudo das posições relativas de pontos, retas e planos no espaço (Geometria de posição espacial).

Com isso, surgirão novas relações, como entre reta e plano ou entre dois planos. Veremos também que algumas relações estudadas no plano terão um enfoque diferente quando estudadas no espaço, como no exemplo seguinte.

Dadas as retas distintas *a*, *b* e *c*:

- No plano: se *a* é perpendicular a *b*, e *c* é perpendicular a *b*, então *a* é paralela a *c*.

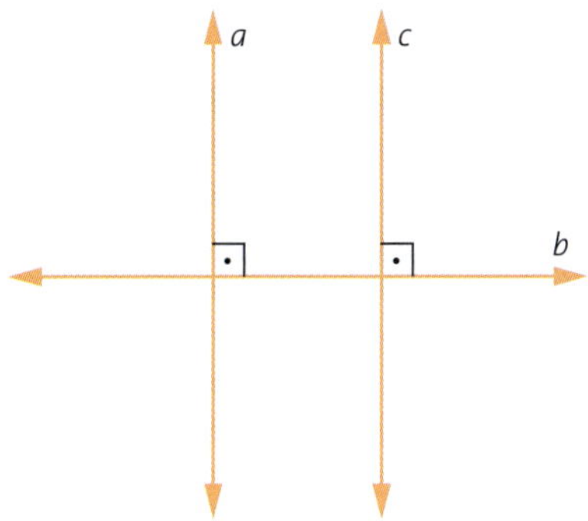

- No espaço: se *a* é perpendicular a *b*, e *c* é perpendicular a *b*, então *a* pode ser paralela a *c* ou não.

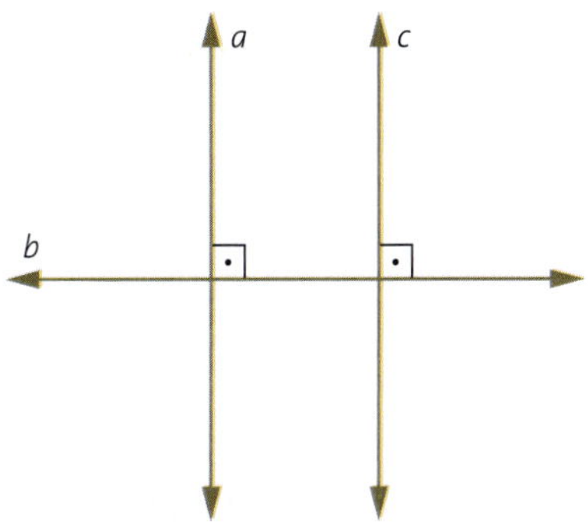

ou

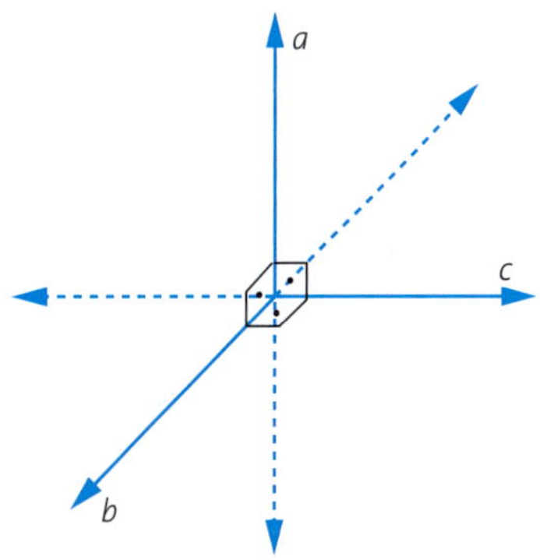

Neste capítulo, o estudo da Geometria de posição no espaço será feito de maneira intuitiva, apoiado essencialmente na observação de modelos, figuras e objetos.

Observe como as figuras serão representadas:

ponto (*A*, *B*, *C*, ...)

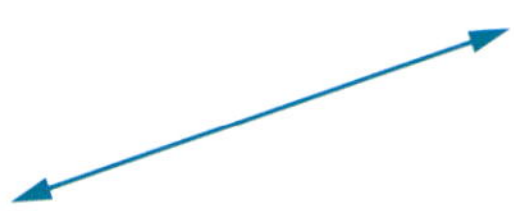

reta (*r*, *s*, *p*, ...)

plano (α, β, γ, ...)

Você já deve ter notado que conceitos como ponto, reta, plano e espaço nunca foram definidos porque são intuitivos, estão em nossa mente de forma natural e os distinguimos espontaneamente. Basta observar que tanto reta como plano e espaço são considerados conjuntos infinitos de pontos, sem que seja necessário dizer como são dispostos.

Os conceitos primitivos são os elementos iniciais da teoria que vamos desenvolver agora. Outros conceitos serão definidos a partir deles, e as propriedades da Geometria resultarão de suas relações.

No início, algumas afirmações serão admitidas sem que seja necessário demonstrá-las — elas se chamam **axiomas** ou **postulados** — e as conclusões que puderem ser tiradas a partir delas serão os **teoremas**, que só são aceitos mediante uma demonstração, uma argumentação lógica.

Fique atento!

Para sua melhor compreensão e identificação, neste capítulo os enunciados considerados axiomas ou postulados estarão indicados com fundo azul ; os teoremas, indicados com fundo laranja ; e as definições, indicadas com fundo rosa .

Além disso, como se trata de um enfoque intuitivo da Geometria espacial, os teoremas não serão demonstrados ao longo do capítulo. Apenas no final faremos algumas demonstrações a título de ilustração.

Usaremos a simbologia da teoria dos conjuntos vista no capítulo 1 do volume 1.

2 Posições relativas: ponto e reta; ponto e plano

Como ponto é elemento da reta e do plano, dizemos que ele pertence ou não a eles. Assim:

- dados um ponto P e uma reta r, temos $P \in r$ ou $P \notin r$;
- dados um ponto P e um plano α, temos $P \in \alpha$ ou $P \notin \alpha$.

Veja alguns exemplos:

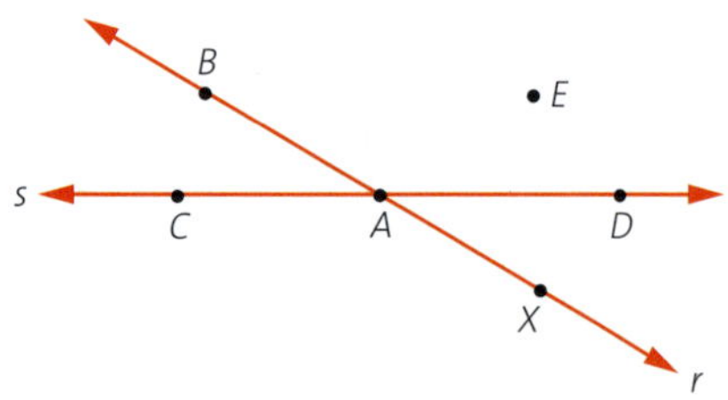

B pertence a *r*.
B não pertence a *s*.
E não pertence a *r*.
E não pertence a *s*.

Para refletir
Qual é a posição do ponto X em relação às retas r e s? E dos pontos M e G em relação aos planos α e β?

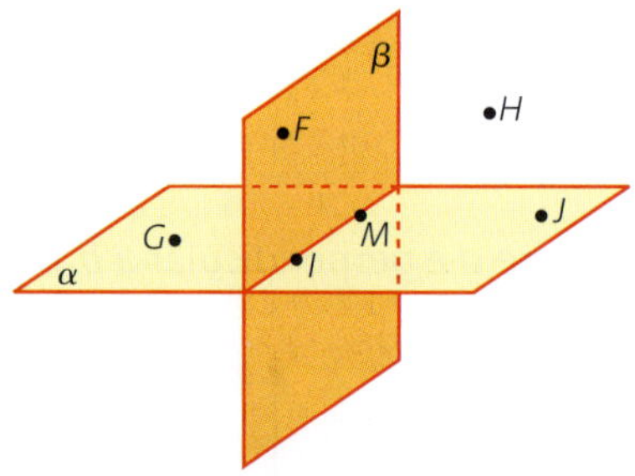

F pertence a β.
F não pertence a α.
H não pertence a α.
H não pertence a β.

3 Posições relativas de pontos no espaço

Dados dois ou mais pontos no espaço:

- eles são ou não pontos **colineares** (existe ou não uma reta que passa por todos eles);
- eles são ou não pontos **coplanares** (existe ou não um plano que passa por todos eles).

Fique atento!
Dada uma reta no espaço, existem pontos na reta e fora dela; dado um plano no espaço, existem pontos no plano e fora dele.

Veja as figuras:

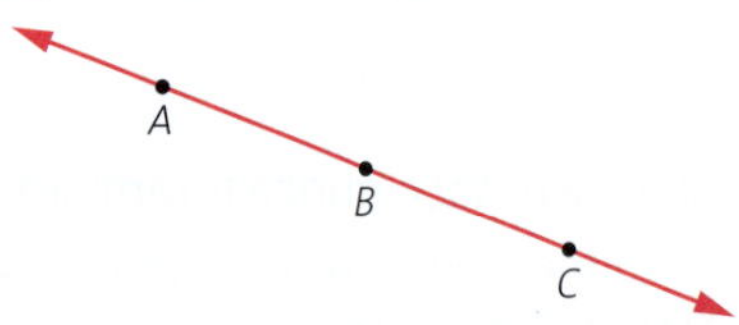

A, *B* e *C* são pontos colineares.

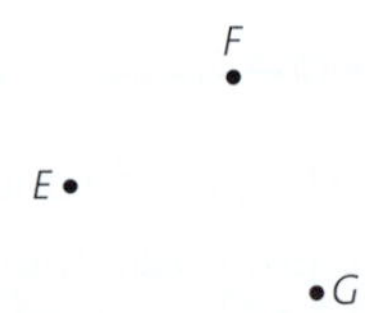

E, *F* e *G* não são colineares.

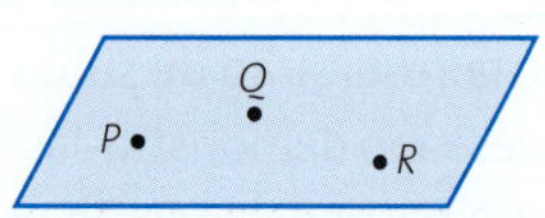

P, *Q* e *R* são três pontos coplanares.

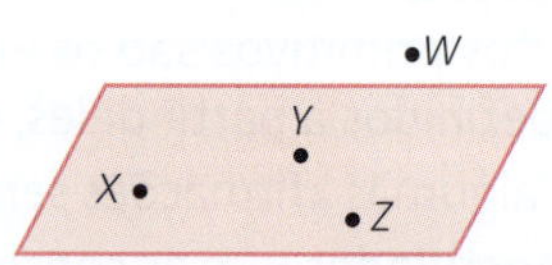

X, *Y*, *Z* e *W* são pontos não coplanares.

Observações:

1ª) Dois pontos distintos são sempre colineares e sobre eles passa uma única reta. Dizemos, então, que dois pontos distintos A e B determinam uma reta $\overleftrightarrow{AB}$.

2ª) Três pontos não colineares são sempre coplanares e sobre eles passa um único plano. Dizemos, então, que três pontos não colineares A, B e C determinam um plano $p(A, B, C)$.

4 Posições relativas de duas retas no espaço

Observe a figura na qual temos um paralelepípedo:

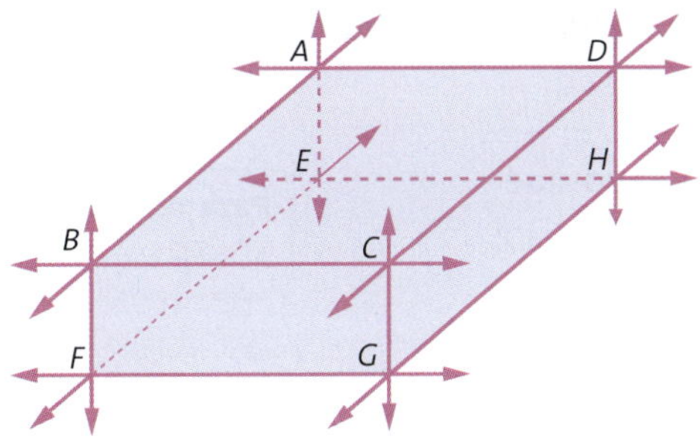

Para refletir

Em cada plano há infinitas retas. No plano da face *ABCD*, por exemplo, além das retas indicadas, temos $\overleftrightarrow{AC}$, $\overleftrightarrow{BD}$ e outras.

No espaço há infinitas retas. Localize na figura dada as retas $\overleftrightarrow{AG}$, $\overleftrightarrow{BE}$, $\overleftrightarrow{BG}$ e $\overleftrightarrow{DF}$.

São 12 as arestas do paralelepípedo: $\overline{AB}$, $\overline{BC}$, $\overline{CD}$, $\overline{AD}$, $\overline{EF}$, $\overline{FG}$, $\overline{GH}$, $\overline{EH}$, $\overline{BF}$, $\overline{CG}$, $\overline{AE}$ e $\overline{DH}$.

São 6 as suas faces, determinadas por: *ABCD*, *FGHE*, *CDHG*, *BFGC*, *ADHE* e *ABFE*.

Nesse modelo:

- As arestas serão "representações" das retas que as contêm.

  Por exemplo:

  $\overleftrightarrow{AB}$: reta do espaço que contém a aresta $\overline{AB}$.

  $\overleftrightarrow{BC}$: reta do espaço que contém a aresta $\overline{BC}$.

- As faces serão "representações" dos planos que as contêm.

  Por exemplo:

  p(*ABCD*): plano do espaço que contém a face determinada por *ABCD*.

  p(*BFGC*): plano do espaço que contém a face determinada por *BFGC*.

- Os vértices serão representações dos pontos do espaço: *A*, *B*, *C*, etc.

Para refletir

No espaço há infinitos planos. Além dos 6 planos determinados pelas faces do paralelepípedo, procure imaginar outros, como *p*(*ADGF*), *p*(*ABGH*), *p*(*AEGC*), etc.

Usando esse modelo, podemos estudar as posições relativas de retas distintas no espaço:

Duas ou mais retas são coplanares quando existe um plano que contém todas elas.

Fique atento!

$\overleftrightarrow{AB}$ e $\overleftrightarrow{GH}$ são retas coplanares; $\overleftrightarrow{BC}$ e $\overleftrightarrow{EF}$ não são retas coplanares.

$\overleftrightarrow{AB}$, $\overleftrightarrow{BC}$, $\overleftrightarrow{CD}$, $\overleftrightarrow{DA}$ e $\overleftrightarrow{AC}$ são retas coplanares porque o plano *p*(*ABCD*) as contém. Também são retas coplanares as retas $\overleftrightarrow{AE}$, $\overleftrightarrow{EH}$ e $\overleftrightarrow{DH}$ porque o plano *p*(*AEHD*) contém essas três retas.

Observe que as retas coplanares $\overleftrightarrow{AB}$ e $\overleftrightarrow{CD}$ não têm ponto comum. O mesmo acontece com as retas coplanares $\overleftrightarrow{BC}$ e $\overleftrightarrow{AD}$.

Retas coplanares que não têm ponto comum são chamadas **retas paralelas distintas**.

Para refletir

$\overleftrightarrow{AD}$ e $\overleftrightarrow{FG}$ são retas paralelas. Justifique.

Outros pares de retas paralelas distintas são: $\overleftrightarrow{CD}$ e $\overleftrightarrow{GH}$, $\overleftrightarrow{AD}$ e $\overleftrightarrow{EH}$, $\overleftrightarrow{CG}$ e $\overleftrightarrow{DH}$, etc.

O par de retas $\overleftrightarrow{AB}$ e $\overleftrightarrow{AD}$ tem um único ponto comum, isto é, as retas intersectam-se em um ponto. O mesmo acontece com $\overleftrightarrow{BC}$ e $\overleftrightarrow{CD}$.

Retas que têm um único ponto comum são chamadas **retas concorrentes**.

Para refletir

$\overleftrightarrow{CH}$ e $\overleftrightarrow{GD}$ são retas concorrentes. Justifique.

Outros pares de retas concorrentes são: $\overleftrightarrow{FG}$ e $\overleftrightarrow{GH}$, $\overleftrightarrow{CG}$ e $\overleftrightarrow{FG}$, $\overleftrightarrow{AD}$ e $\overleftrightarrow{DH}$, etc.

Duas retas concorrentes são sempre coplanares.

Dadas as retas $\overleftrightarrow{AB}$ e $\overleftrightarrow{FG}$, não existe um plano que contém as duas; o mesmo ocorre com os pares de retas $\overleftrightarrow{GH}$ e $\overleftrightarrow{AD}$, $\overleftrightarrow{BC}$ e $\overleftrightarrow{EF}$ e outros.

Dadas duas retas, quando não existe um plano que contém as duas, elas são chamadas **retas reversas** (ou não coplanares).

Para refletir

$\overleftrightarrow{AC}$ e $\overleftrightarrow{FH}$ são retas reversas. Justifique.

Quadro-resumo:

Posições relativas de duas retas no espaço

- Duas retas no espaço
  - distintas
    - coplanares
      - paralelas
      - concorrentes
    - reversas
  - coincidentes (paralelas iguais)

Para refletir

Considere o "encontro" de duas paredes como representação de uma reta. Localize na sua sala duas retas paralelas, duas retas concorrentes e duas retas reversas.

Observação: No espaço, o fato de duas retas não serem paralelas não significa necessariamente que elas sejam concorrentes, como acontece no plano. Duas retas reversas, por exemplo, não são paralelas nem concorrentes.

Exercícios

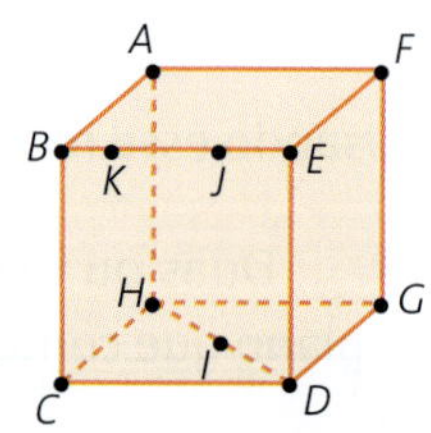

1. Observe os pontos de A a K nos vértices, arestas e faces do cubo ao lado. Verifique se os pontos indicados em cada item são ou não colineares e coplanares.
   a) A e D
   b) A, F e E
   c) H, I e D
   d) B, C e D
   e) E, J e K
   f) B, E, K e J
   g) C, H, F e E
   h) B, C, H e I
   i) H, D, I e E

2. Considere que os pontos, as retas e os planos citados são distintos e verifique se cada afirmação é verdadeira (**V**) ou falsa (**F**):
   a) Por 2 pontos passa uma única reta.
   b) 3 pontos são sempre colineares.
   c) 3 pontos nunca são colineares.
   d) 3 pontos podem ser colineares.
   e) Existem 5 pontos coplanares.
   f) Existem 5 pontos não coplanares.
   g) Existem 3 pontos não coplanares.
   h) Pontos colineares são coplanares.
   i) Pontos coplanares são colineares.
   j) Pontos coplanares podem ser colineares.

3. Observe a pirâmide de base quadrada e verifique se as retas indicadas em cada item são paralelas, concorrentes ou reversas.
   a) $\overleftrightarrow{AC}$ e $\overleftrightarrow{AD}$
   b) $\overleftrightarrow{AB}$ e $\overleftrightarrow{ED}$
   c) $\overleftrightarrow{BC}$ e $\overleftrightarrow{ED}$
   d) $\overleftrightarrow{EC}$ e $\overleftrightarrow{BD}$
   e) $\overleftrightarrow{BE}$ e $\overleftrightarrow{AE}$
   f) $\overleftrightarrow{CD}$ e $\overleftrightarrow{BE}$
   g) $\overleftrightarrow{BC}$ e $\overleftrightarrow{AE}$
   h) $\overleftrightarrow{AE}$ e $\overleftrightarrow{AC}$
   i) $\overleftrightarrow{CD}$ e $\overleftrightarrow{BC}$

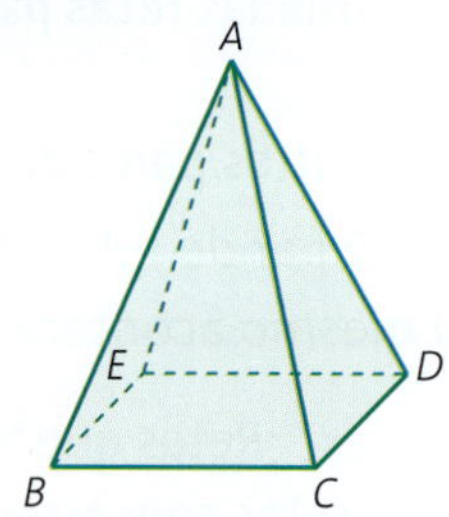

5 Determinação de um plano

Já vimos que: Quando temos três pontos não colineares, existe um único plano que passa pelos três.

Isso equivale a dizer que: Três pontos não colineares determinam um plano.

O mesmo ocorre quando temos **duas retas paralelas distintas**, **duas retas concorrentes** ou **uma reta e um ponto que não pertence a ela**.

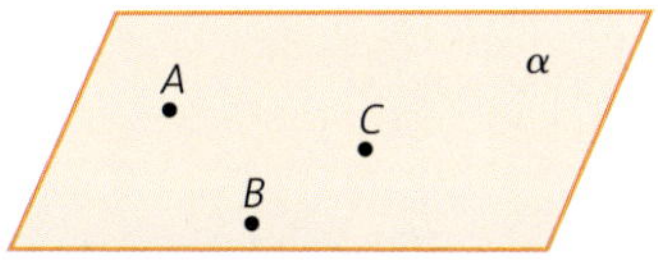

α: $p(A, B, C)$

Três pontos não colineares determinam um plano.

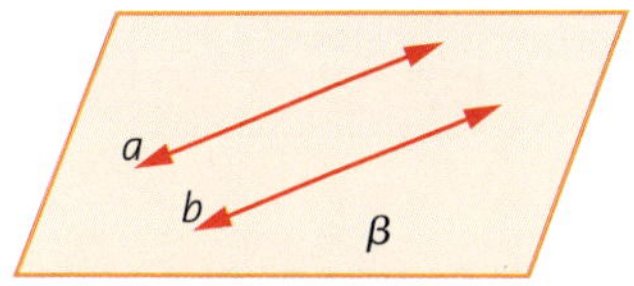

β: $p(a, b)$

Duas retas paralelas distintas determinam um plano.

Para refletir
Por que não podemos dizer que três pontos colineares determinam um plano?

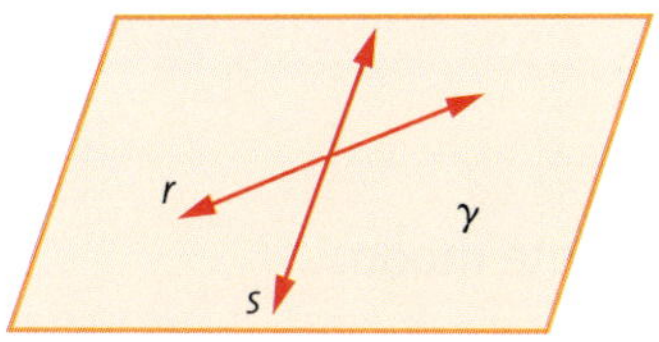

γ: $p(r, s)$

Duas retas concorrentes determinam um plano.

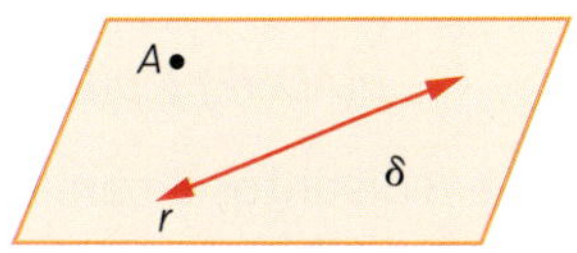

δ: $p(A, r)$

Uma reta e um ponto fora dela determinam um plano.

Para refletir
Por que duas retas reversas não determinam um plano?

Quadro-resumo:

Um plano fica determinado por
- 3 pontos não colineares.
- 2 retas paralelas distintas.
- 2 retas concorrentes.
- 1 reta e 1 ponto fora dela.

Exercícios

4. Observe as figuras e considere:
α: plano determinado pela reta $\overleftrightarrow{ED}$ e o ponto $F \notin \overleftrightarrow{ED}$;
β: plano determinado pelas retas paralelas $\overleftrightarrow{AF}$ e $\overleftrightarrow{CD}$;
γ: plano determinado pelas retas concorrentes $\overleftrightarrow{AB}$ e $\overleftrightarrow{BC}$;
δ: plano determinado pelos pontos não colineares B, A e E.

1ª)
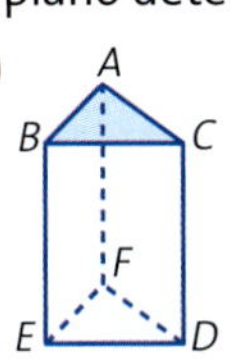

2ª)
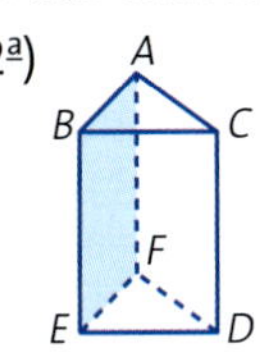

3ª)
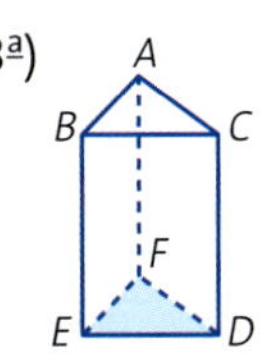

4ª)
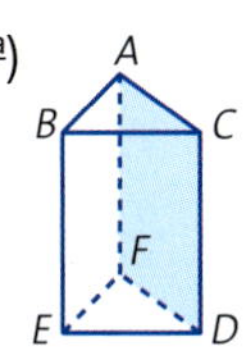

Identifique em cada figura (1ª, 2ª, 3ª e 4ª) qual é o plano correspondente à face pintada (α, β, γ ou δ).

5. Quantos são os planos determinados por quatro pontos não coplanares?

6 Posições relativas de dois planos no espaço

Observe o paralelepípedo:

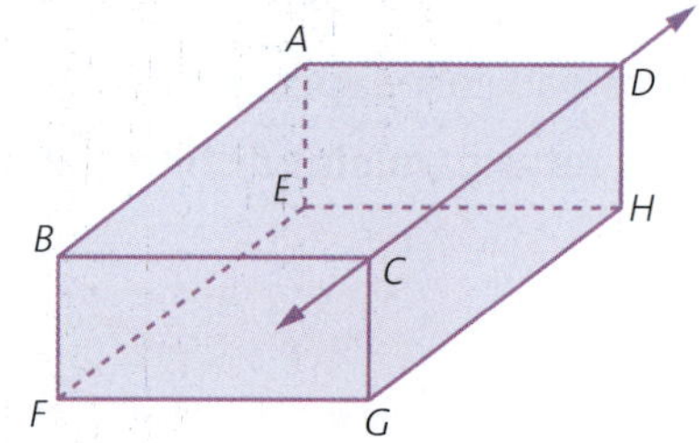

Como vimos, as faces representam os planos que as contêm. Alguns desses planos têm pontos comuns, outros não.

Por exemplo, $p(ABCD)$ e $p(EFGH)$ não têm ponto comum; $p(ABCD)$ e $p(CDHG)$ têm todos os pontos da reta CD comuns.

Dois planos que não têm pontos comuns são chamados **planos paralelos distintos**.

$$p(ABCD) \mathbin{/\!/} p(EFGH)$$
$$p(ADHE) \mathbin{/\!/} p(BCGF)$$

Podemos representar dois planos α e β distintos e paralelos do seguinte modo:

$\alpha \neq \beta$
$\alpha \mathbin{/\!/} \beta$
$\alpha \cap \beta = \varnothing$

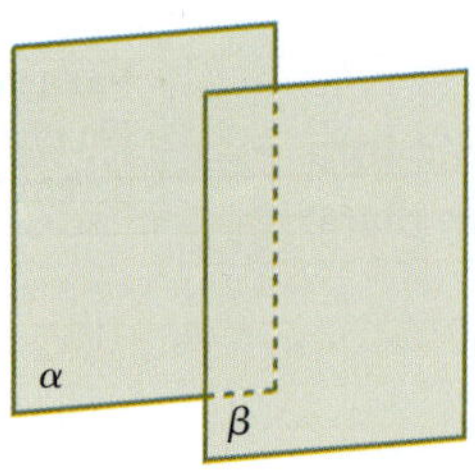

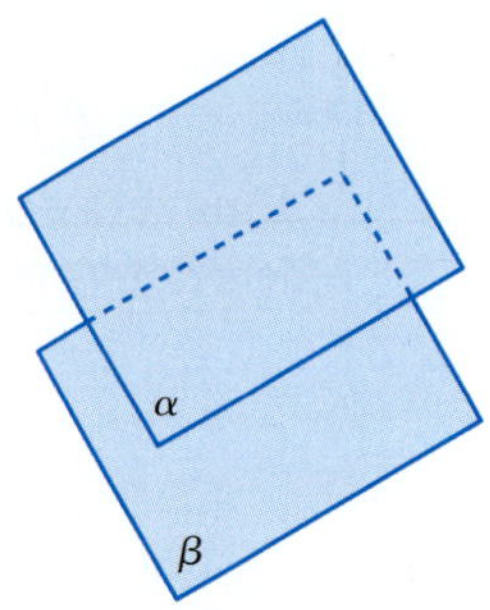

Fique atento!
Dados dois planos distintos, ou eles não têm ponto comum ou têm uma única reta comum.
Não existem dois planos, por exemplo, com um único ponto comum.

Observação: Se dois planos têm todos os pontos comuns, dizemos que eles são coincidentes (paralelos e iguais).

Dois planos distintos que têm uma reta comum são chamados **planos secantes** (ou concorrentes).

Essa reta comum é a intersecção dos dois planos. Ou seja:

$p(ABCD)$ e $p(CDHG)$ são secantes e a reta intersecção deles é $\overleftrightarrow{CD}$.
$p(EFGH)$ e $p(ABFE)$ são secantes e a intersecção deles é a reta $\overleftrightarrow{EF}$.

Intersecção — O que é comum (ou seja, existe simultaneamente) a dois ou mais conjuntos, nesse caso, planos.

Podemos representar dois planos α e β secantes assim:

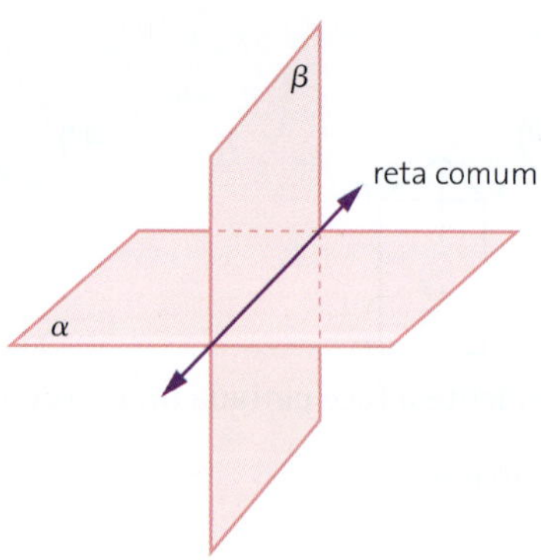

Você sabia?
Diversas situações ou objetos da vida real podem representar a intersecção de dois planos, por exemplo, um porta-revistas.

Jupiter Images/Agência France-Presse

Quadro-resumo:

Posições relativas de dois planos no espaço

Dois planos no espaço
- distintos
  - paralelos
  - secantes ou concorrentes
- coincidentes (paralelos iguais)

Observação: Estamos considerando duas retas coincidentes como retas paralelas iguais, e dois planos coincidentes como planos paralelos iguais. Devemos, por isso, ficar atentos a afirmações que envolvem retas ou planos paralelos. Por exemplo:

- a afirmação "se α e β são planos paralelos, então $\alpha \cap \beta = \varnothing$" é falsa;
- a afirmação "se α e β são planos paralelos e distintos, então $\alpha \cap \beta = \varnothing$" é verdadeira.

Exercícios

6. Observando o cubo da figura seguinte, responda:

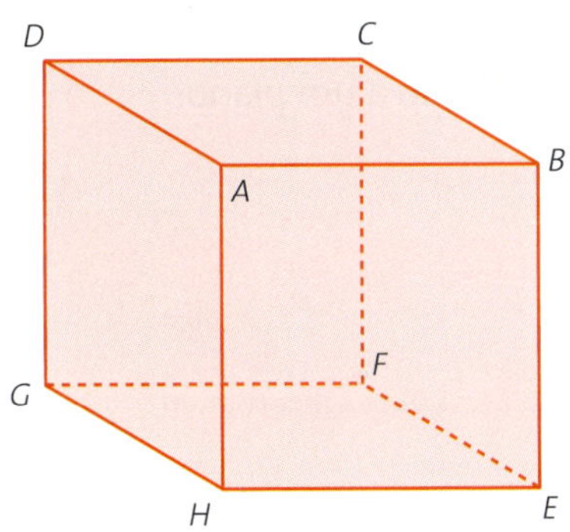

a) Dos planos determinados pelas faces, quais são os pares de planos distintos e paralelos?

b) Cite três pares de planos secantes.

c) Os planos determinados pelas faces *CDGF* e *EFGH* são secantes? Em caso afirmativo, qual é a reta intersecção?

d) A reta *AD* é intersecção dos planos determinados por quais faces?

7. Verifique se são verdadeiras (**V**) ou falsas (**F**) as afirmações:

a) Se r e s são retas tais que $r \cap s = \varnothing$, então r e s são paralelas.

b) Se α e β são dois planos distintos e r é a reta tal que $\alpha \cap \beta = r$, então α e β são concorrentes.

c) Uma reta e um ponto determinam um plano.

d) Uma reta e um ponto fora dela determinam um plano.

e) Dois planos podem ter um único ponto comum.

8. Observando a figura espacial a seguir, responda usando planos determinados por faces:

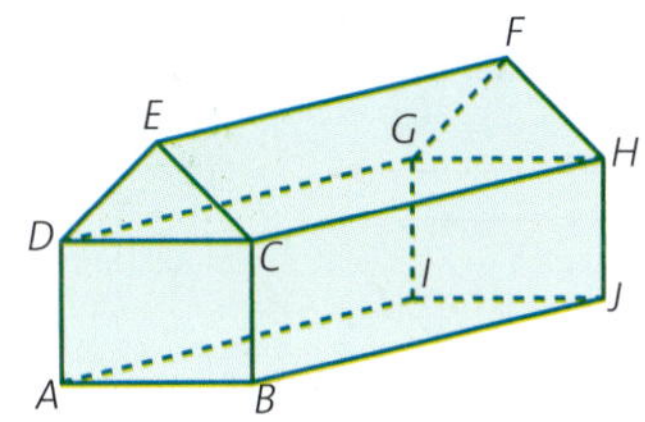

a) Qual é a posição relativa dos planos determinados pelas faces *EFHC* e *DEFG*?

b) A reta *AI* é intersecção de quais planos?

c) Qual é o plano paralelo ao determinado pela face *ADGI*?

d) Qual é a reta de intersecção dos planos secantes determinados por *BCHJ* e *ECHF*?

e) Há algum plano paralelo ao plano determinado pela face *ABJI*? Em caso afirmativo, qual é esse plano?

9. Observando a figura espacial seguinte, responda:

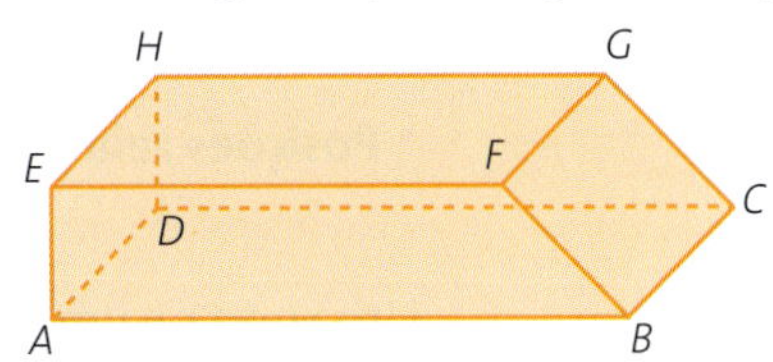

a) Qual é a posição relativa dos planos determinados pelas faces *ABCD* e *ADHE*?

b) Os planos *BCGF* e *EFGH* são secantes? Em caso afirmativo, qual é a reta de intersecção?

c) Há algum plano paralelo e distinto do plano determinado por *EFGH*? Qual?

7 Posições relativas de uma reta e um plano

Considerando o paralelepípedo da figura a seguir, observamos que:

Posições relativas entre planos e retas

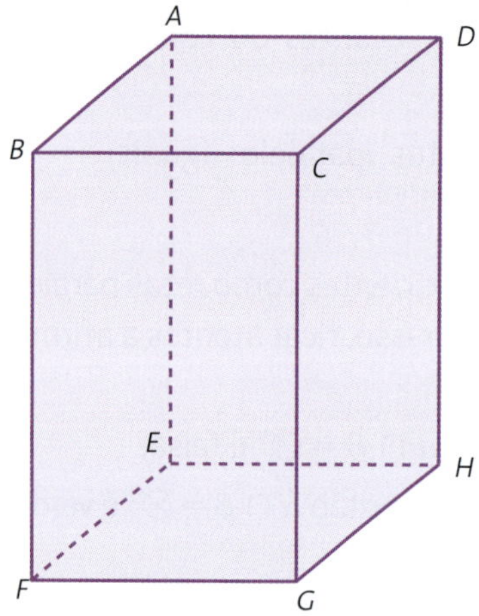

Fique atento!

$\overleftrightarrow{BD}$ está contido no $p(ABCD)$.

$\overleftrightarrow{AG}$ intersecta $p(EFGH)$.

$\overleftrightarrow{AF} \cap p(CDHG) = \varnothing$.

$\overleftrightarrow{DF}$ intersecta $p(ACGE)$.

- o plano determinado pela face *EFGH* contém as retas $\overleftrightarrow{EH}$, $\overleftrightarrow{HG}$, $\overleftrightarrow{FG}$ e $\overleftrightarrow{EF}$;
- as retas $\overleftrightarrow{BF}$, $\overleftrightarrow{CG}$, $\overleftrightarrow{AE}$ e $\overleftrightarrow{DH}$ intersectam o plano determinado pela face *EFGH*, "furando-o";
- as retas $\overleftrightarrow{BC}$, $\overleftrightarrow{CD}$, $\overleftrightarrow{AD}$ e $\overleftrightarrow{AB}$ são paralelas ao plano determinado pela face *EFGH*.

Estas são as três posições possíveis, no espaço, de uma reta em relação a um plano:

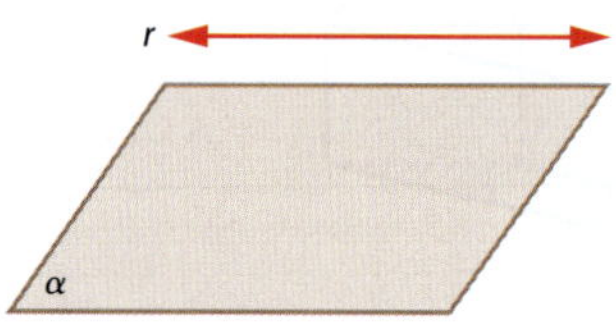

A reta r é paralela ao plano α (r e α não têm ponto comum, ou seja, $r \cap \alpha = \varnothing$).

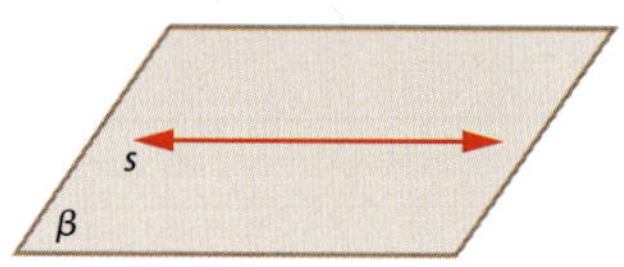

A reta s está contida no plano β (β e s têm em comum todos os pontos de s, ou seja, $s \cap \beta = s$).

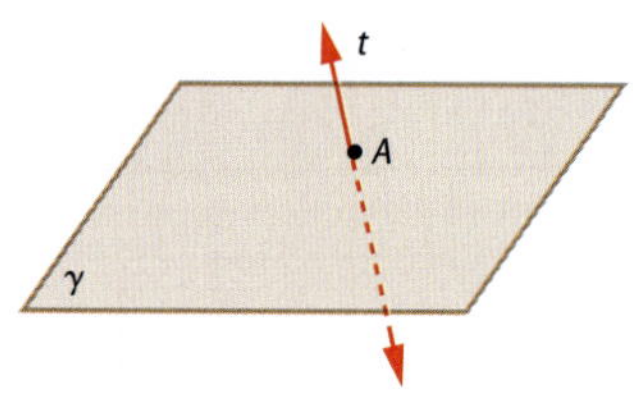

A reta t intersecta ("fura") o plano γ no ponto A.
Então, a reta t é secante (ou concorrente) ao plano γ.
O ponto A é chamado traço de t em γ.
Temos $t \cap \gamma = \{A\}$.

Quadro-resumo:

Posições relativas de uma reta e um plano no espaço

Uma reta r e um plano α no espaço $\begin{cases} r \text{ é paralela a } \alpha \\ r \text{ está contida em } \alpha \\ r \text{ é secante a } \alpha \end{cases}$

Para refletir

Use o lápis e a capa do livro para representar uma reta e um plano. Verifique as três posições possíveis da reta em relação ao plano.

Exercícios

10. Observando o cubo, cite:

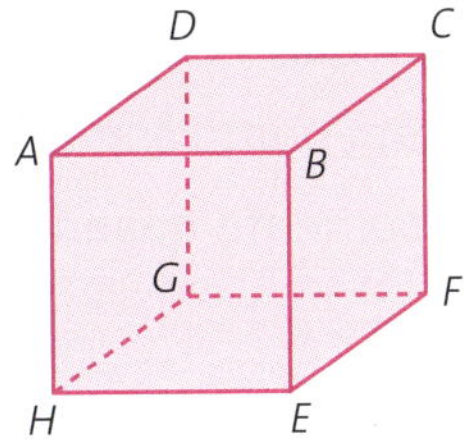

a) cinco retas paralelas ao plano determinado pela face *ADGH*;

b) cinco retas que estejam contidas no plano determinado pela face *CDGF*;

c) cinco retas secantes ao plano determinado pela face *ABCD*.

11. Observando a figura a seguir e sua representação matemática, verifique se a reta está contida, se é paralela ou é secante ao plano em cada item.

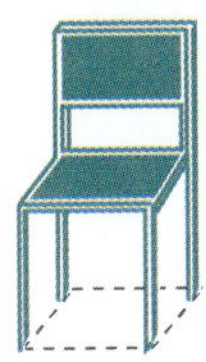

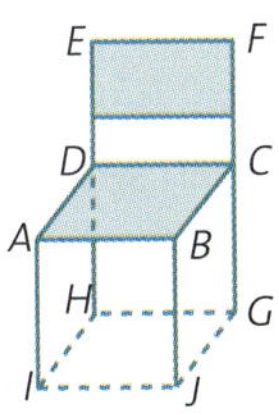

a) $\overleftrightarrow{EF}$ e $p(IJGH)$

b) $\overleftrightarrow{DE}$ e $p(EFGH)$

c) $\overleftrightarrow{HI}$ e $p(EFCD)$

d) $\overleftrightarrow{GH}$ e $p(EFCD)$

e) $\overleftrightarrow{BD}$ e $p(HIJG)$

f) $\overleftrightarrow{HJ}$ e $p(\overleftrightarrow{IJ}, G)$

g) $\overleftrightarrow{IC}$ e $p(\overleftrightarrow{ED}, \overleftrightarrow{CF})$

h) $\overleftrightarrow{EC}$ e $p(\overleftrightarrow{DG}, \overleftrightarrow{CH})$

12. Na figura dada, *A*, *B*, *C*, *D*, *E*, *F*, *G* e *H* são os vértices de um paralelepípedo e *C*, *D*, *E*, *F*, *J* e *I* são vértices de um prisma reto de base triangular.

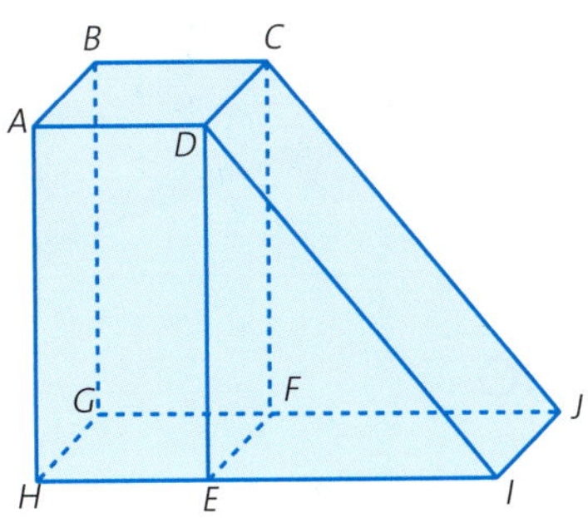

Dê a posição relativa dos pares de figuras em cada item.

a) $\overleftrightarrow{DE}$ e $p(EFGH)$

b) $\overleftrightarrow{AB}$ e $\overleftrightarrow{GF}$

c) $p(A, D, H)$ e $p(\overleftrightarrow{BC}, \overleftrightarrow{CJ})$

d) D e $p(A, \overleftrightarrow{HI})$

e) $\overleftrightarrow{AC}$ e $p(A, B, D)$

f) $\overleftrightarrow{CD}$ e $\overleftrightarrow{IJ}$

g) $p(CDIJ)$ e $p(EFCD)$

h) $\overleftrightarrow{HE}$ e $\overleftrightarrow{ID}$

13. Considere a figura espacial a seguir, chamada prisma reto de base triangular, e os pontos, planos e retas determinados por seus vértices, arestas e faces.

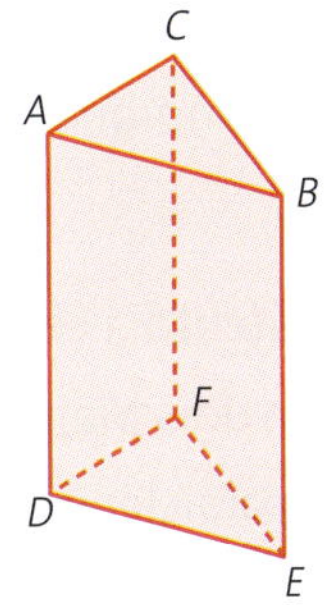

a) Qual é a posição da reta $\overleftrightarrow{AB}$ em relação ao plano determinado pela face *EFD*?

b) Qual é a posição da reta $\overleftrightarrow{AB}$ em relação ao plano determinado pela face *ABC*?

c) Qual é a posição da reta $\overleftrightarrow{AB}$ em relação ao plano determinado pela face *ACFD*?

d) Cite duas retas, nessa figura, que estejam "furando" o mesmo plano. Quais são as retas e qual é o plano?

e) A reta $\overleftrightarrow{DF}$ está contida simultaneamente em dois planos. Quais são esses planos?

f) Qual é a posição relativa das retas $\overleftrightarrow{BC}$ e $\overleftrightarrow{FE}$?

g) Qual é a posição relativa das retas $\overleftrightarrow{DF}$ e $\overleftrightarrow{EF}$?

h) Qual é a posição relativa das retas $\overleftrightarrow{CF}$ e $\overleftrightarrow{DE}$?

14. Observe a figura seguinte e sua representação matemática:

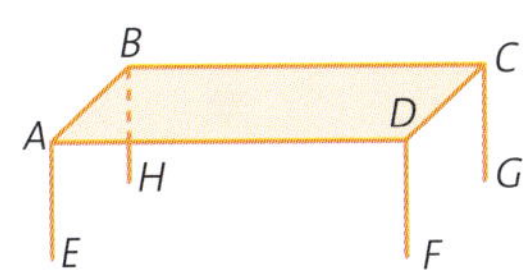

a) Qual é a posição da reta $\overleftrightarrow{AB}$ em relação ao plano determinado por *ABCD*?

b) Cite duas retas que estejam "furando" o plano determinado por *ABCD*.

c) A reta $\overleftrightarrow{CD}$ é a intersecção de infinitos planos. Cite dois desses planos.

d) Qual é a posição relativa das retas $\overleftrightarrow{AB}$ e $\overleftrightarrow{BH}$?

e) Cite uma reta que seja reversa à reta $\overleftrightarrow{AD}$.

f) Cite um plano paralelo ao plano determinado por *ABCD*.

g) A reta $\overleftrightarrow{DF}$ está simultaneamente em vários planos. Cite dois desses planos.

h) Cite duas retas paralelas ao plano determinado por *ABCD*.

8 Paralelismo no espaço

Retomando o que vimos até agora sobre paralelismo no espaço, temos:

- Duas retas distintas são paralelas quando, e somente quando, são coplanares e não têm ponto comum.
- Dois planos distintos são paralelos quando, e somente quando, não têm ponto comum.
- Uma reta e um plano que não a contenha são paralelos quando, e somente quando, não têm ponto comum.

É preciso estar atento a certos fatos relativos ao paralelismo. Veja alguns:

1º) Podemos ter, em dois planos paralelos, retas que não sejam paralelas.

Por exemplo, no paralelepípedo a seguir os planos *ABCD* e *EFGH* são paralelos; entretanto, as retas $\overleftrightarrow{AB}$ e $\overleftrightarrow{FH}$ pertencentes a eles não são paralelas e sim reversas. Veja:

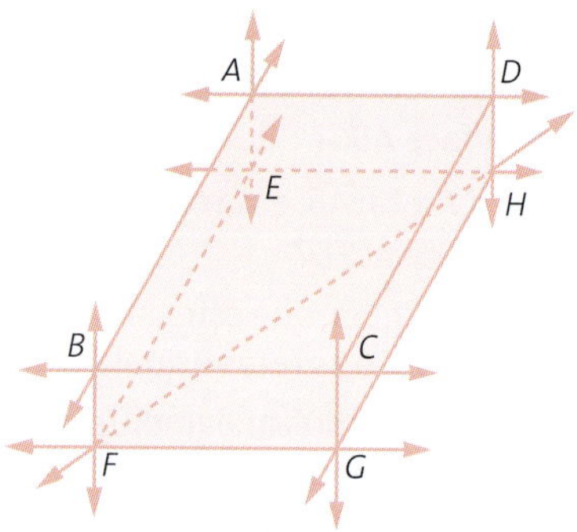

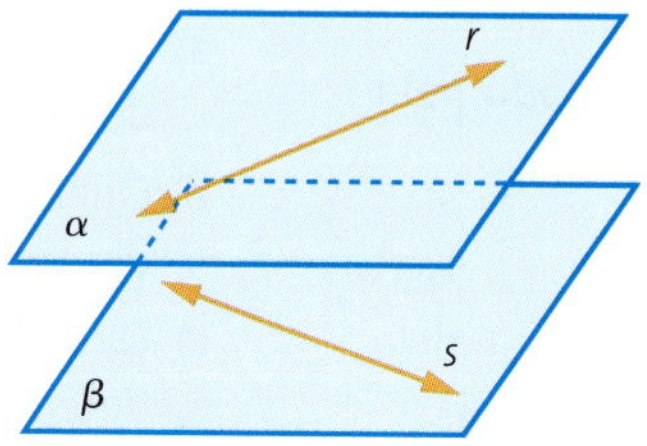

$\alpha \parallel \beta$, *r* está em α.
s está em β.
r e *s* não são paralelas.
r e *s* são reversas.

Para refletir
- Que posições relativas podem ter duas retas distintas que não são paralelas?
- O que acontece com dois planos distintos quando não são paralelos?
- Que posições relativas podem ter uma reta e um plano quando não são paralelos?

2º) Podemos ter retas paralelas contidas em dois planos que não sejam paralelos.

Por exemplo, no paralelepípedo abaixo, as retas $\overleftrightarrow{AB}$ e $\overleftrightarrow{GH}$ são paralelas. A retas $\overleftrightarrow{AB}$ está no plano *ABCD* e a reta $\overleftrightarrow{GH}$ está no plano *CDHG*, que se intersectam segundo a reta $\overleftrightarrow{CD}$.

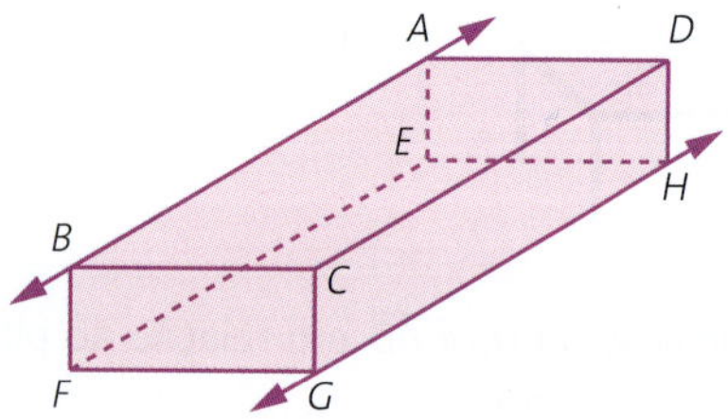

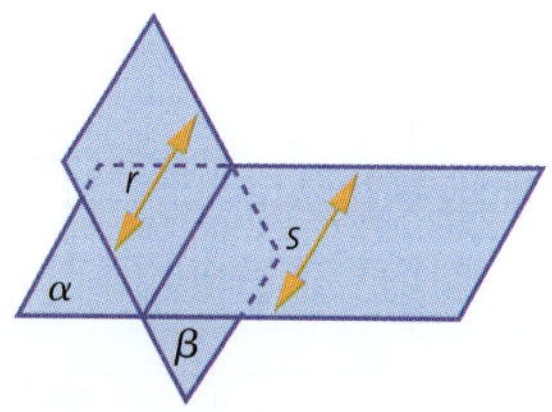

$r \parallel s$, *r* está em β.
s está em α.
α e β não são paralelos.

Você sabia?
Na cadeira de praia abaixo, o encosto e o assento podem ser vistos como partes de planos secantes; as ripas de madeira podem ser vistas como segmentos de reta paralelos entre si.

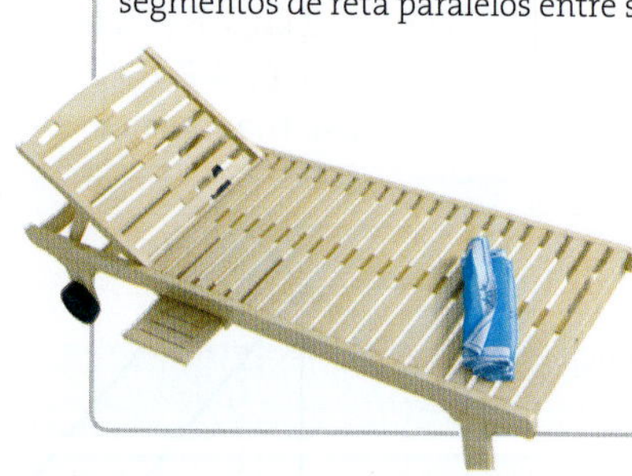

Elsar/Shutterstock/Glow Images

Algumas propriedades do paralelismo

As seguintes propriedades referem-se a paralelismo no espaço.

Para visualizá-las e entendê-las, use as figuras dadas, construa outras e crie modelos com objetos.

1ª propriedade:

Quando dois planos distintos são paralelos, qualquer reta de um deles é paralela ao outro.

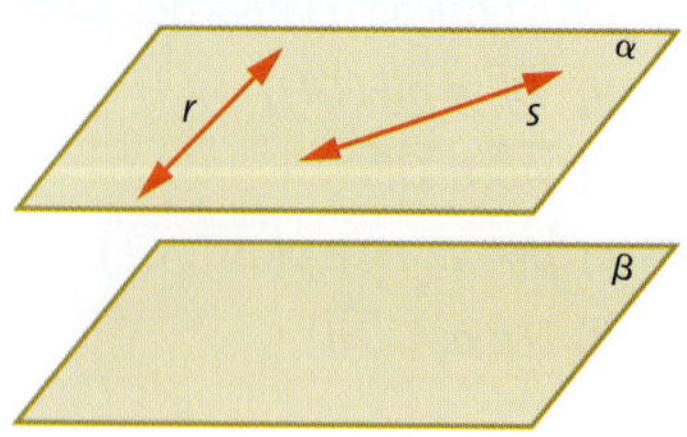

2ª propriedade:

Quando uma reta é paralela a um plano, ela é paralela a pelo menos uma reta desse plano.

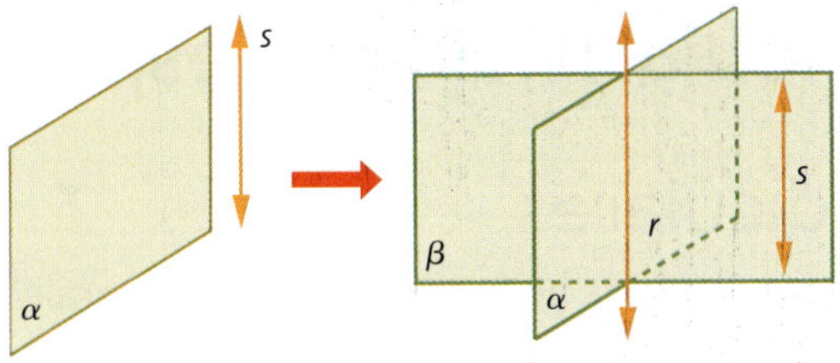

Fique atento!
Todo plano β, que contém s e é secante com α, determina, em α, a reta r, paralela a s.

3ª propriedade:

Quando uma reta não está contida num plano e é paralela a uma reta dele, ela é paralela ao plano.

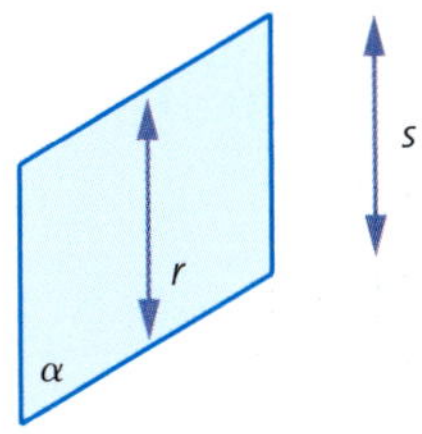

4ª propriedade:

Se um plano intersecta dois planos paralelos, as intersecções são duas retas paralelas.

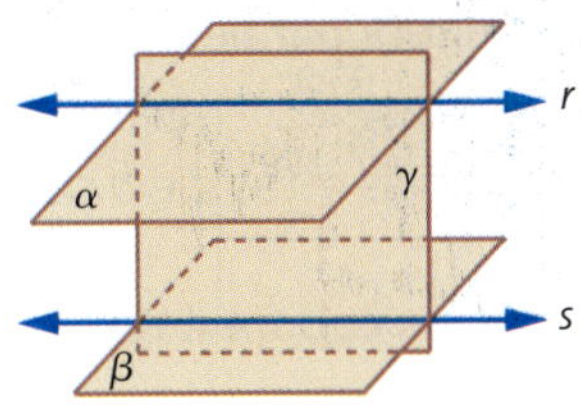

5ª propriedade:

Quando um plano contém duas retas concorrentes, paralelas a um outro plano, então os planos considerados são paralelos.

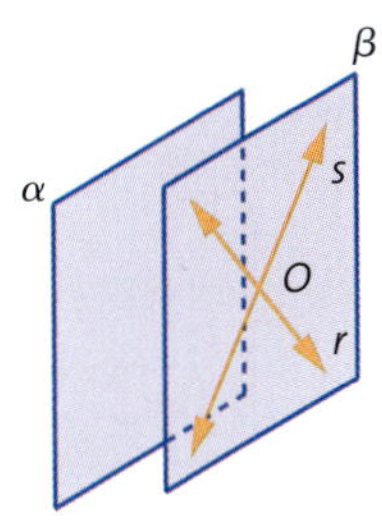

Para refletir
Use os objetos para verificar que não se pode tirar essa conclusão quando $r /\!/ s$.

Exercício

15. Diga se são verdadeiras (**V**) ou falsas (**F**) as afirmações:

a) Se dois planos são paralelos, qualquer reta de um deles é paralela a qualquer reta do outro.

b) Se dois planos são paralelos, qualquer reta que intersecta um deles intersecta o outro.

c) Se dois planos distintos são paralelos, qualquer reta de um deles é paralela ao outro.

d) Dois planos paralelos a uma reta são paralelos entre si.

e) Uma reta r não está contida num plano α e é tal que $r /\!/ \alpha$. Então, existe uma reta s, contida em α, tal que $s /\!/ r$.

f) Se um plano intersecta dois planos paralelos, então as intersecções são retas paralelas.

g) Se dois planos são paralelos, então toda reta que é paralela a um deles é paralela ou está contida no outro.

h) Por um ponto P fora de um plano α podemos passar um único plano β tal que $\alpha /\!/ \beta$.

i) Se uma reta r é paralela a cada um de dois planos secantes, então r é paralela à reta de intersecção dos planos.

j) Se dois planos distintos são paralelos, uma reta de um deles pode ser reversa a uma reta do outro.

k) Se uma reta é paralela a dois planos, então esses planos são paralelos.

l) Se dois planos são paralelos, toda reta paralela a um deles é paralela ao outro.

9 Perpendicularismo no espaço

Retas perpendiculares

Sabemos que duas retas distintas no espaço podem ser paralelas, concorrentes ou reversas. Quando são concorrentes e formam quatro ângulos retos (90°), essas retas são perpendiculares.

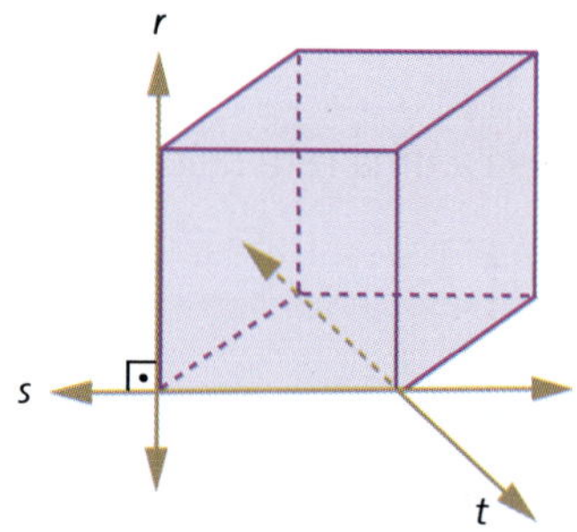

Para refletir
Na figura ao lado, quais são as medidas dos quatro ângulos formados por *s* e *t*?

Pelo cubo, podemos visualizar:

- *r* e *s* são retas concorrentes e perpendiculares ($r \perp s$).
- *s* e *t* são retas concorrentes, mas não são perpendiculares. Dizemos que *s* e *t* são retas oblíquas.

Considere agora *a* e *b* retas reversas e *c* uma reta paralela à reta *a* e concorrente com *b*.

Se *c* e *b* forem perpendiculares, dizemos que as retas *a* e *b* são ortogonais.

Observe as retas reversas *a* e *b*, visualizadas no cubo, e a reta *c*, paralela à reta *a* e concorrente com *b*.

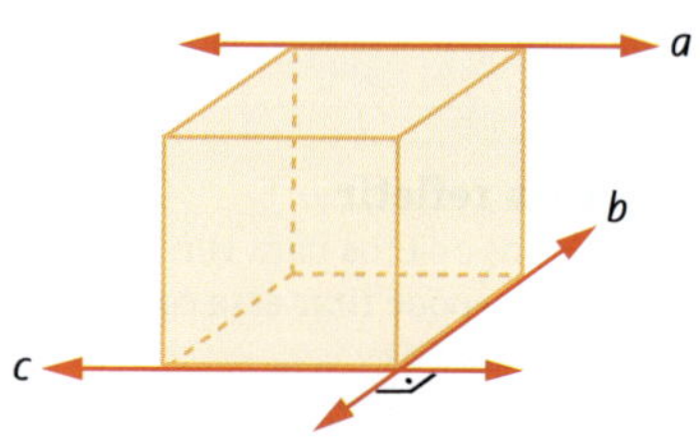

a e *b* são retas reversas e ortogonais.

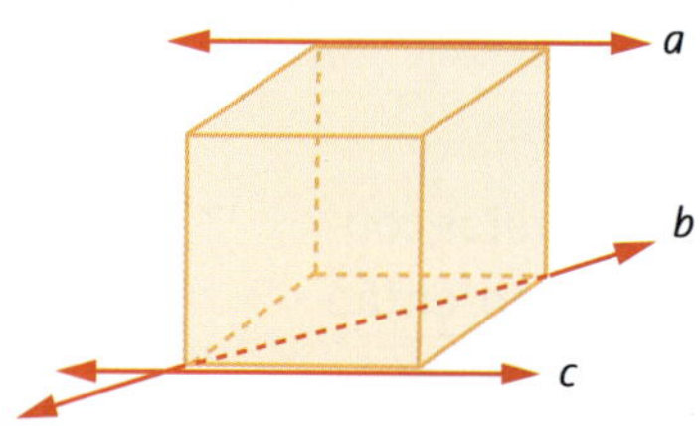

a e *b* são reversas, mas não são ortogonais.

Para refletir
Justifique as duas afirmações ao lado.

O quadro-resumo envolvendo duas retas no espaço agora fica assim:

Posições relativas de duas retas no espaço

- Duas retas no espaço
  - distintas
    - coplanares
      - paralelas
      - concorrentes
        - perpendiculares
        - oblíquas
    - reversas
      - ortogonais
      - não ortogonais
  - coincidentes (paralelas iguais)

Reta e plano perpendiculares

Vimos que, dada uma reta r e um plano α, podem ocorrer três situações: a reta é paralela ao plano e não está contida nele ($r \parallel \alpha$); a reta está contida no plano ($r \subset \alpha$); ou a reta intersecta o plano em um ponto P, isto é, $r \cap \alpha = \{P\}$.

Veremos agora que, quando a reta intersecta o plano, ela pode ou não ser perpendicular a ele, conforme a definição:

Uma reta que intersecta um plano é perpendicular a ele quando, e somente quando, ela é perpendicular a todas as retas desse plano que passam pelo ponto de intersecção.

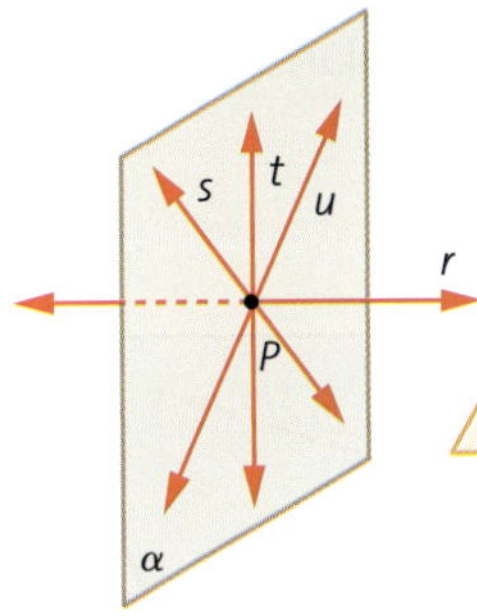

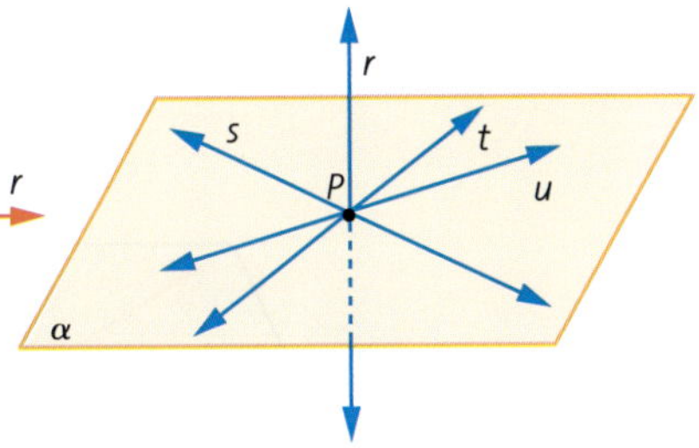

A expressão "quando e somente quando" nos permite fazer as seguintes deduções:

- dizer que uma reta r intersecta um plano α no ponto P e é perpendicular a todas as retas de α que passam por P implica dizer que a reta r é perpendicular ao plano α;
- dizer que uma reta r é perpendicular a um plano α implica dizer que r intersecta α em um ponto e é perpendicular a todas as retas de α que passam por esse ponto;
- dizer que uma reta r é perpendicular a um plano α implica dizer que r é ortogonal a todas as retas contidas em α que não passam pelo ponto de intersecção da reta com o plano.

O ponto P, nesse caso, é chamado "pé da perpendicular".

Se uma reta intersecta um plano e não é perpendicular a ele, dizemos que ela é oblíqua ao plano.

Veja a figura e os símbolos correspondentes.

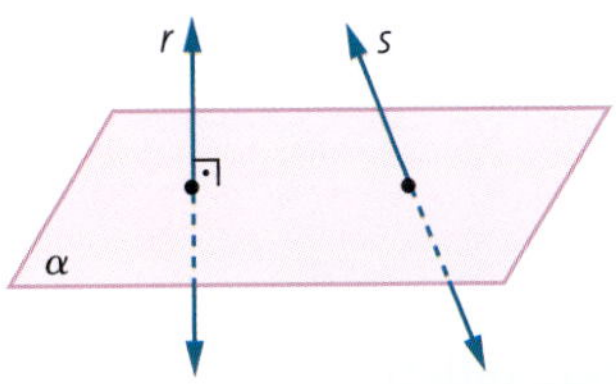

r é perpendicular a α ($r \perp \alpha$).
s é oblíqua a α ($s \angle \alpha$).

Para refletir

Se $r \perp \alpha$ no ponto P, qual é a posição de r em relação às retas de α que não passam por P?

Você sabia?

O Obelisco aos heróis de 1932, em São Paulo, dá ideia de reta perpendicular a um plano. A Torre de Pisa, na Itália, dá ideia de reta oblíqua a um plano.

Rubens Chaves/Pulsar Imagens

Obelisco, no Parque do Ibirapuera, em São Paulo, SP.

Shutterstock/Glow Images

Torre de Pisa, na Itália.

Algumas propriedades sobre perpendicularismo entre reta e plano

1ª propriedade:

Para que uma reta seja perpendicular a um plano, é necessário e suficiente que ela seja perpendicular a duas retas concorrentes desse plano no ponto de intersecção.

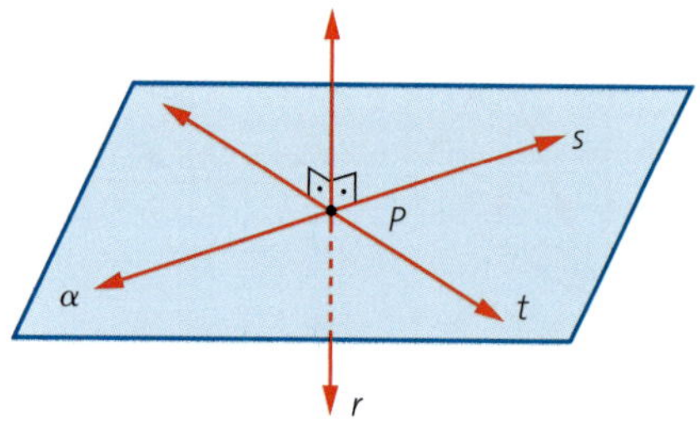

Observe que uma reta pode ser perpendicular a uma reta do plano e não ser perpendicular ao plano:

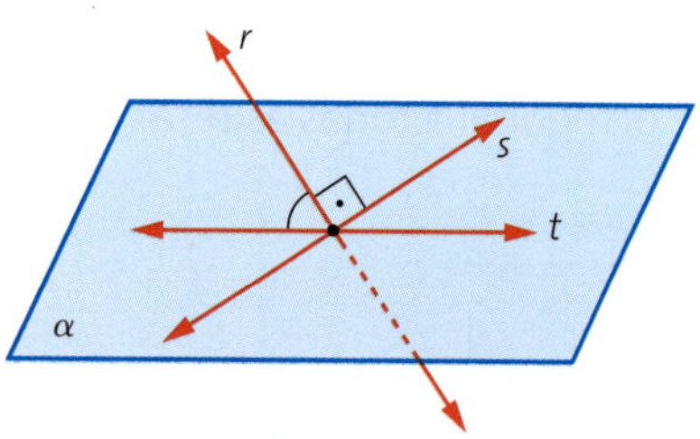

t está contida em α.
s está contida em α.
$r \perp s$.
r não é perpendicular a α.

Assim, para uma reta ser perpendicular a um plano α é preciso ser perpendicular a duas retas concorrentes em α, ou seja, são necessárias duas retas, porque vimos que uma reta não é suficiente para garantir o perpendicularismo. No entanto, bastam duas retas concorrentes, ou seja, elas são suficientes, pois essas duas concorrentes já determinam o plano α.

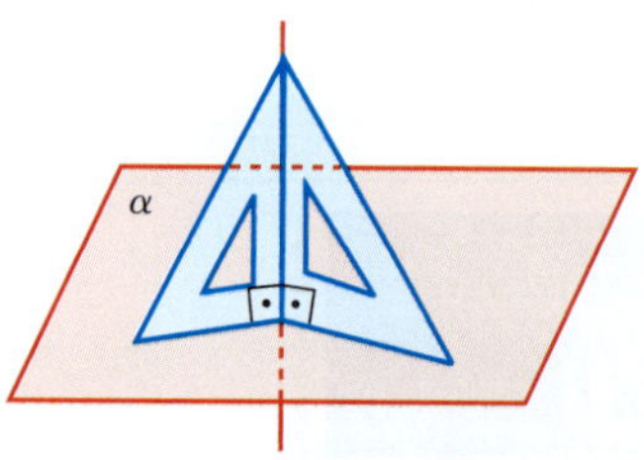

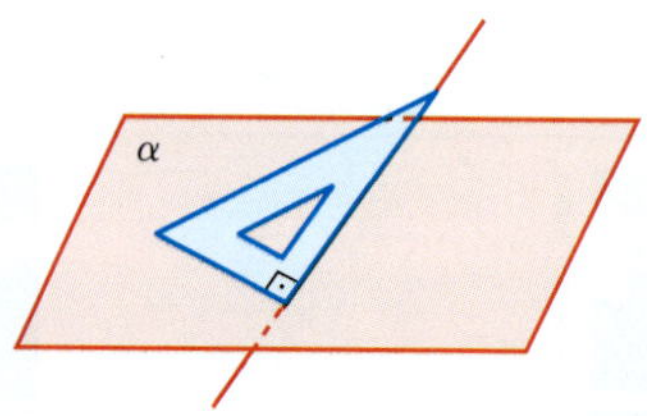

Você sabia?
Os pés do cabideiro dão a ideia de duas retas perpendiculares no plano do chão. Dessa forma, a haste maior do cabideiro é perpendicular ao chão.

Dam d'Souza/Arquivo da editora

O cabo do rodo não é perpendicular ao chão, embora seja perpendicular à parte horizontal do rodo (que dá a ideia de reta no plano do chão).

Photo 4/Keystone

Para refletir
Reproduza concretamente estas figuras e comprove as afirmações feitas.

2ª propriedade:

Dados um ponto *P* e uma reta *r*, existe um único plano que passa por *P* e é perpendicular a *r*.

1º caso: $P \in r$

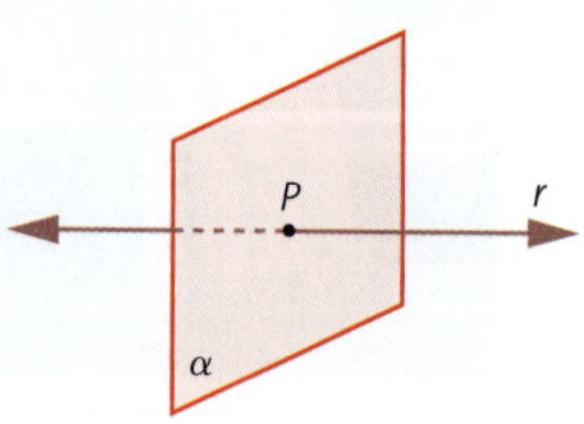

2º caso: $P \notin r$

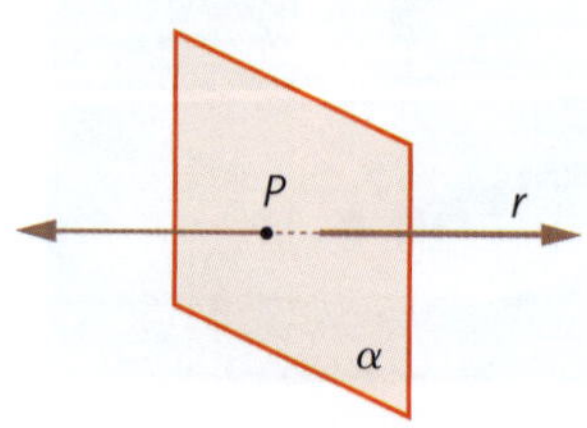

3ª propriedade:

Se uma reta é perpendicular a um plano, qualquer reta paralela a ela é também perpendicular ao plano.

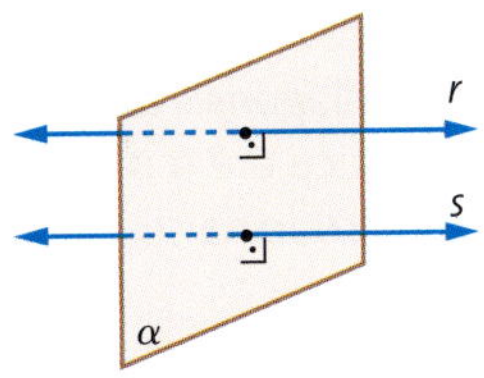

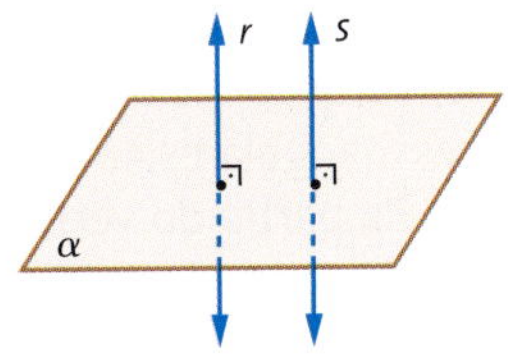

4ª propriedade:

Se dois planos são paralelos, toda reta perpendicular a um deles é também perpendicular ao outro.

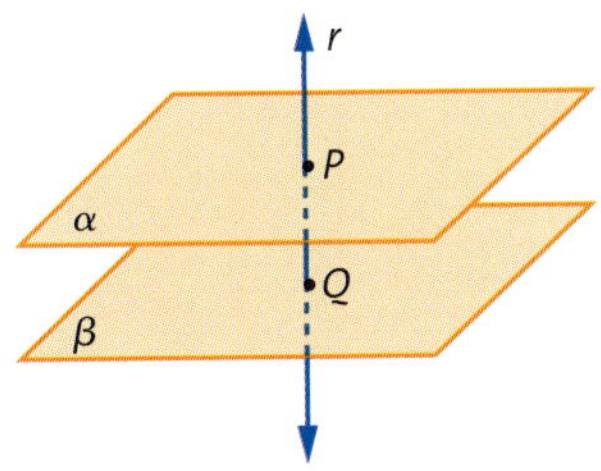

Observação: As duas últimas propriedades levam às seguintes afirmações:

- duas retas perpendiculares a um mesmo plano são paralelas;
- dois planos perpendiculares a uma mesma reta são paralelos.

5ª propriedade (conhecida por teorema das três perpendiculares):

Dados: uma reta r perpendicular a um plano α no ponto P; uma reta s, contida em α, que não passa por P; uma reta t, contida em α, que passa por P e é perpendicular a s no ponto A.

Então, se B é um ponto de r, a reta $\overleftrightarrow{AB}$ é perpendicular à reta s.

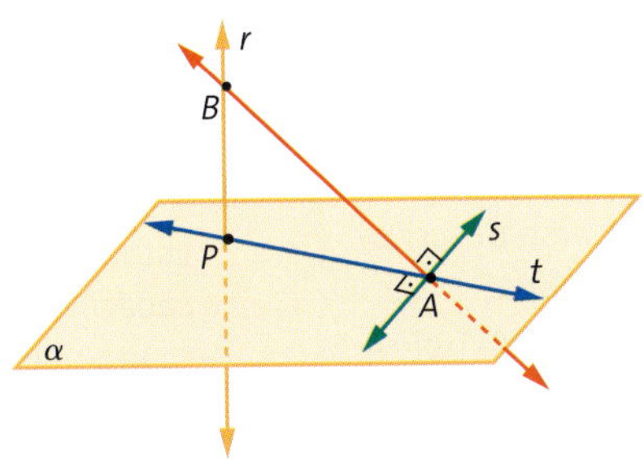

O quadro-resumo envolvendo as posições relativas de uma reta e um plano no espaço fica assim:

Posições relativas de uma reta e um plano no espaço

Uma reta r e um plano α no espaço:
- a reta é paralela ao plano ($r \mathbin{/\mkern-6mu/} \alpha$)
- a reta está contida no plano ($r \subset \alpha$)
- a reta intersecta o plano
  - a reta é perperndicular ao plano ($r \perp \alpha$)
  - a reta é oblíqua ao plano ($r \not\perp \alpha$)

Exercício resolvido

» Resolvido passo a passo

(Fuvest-SP) Uma formiga resolveu andar de um vértice a outro do prisma reto de bases triangulares *ABC* e *DEG* seguindo um trajeto especial. Ela partiu do vértice *G*, percorreu toda a aresta perpendicular à base *ABC*, para em seguida caminhar toda a diagonal da face *ADGC* e, finalmente, completou seu passeio percorrendo a aresta reversa a $\overline{CG}$. A formiga chegou ao vértice:

a) *A*.
b) *B*.
c) *C*.
d) *D*.
e) *E*.

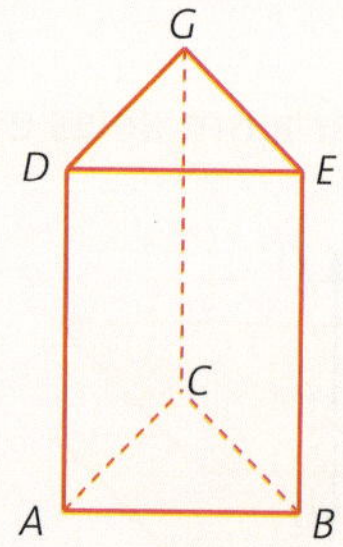

1. Lendo e compreendendo

a) O que é dado no problema?

É dada a figura de um prisma triangular com os 6 vértices assinalados de *A* a *G*, e o trajeto da formiga ao longo do prisma.

b) O que se pede?

Pede-se o vértice ao qual a formiga chegou, após percorrer os caminhos descritos no texto.

2. Planejando a solução

Precisamos ler o trajeto descrito, seguindo-o como se fôssemos a formiga, executando cada etapa do percurso descrito. Assim, ao final da descrição do trajeto, estaremos no vértice pedido.

3. Executando o que foi planejado

Vamos percorrer cada etapa do percurso descrito, como se estivéssemos seguindo um mapa.

a) A formiga partiu do vértice *G* e percorreu toda a aresta perpendicular à base *ABC*.

Das três arestas perpendiculares à base *ABC*, a única que contém o ponto *G* é a aresta $\overline{CG}$. Assim, essa foi a aresta percorrida pela formiga na primeira etapa, chegando ao vértice *C*.

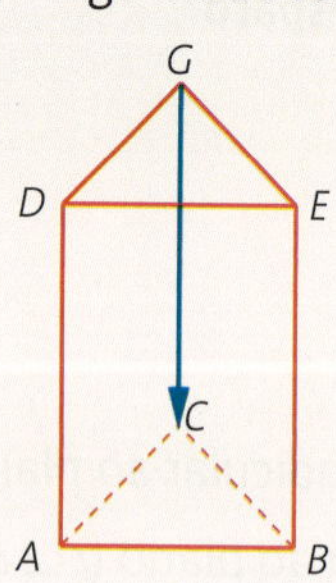

b) Em seguida, a formiga caminhou toda a diagonal da face *ADGC*. Como ela estava no vértice *C*, das duas diagonais da face *ADGC*, a única que contém o vértice *C* é a diagonal $\overline{CD}$. Assim, o caminho percorrido na segunda etapa levou ao vértice *D*.

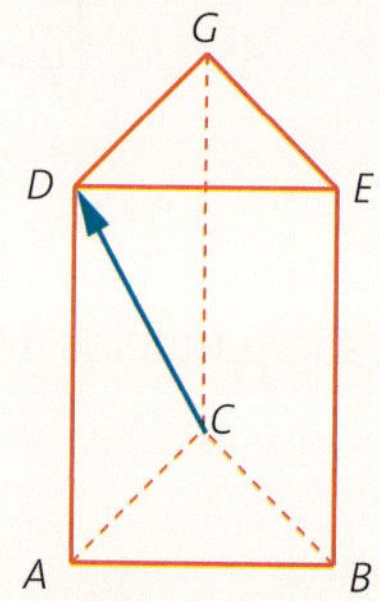

c) Finalmente, a formiga completou seu passeio percorrendo a aresta reversa a $\overline{CG}$.

Existem duas arestas reversas a $\overline{CG}$: a aresta $\overline{AB}$ e a aresta $\overline{DE}$. Como a formiga estava em *D*, a aresta que ela percorreu nessa etapa foi $\overline{DE}$, chegando ao vértice *E*.

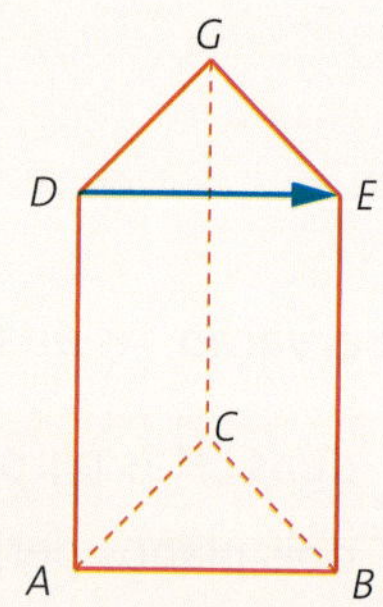

4. Emitindo a resposta

A resposta é a alternativa **e**.

5. Ampliando o problema

a) Se as bases desse prisma são triângulos equiláteros de lado 6 cm, e os três retângulos da lateral têm dimensões 6 cm × 8 cm, qual terá sido o total percorrido pela formiga?

b) *Discussão em equipe*

Estudos mostram que grupos de formigas são capazes de apresentar comportamento coletivo muito mais eficaz do que o de uma formiga sozinha. Em grupo, as formigas são capazes de achar sempre o melhor caminho entre o formigueiro e uma fonte de comida. Imagine que no prisma considerado no problema o formigueiro esteja no ponto médio da aresta $\overline{AB}$, e a fonte de comida esteja no vértice *G*. Converse com seus colegas e tentem descobrir qual seria o caminho mais curto conectando a fonte de alimento e o formigueiro. Para facilitar, considerem que o prisma seja formado por triângulos de lados 4 cm e retângulos de lados 4 cm e 8 cm. Vale fazer um modelo de papel, recortar e montar, para descobrir qual é o menor caminho. (Dica: com essas dimensões, o caminho mais curto tem exatos 10 cm.)

Planos perpendiculares

Estudamos neste capítulo que, dados dois planos distintos (α e β), podemos ter as duas situações abaixo:

- os planos são paralelos (α // β), ou seja, não têm ponto comum ($\alpha \cap \beta = \varnothing$);
- os planos são concorrentes, ou seja, têm uma reta comum ($\alpha \cap \beta = r$).

Veremos agora que, quando dois planos são concorrentes, eles podem ser ou não perpendiculares, de acordo com a definição:

Um plano é perpendicular a outro quando, e somente quando, existe uma reta contida em um deles e perpendicular ao outro.

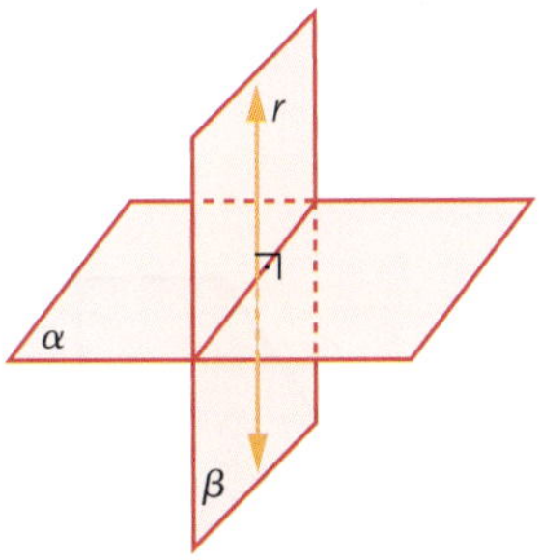

Se dois planos concorrentes não são perpendiculares, dizemos que são oblíquos.

Para refletir

Use seu caderno e um esquadro para representar planos perpendiculares e oblíquos.

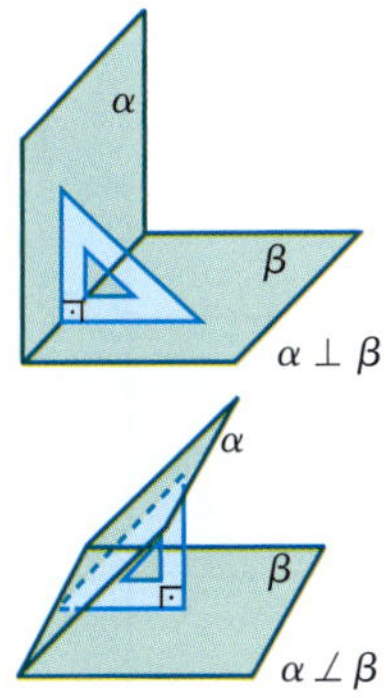

Consequências:

Quando uma reta é perpendicular a um plano, todos os planos que a contêm são perpendiculares ao plano inicial.

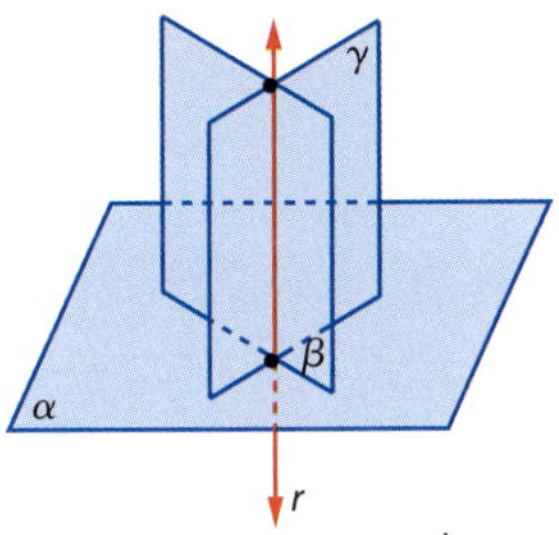

$r \perp \alpha$

Os planos β e γ, que contêm r, são perpendiculares a α.

Em dois planos oblíquos (que se intersectam e não são perpendiculares), nenhuma reta de um é perpendicular ao outro plano. Em outras palavras:

Se dois planos, α e β, são oblíquos e a reta r está contida em α, então r não é perpendicular a β.

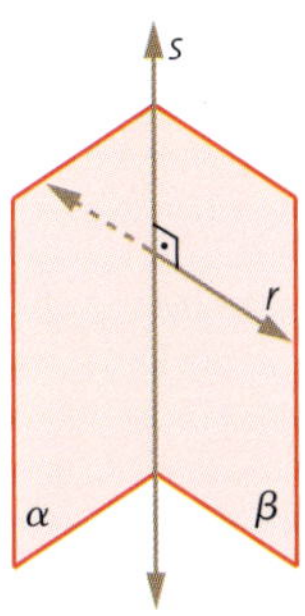

Quando α e β são oblíquos, uma reta (r) de um pode ser perpendicular à reta (s) de intersecção, mas não perpendicular ao outro plano.

Você sabia?

Os *notebooks* abertos dão a ideia de planos oblíquos (os dois primeiros) e de planos perpendiculares (os dois últimos).

Vtls/Shutterstock/Glow Images

Peter Gudella/Shutterstock/Glow Images

Dmitry Lobanov/Shutterstock/Glow Images

Richard Boll/Getty Images

Algumas propriedades sobre planos perpendiculares

1ª propriedade:

Se uma reta r e um plano α são ambos perpendiculares a um plano β, a reta r está contida no plano α ou é paralela ao plano α.

1º caso: $r \subset \alpha$

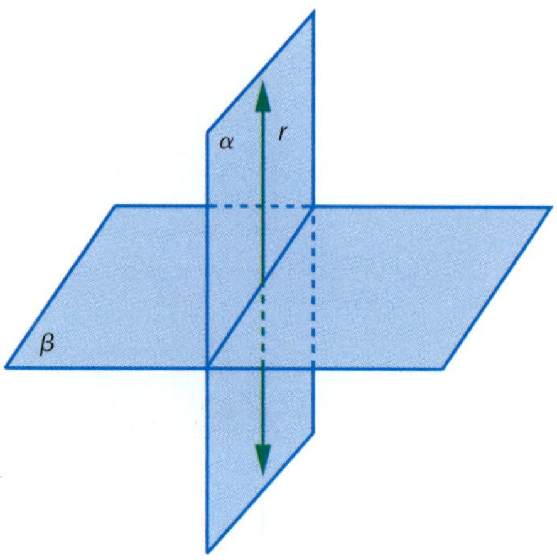

ou

2º caso: $r \cap \alpha = \varnothing$

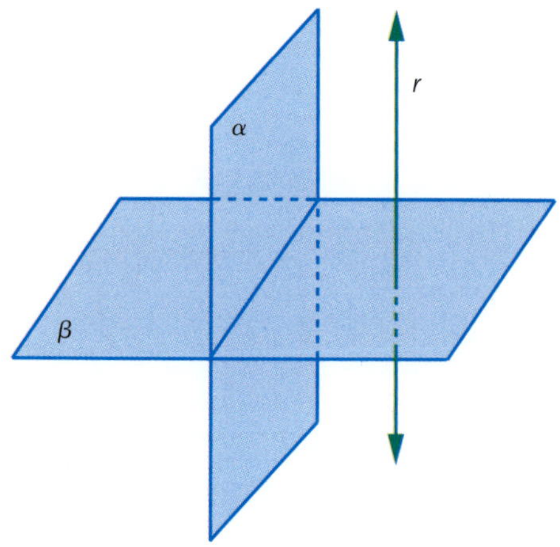

2ª propriedade:

Se dois planos α e β se intersectam segundo uma reta r e se γ é outro plano perpendicular a cada um dos planos α e β, então γ é perpendicular à reta r.

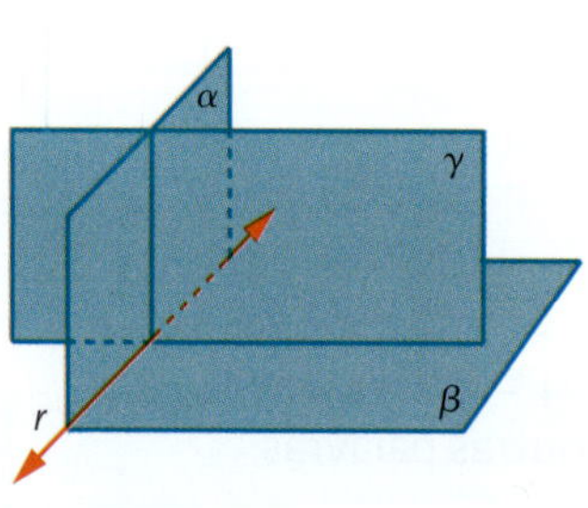

O quadro-resumo envolvendo dois planos no espaço agora fica assim:

Dois planos no espaço

- Dois planos no espaço
  - distintos
    - paralelos
    - secantes
      - **perpendiculares**
      - **oblíquos**
  - coincidentes (paralelos iguais)

Exercícios

16. Verifique se cada afirmação é verdadeira (**V**) ou falsa (**F**).

a) Duas retas perpendiculares a um mesmo plano são coplanares.

b) Por um ponto passa uma única reta perpendicular a um plano dado.

c) Se uma reta está contida em um plano, toda perpendicular a ela será perpendicular ao plano.

d) Se dois planos distintos, α e β, são paralelos, então toda reta *r* perpendicular a um deles é perpendicular ao outro.

e) Por um ponto passa um único plano perpendicular a uma reta dada.

f) Se uma reta é perpendicular a um plano, ela é perpendicular a todas as retas desse plano.

g) Duas retas perpendiculares a um mesmo plano são paralelas.

h) Se uma reta é perpendicular a uma reta do plano, então ela é perpendicular a esse plano.

i) Se uma reta e um plano são paralelos, toda reta perpendicular à reta dada é perpendicular ao plano.

17. A figura abaixo é um paralelepípedo.

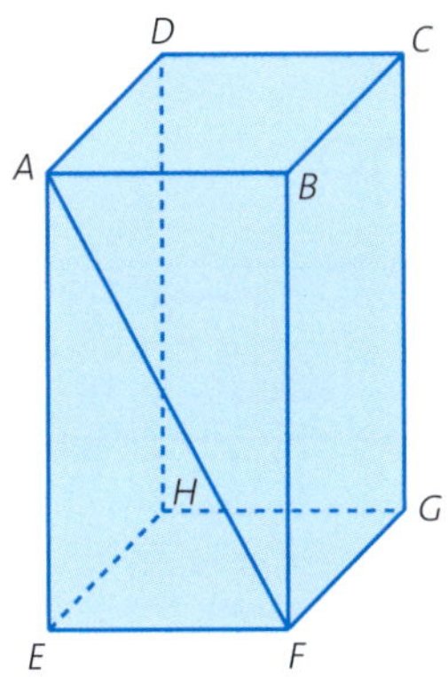

a) Cite duas retas que sejam perpendiculares ao plano *EFGH*.

b) A reta $\overleftrightarrow{AB}$ é perpendicular ao plano determinado por *BCGF*. Cite um outro plano perpendicular à reta $\overleftrightarrow{AB}$.

c) A reta $\overleftrightarrow{AF}$ é perpendicular à reta $\overleftrightarrow{FG}$? Justifique a resposta.

18. Verifique se cada uma das afirmações é verdadeira (**V**) ou falsa (**F**):

a) Se dois planos são perpendiculares, toda reta de um deles que for perpendicular à intersecção será perpendicular ao outro.

b) Se dois planos forem perpendiculares, toda reta paralela a um deles será perpendicular ao outro.

c) Dados um plano α e uma reta *r*, existe um plano β que contém *r* e é perpendicular a α.

19. Considerando o paralelepípedo abaixo e os planos determinados pelas faces, resolva as questões.

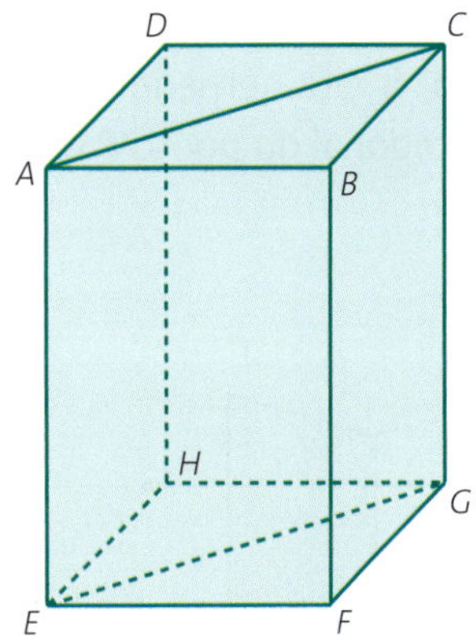

a) Cite todos os planos perpendiculares a *p*(*ABFE*).

b) Quais são os dois planos que contêm a reta $\overleftrightarrow{DH}$ e são perpendiculares ao plano *EFGH*?

c) O plano diagonal *ACGE* é perpendicular ao plano *EFGH*? Por quê?

d) A reta $\overleftrightarrow{CG}$ é perpendicular ao plano *EFGH*. Qual é a posição dos planos *CDHG*, *ACGE* e *BCGF* em relação ao plano *EFGH*?

20. Observando o paralelepípedo da figura, responda:

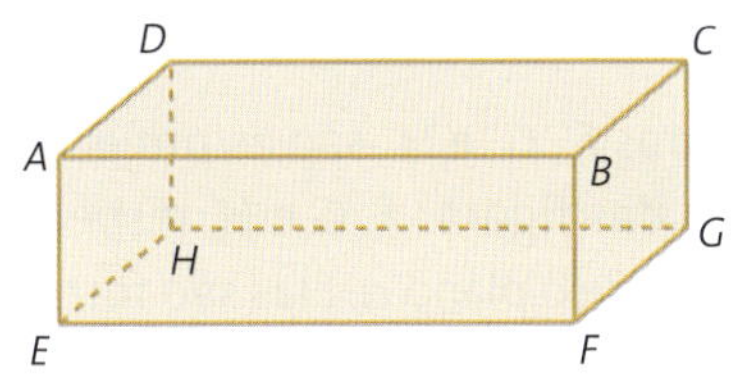

a) Existe um único plano contendo a reta $\overleftrightarrow{BC}$ e que é perpendicular ao plano *ADHE*. Qual é esse plano?

b) Cite uma reta e um plano que são perpendiculares ao plano *ABFE*, de tal forma que a reta considerada esteja contida no plano citado.

c) Existe um único plano contendo a reta $\overleftrightarrow{CG}$ e que é perpendicular ao plano *ADHE*. Qual é esse plano?

d) Os planos *ADHE* e *EFGH* se intersectam segundo a reta $\overleftrightarrow{EH}$. Cite um plano que seja perpendicular a cada um dos planos dados e perpendicular à reta $\overleftrightarrow{EH}$.

e) Qual a posição da reta $\overleftrightarrow{EH}$ em relação ao plano *BCGF*?

f) Qual é o único plano perpendicular ao plano *ABCD* e que contém a reta $\overleftrightarrow{GH}$?

g) Cite uma reta contida no plano *BCGF* e que seja perpendicular ao plano *ABCD*.

10 Projeção ortogonal

De um ponto sobre um plano

Traçamos a reta perpendicular ao plano α pelo ponto P e encontramos P'. O ponto P' é chamado projeção ortogonal do ponto P sobre o plano α.

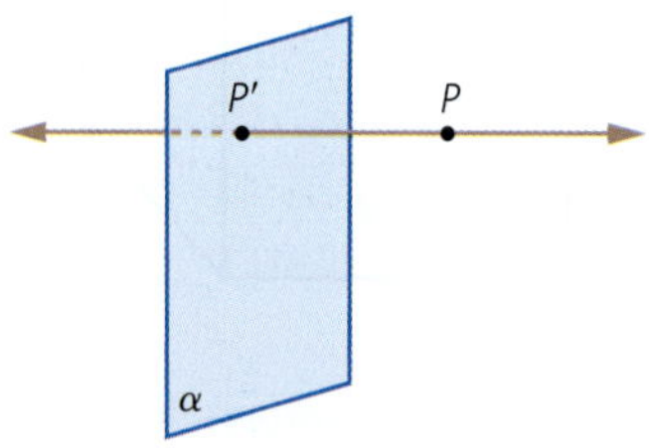

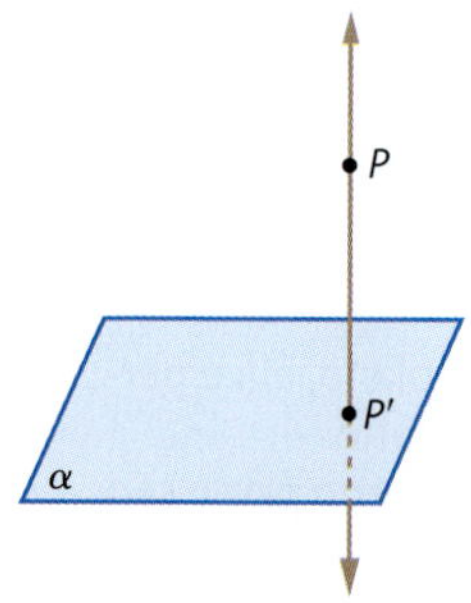

> **Fique atento!**
> A projeção ortogonal do ponto P sobre o plano α é o "pé da perpendicular" ao plano α que passa por P.

Observação: Quando $P \in \alpha$, os pontos P e P' coincidem ($P \equiv P'$).

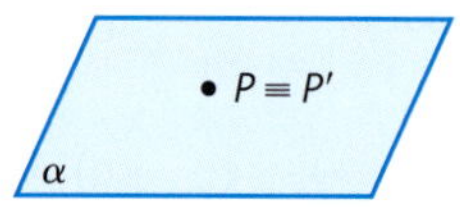

De uma figura qualquer sobre um plano

As figuras F', G' e H' são as projeções ortogonais das figuras F, G e H, respectivamente, sobre o plano α. Elas são formadas pelas projeções ortogonais de todos os pontos das figuras F, G e H sobre α.

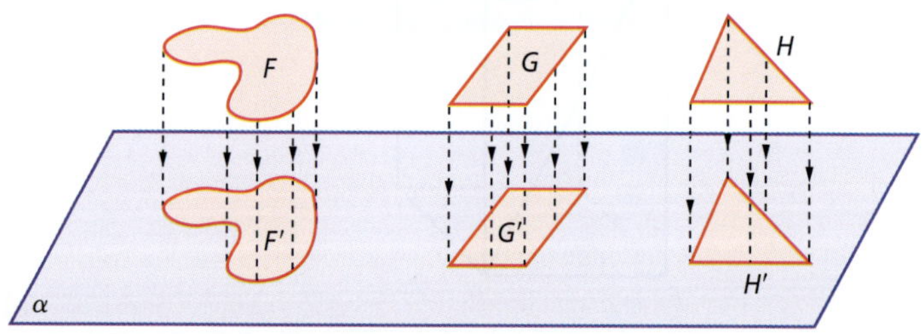

Casos particulares

1º) Projeção ortogonal de uma reta sobre um plano: pode ser uma reta ou um ponto.

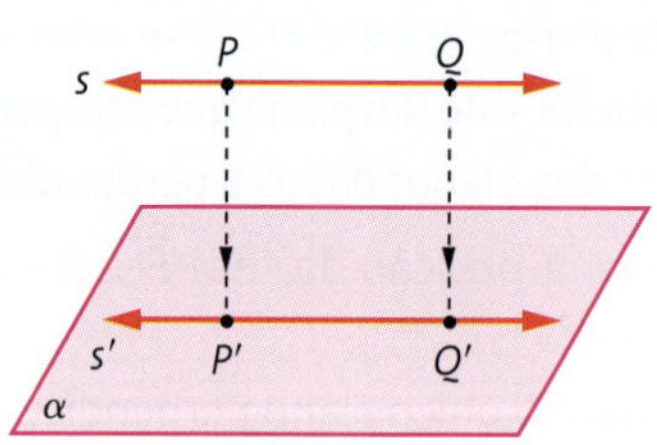

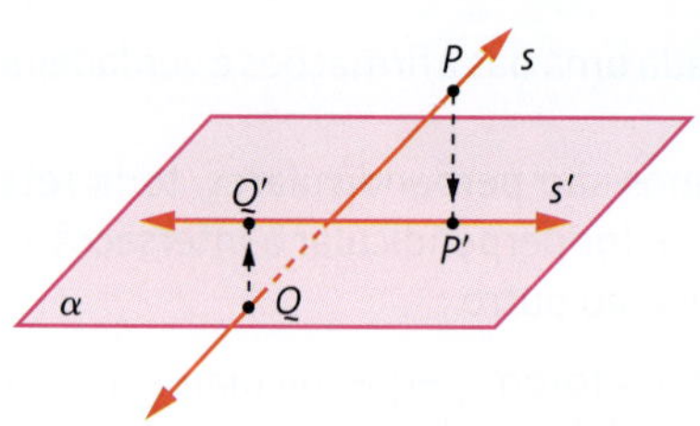

A reta s é paralela ou oblíqua ao plano α.

A projeção ortogonal de s sobre α é a reta s', determinada pelos pontos P' e Q', que são projeções ortogonais dos pontos P e Q pertencentes à reta s.

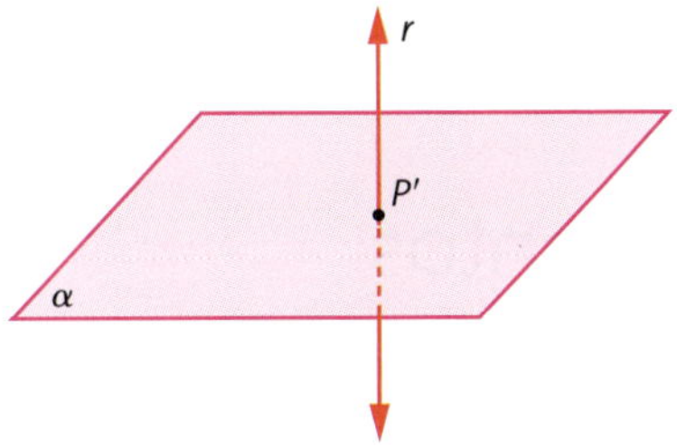

Para refletir
Qual é a projeção ortogonal da reta r sobre o plano α quando $r \subset \alpha$?

A reta r é perpendicular ao plano α pelo ponto P'. O ponto P' é, então, a projeção ortogonal da reta r sobre o plano α.

2º) Projeção ortogonal de um segmento sobre um plano: pode ser um segmento ou um ponto.

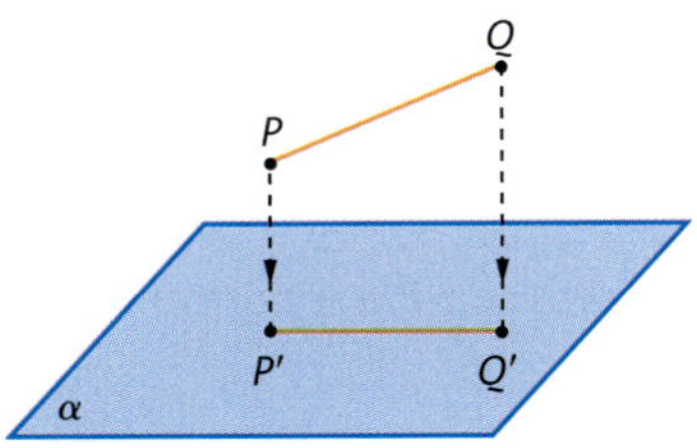

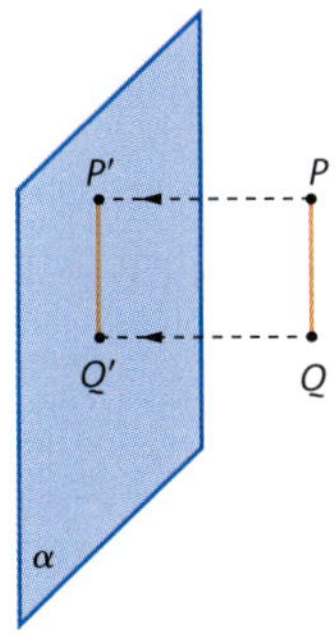

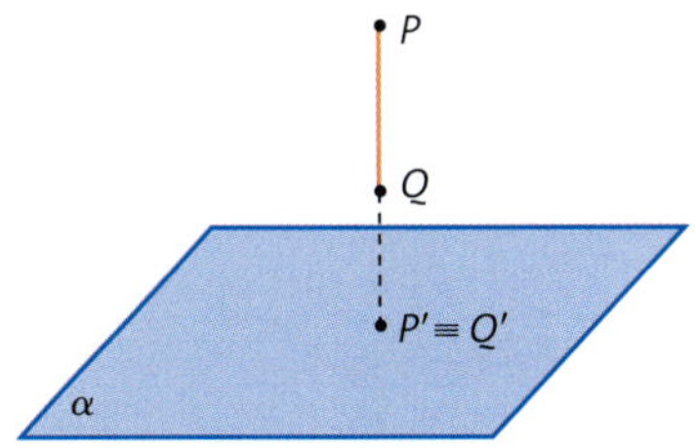

Exercícios

21. Observe as figuras:

a)

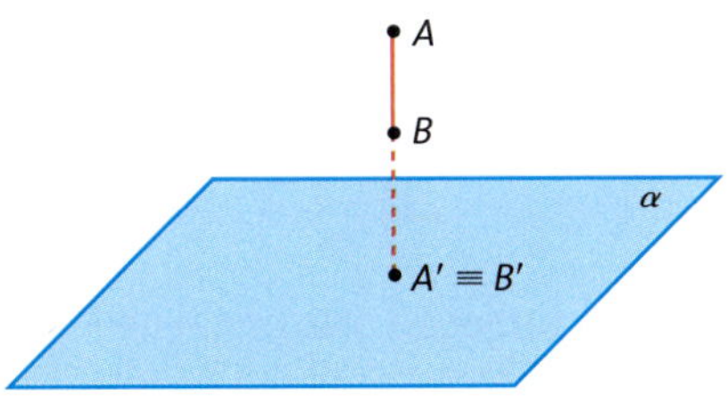

b)

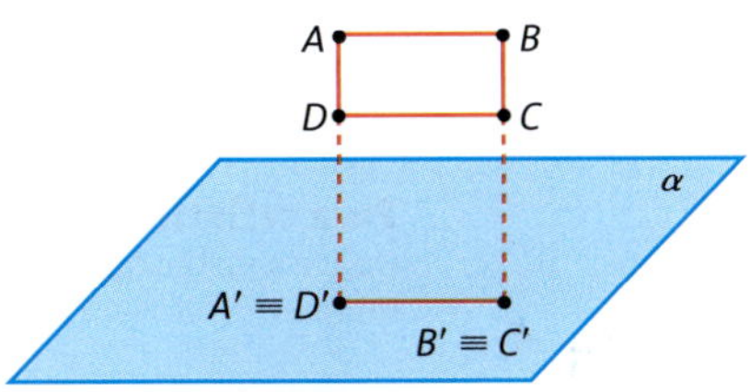

c)

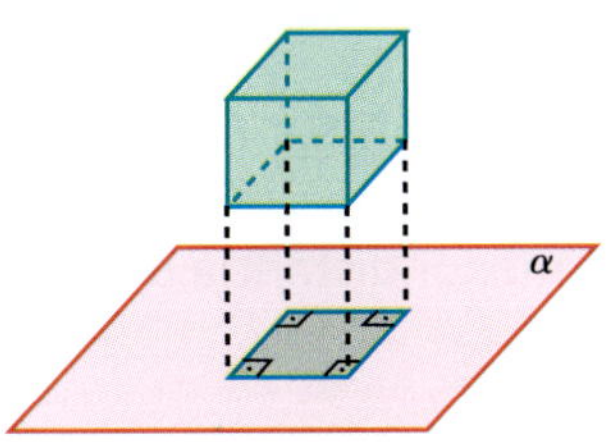

d)

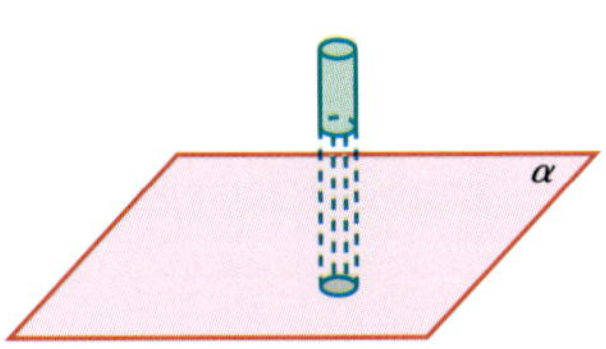

Do item **a** podemos afirmar: A projeção ortogonal de um segmento sobre um plano pode ser um ponto.
O que podemos afirmar dos itens **b**, **c** e **d**?

22. Verifique se cada afirmação é verdadeira (**V**) ou falsa (**F**).

a) A projeção ortogonal de um triângulo sobre um plano pode ser um segmento.

b) A projeção ortogonal de uma circunferência sobre um plano pode ser um ponto.

c) Se a projeção ortogonal de $\overline{AB}$ sobre α é $\overline{A'B'}$, então a medida de $\overline{A'B'}$ é menor que a de $\overline{AB}$.

d) Se a projeção ortogonal do $\triangle ABC$ sobre um plano α é o $\triangle A'B'C'$ e $\triangle ABC$ é congruente ao triângulo $\triangle A'B'C'$, então o $\triangle ABC$ está contido em α ou está contido em um plano distinto e paralelo a α.

e) A projeção ortogonal de uma esfera sobre um plano é sempre um círculo.

f) As projeções de três pontos não colineares sobre um plano podem ser três pontos colineares.

23. Considere um plano α, uma reta r e um ponto P tal que $r \not\subset \alpha$, $P \notin \alpha$ e $P \notin r$.
Assinale todas as possibilidades quando se faz a projeção ortogonal, respectivamente, de r e P sobre α.

a) Uma reta e um ponto fora dela.
b) Um único ponto.
c) Dois pontos distintos.
d) Uma reta.
e) Duas retas.

11 Distâncias

Distância entre dois pontos

Dados dois pontos distintos, A e B, a distância entre A e B é a medida do segmento $\overline{AB}$.

Se A e B coincidem, dizemos que a distância entre A e B é zero.

Fique atento!
Quando se diz que a distância entre A e B é $\overline{AB}$, subentende-se que é a medida de $\overline{AB}$.

Distância de um ponto a uma reta

Dados um ponto P e uma reta r, podemos traçar uma reta que passa por P e é perpendicular a r no ponto A.

A distância do ponto P à reta r é a distância entre os pontos P e A.

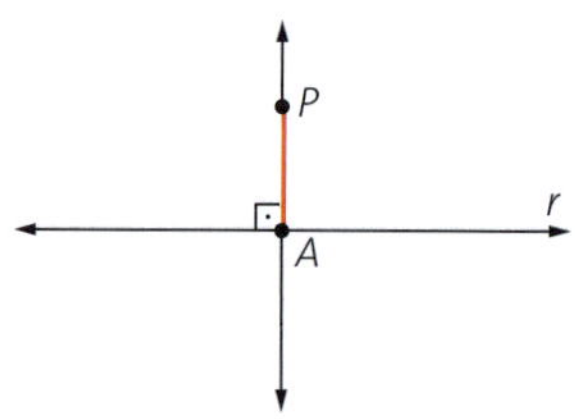

Para refletir
Em que condições a distância entre P e r é igual a zero?

Distância de um ponto a um plano

Dados um ponto P e um plano α, podemos determinar P', que é a projeção ortogonal de P sobre α.
A distância do ponto P ao plano α é a distância entre os pontos P e P'.

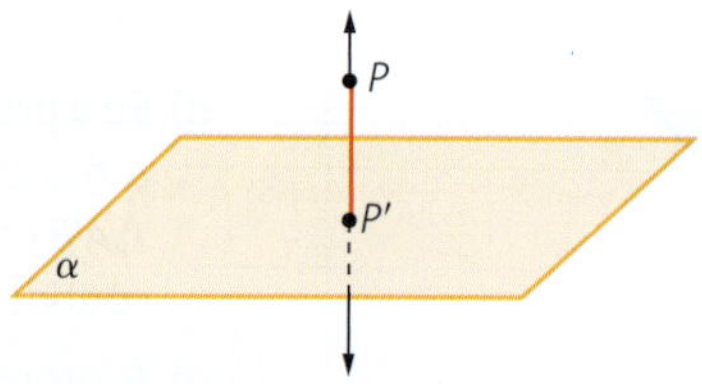

Para refletir
Qual é a distância entre P e α quando $P \in \alpha$?

Distância entre duas retas distintas e paralelas

Dadas as retas r e s, distintas e paralelas, a distância entre r e s é a menor distância de qualquer ponto de uma delas à outra reta.

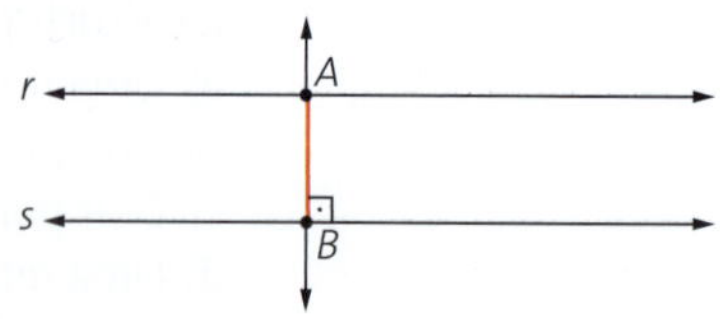

Fique atento!
Não se pode definir distância entre duas retas concorrentes.

Se duas retas são coincidentes (paralelas iguais), a distância entre elas é zero.

Distância de uma reta a um plano (quando a reta é paralela ao plano e não está contida nele)

Dados a reta r e o plano α tais que $r \parallel \alpha$, a distância da reta r ao plano α é a menor distância de qualquer ponto de r ao plano α.

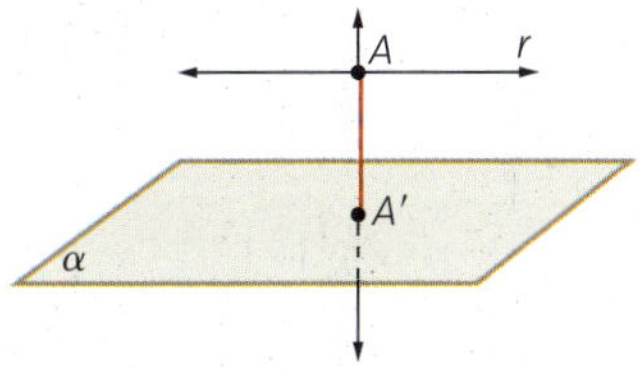

Para refletir
Se uma reta está contida em um plano, qual é a distância da reta ao plano?

Observação: Não se pode falar em distância de uma reta a um plano quando ela é oblíqua a ele.

Distância entre dois planos distintos e paralelos

Dados dois planos distintos, α e β, tais que $\alpha \parallel \beta$, a distância entre esses dois planos é a menor distância de qualquer ponto de um deles ao outro plano.

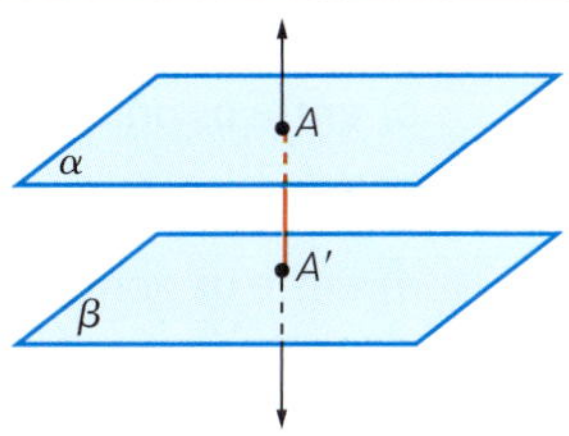

Para refletir
Quando a distância entre dois planos é zero?

Observação: Não se pode falar em distância entre dois planos concorrentes.

Distância entre duas retas reversas

Dadas duas retas reversas, r e s, vamos considerar um ponto qualquer de r e o plano que contém s e é paralelo a r. A distância entre r e s é a distância desse ponto a esse plano.

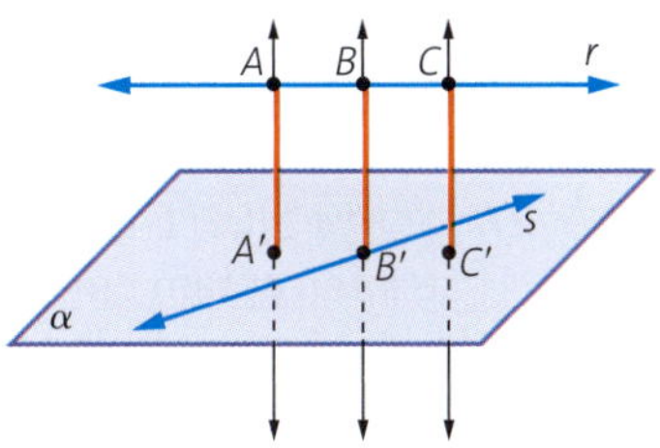

Para refletir
É possível a distância entre duas retas reversas ser zero?

Veja um exemplo que usa um cubo com arestas de medida 3 no qual são calculados os vários tipos de medidas.

a) distância entre os pontos B e $G \rightarrow 3$
b) distância entre F e $H \rightarrow 3\sqrt{2}$
c) distância entre E e $B \rightarrow 3\sqrt{3}$
d) distância de H a $\overleftrightarrow{AB} \rightarrow 3$
e) distância entre $\overleftrightarrow{DE}$ e $\overleftrightarrow{BG} \rightarrow 3\sqrt{2}$
f) distância entre $\overleftrightarrow{BD}$ e $\overleftrightarrow{EF} \rightarrow 3$
g) distância de $\overleftrightarrow{EF}$ a $p(A, B, C) \rightarrow 3$
h) distância de $\overleftrightarrow{FC}$ a $p(E, D, B) \rightarrow \frac{3\sqrt{2}}{2}$
i) distância entre $p(A, B, G)$ e $p(E, F, C) \rightarrow 3$

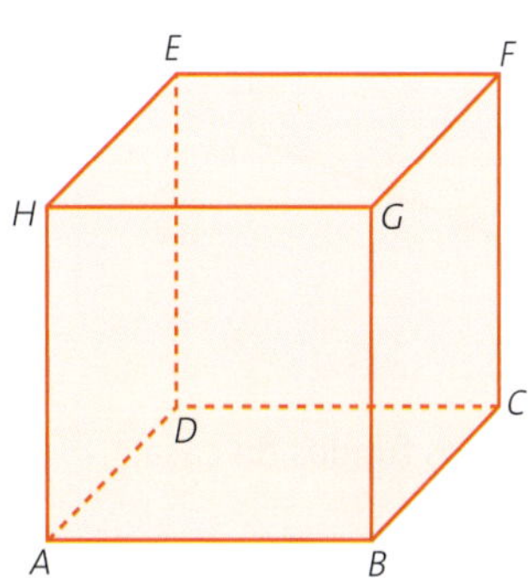

Para refletir
Como foi feito o cálculo nos itens **b** e **c**?

Exercícios

24. DESAFIO Observando o paralelepípedo da figura abaixo, indique um segmento que determina a distância:

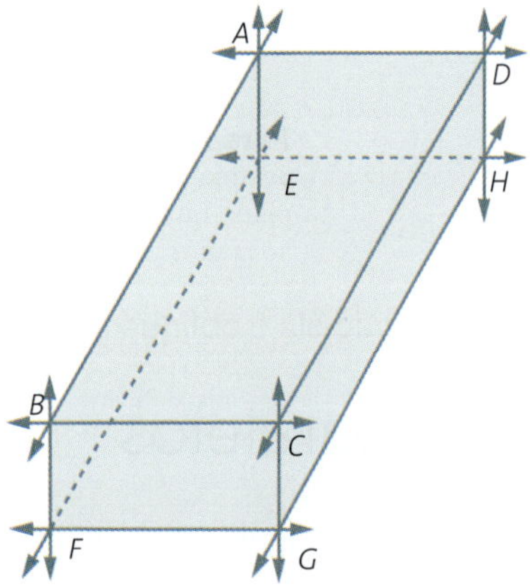

a) entre os pontos *C* e *D*.

b) do ponto *A* à reta $\overleftrightarrow{EF}$.

c) do ponto *D* ao plano *EFGH*.

d) das retas paralelas $\overleftrightarrow{BG}$ e $\overleftrightarrow{AH}$.

e) do ponto *D* ao plano *BCGF*.

f) da reta $\overleftrightarrow{AB}$ ao plano *DCGH*.

g) da reta $\overleftrightarrow{BC}$ ao plano *ADHE*.

h) da reta $\overleftrightarrow{AF}$ ao plano *CDHG*.

i) entre os planos *ABCD* e *EFGH*.

j) entre os planos *ABFE* e *CDHG*.

k) entre as retas $\overleftrightarrow{AB}$ e $\overleftrightarrow{FG}$.

l) entre as retas $\overleftrightarrow{GH}$ e $\overleftrightarrow{AD}$.

25. DESAFIO Observando a figura abaixo, indique um segmento que determina a distância:

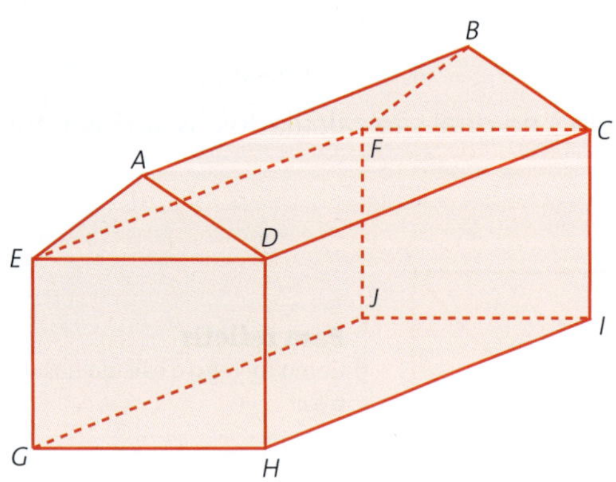

a) da parede da frente à parede dos fundos da casa.

b) entre as paredes laterais.

c) da cumeeira ao piso (ponto *A* ao plano *GHIJ*).

26. DESAFIO Considere um paralelepípedo com as medidas indicadas na figura abaixo.

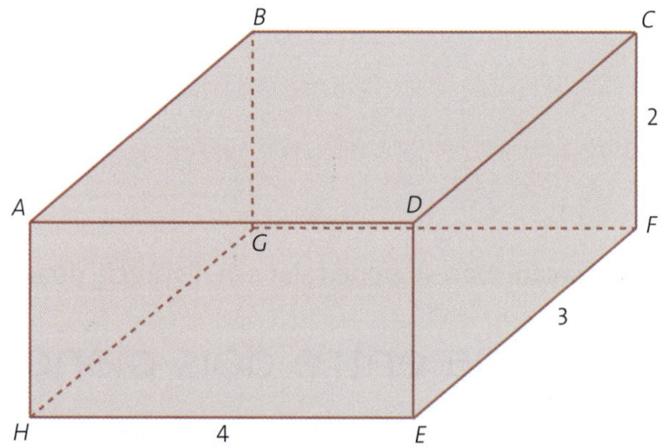

Determine as distâncias:

a) entre os pontos *A* e *B*.

b) entre os pontos *H* e *F*.

c) entre os pontos *C* e *E*.

d) entre os pontos *D* e *H*.

e) do ponto médio de $\overline{AB}$ à reta $\overleftrightarrow{CD}$.

f) do ponto médio de $\overline{BC}$ à reta $\overleftrightarrow{HE}$.

g) do ponto *F* ao plano *p*(*A*, *B*, *G*).

h) entre as retas $\overleftrightarrow{HE}$ e $\overleftrightarrow{AD}$.

i) entre as retas $\overleftrightarrow{CE}$ e $\overleftrightarrow{BH}$.

j) da reta *BD* ao plano *p*(*E*, *F*, *H*).

k) entre os planos *p*(*A*, *D*, *E*) e *p*(*B*, *G*, *F*).

l) entre as retas $\overleftrightarrow{GH}$ e $\overleftrightarrow{BD}$.

m) entre os pontos *B* e *E*.

27. DESAFIO (UFPE-adaptado) Sejam π_1 e π_2 planos que se interceptam em uma reta *t* e formam um ângulo de 45°. Em π_1 escolha pontos P_1, P_2, P_3, P_4 e P_5 distando, respectivamente, 3 cm, 7 cm, 8 cm, 15 cm e 21 cm de *t*.

A reta perpendicular a π_1 passando por P_i intercepta π_2 em um ponto Q_i.

Qual o valor, em cm, de

$P_1Q_1 + P_2Q_2 + P_3Q_3 + P_4Q_4 + P_5Q_5$?

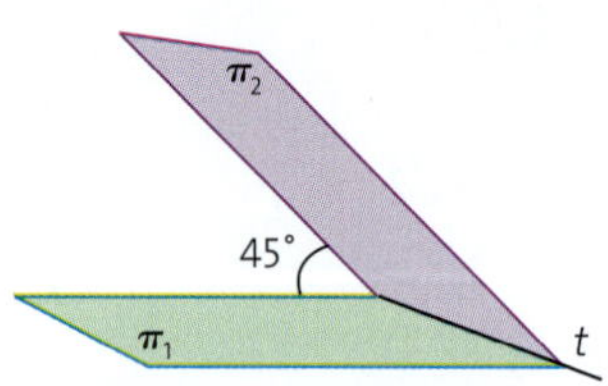

Para refletir
Pesquise o significado de ângulo entre dois planos concorrentes.

28. Quais são as posições relativas das projeções ortogonais, sobre um plano, de duas retas reversas?

29. Um arquiteto decidiu colocar, na parede vertical de um quarto, uma janela retangular de vidro de lados $a = 1{,}5$ m e $b = 1$ m, conforme a figura abaixo, em que o lado a é paralelo ao piso plano e horizontal. Sabe-se que a luz solar, às 14h, incide perpendicularmente ao lado a, com inclinação de 60° em relação à parede. O arquiteto deseja pôr um tapete que preencha totalmente a imagem da janela projetada no piso nesse horário (14h).

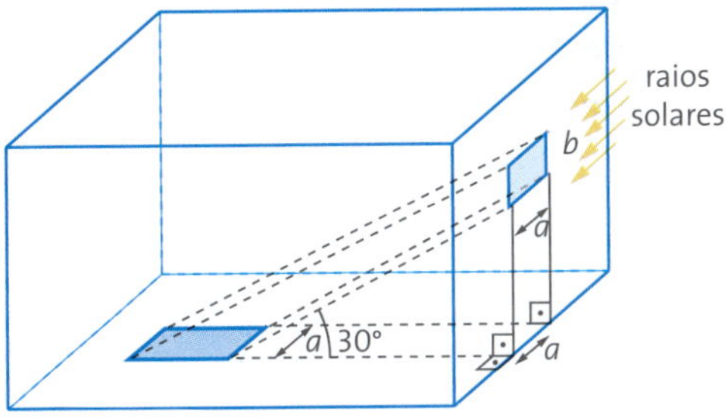

Quanto custará o tapete, sabendo que o metro quadrado custa R$ 100,00? $\left(\text{Considere } \sqrt{3} = 1{,}7.\right)$

a) R$ 200,00
b) R$ 255,00
c) R$ 170,00
d) R$ 150,00
e) R$ 271,00

30. Quando um plano intercepta um cubo, sobre ele podem ser geradas várias figuras planas, por exemplo, um hexágono, como mostra a figura a seguir.
Assinale a alternativa que contém um polígono que não pode ser obtido na intersecção de um plano e um cubo.

a) Triângulo.
b) Quadrado.
c) Pentágono.
d) Hexágono.
e) Heptágono.

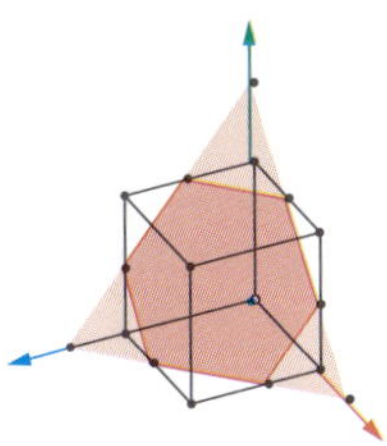

31. **Casas estranhas**

O fato de não existir limites para a imaginação humana não é novidade para ninguém, mas surpreende constatar que muitas ideias excêntricas sejam colocadas em prática. Observe alguns exemplos:

Foto 1

Sean Gallup/Getty Images

Casa construída na Alemanha para a exposição "O mundo de cabeça para baixo".

Foto 2

Beto Novaes/EM/D. A Press

Duas casas: uma construída de lado e outra invertida, em Belo Horizonte, MG.

Foto 3

Toni Salama/Chicago Tribune/MCT/Getty Images

WonderWorks, Orlando, Estados Unidos.

Entre as afirmações a seguir, assinale a verdadeira:

a) Na foto 1, considere um plano que contenha uma parede qualquer da casa. Se r e s forem retas perpendiculares a esse plano, então serão concorrentes.

b) Na foto 2, considerando os 8 planos que contêm as paredes das casas, podemos afirmar que pelo menos dois deles são coincidentes.

c) Na foto 2, se o ângulo formado entre os planos que contêm os pisos das casas medir 90°, haverá apenas outro plano distinto desses dois e perpendicular a eles.

d) Na foto 3, se as retas determinadas pelas intersecções dos planos das quatro paredes, duas a duas, forem paralelas entre si, então serão retas distintas.

e) Considerando dois planos não paralelos que contenham paredes da casa da foto 3, podemos dizer que qualquer reta paralela a esses planos será ortogonal à intersecção desses planos.

12 O método dedutivo: algumas demonstrações

Na Geometria espacial as noções básicas, primitivas, que aceitaremos sem definição, são: ponto, reta, plano e espaço.

Já vimos que os **postulados** ou **axiomas** são propriedades aceitas como verdadeiras sem demonstração.

Examine alguns postulados que relacionam ponto, reta, plano e espaço:

Postulado 1: Dados dois pontos distintos do espaço, existe uma, e somente uma, reta que os contém.

Postulado 2: Dados três pontos não colineares do espaço, existe um, e somente um, plano que os contém.

Postulado 3: Se uma reta possui dois de seus pontos em um plano, ela está contida no plano.

Já vimos também que os **teoremas** são demonstrados a partir dos postulados e de outras propriedades já demonstradas, usando raciocínio lógico.

Você sabia?
A Geometria assim desenvolvida usa o **método dedutivo**. Partimos de algumas noções para as quais não é apresentada definição (entes primitivos) e algumas propriedades aceitas como verdadeiras sem demonstração (postulados ou axiomas). Isso não é exclusividade da Geometria — ocorre em qualquer teoria matemática.

Vamos usar esses postulados para demonstrar alguns teoremas e compreender como funciona o método dedutivo.

Teorema 1: Existe um único plano que contém uma reta e um ponto não pertencente a ela.

Demonstração:

Considere P um ponto não pertencente à reta r.

Marcamos sobre r dois pontos distintos, Q e R.

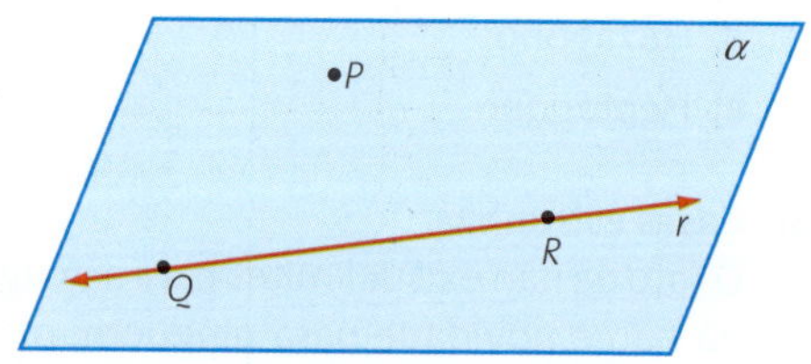

Os pontos P, Q e R não são colineares, pois, pelo postulado 1, r é a única reta que passa por Q e R e, por hipótese, P não pertence a r.

Pelo postulado 2, sabemos que existe um único plano α que contém P, Q e R. Como a reta r tem dois de seus pontos (Q e R) em α, o postulado 3 garante que r está contida em α. Assim, de fato existe um plano que contém r e P. Como esse é o único plano que contém P, Q e R, ele é o único que contém P e r.

Teorema 2: Duas retas concorrentes determinam um único plano.

Demonstração:

Seja P o ponto de intersecção das retas r e s.

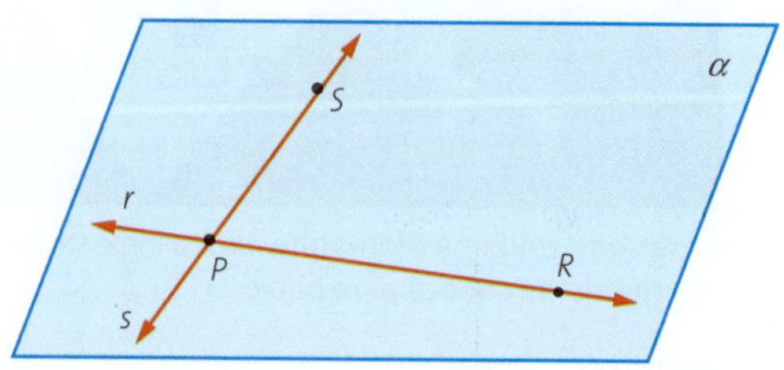

Sejam R e S pontos de r e s, respectivamente, distintos de P. Os pontos P, R e S são não colineares. Pelo postulado 2, eles determinam um único plano α.

O postulado 3 garante que α contém r e s, uma vez que essas retas têm dois de seus pontos em α.

Exercício

32. DESAFIO Demonstre o **teorema 3**:

Duas retas paralelas distintas determinam um único plano.

Teorema 4: Por um ponto P fora de uma reta r do espaço passa uma única reta s paralela a ela.

Demonstração:

Considere r uma reta do espaço e P um ponto que não pertence a r. Pelo teorema 1, existe um único plano α que contém P e r; nesse plano, existe uma, e somente uma, reta s paralela a r passando por P (resultado da Geometria plana).

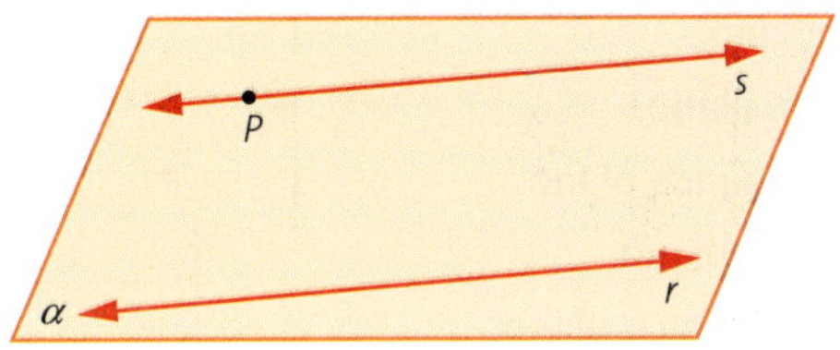

No entanto, não existem retas paralelas a r passando por P que não estejam contidas em α, já que, pelo teorema 2, **todas** as retas coplanares com r passando por P estão contidas em α.

Portanto, a reta s é a única reta do espaço que contém P e é paralela a r.

Teorema 5: Quando dois planos distintos possuem pontos comuns, sua intersecção é uma reta.

Demonstração:

Considere os pontos P e Q comuns a α e β.

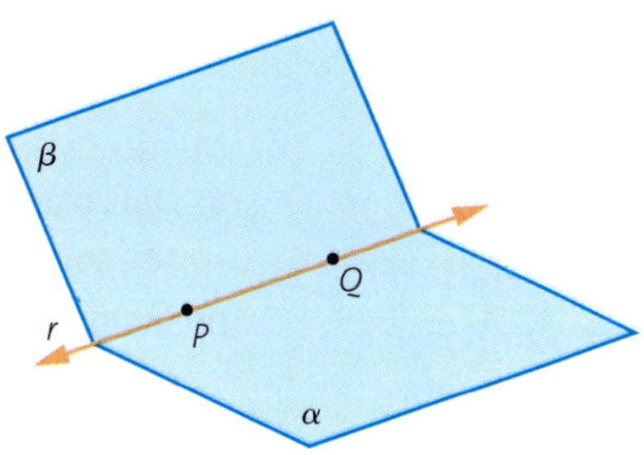

Pelo postulado 3, a reta r definida por P e Q está contida, ao mesmo tempo, em α e β e, portanto, em sua intersecção.

Contudo, se houvesse um ponto R comum a α e β que não pertencesse a r, os planos α e β seriam coincidentes, uma vez que, pelo teorema 1, r e R determinam um único plano. Portanto, r é a intersecção de α e β.

Atividades adicionais

1. Julgue cada questão como verdadeira (V) ou falsa (F).
   a) Dois pontos determinam uma reta.
   b) Dois pontos distintos determinam uma reta.
   c) Por dois pontos passa uma reta.
   d) Por dois pontos distintos passa uma única reta.
   e) Por um ponto passa uma reta.
   f) Por um ponto passa uma única reta.
   g) Por três pontos passa uma reta.
   h) Por três pontos colineares passa uma única reta.

2. Classifique em verdadeira (V) ou falsa (F).
   a) Três pontos determinam um plano.
   b) Três pontos distintos determinam um plano.
   c) Três pontos não colineares determinam um plano.
   d) Por três pontos passa um plano.
   e) Por três pontos passa um único plano.
   f) Por três pontos distintos passa um plano.
   g) Por três pontos distintos passa um único plano.
   h) Por três pontos colineares passa um plano.
   i) Por três pontos colineares passa um único plano.

3. Diga se são verdadeiras (V) ou falsas (F) as afirmações abaixo.
   a) Por um ponto fora de uma reta passa uma única reta perpendicular à reta dada.
   b) Por um ponto fora de uma reta passa uma única reta paralela à reta dada.
   c) Por um ponto fora de um plano passa uma única reta perpendicular a esse plano.
   d) Por um ponto fora de um plano passa uma única reta paralela a esse plano.
   e) Toda reta paralela a um plano é paralela a qualquer reta desse plano.
   f) Toda reta paralela a um plano é paralela a infinitas retas desse plano.

4. Julgue cada questão como verdadeira (V) ou falsa (F).
   a) Existem dois planos distintos, passando ambos por um mesmo ponto e perpendiculares a uma reta.
   b) Uma reta ortogonal a duas retas concorrentes de um plano é perpendicular a esse plano.
   c) Um plano paralelo a duas retas contidas em outro plano é paralelo a este.
   d) Um plano perpendicular a uma reta de outro plano é perpendicular a este.
   e) Um plano paralelo a uma reta de outro plano é paralelo a este.
   f) Duas retas distintas determinam um plano.
   g) Se duas retas distintas são paralelas a um plano, então elas são paralelas entre si.
   h) No espaço, duas retas paralelas a uma terceira são paralelas entre si.
   i) Dois planos perpendiculares à mesma reta são paralelos entre si.
   j) Um plano perpendicular a dois planos que se interceptam é perpendicular à reta de intersecção.

5. Observe o barracão da figura. Considere que ele tem paredes perpendiculares ao chão e que o chão e as duas águas de telhado são retângulos.

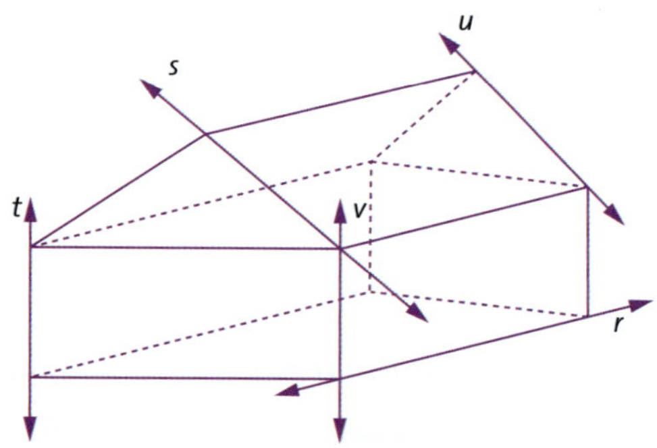

Dê a posição relativa das retas indicadas em cada item:
   a) reta *t* e reta *v*
   b) reta *t* e reta *s*
   c) reta *t* e reta *r*
   d) reta *t* e reta *u*
   e) reta *r* e reta *v*
   f) reta *r* e reta *u*
   g) reta *s* e reta *u*

6. Marque a única proposição correta.
   a) Dois planos que possuem três pontos em comum são coincidentes.
   b) Se duas retas *r* e *s*, no espaço, são ambas perpendiculares a uma reta *t*, então *r* e *s* são paralelas.
   c) Duas retas concorrentes determinam um único plano.
   d) Se dois planos *A* e *B* são ambos perpendiculares a um outro plano *C*, então *A* e *B* são planos paralelos.
   e) Se duas retas *r* e *s* são paralelas a um plano *A*, então *r* e *s* são paralelas.

Vestibulares de Norte a Sul

1. **N** (Ufam) Considere as seguintes proposições:

   I. Se dois planos α e β são paralelos a uma reta *r*, então α é paralelo a β.

   II. Se as projeções ortogonais de duas retas, sobre um plano, são paralelas, então as retas são paralelas.

   III. Se dois pontos distintos de uma reta pertencem a um plano, então a reta está contida neste plano.

   IV. Se duas retas *r* e *s* são concorrentes, então elas possuem um único ponto em comum.

   Podemos afirmar:

   a) Somente as proposições I e II são falsas.

   b) Somente as proposições II e III são falsas.

   c) Somente as proposições I e IV são verdadeiras.

   d) Todas as proposições são falsas.

   e) Todas as proposições são verdadeiras.

2. **NE** (UFBA) Na questão a seguir escreva nos parênteses a soma dos itens corretos.

   Sobre pontos, retas e planos, pode-se afirmar:

   01) Por três pontos passa uma única reta.

   02) Por três pontos passa um único plano.

   04) Por um ponto fora de um plano, passa uma única reta perpendicular a esse plano.

   08) Planos paralelos interceptam duas retas distintas quaisquer, determinando sobre elas segmentos proporcionais.

   16) O plano que contém uma perpendicular a outro plano é perpendicular a esse segundo plano.

   32) Toda reta paralela a um plano é paralela a qualquer reta desse plano.

   Soma ( )

3. **CO** (UEG-GO) Observe e classifique as afirmações abaixo como sendo verdadeiras ou falsas:

   I. Se um plano intercepta dois outros planos paralelos, então as intersecções são retas paralelas.

   II. Se dois planos são paralelos, qualquer reta de um deles é paralela a qualquer reta do outro.

   III. Se uma reta é paralela a dois planos, então esses planos são paralelos.

   IV. Se dois planos são paralelos, uma reta de um deles pode ser reversa a uma reta do outro.

   Marque a alternativa correta:

   a) Apenas as afirmações I e II são verdadeiras.

   b) Apenas as afirmações I e III são verdadeiras.

   c) Apenas as afirmações I e IV são verdadeiras.

   d) Apenas as afirmações II e IV são verdadeiras.

   e) Apenas as afirmações III e IV são verdadeiras.

4. **N** (Ufam) Considere as afirmações:

   I. Duas retas no espaço, paralelas a uma terceira, são paralelas entre si.

   II. Um plano α, perpendicular a uma reta de um plano β, é paralelo a β.

   III. Dois planos perpendiculares à mesma reta são paralelos.

   Então:

   a) Todas são falsas.

   b) Todas são verdadeiras.

   c) Somente II é falsa.

   d) Somente I é falsa.

   e) Somente III é falsa.

5. **NE** (UFC-CE) Coloque **V** nas afirmações verdadeiras e **F** nas afirmações falsas.

   ( ) Dado um ponto *M* num plano, existe uma única reta passando por *M* e contida no plano.

   ( ) Dados dois pontos distintos *P* e *Q* no espaço, existe um plano que os contém.

   ( ) Existe um único plano que contém três pontos não colineares.

   ( ) Três pontos quaisquer num plano determinam sempre três retas contidas neste plano.

   A sequência correta de letras, de cima para baixo, é:

   a) V, V, F, F.

   b) V, F, F, V.

   c) F, V, V, F.

   d) F, F, V, V.

6. **NE** (UFPB) Assinale a alternativa cuja proposição é sempre verdadeira.

   a) A projeção ortogonal de uma reta num plano é uma reta.

   b) Duas retas distintas que não têm ponto comum são paralelas.

   c) Se dois planos distintos são paralelos, então toda reta de um é paralela a qualquer reta do outro.

   d) Se duas retas são ortogonais, então existe um único plano que passa por uma delas e é perpendicular à outra.

   e) Dois planos secantes são perpendiculares.

7. **CO** (UFMT) Sobre a Geometria espacial de posição, assinale a afirmativa correta.

   a) Se dois planos são paralelos a uma reta, então eles são paralelos entre si.

   b) Quatro pontos no espaço determinam quatro planos.

   c) Três planos distintos podem se cortar, dois a dois, segundo três retas duas a duas paralelas.

   d) A intersecção de dois planos secantes pode ser um único ponto.

   e) Duas retas reversas determinam um plano.

8. **SE** (Unifesp) Considere o sólido geométrico exibido na figura a seguir constituído de um paralelepípedo encimado por uma pirâmide. Seja *r* a reta suporte de uma das arestas do sólido, conforme mostrado.

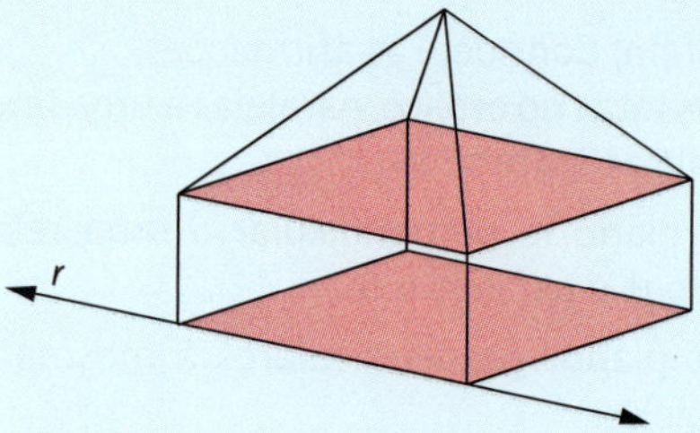

Quantos pares de retas reversas é possível formar com as retas suportes das arestas do sólido, sendo *r* uma das retas do par?

a) 12
b) 10
c) 8
d) 7
e) 6

9. **SE** (Faap-SP) O galpão da figura a seguir está no prumo e a cumeeira está "bem no meio" da parede.

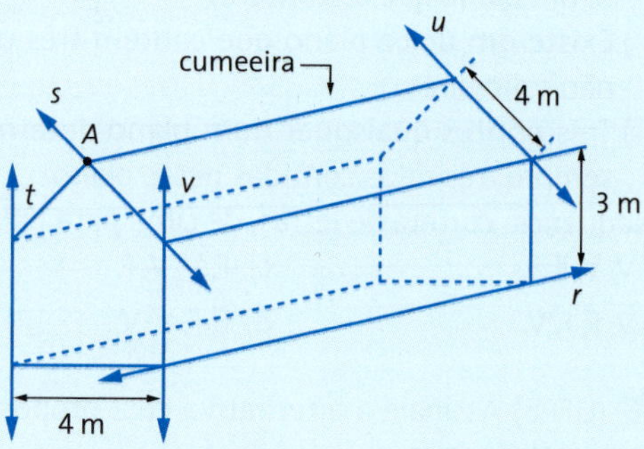

Das retas assinaladas podemos afirmar que:

a) *t* e *u* são reversas.
b) *s* e *u* são reversas.
c) *t* e *u* são concorrentes.
d) *s* e *r* são concorrentes.
e) *t* e *u* são perpendiculares.

10. **SE** (Fatec-SP) O ponto *A* pertence à reta *r*, contida no plano α. A reta *s*, perpendicular a α, o intercepta no ponto *B*. O ponto *C* pertence a *s* e dista $2\sqrt{5}$ cm de *B*. Se a projeção ortogonal de $\overline{AB}$ em *r* mede 5 cm e o ponto *B* dista 6 cm de *r*, então a distância de *A* a *C*, em centímetros, é igual a:

a) $9\sqrt{5}$.
b) 9.
c) 7.
d) 4.
e) $3\sqrt{5}$.

11. **SE** (Fatec-SP) Na figura a seguir tem-se: o plano α definido pelas retas *c* e *d*, perpendiculares entre si; a reta *b*, perpendicular a α em *A*, com $A \in c$; o ponto *B*, intersecção de *c* e *d*.

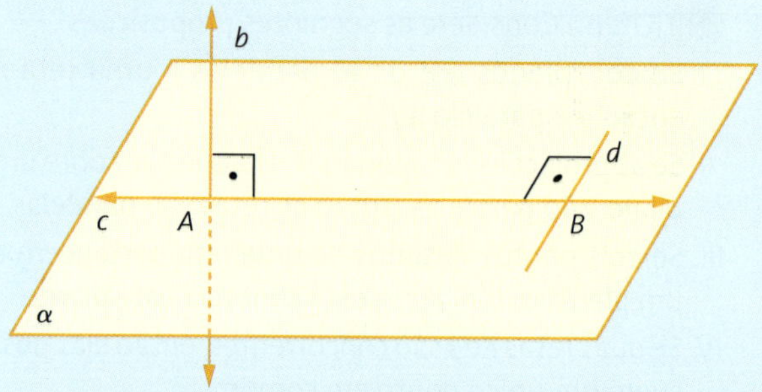

Se *X* é um ponto de *b*, $X \notin \alpha$, então a reta *s*, definida por *X* e *B*:

a) é paralela à reta *c*.
b) é paralela à reta *b*.
c) está contida no plano α.
d) é perpendicular à reta *d*.
e) é perpendicular à reta *b*.

12. **SE** (UPM-SP) *r*, *s* e *t* são retas distintas tais que *s* é perpendicular a *r* e *t* é perpendicular a *r*. Relativamente às retas *s* e *t*, podemos afirmar que:

a) elas podem ser unicamente paralelas ou concorrentes.
b) elas podem ser unicamente paralelas ou reversas.
c) elas podem ser unicamente concorrentes ou reversas.
d) elas podem ser paralelas, concorrentes ou reversas.
e) elas podem ser unicamente reversas.

13. **S** (UEL-PR) As retas *r* e *s* foram obtidas prolongando-se duas arestas de um cubo, como está representado na figura a seguir:

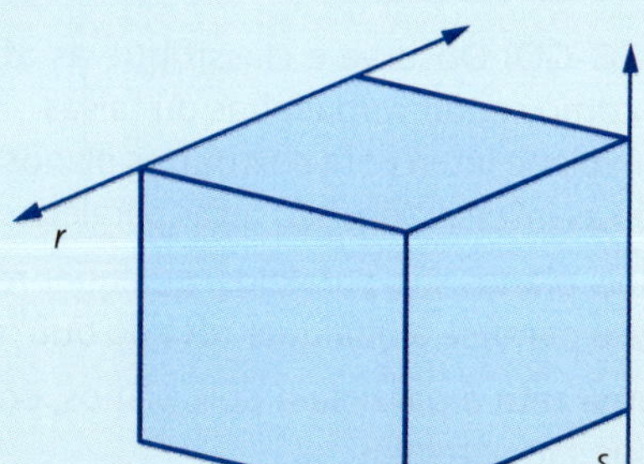

Sobre a situação dada, assinale a afirmação incorreta.

a) *r* e *s* são retas paralelas.
b) *r* e *s* são retas reversas.
c) *r* e *s* são retas ortogonais.
d) Não existe plano contendo *r* e *s*.
e) $r \cap s = \varnothing$

CAPÍTULO 9 Poliedros: prismas e pirâmides

Vista aérea do bairro da República, em São Paulo, SP.

1 Poliedros

Em geral, destacamos os poliedros mais relevantes, pois a quantidade de tipos e formas existentes desses sólidos é enorme. No Museu da Ciência de Londres há uma seção dedicada aos poliedros, com uma variedade bastante grande de tipos.

Thruston/Wikimedia Commons

Museu da Ciência de Londres, Inglaterra.

As figuras espaciais abaixo são exemplos de poliedros.

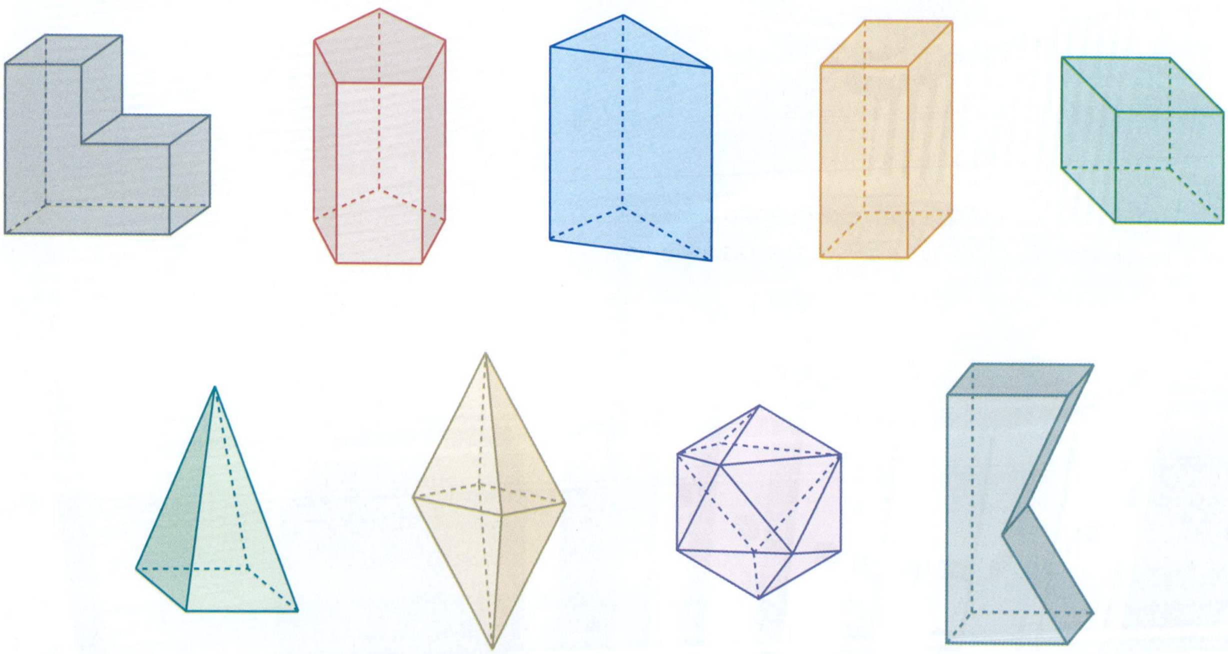

Cada poliedro é formado pela reunião de um número finito de regiões poligonais planas chamadas **faces** e a região do espaço limitada por elas. Cada lado de uma dessas regiões poligonais é também lado de uma outra única região poligonal. A intersecção de duas faces quaisquer é um lado comum, ou é um vértice, ou é vazia.

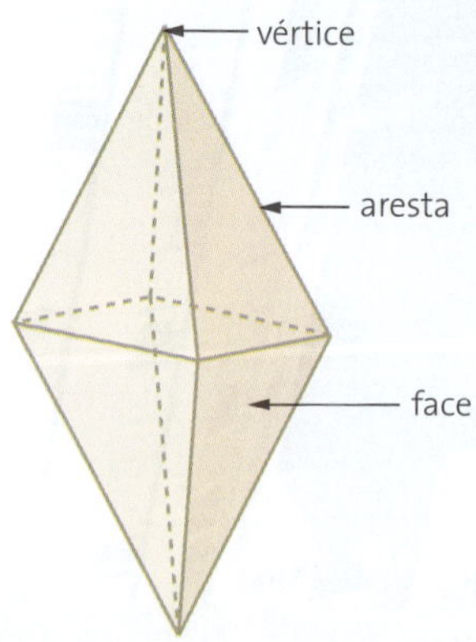

Cada lado de uma região poligonal comum a exatamente duas faces é chamado **aresta** do poliedro. E cada vértice de uma face é um **vértice** do poliedro.

> **Fique atento!**
> Cada vértice do poliedro é um ponto comum a três ou mais arestas.

» Agora que já definimos os elementos básicos de um poliedro (aresta, vértice e face), formem grupos de três colegas e, de acordo com a informação a seguir, respondam às questões.

Uma folha de papel é um poliedro (ela possui 3 dimensões, mesmo que a espessura do papel seja muito difícil de ver).

Qual é o número de faces de uma folha de papel? E o número de arestas? E de vértices?

Após chegarem a um acordo no grupo, comparem suas respostas com as dos demais grupos.

Poliedro convexo e poliedro não convexo

Vamos recordar o que é uma região convexa do plano.

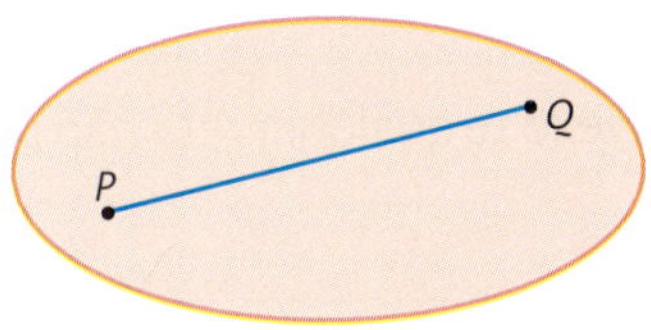

I

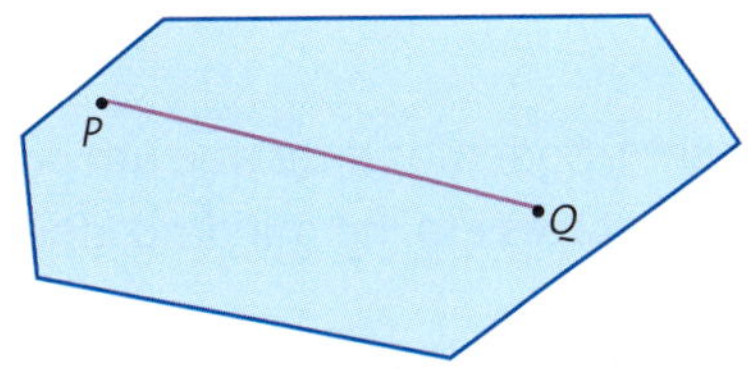

II

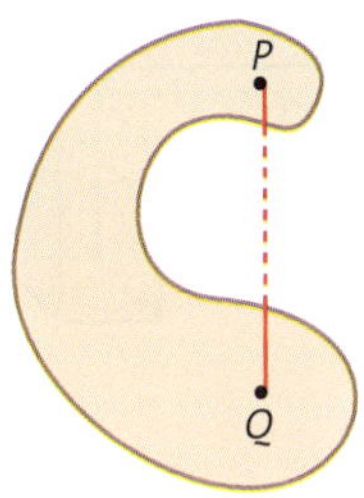

III

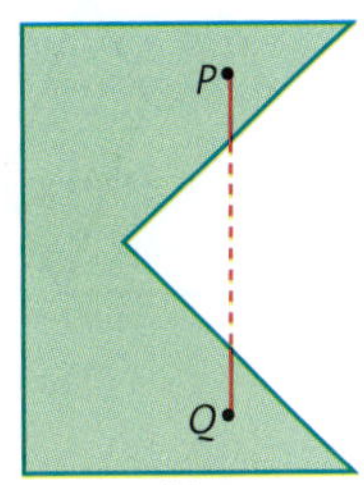

IV

Uma região do plano é **convexa** quando o segmento de reta que liga dois pontos quaisquer dessa região está inteiramente contido nela. Nas figuras acima, **I** e **II** são regiões convexas e **III** e **IV** são regiões **não convexas** do plano. De modo equivalente, podemos dizer também que uma região plana é convexa se qualquer reta *r* desse plano intersecta seu contorno em, no máximo, dois pontos:

Regiões planas convexas

Regiões planas não convexas

Considere um número finito *n* ($n \geqslant 4$) de polígonos convexos, tal que:

- dois desses polígonos não estejam no mesmo plano;
- cada lado de qualquer um desses polígonos seja comum a dois e somente dois polígonos;
- o plano de cada polígono deixe os demais polígonos em um mesmo semiespaço.

Você sabia?

Todo plano α divide o espaço em dois conjuntos *A* e *A'*, os conjuntos $\alpha \cup A$ e $\alpha \cup A'$ são semiespaços e α é a origem desses dois semiespaços.

Desse modo, ficam determinados *n* semiespaços, cada um com sua origem no plano de um dos polígonos e contendo os demais polígonos. Chamamos de **poliedro convexo** a intersecção desses semiespaços.

O poliedro a seguir é um exemplo de poliedro convexo; procure visualizar nele as condições impostas anteriormente.

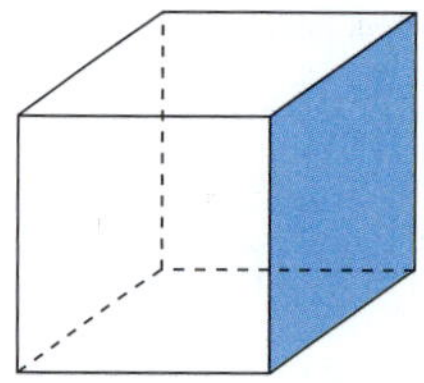

Podemos ainda dizer que um poliedro é convexo quando o segmento que liga dois de seus pontos está sempre contido nele.

De modo equivalente, podemos dizer que um poliedro é convexo se qualquer reta não paralela a nenhuma das faces intersecta suas faces em, no máximo, dois pontos.

Poliedros convexos

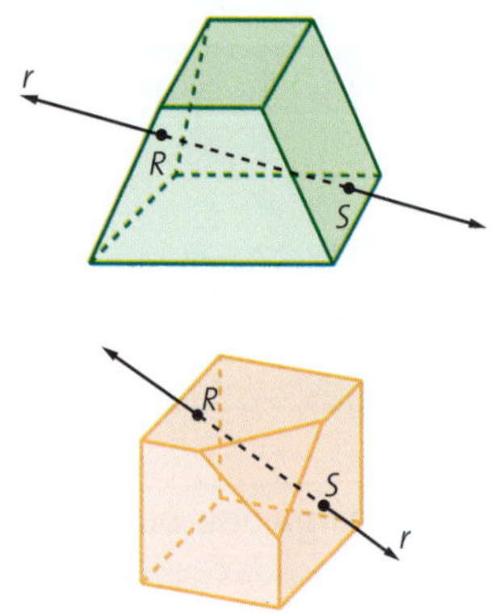

Poliedros não convexos

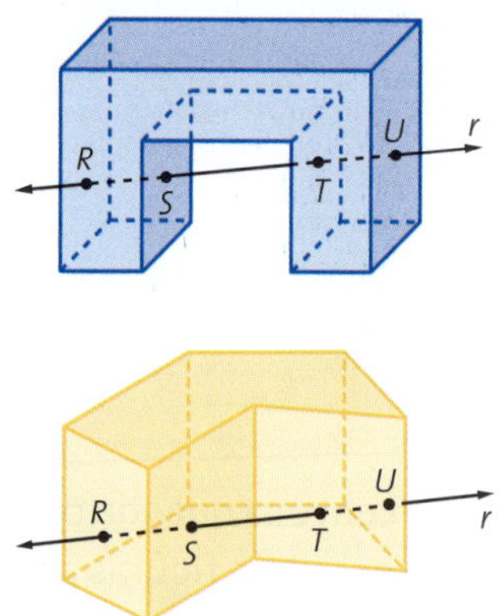

Exercícios

1. Analise o poliedro da figura ao lado e responda:
   a) Qual é o número de faces, de arestas e de vértices?
   b) Qual é a forma de cada face?
   c) O vértice *C* é comum a quantas arestas?
   d) O vértice *A* é comum a quantas arestas?
   e) Qual é a posição relativa das retas determinadas pelas arestas $\overline{AE}$ e $\overline{BC}$?

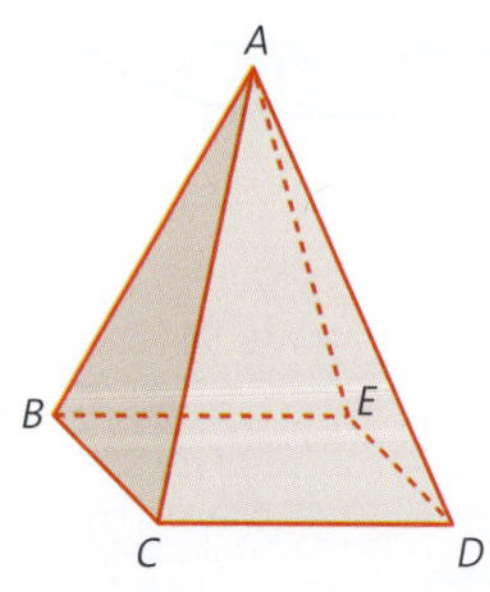

Para refletir
Qual é o número mínimo de faces que pode ter um poliedro?

2. Classifique cada um dos poliedros em convexo ou não convexo.

a) 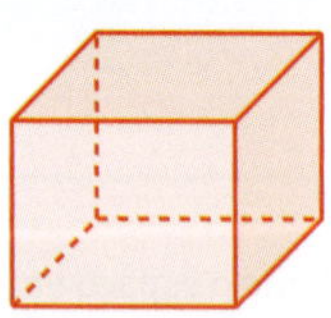

b) 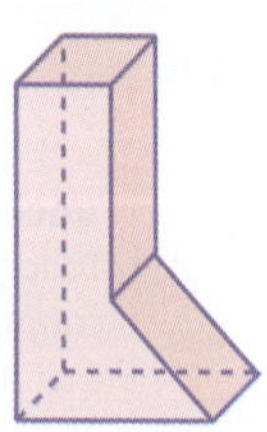

c) 

d) 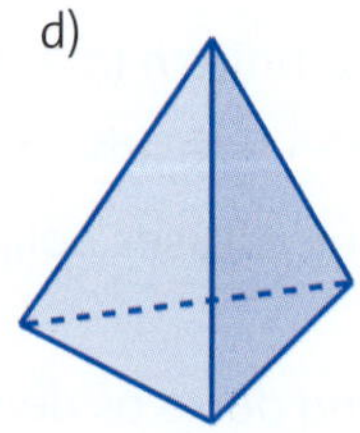

Fique atento!
O estudo que será feito a partir daqui vai considerar apenas os poliedros convexos. Por isso, sempre que aparecer a palavra **poliedro** deve-se subentender que ele é convexo.

2 Relação de Euler

O matemático suíço Leonhard Euler (1707-1783) descobriu uma importante relação entre o número de vértices (V), o número de arestas (A) e o número de faces (F) de um poliedro convexo.

Observe estes exemplos:

Cubo

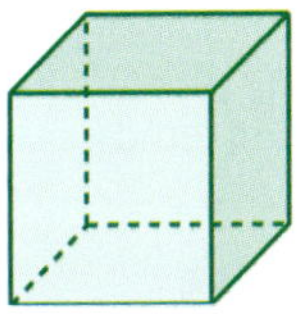

$F = 6$
$V = 8$
$A = 12$

Tetraedro

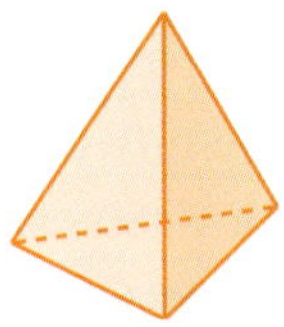

$F = 4$
$V = 4$
$A = 6$

Dodecaedro

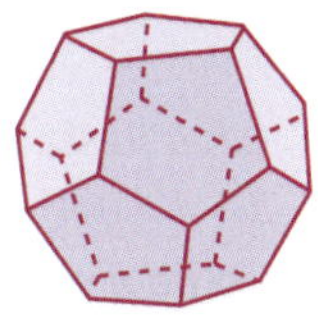

$F = 12$
$V = 20$
$A = 30$

Prisma de base pentagonal

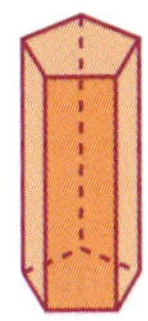

$F = 7$
$V = 10$
$A = 15$

Prisma de base quadrangular

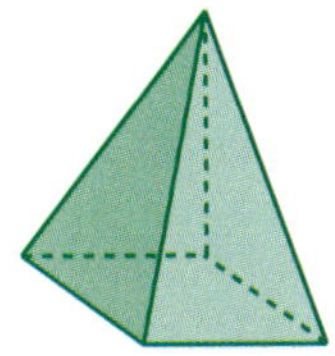

$F = 5$
$V = 5$
$A = 8$

Tronco de pirâmide de base retangular

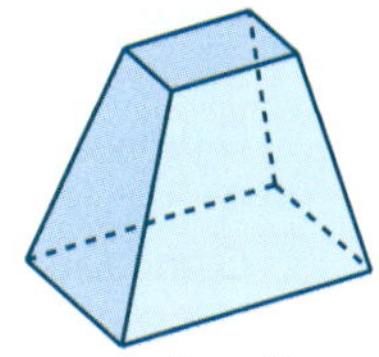

$F = 6$
$V = 8$
$A = 12$

Observe que, para cada um dos poliedros, o número de arestas é exatamente 2 unidades menos do que a soma do número de faces com o número de vértices.

Essa relação pode ser escrita assim:

$$V - A + F = 2 \quad \text{relação de Euler}$$

O valor 2 dessa expressão é uma característica de todos os poliedros convexos.

Para refletir
No cubo, temos: $8 - 12 + 6 = 2$.
Escreva a relação de Euler para os outros poliedros acima.

Note a relação de Euler em mais um poliedro convexo:

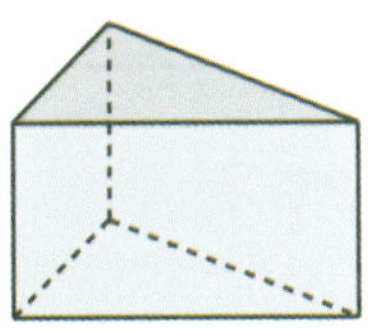

$V = 6$
$F = 5$
$A = 9$

$$\begin{array}{ccccc} V & - & A & + & F = 2 \\ \downarrow & & \downarrow & & \downarrow \\ 6 & - & 9 & + & 5 = 2 \end{array}$$

Observações:

1ª) Em alguns poliedros (não em todos) não convexos vale também a relação de Euler.
Examine um exemplo dessa afirmação no poliedro não convexo abaixo:

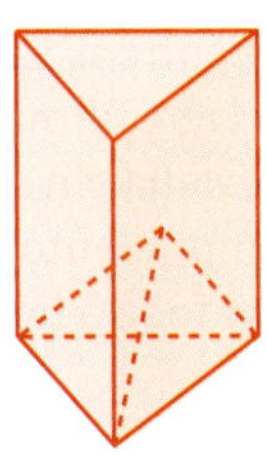

$V = 7$
$F = 7$
$A = 12$

$V - A + F = 2$
$7 - 12 + 7 = 2$

2ª) A expressão $V - A + F$ pode assumir valores diferentes de 2 quando o poliedro não é convexo.
Examine o poliedro ao lado, que é um exemplo dessa situação.
Neste caso:

$$\begin{array}{ccccc} V & - & A & + & F \neq 2 \\ \downarrow & & \downarrow & & \downarrow \\ 16 & - & 32 & + & 16 = 0 \end{array}$$

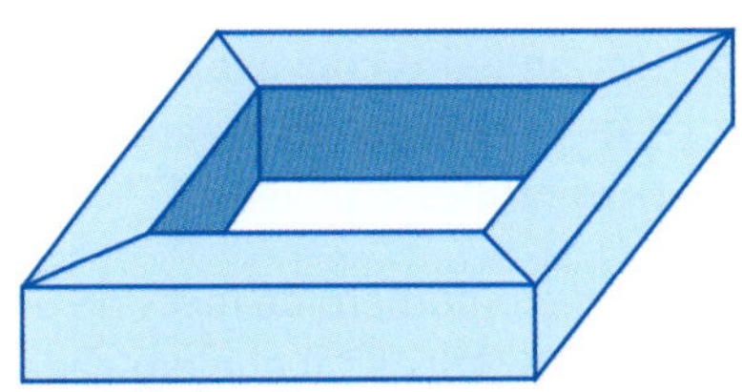

Poliedro não convexo

3ª) Dados três números, V, A e F, tais que $V - A + F = 2$, nem sempre existe um poliedro que tenha V vértices, A arestas e F faces. Por exemplo, $V = 1$, $A = 3$ e $F = 4$.

Fique atento!
Todo poliedro convexo satisfaz a relação de Euler, mas nem todo poliedro que satisfaz a relação de Euler é convexo.

Exercícios resolvidos

1. Determine o número de arestas e o número de vértices de um poliedro convexo com 6 faces quadrangulares e 4 faces triangulares.

Resolução

Como o poliedro tem 6 faces quadrangulares, calculamos:

$6 \cdot 4 = 24$; 24 arestas

O poliedro tem 4 faces triangulares:

$4 \cdot 3 = 12$; 12 arestas

Como cada aresta foi contada duas vezes, o número total de arestas é:

$$A = \frac{24 + 12}{2} = 18$$

Temos, então, $F = 10$ e $A = 18$.

Aplicando a relação de Euler:

$V - A + F = 2 \Rightarrow V - 18 + 10 = 2 \Rightarrow V = 10$

Logo, o poliedro tem 18 arestas e 10 vértices.

2. Arquimedes (séc. III a.C.) descobriu um poliedro convexo formado por 12 faces pentagonais e 20 faces hexagonais, todas regulares. Esse poliedro inspirou a fabricação da bola de futebol que apareceu pela primeira vez na Copa do Mundo de 1970. Quantos vértices possui esse poliedro?

Resolução

Como o poliedro tem 12 faces pentagonais, então:

$12 \cdot 5 = 60$; 60 arestas

O poliedro tem 20 faces hexagonais, assim:

$20 \cdot 6 = 120$; 120 arestas

Logo:

$F = 12 + 20 = 32$

Cada aresta foi contada duas vezes, portanto, temos:

$2A = 60 + 120 \Rightarrow 2A = 180 \Rightarrow A = 90$

Como o poliedro é convexo, vale a relação de Euler, $V - A + F = 2$:

$V - 90 + 32 = 2 \Rightarrow V = 2 + 90 - 32 \Rightarrow V = 60$

Assim, o número de vértices é 60.

Staff/Agence France-Presse

Jogadores disputam a bola na Copa do Mundo de Futebol realizada no México, em 1970; jogo entre Alemanha e Marrocos.

Exercícios

3. Em um poliedro convexo, o número de vértices é 5 e o de arestas é 10. Qual é o número de faces?

4. Em um poliedro convexo de 20 arestas, o número de faces é igual ao número de vértices. Quantas faces tem esse poliedro?

5. Um poliedro convexo apresenta 1 face hexagonal e 6 faces triangulares. Quantos vértices tem esse poliedro?

6. Um poliedro convexo tem 6 faces triangulares e 4 faces hexagonais. Quantas arestas e quantos vértices tem esse poliedro?

7. Qual é o número de faces de um poliedro convexo de 20 vértices tal que em cada vértice concorrem 5 arestas?

8. Determine o número de vértices de um poliedro convexo que tem 3 faces triangulares, 1 face quadrangular, 1 face pentagonal e 2 faces hexagonais.

9. Como dito anteriormente, uma bola de futebol pode ser representada por um poliedro formado por 12 faces pentagonais e 20 faces hexagonais, todas com lados congruentes entre si. Sabe-se que, para costurar essas faces lado a lado, formando a superfície da bola, usa-se 20 cm de linha em cada aresta do poliedro.
Qual é o comprimento total de linha que será gasta para costurar toda a bola, em metros?

10. Em um poliedro convexo, o número de vértices corresponde a $\frac{2}{3}$ do número de arestas e o número de faces é três unidades menor do que o de vértices. Quantas são as faces, os vértices e as arestas desse poliedro?

11. Um poliedro convexo de 20 arestas e 10 vértices só possui faces triangulares e quadrangulares. Determine quantas faces triangulares e quantas faces quadrangulares ele possui.

12. Um poliedro convexo possui 7 vértices; de um deles partem 6 arestas e dos demais partem 3 arestas. Determine o número de faces desse poliedro.

Soma dos ângulos das faces de um poliedro convexo

Em todo poliedro convexo, a soma dos ângulos das faces é dada por:

$$S = (V - 2) \cdot 360°$$

em que V é o número de vértices do poliedro.

> **Fique atento!**
> Em um polígono, a soma dos ângulos internos é $S_i = (n - 2) \cdot 180°$, em que n é o número de lados do polígono.

Demonstração:

Seja $n_1, n_2, n_3, ..., n_F$ o número de lados de cada uma das F faces do poliedro.

Assim, a soma dos ângulos das faces é:

$$S = (n_1 - 2) \cdot 180° + (n_2 - 2) \cdot 180° + ... + (n_F - 2) \cdot 180° \Rightarrow$$

$$\Rightarrow S = 180° \underbrace{(n_1 + n_2 + \cdots + n_F)}_{2A} - 180° \underbrace{(2 + 2 + 2 + \cdots + 2)}_{F \text{ parcelas}} \Rightarrow$$

$$\Rightarrow S = 180° \cdot 2A - 180° \cdot 2F \Rightarrow S = 360°(A - F)$$

> **Fique atento!**
> $n_1 + n_2 + ... + n_F = 2A$, pois, quando juntamos os polígonos para formar o poliedro, cada dois lados tornam-se uma aresta.

Da relação de Euler, $V - 2 = A - F$, temos $S = (V - 2) \cdot 360°$.

Considere agora o seguinte poliedro:

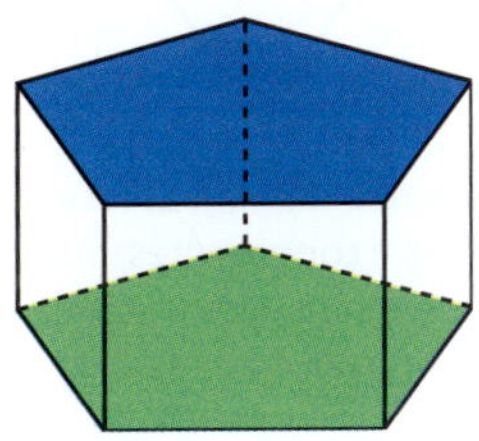

Esse poliedro, chamado prisma pentagonal, possui 2 faces pentagonais e 5 faces retangulares. Logo, sem usar a fórmula, temos a soma dos ângulos de todas as faces dada por:

$$S = 2 \cdot 540° + 5 \cdot 360° = 2\,880°$$

Soma dos ângulos internos de um pentágono: $(5 - 2) \cdot 180°$	Soma dos ângulos internos de um quadrilátero: $(4 - 2) \cdot 180°$

Como esse poliedro tem 10 vértices, podemos ver rapidamente, com a relação acima demonstrada, que a soma dos ângulos de todas as suas faces é:

$$S = (10 - 2) \cdot 360° = 2\,880°$$

Exercícios

13. Determine a soma dos ângulos das faces de um poliedro que possui:

a) 5 vértices;
b) 12 arestas e 6 faces.

14. A soma dos ângulos das faces de um poliedro convexo é 5 760° e as faces são apenas triângulos e heptágonos. Quantas são as faces heptagonais, sabendo que há um total de 28 arestas no poliedro?

a) 2 b) 3 c) 5 d) 7 e) 8

15. Um poliedro convexo de 18 faces tem somente faces quadrangulares e hexagonais. Determine o número de faces de cada tipo, sabendo que a soma dos ângulos das faces é igual a 8 640°.

16. A soma dos ângulos das faces de um poliedro convexo é 1800°. Calcule o número de faces, sabendo que o número de vértices corresponde a 5 unidades a menos do que o número de arestas.

3 Poliedros regulares

Poliedros de Platão

Um poliedro convexo é regular quando todas as faces são regiões poligonais regulares e congruentes e em todos os vértices concorre o mesmo número de arestas.

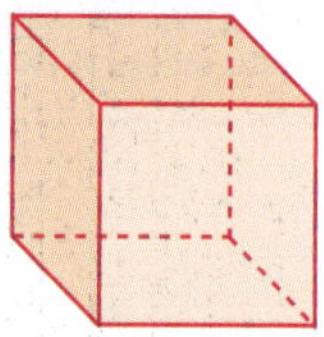

Poliedro regular

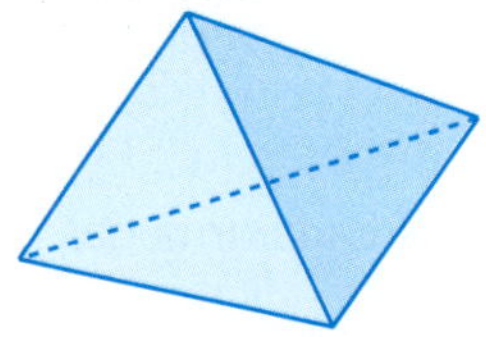

Poliedro regular

> **Fique atento!**
> Uma região poligonal regular é limitada por um polígono regular, ou seja, por um polígono que tem todos os lados e ângulos internos congruentes.

Observe agora:

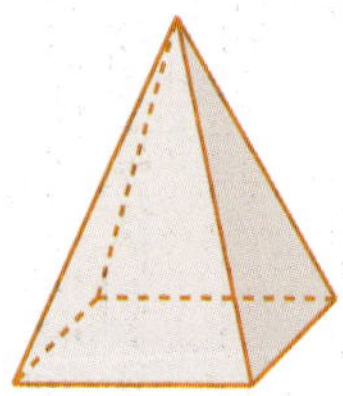

Poliedro não regular: as faces não têm o mesmo número de lados.

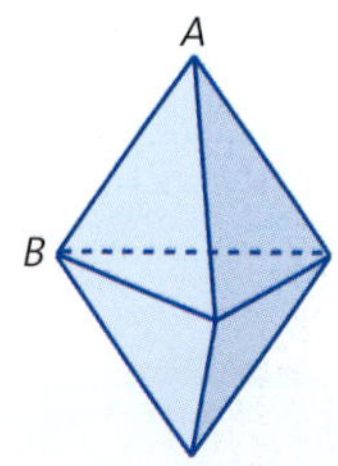

Poliedro não regular: as faces são regulares e congruentes, mas para o vértice *A* convergem 3 arestas e para o *B* convergem 4 arestas.

Propriedade: existem apenas cinco poliedros regulares convexos*

Vamos demonstrar essa propriedade.

Consideremos um poliedro regular em que n é o número de lados de cada face e p é o número de arestas que concorrem em cada vértice. Assim, temos:

$$2A = nF = pV$$

o que acarreta:

$$A = \frac{nF}{2} \text{ e } V = \frac{nF}{p}$$

> **Para refletir**
> O cubo é um poliedro regular: verifique nele que $2A = nF = pV$.

Substituindo esses valores na relação de Euler, $V - A + F = 2$, temos:

$$\frac{nF}{p} - \frac{nF}{2} + F = 2 \Rightarrow \frac{2nF - npF + 2pF}{2p} = \frac{4p}{2p} \Rightarrow F(2n + 2p - np) = 4p \Rightarrow$$

$$\Rightarrow F = \frac{4p}{2n + 2p - np}$$

> **Fique atento!**
> - $2A = nF$, pois cada aresta está contida em 2 faces.
> - $2A = pV$, pois cada aresta contém 2 vértices.

Precisamos ter $2n + 2p - np > 0$, isto é:

$$2n > np - 2p \Rightarrow 2n > p(n - 2) \Rightarrow \frac{2n}{n-2} > p$$

Como $p \geqslant 3$, temos:

$$\frac{2n}{n-2} > p \geqslant 3 \Rightarrow 2n > 3n - 6 \Rightarrow -n > -6 \Rightarrow n < 6$$

> **Para refletir**
> $n \geqslant 3$ e $p \geqslant 3$. Por quê?

*Veja *Leitura* no final do capítulo.

Portanto, temos as seguintes possibilidades: $n = 3$, $n = 4$ e $n = 5$.

- Para $n = 3$:

$$F = \frac{4p}{6 - p} \rightarrow \begin{cases} p = 3 \rightarrow F = 4 \text{ (tetraedro)} \\ p = 4 \rightarrow F = 8 \text{ (octaedro)} \\ p = 5 \rightarrow F = 20 \text{ (icosaedro)} \end{cases}$$

- Para $n = 4$:

$$F = \frac{4p}{8 - 2p} = \frac{2p}{4 - p} \rightarrow p = 3 \rightarrow F = 6 \text{ (cubo)}$$

- Para $n = 5$:

$$F = \frac{4p}{10 - 3p} \rightarrow p = 3 \rightarrow F = 12 \text{ (dodecaedro)}$$

Examine estas figuras:

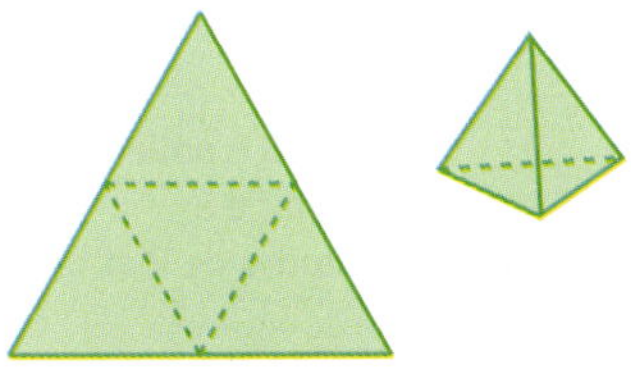

Tetraedro: 4 faces triangulares equiláteras e 3 arestas que concorrem em cada vértice.

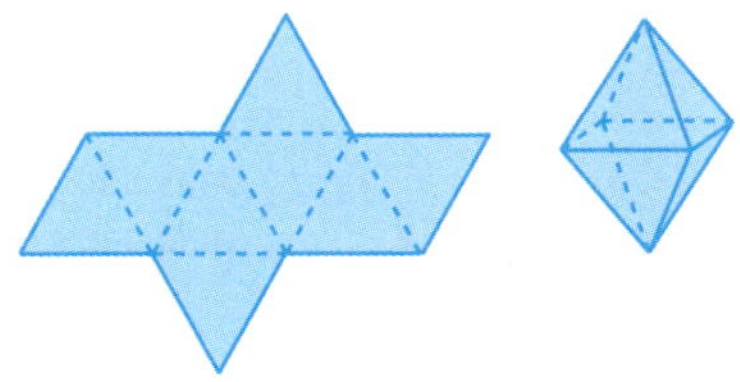

Octaedro: 8 faces triangulares equiláteras e 4 arestas que concorrem em cada vértice.

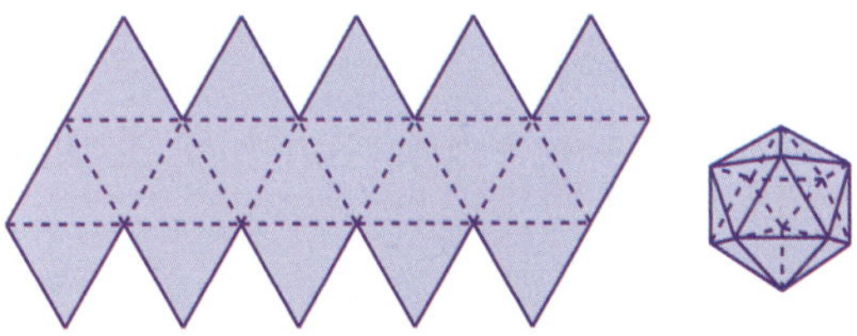

Icosaedro: 20 faces triangulares equiláteras e 5 arestas que concorrem em cada vértice.

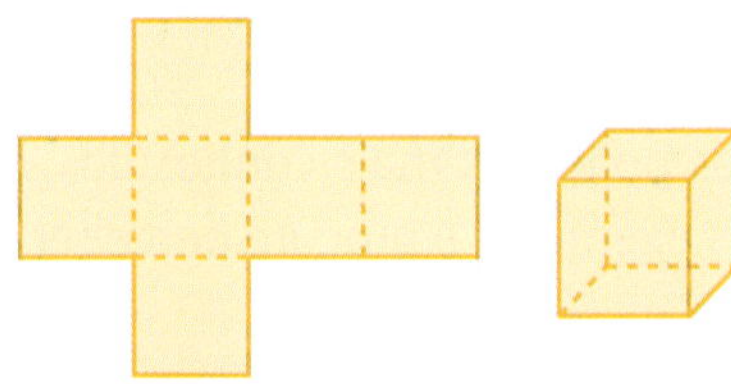

Cubo: 6 faces quadradas e 3 arestas que concorrem em cada vértice.

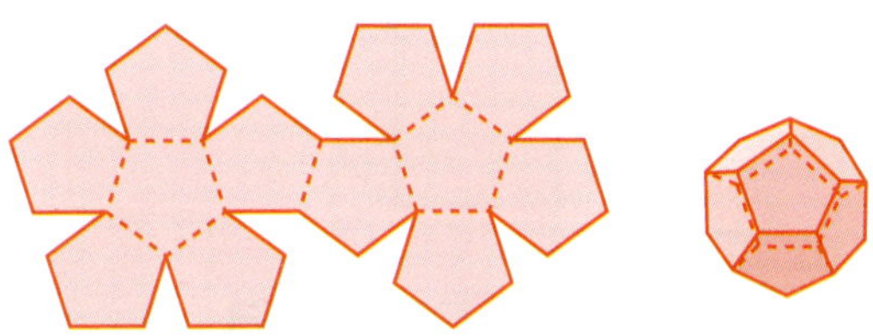

Dodecaedro: 12 faces pentagonais regulares congruentes e 3 arestas que concorrem em cada vértice.

Exercício

17. Complete a tabela com os nomes, o número de faces, de vértices e de arestas dos poliedros convexos regulares. Coloque também a forma das faces e verifique em cada um a relação de Euler.

Poliedros regulares	Número de faces	Número de vértices	Número de arestas	Forma das faces	Relação de Euler
tetraedro	4	4	6	triangular	$4 - 6 + 4 = 2$

Poliedros de Platão

Um poliedro é denominado **poliedro de Platão** se, e somente se, forem verificadas as seguintes condições:

> **Fique atento!**
> Em um poliedro de Platão as faces não precisam ser polígonos regulares.

- Todas as faces têm o mesmo número de arestas.
- Em todos os vértices concorrem o mesmo número de arestas.
- Vale a relação de Euler: $V - A + F = 2$.

Dessa forma, todos os poliedros regulares convexos são poliedros de Platão.

E, da mesma maneira que foi demonstrado que só existem cinco poliedros regulares convexos, podemos demonstrar que só existem cinco classes de poliedros de Platão: tetraedros, hexaedros, octaedros, dodecaedros e icosaedros.

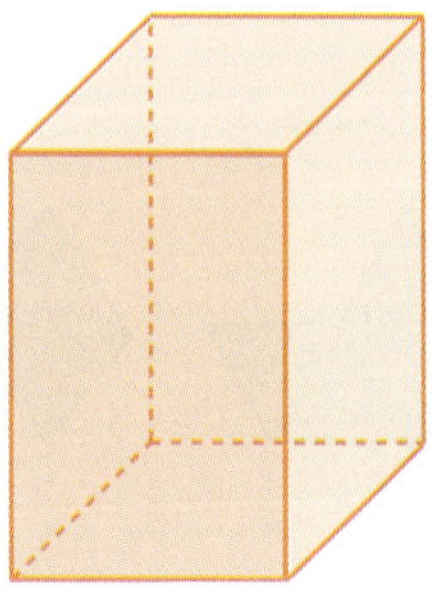

Este hexaedro é poliedro de Platão, mas não é regular, pois não é o cubo.

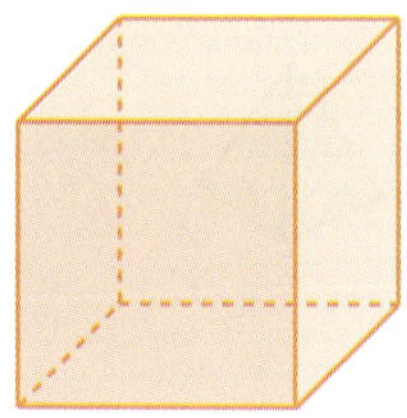

O cubo é poliedro regular e é poliedro de Platão.

4 Prismas

Entre os poliedros mais conhecidos, destacamos os prismas, que vamos estudar com mais detalhes. Veja alguns exemplos e procure perceber suas características.

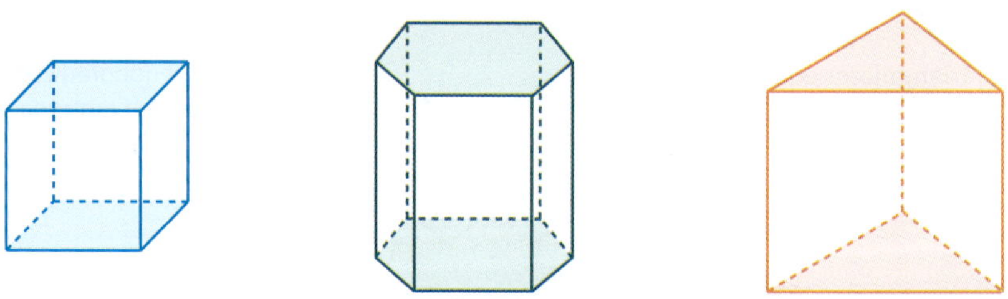

Construção e definição de prisma

Considere uma região poligonal, por exemplo $ABCDE$, contida em um plano α. Escolha um ponto A' qualquer, não pertencente a α. Por A' trace o plano β paralelo a α. Pelos demais pontos, B, C, D, E, trace retas paralelas a AA' que cortam β nos pontos B', C', D', E'. Essas retas são paralelas entre si.

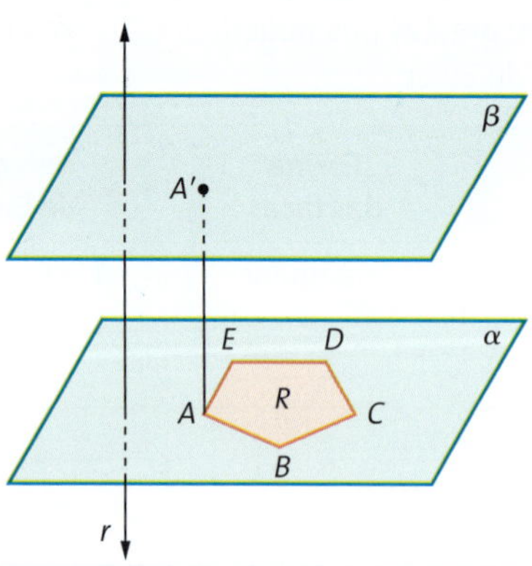

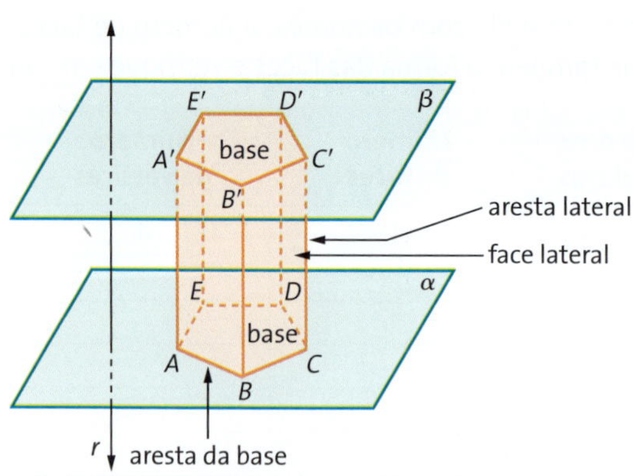

Tome dois segmentos consecutivos assim determinados, por exemplo $\overline{AA'}$ e $\overline{BB'}$. O quadrilátero $AA'B'B$ é plano, pois seus lados $\overline{AA'}$ e $\overline{BB'}$ são paralelos. Isso acarreta que $\overline{AB}$ e $\overline{A'B'}$ também são paralelos (pois estão contidos em retas coplanares que não se intersectam por estarem contidas em planos paralelos). Logo, o quadrilátero $AA'B'B$ é um paralelogramo. As regiões limitadas por paralelogramos assim determinados, juntamente com as regiões poligonais $ABCDE$ e $A'B'C'D'E'$, determinam um poliedro chamado **prisma** de bases $ABCDE$ e $A'B'C'D'E'$.

A região do espaço ocupada por um prisma é formada pelos pontos dos segmentos nos quais cada extremidade está em uma das bases.

As arestas $\overline{AA'}$, $\overline{BB'}$, $\overline{CC'}$, $\overline{DD'}$ e $\overline{EE'}$ são chamadas **arestas laterais**. Todas as arestas laterais são paralelas e de mesmo comprimento.

Arestas laterais consecutivas determinam regiões que têm a forma de paralelogramos e são chamadas **faces laterais** do prisma.

As bases $ABCDE$ e $A'B'C'D'E'$ são congruentes. A **altura** do prisma é a distância entre as bases.

Observação: Quando nos exercícios relacionados a esse assunto as bases forem citadas como polígonos, devemos entendê-las como regiões poligonais (por exemplo, a expressão **prisma cuja base é um quadrado** deve ser entendida como **prisma cuja base é uma região quadrada**).

Caso particular: o paralelepípedo

Quando a base é uma região em forma de paralelogramo, temos um prisma particular chamado **paralelepípedo**.

Paralelepípedos são prismas cuja particularidade é que qualquer de suas faces pode ser tomada como base, pois duas faces opostas quaisquer estão situadas em planos paralelos e são ligadas por arestas paralelas entre si.

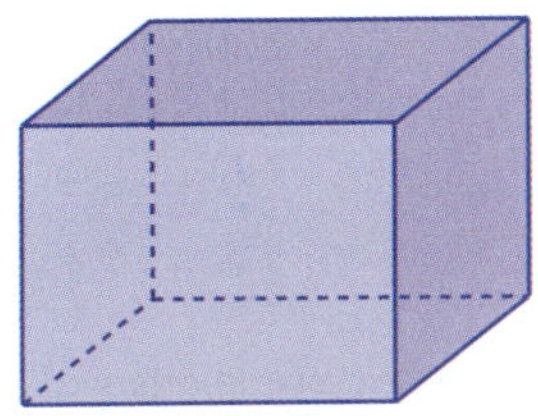
Paralelepípedo

Prismas retos

O prisma é reto quando as arestas laterais são perpendiculares às bases, e é oblíquo quando não o são.

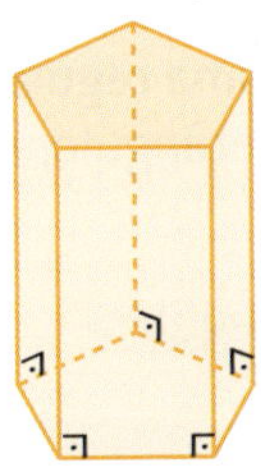
Prisma reto

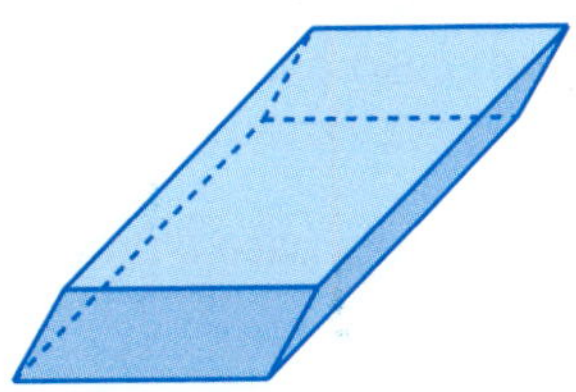
Prisma oblíquo

Assim, em um prisma reto, as faces laterais são regiões retangulares.

De acordo com a região poligonal das bases, o prisma recebe nomes especiais. Veja alguns exemplos:

a) Prisma reto de base triangular ou prisma reto triangular

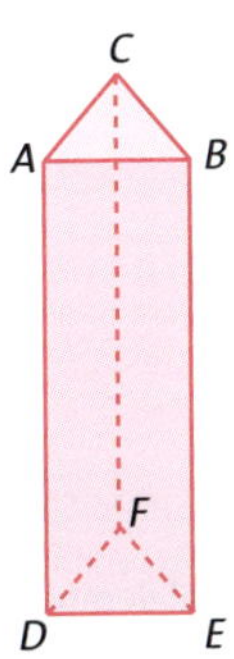

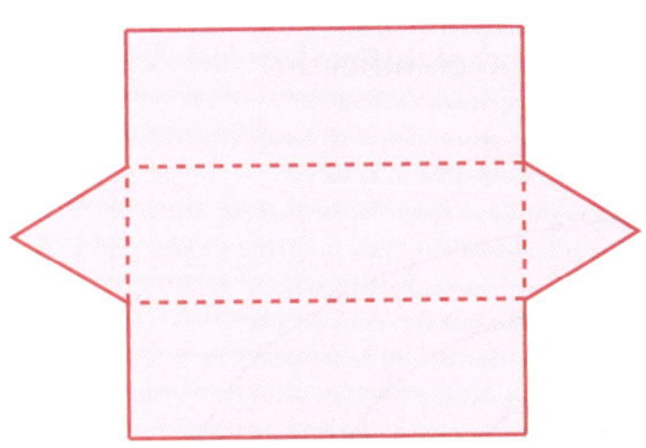
Planificado

Fique atento!
As faces laterais são limitadas por paralelogramos particulares, ou seja, por retângulos.

Bases: regiões ABC e DEF.
Faces laterais: regiões $ABED$, $ACFD$, $BCFE$.
Arestas laterais: $\overline{AD}$, $\overline{CF}$ e $\overline{BE}$.

b) Prisma reto de base pentagonal ou prisma reto pentagonal

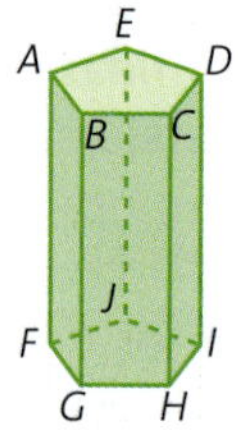

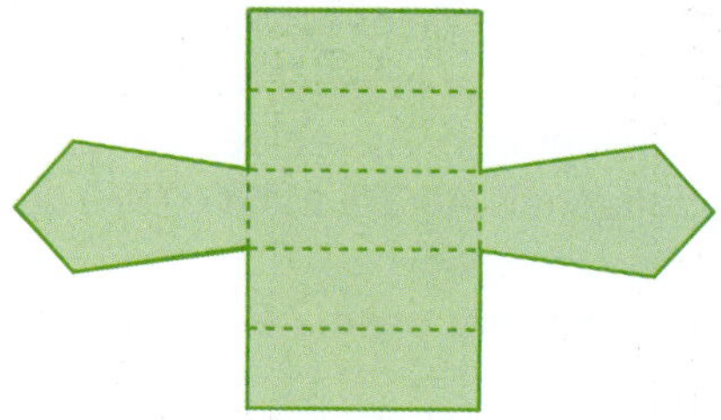

Planificado

Bases: regiões *ABCDE* e *FGHIJ*.

Faces laterais: regiões *BCHG*, *CDIH*, *DEJI*, *AEJF* e *ABGF* (retangulares).

Arestas laterais: $\overline{AF}$, $\overline{BG}$, $\overline{EJ}$, $\overline{CH}$ e $\overline{DI}$.

c) Prisma reto de base retangular ou paralelepípedo retângulo ou bloco retangular

Quando o prisma é reto e a base é uma região retangular, obtemos um **paralelepípedo retângulo** ou **bloco retangular**, no qual cada face é uma região retangular.

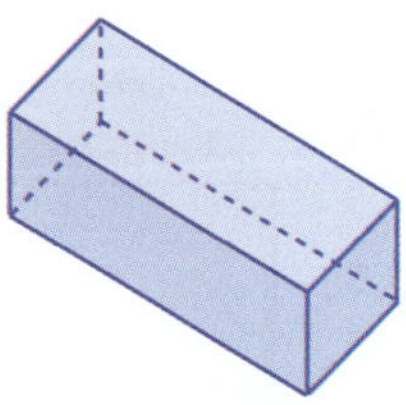

Paralelepípedo retângulo ou bloco retangular

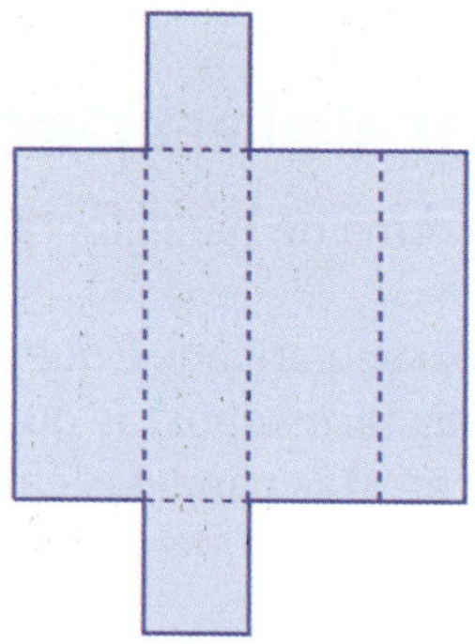

Paralelepípedo retângulo planificado

> **Fique atento!**
> Um paralelepípedo retângulo é um prisma reto em que qualquer face serve de base.

d) Cubo ou hexaedro regular

Quando, em um prisma reto, a base é uma região poligonal regular, temos um **prisma regular**. Um exemplo é o cubo ou hexaedro regular, que é um caso particular de paralelepípedo retângulo, no qual cada face é uma região quadrada. Assim:

> Prisma regular é um prisma reto cuja base é uma região poligonal regular.

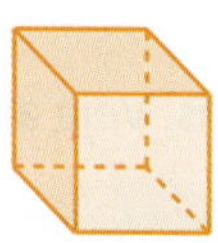

Cubo ou hexaedro regular

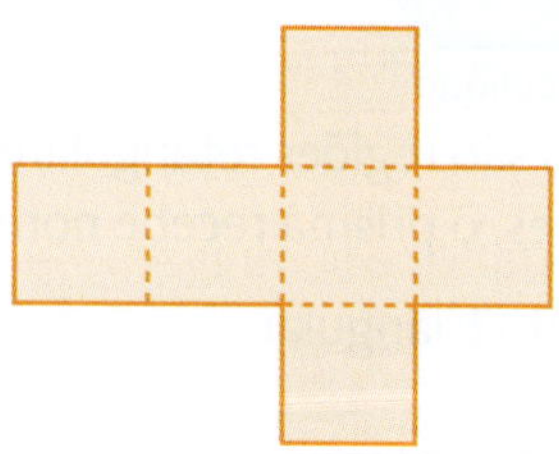

Cubo planificado

> **Fique atento!**
> Todo quadrado é um retângulo.
> Todo retângulo é um paralelogramo.
> Então, todo quadrado é um paralelogramo.

Examine essa classificação em um diagrama:

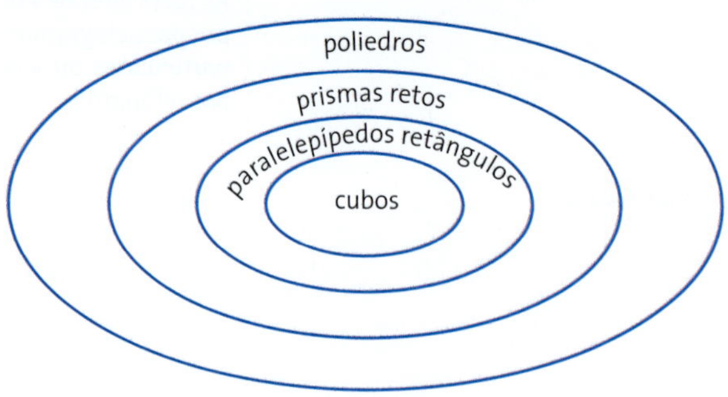

> **Fique atento!**
> Todo cubo é paralelepípedo, mas nem todo paralelepípedo é cubo.

Cálculo da diagonal de um paralelepípedo retângulo e de um cubo

No paralelepípedo de dimensões *a*, *b* e *c*, temos:

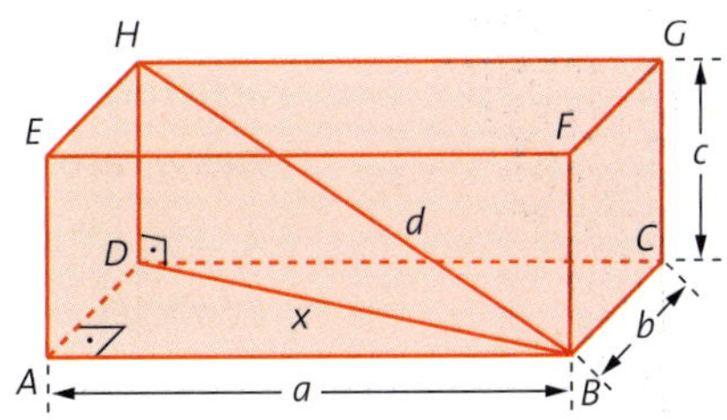

d = medida da diagonal do paralelepípedo
x = medida da diagonal da base

Na figura podemos localizar dois triângulos retângulos:

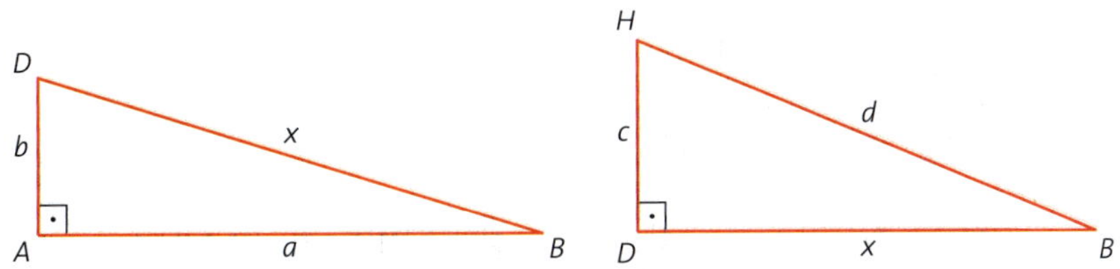

- Como o triângulo *ABD* é retângulo em *A*, temos, pela relação de Pitágoras:
  $x^2 = a^2 + b^2$ (I)
- Como o triângulo *DBH* é retângulo em *D*, temos, pela relação de Pitágoras:
  $d^2 = x^2 + c^2$ (II)
- Substituindo (I) em (II), vem:

$$d^2 = x^2 + c^2 = a^2 + b^2 + c^2 \Rightarrow \boxed{d = \sqrt{a^2 + b^2 + c^2}}$$

No cubo, como ele é um caso particular de paralelepípedo reto retangular, temos:

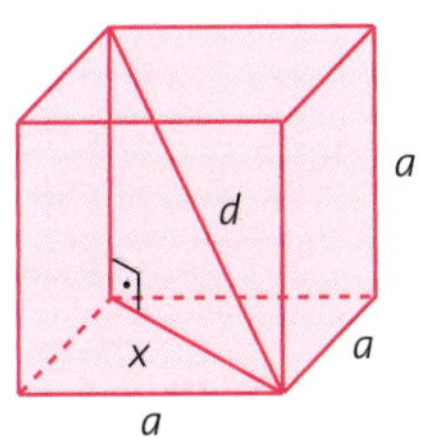

$$d = \sqrt{a^2 + a^2 + a^2} = \sqrt{3a^2} = a\sqrt{3}$$

$$\boxed{d = a\sqrt{3}}$$

Área da superfície de um prisma

Em todo prisma, consideramos:

- **superfície lateral**: é formada pelas faces laterais;
- **área lateral** (A_ℓ): é a área da superfície lateral;
- **superfície total**: é formada pelas faces laterais e pelas bases;
- **área total** (A_t): é a área da superfície total.

Exercícios resolvidos

3. Em um prisma hexagonal regular, a aresta da base mede 3 cm e a aresta da face lateral mede 6 cm. Calcule a área total.

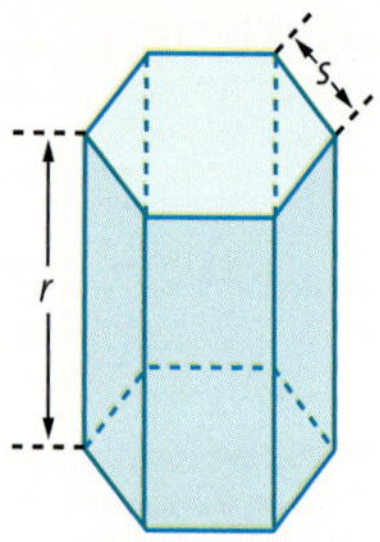

Montado

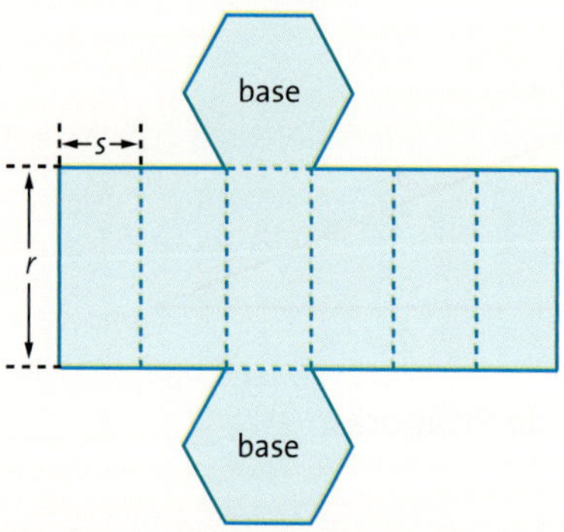

Planificado

Resolução

Na figura, temos:

r: medida da aresta lateral = 6 cm

s: medida da aresta da base = 3 cm

Observando a figura, vemos que:

área lateral: $A_\ell = 6\,(r \cdot s) = 6\,(6 \cdot 3) = 108$

$A_\ell = 108$ cm²

área da base: A_b = área da região limitada pelo hexágono regular

A região hexagonal é formada por 6 regiões triangulares equiláteras:

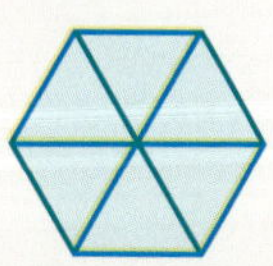

Já estudamos neste volume que a área de uma região triangular equilátera de lado ℓ é dada por $A = \frac{\ell^2\sqrt{3}}{4}$.

Nesse caso, temos:

$$A_b = 6 \cdot \frac{s^2\sqrt{3}}{4} = 6 \cdot \frac{3^2\sqrt{3}}{4} = \frac{27\sqrt{3}}{2} \Rightarrow$$

$$\Rightarrow A_b = \frac{27\sqrt{3}}{2}\ \text{cm}^2$$

Como são duas bases, temos:

$$2A_b = 2 \cdot \frac{27\sqrt{3}}{2} \Rightarrow A_b = 27\sqrt{3}\ \text{cm}^2$$

área total = área lateral + área das bases

Nesse caso, a área total é dada por:

$$A_t = A_\ell + 2A_b = \left(108 + 27\sqrt{3}\right)\ \text{cm}^2$$

Como $\sqrt{3} \simeq 1{,}7$, temos $A_t \simeq 153{,}9$ cm².

4. Uma indústria precisa fabricar 10 000 caixas de sabão com as medidas da figura abaixo. Desprezando as abas, calcule, aproximadamente, quantos metros quadrados de papelão serão necessários.

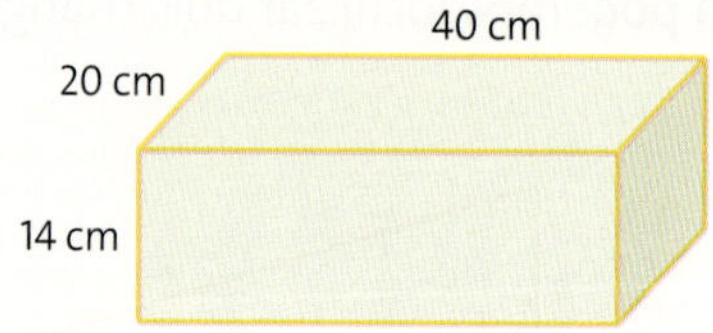

Resolução

A caixa tem a forma de um paralelepípedo retângulo:

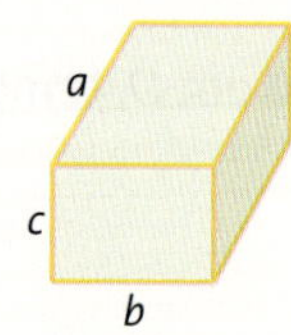

Montado

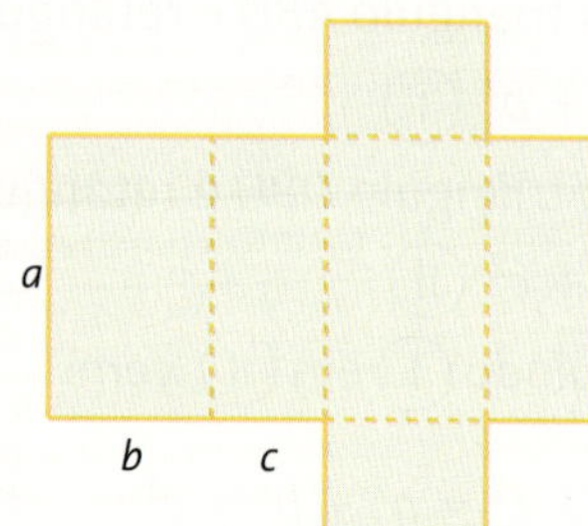

Planificado

Todo paralelepípedo retângulo é formado por 6 faces:

- duas regiões retangulares de medidas *a* e *b*;
- duas regiões retangulares de medidas *a* e *c*;
- duas regiões retangulares de medidas *b* e *c*.

Daí, temos:

área total: $A_t = 2ab + 2ac + 2bc = 2(ab + ac + bc)$

Nesse caso:

área de cada caixa: $A_t = 2(40 \cdot 20 + 40 \cdot 14 + 20 \cdot 14) =$
$= 2(800 + 560 + 280) = 3\,280$; $A_t = 3\,280$ cm²

Como são 10 000 caixas, temos:

$A = 3\,280 \cdot 10\,000 = 32\,800\,000$;

$32\,800\,000$ cm² $= 3\,280$ m²

Portanto, serão necessários pelo menos 3 280 m² de papelão.

> **Fique atento!**
> Se 1 m = 100 cm, então 1 m² = 10 000 cm².

5. Quantos centímetros quadrados de cartolina, aproximadamente, foram usados para montar uma caixa com a forma de um cubo com 10 cm de aresta?

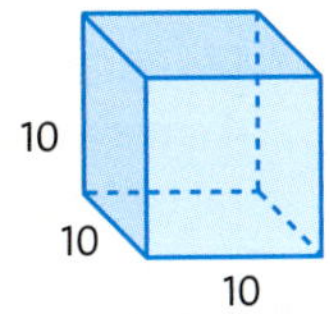

Resolução

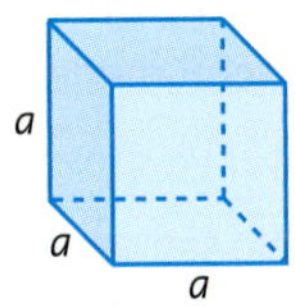

Montado

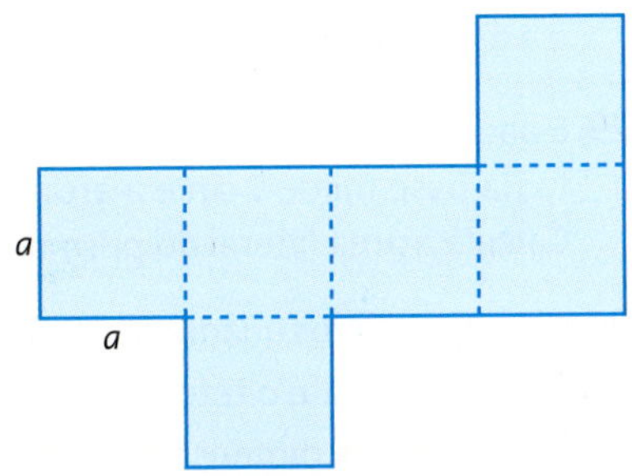

Planificado

A superfície total de um cubo é formada por 6 regiões quadradas de lado a. Então, a sua área total é dada por $A_t = 6a^2$, em que a é a aresta do cubo. No problema dado, a área de cada uma das 6 regiões quadradas é $10 \cdot 10 = 100$ cm^2.
$A_t = 6 \cdot 100 = 600$ cm^2
Foram usados 600 cm^2 de cartolina.

6. Quantos centímetros quadrados de papelão são gastos para fazer uma caixa de sapatos do tipo e tamanho abaixo?

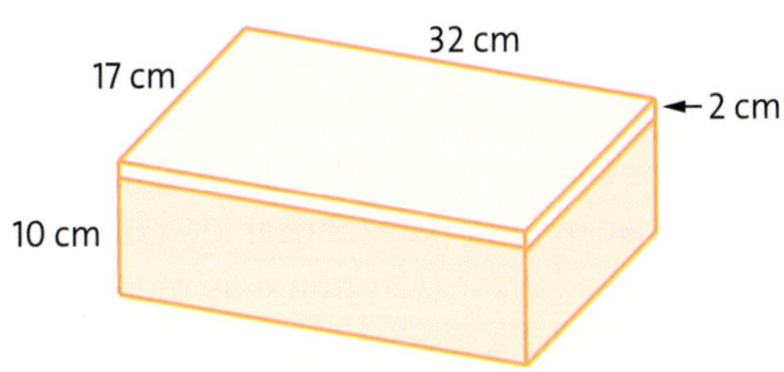

Resolução
$A_t = 2(ab + ac + bc)$
Nesse caso, $a = 32$ cm, $b = 17$ cm e $c = 10$ cm.
Assim:
$A_t = 2(32 \cdot 17 + 32 \cdot 10 + 17 \cdot 10) =$
$= 2(544 + 320 + 170) = 2(1034) = 2068$ cm^2
Logo, $A_t = 2068$ cm^2.
A aba da tampa é formada por quatro regiões retangulares: duas cujas medidas são 2 cm por 17 cm e duas cujas medidas são 2 cm por 32 cm.

Assim: $A = 2 \cdot 2 \cdot 17 + 2 \cdot 2 \cdot 32 = 68 + 128 = 196$
quantidade total $= 2068$ cm^2 $+ 196$ cm^2 $= 2264$ cm^2 de papelão
Portanto, são gastos 2264 cm^2 de papelão para fazer essa caixa de sapatos.

7. Dispondo de uma folha de cartolina de 50 cm de comprimento por 30 cm de largura, pode-se construir uma caixa aberta cortando um quadrado de 8 cm de lado em cada canto da folha (veja a figura abaixo). Quantos centímetros quadrados de material são necessários para que seja construída essa caixa?

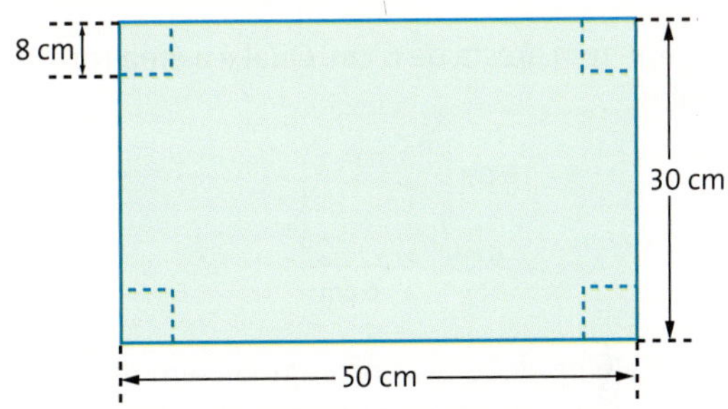

Montando a caixa, temos a figura abaixo:

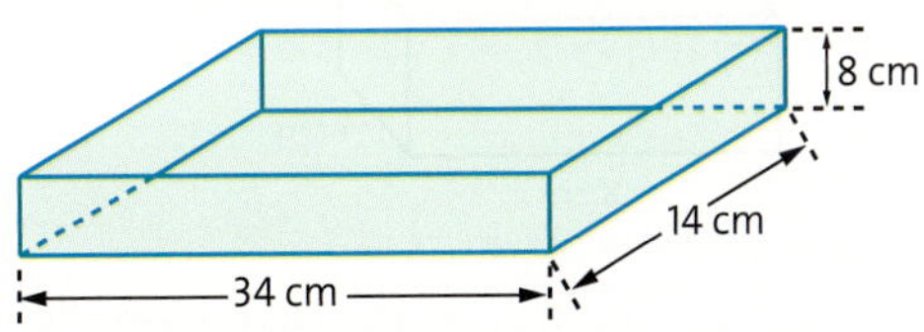

Resolução
Observando a caixa montada, verificamos que temos:
- duas regiões retangulares de 34 cm por 8 cm:
  $A_1 = 34 \cdot 8 = 272$ cm^2
- duas regiões retangulares de 14 cm por 8 cm:
  $A_2 = 14 \cdot 8 = 112$ cm^2
- uma região retangular de 34 cm por 14 cm (fundo da caixa):
  $A_3 = 34 \cdot 14 = 476$ cm^2

Portanto, a quantidade de material necessária é:
$2A_1 + 2A_2 + A_3 = 2 \cdot 272 + 2 \cdot 112 + 476 =$
$= 544 + 224 + 476 = 1244$ cm^2

Outra resolução
A região retangular de 50 cm por 30 cm tem área de $50 \cdot 30 = 1500$ cm^2.
Cada "canto" é um quadrado de 8 cm de lado, portanto, com área de $8 \cdot 8 = 64$ cm^2.
Como são 4 cantos, temos $4 \cdot 64 = 256$ cm^2.
São necessários para fazer a caixa
$1500 - 256 = 1244$ cm^2 de material.

Exercícios

18. Quanto mede a diagonal de um paralelepípedo reto retangular no qual as dimensões são 10 cm, 6 cm e 8 cm?

19. Um cubo tem $10\sqrt{3}$ cm de aresta. Calcule a medida de sua diagonal.

20. Em um cubo, a soma das medidas de todas as arestas é 48 cm. Calcule a medida da diagonal desse cubo.

21. A diagonal de um paralelepípedo reto retangular mede $20\sqrt{2}$ cm. As dimensões desse paralelepípedo são proporcionais aos números 5, 4 e 3, respectivamente. Calcule as dimensões desse paralelepípedo.

22. Um cubo tem aresta de 6 cm. Qual é a área total desse cubo?

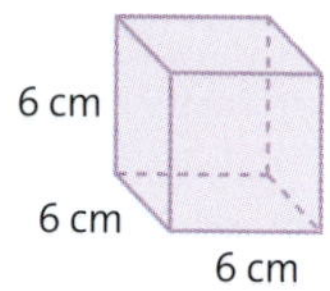

23. Um paralelepípedo reto retangular tem dimensões de 4 cm, 5 cm e 8 cm. Qual é a área total desse paralelepípedo?

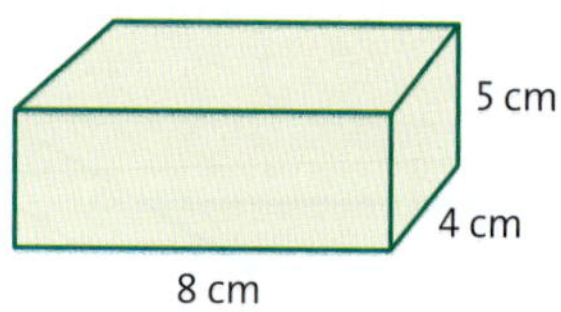

24. Um cubo tem área total de 96 m^2. Qual é a medida da aresta do cubo?

25. Quantos metros quadrados de madeira são necessários para fazer a prateleira abaixo, que apresenta fundo de madeira?

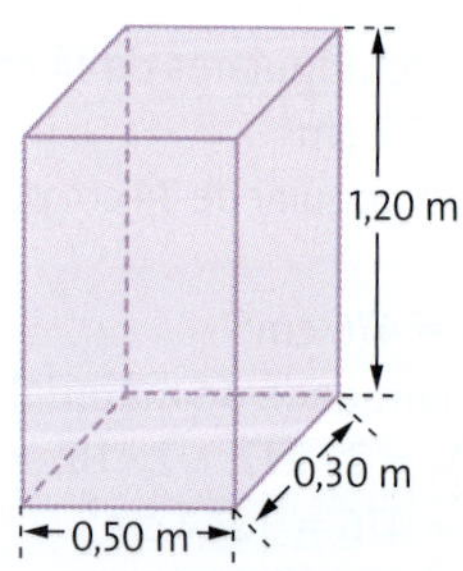

26. As bases de um prisma são triângulos equiláteros e as faces laterais são regiões retangulares. Determine a área total do prisma sendo 6 cm a medida da aresta da base e 10 cm a medida da aresta lateral.

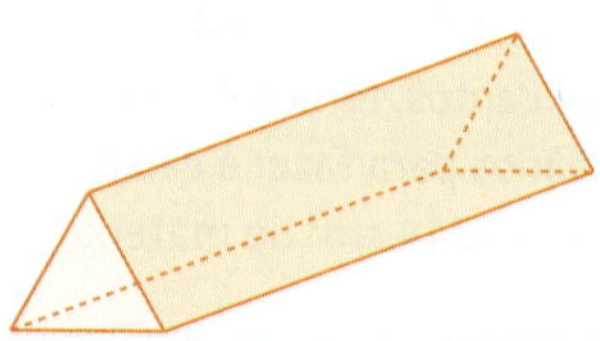

27. Em um prisma triangular regular, a aresta da base mede 4 cm e a aresta lateral mede 9 cm. Calcule a área lateral e a área total do prisma.

28. Em um prisma regular triangular, a aresta da base mede *a* e a aresta lateral mede 3*a*. Calcule a área lateral e a área total do prisma, em função de *a*.

29. É dado um prisma pentagonal regular no qual a aresta da base mede 5 cm e a aresta lateral mede 10 cm. Calcule a área lateral do prisma.

30. Quantos metros quadrados de azulejo são necessários para revestir até o teto as quatro paredes de uma cozinha com as dimensões da figura abaixo? Sabe-se também que cada porta tem 1,60 m^2 de área e a janela tem uma área de 2 m^2.

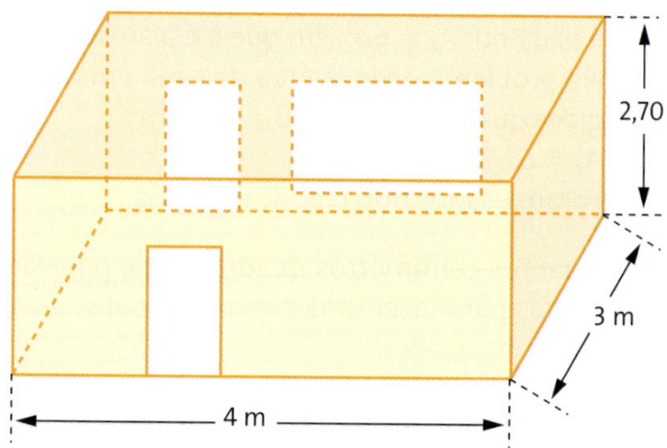

31. Quantos metros quadrados de madeira são gastos, aproximadamente, para fabricar 100 caixas para transportar geladeiras? (A forma e as medidas da caixa estão na figura a seguir.)

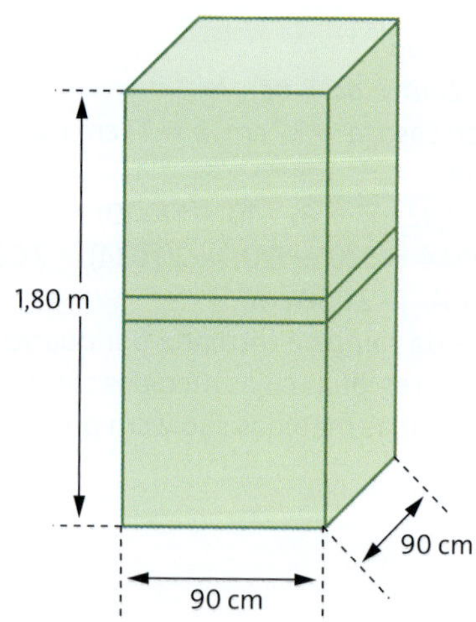

32. Escreva a área total de um cubo em função da medida *d* da sua diagonal.

33. A diagonal de um cubo mede $10\sqrt{3}$ m. Qual é a área total desse cubo?

34. Quantos centímetros quadrados de papel adesivo são gastos para cobrir a superfície total de uma peça sextavada cuja forma e medidas estão na figura abaixo?

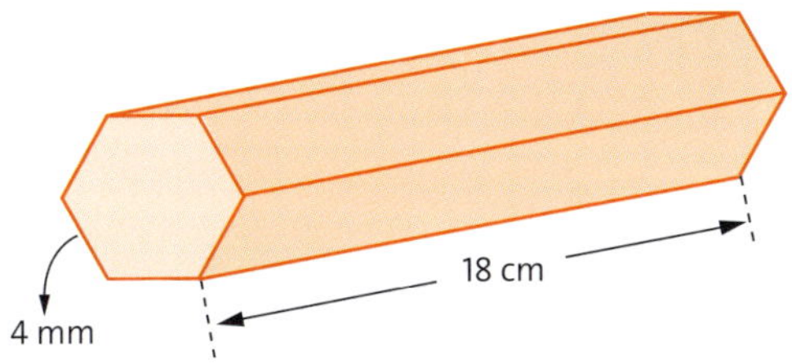

35. A figura a seguir nos mostra uma peça de enfeite. A aresta do cubo mede 20 cm. A cavidade, em forma de prisma regular de base triangular de aresta 5 cm, estende-se da face inferior à face superior do cubo. Determine a área total da peça.

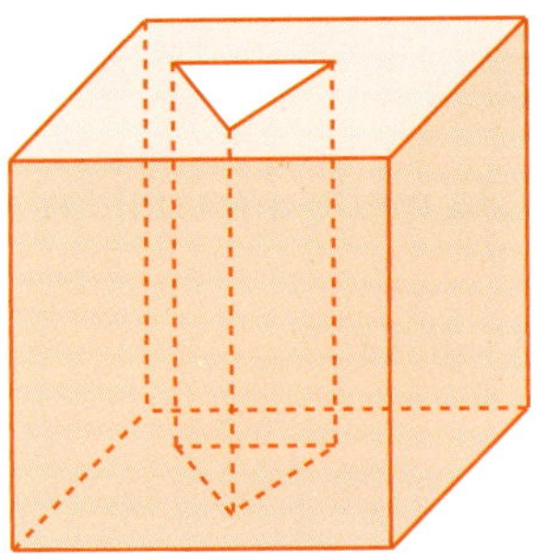

36. Quanto de material se gasta para fabricar a carroceria fechada de um caminhão sabendo que suas dimensões são: comprimento = 12 m, largura = 3 m e altura = 2,5 m?

Dam d'Souza/Arquivo da editora

37. Qual é a área total do sólido representado pela figura abaixo?

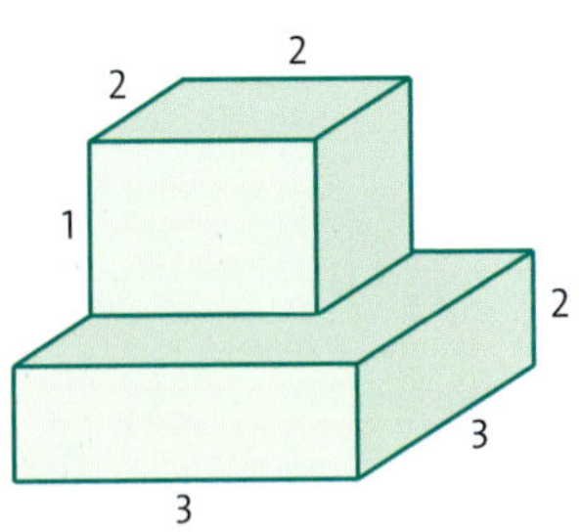

38. Quanto de papelão se gasta (em centímetros quadrados) para fazer uma caixa de bombons cuja forma e medidas estão indicadas na figura abaixo?

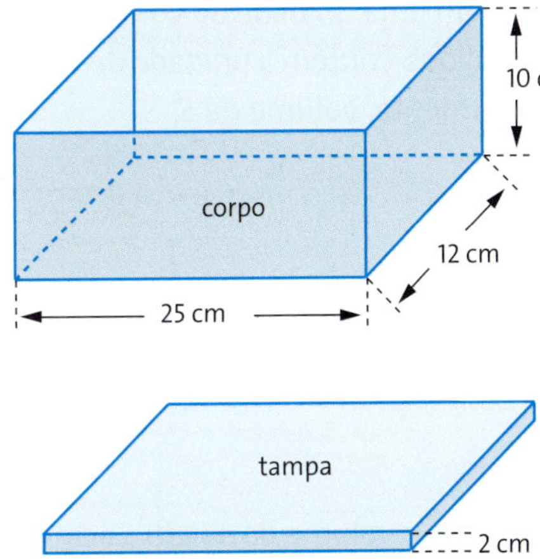

39. Uma caixa de papelão tem o tipo e o tamanho da figura abaixo. Sua base é uma região limitada por um trapézio isósceles de altura 20 cm e de bases 10 cm e 40 cm. Quantos metros quadrados de papelão são necessários para fazer uma caixa desse tipo?

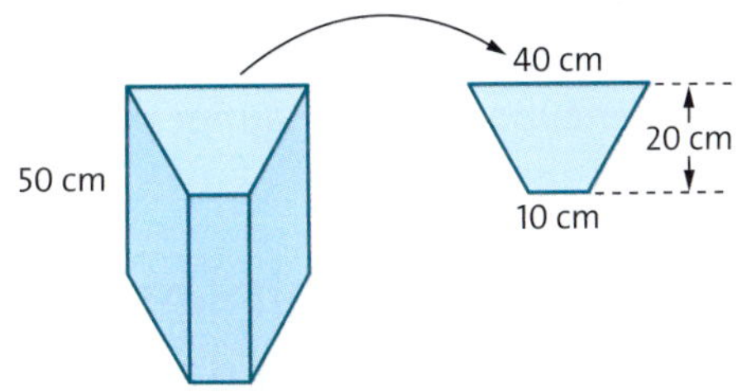

40. Quantas caixas do tipo e tamanho abaixo podem ser feitas com 41 000 cm^2 de papelão? (Dado: $\sqrt{3} = 1{,}7$.)

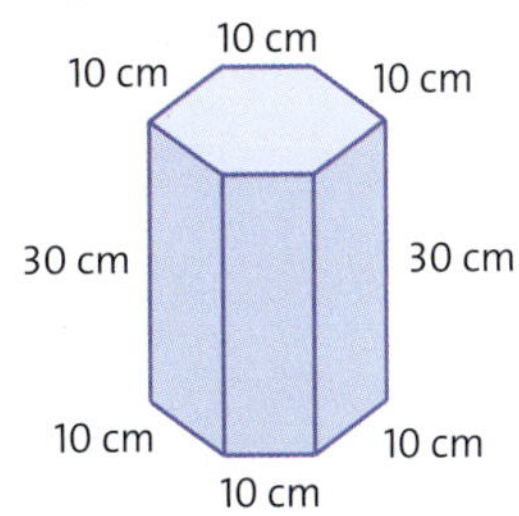

41. Um calendário tem o tipo e o tamanho da figura abaixo. Quantos centímetros quadrados de papelão são necessários para fazer esse calendário? (Dado: $\sqrt{3} = 1{,}7$.)

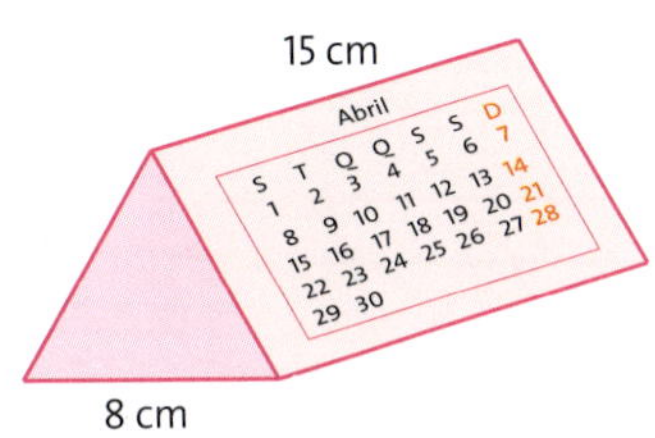

5 Ideia intuitiva de volume

Suponha que queiramos medir a quantidade de espaço ocupado por um sólido *S*. Para isso, precisamos comparar *S* com uma unidade de volume. O resultado dessa comparação é um número que exprime quantas vezes o sólido *S* contém a unidade de volume. Esse número é a medida do volume de *S*, que costumamos dizer, simplesmente, volume de *S*.

Sólido S

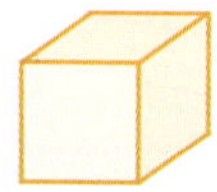

Unidade de volume: U

Por exemplo, o volume do sólido *S* acima é de 12 unidades de volume: 12 U, ou seja:

$$\text{volume de } S = 12 \text{ U}$$

Cubo unitário

Vamos estabelecer como **unidade de volume** um cubo cuja aresta mede uma unidade de comprimento. Ele será chamado **cubo unitário**.

Qualquer cubo cuja aresta meça 1 terá, por definição, volume igual a 1.

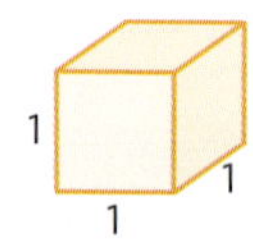

Cubo unitário

Volume do paralelepípedo retângulo ou bloco retangular

O bloco retangular é um poliedro formado por 6 faces retangulares. Ele fica determinado por três medidas: o seu comprimento (a), a sua largura (b) e a sua altura (c). Indicaremos o volume desse bloco retangular por $V(a, b, c)$ e o volume do cubo unitário por $V(1, 1, 1) = 1$.

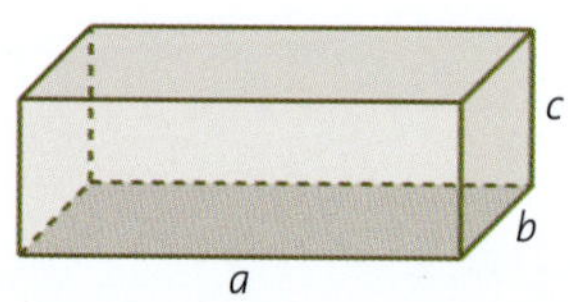

O volume do bloco retangular é proporcional a cada uma de suas dimensões, ou seja, se mantivermos constantes duas das dimensões e multiplicarmos a terceira dimensão por um número natural qualquer, o volume também será multiplicado pelo mesmo número natural. Isso pode ser observado no exemplo abaixo:

$$V(a, b, 3c) = V(a, 3b, c) = V(3a, b, c) = 3V(a, b, c)$$

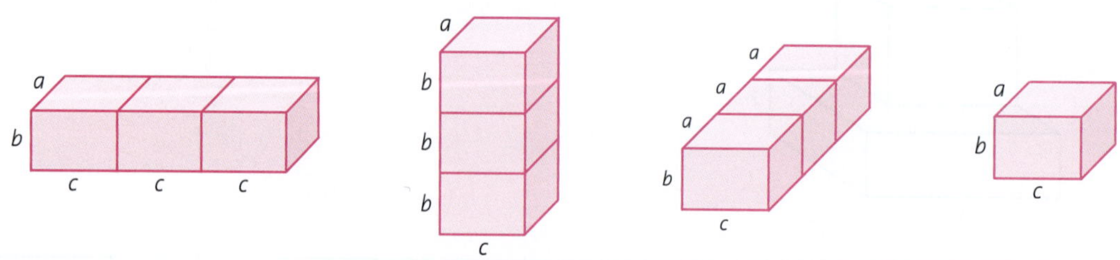

É possível provar que esse fato, constatado com um número natural, vale para qualquer número real positivo. Ou seja, mantidas constantes duas dimensões do bloco retangular, seu volume é proporcional à terceira dimensão.

Assim, temos:

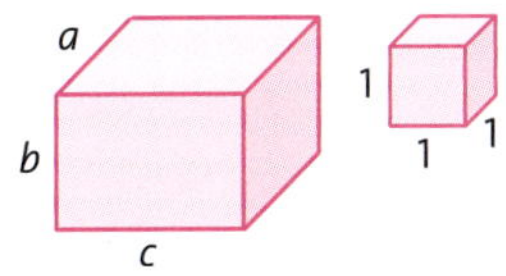

$V(a, b, c) = a \cdot V(1, b, c) = ab \cdot V(1, 1, c) = abc \cdot V(1, 1, 1) = abc \cdot 1 = abc$

Logo:

$$V(a, b, c) = abc$$

Portanto, o volume de um paralelepípedo retângulo é dado pelo produto das suas dimensões.

Observações:

1ª) Como ab indica a área da base e c indica a altura, é possível também indicar o volume do paralelepípedo retângulo assim:

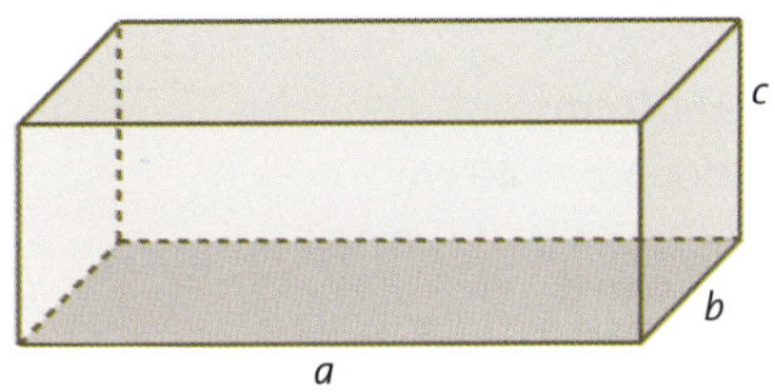

$$V = A_b h$$

em que $A_b = ab$ (área da base); $h = c$ (altura correspondente).

Assim, pode-se dizer que o volume de um paralelepípedo retângulo é o produto da área da base pela altura.

2ª) Como o cubo é um caso particular de paralelepípedo retângulo com todas as arestas de medidas iguais, seu volume é dado por:

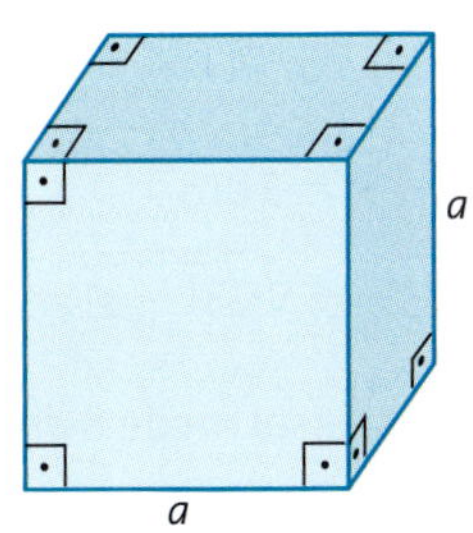

$$V = a \cdot a \cdot a \quad \text{ou} \quad V = a^3$$

3ª) Agora podemos provar o fato de figuras geométricas semelhantes de razão k entre suas grandezas lineares terem volumes com razão k^3.

De fato, se $V(x, y, z)$ é o volume de um sólido qualquer e $V(kx, ky, kz)$ é o volume do sólido semelhante, então:

$V(kx, ky, kz) = kV(x, ky, kz) = k^2V(x, y, kz) = k^3V(x, y, z)$

Ou seja:

$$V(kx, ky, kz) = k^3V(x, y, z)$$

Exercícios resolvidos

» **passo a passo:** exercício 14

8. Calcule o volume de um paralelepípedo retângulo cujas dimensões são: 3 cm; 2,8 cm e $3\sqrt{2}$ cm. $\left(\text{Dado: } \sqrt{2} \simeq 1{,}41.\right)$

Resolução

$V = abc = 3 \cdot 2{,}8 \cdot 3\sqrt{2} = 25{,}2\sqrt{2} \simeq 35{,}532 \text{ cm}^3$

Portanto, o volume é aproximadamente $35{,}532 \text{ cm}^3$.

9. Qual é o volume de concreto necessário para construir uma laje de 20 cm de espessura em uma sala de 3 m por 4 m?

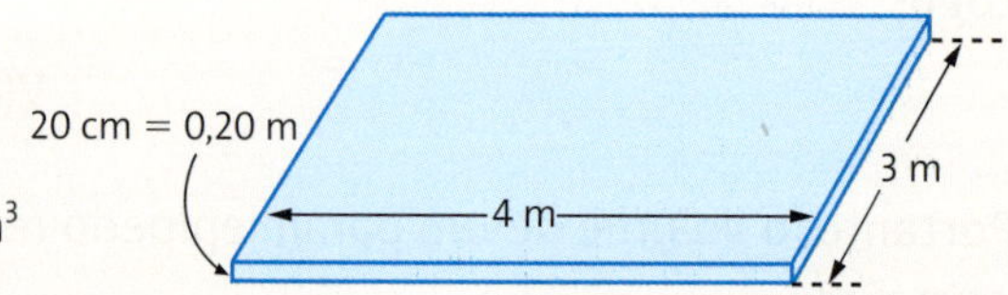

Resolução

Área da base: $A_b = 3 \cdot 4 = 12$; $A_b = 12 \text{ m}^2$

$V = \text{área da base} \cdot \text{altura} = A_b h = 12 \text{ m}^2 \cdot 0{,}20 \text{ m} = 2{,}40 \text{ m}^3$

São necessários $2{,}40 \text{ m}^3$ de concreto.

10. Sabendo que foram gastos $0{,}96 \text{ m}^2$ de material para montar a caixa cúbica cuja figura está ao lado, calcule o volume dessa caixa.

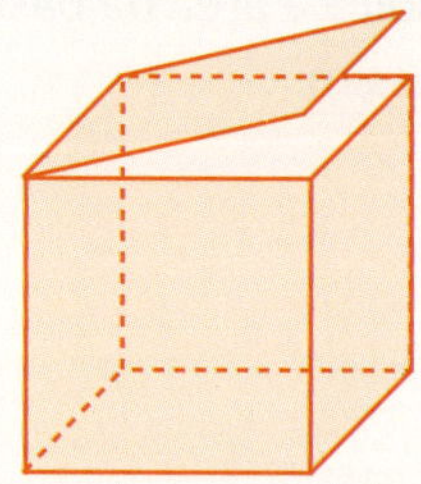

Resolução

Área total $= 0{,}96 \text{ m}^2 = 96 \text{ dm}^2 = 9\,600 \text{ cm}^2$

$A_t = 6a^2 \Rightarrow 9\,600 = 6a^2 \Rightarrow a^2 = 1\,600 \Rightarrow a = 40 \text{ cm}$

$V = a^3 \Rightarrow V = (40 \text{ cm})^3 = 64\,000 \text{ cm}^3 = 64 \text{ dm}^3 = 0{,}064 \text{ m}^3$

11. Calcule os volumes dos cubos cujas arestas medem:

a) 4 cm; b) 5,5 cm; c) $2\sqrt{2}$ cm.

Resolução

a) $V = a^3 = 4 \cdot 4 \cdot 4 = 64 \text{ cm}^3$

b) $V = a^3 = (5{,}5 \text{ cm})^3 = 166{,}375 \text{ cm}^3$

c) $V = a^3 = \left(2\sqrt{2} \text{ cm}\right)^3 = 2^3\sqrt{2^3} \text{ cm}^3 = 2^3 \cdot 2\sqrt{2} \text{ cm}^3 = 16\sqrt{2} \text{ cm}^3$

12. Determine as medidas das arestas dos cubos cujos volumes são:

a) 125 dm^3; b) $3\sqrt{3} \text{ cm}^3$.

Resolução

a) $V = 125 \text{ dm}^3 \Rightarrow a^3 = 125 \Rightarrow a = \sqrt[3]{125} = \sqrt[3]{5^3} = 5 \text{ dm}$

b) $V = 3\sqrt{3} \text{ cm}^3 \Rightarrow a^3 = 3\sqrt{3} \Rightarrow a = \sqrt[3]{3\sqrt{3}} = \sqrt[3]{\sqrt{3^2 \cdot 3}} = \sqrt[6]{3^3} = \sqrt{3} \text{ cm}$

13. Na caixa cúbica da figura ao lado, a ripa transversal mede 8 dm. Qual é o volume da caixa?

Resolução

Inicialmente, estabelecemos o modelo matemático. Pela figura, precisamos determinar a aresta a, conhecendo a diagonal d de uma face:

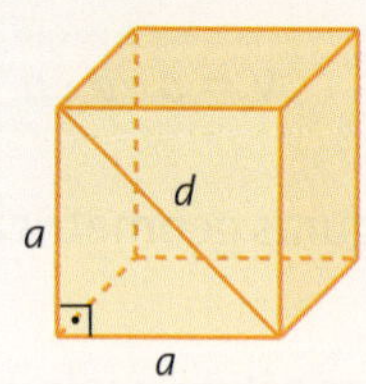

$d^2 = a^2 + a^2 \Rightarrow d = a\sqrt{2}$

Como $d = 8$ dm, temos:

$8 = a\sqrt{2} \Rightarrow a = \dfrac{8}{\sqrt{2}} = \dfrac{8\sqrt{2}}{2} = 4\sqrt{2}$

Vamos calcular o volume:

$V = a^3 = (4\sqrt{2} \text{ dm})^3 = 4^3\sqrt{2^3} \text{ dm}^3 = 128\sqrt{2} \text{ dm}^3$

O volume da caixa é $128\sqrt{2} \text{ dm}^3$.

Resolvido passo a passo

14. (Enem) Eclusa é um canal que, construído em águas de um rio com grande desnível, possibilita a navegabilidade, subida ou descida de embarcações. No esquema abaixo, está representada a descida de uma embarcação, pela eclusa do porto Primavera, do nível mais alto do rio Paraná até o nível da jusante.

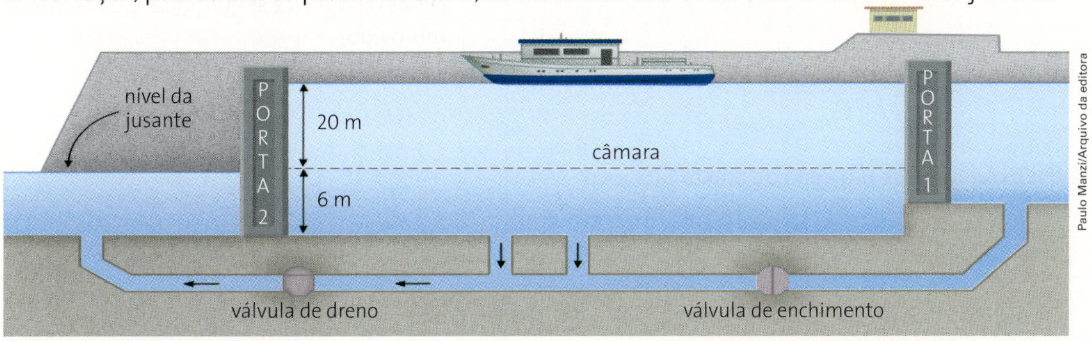

câmara

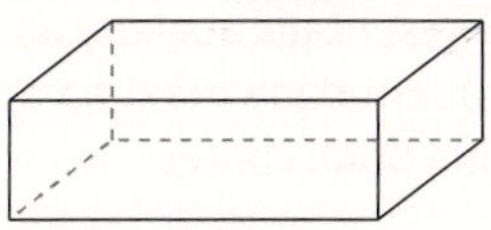

Enquanto a válvula de enchimento está fechada e a de dreno, aberta, o fluxo de água ocorre no sentido indicado pelas setas, esvaziando a câmara até o nível da jusante. Quando, no interior da câmara, a água atinge o nível da jusante, a porta 2 é aberta, e a embarcação pode continuar navegando rio abaixo.

A câmara dessa eclusa tem comprimento aproximado de 200 m e largura igual a 17 m. A vazão aproximada da água durante o esvaziamento da câmara é de 4 200 m^3 por minuto. Assim, para descer do nível mais alto até o nível da jusante, uma embarcação leva cerca de:

a) 2 minutos. b) 5 minutos. c) 11 minutos. d) 16 minutos. e) 21 minutos.

1. Lendo e compreendendo

a) O que é dado no problema?
São dados o esquema de funcionamento da eclusa do porto Primavera, as dimensões da câmara da eclusa (200 m × 17 m), a diferença de nível de água entre as duas partes do rio Paraná (20 m) e a vazão de água quando a câmara é esvaziada (4 200 m^3/min).

b) O que se pede?
Pede-se o tempo que uma embarcação leva para descer pela eclusa.

2. Planejando a solução

O tempo que a embarcação leva para descer equivale ao tempo que a câmara leva para ser esvaziada. Dessa forma, sabendo-se o volume de água que precisa ser retirado da câmara e a vazão de saída da água, podemos calcular esse tempo.

3. Executando o que foi planejado

A câmara de água equivale a um paralelepípedo reto retangular, de dimensões 200 m × 20 m × 17 m. Assim, seu volume é dado por $V = 200 \text{ m} \cdot 20 \text{ m} \cdot 17 \text{ m} = 68000 \text{ m}^3$ de água.
Uma vazão de 4 200 m^3 de água por minuto significa que, a cada minuto, saem da câmara 4 200 m^3 de água.

Logo, o tempo necessário para escoar toda a água é de $\frac{68\,000}{4\,200} \simeq 16{,}20$ min.

4. Emitindo a resposta

A resposta é a alternativa **d**.

5. Ampliando o problema

a) Suponha que se deseje que o tempo de descida da embarcação não supere 10 min. Nesse caso, qual teria de ser a vazão mínima de água?

b) *Discussão em equipe e pesquisa*

- O transporte fluvial (pelos rios) é importante? Ele é necessário?
- Vale a pena gastar dinheiro fazendo eclusas?
- Quando o canal do Panamá entrou em atividade?
- Que grande acontecimento mundial teve início no mesmo ano da inauguração do canal do Panamá?

Exercícios

42. Em um paralelepípedo, as dimensões da base são 4 cm e 7 cm. Se a altura dele é 5 cm, determine o seu volume.

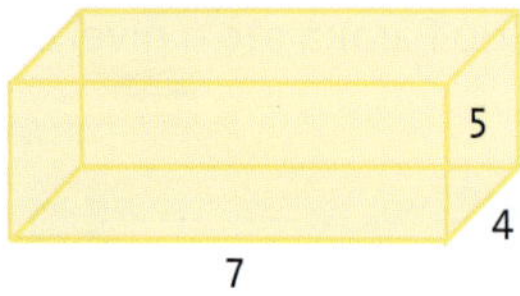

43. Qual é o volume de um cubo de aresta $5\sqrt{3}$ cm?

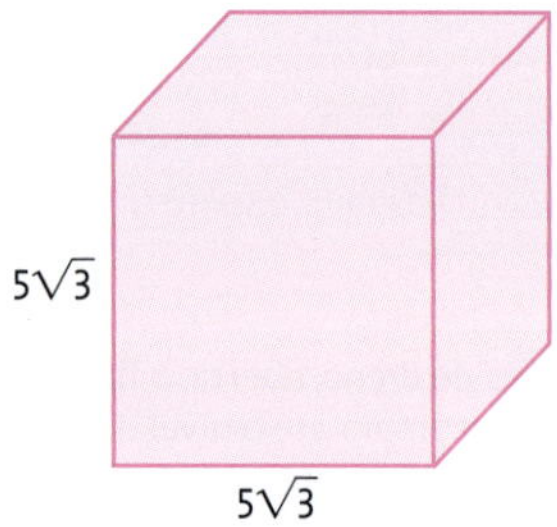

44. Quanto mede a aresta de um cubo que tem 1000 dm^3 de volume?

45. Quantos litros de água são necessários para encher uma caixa-d'água cujas dimensões são: 1,20 m por 0,90 m por 1 m? (Lembre-se: 1000 L = 1 m^3.)

46. Certos lingotes de metal são fundidos na forma de paralelepípedo. Suas dimensões são 40 cm por 16 cm por 20 cm. Qual é o volume desse lingote de metal?

47. Quantos dados podem ser colocados em uma caixa cúbica de 20 cm de aresta, se esses dados forem cubos de 2 cm de aresta?

48. Três cubos de chumbo, com arestas de 6 cm, 8 cm e 10 cm, respectivamente, são fundidos em uma só peça cúbica. Qual é o volume da peça cúbica obtida?

49. Qual deve ser a medida da aresta de uma caixa--d'água cúbica para que ela possa conter 8000 L de água?

50. Para fabricar uma caixa cúbica de papelão são gastos 600 cm^2 de material. Qual é o volume dessa caixa?

51. Qual é o volume de um sólido cuja forma e medidas estão na figura abaixo?

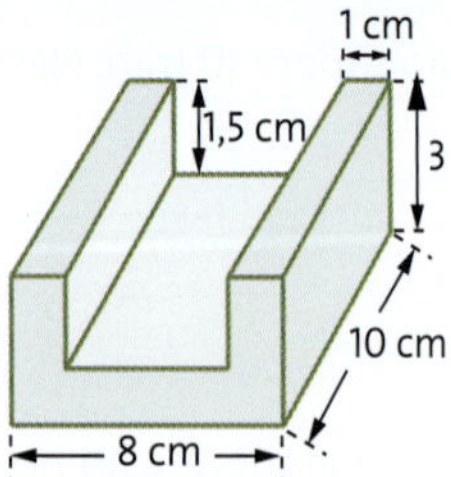

52. Ao projetar uma estrada, a equipe de engenharia de uma empresa verifica que é preciso fazer um corte em um morro de acordo com a forma e as medidas indicadas na figura a seguir. Qual é o volume de terra a ser removido?

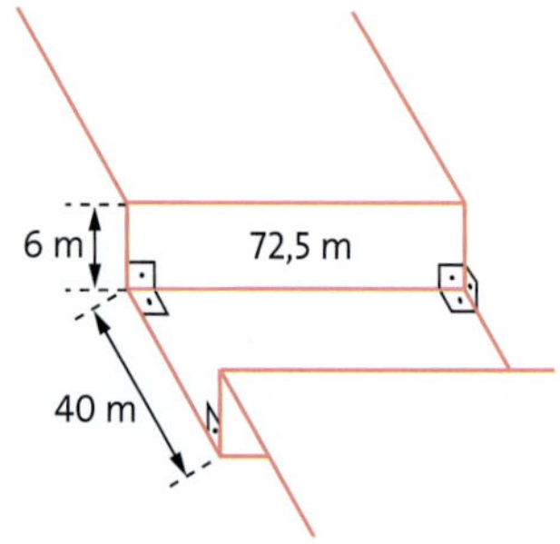

53. Observe a piscina representada abaixo e as dimensões indicadas. Qual é a quantidade máxima de água, em litros, que essa piscina pode conter?

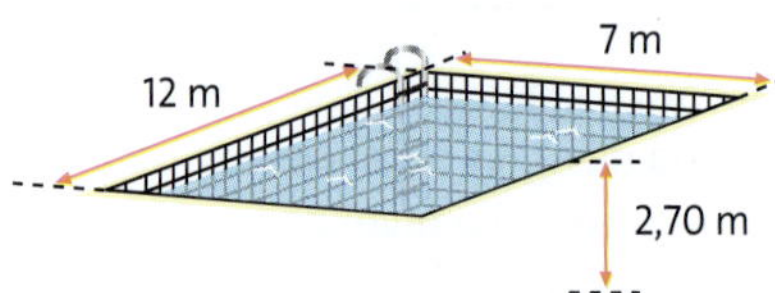

Formato Comunicação/Arquivo da editora

54. Uma piscina tem o formato e as medidas representadas na figura a seguir. Qual é o volume máximo de água que essa piscina pode conter?

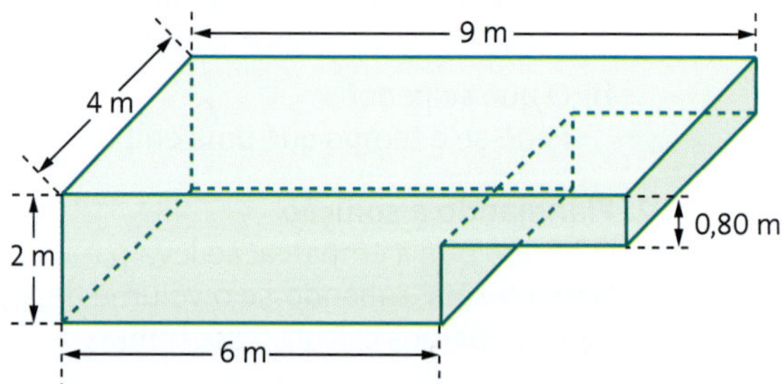

55. A diagonal de um cubo mede $10\sqrt{3}$ cm. Qual é o volume desse cubo?

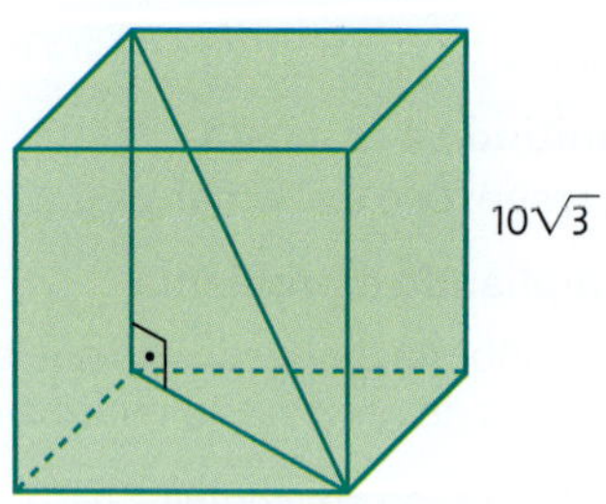

56. Sabendo que as dimensões de um tijolo de argila são 20 cm por 9 cm por 7 cm, qual é o volume de argila empregado para fabricar esse tijolo?

6 Princípio de Cavalieri

Imagine três pilhas com o mesmo número de folhas de papel, arrumadas de formas diferentes, como indicam as figuras:

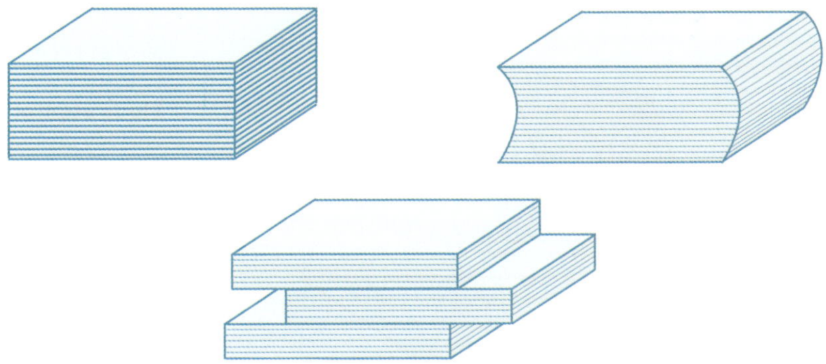

Note que qualquer plano horizontal que seccione as três pilhas terá intersecções de mesma área (uma folha); note também que as três pilhas têm volumes iguais (só mudam as formas).

Essa situação serve para ilustrar o **princípio de Cavalieri**, que veremos em seguida.

Vamos considerar os sólidos S_1 e S_2 apoiados em um plano horizontal α. Consideremos também o plano β, paralelo a α, que, ao seccionar S_1, também secciona S_2, determinando duas regiões planas de áreas A_1 e A_2.

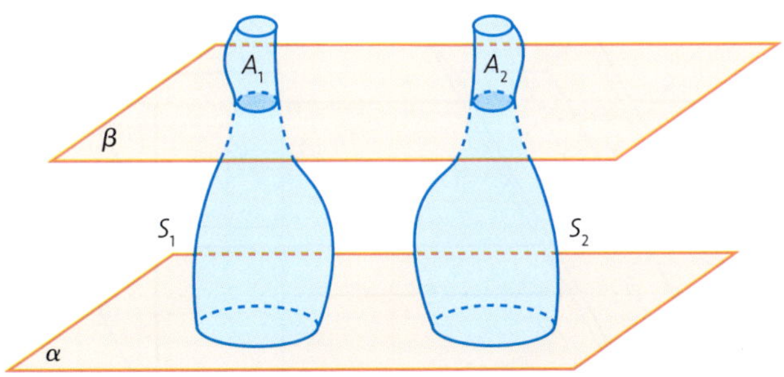

Nessas condições, podemos afirmar que, **se para todo plano β temos $A_1 = A_2$**, então:

$$\textbf{volume } S_1 = \textbf{volume } S_2$$

É possível demonstrar o princípio de Cavalieri, mas aqui vamos considerá-lo verdadeiro sem fazer sua demonstração. Veremos que esse princípio simplifica muito o cálculo de volumes.

CURIOSIDADE

O italiano Bonaventura Francesco Cavalieri (1598-1647), que foi discípulo de Galileu, publicou em 1635 sua **teoria do indivisível**, contendo o que hoje é conhecido como "princípio de Cavalieri". Entretanto, sua teoria, que permitia que se encontrasse rapidamente e com exatidão a área e o volume de muitas figuras geométricas, foi duramente criticada na época. Segundo seus críticos, a teoria não se mostrava suficientemente embasada.

Mal sabiam estes que o princípio de Cavalieri seria um dos pilares do que hoje conhecemos como cálculo integral, ajudando a definir a noção de integral.

Em 1647 Cavalieri publicou a obra *Exercitationes geometricae sex*, na qual apresentou de maneira mais clara sua teoria. Esse livro transformou-se em fonte importante para os matemáticos do século XVII. Cavalieri também escreveu sobre Astronomia e Óptica.

Disponível em: <http://ecalculo.if.usp.br/historia/cavaliere.htm>. Acesso em: 5 dez. 2013.

7 Volume do prisma

Para calcular o volume de um prisma qualquer, aplicamos o princípio de Cavalieri.

Inicialmente, observamos que, em um prisma qualquer com a base contida em um plano α, se π é paralelo a α, a secção determinada por π no prisma será sempre congruente à base, e por isso essa secção e a base terão sempre áreas iguais.

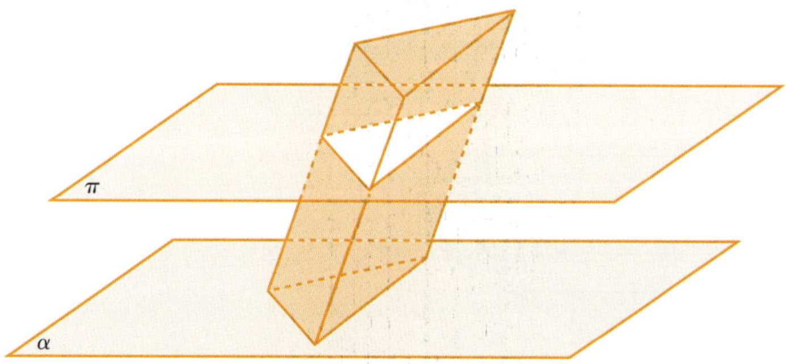

Fique atento!
Em todo prisma, uma secção paralela à base é congruente a essa base.

Podemos agora calcular o volume de um prisma qualquer, utilizando o paralelepípedo retângulo como auxílio.

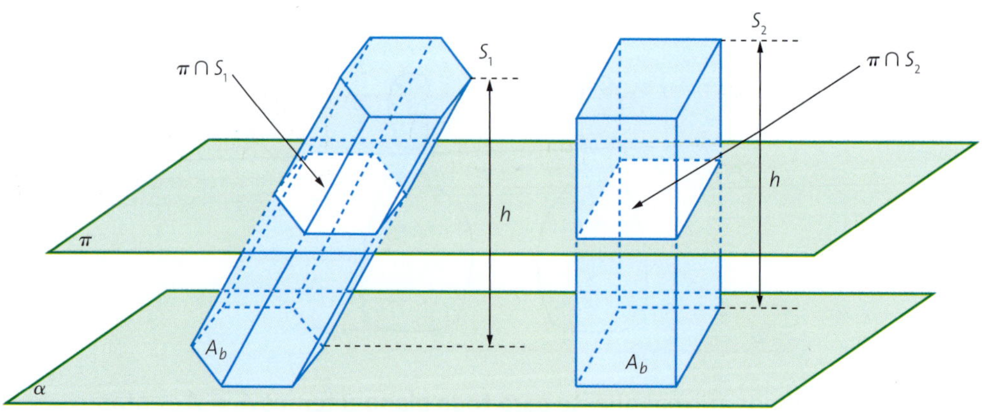

Vamos considerar um prisma S_1, cuja área da base é A_b e a altura é h, e também um paralelepípedo retângulo S_2, cuja área da base é A_b e a altura é h. O plano α que contém as bases é horizontal. Qualquer plano horizontal π que secciona os dois sólidos determina no prisma S_1 a secção $\pi \cap S_1$, cuja área é igual a A_b, e no paralelepípedo retângulo S_2 determina a secção $\pi \cap S_2$, cuja área é igual a A_b.

Como área $(\pi \cap S_1) = A_b$ e área $(\pi \cap S_2) = A_b$, para qualquer plano horizontal π temos:

$$\text{área } (\pi \cap S_1) = \text{área } (\pi \cap S_2)$$

Pelo princípio de Cavalieri, concluímos que:

$$\text{volume do prisma} = \text{volume do paralelepípedo retângulo}$$

Como o volume do paralelepípedo retângulo é obtido multiplicando a área da base pela altura, temos:

$$\text{volume do prisma} = \text{área da base} \cdot \text{altura}$$

$$V = A_b h$$

Exercícios resolvidos

15. Calcule o volume do prisma reto indicado na figura abaixo, cuja base é um triângulo retângulo.

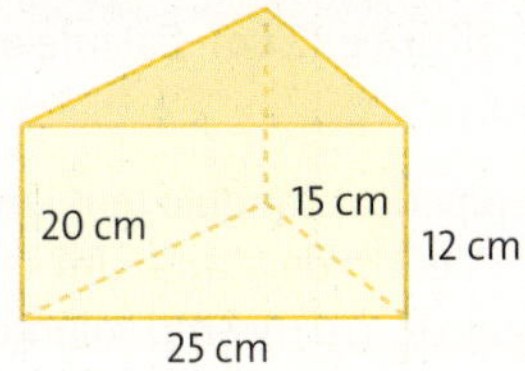

Resolução

A base desse prisma é um triângulo retângulo de catetos 15 cm e 20 cm:

$$A_b = \frac{15 \cdot 20}{2} = 150$$

A altura do prisma é de 12 cm. Seu volume é:

$V = A_b h = 150 \cdot 12 = 1\,800$

Logo, o volume do prisma é de $1\,800\ cm^3$.

16. Queremos encher de areia a caixa indicada na figura abaixo à esquerda. Qual é o volume de areia que cabe nessa caixa?

Realidade — Modelo matemático

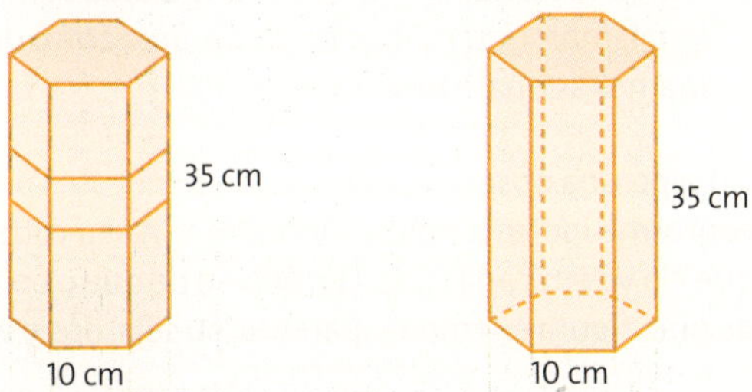

Resolução

A área da base é a área de um hexágono regular cujo lado mede 10 cm.

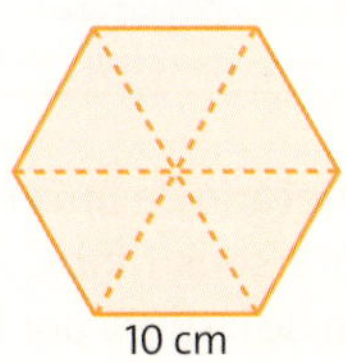

Sabemos que o hexágono regular é formado por 6 triângulos equiláteros e que a área de um triângulo equilátero de lado ℓ é dada por $\frac{\ell^2\sqrt{3}}{4}$.

Logo, a área da base é dada por:

$$A_b = 6 \cdot \frac{10^2\sqrt{3}}{4} = 6 \cdot 25\sqrt{3} = 150\sqrt{3}$$

O volume do prisma é dado por $V = A_b h$, sendo $A_b \simeq 150\sqrt{3}\ cm^2$ e $h = 35$ cm.

$V = 150\sqrt{3}\ cm^2 \cdot 35\ cm = 5250\sqrt{3}\ cm^3$

O volume de areia que cabe nessa caixa é de, aproximadamente, $5250\sqrt{3}\ cm^3$.

17. Calcule o volume de uma porca de parafuso cuja forma e cujas medidas estão indicadas na figura abaixo.

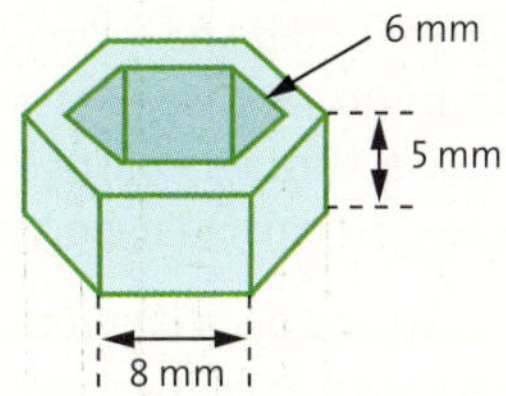

Resolução

Vamos indicar por:

V_1: o volume do prisma maior

V_2: o volume do prisma menor

$V = V_1 - V_2$: volume da porca

- Vamos calcular V_1:

$$A_{b_1} = 6 \cdot \frac{\ell^2\sqrt{3}}{4} = 6 \cdot \frac{8^2\sqrt{3}}{4} \simeq 163{,}2\ mm^2$$

$$V_1 = A_{b_1}h = 163{,}2\ mm^2 \cdot 5\ mm = 816\ mm^3$$

- Vamos calcular V_2:

$$A_{b_2} = 6 \cdot \frac{\ell^2\sqrt{3}}{4} = 6 \cdot \frac{6^2\sqrt{3}}{4} \simeq 91{,}8\ mm^2$$

$$V_2 = A_{b_2}h = 91{,}8\ mm^2 \cdot 5\ mm = 459\ mm^3$$

- Vamos calcular V:

$V = V_1 - V_2 = 816 - 459 = 357\ mm^3$

O volume da porca de parafuso é $357\ mm^3$.

18. A área total de um prisma hexagonal regular é $(96 + 12\sqrt{3})\ m^2$. A aresta da base do prisma mede 2 m. Calcule a altura e o volume do prisma.

Resolução

Calculamos primeiro a área da base, em que $a = 2$:

$$A_b = 6 \cdot \frac{a^2\sqrt{3}}{4} = 6 \cdot \frac{\cancel{4}\sqrt{3}}{\cancel{4}} = 6\sqrt{3}$$

Vamos agora calcular a área lateral, sabendo que cada face é uma região retangular de dimensões 2 e h:

$A_\ell = 6 \cdot 2h = 12h$

Como $A_t = A_\ell + 2A_b$, temos:

$$96 + \cancel{12\sqrt{3}} = 12h + \cancel{12\sqrt{3}} \Rightarrow 12h = 96 \Rightarrow h = 8$$

Vamos calcular o volume do prisma:

$V = A_b h = 6\sqrt{3} \cdot 8 = 48\sqrt{3}\ m^3$

Portanto, a altura mede 8 m e o volume é $48\sqrt{3}\ m^3$.

Exercícios

57. Determine o volume de um prisma triangular regular no qual a aresta da base mede 4 cm e a altura mede $10\sqrt{3}$ cm.

58. Uma barra de ouro é fundida na forma de um prisma cuja base é um trapézio. As bases desse trapézio medem 8 cm e 12 cm e a altura da barra é 5 cm. O comprimento da barra é 30 cm. Qual é o seu volume?

59. Calcule o volume de uma peça de metal cuja forma e medidas estão na figura abaixo:

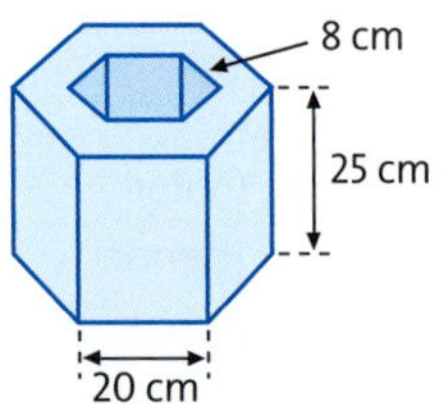

60. A área lateral de um prisma triangular regular é 36 cm^2. A altura do prisma é o triplo da aresta da base. Calcule o volume do prisma.

61. O volume de um prisma regular de base quadrada é 700 cm^3. O perímetro da base é de 40 cm. Calcule a altura e a área total do prisma.

62. A base de um prisma reto é um hexágono regular de lado 8 cm. As faces laterais desse prisma são quadradas. Calcule o volume e a área total do prisma.

63. Consideremos dois prismas regulares de mesma altura, o primeiro de base triangular e o segundo de base hexagonal. Em ambos os prismas, a aresta da base mede 4 cm. Qual é a razão entre seus volumes?

64. As dimensões de um paralelepípedo retângulo são 9 m, 6 m e 4 m. Calcule a medida da aresta de um cubo cujo volume é igual ao volume do paralelepípedo.

65. Um cubo tem 96 m^2 de área total. Aumentando-se em x metros a sua aresta, o volume do cubo se torna igual a 216 m^3. Calcule o valor de x.

66. No canto da sala, foram empilhados alguns cubos, como mostra a figura.

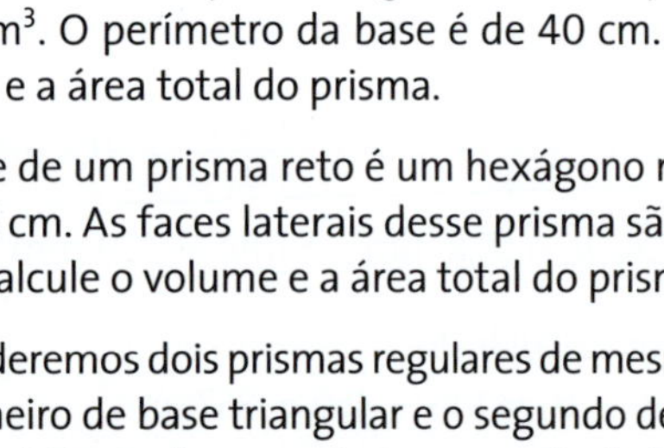

Todos os cubos têm a mesma medida da aresta, que mede 1 m. Qual é o volume total dos cubos empilhados na sala?

67. Em um paralelepípedo retângulo, o volume é 600 cm^3. Uma das dimensões da base é igual ao dobro da outra, enquanto a altura é 12 cm. Calcule a área total do paralelepípedo.

68. Um paralelepípedo retângulo tem 1 m de comprimento, 2 m de largura e 3 m de altura. Um segundo paralelepípedo retângulo tem o mesmo volume que o primeiro, o comprimento x metros maior do que o anterior, a largura x metros maior do que a anterior e a altura x metros menor do que a anterior. Determine o valor de x.

69. Seis prismas triangulares regulares de aresta da base 2 cm foram juntados formando um prisma hexagonal regular, como mostra a figura:

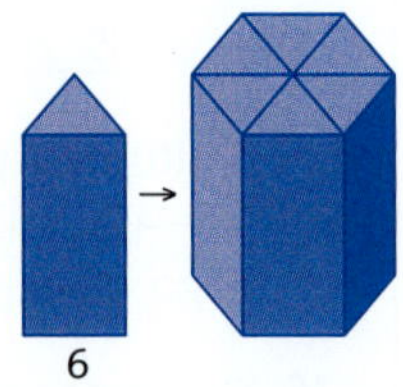

a) O volume total dos 6 prismas triangulares somados é igual, maior ou menor do que o volume do prisma hexagonal? Justifique.

b) A área total dos 6 prismas triangulares somados é igual, maior ou menor do que a área total do prisma hexagonal? Justifique.

70. Uma pessoa observa de cima cada um destes prismas, conforme indica a figura. Desenhe, em seu caderno, o que ela vê em cada caso. Lembre-se de que o contorno de uma figura é sempre aparente, ou seja, nós o vemos.

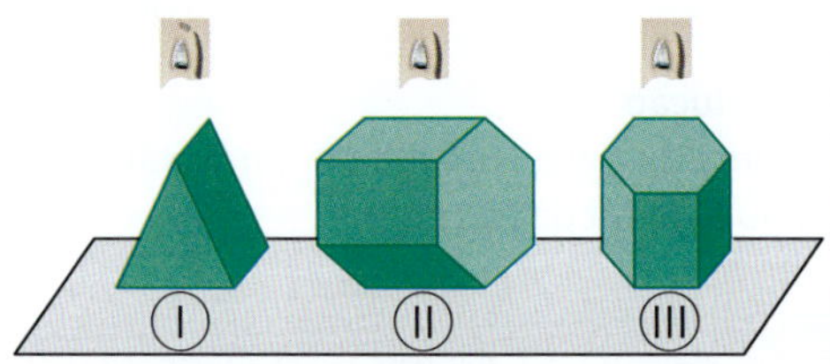

Dam d'Souza/Arquivo da editora

71. Antônio é proprietário de uma chácara e decidiu fazer uma piscina para seus filhos. Para isso quer utilizar uma área de 5 m de largura por 10 m de comprimento. Antônio quer que sua piscina tenha uma profundidade de 1 m em um lado e uma profundidade de 1,90 m em outro lado, como mostra a figura:

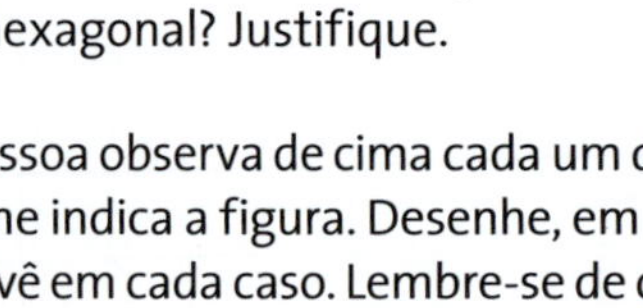

Quantos metros cúbicos serão necessários para que Antônio encha essa piscina de modo que falte 0,4 metro, na altura, para enchê-la totalmente?

a) 52,5 m^3
b) 72,5 m^3
c) 95 m^3
d) 9,5 m^3
e) 57 m^3

8 Pirâmides

As pirâmides do Egito e o triângulo retângulo

Construção e definição de pirâmide

Considere uma região poligonal, por exemplo *ABCDE*, contida em um plano α e um ponto *V* exterior ao plano da região poligonal.

Traçamos os segmentos $\overline{VA}$, $\overline{VB}$, $\overline{VC}$, $\overline{VD}$ e $\overline{VE}$. Cada dois vértices consecutivos de *ABCDE* determinam com *V* uma região triangular. Essas regiões triangulares, juntamente com a região poligonal *ABCDE*, determinam um poliedro chamado **pirâmide** de base *ABCDE* e vértice *V*.

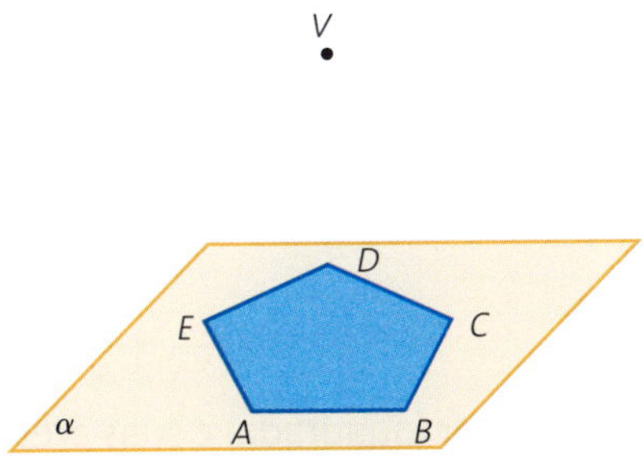

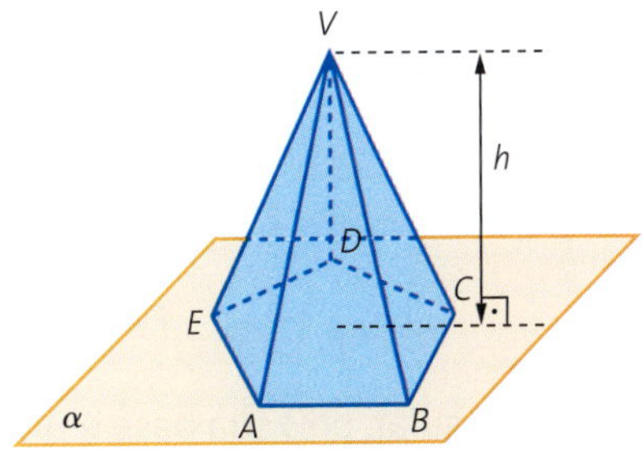

A região do espaço ocupada pela pirâmide é formada pelos pontos dos segmentos de reta que ligam o vértice *V* aos pontos da região poligonal (base).

A distância do vértice ao plano da base, que indicamos por *h*, é chamada **altura** da pirâmide.

Os segmentos $\overline{VA}$, $\overline{VB}$, $\overline{VC}$, $\overline{VD}$ e $\overline{VE}$ são chamados **arestas laterais**, e as regiões triangulares *VAB*, *VBC*, *VCD*, *VDE* e *VEA* são chamadas **faces laterais** da pirâmide.

Veja a seguir alguns exemplos de pirâmides:

1º)

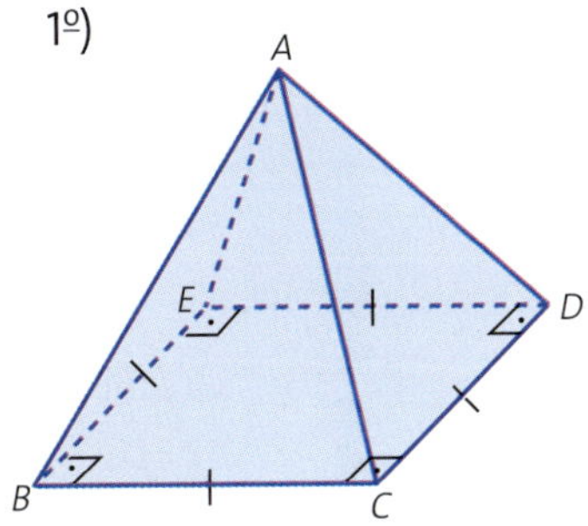

2º)

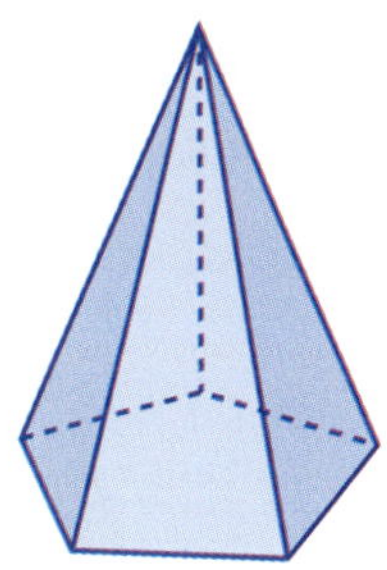

3º)

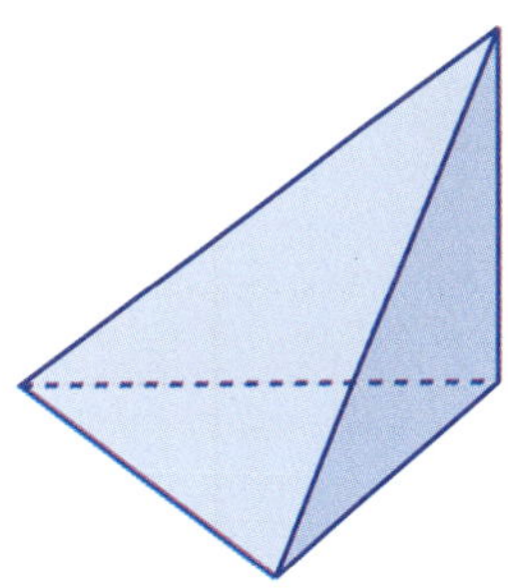

A 1ª pirâmide, *ABCDE*, é uma pirâmide de base quadrada (ou pirâmide quadrangular); a região poligonal *BCDE* é sua base, $\overline{AC}$ é uma aresta lateral, $\overline{BC}$ é uma aresta da base e a região triangular *ACD* é uma das faces laterais.

A 2ª é uma pirâmide de base pentagonal (ou pirâmide pentagonal) e a 3ª tem base triangular (tetraedro).

Observação: Se todas as arestas laterais são congruentes, a pirâmide é **reta**; caso contrário, ela é **oblíqua**. Nos exemplos dados, a 1ª e a 2ª são pirâmides retas e a 3ª é oblíqua.

Pirâmide regular

Pirâmide regular é uma pirâmide reta cuja base é uma região poligonal limitada por um polígono regular.
Vamos considerar uma pirâmide cuja base é uma região quadrada e com arestas laterais congruentes:

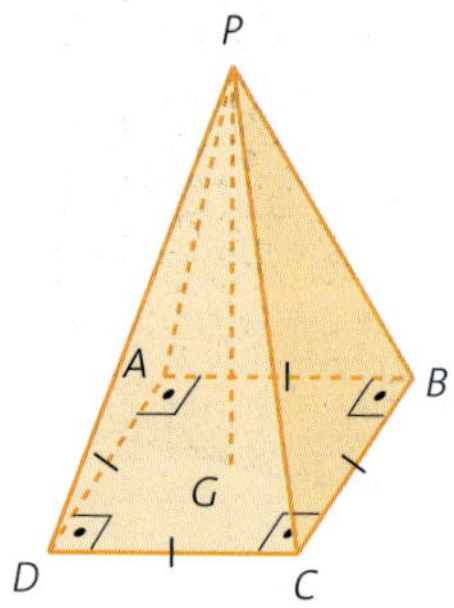

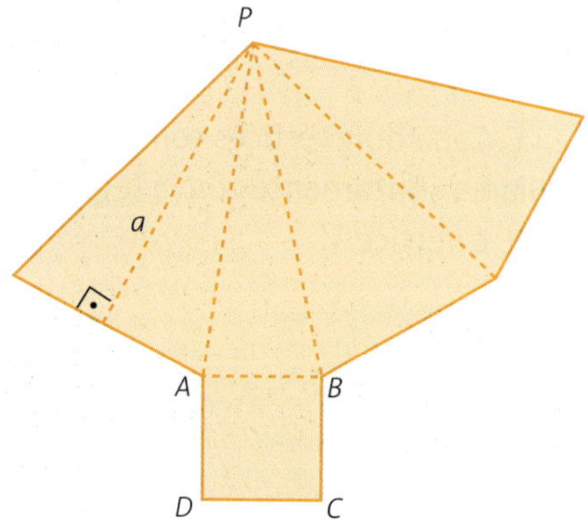

Pirâmide planificada

> **Fique atento!**
> Polígono regular é o que tem todos os lados e todos os ângulos internos congruentes. Ele pode sempre ser inscrito em uma circunferência, cujo centro é considerado também centro do polígono regular.

Essa pirâmide é regular, pois sua base é uma região poligonal regular (quadrada) e suas arestas são congruentes (pirâmide reta).

Nesse caso, podemos ainda afirmar que:

- o segmento ($\overline{PG}$) que liga o vértice ao centro da base é a altura da pirâmide;
- as faces laterais são regiões triangulares isósceles e congruentes;
- a altura de cada face lateral é conhecida por **apótema** da pirâmide regular (a).

Observação: Em toda pirâmide regular devemos destacar quatro importantes triângulos retângulos nos quais aparecem: a aresta da base (ℓ), a aresta lateral (ℓ_1), o raio da base (r), o apótema da pirâmide (a), o apótema da base (a_1) e a altura da pirâmide (h).

Veja, em uma pirâmide regular pentagonal, a aplicação da relação de Pitágoras nestes triângulos:

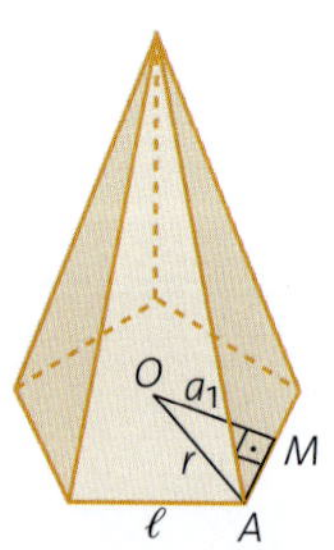

$\triangle OMA$

$$r^2 = a_1^2 + \left(\frac{\ell}{2}\right)^2$$

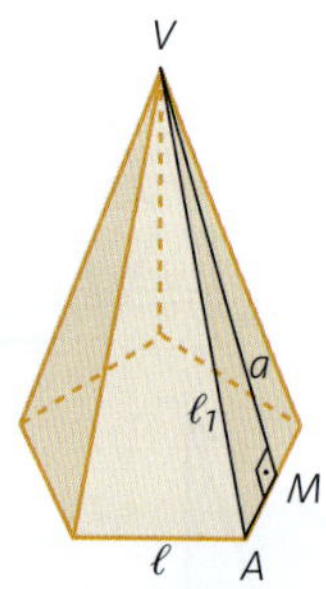

$\triangle VMA$

$$\ell_1^2 = a^2 + \left(\frac{\ell}{2}\right)^2$$

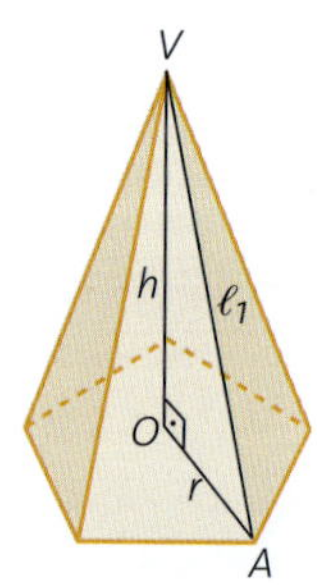

$\triangle VOA$

$$\ell_1^2 = h^2 + r^2$$

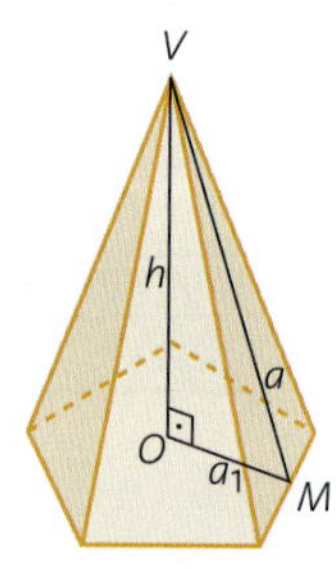

$\triangle VOM$

$$a^2 = h^2 + a_1^2$$

Caso particular importante: o tetraedro regular

Uma pirâmide particular formada por quatro regiões triangulares congruentes e equiláteras é o **tetraedro regular** (*tetra*: quatro; *edro*: face).

Nele, qualquer uma das faces pode ser considerada base. O tetraedro regular é um caso particular de pirâmide regular.

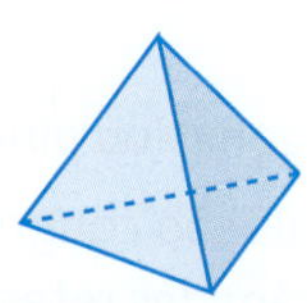

Tetraedro regular

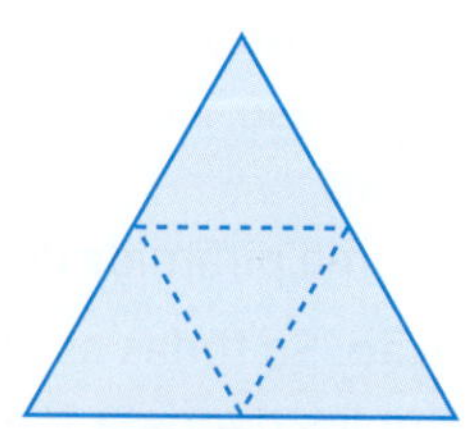

Planificado

Área da superfície da pirâmide

Do mesmo modo que foi visto nos prismas, nas pirâmides também temos:

- **superfície lateral**: é formada pelas faces laterais (triangulares);
- **área lateral**: é a área da superfície lateral;
- **superfície total**: é formada pelas faces laterais e pela base;
- **área total**: é a área da superfície total.

Exercício resolvido

19. Uma pirâmide regular hexagonal tem 8 cm de altura e a aresta da sua base mede $4\sqrt{3}$ cm. Calcule a área total.

Resolução

Sabemos que:

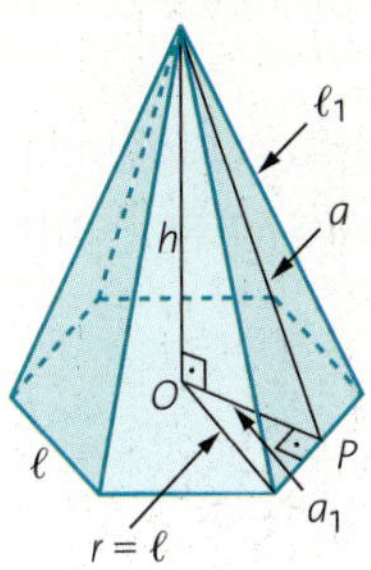

$$\begin{cases} A_{\text{total}} = A_{\text{base}} + A_{\text{lateral}} \ (A_t = A_b + A_\ell) \\ a_1 = \dfrac{\ell\sqrt{3}}{2} \\ A_b = 6 \cdot \dfrac{\ell^2\sqrt{3}}{4} \\ r = \ell \\ r^2 = \ell^2 = a_1^2 + \left(\dfrac{\ell}{2}\right)^2 \\ a^2 = h^2 + a_1^2 \\ \ell = 4\sqrt{3} \\ h = 8 \end{cases}$$

- Cálculo de A_b (área da base):

$$A_b = 6 \cdot \frac{(4\sqrt{3})^2 \cdot \sqrt{3}}{4} = \frac{6 \cdot 16 \cdot 3\sqrt{3}}{4} = 72\sqrt{3}$$

- Cálculo de a_1 (apótema da base):

$$a_1 = \frac{4\sqrt{3} \cdot \sqrt{3}}{2} = 6$$

ou

$$(4\sqrt{3})^2 = a_1^2 + \left(\frac{4\sqrt{3}}{2}\right)^2 \Rightarrow a_1^2 = 48 - 12 = 36 \Rightarrow a_1 = 6$$

- Cálculo de a (apótema da pirâmide):
$a^2 = 8^2 + (6)^2 = 64 + 36 = 100 \Rightarrow a = 10$
- Cálculo de A_ℓ (área lateral):

$$A_\ell = 6 \cdot \frac{\ell a}{2} = 3 \cdot 4\sqrt{3} \cdot 10 = 120\sqrt{3}$$

- Cálculo de A_t (área total):

$$A_t = A_b + A_\ell = 72\sqrt{3} + 120\sqrt{3} = 192\sqrt{3} \Rightarrow$$
$$\Rightarrow A_t = 192\sqrt{3} \text{ cm}^2$$

Exercícios

72. Uma pirâmide regular hexagonal tem 2 cm de altura e a aresta da sua base mede 4 cm. Calcule:

a) o apótema da base;
b) o apótema da pirâmide;
c) a aresta lateral;
d) a área da base;
e) a área lateral;
f) a área total.

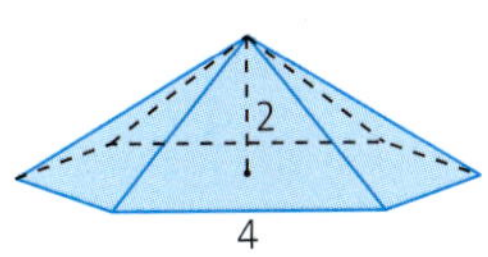

73. Determine a área total de uma pirâmide regular cuja altura é 15 cm e cuja base é um quadrado de 16 cm de lado.

74. Uma pirâmide quadrangular regular tem todas as arestas iguais e a área da base é igual a 16 cm². Qual é a área total da pirâmide?

75. Determine a área total de uma pirâmide regular hexagonal, sabendo que a aresta da base mede 8 cm e a altura da pirâmide mede 12 cm.

76. Calcule a área lateral de uma pirâmide regular triangular cuja aresta lateral mede 13 cm e o apótema da pirâmide mede 12 cm.

77. A soma das medidas de todas as arestas de um tetraedro regular é 72 cm. Calcule a área total do tetraedro.

78. A base de uma pirâmide é uma das faces de um cubo de aresta 2 cm. Sendo a aresta lateral da pirâmide igual à diagonal do cubo e supondo que a pirâmide e o cubo estão em semiespaços opostos em relação ao plano da base da pirâmide (figura acima), calcule a área total do sólido formado pela união da pirâmide com o cubo.

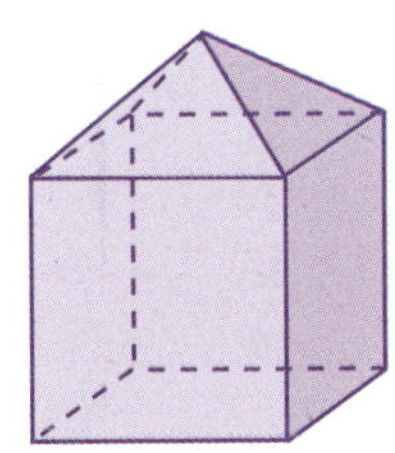

79. Em um tetraedro regular, a aresta mede $2\sqrt{3}$ cm.
Calcule:
a) a altura do tetraedro;
b) a área total.
(Dica: o ponto O é o baricentro do triângulo ABC.)

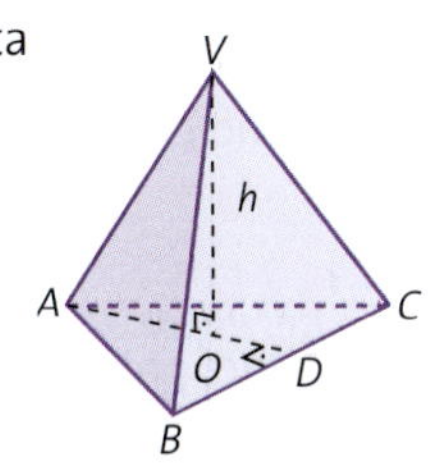

Volume da pirâmide

Observe a figura abaixo:

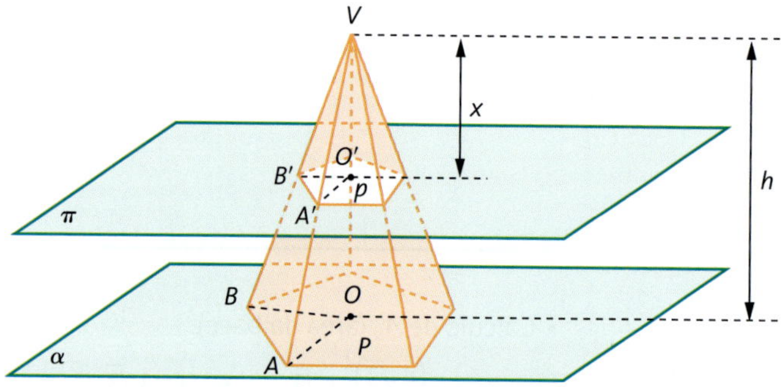

> **Fique atento!**
> Regiões poligonais semelhantes têm ângulos congruentes e segmentos correspondentes proporcionais. Se $\frac{a}{b}$ é a razão constante entre seus segmentos correspondentes, então $\left(\frac{a}{b}\right)^2$ é a razão entre suas áreas.

A pirâmide tem a base P contida no plano α e está sendo seccionada pelo plano horizontal π, paralelo a α.

A secção da pirâmide pelo plano π é uma região poligonal p semelhante à base P. É interessante notar que a secção de uma pirâmide por um plano paralelo à base destaca uma pirâmide menor, que é semelhante à original. A pirâmide miniatura tem base p e altura x (distâncias do ponto V ao plano π), e a pirâmide original tem base P e altura h.

Como já estudamos, se duas figuras geométricas são semelhantes, com razão k entre suas dimensões lineares, então suas áreas têm razão k^2. No caso, k é a razão entre as alturas h e x das pirâmides semelhantes.

$$k = \frac{h}{x} \Rightarrow k^2 = \left(\frac{h}{x}\right)^2$$

Assim, se p e P são semelhantes, então:

$$\frac{\text{área de } P}{\text{área de } p} = \left(\frac{h}{x}\right)^2$$

Vamos agora considerar duas pirâmides cujas áreas das bases são iguais e que têm a mesma altura. Vejamos o que acontece com as áreas das secções transversais situadas a uma mesma distância do vértice da pirâmide.

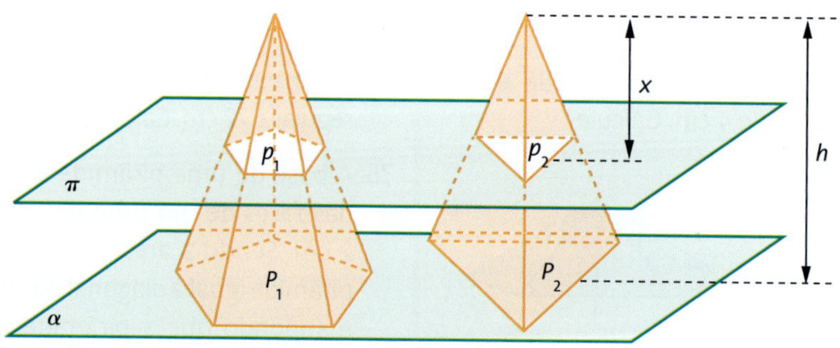

Já vimos que $\frac{\text{área de } P_1}{\text{área de } p_1} = \left(\frac{h}{x}\right)^2$ e $\frac{\text{área de } P_2}{\text{área de } p_2} = \left(\frac{h}{x}\right)^2$.

Daí tiramos $\frac{\text{área de } P_1}{\text{área de } p_1} = \frac{\text{área de } P_2}{\text{área de } p_2}$.

Como consideramos inicialmente que área de P_1 = área de P_2, concluímos que:

área de p_1 = área de p_2 para qualquer plano horizontal π.

Então, pelo princípio de Cavalieri, os volumes das pirâmides são iguais, ou seja:

Pirâmides com áreas das bases iguais e com mesma altura têm volumes iguais.

Cálculo do volume da pirâmide triangular

Vamos agora decompor um prisma triangular em três pirâmides, como indicam as figuras:

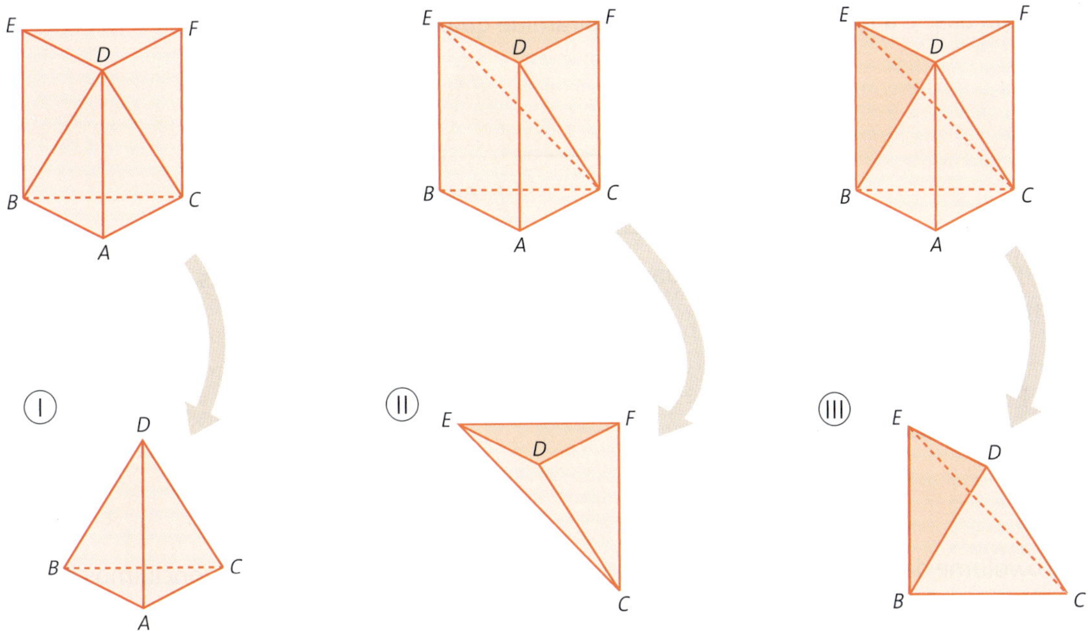

Observações:

1ª) As pirâmides (I) e (II) têm bases congruentes e alturas iguais. De fato, os triângulos *ABC* e *DEF* são congruentes e a distância de *D* ao plano (*ABC*) é igual à distância de *C* ao plano (*DEF*) — altura do prisma original. Logo, (I) e (II) têm mesmo volume.

2ª) As pirâmides (II) e (III) também têm bases congruentes e alturas iguais. De fato, o triângulo *CEF* é congruente ao triângulo *BCE*, pois cada um deles é a metade do paralelogramo *BCFE*, e a altura de cada uma dessas pirâmides é a distância de *D* ao plano (*BCFE*). Logo, (II) e (III) têm o mesmo volume. Assim, $V_{I} = V_{II}$ e $V_{II} = V_{III}$ e, portanto, os três volumes são iguais.

Lembrando que $V_{prisma} = V_{I} + V_{II} + V_{III}$ e fazendo $V_{I} = V_{II} = V_{III} = V$, temos:

$$V_{prisma} = 3V \Rightarrow V = \frac{V_{prisma}}{3}$$

Como V_{prisma} = área da base · altura, temos:

$$V \text{ ou } V_{\text{pirâmide triangular}} = \frac{\text{área da base} \cdot \text{altura}}{3}$$

3ª) A propriedade citada na 2ª observação pode ser verificada experimentalmente. Se quiséssemos encher de água uma vasilha em forma de prisma usando um recipiente em forma de pirâmide, com mesma base e mesma altura, seria necessário usá-lo três vezes para encher a vasilha.

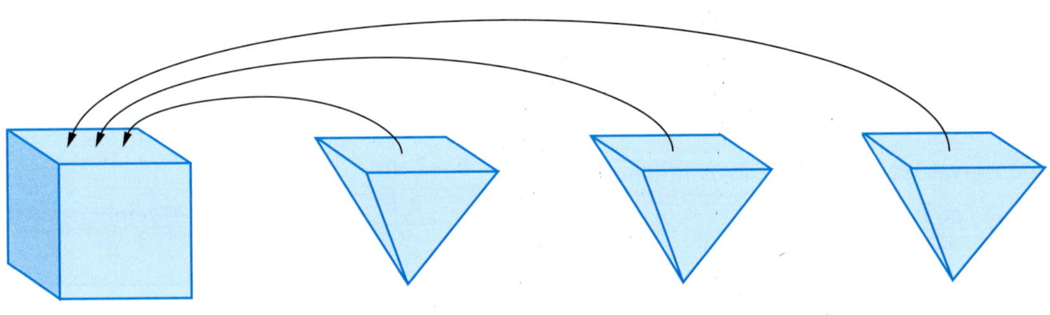

Cálculo do volume de uma pirâmide qualquer

Agora, para determinarmos o volume de uma **pirâmide qualquer**, usamos a conclusão anterior e o princípio de Cavalieri. Assim, dada uma pirâmide qualquer, consideramos uma pirâmide triangular que tenha a mesma área da base e a mesma altura que uma pirâmide qualquer.

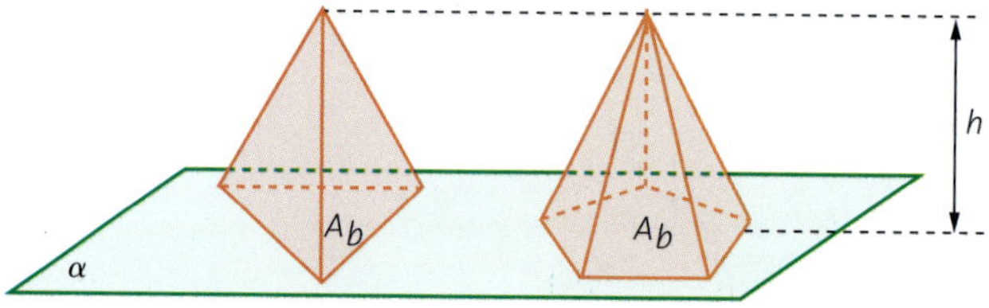

O princípio de Cavalieri garante que duas pirâmides com áreas das bases iguais e com a mesma altura têm volumes iguais. Então:

volume da pirâmide triangular = volume de uma pirâmide qualquer (de mesma área da base e mesma altura)

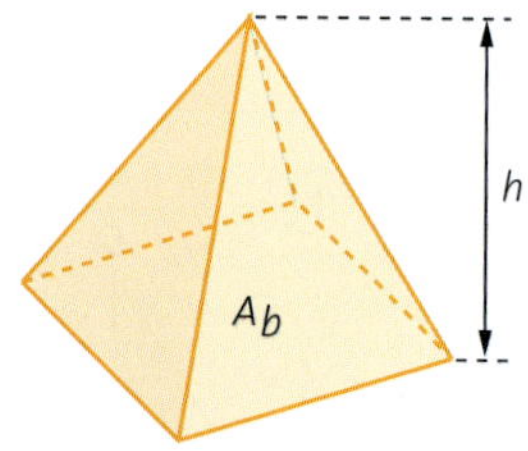

Como o volume da pirâmide triangular é obtido fazendo $\frac{\text{área da base} \cdot \text{altura}}{3}$, concluímos que:

$$\text{volume de uma pirâmide qualquer} = \frac{\text{área da base} \cdot \text{altura}}{3}$$

ou seja:

$$V = \frac{A_b h}{3}$$

Exercícios resolvidos

20. Qual é o volume de um tetraedro regular de aresta a?

Resolução

Sabemos que, em um tetraedro regular (figura abaixo), as quatro faces são triângulos equiláteros.

Vamos calcular a área da base: $A_b = \frac{a^2\sqrt{3}}{4}$ (área de um triângulo equilátero de lado a).

Calculamos, agora, a altura do tetraedro:

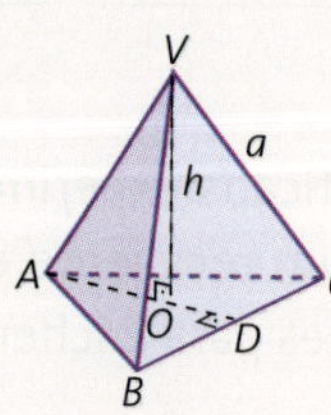

- O é o centro do triângulo equilátero ABC
- $\overline{AD}$ é a mediana relativa ao lado $\overline{BC}$
- $AO = \frac{2}{3}AD$
- $\overline{AD}$ é a altura do $\triangle ABC$ relativa ao lado $\overline{BC}$:

$AD = \frac{a\sqrt{3}}{2}$

Das observações feitas, podemos concluir que:

$AO = \frac{\cancel{2}}{3} \cdot \frac{a\sqrt{3}}{\cancel{2}} = \frac{a\sqrt{3}}{3}$

Considerando o triângulo retângulo AOV ($\hat{O}$ é reto), temos:

$AV^2 = AO^2 + OV^2 \Rightarrow a^2 = \left(\frac{a\sqrt{3}}{3}\right)^2 + h^2 \Rightarrow$

$\Rightarrow h^2 = a^2 - \frac{a^2}{3} = \frac{2a^2}{3} \Rightarrow h = \frac{a\sqrt{2}}{\sqrt{3}} = \frac{a\sqrt{6}}{3}$

Vamos, agora, calcular o volume:

$V = \frac{A_b h}{3} = \frac{\frac{a^2\sqrt{3}}{4} \cdot \frac{a\sqrt{6}}{3}}{3} = \frac{3a^3\sqrt{2}}{36} = \frac{a^3\sqrt{2}}{12}$

Então, o volume do tetraedro regular é $\frac{a^3\sqrt{2}}{12}$.

21. Calcule o volume de uma pirâmide quadrada cuja aresta da base mede 4 cm e a altura, 7 cm.

Resolução

$A_b = 4\text{ cm} \cdot 4\text{ cm} = 16\text{ cm}^2$

$h = 7\text{ cm}$

$V = \frac{A_b h}{3} = \frac{16\text{ cm}^2 \cdot 7\text{ cm}}{3} = \frac{112\text{ cm}^3}{3} \simeq 37{,}3\text{ cm}^3$

Exercícios

80. Calcule o volume de uma pirâmide quadrada cuja aresta da base mede 15 cm e a altura mede 9 cm.

81. A aresta da base de uma pirâmide quadrada mede 10 cm e a altura da pirâmide mede 12 cm. Determine o volume da pirâmide.

82. Uma pedra preciosa tem a forma da figura abaixo. Sabendo que a pedra tem 6 mm em todas as arestas, calcule o volume dela.

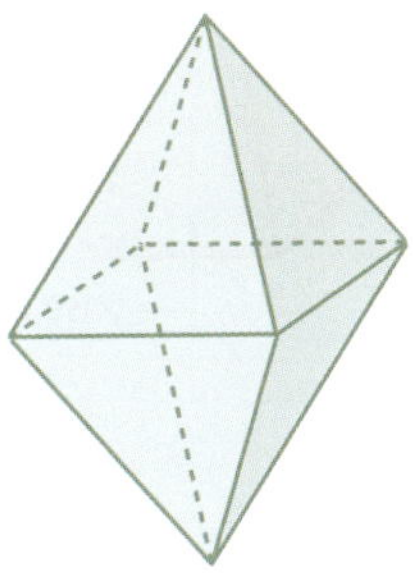

83. A parte mais alta da torre de uma igreja é uma pirâmide quadrada (figura abaixo). A aresta da base tem 6 m e a altura da pirâmide é 4 m. Qual é o volume dessa parte da torre?

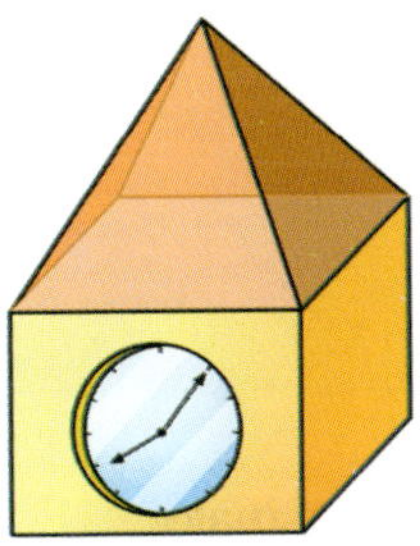

Dam d'Souza/Arquivo da editora

84. A Pirâmide de Quéops é conhecida como a Grande Pirâmide do Egito. Sua base tem aproximadamente 230 m de aresta e sua altura é de 137 m. Qual é o volume dessa pirâmide?

Petr Svarc/Getty Images

Pirâmide de Quéops, no Egito.

85. Uma peça maciça de cristal tem o formato de um tetraedro (figura abaixo). Sabendo que cada aresta da peça mede 10 cm, qual é o volume de cristal usado para fazer essa peça?

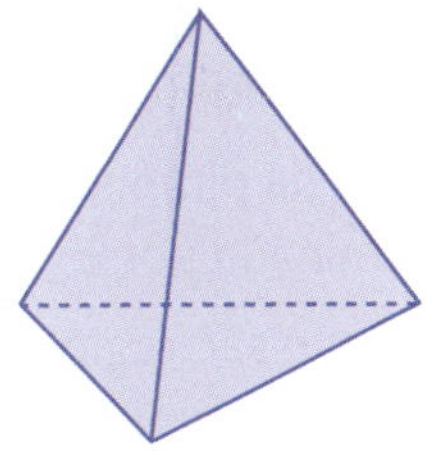

86. Uma barraca piramidal é sustentada por seis hastes metálicas cujas extremidades são o vértice da pirâmide e os seis vértices da base. A base é um polígono cujos lados têm todos o mesmo comprimento, que é de 3 m. Se a altura da barraca é de 3 m, qual é o volume de ar nessa barraca?

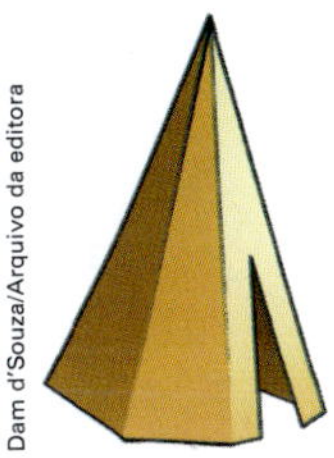

Dam d'Souza/Arquivo da editora

87. Uma peça de vidro tem o formato e as medidas da figura abaixo. Supondo-a maciça, qual é o volume de vidro usado para fazer essa peça?

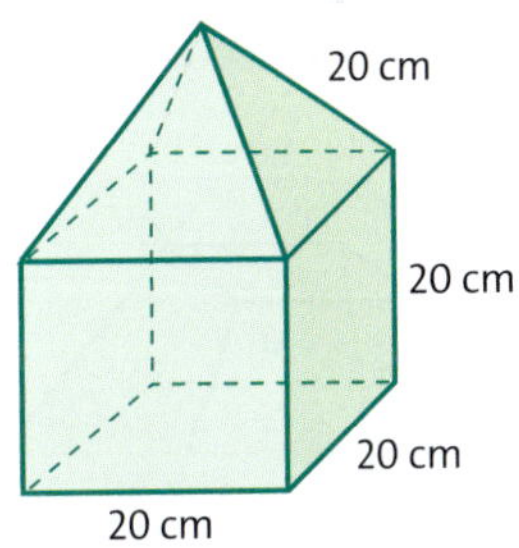

88. Quando duas pirâmides regulares de bases quadradas e cujas faces laterais são triângulos equiláteros são colocadas base a base, o sólido resultante (figura abaixo à direita) é chamado octaedro regular. Calcule o volume do octaedro regular de aresta 5 cm.

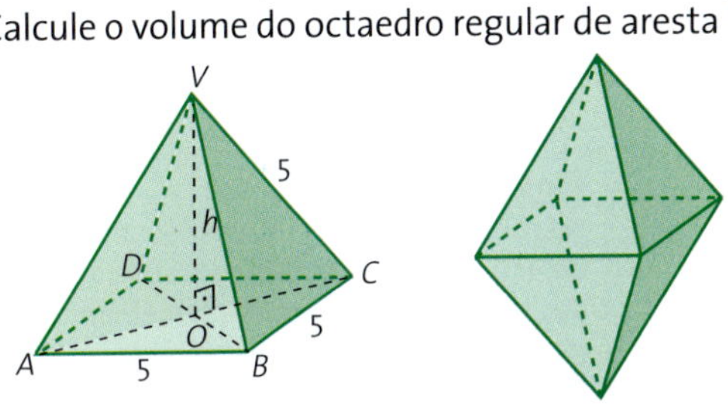

Tronco de pirâmide

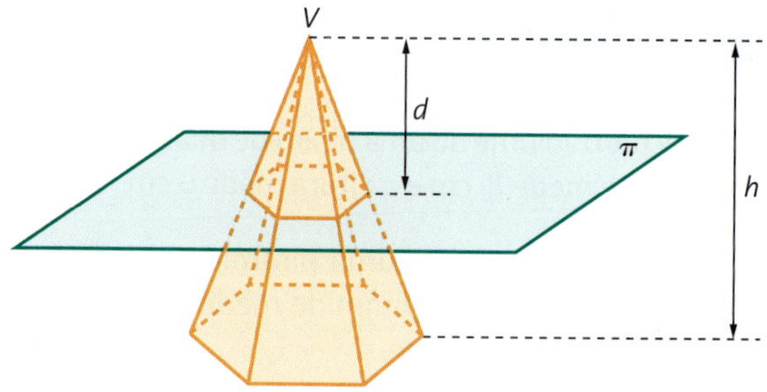

Vamos considerar uma pirâmide de vértice V e altura h. Traçando um plano π paralelo à base, que secciona a pirâmide a uma distância d do vértice, obtemos dois poliedros: uma pirâmide de vértice V e altura d e um poliedro que é chamado **tronco** da pirâmide inicial.

No tronco da pirâmide, destacamos:

- duas bases: a base da pirâmide inicial (base maior do tronco) e a secção determinada por π (base menor do tronco);
- as faces laterais, que são regiões limitadas por trapézios;
- a distância entre as bases do tronco, que se chama altura do tronco; sua medida é expressa por $h_1 = h - d$.

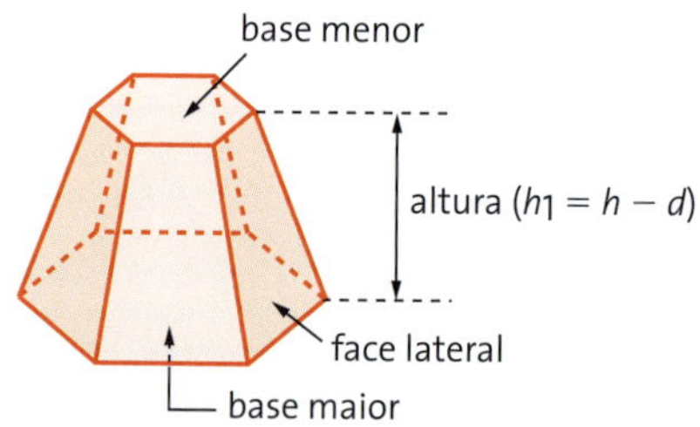

Quando a pirâmide original é regular, o tronco de pirâmide é chamado regular e, nesse caso:

- as bases são regiões poligonais regulares e semelhantes;
- as faces laterais são regiões limitadas por trapézios isósceles;
- a altura de um desses trapézios é chamada **apótema** do tronco.

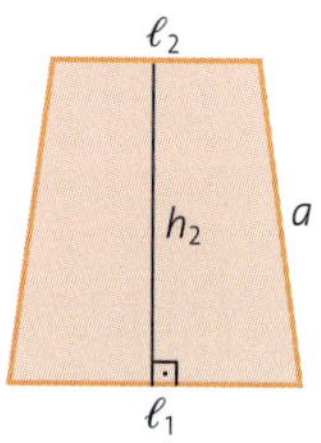

ℓ_1 = aresta da base maior do tronco
ℓ_2 = aresta da base menor do tronco
a = aresta lateral do tronco
h_2 = apótema do tronco (ou altura da face lateral)

Volume do tronco de pirâmide

Consideremos o tronco de pirâmide representado pela figura abaixo.

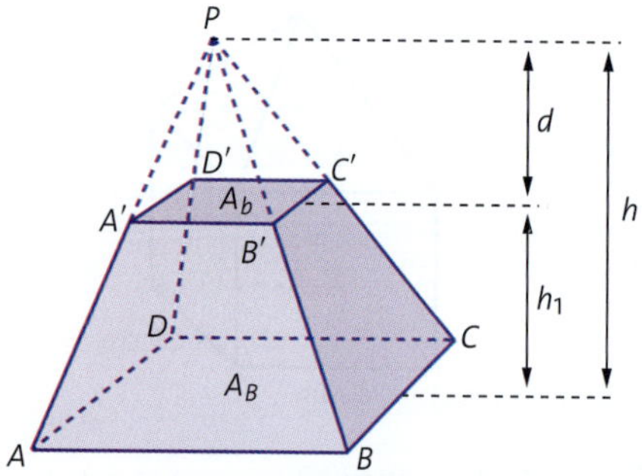

A_B = área da base maior
A_b = área da base menor
h = altura da pirâmide $PABCD$
d = altura da pirâmide $PA'B'C'D'$
h_1 = altura do tronco
V = volume do tronco

Demonstra-se que o volume do tronco da pirâmide é dado por:

$$V = \frac{h_1}{3}\left(A_B + \sqrt{A_B A_b} + A_b\right)$$

Fique atento!
Na prática, em geral é mais adequado obter o volume do tronco pela subtração dos volumes das pirâmides semelhantes (original e miniatura), em vez de decorar a fórmula acima. Entretanto, fica a critério de cada um o processo a ser usado.

ED Poliedros, prismas e pirâmides

Exercícios resolvidos

22. A área da base de uma pirâmide é 36 cm². Uma secção transversal feita a 3 cm da base tem 9 cm² de área. Calcule a altura da pirâmide.

Resolução

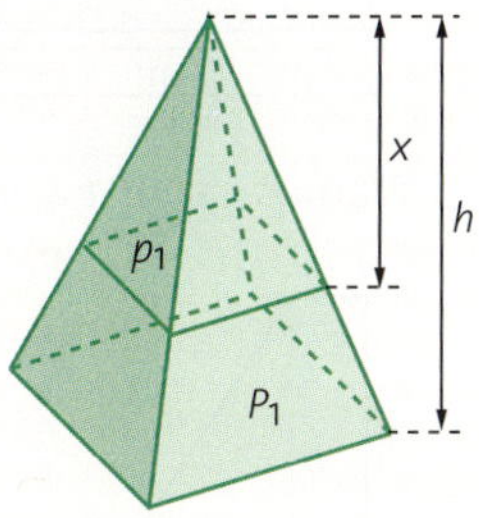

Na figura, temos:

$P_1 = 36 \text{ cm}^2$

$p_1 = 9 \text{ cm}^2$

$h - x = 3 \text{ cm} \Rightarrow x = h - 3$

$\dfrac{P_1}{p_1} = \dfrac{h^2}{x^2} \Rightarrow$

$\Rightarrow \dfrac{36}{9} = \dfrac{h^2}{(h - 3)^2} \Rightarrow$

$\Rightarrow 4 = \dfrac{h^2}{(h-3)^2} \Rightarrow 2 = \dfrac{h}{h-3} \Rightarrow 2h - 6 = h \Rightarrow h = 6$

A altura da pirâmide é 6 cm.

23. Um tronco de pirâmide tem como bases duas regiões quadradas de lados 5 cm e 12 cm. A altura do tronco é 8 cm. Calcule o volume desse tronco.

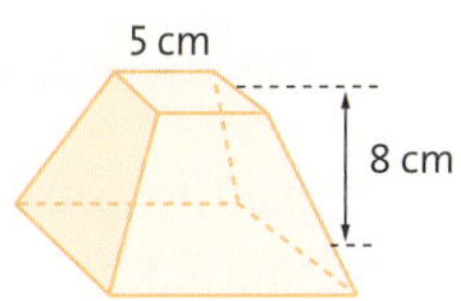

Resolução

1ª maneira: usando a fórmula

$A_B = 12 \text{ cm} \cdot 12 \text{ cm} = 144 \text{ cm}^2$

$A_b = 5 \text{ cm} \cdot 5 \text{ cm} = 25 \text{ cm}^2$

$h_1 = 8 \text{ cm}$

$V = \dfrac{h_1}{3}\left(A_B + \sqrt{A_B A_b} + A_b\right) = \dfrac{8}{3}(144 + 60 + 25) =$

$= \dfrac{8}{3} \cdot 229 = \dfrac{1832}{3} \simeq 610{,}6$

O volume do tronco é de 610,6 cm³, aproximadamente.

2ª maneira: sem usar a fórmula

A partir do tronco, consideremos as pirâmides original e miniatura, com suas alturas *h* e *x*.

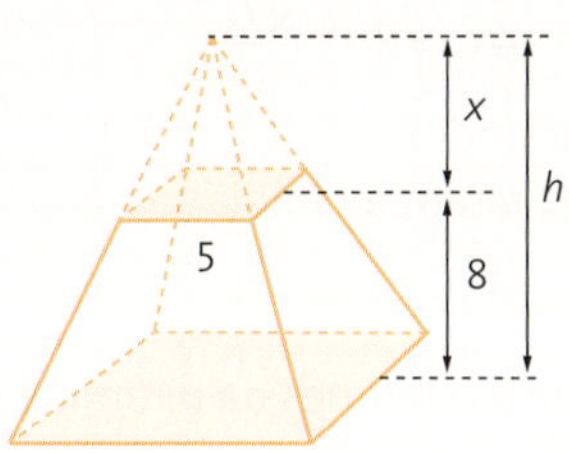

Temos que $h = x + 8$ e que a razão de semelhança entre as duas pirâmides semelhantes é:

$k = \dfrac{5}{12} = \dfrac{x}{h} \Rightarrow 5h = 12x \Rightarrow 5(x + 8) = 12x \Rightarrow$

$\Rightarrow x = \dfrac{40}{7}$ e $h = \dfrac{96}{7}$

O volume da pirâmide original é

$\dfrac{1}{3} \cdot 12^2 \cdot \dfrac{96}{7} = \dfrac{4608}{7}$

O volume da pirâmide miniatura é

$\dfrac{1}{3} \cdot 5^2 \cdot \dfrac{40}{7} = \dfrac{1000}{21}$

Então, o volume do tronco é

$\dfrac{4608}{7} - \dfrac{1000}{21} = \dfrac{1832}{3} \simeq 610{,}6 \text{ cm}^3$

24. Um obelisco de granito tem a forma de um tronco de pirâmide de base triangular regular. Os lados das bases têm 3 m e 1 m. A altura do obelisco é de 15 m. Calcule o volume de granito usado para a construção do obelisco.

Rubens Chaves/Acervo do fotógrafo

Obelisco Marco das Três Fonteiras, divisa territorial entre o Brasil (em Foz do Iguaçu, PR), a Argentina e o Paraguai.

Resolução

1ª maneira: usando a fórmula

Sendo 3 m o lado da base maior, temos:

$A_B = \dfrac{3^2\sqrt{3}}{4} = \dfrac{9\sqrt{3}}{4} \text{ m}^2$

Sendo 1 m o lado da base menor, temos:

$A_b = \dfrac{1^2\sqrt{3}}{4} = \dfrac{\sqrt{3}}{4} \text{ m}^2$

Sendo $h = 15$ m, temos:

$V = \dfrac{h_1}{3}(A_B + \sqrt{A_B A_b} + A_b) =$

$= \dfrac{15}{3}\left(\dfrac{9\sqrt{3}}{4} + \sqrt{\dfrac{27}{16}} + \dfrac{\sqrt{3}}{4}\right) =$

$= 5\left(\dfrac{9\sqrt{3}}{4} + \dfrac{3\sqrt{3}}{4} + \dfrac{\sqrt{3}}{4}\right) = 5 \cdot \dfrac{13\sqrt{3}}{4} \simeq$

$\simeq \dfrac{65 \cdot 1{,}7}{4} = 27{,}6 \text{ m}^3$

O volume de granito usado é 27,6 m³, aproximadamente.

2ª maneira: sem usar a fórmula

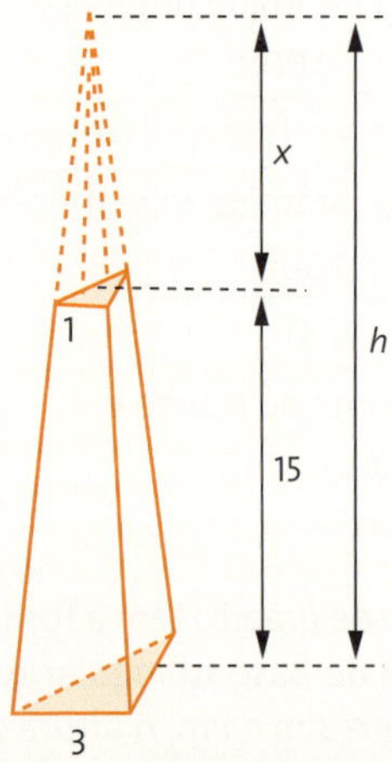

A partir do tronco, consideremos as pirâmides original e miniatura, com suas alturas h e x. Temos que $h = x + 15$ e que a razão de semelhança entre as duas pirâmides semelhantes é:

$$k = \frac{1}{3} = \frac{x}{h} \Rightarrow h = 3x \Rightarrow x + 15 = 3x \Rightarrow$$

$$\Rightarrow x = \frac{15}{2} = 7{,}5 \text{ m e } h = \frac{45}{2} = 22{,}5 \text{ m}$$

O volume da pirâmide original é:

$$\frac{1}{3} \cdot \frac{3^2\sqrt{3}}{4} \cdot \frac{45}{2} = \frac{135\sqrt{3}}{8} \text{ m}^3$$

O volume da pirâmide miniatura é:

$$\frac{1}{3} \cdot \frac{1^2\sqrt{3}}{4} \cdot \frac{15}{2} = \frac{5\sqrt{3}}{8} \text{ m}^3$$

Então, o volume do granito é:

$$\frac{135\sqrt{3}}{8} - \frac{5\sqrt{3}}{8} = \frac{65\sqrt{3}}{4} \simeq 27{,}6 \text{ m}^3$$

25. As bases de um tronco de pirâmide regular são regiões quadradas de lados 8 m e 2 m, respectivamente. A aresta lateral do tronco mede 5 m. Calcule o volume do tronco.

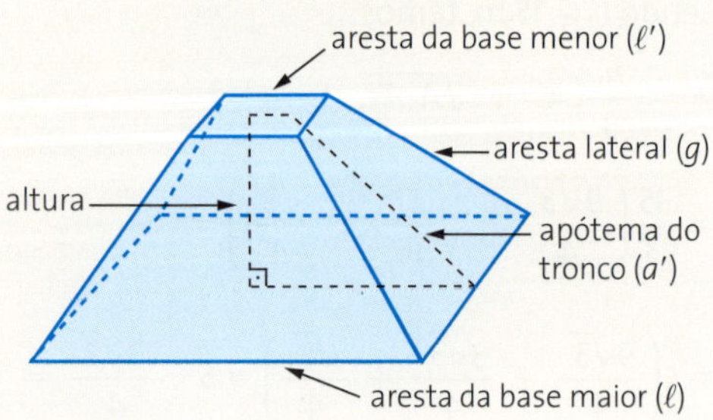

Resolução

1ª maneira: usando a fórmula

A face lateral desse tronco de pirâmide determina um trapézio isósceles, conforme mostra a figura a seguir.

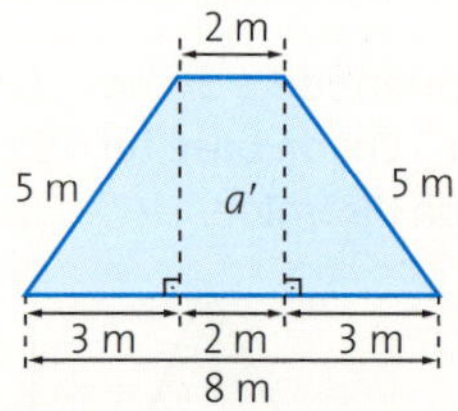

Pela figura, temos:

$5^2 = a'^2 + 3^2 \Rightarrow$

$\Rightarrow a'^2 = 16 \Rightarrow a' = 4 \text{ m}$

Vamos calcular a altura do tronco:

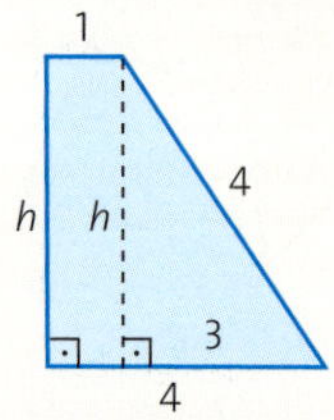

Pela figura, temos:

$4^2 = 3^2 + h^2 \Rightarrow h^2 = 7 \Rightarrow h = \sqrt{7} \text{ m}$

> **Para refletir**
> Localize a figura da esquerda no desenho do tronco e justifique os valores 4, 1, 4 e 3.

Vamos calcular o volume do tronco no qual temos $A_B = 64 \text{ m}^2$, $A_b = 4 \text{ m}^2$, $h = \sqrt{7}$ m:

$$V = \frac{h}{3}(A_B + \sqrt{A_B A_b} + A_b) =$$

$$= \frac{\sqrt{7}}{3}(64 + \sqrt{64 \cdot 4} + 4) =$$

$$= \frac{84\sqrt{7}}{3} = 28\sqrt{7} \text{ m}^3$$

2ª maneira: sem usar a fórmula

Mesmo procedimento até obter $h = \sqrt{7}$; depois, a partir do tronco, consideremos as pirâmides original e miniatura, com suas alturas h e x.

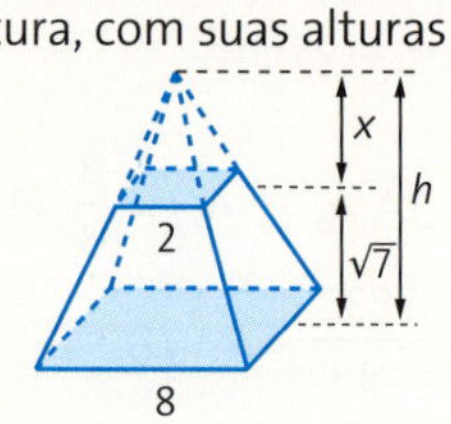

Temos que $h = x + \sqrt{7}$ e que a razão de semelhança entre as duas pirâmides semelhantes é:

$$k = \frac{2}{8} = \frac{x}{h} \Rightarrow 2h = 8x \Rightarrow h = 4x \Rightarrow$$

$$\Rightarrow x + \sqrt{7} = 4x \Rightarrow x = \frac{\sqrt{7}}{3}$$

Não calcularemos h.

O volume da pirâmide miniatura é:

$$\frac{1}{3} \cdot 2^2 \cdot \frac{\sqrt{7}}{3} = \frac{4\sqrt{7}}{9}$$

A razão entre os volumes da pirâmide miniatura e da original é $k^3 = \left(\frac{2}{8}\right)^3 = \frac{1}{64}$. Assim:

$$\frac{V_{miniat.}}{V_{original}} = \frac{1}{64} \Rightarrow V_{original} = V_{miniat.} \cdot 64 = \frac{256\sqrt{7}}{9}$$

Então, o volume do tronco é:

$$\frac{256\sqrt{7}}{9} - \frac{4\sqrt{7}}{9} = \frac{252\sqrt{7}}{9} = 28\sqrt{7} \text{ m}^3$$

26. Em um tetraedro trirretângulo, 3 das 4 faces são triângulos retângulos, cujos ângulos retos têm o mesmo vértice. Calcule o volume de um tetraedro trirretângulo cujas 3 arestas perpendiculares sejam a, b e c.

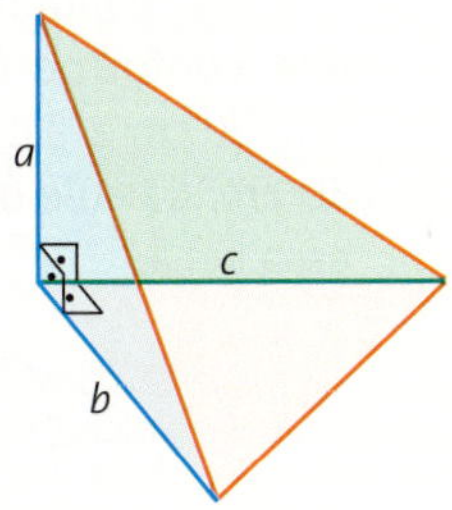

Resolução

A base é um triângulo retângulo de catetos b e c, portanto a área da base é $\frac{bc}{2}$. A altura é a aresta a, portanto o volume do tetraedro trirretângulo é $V = \frac{1}{3} \cdot a \cdot \frac{bc}{2} = \frac{abc}{6}$.

27. (PUC-MG) Cortando-se uma pirâmide de 30 dm de altura por um plano paralelo à base e distante 24 dm do vértice, obtém-se uma secção cuja área mede 144 dm^2. A medida da área da base de tal pirâmide, em dm^2, é:

a) 180. c) 212. e) 288.
b) 200. d) 225.

Resolução

As pirâmides semelhantes com razão de semelhança k têm suas áreas na proporção k^2. Assim, se

$k = \frac{24}{30} = \frac{4}{5}$, então $k^2 = \frac{16}{25}$. Logo:

$\frac{144}{A} = \frac{16}{25} \Rightarrow A = 225 \text{ dm}^2$

Resposta: alternativa **d**.

Exercícios

89. Um reservatório tem a forma e as medidas representadas na figura abaixo. A sua profundidade é de 6 m. Qual é o volume máximo de água, em litros, que esse reservatório pode conter? (Use 1 dm^3 = 1 L.)

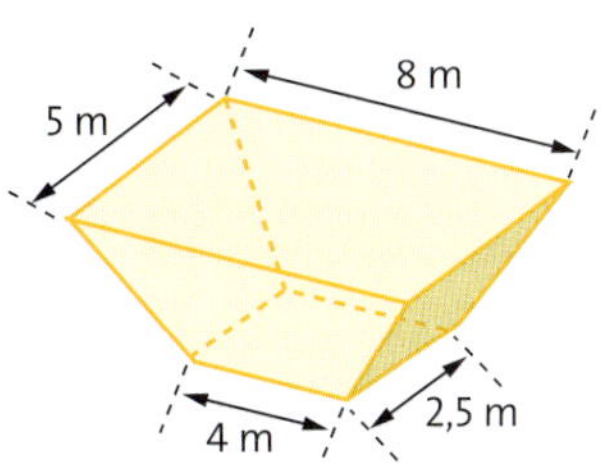

90. Uma pirâmide tem por base um quadrado de lado 8 cm. A altura da pirâmide é 20 cm. Calcule a área da secção transversal feita a 12 cm do vértice.

91. A área da base de uma pirâmide é 100 cm^2. A área da secção transversal feita a 5 cm da base da pirâmide é 25 cm^2. Calcule a altura da pirâmide.

92. Uma secção transversal é feita a 4 cm do vértice de uma pirâmide. A área da secção transversal é igual a $\frac{4}{9}$ da área da base da pirâmide. Calcule a altura da pirâmide.

93. Uma pirâmide de base quadrada é cortada por um plano π, paralelo à base. Sabe-se que a área da secção plana é igual a $\frac{1}{3}$ da área da base. Sendo V_1 o volume da pirâmide maior e V_2 o volume da pirâmide menor, calcule $\frac{V_1}{V_2}$.

94. Uma pirâmide é de base hexagonal. O lado do hexágono da base mede 6 cm. A altura da pirâmide é 30 cm. Uma secção transversal é feita a 10 cm do vértice da pirâmide. Qual é a área da secção transversal?

95. Uma peça de cristal tem a forma e as medidas da figura:

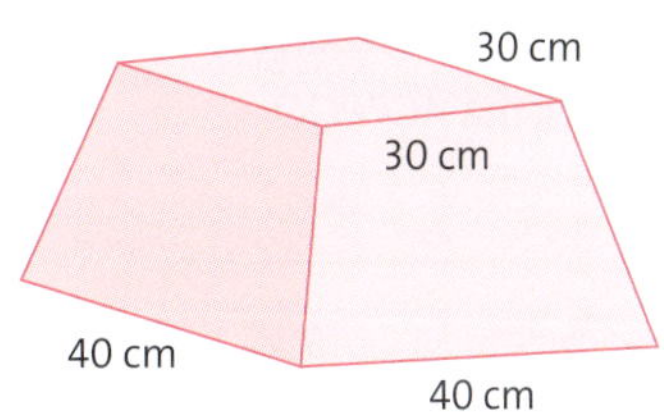

Qual é o volume de cristal empregado para fazer essa peça se sua altura é de 15 cm?

96. DESAFIO Um tronco de pirâmide tem como bases dois quadrados de lados 8 cm e 12 cm, respectivamente. A altura do tronco é 10 cm. Calcule o volume do tronco.

97. Descreva como são:

a) as faces de um poliedro;
b) as faces e as bases de um prisma;
c) as faces e as bases de um prisma reto pentagonal;
d) as faces e as bases de um prisma regular octogonal;
e) as faces e a base de uma pirâmide retangular;
f) as faces e a base de uma pirâmide regular pentagonal.

98. *História*

Em São Paulo, no Parque do Ibirapuera, há um monumento de concreto chamado Obelisco aos Heróis de 1932, uma homenagem aos que morreram na Revolução Constitucionalista de 1932. Esse monumento tem a forma de um tronco de pirâmide (foto abaixo) e tem 72 m de altura. Suas bases são quadrados de arestas 9 m e 7 m. Qual é o volume de concreto usado na construção desse monumento?

Heudes Regis/Arquivo da editora

Obelisco aos Heróis, em São Paulo.

99. (UFMG) Nesta figura, estão representados o cubo *ABCDEFGH* e o prisma *ACRPQO*:

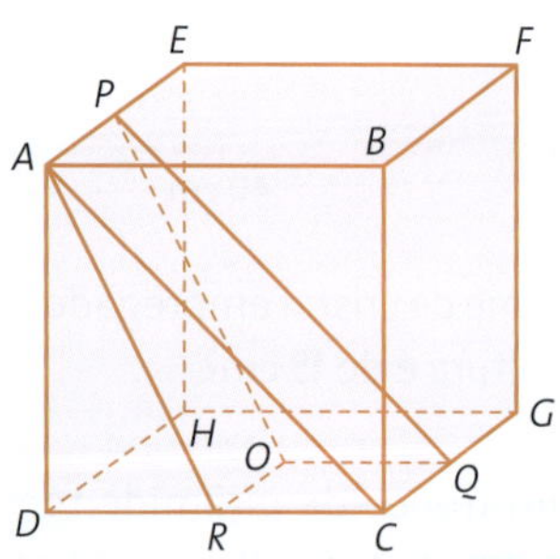

Sabe-se que:

- *P*, *Q* e *R* são, respectivamente, os pontos médios das arestas $\overline{AE}$, $\overline{CG}$ e $\overline{CD}$;
- o ponto *O* é o centro da face *CDHG*; e
- o volume do prisma *ACRPQO* é 24 cm³.

Então, é correto afirmar que o comprimento de cada aresta desse cubo é:

a) $4\sqrt[3]{2}$ cm.

b) $2\sqrt[3]{3}$ cm.

c) $4\sqrt[3]{3}$ cm.

d) $2\sqrt[3]{2}$ cm.

100. Uma peça maciça de vidro é feita juntando-se dois troncos de pirâmides congruentes de bases quadradas, conforme mostra a figura abaixo. As bases têm 20 cm e 8 cm de arestas e a altura da peça é de 30 cm. Calcule o volume de vidro usado para fazer essa peça.

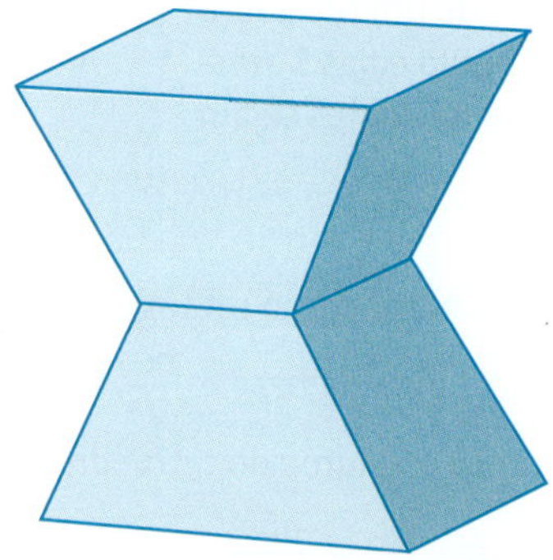

101. Consideremos uma pirâmide regular de base quadrada. Um plano π, paralelo à base, intercepta a altura da pirâmide em um ponto situado a $\frac{3}{4}$ da distância do vértice à base, a partir do vértice. A altura da pirâmide é 16 cm e a aresta da base é 24 cm. Qual é o volume do tronco?

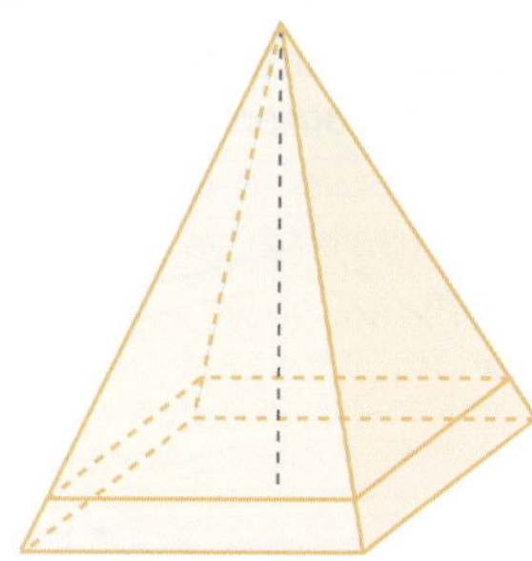

102. Verifique se as afirmações são verdadeiras ou falsas:

a) Todo poliedro é um prisma.

b) Todo prisma é um poliedro.

c) Em uma pirâmide triangular todas as faces são regiões triangulares.

d) Em um prisma reto todas as faces laterais são retangulares.

e) Em uma pirâmide regular quadrada todas as faces laterais são regiões triangulares equiláteras.

f) Em um prisma regular triangular a região triangular da base pode ser escalena.

g) Toda pirâmide reta é regular.

h) Se, em um polígono convexo, *V* é o número de vértices, *F* o de faces e *A* o de arestas, então $V + F - A = 2$.

i) Todo prisma regular é um poliedro regular.

103. Fortes temporais atingiram o estado do Rio de Janeiro em janeiro de 2011, deixando centenas de mortos e milhares de desabrigados e desalojados, principalmente na região serrana. As ruas ficaram alagadas e as estradas tiveram trechos afetados por deslizamentos.

José Patrício/Agência Estado

Destruição provocada por enchente e deslizamentos de terra em Nova Friburgo, Rio de Janeiro, em 2011.

A população brasileira, sensibilizada com a tragédia, em ato de solidariedade, enviou grande quantidade de donativos, como água potável, roupas, alimentos e cobertores, para postos de arrecadação. Lá, caminhões eram abastecidos e saíam em direção às áreas atingidas. Suponha, agora, que a carroceria de um caminhão que entregará garrafas de água tenha as seguintes dimensões internas: 3 m, 4 m e 5 m. Se cada lote com 10 garrafas de 1 litro de água mineral for colocado em uma caixa cúbica de 25 cm de aresta, qual a quantidade máxima de litros de água que esse caminhão poderá transportar em uma viagem?

a) 25 400 L
b) 28 300 L
c) 34 600 L
d) 38 400 L
e) 40 100 L

104. Artur quer encher a piscina de sua casa, pois a previsão do tempo indicou que o dia seguinte será muito quente e ele convidou sua família para um almoço nesse dia. Veja as dimensões da piscina:

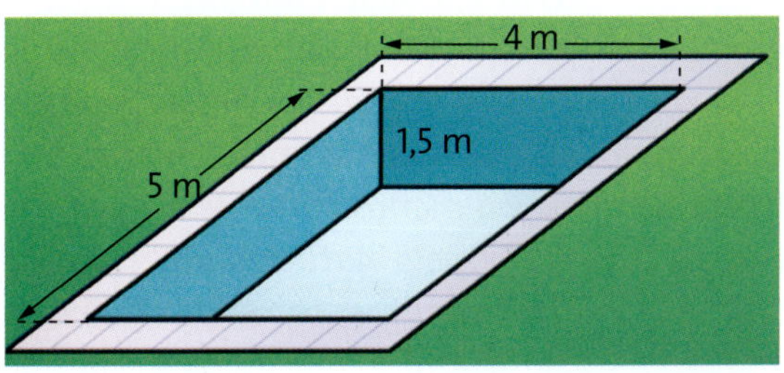

Dam d'Souza/Arquivo da editora

A piscina receberá água através de uma mangueira. Como Artur está sem tempo para ficar acompanhando o enchimento da piscina, ele verifica que a mangueira despeja água durante 30 segundos para encher uma lata em forma de paralelepípedo de dimensões 0,2 m × 0,2 m × 0,5 m.

Sabendo-se que a piscina estava completamente seca e Artur começou a enchê-la às 20h, a que horas a piscina estará completamente cheia?

a) 23h do mesmo dia.
b) 3h 30min do dia seguinte.
c) 6h do dia seguinte.
d) 8h 30min do dia seguinte.
e) 21h do dia seguinte.

105. Uma bola de futebol é formada por 12 faces pentagonais e 20 faces hexagonais, todas com lados congruentes entre si. Sabe-se que, para costurar essas faces lado a lado, formando a superfície de um poliedro convexo, usam-se 20 cm de linha em cada aresta do poliedro. Essa mesma estrutura da bola de futebol repete-se em uma molécula tridimensional formada por átomos de carbono, o *buckminsterfullereno*, em que os átomos ocupam os vértices do poliedro convexo. Veja as figuras:

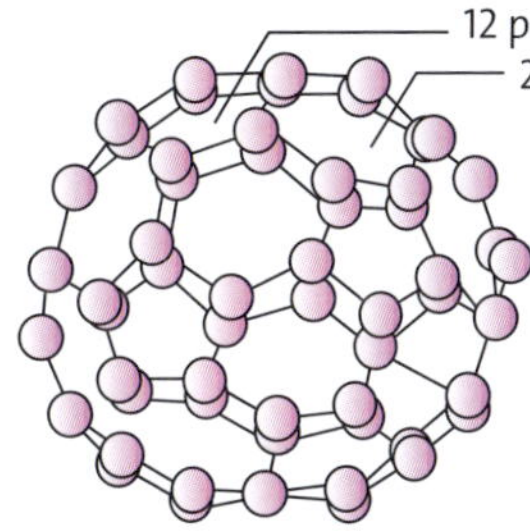

Le Do/Shutterstock/Glow Images

Com base nessas informações, pode-se inferir que:

a) a molécula possui 40 átomos de carbono e o número de ligações entre esses átomos é 90.
b) são necessários 20 metros de linha para costurar inteiramente a bola.
c) o número de ligações entre 60 átomos da molécula é 90.
d) a molécula possui 60 átomos de carbono e são necessários 18 metros de linha para costurar inteiramente a bola.
e) a bola de futebol possui 32 faces, 90 arestas e 30 vértices.

Leitura

Platão e seus poliedros

Filósofo grego, Platão foi discípulo de Sócrates. Nasceu em Atenas em 427 a.C. e morreu em 347 a.C., com 80 anos de idade. Fundou uma escola em Atenas, no ano de 386 a.C., a "Academia", onde transmitia seus ensinamentos aos seus discípulos. Via nos filósofos-governantes a solução para os problemas políticos. Suas obras são conhecidas como *Diálogos*, pois retratavam diálogos (reais e imaginários) entre Sócrates e outras pessoas, que focavam principalmente a política e a moral. Os *Diálogos* de Platão estão entre as maiores obras literárias do mundo, sendo considerados por muitos verdadeiras obras de arte.

O mais importante diálogo de Platão é a *República*, sendo também um dos mais longos. Nesse diálogo, Platão enfoca a Política, a Educação, a Arte, a Poesia e a Filosofia pura, ocupando-se principalmente da natureza da justiça. É uma visão geral de toda a filosofia de Platão e é nele que está a famosa "Alegoria da caverna".

Platão defendia o *quadrivium*, os quatro campos da Matemática no estudo das artes liberais, que compreendia a Aritmética, a Geometria plana, a Geometria espacial e a Astronomia. Acreditava que a busca da compreensão das coisas levava à pureza do conhecimento. Na porta de sua academia, Platão escreveu "Que não entre aqui aquele que ignore a Geometria".

Richard Nowitz/National Geographic Creative/Getty Images

Estátua de Platão (427 a.C.-347 a.C.) na Academia de Atenas, Grécia.

No diálogo *Timeu* (350 a.C.), Platão apresentou um estudo do Universo, que para ele consistia em formas; em objetos particulares; em Deus, o artesão; em espaço absoluto e em matéria bruta. Platão acreditava que tudo era composto de terra, ar, fogo e água, e que a cada um desses elementos correspondia um poliedro regular – que já era conhecido dos gregos. Platão associou à terra o hexaedro (mais especificamente o cubo) por causa da sua "estabilidade"; ao fogo, o tetraedro; ao ar, o octaedro; e à agua, o icosaedro, por serem sólidos constituídos de triângulos, para ele a unidade básica de todas as coisas. O dodecaedro representava o elemento do qual o Universo seria feito.

Leia, a seguir, um trecho do *Timeu*:

Devemos prosseguir distribuindo as figuras cujas origens acabamos de descrever pelo fogo, terra, água e ar. Atribuímos o cubo à terra, uma vez que é o mais imóvel dos quatro corpos e o que tem a forma mais estável, sendo estas características que deve possuir a figura com as formas mais estáveis. [...]

Mantemos assim o nosso princípio de verossimilhança atribuindo o cubo à terra e, de forma semelhante, atribuímos à água a menos móvel das outras figuras, a mais móvel ao fogo e a intermédia ao ar. E de novo atribuímos a menor figura ao fogo, a maior à água, a intermédia ao ar; a mais cortante ao fogo, a segunda mais cortante ao ar e a menos cortante à água. Resumindo, a figura que tem o menor número de faces deverá ser, pela natureza das coisas, a mais móvel, assim como a mais cortante e a mais penetrante e, finalmente, sendo composta pelo menor número de partes semelhantes, a mais leve. A nossa segunda figura será a segunda em todas essas características, e a nossa terceira será a terceira. Deste modo, a lógica e a verossimilhança exigem que olhemos a pirâmide como a figura sólida que é a unidade básica ou a semente do fogo; e podemos olhar a segunda das figuras que construímos (o octaedro) como a unidade básica do ar, a terceira (icosaedro) a da água.

Adaptado de: MAGEE, Bryan. *História da Filosofia*. São Paulo: Loyola, 1999.

Atividades adicionais

1. A área da base de um prisma regular de base hexagonal é $12\sqrt{3}$ cm². Calcule a área lateral do prisma, sabendo que a aresta lateral é o dobro da aresta da base.

2. Sejam dois prismas regulares de mesma altura (aresta lateral) *h*. Um deles tem base triangular e o outro tem base hexagonal. Em ambos a aresta da base mede 2 cm. Qual é a razão entre a área total do primeiro e a área total do segundo prisma?

3. Em um paralelepípedo retângulo, a área total é de 582 cm². As dimensões desse paralelepípedo estão em PA de razão 3. Determine as dimensões do paralelepípedo.

4. Na figura ao lado sabe-se que:

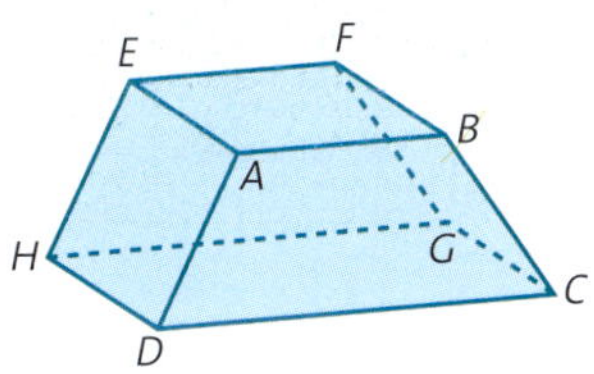

- *ABCD* e *EFGH* são trapézios isósceles de bases 2 cm e 8 cm e altura 5 cm.
- Os trapézios estão em planos paralelos cuja distância é 3 cm.
- As arestas $\overline{AE}$, $\overline{BF}$, $\overline{CG}$ e $\overline{DH}$ são paralelas.

Nessas condições, calcule o volume do sólido.

5. Um enfeite de acrílico tem como base um trapézio isósceles (figura ao lado). O trapézio tem 12 cm de altura e suas bases medem 30 cm e 10 cm. A peça tem 8 cm de altura. Qual é o volume dessa peça?

6. As medidas das arestas de um paralelepípedo retângulo formam uma PG. A menor das arestas mede $\frac{1}{2}$ cm e o volume do paralelepípedo é 64 cm³. Calcule a área total do paralelepípedo.

7. Diminuindo-se 1 cm da aresta de um cubo, o seu volume diminui 91 cm³. Calcule a área total do cubo original.

8. As bases de um prisma são triângulos equiláteros e as faces laterais são regiões retangulares. A área total do prisma é $(180 + 18\sqrt{3})$ cm². Se a altura do prisma é 10 cm, calcule o comprimento de uma aresta da base e o volume do prisma.

9. Em um prisma triangular regular, a aresta da base mede *a* e a altura mede *h*. Sendo *S* a área lateral e *V* o volume desse prisma, calcule *a* em função de *S* e *V*.

10. A área lateral de um prisma triangular regular é 36 cm². A altura do prisma é o triplo da aresta da base. Calcule o volume do prisma.

11. Seja um prisma regular de base triangular no qual a altura é igual à aresta da base. Sendo *S* a área da base e *V* o volume do prisma, determine *V* em função de *S*.

12. Uma estátua está colocada sobre um pedestal de concreto em forma de tronco de pirâmide hexagonal regular. As arestas das bases do pedestal medem 10 m e 4 m, e sua altura é 6 m. Qual é o volume de concreto usado para construir o pedestal?

Dam d'Souza/Arquivo da editora

13. São dados um tetraedro regular e um cubo de arestas iguais. Sendo V_1 o volume do tetraedro e V_2 o volume do cubo, calcule $\frac{V_1}{V_2}$.

14. Em uma pirâmide regular hexagonal, a aresta da base mede 5 cm e a aresta lateral mede $5\sqrt{5}$ cm. Qual é o volume dessa pirâmide?

15. Um prisma tem como base um quadrado de lado *a*. Uma pirâmide, cuja base é um quadrado de lado 2*a*, tem o mesmo volume do prisma. Sendo h_1 a altura da pirâmide e h_2 a altura do prisma, determine a razão $\frac{h_1}{h_2}$.

16. São dados dois planos paralelos α e β que distam entre si 9 cm. No plano α, vamos considerar um quadrado *ABCD* cujo lado mede 2 cm e, no plano β, vamos considerar um ponto *E*. Qual é o volume da pirâmide *ABCDE*?

17. Consideremos uma pirâmide regular de base quadrada. O seu volume é 384 m³ e a aresta da base mede 12 m. Calcule a altura e a área lateral da pirâmide.

18. O polígono da base de uma pirâmide na qual a soma dos ângulos das faces é igual a 8π radianos é:
    a) pentágono.
    b) hexágono.
    c) heptágono.
    d) eneágono.

19. Uma formiga mora na superfície de um cubo de aresta 4 cm. Qual o menor caminho que ela deve seguir sobre a superfície do cubo para ir de um vértice ao vértice oposto do cubo?

20. Enche-se um recipiente cúbico com água. A aresta do recipiente é de 1,20 m. Para retirar água desse recipiente, usam-se baldes cuja capacidade é de 9 L. Quantos baldes devem ser retirados para esvaziar totalmente o recipiente?

Pensando no Enem

João propôs um desafio a Bruno, seu colega de classe: ele iria descrever um deslocamento pela pirâmide a seguir e Bruno deveria desenhar a projeção desse deslocamento no plano da base da pirâmide.

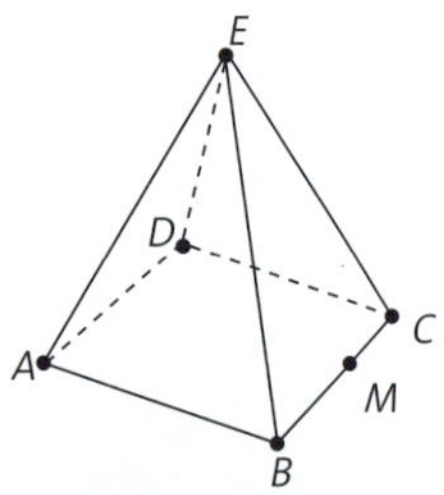

O deslocamento descrito por João foi: mova-se pela pirâmide, sempre em linha reta, do ponto A ao ponto E, a seguir do ponto E ao ponto M, e depois de M a C.

O desenho que Bruno deve fazer é:

a) 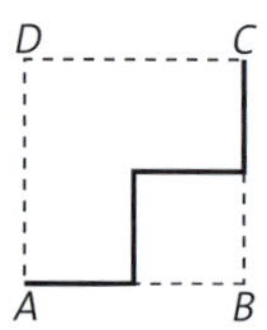

b) 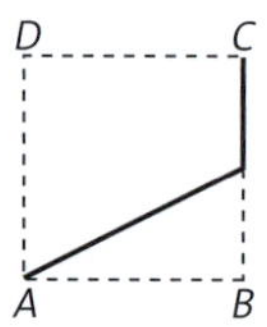

c) 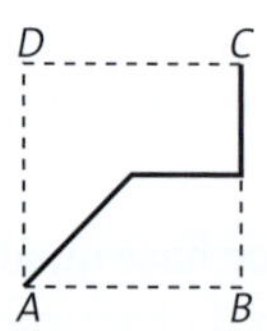

d) 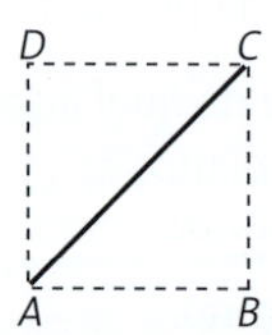

e) 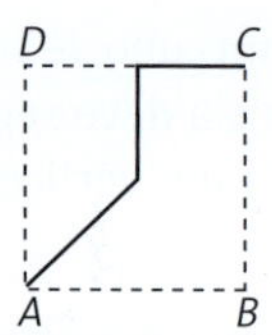

Resolução

Para resolver o problema é preciso visualizar o caminho traçado e como ele se reflete em uma projeção na base dessa pirâmide. Embora o enunciado não mencione, vamos entender que a projeção na base da pirâmide seja ortogonal. Desse modo, temos de imaginar a pirâmide de base quadrada vista de cima:

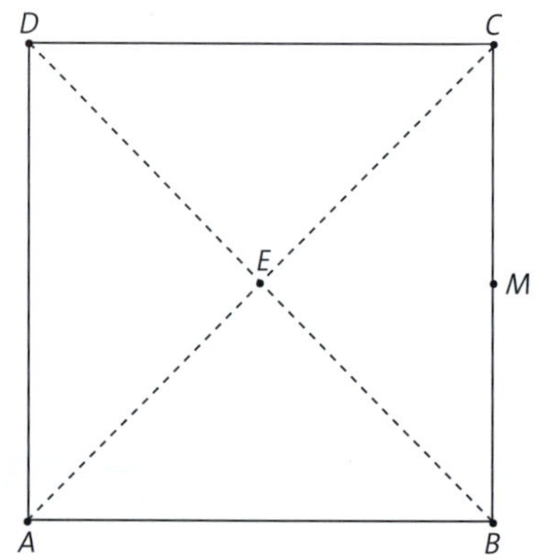

Nessa vista, temos a base $ABCD$, o vértice E da pirâmide e o ponto M, que está entre B e C. As linhas tracejadas correspondem às arestas da pirâmide.

De acordo com o roteiro dado, deve-se ir "do ponto A ao ponto E, a seguir do ponto E ao ponto M, e depois de M a C". Tais indicações estão representadas na pirâmide abaixo:

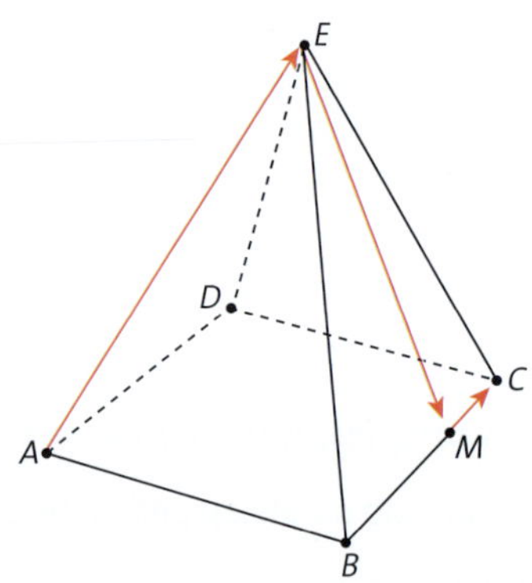

Ao imaginarmos este caminho visto de cima, temos:

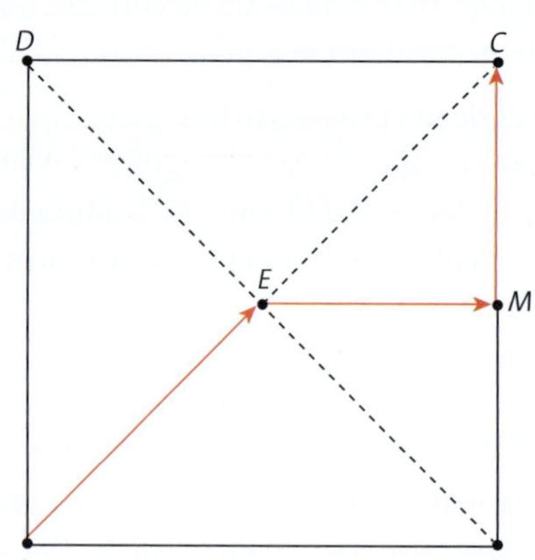

Resposta: alternativa **c**.

Vestibulares de Norte a Sul

1. **N** (UFPA) A pirâmide truncada é um poliedro convexo, cujo desenvolvimento no plano é mostrado na figura abaixo.

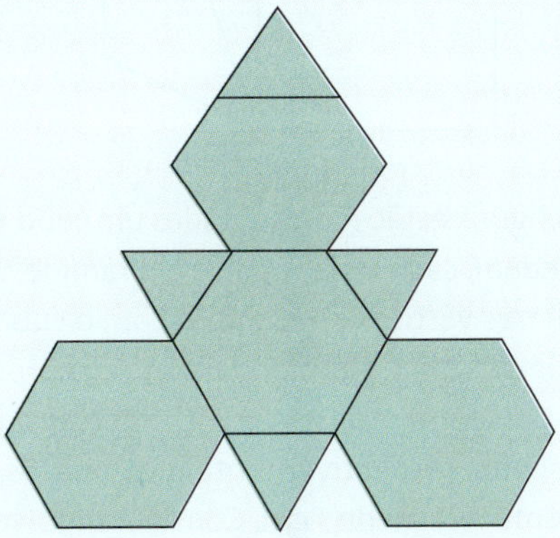

Observando a figura, é correto afirmar que seu número de vértices é:

a) 10. b) 11. c) 12. d) 13. e) 14.

2. **NE** (Uespi) Duzentos e quarenta cubos, com faces brancas e arestas medindo 1 cm, são arrumados para formar um paralelepípedo retângulo com comprimento 12 cm, largura 5 cm e altura 4 cm. Em seguida, a superfície do paralelepípedo é pintada de vermelho e os cubos são desarrumados. Quantos cubos de aresta 1 cm têm, agora, pelo menos uma face pintada de vermelho?

a) 180 b) 170 c) 160 d) 150 e) 140

3. **N** (Ufac) Um depósito de água tem base quadrada e laterais perpendiculares à base. Quando se adicionam 500 L de água ao depósito, a altura da água sobe 10 cm. Dado que a altura do depósito mede 2 m, sua capacidade em m^3 é igual a:

a) 8. b) 5. c) 10. d) 0,5. e) 1.

4. **NE** (UFMA) O volume do sólido gerado pela rotação da figura plana *ABCD*, abaixo, em torno do eixo *z*, é:

a) 532π m^3. c) 704π m^3. e) 725π m^3.
b) 360π m^3. d) 680π m^3.

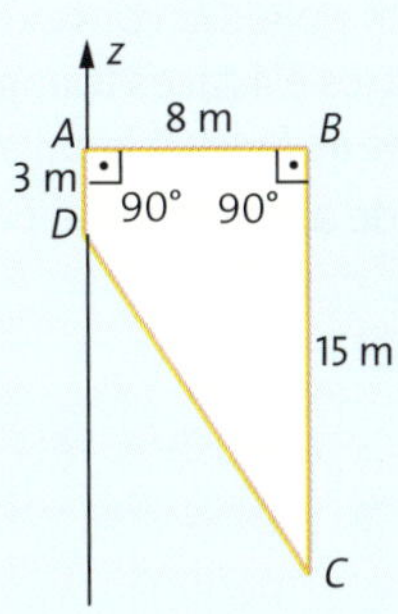

5. **NE** (UFPB) O reservatório de água de certo edifício tem a forma de um paralelepípedo reto retangular com base de dimensões internas 3 m × 4 m, conforme a figura abaixo.

De acordo com as condições do edifício, por medida de segurança, recomenda-se que, no reservatório, deve ficar retida uma quantidade de água correspondente a 18 m^3, para combater incêndio. Para atender essa recomendação, o ponto de saída de água, destinada ao consumo diário dos moradores e do condomínio, deve ficar a uma determinada altura (*h*) do fundo do reservatório, de modo que a água, acumulada no reservatório até essa altura, seja destinada para combate a incêndio. Nessas condições, a altura (*h*) da saída da água para consumo diário deve ser, pelo menos, de:

a) 1 m. b) 1,5 m. c) 2 m. d) 2,5 m. e) 3 m.

6. **N** (Unir-RO) Retira-se de um cubo de aresta *a* cm outro de aresta $\frac{a}{2}$ cm, resultando o sólido mostrado na figura.

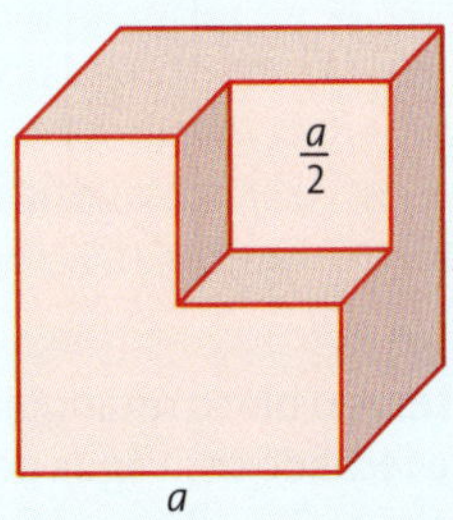

A partir dessas informações, assinale a afirmativa incorreta.

a) A área total do sólido resultante é $6a^2$ cm^2.
b) A área total do sólido resultante é menor que a área total do cubo de aresta *a* cm.
c) O volume do sólido resultante é $\frac{7}{8}a^3$ cm^3.
d) A área total do cubo de aresta *a* cm é $6a^2$ cm^2.
e) A área total do cubo de aresta *a* cm é o quádruplo da área total do cubo de aresta $\frac{a}{2}$ cm.

7. **S** (Furg-RS) Dado um sólido com formato de um cubo com aresta a, onde a é um número inteiro positivo, considere um vértice B e os pontos médios M, S e N de cada aresta adjacente a esse vértice. Esses quatro pontos definem um tetraedro que é retirado do cubo, conforme ilustra a figura abaixo.

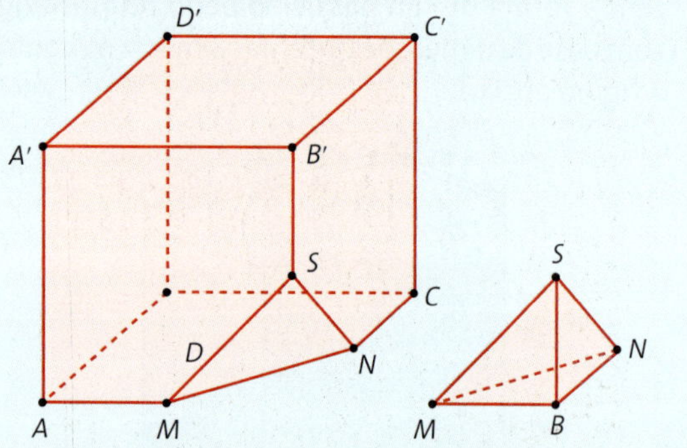

Sabendo que o volume de uma pirâmide é um terço da área da base pela altura, então a razão do volume do cubo original e do volume do tetraedro definido pelos vértices M, S, B e N é dada por:

a) 48. b) $\frac{a}{25}$. c) $\frac{a^2}{25}$. d) $\frac{a\sqrt{2}}{50}$. e) $\frac{1}{25}$.

8. **SE** (Fuvest-SP) Considere uma caixa sem tampa com a forma de um paralelepípedo reto de altura 8 m e base quadrada de lado 6 m. Apoiada na base, encontra-se uma pirâmide sólida reta de altura 8 m e base quadrada com lado 6 m. O espaço interior à caixa e exterior à pirâmide é preenchido com água, até uma altura h, a partir da base ($h \leq 8$). Determine o volume da água para um valor arbitrário de h, $0 \leq h \leq 8$.

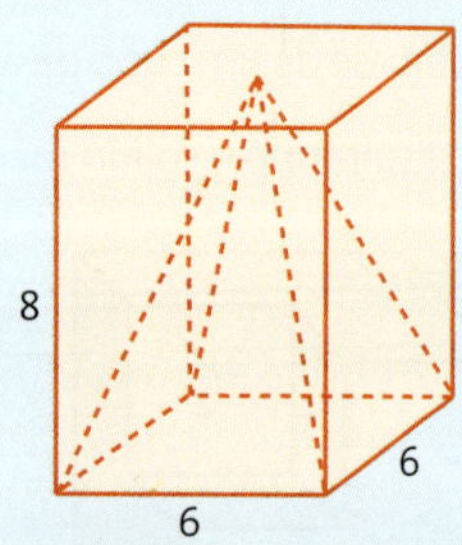

9. **SE** (UFRRJ) Observe o bloco retangular da figura 1, de vidro totalmente fechado com água dentro. Virando-o, como mostra a figura 2, podemos afirmar que o valor de x é:

a) 12 cm.
b) 11 cm.
c) 10 cm.
d) 5 cm.
e) 6 cm.

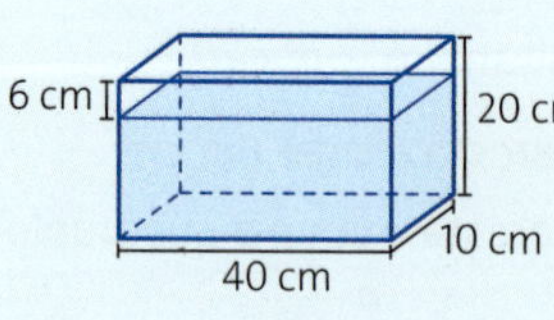

Figura 1

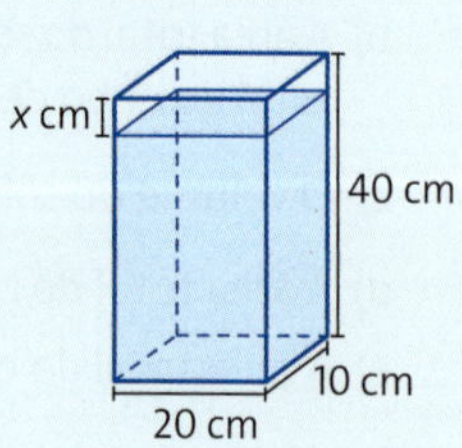

Figura 2

10. **SE** (UFMG) Observe esta figura:

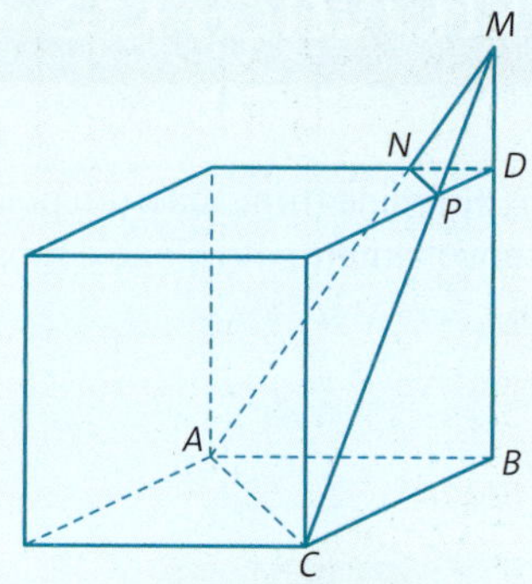

Nessa figura, estão representados um cubo, cujas arestas medem, cada uma, 3 cm, e a pirâmide $MABC$, que possui três vértices em comum com o cubo. O ponto M situa-se sobre o prolongamento da aresta $\overline{BD}$ do cubo. Os segmentos $\overline{MA}$ e $\overline{MC}$ interceptam arestas desse cubo, respectivamente, nos pontos N e P e o segmento $\overline{ND}$ mede 1 cm. Considerando-se essas informações, é correto afirmar que o volume da pirâmide $MNPD$ é, em cm^3:

a) $\frac{1}{6}$. b) $\frac{1}{4}$. c) $\frac{1}{2}$. d) $\frac{1}{8}$.

11. **NE** (Uespi) Um tetraedro tem cinco arestas medindo 6 cm, e a sexta aresta mede $6\sqrt{2}$ cm.

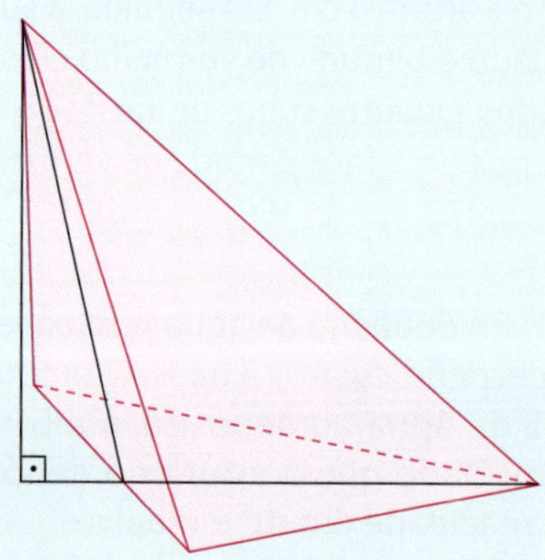

Qual o volume do tetraedro?

a) 28 cm^3
b) $19\sqrt{2}$ cm^3
c) 26 cm^3
d) 27 cm^3
e) $18\sqrt{2}$ cm^3

12. **S** (PUC-PR) Um poliedro convexo é formado por faces quadrangulares e 4 faces triangulares. A soma dos ângulos de todas as faces é igual a 12 metros.
Qual o número de arestas desse poliedro?

a) 8
b) 6
c) 4
d) 2
e) 1

CAPÍTULO

10 Corpos redondos

Snow Turtle/Shutterstock/Glow Images

Castelo Neuschwanstein, localizado na Alemanha.

1 Corpos redondos

No capítulo anterior iniciamos o estudo dos sólidos geométricos, com os poliedros e, em especial, os prismas e as pirâmides. Agora, neste capítulo, estudaremos os sólidos que possuem superfícies curvas, os chamados **corpos redondos**. São eles:

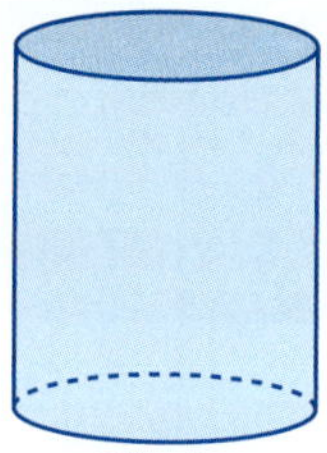

Cilindro

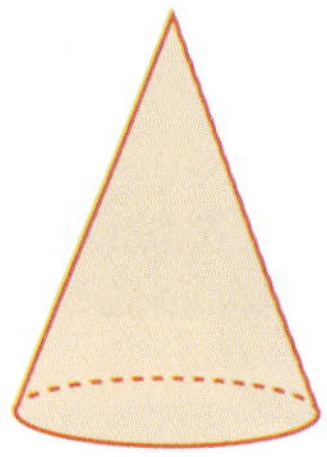

Cone

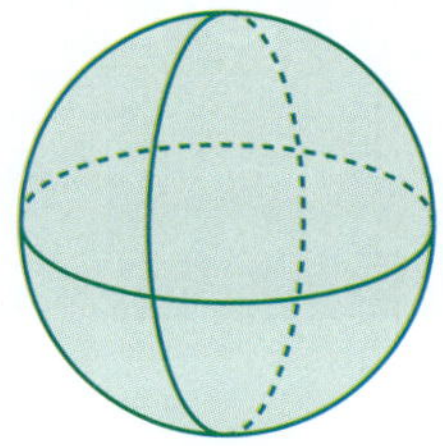

Esfera

Para refletir
Por que estes sólidos são chamados corpos redondos?

Estudar os corpos redondos e conhecer suas características e propriedades permite-nos representar teoricamente uma grande quantidade de elementos da vida cotidiana.

» Junte-se com um colega e avaliem que tipo de corpo redondo seria mais indicado para representar geometricamente cada um dos elementos abaixo:

Haveseen/Shutterstock/Glow Images

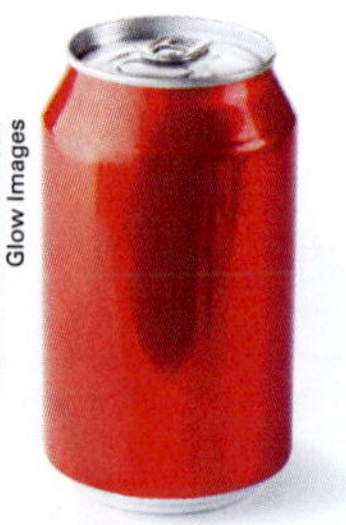

Fotofermer/Shutterstock/Glow Images

Artjazz/Shutterstock/Glow Images

Lukethelake/Shutterstock/Glow Images

Vartanov Anatoly/Shutterstock/Glow Images

R. Gino Santa Maria/Shutterstock/Glow Images

Agora, observe este copo:

Alaettin Yildirim/Shutterstock/Glow Images

Este copo não se encaixa em nenhum dos três corpos redondos, mas um deles pode ser usado para representá-lo, desde que com a estratégia adequada (juntando-se ou retirando-se partes, por exemplo).

» Qual seria então o corpo redondo e qual seria a estratégia indicada para usá-lo?

2 O cilindro

Considere dois planos α e β, distintos e paralelos, e um segmento de reta $\overline{MN}$ com M pertencente a α e N pertencente a β. Dado um círculo C de centro O e raio r, contido em α, chamamos **cilindro circular** (ou simplesmente **cilindro**) à reunião de todos os segmentos de reta, paralelos e congruentes ao segmento $\overline{MN}$, que unem um ponto do círculo C a um ponto de β. No caso de $\overline{MN}$ ser perpendicular a α, o cilindro é reto.

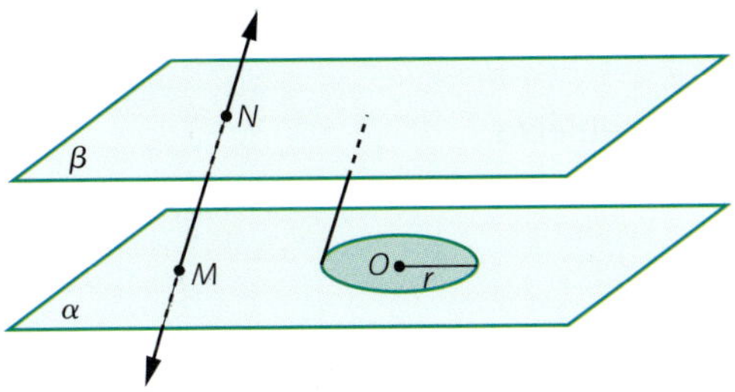

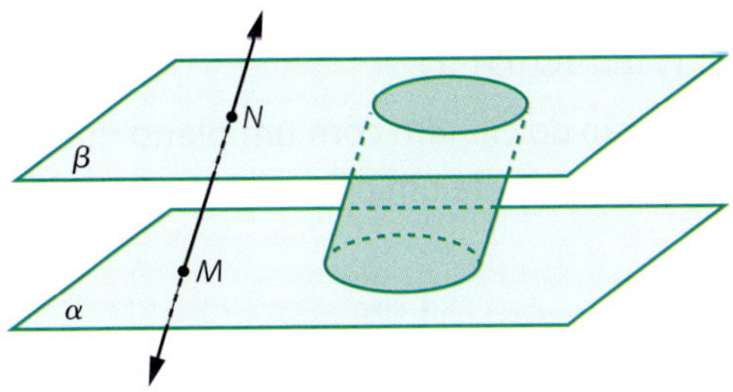

Intuitivamente, podemos imaginar um cilindro como o conjunto de pontos gerado por uma translação de um círculo.

A superfície do cilindro é formada por duas partes planas, que são as bases, e uma parte não plana, "arredondada", que é a superfície lateral.

A altura do cilindro é a distância entre os planos das bases.

Cilindro reto

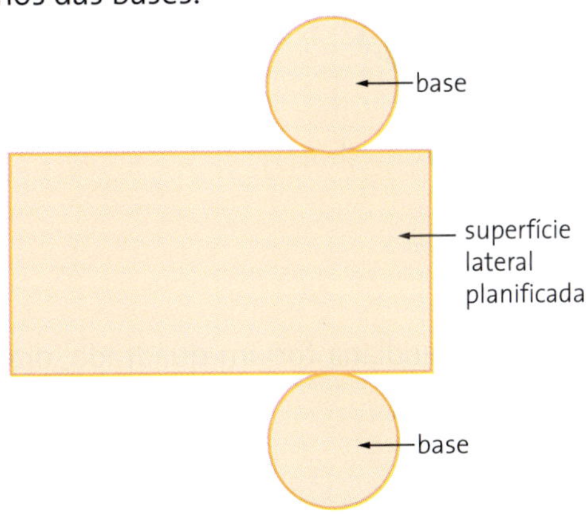

Cilindro reto planificado

A reta que passa pelos centros de suas bases é chamada **eixo** do cilindro.

Os segmentos paralelos ao eixo, cujas extremidades são pontos das circunferências das bases, são chamados **geratrizes** do cilindro.

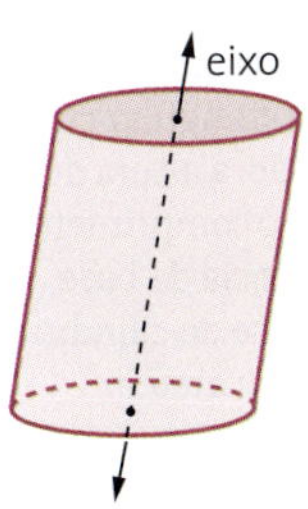

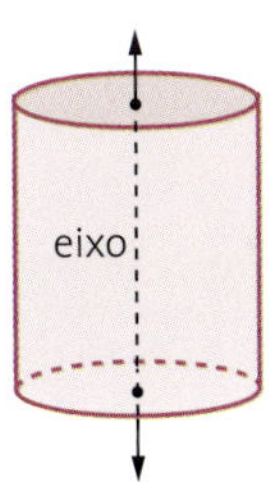

No cilindro reto, o eixo é perpendicular aos planos das bases.

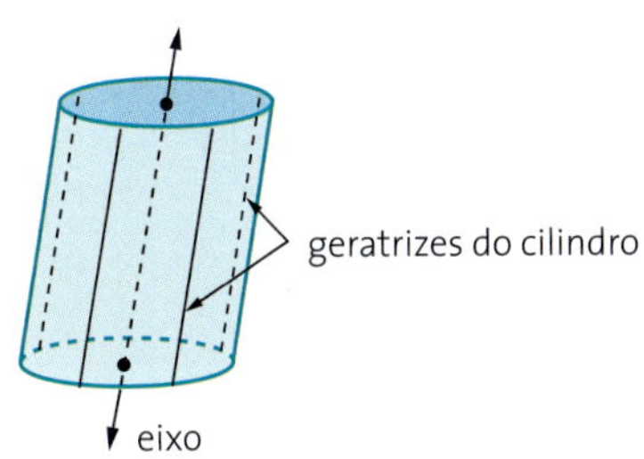

Um cilindro reto também pode ser obtido ao girar uma região retangular em torno de uma reta que contém um de seus lados. Por isso, o cilindro circular reto pode ser chamado também **cilindro de revolução**, uma vez que é o sólido obtido quando uma região retangular faz um giro completo em torno do eixo determinado por um de seus lados.

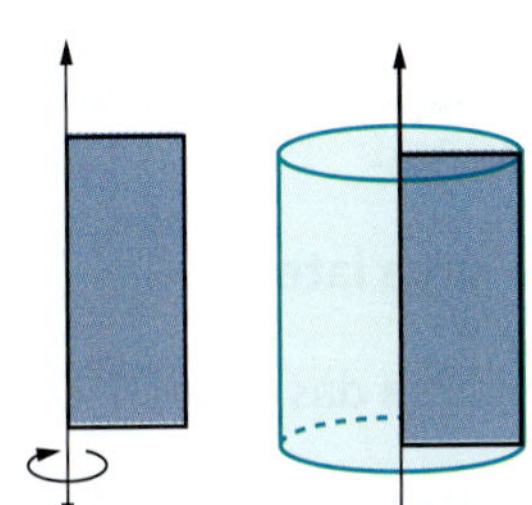

Para refletir
Em que caso a altura e a geratriz do cilindro têm a mesma medida?

Secções de um cilindro

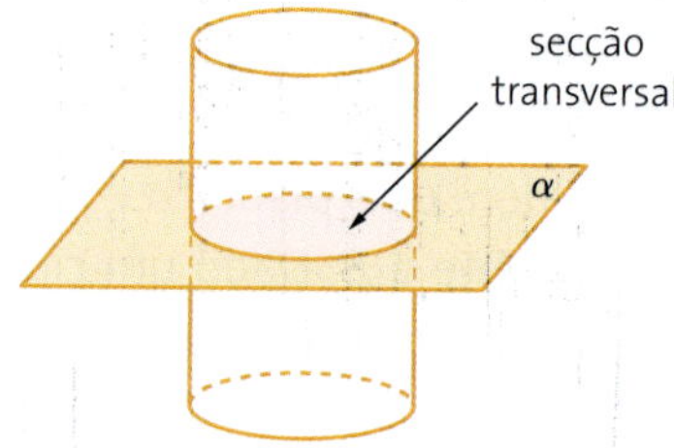

Secção transversal

É a intersecção do cilindro com um plano paralelo às suas bases.
A secção transversal é um círculo congruente às bases.

Secção meridiana

É a intersecção do cilindro com um plano que contém o seu eixo.
A secção meridiana de um cilindro reto é um retângulo.

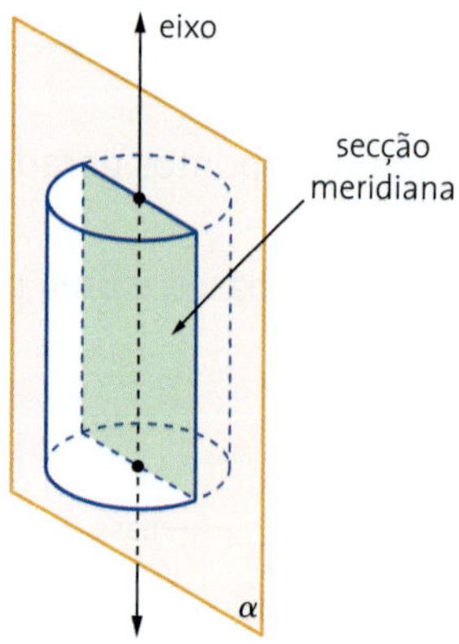

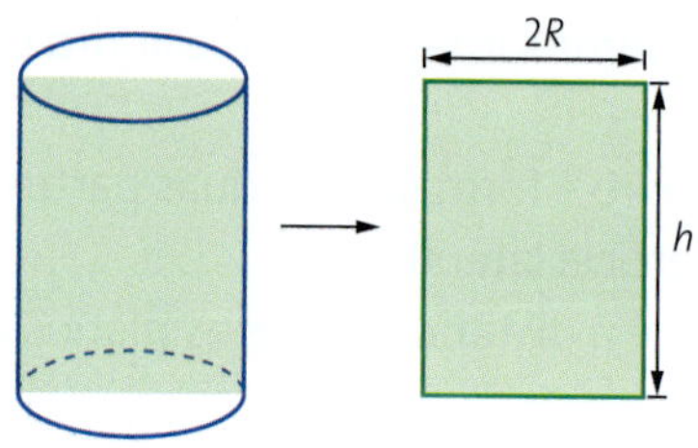

Observação: Se a secção meridiana for um quadrado, dizemos que o cilindro é **equilátero**. Nesse caso, $h = 2R$.

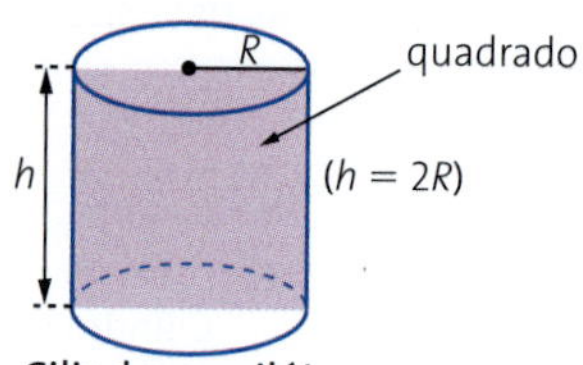

Cilindro equilátero

Área da superfície de um cilindro reto

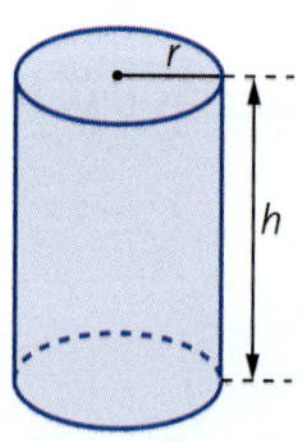

Montado

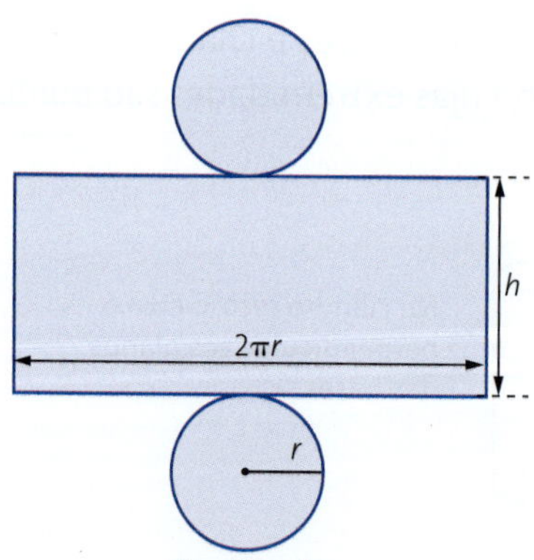

Planificado

> **Fique atento!**
> A superfície lateral planificada do cilindro reto é uma região retangular cujas dimensões são: a altura do cilindro (h) e o comprimento da circunferência da base ($2\pi r$). Cada base do cilindro é um círculo com área πr^2.

A superfície total do cilindro é formada pela superfície lateral mais as superfícies das duas bases. Assim:

- **área lateral**: $A_\ell = (2\pi r)h = 2\pi rh \Rightarrow A_\ell = 2\pi rh$
- **área das bases**: $2A_b = 2\pi r^2$
- **área total**: $A_t = A_\ell + 2A_b = 2\pi rh + 2\pi r^2 = 2\pi r(h + r) \Rightarrow A_t = 2\pi r(h + r)$

Exercícios resolvidos

1. Quantos centímetros quadrados de material são usados, aproximadamente, para fabricar a lata de óleo indicada ao lado?

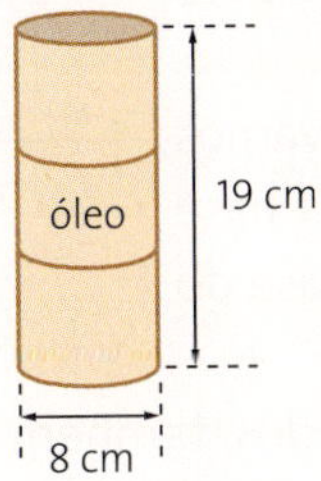

Resolução

diâmetro = 8 cm

$r = 4$ cm

$h = 19$ cm

Vamos resolver esse problema em função de π.

Veja:

$A_\ell = 2\pi rh = 2\pi \cdot 4 \cdot 19 = 152\pi$

$2A_b = 2\pi r^2 = 2\pi \cdot 4^2 = 32\pi$

$A_t = 152\pi + 32\pi = 184\pi$

São necessários 184π cm² de material.

2. Qual deve ser o comprimento de um tubo, de forma cilíndrica, se a sua superfície total pode ser coberta com $8{,}32\pi$ cm² de plástico e o diâmetro de cada base tem 8 mm?

Resolução

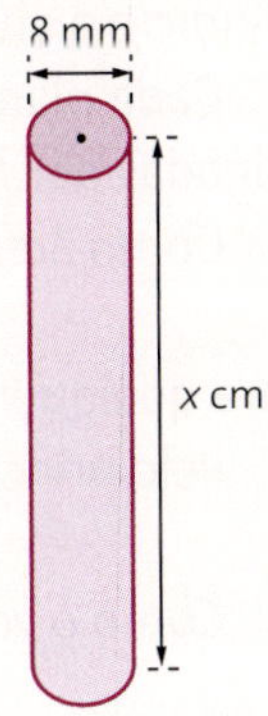

O diâmetro da base é 8 mm = 0,8 cm.

Logo, $r = 0{,}4$ cm.

$2A_b = 2\pi r^2 = 2 \cdot \pi \cdot 0{,}4^2 = 0{,}32\pi$

$A_\ell = 2\pi rh = 2 \cdot \pi \cdot 0{,}4x = 0{,}8\pi x$

$A_t = 2A_b + A_\ell = 8{,}32\pi \Rightarrow$

$\Rightarrow 0{,}32\pi + 0{,}8\pi x = 8{,}32\pi \Rightarrow$

$\Rightarrow 0{,}8\pi x = 8\pi \Rightarrow x = 10$

Portanto, o comprimento do tubo deve ser de 10 cm.

Exercícios

1. A base de um cilindro reto tem 4 cm de diâmetro. A altura do cilindro mede, também, 4 cm. Determine:
   a) a área das bases;
   b) a área lateral;
   c) a área total.

Fique atento!
O cilindro reto deste exercício é um exemplo de **cilindro equilátero**, pois nele o diâmetro da base tem a mesma medida que a altura.

2. Um tanque cilíndrico tem 3 m de profundidade. Sua base superior é aberta e tem 4 m de diâmetro. Quantos galões de tinta são necessários para pintar o interior desse tanque, se para cada metro quadrado se gasta $\frac{1}{4}$ de galão?

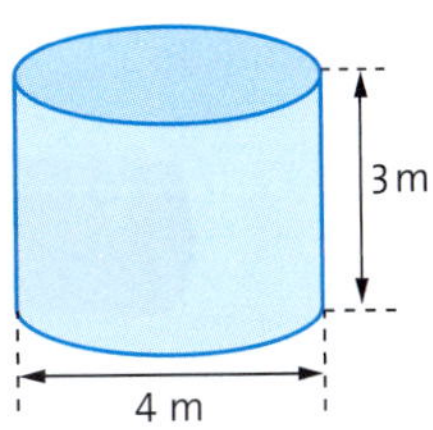

3. Uma lata de refrigerante tem forma cilíndrica, com 8 cm de diâmetro nas bases e 15 cm de altura. Quantos centímetros quadrados de material são necessários, aproximadamente, para fabricar essa lata de refrigerante?

4. Sabe-se que a área lateral de um cilindro é 20π cm². Se o raio da base é 5 cm, calcule a medida h da altura e a área total do cilindro.

5. Em um cilindro, a altura é igual ao raio da base. Sabe-se também que a área lateral desse cilindro é 16π cm². Calcule a área total do cilindro.

6. Duas latas têm forma cilíndrica. A lata mais alta tem o dobro da altura da outra, mas seu diâmetro é a metade do diâmetro da lata mais baixa.

Em qual das duas latas se utilizou menos material?

7. Em um cilindro de raio r e altura h, a área lateral é igual à área de uma base. Determine o valor de h em função de r.

8. Um primeiro cilindro tem altura $2h$ e raio da base r. Um segundo tem altura h e raio da base $2r$. Qual é a razão entre as áreas laterais desses cilindros?

9. Qual é a razão entre a área total e a área lateral do cilindro equilátero?

10. Uma caneta esferográfica tem forma cilíndrica. O raio da base é 6 mm e o comprimento da caneta, 16 cm. Quantos centímetros quadrados tem a superfície lateral dessa caneta?

11. Calcule a área total de um cilindro reto que tem altura de 6 cm e área lateral de 48π cm².

12. Quanto de material (em metros quadrados) se gasta para fazer um depósito tampado de combustível com a forma e as medidas da figura ao lado?

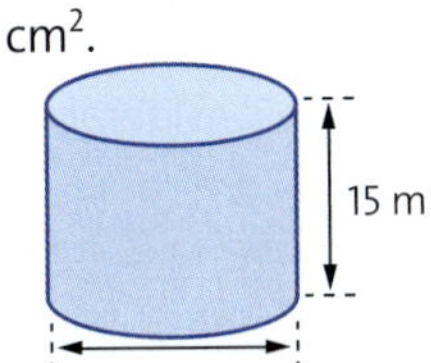

Volume do cilindro

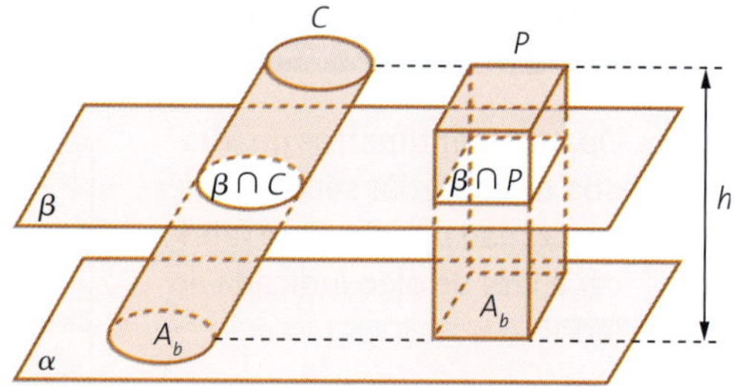

Vamos novamente usar o princípio de Cavalieri, agora para determinar o volume do cilindro.

Dado um cilindro com a base contida em um plano α, vamos considerar um paralelepípedo retângulo, também com a base contida em α, que tem a área da base igual à área da base do cilindro e a altura igual à do cilindro.

Cada plano β, paralelo a α, que secciona um dos sólidos, também secciona o outro, e as secções determinadas por β em cada um deles têm a mesma área de suas bases.

Como área $(\beta \cap C) = A_b$ e área $(\beta \cap P) = A_b$, temos:

$$\text{área } (\beta \cap C) = \text{área } (\beta \cap P)$$

para qualquer plano horizontal β.

Pelo princípio de Cavalieri concluímos que:

volume do cilindro = volume do paralelepípedo retângulo

Como o volume do paralelepípedo retângulo é obtido fazendo área da base · altura, segue que:

> **Fique atento!**
> Observe que o volume do cilindro é calculado da mesma forma que calculamos o volume de um prisma: área da base · altura.

volume do cilindro = área da base · altura

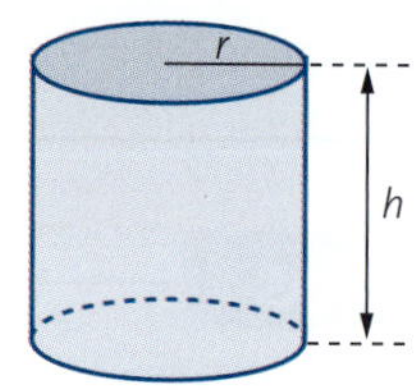

Sendo a base do cilindro um círculo de raio r e área πr^2, temos:

volume do cilindro: $V = \pi r^2 h$

Exercícios resolvidos

» **passo a passo:** exercício 5

3. Qual é a capacidade de uma lata de molho de tomate que tem forma cilíndrica, com 8 cm de diâmetro e 11 cm de altura? (Use $\pi = 3$.)

Realidade

Hely Demutti/Acervo do fotógrafo

Modelo matemático

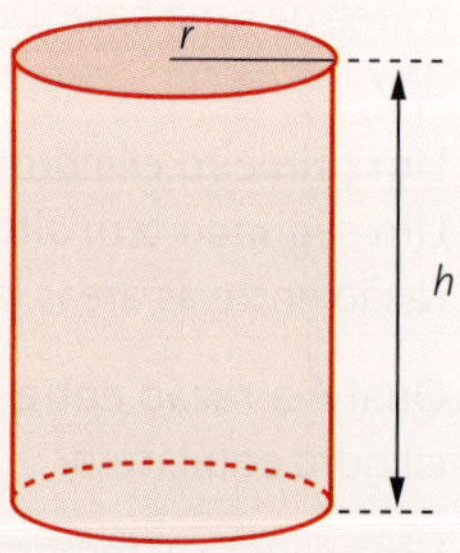

Cilindro

Resolução

Se o diâmetro é de 8 cm, então $r = 4$ cm.

$h = 11$ cm

$V = \pi r^2 h = \pi \cdot 4^2 \cdot 11 = 176\pi$

Considerando $\pi = 3$ e sabendo que $1\ dm^3 = 1$ L e $1\ cm^3 = 1$ mL, temos:

$176 \cdot 3 \simeq 528$

Logo, a capacidade da lata é de aproximadamente 528 mL.

4. Para fabricar uma caixa de chocolates, é preciso saber inicialmente qual é o volume de cada chocolate. Calcule então o volume de um chocolate que tem 1,5 cm de diâmetro e 6,5 cm de comprimento e, em seguida, determine o volume aproximado de 20 chocolates. (Use $\pi = 3{,}14$.)

Resolução

Realidade

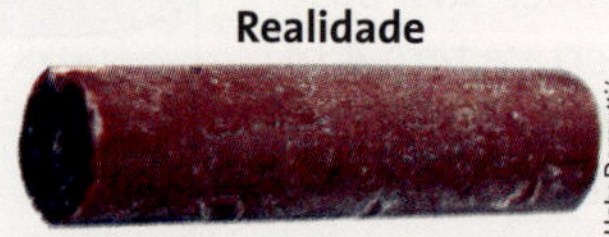

Hely Demutti/Acervo do fotógrafo

Modelo matemático

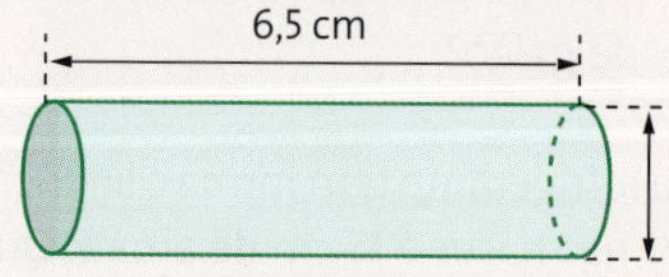

Cilindro

Se o diâmetro é de 1,5 cm, então $r = 0{,}75$ cm.

$h = 6{,}5$ cm

$V = \pi r^2 h = \pi \cdot 0{,}75^2 \cdot 6{,}5 \simeq 3{,}14 \cdot 0{,}56 \cdot 6{,}5 =$

$= 11{,}4296\ cm^3$

O volume de um chocolate é de aproximadamente $11{,}4\ cm^3$; logo, o volume de 20 chocolates é de cerca de $20 \cdot 11{,}4 = 228\ cm^3$.

Resolvido passo a passo

5. (Enem) Uma artesã confecciona dois diferentes tipos de vela ornamental a partir de moldes feitos com cartões de papel retangulares de 20 cm × 10 cm (conforme ilustram as figuras abaixo). Unindo dois lados opostos do cartão, de duas maneiras, a artesã forma cilindros e, em seguida, os preenche completamente com parafina.

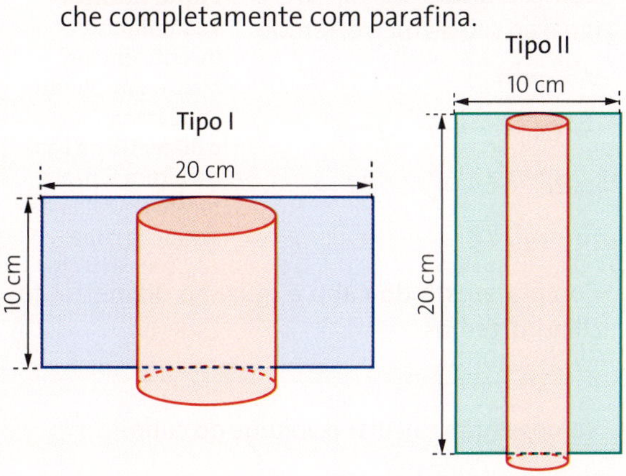

Supondo-se que o custo da vela seja diretamente proporcional ao volume de parafina empregado, o custo da vela do tipo I, em relação ao custo da vela do tipo II, será:

a) o triplo.
b) o dobro.
c) igual.
d) a metade.
e) a terça parte.

1. Lendo e compreendendo

a) O que é dado no problema?

São dadas as dimensões de dois moldes usados por uma artesã na confecção de velas; é explicado como esses moldes são feitos a partir do papel-cartão.

b) O que se pede?

Pede-se a relação entre o custo dos dois tipos de vela fabricados pela artesã.

2. Planejando a solução

De acordo com as instruções de montagem dos dois tipos de molde, vamos obter as dimensões necessárias para o cálculo do volume dos cilindros (raio e altura). Com as dimensões para os dois casos, calcularemos o volume, e como o custo das velas é proporcional ao volume, poderemos determinar a relação pedida entre os custos.

3. Executando o que foi planejado

Vamos determinar as dimensões da altura (h) e do raio (r) para cada um dos moldes:

No tipo I, a altura é $h = 10$ cm e o comprimento da circunferência da base é 20 cm. Como o comprimento de uma circunferência é dado por $2\pi r$, temos:

$$2\pi r = 20 \Rightarrow r = \frac{10}{\pi}$$

No tipo II, a altura é $h = 20$ cm e o comprimento da circunferência da base é 10 cm. Então, temos:

$$2\pi r = 10 \Rightarrow r = \frac{5}{\pi}$$

Vamos calcular o volume de parafina empregado em cada molde. Para isso, devemos lembrar que o volume de um cilindro é dado por $V = \pi r^2 h$.

Volume no molde do tipo I:

$$V_I = \pi\left(\frac{10}{\pi}\right)^2 \cdot 10 \Rightarrow$$

$$\Rightarrow V_I = \pi \cdot \frac{100}{\pi^2} \cdot 10 = \frac{1000}{\pi}$$

Volume no molde do tipo II:

$$V_{II} = \pi\left(\frac{5}{\pi}\right)^2 \cdot 20 \Rightarrow$$

$$\Rightarrow V_{II} = \pi \cdot \frac{25}{\pi^2} \cdot 20 = \frac{500}{\pi}$$

A relação entre os volumes é a relação entre os custos. Assim:

$$\frac{V_I}{V_{II}} = \frac{\frac{1000}{\pi}}{\frac{500}{\pi}} = \frac{1000}{\pi} \cdot \frac{\pi}{500} = 2$$

Ou seja, o volume de parafina empregado no molde do tipo I é o dobro do volume de parafina empregado no molde do tipo II. Assim, o custo da vela I é o dobro do custo da vela II.

4. Emitindo a resposta

A resposta é a alternativa **b**.

5. Ampliando o problema

a) Qual deve ser o tamanho de um cartão retangular para que uma vela de 20 cm de altura custe o mesmo que uma vela de 10 cm feita com o molde do tipo I do enunciado?

b) *Discussão em equipe*

Os primeiros artesãos surgiram no Período Neolítico (6000 a.C.) quando o homem aprendeu a polir a pedra, a fabricar a cerâmica e a tecer fibras animais e vegetais. [...] O artesão é aquele que, através da sua criatividade e habilidade, produz peças de barro, palha, tecido, couro, madeira, papel ou fibras naturais, matérias brutas ou recicladas, visando produzir peças utilitárias ou artísticas, com ou sem uma finalidade comercial.

Disponível em: <http://educacao.uol.com.br/disciplinas/cultura-brasileira/artesanato-ceramicas-rendas-e-outros-tipos-de-artesanato-brasileiro.htm>. Acesso em: 15 mar. 2013.

Troque ideias com seus colegas sobre o texto acima. Vocês acham que o artesanato reflete a história do povo? Ou é apenas um passatempo?

6. Um cilindro circular reto tem 10 cm de altura e sua base tem 12 cm de diâmetro. Calcule a área lateral, a área total e o volume do cilindro.

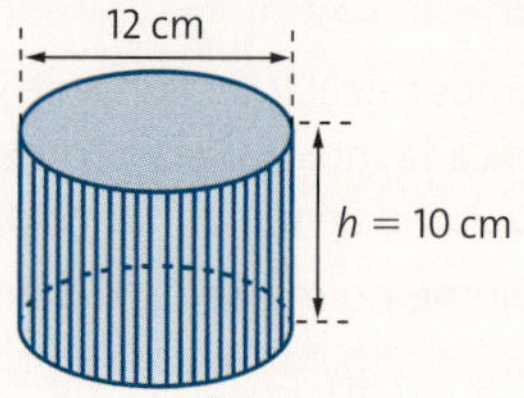

Resolução

Se o diâmetro é igual a 12 cm, então $r = 6$ cm.

área da base $= A_b = \pi r^2 = \pi \cdot 6^2 = 36\pi$ cm^2

área lateral $= A_\ell = 2\pi r h = 2\pi \cdot 6 \cdot 10 = 120\pi$ cm^2

área total $= A_t = A_\ell + 2A_b = 120\pi + 2(36\pi) = 192\pi$ cm^2

volume $= V = A_b h = \pi r^2 h = \pi \cdot 6^2 \cdot 10 = 360\pi$ cm^3

Portanto, a área lateral é 120π cm^2, a área total é 192π cm^2 e o volume é 360π cm^3.

7. A figura ao lado mostra um cilindro inscrito em um cubo. O volume do cilindro é 64π cm^3. Calcule o volume do cubo.

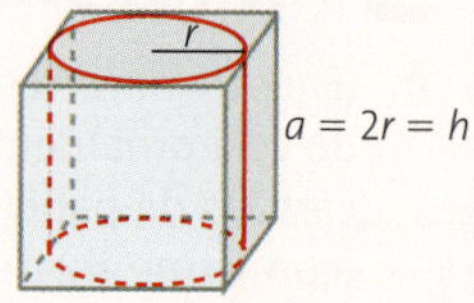

Resolução

Como a altura do cilindro é igual ao seu diâmetro, temos:

$V = \pi r^2 h$

$\Rightarrow 64\cancel{\pi} = \cancel{\pi} r^2 \cdot 2r \Rightarrow$

$\Rightarrow 2r^3 = 64 \Rightarrow r^3 = 32 \Rightarrow$

$\Rightarrow r = 2\sqrt[3]{4}$

Fique atento!

Todo cilindro inscrito em um cubo é um cilindro equilátero: o diâmetro da base e a altura têm a mesma medida da aresta do cubo.

Como a aresta do cubo é igual ao diâmetro do cilindro, temos:

$a = 2r + 4\sqrt[3]{4}$

Vamos então calcular o volume do cubo:

$V = a^3 = \left(4\sqrt[3]{4}\right)^3 = 256$

Portanto, o volume do cubo é 256 cm^3.

Exercícios

13. Um reservatório tem as dimensões e a forma da figura abaixo. Quantos litros de combustível ele pode armazenar?

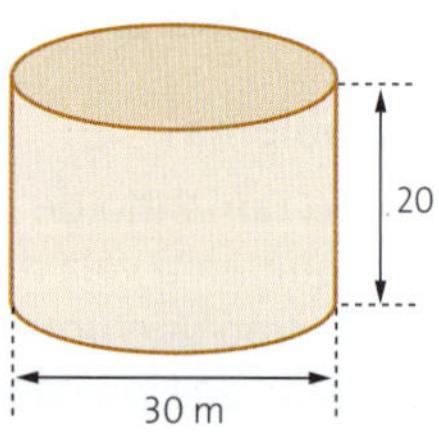

14. O reservatório de tinta de uma caneta esferográfica tem forma cilíndrica. Seu diâmetro é de 2 mm e seu comprimento é de 12 cm. Quantos mℓ de tinta podem ser acondicionados nesse reservatório?

15. Uma peça de madeira tem as dimensões e a forma da figura abaixo.

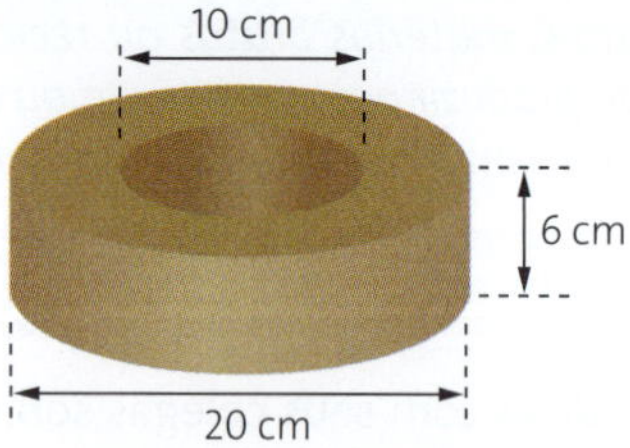

Qual é o volume de madeira empregado para fabricar essa peça?

16. Uma ponte de concreto tem a forma da figura a seguir. Suas dimensões estão assinaladas na figura. Qual é o volume de concreto usado para construir a ponte? (Use $\pi = 3$.)

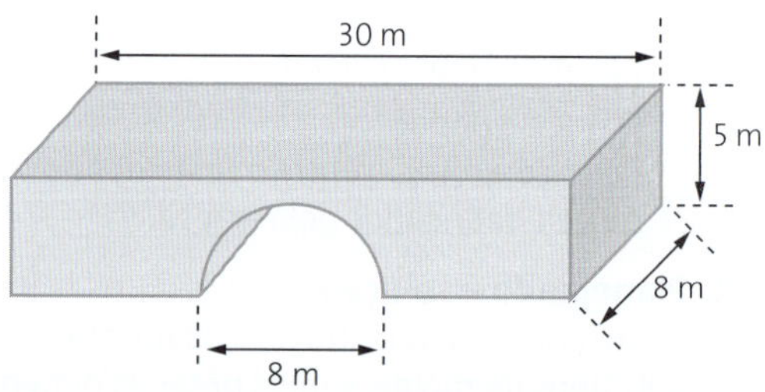

17. Uma seringa tem a forma cilíndrica, com 2 cm de diâmetro por 8 cm de comprimento.

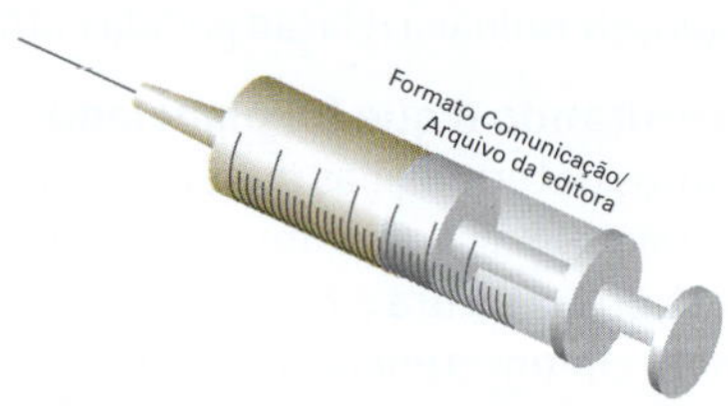

Formato Comunicação/Arquivo da editora

Quando o êmbolo se afasta 5 cm da extremidade da seringa próxima à agulha, qual é o volume, em mililitros, de remédio líquido que a seringa pode conter?

18. Um cilindro reto tem 48π m^2 de área total. A altura do cilindro mede 5 m. Determine o volume do cilindro.

19. O volume de um cilindro é 225π cm^3 e a altura é 9 cm. Calcule a área lateral desse cilindro.

20. Um cilindro reto tem raio 4 cm. Determine seu volume.

21. Determine o volume de um cilindro inscrito em um cubo de aresta 20 cm.

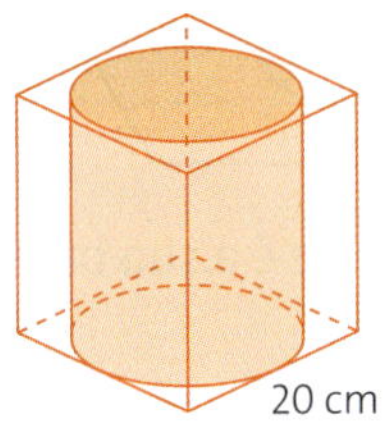

22. A figura ao lado mostra um cilindro inscrito em um cubo. Sendo V_1 o volume do cilindro e V_2 o volume do cubo, calcule a razão $\dfrac{V_1}{V_2}$.

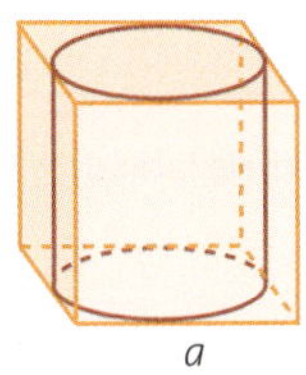

23. Um suco de frutas é vendido em dois tipos de latas cilíndricas. Uma delas (figura I) tem raio da base x e altura y. A outra (figura II) tem raio da base $\dfrac{x}{2}$ e altura $2y$. A primeira delas é vendida por R$ 16,00 e a segunda por R$ 10,00. Qual das duas latas é mais vantajoso comprar?

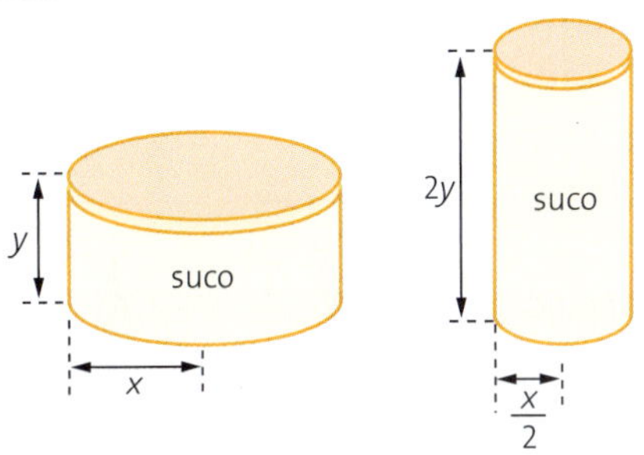

Figura I Figura II

24. Um reservatório cilíndrico de altura 10 m e diâmetro 4 m está inicialmente vazio. No instante $t = 0$ ele passa a receber água a uma taxa constante de $\dfrac{\pi}{15}$ L/min.

a) Determine a função que relaciona o volume V de água, em litros, no reservatório com o tempo t em horas.

b) Determine a função que relaciona a altura h, em metros, de água no reservatório com o tempo t em horas.

c) Determine o tempo total, em horas, necessário para encher totalmente o tanque.

25. (Enem) Uma empresa de transporte armazena seu combustível em um reservatório cilíndrico enterrado horizontalmente. Seu conteúdo é medido com uma vara graduada em vinte intervalos, de modo que a distância entre duas graduações consecutivas representa sempre o mesmo volume.

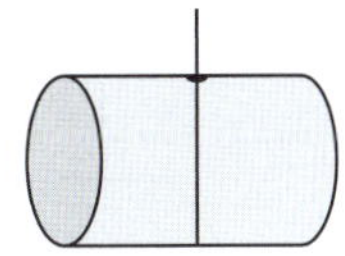

A ilustração que melhor representa a distribuição das graduações na vara é:

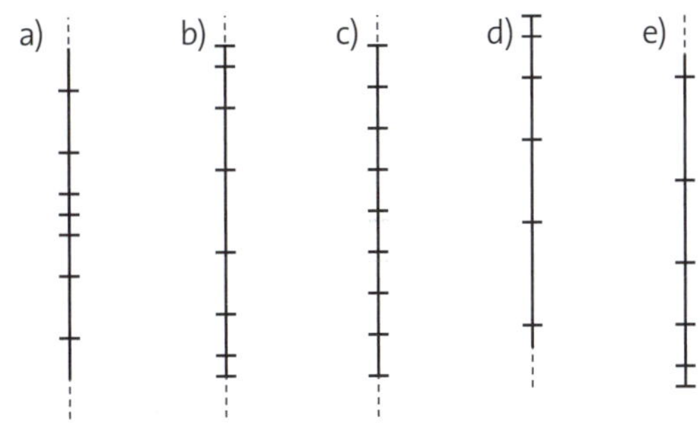

26. A bobina abaixo é formada por três cilindros e é feita de madeira. Os cilindros das extremidades têm 20 cm de diâmetro e o cilindro intermediário tem 8 cm de diâmetro. Qual é o volume de madeira necessário para fazer essa peça?

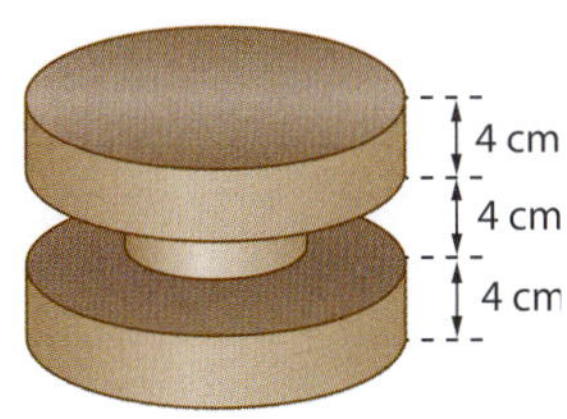

27. Em um cilindro equilátero, a área da base é 900π cm^2. Calcule o volume desse cilindro.

28. Uma indústria produz latas com a forma de paralelepípedo cujas medidas estão na figura I. Deseja-se modificar a forma das latas, passando-se a fabricar latas cilíndricas cujas medidas estão na figura II. Qual das duas embalagens utiliza menos material? Qual delas tem maior capacidade?

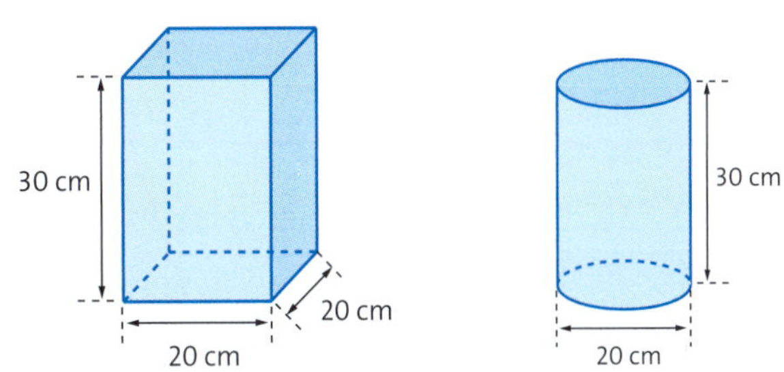

Figura I Figura II

3 O cone

Vamos considerar um plano α, uma região circular R nesse plano e um ponto P não pertencente a α.

A reunião de todos os segmentos que ligam cada ponto de R ao ponto P é um sólido chamado **cone circular**.

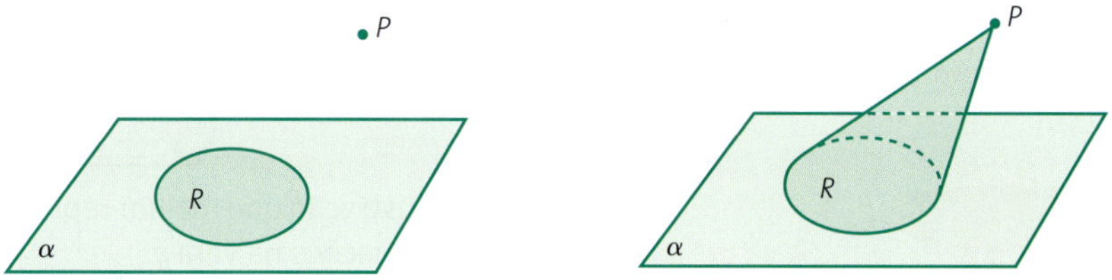

A superfície do cone é formada por uma parte plana, a região circular, que é a sua base, e uma parte não plana, "curva", "arredondada", que é a sua superfície lateral.

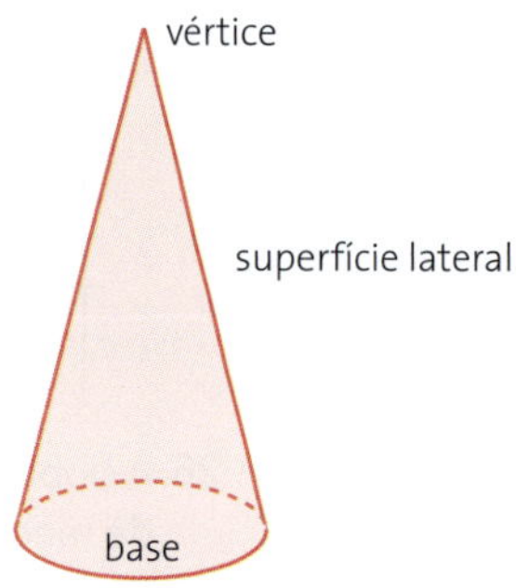

O eixo do cone é o segmento de reta que liga o vértice ao centro da base.

Se o eixo é perpendicular à base, o cone denomina-se **cone reto**.

Se o eixo é oblíquo à base, o cone é chamado **cone oblíquo**.

A altura h do cone é o segmento de reta perpendicular traçado do vértice ao plano da base. No caso do cone reto, a medida do eixo coincide com a da altura h.

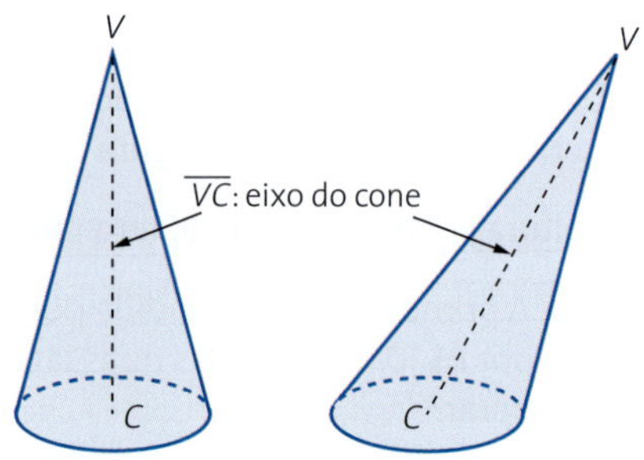

Cone reto **Cone oblíquo**

No cone reto, cada segmento que liga o vértice a um ponto da circunferência da base é chamado **geratriz** do cone.

Um cone reto pode ser obtido girando-se uma região triangular cujo contorno é um triângulo retângulo em torno de uma reta que contém um dos catetos. Por esse motivo, o cone reto é considerado um **sólido** ou **corpo de revolução** e é chamado **cone de revolução**.

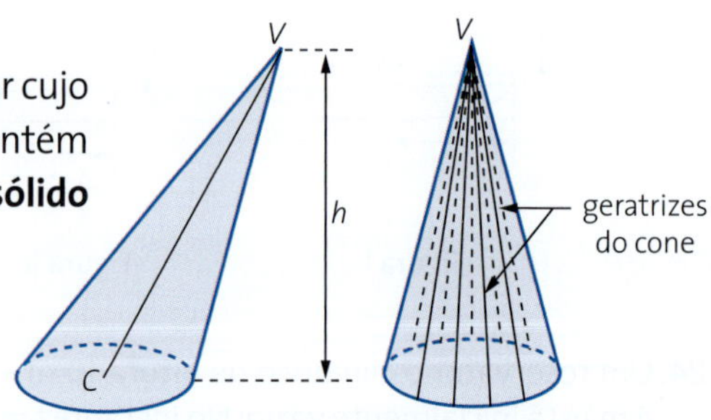

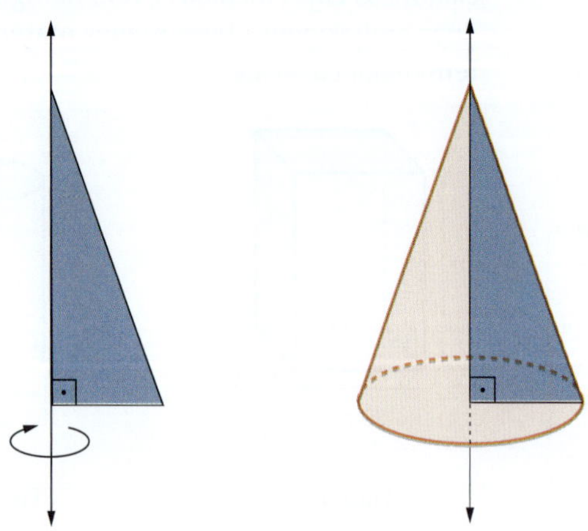

Para refletir
O que indicam o outro cateto e a hipotenusa?

Secções do cone

Secção transversal

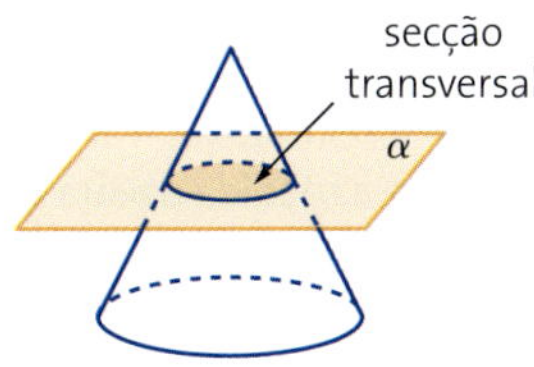

A secção transversal é a intersecção do cone com um plano paralelo à sua base.

A secção transversal do cone é um círculo.

Secção meridiana

A secção meridiana é a intersecção do cone com um plano que contém o seu eixo.

A secção meridiana de um cone reto é um triângulo isósceles.

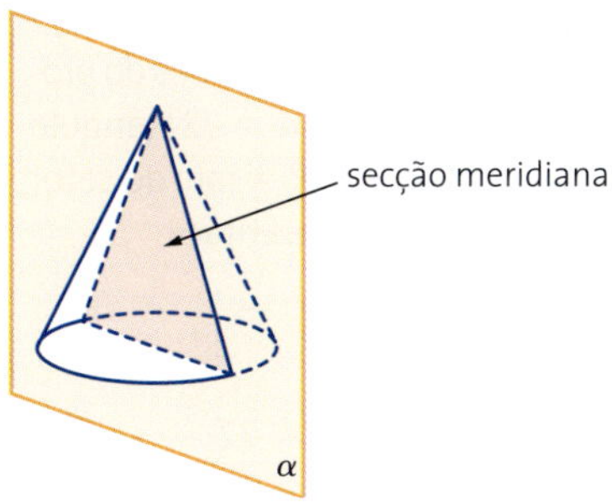

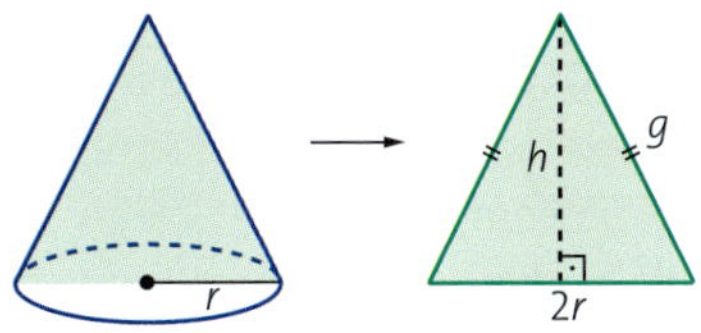

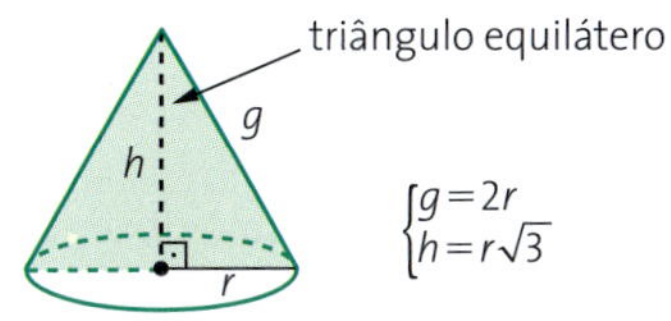

Cone equilátero

Observação: Se a secção meridiana for um triângulo equilátero, dizemos que o cone é **equilátero**.
Nesse caso, $g = 2r$ e $h = r\sqrt{3}$.

Área da superfície de um cone reto

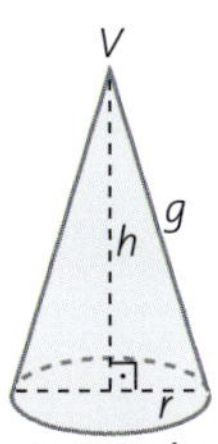

Montado

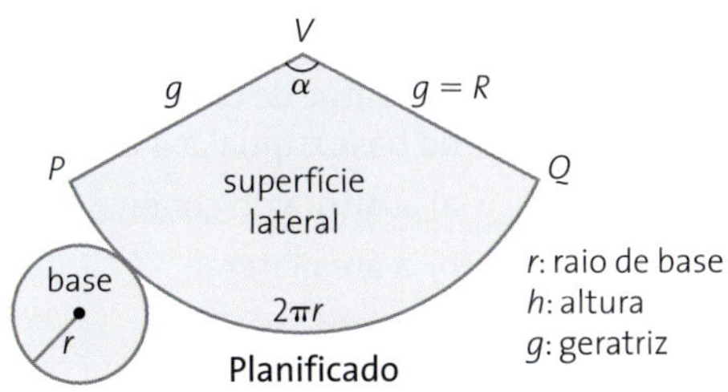

Planificado

Fique atento!
A geratriz (g) do cone reto é o raio do setor circular ($g = R$).
Não se deve confundir o raio da base (r) com o raio do setor (R).

A superfície total do cone reto é formada pela superfície lateral (um setor circular) mais a superfície da base (um círculo), isto é, $A_t = A_\ell + A_b$. Inicialmente calculamos a área do setor (A_ℓ).

No capítulo 7, vimos que a área de um setor circular é proporcional à área do círculo correspondente, de forma que:

$$\frac{A_{setor}}{\pi R^2} = \frac{\alpha_{graus}}{360°} = \frac{\alpha_{rad}}{2\pi} = \frac{\ell}{2\pi R}$$

Assim, podemos calcular a área do setor como $A_{setor} = \frac{\ell}{2\pi R} \cdot \pi R^2$.

Nesse caso do cone temos $\ell = 2\pi r$ e $R = g$. Logo:

$$A_\ell = \frac{2\pi r}{2\pi g} \cdot \pi g^2 = \pi r g$$

A área da base é a área do círculo de raio r: $A_b = \pi r^2$.

Logo, a área total do cone reto é $A_t = \pi r g + \pi r^2 = \pi r(g + r)$.

Resumindo, para um cone reto de geratriz g e raio da base r, temos:

$A_\ell = \pi r g$ $\qquad$ $A_b = \pi r^2$ $\qquad$ $A_t = \pi r(g + r)$

Exercícios resolvidos

8. Um cone reto tem 8 cm de altura e raio da base igual a 6 cm.
Calcule a medida da sua geratriz, a área lateral, a área total e a medida do ângulo do setor circular.

Resolução

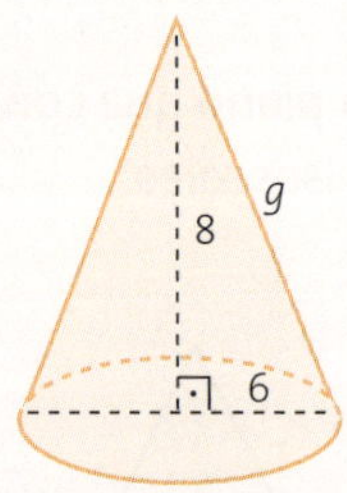

- medida da geratriz:
  $g^2 = 8^2 + 6^2 \Rightarrow g = \sqrt{100} \simeq 10$
  $g = 10$ cm
- área lateral:
  $A_\ell = \pi r g = \pi \cdot 6 \cdot 10 \simeq 60\pi$
  $A_\ell = 60\pi$ cm^2
- área total:
  $A_b = \pi r^2 = \pi \cdot 6^2 = 36\pi \Rightarrow$
  $\Rightarrow A_b = 36\pi$ cm^2
  $A_t = A_\ell + A_b = 60\pi + 36\pi = 96\pi \Rightarrow$
  $\Rightarrow A_t = 96\pi$ cm^2
- medida do ângulo do setor circular:
  Nesse caso, $R = g = 10$ cm e $\ell = 2\pi \cdot 6 = 12\pi$:

$$\frac{\alpha}{360°} = \frac{\ell}{2\pi R} \Rightarrow \frac{\alpha}{360°} = \frac{12\pi}{2\pi \cdot 10} \Rightarrow$$

$$\Rightarrow \alpha = \frac{12\pi \cdot 360°}{2\pi \cdot 10} = 216°$$

Logo, $\alpha = 216°$.

9. A geratriz de um cone reto mede 5 cm e o ângulo central do setor circular mede 72°.
Calcule a área lateral do cone.

Resolução

De acordo com os dados do problema, temos $\alpha = 72°$ (ângulo central) e $g = R =$ raio do setor circular $= 5$ cm. Então:

$$\frac{A_\ell}{\pi \cdot 5^2} = \frac{72}{360} \Rightarrow$$

$$\Rightarrow A_\ell = \pi(5)^2 \cdot \frac{\cancelto{1}{72}}{\cancelto{5}{360}} = \pi \cdot \cancelto{5}{25} \cdot \frac{1}{\cancelto{1}{5}} =$$

$$= 5\pi = 5 \cdot 3{,}14 = 15{,}70$$

Assim, $A_\ell = 15{,}7$ cm^2.

> **Fique atento!**
> A superfície lateral neste exemplo é um setor circular cuja área é $\frac{1}{5}$ do círculo de raio 5. Logo, $A_\ell = \frac{25\pi}{5} = 5\pi$.

Exercícios

29. Um cone reto tem 24 cm de altura e o raio da base é igual a 18 cm. Calcule:
a) a medida de sua geratriz;
b) a área lateral (aproximadamente);
c) a área total (aproximadamente).

30. Quantos centímetros quadrados de vidro são necessários para fabricar uma ampulheta cujas dimensões estão na figura abaixo?

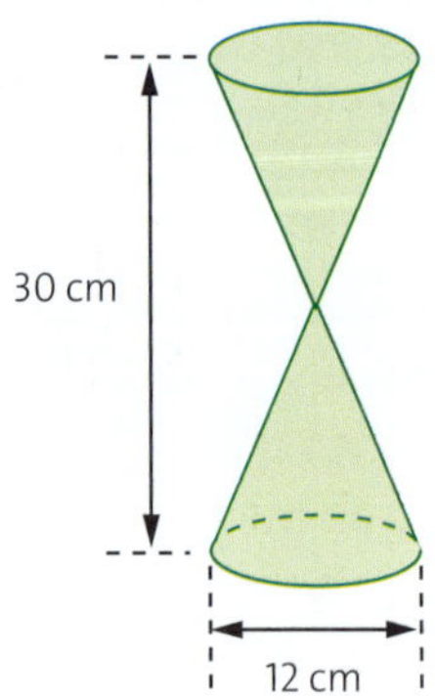

31. Desenvolvendo a superfície lateral de um cone reto, obtemos um setor circular de raio 6 cm e ângulo central de 60°. Calcule a área lateral do cone.

32. A geratriz de um cone circular reto mede 10 cm e o raio da base é igual a 4 cm. Calcule:
a) a altura do cone;
b) a área lateral;
c) a área total;
d) a medida do ângulo do setor circular.

33. Quantos centímetros quadrados de cartolina serão gastos para fazer o chapéu de palhaço cujas medidas estão na figura ao lado?

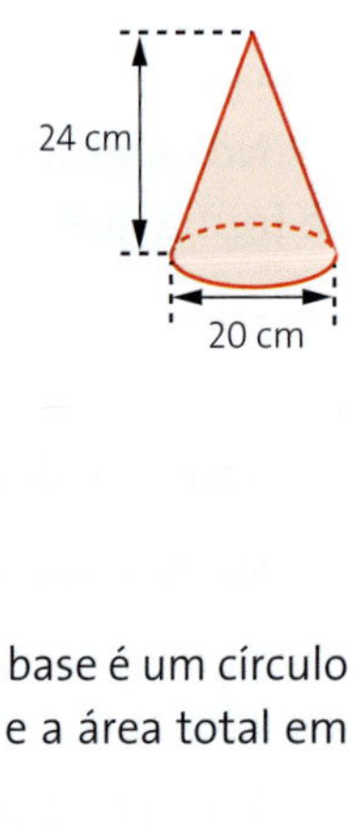

34. A geratriz de um cone equilátero mede 4 cm. Determine:
a) a altura e o raio do cone;
b) a área total.

35. Considere um cone equilátero cuja base é um círculo de raio r. Determine a área lateral e a área total em função de r.

36. Um cone tem altura 6 cm e diâmetro 10 cm. Considerando $\pi = 3{,}14$, determine a área total da superfície do cone.

Volume do cone

Mais uma vez usaremos o princípio de Cavalieri.

Consideramos um cone de altura H e base de área A contida em um plano horizontal α.

Também consideramos uma pirâmide de altura H e base de área A contida em α.

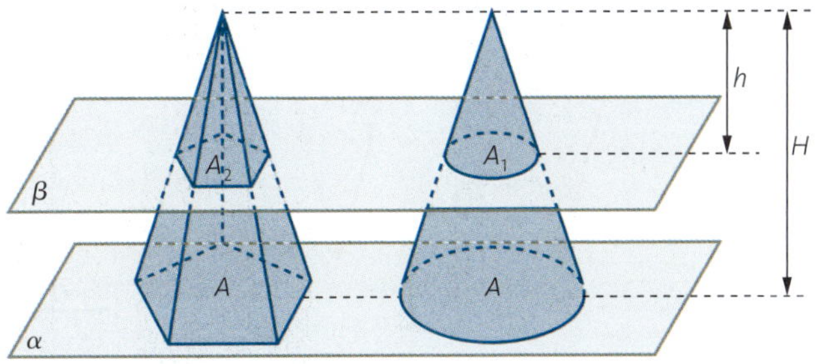

Se um plano horizontal β com distância h dos vértices secciona os dois sólidos, determinando regiões planas de áreas A_1 e A_2, temos:

$$\frac{A_1}{A} = \frac{h^2}{H^2} \text{ e } \frac{A_2}{A} = \frac{h^2}{H^2} \Rightarrow \frac{A_2}{A} = \frac{A_1}{A} \Rightarrow A_1 = A_2$$

Pelo princípio de Cavalieri podemos afirmar que o cone e a pirâmide iniciais têm o mesmo volume. Como já sabemos o volume da pirâmide $\left(V = \frac{AH}{3}\right)$, o volume do cone também é o mesmo.

$$V_{cone} = \frac{\text{área da base} \cdot \text{altura}}{3}$$

Então, para um cone circular de raio r e altura h, podemos dizer que:

$$V = \frac{1}{3}A_b h$$

$$V = \frac{1}{3}\pi r^2 h$$

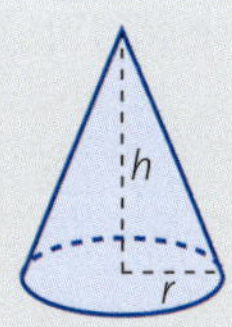

Observação: Lembrando a relação entre os volumes do prisma e da pirâmide de mesma altura e mesma área da base e usando o princípio de Cavalieri, podemos concluir:

O volume de um cone de mesma área da base e mesma altura de um cilindro é igual a $\frac{1}{3}$ do volume do cilindro.

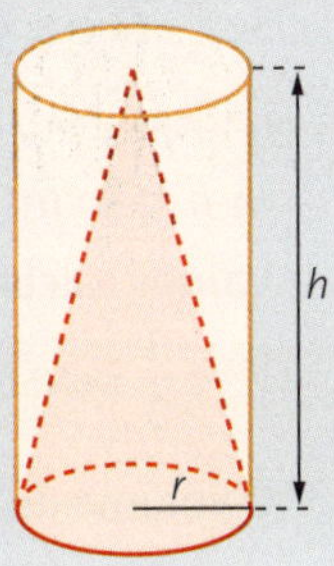

$$V_{cilindro} = \pi r^2 h$$

$$V_{cone} = \frac{1}{3}\pi r^2 h$$

Podemos comprovar isso experimentalmente: para encher de água uma vasilha em forma de cilindro usando como medida um recipiente em forma de cone, de mesma área da base e mesma altura do cilindro, será necessário usar o recipiente três vezes:

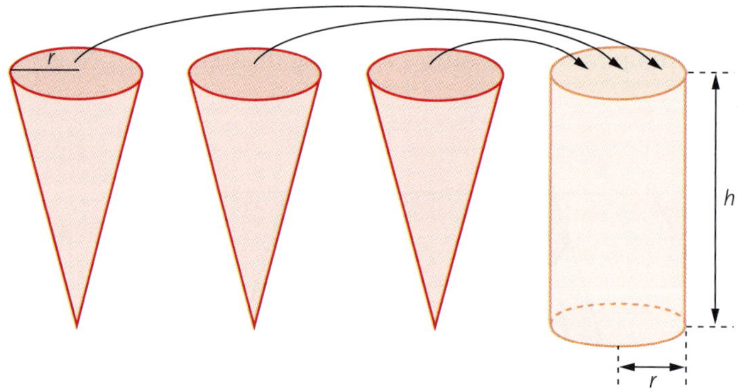

Exercícios resolvidos

10. Qual é o volume de um cone de raio 7 cm e altura 12 cm?

Resolução

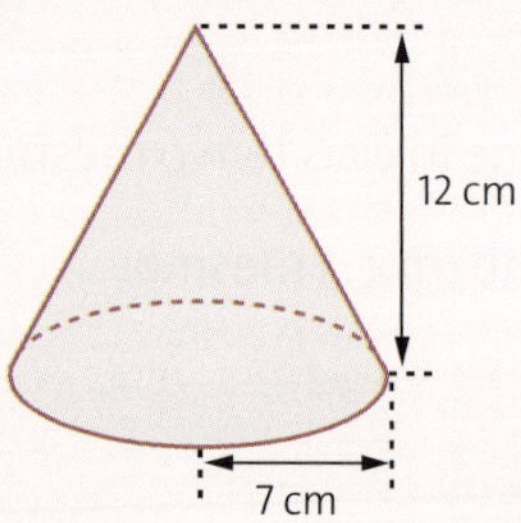

$$V = \frac{1}{3}\pi r^2 h = \frac{1}{3}\pi \cdot 7^2 \cdot 12 = 196\pi$$

O volume do cone é 196π cm^3.

11. Qual é a capacidade de uma casquinha de sorvete de forma cônica cujo diâmetro é 6 cm e cuja altura é 10 cm? (Use $\pi = 3{,}14$.)

Source/Photolibrary/Folhapress

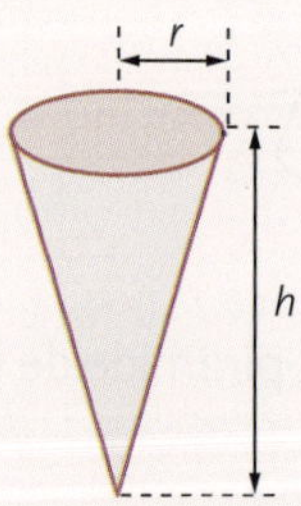

Cone

Resolução

diâmetro = 6 cm

raio = 3 cm

$h = 10$ cm

$$V = \frac{1}{3}\pi r^2 h = \frac{1}{3}\pi \cdot 3^2 \cdot 10 = 30\pi \simeq 94{,}20$$

$V = 94{,}20$ cm^3

Como 1 cm^3 = 1 mL, a capacidade da casquinha é de 94,20 mL aproximadamente.

12. Em um cone reto, a geratriz mede 15 cm e o raio da base mede 9 cm. Calcule a altura e o volume do cone.

Resolução

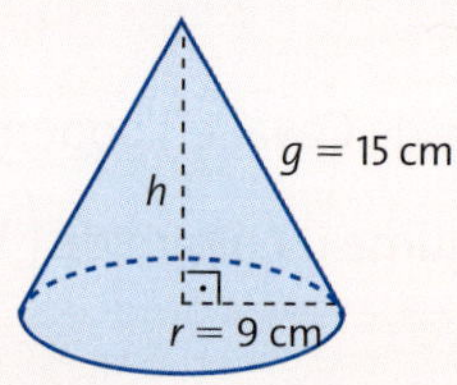

Pela figura, temos:

$$g^2 = h^2 + r^2 \Rightarrow 15^2 = h^2 + 9^2 \Rightarrow$$
$$\Rightarrow h^2 = 225 - 81 = 144 \Rightarrow h = 12 \text{ cm}$$

Vamos calcular o volume:

$$V = \frac{1}{3}\pi r^2 h = \frac{1}{3}\pi(9)^2 \cdot 12 = 324\pi \text{ cm}^3$$

A altura do cone é 12 cm e o volume é 324π cm^3.

13. Um cone reto tem 15π cm^2 de área lateral e 24π cm^2 de área total. Calcule o volume desse cone.

Resolução

$$A_\ell = \pi rg \Rightarrow \pi rg = 15\pi \Rightarrow rg = 15 \Rightarrow g = \frac{15}{r} \quad \text{(I)}$$
$$A_t = \pi r(g + r) \Rightarrow \pi r(g + r) = 24\pi \quad \text{(II)}$$

Substituindo (I) em (II), temos:

$$\pi r\left(\frac{15}{r} + r\right) = 24\pi \Rightarrow 15\pi + \pi r^2 = 24\pi \Rightarrow$$
$$\Rightarrow \pi r^2 = 9\pi \Rightarrow r^2 = 9 \Rightarrow r = 3 \text{ cm}$$

Se $r = 3$ cm, então $g = \frac{15}{3} = 5$ cm; daí:

$$g^2 = h^2 + r^2 \Rightarrow 5^2 = h^2 + 3^2 \Rightarrow h^2 = 25 - 9 = 16 \Rightarrow$$
$$\Rightarrow h = 4 \text{ cm}$$

Vamos calcular o volume:

$$V = \frac{1}{3}\pi r^2 h = \frac{1}{3}\pi(3)^2 \cdot 4 = 12\pi \text{ cm}^3$$

O volume do cone é 12π cm^3.

Exercícios

37. Um tanque cônico tem 4 m de profundidade e seu topo circular tem 6 m de diâmetro. Qual é o volume máximo, em litros, que esse tanque pode conter de líquido?

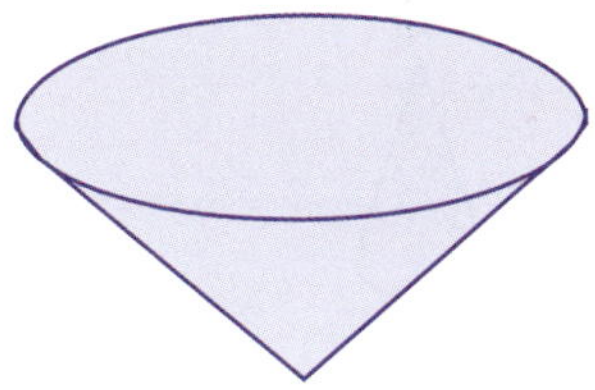

38. Uma empresa fabrica um chocolate em forma de guarda-chuva, com 7 cm de altura e 2 cm de diâmetro. Qual é o volume desse chocolate?

Dam d'Souza/Arquivo da editora

39. Carina observou o projeto de um silo:

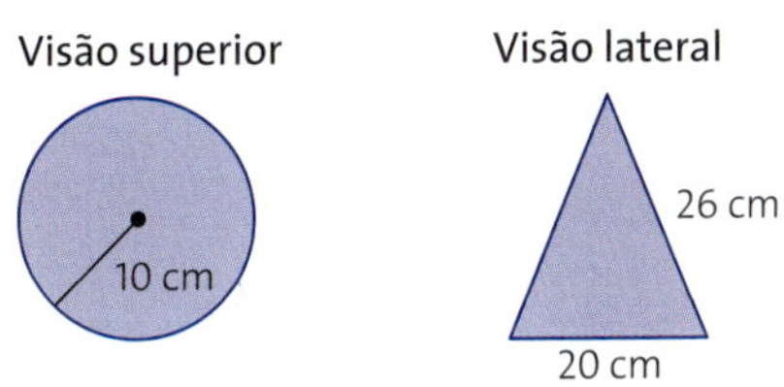

Com essas informações, Carina calculou o volume do silo. Usando $\pi = 3$, qual é esse volume?

40. O volume de um cone equilátero é igual a $9\pi\sqrt{3}$ cm^3. Calcule a altura do cone.

41. Um artista projetou um cinzeiro maciço de mármore com as seguintes dimensões:

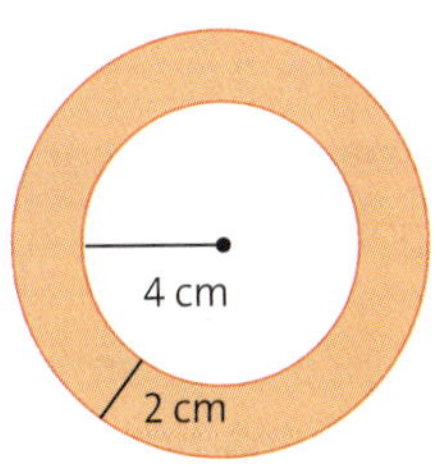

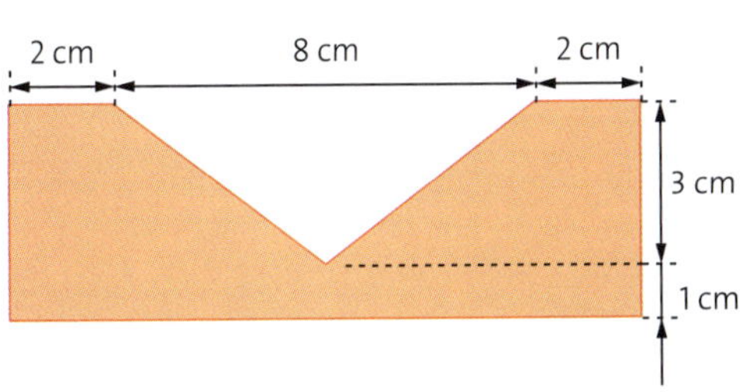

Qual é o volume de mármore que será usado nesse cinzeiro?

42. Determine o volume de um cone de altura 6 cm e geratriz 7 cm. (Use $\pi = 3{,}14$.)

43. Um silo para armazenar cereais tem a forma da figura a seguir. O raio do cilindro e o do cone têm 4 m. A altura total do silo é 10 m e a altura do cone é 4 m. Quantos metros cúbicos de cereais podem ser armazenados nesse silo?

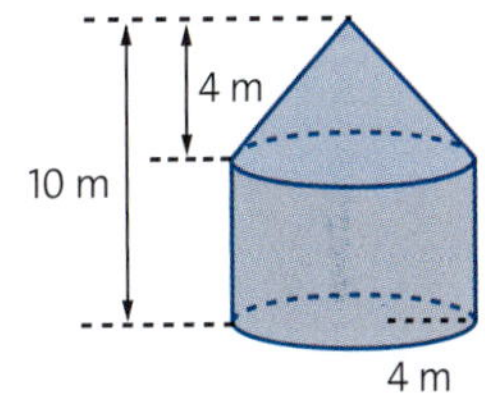

44. Uma vasilha tem a forma da figura dada. Seu topo circular tem 30 cm de diâmetro e a altura da vasilha é 20 cm. Qual é o volume máximo de líquido que essa vasilha pode conter em litros?

45. Uma sorveteria utiliza copos de forma cônica para colocar sorvete. O copo tem 10 cm de profundidade por 4 cm de diâmetro na abertura. Em um copo, foram colocadas duas colheradas de sorvete, cada uma delas com um volume de $\frac{16\pi}{3}$ cm^3. Se o sorvete colocado no copo derreter, ele transbordará?

46. Um cone reto tem 13 cm de geratriz e 12 cm de altura. Calcule o raio da base, a área lateral e o volume desse cone.

47. O volume de um cone é 400π m^3 e o raio de sua base é 5 m. Calcule a altura, a geratriz e a área lateral do cone.

48. Observe a ampulheta cujas dimensões estão indicadas na figura.

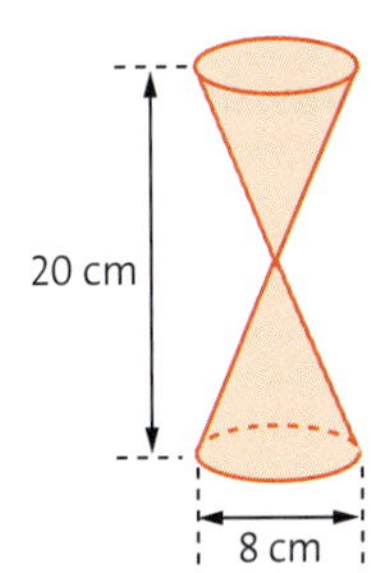

Qual é o volume de areia necessário para encher completamente um dos cones dessa ampulheta?

Tronco de cone reto

Vamos considerar um cone circular reto de vértice V e altura h e um plano α paralelo à base que secciona o cone a uma distância d do vértice, conforme a figura.

Nesse caso, obtemos dois sólidos: um cone de vértice V e altura d e o tronco do cone inicial.

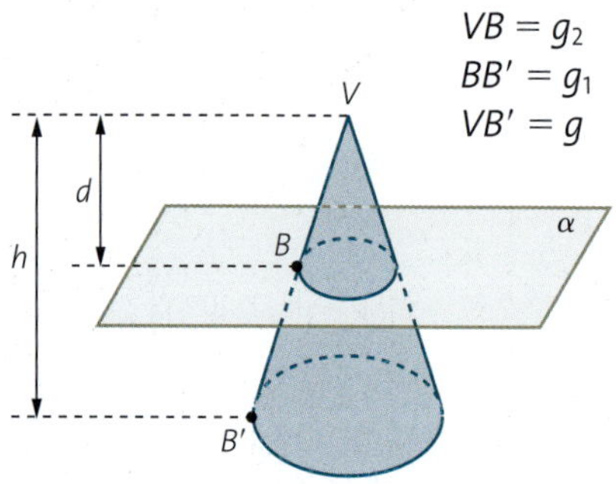

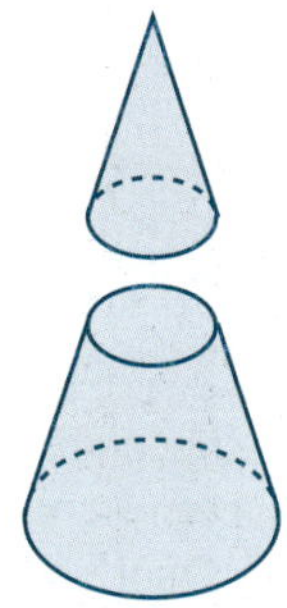

No tronco do cone, destacamos:

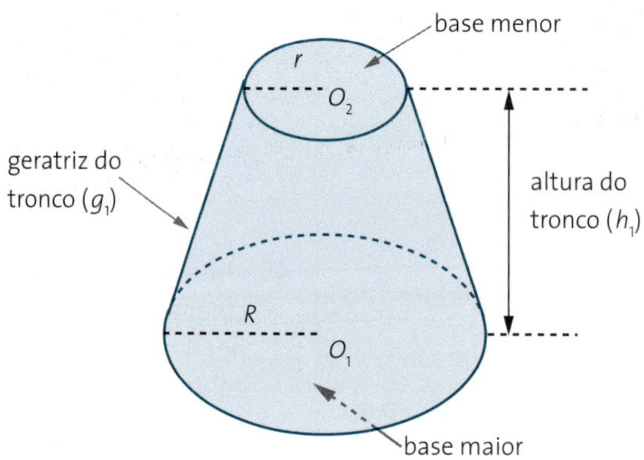

- duas bases: a base maior (base do cone inicial) e a base menor (secção determinada por α);
- a altura (h_1), que é a distância entre as bases ($h_1 = h - d$);
- a geratriz, cuja medida (g_1) é obtida pela diferença das medidas das geratrizes dos dois cones: $g_1 = g - g_2$, em que g é a geratriz do cone inicial e g_2 é a geratriz do cone determinado por α.

Observação: O tronco de cone pode ser considerado de forma análoga ao tronco de pirâmide. Assim como acontece com as pirâmides, um plano paralelo à base que secciona o cone origina um tronco e um cone miniatura semelhante ao original, de forma que para os dois cones podem ser usadas todas as relações de semelhança: lineares, de área e de volume.

Assim:

$$\frac{h}{d} = \frac{R}{r} = \frac{g}{g_2}$$

$\left(\frac{h}{d}\right)^2 = \frac{A_B}{A_b}$, em que A_B é a área da base maior e A_b é a área da base menor.

$\left(\frac{h}{d}\right)^3 = \frac{V}{V_2}$, em que V é o volume do cone inicial e V_2 é o volume do cone determinado por α.

Área do tronco de cone reto

É possível verificar que:

área lateral (A_ℓ): $A_\ell = \pi g_1 (R + r)$

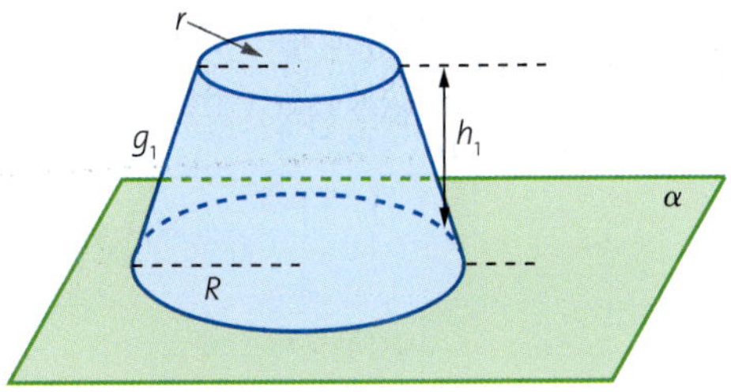

Volume do tronco de cone reto

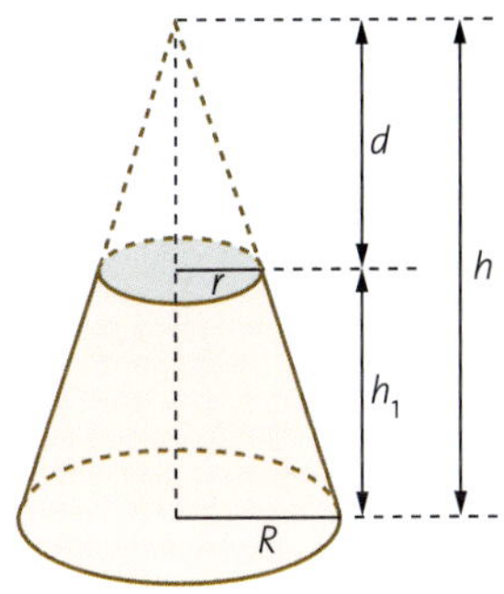

$$V_{\text{tronco}} = V_{\text{cone maior}} - V_{\text{cone menor}} \Rightarrow V_{\text{tronco}} = \frac{1}{3}\pi R^2 h - \frac{1}{3}\pi r^2 d =$$

$$= \frac{\pi}{3}(R^2 h - r^2 d) = \frac{\pi}{3}\left[R^2 h - r^2(h - h_1)\right] =$$

$$= \frac{\pi}{3}\left[R^2 h - r^2 h + r^2 h_1\right] = \frac{\pi}{3}\left[(R^2 - r^2)h + r^2 h_1\right] \text{ (I)}$$

Da semelhança de triângulos, temos:

$$\frac{R}{r} = \frac{h}{d} \Rightarrow Rd = rh \Rightarrow R(h - h_1) = rh \Rightarrow Rh - Rh_1 = rh \Rightarrow Rh - rh = Rh_1 \Rightarrow h(R - r) = Rh_1 \Rightarrow h = \frac{Rh_1}{R - r} \text{ (II)}$$

Substituindo (II) em (I), temos:

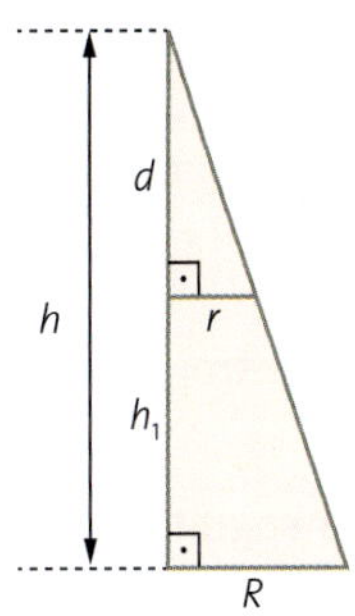

$$V_{\text{tronco}} = \frac{\pi}{3}\left[(R^2 - r^2)\cdot\frac{Rh_1}{R - r} + r^2 h_1\right] = \frac{\pi}{3}\left[\frac{(R + r)\cancel{(R - r)}Rh_1}{\cancel{R - r}} + r^2 h_1\right] =$$

$$= \frac{\pi}{3}\left[(R + r)Rh_1 + r^2 h_1\right] = \frac{\pi}{3}\left[R^2 h_1 + rRh_1 + r^2 h_1\right] = \frac{\pi h_1}{3}(R^2 + Rr + r^2)$$

Logo:

$$V_{\text{tronco}} = \frac{\pi h_1}{3}(R^2 + Rr + r^2)$$

Exercícios resolvidos

14. Os raios das bases de um tronco de cone são 3 m e 2 m. A altura do tronco é 6 m. Calcule o seu volume.

Resolução

1º método: usando a fórmula

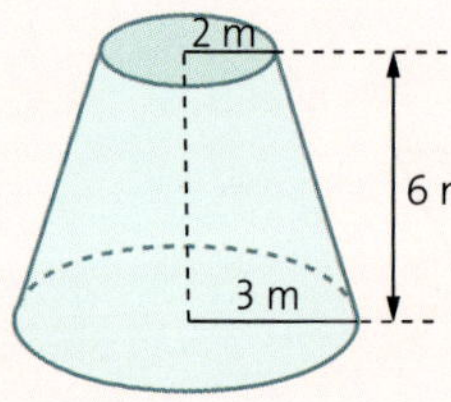

$R = 3$ m

$r = 2$ m

$h_1 = 6$ m

$$V = \frac{\pi h_1}{3}(R^2 + Rr + r^2) = \frac{6\pi}{3}(3^2 + 3 \cdot 2 + 2^2) =$$

$= 38\pi$; $V = 38\pi$ m^3

2º método: sem o uso da fórmula

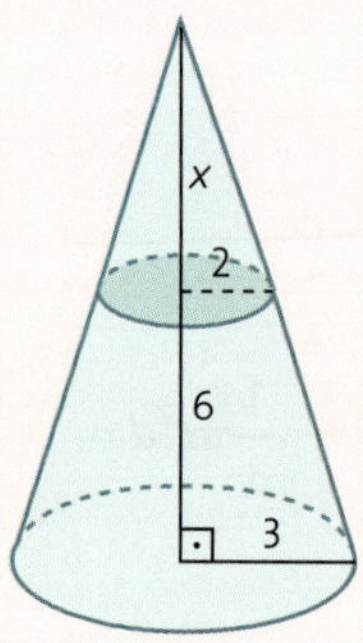

Seja $x + 6$ a altura do cone que deu origem ao tronco de cone.

Usando semelhança, podemos escrever:

$$\frac{x}{x+6} = \frac{2}{3} \Rightarrow$$

$\Rightarrow 3x = 2x + 12 \Rightarrow x = 12$

Podemos calcular o volume do tronco assim:

$V_{\text{tronco}} = V_{\text{cone maior}} - V_{\text{cone menor}} =$

$= \frac{1}{3}\pi \cdot 9 \cdot 18 - \frac{1}{3}\pi \cdot 4 \cdot 12 =$

$= 54\pi - 16\pi = 38\pi$

O volume do tronco de cone é 38π m^3.

15. A figura a seguir mostra um tronco de cone. Os raios das bases são r_1 e r_2. Sendo g_1 a geratriz do tronco, mostre que a área lateral do tronco é dada por $A_\ell = \pi g_1(r_1 + r_2)$.

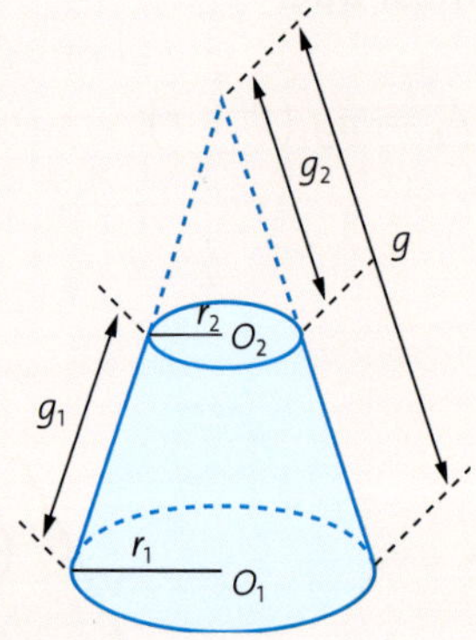

Resolução

Planificando a superfície lateral do tronco de cone, temos:

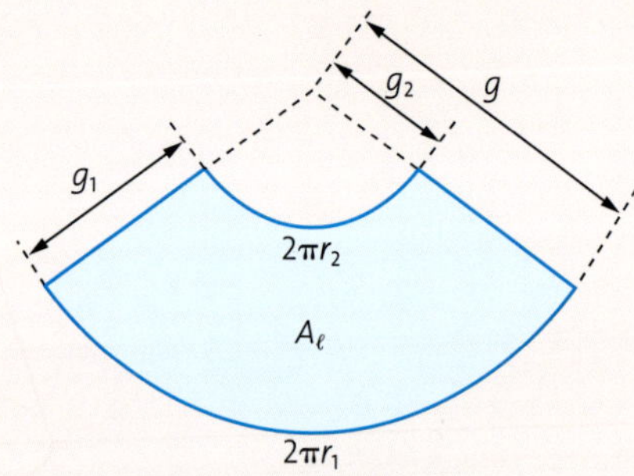

A_1 = área lateral do cone maior $= \pi r_1 g$

A_2 = área lateral do cone menor $= \pi r_2 g_2$

A_ℓ = área lateral do tronco $= A_1 - A_2$

$A_\ell = A_1 - A_2 = \pi r_1 g_1 - \pi r_2 g_2 = \pi(r_1 g - r_2 g_2)$ (I)

Considerando a figura original, temos:

$$\frac{g}{g_2} = \frac{r_1}{r_2} \Rightarrow \begin{cases} \frac{g - g_2}{g} = \frac{r_1 - r_2}{r_1} \Rightarrow \frac{g_1}{g} = \frac{r_1 - r_2}{r_1} \Rightarrow \\ \Rightarrow g = \frac{r_1 g_1}{r_1 - r_2} \text{ (II)} \\ \frac{g - g_2}{g} = \frac{r_1 - r_2}{r_1} \Rightarrow \frac{g_1}{g_2} = \frac{r_1 - r_2}{r_2} \Rightarrow \\ \Rightarrow g_2 = \frac{r_2 g_1}{r_1 - r_2} \text{ (III)} \end{cases}$$

Substituindo (II) e (III) em (I), temos:

$$A_\ell = \pi(r_1 g - r_2 g_2) = \pi\left(r_1 \cdot \frac{r_1 g_1}{r_1 - r_2} - r_2 \cdot \frac{r_2 g_1}{r_1 - r_2}\right) =$$

$$= \pi g_1\left(\frac{r_1^2 - r_2^2}{r_1 - r_2}\right) = \pi g_1\left[\frac{(r_1 + r_2)\cancel{(r_1 - r_2)}}{\cancel{r_1 - r_2}}\right] \Rightarrow$$

$\Rightarrow A_\ell = \pi g_1(r_1 + r_2)$

Exercícios

49. Uma vasilha (figura abaixo) tem a forma de um tronco de cone. Suas dimensões estão indicadas na figura. Qual é o volume máximo de água que a vasilha pode conter em litros?

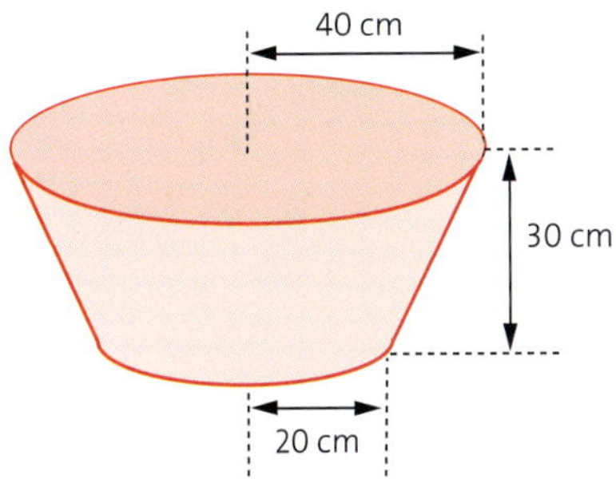

50. Um reservatório cônico tem água até a metade de sua altura, conforme a figura. Qual é o volume de água?

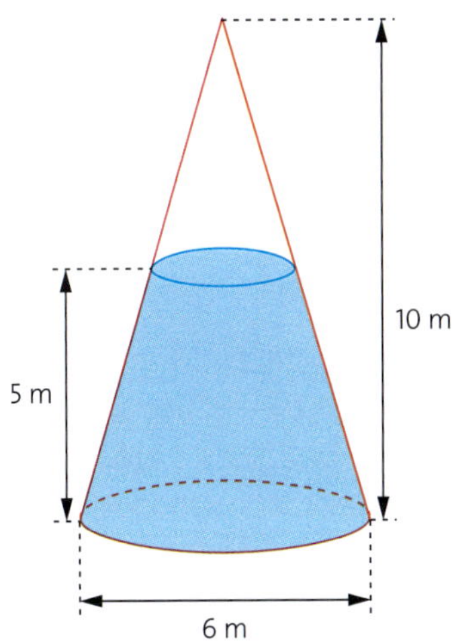

51. Um depósito de combustível tem a forma de um tronco de cone. Suas dimensões são dadas na figura abaixo. Se apenas 30% de sua capacidade está ocupada por combustível, qual é a quantidade, em litros, de combustível existente no depósito?
(Use $1\ dm^3 = 1\ L$.)

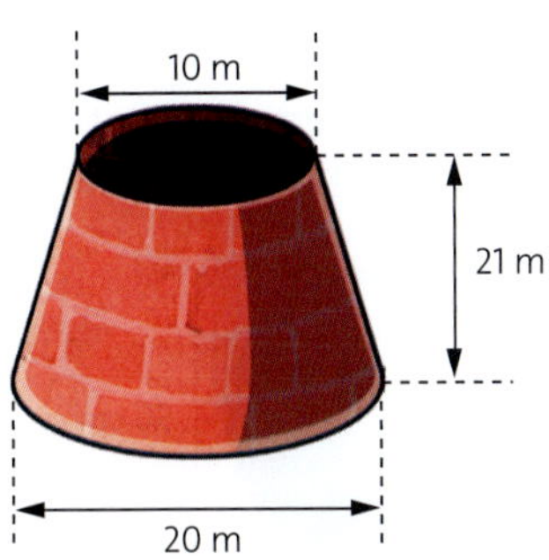

Ilustrações: Dam d'Souza/Arquivo da editora

52. O copo da figura tem as seguintes medidas internas: 6 cm e 8 cm de diâmetro nas bases e 9 cm de altura. Qual é o volume máximo de água que esse copo pode conter em mL?

53. Uma xícara tem a forma da figura dada, com dimensões em centímetros. Qual é o máximo volume de café que pode ser colocado nessa xícara? (Use $\pi = 3$.)

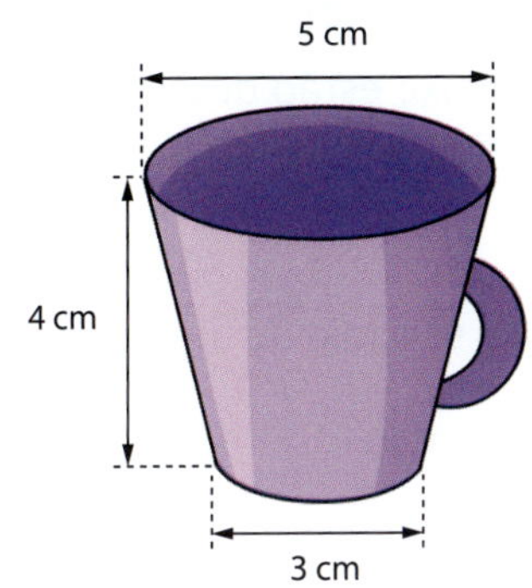

54. Um depósito de cereais tem a forma da figura (um cilindro mais um tronco de cone). Suas medidas estão assinaladas na figura. Qual é o volume desse depósito?

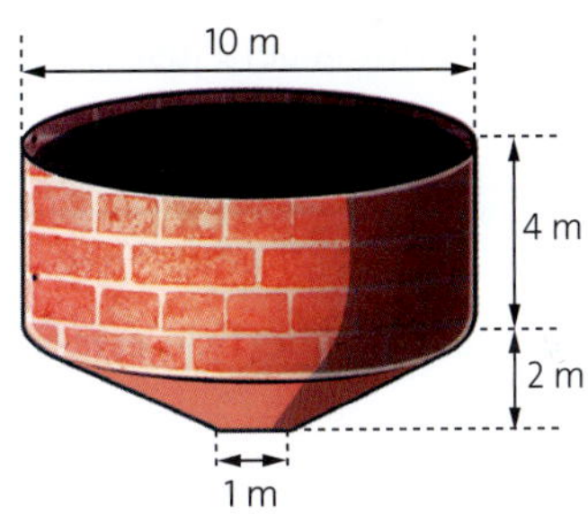

55. Qual é o volume de madeira usado para fazer um carretel com dimensões iguais às da figura ao lado?

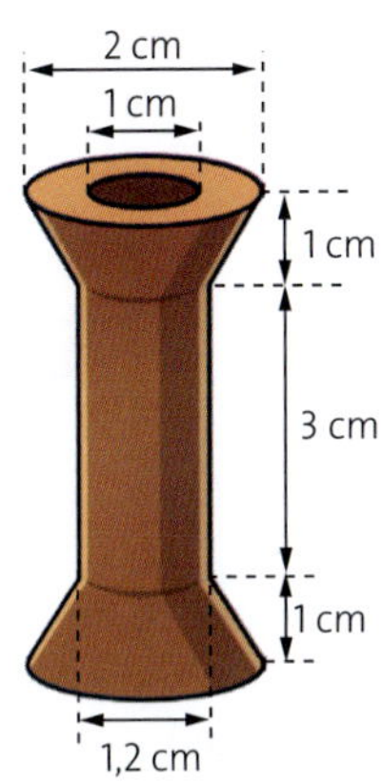

4 A esfera

Cone, cilindro e esfera na arte

Consideremos um ponto C e um número real positivo R qualquer.

A esfera de centro C e raio de medida R é o conjunto de todos os pontos do espaço que estão a uma distância menor ou igual a R do ponto C.

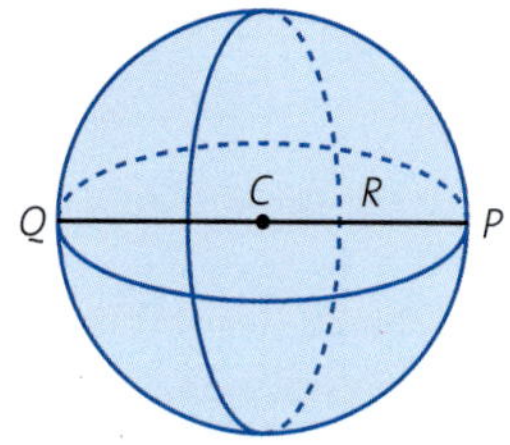

C: centro da esfera
$\overline{CP}$: raio da esfera
$\overline{PQ}$: diâmetro da esfera
R: medida do raio da esfera

A "casquinha" ou a fronteira da esfera chama-se **superfície esférica**.

Área da superfície esférica

Na figura abaixo estão desenhados três círculos máximos. A área da superfície esférica é dada pelo quádruplo da área de um dos círculos máximos, ou seja:

$$A = 4\pi R^2$$

Por exemplo, se o raio de uma esfera é 9 cm, a área da superfície esférica será dada por:

$$A = 4\pi R^2 = 4 \cdot \pi \cdot 9^2 = 144\pi;\ A = 144\pi \text{ cm}^2$$

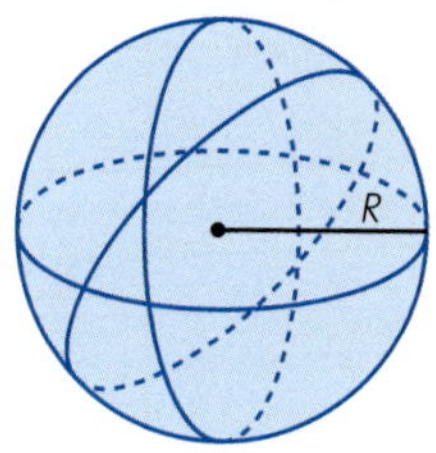

Observação: Essa fórmula será justificada na seção *Leituras*.

Exercícios

56. Determine a área da superfície esférica cujo raio é 6 cm.

57. Em uma esfera, o diâmetro é 10 cm. Qual é a área da superfície dessa esfera?

58. Quantos metros quadrados de plástico são gastos aproximadamente para fazer o balão da figura abaixo?

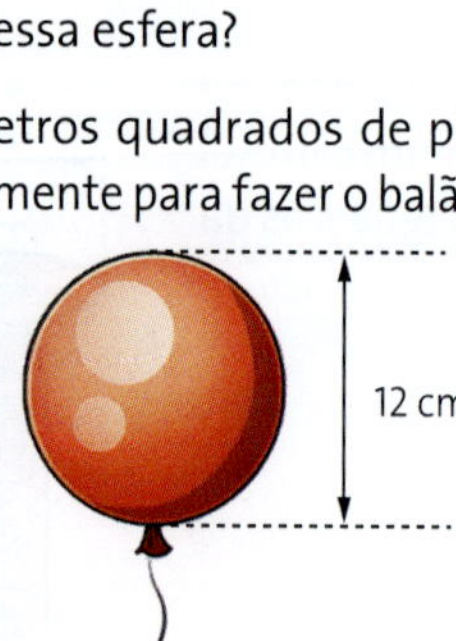

Dam d'Souza/Arquivo da editora

59. O diâmetro de uma esfera é igual ao raio de outra esfera. Qual é a razão entre as áreas das superfícies esféricas?

60. A figura a seguir representa um hemisfério. Qual é a área da superfície desse hemisfério?

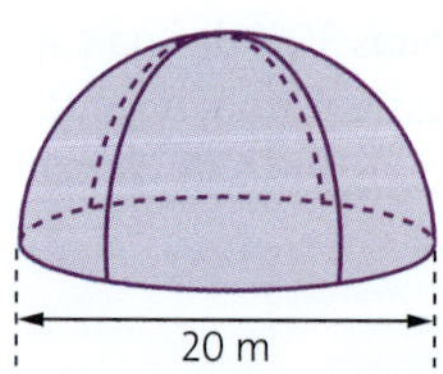

61. Quanto de borracha (em centímetros quadrados) se gasta para fazer a bola cuja medida está na figura?

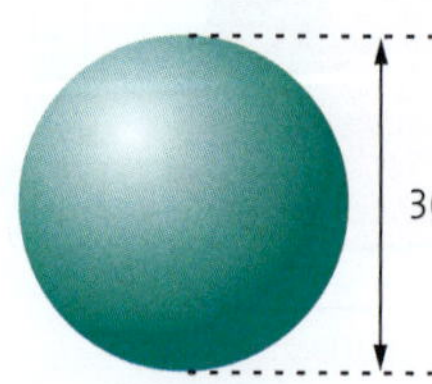

Volume da esfera

O volume de uma esfera de raio R é igual a:

$$V = \frac{4}{3}\pi R^3$$

Observe a figura abaixo, em que aparece a secção determinada em uma esfera de raio R por um plano β.

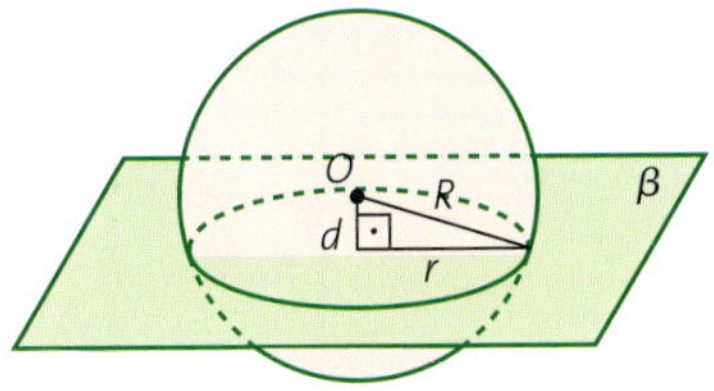

A intersecção do plano β com a esfera é um círculo de raio r. Se d é a distância de O (centro da esfera) ao plano β, temos:

$$R^2 = d^2 + r^2 \Rightarrow r^2 = R^2 - d^2$$

Portanto, a área da secção é dada por:

$$\pi(R^2 - d^2)$$

Fique atento!
Se um plano secciona uma esfera, a secção é sempre um círculo.

O volume da esfera será determinado utilizando-se o princípio de Cavalieri. Para isso, vamos considerar inicialmente um sólido S que será obtido da seguinte maneira: de um cilindro equilátero de raio R e altura $2R$, retiramos dois cones de raio R, altura R e vértice P.

Você sabia?
Este sólido S é conhecido como anticlepsidra.

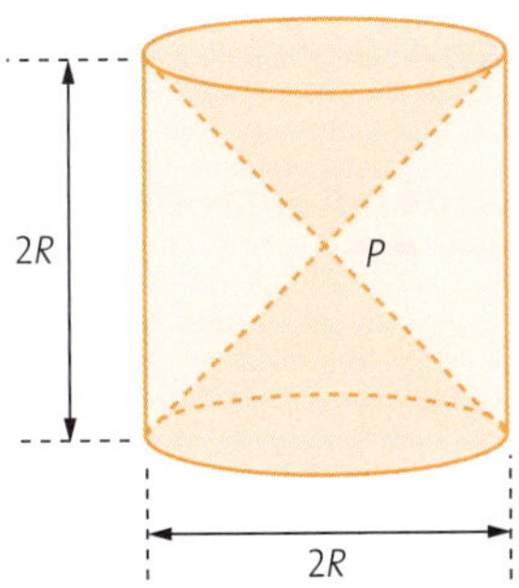

O volume do sólido S é tal que:

$$\text{volume de } S = \underbrace{\pi R^2 \cdot 2R}_{\text{cilindro}} - \underbrace{2 \cdot \frac{1}{3}\pi R^2 \cdot R}_{\text{2 cones}} =$$

$$= 2\pi R^3 - \frac{2}{3}\pi R^3 = \frac{4}{3}\pi R^3$$

Agora podemos considerar, apoiados em um plano α, esse sólido S e uma esfera E de raio R, conforme mostra a figura:

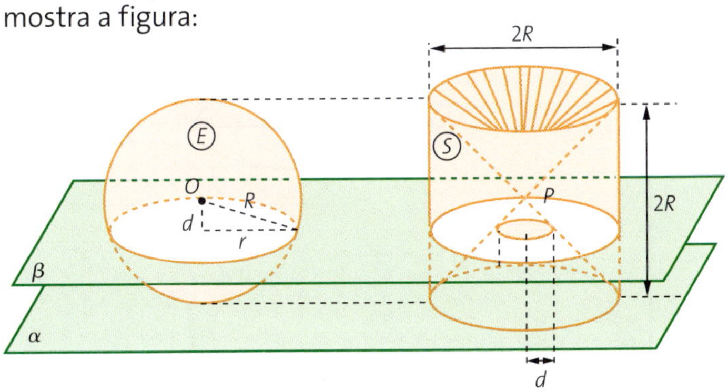

Fique atento!
A reta $\overleftrightarrow{OP}$ é paralela ao plano α.
O raio do círculo menor da coroa é d, pois o $\triangle PXY$ indicado abaixo é retângulo e isósceles para qualquer plano β.

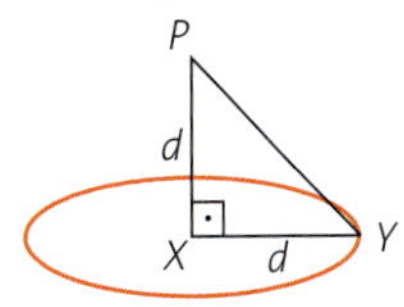

Se um plano β, paralelo a α, seccionar a esfera E, a área da secção será $\pi(R^2 - d^2)$. Além disso, β também secciona o sólido S e a secção será uma coroa circular de raios R e d, e também de área igual a $\pi(R^2 - d^2)$.

A igualdade das áreas das secções permite concluir, pelo princípio de Cavalieri, que a esfera E tem o mesmo volume que o sólido S, que como sabemos é $\frac{4}{3}\pi R^3$.

Podemos então concluir que, se uma esfera tem raio R, seu volume é: $V = \frac{4}{3}\pi R^3$.

Figuras geométricas espaciais em 3-D

Exercícios resolvidos

16. Quantos mililitros cabem, aproximadamente, na vasilha abaixo?

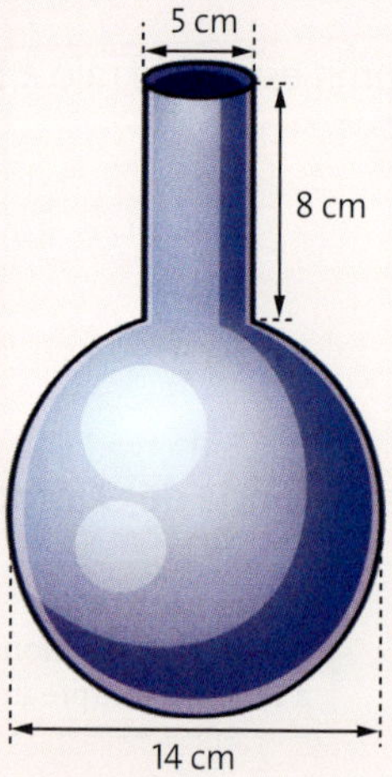

Dam d'Souza/Arquivo da editora

Resolução

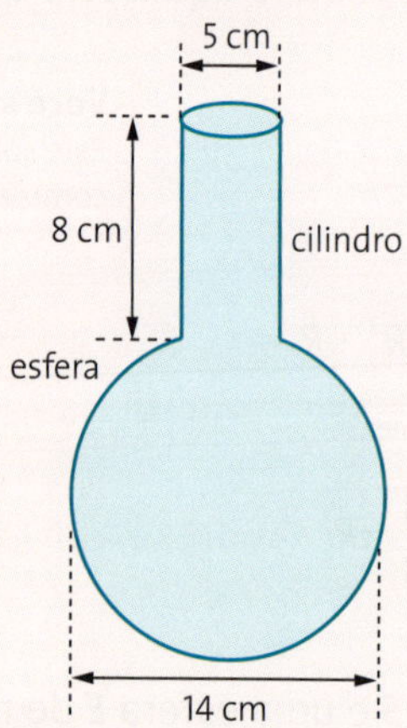

- volume do cilindro no qual $r = 2{,}5$ cm e $h = 8$ cm:
  $V = \pi r^2 h = \pi (2{,}5)^2 \cdot 8 = 50\pi \text{ cm}^3$
- volume da esfera na qual $R = 7$ cm:
  $$V = \frac{4}{3}\pi R^3 = \frac{4}{3}\pi(7)^3 = \frac{1372\pi}{3} \text{ cm}^3$$
- volume da vasilha:
  $$V = 50\pi + \frac{1372\pi}{3} = \frac{1522\pi}{3} \text{ cm}^3$$

  Considerando $\pi = 3{,}14$, temos $V \simeq 1\,593 \text{ cm}^3$.

  Como $1 \text{ cm}^3 = 1$ mL, o volume da vasilha é de, aproximadamente, 1593 mL.

17. Uma esfera é seccionada por um plano α a 12 cm de seu centro. O raio da secção obtida é 9 cm. Calcule o volume da esfera.

Resolução

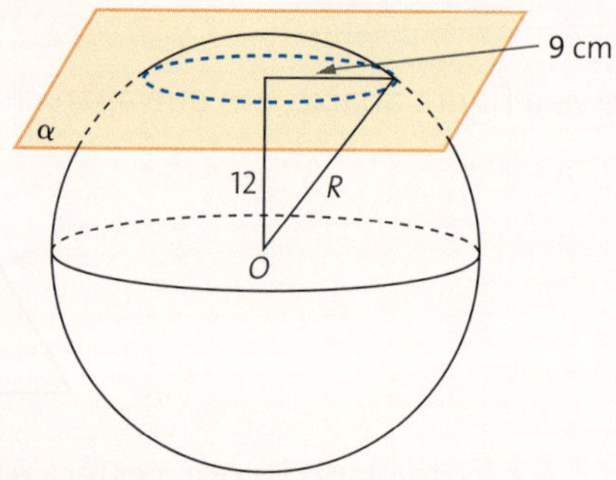

Vamos calcular o raio R da esfera:

$$R^2 = 12^2 + 9^2 = 144 + 81 = 225 \Rightarrow R = 15 \text{ cm}$$

Vamos calcular o volume:

$$V = \frac{4}{3}\pi R^3 = \frac{4}{3}\pi(15)^3 = \frac{4}{3}\pi \cdot 3\,375 \text{ cm}^3 =$$
$$= 4\,500\pi \text{ cm}^3$$

Portanto, o volume da esfera é $4\,500\pi \text{ cm}^3$.

18. Um cone equilátero está inscrito em uma esfera. O raio da base do cone é 2 cm. Calcule o volume da esfera.

Resolução

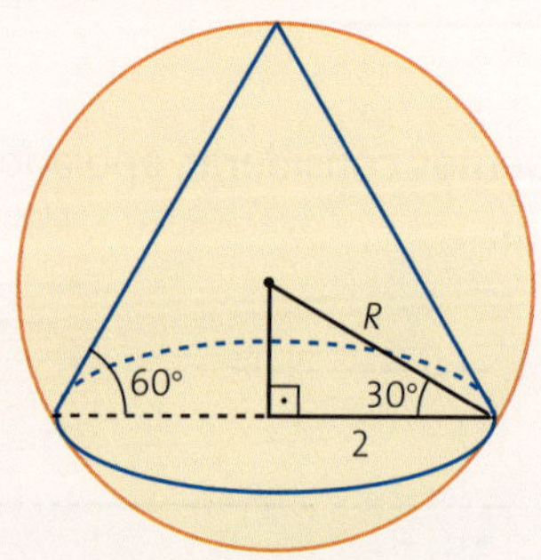

$$\cos 30° = \frac{2}{R} \Rightarrow \frac{\sqrt{3}}{2} = \frac{2}{R} \Rightarrow R = \frac{4}{\sqrt{3}} = \frac{4\sqrt{3}}{3}$$

Vamos calcular o volume da esfera:

$$V = \frac{4}{3}\pi R^3 = \frac{4}{3}\pi\left(\frac{4\sqrt{3}}{3}\right)^3 = \frac{4}{3}\pi \cdot \frac{192\sqrt{3}}{27} =$$
$$= \frac{256\pi\sqrt{3}}{27} \text{ cm}^3$$

Logo, o volume da esfera é $\frac{256\pi\sqrt{3}}{27} \text{ cm}^3$.

19. Um fuso esférico é uma parte da superfície esférica gerada pela rotação (de α graus ou radianos) de uma semicircunferência de raio R com as extremidades em um eixo. A área do fuso é proporcional ao ângulo α, de forma que, quando α for 360° (ou 2π rad), tem-se a área da superfície esférica, ou seja, $4\pi R^2$. Encontre a fórmula que permite obter a área do fuso em função do raio R e do ângulo α para graus e para radianos.

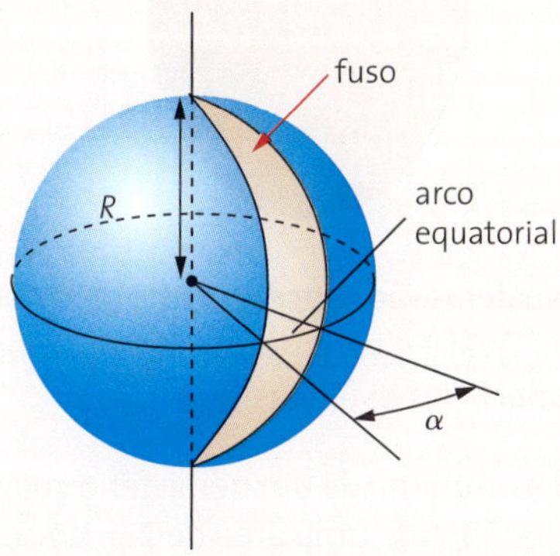

Resolução

Pelo enunciado, temos:

$$\frac{A_{fuso}}{4\pi R^2} = \frac{\alpha_{graus}}{360°} = \frac{\alpha_{rad}}{2\pi}$$

Então:

$$A_{fuso} = \frac{\alpha_{graus}}{360°} \cdot 4\pi R^2 = \frac{\alpha \pi R^2}{90°} \text{ (}\alpha\text{ em graus)}$$

$$A_{fuso} = \frac{\alpha_{rad}}{2\pi} \cdot 4\pi R^2 = 2\alpha R^2 \text{ (}\alpha\text{ em radianos)}$$

20. Sobre o planeta Terra, responda:

a) Como calcular o seu volume e a área de sua superfície?

b) Como calcular a área coberta de água (em km^2) em sua superfície?

Resolução

a) Sabe-se que a linha do equador tem 40 000 km aproximadamente.

Modelo matemático

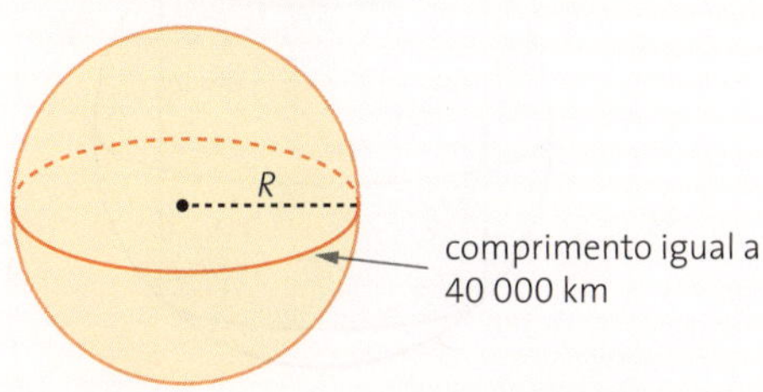

Considerando a Terra uma figura de forma esférica, temos $V = \frac{4}{3}\pi R^3$.

Como $C = 40\,000$ km e $C = 2\pi R$, vamos determinar R, considerando $\pi = 3{,}14$:

$$40\,000 = 2\pi R \Rightarrow R = \frac{40\,000}{2\pi} \simeq 6\,369$$

$R \simeq 6\,369$ km

$$V = \frac{4}{3}\pi R^3 = \frac{4}{3} \cdot 3{,}14 \cdot 6\,369^3 \simeq 1{,}08 \cdot 10^{12}$$

$V = 1{,}08 \cdot 10^{12}$ km^3

A área da superfície da esfera é dada por $A = 4\pi R^2$. No caso do planeta Terra, como $R \simeq 6\,369$ km, temos:

$A \simeq 4 \cdot 3{,}14 \cdot 6\,369^2 = 509\,485\,862{,}1$

Portanto, o volume aproximado da Terra é $1{,}08 \cdot 10^{12}$ km^3 e sua área aproximada é $5{,}09 \cdot 10^8$ km^2.

b) Como três quartos da superfície da Terra são cobertos de água, temos:

$$\frac{3}{4}A \simeq \frac{3}{4} \cdot 5{,}09 \cdot 10^8 \simeq 3{,}82 \cdot 10^8$$

A área coberta de água é de aproximadamente $3{,}82 \cdot 10^8$ km^2.

21. Uma cunha esférica é uma parte da esfera, gerada pela rotação (de α graus ou radianos) de um semicírculo de raio R com as extremidades em um eixo. O volume da cunha é proporcional ao ângulo α, de forma que, quando α for 360° (ou 2π rad), tem-se o volume da esfera, ou seja, $\frac{4}{3}\pi R^3$. Encontre a fórmula que permite obter o volume da cunha em função do raio R e do ângulo α para graus e para radianos.

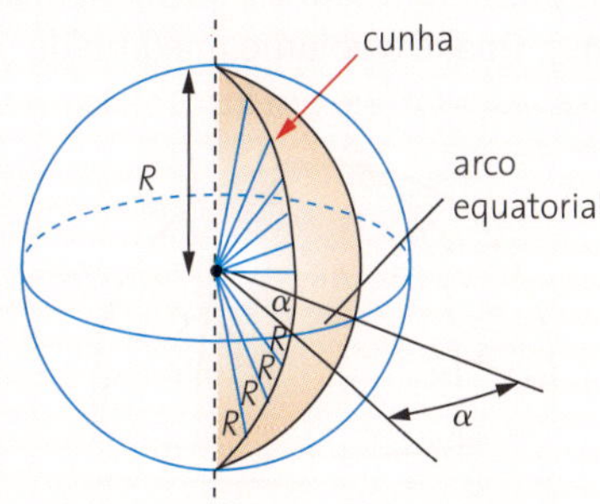

Resolução

Pelo enunciado, temos:

$$\frac{V_{cunha}}{\frac{4}{3}\pi R^3} = \frac{\alpha_{graus}}{360°} = \frac{\alpha_{rad}}{2\pi}. \text{ Então:}$$

$$V_{cunha} = \frac{\alpha_{graus}}{360°} \cdot \frac{4}{3}\pi R^3 = \frac{\alpha \pi R^3}{270°} \text{ (}\alpha\text{ em graus)}$$

$$V_{cunha} = \frac{\alpha_{rad}}{2\pi} \cdot \frac{4}{3}\pi R^3 = \frac{2\alpha R^3}{3} \text{ (}\alpha\text{ em radianos)}$$

Exercícios

62. Uma laranja tem a forma esférica com a medida indicada abaixo. Qual é a área aproximada da casca dessa laranja?

Ilustrações: Dam d'Souza/ Arquivo da editora

63. Qual é o volume de uma bola de basquete cujo diâmetro mede 26 cm? (Use $\pi = 3$.)

64. A figura a seguir mostra uma peça formada por um cilindro que tem 3 cm de comprimento por 2 cm de diâmetro e um hemisfério que tem 2 cm de raio. Sendo maciça, qual é o volume dessa peça?

65. A soma de todas as arestas de um cubo é 36 cm. Uma esfera está inscrita nesse cubo (figura abaixo). Qual é a área da superfície dessa esfera?

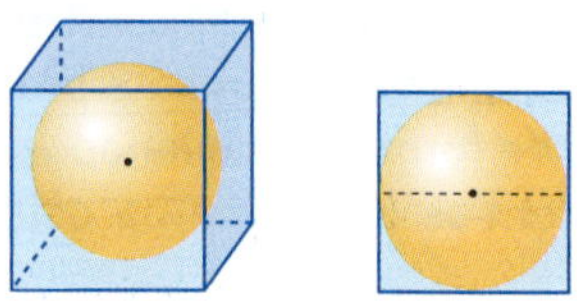

66. O diâmetro de uma esfera de ferro fundido mede 6 cm. Qual é o volume dessa esfera?

67. Um reservatório tem a forma de um hemisfério (figura a seguir). Qual é o volume máximo de líquido que cabe nesse reservatório em litros? (Use $\pi = 3$.)

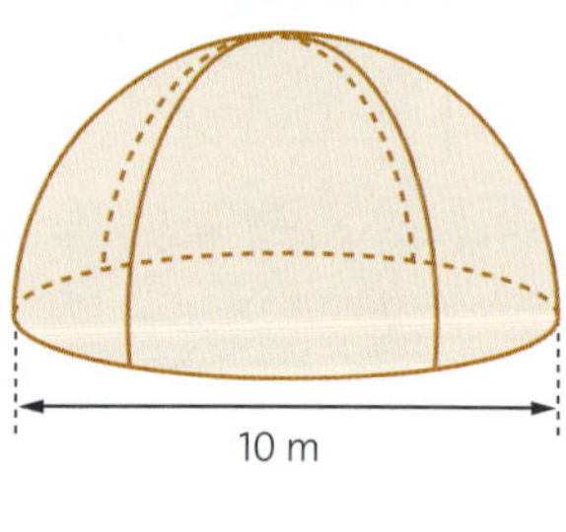

68. Considere uma laranja como uma esfera composta de 12 gomos exatamente iguais. Se a laranja tem 8 cm de diâmetro, qual é o volume de cada gomo?

69. Um reservatório de forma esférica (figura abaixo) tem 9 m de raio. Para encher totalmente esse reservatório são necessárias 20 horas. Nessas condições, o reservatório recebe água na razão de quantos m^3/h?

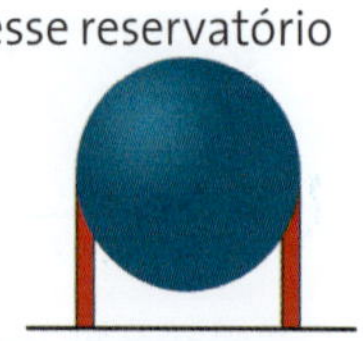

70. Um reservatório tem a forma de um hemisfério acoplado a um cilindro (figura abaixo). Qual será o volume, em litros, de um líquido que ocupe totalmente o reservatório?

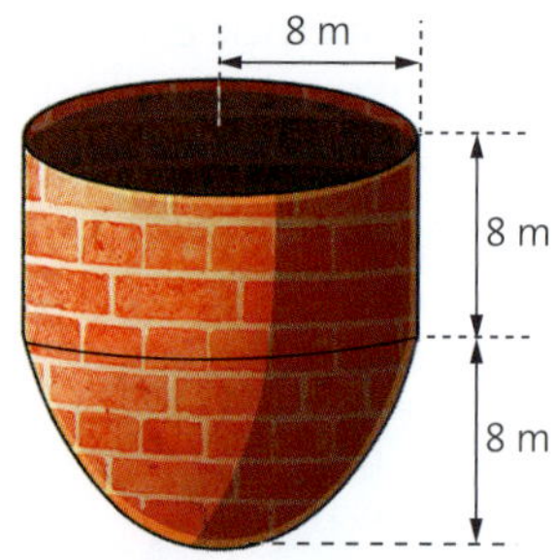

71. Duas esferas são concêntricas e seus raios medem 3 m e 2 m. Qual é o volume do sólido compreendido entre as superfícies esféricas?

72. Qual é o volume de um hemisfério cuja base, assentada no solo, tem uma área de 25π cm^2?

73. Em uma esfera de raio R circunscrevemos um cone reto cuja geratriz é igual ao diâmetro da base. O raio da base do cone é r. Calcule o volume do cone em função do raio R da esfera.

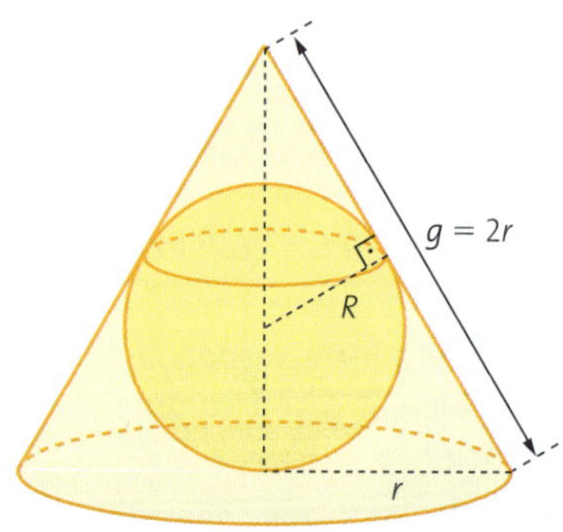

74. Em uma esfera de raio $2R$ está inscrito um cilindro. A base do cilindro tem raio R. Calcule o volume e a área total do cilindro.

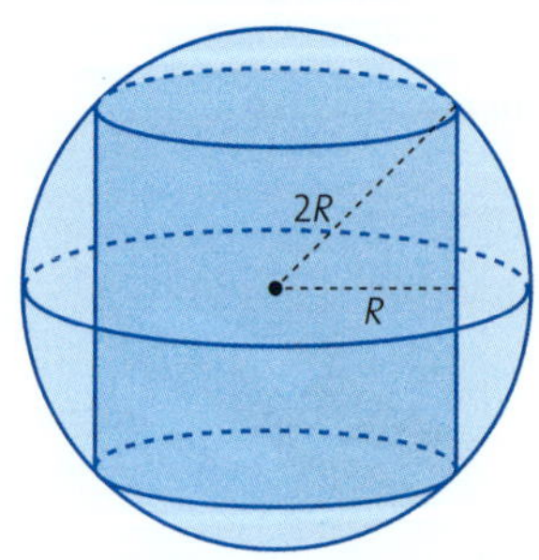

75. A razão entre o volume e a área de uma esfera é igual a 3 m. Calcule o volume da esfera.

76. Calcule o volume de uma esfera de raio $\sqrt[3]{\pi}$ cm.

77. O volume de uma esfera é $\frac{512\pi}{3}$ cm^3. Calcule o raio e a área da superfície esférica.

78. Uma cunha tem ângulo de 60° e raio $r = 6$ cm. Determine seu volume.

79. Um fuso de 30° tem 3 cm de raio. Qual é sua área?

80. Uma cunha esférica correspondente a um ângulo de 72° tem volume igual a 6,4 m^3. Calcule a área do fuso esférico determinado por essa cunha na esfera. (Considere $\pi = 3$.)

81. Sabemos que uma boia (figura ao lado) serve para orientar os navios na entrada de um porto. Essa boia é formada por um hemisfério de 2 m de diâmetro e por um cone que tem 80 cm de altura. Qual é o volume da boia? (Use $\pi = 3$.)

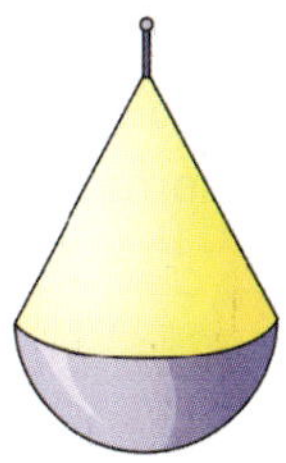

82. Os volumes de uma esfera e de um cilindro reto são iguais. O raio da esfera é igual ao raio da base do cilindro. Calcule a altura h do cilindro em função do raio R da esfera.

83. Na figura a seguir, a esfera está inscrita em um cilindro reto. Sejam V_1 o volume da esfera e V_2 o volume do cilindro. Demonstre que, nesse caso, o volume V_1 é igual a $\frac{2}{3}$ do volume V_2.

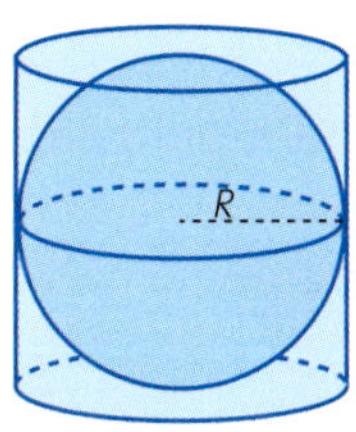

84. Um copo cuja forma é a de um cilindro equilátero de raio r está cheio de água. Vertendo-se água em um cálice hemisférico de raio R, verifica-se que ela enche totalmente o cálice. Calcule o valor de r em função de R.

85. Um reservatório tem a forma de um hemisfério acoplado a um cilindro, conforme a figura abaixo. Quantos metros quadrados tem a superfície externa desse reservatório?

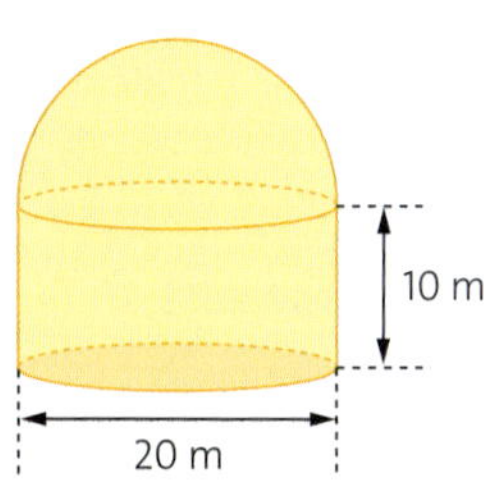

86. (Vunesp-SP) Uma quitanda vende fatias de melancia embaladas em plástico transparente. Uma melancia com forma esférica de raio de medida R cm foi cortada em 12 fatias iguais, onde cada fatia tem a forma de uma cunha esférica, como representado na figura.

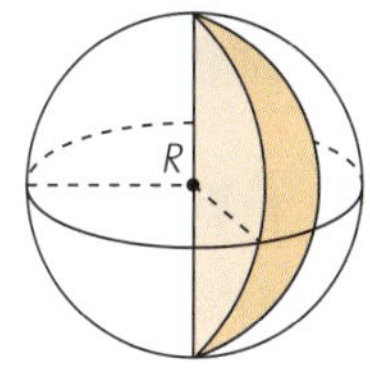

Sabendo que a área de uma superfície esférica de raio R cm é $4\pi R^2$ cm^2, determine, em função de π e de R:

a) a área da casca de cada fatia de melancia (fuso esférico);

b) quantos centímetros quadrados de plástico foram necessários para embalar cada fatia (sem nenhuma perda e sem sobrepor camadas de plástico), ou seja, qual é a área da superfície total de cada fatia.

87. Supondo que uma laranja seja esférica, cada um de seus gomos corresponde a uma cunha e a cada cunha corresponde um fuso. Se o fuso de um gomo dessa laranja tem área 5π cm^2 e a laranja tem área 100π cm^2, calcule o ângulo do fuso. Se todos os gomos fossem de mesmo ângulo, quantos gomos teria essa laranja?

88. Uma esfera de 2 cm de raio é seccionada por um plano. A área da secção assim obtida é igual à área de um fuso de 36° dessa esfera. A que distância do centro da esfera está situado o plano?

89. De uma esfera de raio 10 cm, retira-se uma cunha de 30°. Pretende-se colorir a superfície total dessa cunha. Calcule o volume de tinta necessário, em litros, sabendo que se gasta 1 cm^3 por cm^2 de superfície. (Considere $\pi = 3$.)

90. A soma das medidas dos raios de duas esferas é 20 cm e o fuso de 60° de uma delas tem a mesma área que o fuso de 30° da outra. Calcule as medidas dos raios dessas esferas.

91. O professor perguntou ao aluno qual seria o volume gerado pela rotação de um retângulo em torno de um eixo que contém um de seus lados. O aluno respondeu corretamente, calculando o volume de um cilindro. Em seguida, o professor traçou a diagonal do retângulo e perguntou ao aluno quais seriam os volumes gerados pelos dois triângulos formados. O aluno então dividiu a resposta anterior por dois. Ele fez o procedimento correto? Justifique.

92. Um copo cilíndrico tem 1 cm de raio e 4 cm de altura. Estando inicialmente cheio de água, o copo é inclinado até que o plano de sua base faça 45° com o plano horizontal. Calcule o volume de água derramado.

Leituras

Área da superfície esférica

Área da esfera

Conhecendo o volume da esfera, podemos mostrar intuitivamente por que a área da superfície esférica é:

$$A = 4\pi R^2$$

Vamos imaginar uma esfera de raio R como a reunião de sólidos que "parecem" pirâmides. De fato, esses sólidos **não são pirâmides** perfeitas, pois a base das pirâmides é plana e esses sólidos têm bases com superfície arredondada (as bases pertencem à superfície da esfera).

Contudo, tomando essas bases como sendo as menores possíveis, pode-se tratar essas superfícies arredondadas como superfícies planas, permitindo considerar os sólidos como "pirâmides". Assim, podemos admitir que o volume da esfera é equivalente à soma dos volumes de todas essas "pirâmides" de bases minúsculas.

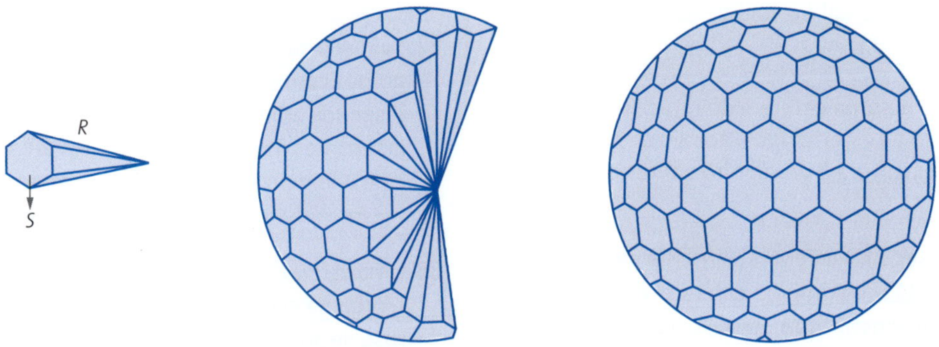

Repare que a altura da "pirâmide" é o raio da esfera. Pensando desse modo, a superfície esférica fica dividida em um número infinitamente grande de "polígonos" (base das "pirâmides").

Digamos então que a superfície esférica tenha ficado dividida em n polígonos (n suficientemente grande), cujas áreas são $S_1, S_2, ..., S_n$.

Lembrando que o volume de cada "pirâmide" é:

$$V = \frac{Sh}{3} = \frac{SR}{3}$$

e que $S_1 + S_2 + ... + S_n = A$ é a área da superfície esférica, vem:

$$V = \frac{1}{3}S_1R + \frac{1}{3}S_2R + ... + \frac{1}{3}S_nR = \frac{1}{3}(S_1 + S_2 + ... + S_n)R = \frac{1}{3}AR$$

ou seja:

$$\frac{4}{3}\pi R^3 = \frac{1}{3}AR \Rightarrow A = 4\pi R^2$$

Fique atento!
Esta demonstração é meramente intuitiva.
Ela ajuda a entender melhor a conexão entre área e volume de uma esfera.
A rigor, precisaríamos usar a noção de limite para fazer a demonstração matemática.

Logo, a área da superfície esférica de raio R é:

$$A = 4\pi R^2$$

A Geometria e o conhecimento científico

A Geometria, ao longo de toda a sua história, acompanhou o ser humano em sua busca pela compreensão da natureza que o cerca. Quando a civilização grega atingiu o ápice, os gregos tornaram-se os principais responsáveis pelo desenvolvimento da Geometria, privilegiando o conhecimento dedutivo e não o empírico, como ocorria até então. E questões que sempre intrigaram a humanidade, como o tamanho do raio da Terra e sua distância à Lua ou ao Sol, já estimadas por outros sábios, passaram, a partir de então, a ser tratadas com o auxílio dos conhecimentos geométricos.

Com o fim da hegemonia grega, o mundo viveu um período que ficou conhecido como Idade das Trevas, a Idade Média. Apenas com a queda de Constantinopla e o início do Renascimento os textos gregos ressurgiram na Europa, trazidos por fugitivos da invasão turca, junto com as contribuições da Geometria aos outros campos do conhecimento científico.

Eis alguns bons exemplos de contribuições da Geometria à ciência ao longo do tempo:

O grego Aristarco de Samos (310 a.C.-230 a.C.) foi brilhante em perceber como comparar as distâncias da Terra à Lua e ao Sol usando triângulos retângulos, semelhanças de triângulos e proporções.*

Embora não fosse grego, Eratóstenes (276 a.C.--196 a.C.) estudou em Atenas e viveu em Alexandria, importante centro cultural da época. Ficou conhecido por sua versatilidade e por uma engenhosa ideia para calcular o raio da Terra, baseado na proporcionalidade entre medida e comprimento de arcos, nos ângulos correspondentes em paralelas cortadas por transversais e na razão entre comprimento da circunferência e seu diâmetro.**

O polonês Nicolau Copérnico (1473-1543) retomou as hipóteses heliocêntricas de Aristarco (sem sucesso até aquele momento) e elaborou uma teoria em que os planetas teriam órbitas circulares em torno do Sol, calculando os períodos de revolução dos planetas e suas distâncias até o Sol com base na proporcionalidade de arcos e semelhança de triângulos (já na forma de Trigonometria).***

O alemão Johannes Kepler (1571-1630) aperfeiçoou as ideias de Copérnico ao afirmar que as órbitas planetárias são, de fato, elípticas e apresentou as três leis que ficaram conhecidas como "leis de Kepler", repletas de proporcionalidades, áreas e elipses.

A Geometria que estudamos hoje é essencialmente a mesma que serviu de alicerce para que os estudiosos do passado obtivessem cada vez mais conhecimento sobre o mundo em que vivemos. Se hoje entendemos muitos de seus fenômenos, isso é resultado do esforço e da dedicação de muitos sábios da Antiguidade, considerados astrônomos, geômetras ou matemáticos notáveis em suas épocas.

Monumento em homenagem a Nicolau Copérnico esculpido por Bertel Thorvaldsen, localizado na cidade de Torun, na Polônia.

Johannes Kepler (1571-1630).

---

* Para mais detalhes, leia "Aristarco e as dimensões astronômicas", do Prof. Geraldo Ávila, em *Revista do Professor de Matemática 55*, SBM, 2004, p. 1-10.

** Sobre a ideia de Eratóstenes, leia "Se eu fosse professor de Matemática", do Prof. Geraldo Ávila, em *Revista do Professor de Matemática 54*, SBM, 2004, p. 2-9.

*** Para saber detalhes sobre os cálculos de Copérnico, leia "Geometria e Astronomia", do Prof. Geraldo Ávila, em *Revista do Professor de Matemática 13*, SBM, 1988, p. 5-12.

Atividades adicionais

1. Um cano de plástico (figura abaixo) tem 70 cm de comprimento. O raio maior tem 10 cm e o raio menor, 6 cm. Qual é o volume de plástico usado para fazer esse cano?

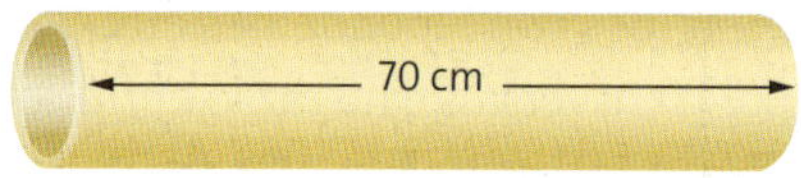

2. Um galão de vinho de forma cilíndrica tem o raio da base igual a 2,5 m e sua altura é 2 m. Se apenas 40% do seu volume está ocupado por vinho, qual é a quantidade de vinho existente na pipa, em litros?

3. Um cilindro é chamado de equilátero quando a sua altura é igual ao diâmetro da sua base. A figura abaixo mostra um prisma regular quadrangular inscrito em um cilindro equilátero. Sendo ℓ a aresta da base do prisma e V o volume do cilindro, calcule V em função de ℓ.

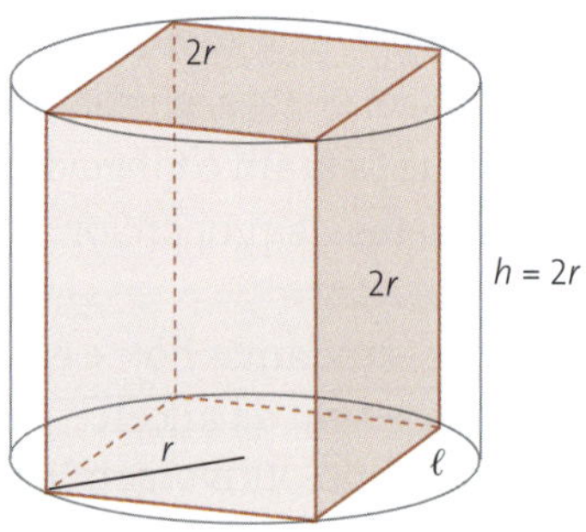

4. A área total de um cilindro reto de $\frac{1}{2}$ m de altura é igual à área de um círculo de 1 m de raio. Calcule o volume do cilindro.

5. Uma lata cilíndrica contém líquido que deve ser distribuído em copos também cilíndricos. A altura do copo é $\frac{1}{4}$ da altura da lata e o diâmetro da base do copo é $\frac{1}{3}$ do diâmetro da base da lata. Quantos copos são necessários?

6. Um cilindro reto tem altura h e o raio da base é r. Nesse cilindro, a área lateral é igual à área da base. Calcule o volume desse cilindro em função de r.

7. Um retângulo gira em torno de um de seus lados, que mede 6 cm. O volume do sólido gerado por esse retângulo é de 600π cm^3. Calcule a área lateral e a área total do sólido.

8. Em um cilindro reto, o raio da base é $\frac{4}{\sqrt{\pi}}$ m e o volume é 48 m^3. Calcule a área lateral desse cilindro.

9. Um bloco cilíndrico tem 800 cm^3 de volume e deforma-se quando submetido a uma tração T, conforme está indicado no esquema a seguir. O bloco deformado, ainda cilíndrico, está indicado por linhas tracejadas. Nesse processo, a área da base diminui 10% e o comprimento aumenta 20%. Qual é o volume do bloco deformado?

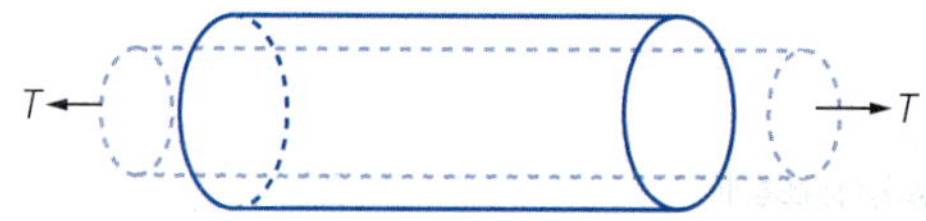

10. O dono de um armazém deseja construir para um cão de guarda um abrigo anexo ao armazém. O abrigo será retangular e aberto, consistindo em dois lados verticais de 2 m de largura e um teto na forma da metade da superfície lateral de um cilindro.
O teto deve ser feito de um tipo de metal que custa R$ 10,00 o metro quadrado, e os outros dois lados devem ser de compensado, que custa R$ 30,00 o metro quadrado.
Levando em consideração as informações dadas, leia atentamente as alternativas a seguir e assinale a correta.

Dam d'Souza/Arquivo da editora

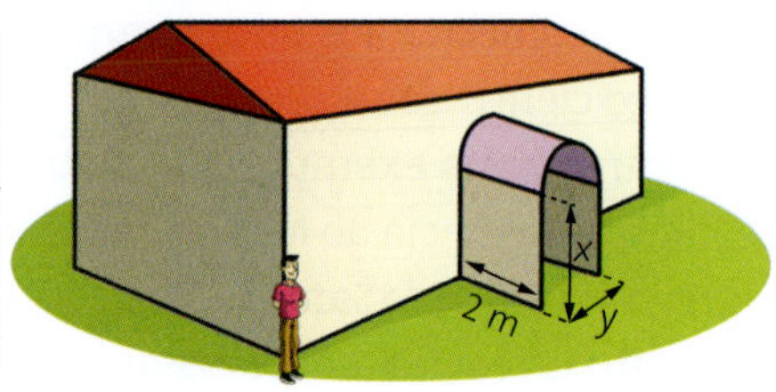

a) A área da superfície do abrigo a ser construído é dada em função de x e y por $A(x, y) = 4x + 6y$.
b) O custo em reais para a construção desse abrigo é dado em função de x e y por $C(x, y) = 30x + 10y$.
c) O volume do abrigo é expresso como função de x e y por $V(x, y) = 2xy + \pi y^2$.
d) Para dividir esse abrigo ao meio com uma folha de compensado retangular na posição vertical, essa folha deverá ter comprimento de 2 m e altura de $(x + y)$ m.
e) Se o dono do armazém tomar $x = 1$ m e $y = 2$ m, o custo de construção do abrigo será R$ 182,80.

11. O parafuso da figura abaixo tem a cabeça sextavada, conforme podemos observar.

Calcule, em gramas, a massa aproximada de ferro usada para fabricar esse parafuso.
(Densidade do ferro = 7,21 g/cm^3.)

12. A geratriz de um cone reto mede 13 cm e o diâmetro da sua base é 10 cm. Qual é a área lateral e a área total do cone?

13. A área lateral de um cone reto é 24π cm² e o raio de sua base é 4 cm. Qual é a área total do cone?

14. O raio da base, a altura e a geratriz de um cone reto constituem, nessa ordem, uma PA de razão 1. Calcule a área total do cone. (*Sugestão*: Use $x - 1, x, x + 1$ para indicar os termos da PA.)

15. Quantos centímetros quadrados de papelão são necessários para fabricar um cone de linha cuja forma e medidas estão na figura ao lado? (Suponha que o cone não utilize papelão na base.)

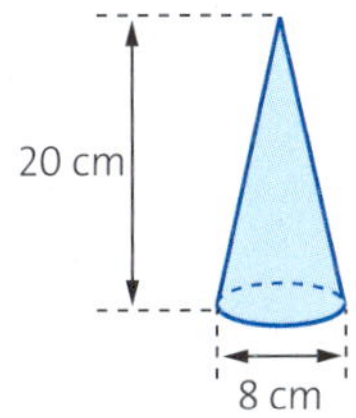

16. Uma peça de acrílico tem a forma da figura dada. Suas medidas são: 10 cm de altura, 4 cm de raio nas extremidades e 2 cm de raio no centro. Qual é o volume de acrílico usado para fazer essa peça?

17. Um cone é equilátero quando a geratriz é igual ao diâmetro da base. Sendo r o raio da base, qual é o volume de um cone equilátero?

18. Sejam r_1 o raio da base, h_1 a altura e V_1 o volume de um cone. Um segundo cone, de volume V_2, tem raio $r_2 = 2r_1$ e altura $h_2 = 2h_1$. Quantas vezes V_2 é maior do que V_1?

19. Em um cone reto, o raio r, a altura h e o volume V estão, nessa ordem, em PG. Calcule h em função de r.

20. A figura mostra um cilindro reto de raio r e altura $2r$. Desse cilindro foram retirados dois cones retos (como mostra a figura). Calcule o volume do sólido restante.

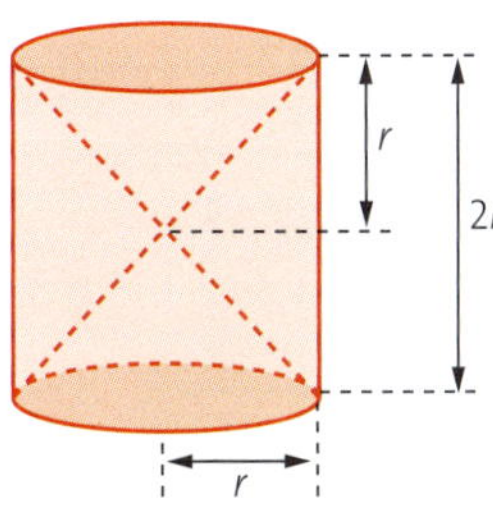

21. A área lateral de um tronco de cone é 40π cm². Os raios das bases são 2 cm e 6 cm. Calcule a geratriz, a altura e o volume do tronco.

22. Qual é o volume de um cone reto, se a área lateral é 24π cm² e o raio da sua base é 4 cm?

23. A garrafa da figura contém líquido até onde começa o gargalo. Abaixo dele, a parte inferior é um cilindro e a parte superior é um tronco de cone. Qual é o volume do líquido contido na garrafa, em mililitros?

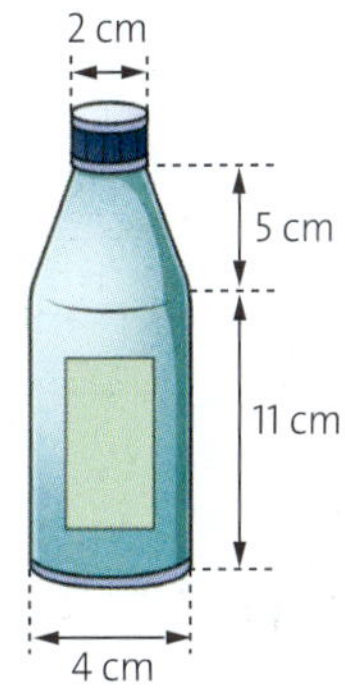

Ilustrações: Dam d'Souza/Arquivo da editora

24. Um lápis novo (figura I) de altura h é apontado. A altura h_1 da ponta (figura II) é igual a $\frac{1}{10}$ da altura do lápis. Qual é a porcentagem de material desperdiçado (raspas de madeira e grafite) ao apontar o lápis?

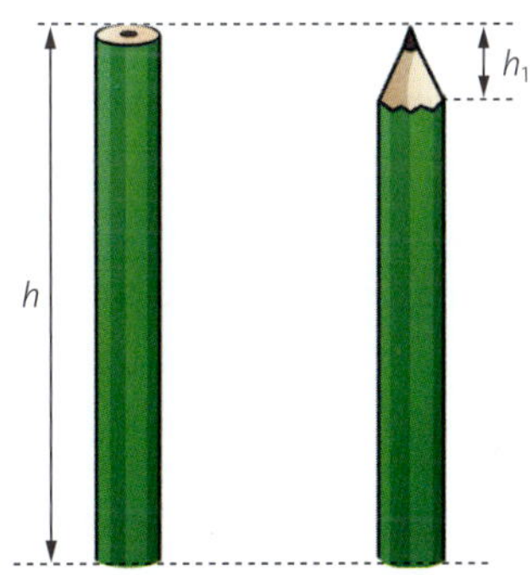

Figura I　　Figura II

25. A área de uma superfície esférica é S. Calcule o raio R da esfera em função de S e dê o valor de R quando $S = 36\pi$ cm².

26. Sejam duas esferas E_1 e E_2. O raio da esfera E_1 é o quádruplo do raio da esfera E_2. Nessas condições, a área da superfície da esfera E_1 representa quantas vezes a área da superfície da esfera E_2?

27. Consideremos duas esferas de raios a e b. A área da superfície esférica da primeira é igual ao dobro da área da superfície esférica da segunda. Calcule o valor de a em função de b.

28. Em uma esfera o volume e a área da superfície esférica são expressos pelo mesmo número. Qual é o diâmetro dessa esfera?

Pensando no Enem

O globo da morte é uma atração muito usada em circos. Ele consiste em uma espécie de jaula em forma de uma superfície esférica feita de aço, onde motoqueiros andam com suas motos por dentro. A seguir, tem-se, na figura 1, uma foto de um globo da morte e, na figura 2, uma esfera que ilustra um globo da morte.

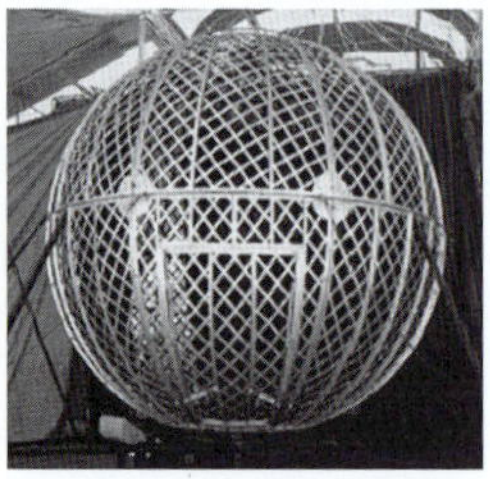

Figura 1

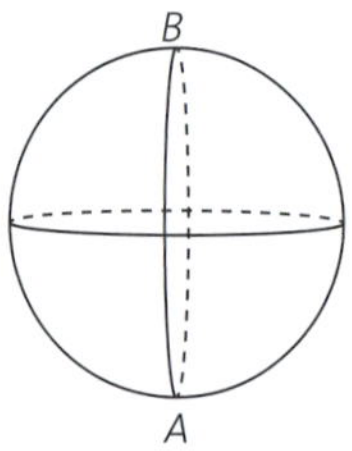

Figura 2

Na figura 2, o ponto *A* está no plano do chão onde está colocado o globo da morte e o segmento *AB* passa pelo centro da esfera e é perpendicular ao plano do chão. Suponha que há um foco de luz direcionado para o chão colocado no ponto *B* e que um motoqueiro faça um trajeto dentro da esfera, percorrendo uma circunferência que passa pelos pontos *A* e *B*.

Disponível em: <www.baixaki.com.br>. Acesso em: 29 fev. 2012.

A imagem do trajeto feito pelo motoqueiro no plano do chão é mais bem representada por:

a) 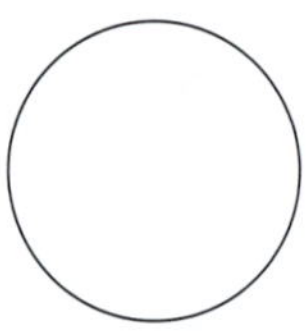

b) 

c) 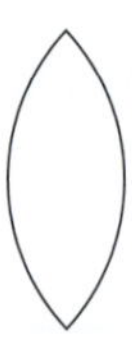

d) 

e)

Resolução

O primeiro passo da resolução é visualizar o plano descrito pelo enunciado e que não aparece representado nele:

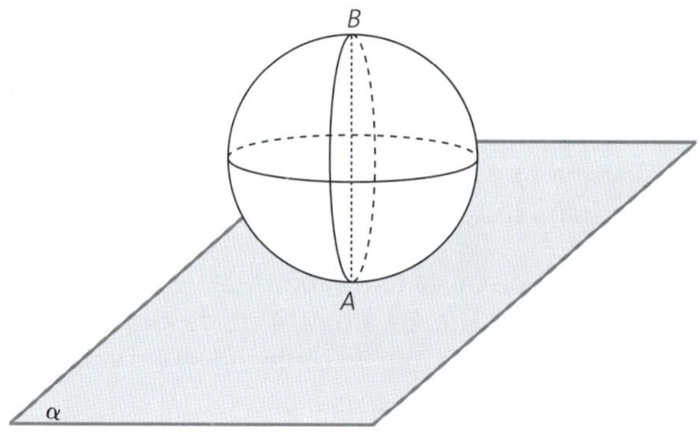

De acordo com o enunciado, o ponto *A* toca o plano (que aqui chamamos de α) e o segmento $\overline{AB}$ é perpendicular a ele. Há ainda a menção de um ponto de luz no ponto *B* que está voltado diretamente para baixo, o que significa que se trata de uma projeção ortogonal no plano do chão.

Temos de considerar agora que o piloto da moto realizará sua façanha percorrendo uma circunferência que passará pelos pontos *A* e *B* da esfera. Esse percurso deve então ser projetado ortogonalmente no plano α.

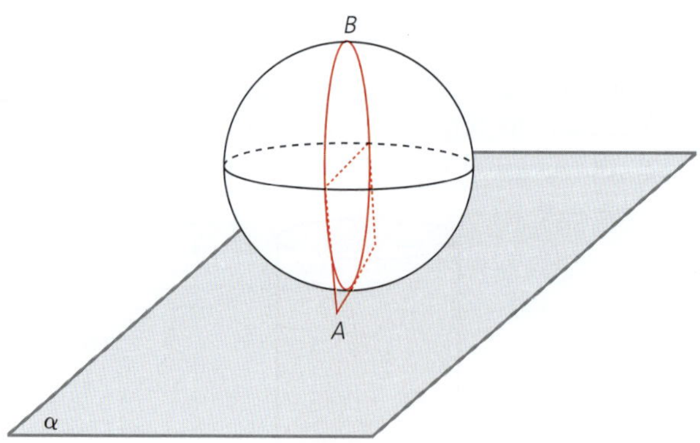

A projeção de tal movimento no plano proposto corresponde a um segmento de reta de medida igual à do diâmetro da esfera.

Resposta: alternativa **e**.

Vestibulares de Norte a Sul

1. **N** (Unir-RO) A figura a seguir representa um reservatório de água formado por três partes sobrepostas, todas com a forma de cilindro circular reto, com alturas iguais a x centímetros, com os raios das bases iguais a 100, 90 e 80 centímetros, e com eixos centrais coincidentes. Sabendo que o reservatório tem capacidade de 1000 litros, assinale o valor inteiro mais próximo de x. (Utilize $\pi = 3{,}14$.)

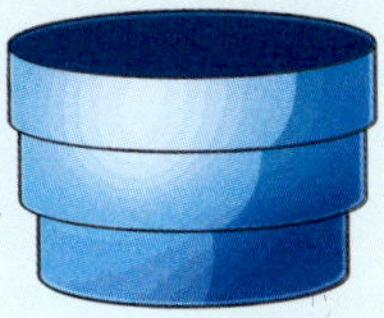
Dam d'Souza/ Arquivo da editora

a) 10 cm
b) 16 cm
c) 19 cm
d) 13 cm
e) 22 cm

2. **CO** (UFG-GO) A terra retirada na escavação de uma piscina semicircular de 6 m de raio e 1,25 m de profundidade foi amontoada, na forma de um cone circular reto, sobre uma superfície horizontal plana. Admita que a geratriz do cone faça um ângulo de 60° com a vertical e que a terra retirada tenha volume 20% maior do que o volume da piscina. Nessas condições, a altura do cone, em metros, é de:

a) 2,0. b) 2,8. c) 3,0. d) 3,8. e) 4,0.

3. **NE** (UFPB) Em uma cidade, há um túnel reto de 1 quilômetro de comprimento, cujas seções transversais, perpendiculares ao túnel, são todas congruentes e têm o formato de um retângulo de 12 metros de largura por 4 metros de altura, com um semicírculo em cima, cujo raio mede 6 metros, conforme a figura a seguir:

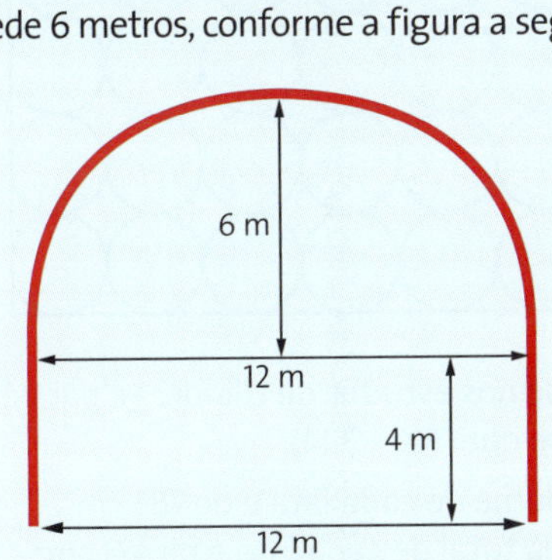

Para pintar a parte interna desse túnel (o chão não será pintado) serão utilizados galões de tinta, sendo cada galão suficiente para pintar até 20 metros quadrados. Com base nessas informações, é correto afirmar que, para pintar a parte interna do túnel, o número mínimo necessário de galões de tinta é de:
(Use $\pi = 3{,}14$.)

a) 1926. b) 1822. c) 1634. d) 1488. e) 1342.

4. **CO** (UFMS) Para o armazenamento do material reciclável, foram utilizados recipientes dispostos no interior de uma escola, sendo um deles formado por metade de um cilindro circular reto e por um paralelepípedo retângulo, conforme a figura.
A capacidade desse recipiente, em m^3, é de:

a) $\frac{1}{25}(10 + \pi)$.

b) $\frac{2}{25}(10 + \pi)$.

c) $\frac{4}{25}(5 + \pi)$.

d) $\frac{1}{50}(40 + \pi)$.

e) $\frac{1}{25}(20 + \pi)$.

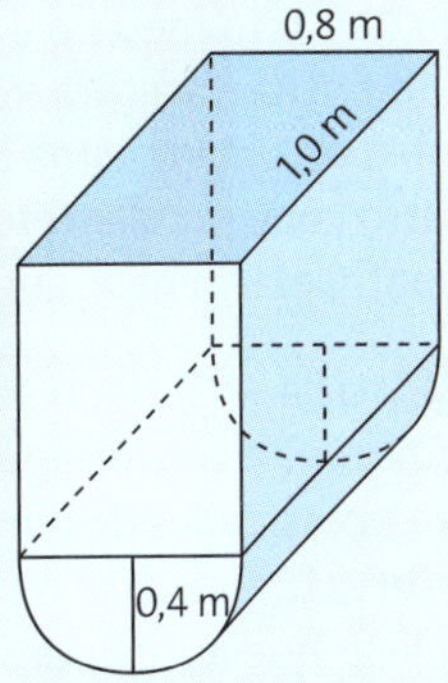

5. **N** (UFT-TO) Um sorvete em uma casquinha é um sólido completamente cheio cuja parte externa tem a forma de um cone circular reto invertido de altura $H = 12$ cm e raio $R = 6$ cm e uma semiesfera sobreposta à base do cone, conforme figura 1. Parte do sorvete é consumida por Lúcia, e o restante tem a forma de um cone circular reto completamente cheio de altura $h = 4$ cm, conforme figura 2.

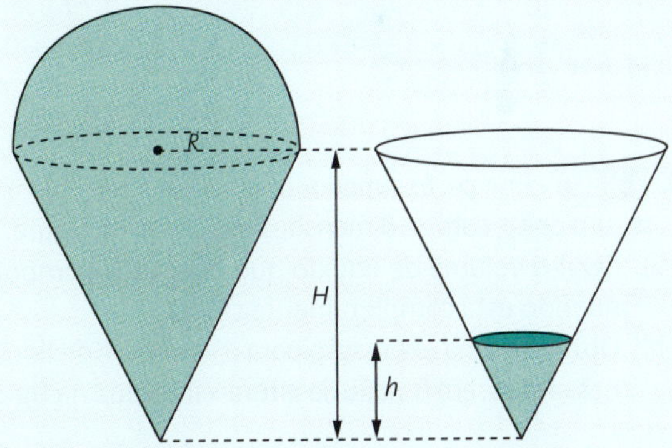

Figura 1 Figura 2

Supondo que não haja perda de volume além do que Lúcia consome, o volume consumido por Lúcia foi de:

a) $\frac{638\pi}{3}$ cm³.

b) $\frac{848\pi}{3}$ cm³.

c) $\frac{574\pi}{3}$ cm³.

d) $\frac{761\pi}{3}$ cm³.

6. **CO** (UFMT) Considere um cilindro circular reto de perímetro da base 16π cm inscrito em um cubo que, por sua vez, está inscrito em uma esfera. Determine a área da superfície dessa esfera.

7. **SE** (FGV-SP) Um cálice com a forma de cone contém V cm³ de uma bebida. Uma cereja de forma esférica com diâmetro de 2 cm é colocada dentro do cálice. Supondo-se que a cereja repousa apoiada nas laterais do cálice e o líquido recobre exatamente a cereja a uma altura de 4 cm a partir do vértice do cone, determine o valor de V.

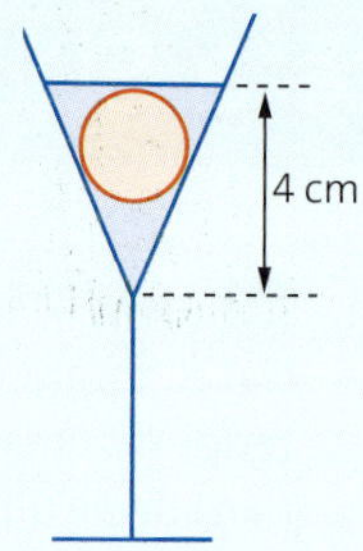

8. **SE** (PUC-SP) A altura e o raio da base de um cone circular reto medem 4 cm e 15 cm, respectivamente. Aumenta-se a altura e diminui-se o raio da base desse cone, de uma mesma medida x, $x \neq 0$, para obter-se outro cone circular reto, de mesmo volume que o original. Determine x, em centímetros.

9. **SE** (Ufla-MG) Um reservatório de forma cônica para armazenamento de água tem capacidade para atender às necessidades de uma comunidade por 81 dias. Esse reservatório possui uma marca a uma altura h para indicar que a partir desse nível a quantidade de água é suficiente para abastecer a comunidade por mais 24 dias. O valor de h é:

a) $h = \frac{2}{9}H$.

b) $h = \frac{2}{3}H$.

c) $h = \frac{8}{27}\sqrt{H}$.

d) $h = \frac{1}{10}\sqrt[3]{H}$.

e) $h = \frac{1}{2}H$.

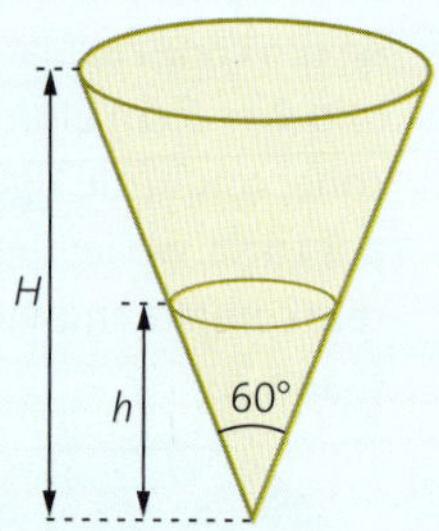

10. **S** (UFPR) A parte superior de uma taça tem formato de um cone, com as dimensões indicadas na figura.

a) Qual o volume de líquido que essa taça comporta quando está completamente cheia?

b) Obtenha uma expressão para o volume V de líquido nessa taça, em função da altura x indicada na figura.

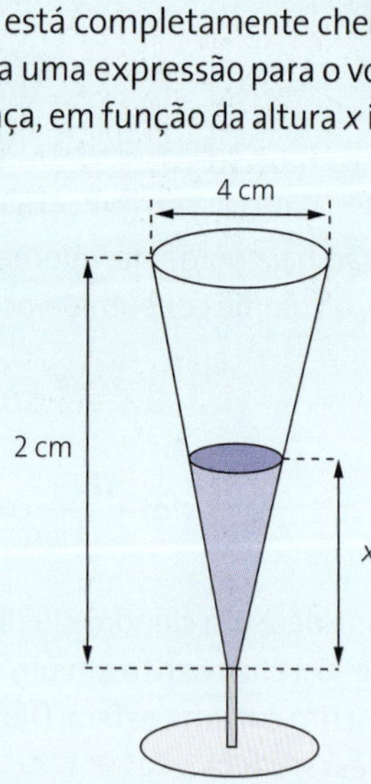

11. **S** (PUC-RS) A representação geométrica da função que calcula o volume de uma esfera de raio x é:

a)
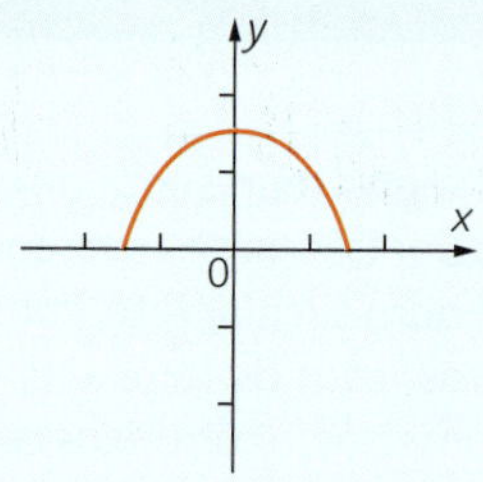

d)
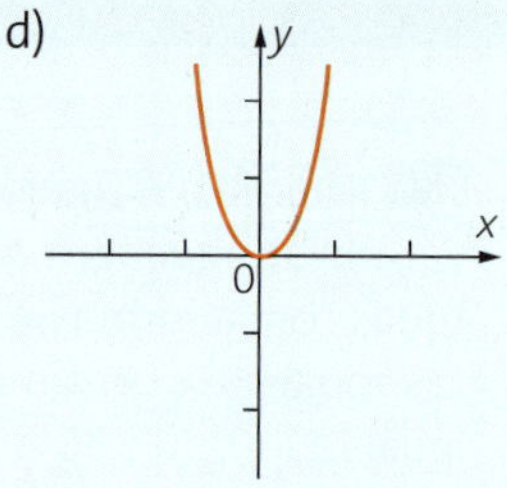

b)
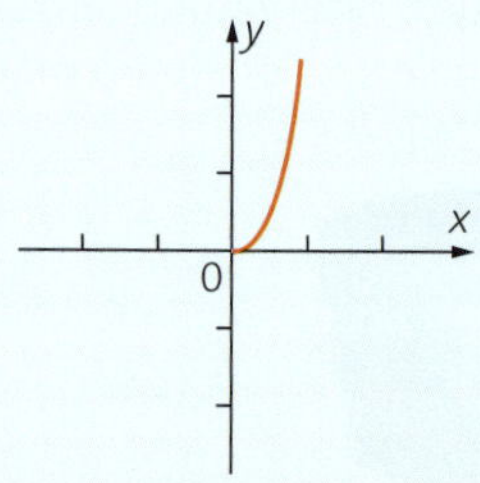

e)
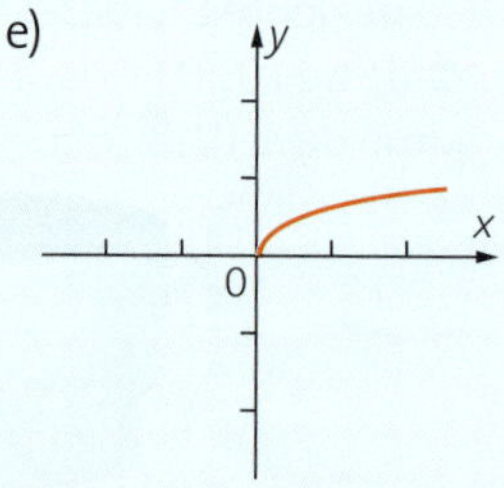

c)
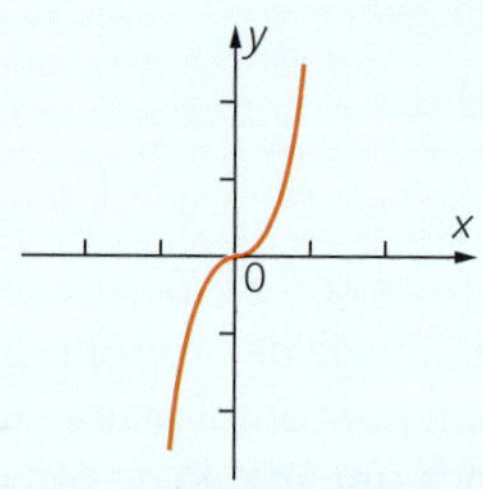

12. **S** (UTFPR) Uma lata de achocolatado em pó tem 10 cm de diâmetro e 10 cm de altura, e é embalada em caixas de papelão, com quatro fileiras de seis latas, conforme a figura a seguir. A caixa comporta 2 latas na sua altura, tendo uma capacidade total para 48 latas.

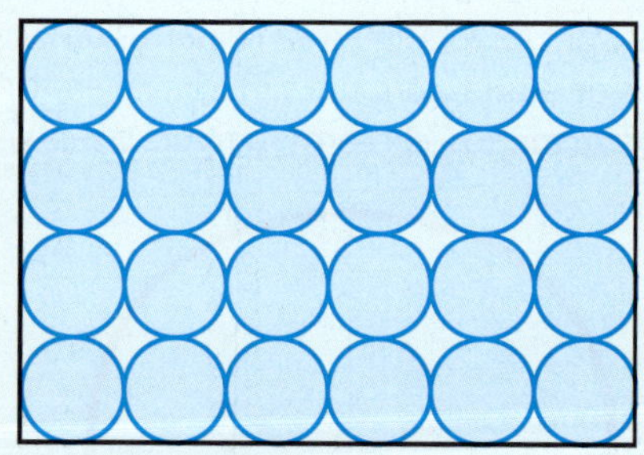

Com base nos estudos de cilindros e paralelepípedos, afirma-se que: ($\pi = 3{,}14$)

I. o volume de cada lata é de 785 cm³.

II. a área total de cada lata é de 471 cm².

III. o volume da caixa de papelão é de 24 000 cm³.

Analisando-se as afirmações acima, conclui-se que:

a) I e II estão corretas.

b) I e III estão corretas.

c) II e III estão corretas.

d) I, II e III estão corretas.

e) I, II e III estão incorretas.

CAPÍTULO

11 Análise combinatória

Uppercut/Other Images

A análise combinatória é o campo da Matemática que trata das técnicas de contagem.

1 Princípio da multiplicação ou princípio fundamental da contagem

Acompanhe a seguir a resolução de alguns problemas.

1º) Uma pessoa quer viajar de Recife a Porto Alegre passando por São Paulo. Sabendo que há 5 roteiros diferentes para chegar a São Paulo partindo de Recife e 4 roteiros diferentes para chegar a Porto Alegre partindo de São Paulo, de quantas maneiras possíveis essa pessoa poderá viajar de Recife a Porto Alegre?

Para facilitar a compreensão, vamos utilizar os esquemas seguintes:

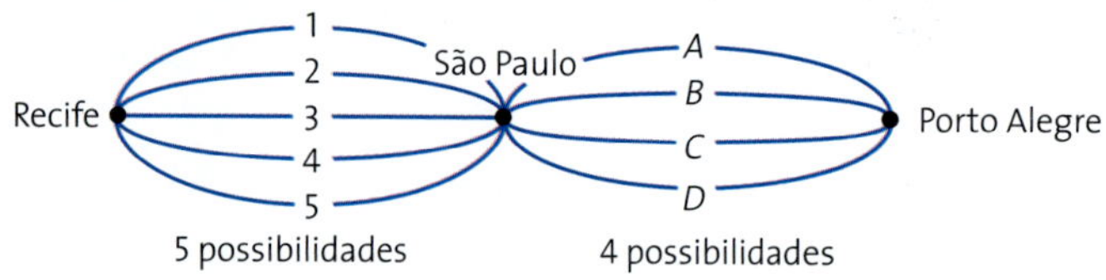

ou

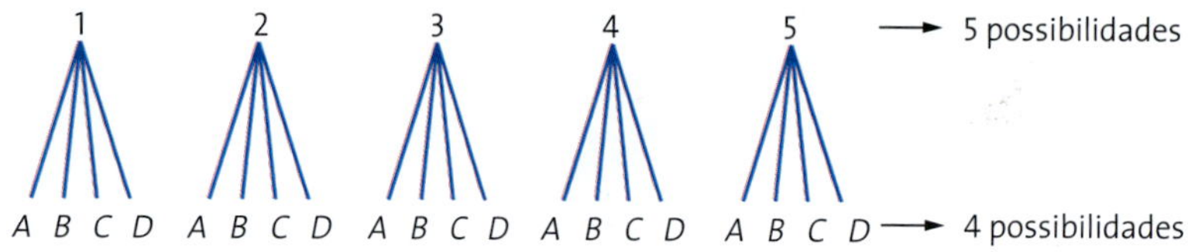

> **Para refletir**
> Dizemos que a viagem de Recife a Porto Alegre é um evento composto de duas etapas sucessivas e independentes. Quais são elas?

Total de possibilidades: $5 \cdot 4 = 20$.

São elas: 1*A*, 1*B*, 1*C*, 1*D*, 2*A*, 2*B*, 2*C*, 2*D*, 3*A*, 3*B*, 3*C*, 3*D*, 4*A*, 4*B*, 4*C*, 4*D*, 5*A*, 5*B*, 5*C* e 5*D*.

Portanto, há 20 maneiras possíveis de viajar de Recife a Porto Alegre passando por São Paulo.

2º) Ao lançarmos uma moeda e um dado, temos as seguintes possibilidades para o resultado (sendo *C*: cara e $\overline{C}$: coroa):

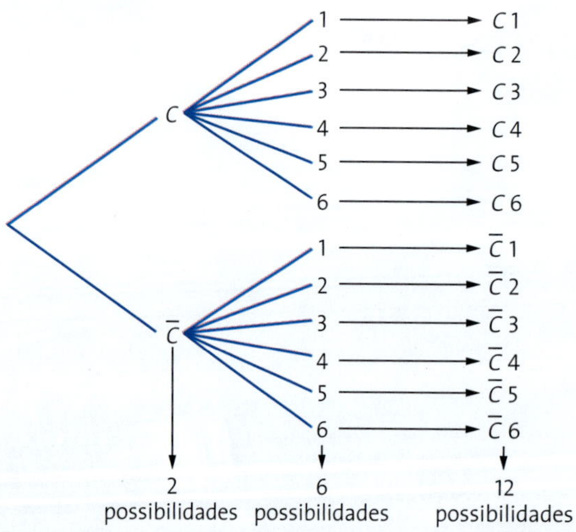

> **Fique atento!**
> A esse segundo esquema damos o nome de **árvore de possibilidades** ou **diagrama de árvore**.

Observe que o evento tem duas etapas, com 2 possibilidades em uma e 6 possibilidades em outra, totalizando 12 possibilidades ($2 \cdot 6 = 12$).

De modo geral, podemos dizer:

> Se um evento é composto de duas etapas sucessivas e independentes de tal maneira que o número de possibilidades na 1ª etapa é m e para cada possibilidade da 1ª etapa o número de possibilidades na 2ª etapa é n, então o número total de possibilidades de o evento ocorrer é dado pelo produto $m \cdot n$.

Esse é o **princípio fundamental da contagem**.

Observação: O produto dos números de possibilidades vale para qualquer número de etapas independentes.

3º) Em um restaurante há 2 tipos de salada, 3 tipos de pratos quentes e 3 tipos de sobremesa. Quais e quantas possibilidades temos para fazer uma refeição com 1 salada, 1 prato quente e 1 sobremesa?

Representando por S_1 e S_2 os 2 tipos de salada; por P_1, P_2 e P_3 os 3 tipos de pratos quentes; e por s_1, s_2 e s_3 os 3 tipos de sobremesa, temos:

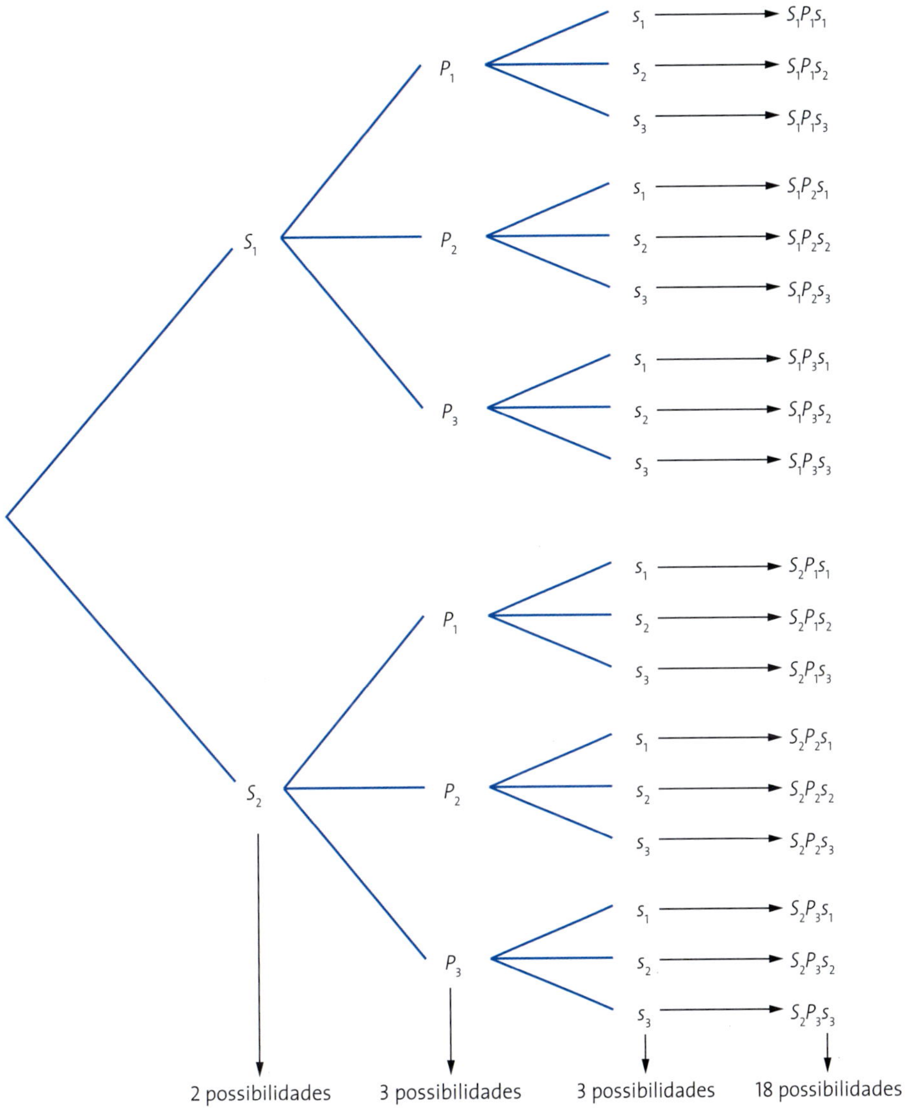

Portanto, o número total de possibilidades é $2 \cdot 3 \cdot 3 = 18$.

4º) Com os algarismos 0, 1, 2, 3, 4, 5, 6 e 7:

a) Quantos números de 3 algarismos podemos formar?

____ ____ ____
centena dezena unidade

Há 7 possibilidades para a centena (0 não é permitido), 8 para a dezena e 8 para a unidade. Portanto, podemos formar 448 números ($7 \cdot 8 \cdot 8 = 448$).

b) Quantos números de 3 algarismos distintos podemos formar?

____ ____ ____
centena dezena unidade

Com 3 algarismos distintos, há 7 possibilidades para a centena, 7 para a dezena e 6 para a unidade. Portanto, podemos formar 294 números ($7 \cdot 7 \cdot 6 = 294$) de 3 algarismos distintos com os algarismos 0, 1, 2, 3, 4, 5, 6 e 7.

Para refletir
O zero é excluído do algarismo das centenas, pois o número considerado deve ter 3 algarismos. Justifique.

2 Permutações simples e fatorial de um número

Permutar é sinônimo de trocar. Intuitivamente, nos problemas de contagem, devemos associar a permutação à noção de embaralhar, de trocar objetos de posição.

Vejamos agora quantos agrupamentos é possível formar quando temos n elementos e todos serão usados em cada agrupamento. Observe os exercícios resolvidos:

Exercícios resolvidos

1. Quantos números de 3 algarismos (sem repeti-los em um mesmo número) podemos formar com os algarismos 1, 2 e 3?

Resolução

Podemos resolver por tentativa. Assim, temos: 123, 132, 213, 231, 312 e 321. Concluímos então que são 6 os números procurados. Podemos também fazer uma árvore de possibilidades:

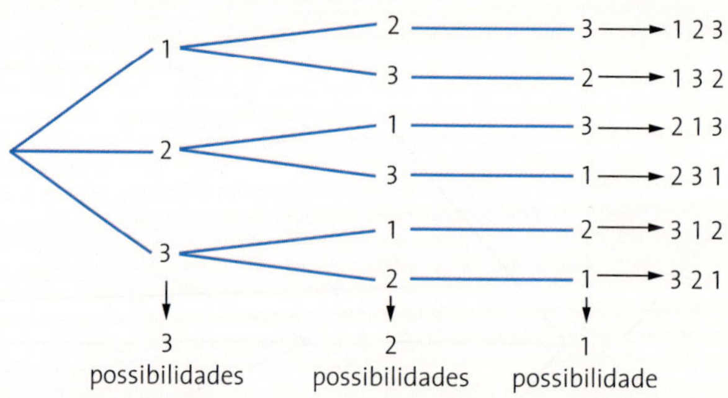

Pelo princípio fundamental da contagem, temos 6 possibilidades ($3 \cdot 2 \cdot 1 = 6$).
Observe que a **ordem dos algarismos** é muito importante. Todos os números diferem entre si pela ordem de seus algarismos.

2. Quantos são os anagramas (diferentes disposições das letras de uma palavra) da palavra ANEL?

____ ____ ____ ____

Resolução

Considerando as quatro letras: **A**, **N**, **E** e **L**, há 4 possibilidades para a primeira posição, 3 possibilidades para a segunda, 2 possibilidades para a terceira e 1 possibilidade para a quarta posição.
Pelo princípio fundamental da contagem, temos 24 possibilidades ($4 \cdot 3 \cdot 2 \cdot 1 = 24$), ou seja, são 24 anagramas.

De modo geral, se temos n elementos distintos, quantas filas podemos formar? Podemos escolher o primeiro elemento da fila de n maneiras. Agora, de quantas maneiras podemos escolher o segundo elemento da fila? De $n - 1$ maneiras. Prosseguindo dessa forma e usando o princípio multiplicativo, fica claro que o número de agrupamentos ordenados que podemos obter com todos esses n elementos é dado por:

$$n \cdot (n-1) \cdot (n-2) \cdot ... \cdot 3 \cdot 2 \cdot 1$$

Esses agrupamentos ordenados (diferem pela ordem) recebem o nome de **permutações simples**. Indicamos por P_n o número de permutações simples de n elementos:

$$P_n = n \cdot (n-1) \cdot (n-2) \cdot ... \cdot 3 \cdot 2 \cdot 1$$

Fatorial

O valor obtido com P_n é também chamado **fatorial** do número natural n e indicado por $n!$ (lê-se "fatorial de n" ou "n fatorial").

Assim, temos $n! = n \cdot (n-1) \cdot (n-2) \cdot ... \cdot 3 \cdot 2 \cdot 1$, para $n \geqslant 1$.

Considera-se $0! = 1$.

Fique atento!
Podemos escrever:
$n! = n \cdot (n-1)!$
$15! = 15 \cdot 14 \cdot 13!$

Exemplos:

a) $P_5 = 5 \cdot 4 \cdot 3 \cdot 2 \cdot 1 = 120$

b) $6! = 6 \cdot 5 \cdot 4 \cdot 3 \cdot 2 \cdot 1 = 720$

c) $P_4 = 4! = 4 \cdot 3 \cdot 2 \cdot 1 = 24$

d) $2! = 2 \cdot 1 = 2$

Exercícios resolvidos

3. Calcule quantos são os anagramas:

a) da palavra PERDÃO;

b) da palavra PERDÃO que iniciam com **P** e terminam em **O**;

c) da palavra PERDÃO em que as letras **A** e **O** aparecem juntas e nessa ordem (**ÃO**);

d) da palavra PERDÃO em que **P** e **O** aparecem nos extremos;

e) da palavra PERDÃO em que as letras **PER** aparecem juntas, em qualquer ordem.

Resolução

a) Basta calcular $P_6 = 6! = 6 \cdot 5 \cdot 4 \cdot 3 \cdot 2 \cdot 1 = 720$.

b) P _ _ _ _ O

Devemos permutar as 4 letras não fixas, ou seja, calcular P_4:

$P_4 = 4 \cdot 3 \cdot 2 \cdot 1 = 24$

Portanto, há 24 anagramas da palavra PERDÃO iniciados com **P** e terminados em **O**.

c) É como se a expressão **ÃO** fosse uma só letra: PERD(ÃO); assim, temos que calcular P_5:

$P_5 = 5 \cdot 4 \cdot 3 \cdot 2 \cdot 1 = 120$

d) P _ _ _ _ O

O _ _ _ _ P

Temos então $2 \cdot P_4 = 2 \cdot 4! = 48$ anagramas.

e) Considerando **PER** como uma só letra, (PER)DÃO, temos que calcular P_4:

$P_4 = 4! = 24$

Como as 3 letras de **PER** podem aparecer em qualquer ordem, temos $P_3 = 3! = 6$ possibilidades de escrevê-las juntas.

Assim, o número total de anagramas pedido é:

$P_4 \cdot P_3 = 24 \cdot 6 = 144$ anagramas.

4. Simplifique as expressões:

a) $\frac{20!}{18!}$ b) $\frac{48!+49!}{50!}$ c) $\frac{n!}{(n+1)!}$

Resolução

a) $\frac{20!}{18!} = \frac{20 \cdot 19 \cdot \cancel{18!}}{\cancel{18!}} = 380$

b) $\frac{48! + 49!}{50!} = \frac{48! + (49 \cdot 48!)}{50!} =$

$= \frac{\cancel{48!}\ (1+49)}{50 \cdot 49 \cdot \cancel{48!}} = \frac{\cancel{50}}{\cancel{50} \cdot 49} = \frac{1}{49}$

c) $\frac{n!}{(n+1)!} = \frac{\cancel{n!}}{(n+1)\ \cancel{n!}} = \frac{1}{n+1}$

5. Colocando todos os anagramas da palavra ÂNGULO listados em ordem alfabética, como em um dicionário, em que posição da lista estará a palavra:

a) ÂGLNOU? b) UONLGÂ? c) ÂNGULO?

Resolução

a) Todas as letras estão em ordem alfabética, logo a palavra ÂGLNOU ocupa a 1ª posição.

b) As letras da palavra UONLGÂ estão na ordem inversa da 1ª posição, portanto esta palavra ocupa a última posição.

$P_6 = 6 \cdot 5 \cdot 4 \cdot 3 \cdot 2 \cdot 1 = 720$

Assim, UONLGÂ ocupa a 720ª posição.

c) Â G _ _ _ _ $\rightarrow P_4 = 4 \cdot 3 \cdot 2 \cdot 1 = 24$

Â L _ _ _ _ $\rightarrow P_4 = 4 \cdot 3 \cdot 2 \cdot 1 = 24$

Â N G L _ _ $\rightarrow P_2 = 2 \cdot 1 = 2$

Â N G O _ _ $\rightarrow P_2 = 2 \cdot 1 = 2$

Â N G U L O $\rightarrow P_1 = 1$

Assim,

$24 + 24 + 2 + 2 + 1 = 53$

Portanto, ocupa a 53ª posição.

Exercícios

1. Existem 2 vias de locomoção de uma cidade *A* para uma cidade *B* e 3 vias de locomoção de uma cidade *B* a uma cidade *C*. De quantas maneiras pode-se ir de *A* a *C* passando por *B*?

2. De quantas maneiras diferentes pode-se vestir uma pessoa que tenha 5 camisas, 3 calças, 2 pares de meia e 2 pares de sapato?

3. Ao lançarmos sucessivamente 3 moedas diferentes, quantas e quais são as possibilidades de resultado?

4. Em uma lanchonete há 5 tipos de sanduíche, 4 tipos de refrigerante e 3 tipos de sorvete. De quantas maneiras podemos tomar um lanche composto de 1 sanduíche, 1 refrigerante e 1 sorvete?

5. Quantos números de dois algarismos podemos formar sabendo que o algarismo das dezenas corresponde a um múltiplo de 2 (diferente de zero) e o algarismo das unidades corresponde a um múltiplo de 3?

6. Usando somente os algarismos 1, 2, 3, 4, 5 e 6, quantos números:
   a) de 2 algarismos podemos formar?
   b) pares de 2 algarismos podemos formar?
   c) ímpares de 2 algarismos podemos formar?
   d) de 2 algarismos distintos podemos formar?
   e) de 2 algarismos pares podemos formar?

7. DESAFIO Uma prova é composta de 7 questões do tipo "Verdadeiro ou Falso". De quantas maneiras um aluno pode responder a essa prova aleatoriamente, ou seja, "chutando" as respostas?

8. DESAFIO Em um salão de festas há 6 janelas. De quantas maneiras podemos escolher quais janelas estarão abertas ou fechadas, de modo que pelo menos uma das janelas esteja aberta?

9. Calcule o valor ou simplifique:
   a) $6!$
   b) $\dfrac{7!}{4!}$
   c) $\dfrac{3!5!}{4!6!}$
   d) $\dfrac{n!}{(n-2)!}$
   e) $\dfrac{(n+1)!}{(n+2)!}$
   f) $\dfrac{(n+3)!}{(n-2)!} \cdot \dfrac{(n-1)!}{(n+2)!}$

10. Determine o valor de n nas equações:
    a) $\dfrac{n!}{(n-2)} = 56$
    b) $(n+2)! + (n+1)! = 15n!$
    c) $(n!)^2 - 25n! + 24 = 0$

11. DESAFIO Em uma prova de vestibular com 90 questões do tipo teste, cada questão tem 5 alternativas. O aluno deve preencher um cartão de respostas, assinalando o quadradinho correspondente à resposta de cada questão.

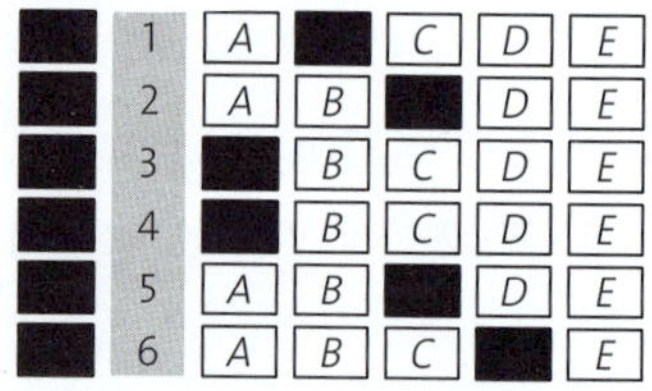

De quantas maneiras diferentes o cartão de respostas com as 90 questões dessa prova poderá ser preenchido aleatoriamente? (Suponham que todas as 90 questões foram respondidas no cartão.)

12. Quantas palavras (com significado ou não) de 3 letras podemos formar com as letras **A**, **L** e **I**? Quais são essas palavras?

13. Quantos números de 4 algarismos podemos escrever com os algarismos 2, 4, 6 e 8? E de 4 algarismos distintos?

14. De quantas maneiras uma família de 5 pessoas pode se sentar em um banco de 5 lugares para tirar uma foto?

15. De quantas maneiras uma família de 5 pessoas pode se sentar em um banco de 5 lugares, ficando duas delas (por exemplo, pai e mãe) sempre juntas, em qualquer ordem?

16. Quantos são os anagramas da palavra AMOR?

17. Quantos números naturais de algarismos distintos entre 5 000 e 10 000 podemos formar com os algarismos 1, 2, 4 e 6?

18. Considerem todos os anagramas da palavra TEORIA.
    a) Quantos são?
    b) Quantos começam por **TEO**?
    c) Quantos têm as letras **TEO** juntas nessa ordem?
    d) Quantos têm as letras **TEO** juntas em qualquer ordem?
    e) Quantos têm as vogais juntas, em ordem alfabética, e as consoantes juntas, em qualquer ordem?

19. Colocando todos os anagramas da palavra AMIGO listados em ordem alfabética, como em um dicionário, qual será a:
    a) 1ª palavra?
    b) 2ª palavra?
    c) 25ª palavra?
    d) penúltima palavra?
    e) 55ª palavra?

3 Permutações com repetição

Considere o exemplo:

Quantos são os anagramas da palavra BATATA?

Se os **As** fossem diferentes e os **Ts** também, teríamos as letras **B**, A_1, A_2, A_3, T_1, T_2, e o total de anagramas seria $P_6 = 6!$.

Mas as permutações entre os 3 **As** não produzirão novo anagrama. Então precisamos dividir P_6 por P_3. O mesmo ocorre com os dois **Ts**: precisamos dividir P_6 também por P_2.

Portanto, o número de anagramas da palavra BATATA é:

$$\frac{P_6}{P_3 \cdot P_2} = \frac{6!}{3!\,2!} = \frac{6 \cdot 5 \cdot 4 \cdot 3!}{3!\,2!} = 60$$

Generalizando:

A permutação de n elementos dos quais α é de um tipo, β é de outro e γ é de outro, com $\alpha + \beta + \beta = n$, é dada por:

$$P_n^{\alpha,\,\beta,\,\gamma} = \frac{n!}{\alpha!\,\beta!\,\gamma!}$$

Os códigos secretos e as permutações

Exercícios resolvidos

6. Quantos anagramas tem a palavra PAPA?

Resolução

Se a palavra tivesse as 4 letras distintas, teríamos $P_4 = 4! = 4 \cdot 3 \cdot 2 = 24$.

Como a letra ***A*** e a letra ***P*** aparecem 2 vezes, devemos então fazer:

$$\frac{P_4}{P_2 \cdot P_2} = \frac{4!}{2!\,2!} = \frac{\cancel{4} \cdot 3 \cdot 2}{\cancel{2} \cdot \cancel{2}} = 6$$

Logo, a palavra PAPA tem 6 anagramas.

Para refletir
Quais são os 6 anagramas da palavra PAPA?

7. Quantos são os anagramas da palavra ARARA?

Resolução

Nesse caso, há 3 três letras **A**, 2 letras **R** e um total de 5 letras. Então:

$$P_5^{3,\,2} = \frac{5!}{3!\,2!} = \frac{5 \cdot 4 \cdot \cancel{3!}}{\cancel{3!}\,2!} = 10$$

Logo, são 10 os anagramas da palavra ARARA.

8. Quantos são os anagramas da palavra DEZESSETE?

Resolução

Nesse caso, há 4 letras **E**, 2 letras **S** e uma vez as letras **D**, **Z** e **T**, num total de 9 letras. Então, temos:

$$P_9^{4,\,2,\,1,\,1,\,1} = \frac{9!}{4!\,2!} = \frac{9 \cdot 8 \cdot 7 \cdot 6 \cdot 5 \cdot \cancel{4!}}{\cancel{4!}\,2!} = 7560$$

Logo, são 7560 os anagramas.

9. Quantos anagramas da palavra CAMARADA começam pela letra **C**? E pela letra **A**?

Resolução

Fixamos a letra **C** como 1ª letra e fazemos:

$$P_7^4 = \frac{7!}{4!} = 7 \cdot 6 \cdot 5 = 210$$

Portanto, são 210 os anagramas de CAMARADA que começam por **C**.

Agora, fixamos uma letra **A** e fazemos os possíveis anagramas com as demais: A$\underbrace{\text{CAMARAD}}$

$$P_7^{3,1,1,1,1} = \frac{7!}{3!} = 7 \cdot 6 \cdot 5 \cdot 4 = 840$$

Logo, são 840 anagramas de CAMARADA que começam por **A**.

10. Determine quantas soluções naturais possui a equação $x + y + z = 6$.

Resolução

Como a soma dos valores de x, y e z é 6, vamos considerar que precisamos separar 6 elementos em 3 partes. Por exemplo:

•• | •• | •• equivale a $x = 2$, $y = 2$ e $z = 2$

• | ••••• equivale a $x = 1$, $y = 5$ e $z = 0$

|| •••••• equivale a $x = 0$, $y = 0$ e $z = 6$

Dessa forma, permutando as 6 bolinhas e os 2 separadores (2 separadores para separar em 3 partes), temos a quantidade de soluções naturais da equação:

$$P_8^{2,6} = \frac{8!}{6!\,2!} = \frac{8 \cdot 7 \cdot \cancel{6!}}{\cancel{6!} \cdot 2 \cdot 1} = 28 \text{ soluções naturais}$$

4 Arranjos simples

Vimos que **permutação simples de *n* elementos** é qualquer agrupamento ordenado desses n elementos. Agora, tendo n elementos, vamos estudar os **agrupamentos ordenados** de 1 elemento, de 2 elementos, de 3 elementos, ..., de p elementos, com $p \leqslant n$.

Exercícios resolvidos

11. Consideremos as letras **a**, **b**, **c** e **d**. Quais e quantos agrupamentos ordenados diferentes de 2 letras distintas é possível formar com elas?

Resolução

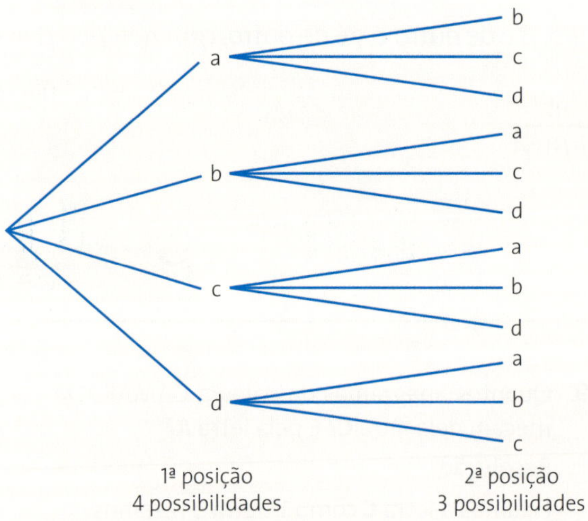

Na primeira posição temos 4 possibilidades (pois temos 4 elementos disponíveis). Na segunda posição, 3 possibilidades (pois temos 3 elementos disponíveis).

Pelo princípio fundamental da contagem, há, no total, $4 \cdot 3 = 12$ possibilidades.

Os 12 agrupamentos ordenados diferentes são:

ab	ba	ca	da
ac	bc	cb	db
ad	bd	cd	dc

Esses agrupamentos são chamados **arranjos simples**. Arranjamos 4 elementos 2 a 2, e o número desses arranjos foi 12. Escrevemos então:

$A_{4,\,2} = 4 \cdot 3 = 12$ (arranjo de 4 elementos tomados 2 a 2 é igual a 12)

12. Usando os algarismos 2, 3, 5, 7 e 9, quantos números naturais de 3 algarismos distintos podemos formar?

Resolução

_____ _____ _____
centena dezena unidade

Há 5 possibilidades para o primeiro algarismo, 4 para o segundo e 3 para o terceiro.

No total podemos então formar 60 números ($5 \cdot 4 \cdot 3 = 60$).

Dizemos nesse exercício que fizemos **arranjos** de 5 elementos 3 a 3, e o número desses arranjos é 60. Indicamos assim: $A_{5,\,3} = 5 \cdot 4 \cdot 3 = 60$.

Fórmula dos arranjos simples

Vejamos como calcular o número total desses agrupamentos no caso geral de n elementos arranjados p a p, com $n \geqslant p$, ou seja, como calcular $A_{n,\,p}$ (lê-se: arranjo de n elementos tomados p a p).

Para $n = p$, temos $A_{n,\,n} = P_n = n!$, já estudado.

Para $n > p$, temos n elementos distintos e vamos arranjá-los p a p. Construindo a árvore de possibilidades, obtemos:

- na *primeira* posição: n possibilidades (pois temos n elementos disponíveis)
- na *segunda* posição: $(n - 1)$ possibilidades (pois temos $(n - 1)$ elementos disponíveis)
- na *terceira* posição: $(n - 2)$ possibilidades (pois temos $(n - 2)$ elementos disponíveis)

⋮ ⋮

- na *p-ésima* posição: $n - (p - 1)$ possibilidades (pois temos $n - (p - 1)$ elementos disponíveis)

Aplicando o princípio fundamental da contagem, temos que o número total de possibilidades é dado por:

$$A_{n,\,p} = \underbrace{n \cdot (n-1) \cdot (n-2) \cdot \ldots \cdot [n-(p-1)]}_{p \text{ fatores}}$$

Fique atento!
$n - (p - 1)$ é o mesmo que $n - p + 1$.

Podemos ainda indicar $A_{n,\,p}$ por meio de fatoriais. Observe:

$$A_{n,\,p} = n \cdot (n - 1) \cdot (n - 2) \cdot \ldots \cdot (n - p + 1)$$

Multiplicando esse número por $\dfrac{(n-p)!}{(n-p)!}$, temos:

$$A_{n,\,p} = n \cdot (n - 1) \cdot (n - 2) \cdot \ldots \cdot (n - p + 1) \cdot \frac{(n-p)!}{(n-p)!} = \frac{n \cdot (n-1) \cdot (n-2) \cdot \ldots \cdot (n-p+1) \cdot (n-p)!}{(n-p)!} = \frac{n!}{(n-p)!}$$

Como $n > p$, multiplicar um número por $\dfrac{(n - p)!}{(n - p)!}$ significa multiplicá-lo por 1; logo, seu valor não se altera.

Portanto:

$$A_{n,p} = \frac{n!}{(n-p)!}$$

Resumindo:

Arranjos simples de n elementos tomados p a p ($p \leq n$) são os agrupamentos ordenados diferentes que se podem formar com p dos n elementos dados.

Indica-se por $A_{n,\,p}$ ou A_n^p o total desses agrupamentos, que calculamos assim:

$$A_{n,\,p} = n \cdot (n - 1) \cdot (n - 2) \cdot \ldots \cdot (n - p + 1)$$

ou

$$A_{n,p} = \frac{n!}{(n-p)!}$$

Usando a segunda fórmula, podemos comprovar que: $A_{n,\,n} = P_n = \dfrac{n!}{(n-n)!} = \dfrac{n!}{0!} = \dfrac{n!}{1} = n!$

Exemplos:

a) $A_{10,\,4} = 10 \cdot 9 \cdot 8 \cdot \underset{\uparrow\,(10-4+1)}{7} = 5\,040$ ou $A_{10,\,4} = \dfrac{10!}{6!} = \dfrac{10 \cdot 9 \cdot 8 \cdot 7 \cdot \cancel{6!}}{\cancel{6!}} = 5\,040$

b) $A_{8,\,2} = 8 \cdot \underset{\uparrow\,(8-2+1)}{7} = 56$ ou $A_{8,\,2} = \dfrac{8 \cdot 7 \cdot \cancel{6!}}{\cancel{6!}} = 56$

Observação: Você pode usar tanto o conceito de arranjo como o princípio fundamental da contagem para resolver problemas, como veremos nos exercícios resolvidos a seguir. Compreender o que está sendo feito é mais importante do que decorar uma fórmula e aplicá-la.

Exercícios resolvidos

13. Quantos números de 2 algarismos diferentes podemos escrever com os algarismos 1, 2, 3, 4, 5, 6, 7, 8 e 9?

Resolução

1ª maneira: usando a fórmula

Procuramos agrupamentos de 2 elementos em que a ordem é importante, pois, por exemplo, $12 \neq 21$. Temos 9 elementos para serem arranjados 2 a 2. Assim, temos de calcular:

$$A_{9,\,2} = \frac{9!}{(9-2)!} = \frac{9!}{7!} = \frac{9 \cdot 8 \cdot \cancel{7!}}{\cancel{7!}} = 72$$

Portanto, existem 72 números de 2 algarismos diferentes que podem ser escritos com os algarismos de 1 a 9.

2ª maneira: sem usar a fórmula

Para o algarismo das dezenas temos 9 opções, e para o algarismo das unidades, apenas 8 opções, pois não podemos repetir algarismos. Assim, temos $9 \cdot 8 = 72$. Portanto, são 72 números.

14. Responda às seguintes questões:

a) Quantos anagramas podemos formar com as letras da palavra CONTAGEM?

b) Quantas palavras de 4 letras distintas podemos formar com as letras da palavra CONTAGEM?

c) Quantas dessas palavras começam com **E**?

d) Quantas terminam com **TA**?

e) Quantas contêm a letra **M**?

f) Quantas não contêm a letra **M**?

Resolução

a) $P_8 = 8! = 8 \cdot 7 \cdot 6 \cdot 5 \cdot 4 \cdot 3 \cdot 2 \cdot 1 = 40\,320$

b) *1ª maneira: sem usar a fórmula*

Temos 8 possibilidades para a 1ª letra, 7 para a 2ª, 6 para a 3ª e 5 para a 4ª letra. Assim, temos $8 \cdot 7 \cdot 6 \cdot 5 = 1680$ palavras.

2ª maneira: usando a fórmula

$A_{8,\,4} = 8 \cdot 7 \cdot 6 \cdot 5 = 1680$

c) *1ª maneira: sem usar a fórmula*

Fixando **E** como 1ª letra, restam 7 possibilidades para a 2ª letra, 6 para a 3ª e 5 para a 4ª letra. Assim, temos $7 \cdot 6 \cdot 5 = 210$ palavras.

2ª maneira: usando a fórmula

Fixando **E** como 1ª letra, temos de arranjar as 3 restantes das 7 que sobraram. Assim:

$A_{7,\,3} = 7 \cdot 6 \cdot 5 = 210$

d) *1ª maneira: sem usar a fórmula*

Fixando **TA** como 3ª e 4ª letras, restam 6 possibilidades para a 1ª letra e 5 para a 2ª. Assim, temos 30 palavras ($6 \cdot 5 = 30$).

2ª maneira: usando a fórmula

Fixando as duas últimas como **TA**, temos de arranjar as 2 iniciais das 6 que sobraram. Assim:

$A_{6,\,2} = 6 \cdot 5 = 30$

e) *1ª maneira: sem usar a fórmula*

Fixando **M** como 1ª letra, restam 7 possibilidades para a 2ª letra, 6 para a 3ª e 5 para a 4ª letra. Assim, temos 210 palavras ($7 \cdot 6 \cdot 5 = 210$) com o **M** na 1ª posição. Da mesma forma, teremos 210 possibilidades para o **M** na 2ª, na 3ª e na 4ª posição. Assim, temos 840 palavras ($4 \cdot 210 = 840$).

2ª maneira: usando a fórmula

Colocado o **M**, temos $A_{7,\,3} = 7 \cdot 6 \cdot 5 = 210$ possibilidades para as outras letras. Podemos colocar o **M** de quatro maneiras diferentes:

M ___ ___ ___   ___ M ___ ___

___ ___ M ___   ___ ___ ___ M

Então: $4 \cdot 210 = 840$

f) *1ª maneira: sem usar a fórmula*

Sem o **M**, teremos 7 letras para compor a palavra: 7 possibilidades para a 1ª letra, 6 para a 2ª, 5 para a 3ª e 4 para a 4ª letra. Assim, temos 840 palavras ($7 \cdot 6 \cdot 5 \cdot 4 = 840$).

2ª maneira: usando a fórmula

Retirando o **M**, passamos a ter 7 letras. Como os anagramas devem conter 4 letras, temos:

$A_{7,\,4} = 7 \cdot 6 \cdot 5 \cdot 4 = 840$

Observação: Também poderíamos ter feito $1680 - 840$ para obter 840, subtraindo o número de palavras obtido no item **e** do número total obtido no item **b**.

15. De quantas maneiras 5 meninos podem se sentar em um banco que tem apenas 3 lugares?

Resolução

1ª maneira: sem usar a fórmula

5 meninos são possíveis para o 1º lugar do banco, 4 para o 2º e 3 para o 3º. Então, são $5 \cdot 4 \cdot 3 = 60$; 60 possibilidades.

2ª maneira: usando a fórmula

Estamos interessados nos agrupamentos ordenados de 3 elementos, retirados de 5 elementos, ou seja:

$$A_{5,\,3} = \frac{5!}{2!} = 5 \cdot 4 \cdot 3 = 60$$

Portanto, há 60 maneiras possíveis.

16. Quantas frações diferentes (e não iguais a 1) podemos escrever usando os números 2, 3, 5, 7, 11 e 13?

Resolução

1ª maneira: usando a fórmula

Nesse caso estamos procurando agrupamentos de 2 elementos nos quais a ordem é importante $\left(\frac{2}{3} \neq \frac{3}{2}\right)$ e nos quais um mesmo número não pode ser repetido na mesma fração $\left(\frac{3}{3} = 1\right)$.

Esses agrupamentos de 2 elementos devem ser formados com os 6 elementos: 2, 3, 5, 7, 11 e 13. Logo, temos:

$$A_{6,2} = \frac{6!}{4!} = 6 \cdot 5 = 30$$

Portanto, podemos formar 30 frações nessas condições.

2ª maneira: sem usar a fórmula

Para o denominador temos 6 opções e, para o numerador, 5 opções.
Então, $6 \cdot 5 = 30$ frações.

17. Quantos números ímpares de 4 algarismos não repetidos podemos escrever com os algarismos 1, 2, 3, 4, 5, 6, 7, 8 e 9?

Resolução

1ª maneira: sem usar a fórmula

Para que o número seja ímpar, devemos ter como algarismo das unidades uma das 5 opções apresentadas (1, 3, 5, 7 ou 9).

Para a dezena, temos 8 opções, pois não podemos repetir o algarismo usado nas unidades.

Para a centena, 7 opções; para o milhar, 6 opções. Assim, $6 \cdot 7 \cdot 8 \cdot 5 = 1680$.

Portanto, há 1680 números nestas condições.

2ª maneira: usando a fórmula

Dos 9 algarismos, 5 deles são ímpares.

Terminando com um desses 5 algarismos (por exemplo, __ __ __ 1), podemos escrever $A_{8,3}$ números de 4 algarismos.

Como são 5 as possibilidades para a última posição, podemos escrever:

$$5A_{8,3} = 5 \cdot \frac{8!}{5!} = 5(8 \cdot 7 \cdot 6) = 1680$$

Portanto, há 1680 números ímpares de 4 algarismos não repetidos com os dígitos 1 a 9.

18. Um estudante tem 5 lápis de cores diferentes. De quantas maneiras diferentes ele poderá pintar os estados da região Sul do Brasil, cada um de uma cor?

Resolução

1ª maneira: sem usar a fórmula

São 3 estados: Rio Grande do Sul, Paraná e Santa Catarina. Para pintar o Rio Grande do Sul há 5 possibilidades, para o Paraná há 4 possibilidades e para Santa Catarina há 3 possibilidades. Logo, $5 \cdot 4 \cdot 3 = 60$; 60 possibilidades.

2ª maneira: usando a fórmula

Os estados do Sul do Brasil são 3: Paraná, Santa Catarina e Rio Grande do Sul. Logo, devemos calcular $A_{5,3}$.

$$A_{5,3} = \frac{5!}{2!} = 5 \cdot 4 \cdot 3 = 60$$

Portanto, há 60 maneiras diferentes de pintar os estados do Sul usando 5 cores.

19. Com os algarismos 1, 2, 3, 4, 5 e 6, quantos números de 3 algarismos distintos maiores do que 350 podemos formar?

Resolução

Temos as possibilidades:

- 6 __ __
- 5 __ __ } $3A_{5,2}$
- 4 __ __

- 3 5 __
- 3 6 __ } $2A_{4,1}$

Então, o total de números é:

$$3A_{5,2} + 2A_{4,1} = 3(5 \cdot 4) + 2 \cdot 4 = 68$$

20. Com os algarismos 1, 2, 3, 4, 5 e 6, quantos números de 3 algarismos distintos maiores que 300 podemos formar?

Resolução

1ª maneira: sem usar a fórmula

Para algarismos maiores do que 300 é necessário que o algarismo da centena seja 3, 4, 5 ou 6. Assim, temos 4 possibilidades para a centena.

Para a dezena, 5 possibilidades, pois não podemos repetir a centena, e para a unidade, 4 possibilidades. Assim, $4 \cdot 5 \cdot 4 = 80$ números.

2ª maneira: usando a fórmula

Temos as possibilidades:

- 3 __ __
- 5 __ __
- 4 __ __
- 6 __ __

Para preencher cada uma das lacunas temos $A_{5,2}$ possibilidades.

Portanto, podemos formar:

$4A_{5,2} = 4(5 \cdot 4) = 80$ números.

Exercícios

20. Determine quantos são os anagramas das palavras:

a) MISSISSIPPI;

b) ARARAQUARA;

c) ABÓBORA;

d) BISCOITO;

e) ARARAQUARA que começam e terminam com **A**.

> **Fique atento!**
> Por convenção, não se considera a acentuação gráfica nos anagramas. Na palavra *abóbora*, por exemplo, a letra **o** com acento ou sem acento tem o mesmo significado.

21. DESAFIO Uma matriz quadrada 3×3 deve ser preenchida com 4 "zeros", 3 "cincos" e 2 "setes". De quantas maneiras podemos preencher essa matriz?

22. DESAFIO Uma prova tem 10 questões do tipo teste, cada uma valendo 1 ponto se estiver certa ou 0 ponto se estiver errada (não há "meio certo" nas questões). De quantos modos é possível tirar nota 7 nessa prova?

23. DESAFIO Um casal pretende ter 4 filhos, sendo 2 meninas e 2 meninos, em qualquer ordem de nascimento. Quantas são as ordens possíveis em que podem ocorrer esses 4 nascimentos?

24. Quantas soluções inteiras não negativas possui a equação $x + y + z = 10$?

25. Calcule:

a) $A_{4,\,2}$

b) $A_{6,\,3}$

c) $A_{8,\,2}$

d) $A_{4,\,4}$

e) $A_{5,\,1}$

f) $A_{7,\,0}$

g) $A_{8,\,5}$

h) $A_{n,\,0}$

26. Determine a expressão correspondente a:

a) $A_{x,\,2}$ b) $A_{x\,-\,3,\,2}$ c) $A_{2x\,+\,1,\,3}$

27. Determine o valor de x nas equações:

a) $A_{x\,-\,1,\,2} = 30$ b) $A_{x,\,3} = x^3 - 40$

28. Um clube tem 30 membros. A diretoria é formada por um presidente, um vice-presidente, um secretário e um tesoureiro. Se uma pessoa pode ocupar apenas um desses cargos, de quantas maneiras é possível formar uma diretoria?

> **Para refletir**
> Procure resolver o exercício 28 sem usar a fórmula e usando a fórmula.

29. Responda às questões:

a) Quantos números de 4 algarismos distintos podem ser formados pelos dígitos 4, 5, 6, 7 e 8?

b) Quantos desses números formados são ímpares?

30. De quantas maneiras podemos escolher um pivô e uma ala em um grupo de 12 jogadoras de basquete?

31. Considere os algarismos 1, 2, 3, 4, 5, 6, 7, 8 e 9.

a) Quantos números de 3 algarismos distintos podemos escrever?

b) Quantos números de 4 algarismos distintos que terminem com 7 podemos escrever?

c) Quantos números de 7 algarismos distintos que iniciem com 3 e terminem com 8 podemos escrever?

d) Quantos números de 7 algarismos distintos podemos escrever com os algarismos 5 e 6 sempre juntos e nessa ordem?

32. Em um sofá há lugares para 4 pessoas. De quantas maneiras diferentes podem se sentar 6 pessoas?

33. Um estudante tem 6 lápis de cores diferentes. De quantas maneiras ele poderá pintar os estados da região Sudeste do Brasil (São Paulo, Rio de Janeiro, Minas Gerais e Espírito Santo), cada um de uma cor?

34. Responda:

a) Quantos anagramas podemos formar com as letras da palavra FILHO?

b) Quantas "palavras" de 4 letras distintas é possível formar com as letras da palavra FILHO?

c) Quantas dessas "palavras" de 4 letras começam com **O**?

d) Quantas dessas "palavras" de 4 letras terminam com **FI**?

e) Quantas "palavras" de 4 letras contêm a letra **I**?

35. Com os algarismos 1, 2, 3, 4, 5 e 6:

a) quantos números de 4 algarismos distintos podemos formar?

b) quantos números de 4 algarismos distintos podemos formar tal que o último algarismo seja sempre 6?

c) quantos números pares de 4 algarismos distintos podemos formar?

d) quantos números ímpares de 4 algarismos distintos podemos formar?

36. De quantas maneiras diferentes podemos dispor uma equipe de 4 alunos em uma sala de aula que tem 30 carteiras?

37. Dispomos de 5 cores e queremos pintar uma faixa decorativa com 3 listras, cada uma de uma cor. De quantas maneiras isso pode ser feito?

5 Combinações simples

Nos problemas de contagem, o conceito de combinação está intuitivamente associado à noção de escolher subconjuntos.

Observe com atenção estes dois exemplos:

a) Ane, Elisa, Rosana, Felipe e Gustavo formam uma equipe. Dois deles precisam representar a equipe em uma apresentação. Quais e quantas são as possibilidades?
Representemos por A: Ane; E: Elisa; R: Rosana; F: Felipe; e G: Gustavo. Precisamos determinar todos os subconjuntos de 2 elementos do conjunto de 5 elementos $\{A, E, R, F, G\}$. A ordem em que os elementos aparecem nesses subconjuntos não importa, pois Ane-Elisa, por exemplo, é a mesma dupla que Elisa-Ane.
Então, os subconjuntos de 2 elementos são: $\{A, E\}$, $\{A, R\}$, $\{A, F\}$, $\{A, G\}$, $\{E, R\}$, $\{E, F\}$, $\{E, G\}$, $\{R, F\}$, $\{R, G\}$, $\{F, G\}$.
A esses subconjuntos chamamos **combinações simples** de 5 elementos tomados com 2 elementos, ou tomados 2 a 2, e escrevemos: $C_{5,\,2}$.
Como o número total dessas combinações é 10, escrevemos $C_{5,\,2} = 10$.

b) Consideremos um conjunto com 5 elementos e calculemos o número de combinações simples de 3 elementos, ou seja, o número de subconjuntos com 3 elementos.
Conjunto com 5 elementos: $\{a, b, c, d, e\}$.
Combinações simples de 3 elementos: $\{a, b, c\}$, $\{a, b, d\}$, $\{a, b, e\}$, $\{a, c, d\}$, $\{a, c, e\}$, $\{a, d, e\}$, $\{b, c, d\}$, $\{b, c, e\}$, $\{b, d, e\}$, $\{c, d, e\}$.
Cada combinação dessas dá origem a 6 arranjos, permutando de todos os modos possíveis seus 3 elementos. Por exemplo: ao permutar todos os elementos da combinação $\{a, b, c\}$ encontramos os arranjos: (a, b, c), (a, c, b), (b, a, c), (b, c, a), (c, a, b), (c, b, a). Isso significa que o número de arranjos de 5 elementos tomados 3 a 3 é seis vezes o número de combinações de 5 elementos tomados 3 a 3, ou seja: $A_{5,\,3} = 6C_{5,\,3}$.
Como o 6 foi obtido fazendo permutações dos 3 elementos de, por exemplo, $\{a, b, c\}$, temos $P_3 = 6$. Logo,

$$A_{5,\,3} = P_3 \cdot C_{5,\,3} \Rightarrow C_{5,\,3} = \frac{A_{5,3}}{P_3} = \frac{\frac{5!}{(5-3)!}}{3!} = \frac{5!}{3!(5-3)!} = \frac{5 \cdot 4 \cdot 3!}{3!\,2!} = \frac{20}{2} = 10$$

Fórmula das combinações simples

A cada combinação de n elementos tomados p a p correspondem $p!$ arranjos, que são obtidos pela permutação dos elementos da combinação, ou seja:

$$C_{n,\,p} = \frac{A_{n,\,p}}{p!} = \frac{\frac{n!}{(n-p)!}}{p!} = \frac{n!}{p!(n-p)!} \Rightarrow C_{n,\,p} = \frac{A_{n,p}}{p!} \text{ ou } C_{n,\,p} = \frac{n!}{p!(n-p)!}$$

Combinações simples de n elementos tomados p a p ($p \leq n$) são os subconjuntos com exatamente p elementos que se podem formar com os n elementos dados.

Indica-se por $C_{n,\,p}$, C_n^p ou $\binom{n}{p}$ o número total de combinações de n elementos tomados p a p e calcula-se por $C_{n,\,p} = \dfrac{n!}{p!(n-p)!}$ ou $C_{n,\,p} = \dfrac{A_{n,p}}{p!}$.

Observações:

1ª) Como são subconjuntos de um conjunto, **a ordem dos elementos não importa**. Só consideramos subconjuntos distintos os que diferem pela natureza dos seus elementos.

2ª) Como foi observado acima, do mesmo modo que se obtém a fórmula da combinação por meio da divisão de um arranjo pela permutação, podemos obter a combinação sem usar a fórmula, calculando o arranjo sem a fórmula e dividindo o resultado pela permutação dos elementos escolhidos.

Uma propriedade importante das combinações

Observemos que:

- $\underset{\boxed{2+1=3}}{C_{3,2} = C_{3,1}}$, pois $C_{3,2} = 3$ e $C_{3,1} = 3$

- $\underset{\boxed{3+2=5}}{C_{5,3} = C_{5,2}}$, pois $C_{5,3} = \dfrac{A_{5,3}}{3!} = \dfrac{5 \cdot 4 \cdot 3}{3 \cdot 2 \cdot 1} = 10$ e $C_{5,2} = \dfrac{A_{5,2}}{2!} = \dfrac{5 \cdot 4}{2 \cdot 1} = 10$

Fique atento!
Dado um conjunto de 5 elementos, para cada subconjunto de 3 elementos sobra um de 2 elementos. Daí: $C_{5,3} = C_{5,2}$.

De modo geral, vale a propriedade:

$$C_{n,p} = C_{n,n-p}$$

pois:

$$C_{n,p} = \frac{n!}{p!(n-p)!} = \frac{n!}{(n-p)!p!} = \frac{n!}{(n-p)!(n-(n-p))!} = C_{n,n-p}$$

Essa propriedade é muito útil para simplificar os cálculos e é conhecida por **igualdade de combinações complementares**.

Veja:

- $C_{100,98} = C_{100,2} = \dfrac{100 \cdot 99}{2 \cdot 1} = 4950$
- $C_{43,42} = C_{43,1} = 43$

Para refletir
Para $p = n$, temos $C_{n,n}$. Qual é seu valor?

passo a passo: exercício 23

Exercícios resolvidos

21. Calcule o valor de:

a) $C_{6,3}$

b) $\dbinom{4}{2}$

Resolução

a) $C_{6,3} = \dfrac{6!}{3!(6-3)!} = \dfrac{6!}{3!\,3!} = \dfrac{6 \cdot 5 \cdot 4 \cdot \cancel{3!}}{3!\,\cancel{3!}} = \dfrac{6 \cdot 5 \cdot 4}{3 \cdot 2 \cdot 1} = 20$

ou

$C_{6,3} = \dfrac{A_{6,3}}{3!} = \dfrac{\cancel{6} \cdot 5 \cdot 4}{\cancel{3} \cdot \cancel{2} \cdot 1} = 20$

b) $\dbinom{4}{2} = \dfrac{4!}{2!(4-2)!} = \dfrac{4!}{2!\,2!} = \dfrac{4 \cdot 3}{2} = 6$

ou

$\dbinom{4}{2} = \dfrac{A_{4,2}}{2!} = \dfrac{4 \cdot 3}{2 \cdot 1} = 6$

22. Em um plano marcamos 6 pontos distintos, dos quais 3 nunca estão em linha reta.

a) Quantos segmentos de reta podemos traçar ligando-os 2 a 2?

b) Quantos triângulos podemos formar tendo sempre 3 deles como vértices?

Resolução

a) Marcamos 6 pontos em um plano, onde não existem 3 alinhados.

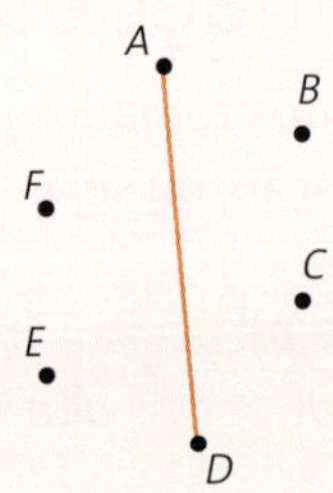

Como em cada segmento temos 2 extremos e, por exemplo, o segmento $\overline{AD}$ é o mesmo que o segmento $\overline{DA}$, o número de segmentos é $C_{6,2} = \dfrac{6 \cdot 5}{2} = 15$.

Portanto, podemos traçar 15 segmentos de reta.

b) Como cada triângulo fica determinado por 3 pontos não colineares, temos, independentemente da ordem deles:

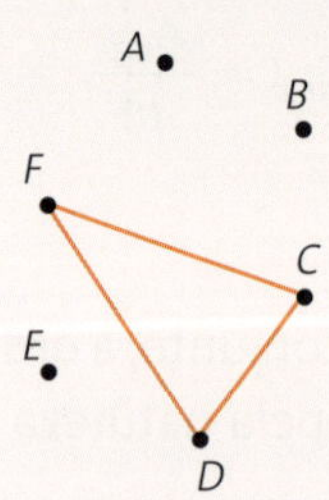

$C_{6,3} = \dfrac{\cancel{6} \cdot 5 \cdot 4}{\cancel{3} \cdot \cancel{2} \cdot 1} = 5 \cdot 4 = 20$

Logo, podemos formar 20 triângulos.

Resolvido passo a passo

23. No primeiro dia de aula de Matemática do 2º ano, 30 alunos estavam presentes na sala de aula. Para se conhecerem melhor, o professor sugeriu que cada aluno cumprimentasse o outro com um aperto de mão e uma breve apresentação. Qual foi o total de apertos de mão?

1. Lendo e compreendendo

a) O que é dado no problema?

O problema informa que há 30 alunos em uma sala. Eles vão se cumprimentar com um aperto de mão e uma pequena apresentação.

b) O que se pede?

Pede-se o número total de cumprimentos (apertos de mão) entre os alunos.

c) Entendendo melhor o enunciado

Se apenas 2 alunos estivessem na sala, teríamos 1 cumprimento. Por exemplo, se Pedro cumprimenta Maria, Maria estará cumprimentando Pedro, e isso conta como apenas 1 cumprimento, e não 2.

2. Planejando a solução

Há várias maneiras de resolver este problema. Vejamos três delas:

- *1ª maneira*: elaborando diagramas e analisando casos mais simples.
- *2ª maneira*: elaborando uma tabela, descobrindo regularidades e usando progressão aritmética (PA).
- *3ª maneira*: usando raciocínio combinatório, isto é, usando a ideia de combinação.

3. Executando o que foi planejado

- *1ª maneira: com diagramas*

Os diagramas abaixo representam os cumprimentos para 1, 2, 3, 4 e 5 pessoas.

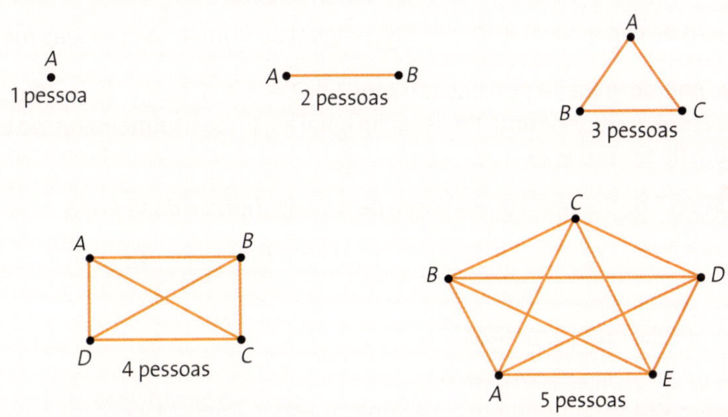

Observe que o problema dos cumprimentos se reduz à contagem do número de segmentos necessários para conectar vários números de pontos.

Vamos ver o caso de 4 pessoas. A cumprimenta 3 pessoas: B, C e D (3 cumprimentos). B também cumprimenta 3 pessoas: A, C e D (3 cumprimentos). E assim por diante. Cada pessoa cumprimenta outras 3 pessoas. Parece então que teremos $4 \cdot 3$ ou 12 cumprimentos. Mas note que os cumprimentos entre A e B foram contados 2 vezes. Isso ocorre com cada uma das 4 pessoas. Consequentemente, cada cumprimento foi contado 2 vezes. Assim, para obter a resposta, precisamos dividir 12 por 2, ou seja, fazer $\frac{4 \cdot 3}{2}$ ou 6, que é igual ao número de segmentos de reta traçados na figura $(\overline{AB}, \overline{AC}, \overline{AD}, \overline{BC}, \overline{BD}, \overline{CD})$.

Faça esse mesmo raciocínio para o caso de 5 pessoas. Você descobrirá que serão $\frac{5 \cdot 4}{2}$ ou 10 cumprimentos ou 10 segmentos de reta ligando 5 pontos não alinhados do plano. Podemos generalizar esse raciocínio para um número qualquer de pessoas. Usando a estratégia acima, nosso problema fica resolvido fazendo $\frac{30 \cdot 29}{2} = \frac{870}{2}$ ou 435 cumprimentos.

- *2ª maneira: elaborando uma tabela, descobrindo regularidades e usando PA.*

Observe os diagramas e a tabela a seguir:

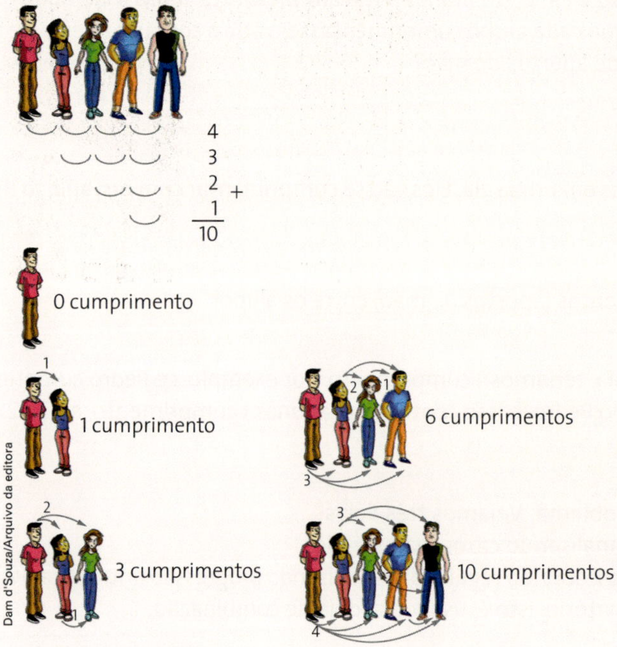

Dam d'Souza/Arquivo da editora

Número de pessoas	Número de cumprimentos
1	0
2	1
3	3 = 1 + 2
4	6 = 1 + 2 + 3
5	10 = 1 + 2 + 3 + 4
⋮	⋮
10	1 + 2 + 3 + 4 + 5 + 6 + 7 + 8 + 9
⋮	⋮
30	1 + 2 + 3 + ... + 28 + 29

Observe a regularidade:

a) para 4 pessoas temos 6 (1 + 2 + 3 = 6) cumprimentos;

b) para 5 pessoas temos 10 (1 + 2 + 3 + 4 = 10) cumprimentos;

c) o último número da expressão 1 + 2 + 3 + $\boxed{4}$ é igual ao número de pessoas menos 1.

Seguindo esse padrão, para 30 pessoas teremos 1 + 2 + 3 + 4 + ... + 28 + 29 cumprimentos. A sequência 1, 2, 3, 4, ..., 28, 29 é uma PA de razão igual a 1, onde o primeiro termo é 1, o último termo é 29 e o número de termos é 29.

Vimos no capítulo 7 do volume 1 que a soma de uma PA finita é dada por $S_n = \frac{(a_1 + a_n)n}{2}$.

Nesse caso, $a_1 = 1$, $a_n = 29$ e $n = 29$. Assim, $S_{29} = \frac{(1+29)29}{2} = \frac{30 \cdot 29}{2} = \frac{870}{2} = 435$.

Portanto, teremos 435 cumprimentos.

- *3ª maneira: usando a ideia de combinação*

São 30 alunos que vão se cumprimentar. Já vimos que não importa a ordem no cumprimento, ou seja, quando *A* cumprimenta *B*, *B* já cumprimentou *A* (não conta duas vezes, conta uma vez só). Assim, estamos combinando 30 alunos, 2 a 2. Para encontrar o número total de combinações, fazemos:

$$C_{30,\,2} = \frac{30!}{2!(30-2)!} = \frac{30 \cdot 29 \cdot \cancel{28!}}{2!\,\cancel{28!}} = \frac{30 \cdot 29}{2} = \frac{870}{2} = 435$$

Assim, temos 435 cumprimentos.

4. Emitindo a resposta

Quando 30 alunos se cumprimentam com um aperto de mão, há 435 cumprimentos no total.

5. Ampliando o problema

a) E se fossem 20 alunos, qual seria o total de cumprimentos? Escolha uma das maneiras e resolva.

b) *Discussão em equipe*

Troque ideias com seus colegas sobre qual maneira de resolver o problema foi a mais criativa, qual foi a mais fácil, qual foi a mais rápida. Justifiquem suas escolhas.

24. De quantas maneiras diferentes um técnico pode escalar seu time de basquete tendo à sua disposição 12 atletas que jogam em qualquer posição?

Resolução

1ª maneira: usando a fórmula

Procuramos o número total de subconjuntos (ou combinações) com 5 elementos tirados de um conjunto de 12 elementos. A ordem não importa; cada subconjunto difere um do outro apenas pela natureza dos seus elementos.

Assim, procuramos:

$$C_{12,5} = \frac{A_{12,5}}{5!} = \frac{\cancel{12} \cdot 11 \cdot \cancel{10} \cdot 9 \cdot 8}{\cancel{5} \cdot \cancel{4} \cdot \cancel{3} \cdot \cancel{2} \cdot 1} = 11 \cdot 9 \cdot 8 = 792$$

Portanto, podemos formar 792 times de basquete diferentes com 12 atletas.

2ª maneira: sem usar a fórmula

São 5 jogadores a serem escolhidos entre 12. Então, teríamos $12 \cdot 11 \cdot 10 \cdot 9 \cdot 8 = 95\,040$ possibilidades se estivéssemos calculando um arranjo. Como é uma combinação, então devemos dividir o resultado pelo fatorial dos elementos escolhidos (5 elementos):

$$\frac{12 \cdot 11 \cdot 10 \cdot 9 \cdot 8}{5} = 792$$

Portanto, 792 possibilidades.

25. O conselho desportivo de uma escola é formado por 2 professores e 3 alunos. Candidataram-se 5 professores e 30 alunos. De quantas maneiras diferentes esse conselho pode ser eleito?

Resolução

Se escolhermos os professores de x maneiras e os alunos de y maneiras, pelo princípio fundamental da contagem escolheremos os professores e alunos de xy maneiras. Assim:

- escolha dos professores:

$$C_{5,2} = \frac{5!}{2!\,3!} = \frac{5 \cdot 4 \cdot \cancel{3!}}{2!\,\cancel{3!}} = \frac{5 \cdot 4}{2 \cdot 1} = 10$$

- escolha dos alunos:

$$C_{30,3} = \frac{30!}{3!\,27!} = \frac{30 \cdot 29 \cdot 28 \cdot \cancel{27!}}{3!\,\cancel{27!}} =$$

$$= \frac{30 \cdot 29 \cdot 28}{3 \cdot 2} = 4\,060$$

Logo:

$$C_{5,2} + C_{30,3} = 10 \cdot 4\,060 = 40\,600$$

Portanto, o conselho pode ser eleito de 40 600 maneiras diferentes.

26. De quantas maneiras podemos colocar 10 bolas em 3 urnas de modo que fiquem 2 bolas na primeira urna, 3 bolas na segunda urna e 5 bolas na terceira?

Resolução

Há $C_{10,2}$ maneiras de escolher as 2 bolas que ficarão na primeira urna. Para cada maneira há $C_{8,3}$ possibilidades de escolher as 3 bolas que ficarão na segunda urna.

Pelo princípio fundamental da contagem há, então, $C_{10,2} \cdot C_{8,3}$ maneiras de distribuir as 2 bolas na primeira urna e as 3 bolas na segunda urna. Para cada uma dessas possibilidades, há $C_{5,5}$ maneiras de colocar as 5 bolas na terceira urna. Portanto, novamente pelo princípio fundamental da contagem, há $C_{10,2} \cdot C_{8,3} \cdot C_{5,5}$ maneiras diferentes de colocar 2 bolas na primeira urna, 3 bolas na segunda urna e 5 bolas na terceira urna.

1ª urna	2ª urna	3ª urna
2 bolas em 10	3 bolas em 8	5 bolas em 5

$$C_{10,2} \cdot C_{8,3} \cdot C_{5,5} = \frac{10!}{2!\,8!} \cdot \frac{8!}{3!\,5!} \cdot \frac{\cancel{5!}}{\cancel{5!}\,0!} =$$

$$= \frac{{}^{5}\cancel{10} \cdot 9 \cdot \cancel{8!}}{{}_{1}\cancel{2} \cdot 1 \cdot \cancel{8!}} \cdot \frac{8 \cdot 7 \cdot \cancel{6} \cdot 5!}{\cancel{3} \cdot \cancel{2} \cdot 1 \cdot \cancel{5!}} \cdot \frac{1!}{0!} = 45 \cdot 56 \cdot 1 = 2520$$

Portanto, existem 2 520 possibilidades de fazer essa distribuição.

27. No jogo de truco, cada jogador recebe 3 cartas de um baralho de 40 cartas (são excluídas as cartas 8, 9 e 10). De quantas maneiras diferentes um jogador pode receber suas 3 cartas?

Resolução

As 3 cartas diferem entre si pela natureza delas e não pela ordem. Como a ordem não importa, o problema fica resolvido calculando:

$$C_{40,3} = \frac{40 \cdot 39 \cdot 38}{3 \cdot 2 \cdot 1} = 9\,880$$

Portanto, cada jogador pode receber suas 3 cartas de 9 880 maneiras diferentes.

28. Quantas diagonais tem um hexágono convexo?

Resolução

O número de segmentos que unem 2 vértices é, como no exercício resolvido 22, $C_{6,2} = 15$.

Nesses 15 segmentos, além das diagonais, estão inclusos os 6 lados do hexágono.

Então:

$C_{6,2} - 6 = 15 - 6 = 9$

Logo, o número de diagonais do hexágono convexo é 9.

29. Num voo da ponte aérea Rio-São Paulo, há apenas 7 lugares disponíveis e um grupo de 10 pessoas pretende embarcar nesse voo. De quantas maneiras é possível lotar o avião?

Resolução

Estamos procurando todos os subconjuntos (combinações) de 7 pessoas formados de um grupo de 10 pessoas. Daí:

$$C_{10,7} = C_{10,3} = \frac{10 \cdot 9 \cdot 8}{3 \cdot 2} = 120$$

Logo, há 120 maneiras possíveis de lotar o avião.

30. Após uma reunião de negócios, foram trocados 15 apertos de mão. Sabendo que cada executivo cumprimentou todos os outros, qual é o número de executivos que estavam presentes nessa reunião?

Resolução

Aqui temos um problema inverso. Sabemos que $C_{n,2} = 15$ e procuramos o valor de n:

$$\frac{n!}{2!(n-2)!} = 15 \Rightarrow \frac{n(n-1)\cancel{(n-2)!}}{2!\cancel{(n-2)!}} = 15 \Rightarrow$$

$$\Rightarrow \frac{n(n-1)}{2} = 15 \Rightarrow n^2 - n - 30 = 0 \Rightarrow$$

$$\Rightarrow n = 6 \text{ ou } n = -5$$

Portanto, o número de executivos era 6 (n não pode ser negativo).

Para conferir, verifique que $C_{6,2} = 15$.

31. Dados 8 pontos num mesmo plano e considerando que 5 deles pertencem a uma reta, 3 pertencem a outra e nenhum pertence às duas retas, responda:

a) Quantas retas eles determinam?

b) Quantos triângulos eles determinam?

Resolução

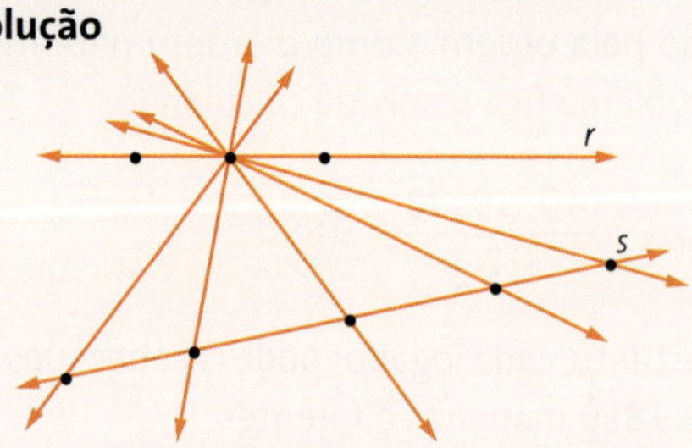

a) Para cada ponto de r com um dos 5 pontos de s temos $C_{5,1}$ retas. Como são 3 pontos em r, temos $3C_{5,1}$. Considerando ainda as retas r e s, temos o total de $3C_{5,1} + 2$ retas, ou seja:

$$3 \cdot \frac{5!}{1!\,4!} + 2 = 3 \cdot 5 + 2 = 17$$

Portanto, ficam determinadas 17 retas.

Outra resolução:

$5C_{3,1} + 2 = 17$

> **Fique atento!**
> A resolução do item **a** pode ser feita, diretamente, também assim:
> $3 \cdot 5 + 2 = 17$.

b) Um triângulo fica determinado quando temos:

I. um ponto em r e dois em s;

II. um ponto em s e dois em r.

Calculemos essas duas possibilidades e somemos:

I. Temos 5 pontos em s e precisamos de 2. Vamos combiná-los 2 a 2:

$$C_{5,2} = \frac{5!}{2!\,3!} = 10$$

Como em r há 3 pontos e podemos considerar qualquer um deles, temos:

$3C_{5,2} = 3 \cdot 10 = 30$ possibilidades

II. Da mesma forma, temos 3 pontos em r e precisamos de 2. Combinando-os 2 a 2, temos:

$$C_{3,2} = \frac{3!}{2!\,1!} = 3$$

Como em s há 5 pontos e podemos considerar qualquer um deles, temos:

$5C_{3,2} = 5 \cdot 3 = 15$ possibilidades

Juntando as possibilidades, temos:

$3C_{5,2} + 5C_{3,2} = 30 + 15 = 45$

Portanto, são determinados 45 triângulos com esses 8 pontos.

Outra resolução:

Os 8 pontos agrupados 3 a 3 formam

$$C_{8,3} = \frac{8 \cdot 7 \cdot 6}{3 \cdot 2} = 56$$

Exercícios

38. Calcule o valor de:

a) $C_{6,4}$

b) $C_{5,3}$

c) $C_{4,1}$

d) $C_{5,4}$

e) C_7^5

f) $\binom{7}{6}$

g) $C_{45,44}$

h) $C_{30,26}$

39. Determine o valor de x em:

a) $5 + C_{x,2} = x + 14$

b) $C_{x+3,2} = 15$

40. Quantas equipes de 3 astronautas podem ser formadas com 20 astronautas?

41. Quantas equipes diferentes de vôlei podemos escalar tendo à disposição 10 meninas que jogam em qualquer posição?

42. Em uma prova de 10 questões, o aluno deve resolver apenas 8. De quantas maneiras diferentes ele poderá escolher essas 8 questões?

43. Uma associação tem uma diretoria formada por 10 pessoas: 6 homens e 4 mulheres. De quantas maneiras podemos formar uma comissão dessa diretoria que tenha 3 homens e 2 mulheres?

44. Uma urna contém 5 bolas azuis e 4 bolas vermelhas. De quantas maneiras podemos selecionar:

a) 3 bolas?

b) 3 bolas azuis e 2 vermelhas?

c) 3 bolas vermelhas e 2 azuis?

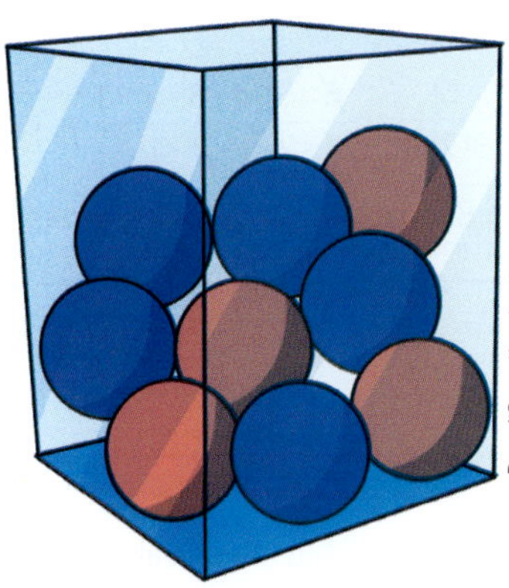

Dam d'Souza/Arquivo da editora

45. Quantas comissões de 5 elementos podemos formar com os 30 alunos de uma classe?

46. De quantos modos podemos formar triângulos com 3 dos vértices de um heptágono regular?

47. De quantas maneiras podemos extrair 4 cartas de um baralho de 52 cartas?

48. Um rapaz tem 5 bermudas e 6 camisetas. De quantas formas ele pode escolher:

a) 1 bermuda e 1 camiseta?

b) 2 bermudas e 2 camisetas?

c) 4 peças quaisquer de roupas, entre bermudas e camisetas?

49. Uma classe tem 24 alunos, sendo 10 meninas e 14 meninos. De quantos modos podemos escolher:

a) 3 meninos e 2 meninas?

b) 5 alunos quaisquer?

c) 1 menino e 1 menina?

50. Em um grupo de 10 pessoas estão Anderson e Eduardo. Quantas comissões de 5 pessoas podemos formar:

a) em que ambos estejam presentes?

b) em que nenhum deles esteja presente?

c) em que apenas um deles esteja presente?

51. Em um grupo existem 5 homens e 6 mulheres. De quantas maneiras podemos escolher uma comissão de 4 pessoas com:

a) exatamente 3 homens?

b) pelo menos 3 homens?

c) no máximo 1 homem?

52. Considere 10 pontos, sendo 6 na reta r e 4 na reta s. De quantos modos podemos formar triângulos com vértices nesses pontos?

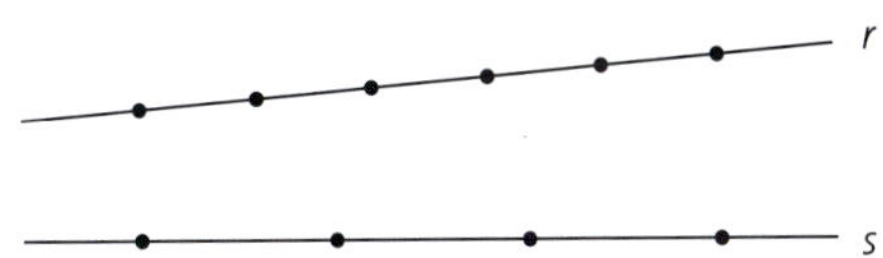

53. DESAFIO Quantos quadriláteros, de qualquer tamanho, existem na figura abaixo?

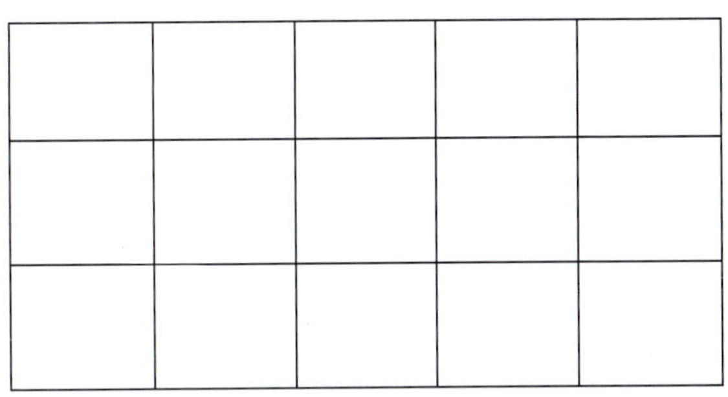

6 Problemas que envolvem os vários tipos de agrupamentos

Nos exercícios resolvidos a seguir temos os vários tipos de agrupamentos estudados e as formas de calcular o número de agrupamentos.

Exercícios resolvidos

32. Usando os algarismos 5, 6 e 8, quantos números de 3 algarismos distintos podemos formar?

Resolução

$P_3 = 3! = 3 \cdot 2 \cdot 1 = 6$

Portanto, 6 números.

33. Usando os algarismos 1, 3, 4, 6 e 9, quantos números de 3 algarismos distintos podemos formar?

$A_{5,3} = \frac{5!}{2!} = \frac{5 \cdot 4 \cdot 3 \cdot \cancel{2} \cdot \cancel{1}}{\cancel{2} \cdot \cancel{1}} = 60$ ou

$A_{5,3} = 5 \cdot 4 \cdot 3 = 60$

Podemos formar 60 números.

34. Quantos números naturais de 2 algarismos (distintos ou não) podemos formar com os algarismos 4, 7, 8 e 9?

Resolução

4 possibilidades para o primeiro algarismo e 4 para o segundo: $4 \cdot 4 = 16$ números.

35. Quantas comissões diferentes de 3 pessoas podemos formar para representar um grupo de 10 pessoas?

Resolução

$C_{10,3} = \frac{10!}{3!\,7!} = \frac{10 \cdot 9 \cdot 8 \cdot \cancel{7!}}{3 \cdot 2 \cdot 1 \cdot \cancel{7!}} = 120$ ou

$C_{10,3} = \frac{A_{10,3}}{3!} = \frac{10 \cdot 9 \cdot 8}{3 \cdot 2 \cdot 1} = 120$

Podemos formar 120 comissões.

36. Usando as 26 letras e os 10 algarismos conhecidos, quantas placas de automóvel diferentes podem ser feitas de modo que, em cada uma, existam três letras (não repetidas) seguidas de quatro algarismos (repetidos ou não)?

Resolução

As 26 letras serão agrupadas de 3 em 3 sem repetição:

$26 \cdot 25 \cdot 24 = 15\,600$ agrupamentos de letras

Os 10 algarismos serão agrupados de 4 em 4, com repetição:

$10 \cdot 10 \cdot 10 \cdot 10 = 10\,000$ agrupamentos de algarismos

Para cada agrupamento de letras podemos usar todos os agrupamentos de algarismos. Então, o total de placas é:

$15\,600 \cdot 10\,000 = 156\,000\,000$ placas

> **Para refletir**
> Qual será o número de placas se as letras também puderem ser repetidas? Resolva esse problema usando uma calculadora.

37. Quantos anagramas tem a palavra BANANA?

Resolução

$P_6^{3,2,1} = \frac{6!}{3!\,2!\,1!} = \frac{\cancel{6} \cdot 5 \cdot 4 \cdot 3 \cdot \cancel{2} \cdot 1}{\cancel{3} \cdot 2 \cdot 1 \cdot \cancel{2} \cdot 1 \cdot 1} = 60$

A palavra BANANA tem 60 anagramas.

Exercícios

54. Determine o valor de x, sabendo que:

a) $A_{x,3} = 24C_{x-2,2}$

b) $C_{x,24} = C_{x,6}$

c) $\frac{A_{x,3}}{C_{x,4}} = 12$

55. Determine o valor de n em $\frac{A_{n,4}}{A_{n,3}} = 4$.

56. Uma menina tem 5 blusas e 4 saias. De quantos modos distintos ela pode se vestir?

57. Uma sorveteria oferece 10 sabores de sorvete. Se uma pessoa vai tomar 3 bolas, do mesmo sabor ou não, quantas opções diferentes ela tem?

58. Quantos números de 4 algarismos podemos escrever com os algarismos 1, 2, 3, 4, 5, 6, 7, 8 e 9?

59. Quantos triângulos podemos formar unindo os vértices de um octógono?

60. A diretoria de um clube é composta de 10 membros, que podem ocupar a função de presidente, secretário ou tesoureiro. De quantas maneiras podemos formar, com os 10 membros, chapas que contenham presidente, secretário e tesoureiro?

61. Em um ônibus há 5 lugares vagos. Duas pessoas entram no ônibus. De quantas maneiras diferentes elas podem se sentar?

62. Em uma competição com 10 países, de quantas maneiras podem ser distribuídas as medalhas de ouro, prata e bronze?

63. Quantos são os anagramas da palavra MATEMÁTICA?

64. Sobre uma circunferência são marcados 6 pontos distintos. Quantos quadriláteros podemos traçar com vértices nesses pontos?

65. Quantos subconjuntos de exatamente 4 elementos podemos formar com um conjunto de 7 elementos?

66. Na despedida de um grupo de amigos, 36 abraços foram trocados. Sabendo que cada um abraçou todos os outros, quantos amigos estavam reunidos?

67. Considerem a palavra LÓGICA:
    a) Quantas permutações (anagramas) podemos formar?
    b) Quantos anagramas começam com **L**?
    c) Quantos começam com **LO**?
    d) Quantos começam e terminam com vogal?
    e) Quantos começam com consoante e terminam com vogal?
    f) Em quantos anagramas as letras **L**, **O**, **G** estão juntas, nessa ordem?
    g) Em quantos as letras **L**, **O**, **G** estão juntas?

68. Quantos números de 4 algarismos distintos maiores que 2 000 podemos formar com os algarismos 1, 2, 3, 4, 5 e 6?

69. As placas dos automóveis são formadas por 3 letras seguidas de 4 algarismos. Quantas placas podemos criar com as letras **A** e **B** e os algarismos pares, podendo repetir a letra e não podendo repetir o algarismo?

70. Quantas duplas diferentes podemos formar com um grupo de 8 tenistas?

71. Quantos números existem inferiores a 1000 com algarismos distintos?

72. Em um grupo de 20 pessoas há 6 mulheres. Quantas comissões de 4 pessoas podem ser formadas de modo que nelas haja pelo menos 1 mulher?

73. Quantos números de 6 algarismos maiores que 540 000 podemos formar com os algarismos 1, 2, 3, 4, 5 e 6?

74. Quantos anagramas da palavra ESCOLA têm as vogais e as consoantes alternadas?

75. Tenho 6 livros diferentes de Português e 6 diferentes de Matemática. Quero colocar 4 livros de Português e 3 de Matemática na prateleira de uma estante. De quantas maneiras posso fazer isso, para que livros da mesma matéria fiquem juntos?

76. Com os algarismos 1, 2, 3, 4, 5, 6 e 7, quantos números de 3 algarismos distintos maiores que 340 podemos formar?

77. Quantas comissões de 3 pessoas podem ser formadas com 10 pessoas, se determinada pessoa figurar em todas as comissões?

78. Num plano estão marcados 12 pontos, dos quais 5 estão sobre uma mesma reta e, dos 7 que estão fora dela, não há 3 colineares. Quantas retas distintas podemos traçar ligando esses pontos 2 a 2?

79. De quantas maneiras diferentes podemos colocar 8 livros em 3 gavetas para que fiquem 2 na primeira gaveta, 3 na segunda e 3 na terceira gaveta?

80. De quantas maneiras podemos extrair 5 cartas de um baralho de 52 cartas para que em cada extração haja pelo menos 1 ás?

81. Quantas diagonais (não das faces) tem um cubo?

82. De quantas maneiras é possível colocar 6 pessoas em fila de modo que duas dessas pessoas, Sérgio e Valdir, não fiquem juntas?

83. Um chaveiro foi contratado para fazer cópias das chaves de 10 salas. Ele, entretanto, não as etiquetou, e viu-se obrigado a repor as chaves por tentativas. Quantas tentativas, no máximo, deverá fazer?

84. Até 2012, os números dos telefones celulares do estado de São Paulo eram constituídos de 8 dígitos, quando então passaram a ter 9. Sabendo que o primeiro dígito nunca pode ser zero, quando os números dos telefones passaram a ser formados por 9 dígitos, qual foi o aumento possível na quantidade de números de telefone?

85. Permutam-se de todas as formas possíveis os algarismos 1, 3, 5, 7, 9 e escrevem-se os números formados em ordem crescente. Determine:
    a) que lugar ocupa o número 53 179;
    b) qual é a soma dos números assim formados.

7 Números binomiais

Chama-se **número binomial** o número $\binom{n}{p}$, com n e p naturais, $n \geq p$, tal que $\binom{n}{p} = \dfrac{n!}{p!(n-p)!}$ (n é o numerador e p é a classe do número binomial). Note que $\binom{n}{p} = C_{n,\,p}$.

Exemplo:

$$\binom{5}{2} = \frac{5!}{2!(5-2)!} = \frac{5!}{2! \cdot 3!} = \frac{5 \cdot 4 \cdot \cancel{3!}}{2 \cdot 1 \cdot \cancel{3!}} = 10 = C_{5,\,2}$$

Propriedades decorrentes da definição

Veja a seguir algumas propriedades do número binomial.

1ª) $\binom{n}{0} = 1$ para qualquer $n \in \mathbb{N}$.

Demonstração:

$$\binom{n}{0} = \frac{n!}{0!(n-0)!} = \frac{n!}{1 \cdot n!} = 1$$

2ª) $\binom{n}{n} = 1$, para qualquer $n \in \mathbb{N}$.

Demonstração:

$$\binom{n}{n} = \frac{n!}{n!(n-n)!} = \frac{1}{0!} = 1$$

3ª) $\binom{n}{1} = n$, para qualquer $n \in \mathbb{N}^*$.

Demonstração:

$$\binom{n}{1} = \frac{n!}{1!(n-1)!} = \frac{n(n-1)!}{1(n-1)!} = n$$

4ª) $\binom{n}{n-1} = n$, para qualquer $n \in \mathbb{N}^*$.

Demonstração:

$$\binom{n}{n-1} = \frac{n!}{(n-1)!(n-(n-1))!} = \frac{n(n-1)!}{(n-1)! \cdot 1!} = n$$

5ª) $\binom{n}{p} = \binom{n}{n-p}$, para quaisquer n e $p \in \mathbb{N}$, com $n \geq p$.

Demonstração:

$$\binom{n}{n-p} = \frac{n!}{(n-p)!(n-(n-p))!} = \frac{n!}{(n-p)!p!} = \binom{n}{p}$$

Essa 5ª propriedade é conhecida como *propriedade dos números binomiais complementares*.

Além dessas propriedades, de modo geral afirma-se que:

> Dois números binomiais são iguais se tiverem o mesmo numerador e:
> - suas classes forem iguais, ou
> - a soma de duas classes for igual ao numerador (binomiais complementares).

Exercícios resolvidos

38. Calcule o valor da soma

$$S = \binom{5}{1} + \binom{8}{0} + \binom{13}{12} + \binom{2011}{2011}.$$

Resolução

Pela 3ª propriedade, temos $\binom{5}{1} = 5$.

Pela 1ª propriedade, temos $\binom{8}{0} = 1$.

Pela 4ª propriedade, temos $\binom{13}{12} = 13$.

Pela 2ª propriedade, temos $\binom{2011}{2011} = 1$.

Assim, temos $S = 5 + 1 + 13 + 1 = 20$.

39. Obtenha o valor de x sabendo que $\binom{7}{3} = \binom{7}{x}$.

Resolução

Sabemos que a igualdade acontece em duas situações: $x = 3$ ou $3 + x = 7$. Se $3 + x = 7$, então $x = 4$.

Logo, os valores de x são $x = 3$ ou $x = 4$.

8 Triângulo de Pascal

Podemos dispor os números binominais em formações triangulares, como abaixo:

$$\begin{array}{ccccccccc}
 & & & & \binom{0}{0} & & & & \\
 & & & \binom{1}{0} & & \binom{1}{0} & & & \\
 & & \binom{2}{0} & & \binom{2}{1} & & \binom{2}{2} & & \\
 & \binom{3}{0} & & \binom{3}{1} & & \binom{3}{2} & & \binom{3}{3} & \\
\binom{4}{0} & & \binom{4}{1} & & \binom{4}{2} & & \binom{4}{3} & & \binom{4}{4} \\
\dots & & \dots & & \dots & & \dots & & \dots \\
\binom{n}{0} & & \binom{n}{1} & & \binom{n}{2} & & \binom{n}{3} & \dots & \binom{n}{n}
\end{array}
\quad \text{ou} \quad
\begin{array}{cccccc}
\binom{0}{0} & & & & & \\
\binom{1}{0} & \binom{1}{1} & & & & \\
\binom{2}{0} & \binom{2}{1} & \binom{2}{2} & & & \\
\binom{3}{0} & \binom{3}{1} & \binom{3}{2} & \binom{3}{3} & & \\
\binom{4}{0} & \binom{4}{1} & \binom{4}{2} & \binom{4}{3} & \binom{4}{4} & \\
\dots & \dots & \dots & \dots & \dots & \\
\binom{n}{0} & \binom{n}{1} & \binom{n}{2} & \binom{n}{3} & \dots & \binom{n}{n}
\end{array}$$

Você sabia?
Blaise Pascal (1623-1662) foi um físico, filósofo e teólogo francês que estudou os problemas matemáticos relacionados aos jogos de dados, e um dos resultados dessa pesquisa foi a tabela numérica denominada triângulo de Pascal.

Calculando cada número binomial, temos:

$$\begin{array}{ccccccccccc}
 & & & & & 1 & & & & & \\
 & & & & 1 & & 1 & & & & \\
 & & & 1 & & 2 & & 1 & & & \\
 & & 1 & & 3 & & 3 & & 1 & & \\
 & 1 & & 4 & & 6 & & 4 & & 1 & \\
1 & & 5 & & 10 & & 10 & & 5 & & 1 \\
 & & & & & \dots & & & & &
\end{array}
\quad \text{ou} \quad
\begin{array}{cccccc}
1 & & & & & \\
1 & 1 & & & & \\
1 & 2 & 1 & & & \\
1 & 3 & 3 & 1 & & \\
1 & 4 & 6 & 4 & 1 & \\
1 & 5 & 10 & 10 & 5 & 1
\end{array}$$

Essa maneira de dispor tais coeficientes é conhecida como **triângulo de Pascal**.

Propriedades dos números binomiais a partir do triângulo de Pascal

Note que os coeficientes dos desenvolvimentos abaixo seguem o triângulo de Pascal.

$(x + y)^0 = 1$

$(x + y)^1 = 1x + 1y$

$(x + y)^2 = 1x^2 + 2xy + 1y^2$

$(x + y)^3 = 1x^3 + 3x^2y + 3xy^2 + 1y^3$

$(x + y)^4 = 1x^4 + 4x^3y + 6x^2y^2 + 4xy^3 + 1y^4$

$(x + y)^5 = 1x^5 + 5x^4y + 10x^3y^2 + 10x^2y^3 + 5xy^4 + 1y^5$

Observando o triângulo de Pascal podemos tirar as seguintes propriedades:

1ª) Por exemplo:

$$\binom{3}{1} = \binom{3}{2} \rightarrow 1 + 2 = 3$$

$$\binom{4}{1} = \binom{4}{3} \rightarrow 1 + 3 = 4$$

$$\binom{5}{2} = \binom{5}{3} \rightarrow 2 + 3 = 5$$

De modo geral, como já foi visto no estudo dos números binomiais:

$\binom{n}{a} = \binom{n}{b}$, pois $a + b = n$ (binomiais complementares ou combinações complementares)

2ª) Observe:

$$\binom{3}{1} + \binom{3}{2} = \binom{4}{2} \qquad \binom{3}{2} + \binom{3}{3} = \binom{4}{3} \qquad \binom{4}{2} + \binom{4}{3} = \binom{5}{3}$$

$$\begin{array}{ccccccccccc} & & & & & 1 & & & & & \\ & & & & 1 & & 1 & & & & \\ & & & 1 & & 2 & & 1 & & & \\ & & 1 & & 3 & + & 3 & + & 1 & & \\ & 1 & & 4 & & 6 & + & 4 & & 1 & \\ 1 & & 5 & & 10 & & 10 & & 5 & & 1 \\ & & & & & \dots & & & & & \end{array}$$

De modo geral:

$$\binom{n-1}{p-1} + \binom{n-1}{p} = \binom{n}{p} \quad \text{relação de Stifel}$$

Você sabia?
Michael Stifel (1486-1567) foi um matemático alemão, que fez pesquisas na Álgebra e na Aritmética. Seu trabalho mais famoso é *Arithmetica Integra*, publicado em 1544, no qual inclui o triângulo de Pascal e o tratamento dos números negativos, radicais e potências.

3ª) Observe a soma dos elementos de uma mesma linha no triângulo de Pascal:

$$\binom{0}{0} = 1 = 2^0$$

$$\binom{1}{0} + \binom{1}{1} = 1 + 1 = 2 = 2^1$$

$$\binom{2}{0} + \binom{2}{1} + \binom{2}{2} = 1 + 2 + 1 = 4 = 2^2$$

$$\binom{3}{0} + \binom{3}{1} + \binom{3}{2} + \binom{3}{3} = 1 + 3 + 3 + 1 = 8 = 2^3$$

$$\binom{4}{0} + \binom{4}{1} + \binom{4}{2} + \binom{4}{3} + \binom{4}{4} = 1 + 4 + 6 + 4 + 1 = 16 = 2^4$$

Qual seria o valor de $\binom{6}{0} + \binom{6}{1} + \binom{6}{2} + \binom{6}{3} + \binom{6}{4} + \binom{6}{5} + \binom{6}{6}$?

De modo geral, temos:

$$\binom{n}{0} + \binom{n}{1} + \binom{n}{2} + \binom{n}{3} + \dots + \binom{n}{n-1} + \binom{n}{n} = 2^n$$

Fique atento!
Observe que 2^n é o mesmo que $(1 + 1)^n$.

Essa propriedade é conhecida também como **teorema das linhas**.

Lembremos que em um conjunto A de n elementos distintos $\binom{n}{p} = C_{n,p}$ é o número de subconjuntos de p elementos também distintos, ou seja, a soma $\binom{n}{0} + \binom{n}{1} + \binom{n}{2} + \dots + \binom{n}{n}$ representa o total de subconjuntos distintos de A.

Entretanto, na formação de um subconjunto de A, cada elemento tem apenas duas possibilidades: participa ou não participa do subconjunto. Assim, usando o princípio multiplicativo, o total de subconjuntos de A é $\underbrace{2 \times 2 \times \dots \times 2 = 2^n}_{n \text{ vezes}}$.

Assim, $\binom{n}{0} + \binom{n}{1} + \binom{n}{2} + \dots + \binom{n}{n} = 2^n$.

Exercício resolvido

40. Uma casa tem 3 portas de entrada. De quantos modos essa casa pode ser aberta?

Resolução

Há $C_{3,1}$ modos de abrir a casa abrindo 1 só porta, $C_{3,2}$ modos de abrir a casa abrindo 2 portas e $C_{3,3}$ modos de abrir a casa abrindo as 3 portas.
Logo:

$$C_{3,1} + C_{3,2} + C_{3,3} = \binom{3}{1} + \binom{3}{2} + \binom{3}{3} = 2^3 - \binom{3}{0} = 8 - 1 = 7$$

Exercícios

86. Calcule o valor de:

a) $\binom{6}{2}$

b) $\binom{7}{3}$

c) $\binom{6}{0}$

d) $\binom{20}{18}$

87. Se $\binom{m}{9} = \binom{m}{8}$, calcule $\binom{m}{17}$.

88. Determine o valor de x, sabendo que $\binom{20}{2x} = \binom{20}{x+1}$.

89. Simplifique a fração: $\dfrac{\binom{12}{4}}{\binom{12}{5}}$.

90. Calcule o valor das expressões usando as propriedades do triângulo de Pascal:

a) $\binom{5}{0} + \binom{5}{1} + \binom{5}{2} + \binom{5}{3} + \binom{5}{4} + \binom{5}{5}$

b) $\binom{8}{6} + \binom{8}{2}$

c) $\binom{5}{3} + \binom{5}{4}$

d) $\binom{4}{3} + \binom{4}{4}$

e) $\binom{9}{5} + \binom{9}{4}$

f) $\binom{8}{0} + \binom{8}{1} + \binom{8}{2} + \binom{8}{3}$

91. Escreva o triângulo de Pascal com pelo menos 8 linhas. Quais propriedades você observa nele?

92. Demonstre a relação de Stifel:

$$\binom{n-1}{p-1} + \binom{n-1}{p} = \binom{n}{p}$$

93. Se a 5ª linha do triângulo de Pascal é: 1 5 10 10 5 1, escreva a 6ª e a 7ª linhas.

94. Demonstre que a soma dos coeficientes no desenvolvimento de $(x + y)^n$ é igual a 2^n.

95. Determine inteiros n e p de modo que:

$$\frac{\binom{n}{p}}{1} = \frac{\binom{n}{p+1}}{2} = \frac{\binom{n}{p+2}}{3}$$

96. Lembrando que $C_{n,p} = \binom{n}{p}$, determine:

a) $C_{4,0} + C_{4,1} + C_{4,2} + C_{4,3} + C_{4,4}$

b) $C_{8,1} + C_{8,2} + ... + C_{8,7} + C_{8,8}$

97. Um salão tem 5 janelas. De quantas maneiras podemos abrir essas janelas de modo que o salão nunca fique com todas as janelas fechadas?

98. Dez pontos estão distribuídos em uma circunferência. Quantos polígonos podemos fazer usando quaisquer desses pontos como vértices?

99. Em uma sorveteria, o cliente pode escolher quantos e quais desejar entre 8 tipos de cobertura para colocar no seu sorvete, podendo também não colocar cobertura alguma. De quantos modos o cliente pode fazer a sua escolha?

A. Parramón/AP Photo

9 Binômio de Newton

Toda potência da forma $(x + y)^n$, com $x \in \mathbb{R}$, $y \in \mathbb{R}$ e $n \in \mathbb{N}$, é conhecida como **binômio de Newton**.

O desenvolvimento do binômio de Newton é simples em casos como os seguintes, que você já estudou no Ensino Fundamental:

- $(x + y)^0 = 1$
- $(x + y)^1 = x + y$
- $(x + y)^2 = (x + y)(x + y) = x^2 + 2xy + y^2$
- $(x + y)^3 = (x + y)^2(x + y) = x^3 + 3x2y + 3xy^2 + y^3$

Você sabia?
Isaac Newton (1642-1727) foi um cientista inglês e é considerado um dos maiores estudiosos da História. Contribuiu grandemente com a Matemática e a Física. Criou o binômio de Newton, a lei da gravitação, entre outras criações.

Em casos como $(x + y)^7$, $(2x - y)^5$, $(x + 2)^{10}$ e outros, vamos recorrer aos conhecimentos adquiridos na análise combinatória.

Observe nos exemplos seguintes os binômios de Newton desenvolvidos e veja como são os coeficientes de cada termo:

a) $(x + y)^2 = x^2 + 2xy + y^2 = \mathbf{1}x^2y^0 + \mathbf{2}x^1y^1 + \mathbf{1}x^0y^2 = \binom{2}{0}x^2y^0 + \binom{2}{1}x^1y^1 + \binom{2}{2}x^0y^2$

b) $(x + y)^3 = x^3 + 3x^2y + 3xy^2 + y^3 = \mathbf{1}x^3y^0 + \mathbf{3}x^2y^1 + \mathbf{3}x^1y^2 + \mathbf{1}x^0y^3 = \binom{3}{0}x^3y^0 + \binom{3}{1}x^2y^1 + \binom{3}{2}x^1y^2 + \binom{3}{3}x^0y^3$

Note que os coeficientes dos desenvolvimentos são as linhas do triângulo de Pascal. Será que isso também acontece com $(x + y)^4$?

De fato:

$(x + y)^4 = x^4 + 4x^3y + 6x^2y^2 + 4xy^3 + y^4 = \mathbf{1}x^4y^0 + \mathbf{4}x^3y^1 + \mathbf{6}x^2y^2 + \mathbf{4}x^1y^3 + \mathbf{1}x^0y^4 =$

$= \binom{4}{0}x^4y^0 + \binom{4}{1}x^3y^1 + \binom{4}{2}x^2y^2 + \binom{4}{3}x^1y^3 + \binom{4}{4}x^0y^4$

Generalizando, podemos escrever, para x e $y \in \mathbb{R}$ e $n \in \mathbb{N}$:

$$(x + y)^n = \binom{n}{0}x^n + \binom{n}{1}x^{n-1}y + \binom{n}{2}x^{n-2}y^2 + \ldots + \binom{n}{k}x^{n-k}y^k + \ldots + \binom{n}{n}y^n$$

Note que os expoentes de x começam em n e decrescem de 1 em 1 até 0, enquanto os expoentes de y começam em 0 e crescem de 1 em 1 até n.

Observação: Como já vimos, dados os números naturais n e p, com $n \geq p$, o número $\binom{n}{p}$ é chamado número binomial n sobre p. Lembre que $C_{n,p} = \binom{n}{p} = \frac{n!}{p!(n-p)!}$.

Veja, por exemplo, como efetuar o desenvolvimento de $(x + a)^5$:

$$(x + a)^5 = \underset{\downarrow\ 1}{\binom{5}{0}}x^5 + \underset{\downarrow\ 5}{\binom{5}{1}}x^4a + \underset{\downarrow\ 10}{\binom{5}{2}}x^3a^2 + \underset{\downarrow\ 10}{\binom{5}{3}}x^2a^3 + \underset{\downarrow\ 5}{\binom{5}{4}}xa^4 + \underset{\downarrow\ 1}{\binom{5}{5}}a^5$$

Portanto:

$(x + a)^5 = x^5 + 5x^4a + 10x^3a^2 + 10x^2a^3 + 5xa^4 + a^5$

Exercícios resolvidos

41. Efetue o desenvolvimento de:

a) $(x + a)^5$

b) $(2x - a)^4$

c) $\left(x - \frac{1}{2}\right)^6$

d) $(\sqrt{3} + \sqrt{5})^4$

Resolução

a) $(x+a)^5 = \binom{5}{0}x^5 + \binom{5}{1}x^4a + \binom{5}{2}x^3a^2 +$

$\binom{5}{0} \to 1$, $\binom{5}{1} \to 5$, $\binom{5}{2} \to 10$

$+ \binom{5}{3}x^2a^3 + \binom{5}{4}xa^4 + \binom{5}{5}a^5$

$\binom{5}{3} \to 10$, $\binom{5}{4} \to 5$, $\binom{5}{5} \to 1$

Portanto:

$(x + a)^5 = x^5 + 5x^4a + 10x^3a^2 + 10x^2a^3 + 5xa^4 + a^5$

b) $(2x - a)^4 = [2x + (-a)]^4 = \binom{4}{0}(2x)^4 +$

$\binom{4}{0} \to 1$

$+ \binom{4}{1}(2x)^3(-a) + \binom{4}{2}(2x)^2(-a)^2 +$

$\binom{4}{1} \to 4$, $\binom{4}{2} \to 6$

$+ \binom{4}{3}(2x)(-a)^3 + \binom{4}{4}(-a)^4 = 1 \cdot 16x^4 +$

$\binom{4}{3} \to 4$, $\binom{4}{4} \to 1$

$+ 4 \cdot 8x^3(-a) + 6 \cdot 4x^2a^2 + 4 \cdot 2x(-a)^3 + 1a^4 =$

$= 16x^4 - 32x^3a + 24x^2a^2 - 8xa^3 + a^4$

c) $\left(x - \frac{1}{2}\right)^6 = \left[x + \left(-\frac{1}{2}\right)\right]^6 =$

$= \binom{6}{0}x^6 + \binom{6}{1}x^5\left(-\frac{1}{2}\right) +$

$+ \binom{6}{2}x^4\left(-\frac{1}{2}\right)^2 + \binom{6}{3}x^3\left(-\frac{1}{2}\right)^3 +$

$+ \binom{6}{4}x^2\left(-\frac{1}{2}\right)^4 + \binom{6}{5}x\left(-\frac{1}{2}\right)^5 + \binom{6}{6}\left(-\frac{1}{2}\right)^6$

Calculando $\binom{6}{0} = \binom{6}{6} = 1$; $\binom{6}{1} = \binom{6}{5} = 6$;

$\binom{6}{2} = \binom{6}{4} = 15$; $\binom{6}{3} = 20$, temos:

$\left(x - \frac{1}{2}\right)^6 = x^6 - \frac{6}{2}x^5 + \frac{15}{4}x^4 - \frac{20}{8}x^3 +$

$+ \frac{15}{16}x^2 - \frac{6}{32}x + \frac{1}{64} =$

$= x^6 - 3x^5 + \frac{15}{4}x^4 - \frac{5}{2}x^3 +$

$+ \frac{15}{16}x^2 - \frac{3}{16}x + \frac{1}{64}$

d) $(\sqrt{3} + \sqrt{5})^4 = \binom{4}{0}(\sqrt{3})^4 +$

$+ \binom{4}{1}(\sqrt{3})^3\sqrt{5} + \binom{4}{2}(\sqrt{3})^2(\sqrt{5})^2 +$

$+ \binom{4}{3}\sqrt{3}(\sqrt{5})^3 + \binom{4}{4}(\sqrt{5})^4 =$

$= (\sqrt{3})^4 + 4(\sqrt{3})^3\sqrt{5} + 6(\sqrt{3})^2(\sqrt{5})^2 +$

$+ 4\sqrt{3}(\sqrt{5})^3 + (\sqrt{5})^4 =$

$= 9 + 12\sqrt{3} \cdot \sqrt{5} + 6 \cdot 3 \cdot 5 + 20\sqrt{3} \cdot \sqrt{5} +$

$+ 25 = 124 + 32\sqrt{15}$

42. Qual é o valor da soma dos coeficientes do desenvolvimento de $(3x - y)^{10}$?

Resolução

Para obter apenas a soma dos coeficientes, basta fazer $x = y = 1$. Assim:

$S = (3 \cdot 1 - 1)^{10} = 2^{10} = 1024$

43. Calcule o valor de S:

$S = \binom{10}{0} + \binom{10}{1} \cdot 3 + \binom{10}{2} \cdot 3^2 + \ldots +$

$+ \binom{10}{9} \cdot 3^9 + \binom{10}{10} \cdot 3^{10}$

Resolução

Note que S pode ser reescrito como:

$S = \binom{10}{0} \cdot 1^{10} \cdot 3^0 + \binom{10}{1} \cdot 1^9 \cdot 3^1 +$

$+ \binom{10}{2} \cdot 1^8 \cdot 3^2 + \ldots + \binom{10}{10} \cdot 1^0 \cdot 3^{10} \Rightarrow$

$\Rightarrow S = (1 + 3)^{10} = 4^{10}$

Termo geral do binômio

No desenvolvimento de $(x + y)^n$ vimos que:

$$(x+y)^n = \underbrace{\binom{n}{0}x^n}_{T_1} + \underbrace{\binom{n}{1}x^{n-1}y}_{T_2} + \underbrace{\binom{n}{2}x^{n-2}y^2}_{T_3} + \ldots + \underbrace{\binom{n}{k}x^{n-k}y^k}_{T_{k+1}} + \ldots + \underbrace{\binom{n}{n}y^n}_{T_{n+1}}$$

Assim, o **termo geral** é dado por:

$$T_{k+1} = \binom{n}{k}x^{n-k}y^k$$

Observe que o desenvolvimento tem $(n + 1)$ termos.

Exercícios resolvidos

44. Qual é o 5º termo do desenvolvimento de $(x + 3)^5$ de acordo com as potências decrescentes de x?

Resolução

Procuramos o valor de T_5. Como $5 = k + 1 \Rightarrow k = 4$, temos:

$$T_5 = \binom{5}{4}x^{5-4} \cdot 3^4 = \frac{5!}{4!\,1!}x \cdot 81 = 405x$$

Portanto, o 5º termo de $(x + 3)^5$ é $405x$.

45. Calcule o termo independente de x no desenvolvimento de $\left(x + \frac{1}{x}\right)^6$.

Resolução

$$T_{k+1} = \binom{6}{k}x^{6-k}\left(\frac{1}{x}\right)^k = \binom{6}{k}x^{6-k} \cdot x^{-k} =$$

$$= \binom{6}{k}x^{6-2k}$$

O termo independente de x é o de x^0, ou seja, quando $6 - 2k = 0 \Rightarrow k = 3$.

Logo, o termo independente de x é:

$$T_4 = \binom{6}{3} = \frac{6!}{3!\,3!} = \frac{6 \cdot 5 \cdot 4 \cdot \cancel{3!}}{3!\,\cancel{3!}} = 20$$

46. Qual é o termo médio (ou central) no desenvolvimento de $(x - 3)^6$?

> **Fique atento!**
> No desenvolvimento de $(x + y)^n$, se n é par, existe termo central, que é o termo T_{k+1}, em que $k = \frac{n}{2}$.

Resolução

Como o binômio está elevado à 6ª potência, o desenvolvimento tem 7 termos. Procuramos então o 4º termo, que é o termo central:
$k + 1 = 4 \Rightarrow k = 3$

$$T_4 = \binom{6}{3}x^{6-3}(-3)^3 = -\binom{6}{3}27x^3 =$$

$$= -20 \cdot 27x^3 = -540x^3$$

47. Qual é o termo em x^5 no desenvolvimento $(x + 3)^8$?

Resolução

O termo geral é dado por $T_{k+1} = \binom{8}{k}x^{8-k} \cdot 3^k$.

O termo em x^5 ocorre quando $8 - k = 5$, ou seja, quando $k = 3$.
Assim, o termo em x^5 é dado por:

$$T_4 = \binom{8}{3}x^{8-3} \cdot 3^3 = 56 \cdot 27x^5 = 1\,512x^5$$

Exercícios

100. Efetue os seguintes desenvolvimentos:

a) $(x + 2)^5$

b) $(a - 3)^4$

c) $(x^2 - 1)^7$

d) $\left(x + \dfrac{1}{x}\right)^4$

e) $(\sqrt{5} - \sqrt{3})^5$

f) $\left(\dfrac{1}{2} - x\right)^6$

101. Qual é o valor da soma dos coeficientes obtidos no desenvolvimento de $(3x - 2y)^{23}$?

102. O valor numérico da expressão

$x^n + \dbinom{n}{1}x^{n-1}y + \dbinom{n}{2}x^{n-2}y^2 + ... + y^n$, para

$x = y = 2$, é:

a) 2^{n-1}.

b) 2^n.

c) 2^{n+1}.

d) 2^{2n}.

e) 4^{n-1}.

103. Determine:

a) o 7º termo do desenvolvimento de $(x - 1)^9$;

b) o 6º termo do desenvolvimento de $(x - 2a)^{10}$;

c) o 2º e o penúltimo termo do desenvolvimento de $(x - 1)^{20}$.

104. Determine, quando existir, o termo independente de x:

a) $\left(x^5 + \dfrac{2}{x}\right)^8$

b) $\left(x + \dfrac{2}{x}\right)^5$

c) $\left(x - \dfrac{1}{x}\right)^6$

105. Considere o desenvolvimento de $(x + 1)^{15}$. Sem fazer o desenvolvimento todo, tente responder às perguntas:

a) Quantos termos tem o desenvolvimento?

b) Qual é o 1º termo?

c) Qual é o 3º termo?

106. Qual é o termo em x^6 no desenvolvimento de $(x - 1)^9$?

107. Determine o termo central no desenvolvimento de:

a) $(x - 2)^8$

b) $\left(x + \dfrac{1}{3}\right)^{10}$

108. Qual é o valor do produto dos coeficientes do segundo e do penúltimo termo do desenvolvimento de $(x - 1)^{80}$?

109. Qual é o valor do quociente entre os quintos termos dos desenvolvimentos de $(x + 2)^8$ e $(x - 2)^8$?

110. Qual é o termo independente do desenvolvimento de $(x - 3)^8$?

111. Os grupos musculares mais trabalhados na musculação são coxas, glúteos, abdominais, peitorais, ombros, bíceps e tríceps. Alice deseja perder peso por meio da musculação. Então, considerando os exercícios específicos para os músculos citados e a recomendação de que, por dia, deve-se trabalhar apenas três desses músculos, indique quantas séries distintas de três destes exercícios ela poderá fazer se deseja trabalhar em cada série sempre a coxa ou o abdômen.

a) 35

b) 15

c) 10

d) 25

e) 20

112. As máquinas automáticas de venda foram construídas inicialmente para a venda de refrigerantes e tornaram-se populares em todo o mundo. A maior diversidade dessas máquinas é encontrada no Japão, onde elas são empregadas na venda não somente de refrigerantes, mas de numerosos produtos, de ovos a comida para peixes.
Suponha que o preço do refrigerante em uma dessas máquinas custe R$ 3,50, e a máquina aceite apenas moedas de R$ 1,00 e R$ 0,50. Se você tiver na carteira R$ 5,00 em moedas idênticas de R$ 1,00 e R$ 4,00 em moedas idênticas de R$ 0,50, quantas sequências de moedas podem ser usadas para comprar o refrigerante?
Considere diferentes as sequências (R$ 0,50; R$ 1,00; R$ 1,00; R$ 1,00) e (R$ 1,00; R$ 0,50; R$ 1,00; R$ 1,00).

a) 20

b) 10

c) 6

d) 16

e) 21

Atividades adicionais

1. Resolva a equação $\dfrac{2 \cdot 4 \cdot 6 \cdot 8 \cdot ... \cdot 2n}{n!} = 512$.

2. Determine n de modo que

$$\frac{1 + 2 + 3 + 4 + \cdots + n}{(n+1)!} = \frac{1}{240}.$$

3. Quantas diagonais tem o decágono? E o icoságono?

4. Determine o valor de x em:

a) $C_{x-3,2} = 15$

b) $\dfrac{C_{x+1,4}}{C_{x-1,2}} = \dfrac{7}{2}$

5. Determine o valor de x, sabendo que:

a) $800 < A_{7,x} < 2\,600$

b) $A_{x,3} - C_{x,x-3} = 25C_{x,x-1}$

6. Determine o valor de n em $5A_{n,3} = 2A_{n-1,4}$.

7. Responda:

a) Quantos são os anagramas da palavra LIVRO?

b) Quantos são os anagramas da palavra LIVRO que se iniciam por **L** e terminam com **O**?

c) Quantos são os anagramas da palavra LIVRO em que as letras **V**, **R** e **O** aparecem juntas, em qualquer ordem?

d) Quantos são os anagramas da palavra LIVRO em que as letras **L** e **I** aparecem juntas e nessa ordem (**LI**)?

8. Num grupo de 4 rapazes e 7 moças, quantas comissões com 2 rapazes e 2 moças podemos formar?

9. Qual é o número de jogos num campeonato com 20 clubes, com turno e returno?

10. Sobre uma reta marcam-se 4 pontos e sobre uma outra reta, paralela à primeira, marcam-se 5 pontos. Quantos triângulos obteremos unindo 3 quaisquer desses 9 pontos?

11. Há 10 meninos e 6 meninas para jogar tênis. De quantas maneiras podemos formar jogos de duplas, se em cada lado a dupla é constituída de um menino e uma menina?

12. Sabendo que $\dbinom{m}{p} = x$ e $\dbinom{m+1}{p+1} = y$, então $\dbinom{m}{p+1}$ é igual a:

a) $x + y$.

b) $x - y$.

c) $y - x$.

d) $x - p$.

e) $y - p$.

13. Sendo n um número ímpar, calcule o valor da soma

$$\binom{n}{0} + \binom{n}{2} + \binom{n}{4} + ... + \binom{n}{n-1}.$$

14. O símbolo Σ (somatório) indica a soma de termos a partir de um termo geral. Observe o exemplo abaixo e calcule os somatórios:

$$\sum_{p=2}^{5} \binom{p+1}{p} = \binom{3}{2} + \binom{4}{3} + \binom{5}{4} + \binom{6}{5}$$

a) $\displaystyle\sum_{p=0}^{10} \binom{10}{p}$

b) $\displaystyle\sum_{p=1}^{9} \binom{10}{p}$

c) $\displaystyle\sum_{k=5}^{10} \binom{k}{5}$

d) $\displaystyle\sum_{k=6}^{10} \binom{k}{5}$

e) $\displaystyle\sum_{k=0}^{6} \binom{4+k}{k}$

f) $\displaystyle\sum_{k=1}^{6} \binom{4+k}{k}$

15. Efetue os seguintes desenvolvimentos:

a) $\left(x + \dfrac{1}{3}\right)^5$ b) $\left(3x - \dfrac{1}{3}\right)^3$ c) $\left(1 + \sqrt{3}\right)^4$

16. Determine a soma dos coeficientes do desenvolvimento de $(x - y)^7$.

17. Desenvolva os binômios:

a) $\left(x - \dfrac{1}{3}\right)^7$ b) $(y + a)^6$ c) $1{,}99^3 = \left(2 - \dfrac{1}{100}\right)^3$

18. Doze amigos foram acampar e levaram 3 barracas, sendo uma para 3 pessoas, outra para 4 pessoas e a última para 5 pessoas. Entre as 12 pessoas estavam os irmãos Ivanildo, de 29 anos, e Rosinha, de 24 anos. Como Ivanildo era o mais velho, seu pai pediu a ele que cuidasse bem da irmã e que dormissem na mesma barraca. Quantas seriam as maneiras de distribuir as 12 pessoas nas 3 barracas para que o pedido do pai fosse atendido?

a) 1 260

b) 9 240

c) 2 520

d) 7 980

e) 3 360

Pensando no Enem

O *designer* português Miguel Neiva criou um sistema de símbolos que permite que pessoas daltônicas identifiquem cores. O sistema consiste na utilização de símbolos que identificam as cores primárias (azul, amarelo e vermelho). Além disso, a justaposição de dois desses símbolos permite identificar cores secundárias (como o verde, que é o amarelo combinado com o azul). O preto e o branco são identificados por pequenos quadrados: o que simboliza o preto é cheio, enquanto o que simboliza o branco é vazio. Os símbolos que representam preto e branco também podem ser associados aos símbolos que identificam cores, significando se estas são claras ou escuras.

Folha de S. Paulo. Disponível em: <www1.folha.uol.com.br>. Acesso em: 18 fev. 2012 (adaptado).

De acordo com o texto, quantas cores podem ser representadas pelo sistema proposto?

a) 14

b) 18

c) 20

d) 21

e) 23

Resolução

1ª maneira:

Este é um problema de contagem, em que a interpretação do enunciado e a realização de uma representação dos elementos que devemos usar nas diferentes etapas são essenciais para a resolução.

Primeiro, sabemos que existem símbolos para as três cores primárias (vermelho, azul e amarelo) e para as cores preta e branca, o que já significam **5 representações**. Ao considerarmos que os símbolos para preto e branco podem ser usados para denotar cores mais escuras ou mais claras, temos **6 representações** ($3 \cdot 2 = 6$), como pode ser visto na representação abaixo:

Az < B, P

Am < B, P

V < B, P

O texto esclarece também que a combinação de dois símbolos das cores primárias pode ser feita para criar outro símbolo para uma cor secundária. Vale lembrar que o uso do símbolo do azul com o do amarelo é o mesmo se houver inversão da ordem das cores (de qualquer forma se obtém o verde); então teremos:

Az < Am, V

Am — V

Assim, teremos mais 3 representações. Considerando as combinações dessas cores secundárias com o branco e o preto, teremos **6 representações** ($3 \cdot 2 = 6$).

Az < Am < B, P; V < B, P

Am — V < B, P

Desse modo, temos todas as representações possíveis: $5 + 6 + 3 + 6 = 20$

2ª maneira:

Em primeiro lugar, vamos contar todas as combinações de cores primárias e suas variações de claridade:

$$\underbrace{3}_{\text{azul, amarelo e vermelho}} \cdot \underbrace{3}_{\text{preto e branco, normal}} = \underbrace{9}_{\text{possibilidades}}$$

Em seguida, podemos considerar que a formação das cores secundárias trata-se de uma combinação simples, pois temos que combinar duas cores diferentes em qualquer ordem e, em seguida, aplicar novamente as variações de claridade:

$$\frac{\overbrace{3}^{\text{azul, amarelo e vermelho}} \cdot \overbrace{3}^{\text{todas, exceto a cor usada}}}{\underbrace{2!}_{\text{qualquer ordem de duas cores}}} \cdot \underbrace{3}_{\text{preto, branco, normal}} = \underbrace{9}_{\text{possibilidades}}$$

Finalmente, sabemos que os símbolos das cores preta e branca podem ser usados individualmente, acrescentando mais 2 possibilidades de cores; logo, o total será: $9 + 9 + 2 = 20$

Resposta: alternativa **c**.

Vestibulares de Norte a Sul

1. **N** (Ufac) A quantidade de números inteiros múltiplos de 5, formados por três algarismos distintos, é:
a) 120.
b) 150.
c) 180.
d) 136.
e) 144.

2. **SE** (Fuvest-SP) Três empresas devem ser contratadas para realizar quatro trabalhos distintos em um condomínio. Cada trabalho será atribuído a uma única empresa e todas elas devem ser contratadas. De quantas maneiras distintas podem ser distribuídos os trabalhos?
a) 12
b) 18
c) 36
d) 72
e) 108

3. **N** (UFRR) Numa cidade havia cinco candidatos à prefeitura no primeiro turno e houve segundo turno no processo eleitoral. Cada eleitor podia votar no candidato de sua preferência, votar em branco ou votar nulo. Uma pessoa que compareceu às urnas nos dois turnos dispôs (incluindo as duas votações) de um total de possibilidades diferentes de escolha igual a:
a) 7.
b) 10.
c) 28.
d) 240.
e) 120.

4. **N** (UFPA) É do grande poeta português Fernando Pessoa a belíssima frase: "Tudo vale a pena se a alma não é pequena". Tomados pelo espírito dessa frase, queremos formar novas sequências de palavras, permutando-se as palavras do verso, indiferentemente de constituir ou não frases, por exemplo: "A pena não vale tudo se pequena é a alma" ou "A a é pena não se vale pequena tudo alma". É correto afirmar que o número de sequências distintas de palavras que se pode construir, utilizando-se todas as dez palavras, é igual a:
a) 453 600.
b) 907 200.
c) 1 814 400.
d) 3 628 800.
e) 7 257 600.

5. **NE** (Uespi) O código de abertura de um cofre é formado por seis dígitos (que podem se repetir, e o código pode começar com o dígito 0). Quantos são os códigos de abertura com pelo menos um dígito 7?
a) 468 559
b) 468 595
c) 486 595
d) 645 985
e) 855 964

6. **N** (Ufam) A senha de acesso a um jogo de computador consiste em quatro caracteres alfabéticos ou numéricos, sendo o primeiro necessariamente alfabético. O número de senhas possíveis será:
a) $10 \cdot 36^2$.
b) 26^4.
c) 36^4.
d) $26 \cdot 36^3$.
e) $10 \cdot 26^3$.

7. **NE** (Unifor-CE) Considere todos os anagramas da palavra FORTAL. Supondo que cada anagrama seja uma palavra, então, colocando todas as palavras obtidas em ordem alfabética, a que ocupará a 244ª posição é:
a) ATLORF.
b) FALTOR.
c) LAFRTO.
d) LAFROT.
e) LFAORT.

8. **N** (UFRR) Cada candidato aprovado no vestibular 2010 da UFRR que realizar sua matrícula receberá um número que o identificará. Este número será composto por 9 algarismos, sendo que os quatro primeiros algarismos são fixos referentes ao ano de ingresso, os da quinta e sexta posição também são fixos e referem-se ao curso de ingresso e os três últimos podem ser qualquer algarismo entre 0 e 9.
Quantas maneiras distintas existem para a constituição do número de matrícula de um aluno?
a) 10^9
b) 729
c) 1000
d) 27
e) 9^9

9. **N** (Ufam) Na rua do Amparo, na cidade de Olinda, Pernambuco, foram escolhidas 9 casas distintas, sendo 5 do lado direito e 4 do lado esquerdo da rua.

Reprodução/Ufam 2011

Se for escolhida uma pessoa ao acaso em cada uma das 9 casas, quantas comissões de três pessoas podem ser formadas, de modo que elas não morem no mesmo lado da rua?

10. **CO** (UFMS) Dispomos de quatro cores para colorir os vértices de um retângulo. Sabendo-se que os vértices adjacentes não podem ter a mesma cor, então, pode-se colorir os vértices do retângulo de L maneiras distintas, onde L vale:

a) 48.
b) 64.
c) 72.
d) 84.
e) 102.

11. **CO** (UEMT) Existem 6 caminhos diferentes ligando as escolas E_1 e E_2 e 4 caminhos diferentes ligando E_2 e E_3. Os trajetos diferentes que podem ser utilizados para ir de E_1 a E_3 passando por E_2 são:

a) 10 caminhos.
b) 15 caminhos.
c) 12 caminhos.
d) 24 caminhos.
e) 360 caminhos.

12. **SE** (PUC-RJ) Se $\dfrac{n!}{(n+2)! + (n+1)!} = \dfrac{1}{48}$ então:

a) $n = 2$.
b) $n = 12$.
c) $n = 5$.
d) $n = 7$.
e) $n = 10$.

13. **SE** (Unicamp-SP) De quantas maneiras podem ser escolhidos 3 números naturais distintos de 1 a 30 de modo que sua soma seja par? Justifique sua resposta.

14. **CO** (UFG-GO) Num episódio de uma série policial de televisão, um agente secreto encontra-se diante do desafio de descobrir a senha de quatro dígitos digitada no teclado numérico, instalado na porta de entrada de um laboratório. Para isso, o agente utiliza o seguinte artifício: borrifa um *spray* sobre o teclado, fazendo com que os algarismos recém-digitados para abrir a porta fiquem destacados, como mostra a figura.

Para sua surpresa, apenas três dígitos são ressaltados pelo *spray*, indicando que um dos dígitos aparece duas vezes na senha.
Com base nestas informações, a quantidade de sequências de quatro dígitos que podem ser encontradas utilizando o artifício do agente secreto é a seguinte:

a) 4.
b) 13.
c) 16.
d) 24.
e) 36.

15. **CO** (UEMS) Considerando 5 pontos distintos sobre uma circunferência, quantos polígonos convexos inscritos podem ser construídos com vértices nesses pontos?

a) 12
b) 14
c) 16
d) 18
e) 22

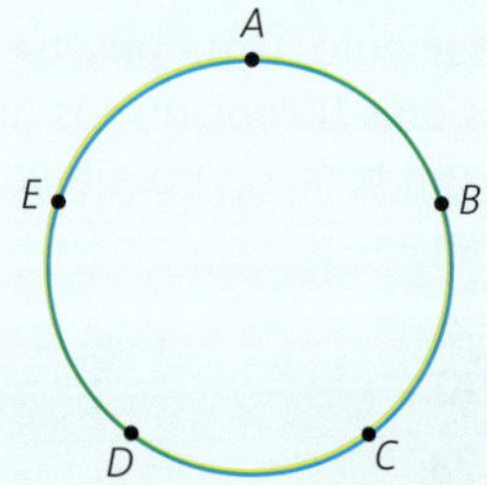

16. **SE** (Faap-SP) Os valores de x que satisfazem a igualdade $\dbinom{12}{3x-1} = \dbinom{12}{x+1}$ são:

a) 1 e 4.
b) 1 e 3.
c) 3 e 4.
d) 2 e 3.

17. **SE** (ITA-SP) Resolva a equação $\dbinom{15}{x-1} = \dbinom{15}{2x+1}$.

18. **S** (PUC-RS) O número de anagramas da palavra CONJUNTO que começam por **C** e terminam por **T** é:

a) 15.
b) 30.
c) 180.
d) 360.
e) 720.

CAPÍTULO 12 Probabilidade

Mapa: JCElv/Shutterstock/Glow Images; Ícones do tempo: Skymax/Shutterstock/Glow Images

Para determinar as previsões do tempo são utilizados cálculos de probabilidade.

1 Fenômenos aleatórios*

Há certos fenômenos (ou experimentos) que, embora sejam repetidos muitas vezes e sob condições idênticas, não apresentam os mesmos resultados. Por exemplo, no lançamento de uma moeda perfeita, o resultado é imprevisível; não se pode determiná-lo antes de ser realizado. Não sabemos se sairá cara ou coroa. Aos fenômenos (ou experimentos) desse tipo damos o nome de **fenômenos aleatórios** (ou **casuais**).

Por exemplo, são aleatórios os fenômenos:

- lançamento de um dado "não viciado";
- número de peças defeituosas fabricadas por uma máquina;
- resultado de um jogo de roleta;
- número de pessoas que ganharão na loteria;
- número de chamadas telefônicas que serão efetuadas em uma cidade no Dia das Mães.

Para refletir
Qual é o significado de expressões como "moeda perfeita" ou "dado não viciado"?

Calculando probabilidades

Pelo fato de não sabermos o resultado exato de um fenômeno aleatório é que buscamos os resultados prováveis, as chances, as **probabilidades** de determinado resultado ocorrer. A **teoria das probabilidades** é um ramo da Matemática que cria, elabora e pesquisa modelos para estudar experimentos ou fenômenos aleatórios.

» Formem grupos de quatro alunos e discutam a situação a seguir. Depois, cada grupo expõe e discute suas ideias com os demais grupos.

No jogo da roleta**, muito comum em cassinos americanos, é sorteado um número entre 1 e 36 (o zero também é possível, mas vamos desconsiderá-lo neste momento). Nesse jogo é utilizada uma mesa alongada na qual em uma das pontas fica a roleta, uma marca na mesa indica a posição da pessoa que organiza o jogo e o restante da mesa está ocupado por áreas demarcadas pelos números de 1 a 36, dispostos em 3 colunas e 36 fileiras. Cada jogador pode apostar em várias situações, por exemplo: se o número que vai sair é par ou ímpar; se ele é da 1ª dúzia (1 a 12), da 2ª dúzia (13 a 24) ou da 3ª dúzia (25 a 36); ou mesmo apostar em um número específico. O jogador pode apostar em quantos números quiser em cada rodada.

Ngaga35/Shutterstock/Glow Images

Por exemplo, se um jogador apostar 1 dólar em um número específico e acertar, ele receberá 36 dólares; se apostar 1 dólar em uma das 3 dúzias e acertar, receberá 3 dólares; e se ele apostar 1 dólar em um número par (ou ímpar) e acertar, receberá 2 dólares. Ele também pode apostar 1 dólar em um grupo de 4 números e, se acertar (ou seja, se for sorteado um dos 4 números escolhidos), receberá 9 dólares.

Agora discutam:

a) Alguns apostadores recebem 36 dólares, outros recebem apenas 2 dólares, sendo que a aposta é a mesma (1 dólar). Essas regras são justas?

b) Por que pessoas que apostam em "par ou ímpar" receberiam menos em caso de acerto?

c) Não seria mais lógico todos apostarem em um número específico para receber 36 dólares em caso de acerto? Ou será justo que um tipo de aposta remunere mais do que outro?

---

* Veja *Leituras* no final do capítulo.

** No Brasil todos os jogos de azar são proibidos, porém em diversos países, como os Estados Unidos, esses jogos são legais.

2 Espaço amostral e evento

Em um experimento (ou fenômeno) aleatório, o conjunto formado por todos os resultados possíveis é chamado **espaço amostral** (Ω). Qualquer subconjunto do espaço amostral é chamado **evento**.

Neste capítulo nos referimos apenas a conjuntos finitos.

Acompanhe alguns exemplos de fenômenos (ou experimentos) **aleatórios**. Quando não especificado, os dados dos experimentos são sempre os comuns, de 6 faces e não "viciados".

a) Lançamento de um dado e registro do resultado.
Conjunto de todos os resultados possíveis: {1, 2, 3, 4, 5, 6}
Um **subconjunto** dele é {1, 3, 5}, que pode ser identificado por "ocorrer número ímpar no lançamento de um dado".
- espaço amostral: $\Omega = \{1, 2, 3, 4, 5, 6\}$
- evento A: "ocorrer número ímpar no lançamento de um dado" $\rightarrow A = \{1, 3, 5\}$

b) Retirar uma carta de um baralho de 52 cartas e registrar o seu naipe.
Considerando C = copas, E = espadas, O = ouros e P = paus, temos:
Conjunto de todos os resultados possíveis: {C, E, O, P}
Um subconjunto dele é {O}, que pode ser identificado por "retirar uma carta cujo naipe seja ouros".
- espaço amostral: $\Omega = \{C, E, O, P\}$
- evento A: "retirar uma carta cujo naipe seja ouros" $\rightarrow A = \{O\}$

Observação: Quando um evento é formado apenas por um elemento do espaço amostral, ele é chamado **evento elementar**.

Exercícios resolvidos

1. No lançamento simultâneo de dois dados, um verde e um vermelho, determine o espaço amostral e os eventos A: "sair o mesmo número em ambos os dados"; B: "sair soma 7"; C: "sair soma maior do que 10"; D: "sair soma menor do que 5"; E: "sair soma maior do que 12" e F: "sair soma maior do que 1 e menor do que 13".

Resolução
Nesse caso, podemos representar o espaço amostral por um diagrama:

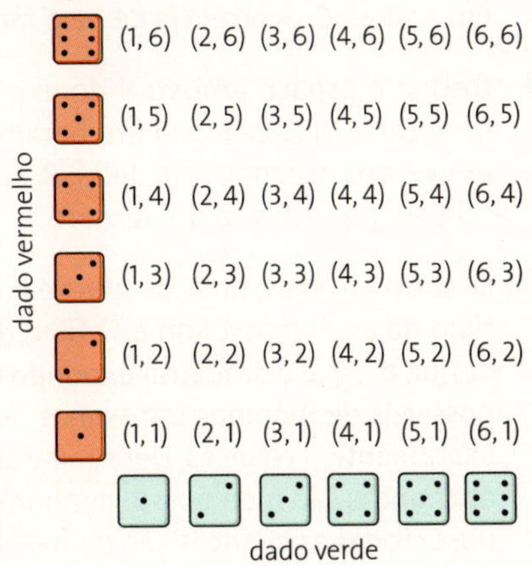

Fique atento!
O espaço amostral depende do experimento. Veja a diferença quando se tem o lançamento de um dado e de dois dados.

O espaço amostral é formado por 36 elementos. São eles:

$\Omega = \{(1, 1), (1, 2), (1, 3), (1, 4), (1, 5), (1, 6), (2, 1), (2, 2), (2, 3), (2, 4), (2, 5), (2, 6), (3, 1), (3, 2), (3, 3), (3, 4), (3, 5), (3, 6), (4, 1), (4, 2), (4, 3), (4, 4), (4, 5), (4, 6), (5, 1), (5, 2), (5, 3), (5, 4), (5, 5), (5, 6), (6, 1), (6, 2), (6, 3), (6, 4), (6, 5), (6, 6)\}$

evento A: "sair o mesmo número em ambos os dados" $\rightarrow A = \{(1, 1), (2, 2), (3, 3), (4, 4), (5, 5), (6, 6)\}$

evento B: "sair soma 7" $\rightarrow$
$\rightarrow B = \{(1, 6), (2, 5), (3, 4), (4, 3), (5, 2), (6, 1)\}$

evento C: "sair soma maior do que 10" $\rightarrow$
$\rightarrow C = \{(5, 6), (6, 5), (6, 6)\}$

evento D: "sair soma menor do que 5" $\rightarrow$
$\rightarrow D = \{(1, 1), (1, 2), (1, 3), (2, 1), (2, 2), (3, 1)\}$

evento E: "sair soma maior do que 12" $\rightarrow E = \varnothing$

evento F: "sair soma maior do que 1 e menor do que 13" $\rightarrow F = \{(1, 1), (1, 2), (1, 3), ..., (6, 5), (6, 6)\} = \Omega$

2. No experimento de registrar o número de peças defeituosas fabricadas por uma máquina em um dia, determine o espaço amostral e os eventos "número de peças defeituosas em um dia é 8" e "número de peças defeituosas em um dia é maior do que 5".

Resolução

Se representamos por n o número total de peças fabricadas em um dia, temos:

espaço amostral: $\Omega = \{0, 1, 2, 3, ..., n\}$

evento A: "número de peças defeituosas em um dia é 8" $\rightarrow A = \{8\}$

evento B: "número de peças defeituosas em um dia é maior do que 5" $\rightarrow B = \{6, 7, 8, ..., n\}$

3. No lançamento de uma moeda, determine o espaço amostral e o evento "sair cara".

Resolução

Denotamos "cara" por C e "coroa" por $\overline{C}$. Logo:

espaço amostral: $\Omega = \{C, \overline{C}\}$

evento A: "sair cara" $\rightarrow A = \{C\}$

4. Uma urna contém 2 bolas verdes e 4 amarelas. Defina o espaço amostral do experimento "retirar uma bola ao acaso" e os eventos A: "retirar bola verde"; B: "retirar bola amarela".

Resolução

Nesse caso, o espaço amostral é

$\Omega = \{V_1, V_2, A_1, A_2, A_3, A_4\}$.

evento A: retirar bola verde $\rightarrow A = \{V_1, V_2\}$

evento B: retirar bola amarela $\rightarrow B = \{A_1, A_2, A_3, A_4\}$

5. No lançamento simultâneo de 3 moedas distinguíveis (ou no lançamento de uma moeda três vezes), determine o espaço amostral e os eventos A: "sair 3 caras"; B: "sair mais do que 1 cara"; C: "sair exatamente 2 coroas".

Resolução

Nesse caso, um diagrama que auxilia a determinação do espaço amostral é o diagrama de árvore:

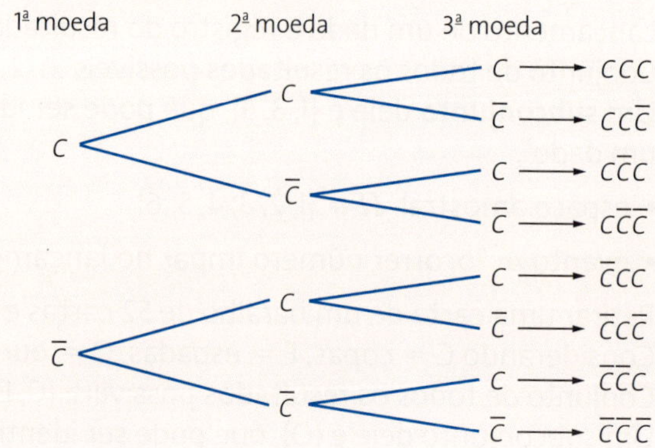

Portanto:

espaço amostral: $\Omega = \{(C, C, C), (C, C, \overline{C}), (C, \overline{C}, C), (C, \overline{C}, \overline{C}), (\overline{C}, C, C), (\overline{C}, C, \overline{C}), (\overline{C}, \overline{C}, C), (\overline{C}, \overline{C}, \overline{C})\}$

evento A: "sair 3 caras" $\rightarrow A = \{(C, C, C)\}$

evento B: "sair mais do que 1 cara" $\rightarrow$

$\rightarrow B = \{(C, C, C), (C, C, \overline{C})\ (C, \overline{C}, C), (\overline{C}, C, C)\}$

evento C: "sair exatamente 2 coroas" $\rightarrow$

$\rightarrow C = \{(C, \overline{C}, \overline{C}), (\overline{C}, C, \overline{C}), (\overline{C}, \overline{C}, C)\}$

Exercícios

1. No lançamento de um dado, defina o espaço amostral e os eventos A: ocorrência de número par; B: ocorrência de um número menor do que 4; C: ocorrência de múltiplo de 3; D: ocorrência de um número menor do que 1; E: ocorrência de um número maior do que zero e menor do que 7.

2. Ao girar a "roleta" abaixo, defina o espaço amostral e os eventos A: ocorrência do número 2; B: ocorrência de número ímpar.

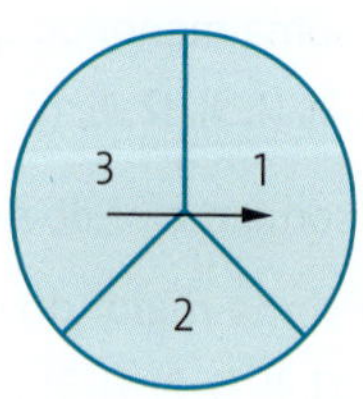

3. No lançamento simultâneo de duas moedas distinguíveis, defina o espaço amostral e os eventos A: ocorrência de exatamente uma cara; B: ocorrência de coroa em ambas; C: ocorrência de pelo menos uma cara.

4. Defina o espaço amostral do experimento "retirar uma carta, ao acaso, de um baralho de 52 cartas" e os eventos A: ocorrência de ás; B: ocorrência de ás de ouros; C: ocorrência do número 2.

5. Usando um diagrama de árvore e chamando de M: filho do sexo masculino e F: filho do sexo feminino, defina o espaço amostral expondo todos os arranjos possíveis de meninos e meninas numa família com, exatamente, 3 crianças. Determine os eventos A: todas as crianças são meninos; B: nenhuma criança é menino; C: todas as crianças são do mesmo sexo.

3 Eventos certo, impossível e mutuamente exclusivos

No experimento aleatório "lançar um dado e registrar o resultado", temos:

- espaço amostral: $\Omega = \{1, 2, 3, 4, 5, 6\}$
- evento A: "ocorrência de um número menor do que 7" $\rightarrow A = \{1, 2, 3, 4, 5, 6\}$
  Portanto, $A = \Omega$.
- evento B: "ocorrência de número maior do que 6" $\rightarrow$ no dado não existe número maior do que 6.
  Portanto, $B = \varnothing$.

Dizemos que:

> Quando um evento coincide com o espaço amostral, ele é chamado **evento certo**.
> Quando um evento é vazio, ele é chamado **evento impossível**.

Na situação acima, A é um evento certo e B é um evento impossível.

União de eventos, intersecção de eventos e complementar de um evento

Consideremos, no exemplo do lançamento de um dado, os eventos:

- C: ocorrência de número par $\rightarrow C = \{2, 4, 6\}$
- D: ocorrência de múltiplo de 3 $\rightarrow D = \{3, 6\}$
- E: ocorrência de número par **ou** número múltiplo de 3 $\rightarrow E = C \cup D = \{2, 4, 6\} \cup \{3, 6\} = \{2, 3, 4, 6\}$ (união de eventos)
- F: ocorrência de número par e múltiplo de 3 $\rightarrow F = C \cap D = \{2, 4, 6\} \cap \{3, 6\} = \{6\}$ (intersecção de eventos)
- H: ocorrência de número ímpar $\rightarrow H = \{1, 3, 5\}$

  Indicamos assim: $H = \overline{C} = \complement_{\Omega}^{C}$ (complementar de C em relação a Ω)

  C e H são chamados **eventos complementares**. Observe que $C \cap H = \varnothing$ e $C \cup H = \Omega$.
  Quando a intersecção de dois eventos é o conjunto vazio, eles são chamados **eventos mutuamente exclusivos**.

4 Cálculo de probabilidades

Probabilidade e Estatística

Quando em um fenômeno (ou experimento) aleatório, com espaço amostral finito, consideramos que todo evento elementar tem a mesma "chance" de ocorrer (o espaço é equiprovável), a **probabilidade** de ocorrer um evento A, indicada por $p(A)$, é um número que mede essa chance e é dado por:

$$p(A) = \frac{\text{número de elementos de } A}{\text{número de elementos de } \Omega} = \frac{n(A)}{n(\Omega)} \text{ ou } p(A) = \frac{\text{número de resultados favoráveis}}{\text{número total de resultados possíveis}}$$

Nesse caso, os eventos elementares são chamados **eventos equiprováveis**, pois todos têm a mesma chance de ocorrer.

> **Fique atento!**
> Lembre-se: evento elementar é aquele formado por apenas um elemento do espaço amostral.

Certeza e impossibilidade

Vamos agora relacionar a probabilidade do evento impossível e do evento certo com os demais eventos.

Os conjuntos $\varnothing$, A e Ω estão sempre relacionados por $\varnothing \subset A \subset \Omega$.

Relacionando o número de elementos desses conjuntos, temos $n(\varnothing) \leqslant n(A) \leqslant n(\Omega)$.

Dividindo esses três números por $n(\Omega) > 0$, encontramos $\frac{n(\varnothing)}{n(\Omega)} \leqslant \frac{n(A)}{n(\Omega)} \leqslant \frac{n(\Omega)}{n(\Omega)}$.

Como $n(\varnothing) = 0$, $\frac{n(A)}{n(\Omega)} = p(A)$ e $\frac{n(\Omega)}{n(\Omega)} = 1$, concluímos:

$$0 \leqslant p(A) \leqslant 1$$

Isso significa que a probabilidade pode assumir valores de 0 a 1.

Quando $p(A) = 0$, o evento A é o **evento impossível**, e **não há possibilidade** de que ele venha a ocorrer.

Quando $p(A) = 1$, o evento A é o **evento certo**, e **há certeza** de que ele ocorrerá.

Exercícios resolvidos

6. Consideremos o experimento aleatório do lançamento de uma moeda perfeita. Qual é a probabilidade de sair cara?

Resolução

Tanto "sair cara" como "sair coroa" (que são os eventos elementares) têm a mesma "chance" de ocorrer. Assim, temos:

espaço amostral: $\Omega = \{C, \overline{C}\} \rightarrow n(\Omega) = 2$

evento A: ocorrência de cara $\rightarrow A = \{C\} \rightarrow$
$\rightarrow n(A) = 1$

Portanto, $p(A) = \frac{n(A)}{n(\Omega)} = \frac{1}{2}$.

Como $\frac{1}{2} = \frac{50}{100} = 50\%$, temos que, no lançamento de uma moeda, a probabilidade de sair cara é $\frac{1}{2}$ ou 50%. Isso não significa que, se jogarmos duas vezes a moeda, em uma das jogadas sairá cara e, na outra, coroa. Significa, **sim**, que, **após um grande número de jogadas**, em aproximadamente 50% (metade) delas sairá cara.

> **Para refletir**
> Faça esse experimento e comprove o que foi dito.

7. No lançamento de um dado perfeito, qual é a probabilidade de sair número maior do que 4?

Resolução

Nesse caso, temos:

espaço amostral: $\Omega = \{1, 2, 3, 4, 5, 6\} \rightarrow n(\Omega) = 6$

evento A: ocorrência de número maior do que 4 $\rightarrow$
$\rightarrow A = \{5, 6\} \rightarrow n(A) = 2$

Logo, $p(A) = \frac{n(A)}{n(\Omega)} = \frac{2}{6} = \frac{1}{3}$.

Como $\frac{1}{3} = 1 : 3 \simeq 0{,}33$, então $\frac{1}{3} \simeq 33\%$.

Portanto, a probabilidade de obtermos número maior do que 4 no lançamento de um dado é de $\frac{1}{3}$ ou 33%, aproximadamente.

8. Qual é a probabilidade de sair um "dois" ao retirar, ao acaso, uma carta de um baralho de 52 cartas?

Resolução

Num baralho, há 4 "dois" (copas, espadas, ouros e paus). Como há um total de 52 cartas, temos:

$n(\Omega) = 52$ e $n(A) = 4$

$p(A) = \frac{n(A)}{n(\Omega)} = \frac{4}{52} = \frac{1}{13} \simeq 7\%$ (pois $1 : 13 \simeq 0{,}07$)

Portanto, a probabilidade de sair um "dois" é de $\frac{1}{13}$ ou, aproximadamente, 7%.

9. No lançamento simultâneo de 3 moedas perfeitas distinguíveis, qual é a probabilidade de serem obtidas:

a) **pelo menos** 2 caras?

b) **exatamente** 2 caras?

Resolução

Nesse caso, usaremos o diagrama de árvore:

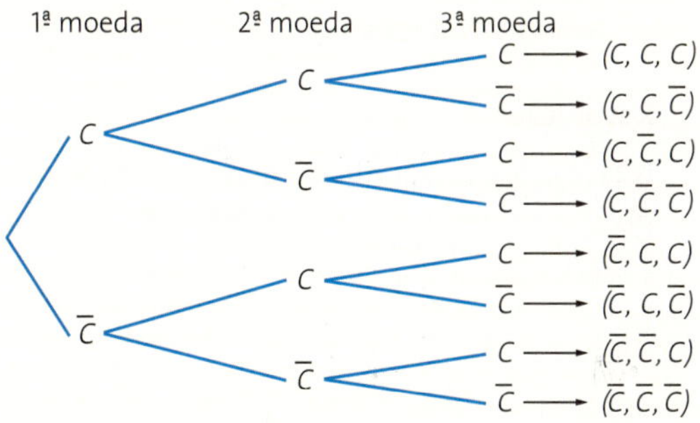

$\Omega = \{(C, C, C), (C, C, \overline{C}), (C, \overline{C}, C), (C, \overline{C}, \overline{C}), (\overline{C}, C, C), (\overline{C}, C, \overline{C}), (\overline{C}, \overline{C}, C), (\overline{C}, \overline{C}, \overline{C})\} \rightarrow n(\Omega) = 8$

a) evento *A*: obter pelo menos 2 caras

$A = \{(C, C, C), (C, C, \overline{C}), (C, \overline{C}, C), (\overline{C}, C, C)\} \rightarrow$

$\rightarrow n(A) = 4$

$$p(A) = \frac{n(A)}{n(\Omega)} = \frac{4}{8} = \frac{1}{2} = 50\%$$

b) evento *B*: obter exatamente 2 caras

$B = \{(C, C, \overline{C}), (C, \overline{C}, C), (\overline{C}, C, C)\} \rightarrow n(B) = 3$

$$p(B) = \frac{n(B)}{n(\Omega)} = \frac{3}{8} = 37{,}5\% \text{ (pois } 3 : 8 = 0{,}375)$$

10. No lançamento simultâneo de dois tetraedros distinguíveis perfeitos cujas faces estão numeradas de 1 a 4, qual é a probabilidade de que:

a) o mesmo número apareça em ambos os tetraedros?

b) a soma dos números seja maior do que 5?

c) a soma dos números seja maior do que 1?

d) a soma dos números seja menor do que 1?

e) a soma dos números seja 7?

f) a soma dos números seja divisível por 3?

Resolução

Nesse caso, o espaço amostral pode ser representado pelo diagrama abaixo:

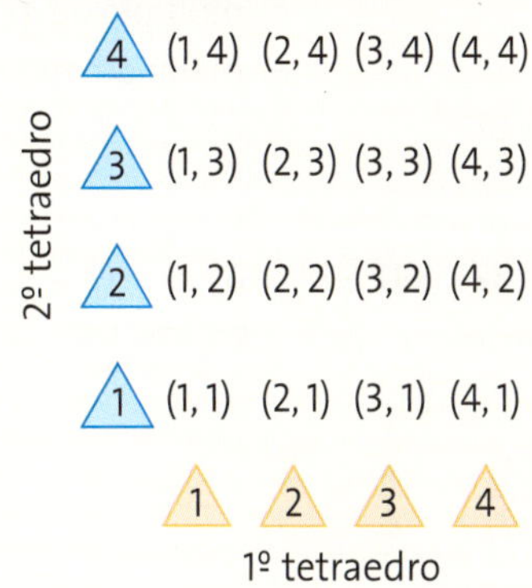

Logo:

$\Omega = \{(1, 1), (1, 2), (1, 3), (1, 4), (2, 1), (2, 2), (2, 3), (2, 4), (3, 1), (3, 2), (3, 3), (3, 4), (4, 1), (4, 2), (4, 3), (4, 4)\} \rightarrow n(\Omega) = 16$

a) evento $A = \{(1, 1), (2, 2), (3, 3), (4, 4)\} \rightarrow n(A) = 4$

$$p(A) = \frac{n(A)}{n(\Omega)} = \frac{4}{16} = \frac{1}{4} = 25\%$$

b) evento $B = \{(2, 4), (3, 3), (3, 4), (4, 2), (4, 3), (4, 4)\} \rightarrow n(B) = 6$

$$p(B) = \frac{n(B)}{n(\Omega)} = \frac{6}{16} = \frac{3}{8} = 37{,}5\%$$

(pois $3 : 8 = 0{,}375$)

c) evento $C = \{(1, 1), (1, 2), (1, 3), (1, 4), (2, 1), (2, 2), (2, 3), (2, 4), (3, 1), (3, 2), (3, 3), (3, 4), (4, 1), (4, 2), (4, 3), (4, 4)\}$ $C = \Omega \rightarrow n(C) = n(\Omega) = 16$

$$p(C) = \frac{n(C)}{n(\Omega)} = \frac{16}{16} = 1 \text{ (100\%)}$$

d) evento $D = \varnothing \rightarrow n(D) = 0$

$$p(D) = \frac{n(D)}{n(\Omega)} = \frac{0}{16} = 0 \text{ (0\%)}$$

e) evento $E = \{(3, 4), (4, 3)\} \rightarrow n(E) = 2$

$$p(E) = \frac{n(E)}{n(\Omega)} = \frac{2}{16} = \frac{1}{8} = 12{,}5\%$$

(pois $1 : 8 = 0{,}125$)

f) evento $F = \{(1, 2), (2, 1), (2, 4), (3, 3), (4, 2)\} \rightarrow$
$\rightarrow n(F) = 5$

$$p(F) = \frac{n(F)}{n(\Omega)} \simeq \frac{5}{16} \simeq 31\% \text{ (pois } 5 : 16 \simeq 0{,}31)$$

11. Forme todos os números de 3 algarismos distintos permutando os dígitos 7, 8 e 9. Qual é a probabilidade de, escolhendo um número desses ao acaso, ele ser:

a) ímpar?
b) par?
c) múltiplo de 6?
d) múltiplo de 4?
e) maior do que 780?

Resolução

$\Omega = \{789, 798, 879, 897, 978, 987\} \rightarrow n(\Omega) = 6$

a) evento A: ser ímpar $\rightarrow A = \{789, 879, 897, 987\} \rightarrow$
$\rightarrow n(A) = 4$

$$p(A) = \frac{n(A)}{n(\Omega)} = \frac{4}{6} = \frac{2}{3} \simeq 66\%$$

(pois $2 : 3 \simeq 0{,}66$)

b) evento B: ser par $\rightarrow B = \{798, 978\} \rightarrow n(B) = 2$

$$p(B) = \frac{n(A)}{n(\Omega)} = \frac{2}{6} = \frac{1}{3} \simeq 33\%$$

(pois $1 : 3 \simeq 0{,}33$)

c) evento C: ser múltiplo de $6 \rightarrow C = \{798, 978\} \rightarrow$
$\rightarrow n(C) = 2$

$$p(C) = \frac{n(C)}{n(\Omega)} = \frac{2}{6} = \frac{1}{3} \simeq 33\%$$

d) evento D: ser múltiplo de $4 \rightarrow D = \varnothing$ (nenhum desses números é múltiplo de 4) $\rightarrow n(D) = 0$

$$p(D) = \frac{n(D)}{n(\Omega)} = \frac{0}{6} = 0 \ (0\%)$$

e) evento E: ser maior do que $780 \rightarrow E = \Omega \rightarrow$
$\rightarrow n(E) = 6$

$$p(E) = \frac{n(E)}{n(\Omega)} = \frac{6}{6} = 1 \ (100\%)$$

Observação: Para determinar $n(\Omega)$ e $n(A)$ e depois calcular $p(A) = \frac{n(A)}{n(\Omega)}$ não se deve necessariamente determinar Ω e A. Veja os exercícios seguintes.

12. Considere todos os números naturais de 4 algarismos distintos que é possível formar com os algarismos 1, 3, 4, 7, 8 e 9. Escolhendo um deles ao acaso, qual é a probabilidade de sair um número que comece por 3 e termine em 7?

Resolução

$\underline{?}\ \underline{?}\ \underline{?}\ \underline{?} \rightarrow n(\Omega) = A_{6,4} = 6 \cdot 5 \cdot 4 \cdot 3 = 360$

$\underline{3}\ \underline{?}\ \underline{?}\ \underline{7} \rightarrow n(A) = A_{4,2} = 4 \cdot 3 = 12$

$$p(A) = \frac{12}{360} = \frac{1}{30}$$

13. Em um grupo de 75 jovens, 16 gostam de música, esporte e leitura; 24 gostam de música e esporte; 30 gostam de música e leitura; 22 gostam de esporte e leitura; 6 gostam somente de música; 9 gostam somente de esporte; e 5 jovens gostam somente de leitura.

a) Qual é a probabilidade de, ao apontar ao acaso um desses jovens, ele gostar de música?

b) Qual é a probabilidade de, ao apontar ao acaso um desses jovens, ele não gostar de nenhuma dessas atividades?

Resolução

Nesse caso, elaboramos o diagrama de Venn a seguir, considerando M = música, E = esporte e L = leitura.

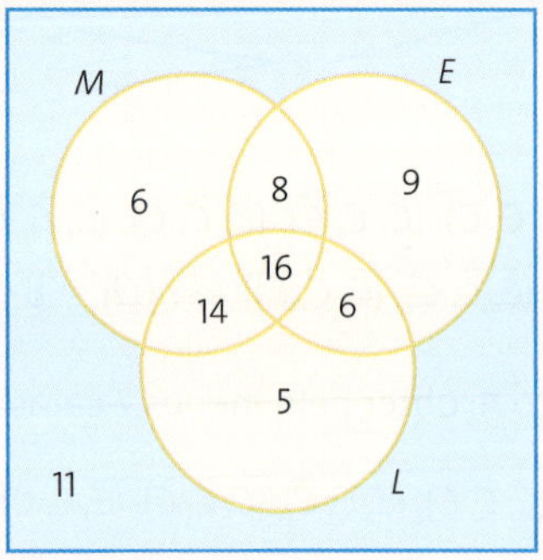

Observamos que:

- $6 + 8 + 16 + 14 = 44 \rightarrow$ 44 gostam de música.
- $75 - (6 + 9 + 5 + 8 + 6 + 14 + 16) =$
$= 75 - 64 = 11 \rightarrow$ 11 não gostam de nenhuma dessas atividades.

Como $n(\Omega) = 75$, temos:

a) probabilidade de gostar de música:

$$p(A) = \frac{n(A)}{n(\Omega)} = \frac{44}{75} \simeq 0{,}586 \simeq 59\%$$

b) probabilidade de não gostar de nenhuma dessas atividades:

$$p(B) = \frac{n(B)}{n(\Omega)} = \frac{11}{75} \simeq 0{,}146 \simeq 15\%$$

Logo, ao se apontar ao acaso um desses jovens, a probabilidade de ele gostar de música é aproximadamente 59%, e a probabilidade de ele não gostar de nenhuma dessas atividades é de aproximadamente 15%.

Exercícios

6. No lançamento de um dado perfeito, qual é a probabilidade de que o resultado seja:
   a) um número par?
   b) um número primo?
   c) o número 3?
   d) um número menor do que 3?
   e) um número menor do que 1?
   f) um número menor do que 7?

7. Em uma caixa há 6 bolas brancas e 4 bolas vermelhas. Qual é a probabilidade de, ao acaso, ser retirada:
   a) uma bola vermelha? b) uma bola branca?

   (**Observação**: Para indicar o evento "sair bola vermelha", use índices assim: $A = \{V_1, V_2, V_3, V_4\}$.)

8. Escreva em pedaços iguais de papel os números de 1 a 13. Dobre-os igualmente de modo que qualquer um deles tenha a mesma "chance" de ser retirado de uma caixa. Qual é a probabilidade de que o número retirado seja:
   a) par?
   b) divisível por 3?
   c) um número primo?
   d) maior do que 8?
   e) menor do que 10?
   f) um número entre 5 e 10?
   g) múltiplo de 4?

9. No lançamento simultâneo de dois dados perfeitos e distinguíveis, um branco e outro vermelho, qual é a probabilidade de que:
   a) a soma seja 7?
   b) a soma seja par?
   c) a soma seja um número primo?
   d) a soma seja maior do que 1 e menor do que 8?
   e) ambos os números sejam pares?
   f) ambos os números sejam iguais?
   g) o primeiro número seja múltiplo do segundo?

10. Escreva em pedaços iguais de papel os nomes dos dias da semana. Dobre-os igualmente, de modo que qualquer um deles tenha a mesma chance de ser retirado de uma caixa. Qual é a probabilidade de que o nome do dia retirado comece com a letra *S*?

11. Qual é a probabilidade de, ao retirar ao acaso uma carta de um baralho de 52 cartas, obter:
    a) uma carta de copas?
    b) um ás?
    c) um ás de copas?
    d) uma carta com naipe vermelho?
    e) um "três" vermelho?

12. No lançamento simultâneo de duas moedas perfeitas e distinguíveis, qual é a probabilidade de que:
    a) em ambas ocorra cara?
    b) ocorra cara em uma e coroa na outra?
    c) não ocorra nenhuma cara?
    d) ocorra exatamente uma coroa?

13. Em uma enquete foram entrevistados 100 estudantes. Setenta deles responderam que frequentavam um curso de Informática, 28 responderam que frequentavam um curso de Inglês e 10 responderam que frequentavam ambos, Informática e Inglês. Qual é a probabilidade de um desses estudantes, selecionado ao acaso:
    a) estar frequentando somente o curso de Informática?
    b) não estar frequentando nenhum desses cursos?

14. Em uma enquete foram entrevistadas 80 pessoas sobre os meios de transporte que utilizavam para ir ao trabalho e/ou à escola. Quarenta e duas responderam ônibus, 28 responderam carro e 30 responderam moto. Doze utilizavam-se de ônibus e carro, 14, de carro e moto e 18, de ônibus e moto. Cinco utilizavam-se dos três: carro, ônibus e moto. Qual é a probabilidade de que uma dessas pessoas, selecionada ao acaso, utilize:
    a) somente ônibus?
    b) somente carro?
    c) carro e ônibus, mas não moto?
    d) nenhum dos três veículos?
    e) apenas um desses veículos?

15. Um casal planeja ter exatamente 3 crianças. Faça um diagrama de árvore para mostrar todos os possíveis arranjos de meninos e meninas. Qual é a probabilidade de que:
    a) duas crianças sejam meninos e a outra seja menina?
    b) todas as crianças sejam meninas?
    c) pelo menos uma criança seja menino?
    d) todas as crianças sejam do mesmo sexo?
    e) nenhuma criança seja menina?

16. Considere todos os anagramas da palavra ROMA. Escolhendo-se um deles ao acaso, qual é a probabilidade de sair "AMOR"?

17. Considere um baralho de 52 cartas.
    a) De quantas formas é possível escolher 2 cartas desse baralho?
    b) De quantas maneiras é possível escolher 2 cartas de espadas desse baralho?
    c) Qual a probabilidade de, escolhendo-se ao acaso 2 cartas desse baralho, saírem 2 cartas de espadas?

5 Definição teórica de probabilidade e consequências

Vamos analisar o fenômeno aleatório **lançamento de uma moeda perfeita**.

Nesse caso, temos:

- $\Omega = \{C, \overline{C}\} \Rightarrow p(\Omega) = 1$
- Os subconjuntos de Ω são: $\varnothing$, $\{C\}$, $\{\overline{C}\}$ e $\{C, \overline{C}\}$.

  Assim, $p(\varnothing) = 0$; $p(\{C\}) = \frac{1}{2}$; $p(\{\overline{C}\}) = \frac{1}{2}$ e $p(\{C, \overline{C}\}) = 1$.

  Vemos que $p(A) \geqslant 0$, para todo $A \subset \Omega$.
- Considerando $A = \{C\}$ e $B = \{\overline{C}\}$, vemos que $A \cap B = \varnothing$ e

$$p(A \cup B) = p(\{C\} \cup \{\overline{C}\}) = p(\{C, \overline{C}\}) = p(\Omega) = 1 = \frac{1}{2} + \frac{1}{2} = p(\{C\}) + p(\{\overline{C}\}) = p(A) + p(B)$$

Então, podemos teoricamente considerar probabilidade como uma função definida nas partes de um conjunto (espaço amostral Ω) com valores reais, satisfazendo as seguintes propriedades:

1ª) $\mathbf{P_1}$: $p(A) \geqslant 0$, para qualquer $A \subset \Omega$

2ª) $\mathbf{P_2}$: $p(\Omega) = 1$

3ª) $\mathbf{P_3}$: $p(A \cup B) = p(A) + p(B)$, quando $A \cap B = \varnothing$ (eventos mutuamente exclusivos)

Observe que essas três propriedades são satisfeitas no exemplo acima.

Consequências da definição

Como consequências da definição teórica de probabilidade, temos as seguintes propriedades:

1ª propriedade: Impossibilidade ou $p(\varnothing) = 0$

Como um evento qualquer A (A subconjunto de Ω) pode ser escrito como $A \cup \varnothing$ e como $A \cap \varnothing = \varnothing$, podemos aplicar a propriedade $\mathbf{P_3}$ e temos:

$$p(A) = p(A \cup \varnothing) \overset{P_3}{=} p(A) + p(\varnothing) \Rightarrow p(\varnothing) = 0$$

$$p(\varnothing) = 0$$

2ª propriedade: Probabilidade do evento complementar

Observe que, sendo $\overline{A}$ a notação para "complementar de A", temos:

$$A \cup \overline{A} = \Omega \text{ e } A \cap \overline{A} = \varnothing$$

Logo:

$$p(\Omega) = p(A \cup \overline{A})$$

Aplicando $\mathbf{P_2}$ e $\mathbf{P_3}$, temos:

$$1 = p(A) + p(\overline{A}) \text{ ou, equivalentemente, } p(\overline{A}) = 1 - p(A)$$

$$p(\overline{A}) = 1 - p(A)$$

3ª propriedade: Probabilidade da união de dois eventos

A partir do número de elementos da união de dois conjuntos, admitiremos que:

$p(A \cup B) = p(A) + p(B) - p(A \cap B)$ → probabilidade da união de dois eventos quaisquer

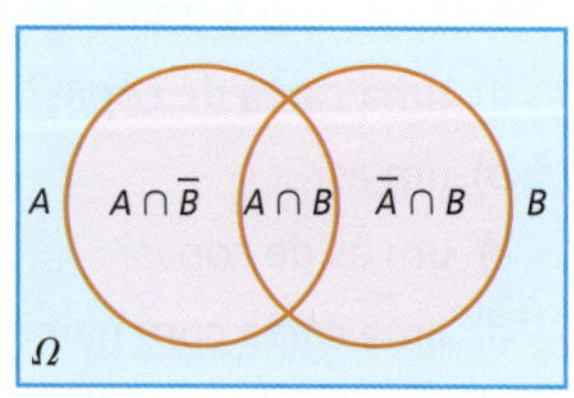

$p(A \cup B) = p(A) + p(B)$, quando $A \cap B = \varnothing$ (eventos mutuamente exclusivos)

» passo a passo: exercício 18

Exercícios resolvidos

14. No lançamento simultâneo de dois dados perfeitos distinguíveis, qual é a probabilidade de se obter soma par ou soma múltipla de 3?

> **Fique atento!**
> A soma de dois números naturais é par nos seguintes casos: par + par; ímpar + ímpar.

Resolução

No quadro abaixo representamos o espaço amostral de 36 elementos: $n(\Omega) = 36$.
Marcamos com **X** o evento A "sair soma par" e com ○ o evento B "sair soma múltipla de 3".
Assim, foram marcados 18 **X** e 12 ○, ou seja, $n(A) = 18$ e $n(B) = 12$.
É também possível observar $n(A \cap B) = 6$.

	1	2	3	4	5	6
1	X	○	X		(X)	
2	○	X		(X)		X
3	X		(X)		X	○
4		(X)		X	○	X
5	(X)		X	○	X	
6		X	○	X		(X)

Dam d'Souza/Arquivo da editora

Logo:

$$p(A) = \frac{18}{36} = \frac{1}{2}$$

$$p(B) = \frac{12}{36} = \frac{1}{3}$$

$$p(A \cap B) = \frac{6}{36} = \frac{1}{6}$$

Assim, a probabilidade de se obter "soma par ou soma múltipla de 3" é dada por:

$$p(A \cup B) = p(A) + p(B) - p(A \cap B) =$$

$$= \underbrace{\frac{1}{2}}_{\text{probabilidade de se obter soma par}} + \underbrace{\frac{1}{3}}_{\text{probabilidade de se obter soma múltipla de 3}} - \underbrace{\frac{1}{6}}_{\text{probabilidade de se obter soma par e múltipla de 3}} =$$

$$= \frac{3}{6} + \frac{2}{6} - \frac{1}{6} = \frac{4}{6} = \frac{2}{3}$$

15. No lançamento de um dado perfeito, determine as probabilidades de, em cada evento:

a) sair número par;
b) sair número múltiplo de 3;
c) sair número par e múltiplo de 3;
d) sair número par ou múltiplo de 3;
e) não sair par nem múltiplo de 3;
f) não sair par ou não sair múltiplo de 3.

Resolução

Neste caso, $\Omega = \{1, 2, 3, 4, 5, 6\} \rightarrow n(\Omega) = 6$.

a) evento "sair número par" $\rightarrow A = \{2, 4, 6\} \rightarrow$
$\rightarrow n(A) = 3$

$$p(A) = \frac{3}{6} = \frac{1}{2}$$

b) evento "sair múltiplo de 3" $\rightarrow B = \{3, 6\} \rightarrow$
$\rightarrow n(B) = 2$

$$p(B) = \frac{2}{6} = \frac{1}{3}$$

c) evento "sair número par e múltiplo de 3" $\rightarrow$
$\rightarrow A \cap B = \{6\} \rightarrow n(A \cap B) = 1$

$$p(A \cap B) = \frac{1}{6}$$

d) evento "sair número par ou múltiplo de 3" $\rightarrow$
$\rightarrow A \cup B$

$$p(A \cup B) = p(A) + p(B) - p(A \cap B) =$$

$$= \frac{1}{2} + \frac{1}{3} - \frac{1}{6} = \frac{2}{3}$$

e) evento "não sair par nem múltiplo de 3" $\rightarrow$
$\rightarrow \overline{A} \cap \overline{B}$

Sabemos pela teoria dos conjuntos que $\overline{A} \cap \overline{B} = \overline{A \cup B}$.

Logo:

$$p(\overline{A} \cap \overline{B}) = p(\overline{A \cup B}) = 1 - p(A \cup B) =$$

$$= 1 - \frac{2}{3} = \frac{3}{3} - \frac{2}{3} = \frac{1}{3}$$

f) evento "não sair par ou não sair múltiplo de 3" $\rightarrow$
$\rightarrow \overline{A} \cup \overline{B}$

$$p(\overline{A} \cup \overline{B}) = p(\overline{A}) + p(\overline{B}) - p(\overline{A} \cap \overline{B}) =$$

$$= [1 - p(A)] + [1 - p(B)] - p(\overline{A} \cap \overline{B}) =$$

$$= \left(1 - \frac{1}{2}\right) + \left(1 - \frac{1}{3}\right) - \frac{1}{3} = \frac{1}{2} + \frac{2}{3} - \frac{1}{3} =$$

$$= \frac{3}{6} + \frac{4}{6} - \frac{2}{6} = \frac{5}{6}$$

Outra solução:

Sabemos pela teoria dos conjuntos que $\overline{A} \cup \overline{B} = \overline{A \cap B}$.

Logo:

$$p(\overline{A} \cup \overline{B}) = p(\overline{A \cap B}) = 1 - p(A \cap B) =$$

$$= 1 - \frac{1}{6} = \frac{6}{6} - \frac{1}{6} = \frac{5}{6}$$

16. Ao retirar uma carta de um baralho de 52 cartas, qual é a probabilidade de que essa carta seja vermelha ou um ás?

Resolução

evento V: "a carta é vermelha"

evento A: "a carta é ás"

evento $(V \cup A)$: "a carta é vermelha ou ás"

$p(V \cup A) = p(V) + p(A) - p(V \cap A)$

Em um baralho de 52 cartas, há 26 cartas vermelhas e 26 cartas pretas. Há também 4 ases, dos quais 2 são vermelhos.

Logo:

$$p(V) = \frac{26}{52} = \frac{1}{2}$$

$$p(A) = \frac{4}{52} = \frac{1}{13}$$

$$p(V \cap A) = \frac{2}{52} = \frac{1}{26}$$

Assim:

$$p(V \cup A) = \frac{1}{2} + \frac{1}{13} - \frac{1}{26} = \frac{14}{26} = \frac{7}{13}$$

A probabilidade de a carta retirada ser vermelha ou ás é de $\frac{7}{13}$.

17. Em uma moeda viciada, a probabilidade de sair cara é o dobro da probabilidade de sair coroa. Qual é a probabilidade de sair cara?

Resolução

Quando a moeda é viciada, os eventos elementares não são equiprováveis. Porém, sabemos que $p(\Omega) = 1$. Assim:

$p(C) + p(\overline{C}) = 1$ (propriedade)

$p(C) = 2 \cdot p(\overline{C})$ (enunciado)

Logo, $3 \cdot p(\overline{C}) = 1$ e $p(\overline{C}) = \frac{1}{3}$. Portanto:

$$p(C) = 1 - p(\overline{C}) = \frac{2}{3}$$

> **Fique atento!**
> Quando um experimento é dito "viciado" ou "não honesto", os eventos elementares do espaço amostral não são equiprováveis.

Resolvido passo a passo

18. (Enem) Um time de futebol amador ganhou uma taça ao vencer um campeonato. Os jogadores decidiram que o prêmio seria guardado na casa de um deles. Todos quiseram guardar a taça em suas casas. Na discussão para se decidir com quem ficaria o troféu, travou-se o seguinte diálogo:

Pedro, camisa 6: — Tive uma ideia. Nós somos 11 jogadores e nossas camisas estão numeradas de 2 a 12. Tenho dois dados com as faces numeradas de 1 a 6. Se eu jogar os dois dados, a soma dos números das faces que ficarem para cima pode variar de 2 (1 + 1) até 12 (6 + 6). Vamos jogar os dados, e quem tiver a camisa com o número do resultado vai guardar a taça.

Tadeu, camisa 2: — Não sei, não... Pedro sempre foi muito esperto... Acho que ele está levando alguma vantagem nessa proposta...

Ricardo, camisa 12: — Pensando bem... Você pode estar certo, pois, conhecendo o Pedro, é capaz que ele tenha mais chances de ganhar que nós dois juntos...

Desse diálogo conclui-se que:

a) Tadeu e Ricardo estavam equivocados, pois a probabilidade de ganhar a guarda da taça era a mesma para todos.

b) Tadeu tinha razão e Ricardo estava equivocado, pois, juntos, tinham mais chances de ganhar a guarda da taça do que Pedro.

c) Tadeu tinha razão e Ricardo estava equivocado, pois, juntos, tinham a mesma chance que Pedro de ganhar a guarda da taça.

d) Tadeu e Ricardo tinham razão, pois os dois juntos tinham menos chances de ganhar a guarda da taça do que Pedro.

e) Não é possível saber qual dos jogadores tinha razão, por se tratar de um resultado probabilístico, que depende exclusivamente da sorte.

1. Lendo e compreendendo

a) O que é dado no problema?

É explicado o modo como Pedro sugere que seja feito o sorteio do jogador que guardará a taça, e é mostrada a opinião de Tadeu e Ricardo.

b) O que se pede?

Pede-se que se conclua se Tadeu e Ricardo têm razão ou não.

2. Planejando a solução

De acordo com o texto, vamos calcular a probabilidade de Pedro, Tadeu e Ricardo serem sorteados para ficar com a taça. Com os resultados, veremos quem tem razão.

3. Executando o que foi planejado

Jogando dois dados, o espaço amostral é composto de 36 elementos, uma vez que cada dado apresenta 6 resultados possíveis. Cada elemento do espaço amostral é do tipo ($dado_1$, $dado_2$). Assim:

$\Omega = \{(1, 1), (1, 2), (1, 3), (1, 4), (1, 5), (1, 6), (2, 1), (2, 2), (2, 3), (2, 4), (2, 5), (2, 6), (3, 1), (3, 2), (3, 3), (3, 4), (3, 5), (3, 6), (4, 1), (4, 2), (4, 3), (4, 4), (4, 5), (4, 6), (5, 1), (5, 2), (5, 3), (5, 4), (5, 5), (5, 6), (6, 1), (6, 2), (6, 3), (6, 4), (6, 5), (6, 6)\}$

- Para Pedro ser sorteado, a soma dos resultados deve ser 6. Assim, temos 5 elementos do espaço amostral compondo o evento $A = \{(1, 5), (2, 4), (3, 3), (4, 2), (5, 1)\}$.
  Dessa forma, a probabilidade de Pedro ser sorteado é:
  $$P_A = \frac{n(A)}{n(\Omega)} = \frac{5}{36}$$
- Para Tadeu ser sorteado, a soma dos resultados deve ser 2. Assim, temos um único elemento do espaço amostral compondo o evento $B = \{(1, 1)\}$. Dessa forma, a probabilidade de Tadeu ser sorteado é:
  $$P_B = \frac{n(B)}{n(\Omega)} = \frac{1}{36}$$
- Para Ricardo ser sorteado, a soma dos resultados deve ser 12. Assim, também temos um único elemento do espaço amostral compondo o evento $C = \{(6, 6)\}$.
  Dessa forma, a probabilidade de Ricardo ser sorteado é:
  $$P_C = \frac{n(C)}{n(\Omega)} = \frac{1}{36}$$

Com esses resultados, podemos concluir o seguinte:

a) Tadeu não estava equivocado; Pedro estava levando vantagem, pois $P_A > P_B$ e $P_A > P_C$.

b) Ricardo não estava equivocado; a probabilidade de Pedro ganhar é maior do que a probabilidade de Ricardo e Tadeu juntos, pois $P_A > P_B + P_C$.

4. Emitindo a resposta

A resposta é a alternativa **d**.

5. Ampliando o problema

a) Pedro era o jogador com maior chance de levar a taça para casa, entre todos os 11 jogadores do time?

b) Alguém sugeriu usarem um dado e uma moeda, da seguinte forma: atribui-se o valor 1 para cara e o valor 7 para coroa; jogam-se simultaneamente a moeda e o dado, e somam-se os resultados. Por exemplo, saindo cara e "5" ganha Pedro, pois a soma seria 6. No caso de sair coroa e "6", joga-se novamente, pois a soma seria 13 e ninguém tem essa camisa. Nessa nova maneira de sortear, Pedro continuaria levando vantagem?

c) *Discussão em equipe*
O futebol amador é praticado em todo o Brasil. Você conhece algum time de futebol amador da sua cidade ou região? Conhece alguém que joga ou já jogou? Troque ideias com seus colegas sobre futebol amador, discutindo a importância dessa modalidade esportiva.

19. Uma máquina produziu 50 parafusos, dos quais 5 eram defeituosos. Ao pegar ao acaso 3 parafusos, responda:

a) Qual é a probabilidade de que os 3 sejam perfeitos?

b) Qual é a probabilidade de que os 3 sejam defeituosos?

c) Qual é a probabilidade de que pelo menos um seja defeituoso?

Resolução

a) $n(\Omega)$ = número de combinações de 50 elementos tomados 3 a 3

$$n(\Omega) = C_{50,\,3} = \binom{50}{3} = \frac{50!}{3!\,47!} =$$
$$= \frac{50 \cdot 49 \cdot 48 \cdot \cancel{47!}}{3 \cdot 2 \cdot \cancel{47!}} = 50 \cdot 49 \cdot 8$$

evento A: os 3 parafusos são perfeitos

$$n(A) = C_{45,3} =$$
$$= \binom{45}{3} = \frac{45!}{3!\ 42!} =$$
$$= \frac{45 \cdot 44 \cdot 43 \cdot \cancel{42!}}{3 \cdot 2 \cdot \cancel{42!}} = 15 \cdot 22 \cdot 43$$
$$p(A) = \frac{n(A)}{n(\Omega)} = \frac{15 \cdot 22 \cdot 43}{50 \cdot 49 \cdot 8} = \frac{1419}{1960}\ (\simeq 72\%)$$

b) evento B: os 3 parafusos são defeituosos, o que pode ocorrer de $C_{5,\,3}$ maneiras. Logo:

$$n(B) = C_{5,\,3} = \binom{5}{3} = \frac{5!}{3!\ 2!} = 5 \cdot 2 = 10$$
$$p(B) = \frac{n(B)}{n(\Omega)} = \frac{10}{50 \cdot 49 \cdot 8} = \frac{1}{1960}\ (\simeq 0{,}05\%)$$

c) evento E: "pelo menos um é defeituoso", que é o complementar do evento A: "os três são perfeitos" ("nenhum é defeituoso"). Logo:

$$p(E) = p(\overline{A}) = 1 - p(A) = 1 - 0{,}72398 = 0{,}27602$$

20. Se A e B são eventos *mutuamente exclusivos* e $p(A) = 0{,}25$ e $p(B) = 0{,}5$, determine:

a) $p(\overline{A \cup B})$

b) $p(A \cup B)$

c) $p(\overline{A})$

d) $p(\overline{B})$

Resolução

a) $p(\overline{A \cup B}) = 1 - p(A \cup B) =$
$= 1 - [p(A) + p(B) - p(A \cap B)]$

Temos:

$p(A) = 0{,}25$

$p(B) = 0{,}5$

$p(A \cap B) = 0$ $(A \cap B) = \varnothing$ (mutuamente exclusivos)

Logo, $p(\overline{A \cup B}) = 1 - (0{,}25 + 0{,}5) = 0{,}25$.

b) $p(A \cup B) = p(A) + p(B) - p(A \cap B) =$
$= 0{,}25 + 0{,}5 - 0 = 0{,}75$

c) $p(\overline{A}) = 1 - p(A) = 1 - 0{,}25 = 0{,}75$

d) $p(\overline{B}) = 1 - p(B) = 1 - 0{,}5 = 0{,}5$

21. Cada uma das 20 classes de um colégio de Ensino Médio tem 3 representantes. Uma comissão de 20 alunos representantes de classe, escolhida ao acaso, deverá ser formada para dinamizar a parte cultural e esportiva do colégio. Consideremos os eventos:

A: o 2º ano A está representado na comissão

B: todas as classes estão representadas

Determine:

a) $p(A)$;   b) $p(B)$.

Resolução

a) Neste caso, $n(\Omega) = C_{60,\,20} \rightarrow$ número total de comissões possíveis de 20 alunos, formadas de um total de 60 alunos.

Calculamos $p(\overline{A})$ e usamos a propriedade $p(A) = 1 - p(\overline{A})$.

$\overline{A}$: o 2º ano não está representado na comissão. Há, então, 60 representantes, dos quais 57 não são do 2º ano.

Logo:

$$p(\overline{A}) = \frac{n(\overline{A})}{n(\Omega)} = \frac{C_{57,\,20}}{C_{60,\,20}} = \frac{\frac{57!}{37!\ 20!}}{\frac{60!}{40!\ 20!}} =$$

$$= \frac{57!}{37!} \cdot \frac{40!}{60!} = \frac{40 \cdot 39 \cdot 38}{60 \cdot 59 \cdot 58} = \frac{59\,280}{205\,320} \simeq$$

$\simeq 0{,}28872$

Portanto:

$p(A) = 1 - p(\overline{A}) \simeq 1 - 0{,}28872 \simeq 0{,}71128$.

b) Neste caso, também $n(\Omega) = C_{60,20}$.

$n(B) = 3^{20}$, pois há 3^{20} maneiras diferentes de se escolher uma comissão, incluindo um representante de cada classe. Portanto:

$$p(B) = \frac{3^{20}}{C_{60,20}} = \frac{3^{20}}{\frac{60!}{40!\ 20!}} =$$

$$= \frac{40!\ 20! \cdot 3^{20}}{60!} = \frac{20! \cdot 3^{20}}{60 \cdot 59 \cdot \ldots \cdot 41}$$

Quadro-resumo:

Evento	Probabilidade
A	$p(A) = \frac{n(A)}{n(\Omega)}$
$\overline{A}$	$p(\overline{A}) = 1 - p(A)$
$A \cup B$	$p(A \cup B) = p(A) + p(B) - p(A \cap B)$

Exercícios

18. Suponhamos que A e B sejam eventos de um mesmo espaço amostral e que $p(A) = 0{,}4$, $p(B) = 0{,}3$ e $p(A \cap B) = 0{,}1$. Determine a probabilidade de cada um dos eventos.

a) $A \cup B$
b) $\overline{A \cup B}$
c) $\bar{A}$
d) $\bar{B}$
e) $\overline{A \cap B}$
f) A mas não B
g) B mas não A
h) nem A nem B

19. Uma urna tem bolas numeradas de 1 a 17. Qualquer uma delas tem a mesma chance de ser retirada. Qual é a probabilidade de se retirar uma bola cujo número seja:

a) par?
b) primo?
c) par ou primo?
d) par e primo?
e) nem par nem primo?
f) par mas não primo?
g) primo mas não par?

20. Uma carta é retirada ao acaso de um baralho de 52 cartas. Qual é a probabilidade de a carta retirada ser:

a) copas?
b) dama?
c) copas ou dama?
d) copas e dama?
e) não copas?
f) não dama?
g) nem copas nem dama?

21. No lançamento de dois dados perfeitos, qual é a probabilidade de se obter soma 8 ou números iguais nas faces superiores?

22. Em uma classe há 16 homens e 20 mulheres, sendo que metade dos homens e metade das mulheres têm cabelos castanhos. Ao escolher um aluno ao acaso, qual é a probabilidade de que seja homem ou tenha cabelos castanhos?

23. No lançamento de um dado viciado, a probabilidade de sair 6 é $\frac{3}{11}$. Qual é a probabilidade de não sair 6?

24. No lançamento de uma moeda viciada, a probabilidade de sair coroa é o triplo da probabilidade de sair cara. Qual é a probabilidade de sair coroa?

25. No lançamento de um dado viciado, a probabilidade de sair um número n é representada por $p(n) = n \cdot p(1)$, sendo $n \in \{1, 2, 3, 4, 5, 6\}$. Calcule a probabilidade de sair:

a) o número 3;
b) o número 2 ou 4;
c) um número par.

26. No lançamento de um dado perfeito, qual é a probabilidade de não sair o 6?

27. Duas cartas são retiradas aleatoriamente de um baralho de 52 cartas. Qual é a probabilidade de que:

a) ambas sejam ouros?
b) uma seja copas e outra, ouros?
c) pelo menos uma seja ouros?

28. DESAFIO Um famoso jogo do sistema operacional *Windows* é o Campo minado, em que o jogador precisa descobrir em que posições (delimitadas pelos quadrados) estão colocadas 10 minas (bombas).

Reprodução

As regras do jogo são as seguintes:

- A área do jogo contém o campo de jogo, um contador de minas no lado esquerdo (são 10 ao todo) e um cronômetro do lado direito.
- Você pode revelar um quadrado clicando nele com o *mouse*. Se você revelar uma mina, perderá o jogo.
- O número que aparece no quadrado indica quantas minas existem nos oito quadrados que o cercam. No exemplo ao lado, o número 2 indica que existem 2 minas espalhadas nos 8 quadrados que cercam o número 2.

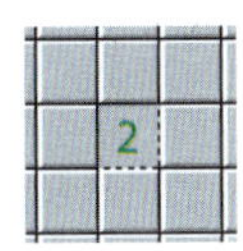

Reprodução

- Para marcar um quadrado que você acha que contém uma mina, clique nele com o botão direito do *mouse*. Ele ficará marcado com uma bandeirinha.

Com base nessas informações, verifique qual das opções a seguir é a mais indicada para dar o próximo clique, considerando que o objetivo é não revelar acidentalmente nenhuma mina. Justifique sua escolha.

Opção 1: Qualquer um dos 8 quadrados que cercam o número 2 já revelado.

Opção 2: Qualquer um dos 8 quadrados que cercam o número 1 já revelado.

Opção 3: Qualquer um dos quadrados restantes não incluídos nas opções anteriores.

Probabilidade condicional

Analisemos a seguinte situação:

Uma moeda é lançada três vezes. Já vimos que nesse caso o espaço amostral é:

$$\Omega = \{CCC, CC\overline{C}, C\overline{C}C, C\overline{C}\,\overline{C}, \overline{C}CC, \overline{C}C\overline{C}, \overline{C}\,\overline{C}C, \overline{C}\,\overline{C}\,\overline{C}\} \text{ e } n(\Omega) = 8.$$

Consideremos o evento A: sair cara exatamente duas vezes. Então:

$$A = \{CC\overline{C}, C\overline{C}C, \overline{C}CC\} \rightarrow p(A) = \frac{3}{8}$$

Agora, consideremos que, ao ser lançada a moeda três vezes, "o resultado do primeiro lançamento foi cara". Qual é a probabilidade de sair cara exatamente duas vezes?

O espaço amostral passa a ser B com:

$$B = \{CCC, CC\overline{C}, C\overline{C}C, C\overline{C}\,\overline{C}\} \text{ e } A' = \{CC\overline{C}, C\overline{C}C\}$$

em que $A' = A \cap B$ e a probabilidade pedida é:

$$p(A') = \frac{n(A')}{n(B)} = \frac{2}{4} = \frac{1}{2}$$

Observe que a probabilidade do evento "sair cara em ambos os lançamentos" foi modificada pela presença do evento condicionante "o resultado do primeiro lançamento foi cara".

Definimos:

- evento A: exatamente dois dos três lançamentos dão cara $\rightarrow A = \{CC\overline{C}, C\overline{C}C, \overline{C}CC\}$
- evento B: o primeiro lançamento dá cara $\rightarrow B = \{CCC, CC\overline{C}, C\overline{C}C, C\overline{C}\,\overline{C}\}$ e denotamos por A/B o "evento A condicionado ao fato de que o evento B já ocorreu" e por $p(A/B)$ a **probabilidade condicional de ocorrer *A*, tendo ocorrido *B*.**

No exemplo dado, $p(A/B)$ é a probabilidade de sair cara exatamente duas vezes, tendo saído cara no primeiro lançamento.

Vimos que:

$$p(A/B) = p(A') = \frac{1}{2}$$

Então:

$$p(A/B) = \frac{n(A')}{n(B)} = \frac{n(A \cap B)}{n(B)}$$

> **Fique atento!**
> O fato de o evento B já ter ocorrido causa uma modificação no espaço amostral. Com isso, alguns eventos ficam mais fáceis de ocorrer, e outros ficam mais difíceis.

Dividindo ambos os termos da fração por $n(\Omega) \neq 0$, temos:

$$p(A/B) = \frac{\frac{n(A \cap B)}{n(\Omega)}}{\frac{n(B)}{n(\Omega)}} = \frac{p(A \cap B)}{p(B)}$$

Logo:

$$p(A/B) = \frac{p(A \cap B)}{p(B)} \quad \text{ou} \quad p(A \cap B) = p(A/B) \cdot p(B)$$

ED Probabilidade condicional

Exercícios resolvidos

22. Ao retirar uma carta de um baralho de 52 cartas, qual é a probabilidade de sair um ás vermelho sabendo que ela é de copas?

Resolução

1ª maneira:

Nesse caso temos $n(\Omega) = 52$.
evento A: sair ás vermelho
evento B: sair copas
O que o problema pede é $p(A/B)$, ou seja, a probabilidade de sair ás vermelho tendo saído copas.
evento A: {ás de copas, ás de ouros}
evento B: {cartas de copas} $\rightarrow n(B) = 13$
$A \cap B$ = {ás de copas} $\rightarrow n(A \cap B) = 1$

Logo, $p(A \cap B) = \frac{1}{52}$ e $p(B) = \frac{13}{52}$. Portanto:

$$p(A/B) = \frac{p(A \cap B)}{p(B)} = \frac{\frac{1}{52}}{\frac{13}{52}} = \frac{1}{13}$$

Assim, ao retirar uma carta de um baralho de 52 cartas, a probabilidade de sair ás vermelho, sabendo que ela é de copas, é de $\frac{1}{13}$.

2ª maneira:

Se a carta que saiu é de copas, então o espaço amostral é de 13 cartas. Entre as 13 cartas de copas, uma delas é um ás vermelho. Assim, a probabilidade de sair ás vermelho, sabendo que a carta é de copas, é de $p(A/B) = \frac{1}{13}$.

23. *Biologia*

Uma família planejou ter 3 crianças. Qual é a probabilidade de que a família tenha 3 homens, já que a primeira criança que nasceu é homem?

Resolução

1ª maneira:

Nesse caso, chamando M: mulher e H: homem, temos:
$\Omega = \{HHH, HHM, HMM, MMM, MMH, MHH, HMH, MHM\} \Rightarrow n(\Omega) = 8$
evento A: a família tem 3 homens $\rightarrow A = \{HHH\}$
evento B: a primeira criança é homem $\rightarrow$
$\rightarrow B = \{HHH, HHM, HMH, HMM\}$
$A \cap B = \{HHH\}$; $p(A \cap B) = \frac{1}{8}$; $p(B) = \frac{4}{8} = \frac{1}{2}$

$$p(A/B) = \frac{p(A \cap B)}{p(B)} = \frac{\frac{1}{8}}{\frac{1}{2}} = \frac{1}{4}$$

2ª maneira:

Se a primeira criança já é um homem, então o espaço amostral para os próximos 2 filhos é $\{HH, HM, MH, MM\}$.

Nesse espaço amostral, o evento desejado é $\{HH\}$. Assim, a probabilidade de nascerem 3 filhos homens, sabendo que o primeiro que nasceu é homem, é de $p(A/B) = \frac{1}{4}$.

24. Dois dados perfeitos são lançados. Qual é a probabilidade de sair soma 8 se ocorreu o 3 no primeiro dado?

Resolução

1ª maneira:

$\Omega = \{(1, 1), (1, 2), ..., (6, 5), (6, 6)\} \rightarrow n(\Omega) = 36$

evento A: sair soma 8 $\rightarrow$
$\rightarrow A = \{(2, 6), (3, 5), (4, 4), (5, 3), (6, 2)\}$

evento B: sair 3 no primeiro dado $\rightarrow$
$\rightarrow B = \{(3, 1), (3, 2), (3, 3), (3, 4), (3, 5), (3, 6)\}$

$A \cap B = \{(3, 5)\}$; $p(A \cap B) = \frac{1}{36}$; $p(B) = \frac{6}{36} = \frac{1}{6}$

$$p(A/B) = \frac{p(A \cap B)}{p(B)} = \frac{\frac{1}{36}}{\frac{1}{6}} = \frac{1}{6}$$

2ª maneira:

Se quisermos somar 8 e no primeiro dado saiu um 3, então o espaço amostral para o próximo dado é {1, 2, 3, 4, 5, 6}.
Nesse espaço amostral, o evento desejado é {5}.
Assim, a probabilidade de jogar dois dados e sair soma 8, sabendo que no primeiro dado saiu um 3, é de $p(A/B) = \frac{1}{6}$.

25. Em uma população de 500 pessoas, 280 são mulheres e 60 exercem a profissão de advogado, sendo 20 do sexo feminino. Tomando ao acaso uma dessas pessoas, qual é a probabilidade de que, sendo mulher, seja advogada?

Resolução

1ª maneira:

Sendo o evento A: a pessoa exerce advocacia, e o evento B: a pessoa é do sexo feminino, procuramos $p(A/B)$.

$$\left.\begin{array}{l} p(B) = \frac{280}{500} = \frac{14}{25} \\ n(A \cap B) = 20 \\ p(A \cap B) = \frac{20}{500} = \frac{1}{25} \end{array}\right\} p(A/B) = \frac{\frac{1}{25}}{\frac{14}{25}} = \frac{1}{14}$$

2ª maneira:

Em vez de estudar a população toda, poderíamos nos restringir às mulheres e perguntar qual é a probabilidade de ser advogada uma mulher tomada ao acaso. Teríamos: $p(A/B) = \frac{20}{280} = \frac{1}{14}$.

Eventos independentes

A probabilidade e os fenômenos aleatórios

O conceito de independência de eventos é muito importante em probabilidade. Após analisar um exemplo, definiremos o que são **eventos independentes**.

Consideremos o experimento "lançar dois dados perfeitos de cores diferentes". Seja A o evento "sair 6 no 1º dado" e B o evento "sair 3 no 2º dado". Observemos que:

- $n(\Omega) = 36$
- $A = \{(6, 1), (6, 2), (6, 3), (6, 4), (6, 5), (6, 6)\}$
- $B = \{(1, 3), (2, 3), (3, 3), (4, 3), (5, 3), (6, 3)\}$
- $p(A) = \dfrac{6}{36} = \dfrac{1}{6}$
- $p(B) = \dfrac{6}{36} = \dfrac{1}{6}$
- $A \cap B = \{(6, 3)\} \Rightarrow p(A \cap B) = \dfrac{1}{36}$
- $p(B/A) = \dfrac{p(B \cap A)}{p(A)} = \dfrac{\frac{1}{36}}{\frac{1}{6}} = \dfrac{1}{6}$

John Smith/Corbis/Latinstock

Assim, $p(B) = p(B/A) = \dfrac{1}{6}$, ou seja, a probabilidade de "sair 3 no 2º dado" não foi afetada pelo fato de "sair 6 no 1º dado", ou, ainda, a probabilidade de ocorrer B **não dependeu** da ocorrência de A.

Nesse caso, dizemos que A e B são **eventos independentes**. A probabilidade de ocorrer um deles não depende do fato de ter ou não ocorrido o outro.

Dessa forma, também é verdade que $p(A) = p(A/B)$.

Assim, como $p(A/B) = \dfrac{p(A \cap B)}{p(B)}$, temos:

$$p(A \cap B) = \underbrace{p(A/B)}_{p(A)} \cdot p(B) = p(A) \cdot p(B)$$

Logo, o fato de A e B serem eventos independentes é equivalente a dizer que $p(A \cap B) = p(A) \cdot p(B)$. Podemos, então, dar a definição:

> Dois eventos A e B de um espaço amostral Ω (com $p(A) \neq 0$ e $p(B) \neq 0$) são independentes se, e somente se, $p(A/B) = p(A)$, ou, de modo equivalente:
>
> $$p(A \cap B) = p(A) \cdot p(B)$$

Com isso, podemos afirmar que dois eventos A e B são **dependentes** quando $p(A \cap B) \neq p(A) \cdot p(B)$.

Exercícios resolvidos

26. Uma moeda perfeita é lançada duas vezes. Considerando os eventos *A*: sair cara na 1ª jogada e *B*: sair cara na 2ª jogada, demonstre que os eventos *A* e *B* são independentes.

Resolução

1ª maneira:

$\Omega = \{CC, C\overline{C}, \overline{C}C, \overline{C}\overline{C}\}$

$A = \{CC, C\overline{C}\} \rightarrow p(A) = \frac{2}{4} = \frac{1}{2}$

$B = \{CC, \overline{C}C\} \rightarrow p(B) = \frac{2}{4} = \frac{1}{2}$

$A \cap B = \{CC\} \rightarrow p(A \cap B) = \frac{1}{4}$

Como $\frac{1}{4} = \frac{1}{2} \cdot \frac{1}{2}$, então $p(A \cap B) = p(A) \cdot p(B)$.

Logo, *A* e *B* são independentes.

2ª maneira:

$$p(A/B) = \frac{p(A \cap B)}{p(B)} = \frac{\frac{1}{4}}{\frac{1}{2}} = \frac{1}{2}$$

Como $p(A) = \frac{1}{2}$, então $p(A/B) = p(A)$ e os eventos *A* e *B* são independentes.

27. Uma fábrica produz três produtos: *A*, *B* e *C*. Qual é a probabilidade de se selecionar, ao acaso, um produto defeituoso *A*, se é sabido que 30% dos produtos produzidos pela fábrica são produtos *A* e 5% dos produtos produzidos *A* são defeituosos?

Resolução

D: selecionar produto defeituoso

$D \cap A$: selecionar produto defeituoso *A*

$p(A) = \frac{30}{100} = \frac{3}{10}$; $p(D/A) = \frac{5}{100} = \frac{1}{20}$

$p(D \cap A) = p(D/A) \cdot p(A) = \frac{1}{20} \cdot \frac{3}{10} = \frac{3}{200} = 1{,}5\%$

28. São realizados dois lançamentos sucessivos de um dado perfeito. Qual é a probabilidade de ocorrer, nos dois casos, o número 5?

Resolução

A: ocorrência de 5 no 1º lançamento $\rightarrow p(A) = \frac{1}{6}$

B: ocorrência de 5 no 2º lançamento $\rightarrow p(B) = \frac{1}{6}$

A e *B* são independentes. Procuramos $p(A \cap B)$.

$p(A \cap B) = p(A) \cdot p(B) = \frac{1}{6} \cdot \frac{1}{6} = \frac{1}{36}$

29. Uma urna tem 10 bolas idênticas, sendo 4 vermelhas e 6 azuis. Retirando-se 2 bolas dessa urna, qual é a probabilidade de saírem 2 bolas vermelhas?

Resolução

Retirar 2 bolas equivale a retirar uma de cada vez, sem reposição. Assim, $p(A) = \frac{4}{10}$.

A segunda retirada é condicionada à retirada da primeira. O espaço amostral agora é de 9 bolas, sendo 3 vermelhas e 6 azuis. Então, $p(B/A) = \frac{3}{9}$.

Logo, $p(A \cap B) = p(A) \cdot p(B/A) = \frac{4}{10} \cdot \frac{3}{9} = \frac{2}{15}$.

30. *Biologia*

Consideremos uma cria de cachorros com 3 filhotes. Sejam os eventos *A*: obter pelo menos 2 machos e *B*: obter pelo menos 1 filhote de cada sexo. Os eventos *A* e *B* são independentes? Por quê?

Resolução

m: macho; *f*: fêmea

$\Omega = \{mmm, mmf, mfm, fmm, mff, fmf, ffm, fff\}$

$A = \{mmm, mmf, mfm, fmm\} \rightarrow p(A) = \frac{1}{2}$

$B = \{mmf, mfm, fmm, mff, fmf, ffm\} \rightarrow p(B) = \frac{3}{4}$

$A \cap B = \{mmf, mfm, fmm\} \rightarrow p(A \cap B) = \frac{3}{8}$

Como $p(A \cap B) = p(A) \cdot p(B)$, pois $\frac{3}{8} = \frac{1}{2} \cdot \frac{3}{4}$, temos que *A* e *B* são independentes.

31. O brinquedo Blocos lógicos consiste em 48 peças combinando 3 cores (azul, vermelha e amarela), 4 formas (triangular, quadrada, retangular e circular), 2 tamanhos (grande e pequeno) e 2 espessuras (grossa e fina). Cada peça tem apenas uma cor, uma forma, um tamanho e uma espessura e existem peças para todas as combinações possíveis. Escolhendo uma peça ao acaso, o que é mais provável tirar:

a) uma peça azul e grande ou uma quadrada e fina?
b) uma peça circular ou uma grande e grossa?

Resolução

a) Peça azul e grande: $p = \frac{1}{3} \cdot \frac{1}{2} = \frac{1}{6}$

Peça quadrada e fina: $p = \frac{1}{4} \cdot \frac{1}{2} = \frac{1}{8}$

Como $\frac{1}{6} > \frac{1}{8}$, então é mais provável tirar uma peça azul e grande.

b) Peça circular: $p = \frac{1}{4}$

Peça grande e grossa: $p = \frac{1}{2} \cdot \frac{1}{2} = \frac{1}{4}$

Como $\frac{1}{4} = \frac{1}{4}$, então a probabilidade é a mesma para os dois eventos.

Exercícios

29. Se A e B são eventos com $p(A) = 0,4$, $p(B) = 0,2$ e $p(A \cap B) = 0,1$, calcule:

a) $p(A/B)$; b) $p(B/A)$; c) $p(A/A \cup B)$.

30. Se A e B são eventos com $p(A) = \frac{3}{5}$, $p(B) = \frac{1}{2}$ e $p(A \cap B) = \frac{3}{10}$, determine a probabilidade de:

a) A, dado B.
b) B, dado A.
c) A, dado $A \cup B$.
d) $A \cup B$, dado A.

31. Jogam-se dois dados. Qual é a probabilidade de se obter o 4 no primeiro dado se a soma dos resultados é 9?

32. Um grupo de pessoas está classificado da seguinte maneira:

	Professor	Advogado	Dentista
Homens	60	80	50
Mulheres	90	40	30

Define-se que H: homem; M: mulher; P: professor; A: advogado; D: dentista. Calcule cada probabilidade abaixo, supondo que cada pessoa tenha uma única profissão.

a) $p(A/H)$
b) $p(P/M)$
c) $p(D/H)$
d) $p(A/M)$
e) $p(\overline{A}/\overline{M})$
f) $p(\overline{D}/H)$
g) $p(P/\overline{H})$

33. Uma moeda é lançada três vezes. Determine a probabilidade de se obter:

a) 3 caras.
b) 3 caras, dado que a primeira foi cara.
c) exatamente 2 caras.
d) 2 caras, dado que a primeira foi coroa.
e) cara no 2º lançamento, dado que 2 coroas e 1 cara foram obtidas.
f) cara no 2º lançamento, dado que 3 caras foram obtidas.
g) cara no 2º lançamento, dado que pelo menos 1 cara foi obtida.

34. *Biologia*
Uma família planeja ter 3 filhos. Qual é a probabilidade de a família ter exatamente 2 meninas, dado que a primeira criança que nasceu é menina?

35. Uma carta é retirada de um baralho de 52 cartas e, em seguida, reposta no baralho. Uma segunda carta é retirada. Qual é a probabilidade de que:

a) a primeira carta seja copas?
b) a segunda carta seja paus, dado que a primeira é uma carta de copas?
c) a primeira carta seja copas e a segunda seja paus?

36. Em um conjunto de 100 parafusos, 90 deles estão em boas condições. Dois deles são retirados, sucessivamente, ao acaso, sem reposição. Qual é a probabilidade de que o primeiro parafuso defeituoso seja encontrado na 2ª retirada?

37. Numa cidade, 20% da população são mulheres que não podem votar (menores de 16 anos). Se 60% da população são mulheres, qual é a probabilidade de que uma mulher selecionada ao acaso não possa votar?

38. Trinta por cento (30%) de uma população tem deficiência de certa vitamina em razão de uma alimentação não equilibrada. Dez por cento (10%) das pessoas com essa deficiência de vitamina têm certa doença. Qual é a probabilidade de que uma pessoa selecionada ao acaso tenha a doença e a deficiência de vitamina?

39. Um dado perfeito é lançado e os eventos A e B são dados por $A = \{1, 2, 3\}$ e $B = \{3, 4, 5\}$. Mostre que os eventos A e B não são independentes.

40. Consideremos uma família com 3 crianças e os eventos A: a família tem no máximo 1 menino; B: a família tem crianças de ambos os sexos. Os eventos A e B são independentes?

41. Se A e B são eventos independentes com $p(A) = 0,2$ e $p(B) = 0,4$, determine:

a) $p(A \cap B)$ b) $p(A \cup B)$

42. Se A e B são eventos independentes com $p(A) = 0,5$ e $p(A \cap B) = 0,3$, determine $p(B)$.

43. Dois dados perfeitos são lançados. Consideremos os eventos A: sair número ímpar no 1º dado e B: a soma dos resultados ser 7. Determine:

a) $p(A)$;
b) $p(B)$;
c) $p(A \cap B)$;
d) $p(B/A)$;
e) se A e B são independentes.

44. Em uma sacola temos 15 balas, sendo 6 de hortelã, 4 de morango e 5 de limão. Retirando-se ao acaso sucessivamente e sem reposição 2 balas dessa sacola, qual é a probabilidade de:

a) saírem 2 balas de hortelã?
b) saírem 2 balas de morango?
c) não sair nenhuma bala de limão?

45. Uma moeda e um dado são lançados simultaneamente. Qual é a probabilidade de se obter cara ou um 6?

6 O método binomial

O método do produto de probabilidades é usado, por exemplo, quando se quer saber qual é a probabilidade de, em uma família, todas as crianças serem meninos ou todas serem meninas. Se um casal planejou ter 4 filhos, a probabilidade de que todos sejam meninos é:

$$\frac{1}{2} \cdot \frac{1}{2} \cdot \frac{1}{2} \cdot \frac{1}{2} = \frac{1}{16}$$

Quando há mistura de sexos, por exemplo, 3 meninos e 1 menina, 2 meninos e 2 meninas, etc. e não se especifica a ordem de ocorrência, podemos usar o **método binomial**. Para isso, vamos inicialmente retomar as potências do binômio $(a + b)^n$, conhecidas como binômio de Newton, que estudamos no capítulo anterior:

$(a + b)^1 = 1a + 1b$

$(a + b)^2 = (a + b)(a + b) = a^2 + ab + ba + b^2 = 1a^2 + 2ab + 1b^2$

$(a + b)^3 = (a + b)^2(a + b) = 1a^3 + 3a^2b + 3ab^2 + 1b^3$

$(a + b)^4 = (a + b)^3(a + b) = 1a^4 + 4a^3b + 6a^2b^2 + 4ab^3 + 1b^4$

$(a + b)^5 = (a + b)^4(a + b) = 1a^5 + 5a^4b + 10a^3b^2 + 10a^2b^3 + 5ab^4 + 1b^5$

Os coeficientes são os elementos do triângulo de Pascal, conhecidos como números binomiais:

$$\begin{array}{ccccccccccc}
 & & & & & 1 & & & & & \\
 & & & & 1 & & 1 & & & & \\
 & & & 1 & & 2 & & 1 & & & \\
 & & 1 & & 3 & & 3 & & 1 & & \\
 & 1 & & 4 & & 6 & & 4 & & 1 & \\
1 & & 5 & & 10 & & 10 & & 5 & & 1 \\
 & & & & & \dots & & & & &
\end{array}$$

que pode ser escrito assim:

$$\begin{array}{ccccccccccc}
 & & & & & \binom{0}{0} & & & & & \\
 & & & & \binom{1}{0} & & \binom{1}{1} & & & & \\
 & & & \binom{2}{0} & & \binom{2}{1} & & \binom{2}{2} & & & \\
 & & \binom{3}{0} & & \binom{3}{1} & & \binom{3}{2} & & \binom{3}{3} & & \\
 & \binom{4}{0} & & \binom{4}{1} & & \binom{4}{2} & & \binom{4}{3} & & \binom{4}{4} & \\
\binom{5}{0} & & \binom{5}{1} & & \binom{5}{2} & & \binom{5}{3} & & \binom{5}{4} & & \binom{5}{5}
\end{array}$$

em que, como já sabemos:

$$C_{n,k} = \binom{n}{k} = \frac{n!}{k!(n-k)!} \quad \text{ou} \quad \binom{n}{k} = \frac{A_{n,k}}{k!} = C_{n,k}$$

é o número total de combinações de n objetos tomados k a k, ou seja, é o número de subconjuntos de k elementos tomados de um conjunto com n elementos.

Vejamos agora, por meio de exemplos, no que consiste o método binomial e quando podemos usá-lo.

a) Consideremos uma família com 2 crianças. Se representamos o nascimento de 1 menino por *M* e o nascimento de 1 menina por *F*, temos:

$$\left.\begin{array}{l}\bullet\ p(M) = p = \dfrac{1}{2}\\[2ex] \bullet\ p(F) = q = \dfrac{1}{2}\end{array}\right\} p + q = 1$$

- $\Omega = \{MM, MF, FM, FF\}$

Como experimentalmente sabemos que cada nascimento é independente de nascimentos anteriores, temos:

- $p(MM) = p(M) \cdot p(M) = p \cdot p = p^2 = \dfrac{1}{4}$
- $p(MF) = p(M) \cdot p(F) = p \cdot q = \dfrac{1}{2} \cdot \dfrac{1}{2} = \dfrac{1}{4}$
- $p(FM) = p(F) \cdot p(M) = q \cdot p = \dfrac{1}{2} \cdot \dfrac{1}{2} = \dfrac{1}{4}$
- $p(FF) = p(F) \cdot p(F) = q \cdot q = q^2 = \dfrac{1}{2} \cdot \dfrac{1}{2} = \dfrac{1}{4}$

Observe que a probabilidade total é igual a 1:

$$\frac{1}{4} + \frac{1}{4} + \frac{1}{4} + \frac{1}{4} = 1$$

Se não consideramos a ordem em que ocorreram os nascimentos, podemos escrever:

p^2	+	$2pq$	+	q^2	=	1
probabilidade de nascerem 2 meninos (*MM*)		probabilidade de nascerem 1 menino e 1 menina (*MF*; *FM*)		probabilidade de nascerem 2 meninas (*FF*)		

Fique atento!
Lembre-se de que o quadrado de uma soma é indicado por: $(a + b)^2 = a^2 + 2ab + b^2$.

Assim:

- a probabilidade de nascerem 2 meninos é p^2, ou seja:

$$\frac{1}{2} \cdot \frac{1}{2} = \frac{1}{4}$$

- a probabilidade de nascerem 1 menino e 1 menina (sem considerar a ordem) é $2pq$, ou seja:

$$2 \cdot \frac{1}{2} \cdot \frac{1}{2} = \frac{1}{2}$$

- a probabilidade de nascerem 2 meninas é q^2, ou seja:

$$\frac{1}{2} \cdot \frac{1}{2} = \frac{1}{4}$$

Observemos que:

$$1p^2 + 2pq + 1q^2 = \binom{2}{0}p^2 + \binom{2}{1}pq + \binom{2}{2}q^2 = (p + q)^2 = 1^2 = 1$$

b) Consideremos o nascimento de 3 crianças e as mesmas representações do exemplo anterior.

Agora, as possibilidades de nascimento são dadas por:

$\Omega = \{MMM, MMF, MFM, FMM, MFF, FMF, FFM, FFF\}$

Assim:

- $p(MMM) = p \cdot p \cdot p = p^3$
- $p(MMF) = ppq = p^2q$
- $p(MFM) = pqp = p^2q$
- $p(FMM) = qpp = p^2q$
- $p(MFF) = pqq = pq^2$
- $p(FMF) = qpq = pq^2$
- $p(FFM) = qqp = pq^2$
- $p(FFF) = qqq = q^3$

Se não consideramos a ordem dos nascimentos, as possibilidades se reduzem a *MMM*, *MMF*, *MFF* e *FFF*, e as probabilidades correspondentes são dadas por:

- $p(MMM) = p^3$
- $p(MMF) = 3p^2q$
- $p(MFF) = 3pq^2$
- $p(FFF) = q^3$

e escrevemos:

$$p^3 + 3p^2q + 3pq^2 + q^3 = 1$$

que é a expressão do binômio $(p + q)^3 = 1$.

> **Fique atento!**
> Lembre-se de que o cubo de uma soma é indicado por:
> $(a + b)^3 = a^3 + 3a^2b + 3ab^2 + b^3$.

Portanto, podemos dizer que:

- a probabilidade de que as 3 crianças sejam meninos é:

$$p^3 = p \cdot p \cdot p = \frac{1}{2} \cdot \frac{1}{2} \cdot \frac{1}{2} = \frac{1}{8}$$

- a probabilidade de que nasçam 2 meninos e 1 menina é:

$$3p^2q = 3ppq = 3 \cdot \frac{1}{2} \cdot \frac{1}{2} \cdot \frac{1}{2} = \frac{3}{8}$$

- a probabilidade de que nasçam 1 menino e 2 meninas é:

$$3pq^2 = 3pqq = 3 \cdot \frac{1}{2} \cdot \frac{1}{2} \cdot \frac{1}{2} = \frac{3}{8}$$

- a probabilidade de que nasçam 3 meninas é:

$$q^3 = qqq = \frac{1}{2} \cdot \frac{1}{2} \cdot \frac{1}{2} = \frac{1}{8}$$

e notamos que:

$$\frac{1}{8} + \frac{3}{8} + \frac{3}{8} + \frac{1}{8} = \frac{8}{8} = 1$$

Observamos ainda que:

$$1p^3 + 3p^2q + 3pq^2 + 1q^3 = \binom{3}{0}p^3 + \binom{3}{1}p^2q + \binom{3}{2}pq^2 + \binom{3}{3}q^3$$

Generalizando:

> Uma experiência é realizada *n* vezes independentemente:
> - em cada uma das *n* vezes, um evento *A* tem probabilidade *p* de ocorrer.
> - a probabilidade de *A* não ocorrer em cada vez é $q = 1 - p$.
> - a probabilidade de *A* ocorrer em *k* das *n* vezes é dada por: $\binom{n}{k}p^kq^{n-k}$.

Quando usamos essa fórmula, dizemos que estamos aplicando o método binomial.

Essa probabilidade é um termo da expansão binomial $(p + q)^n$.

Exercícios resolvidos

32. Um dado é jogado 7 vezes. Qual é a probabilidade de sair o número 5 quatro vezes?

Resolução

Probabilidade de sair o 5 em cada jogada: $p = \frac{1}{6}$

Probabilidade de não sair o 5 em cada jogada:

$q = 1 - p = \frac{5}{6}$

Probabilidade de sair o 5 em 4 das 7 jogadas:

$$\binom{7}{4}\left(\frac{1}{6}\right)^4\left(\frac{5}{6}\right)^3 = \frac{7!}{4!\,3!} \cdot \left(\frac{1}{6}\right)^4 \cdot \left(\frac{5}{6}\right)^3$$

33. Uma prova é constituída de 10 exercícios em forma de teste com 5 alternativas em cada teste. Se um aluno "chutar" todas as respostas, qual é a probabilidade de ele acertar 6 exercícios?

Resolução

Probabilidade de acertar, em cada questão: $p = \frac{1}{5}$

Probabilidade de errar (não acertar), em cada questão: $q = 1 - p = \frac{4}{5}$

Probabilidade de acertar 6 das 10 questões:

$$\binom{10}{6}\left(\frac{1}{5}\right)^6\left(\frac{4}{5}\right)^4 = \frac{10!}{6!\,4!} \cdot \left(\frac{1}{5}\right)^6 \cdot \left(\frac{4}{5}\right)^4$$

34. Uma moeda é lançada 8 vezes. Qual é a probabilidade de sair cara 5 vezes?

> **Fique atento!**
> Não sair cara equivale a sair coroa.

Resolução

Em cada lançamento:

- probabilidade de sair cara: $p = \frac{1}{2}$
- probabilidade de não sair cara: $q = 1 - \frac{1}{2} = \frac{1}{2}$
- probabilidade de sair cara 5 vezes:

$$\binom{8}{5}\left(\frac{1}{2}\right)^5\left(\frac{1}{2}\right)^3 = \frac{8 \cdot 7 \cdot \cancel{6} \cdot \cancel{5!}}{\cancel{5!} \cdot \cancel{3} \cdot \cancel{2} \cdot 1} \cdot \frac{1}{32} \cdot \frac{1}{8} =$$

$$= \frac{7}{32} = 0{,}21875 \simeq 22\%$$

35. Um casal pretende ter 4 filhos e quer saber qual é a probabilidade de nascerem:

a) 4 meninos;

b) 3 meninos e 1 menina;

c) 2 meninos e 2 meninas;

d) 1 menino e 3 meninas;

e) 4 meninas.

Resolução

1ª maneira:

Desenvolvemos $(p + q)^4$, obtendo

$p^4 + 4p^3q + 6p^2q^2 + 4pq^3 + q^4$ e efetuamos os cálculos.

a) A probabilidade é dada por p^4.

Como $p = \frac{1}{2}$, temos $\left(\frac{1}{2}\right)^4 = \frac{1}{16}$.

b) A probabilidade é dada por $4p^3q$. Observe a correspondência:

3 meninos → o expoente do p é 3

1 menina → o expoente do q é 1

Como $p = q = \frac{1}{2}$, temos:

$$4p^3q = 4\left(\frac{1}{2}\right)^3 \cdot \frac{1}{2} = \frac{1}{4}$$

c) A probabilidade é dada por $6p^2q^2$.

Observe a correspondência outra vez. Isso sempre ocorre.

Como $p = q = \frac{1}{2}$, temos:

$$6p^2q^2 = 6\left(\frac{1}{2}\right)^2\left(\frac{1}{2}\right)^2 = \frac{3}{8}$$

d) A probabilidade é dada por:

$$4pq^3 = 4\left(\frac{1}{2}\right)\left(\frac{1}{2}\right)^3 = \frac{1}{4}$$

e) A probabilidade é dada por $q^4 = \left(\frac{1}{2}\right)^4 = \frac{1}{16}$.

Observe que:

$$\frac{1}{16} + \frac{1}{4} + \frac{3}{8} + \frac{1}{4} + \frac{1}{16} = 1$$

2ª maneira:

Fazemos as devidas substituições na fórmula geral e os cálculos.

Para exemplificar, vamos resolver apenas o item **b**: qual é a probabilidade de nascerem 3 meninos e 1 menina?

Neste caso, $n = 4$, $k = 3$, $n - k = 4 - 3 = 1$ e $p = q = \frac{1}{2}$. Assim:

$$\binom{4}{3}\left(\frac{1}{2}\right)^3\left(\frac{1}{2}\right) = \frac{4!}{3!(4-3)!} \cdot \frac{1}{8} \cdot \frac{1}{2} = \frac{1}{4}$$

Exercícios

46. *Biologia*

Um casal pretende ter 5 filhos e deseja saber qual é a probabilidade de ter:

a) 5 meninos;

b) 2 meninos e 3 meninas;

c) 1 menino e 4 meninas;

d) o 1º homem, o 2º mulher, o 3º mulher, o 4º homem e o 5º mulher. (Cuidado, nesse caso a ordem importa.)

47. *Biologia*

Um casal pretende ter 6 filhos. Determine a probabilidade de ter:

a) 3 meninos e 3 meninas;

b) 4 meninos e 2 meninas.

48. Se uma moeda é lançada 6 vezes, qual é a probabilidade de sair coroa 4 vezes?

49. Um dado é lançado 5 vezes. Calcule a probabilidade de a face 6 sair 2 vezes.

50. A probabilidade de um saltador atingir seu objetivo é de 40% em cada salto. Calcule a probabilidade de, em 8 saltos, ele conseguir seu objetivo:

a) em todos;

b) em 6 deles.

Amin Mohammad Jamali/Gallo Images/Getty Images

Mohammed Arzandeh nos Jogos Olímpicos de 2012, em Londres.

7 Aplicações de probabilidade à Genética

A Genética é, talvez, o ramo da Biologia que mais utiliza os conceitos matemáticos envolvidos na teoria das probabilidades. Isso porque, em probabilidade, trabalhamos com os eventos chamados aleatórios, e um bom exemplo de evento aleatório é o encontro de dois tipos de gametas com determinados genes. Um indivíduo heterozigoto para determinada característica (*Aa*) forma dois tipos de espermatozoides, *A* e *a*. Se uma mulher também for heterozigota, poderá formar óvulos *A* e *a*. Depende apenas do acaso o fato de ser o espermatozoide *A* ou *a* o responsável pela fecundação, assim como também depende apenas do acaso o fato de ser a célula feminina *A* ou *a* a fecundada.

Assim, considere o seguinte esquema:

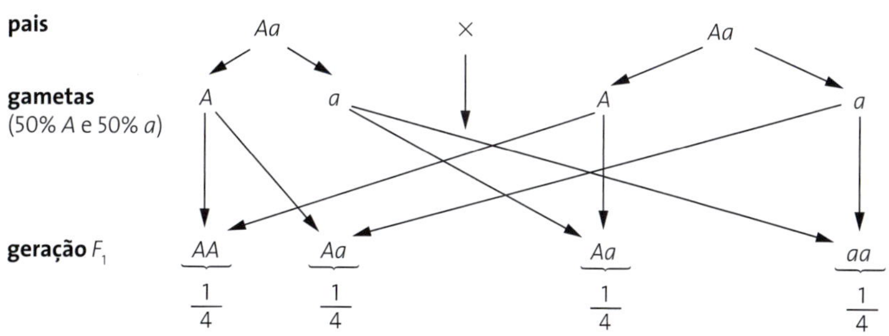

Para refletir

Pesquise o que significa um "indivíduo heterozigoto" e um "indivíduo homozigoto".

e o quadro de possibilidades com suas respectivas probabilidades:

♂ \ ♀	$A \rightarrow \frac{1}{2}$	$a \rightarrow \frac{1}{2}$
$A \rightarrow \frac{1}{2}$	$\frac{1}{4}$ *AA*	$\frac{1}{4}$ *Aa*
$a \rightarrow \frac{1}{2}$	$\frac{1}{4}$ *Aa*	$\frac{1}{4}$ *aa*

Exercícios resolvidos

36. Em uma população humana a probabilidade de ser mudo é estimada em 0,005, a probabilidade de ser cego é 0,0085 e a probabilidade de ser mudo e cego é 0,0006. Qual é a probabilidade de que um indivíduo, tomado ao acaso, seja mudo ou cego?

Resolução

Neste caso, A: "ser mudo" não exclui a possibilidade de B: "ser cego", portanto os eventos não são mutuamente exclusivos. Logo:

$p(\text{ser mudo ou ser cego}) = p(A \text{ ou } B) =$

$= p(A) + p(B) - p(A \text{ e } B) =$

$= 0{,}0050 + 0{,}0085 - 0{,}0006 = 0{,}0129$

37. João e sua esposa Maria têm pigmentação normal. João é filho de um homem normal e mulher albina; Maria é filha de uma mulher normal e pai albino. Qual é a probabilidade de João e Maria terem uma criança albina do sexo masculino?

Resolução

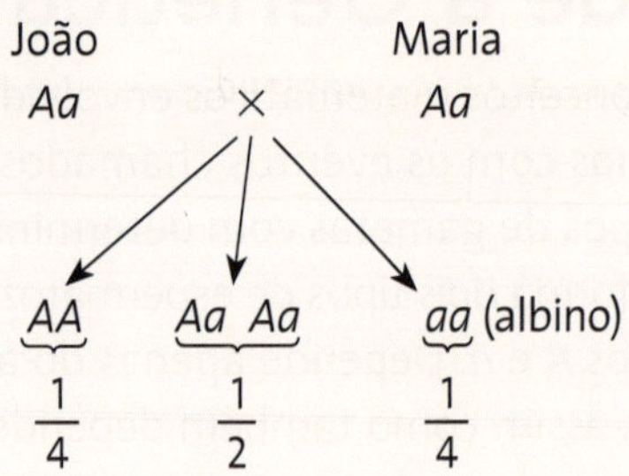

Logo:

$p(\text{criança albina}) = \frac{1}{4}$ e $p(\text{sexo masculino}) = \frac{1}{2}$

Como os eventos "ser criança albina" e "ser do sexo masculino" são independentes, temos:

$p(\text{ser criança albina do sexo masculino}) =$

$= \frac{1}{2} \cdot \frac{1}{4} = \frac{1}{8} = 12{,}5\%$

38. No ser humano o albinismo é determinado por um gene recessivo a, enquanto a pele normal é determinada pelo alelo dominante A. Um casal heterozigoto com pigmentação normal teve como primeiro descendente uma criança albina.

Responda:

a) Qual é a probabilidade de que seus próximos dois filhos sejam albinos?

b) Qual é a probabilidade de que seus próximos dois filhos tenham pigmentação normal?

c) Qual é a probabilidade de pelo menos um dos seus próximos dois filhos ser albino e menino?

Resolução

a) O fato de a primeira criança ser albina não influenciará, nesse aspecto, a hereditariedade das futuras crianças. São, pois, eventos independentes.

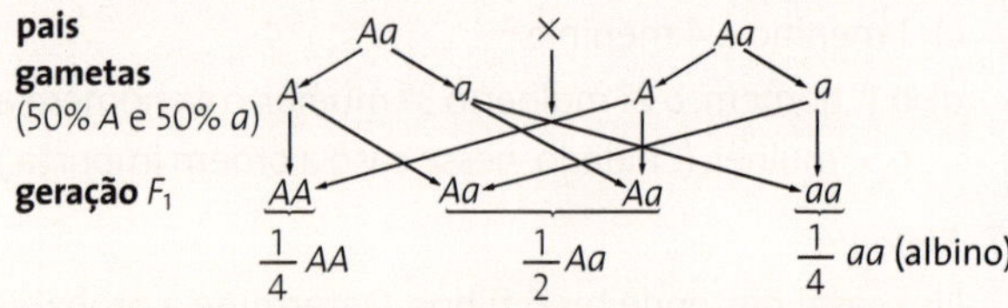

Assim, a probabilidade de cada criança ser albina em qualquer nascimento é $\frac{1}{4}$ ou 25%. Portanto:

$p(\text{segunda criança ser albina}) = \frac{1}{4}$

$p(\text{terceira criança ser albina}) = \frac{1}{4}$

$p(\text{segunda e terceira crianças serem albinas}) =$

$= \frac{1}{4} \cdot \frac{1}{4} = \frac{1}{16}$ ou 6,2%

b) A probabilidade de que **cada um** dos seus próximos dois filhos, separadamente, tenha pigmentação normal é $\frac{3}{4}$ ou 75%, pois:

$\frac{1}{4}AA + \frac{1}{2}Aa$, ou seja, $\frac{1}{4} + \frac{1}{2} = \frac{3}{4}$

Logo:

$p(\text{segunda e terceira crianças terem pigmentação normal}) = \frac{3}{4} \cdot \frac{3}{4} = \frac{9}{16}$ ou 56%

c) A probabilidade de pelo menos um dos próximos dois filhos ser albino é:

$1 - \frac{9}{16} = \frac{7}{16}$ ou 43%

Como a probabilidade de ser menino é $\frac{1}{2}$, então a probabilidade de pelo menos uma criança ser menino e albina é:

$\frac{1}{2} \cdot \frac{7}{16} = \frac{7}{32}$ ou 21%

39. Em um cruzamento $Aa \times Aa$, sabemos que as combinações AA, Aa, aA e aa são igualmente prováveis, cada uma com probabilidade $\frac{1}{4}$. Sabemos também que Aa e aA não podem ser distinguidas biologicamente. Qual é a probabilidade de ocorrer Aa ou aA?

Resolução

$p(Aa) = \frac{1}{4}$ $\quad p(aA) = \frac{1}{4}$

Aa e *aA* são mutuamente exclusivos, então $p(Aa \cap aA) = 0$. Logo:

$p(Aa \text{ ou } aA) = \frac{1}{4} + \frac{1}{4} - 0 = \frac{2}{4} = \frac{1}{2}$

40. A queratose (anomalia na pele) é devida a um gene dominante *Q*. Uma mulher com queratose cujo pai era normal casa-se com um homem com queratose cuja mãe era normal. Se esse casal tiver 2 filhos, qual é a probabilidade de os dois apresentarem queratose?

Resolução

Mulher $\quad$ Homem

Qq $\times$ *Qq*

QQ $\quad$ *Qq* $\quad$ *Qq* $\quad$ *qq*

Q é dominante $\rightarrow \frac{3}{4}$ (queratose) $\frac{1}{4}$

Assim, p(cada criança ter queratose) $= \frac{3}{4}$. Como o evento "primeira criança ter queratose" é independente do evento "segunda criança ter queratose", temos:

p(as duas crianças terem queratose) =

$= \frac{3}{4} \cdot \frac{3}{4} = \frac{9}{16}$ ou 56%

41. Um casal normal tem um filho albino.

a) Qual é a probabilidade de aparecer na descendência uma filha normal?

b) Se o casal tiver 4 filhos, qual é a probabilidade de 3 serem normais e 1 albino?

Resolução

Situação genética:

Pai $\quad$ Mãe

Aa $\times$ *Aa*

$\frac{1}{4}AA \quad \frac{2}{4}Aa \quad \frac{1}{4}aa$

$\frac{3}{4}$ normais $\quad$ albino

$A\_ = p = \frac{3}{4}$ = normais

$aa = q = \frac{1}{4}$ = albino

a) Filha normal

Probabilidade de ser do sexo feminino $= \frac{1}{2}$

Probabilidade de ser normal $= \frac{3}{4}$

Probabilidade combinada $= \frac{3}{4} \cdot \frac{1}{2} = \frac{3}{8}$

b) 4 filhos: 3 normais e 1 albino

$(p + q)^4 = p^4 + 4p^3q + 6p^2q^2 + 4pq^3 + q^4$

$4p^3q = 4\left(\frac{3}{4}\right)^3 \cdot \frac{1}{4} = 4 \cdot \frac{27}{64} \cdot \frac{1}{4} = \frac{27}{64}$

ou $\binom{4}{3}\left(\frac{3}{4}\right)^3\left(\frac{1}{4}\right)^1 = 4 \cdot \frac{27}{64} \cdot \frac{1}{4} = \frac{27}{64}$

Exercícios

51. Um casal tem 3 meninos e espera sua quarta criança. Qual é a probabilidade de essa criança ser um menino?

52. Suponhamos que o caráter cor dos olhos seja condicionado por um par de genes. Seja *C* dominante para olho escuro e *c* recessivo para olho claro. Um indivíduo de olhos escuros cuja mãe tenha olhos claros casa com uma mulher de olhos claros cujo pai tinha olhos escuros. Qual é a probabilidade de seu primeiro filho ser do sexo masculino e ter olhos escuros?

53. Na espécie humana a polidactilia (dedos a mais) é devida a um gene dominante. Quando a mulher é polidáctila, de mãe e pai normais, qual é a probabilidade de que o casal venha a ter descendente polidáctilo?

54. A miopia é recessiva na espécie humana.

a) Qual é a probabilidade de nascer uma criança míope de um casal normal, heterozigoto para essa característica?

b) Sabendo que a cor dos olhos é também recessiva, qual é a probabilidade de o mesmo casal ter filhos de olhos azuis e míopes, sendo ambos de olhos castanhos, heterozigotos?

55. As ovelhas de cor branca têm o genótipo *ww* em relação a esse caráter; a coloração preta depende do gene *W*. De um carneiro preto cruzado com uma ovelha branca resultou um cordeiro branco. Qual é a probabilidade de a próxima cria ser branca?

Outros contextos

Doação de órgãos

Embora para cada 8 potenciais doadores de órgãos apenas um seja notificado, o Brasil é o segundo país do mundo em número de transplantes realizados por ano, sendo mais de 90% deles realizados pelo Sistema Público de Saúde. As afirmações abaixo atestam esse resultado:

1. O programa nacional de transplantes tem organização exemplar. Cada estado tem uma Central de Notificação, Captação e Distribuição de Órgãos (CNCDO) que coordena a captação e a alocação dos órgãos, baseada na fila única, estadual ou regional.
2. Para realizar transplante é necessário credenciamento de equipe no Ministério da Saúde. A maioria dessas equipes é liderada por médicos especializados no exterior, graças ao investimento público na formação de profissionais em terapia de alta complexidade.
3. Hoje, mais de 80% dos transplantes são bem-sucedidos e conseguem reintegrar o paciente à sociedade produtiva.

Principais dúvidas	
Como poderei ser doador de órgãos após a morte?	Não é necessário deixar nada por escrito, mas é fundamental comunicar esse desejo à família. A doação só se concretiza após a autorização desta, por escrito.
Qual é o "caminho" dos órgãos doados?	Constatada a morte cerebral, o hospital aciona a coordenação hospitalar de transplante, que entrevista a família. Autorizada a doação, a coordenação hospitalar avisa a CNCDO do estado, que seleciona os receptores e avisa as equipes de transplante para irem ao hospital remover os órgãos do doador e levá-los ao local onde será realizada a operação.
Quem pode ser doador em vida?	Qualquer cidadão juridicamente capaz, que, nos termos da lei, possa doar órgão ou tecido sem comprometimento de sua saúde e aptidões vitais. Deve ter condições adequadas de saúde e ser submetido a avaliação médica e realização de exames que afastem doenças que possam comprometer sua saúde, durante ou após a doação. Pela lei, parentes até quarto grau e cônjuges podem ser doadores; pessoas sem parentesco requerem autorização judicial.

Você sabia?

As possibilidades de doação por um corpo humano nas condições ideais, após a constatação da morte encefálica, são: dois rins, dois pulmões, coração, fígado e pâncreas, duas córneas, três válvulas cardíacas, ossos do ouvido interno, cartilagem costal, crista ilíaca, cabeça do fêmur, tendão da patela, ossos longos, fáscia lata, veia safena e pele. Mais recentemente, foram realizados com sucesso transplantes de mãos completas.

Adaptado de: <www.abto.org.br/abtov03/Upload/file/entendadoacao.pdf> e <www.estendaamao.com.br/Content/PDF/guiaDoacao.pdf>. Acessos em: 11 dez. 2012.

Transplante de medula óssea

Reprodução/<www.inca.gov.br/>

A medula óssea é um tecido gelatinoso que preenche a cavidade interna dos ossos onde são produzidos os elementos do sangue: hemácias, glóbulos, etc. A produção se dá a partir das células-tronco, conhecidas como células-mãe, que possuem capacidade de se dividir originando células muito semelhantes às progenitoras; são uma espécie de "coringa".

Algumas doenças podem afetar a medula óssea ou até mesmo comprometer a produção de células sanguíneas, como as leucemias, aplasias de medula e outros tipos de câncer. Algumas têm tratamento e são curáveis com o auxílio da quimioterapia convencional; outras têm o transplante como única alternativa para a cura.

No transplante de medula existe uma probabilidade muito maior de haver compatibilidade quando o doador e o receptor são da mesma família. Entre irmãos, as chances de compatibilidade são de 1 para 4. Quando o transplante não acontece entre familiares, a chance de encontrar um doador compatível é de 1 em cem mil! Por isso, quanto maior o número de doadores cadastrados, maiores as chances dos pacientes.

Trabalhando com o texto

1. Qual é a probabilidade (em porcentagem) de um irmão de um paciente ser um doador compatível de medula óssea?

2. Considere um paciente que tem 2 irmãos. Qual é a probabilidade de ambos serem doadores compatíveis?

3. Qual é a probabilidade de um paciente com 4 irmãos encontrar pelo menos um doador compatível?

4. Considerando o texto lido e o Brasil com 191 milhões de habitantes, quantos seriam os possíveis doadores brasileiros compatíveis de medula óssea a um turista, sem parentes brasileiros, que vem visitar o Brasil?

Pesquisando e discutindo

5. Quais pessoas não podem doar seus órgãos?

6. Uma pessoa idosa pode doar um de seus rins?

7. Qual é a importância da doação de órgãos? Fique por dentro desse ato de amor e solidariedade. Com os resultados da sua pesquisa, faça cartazes e distribua pela escola e comunidade afim de conscientizar as pessoas sobre esse ato que pode salvar vidas.

Veja mais sobre o assunto

Procure mais informações em jornais, revistas e nos *sites*:

- Associação Brasileira de Transplante de Órgãos: <www.abto.org. br/>;
- Portal da Saúde: <http://portal.saude.gov.br/portal/saude/area.cfm?id_area=1004>;
- Coordenação geral do Sistema Nacional de Transplantes: <http://dtr2001.saude.gov.br/transplantes/index_gestor.htm>;
- Aliança Brasileira pela Doação de Órgãos e Tecidos: <www.adote.org.br/index.php>;
- Estenda a mão (Doação de órgãos e tecidos): <www.estendaamao.com.br/>.
  Acessos em: 11 dez. 2012.

Leituras

A Matemática da sorte

A vida cotidiana está repleta de situações que as pessoas julgam envolver sorte ou azar. No entanto, independentemente do conhecimento matemático do indivíduo, essas sensações são meramente intuitivas. O cálculo das probabilidades ajuda a explicar tais sensações.

Leia o texto a seguir, publicado na revista *Superinteressante*.

As probabilidades matemáticas mudam de maneiras que nem sempre percebemos – gerando o que chamamos de sorte. No século XVII, o duque da Toscana notou que, quando jogava 3 dados, o número 10 aparecia com mais frequência que o 9. Mas a probabilidade de todos os resultados não deveria ser a mesma? O duque chamou Galileu Galilei para investigar. Veja o que ele descobriu.

Quando jogamos 3 dados, o número de combinações com as quais podemos obter tanto uma soma de resultado 9 quanto uma de resultado 10 é exatamente o mesmo.

Para o 9, temos seis combinações:

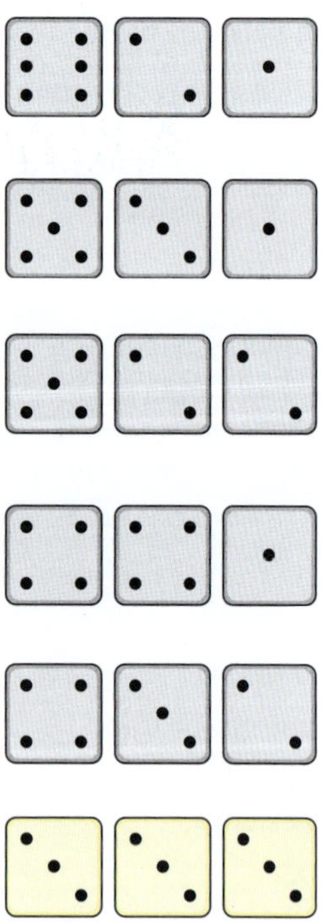

Para o 10, temos seis combinações:

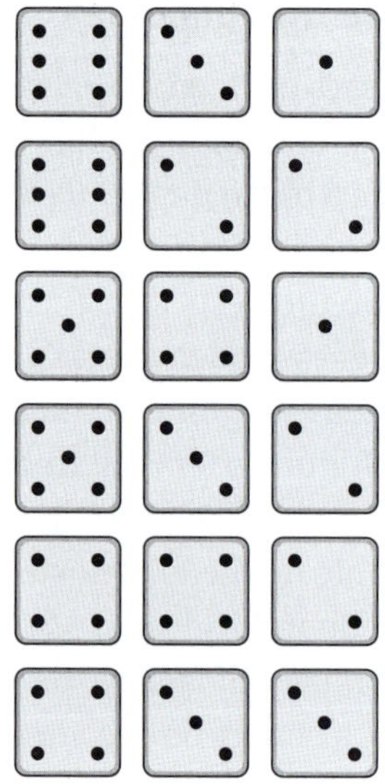

Mas a combinação

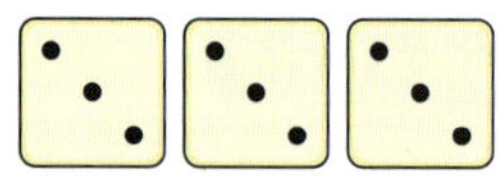

é mais rara do que as outras – porque estatisticamente é mais difícil que os dados caiam todos com o mesmo número (no caso, 3) para cima.

Isso altera a probabilidade das coisas – e faz com que a combinação 10 apareça 8% mais vezes que o 9. Pura Matemática.

Superinteressante. São Paulo: Abril, ed. 307, p. 51, ago. 2012.

Considere o lançamento de três dados e determine a probabilidade de se obterem as seguintes combinações:

1. 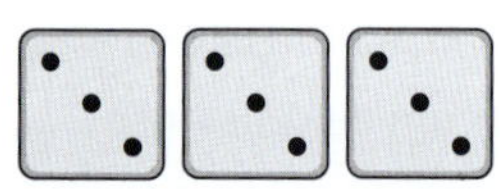

2. 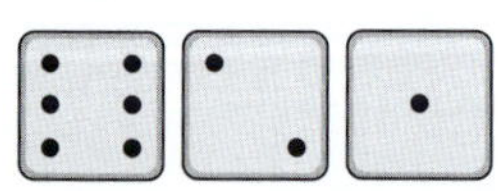

3. 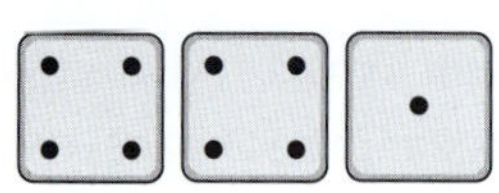

Fique atento!
Existem as possíveis ordens dos dados. Elas aumentam a probabilidade dessas combinações.

4. Observe as imagens do texto e calcule:
   a) Qual é a probabilidade do lançamento de 3 dados produzir uma soma 9?
   b) Qual é a probabilidade de a soma ser 10 jogando-se 3 dados?

Um pouco mais sobre probabilidades

Atualmente, a teoria das probabilidades é muito usada na teoria dos jogos, em Estatística, em Biologia, em Psicologia, em Sociologia, em Economia e em pesquisa operacional. Contudo, teve seu início nos jogos de azar. Gerônimo Cardano (1501-1576) e Galileu Galilei (1564-1642) estão entre os primeiros matemáticos a analisar, matematicamente, o jogo de dados.

Depois disso, Blaise Pascal (1623-1662), consultado pelo amigo e jogador fanático Chevalier de Méré sobre questões sobre esse jogo, manteve correspondência com Pierre de Fermat (1601-1665). Essa correspondência e outras observações de Pascal, realizadas em várias situações de jogos de azar, levaram à evolução da teoria das probabilidades.

Outros matemáticos que se dedicaram, direta ou indiretamente, ao estudo das probabilidades foram: o holandês Christian Huygens (1629-1695), ao qual é atribuído o primeiro livro sobre probabilidades; Abraham de Moivre (1667-1754), francês que viveu na Inglaterra na época de Newton e Halley e escreveu, em 1718, *Doutrina das probabilidades*; e Jacob Bernoulli (1654-1705).

Mais tarde, Leonhard Euler (1707-1783) e Jean-Baptiste D' Alembert (1717-1783) desenvolveram novos estudos aplicando-os à Economia, às Ciências Sociais e a loterias.

Segundo Carl Boyer, "entre os problemas de loterias que Euler publicou em 1765, o mais simples é o seguinte: suponha que n bilhetes são numerados consecutivamente de 1 a n e que três bilhetes são tirados ao acaso; então a probabilidade de que três números consecutivos sejam tirados é $\frac{2 \cdot 3}{n(n - 1)}$"*.

Ainda segundo Boyer, "a teoria das probabilidades deve mais a Laplace (1749-1827) que a qualquer outro matemático. A partir de 1774 ele escreveu muitos artigos sobre o assunto, cujos resultados incorporou ao clássico *Théorie analytique des probabilités*, de 1812. Ele considerou a teoria em todos os aspectos e em todos os níveis".

Mais recentemente, os nomes de Jules Henri Poincaré (1854-1912), Émile Borel (1871-1956) e John von Neumann (1903-1957) aparecem ligados ao estudo de probabilidades e teoria dos jogos.

Collection Roger-Viollet/Agence France-Presse

Blaise Pascal

Ann Ronan Picture Library/Agence France-Presse

Pierre de Fermat

Ann Ronan Picture Library/Agence France-Presse

Laplace

* *História da Matemática*, de Carl B. Boyer. São Paulo: Edgard Blücher/Edusp, 1974. p. 334.

Atividades adicionais

1. Numa caixa há fichas numeradas de 1 a 10. Defina o espaço amostral do experimento "retirar da caixa fichas ao acaso" e defina os eventos *A*: ocorrência de número ímpar; *B*: ocorrência de número primo; *C*: ocorrência de número maior do que 4.

2. No lançamento simultâneo de uma moeda e um dado, faça um diagrama, defina o espaço amostral e os eventos *A*: ocorrência de cara e número par; *B*: ocorrência de coroa e múltiplo de 3; *C*: ocorrência de coroa e número ímpar.

3. Uma urna contém uma bola vermelha e três azuis. Defina o espaço amostral do experimento "retirar uma bola ao acaso" e os eventos *A*: retirar bola vermelha; *B*: retirar bola azul.

4. Uma carta é retirada ao acaso de um baralho de 52 cartas e, ao mesmo tempo, uma moeda é lançada. Qual é a probabilidade de se obter:
   a) carta vermelha e cara?
   b) carta vermelha ou cara?
   c) carta de figura (dama, valete, rei) e coroa?
   d) carta de figura ou coroa?

5. DESAFIO Um pescador tem 80% de chance de conseguir pescar algum peixe se não chover, e 30%, se chover. Suponha que, em determinado dia, a chance de chover é de 40%.
   a) Qual é a chance de o pescador não pescar nenhum peixe?
   b) Sabendo que o pescador não pescou nenhum peixe, qual é a chance de ter chovido?

6. *Biologia*

   (Vunesp-SP) Uma pesquisa sobre os grupos sanguíneos ABO, na qual foram testadas 6 000 pessoas de uma mesma raça, revelou que 2 527 têm o antígeno A, 2 234, o antígeno B e 1 846 não têm nenhum antígeno. Nessas condições, qual é a probabilidade de que uma dessas pessoas, escolhida aleatoriamente, tenha os dois antígenos?

7. Em um conjunto de cartas de um jogo de memória, 40 delas tem figuras de aves, 50 tem figuras de mamíferos e 10 tem figuras de répteis. Duas cartas são retiradas, sucessivamente, ao acaso, sem reposição. Qual é a probabilidade de a primeira carta não ter a figura de um réptil e a segunda carta ter a figura de um réptil?

8. No campeonato amador de futebol de uma cidade, 22 times são divididos em dois grupos de 11 times. Qual é a probabilidade de dois desses times ficarem no mesmo grupo?

9. Escreva em pedaços iguais de papel os números de 1 a 13. Dobre-os igualmente, de modo que qualquer um deles tenha a mesma "chance" de ser retirado de uma caixa. Qual é a probabilidade de que o número retirado seja:
   a) par?
   b) divisível por 3?
   c) um número primo?
   d) maior do que 8?
   e) menor do que 10?
   f) um número entre 5 e 10?
   g) múltiplo de 4?

10. Um cardápio é composto dos itens a seguir. A pessoa escolhe um item de cada grupo para compor sua refeição.

Grupo I	Grupo II	Grupo III
filé de carne	maionese	salada de frutas
filé de frango	salada mista	sorvete
filé de peixe		pudim

   Faça um diagrama de árvore para mostrar todas as possibilidades de compor uma refeição com itens dos 3 grupos. Qual é a probabilidade de que a pessoa escolha:
   a) um filé de peixe?
   b) uma maionese?
   c) como refeição, filé de frango, maionese e pudim?
   d) como refeição, filé de peixe, maionese, sorvete ou pudim?
   e) como refeição, filé de carne ou de frango, salada mista e sorvete?

11. Quando se deseja abrir uma loja em determinado bairro da cidade, deve-se fazer uma "pesquisa de mercado", que vai gerar um banco de dados indicando a viabilidade da implantação da loja em tal bairro. Um empresário decide montar uma loja em uma cidade e faz "pesquisas de mercado" sobre a viabilidade da loja em quatro bairros.

   O resultado apontou que a probabilidade de que a loja obtivesse sucesso no bairro *A* seria de 45%; no bairro *B*, de 53%; no bairro *C*, de 70%; e no bairro *D*, de 65%. Após a implantação, foi constatado que a loja não obteve sucesso. Qual a probabilidade aproximada de o empresário ter escolhido o bairro *C*?
   a) 27%　　c) 18%　　e) 15%
   b) 33%　　d) 25%

12. No lançamento simultâneo de 4 moedas perfeitas e distinguíveis, qual é a probabilidade de serem obtidas:
   a) pelo menos 3 caras?
   b) exatamente 2 caras?
   c) exatamente 3 coroas?
   d) pelo menos 2 coroas?

13. Em determinada região, a chance de uma grávida ter um filho do sexo masculino é 50% maior que a chance de ter um filho do sexo feminino. Qual é a probabilidade de uma grávida dar à luz uma menina, nessa região?

14. Em um jogo de tabuleiro o jogador lança simultaneamente dois dados de seis faces para movimentar o seu peão nas casas do tabuleiro. Se o jogador tirar números repetidos nos dois dados, ele movimenta o seu peão e ainda poderá jogar novamente. Caso essa coincidência aconteça 3 vezes consecutivas o jogador deverá colocar o seu peão na casa denominada prisão. Na vez de determinado jogador, qual é a probabilidade de o peão dele ir para a prisão?
   a) Maior do que 50%.
   b) Igual a $\frac{1}{18}$.
   c) Aproximadamente 30%.
   d) Menor do que 20%.
   e) Igual a $\frac{1}{216}$.

15. (Enem) O diretor de uma escola convidou os 280 alunos de terceiro ano a participarem de uma brincadeira. Suponha que existem 5 objetos e 6 personagens numa casa de 9 cômodos; um dos personagens esconde um dos objetos em um dos cômodos da casa. O objetivo da brincadeira é adivinhar qual objeto foi escondido por qual personagem e em qual cômodo da casa o objeto foi escondido.
Todos os alunos decidiram participar. A cada vez um aluno é sorteado e dá a sua resposta. As respostas devem ser sempre distintas das anteriores, e um mesmo aluno não pode ser sorteado mais de uma vez. Se a resposta do aluno estiver correta, ele é declarado vencedor e a brincadeira é encerrada.
O diretor sabe que algum aluno acertará a resposta porque há:
   a) 10 alunos a mais do que possíveis respostas distintas.
   b) 20 alunos a mais do que possíveis respostas distintas.
   c) 119 alunos a mais do que possíveis respostas distintas.
   d) 260 alunos a mais do que possíveis respostas distintas.
   e) 270 alunos a mais do que possíveis respostas distintas.

16. Uma moeda e um dado são lançados simultaneamente. Qual é a probabilidade de se obter cara ou um 6?

17. Uma máquina produziu 40 peças das quais 3 eram defeituosas. Ao pegar, ao acaso, duas dessas peças, qual é a probabilidade de que:
   a) ambas sejam perfeitas?
   b) ambas sejam defeituosas?
   c) pelo menos uma seja defeituosa?

18. Se E e F são eventos com $p(E \cap F) = \frac{1}{10}$ e $p(E/F) = \frac{1}{5}$, determine $p(F)$.

19. Um levantamento revela as seguintes informações sobre um grupo de pessoas:

	Gosta de música	Gosta de TV	Gosta de cinema
Homens	50	40	30
Mulheres	30	60	40

Definindo que H: homem; M: mulher; A: gosta de música; B: gosta de TV; C: gosta de cinema, e supondo que cada pessoa deu uma única resposta, determine:
   a) $p(M/C)$;
   b) $p(B/M)$;
   c) $p(H/A)$;
   d) $p(A/H)$;
   e) $p(C/H)$.

20. Se A e B são eventos independentes com $p(B) = 0,3$ e $p(A \cup B) = 0,6$, determine $p(A)$.

21. Se A e B são eventos de tal forma que
$p(A) = \frac{1}{3}$, $p(B) = \frac{3}{4}$ e $p(A \cap B) = \frac{1}{4}$, eles são independentes?

22. No lançamento de um dado viciado encontramos
$p(\{1\}) = p(\{2\}) = p(\{4\}) = p(\{5\}) = \frac{1}{8}$ e
$p(\{3\}) = p(\{6\}) = \frac{1}{4}$.
Mostre que os eventos
$A = \{1, 2, 3\}$ e $B = \{3, 4, 5\}$ são independentes.

23. Três moedas são lançadas. Consideremos os eventos A: sair pelo menos 2 coroas; B: sair no máximo 1 coroa; C: sair 3 caras ou sair 3 coroas. Pergunta-se:
   a) A e B são eventos independentes?
   b) B e C são eventos independentes?
   c) A e C são eventos independentes?

Pensando no Enem

1. Em um *blog* de variedades, músicas, mantras e informações diversas, foram postados "Contos de *Halloween*". Após a leitura, os visitantes poderiam opinar, assinalando suas reações em "Divertido", "Assustador" ou "Chato". Ao final de uma semana, o *blog* registrou que 500 visitantes distintos acessaram esta postagem.

O gráfico a seguir apresenta o resultado da enquete.

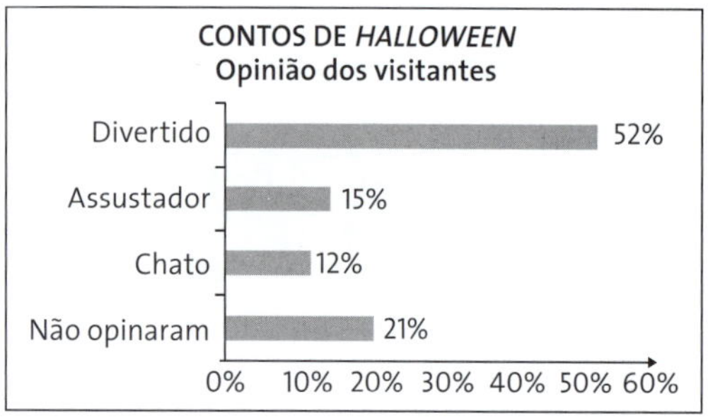

O administrador do *blog* irá sortear um livro entre os visitantes que opinaram na postagem "Contos de *Halloween*".

Sabendo que nenhum visitante votou mais de uma vez, a probabilidade de uma pessoa escolhida ao acaso entre as que opinaram ter assinalado que o conto "Contos de *Halloween*" é "Chato" é mais aproximada por:

a) 0,09.

b) 0,12.

c) 0,14.

d) 0,15.

e) 0,18.

Resolução

A leitura do enunciado vinculada à leitura do gráfico é a condição essencial para a compreensão dessa questão. Assim, podemos observar que, de todos os visitantes do *blog*, 21% desses não opinaram e portanto não podem ser sorteados para receber o livro.

Total de visitantes opinantes: 100% − 21% = 79%

O enunciado destaca que todos os visitantes que opinaram o fizeram apenas uma vez e que, dentre todos os visitantes, 12% consideraram como "Chato" a postagem "Contos de *Halloween*".
Para calcular a probabilidade de que um desses 12% ganhe o livro, temos que lembrar que o sorteio é um fenômeno aleatório, em que todos os participantes têm chances iguais de ganhar.

Por outro lado, é preciso saber que a probabilidade é dada pela razão entre o número de casos favoráveis ao que se quer e o número total de casos. Assim, devemos calcular a seguinte razão:

$$p(A) = \frac{\text{pessoas que consideram a postagem chata}}{\text{pessoas que opinaram no } blog}$$

$$p(A) = \frac{\frac{12}{100}}{\frac{79}{100}} = \frac{0{,}12}{0{,}79} \simeq 0{,}15$$

Resposta: alternativa **d**.

2. Em um jogo há duas urnas com 10 bolas de mesmo tamanho em cada urna. A tabela a seguir indica as quantidades de bolas de cada cor em cada urna.

Cor	Urna 1	Urna 2
Amarela	4	0
Azul	3	1
Branca	2	2
Verde	1	3
Vermelha	0	4

Uma jogada consiste em:

1º) o jogador apresenta um palpite sobre a cor da bola que será retirada por ele da urna 2;

2º) ele retira, aleatoriamente, uma bola da urna 1 e a coloca na urna 2, misturando-a com as que lá estão;

3º) em seguida ele retira, também aleatoriamente, uma bola da urna 2;

4º) se a cor da última bola retirada for a mesma do palpite inicial, ele ganha o jogo.

Qual cor deve ser escolhida pelo jogador para que ele tenha a maior probabilidade de ganhar?

a) Azul.

b) Amarela.

c) Branca.

d) Verde.

e) Vermelha.

Resolução

Uma forma simples de resolver este problema é entender que as cores de bolas que realmente interessam são aquelas que estiverem em maior número na segunda urna. Como sabemos que haverá nesta urna a inclusão de apenas uma bola de cor a ser sorteada na primeira urna, a análise da tabela oferecida mostra que, inevitavelmente, as cores que têm maior chance de serem sorteadas na urna 2 são a verde e a vermelha. Assim, temos que considerar qual a chance de uma bola ser sorteada na urna 2, que estará com 11 bolas, sendo que ela pode ter sido ou não sorteada na urna 1, isto é, a probabilidade de sair uma determinada cor na urna 2 está condicionada ao que sai da urna 1 no primeiro sorteio, simbolicamente escreve-se $P(U_2/U_1)$. Então, temos que pensar, para cada cor, que ela pode sair na urna 1 e também na urna 2 ou ela poderá não sair na urna 1, mas sair na urna 2. Além disso, como as duas retiradas são independentes uma da outra, em cada uma dessas possibilidades, a probabilidade será dada pelo produto das probabilidades de cada caso. A probabilidade final será dada pela soma das duas possibilidades.

Bola verde:

Possibilidade 1 – sair verde nas duas retiradas:

Probabilidade de sair verde na urna 1:

$$p(V_1) = \frac{\text{quantidade de bolas verdes}}{\text{quantidade total de bolas}} = \frac{1}{10}$$

Probabilidade de sair verde na urna 2:

$$p(V_2/V_1) = \frac{\text{quantidade de bolas verdes}}{\text{quantidade total de bolas}} = \frac{4}{11}$$

Probabilidade da possibilidade 1:

$$\frac{1}{10} \cdot \frac{4}{11} = \frac{4}{110}$$

Possibilidade 2 – sair verde só na segunda retirada:

Probabilidade de não sair verde na urna 1:

$$p(\overline{V}_1) = \frac{\text{quantidade de bolas não verdes}}{\text{quantidade total de bolas}} = \frac{9}{10}$$

Probabilidade de sair verde na urna 2:

$$p(\overline{V}_2/\overline{V}_1) = \frac{\text{quantidade de bolas verdes}}{\text{quantidade total de bolas}} = \frac{3}{11}$$

Probabilidade da possibilidade 2:

$$\frac{9}{10} \cdot \frac{3}{11} = \frac{27}{110}$$

Probabilidade final para a bola verde:

$$p(V) = \frac{1}{10} \cdot \frac{4}{11} + \frac{9}{10} \cdot \frac{3}{11} = \frac{4}{110} + \frac{27}{110} = \frac{31}{110}$$

Bola vermelha:

Possibilidade 1 – como não há bola vermelha na urna 1, a probabilidade será zero: $p(VR_1) = 0$.

Possibilidade 2 – sair vermelha só na segunda retirada:

Probabilidade de não sair vermelha na urna 1: como não há bola vermelha nesta urna, a probabilidade será 1.

$$p(\overline{VR}_1) = \frac{\text{quantidade de bolas não vermelhas}}{\text{quantidade total de bolas}} = \frac{10}{10} = 1$$

Probabilidade de sair vermelha na urna 2:

$$p(\overline{VR}_2/\overline{VR}_1) = \frac{\text{quantidade de bolas vermelhas}}{\text{quantidade total de bolas}} = \frac{4}{11}$$

Probabilidade da possibilidade 2:

$$\frac{10}{10} \cdot \frac{4}{11} = \frac{40}{110}$$

Probabilidade final para a bola vermelha:

$$p(VR) = \frac{10}{10} \cdot \frac{4}{11} = \frac{40}{110}$$

Assim, podemos afirmar que a escolha com maior probabilidade de vitória é a bola vermelha.

Resposta: alternativa **e**.

Vestibulares de Norte a Sul

1. **SE** (FGV-SP) Uma fatia de pão com manteiga pode cair no chão de duas maneiras apenas:

   - Com a manteira para cima (evento A)
   - Com a manteiga para baixo (evento B)

   Uma possível distribuição de probabilidades para esses eventos é:

   a) $P(A) = P(B) = \frac{3}{7}$.

   b) $P(A) = 0$ e $P(B) = \frac{5}{7}$.

   c) $P(A) = -0{,}3$ e $P(B) = 1{,}3$.

   d) $P(A) = 0{,}4$ e $P(B) = 0{,}6$.

   e) $P(A) = \frac{6}{7}$ e $P(B) = 0$.

2. **N** (UFT-TO) Quando se jogam dois dados, tanto o número 6 quanto o número 7, por exemplo, podem ser obtidos de três maneiras distintas:

   - (5, 1), (4, 2), (3, 3) para o 6; e
   - (6, 1), (5, 2), (4, 3) para o 7.

   Na prática, porém, segundo Galileu, a chance de se obter 6 é menor que a de se obter 7, porque as permutações dos pares devem ser consideradas no cálculo das probabilidades.
   Com base no raciocínio de Galileu, é correto afirmar que, nesse caso, a probabilidade de se obter o número 6 e a probabilidade de se obter o número 7 são, respectivamente, de:

   a) $\frac{5}{36}$ e $\frac{1}{6}$. b) $\frac{1}{18}$ e $\frac{1}{12}$. c) $\frac{1}{12}$ e $\frac{1}{12}$. d) $\frac{1}{3}$ e $\frac{1}{2}$.

3. **SE** (UFMG) Dois jovens partiram do acampamento em que estavam, em direção à Cachoeira Grande e à Cachoeira Pequena, localizadas na região, seguindo a trilha indicada neste esquema:

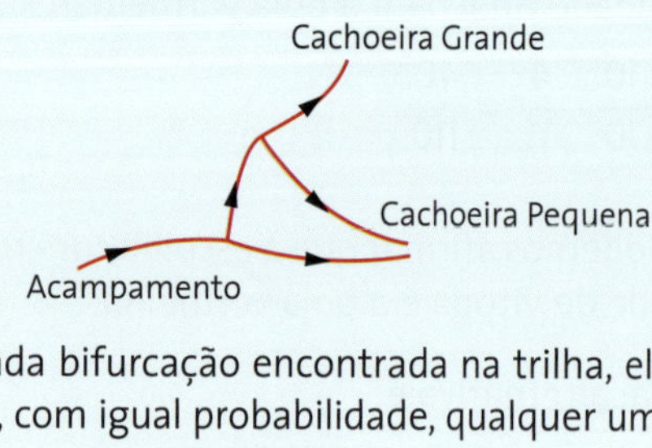

   Em cada bifurcação encontrada na trilha, eles escolhiam, com igual probabilidade, qualquer um dos caminhos e seguiam adiante.
   Então é correto afirmar que a probabilidade de eles chegarem à Cachoeira Pequena é:

   a) $\frac{1}{2}$. b) $\frac{2}{3}$. c) $\frac{3}{4}$. d) $\frac{5}{6}$.

4. **N** (UFPA) Quatro pássaros pousam em uma rede de distribuição elétrica que tem quatro fios paralelos. A probabilidade de que em cada fio pouse apenas um pássaro é:

   a) $\frac{3}{32}$. c) $\frac{1}{24}$. e) $\frac{3}{4}$.

   b) $\frac{1}{256}$. d) $\frac{1}{4}$.

5. **N** (Ufam) Em determinada cidade, existe um hotel que possui 100 apartamentos, cuja numeração vai de 1 a 100. A probabilidade de um hóspede deste hotel (suponha que o hotel esteja lotado), escolhido ao acaso, estar alojado em um apartamento cujo número seja um múltiplo de 5 ou de 7, é:

   a) 32%. b) 30%. c) 25%. d) 40%. e) 28%.

6. **NE** (UFPE) O vírus X aparece nas variantes X_1 e X_2. Se um indivíduo tem esse vírus, a probabilidade de ser a variante X_1 é de $\frac{3}{5}$. Se o indivíduo tem o vírus X_1, a probabilidade de esse indivíduo sobreviver é de $\frac{2}{3}$; mas, se o indivíduo tem o vírus X_2, a probabilidade de ele sobreviver é de $\frac{5}{6}$. Nessas condições, qual a probabilidade de o indivíduo portador do vírus X sobreviver?

   a) $\frac{1}{3}$ c) $\frac{3}{5}$ e) $\frac{11}{15}$

   b) $\frac{7}{15}$ d) $\frac{2}{3}$

7. **NE** (UFPE) Escolhendo aleatoriamente um dos anagramas da palavra COVEST, qual a probabilidade de sua primeira e última letras serem consoantes?

   a) $\frac{1}{5}$ b) $\frac{2}{5}$ c) $\frac{3}{5}$ d) $\frac{4}{7}$ e) $\frac{5}{7}$

8. **SE** (UFRJ) Um ponto P é aleatoriamente selecionado num retângulo S de dimensões 50 cm por 20 cm. Considere, a partir de S, as seguintes regiões:

   Região A – retângulo de dimensões 15 cm por 4 cm com centro no centro de S, e *Região B* – círculo de 4 cm com centro no centro de S.

   Suponha que a probabilidade de que o ponto P pertença a uma região contida em S seja proporcional à área da região.

   Determine a probabilidade de que P pertença simultaneamente às regiões A e B.

9. **N** (Unir-RO) Lançando-se um dado com a forma de um dodecaedro regular, cujas faces são numeradas de 1 a 12, qual a probabilidade de um número primo sair na face superior?

a) $\frac{1}{2}$ b) $\frac{5}{12}$ c) $\frac{7}{12}$ d) $\frac{1}{3}$ e) $\frac{1}{4}$

10. **SE** (Unifesp) Um jovem possui dois despertadores. Um deles funciona em 80% das vezes em que é colocado para despertar e outro em 70% das vezes. Tendo um compromisso para daqui a alguns dias e preocupado com a hora, o jovem pretende colocar os dois relógios para despertar.

a) Qual é a probabilidade de que os dois relógios venham a despertar na hora programada?

b) Qual é a probabilidade de que nenhum dos dois relógios desperte na hora programada?

11. **SE** (UPM-SP) Numa emergência, suponha que você precise ligar para a polícia, sabendo que o número a ser ligado tem 3 dígitos. Você sabe que o primeiro dígito é 1 e o terceiro é 0 ou 2, mas você não sabe qual é o dígito do meio. A probabilidade de você acertar o número da polícia, em até duas tentativas, é:

a) $\frac{19}{49}$. c) $\frac{2}{5}$. e) $\frac{1}{19}$.

b) $\frac{1}{10}$. d) $\frac{19}{20}$.

12. **SE** (Vunesp-SP) Numa comunidade formada de 1000 pessoas, foi feito um teste para detectar a presença de uma doença. Como o teste não é totalmente eficaz, existem pessoas doentes cujo resultado do teste foi negativo e existem pessoas saudáveis com resultado do teste positivo. Sabe-se que 200 pessoas da comunidade são portadoras dessa doença. Esta informação e alguns dos dados obtidos com o teste foram colocados na tabela seguinte:

	Resultado do exame		
Situação	Positivo (*P*)	Negativo (*N*)	Total
Saudável (*S*)	80		800
Doente (*D*)		40	200
Total			1000

a) Complete a tabela com os dados que estão faltando.

b) Uma pessoa da comunidade é escolhida ao acaso e verifica-se que o resultado do teste foi positivo. Determine a probabilidade de essa pessoa ser saudável.

13. **SE** (Unicamp-SP) Um dado é jogado três vezes, uma após a outra. Pergunta-se:

a) Quantos são os resultados possíveis em que os três números obtidos são diferentes?

b) Qual a probabilidade de a soma dos resultados ser maior ou igual a 16?

14. **CO** (UFG-GO) Um jogo de memória é formado por seis cartas, conforme as figuras que seguem:

Após embaralhar as cartas e virar as suas faces para baixo, o jogador deve buscar as cartas iguais, virando exatamente duas. A probabilidade de ele retirar, ao acaso, duas cartas iguais na primeira tentativa é de:

a) $\frac{1}{2}$. d) $\frac{1}{5}$.

b) $\frac{1}{3}$. e) $\frac{1}{6}$.

c) $\frac{1}{4}$.

15. **S** (UEL-PR) No diagrama a seguir, o espaço amostral *S* representa um grupo de amigos que farão uma viagem. O conjunto *A* indica a quantidade de pessoas que já foram a Maceió e o conjunto *B*, a quantidade de pessoas que já foram a Fortaleza.

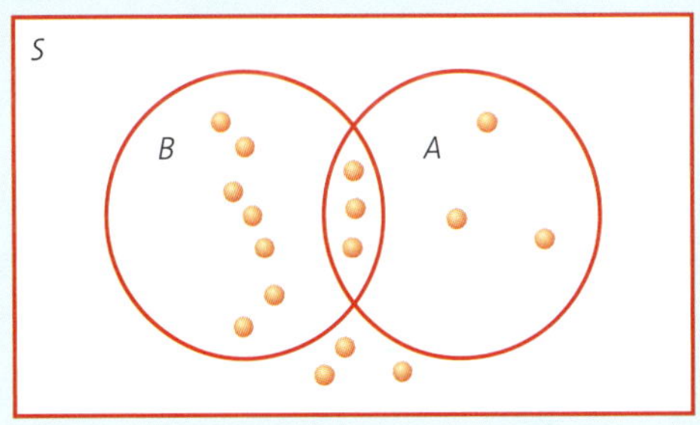

A empresa de turismo que está organizando a viagem fará o sorteio de uma passagem gratuita. Considerando que a pessoa sorteada já tenha ido para Fortaleza, assinale a alternativa que indica a probabilidade de que ela também já tenha ido para Maceió.

a) 18,75% c) 33,33% e) 60%

b) 30% d) 50%

16. **SE** (Fuvest-SP) Considere o experimento que consiste no lançamento de um dado perfeito (todas as seis faces têm probabilidades iguais). Com relação a esse experimento considere os seguintes eventos:

I. O resultado do lançamento é par.

II. O resultado do lançamento é estritamente maior do que 4.

III. O resultado é múltiplo de 3.

a) I e II são eventos independentes?

b) II e III são eventos independentes?

Justifique suas respostas.

Caiu no Enem

1. A população mundial está ficando mais velha, os índices de natalidade diminuíram e a expectativa de vida aumentou. No gráfico seguinte, são apresentados dados obtidos por pesquisa realizada pela Organização das Nações Unidas (ONU), a respeito da quantidade de pessoas com 60 anos ou mais em todo o mundo. Os números da coluna à direita representam as faixas percentuais. Por exemplo, em 1950 havia 95 milhões de pessoas com 60 anos ou mais nos países desenvolvidos, número entre 10% e 15% da população total nos países desenvolvidos.

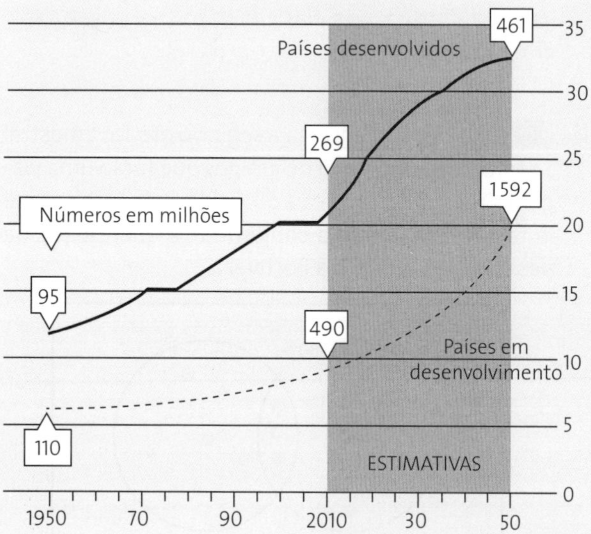

Fonte: "Perspectivas da população mundial", ONU, 2009. Disponível em: <www.economist.com>. Acesso em: 9 jul. 2009 (adaptado).

Em 2050, a probabilidade de se escolher, aleatoriamente, uma pessoa com 60 anos ou mais de idade, na população dos países desenvolvidos, será um número mais próximo de:

a) $\frac{1}{2}$.

b) $\frac{7}{20}$.

c) $\frac{8}{25}$.

d) $\frac{1}{5}$.

e) $\frac{3}{25}$.

2. A população brasileira sabe, pelo menos intuitivamente, que a probabilidade de acertar as seis dezenas da Mega-Sena não é zero, mas é quase. Mesmo assim, milhões de pessoas são atraídas por essa loteria, especialmente quando o prêmio se acumula em valores altos. Até junho de 2009, cada aposta de seis dezenas, pertencentes ao conjunto {01, 02, 03, ..., 59, 60}, custava R$ 1,50.

Disponível em: <www.caixa.gov.br>. Acesso em: 7 jul. 2009.

Considere que uma pessoa decida apostar exatamente R$ 126,00 e que esteja mais interessada em acertar apenas cinco das seis dezenas da Mega-Sena, justamente pela dificuldade desta última. Nesse caso, é melhor que essa pessoa faça 84 apostas de seis dezenas diferentes, que não tenham cinco números em comum, do que uma única aposta com nove dezenas, porque a probabilidade de acertar a quina no segundo caso em relação ao primeiro é, aproximadamente:

a) $1\frac{1}{2}$ vez menor.

b) $2\frac{1}{2}$ vezes menor.

c) 4 vezes menor.

d) 9 vezes menor.

e) 14 vezes menor.

3. Um médico está estudando um novo medicamento que combate um tipo de câncer em estágios avançados. Porém, devido ao forte efeito dos seus componentes, a cada dose administrada há uma chance de 10% de que o paciente sofra algum dos efeitos colaterais observados no estudo, tais como dores de cabeça, vômitos ou mesmo agravamento dos sintomas da doença. O médico oferece tratamentos compostos por 3, 4, 6, 8 ou 10 doses do medicamento, de acordo com o risco que o paciente pretende assumir. Se um paciente considera aceitável um risco de até 35% de chances de que ocorra algum dos efeitos colaterais durante o tratamento, qual é o maior número admissível de doses para esse paciente?

a) 3 doses

b) 4 doses

c) 6 doses

d) 8 doses

e) 10 doses

4. Doze times se inscreveram em um torneio de futebol amador. O jogo de abertura do torneio foi escolhido da seguinte forma: primeiro foram sorteados 4 times para compor o Grupo *A*. Em seguida, entre os times do Grupo *A*, foram sorteados 2 times para realizar o jogo de abertura do torneio, sendo que o primeiro deles jogaria em seu próprio campo, e o segundo seria o time visitante. A quantidade total de escolhas possíveis para o Grupo *A* e a quantidade total de escolhas dos times do jogo de abertura podem ser calculadas através de:

a) uma combinação e um arranjo, respectivamente.

b) um arranjo e uma combinação, respectivamente.

c) um arranjo e uma permutação, respectivamente.

d) duas combinações.

e) dois arranjos.

5. O controle de qualidade de uma empresa fabricante de telefones celulares aponta que a probabilidade de um aparelho de determinado modelo apresentar defeito de fabricação é de 0,2%. Se uma loja acaba de vender 4 aparelhos desse modelo para um cliente, qual é a probabilidade de esse cliente sair da loja com exatamente dois aparelhos defeituosos?

a) $2 \times (0{,}2\%)^4$

b) $4 \times (0{,}2\%)^2$

c) $6 \times (0{,}2\%)^2 \times (99{,}8\%)^2$

d) $4 \times (0{,}2\%)$

e) $6 \times (0{,}2\%) \times (99{,}8\%)$

6. Suponha que na escultura do artista Emanoel Araújo, mostrada na figura a seguir, todos os prismas numerados em algarismos romanos são retos, com bases triangulares, e que as faces laterais do poliedro II são perpendiculares à sua própria face superior, que, por sua vez, é um triângulo congruente ao triângulo base dos prismas. Além disso, considere que os prismas I e III são perpendiculares ao prisma IV e ao poliedro II.

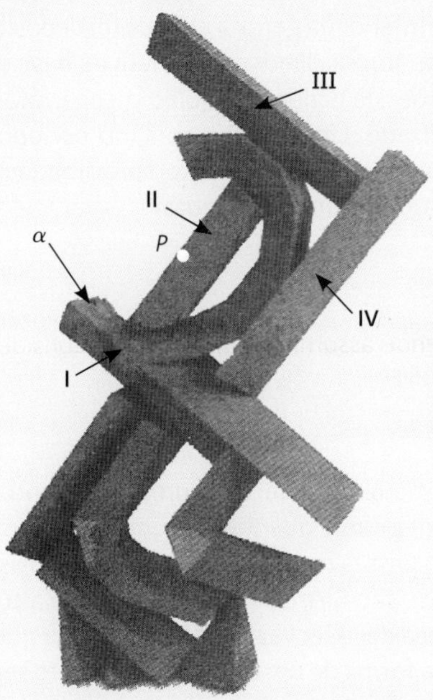

Disponível em: <www.escritoriodearte.com.br>. Acesso em: 28 jul. 2009.

Imagine um plano paralelo à face α do prisma I, mas que passe pelo ponto P pertencente à aresta do poliedro II, indicado na figura. A intersecção desse plano imaginário com a escultura contém:

a) dois triângulos congruentes com lados correspondentes paralelos.

b) dois retângulos congruentes e com lados correspondentes paralelos.

c) dois trapézios congruentes com lados correspondentes perpendiculares.

d) dois paralelogramas congruentes com lados correspondentes paralelos.

e) dois quadriláteros com lados correspondentes perpendiculares.

7. Uma empresa que fabrica esferas de aço, de 6 cm de raio, utiliza caixas de madeira, na forma de um cubo, para transportá-las. Sabendo que a capacidade da caixa é de 13 824 cm^3, então o número máximo de esferas que podem ser transportadas em uma caixa é igual a:

a) 4.

b) 8.

c) 16.

d) 24.

e) 32.

8. Em Florença, Itália, na Igreja de Santa Croce, é possível encontrar um portão em que aparecem os anéis de Borromeo. Alguns historiadores acreditavam que os círculos representavam as três artes: escultura, pintura e arquitetura, pois elas eram tão próximas quanto inseparáveis.

Scientific American, ago. 2008.

Qual dos esboços a seguir melhor representa os anéis de Borromeo?

a)

b)

c)

d)

e)

9. Um artesão construiu peças de artesanato interceptando uma pirâmide de base quadrada com um plano. Após fazer um estudo das diferentes peças que poderia obter, ele concluiu que uma delas poderia ter uma das faces pentagonal. Qual dos argumentos a seguir justifica a conclusão do artesão?

a) Uma pirâmide de base quadrada tem 4 arestas laterais e a intersecção de um plano com a pirâmide intercepta suas arestas laterais. Assim, esses pontos formam um polígono de 4 lados.

b) Uma pirâmide de base quadrada tem 4 faces triangulares e, quando um plano intercepta essa pirâmide, divide cada face em um triângulo e um trapézio. Logo, um dos polígonos tem 4 lados.

c) Uma pirâmide de base quadrada tem 5 faces e a intersecção de uma face com um plano é um segmento de reta. Assim, se o plano interceptar todas as faces, o polígono obtido nessa intersecção tem 5 lados.

d) O número de lados de qualquer polígono obtido como intersecção de uma pirâmide com um plano é igual ao número de faces da pirâmide. Como a pirâmide tem 5 faces, o polígono tem 5 lados.

e) O número de lados de qualquer polígono obtido interceptando-se uma pirâmide por um plano é igual ao número de arestas laterais da pirâmide. Como a pirâmide tem 4 arestas laterais, o polígono tem 4 lados.

10. A cisterna é um recipiente utilizado para armazenar água da chuva. Os principais critérios a serem observados para captação e armazenagem de água da chuva são: a demanda diária de água na propriedade; o índice médio de precipitação (chuva), por região, em cada período do ano; o tempo necessário para armazenagem; e a área de telhado necessária ou disponível para captação. Para fazer o cálculo do volume de uma cisterna, deve-se acrescentar um adicional relativo ao coeficiente de evaporação. Na dificuldade em se estabelecer um coeficiente confiável, a Empresa Brasileira de Pesquisa Agropecuária (Embrapa) sugere que sejam adicionados 10% ao volume calculado de água. Desse modo, o volume, em m^3, de uma cisterna é calculado por $V_c = V_d \times N_{dia}$, em que V_d = volume de demanda da água diária (m^3), N_{dia} = número de dias de armazenagem, e este resultado deve ser acrescido de 10%. Para melhorar a qualidade da água, recomenda-se que a captação seja feita somente nos telhados das edificações. Considerando que a precipitação de chuva de 1 mm sobre uma área de 1 m^2 produz 1 litro de água, pode-se calcular a área de um telhado a fim de atender a necessidade de armazenagem da seguinte maneira: área do telhado (em m^2) = volume da cisterna (em litros)/precipitação.

Disponível em: <www.cnpsa.embrapa.br>. Acesso em: 8 jun. 2009 (adaptado).

Para atender a uma demanda diária de 2 000 litros de água, com período de armazenagem de 15 dias e precipitação média de 110 mm, o telhado, retangular, deverá ter as dimensões mínimas de:

a) 6 metros por 5 metros, pois assim teria uma área de 30 m^2.

b) 15 metros por 20 metros, pois assim teria uma área de 300 m^2.

c) 50 metros por 60 metros, pois assim teria uma área de 3 000 m^2.

d) 91 metros por 30 metros, pois assim teria uma área de 2 730 m^2.

e) 110 metros por 30 metros, pois assim teria uma área de 3 300 m^2.

11. Uma empresa de refrigerantes, que funciona sem interrupções, produz um volume constante de 1 800 000 cm^3 de líquido por dia. A máquina de encher garrafas apresentou um defeito durante 24 horas. O inspetor de produção percebeu que o líquido chegou apenas à altura de 12 cm dos 20 cm previstos em cada garrafa. A parte inferior da garrafa em que foi depositado o líquido tem forma cilíndrica com raio da base de 3 cm. Por questões de higiene, o líquido já engarrafado não será reutilizado. Utilizando $\pi \simeq 3$, no período em que a máquina apresentou defeito, aproximadamente quantas garrafas foram utilizadas?

a) 555

b) 5 555

c) 1 333

d) 13 333

e) 133 333

12. Uma metalúrgica recebeu uma encomenda para fabricar, em grande quantidade, uma peça com o formato de um prisma reto com base triangular, cujas dimensões da base são 6 cm, 8 cm e 10 cm e cuja altura é 10 cm. Tal peça deve ser vazada de tal maneira que a perfuração na forma de um cilindro circular reto seja tangente às suas faces laterais, conforme mostra a figura.

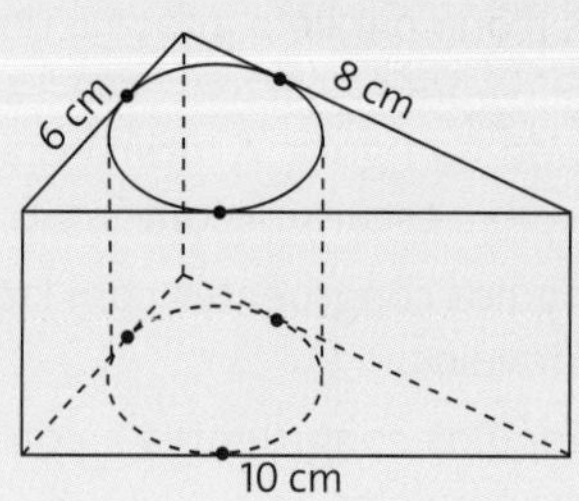

O raio da perfuração da peça é igual a:

a) 1 cm.

b) 2 cm.

c) 3 cm.

d) 4 cm.

e) 5 cm.

13. Para confeccionar, em madeira, um cesto de lixo que comporá o ambiente decorativo de uma sala de aula, um marceneiro utilizará, para as faces laterais, retângulos e trapézios isósceles e, para o fundo, um quadrilátero, com os lados de mesma medida e ângulos retos.

Qual das figuras representa o formato de um cesto que possui as características estabelecidas?

a)

b)

c)

d)

e)

14. Numa feira de artesanato, uma pessoa constrói formas geométricas de aviões, bicicletas, carros e outros engenhos com arame inextensível. Em certo momento, ela construiu uma forma tendo como eixo de apoio outro arame retilíneo e rígido, cuja aparência é mostrada na figura seguinte:

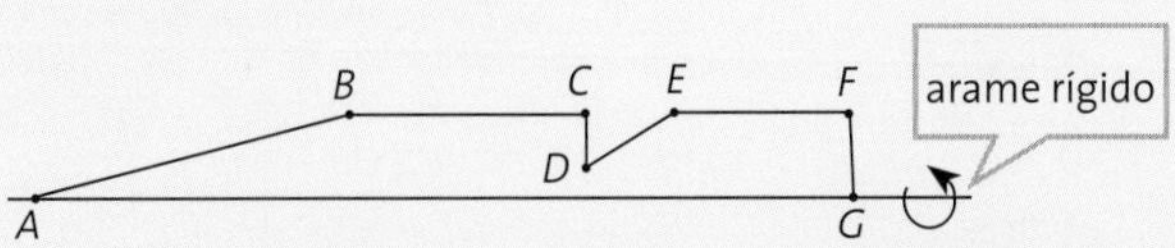

Ao girar tal forma em torno do eixo, formou-se a imagem de um foguete, que pode ser pensado como composição, por justaposição, de diversos sólidos básicos de revolução.

Sabendo que, na figura, os pontos B, C, E e F são colineares, $AB = 4FG$, $BC = 3FG$, $EF = 2FG$, e utilizando-se daquela forma de pensar o foguete, a decomposição deste, no sentido da ponta para a cauda, é formada pela seguinte sequência de sólidos:

a) pirâmide, cilindro reto, cone reto, cilindro reto.

b) cilindro reto, tronco de cone, cilindro reto, cone equilátero.

c) cone reto, cilindro reto, tronco de cone, cilindro equilátero.

d) cone equilátero, cilindro reto, pirâmide, cilindro.

e) cone, cilindro equilátero, tronco de pirâmide, cilindro.

15. Em uma reserva florestal existem 263 espécies de peixes, 122 espécies de mamíferos, 93 espécies de répteis, 1 132 espécies de borboletas e 656 espécies de aves.

Disponível em: <www.wwf.org.br>. Acesso em: 23 abr. 2010 (adaptado).

Se uma espécie animal for capturada ao acaso, qual a probabilidade de ser uma borboleta?

a) 63,31%

b) 60,18%

c) 56,52%

d) 49,96%

e) 43,27%

16. A figura seguinte ilustra um salão de um clube onde estão destacados os pontos A e B.

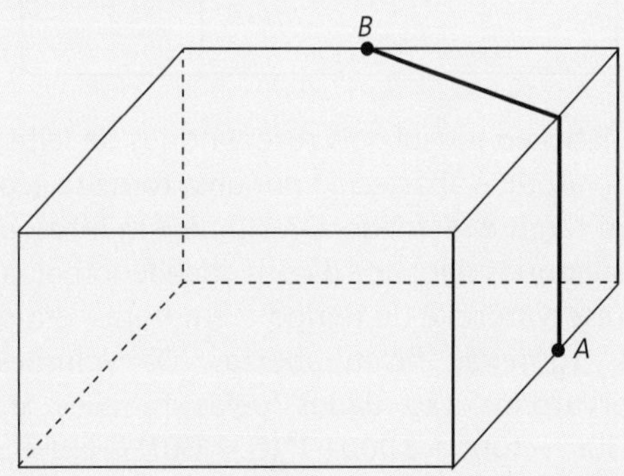

Nesse salão, o ponto em que chega o sinal da TV a cabo fica situado em A. A fim de instalar um telão para a transmissão dos jogos de futebol da Copa do Mundo, esse sinal deverá ser levado até o ponto B por meio de um cabeamento que seguirá na parte interna da parede e do teto.

O menor comprimento que esse cabo deverá ter para ligar os pontos A e B poderá ser obtido por meio da seguinte representação no plano:

a)

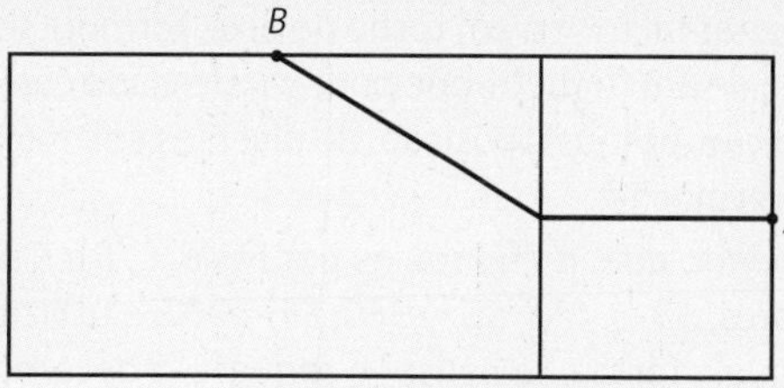

b)

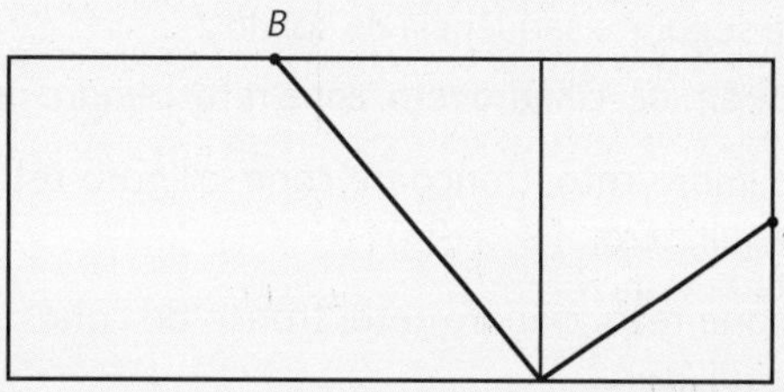

c)

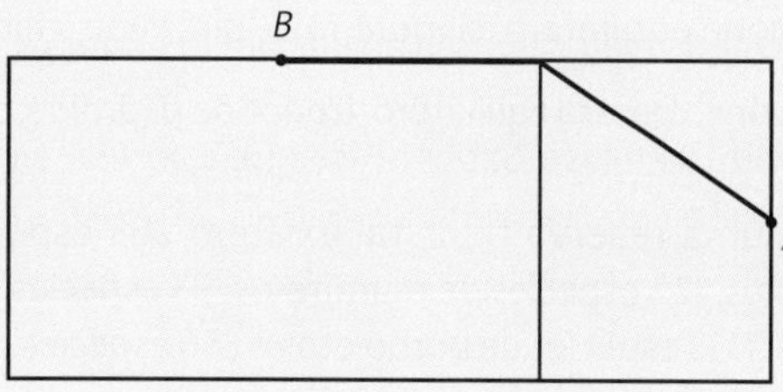

d)

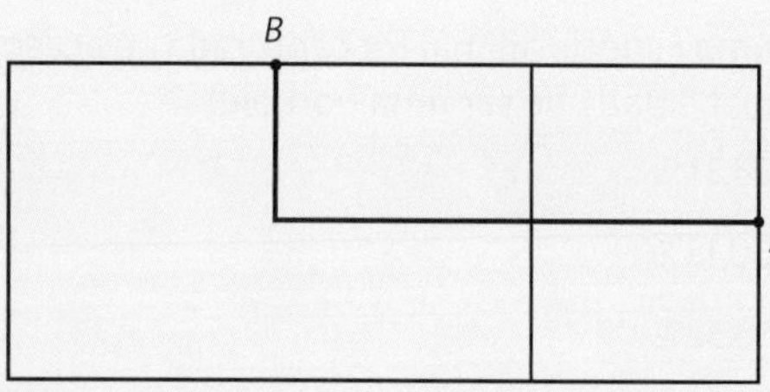

e)

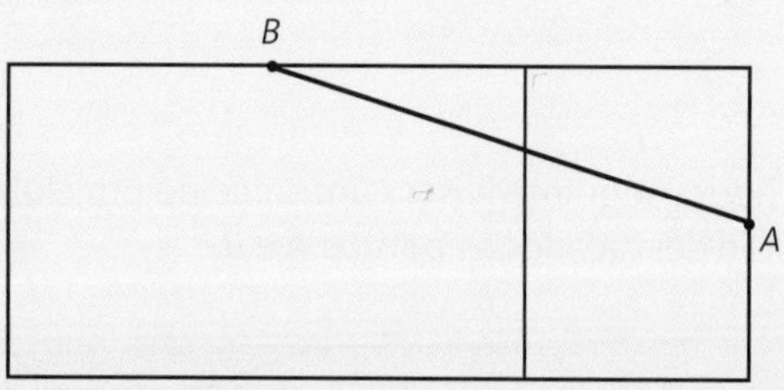

17. Um laticínio possui dois reservatórios de leite. Cada reservatório é abastecido por uma torneira acoplada a um tanque resfriado. O volume, em litros, desses reservatórios depende da quantidade inicial de leite no reservatório e do tempo t, em horas, em que as duas torneiras ficam abertas. Os volumes dos reservatórios são dados pelas funções $V_1(t) = 250t^3 - 100t + 3\,000$ e $V_2(t) = 150t^3 + 69t + 3\,000$.

Depois de aberta cada torneira, o volume de leite de um reservatório é igual ao do outro no instante $t = 0$ e, também, no tempo t igual a:

a) 1,3 h.

b) 1,69 h.

c) 10,0 h.

d) 13,0 h.

e) 16,9 h.

18. *Fontes alternativas*

Há um novo impulso para produzir combustível a partir de gordura animal. Em abril, a *High Plains Bioenergy* inaugurou uma biorrefinaria próxima a uma fábrica de processamento de carne suína em Guymon, Oklahoma.

A refinaria converte a gordura do porco, juntamente com o óleo vegetal, em *biodiesel*. A expectativa da fábrica é transformar 14 milhões de quilogramas de banha em 112 milhões de litros de *biodiesel*.

Revista *Scientific American Brasil*, ago. 2009 (adaptado).

Considere que haja uma proporção direta entre a massa de banha transformada e o volume de *biodiesel* produzido. Para produzir 48 milhões de litros de *biodiesel*, a massa de banha necessária, em quilogramas, será de, aproximadamente:

a) 6 milhões.

b) 33 milhões.

c) 78 milhões.

d) 146 milhões.

e) 384 milhões.

19. Os estilos musicais preferidos pelos jovens brasileiros são o samba, o *rock* e a MPB. O quadro a seguir registra o resultado de uma pesquisa relativa à preferência musical de um grupo de 1 000 alunos de uma escola. Alguns alunos disseram não ter preferência por nenhum desses três estilos.

Preferência musical	*rock*	samba	MPB	*rock* e samba
Número de alunos	200	180	200	70

Preferência musical	*rock* e MPB	samba e MPB	*rock*, samba e MPB
Número de alunos	60	50	20

Se for selecionado ao acaso um estudante no grupo pesquisado, qual é a probabilidade de ele preferir somente MPB?

a) 2%

b) 5%

c) 6%

d) 11%

e) 20%

20. Para verificar e analisar o grau de eficiência de um teste que poderia ajudar no retrocesso de uma doença numa comunidade, uma equipe de biólogos aplicou-o em um grupo de 500 ratos, para detectar a presença dessa doença.
Porém, o teste não é absolutamente eficaz, podendo existir ratos saudáveis com resultado positivo e ratos doentes com resultado negativo. Sabe-se, ainda, que 100 ratos possuem a doença, 20 ratos são saudáveis com resultado positivo e 40 ratos são doentes com resultado negativo.
Um rato foi escolhido ao acaso, e verificou-se que o seu resultado deu negativo. A probabilidade de esse rato ser saudável é:

a) $\frac{1}{5}$.

b) $\frac{4}{5}$.

c) $\frac{19}{21}$.

d) $\frac{19}{25}$.

e) $\frac{21}{25}$.

21. O administrador de uma cidade, implantando uma política de reutilização de materiais descartados, aproveitou milhares de tambores cilíndricos dispensados por empresas da região e montou *kits* com seis tambores para o abastecimento de água em casas de famílias de baixa renda, conforme a figura seguinte.
Além disso, cada família envolvida com o programa irá pagar somente R$ 2,50 por metro cúbico utilizado.

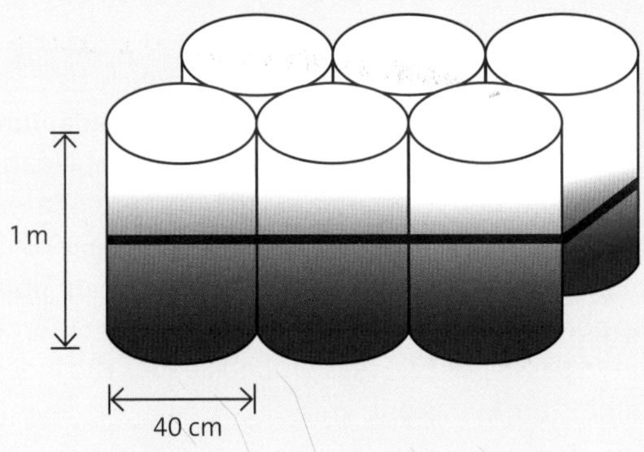

Uma família que utilizar 12 vezes a capacidade total do *kit* em um mês pagará a quantia de: (considere $\pi \simeq 3$)

a) R$ 86,40.

b) R$ 21,60.

c) R$ 8,64.

d) R$ 7,20.

e) R$ 1,80.

22. Um experimento foi conduzido com o objetivo de avaliar o poder germinativo de duas culturas de cebola, conforme a tabela.

Germinação de sementes de duas culturas de cebola			
Culturas	**Germinação**		**Total**
	Germinaram	**Não germinaram**	
A	392	8	400
B	381	19	400
Total	773	27	800

BUSSAB, W. O. MORETIN, L. G. *Estatística para as ciências agrárias e biológicas* (adaptado).

Desejando-se fazer uma avaliação do poder germinativo de uma das culturas de cebola, uma amostra foi retirada ao acaso. Sabendo-se que a amostra escolhida germinou, a probabilidade de essa amostra pertencer à cultura *A* é de:

a) $\frac{8}{27}$.

b) $\frac{19}{27}$.

c) $\frac{381}{773}$.

d) $\frac{392}{773}$.

e) $\frac{392}{800}$.

23. Devido aos fortes ventos, uma empresa exploradora de petróleo resolveu reforçar a segurança de suas plataformas marítimas, colocando cabos de aço para melhor afixar a torre central. Considere que os cabos ficarão perfeitamente esticados e terão uma extremidade no ponto médio das arestas laterais da torre central (pirâmide quadrangular regular) e a outra no vértice da base da plataforma (que é um quadrado de lados paralelos aos lados da base da torre central e centro coincidente com o centro da base da pirâmide), como sugere a ilustração.

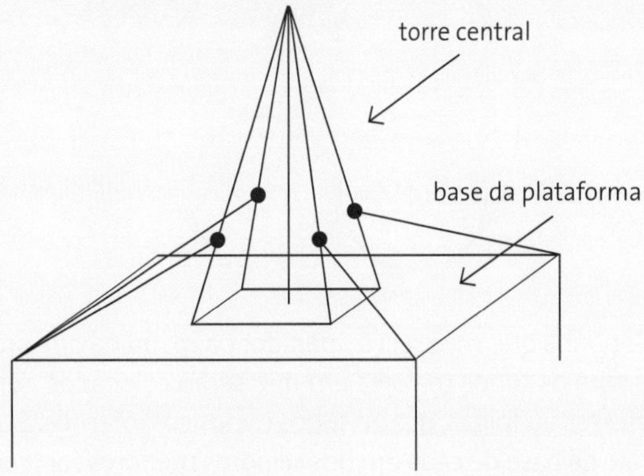

Se a altura e a aresta da base da torre central medem, respectivamente, 24 m e $6\sqrt{2}$ m e o lado da base da plataforma mede $19\sqrt{2}$ m, então a medida, em metros, de cada cabo será igual a:

a) $\sqrt{288}$.

b) $\sqrt{313}$.

c) $\sqrt{328}$.

d) $\sqrt{400}$.

e) $\sqrt{505}$.

24. Um arquiteto está fazendo um projeto de iluminação de ambiente e necessita saber a altura que deverá instalar a luminária ilustrada na figura.

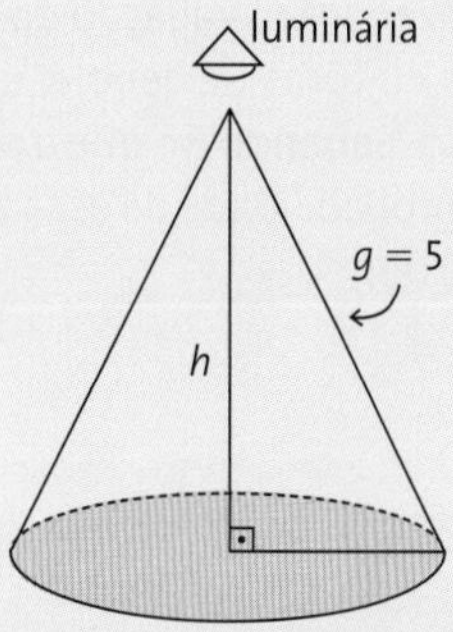

Sabendo-se que a luminária deverá iluminar uma área circular de 28,26 m^2, considerando $\pi \simeq 3{,}14$, a altura h será igual a:

a) 3 m.

b) 4 m.

c) 5 m.

d) 9 m.

e) 16 m.

25. Uma fábrica de tubos acondiciona tubos cilíndricos menores dentro de outros tubos cilíndricos. A figura mostra uma situação em que quatro tubos cilíndricos estão acondicionados perfeitamente em um tubo com raio maior.

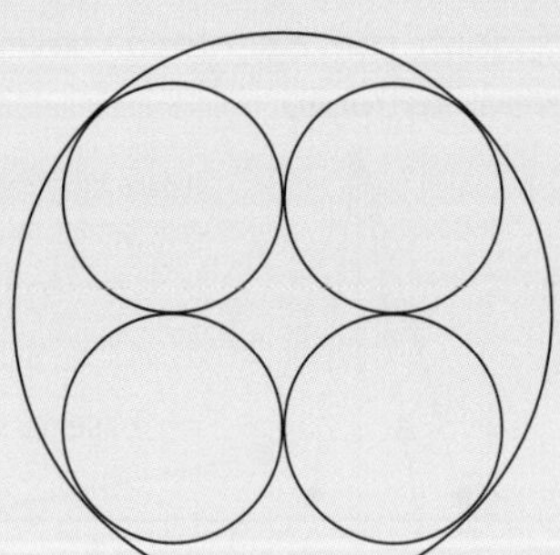

Suponha que você seja o operador da máquina que produzirá os tubos maiores em que serão colocados, sem ajustes ou folgas, quatro tubos cilíndricos internos. Se o raio da base de cada um dos cilindros menores for igual a 6 cm, a máquina por você operada deverá ser ajustada para produzir tubos maiores, com raio da base igual a:

a) 12 cm.

b) $12\sqrt{2}$ cm.

c) $24\sqrt{2}$ cm.

d) $6(1 + \sqrt{2})$ cm.

e) $12(1 + \sqrt{2})$ cm.

26. Considere que um professor de Arqueologia tenha obtido recursos para visitar 5 museus, sendo 3 deles no Brasil e 2 fora do país. Ele decidiu restringir sua escolha aos museus nacionais e internacionais relacionados na tabela a seguir.

Museus nacionais	Museus internacionais
Masp – São Paulo	Louvre – Paris
MAM – São Paulo	Prado – Madri
Ipiranga – São Paulo	British Museum – Londres
Imperial – Petrópolis	Metropolitan – Nova York

De acordo com os recursos obtidos, de quantas maneiras diferentes esse professor pode escolher os 5 museus para visitar?

a) 6

b) 8

c) 20

d) 24

e) 36

27. A figura I mostra um esquema das principais vias que interligam a cidade A com a cidade B. Cada número indicado na figura II representa a probabilidade de pegar um engarrafamento quando se passa na via indicada. Assim, há uma probabilidade de 30% de se pegar engarrafamento no deslocamento do ponto C ao ponto B, passando pela estrada $E4$, e de 50%, quando se passa por $E3$. Essas probabilidades são independentes umas das outras.

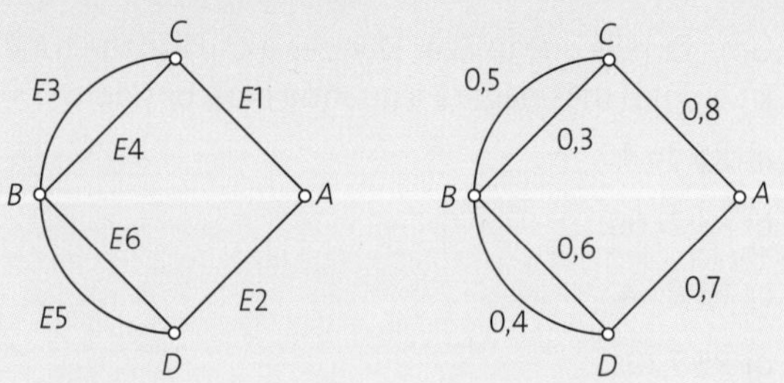

Figura I **Figura II**

Paula deseja se deslocar da cidade *A* para a cidade *B* usando exatamente duas das vias indicadas, percorrendo um trajeto com a menor probabilidade de engarrafamento possível. O melhor trajeto para Paula é:

a) *E*1*E*3.

b) *E*1*E*4.

c) *E*2*E*4.

d) *E*2*E*5.

e) *E*2*E*6.

28. O diretor de um colégio leu numa revista que os pés das mulheres estavam aumentando. Há alguns anos, a média do tamanho dos calçados das mulheres era de 35,5 e, hoje, é de 37,0. Embora não fosse uma informação científica, ele ficou curioso e fez uma pesquisa com as funcionárias do seu colégio, obtendo o quadro a seguir:

Tamanho dos calçados	Número de funcionárias
39,0	1
38,0	10
37,0	3
36,0	5
35,0	6

Escolhendo uma funcionária ao acaso e sabendo que ela tem calçado maior que 36,0, a probabilidade de ela calçar 38,0 é:

a) $\frac{1}{3}$.

b) $\frac{1}{5}$.

c) $\frac{2}{5}$.

d) $\frac{5}{7}$.

e) $\frac{5}{14}$.

29. Uma fábrica produz barras de chocolate no formato de paralelepípedos e de cubos, com o mesmo volume. As arestas da barra de chocolate no formato de paralelepípedo medem 3 cm de largura, 18 cm de comprimento e 4 cm de espessura.
Analisando as características das figuras geométricas descritas, a medida das arestas dos chocolates que têm o formato de cubo é igual a:

a) 5 cm.

b) 6 cm.

c) 12 cm.

d) 24 cm.

e) 25 cm.

30. A siderúrgica "Metal Nobre" produz diversos objetos maciços utilizando o ferro. Um tipo especial de peça feita nessa companhia tem o formato de um paralelepípedo retangular, de acordo com as dimensões indicadas na figura que segue.

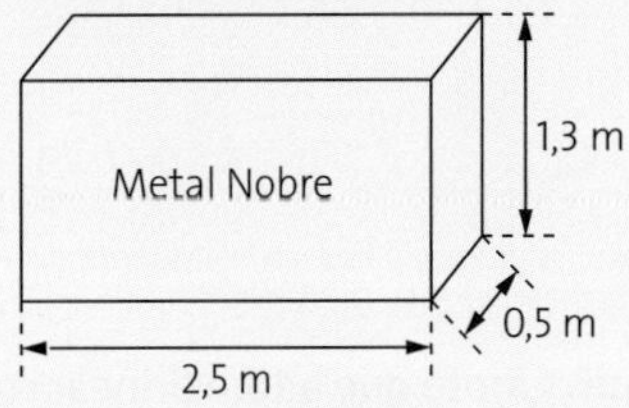

O produto das três dimensões indicadas na peça resultaria na medida da grandeza:

a) massa.

b) volume.

c) superfície.

d) capacidade.

e) comprimento.

31. Um porta-lápis de madeira foi construído no formato cúbico, seguindo o modelo ilustrado a seguir. O cubo de dentro é vazio. A aresta do cubo maior mede 12 cm e a do cubo menor, que é interno, mede 8 cm.

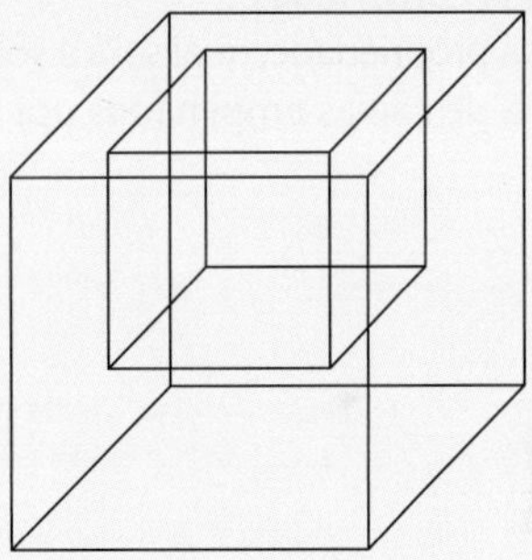

O volume de madeira utilizado na confecção desse objeto foi de:

a) 12 cm^3.

b) 64 cm^3.

c) 96 cm^3.

d) 1 216 cm^3.

e) 1 728 cm^3.

32. A ideia de usar rolos circulares para deslocar objetos pesados provavelmente surgiu com os antigos egípcios ao construírem as pirâmides.

Fonte: Brian Bolt. *Atividades matemáticas*. Ed. Gradiva.

Representando por R o raio da base dos rolos cilíndricos, em metros, a expressão do deslocamento horizontal y do bloco de pedra em função de R, após o rolo ter dado uma volta completa sem deslizar, é:

a) $y = R$.

b) $y = 2R$.

c) $y = \pi R$.

d) $y = 2\pi R$.

e) $y = 4\pi R$.

33. Ronaldo é um garoto que adora brincar com números. Numa dessas brincadeiras, empilhou caixas numeradas de acordo com a sequência mostrada no esquema a seguir.

1
1 2 1
1 2 3 2 1
1 2 3 4 3 2 1
...

Ele percebeu que a soma dos números em cada linha tinha uma propriedade e que, por meio dessa propriedade, era possível prever a soma de qualquer linha posterior às já construídas.
A partir dessa propriedade, qual será a soma da 9ª linha da sequência de caixas empilhadas por Ronaldo?

a) 9

b) 45

c) 64

d) 81

e) 28

34. João mora na cidade *A* e precisa visitar cinco clientes, localizados em cidades diferentes da sua. Cada trajeto possível pode ser representado por uma sequência de 7 letras. Por exemplo, o trajeto *ABCDEFA*, informa que ele sairá da cidade *A*, visitando as cidades *B*, *C*, *D*, *E* e *F*, nesta ordem, voltando para a cidade *A*. Além disso, o número indicado entre as letras informa o custo do deslocamento entre as cidades. A figura mostra o custo de deslocamento entre cada uma das cidades.

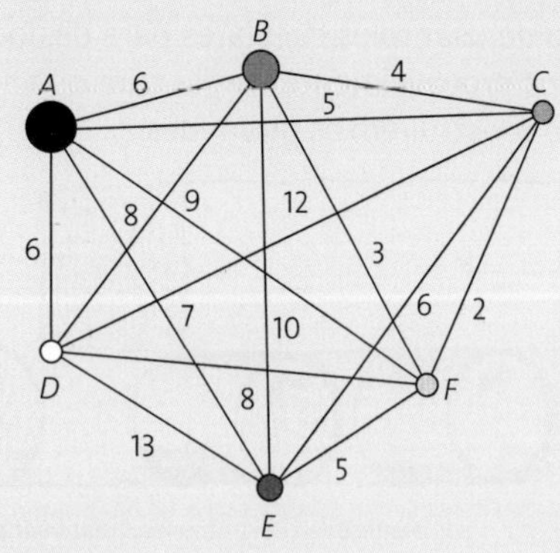

Como João quer economizar, ele precisa determinar qual o trajeto de menor custo para visitar os cinco clientes. Examinando a figura, percebe que precisa considerar somente parte das sequências, pois os trajetos *ABCDEFA* e *AFEDCBA* têm o mesmo custo. Ele gasta 1 min 30 s para examinar uma sequência e descartar sua simétrica, conforme apresentado.
O tempo mínimo necessário para João verificar todas as sequências possíveis no problema é de:

a) 60 min.

b) 90 min.

c) 120 min.

d) 180 min.

e) 360 min.

35. Alguns testes de preferência por bebedouros de água foram realizados com bovinos, envolvendo três tipos de bebedouros, de formatos e tamanhos diferentes. Os bebedouros 1 e 2 têm a forma de um tronco de cone circular reto, de altura igual a 60 cm, e diâmetro da base superior igual a 120 cm e 60 cm, respectivamente. O bebedouro 3 é um semicilindro, com 30 cm de altura, 100 cm de comprimento e 60 cm de largura. Os três recipientes estão ilustrados na figura.

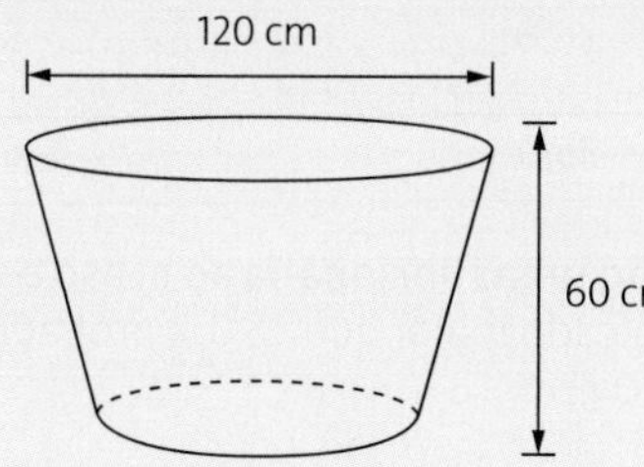

Bebedouro 1

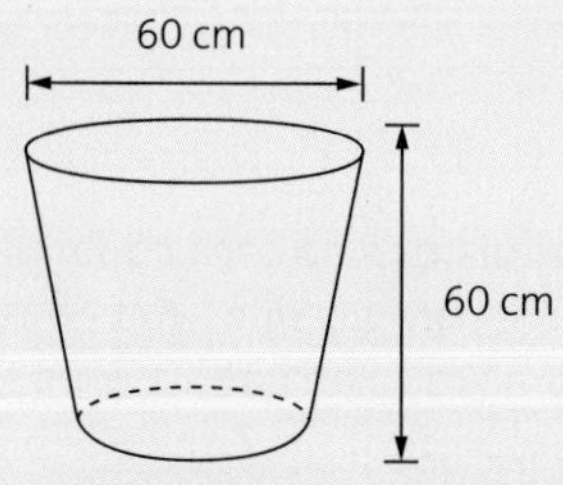

Bebedouro 2

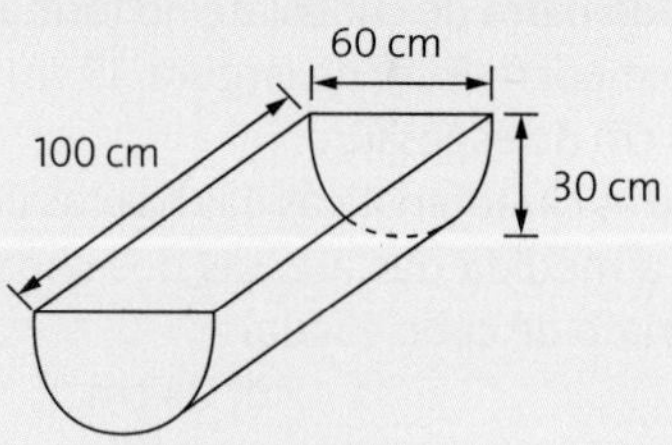

Bebedouro 3

Considerando que nenhum dos recipientes tenha tampa, qual das figuras a seguir representa uma planificação para o bebedouro 3?

a) 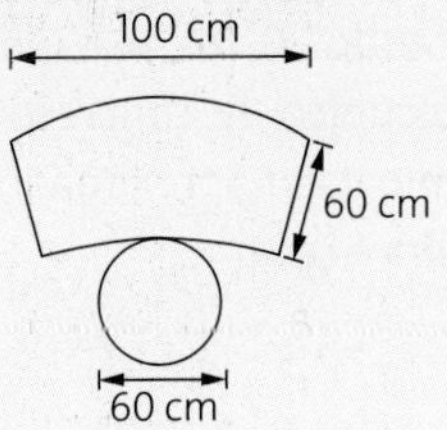

b) 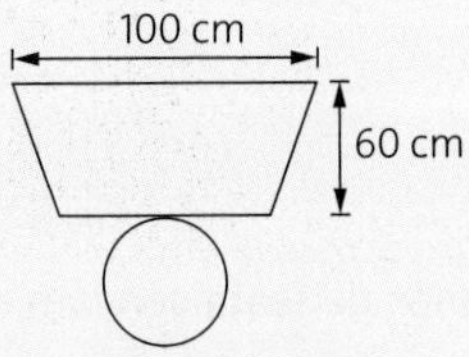

c) 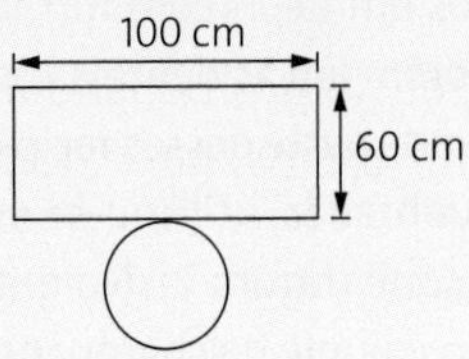

d) 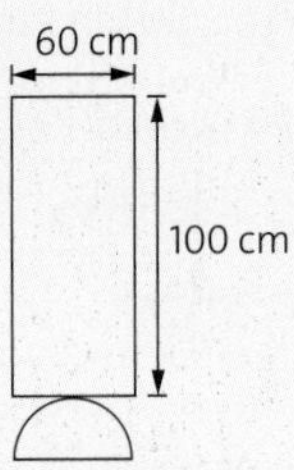

e) 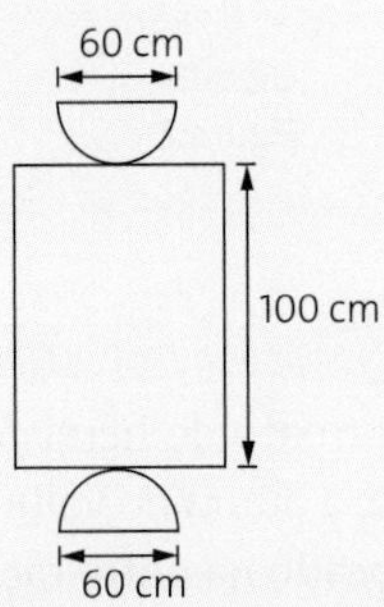

36. Dona Maria, diarista na casa da família Teixeira, precisa fazer café para servir as vinte pessoas que se encontram numa reunião na sala. Para fazer o café, Dona Maria dispõe de uma leiteira cilíndrica e copinhos plásticos, também cilíndricos.

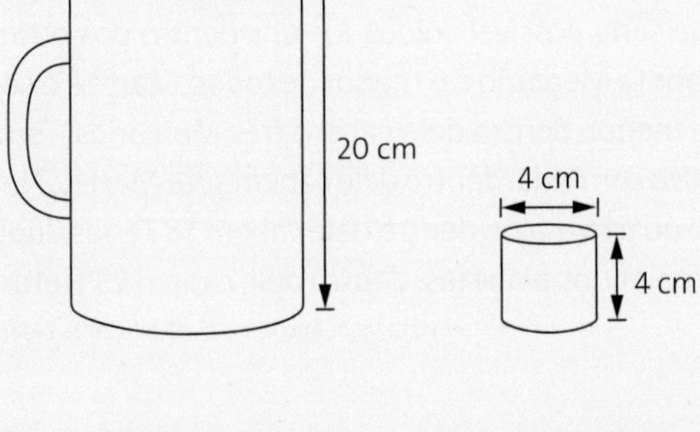

Com o objetivo de não desperdiçar café, a diarista deseja colocar a quantidade mínima de água na leiteira para encher os vinte copinhos pela metade. Para que isso ocorra, Dona Maria deverá:

a) encher a leiteira até a metade, pois ela tem um volume 20 vezes maior que o volume do copo.

b) encher a leiteira toda de água, pois ela tem um volume 20 vezes maior que o volume do copo.

c) encher a leiteira toda de água, pois ela tem um volume 10 vezes maior que o volume do copo.

d) encher duas leiteiras de água, pois ela tem um volume 10 vezes maior que o volume do copo.

e) encher cinco leiteiras de água, pois ela tem um volume 10 vezes maior que o volume do copo.

37. No manejo sustentável de florestas, é preciso muitas vezes obter o volume da tora que pode ser obtida a partir de uma árvore. Para isso, existe um método prático, em que se mede a circunferência da árvore à altura do peito de um homem (1,30 m), conforme indicado na figura. A essa medida denomina-se "rodo" da árvore. O quadro a seguir indica a fórmula para se cubar, ou seja, obter o volume da tora em m^3 a partir da medida do rodo e da altura da árvore.

O volume da tora em m^3 é dado por:

$$V = \text{rodo}^2 \times \text{altura} \times 0{,}06$$

O rodo e a altura da árvore devem ser medidos em metros. O coeficiente 0,06 foi obtido experimentalmente.

Um técnico em manejo florestal recebeu a missão de cubar, abater e transportar cinco toras de madeira, de duas espécies diferentes, sendo:

- 3 toras de espécie I, com 3 m de rodo, 12 m de comprimento e densidade 0,77 toneladas/m^3;
- 2 toras de espécie II, com 4 m de rodo, 10 m de comprimento e densidade 0,78 toneladas/m^3.

Após realizar seus cálculos, o técnico solicitou que enviassem caminhões para transportar uma carga de, aproximadamente:

a) 29,9 toneladas.

b) 31,1 toneladas.

c) 32,4 toneladas.

d) 35,3 toneladas.

e) 41,8 toneladas.

38. Uma empresa vende tanques de combustíveis de formato cilíndrico, em três tamanhos, com medidas indicadas nas figuras. O preço do tanque é diretamente proporcional à medida da área da superfície lateral do tanque. O dono de um posto de combustível deseja encomendar um tanque com menor custo por metro cúbico de capacidade de armazenamento.

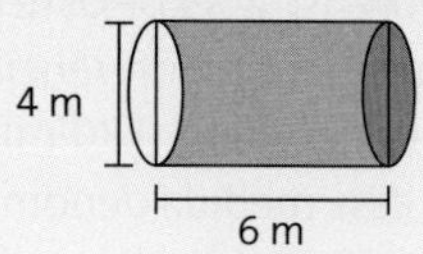

(I)

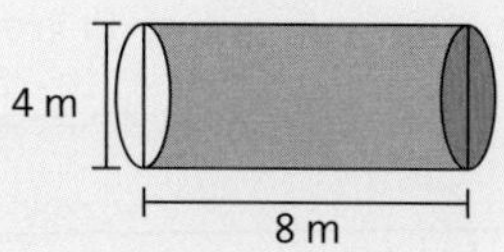

(II)

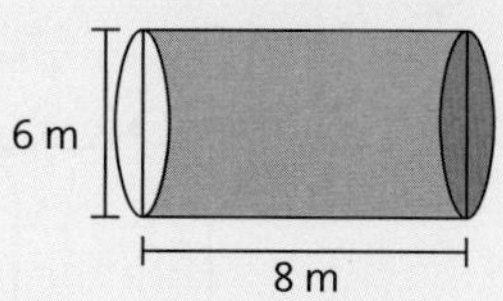

(III)

Qual dos tanques deverá ser escolhido pelo dono do posto? (Considere $\pi = 3$.)

a) I, pela relação área/capacidade de armazenamento de $\frac{1}{3}$.

b) I, pela relação área/capacidade de armazenamento de $\frac{4}{3}$.

c) II, pela relação área/capacidade de armazenamento de $\frac{3}{4}$.

d) III, pela relação área/capacidade de armazenamento de $\frac{2}{3}$.

e) III, pela relação área/capacidade de armazenamento de $\frac{7}{12}$.

39. Para construir uma manilha de esgoto, um cilindro com 2 m de diâmetro e 4 m de altura (de espessura desprezível) foi envolvido homogeneamente por uma camada de concreto, contendo 20 cm de espessura. Supondo que cada metro cúbico de concreto custe R$ 10,00 e tomando 3,1 como valor aproximado de π, então o preço dessa manilha é igual a:

a) R$ 230,00.

b) R$ 124,00.

c) R$ 104,16.

d) R$ 54,56.

e) R$ 49,60.

40. Em um casamento, os donos da festa serviam champanhe aos seus convidados em taças com formato de um hemisfério (figura 1), porém um acidente na cozinha culminou na quebra de grande parte desses recipientes. Para substituir as taças quebradas, utilizou-se um outro tipo com formato de cone (figura 2). No entanto, os noivos solicitaram que o volume de champanhe nos dois tipos de taça fosse igual.

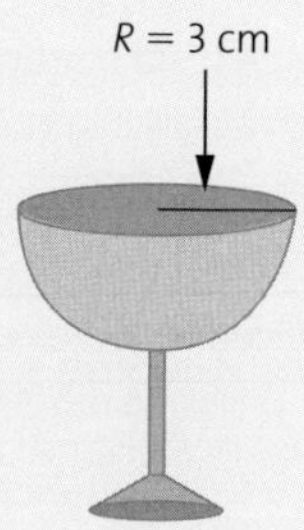

Figura 1

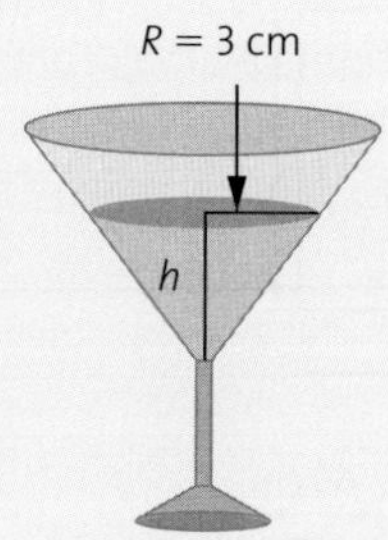

Figura 2

Considere:

$$V_{esfera} = \frac{4}{3}\pi R^3 \text{ e } V_{cone} = \frac{1}{3}\pi R^2 h$$

Sabendo que a taça com o formato de hemisfério é servida completamente cheia, a altura do volume de champanhe que deve ser colocado na outra taça, em centímetros, é de:

a) 1,33.

b) 6,00.

c) 12,00.

d) 56,52.

e) 113,04.

41. A disparidade de volume entre os planetas é tão grande que seria possível colocá-los uns dentro dos outros. O planeta Mercúrio é o menor de todos. Marte é o segundo menor: dentro dele cabem três Mercúrios. Terra é o único com vida: dentro dele cabem sete Martes. Netuno é o quarto maior: dentro dele cabem 58 Terras. Júpiter é o maior dos planetas: dentro dele cabem 23 Netunos.

Revista *Veja*. Ano 41, n. 25, 25 jun. 2008 (adaptado).

Seguindo o raciocínio proposto, quantas Terras cabem dentro de Júpiter?

a) 406

b) 1334

c) 4002

d) 9338

e) 28014

42. A figura seguinte mostra um modelo de sombrinha muito usado em países orientais.

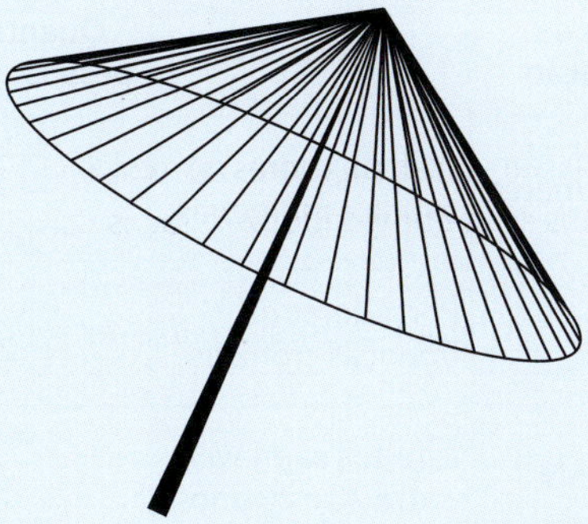

Disponível em: <http://mdmat.psico.ufrgs.br>. Acesso em: 1º maio 2010.

Esta figura é uma representação de uma superfície de revolução chamada de:

a) pirâmide.

b) semiesfera.

c) cilindro.

d) tronco de cone.

e) cone.

43. É possível usar água ou comida para atrair as aves e observá-las. Muitas pessoas costumam usar água com açúcar, por exemplo, para atrair beija-flores. Mas é importante saber que, na hora de fazer a mistura, você deve sempre usar uma parte de açúcar para cinco partes de água. Além disso, em dias quentes, precisa trocar a água de duas a três vezes, pois com o calor ela pode fermentar e, se for ingerida pela ave, pode deixá-la doente. O excesso de açúcar, ao cristalizar, também pode manter o bico da ave fechado, impedindo-a de se alimentar. Isso pode até matá-la.

Ciência Hoje das Crianças. FNDE; Instituto Ciência Hoje, ano 19, n. 166, mar. 1996.

Pretende-se encher completamente um copo com a mistura para atrair beija-flores. O copo tem formato cilíndrico, e suas medidas são 10 cm de altura e 4 cm de diâmetro. A quantidade de água que deve ser utilizada na mistura é cerca de (utilize $\pi = 3$):

a) 20 mL.

b) 24 mL.

c) 100 mL.

d) 120 mL.

e) 600 mL.

44. O setor de recursos humanos de uma empresa vai realizar uma entrevista com 120 candidatos a uma vaga de contador. Por sorteio, eles pretendem atribuir a cada candidato um número, colocar a lista de números em ordem numérica crescente e usá-la para convocar os interessados. Acontece que, por um defeito do computador, foram gerados números com 5 algarismos distintos e, em nenhum deles, apareceram dígitos pares.

Em razão disso, a ordem de chamada do candidato que tiver recebido o número 75913 é:

a) 24.

b) 31.

c) 32.

d) 88.

e) 89.

45. Rafael mora no centro de uma cidade e decidiu se mudar, por recomendações médicas, para uma das regiões: rural, comercial, residencial urbano ou residencial suburbano. A principal recomendação médica referia-se às temperaturas das "ilhas de calor" da região, que deveriam ser inferiores a 31 °C. Tais temperaturas são apresentadas no gráfico:

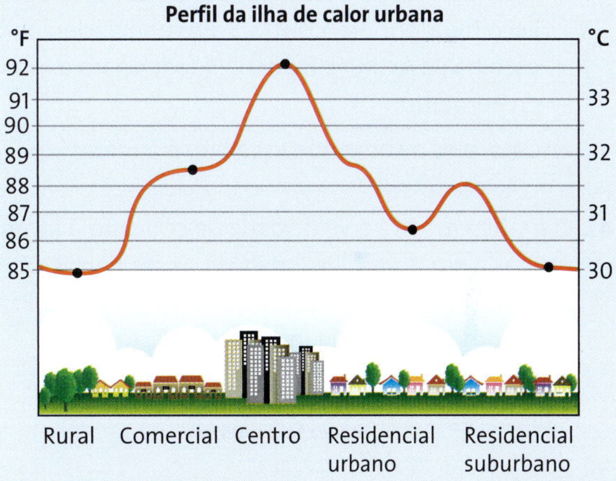

Fonte: EPA.

Escolhendo, aleatoriamente, uma das outras regiões para morar, a probabilidade de ele escolher uma região que seja adequada às recomendações médicas é:

a) $\frac{1}{5}$.

b) $\frac{1}{4}$.

c) $\frac{2}{5}$.

d) $\frac{3}{5}$.

e) $\frac{3}{4}$.

46. Em um jogo disputado em uma mesa de sinuca, há 16 bolas, 1 branca e 15 coloridas, as quais, de acordo com a coloração, valem de 1 a 15 pontos (um valor para cada bola colorida).

O jogador acerta o taco na bola branca de forma que esta acerta as outras, com o objetivo de acertar duas das quinze bolas em quaisquer caçapas.

Os valores dessas duas bolas são somados e devem resultar em um valor escolhido pelo jogador antes do início da jogada.

Arthur, Bernardo e Caio escolhem os números 12, 17 e 22 como sendo resultados de suas respectivas somas.

Com essa escolha, quem tem a maior probabilidade de ganhar o jogo é:

a) Arthur, pois a soma que escolheu é a menor.

b) Bernardo, pois há 7 possibilidades de compor a soma escolhida por ele, contra 4 possibilidades para a escolha de Arthur e 4 possibilidades para a escolha de Caio.

c) Bernardo, pois há 7 possibilidades de compor a soma escolhida por ele, contra 5 possibilidades para a escolha de Arthur e 4 possibilidades para a escolha de Caio.

d) Caio, pois há 10 possibilidades de compor a soma escolhida por ele, contra 5 possibilidades para a escolha de Arthur e 8 possibilidades para a escolha de Bernardo.

e) Caio, pois a soma que escolheu é a maior.

47. O gráfico mostra a velocidade de conexão à internet utilizada em domicílios no Brasil. Esses dados são resultado da mais recente pesquisa, de 2009, realizada pelo Comitê Gestor da Internet (CGI).

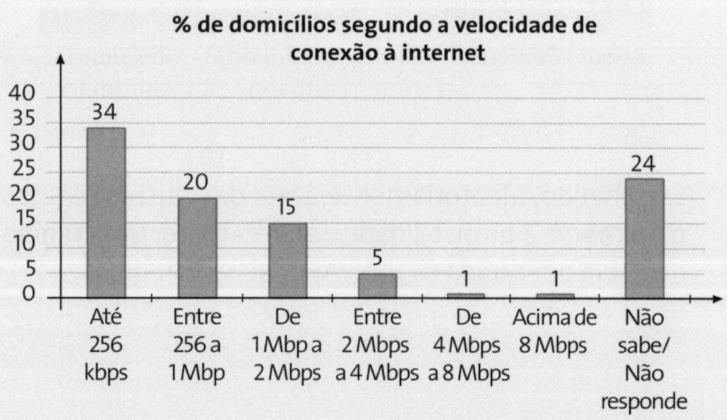

Disponível em: <http://agencia.ipea.gov.br>. Acesso em: 28 abr. 2010 (adaptado).

Escolhendo-se, aleatoriamente, um domicílio pesquisado, qual a chance de haver banda larga de conexão de pelo menos 1 Mbp neste domicílio?

a) 0,45

b) 0,42

c) 0,30

d) 0,22

e) 0,15

48. Todo o país passa pela primeira fase da campanha de vacinação contra a gripe suína (H1N1). Segundo um médico infectologista do Instituto Emílio Ribas, de São Paulo, a imunização "deve mudar", no país, a história da epidemia. Com a vacina, de acordo com ele, o Brasil tem a chance de barrar uma tendência do crescimento da doença, que já matou 17 mil pessoas no mundo. A tabela apresenta dados específicos de um único posto de vacinação.

Campanha de vacinação contra a gripe suína		
Datas de vacinação	**Público-alvo**	**Quantidade de pessoas vacinadas**
8 a 19 de março	Trabalhadores da saúde e indígenas	42
22 de março a 2 de abril	Portadores de doenças crônicas	22
5 a 23 de abril	Adultos saudáveis entre 20 e 29 anos	56
24 de abril a 7 de maio	População com mais de 60 anos	30
10 a 21 de maio	Adultos saudáveis entre 30 e 39 anos	50

Disponível em: <http://img.terra.com.br>. Acesso em: 26 abr. 2010 (adaptado).

Escolhendo-se aleatoriamente uma pessoa atendida nesse posto de vacinação, a probabilidade de ela ser portadora de doença crônica é:

a) 8%.

b) 9%.

c) 11%.

d) 12%.

e) 22%.

49. A resistência das vigas de dado comprimento é diretamente proporcional à largura (b) e ao quadrado da altura (d), conforme a figura. A constante de proporcionalidade k varia de acordo com o material utilizado na sua construção.

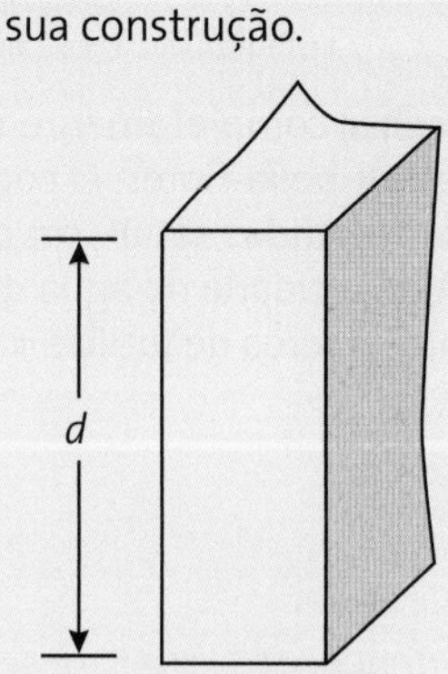

Considerando-se S como a resistência, a representação algébrica que exprime essa relação é:

a) $S = k \cdot b \cdot d$.

b) $S = b \cdot d^2$.

c) $S = k \cdot b \cdot d^2$.

d) $S = \dfrac{K \cdot b}{d^2}$.

e) $S = \dfrac{K \cdot d^2}{b}$.

50. Uma indústria fabrica brindes promocionais em forma de pirâmide. A pirâmide é obtida a partir de quatro cortes em um sólido que tem a forma de um cubo. No esquema, estão indicados o sólido original (cubo) e a pirâmide obtida a partir dele.

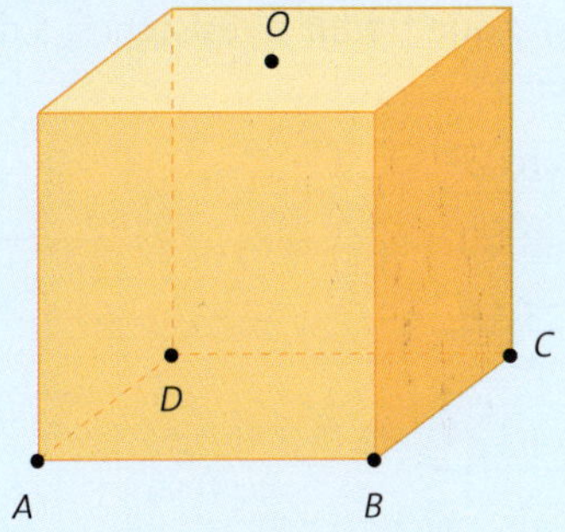

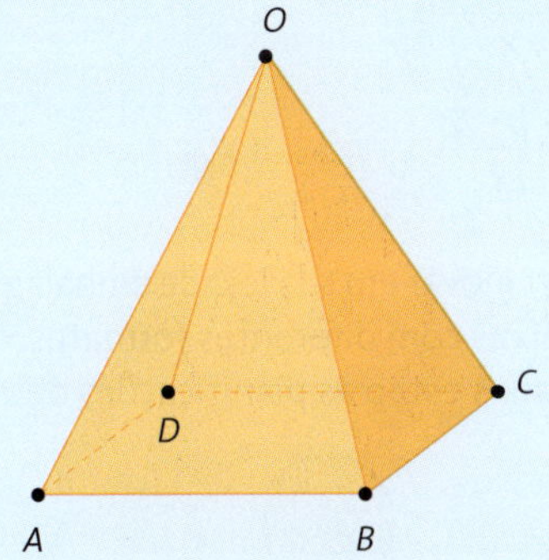

Os pontos A, B, C, D e O do cubo e da pirâmide são os mesmos. O ponto O é central na face superior do cubo. Os quatro cortes saem de O em direção às arestas $\overline{AD}$, $\overline{BC}$, $\overline{AB}$ e $\overline{CD}$, nessa ordem. Após os cortes, são descartados quatro sólidos.

Os formatos dos sólidos descartados são:

a) todos iguais.

b) todos diferentes.

c) três iguais e um diferente.

d) apenas dois iguais.

e) iguais dois a dois.

51. José, Paulo e Antônio estão jogando dados não viciados, nos quais, em cada uma das seis faces, há um número de 1 a 6. Cada um deles jogará dois dados simultaneamente. José acredita que, após jogar seus dados, os números das faces voltadas para cima lhe darão uma soma igual a 7. Já Paulo acredita que sua soma será igual a 4 e Antônio acredita que sua soma será igual a 8.

Com essa escolha, quem tem a maior probabilidade de acertar sua respectiva soma é:

a) Antônio, já que sua soma é a maior de todas as escolhidas.

b) José e Antônio, já que há 6 possibilidades tanto para a escolha de José quanto para a escolha de Antônio, e há apenas 4 possibilidades para a escolha de Paulo.

c) José e Antônio, já que há 3 possibilidades tanto para a escolha de José quanto para a escolha de Antônio, e há apenas 2 possibilidades para a escolha de Paulo.

d) José, já que há 6 possibilidades para formar sua soma, 5 possibilidades para formar a soma de Antônio e apenas 3 possibilidades para formar a soma de Paulo.

e) Paulo, já que sua soma é a menor de todas.

52. A cerâmica possui a propriedade da contração, que consiste na evaporação da água existente em um conjunto ou bloco cerâmico submetido a uma determinada temperatura elevada: em seu lugar aparecendo "espaços vazios" que tendem a se aproximar. No lugar antes ocupado pela água vão ficando lacunas e, consequentemente, o conjunto tende a retrair-se. Considere que no processo de cozimento a cerâmica de argila sofra uma contração, em dimensões lineares, de 20%.

Disponível em: <www.arq.ufsc.br>.
Acesso em: 30 mar. 2012 (adaptado).

Levando em consideração o processo de cozimento e a contração sofrida, o volume V de uma travessa de argila, de forma cúbica de aresta a, diminui para um valor que é:

a) 20% menor que V, uma vez que o volume do cubo é diretamente proporcional ao comprimento de seu lado.

b) 36% menor que V, porque a área da base diminui de a^2 para $((1 - 0,2)\ a)^2$.

c) 48,8% menor que V, porque o volume diminui de a^3 para $(0,8\ a)^3$.

d) 51,2% menor que V, porque cada lado diminui para 80% do comprimento original.

e) 60% menor que V, porque cada lado diminui 20%.

53. Em exposições de artes plásticas, é usual que estátuas sejam expostas sobre plataformas giratórias. Uma medida de segurança é que a base da escultura esteja integralmente apoiada sobre a plataforma. Para que se providencie o equipamento adequado, no caso de uma base quadrada que será fixada sobre uma plataforma circular, o auxiliar técnico do evento deve estimar a medida R do raio adequado para a plataforma em termos da medida L do lado da base da estátua.

Qual relação entre R e L o auxiliar técnico deverá apresentar de modo que a exigência de segurança seja cumprida?

a) $R \geqslant \frac{L}{\sqrt{2}}$

b) $R \geqslant \frac{2L}{\pi}$

c) $R \geqslant \frac{L}{\sqrt{\pi}}$

d) $R \geqslant \frac{L}{2}$

e) $R \geqslant \frac{L}{2\sqrt{2}}$

54. O losango representado na Figura 1 foi formado pela união dos centros das quatro circunferências tangentes, de raios de mesma medida.

Figura 1

Dobrando-se o raio de duas das circunferências centradas em vértices opostos do losango e ainda mantendo-se a configuração das tangências, obtém-se uma situação conforme ilustrada pela Figura 2.

Figura 2

O perímetro do losango da Figura 2, quando comparado ao perímetro do losango da Figura 1, teve um aumento de:

a) 300%.

b) 200%.

c) 150%.

d) 100%.

e) 50%.

55. A resistência mecânica S de uma viga de madeira, em forma de um paralelepípedo retângulo, é diretamente proporcional à sua largura (b) e ao quadrado de sua altura (d) e inversamente proporcional ao quadrado da distância entre os suportes da viga, que coincide com o seu comprimento (x), conforme ilustra a figura.

A constante de proporcionalidade k é chamada de resistência da viga.

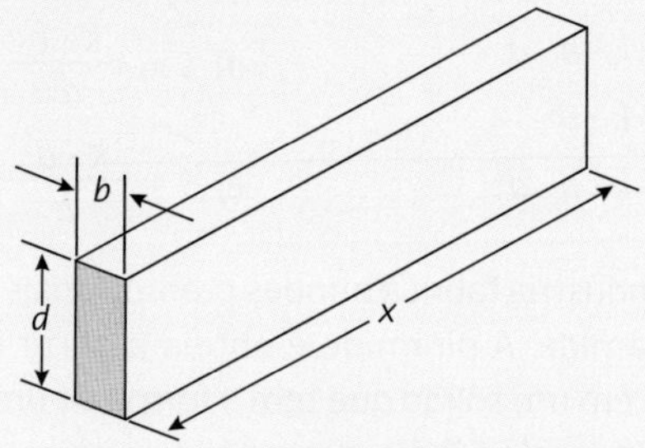

BUSHAW, D. et al. *Aplicações da Matemática escolar*. São Paulo: Atual, 1997.

A expressão que traduz a resistência S dessa viga de madeira é:

a) $S = \frac{k \cdot b \cdot d^2}{x^2}$.

b) $S = \frac{k \cdot b \cdot d}{x^2}$.

c) $S = \frac{k \cdot b \cdot d^2}{x}$.

d) $S = \frac{k \cdot b^2 \cdot d}{x}$.

e) $S = \frac{k \cdot b \cdot 2d}{2x}$.

56. Maria quer inovar em sua loja de embalagens e decidiu vender caixas com diferentes formatos. Nas imagens apresentadas estão as planificações dessas caixas.

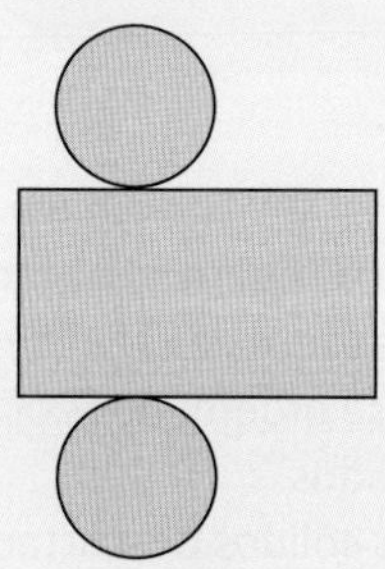

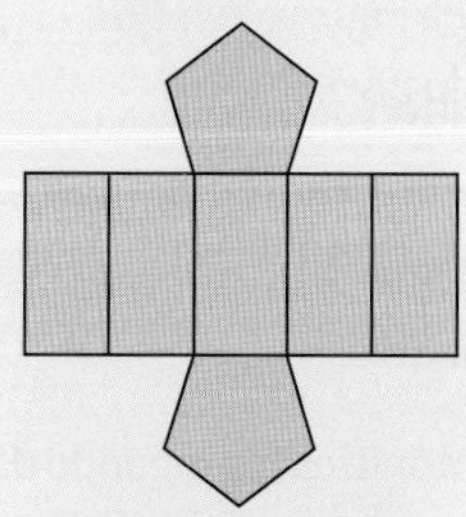

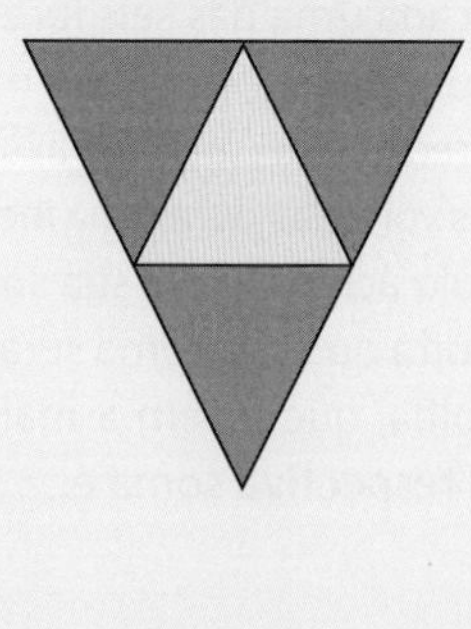

Quais serão os sólidos geométricos que Maria obterá a partir dessas planificações?

a) Cilindro, prisma de base pentagonal e pirâmide.

b) Cone, prisma de base pentagonal e pirâmide.

c) Cone, tronco de pirâmide e pirâmide.

d) Cilindro, tronco de pirâmide e prisma.

e) Cilindro, prisma e tronco de cone.

57. Numa escola com 1200 alunos foi realizada uma pesquisa sobre o conhecimento deles em duas línguas estrangeiras, inglês e espanhol. Nessa pesquisa constatou-se que 600 alunos falam inglês, 500 falam espanhol e 300 não falam qualquer um desses idiomas. Escolhendo-se um aluno dessa escola ao acaso e sabendo-se que ele não fala inglês, qual a probabilidade de que esse aluno fale espanhol?

a) $\frac{1}{2}$

b) $\frac{5}{8}$

c) $\frac{1}{4}$

d) $\frac{5}{6}$

e) $\frac{5}{14}$

58. Gangorra é um brinquedo que consiste de uma tábua longa e estreita equilibrada e fixada no seu ponto central (pivô). Nesse brinquedo, duas pessoas sentam-se nas extremidades e, alternadamente, impulsionam-se para cima, fazendo descer a extremidade oposta, realizando, assim, o movimento da gangorra. Considere a gangorra representada na figura, em que os pontos *A* e *B* são equidistantes do pivô:

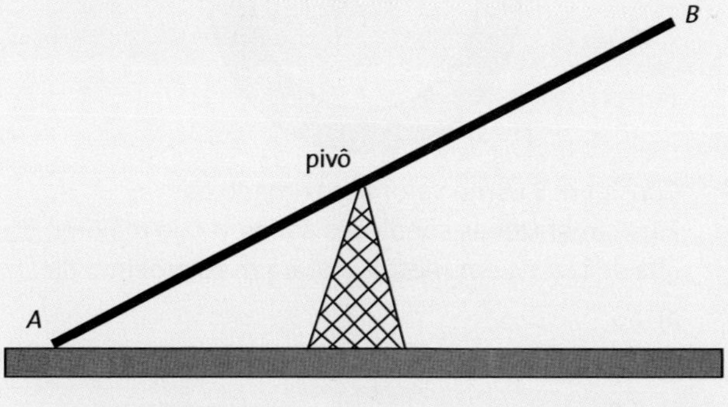

A projeção ortogonal da trajetória dos pontos *A* e *B*, sobre o plano do chão da gangorra, quando esta se encontra em movimento, é:

a) 

b) 

c) 

d) 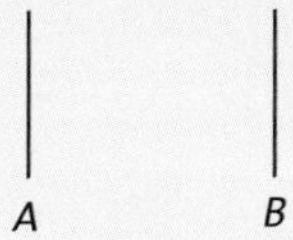

e) 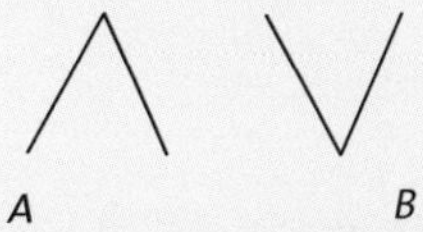

59. Uma cozinheira, especialista em fazer bolos, utiliza uma forma no formato representado na figura:

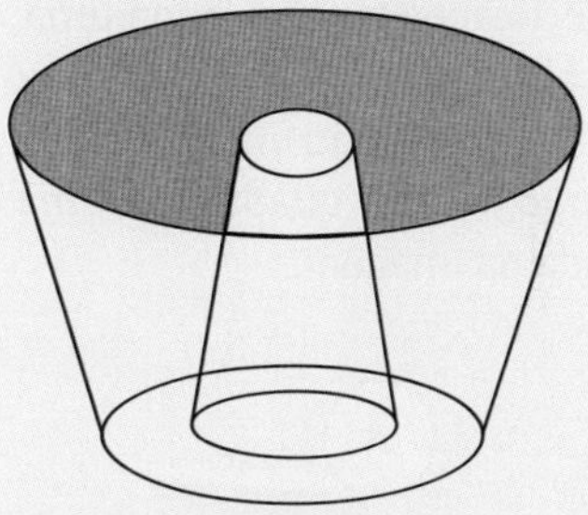

Nela identifica-se a representação de duas figuras geométricas tridimensionais. Essas figuras são:

a) um tronco de cone e um cilindro.

b) um cone e um cilindro.

c) um tronco de pirâmide e um cilindro.

d) dois troncos de cone.

e) dois cilindros.

60. Uma loja acompanhou o número de compradores de dois produtos, *A* e *B*, durante os meses de janeiro, fevereiro e março de 2012. Com isso, obteve este gráfico:

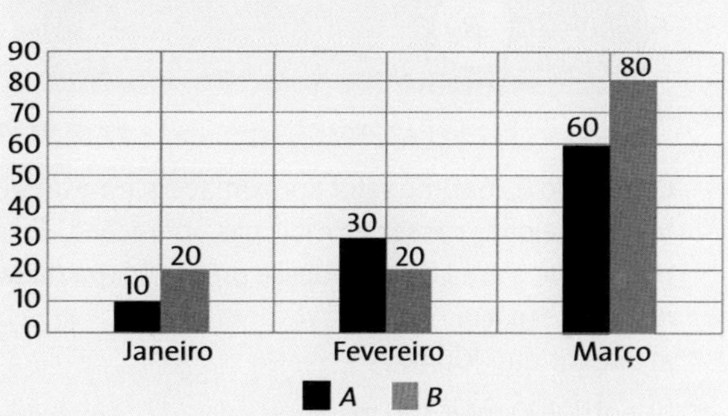

A loja sorteará um brinde entre os compradores do produto *A* e outro brinde entre os compradores do produto *B*.

Qual a probabilidade de que os dois sorteados tenham feito suas compras em fevereiro de 2012?

a) $\frac{1}{20}$

b) $\frac{3}{242}$

c) $\frac{5}{22}$

d) $\frac{6}{25}$

e) $\frac{7}{15}$

61. As torres Puerta de Europa são duas torres inclinadas uma contra a outra, construídas numa avenida de Madri, na Espanha. A inclinação das torres é de 15° com a vertical e elas têm, cada uma, uma altura de 114 m (a altura é indicada na figura como o segmento $\overline{AB}$). Essas torres são um bom exemplo de um prisma oblíquo de base quadrada e uma delas pode ser observada na imagem.

Disponível em: <www.flickr.com>. Acesso em: 27 mar. 2012.

Utilizando 0,26 como valor aproximado para a tangente de 15° e duas casas decimais nas operações, descobre-se que a área da base desse prédio ocupa na avenida um espaço:

a) menor que 100 m².
b) entre 100 m² e 300 m².
c) entre 300 m² e 500 m².
d) entre 500 m² e 700 m².
e) maior que 700 m².

62. Um banco solicitou aos seus clientes a criação de uma senha pessoal de 6 dígitos, formada somente por algarismos de 0 a 9, para acesso à conta-corrente pela internet.

Entretanto, um especialista em sistemas de segurança eletrônica recomendou à direção do banco recadastrar seus usuários, solicitando, para cada um deles, a criação de uma nova senha com 6 dígitos, permitindo agora o uso das 26 letras do alfabeto, além dos algarismos de 0 a 9. Nesse novo sistema, cada letra maiúscula era considerada distinta de sua versão minúscula. Além disso, era proibido o uso de outros tipos de caracteres.

Uma forma de avaliar uma alteração no sistema de senhas é a verificação do coeficiente de melhora, que é a razão do novo número de possibilidades de senhas em relação ao antigo.

O coeficiente de melhora da alteração recomendada é:

a) $\frac{62^6}{10^6}$.

b) $\frac{62!}{10!}$.

c) $\frac{62!\,4!}{10!\,56!}$.

d) $62! - 10!$.

e) $62^6 - 10^6$.

63. Num parque aquático existe uma piscina infantil na forma de um cilindro circular reto, de 1 m de profundidade e volume igual a 12 m³, cuja base tem raio R e centro O. Deseja-se construir uma ilha de lazer seca no interior dessa piscina, também na forma de um cilindro circular reto, cuja base estará no fundo da piscina e com centro da base coincidindo com o centro do fundo da piscina, conforme a figura. O raio da ilha de lazer será r. Deseja-se que após a construção dessa ilha, o espaço destinado à água na piscina tenha um volume de, no mínimo, 4 m³.

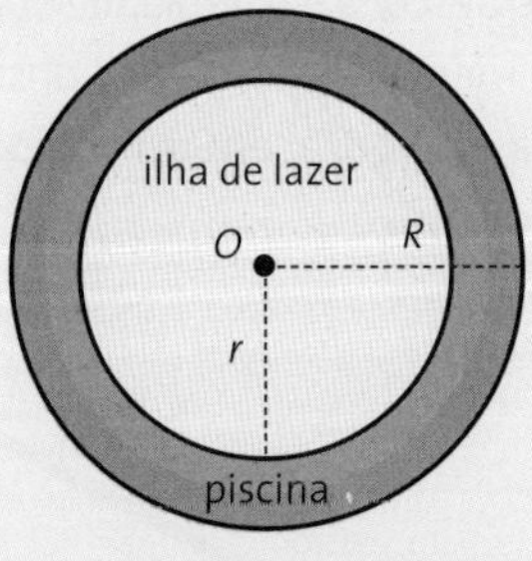

Considere 3 como valor aproximado para π.

Para satisfazer as condições dadas, o raio máximo da ilha de lazer r, em metros, estará mais próximo de:

a) 1,6.
b) 1,7.
c) 2,0.
d) 3,0.
e) 3,8.

64. Um artesão de joias tem à sua disposição pedras brasileiras de três cores: vermelhas, azuis e verdes. Ele pretende produzir joias constituídas por uma liga metálica, a partir de um molde no formato de losango não quadrado com pedras nos seus vértices, de modo que dois vértices consecutivos tenham sempre pedras de cores diferentes.

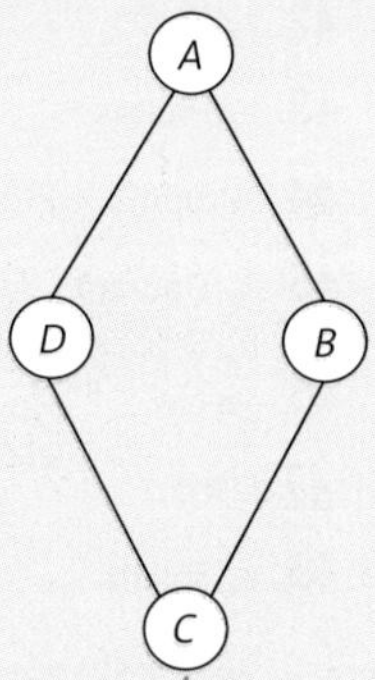

Com base nas informações fornecidas, quantas joias diferentes, nesse formato, o artesão poderá obter?

a) 6

b) 12

c) 18

d) 24

e) 36

65. Uma fábrica de parafusos possui duas máquinas, I e II, para a produção de certo tipo de parafuso. Em setembro a máquina I produziu $\frac{54}{100}$ do total de parafusos produzidos pela fábrica. Dos parafusos produzidos por essa máquina, $\frac{25}{1000}$ eram defeituosos. Por sua vez, $\frac{38}{1000}$ dos parafusos produzidos no mesmo mês pela máquina II eram defeituosos. O desempenho conjunto das duas máquinas é classificado conforme o quadro, em que *P* indica a possibilidade de um parafuso escolhido ao acaso ser defeituoso.

$0 \leqslant P < \frac{2}{100}$	Excelente
$\frac{2}{100} \leqslant P < \frac{4}{100}$	Bom
$\frac{4}{100} \leqslant P < \frac{6}{100}$	Regular
$\frac{6}{100} \leqslant P < \frac{8}{100}$	Ruim
$\frac{8}{100} \leqslant P \leqslant 1$	Péssimo

O desempenho conjunto dessas máquinas, em setembro, pode ser classificado como:

a) excelente.

b) bom.

c) regular.

d) ruim.

e) péssimo.

66. Considere o seguinte jogo de apostas:

Numa cartela com 60 números disponíveis, um apostador escolhe de 6 a 10 números. Dentre os números disponíveis, serão sorteados apenas 6. O apostador será premiado caso os 6 números sorteados estejam entre os números escolhidos por ele numa mesma cartela.

O quadro apresenta o preço de cada cartela, de acordo com a quantidade de números escolhidos.

Quantidade de números escolhidos em uma cartela	**Preço da cartela** (R$)
6	2,00
7	12,00
8	40,00
9	125,00
10	250,00

Cinco apostadores, cada um com R$ 500,00 para apostar, fizeram as seguintes opções:

- Arthur: 250 cartelas com 6 números escolhidos;
- Bruno: 41 cartelas com 7 números escolhidos e 4 cartelas com 6 números escolhidos;
- Caio: 12 cartelas com 8 números escolhidos e 10 cartelas com 6 números escolhidos;
- Douglas: 4 cartelas com 9 números escolhidos;
- Eduardo: 2 cartelas com 10 números escolhidos.

Os dois apostadores com maiores probabilidades de serem premiados são:

a) Caio e Eduardo.

b) Arthur e Eduardo.

c) Bruno e Caio.

d) Arthur e Bruno.

e) Douglas e Eduardo.

Respostas

Capítulo 7

Geometria plana

1. a) V
 b) F
 c) F
 d) V

3. 10,5 cm

4. 22,6 cm

5. 28 cm

6. $x = 5$ cm

7. $DH = 12$

8. 32

9. Entre 5 cm e 13 cm.

10. 6 cm e 4 cm.

11. a) 150°
 b) 150°
 c) 90°
 d) 180°
 e) 90°
 f) 60°
 g) 30°
 h) 0°

12. 15 lados.

13. a) 120°
 b) 90°
 c) 36°
 d) 45°
 e) 40°
 f) 30°
 g) 18°

17. a) $x = 34°$
 b) $x = 160°$
 c) $x = 40°$
 d) $x = 25°$

18. $x = 144°$

19. a) $x = 41°$ e $y = 108°$.
 b) $x = 13°$ e $y = 52°$.

21. a) $x = 44°$
 b) $x = 80°$
 c) $x = 115°$

22. a) $x = 45°$
 b) $c = 90°$

23. $O\hat{A}B = 90°$; $C\hat{O}A = 100°$.

24. a) $x = 70°$; $y = 100°$ e $z = 30°$.
 b) $x = 70°$; $y = 40°$ e $z = 30°$.

25. a) $x = 75°$
 b) $x = 20°$
 c) $x = 100°$
 d) $x = 80°$

26. a) $x = 36°$
 b) $x = 112{,}5°$

27. $\hat{F} = 21°$

28. a) $x = 2$
 b) $x = 6$

29. a) $x = 5$
 b) $x = 6\sqrt{3}$

30. $R = 6$ cm

31. 4 cm

32. $T_1T_2 = 6\sqrt{7}$ cm

33. 50 cm

34. a) $\ell_4 = r\sqrt{2}$; $a_4 = \frac{r\sqrt{2}}{2}$.
 b) $\ell_6 = r$; $a_6 = \frac{r\sqrt{3}}{2}$.
 c) $\ell_3 = r\sqrt{3}$; $a_3 = \frac{r}{2}$.

35. a) $r = \frac{\ell}{2}$
 b) $r = \frac{\ell\sqrt{2}}{2}$
 c) $r = \frac{\ell\sqrt{3}}{2}$
 d) $r = \ell$
 e) $r = \frac{\ell\sqrt{3}}{6}$
 f) $r = \frac{\ell\sqrt{3}}{3}$

37. a) $\ell_3 = 10\sqrt{3}$ cm; $a_3 = 5$ cm.
 b) $\ell_4 = 10\sqrt{2}$ cm; $a_4 = 5\sqrt{2}$ cm.
 c) $\ell_6 = 10$ cm; $a_6 = 5\sqrt{3}$ cm.

38. 30 cm

39. $d = \frac{10\sqrt{3}}{3}$ cm

40. $\frac{\sqrt{6}}{6}$

41. 14π cm

42. 7 cm

43. 100 voltas.

44. 300π m

45. a) Dobrará.
 b) Triplicará.

46. 5π cm

47. 12π cm

48. a) 5π cm
 b) $\frac{10\pi}{3}$ cm

49. a) 16π cm
 b) 18π cm

Resolvido passo a passo

5. a) Não.
 b) Quadrado: $2A$; paralelogramo: $2A$; triângulo médio: $2A$; triângulos maiores: $4A$ (cada um).
 d) China; 1813.

50. 2320 m²

51. 40 cm²

52. 147 cm²

53. $100\sqrt{3}$ cm²

55. $4\sqrt{3}$ cm²

56. $36\sqrt{3}$ cm²

57. $5\sqrt{3}$ cm²

58. $4\sqrt{3}$ cm²

59. 80 cm²

60. $20\sqrt{3}$ cm²

61. $96\sqrt{3}$ cm²

62. $A_t = 600$ cm²

63. 94 cm²

64. Região colorida: 8 cm²; região não colorida: 8 cm².

65. 60 m²

66. 16 mil pessoas.

67. $800\sqrt{3}$ km²

68. a) 57 cm²
 b) 44%

69. 0,3121 m²

70. $150\sqrt{3}$ cm²

71. $300\sqrt{3}$ cm²

72. a) 20π cm
b) 100π cm²

73. a) 18π cm²
b) 9π cm²
c) 12π cm²

74. $(16 - 4\pi)$ m²

75. $\left(\dfrac{25\pi + 48}{2}\right)$ m²

76. 100π cm²

77. 12π cm²

78. 64π cm²

79. 8π cm²

80. 20π cm²

81. 25π cm²

82. a) 57 cm²
b) 44%

83. $16(4 - \pi)$ cm²

84. 3

85. πrg

86. A área do lago 1.

87. a) 11,5 cm²
b) 12 cm²

88. a) 4 cm e 8 cm.
b) 16 cm² e 64 cm².

89. **b**

90. **a**

91. **d**

92. **c**

93. **b**

94. **d**

95. **e**

96. a) 2,5 km
b) 56,25 km²

Outros contextos

1. Aproximadamente 89,47 hectares; aproximadamente 1583 indígenas.

2. 17 000 000 000 m²; 17 000 km²

3. Hoje, no Brasil, vivem 817 mil indígenas, cerca de 0,4% da população brasileira, segundo dados do *Censo* 2010. Segundo a Funai, as terras indígenas possuem ao todo 109,7 milhões de hectares, ou 1 097 000 km², ocupando então aproximadamente 13% do território nacional.

Vestibulares de Norte a Sul

1. **c**

2. **d**

3. **c**

4. **e**

5. **a**

6. **d**

7. **b**

8. a) $x = 10{,}2$ cm
b) $A_{\Delta} = 52{,}02$ cm²
c) $A_{\text{octógono}} = 947{,}92$ cm²

9. $AB = 20$

10. **b**

11. **d**

Para refletir

Página 246

• sen 90° = 1
• A metade da soma das medidas dos lados.

Página 248

$5\ell a$

Capítulo 8

Geometria espacial de posição: uma abordagem intuitiva

1. a) Colineares e coplanares.
b) Coplanares, mas não colineares.
c) Colineares e coplanares.
d) Coplanares, mas não colineares.
e) Colineares e coplanares.
f) Colineares e coplanares.
g) Coplanares, mas não colineares.
h) Não são colineares nem coplanares.
i) Coplanares, mas não colineares.

2. Verdadeiras: **a**, **d**, **e**, **f**, **h**, **j**; falsas: **b**, **c**, **g**, **i**.

3. Paralelas: **c**, **f**; concorrentes: **a**, **d**, **e**, **h**, **i**; reversas: **b**, **g**.

4. 1ª: γ; 2ª: δ; 3ª: α; 4ª: β.

5. 4 planos.

6. a) $p(ABCD) \parallel p(EFGH)$; $p(ADGH) \parallel p(BCFE)$; $p(ABEH) \parallel p(CDGF)$.
b) Algumas soluções possíveis: $p(ABCD)$ e $p(ADGH)$; $p(CDGF)$ e $p(ACFH)$; $p(CBEF)$ e $p(ABEH)$.
c) Sim, $\overleftrightarrow{FG}$.
d) *ADGH* e *ABCD*.

7. a) F
b) V
c) F
d) V
e) F

8. a) Planos secantes.
b) $p(ABJI)$ e $p(ADGI)$.
c) $p(BCHJ)$
d) $\overleftrightarrow{CH}$
e) Não.

9. a) Planos secantes.
b) Sim, $\overleftrightarrow{FC}$.
c) Sim, $p(ABCD)$.

10. a) $\overleftrightarrow{BC}$, $\overleftrightarrow{CF}$, $\overleftrightarrow{EF}$, $\overleftrightarrow{BE}$, $\overleftrightarrow{BF}$, $\overleftrightarrow{CE}$.
b) $\overleftrightarrow{CD}$, $\overleftrightarrow{DG}$, $\overleftrightarrow{FG}$, $\overleftrightarrow{CF}$, $\overleftrightarrow{DF}$, $\overleftrightarrow{CG}$.
c) Algumas das soluções possíveis: $\overleftrightarrow{AH}$, $\overleftrightarrow{AE}$, $\overleftrightarrow{BG}$, $\overleftrightarrow{FC}$, $\overleftrightarrow{BE}$.

11. a) paralela
b) Está contida.
c) secante
d) Está contida.
e) paralela
f) Está contida.
g) secante
h) Está contida.

12. a) secante
b) retas reversas
c) paralelo
d) pertence
e) Está contida.
f) paralela
g) concorrentes
h) concorrentes

13. a) paralela
b) Está contida.
c) secante
d) Solução possível: $\overleftrightarrow{AC}$ e $\overleftrightarrow{BC}$ estão "furando" o plano *ABED*.
e) $p(ACFD)$ e $p(DEF)$.
f) paralelas
g) concorrentes
h) reversas

14. a) Está contida.
b) Algumas das soluções possíveis: $\overleftrightarrow{AE}$, $\overleftrightarrow{BF}$, $\overleftrightarrow{CG}$, $\overleftrightarrow{FD}$.
c) $p(ABCD)$ e $p(CDFG)$.
d) concorrentes
e) Algumas das soluções possíveis: $\overleftrightarrow{BH}$, $\overleftrightarrow{CG}$, $\overleftrightarrow{BF}$.
f) $p(EFGH)$
g) Alguns: $p(ADFE)$, $p(CDFG)$, $p(BDFH)$.
h) $\overline{EH}$, $\overline{EF}$, $\overline{EG}$

15. a) F
b) V
c) V
d) F
e) V
f) V
g) V
h) V
i) V
j) V
k) F
l) V

Resolvido passo a passo

5. a) 24 cm

16. a) V
b) V
c) F
d) V
e) V
f) F
g) V
h) F
i) F

17. a) Algumas soluções: $\overleftrightarrow{AE}$, $\overleftrightarrow{DH}$, $\overleftrightarrow{BF}$, $\overleftrightarrow{CG}$.
b) *p(ADHE)*
c) Sim. A figura é um paralelepípedo, então *AFGD* é um retângulo. Logo, $A\hat{F}G$ é reto e, portanto, $\overline{AF} \perp \overline{FG}$.

18. a) V
b) F
c) V

19. a) $p(ABFE) \perp p(ABCD)$; $p(ABFE) \perp p(EFGH)$; $p(ABFE) \perp p(ADHE)$; $p(ABFE) \perp p(BCGF)$.
b) *p(ADHE)* e *p(CDHG)*.
c) Sim, pois $\overleftrightarrow{AE}$ é perpendicular ao *p(EFGH)*.
d) Os três são perpendiculares ao *p(EFGH)*.

20. a) *p(ABCD)*
c) *p(CDHG)*
d) *p(ABFE)* ou *p(DCGH)*.
e) paralela
f) *p(CDHG)*
g) $\overleftrightarrow{BF}$ ou $\overleftrightarrow{CG}$.

22. a) V
b) F
c) F
d) V
e) V
f) V

23. **a**, **c** e **d**.

24. a) $\overline{CD}$
b) $\overline{AE}$
c) $\overline{DH}$
d) $\overline{AB}$
e) $\overline{CD}$
f) $\overline{AD}$
g) $\overline{AB}$
h) $\overline{FG}$
i) $\overline{DH}$
j) $\overline{FG}$
k) $\overline{BF}$
l) $\overline{DH}$

25. a) $\overline{HI}$
b) $\overline{GH}$
c) $\overline{AM}$, *M* é o ponto médio de $\overline{GH}$.

26. a) 3
b) 5
c) $\sqrt{13}$
d) $2\sqrt{5}$
e) 4
f) $\sqrt{13}$
g) 4
h) 2
i) 4
j) 2
k) 3
l) 2
m) $\sqrt{29}$

27. 54 cm

28. Caso 1: se uma das retas é perpendicular ao plano, as projeções são uma reta e um ponto fora dela.
Caso 2: as projeções são duas retas concorrentes.
Caso 3: as projeções são duas retas paralelas.

29. **b**

30. **e**

31. **d**

Atividades adicionais

1. a) F
b) V
c) F
d) V
e) V
f) F
g) F
h) V

2. a) F
b) V
c) V
d) V
e) F
f) F
g) V
h) V
i) F

3. a) V
b) V
c) V
d) F
e) F
f) V

4. a) F
b) V
c) V
d) V
e) F
f) F
g) F
h) V
i) V
j) V

5. a) paralelas
b) reversas
c) ortogonais
d) reversas
e) perpendiculares
f) reversas
g) paralelas

6. **c**

Vestibulares de Norte a Sul

1. **a**

2. 28

3. **c**

4. **c**

5. **d**

6. **d**

7. **c**

8. **c**

9. **a**

10. **b**

11. **d**

12. **d**

13. **a**

Para refletir

Página 266

$X \in r$; $X \notin s$; $G \in \alpha$; $G \notin \beta$; $M \in \alpha$; $M \in \beta$.

Página 267

- $\overleftrightarrow{AD}$ e $\overleftrightarrow{FG}$ são retas coplanares porque estão contidas no mesmo plano *ADGF*. Como essas retas não têm ponto comum, elas são paralelas.
- $\overleftrightarrow{CH}$ e $\overleftrightarrow{GD}$ são retas coplanares porque estão contidas no plano *CDHG*. $\overleftrightarrow{CH}$ e $\overleftrightarrow{GD}$ intersectam-se em um ponto; portanto, são concorrentes.

Página 268

Não existe um plano que contém as retas $\overleftrightarrow{AC}$ e $\overleftrightarrow{FH}$; portanto, elas são reversas.

Página 269

- Três pontos colineares pertencem a uma única reta e, por essa reta, passam infinitos planos. Por isso, não podemos dizer que três pontos colineares determinam um plano.
- Porque não há um plano que passe pelas duas retas simultaneamente.

Página 274

- Se forem coplanares, as retas podem ser concorrentes. Se não forem coplanares, serão retas reversas.
- São planos secantes.
- A reta está contida no plano ou a reta é secante ao plano.

Página 276

- As retas *t* e *s* formam dois ângulos de 45° e dois de 135°.
- *a* e *b* são reversas, pois não há um plano que passe pelas duas retas; *a* e *b* são ortogonais porque existe uma reta paralela a *a* que é perpendicular a *b* (*c*, por exemplo).
- *a* e *b* são reversas, pois não há um plano que passe pelas duas retas. *c* é paralela à reta *a*, mas *c* e *b* são oblíquas. Logo, *a* e *b* não são ortogonais.

Página 277

A reta *r* é reversa ortogonal às retas de α que não passam por *P*.

Página 285

É a própria reta *r*.

Página 286

- Quando $P \in r$.
- A distância é zero.

Página 287

- A distância é zero.
- Quando os planos são coincidentes.
- Não é possível.

Página 288

O ângulo entre dois planos concorrentes α e β é igual ao ângulo entre retas concorrentes *r* e *s* tal que $r \perp \alpha$ e $s \perp \beta$.

Capítulo 9

Poliedros: prismas e pirâmides

Questão da p. 285
6 faces; 12 arestas e 8 vértices.

1. a) 5 faces, 8 arestas e 5 vértices.
   b) 4 faces triangulares e 1 face quadrangular.
   c) 3 arestas.
   d) 4 arestas.
   e) Retas reversas.
2. Poliedros convexos: **a**, **d**; poliedros não convexos: **b**, **c**.
3. 7 faces.
4. 11 faces.
5. 7 vértices.
6. 21 arestas e 13 vértices.
7. 32 faces.
8. 10 vértices.
9. 18 m
10. 7 faces, 10 vértices e 15 arestas.
11. 8 faces triangulares e 4 faces quadrangulares.
12. 7 faces.
13. a) 1080° b) 2160°
14. **c**
15. 12 faces quadrangulares e 6 faces hexagonais.
16. 7 faces
18. $10\sqrt{2}$ cm
19. 30 cm
20. $4\sqrt{3}$ cm
21. 20 cm por 16 cm por 12 cm.
22. 216 cm^2
23. 184 cm^2
24. 4 m
25. 1,62 m^2
26. $18(10 + \sqrt{3})$ cm^2
27. $A_\ell = 108$ cm^2; $A_t = 4(27 + 2\sqrt{3})$ cm^2
28. $A_\ell = 9a^2$; $A_t = \frac{a^2}{2}(18 + \sqrt{3})$
29. 250 cm^2
30. 32,6 m^2
31. 810 m^2
32. $3d^2$
33. 600 m^2
34. $0{,}24(180 + \sqrt{3})$ cm^2
35. $\left(\frac{5400 - 25\sqrt{3}}{2}\right)$ cm^2
36. 147 m^2
37. 50
38. 1 488 cm^2
39. 0,6 m^2
40. Aproximadamente 17 caixas.
41. 414,4 cm^2

Resolvido passo a passo

5. a) 6 800 m^3
   c) • Em 15 de agosto de 1914.
   • A Primeira Guerra Mundial.

42. 140 cm^3
43. $375\sqrt{3}$ cm^3
44. 10 dm
45. 1 080 L
46. 12 800 cm^3
47. 1 000 dados.
48. 1 728 cm^3
49. 2 m
50. 1 000 cm^3
51. 150 cm^3
52. 17 400 m^3
53. 226 800 L
54. 57 600 L
55. 1 000 cm^3
56. 1 260 cm^3
57. 120 cm^3
58. 1 500 cm^3
59. $12\,600\sqrt{3}$ cm^3
60. $6\sqrt{3}$ cm^3
61. $h = 7$ cm; $A_t = 480$ cm^2.
62. $V = 768\sqrt{3}$ cm^3; $A_t = 192(2 + \sqrt{3})$ cm^2.
63. $\frac{1}{6}$
64. 6 m
65. $x = 2$ m
66. 11 m^3
67. 460 cm^3
68. $x = \sqrt{7}$ m
69. a) Igual.
    b) Maior.
71. **a**
72. a) $2\sqrt{3}$ cm
    b) $4\sqrt{7}$ cm
    c) $2\sqrt{29}$ cm
    d) $24\sqrt{3}$ cm^2
    e) $48\sqrt{7}$ cm^2
    f) $24(\sqrt{3} + 2\sqrt{7})$ cm^2
73. 800 cm^2
74. $16(1 + \sqrt{3})$ cm^2
75. $208\sqrt{3}$ cm^2
76. 180 cm^2
77. $144\sqrt{3}$ cm^2
78. $4(5 + \sqrt{11})$ cm^2
79. a) $2\sqrt{2}$ cm
    b) $12\sqrt{3}$ cm^2
80. 675 cm^3
81. 400 cm^3
82. Aproximadamente 100,8 mm^3.
83. 48 m^3
84. Aproximadamente 2 415 766,7 m^3.
85. $\frac{250\sqrt{2}}{3}$ cm^3
86. $\frac{27\sqrt{3}}{2}$ m^3
87. $\frac{4000(6 + \sqrt{2})}{3}$ cm^3
88. Aproximadamente 58,2 cm^3.

89. 140 000 L

90. 23,04 cm^2

91. 10 cm

92. 6 cm

93. $3\sqrt{3}$

94. $6\sqrt{3}$ cm^2

95. 18 500 cm^2

96. $\frac{3040}{3}$ cm^3

98. 4 632 cm^3

99. c

100. 6 240 cm^3

101. 1 776 cm^3

102. a) F
b) V
c) V
d) V
e) F
f) F
g) F
h) V
i) F

103. d

104. d

105. d

Atividades adicionais

1. 96 cm^2
2. $\frac{3h^2 - 2h\sqrt{3} - 3}{6h^2 - 18}$
3. 7 cm; 10 cm; 13 cm.
4. 75 cm^3
5. 1 920 cm^3
6. 292 cm^2
7. 216 cm^2
8. $a = 6$ cm; $V = 90\sqrt{3}$ cm^3.
9. $a = \frac{4V\sqrt{3}}{S}$
10. $6\sqrt{3}$ cm^3
11. $V = \frac{2S\sqrt{3S}}{\sqrt[4]{27}}$
12. $468\sqrt{3}$ m^2
13. $\frac{\sqrt{2}}{12}$
14. $125\sqrt{3}$
15. $\frac{3}{4}$
16. 12 cm^3
17. $h = m$; $A_\ell = 240$ cm^2.
18. a
19. $4\sqrt{5}$
20. 192 baldes.

Vestibulares de Norte a Sul

1. c
2. a
3. c
4. c
5. b
6. b
7. a
8. $\left[\frac{3}{16}(8 - h)^3 + 36h - 96\right]$ cm^3
9. a
10. b
11. e
12. a

Para refletir

Página 298

4 faces.

Página 299

Tetraedro: $4 - 6 + 4 = 2$
Dodecaedro: $20 - 30 + 12 = 2$
Prisma de base pentagonal: $10 - 15 + 7 = 2$
Prisma de base quadrangular: $5 - 8 + 5 = 2$
Tronco de pirâmide de base retangular:
$8 - 12 + 6 = 2$

Página 302

- $V = 8$; $A = 12$; $F = 6$; $n = 4$ e $p = 3$
  $2 \cdot 12 = 4 \cdot 6 = 3 \cdot 8$
- $n \geq 3$, pois o menor número possível de lados em cada face é 3 (face triangular); $p \geq 3$, pois o menor número possível de arestas que concorrem para o mesmo vértice é 3 (o cubo, por exemplo).

Capítulo 10

Corpos redondos

1. a) 8π cm^2
b) 16π cm^2
c) 24π cm^2
2. 12,56 galões de tinta.
3. 152π cm^2
4. $h = 2$ cm; $A_t = 70\pi$ cm^2.
5. 32π cm^2
6. Na lata mais alta.
7. $h = \frac{r}{2}$
8. 1
9. $\frac{3}{2}$
10. Aproximadamente 60,288 cm^2.
11. 251,2 cm^2
12. Aproximadamente 1 570 m^2.

Resolvido passo a passo

5. a) 20 cm × $10\sqrt{2}$ cm

13. 14 130 000 L
14. $0{,}12\pi$ cm^3
15. Aproximadamente 450π cm^3.
16. 1 008 m^3
17. Aproximadamente 15,7 mL.
18. 141,3 m^3
19. 282,6 cm^2
20. 128π cm^3
21. $2\,000\pi$ cm^3
22. $\frac{\pi}{4}$
23. A primeira lata.
24. a) $V(t) = 4\pi$ ℓ/h
b) $h(t) = 1$ dm/h
c) 10 h
25. a
26. Aproximadamente 2 712,96 cm^3.
27. Aproximadamente 169 560 cm^3.
28. A embalagem da figura II utiliza menos material e a embalagem da figura I tem maior capacidade.
29. a) 30 cm
b) 540π cm^2
c) 864π cm^2
30. Aproximadamente 834,82 cm^2.
31. Aproximadamente 6π cm^2.
32. a) $2\sqrt{21}$ cm
b) Aproximadamente 125,6 cm^2.
c) Aproximadamente 175,84 cm^2.
d) 144°
33. 260π cm^2
34. a) $r = 2$ cm e $h = 2\sqrt{3}$ cm.
b) 12π cm^2
35. $A_\ell = 2\pi r^2$; $A_t = 3\pi r^2$
36. 201,1 cm^2
37. $12\,000\pi$ litros (aproximadamente 36 000 litros).
38. $\frac{7}{3}\pi$ cm^3
39. 2 400 m^3
40. $3\sqrt{3}$ cm
41. 128π cm^3
42. 81,64 cm^3
43. Aproximadamente 368,43 m^2.
44. 4,71 L
45. Não.

46. $r = 5$ cm; $A_\ell \simeq 204{,}1$ cm^2; $V \simeq 314$ mL

47. $h = 48$ m; $g \simeq 48{,}3$ m; $A_\ell = 758{,}31$ m^2

48. 167,47 cm^3.

49. Aproximadamente 28π L.

50. $26{,}25\pi$ m^3

51. Aproximadamente 1153 950 L.

52. 111π mL

53. 49 mL

54. 372,09 m^3

55. Aproximadamente 3,55 cm^3.

56. Aproximadamente 452,16 cm^2.

57. Aproximadamente 314 cm^2.

58. 0,045216 m^2

59. $\frac{1}{4}$

60. Aproximadamente 628 m^2.

61. Aproximadamente 2 826 cm^2.

62. Aproximadamente 64π cm^2.

63. Aproximadamente 8 788 cm^3.

64. Aproximadamente 26,17 cm^3.

65. Aproximadamente 28,26 cm^2.

66. Aproximadamente 113,04 cm^3.

67. 250 000 L

68. $\frac{64\pi}{9}$ cm^3

69. Aproximadamente 152,60 m^3/h.

70. Aproximadamente 2 679 470 L.

71. Aproximadamente 79,55 m^3.

72. Aproximadamente 261,67 cm^3.

73. $3\pi R^3$

74. $V = 2\pi R^3\sqrt{3}$; $A_t = 2\pi R^2(1 + 2\sqrt{3})$.

75. Aproximadamente 3 052,08 m^3.

76. Aproximadamente 13,15 m^3.

77. $R = 4\sqrt[3]{2}$ cm; $A = 64\pi\sqrt[3]{4}$ cm^2.

78. 48π cm^3

79. 3π cm^2

80. 9,6 m^2

81. Aproximadamente 2,8 m^3.

82. $h = \frac{4R}{3}$

84. $r = \frac{R\sqrt[3]{9}}{3}$

85. Aproximadamente 1570 m^2.

86. a) $\frac{\pi R^2}{3}$ cm^2
b) $\frac{4\pi R^2}{3}$ cm^2

87. 18°; 20 gomos.

88. $\frac{2\sqrt{15}}{5}$ cm

89. 0,4 L

90. $20(\sqrt{2} - 1)$ cm e $20(2 - \sqrt{2})$ cm.

91. Não.

92. π cm^3

Atividades adicionais

1. Aproximadamente 14 067,2 cm^2.
2. 15 700 L
3. $V = \frac{\pi\ell^3\sqrt{2}}{2}$
4. Aproximadamente 0,3925 m^3.
5. 36 copos.
6. $\frac{\pi r^3}{2}$
7. $A_\ell \simeq 376{,}8$ cm^2; $A_t = 1\,004{,}8$ cm^2.
8. Aproximadamente 42,53 m^2.
9. 864 cm^3
10. **e**
11. 41,371 g
12. $A_\ell \simeq 204{,}1$ cm^2; $A_t = 282{,}6$ cm^2.
13. Aproximadamente 125,6 cm^2.
14. Aproximadamente 75,36.
15. Aproximadamente 256,17 cm^2.
16. Aproximadamente 293,07 cm^3.
17. $\frac{\sqrt{3}}{3}\pi r^3$
18. 8 vezes.
19. $h = \frac{\pi r^3}{3}$
20. $\frac{4}{3}\pi r^3$
21. $g = 5$ cm; $h = 3$ cm; $V \simeq 163{,}28$ cm^3.
22. 74,89 cm^3
23. 174,80 mL
24. Aproximadamente 6,7%.
25. 3 cm
26. 16 vezes.
27. $a = b\sqrt{2}$
28. 6

Vestibulares de Norte a Sul

1. **d**
2. **c**
3. **e**
4. **b**
5. **b**
6. Aproximadamente 1 607,68 cm^2.
7. $\frac{4\pi}{3}$ cm^3
8. $x = 5$ cm
9. **b**
10. a) 16π cm^3
b) $\frac{\pi x^3}{108}$ cm^3
11. **b**
12. **a**

Para refletir

Página 340
Porque cada um tem, pelo menos, uma superfície curva.

Página 341
Quando o cilindro é reto.

Página 348
O outro cateto indica o raio da base e a hipotenusa indica a geratriz do cone.

Capítulo 11

Análise combinatória

1. 6 maneiras.
2. 60 maneiras.
3. 8 maneiras.
4. 60 maneiras.
5. 16 números.
6. a) 36
b) 18
c) 18
d) 30
e) 9
7. 128 maneiras.
8. 63 maneiras.
9. a) 720
b) 210
c) $\frac{1}{24}$
d) $n^2 - n$
e) $\frac{1}{n+2}$
f) $n^2 + 2n - 3$
10. a) $n = 8$
b) $n = 2$
c) $n = 4$ ou $n = 1$.
11. 450 maneiras.
12. 6 palavras: ALI, AIL, LAI, LIA, IAL, ILA.
13. 254; 4.
14. 120 maneiras.
15. 48 maneiras.

16. 24 anagramas.

17. 6 números.

18. a) 720
b) 6
c) 24
d) 144
e) 4

19. a) AGIMO
b) AGIOM
c) GAIMO
d) OMIAG
e) IGAMO

20. a) 34 650
b) 5 040
c) 630
d) 10 080
e) 1 120

21. 1 260 maneiras.

22. 120 modos.

23. 6 ordens.

24. 66 soluções.

25. a) 12
b) 120
c) 56
d) 24
e) 5
f) 1
g) 6 720
h) 1

26. a) $x^2 - x$
b) $x^2 - 7x + 12$
c) $8x^3 - 2x$

27. a) 7
b) 4

28. 657 720 maneiras.

29. a) 120
b) 48

30. 132

31. a) 504
b) 336
c) 2 520
d) 15 120

32. 360 maneiras.

33. 360 maneiras.

34. a) 120
b) 120
c) 24
d) 6
e) 96

35. a) 360
b) 60
c) 180
d) 180

36. 657 720

37. 60

Resolvido passo a passo

5. a) 190

38. a) 15
b) 10
c) 4
d) 5
e) 21
f) 7
g) 45
h) 27 405

39. a) 6
b) 3

40. 1 140 maneiras.

41. 210 equipes.

42. 45 maneiras.

43. 120 maneiras.

44. a) 84 maneiras.
b) 60 maneiras.
c) 40 maneiras.

45. 142 506 comissões.

46. 35 modos.

47. 270 725 maneiras.

48. a) 30 formas.
b) 150 formas.
c) 330 formas.

49. a) 16 380 modos.
b) 42 504 modos.
c) 140 modos.

50. a) 56 comissões.
b) 56 comissões.
c) 140 comissões.

51. a) 60 maneiras.
b) 65 maneiras.
c) 115 maneiras.

52. 96 modos.

53. 10 536 quadriláteros.

54. a) $x = 9$ ou $x = 4$.
b) $x = 30$
c) $x = 5$

55. $n = 7$

56. 20 modos.

57. 1 000 opções.

58. 6 561 números.

59. 56 triângulos.

60. 720 maneiras.

61. 20 maneiras.

62. 720 maneiras.

63. 151 200 anagramas.

64. 15 quadriláteros.

65. 35 subconjuntos.

66. 9 amigos.

67. a) 720 anagramas.
b) 120 anagramas.
c) 24 anagramas.
d) 144 anagramas.
e) 216 anagramas.
f) 24 anagramas.
g) 144 anagramas.

68. 300 números.

69. 960 placas.

70. 28 duplas.

71. 739 números.

72. 3 844 comissões.

73. 11 664 números.

74. 72 anagramas.

75. 88 400 maneiras.

76. 140 números.

77. 36 comissões.

78. 57 retas.

79. 560 maneiras.

80. 886 656 maneiras.

81. 4 diagonais.

82. 480 maneiras.

83. 45 tentativas.

84. $81 \cdot 10^7$

85. a) 55º lugar.
b) 6 666 600

86. a) 15
b) 35
c) 1
d) 190

87. 1

88. $x = 1$

89. $\frac{5}{8}$

90. a) 32
b) 56
c) 15
d) 5
e) 252
f) 93

93. 6ª linha: 1 6 15 20 15 6 1;
7ª linha: 1 7 21 35 35 21 7 1.

95. $n = 14$ e $p = 4$.

96. a) $2^4 = 16$
b) $2^8 - 1 = 127$

97. 63 maneiras.

98. 968 polígonos.

99. 256 modos.

101. 1

102. d

103. a) $84x^3$
b) $-8\,064x^5a^5$
c) $T_2 = -20x^{19}$ e $T_{20} = -20x$.

104. a) Não existe.
b) Não existe.
c) -20

105. a) 16 termos
b) x^{15}
c) $\binom{15}{2} \cdot x^{13} = 105 \cdot x^{13}$

106. $-84x^6$

107. a) $1\,120x^4$
b) $\frac{28}{27}x^5$

108. 6 400

109. 1

110. 6 561

111. e

112. e

Atividades adicionais

1. $n = 9$

2. $n = 6$

3. Decágono: 35 diagonais; Icoságono: 170 diagonais.

4. a) $x = 9$
b) $x = 6$

5. a) $x = 4$ ou $x = 5$.
b) $x = 7$

6. $n = 8$

7. a) 120
b) 6
c) 36
d) 24

8. 126

9. 380 jogos.

10. 70 triângulos.

11. 1350 maneiras.

12. c

13. 2^{n-1}

14. a) 1024
b) 1023
c) 462
d) 461
e) 462
f) 46

16. 0

18. d

Vestibulares de Norte a Sul

1. e

2. c

3. c

4. d

5. a

6. d

7. c

8. c

9. 70 comissões.

10. d

11. d

12. c

13. 2 030 maneiras.

14. e

15. c

16. b

17. $S = \{5\}$

18. c

Para refletir

Página 372

1ª etapa: Recife-São Paulo; 2ª etapa: São Paulo-Porto Alegre.

Página 373

Se tivermos o zero nas centenas significa que não há centena nesse número. Por exemplo: $\underline{0}\,\underline{4}\,\underline{5} = 45$.

Página 377

APPA, AAPP, APAP, PAPA, PPAA, PAAP.

Página 384

1

Página 390

175 760 000 placas.

Capítulo 12

Probabilidade

1. $\Omega = \{1, 2, 3, 5, 6, 7\}$; $A = \{2, 4, 6\}$; $B = \{1, 2, 3\}$; $C = \{3, 6\}$; $D = \{\ \}$; $E = \{1, 2, 3, 4, 5, 6\}$.

2. $\Omega = \{1, 2, 3\}$; $A = \{2\}$; $B = \{1, 3\}$.

3. $\Omega = \{(C_1, C_2), (C_1, \overline{C_2}), (\overline{C_1}, C_2), (\overline{C_1}, \overline{C_2})\}$, em que C_1 e C_2 são as caras e $\overline{C_1}$ e $\overline{C_2}$ são as coroas; $A = \{(C_1, \overline{C_2}), (C_2, \overline{C_1})\}$; $B = \{(\overline{C_2}, \overline{C_1})\}$; $C = \{(C_1, C_2), (C_1, \overline{C_2}), (\overline{C_1}, C_2)\}$.

4. $\Omega = \{2c, 2o, 2e, 2p, 3c, 3o, 3e, 3p, ..., Ac, Ao, Ae, Ap\}$, em que c, o, e, p significam, respectivamente, copas, ouros, espadas e paus;
$A = \{Ac, Ao, Ae, Ap\}$; $B = \{Ao\}$; $C = \{2c, 2o, 2e, 2p\}$.

5. $A = \{(M, M, M)\}$; $B = \{(F, F, F)\}$;
$C = \{(M, M, M), (F, F, F)\}$.

6. a) 50%
b) 50%
c) Aproximadamente 16,7%.
d) Aproximadamente 33,3%.
e) 0%
f) 100%

7. a) 40%
b) 60%

8. a) $\frac{6}{13}$
b) $\frac{4}{13}$
c) $\frac{6}{13}$
d) $\frac{5}{13}$
e) $\frac{9}{13}$
f) $\frac{4}{13}$
g) $\frac{3}{13}$

9. a) $\frac{1}{6}$
b) $\frac{1}{2}$
c) $\frac{5}{12}$
d) $\frac{7}{12}$
e) $\frac{1}{4}$
f) $\frac{1}{6}$
g) $\frac{7}{18}$

10. Aproximadamente 42,8%.

11. a) $\frac{13}{52}$
b) $\frac{4}{52}$
c) $\frac{1}{52}$
d) $\frac{1}{2}$
e) $\frac{1}{26}$

12. a) $\frac{1}{4}$

b) $\frac{1}{2}$

c) $\frac{1}{4}$

d) $\frac{1}{2}$

13. a) $\frac{3}{5}$

b) $\frac{3}{25}$

14. a) $\frac{17}{80}$

b) $\frac{7}{80}$

c) $\frac{7}{80}$

d) $\frac{19}{80}$

e) $\frac{27}{80}$

15. a) 37,5%

b) 12,5%

c) 87,5%

d) 25%

e) 12,5%

16. $\frac{1}{24}$

17. a) $C_{52,2} = 1\,326$

b) $C_{13,2} = 78$

c) $\frac{1}{17}$

Resolvido passo a passo

5. a) Não. O jogador com maior chance é o de camisa número 7, com probabilidade $\frac{6}{36}$.

b) Não, todos os jogadores teriam a mesma probabilidade de serem sorteados.

18. a) 0,6

b) 0,4

c) 0,6

d) 0,7

e) 0,9

f) 0,3

g) 0,2

h) 0,4

19. a) $\frac{8}{17}$

b) $\frac{7}{17}$

c) $\frac{14}{17}$

d) $\frac{1}{17}$

e) $\frac{3}{17}$

f) $\frac{7}{17}$

g) $\frac{6}{17}$

20. a) $\frac{1}{4}$

b) $\frac{1}{13}$

c) $\frac{4}{13}$

d) $\frac{1}{52}$

e) $\frac{39}{52}$

f) $\frac{48}{52}$

g) $\frac{9}{13}$

21. $\frac{5}{18}$

22. $\frac{13}{18}$

23. $\frac{8}{11}$

24. $\frac{3}{4}$ (ou 75%)

25. a) $\frac{1}{7}$

b) $\frac{6}{21}$

c) $\frac{12}{21}$

26. $\frac{5}{6}$

27. a) $\frac{1}{17}$

b) $\frac{13}{102}$

c) $\frac{195}{442}$

28. Opção 2.

29. a) 50%

b) 25%

c) 80%

30. a) $\frac{3}{5}$

b) $\frac{1}{2}$

c) $\frac{3}{4}$

d) $\frac{4}{5}$

31. $\frac{1}{4}$

32. a) $\frac{8}{19}$

b) $\frac{9}{16}$

c) $\frac{5}{19}$

d) $\frac{1}{4}$

e) $\frac{11}{19}$

f) $\frac{14}{19}$

g) $\frac{9}{16}$

33. a) $\frac{1}{8}$

b) $\frac{1}{4}$

c) $\frac{3}{8}$

d) $\frac{1}{4}$

e) $\frac{1}{3}$

f) 1

g) $\frac{4}{7}$

34. $\frac{1}{2}$

35. a) $\frac{1}{4}$

b) $\frac{1}{4}$

c) $\frac{1}{16}$

36. $\frac{1}{11}$

37. Aproximadamente 33,3%.

38. 3%

40. Sim.

41. a) 0,08

b) 0,52

42. 0,6

43. a) $\frac{1}{2}$

b) $\frac{1}{6}$

c) $\frac{1}{12}$

d) $\frac{1}{6}$

e) Sim.

44. a) $\frac{1}{7}$

b) $\frac{2}{35}$

c) $\frac{3}{7}$

45. $\frac{7}{2}$

46. a) $\frac{1}{32}$

b) $\frac{5}{16}$

c) $\frac{5}{32}$

d) $\frac{1}{32}$

47. a) $\frac{5}{16}$

b) $\frac{15}{64}$

48. $\frac{15}{64}$

49. $\frac{625}{3\,888}$ ($\simeq$16%)

50. a) $\frac{256}{390\,625}$ ($\simeq$ 0,07%)

b) $\frac{16\,128}{390\,625}$ ($\simeq$ 4,13%)

51. 50%

52. $\frac{1}{4}$

53. $\frac{1}{2}$

54. a) $\frac{1}{4}$

b) $\frac{1}{16}$

55. $\frac{1}{2}$

Outros contextos

1. 25%

2. $\frac{1}{16}$

3. $\frac{175}{256}$

4. 1 910 doadores.

Leituras

1. $\frac{1}{216}$ (0,46%)

2. $\frac{1}{36}$ (2,78%)

3. $\frac{1}{72}$ (1,39%)

4. a) $\frac{25}{216}$ (11,6%)

b) $\frac{1}{8}$ (12,5%)

Atividades adicionais

1. Espaço amostral: $\Omega = \{1, 2, 3, 4, 5, 6, 7, 8, 9, 10\}$

A: número ímpar = $\{1, 3, 5, 7, 9\}$

B: número primo = $\{2, 3, 5, 7\}$

C: número maior do que 4 = $\{5, 6, 7, 8, 9, 10\}$

2.

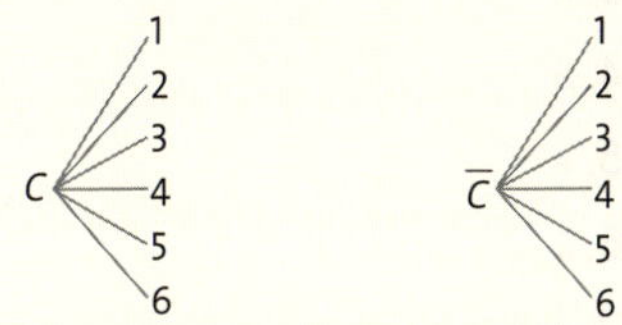

$\Omega = \{(C, 1), (C, 2), (C, 3), (C, 4), (C, 5), (C, 6), (\overline{C}, 1), (\overline{C}, 2), (\overline{C}, 3), (\overline{C}, 4), (\overline{C}, 5), (\overline{C}, 6)\}$

A: cara e par = $\{(C, 2), (C, 4), (C, 6)\}$

B: coroa e múltiplo de 3 = $\{(\overline{C}, 3), (\overline{C}, 6)\}$

C: coroa e ímpar = $\{(\overline{C}, 1), (\overline{C}, 3), (\overline{C}, 5)\}$

3. $\Omega = \{V, A_1, A_2, A_3\}$

A: retirar bola vermelha = $\{V\}$

B: retirar bola azul = $\{A_1, A_2, A_3\}$

4. a) 25%

b) 75%

c) Aproximadamente 11,5%.

d) Aproximadamente 61,5%.

5. a) 40% b) 70%

6. $\frac{607}{6\,000}$

7. $\frac{1}{11}$

8. $\frac{10}{21}$

9. a) Aproximadamente 46,2%.

b) Aproximadamente 30,8%.

c) Aproximadamente 46,29%.

d) Aproximadamente 38,5%.

e) Aproximadamente 69,2%.

f) Aproximadamente 30,8%.

g) Aproximadamente 23,1%.

10. a) Aproximadamente 33,3%.

b) 50%

c) Aproximadamente 5,6%.

d) 11,1%.

e) 11,1%.

11. c

12. a) Aproximadamente 31,2%.

b) Aproximadamente 37,5%.

c) 25%

d) 68,75%

14. e

15. a

16. Aproximadamente 58,3%.

17. a) Aproximadamente 85,4%.

b) Aproximadamente 0,4%.

c) Aproximadamente 14,6%.

18. $\frac{1}{2}$

19. a) $\frac{4}{7}$

b) $\frac{6}{13}$

c) $\frac{5}{8}$

d) $\frac{5}{12}$

e) $\frac{1}{4}$

20. $\frac{3}{7}$

21. Sim.

23. a) Não.

b) Sim.

c) Sim.

Vestibulares de Norte a Sul

1. d

2. a

3. c

4. a

5. a

6. e

7. b

8. $\frac{2\pi + 3\sqrt{3}}{375}$

9. b

10. a) 56%

b) 6%

11. b

12. b) $\frac{1}{3}$

13. a) 120 resultados.
b) Aproximadamente 4,6%.

14. d

15. b

16. a) Sim.
b) Não.

Para refletir

Página 406

Os dois lados da moeda ou as seis faces do dado têm a mesma "chance" de sair.

Página 429

Indivíduo heterozigoto é aquele que possui gametas diferentes (*Aa*) e indivíduo homozigoto é aquele que possui gametas iguais (*AA* ou *aa*) em determinado gene.

Caiu no Enem

1. c
2. c
3. b
4. a
5. c
6. a
7. b
8. e
9. c
10. b
11. b
12. b
13. c
14. c
15. d
16. e
17. a
18. a
19. d
20. c
21. b
22. d
23. d
24. b
25. d
26. d
27. d
28. d
29. b
30. b
31. d
32. e
33. d
34. b
35. e
36. a
37. a
38. d
39. d
40. b
41. b
42. e
43. c
44. e
45. e
46. c
47. d
48. c
49. c
50. e
51. d
52. c
53. a
54. e
55. a
56. a
57. a
58. b
59. d
60. a
61. e
62. a
63. a
64. c
65. b
66. a

Sugestões de leitura

- ***Coleção PEC – Projeto Escola e Cidadania.***
  São Paulo: Editora do Brasil, 2001.
  Nesta coleção há vários módulos que ajudam a compreender conteúdos, em especial: Arranjando e permutando, Combinações, O que é probabilidade e Observando formas.

- ***Matemática & Mistério em Baker Street.***
  Lázaro Coutinho. Rio de Janeiro: Ciência Moderna, 2004.
  Escrito em linguagem simples, o livro nos conduz ao fantástico mundo de Sherlock Holmes e seu parceiro, Dr. Watson. Para o enriquecimento do texto, concorrem fatos, lendas e curiosidades da Matemática.

- ***O Enigma de Sherazade e outros incríveis problemas, das Mil e uma Noites à lógica moderna.***
  Raymond Smullyan. Tradução de Sergio Flaksman. Rio de Janeiro: Record, 2001.
  Nesta divertida paródia de *As Mil e uma Noites*, o autor, renomado matemático e lógico, transporta os leitores para o mundo dos enigmas e das charadas. O livro traz anedotas e 225 enigmas, todos com as soluções, incluindo problemas lógicos e jogos com números, enigmas sobre enigmas, exercícios de verdade/mentira, charadas e paradoxos desconcertantes.

- ***O instinto matemático.***
  Keith Devlin. Tradução de Michelle Dysman. Rio de Janeiro: Record, 2009.
  O autor afirma que há dois tipos de Matemática: a natural e a simbólica. A Matemática natural evolui há milhões de anos, proporcionando – tanto a humanos quanto a animais – inacreditáveis habilidades relacionadas à necessidade de sobrevivência, ao senso de direção e à captura de presas. A Matemática simbólica é exclusiva do ser humano e tem pelo menos 3 mil anos.

- ***Quais são suas chances?***
  Amir D. Aczel. Tradução de Jussara Simões. São Paulo: Best Seller, 2007.
  O autor, um famoso matemático, explica como o ser humano, desde os tempos antigos, já procurava entender os caprichos da sorte e do azar. De forma atraente e fácil, o livro aborda como funcionam as fórmulas que fundamentam as probabilidades e ensina como aplicá-las às diferentes situações do cotidiano.

- ***20 000 léguas matemáticas: um passeio pelo misterioso mundo dos números.***
  A. K. Dewdney. Tradução de Vera Ribeiro. Rio de Janeiro: Jorge Zahar, 2000.
  Nesta aventura literária desafiadora, somos levados a uma viagem fictícia pelo mundo à procura da solução para um dos grandes mistérios matemáticos: por que o cosmo é regido por leis matemáticas?

Bibliografia

ÁVILA, G. *Cálculo das funções de uma variável*. 7. ed. Rio de Janeiro: Livros Técnicos e Científicos, 2003. v. 1.

BORBA, Marcelo de Carvalho; PENTEADO, Mirian de Godói. *Informática e educação*. Belo Horizonte: Autêntica, 2002. (Coleção Tendências em Educação Matemática).

BOYER, Carl B. *História da Matemática*. 3. ed. São Paulo: Edgard Blücher/Edusp, 2010.

COLEÇÃO do Professor de Matemática. Rio de Janeiro: SBM, 2003. 26 v.

D'AMBROSIO, U. *Da realidade à ação:* reflexões sobre Educação Matemática. Campinas: Ed. da Unicamp, 1986.

DANTE, L. R. *Didática da resolução de problemas de Matemática*. 12. ed. São Paulo: Ática, 2002.

DAVIS, P. J.; HERSH, R. *A experiência matemática*. 2. ed. Lisboa: Gradiva, 2013.

EVES, H. *Introdução à história da Matemática*. Campinas: Ed. da Unicamp, 2004.

KRULIK, Stephen; REYS, Robert E. (Org.). *A resolução de problemas na Matemática escolar*. Tradução de Hygino H. Domingues e Olga Cobro. São Paulo: Atual, 1997.

LIMA, E. L. et al. *A Matemática do Ensino Médio*. Rio de Janeiro: SBM, 1997. (Coleção do Professor de Matemática, v. 1 e 2).

LOURENÇO, Marcos. *Cabri-Geomètre:* introdução e atividades. Catanduva: Fafica, 2000.

MIORIN, M. Â. *O ensino de Matemática:* evolução e modernização. Tese (Doutorado) — Faculdade de Educação Unicamp, Campinas, 1998.

POLYA, G. *A arte de resolver problemas*. Rio de Janeiro: Interciência, 1995.

________. *Mathematical Discovery on Understanding, Learning and Teaching Problem Solving*. New York: John Wiley & Sons, 2009. 2 v.

REVISTA do professor de Matemática. São Paulo: SBM, 1982-2013. v. 1 a 80.

PROJETO
MÚLTIPLO

Caderno de Estudo

Matemática

Ensino Médio

Luiz Roberto Dante

Livre-docente em Educação Matemática pela Unesp – Rio Claro, SP.
Doutor em Psicologia da Educação: Ensino da Matemática, pela PUC – São Paulo.
Mestre em Matemática pela USP.
Pesquisador em ensino e aprendizagem da Matemática pela Unesp – Rio Claro, SP.
Ex-professor da rede estadual do Ensino Fundamental e Médio – São Paulo.
Autor de vários livros, entre os quais: *Formulação e resolução de problemas de Matemática – Teoria e prática; Didática da Matemática na pré-escola; Projeto Ápis – Matemática* (1º ao 5º ano); *Projeto Teláris Matemática* (6º ao 9º ano); *Projeto Voaz Matemática* (Ensino Médio – volume único); *Matemática – Contextos & Aplicações* (Ensino Médio – volume único).

editora ática

editora ática

Diretoria editorial: Lidiane Vivaldini Olo
Editoria de Ciências Exatas: Cármen Matricardi
Editoras: Monique Matos de Oliveira, Cibeli de Oliveira Chibante Bueno, Letícia Mancini Martins (estag.)
Colaboradora editorial: Pamela Hellebrekers Seravalli
Supervisor de arte e produção: Sérgio Yutaka
Supervisor de arte e criação: Didier Moraes
Coordenadora de arte e criação: Andréa Dellamagna
Editor de arte: André Gomes Vitale
Diagramação: Wander Camargo
Design gráfico: UC Produção Editorial, Andréa Dellamagna (miolo e capa)
Gerente de revisão: Hélia de Jesus Gonsaga
Equipe de revisão: Rosângela Muricy (coord.), Ana Paula Chabaribery Malfa, Claudia Virgilio, Vanessa de Paula; Flávia Venézio dos Santos e Gabriela Macedo de Andrade (estags.)
Supervisor de iconografia: Sílvio Kligin
Pesquisadora iconográfica: Cláudia Bertolazzi
Tratamento de imagem: Cesar Wolf e Fernanda Crevin
Foto da capa: Stoneography/Flickr Open/Getty Images
Grafismos: Shutterstock/Glow Images
Ilustrações: Theo Szczepanski

Direitos desta edição cedidos à Editora Ática S.A.
Av. das Nações Unidas, 7221, 3º andar, setor C
Pinheiros – São Paulo – SP
CEP 05425-902
Tel.: 4003-3061
www.atica.com.br/editora@atica.com.br

Dados Internacionais de Catalogação na Publicação (CIP)
(Câmara Brasileira do Livro, SP, Brasil)

Dante, Luiz Roberto
Projeto Múltiplo: Matemática : ensino médio / Luiz Roberto Dante. -- São Paulo : Ática, 2014.

Obra em 3 v.

1. Projeto Múltiplo: Matemática (Ensino médio)
I. Título.

14-02256 CDD-510.7

Índice para catálogo sistemático:
1. Projeto Múltiplo: Matemática : Ensino médio 510.7

2023
ISBN 978 85 08 16705-0 (AL)
ISBN 978 85 08 16706-7 (PR)
Código da obra CL 737770
CAE 501220 (AL)
CAE 501240 (PR)
1ª edição
8ª impressão

Impressão e acabamento: Bercrom Gráfica e Editora

Uma publicação Abril EDUCAÇÃO

Apresentação

O Ensino Médio é a época na qual a maioria dos adolescentes faz uma escolha que os acompanhará por toda a vida: a da profissão que desejam seguir.

Além da profissão, a escolha da universidade também é um fator decisivo para o seu futuro sucesso profissional. E para que você tenha um bom desempenho no exame vestibular da universidade que escolher, além de conhecer muito bem todo o conteúdo do Ensino Médio, você deve ter uma ótima habilidade em resolver exercícios. Por esse motivo, este caderno reúne mais de 200 questões das mais renomadas universidades do país, questões de níveis complexos, que, no todo, representam um momento único de preparação para o vestibular. Para auxiliá-lo com as resoluções, cada sequência de exercícios de um mesmo tema é precedida por quadros-resumos que sintetizam os principais tópicos do conteúdo.

Encare o período de estudo com este caderno como oportunidade de aperfeiçoar sua capacidade de resolver exercícios de forma rápida e segura.

Utilize este caderno como um instrumento de aperfeiçoamento de suas habilidades e não desista dos seus sonhos.

Boa sorte!

Sumário

Vestibular em foco

Theo Szczepanski/ Arquivo da editora

TRIGONOMETRIA EM TRIÂNGULOS QUAISQUER

Lei dos senos

Definição

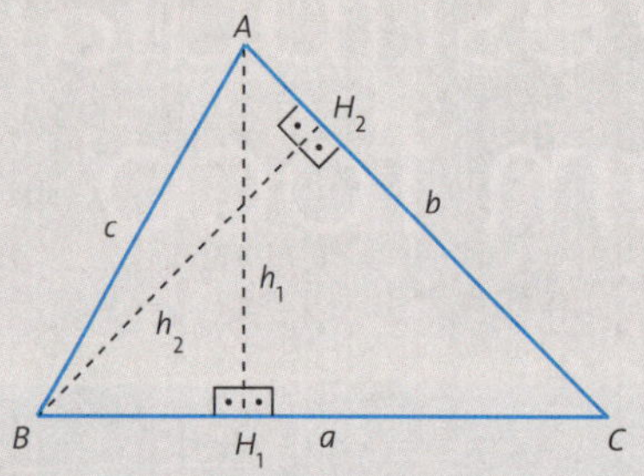

$$\frac{a}{\text{sen}\,\hat{A}} = \frac{b}{\text{sen}\,\hat{B}} = \frac{c}{\text{sen}\,\hat{C}}$$

A constante 2*R*

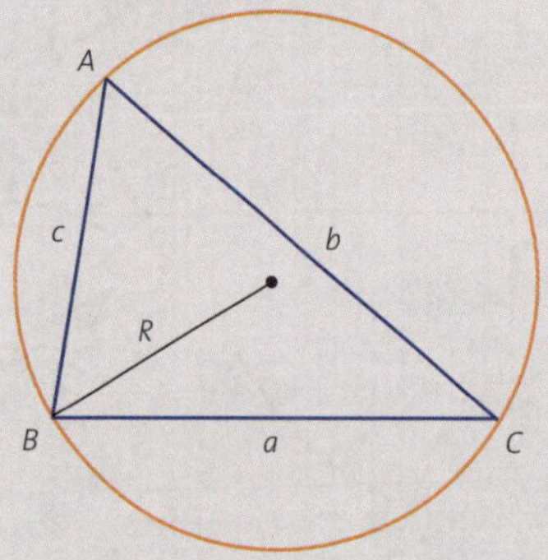

$$\frac{\text{medida do lado}}{\text{seno do ângulo oposto}} = 2R$$

Lei dos cossenos

Definição

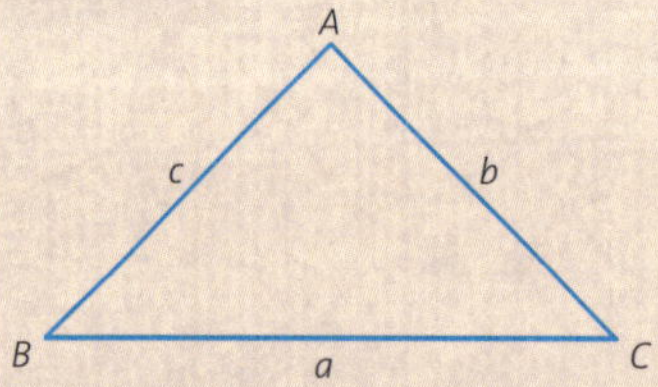

- $a^2 = b^2 + c^2 - 2bc \cdot \cos \hat{A}$
- $b^2 = a^2 + c^2 - 2ac \cdot \cos \hat{B}$
- $c^2 = a^2 + b^2 - 2ab \cdot \cos \hat{C}$

Exercícios

1. (Cesgranrio-RJ) No triângulo *ABC*, os lados *AC* e *BC* medem 8 cm e 6 cm, respectivamente, e o ângulo *A* vale 30°. O seno do ângulo *B* vale:

a) $\frac{1}{2}$.
b) $\frac{2}{3}$.
c) $\frac{3}{4}$.
d) $\frac{4}{5}$.
e) $\frac{5}{6}$.

2. (Unicamp-SP) Os lados de um triângulo têm, como medidas, números inteiros ímpares consecutivos cuja soma é 15.

a) Quais são esses números?
b) Calcule a medida do maior ângulo desse triângulo.

3. (Unimontes-MG) Se num triângulo retângulo os catetos medem 2 m e 4 m, então o cosseno do menor ângulo desse triângulo é igual a:

a) $\frac{\sqrt{5}}{5}$.
b) $\frac{5\sqrt{5}}{2}$.
c) $\frac{2\sqrt{5}}{5}$.
d) $\frac{\sqrt{5}}{2}$.

4. (UFJF-MG) Dois lados de um triângulo medem 8 m e 10 m, e formam um ângulo de 60°. O terceiro lado desse triângulo mede:

a) $2\sqrt{21}$ m.
b) $2\sqrt{31}$ m.
c) $2\sqrt{41}$ m.
d) $2\sqrt{51}$ m.
e) $2\sqrt{61}$ m.

5. (UFSM-RS) Na instalação das lâmpadas de uma praça de alimentação, a equipe necessitou calcular corretamente a distância entre duas delas, colocadas nos vértices *B* e *C* do triângulo, segundo a figura.

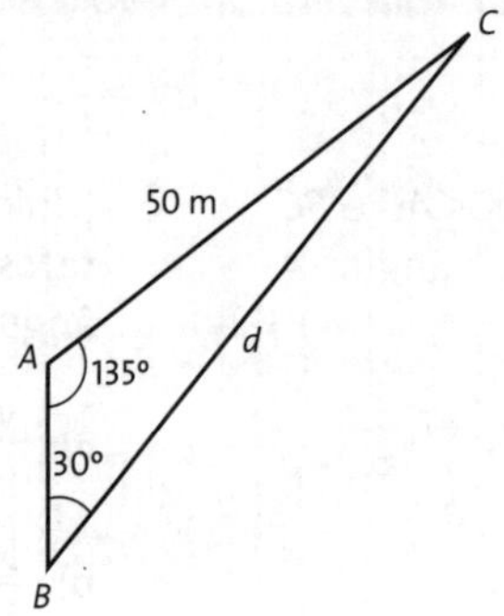

Assim, a distância *d* é:

a) $50\sqrt{2}$ m. b) $50\dfrac{\sqrt{6}}{3}$ m. c) $50\sqrt{3}$ m. d) $25\sqrt{6}$ m. e) $50\sqrt{6}$ m.

6. (Unifor-CE) Um terreno de forma triangular tem frentes de 10 m e 20 m, em ruas que formam, entre si, um ângulo de 120°. A medida do terceiro lado do terreno, em metros, é:

a) $10\sqrt{5}$. b) $10\sqrt{6}$. c) $10\sqrt{7}$. d) 26. e) $20\sqrt{2}$.

7. (UPM-SP) Três ilhas *A*, *B* e *C* aparecem num mapa, em escala 1 : 10 000, como na figura.

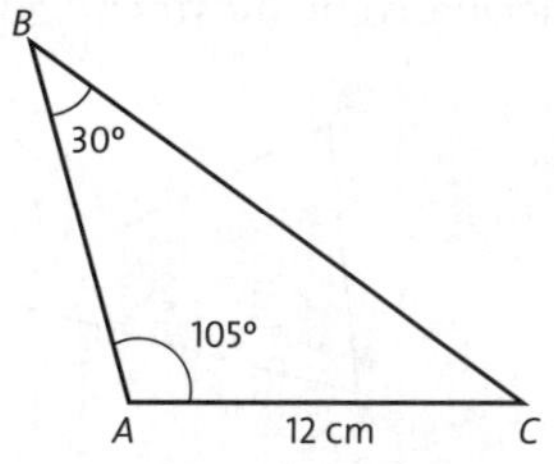

Das alternativas, a que melhor aproxima a distância entre as ilhas *A* e *B* é:

a) 2,3 km. b) 2,1 km. c) 1,9 km. d) 1,4 km. e) 1,7 km.

8. (UFTM-MG) Robô da Nasa anda em Marte: em seu primeiro "test drive", o Curiosity andou 4,5 m, girou por 120° e percorreu mais 2,5 m, em 16 minutos.

O Estado de S. Paulo, 24 ago. 2012.

A figura esquematiza a trajetória do robô, contida em um plano, onde todos os trechos por ele percorridos foram em movimento retilíneo. Suponha que esse robô retorne ao ponto de partida (*P*), mantendo a mesma velocidade média desenvolvida anteriormente. Adotando como valor da raiz quadrada de um número decimal o número inteiro mais próximo, é correto afirmar que, para ir do ponto *B* ao ponto *P*, o robô irá demorar, aproximadamente:

a) 9 min 6 s. b) 12 min 6 s. c) 10 min 40 s. d) 13 min 12 s. e) 11 min 30 s.

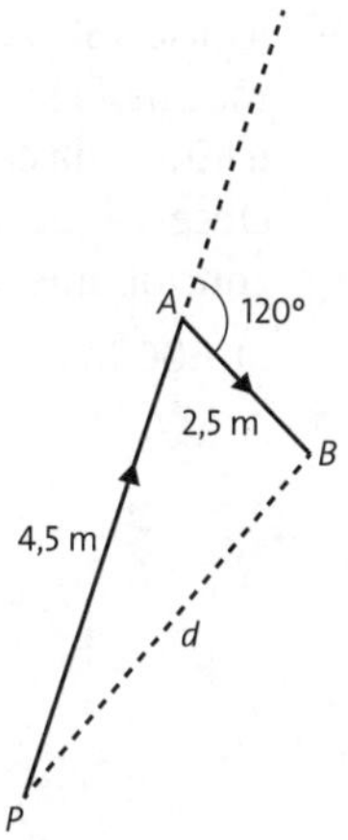

9. (Unirio-RJ) Deseja-se medir a distância entre duas cidades B e C sobre um mapa, sem escala. Sabe-se que $AB = 80$ km e $AC = 120$ km, onde A é uma cidade conhecida, como mostra a figura abaixo.

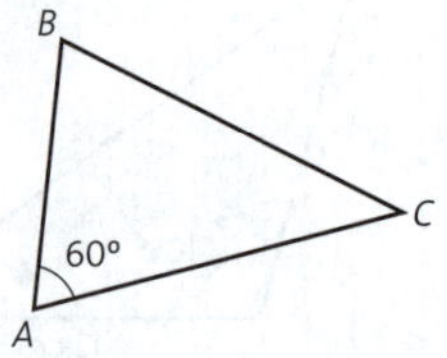

Logo, a distância entre B e C, em km, é:

a) menor que 90.
b) maior que 90 e menor que 100.
c) maior que 100 e menor que 110.
d) maior que 110 e menor que 120.
e) maior que 120.

10. (Unisc-RS) Os irmãos André, Paulo e Vítor moram em casas localizadas na mesma fazenda. Sabe-se que a casa de André dista 500 m da casa de Paulo e 800 m da casa de Vítor, e que o ângulo formado entre essas direções é 60°. Observando, no esquema ao lado, a planta da situação apresentada, pode-se concluir que a distância entre a casa de Paulo e a casa de Vítor é de:

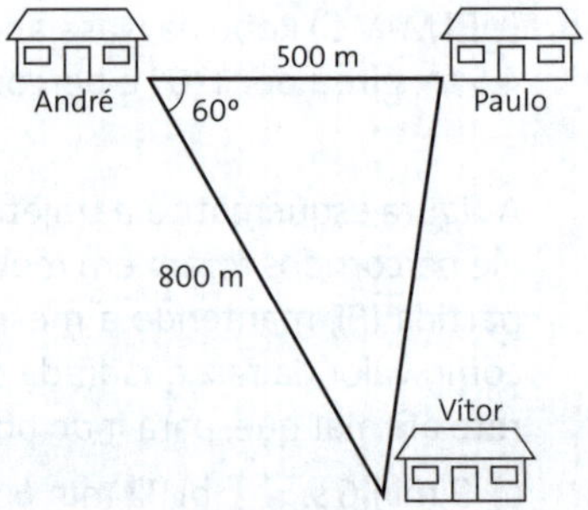

a) 600 m. b) 1 300 m. c) 700 m. d) 900 m. e) 800 m.

11. (ESCS-DF) Um painel, formado por três quadrados construídos sobre os lados de um triângulo retângulo ABC de catetos AB e AC medindo 3 m e 4 m, respectivamente, necessita, para sustentá-lo, de um cabo de aço retilíneo que liga os vértices P e Q como mostra a figura ao lado. O comprimento do cabo PQ vale:

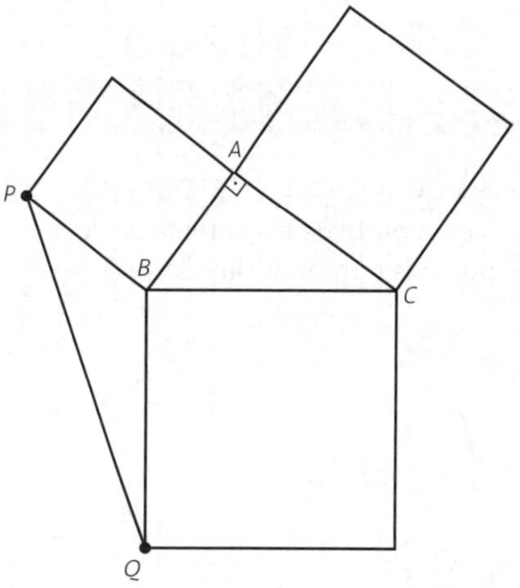

a) $2\sqrt{10}$ m.
b) $2\sqrt{11}$ m.
c) $\sqrt{46}$ m.
d) $2\sqrt{13}$ m.
e) $2\sqrt{15}$ m.

12. (UFPB) Para explorar o potencial turístico de uma cidade, conhecida por suas belas paisagens montanhosas, o governo pretende construir um teleférico, ligando o terminal de transportes coletivos ao pico de um morro, conforme a figura ao lado.

Para a construção do teleférico, há duas possibilidades:

- o ponto de partida ficar localizado no terminal de transportes coletivos (ponto A), com uma parada intermediária (ponto B), e o ponto de chegada localizado no pico do morro (ponto C);
- o ponto de partida ficar localizado no ponto A e o de chegada localizado no ponto C, sem parada intermediária.

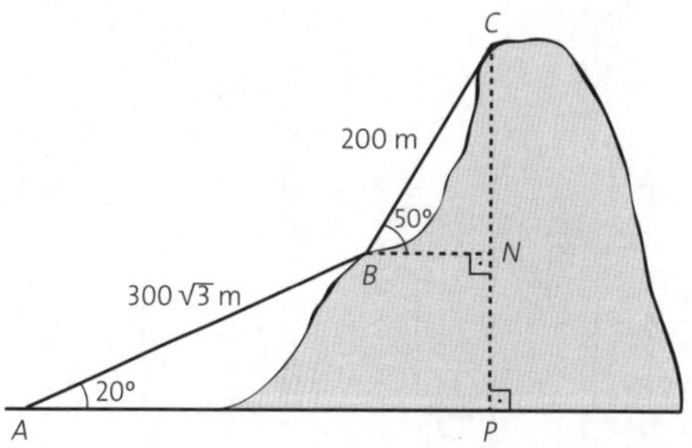

Supondo que $\overline{AB} = 300\sqrt{3}$ m, $\overline{BC} = 200$ m, $B\hat{A}P = 20°$ e $C\hat{B}N = 50°$, é correto afirmar que a distância entre os pontos A e C é de:

a) 700 m.
b) 702 m.
c) 704 m.
d) 706 m.
e) 708 m.

CICLO TRIGONOMÉTRICO E FUNÇÕES TRIGONOMÉTRICAS

Arco geométrico

É uma parte da circunferência delimitada por dois pontos, incluindo-os.

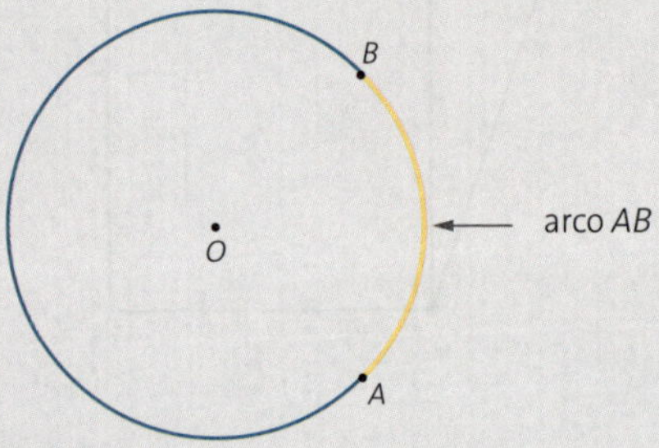

Se os dois pontos coincidirem, teremos arco nulo ou arco de uma volta.

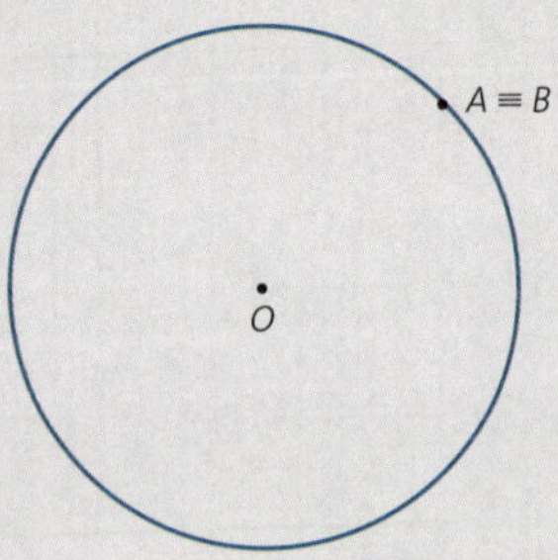

Relação entre o comprimento ℓ e a medida α

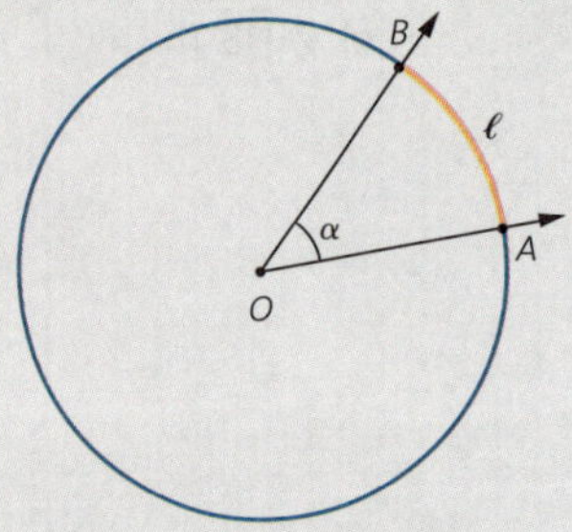

- $\ell = \dfrac{\alpha}{360} \cdot 2\pi r$ (em graus)
- $\ell = \alpha \cdot r$ (em radianos)

Relação entre as unidades para medir arcos

$180° = \pi$ rad

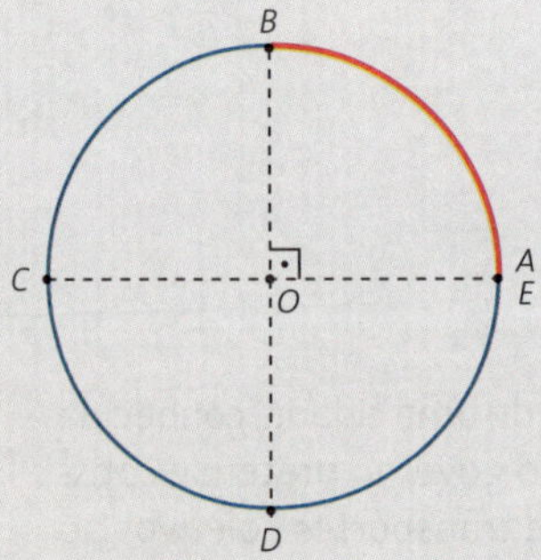

- $\overset{\frown}{AB}$: arco de 90° ou $\dfrac{\pi}{2}$ rad
- $\overset{\frown}{AC}$: arco de 180° ou π rad
- AD: arco de 270° ou $\dfrac{3\pi}{2}$ rad
- $\overset{\frown}{AE}$: arco de 360° ou 2π rad

Circunferência trigonométrica

- Possui centro na origem do sistema de coordenadas cartesianas ortogonais.
- O raio tem uma unidade de comprimento.
- O sentido positivo é o anti-horário.

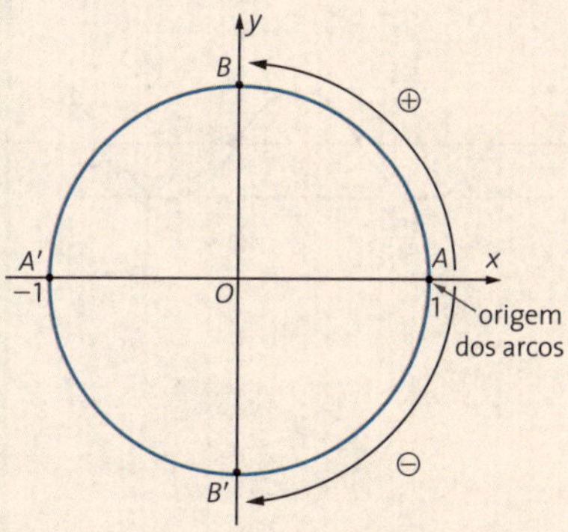

Quadrantes

Partes congruentes da circunferência, delimitadas pelos eixos x e y.

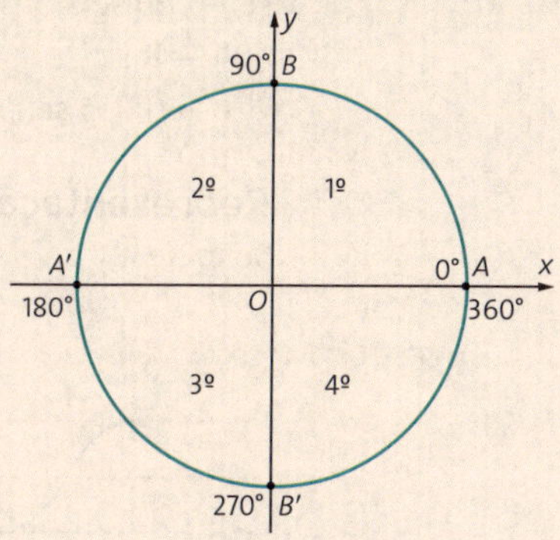

Simetria na circunferência trigonométrica

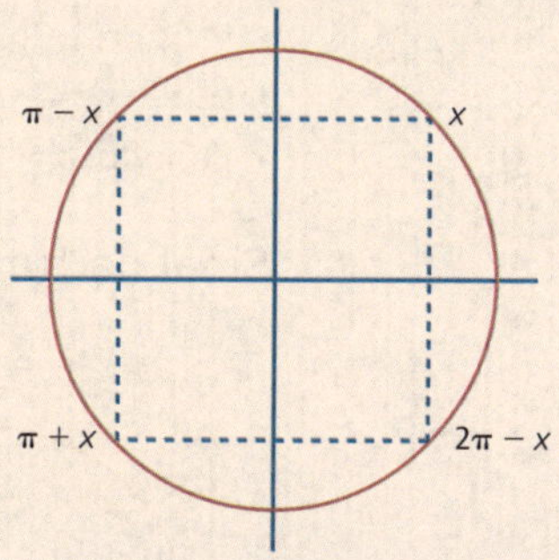

	0°	30°	45°	60°	90°	180°	270°	360°
sen	0	$\frac{1}{2}$	$\frac{\sqrt{2}}{2}$	$\frac{\sqrt{3}}{2}$	1	0	−1	0
cos	1	$\frac{\sqrt{3}}{2}$	$\frac{\sqrt{2}}{2}$	$\frac{1}{2}$	0	−1	0	1
tg	0	$\frac{\sqrt{3}}{3}$	1	$\sqrt{3}$	Não é definida.	0	Não é definida.	0

Ideia de seno, cosseno e tangente de um número real

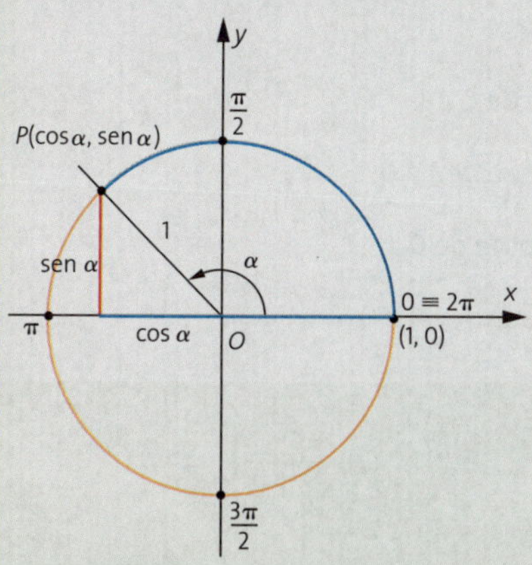

Seno

ordenada $P = \text{sen}\ \alpha$

Cosseno

abscissa $P = \cos \alpha$

Tangente

$\text{tg}\ \alpha = \dfrac{\text{sen}\ \alpha}{\cos \alpha}$, com $\cos \alpha \neq 0$

Função seno

Definição

Função real de variáveis reais que associa a cada número real x o valor real sen x, ou seja:

$f: \mathbb{R} \rightarrow \mathbb{R}$

$x \rightarrow f(x) = \text{sen } x$

Representação gráfica

Senoide

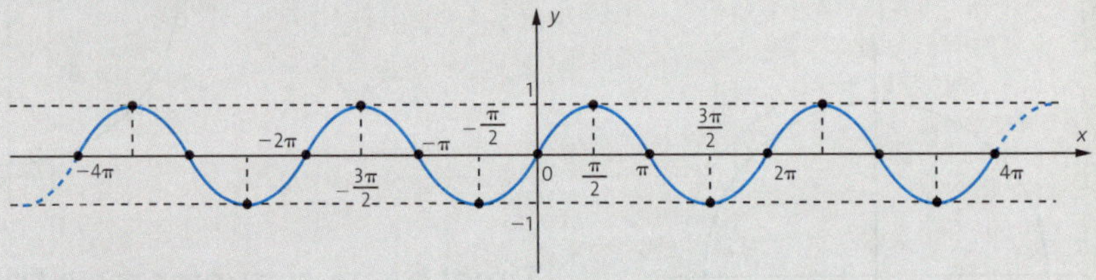

- $D(f) = \mathbb{R}$
- $Im(f) = [-1, 1]$
- sen $(-x) = -\text{sen } x, \forall x \in \mathbb{R}$
- período: $p = 2\pi$

Sinal da função seno

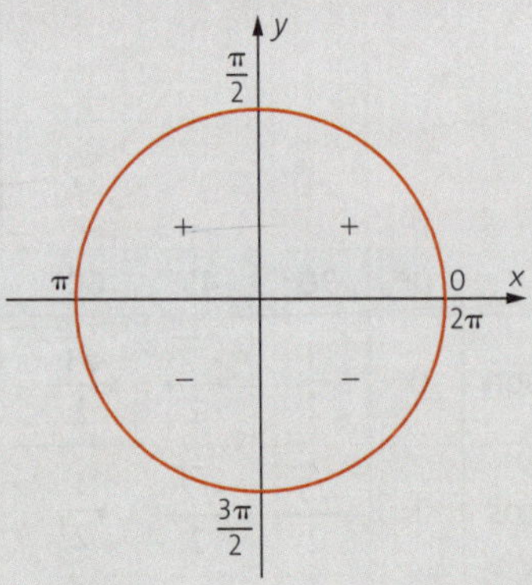

Variação

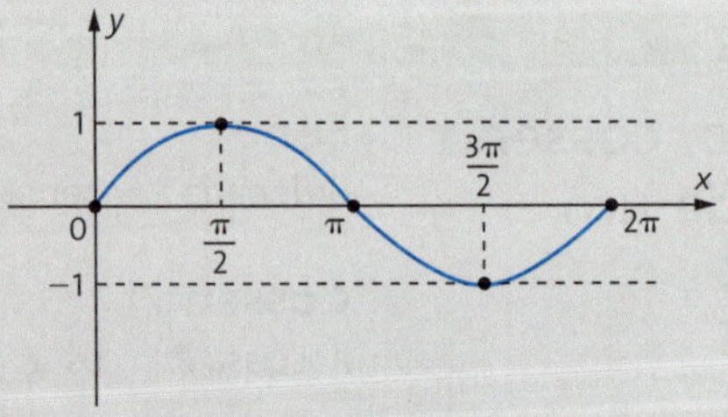

- Quando x cresce de 0 a $\frac{\pi}{2}$, sen x cresce de 0 a 1.
- Quando x cresce de $\frac{\pi}{2}$ a π, sen x decresce de 1 a 0.
- Quando x cresce de π a $\frac{3\pi}{2}$, sen x decresce de 0 a −1.
- Quando x cresce de $\frac{3\pi}{2}$ a 2π, sen x cresce de −1 a 0.

Função cosseno

Definição

Função real de variáveis reais que associa a cada número real x o valor real $\cos x$, ou seja:

$f: \mathbb{R} \rightarrow \mathbb{R}$

$x \rightarrow f(x) = \cos x$

Representação gráfica

Cossenoide

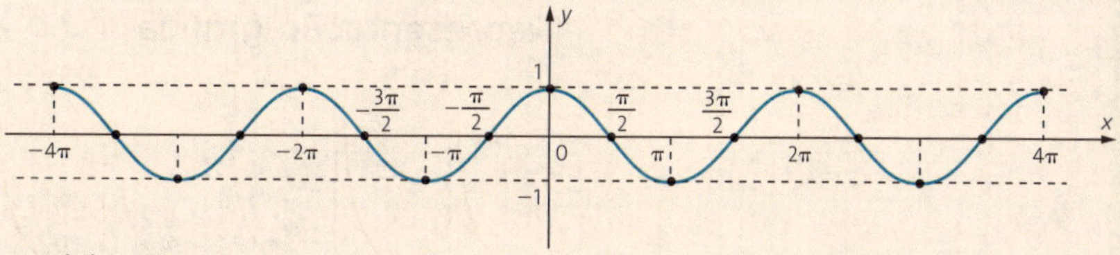

- $D(f) = \mathbb{R}$
- $Im(f) = [-1, 1]$
- $\cos x = \cos(-x), \forall x \in \mathbb{R}$
- período: $p = 2\pi$

Observação: A cossenoide é uma senoide transladada $\frac{\pi}{2}$ para a direita.

Sinal da função cosseno

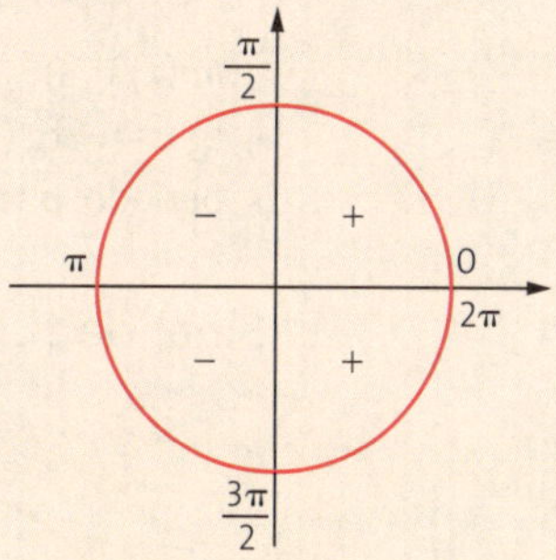

Variação

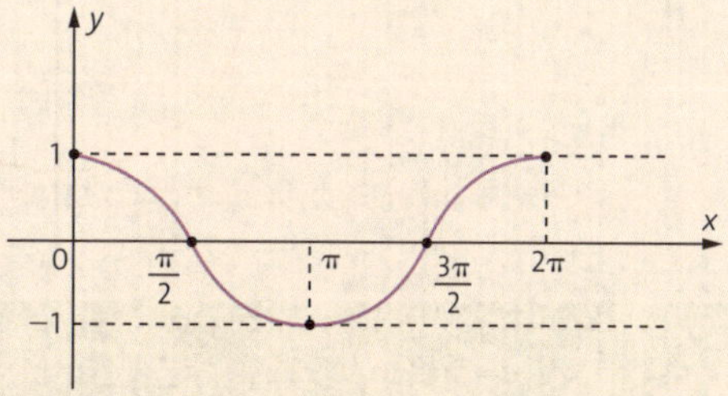

- Quando x cresce de 0 a $\frac{\pi}{2}$, $\cos x$ decresce de 1 a 0.
- Quando x cresce de $\frac{\pi}{2}$ a π, $\cos x$ decresce de 0 a -1.
- Quando x cresce de π a $\frac{3\pi}{2}$, $\cos x$ cresce de -1 a 0.
- Quando x cresce de $\frac{3\pi}{2}$ a 2π, $\cos x$ cresce de 0 a 1.

Função tangente

Definição

Função real de variáveis reais que associa a cada número real x o valor real tg x, desde que x não seja $\frac{\pi}{2}$, $\frac{3\pi}{2}$ ou qualquer um de seus arcos côngruos.

Ou seja:

$f: \mathbb{R} \rightarrow \mathbb{R}$

$x \rightarrow f(x) = \text{tg}\,(x)$, em que $D = \left\{x \in \mathbb{R} \mid x \neq \frac{\pi}{2} + k\pi, k \in \mathbb{Z}\right\}$

Representação gráfica

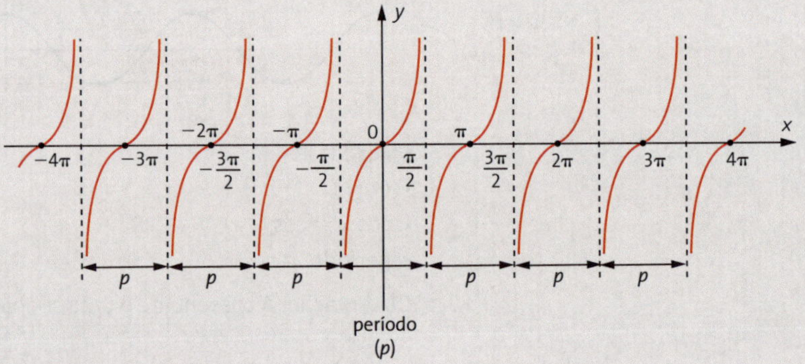

- $D(f) = \left\{x \in \mathbb{R} \mid x \neq \frac{\pi}{2} + k\pi, k \in \mathbb{Z}\right\}$
- $Im(f) = \mathbb{R}$
- $\text{tg}\,x = -\text{tg}\,(-x), \forall\, x \in D$
- período: $p = \pi$

Sinal da função tangente

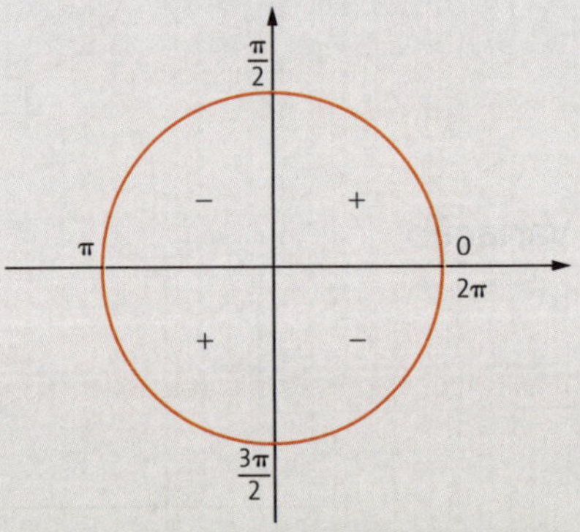

Função tangente

Variação

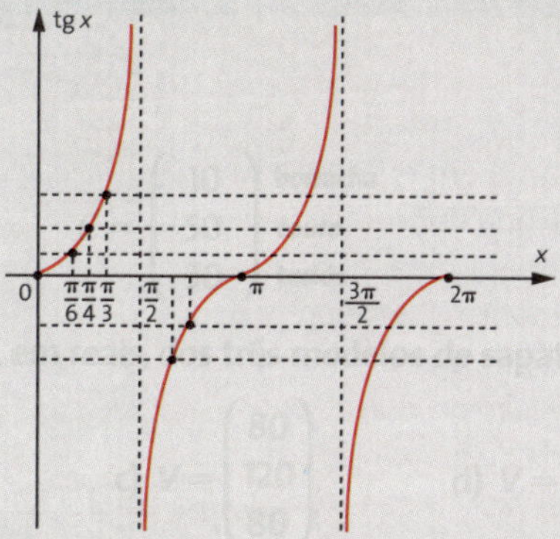

- Quando x cresce de 0 a $\frac{\pi}{2}$, tg x cresce de 0 a $+\infty$.
- Quando x cresce de $\frac{\pi}{2}$ a π, tg x cresce de $-\infty$ a 0.
- Quando x cresce de π a $\frac{3\pi}{2}$, tg x cresce de 0 a $+\infty$.
- Quando x cresce de $\frac{3\pi}{2}$ a 2π, tg x cresce de $-\infty$ a 0.

Senoides

Definição

Funções que envolvem seno e cosseno.

- $y = a + b \cdot \text{sen}\,(cx - d)$
- $y = a + b \cdot \cos\,(cx - d)$

Domínio

$D(f) = \mathbb{R}$

Imagem

$Im = [a - |b|; a + |b|]$

Período

$P = \frac{2\pi}{|c|}$

Exercícios

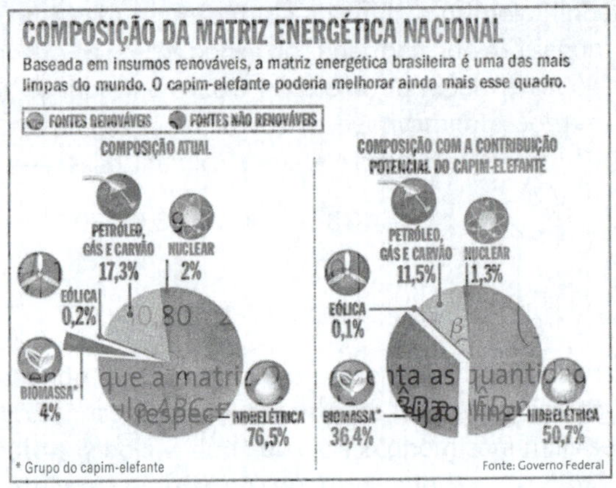

1. (Uneb-BA) A conversão de capim-elefante em energia não polui. Mesmo o gás carbônico, CO_2, emitido durante a queima da biomassa utilizada é menor do que o consumido pela gramínea durante todo o seu crescimento. Considere, no gráfico, que α é a medida do ângulo do setor circular, associado à energia hidrelétrica na composição da matriz energética nacional atual, e que β é a medida do ângulo do setor circular, associado a petróleo, gás e carvão na composição da matriz energética nacional com a contribuição potencial do capim-elefante.

VARGAS, 2010, p. 112-114.

Nessas condições, $\alpha - \beta$ é igual a:

01) $\frac{17\pi}{10}$ rad. 02) $\frac{13\pi}{10}$ rad. 03) $\frac{11\pi}{10}$ rad. 04) $\frac{9\pi}{10}$ rad. 05) $\frac{7\pi}{10}$ rad.

Texto para as questões **2** e **3**.

Tales, um aluno do Curso de Matemática, depois de terminar o semestre com êxito, resolveu viajar para a Europa. A chegada ao Velho Continente foi em Portugal.

2. (PUC-RS) Ao visitar o Panteon, em Paris, Tales conheceu o Pêndulo de Foucault. O esquema abaixo indica a posição do pêndulo fixado a uma haste horizontal, num certo instante.

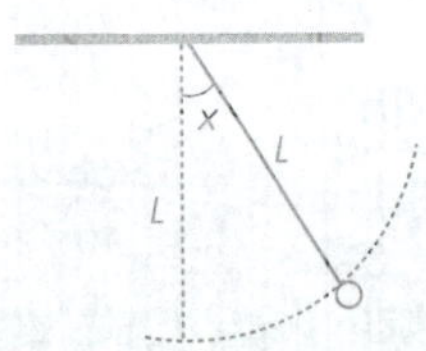

Sendo L o seu comprimento e x o ângulo em relação a sua posição de equilíbrio, então a altura h do pêndulo em relação à haste horizontal é expressa pela função:

a) $h(x) = L \cdot \cos(x)$.
b) $h(x) = L \cdot \text{sen}(x)$.
c) $h(x) = L \cdot \text{sen}(2x)$.
d) $h(x) = L \cdot \cos(2x)$.
e) $h(x) = 2L \cdot \cos(x)$.

3. (PUC-RS) Em Londres, Tales andou na London Eye, para contemplar a cidade. Esta roda gigante de 135 metros de diâmetro está localizada à beira do rio Tâmisa. Suas 32 cabines envidraçadas foram fixadas à borda da roda com espaçamentos iguais entre si. Então, a medida do arco formado por cinco cabines consecutivas é igual, em metros, a:

a) $\frac{153}{4}\pi$.
b) $\frac{675}{32}\pi$.
c) $\frac{675}{16}\pi$.
d) $\frac{135}{8}\pi$.
e) $\frac{135}{32}\pi$.

4. (Ufscar-SP) Uma *pizza* circular será fatiada, a partir do seu centro, em setores circulares. Se o arco de cada setor medir 0,8 radiano, obtém-se um número máximo N de fatias idênticas, sobrando, no final, uma fatia menor, que é indicada na figura por fatia $N + 1$.

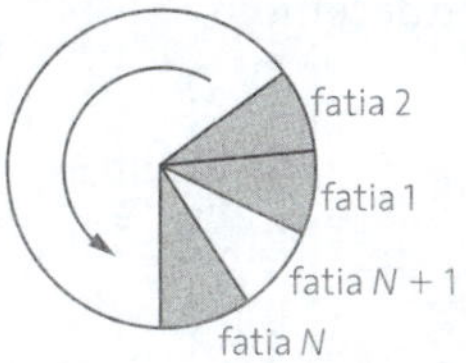

Considerando $\pi = 3,14$, o arco da fatia $N + 1$, em radiano, é:

a) 0,74.
b) 0,72.
c) 0,68.
d) 0,56.
e) 0,34.

5. (PUC-RS) Para resolver uma discussão entre dois alunos sobre a definição da função cossecante, um deles foi à Biblioteca Central. Como resultado da pesquisa, ele encontrou a definição de cossec x, que é:

a) $\frac{1}{\cos x}$, se $\cos x \neq 1$.
b) $\frac{1}{\operatorname{sen} x}$, se $\operatorname{sen} x \neq 1$.
c) $\frac{1}{\cos x}$, se $\cos x \neq 0$.
d) $\frac{1}{\sec x}$, se $\sec x \neq 0$.
e) $\frac{1}{\operatorname{sen} x}$, se $\operatorname{sen} x \neq 0$.

6. (UFRJ) Observe a função trigonométrica $y = 1 + 2 \operatorname{sen} x$. Pode-se afirmar que o seu conjunto imagem é o intervalo:

a) $[-2, 1]$.
b) $[-2, 2]$.
c) $[-1, 2]$.
d) $[-1, 3]$.
e) $[-1, 4]$.

7. (UFF-RJ) Considere os ângulos α, β e γ conforme representados no círculo.

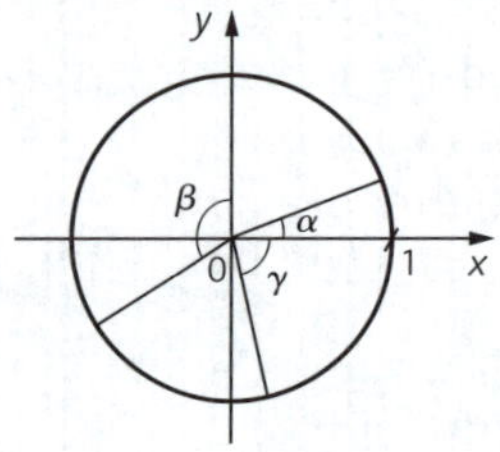

Pode-se afirmar que:

a) $\cos \alpha < \cos \beta$.   b) $\cos \gamma > \cos \alpha$.   c) $\text{sen}\, \alpha > \text{sen}\, \beta$.   d) $\text{sen}\, \beta < \cos \gamma$.   e) $\cos \beta < \cos \gamma$.

---

8. (FGV-SP) Uma empresa utiliza a fórmula $P = 200 + 40\ \text{sen}\left(\frac{\pi t}{6} + \frac{\pi}{2}\right)$ para estimar a quantidade vendida mensalmente P de um produto, em que $t = 1$ representa o mês de janeiro de 2010, $t = 2$ representa o mês de fevereiro de 2010, $t = 3$ o mês de março de 2010 e assim por diante. Em quais meses de 2010 estão estimadas as vendas mínima e máxima respectivamente?

a) Outubro e abril.

b) Setembro e março.

c) Agosto e fevereiro.

d) Julho e janeiro.

e) Junho e dezembro.

9. (UFG-GO) Um avião, em procedimento de pouso, encontrava-se a 700 m de altitude, no momento em que a linha que liga o trem de pouso ao ponto de toque formava um ângulo θ com a pista de pouso, conforme a ilustração ao lado. Para a aterrissagem, o piloto programou o ponto de toque do trem de pouso com o solo para 300 m após a cabeceira da pista, indicada por *C* na figura. Sabendo que sen $\theta = 0{,}28$ e que o ponto *P* é a projeção vertical do trem de pouso no solo, a distância, em metros, do ponto *P* ao ponto *C* corresponde a:

a) 1700. b) 2100. c) 2200. d) 2500. e) 2700.

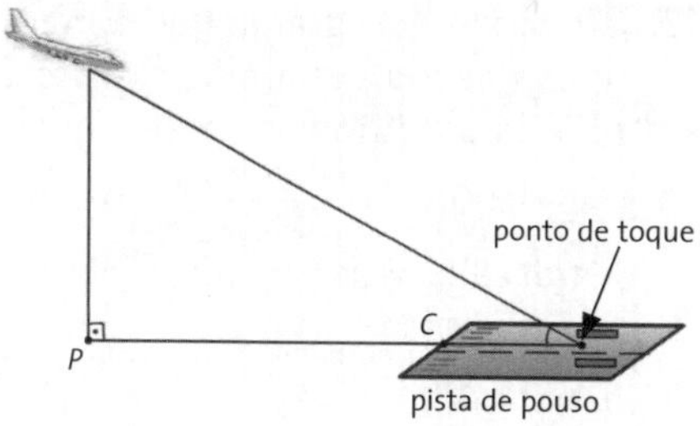

10. (UCS-RS) Em certa região, a temperatura média mensal varia periodicamente entre a média mínima de 14 °C e a máxima de 38 °C. Das fórmulas a seguir, qual é a que descreve melhor a relação entre a temperatura média mensal (*T*) nessa região e o tempo (*t*) em meses decorridos desde o início de cada ano?

a) $T(t) = 26 + 12\cos\left(\frac{\pi}{6}t\right)$

b) $T(t) = 14\cos\left(\frac{\pi}{6}t\right)$

c) $T(t) = 12 - 26\cos\left(\frac{\pi}{6}t\right)$

d) $T(t) = 12 + 26\cos\left(\frac{\pi}{6}t\right)$

e) $T(t) = 38 + \cos\left(\frac{\pi}{6}t\right)$

11. (FGV-SP) Estima-se que, em 2009, a receita mensal de um hotel seja dada (em milhares de reais) por $R(t) = 3\,000 + 1500 \cdot \cos\left(\frac{\pi}{6}t\right)$, em que $t = 1$ representa o mês de janeiro, $t = 2$ o mês de fevereiro e assim por diante. A receita de março será inferior à de fevereiro em:

a) R$ 800 000,00.
b) R$ 750 000,00.
c) R$ 700 000,00.
d) R$ 650 000,00.
e) R$ 850 000,00.

12. (UFSM-RS) Uma gráfica que confeccionou material de campanha determina o custo unitário de um de seus produtos, em reais, de acordo com a lei $C(t) = 200 + 120 \cdot \text{sen}\, \frac{\pi \cdot t}{2}$, com t medido em horas de trabalho. Assim, os custos máximo e mínimo desse produto são:

a) 320 e 200.
b) 200 e 120.
c) 200 e 80.
d) 320 e 80.
e) 120 e 80.

13. (USS-RJ) Certo navio encontra-se atracado num porto. A distância h, em u.c. (unidade de comprimento), de um ponto do casco do navio ao fundo do mar, varia com a maré. Admitindo-se que h seja dada, em função do tempo t, por $h(t) = 10 - 3\cos(2t)$, é correto afirmar que, na maré alta, o valor de h, em u.c., será:

a) 16.
b) 14.
c) 13.
d) 12.
e) 10.

14. (PUC-PR) Um terremoto de magnitude 8 graus da escala Richter atingiu, em setembro de 2009, a região de Samoa. O terremoto causou ondas de até 3 m. A maré alta neste local ocorreu à meia-noite. Suponha que o nível de água na maré alta era de 3 m; mais tarde, na maré baixa, era de 3 cm. Supondo que a próxima maré alta seja exatamente ao meio-dia e que a altura da água é dada por uma curva seno ou cosseno, qual das alternativas a seguir corresponde à fórmula para o nível da água na região em função do tempo?

a) $1{,}515 + 1{,}485 \cdot \cos\left(\frac{\pi}{6}t\right)$
b) $1{,}515 + 1{,}485 \cdot \text{sen}\left(\frac{\pi}{6}t\right)$
c) $1{,}485 \cdot \cos\left(\frac{\pi}{6}t\right)$
d) $1{,}485 \cdot \text{sen}\left(\frac{\pi}{6}t\right)$
e) $1{,}485 + 1{,}515 \cdot \cos(\pi t)$

15. (FGV-SP) Uma empresa exporta certo produto. Estima-se que a quantidade exportada q, expressa em toneladas, para cada mês do ano 2011, seja dada pela função $q = 40 + 4\ \text{sen}\left(\frac{\pi x}{6}\right)$, em que $x = 1$ representa janeiro de 2011, $x = 2$ representa fevereiro de 2011 e assim por diante. Em que meses a exportação será de 38 toneladas?
(Utilize os valores: $\sqrt{3} = 1{,}7$ e $\sqrt{2} = 1{,}4$.)

a) Abril e agosto.
b) Maio e setembro.
c) Junho e outubro.
d) Julho e novembro.
e) Agosto e dezembro.

16. (Fatec-SP) O gráfico que melhor representa a função $f(x) = \text{tg}\left(x - \frac{\pi}{4}\right)$ é igual a:

a)
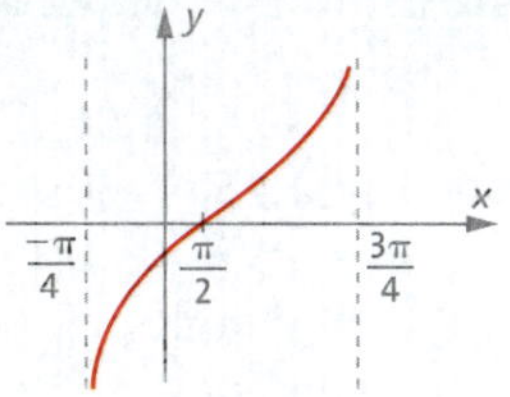

b)
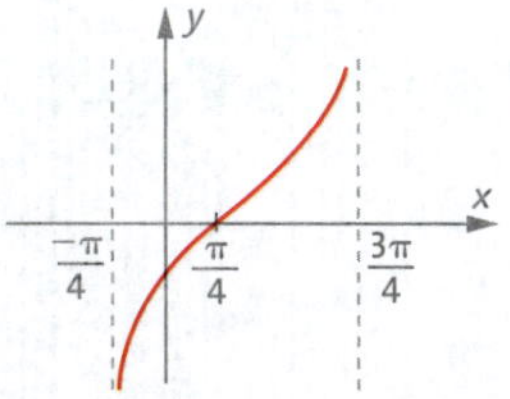

c)
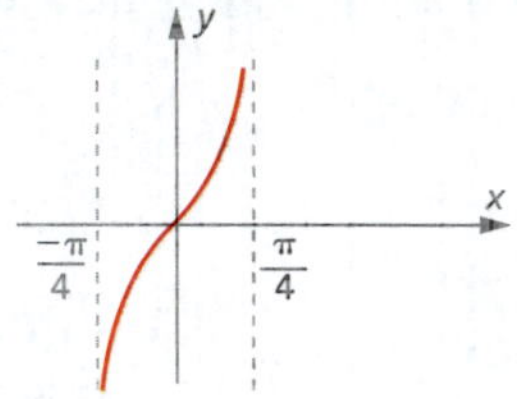

d)
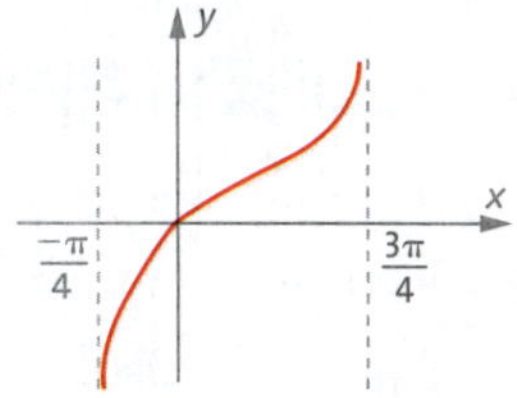

e) n.d.a.

RELAÇÕES TRIGONOMÉTRICAS

Identidade trigonométrica

Toda igualdade envolvendo funções trigonométricas que se verifica para todos os valores do domínio dessas funções.

Equação trigonométrica

Igualdade em que a incógnita aparece nas medidas dos arcos ou dos ângulos de funções trigonométricas.

Exemplos

- $\text{sen}\, x = a$
- $\cos x = a$
- $\text{tg}\, x = a$

Inequação trigonométrica

Desigualdade em que aparecem funções trigonométricas da incógnita.

Relações fundamentais

- $\text{sen}^2 x + \cos^2 x = 1$, para todo $x \in \mathbb{R}$
- $\text{tg}\, x = \dfrac{\text{sen}\, x}{\cos x}$, para todo $x \neq \dfrac{\pi}{2} + k\pi$
- $\text{cotg}\, x = \dfrac{1}{\text{tg}\, x} = \dfrac{\cos x}{\text{sen}\, x}$, para todo $x \neq k\pi$
- $\sec x = \dfrac{1}{\cos x}$, para todo $x \neq \dfrac{\pi}{2} + k\pi$
- $\text{cossec}\, x = \dfrac{1}{\text{sen}\, x}$, para todo $x \neq k\pi$

Relações decorrentes das fundamentais

- $\text{tg}^2 x + 1 = \sec^2 x$, para todo $x \neq \dfrac{\pi}{2} + k\pi$
- $\text{cotg}^2 x + 1 = \text{cossec}^2 x$, para todo $x \neq k\pi$

Adição e subtração de arcos

- $\text{sen}\,(a + b) = \text{sen}\, a \cdot \cos b + \text{sen}\, b \cdot \cos a$
- $\text{sen}\,(a - b) = \text{sen}\, a \cdot \cos b - \text{sen}\, b \cdot \cos a$
- $\cos\,(a + b) = \cos a \cdot \cos b + \text{sen}\, a \cdot \text{sen}\, b$
- $\cos\,(a - b) = \cos a \cdot \cos b - \text{sen}\, a \cdot \text{sen}\, b$
- $\text{tg}\,(a + b) = \dfrac{\text{tg}\, a + \text{tg}\, b}{1 - \text{tg}\, a \cdot \text{tg}\, b}$
- $\text{tg}\,(a - b) = \dfrac{\text{tg}\, a - \text{tg}\, b}{1 + \text{tg}\, a \cdot \text{tg}\, b}$

Arcos duplos

- $\text{sen}\, 2a = 2 \cdot \text{sen}\, a \cdot \cos a$
- $\cos 2a = \cos^2 a - \text{sen}^2 a$
- $\cos 2a = 2 \cdot \cos^2 a - 1$
- $\cos 2a = 1 - 2 \cdot \text{sen}^2 a$
- $\text{tg}\, 2a = \dfrac{2\, \text{tg}\, a}{1 - \text{tg}^2 a}$

Transformação em produto

- $\text{sen}\, p + \text{sen}\, q = 2\, \text{sen}\left(\dfrac{p+q}{2}\right) \cdot \cos\left(\dfrac{p-q}{2}\right)$
- $\text{sen}\, p - \text{sen}\, q = 2\, \text{sen}\left(\dfrac{p-q}{2}\right) \cdot \cos\left(\dfrac{p+q}{2}\right)$
- $\cos p + \cos q = 2 \cos\left(\dfrac{p+q}{2}\right) \cdot \cos\left(\dfrac{p-q}{2}\right)$
- $\cos p - \cos q = -2\, \text{sen}\left(\dfrac{p+q}{2}\right) \cdot \text{sen}\left(\dfrac{p-q}{2}\right)$

Exercícios

1. (Unicid-SP) Sabendo-se que sen $(x + y) = k$, com $k \in \mathbb{R}$, então o valor de sen $(2x)$, em termos de k, é:

   a) $k^2 - 1$. b) $k + 1$. c) $k^2 + 1$. d) $k - 1$. e) $1 - k$.

2. (UEPB) Sabendo que $\text{cotg}\, x = \frac{1}{2}$, o valor da tg $2x$ é igual a:

   a) $-\frac{1}{2}$. b) $\frac{4}{5}$. c) $\frac{4}{3}$. d) -1. e) $-\frac{4}{3}$.

3. (FFFCMPA-RS) Se tg $\theta = 2$, então o valor de $\dfrac{\cos 2\theta}{1 + \text{sen } 2\theta}$ é:

a) -3.
b) $-\dfrac{1}{3}$.
c) $\dfrac{1}{3}$.
d) $\dfrac{2}{3}$.
e) 3.

4. (UEPG-PR) Se x é um arco do primeiro quadrante e $\cos x = \dfrac{2}{3}$, assinale o que for correto.

01) $\text{sen } (x - \pi) = -\dfrac{\sqrt{5}}{3}$

02) $\text{tg } (x + \pi) = \dfrac{\sqrt{5}}{2}$

04) $\text{sen } 2x = \dfrac{4\sqrt{5}}{9}$

08) $\cos 2x = -\dfrac{1}{9}$

16) $\cos \left(x + \dfrac{\pi}{2}\right) = -\dfrac{2}{3}$

Calcule a soma das alternativas corretas.

5. (Vunesp-SP) A expressão $\cos^4\left(\frac{x}{2}\right) - \text{sen}^4\left(\frac{x}{2}\right)$ é igual a:

a) sen x.
b) $-$sen x.
c) cos x.
d) $-$cos x.
e) cos $2x$.

6. (UFSC) Na figura a seguir determine a medida do segmento AB, em cm, sabendo que sen $a = 0{,}6$.

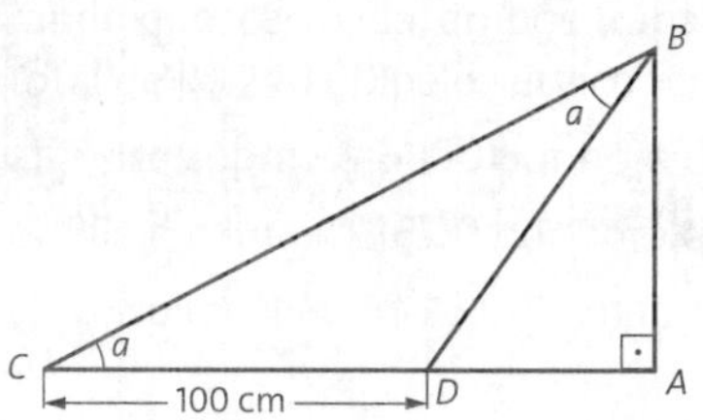

a) 96 cm
b) 102 cm
c) 108 cm
d) 112 cm
e) 140 cm

7. (Uece) Em um triângulo, as medidas de seus lados, em metros, são três números inteiros consecutivos e a medida do maior ângulo é o dobro da medida do menor. A medida do menor lado deste triângulo é:

a) 3 m. b) 4 m. c) 5 m. d) 6 m.

8. (UFPB) O ângulo, sob o qual um observador vê o topo de um prédio de 88 m de altura, duplica quando esse observador se aproxima 110 m do prédio, e triplica quando ele se aproxima mais 50 m. Neste instante, a distância entre o observador e o prédio é:

a) 50 m. b) 22 m. c) 176 m. d) 16 m. e) 18 m.

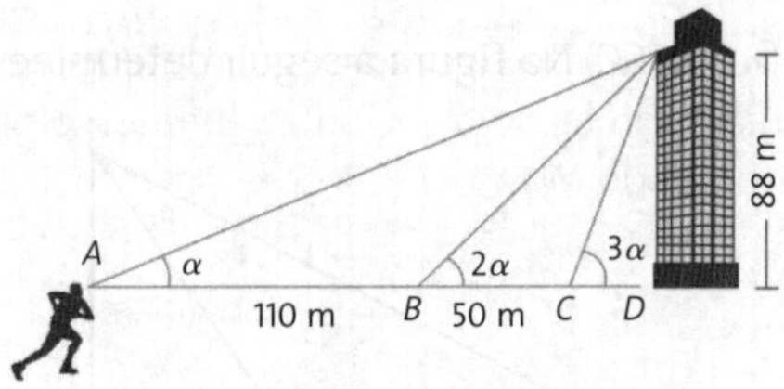

9. (UFPE) Considerando a circunferência trigonométrica, identifique as sentenças a seguir como verdadeiras ou falsas.

I. No quadrante onde se localiza o arco de (−4 330°), a função seno é crescente.

II. No quadrante onde se localiza o arco de $\frac{34\pi}{5}$ rad, a função cosseno é decrescente.

III. O valor da tangente do arco de 1 000° é positivo.

Está(ão) correta(s) a(s) afirmativa(s):

a) I e II somente. b) II e III somente. c) I, II e III. d) III somente. e) II somente.

10. (Uece) Para valores de x tais que $\cos x \neq 0$, a expressão $\sec^2 x - \text{tg}^2 x$ é igual a:

a) 0. b) 1. c) $\text{sen}^2 x$. d) $\cos^2 x$.

MATRIZES

Definição

Denomina-se matriz $m \times n$ (lê-se m por n) uma tabela retangular formada por $m \times n$ números reais, dispostos em m linhas e n colunas.

$$\begin{bmatrix} a & b \\ c & d \end{bmatrix} \downarrow n \qquad \xrightarrow{\;m\;}$$

Representação genérica

- $\begin{bmatrix} a_{11} & a_{12} & a_{13} & \dots & a_{1n} \\ a_{21} & a_{22} & a_{23} & \dots & a_{2n} \\ a_{31} & a_{32} & a_{33} & \dots & a_{3n} \\ \vdots & \vdots & \vdots & & \vdots \\ a_{m1} & a_{m2} & a_{m3} & \dots & a_{mn} \end{bmatrix}$ ou $\begin{pmatrix} a_{11} & a_{12} & a_{13} & \dots & a_{1n} \\ a_{21} & a_{22} & a_{23} & \dots & a_{2n} \\ a_{31} & a_{32} & a_{33} & \dots & a_{3n} \\ \vdots & \vdots & \vdots & & \vdots \\ a_{m1} & a_{m2} & a_{m3} & \dots & a_{mn} \end{pmatrix}$
- $A = (a_{ij})_{m \times n}$, com $1 \leq i \leq m, 1 \leq j \leq n$ e $i, j \in \mathbb{N}$

Termos e elementos

Representação

a_{ij} → linha (i), coluna (j)

Diagonal principal

São os elementos a_{ij} com $i = j$.

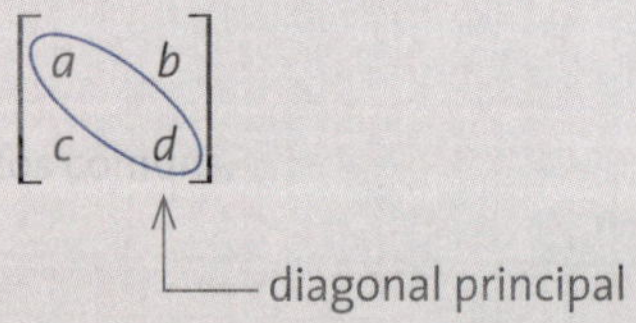

Diagonal secundária

São os elementos a_{ij} com $i + j = n + 1$.

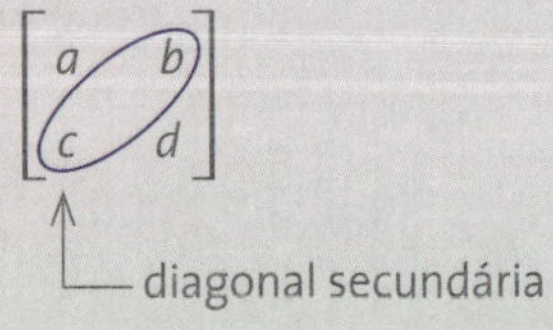

Matrizes especiais

Matriz quadrada
Possui número de linhas igual ao número de colunas ($m = n$).

Matriz identidade (I_n)
Possui todos os elementos da diagonal principal iguais a 1 e os demais, iguais a zero.

$a_{ij} = 1$, para $i = j$ e $a_{ij} = 0$, para $i \neq j$

Matriz nula ($0_{m \times n}$ ou 0_n)
Possui todos os elementos iguais a zero ($a_{ij} = 0$).

Matriz transposta (A^t)
A matriz transposta de uma matriz A é aquela cujas linhas são ordenadamente as colunas de A.

Igualdade
$A_{m \times n} = B_{m \times n} \Leftrightarrow a_{ij} = b_{ij}$, com $1 \leq i \leq m$ e $1 \leq j \leq n$

Operações

Adição
$A_{m \times n} + B_{m \times n} = C_{m \times n} \Leftrightarrow c_{ij} = a_{ij} + b_{ij}$

Subtração
$A_{m \times n} - B_{m \times n} = C_{m \times n} \Leftrightarrow c_{ij} = a_{ij} - b_{ij}$

Multiplicação de um número real por uma matriz
$\alpha A \Rightarrow \alpha A = (\alpha a_{ij})_{m \times n}$

Multiplicação de matrizes
$$A_{m \times n} \cdot B_{n \times p} = AB_{m \times p}$$

iguais

Observação: A multiplicação de matrizes não é comutativa.

Matrizes obtidas por meio de operações

Matriz oposta ($-A$)
$-A + A = 0_{m \times n}$

Matriz inversa (A^{-1})
$A \cdot A^{-1} = I = A^{-1} \cdot A$

Exercícios

1. (UFTM-MG) A soma dos elementos da 3ª linha da matriz $A = (a_{ij})_{3 \times 3}$ definida por $a_{ij} = \begin{cases} i + j, \text{ se } i = j \\ i - j, \text{ se } i \neq j \end{cases}$ é igual a:

a) 9. b) 8. c) 7. d) 5. e) 4.

2. (Ufal) A figura ao lado ilustra a rede de conexões entre os aeroportos *A*, *B* e *C* de uma cidade, e os aeroportos *D*, *E* e *F* de outra cidade. O número sobre a linha unindo os nomes de dois aeroportos representa o número de linhas aéreas voando na rota de um aeroporto ao outro. Podemos representar os aeroportos de uma cidade como as linhas de uma matriz, os aeroportos da outra como as colunas da matriz e em cada interseção linha-coluna o número de conexões entre os dois aeroportos.

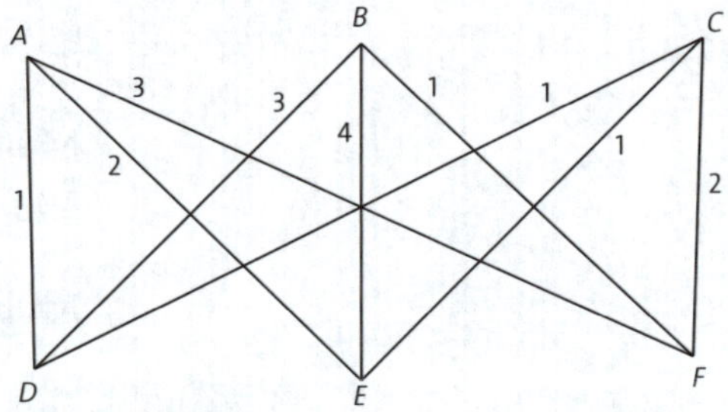

Qual das matrizes a seguir não contém as informações corretas sobre os voos entre as duas cidades?

a) $\begin{pmatrix} 3 & 4 & 1 \\ 1 & 2 & 3 \\ 1 & 1 & 2 \end{pmatrix}$ b) $\begin{pmatrix} 4 & 1 & 3 \\ 1 & 2 & 1 \\ 2 & 3 & 1 \end{pmatrix}$ c) $\begin{pmatrix} 3 & 4 & 1 \\ 1 & 1 & 2 \\ 1 & 2 & 3 \end{pmatrix}$ d) $\begin{pmatrix} 1 & 2 & 3 \\ 3 & 4 & 1 \\ 1 & 1 & 2 \end{pmatrix}$ e) $\begin{pmatrix} 1 & 2 & 3 \\ 2 & 1 & 1 \\ 1 & 4 & 2 \end{pmatrix}$

3. (UEL-PR) Uma indústria utiliza borracha, couro e tecido para fazer três modelos de sapatos. A matriz Q fornece a quantidade de cada componente na fabricação dos modelos de sapatos, enquanto a matriz C fornece o custo unitário, em reais, destes componentes.

Dados:

$$Q = \begin{array}{c} \text{borracha} \quad \text{couro} \quad \text{tecido} \\ \begin{pmatrix} 2 & 1 & 1 \\ 1 & 2 & 0 \\ 2 & 0 & 2 \end{pmatrix} \end{array} \begin{array}{l} \\ \text{modelo 1} \\ \text{modelo 2} \\ \text{modelo 3} \end{array} \qquad C = \begin{pmatrix} 10 \\ 50 \\ 30 \end{pmatrix} \begin{array}{l} \text{borracha} \\ \text{couro} \\ \text{tecido} \end{array}$$

A matriz V que fornece o custo final, em reais, dos três modelos de sapatos é dada por:

a) $V = \begin{pmatrix} 110 \\ 120 \\ 80 \end{pmatrix}$.

b) $V = \begin{pmatrix} 90 \\ 100 \\ 60 \end{pmatrix}$.

c) $V = \begin{pmatrix} 80 \\ 120 \\ 80 \end{pmatrix}$.

d) $V = \begin{pmatrix} 120 \\ 110 \\ 100 \end{pmatrix}$.

e) $V = \begin{pmatrix} 100 \\ 110 \\ 80 \end{pmatrix}$.

4. (Ufpel-RS) Durante a Copa do Mundo 2006, muito se ouviu falar do "quadrado mágico", aquele formado por Kaká, Ronaldinho Gaúcho, Ronaldo Fenômeno e Adriano.

Matematicamente, uma matriz quadrada de ordem n é chamada quadrado mágico quando a soma dos números de cada linha, de cada coluna, da diagonal principal e da diagonal secundária dá sempre o mesmo resultado.

Considerando a matriz M um quadrado mágico, onde $M = \begin{pmatrix} x & 2y+1 & 2y-6 \\ y-1 & z+6 & x+3 \\ 2x & 2z+3 & 2z+8 \end{pmatrix}$ e a soma S dos elementos da diagonal principal é dada por $S = \dfrac{n(n^2+1)}{2}$ em que n é a ordem da matriz M, é correto afirmar que:

a) $x = z$.

b) $y < x$.

c) $x < z$.

d) $y = z$.

e) $x = y$.

5. (Unirio-RJ) Um laboratório farmacêutico fabrica 3 tipos de remédios utilizando diferentes compostos. Considere a matriz $A = (a_{ij})$ dada a seguir, onde a_{ij} representa quantas unidades do composto j serão utilizadas para fabricar uma unidade do remédio do tipo i.

$$A = \begin{pmatrix} 1 & 2 & 4 \\ 2 & 5 & 3 \\ 0 & 1 & 4 \end{pmatrix}$$

Quantas unidades do composto 2 serão necessárias para fabricar 3 remédios do tipo 1, 2 remédios do tipo 2 e 5 remédios do tipo 3?

a) 18 b) 21 c) 24 d) 27 e) 30

6. (Unimontes-MG) Um construtor tem contratos para construir 2 estilos de casa: moderno e colonial. A quantidade de material empregado em cada tipo de casa é dada pela matriz:

$$\begin{array}{c} \\ \text{moderno} \\ \text{colonial} \end{array} \begin{array}{c} \begin{array}{ccc} \text{ferro} & \text{madeira} & \text{tijolo} \end{array} \\ \begin{pmatrix} 6 & 20 & 18 \\ 5 & 22 & 12 \end{pmatrix} \end{array}$$

Suponha que o construtor vá construir 2 casas do tipo moderno e 3 do tipo colonial. Se os preços por unidade de ferro, madeira e tijolo são, respectivamente, R$ 15,00, R$ 8,00 e R$ 10,00, então o custo total do material empregado é igual a:

a) R$ 1 923,00.
b) R$ 1 602,00.
c) R$ 1 973,00.
d) R$ 1 932,00.

7. (UFSM-RS) Ao comprar os produtos necessários para fazer uma feijoada, uma dona de casa resolveu pesquisar preços em três supermercados. A matriz P dos preços está representada a seguir; a primeira linha mostra os preços por kg do supermercado A; a segunda, do supermercado B; a terceira, do supermercado C. Esses preços são relativos, respectivamente, aos produtos feijão, linguiça, tomate e cebola.

$$P = \begin{pmatrix} 2{,}05 & 9{,}89 & 2{,}48 & 1{,}78 \\ 1{,}93 & 11{,}02 & 2{,}00 & 1{,}60 \\ 1{,}70 & 10{,}80 & 2{,}40 & 1{,}20 \end{pmatrix} \qquad Q = \begin{pmatrix} 5 \\ 3 \\ 2 \\ 3 \end{pmatrix}$$

Sabendo que a matriz Q representa as quantidades necessárias, respectivamente, de feijão, linguiça, tomate e cebola, a dona de casa economizará mais se efetuar as compras no supermercado:

a) A.
b) B.
c) C.
d) A ou B indiferentemente.
e) A ou C indiferentemente.

8. (UFPB) Ao olhar a folha do calendário, João perguntou a Maria qual era o dia da semana, e recebeu a seguinte resposta: a data de hoje é um dos elementos da matriz AB, onde A é a matriz 4×7 formada apenas pelos números do calendário (conforme estão dispostos na figura) e B é a transposta da matriz $(7 \quad 0 \quad 1 \quad 0 \quad 0 \quad 0 \quad -4)$.

$$\begin{array}{c} \begin{array}{ccccccc} D & S & T & Q & Q & S & S \end{array} \\ \begin{pmatrix} 1 & 2 & 3 & 4 & 5 & 6 & 7 \\ 8 & 9 & 10 & 11 & 12 & 13 & 14 \\ 15 & 16 & 17 & 18 & 19 & 20 & 21 \\ 22 & 23 & 24 & 25 & 26 & 27 & 28 \end{pmatrix} \end{array}$$

O dia da semana era:

a) segunda.
b) terça.
c) quarta.
d) quinta.
e) sexta.

9. (UFRRJ) Uma fábrica de guarda-roupas utiliza três tipos de fechaduras (dourada, prateada e bronzeada) para guarda-roupas em mogno e cerejeira, nos modelos básico, luxo e requinte. A tabela 1 mostra a produção de móveis durante o mês de outubro de 2005, e a tabela 2, a quantidade de fechaduras utilizadas em cada tipo de armário no mesmo mês.

Tabela 1: Produção de armários em outubro de 2005

Madeira/Modelo	Básico	Luxo	Requinte
Mogno	3	5	4
Cerejeira	4	3	5

Tabela 2: Fechaduras usadas em outubro de 2005

Tipo/Madeira	Básico	Luxo
Dourada	10	12
Prateada	8	8
Bronzeada	4	6

A quantidade de fechaduras usadas nos armários do modelo requinte nesse mês foi de:

a) 170. b) 192. c) 120. d) 218. e) 188.

10. (UFG-GO) Seja $M = [a_{ij}]_{m \times n}$ uma matriz quadrada de ordem n, onde $a_{ij} = i + j$. Nessas condições, a soma dos elementos da diagonal principal dessa matriz é:

a) n^2.
b) $2n + 2n^2$.
c) $2n + n^2$.
d) $n^2 + n$.
e) $n + 2n^2$.

11. (UFC-CE) As matrizes A e B são quadradas de ordem 4 e tais que $AB = \begin{bmatrix} 9 & 0 & 0 & 0 \\ 0 & 9 & 0 & 0 \\ 0 & 0 & 9 & 0 \\ 0 & 0 & 0 & 9 \end{bmatrix}$. Determine a matriz BA.

DETERMINANTES

Definição

Número real associado às matrizes quadradas.

Cálculo do determinante

De ordem 1

$\det A = |a_{11}| = a_{11}$

De ordem 2

$$\det A = \begin{vmatrix} a_{11} & a_{12} \\ a_{21} & a_{22} \end{vmatrix} = a_{11} \cdot a_{22} - a_{12} \cdot a_{21}$$

De ordem 3 – Regra de Sarrus

$$\det A = \begin{vmatrix} a_{11} & a_{12} & a_{13} \\ a_{21} & a_{22} & a_{23} \\ a_{31} & a_{32} & a_{33} \end{vmatrix} =$$

$$= a_{11} \cdot a_{22} \cdot a_{33} + a_{12} \cdot a_{23} \cdot a_{31} + a_{13} \cdot a_{21} \cdot a_{32} - a_{13} \cdot a_{22} \cdot a_{31} - a_{12} \cdot a_{21} \cdot a_{33} - a_{11} \cdot a_{23} \cdot a_{32}$$

Abaixamento de ordem ou regra de Chió

$$\begin{bmatrix} 1 & a_{12} & a_{13} & a_{14} \\ a_{21} & a_{22} & a_{23} & a_{24} \\ a_{31} & a_{32} & a_{33} & a_{34} \\ a_{41} & a_{42} & a_{43} & a_{44} \end{bmatrix}$$

$$\begin{bmatrix} a_{22} - a_{12} \cdot a_{21} & a_{23} - a_{13} \cdot a_{21} & a_{24} - a_{14} \cdot a_{21} \\ a_{32} - a_{12} \cdot a_{31} & a_{33} - a_{13} \cdot a_{31} & a_{34} - a_{14} \cdot a_{31} \\ a_{42} - a_{12} \cdot a_{41} & a_{43} - a_{13} \cdot a_{41} & a_{44} - a_{14} \cdot a_{41} \end{bmatrix}$$

Propriedades

- $\det A^t = \det A$
- $\det A^{-1} = \dfrac{1}{\det A}$
- $\det (AB) = \det A \cdot \det B$ (teorema de Binet)
- $\det (kA_n) = k^n \cdot \det A_n$ (k é um numero real e n é a ordem de A)
- Troca de posição de filas paralelas: para cada troca, o novo determinante fica multiplicado por -1.
- O determinante é nulo nas seguintes condições: fila de zeros, filas paralelas iguais ou filas paralelas proporcionais.

Exercícios

1. (IFSC) Calcule o valor de x para que se tenha

$$\begin{vmatrix} x & -3 \\ 4 & 2 \end{vmatrix} = 0.$$

a) -3
b) 6
c) 0
d) 3
e) -6

2. (UEL-PR) Se o determinante da matriz

$$A = \begin{vmatrix} x & 2 & 1 \\ 1 & -1 & 1 \\ 2x & -1 & 3 \end{vmatrix}$$ é nulo, então:

a) $x = -3.$
b) $x = -\frac{7}{4}.$
c) $x = -1.$
d) $x = 0.$
e) $x = \frac{7}{4}.$

3. (Vunesp-SP) Seja A uma matriz. Se $A^3 = \begin{bmatrix} 1 & 0 & 0 \\ 0 & 6 & 14 \\ 0 & 14 & 34 \end{bmatrix}$, o determinante A é:

a) 8.
b) $2\sqrt{2}$.
c) 2.
d) $\sqrt[3]{2}$.
e) 1.

4. (UEL-PR) Se A é uma matriz quadrada 2×2 de determinante 10. Se $B = -2 \cdot A$ e $C = 3 \cdot B^{-1}$, onde B^{-1} é a matriz inversa de B, então o determinante de C é:

a) $-60.$
b) $-\frac{3}{20}.$
c) $-\frac{20}{3}.$
d) $\frac{9}{40}.$
e) $\frac{40}{9}.$

5. (Ufam) Sendo $A = \begin{pmatrix} 1 & 0 & 0 & 0 & 0 \\ -5 & 0 & 1 & 3 & 2 \\ 6 & 3 & 0 & 2 & 1 \\ 9 & 1 & 0 & 2 & 0 \\ -1 & -1 & 0 & 1 & 0 \end{pmatrix}$ uma matriz real, então det A é:

a) −3. b) 3. c) 10. d) −10. e) 24.

6. (UFPB) Três cidades distintas foram representadas em um mapa (plano) pelos pontos C_1, C_2 e C_3. Considere a matriz $D = (d_{ij})_{3 \times 3}$, onde d_{ij} é a distância entre C_i e C_j, $1 \leq i \leq 3, 1 \leq j \leq 3$.
Nesse contexto, considere as seguintes afirmações:

I. Se C_1, C_2 e C_3 são vértices de um triângulo equilátero, D é uma matriz cujos elementos são todos iguais.

II. A matriz D é simétrica.

III. O determinante da matriz D é nulo.

Está(ão) correta(s) apenas:

a) I. b) II. c) III. d) I e II. e) II e III.

7. (Fatec-SP) O traço de uma matriz quadrada é a soma dos elementos de sua diagonal principal. Se os números inteiros x e y são tais que a matriz tem traço igual a 4 e determinante igual a −19, então o produto xy é igual a:

$$\begin{pmatrix} 2 & 1 & 0 \\ 3 & x & 4 \\ 1 & 1 & y \end{pmatrix}$$

a) −4. b) −3. c) −1. d) 1. e) 3.

9. (Cefet-PR) Dada a matriz quadrada A, na ordem n, com $\det A \neq 0$, o valor de $\det A \cdot \det A^{-1}$ é:

a) 1. b) 2. c) 3. d) 4. e) 5.

8. (Uece) Considere as matrizes $A = \begin{bmatrix} 1 & 2 & 3 \\ 2 & 0 & 2 \\ 3 & 2 & 1 \end{bmatrix}$ e $B = \begin{bmatrix} 1 & 2 & 3 \\ 0 & 1 & 2 \\ 0 & 0 & 1 \end{bmatrix}$. O valor do determinante da matriz $C = A \cdot B$ é:

a) 6. b) 16. c) 26. d) −26.

10. (PUC-RS) Se a matriz $A = \begin{bmatrix} a & b \\ c & d \end{bmatrix}$ tem inversa, então $\det A^{-1}$ é:

a) $bc - bd$.

b) $\left(\frac{1}{ad}\right) - \left(\frac{1}{bc}\right)$.

c) $\det A$.

d) $\frac{1}{ad - bc}$.

e) $\frac{1}{(\det A)^2}$.

SISTEMAS LINEARES

Equação linear

$a_1x_1 + a_2x_2 + a_3x_3 + ... + a_nx_n = b$

Sistema de equações lineares

Sistema linear $m \times n$

$$S = \begin{cases} a_{11}x_1 + a_{12}x_2 + a_{13}x_3 + ... + a_{1n}x_n = b_1 \\ a_{21}x_1 + a_{22}x_2 + a_{23}x_3 + ... + a_{2n}x_n = b_2 \\ \quad ... \\ a_{m1}x_1 + a_{m2}x_2 + a_{m3}x_3 + ... + a_{mn}x_n = b_m \end{cases}$$

Classificação

Possível determinado (SPD)

Possui uma única solução.

Possível indeterminado (SPI)

Possui infinitas soluções.

Impossível (SI)

Não possui solução.

Método do escalonamento

Definição

A matriz dos coeficientes tem, em cada uma de suas linhas, o primeiro elemento não nulo à esquerda do primeiro elemento não nulo da linha seguinte.

Classificação

- SPD: A última linha possui uma equação do 1º grau com uma incógnita.
- SPI: A última linha possui uma equação sem incógnitas verdadeira.
- SI: A última linha possui uma equação sem incógnitas falsa.

Sistema linear homogêneo (SH)

Todos os termos independentes são nulos.

$$\begin{cases} ax + by = 0 \\ cx + dy = 0 \end{cases}$$

Observação: Um SH é sempre um sistema possível, pois admite pelo menos uma solução (0, 0, 0), denominada trivial, nula ou imprópria.

Sistemas lineares equivalentes

Possuem o mesmo conjunto solução, mesmo que ele seja o conjunto vazio.

Discussão

Identificar valores dos parâmetros em que ele é possível e determinado, possível e indeterminado ou impossível.

Exercícios

1. (UPE) Em uma floricultura, é possível montar arranjos diferentes com rosas, lírios e margaridas. Um arranjo com 4 margaridas, 2 lírios e 3 rosas custa 42 reais. No entanto, se o arranjo tiver uma margarida, 2 lírios e uma rosa, ele custa 20 reais. Entretanto, se o arranjo tiver 2 margaridas, 4 lírios e uma rosa, custará 32 reais. Nessa floricultura, quanto custará um arranjo simples, com uma margarida, um lírio e uma rosa?

   a) 5 reais b) 8 reais c) 10 reais d) 15 reais e) 24 reais

2. (FGV-SP) Como se sabe, no jogo de basquete, cada arremesso convertido de dentro do garrafão vale 2 pontos e, de fora do garrafão, vale 3 pontos. Um time combinou com seu clube que receberia \$ 50,00 para cada arremesso convertido de 3 pontos e \$ 30,00 para cada arremesso convertido de 2 pontos. Ao final do jogo, o time fez 113 pontos e recebeu \$ 1 760,00. Então, a quantidade de arremessos convertidos de 3 pontos foi:

   a) 13. b) 15. c) 16. d) 17. e) 18.

3. (UEG-GO) Um feirante vendeu todo o seu estoque de maçãs e peras por R$ 350,00. O preço de venda das peras e das maçãs está descrito na tabela abaixo:

2 maçãs por R$ 2,00
2 peras por R$ 1,50

Se o feirante tivesse vendido somente metade das maçãs e $\frac{2}{5}$ das peras, ele teria arrecadado R$ 160,00. Sendo assim, quantas frutas o feirante vendeu?

a) 200 b) 300 c) 400 d) 500

4. (UFJF-MG) Uma gaveta contém somente lápis, canetas e borrachas. A quantidade de lápis é o triplo da quantidade de canetas. Se colocarmos mais 12 canetas e retirarmos 2 borrachas, a gaveta passará a conter o mesmo número de lápis, canetas e borrachas. Quantos objetos havia na gaveta inicialmente?

a) 34 b) 44 c) 54 d) 64 e) 74

5. (Vunesp-SP) Uma família fez uma pesquisa de mercado, nas lojas de eletrodomésticos, à procura de três produtos que desejava adquirir: uma TV, um *freezer* e uma churrasqueira. Em três das lojas pesquisadas, os preços de cada um dos produtos eram coincidentes entre si, mas nenhuma das lojas tinha os três produtos simultaneamente para a venda. A loja *A* vendia a churrasqueira e o *freezer* por R$ 1 288,00. A loja *B* vendia a TV e o *freezer* por R$ 3 698,00 e a loja *C* vendia a churrasqueira e a TV por R$ 2 588,00. A família acabou comprando a TV, o *freezer* e a churrasqueira nestas três lojas. O valor total pago, em reais, pelos três produtos foi de:

a) 3 767,00. b) 3 777,00. c) 3 787,00. d) 3 797,00. e) 3 807,00.

6. (Unifor-CE) Celso e Plínio são eletricistas e, por hora de trabalho, Celso cobra R$ 4,00 a mais do que Plínio. Considerando que, certo dia, ambos trabalharam juntos em um mesmo local por um período de 6 horas e lhes foi pago o total de R$ 240,00 pelo serviço feito, é correto afirmar que:

a) Celso cobra R$ 24,00 por hora de trabalho.
b) Plínio cobra R$ 16,00 por hora de trabalho.
c) Celso recebeu R$ 26,00 a mais do que Plínio.
d) a parte que coube a Plínio foi R$ 108,00.
e) a parte que coube a Celso foi R$ 134,00.

7. (FGV-SP) Na cantina de um colégio, o preço de 3 chicletes, 7 balas e 1 refrigerante é R$ 3,15. Mudando-se as quantidades para 4 chicletes, 10 balas e 1 refrigerante, o preço, nessa cantina, passa para R$ 4,20. O preço, em reais, de 1 chiclete, 1 bala e 1 refrigerante nessa mesma cantina, é igual a:

a) 1,70. b) 1,65. c) 1,20. d) 1,05. e) 0,95.

8. (UFC-CE) Uma fábrica de confecções produziu, sob encomenda, 70 peças de roupas entre camisas, batas e calças, sendo a quantidade de camisas igual ao dobro da quantidade de calças. Se o número de bolsos em cada camisa, bata e calça é dois, três e quatro, respectivamente, e o número total de bolsos nas peças é 200, então podemos afirmar que a quantidade de batas é:

a) 36. b) 38. c) 40. d) 42. e) 44.

9. (Uesc-BA) Três amigos, *X*, *Y* e *Z*, resolveram fazer um passeio de final de semana, indo de carro da cidade *A* até a cidade *B* no veículo de um deles, rateando as despesas com combustível. Dos 54 litros de combustível necessários para completar a viagem, *X* contribuiu com 32 litros e *Y* com 22 litros. A contribuição de *Z* foi de R$ 50,22, valor que foi dividido entre *X* e *Y*, de modo a tornar o rateio equitativo. Então, o valor recebido por:

01) *X* foi igual a R$ 22,32.
02) *Y* foi igual a R$ 22,32.
03) *X* foi igual a R$ 18,60.
04) *Y* foi igual a R$ 18,60.
05) *Y* foi igual a R$ 11,16.

10. (Unifesp) Em uma lanchonete, o custo de 3 sanduíches, 7 refrigerantes e uma torta de maçã é R$ 22,50. Com 4 sanduíches, 10 refrigerantes e uma torta de maçã, o custo vai para R$ 30,50. O custo de um sanduíche, um refrigerante e uma torta de maçã, em reais, é:

a) 7,00.
b) 6,50.
c) 6,00.
d) 5,50.
e) 5,00.

CIRCUNFERÊNCIA

Definição

Figura geométrica formada por todos os planos de um plano equidistante de um dado ponto desse plano, o centro.

Posições relativas entre reta e circunferência

Tangentes

Possuem um único ponto comum.

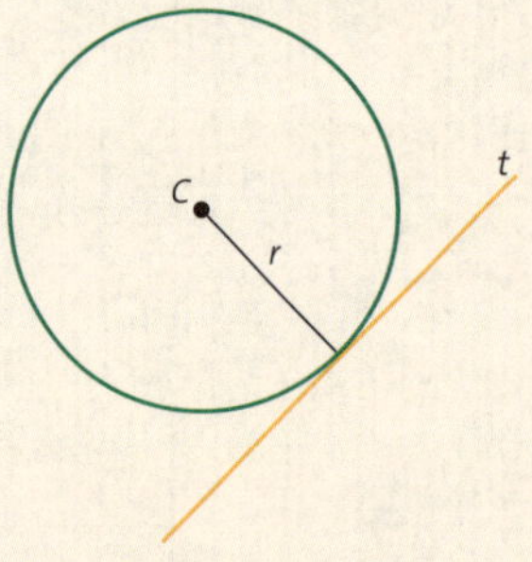

$d_{C,t}$ = raio

Observação: O raio é perpendicular à reta tangente no ponto de tangência.

Secantes

Possuem dois pontos comuns.

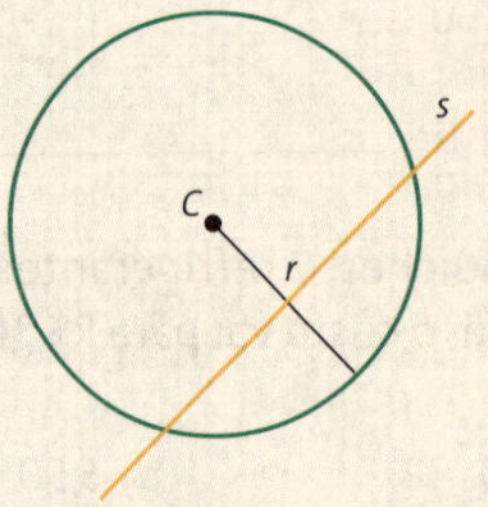

$d_{C,t} <$ raio

Externas

Não possuem pontos comuns.

$d_{C,t} >$ raio

Posições relativas entre duas circunferências

Secantes

Possuem dois pontos comuns.

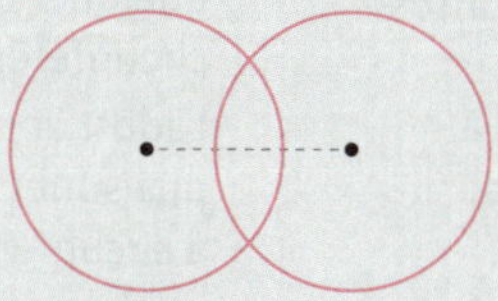

$r_1 - r_2 < d < r_1 + r_2$

Tangentes

- Possuem um único ponto comum.
- O centro e o ponto de tangência são colineares.

Internas	**Externas**
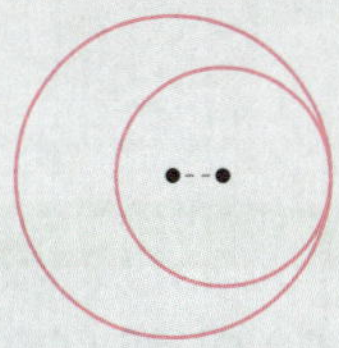 $d = r_1 - r_2$	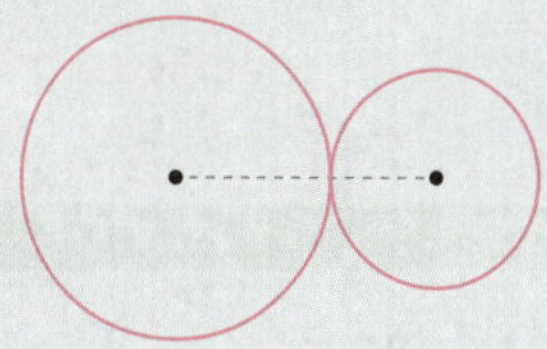 $d = r_1 + r_2$

Internas

Não possuem pontos comuns.

Concêntricas	**Não concêntricas**
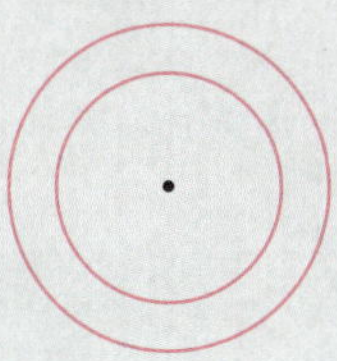 $d = 0$	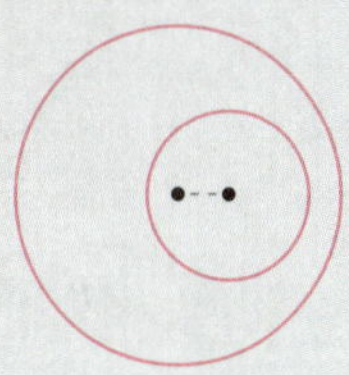 $d < r_1 - r_2$

Externas

Não possuem pontos comuns.

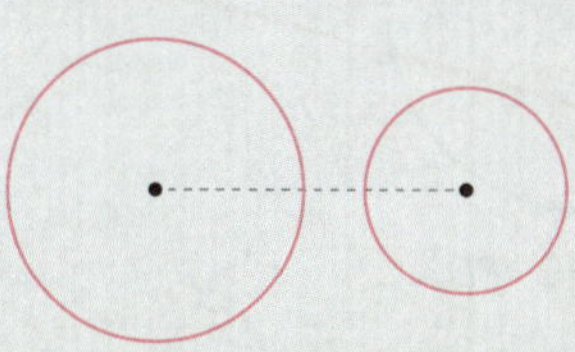

$d > r_1 + r_2$

Ângulos

Central

- Vértice: centro *O*.
- Lados: dois pontos quaisquer pertencentes à circunferência.

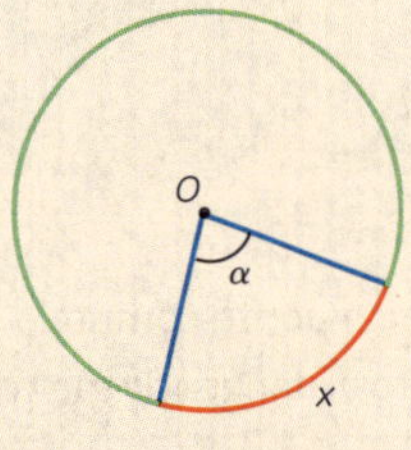

$\alpha = x$

Inscrito

- Vértice: um ponto qualquer da circunferência.
- Lados: dois pontos quaisquer pertencentes à circunferência, na qual determina duas cordas.

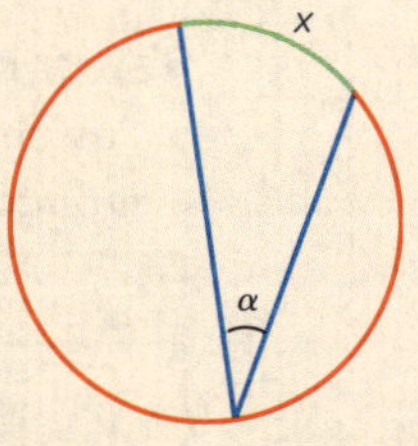

$\alpha = \frac{x}{2}$

De segmento

- Vértice: um ponto qualquer da circunferência.
- Lados: um deles é secante à circunferência, o outro, tangente a ela.

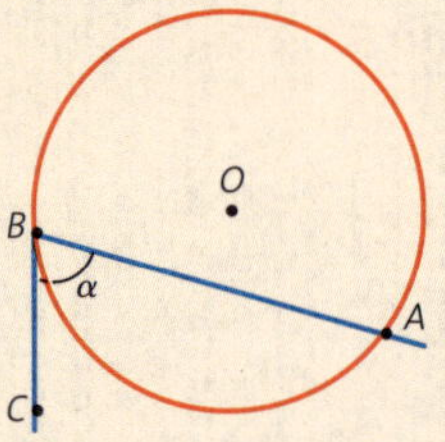

$\alpha = \frac{x}{2}$

Relações métricas

Cruzamento de duas cordas

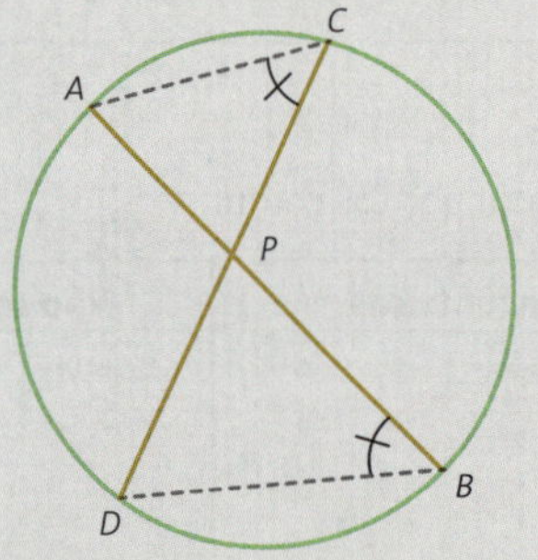

$AP \cdot BP = CP \cdot DP$

Dois segmentos secantes a partir de um mesmo ponto

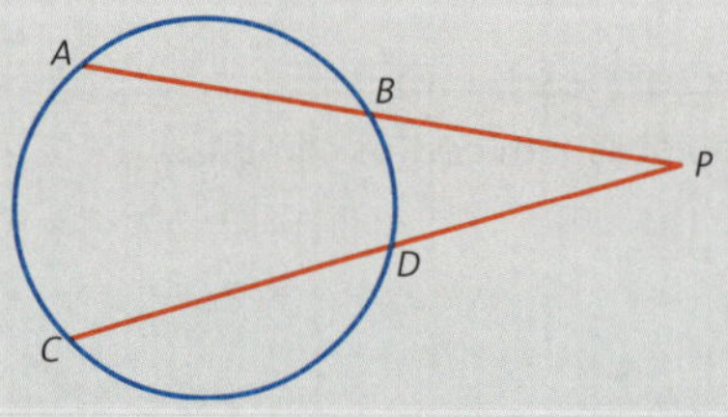

$PA \cdot PB = PC \cdot PD$

Segmento secante e tangente a partir de um mesmo ponto

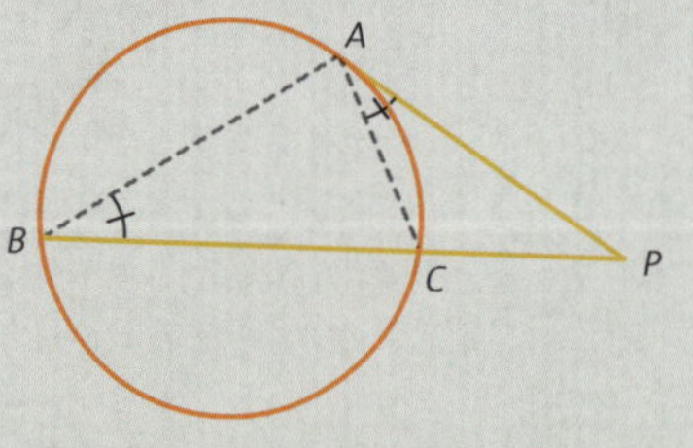

$(PA)^2 = PB \cdot PC$

Polígonos regulares inscritos

Possuem todos os lados e ângulos congruentes e encontram-se totalmente inseridos na circunferência.

Quadrado

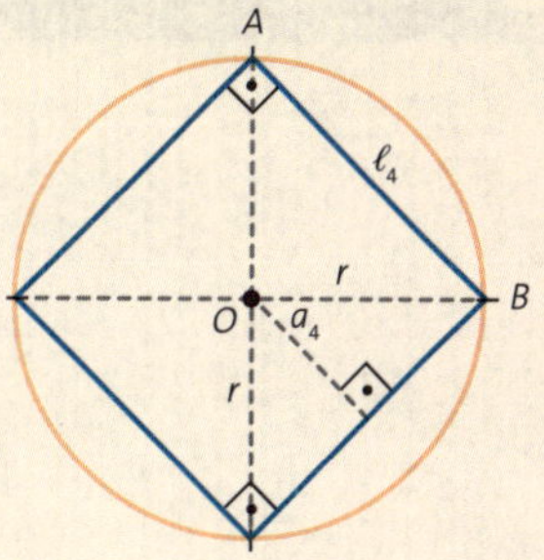

- lado (ℓ_4): $r\sqrt{2}$
- apótema (a_4): $\frac{r\sqrt{2}}{2}$

Hexágono regular

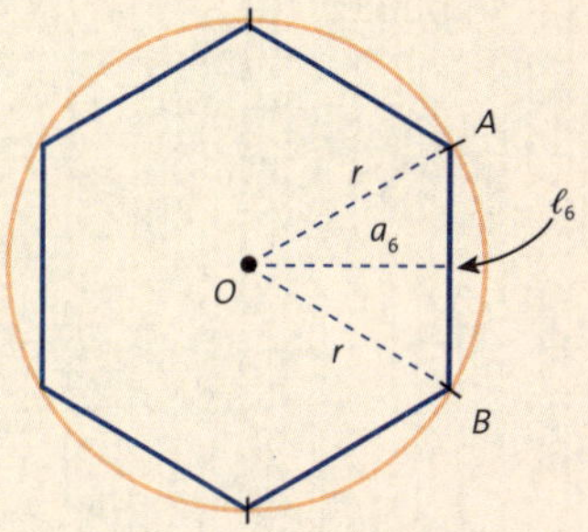

- lado (ℓ_6): r
- apótema (a_6): $\frac{r\sqrt{3}}{2}$

Triângulo equilátero

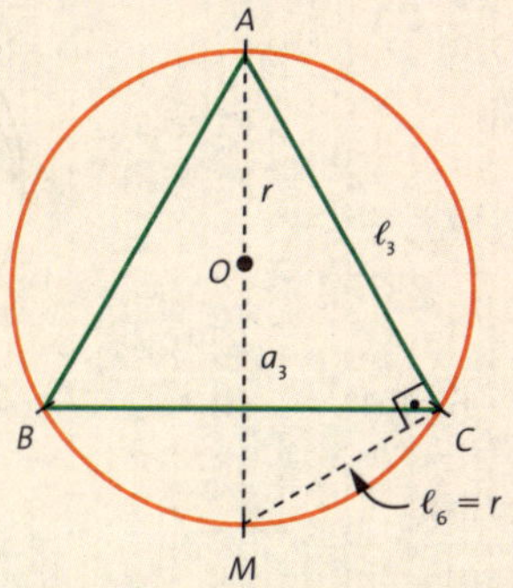

- lado (ℓ_3): $r\sqrt{3}$
- apótema (a_3): $\frac{r}{2}$

Comprimento

$C = 2\pi r$

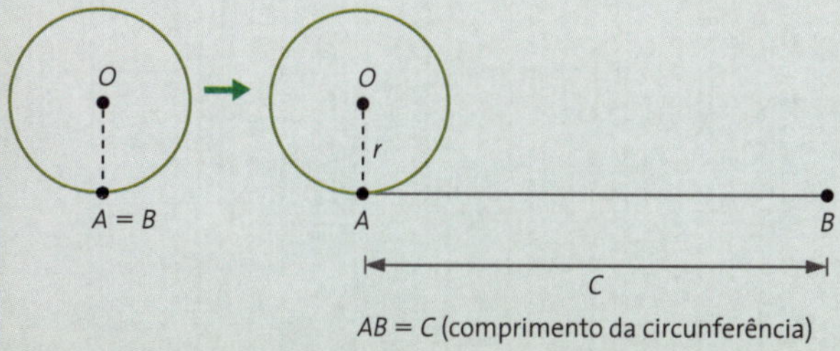

Equações

- $(x - a)^2 + (y - b)^2 = r^2$ (reduzida)
- $x^2 + y^2 - 2ax - 2ay + (a^2 + b^2 - r^2) = 0$ (normal)

Exercícios

1. (Ufes) Observe a figura.

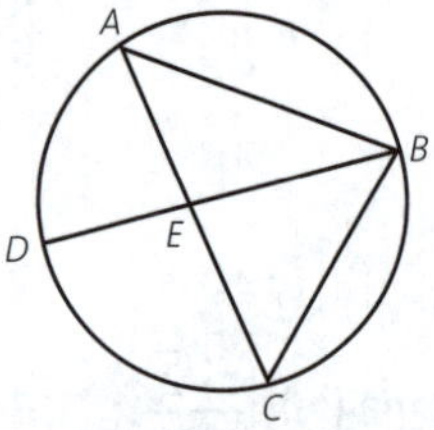

Nessa figura, BD é um diâmetro da circunferência circunscrita ao triângulo ABC, e os ângulos $A\hat{B}D$ e $A\hat{E}D$ medem, respectivamente, 20° e 85°. Assim sendo, o ângulo $C\hat{B}D$ mede:

a) 25°. b) 35°. c) 30°. d) 40°.

2. (Fuvest-SP) A medida do ângulo $A\hat{D}C$ inscrito na circunferência de centro O é:

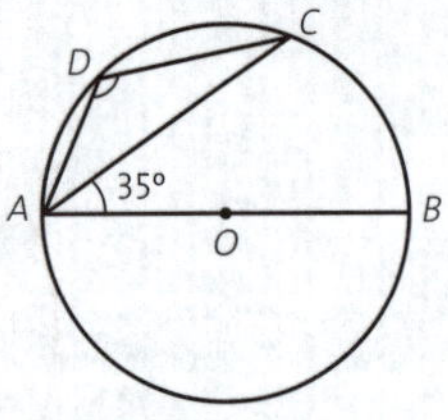

a) 125°. b) 110°. c) 120°. d) 100°. e) 135°.

3. (Ufes) Na figura, *A*, *B*, *C* e *D* são pontos de uma circunferência, a corda *CD* é bissetriz do ângulo $A\hat{C}B$ e as cordas *AB* e *AC* têm o mesmo comprimento.

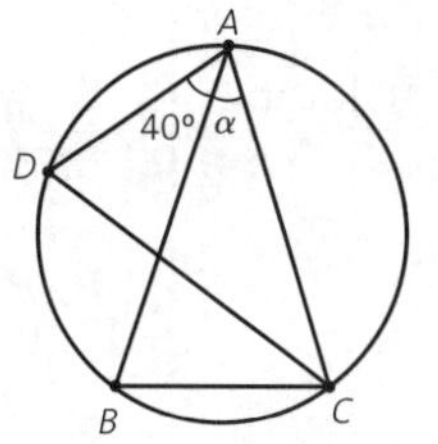

Se o ângulo $B\hat{A}D$ mede 40°, a medida α do ângulo $B\hat{A}C$ é:

a) 10°. b) 15°. c) 20°. d) 25°. e) 30°.

4. (IFSP) Considere uma circunferência de centro *O* e raio 6 cm. Sendo *A* e *B* pontos distintos dessa circunferência, sabe-se que o comprimento de um arco $\widehat{AB}$ é 5π cm. A medida do ângulo central $A\hat{O}B$, correspondente ao arco $\widehat{AB}$ considerado, é:

a) 120°. b) 150°. c) 180°. d) 210°. e) 240°.

5. (IFMG) Uma partícula descreve um arco de 1 080° sobre uma circunferência de 15 cm de raio. A distância percorrida por essa partícula, em cm, é igual a:

a) 90π. b) 120π. c) 140π. d) 160π.

6. (UFRGS-RS) O perímetro do triângulo equilátero circunscrito a um círculo de raio 3 é:

a) $18\sqrt{3}$.
b) $20\sqrt{3}$.
c) 36.
d) $15\sqrt{6}$.
e) 38.

7. (PUC-RJ) A figura a seguir é uma janela com formato de um semicírculo sobre um retângulo. Sabemos que a altura da parte retangular da janela é 1 m e a altura total da janela é 1,5 m.

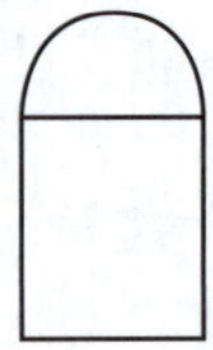

A largura da parte retangular, expressa em metros, deve ser:

a) 0,5. b) 1. c) 2. d) π. e) 2π.

8. (Unifesp) A figura mostra duas roldanas circulares ligadas por uma correia. A roldana maior, com raio 12 cm, gira fazendo 100 rotações por minuto, e a função da correia é fazer a roldana menor girar. Admita que a correia não escorregue.

Para que a roldana menor faça 150 rotações por minuto, o seu raio, em centímetros, deve ser:

a) 8. b) 7. c) 6. d) 5. e) 4.

9. (Uerj) A figura abaixo representa um círculo de centro *O* e uma régua retangular, graduada em milímetros. Os pontos *A*, *E* e *O* pertencem à régua e os pontos *B*, *C* e *D* pertencem, simultaneamente, à régua e à circunferência.

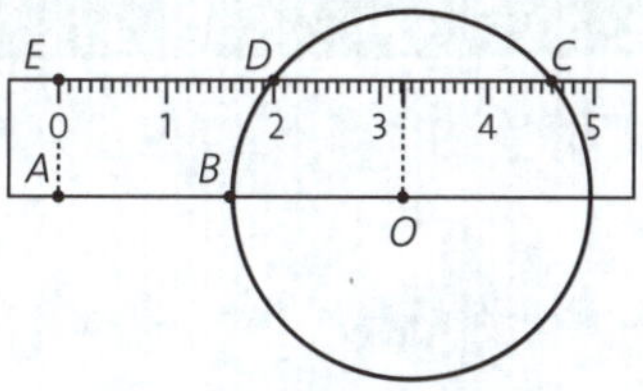

Considere os seguintes dados:

Segmentos	**Medida** (cm)
$\overline{AB}$	1,6
$\overline{ED}$	2,0
$\overline{EC}$	4,5

O diâmetro do círculo é, em centímetros, igual a:

a) 3,1. b) 3,3. c) 3,5. d) 3,6.

10. (UFGD-MS) Se uma bola de basquete, com circunferência máxima de 78 cm, for centralizada no aro de uma cesta com 45 cm de diâmetro, de quanto será a folga *x* entre a bola e o aro em toda a volta? (Considere: $\pi = 3{,}14$.)

a) 16,29
b) 20
c) 5,04
d) 10,08
e) 1,17

11. (Fuvest-SP) O triângulo *ABC* está inscrito em uma circunferência de raio 5 cm. Sabe-se que *A* e *B* são extremidades de um diâmetro e que a corda *BC* mede 6 cm. Então, a área do triângulo *ABC*, em cm^2, vale:

a) 24.
b) 12.
c) $\frac{5\sqrt{3}}{2}$.
d) $6\sqrt{2}$.
e) $2\sqrt{3}$.

ÁREAS: MEDIDAS DE SUPERFÍCIE

Região quadrada

$A = \ell^2$

Região retangular

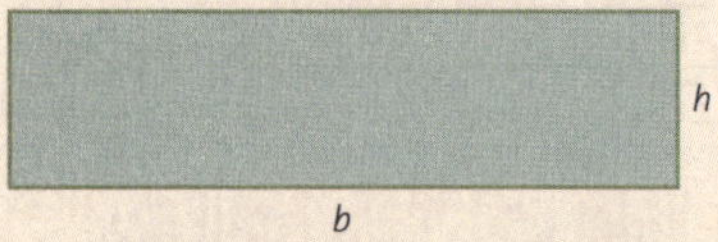

$A = bh$

Região triangular

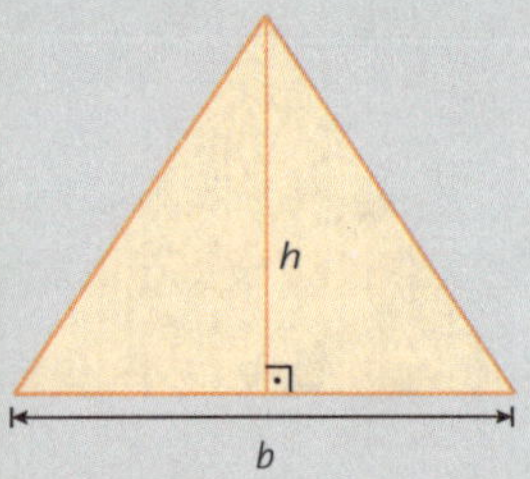

$$A = \frac{bh}{2}$$

Conhecidos os três lados (fórmula de Heron)

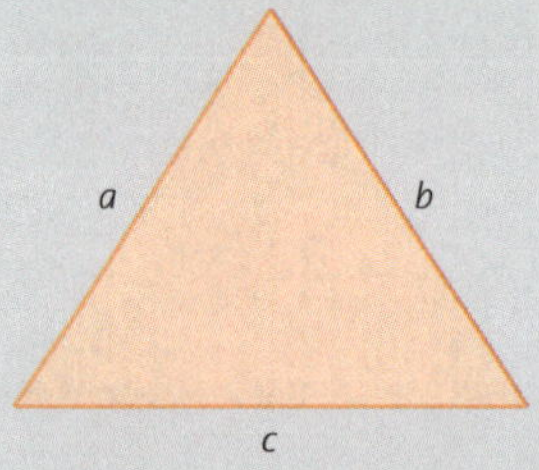

$$A = \sqrt{p(p-a)(p-b)(p-c)}$$

$$p = \frac{a+b+c}{2}$$

Conhecidos dois lados e o ângulo entre eles

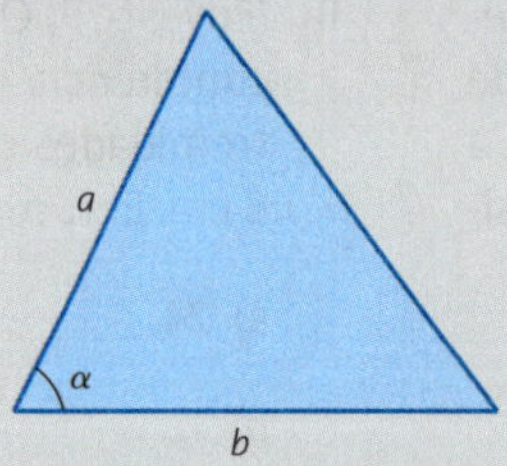

$$A = \frac{1}{2} \cdot a \cdot b \cdot \text{sen}\,\alpha$$

Triângulo equilátero

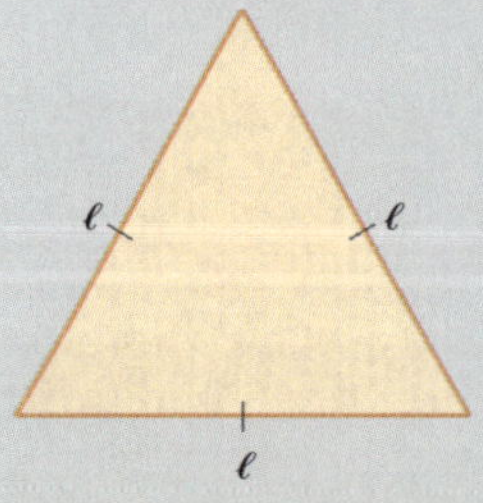

$$A = \frac{\ell^2\sqrt{3}}{4}$$

Polígono regular qualquer

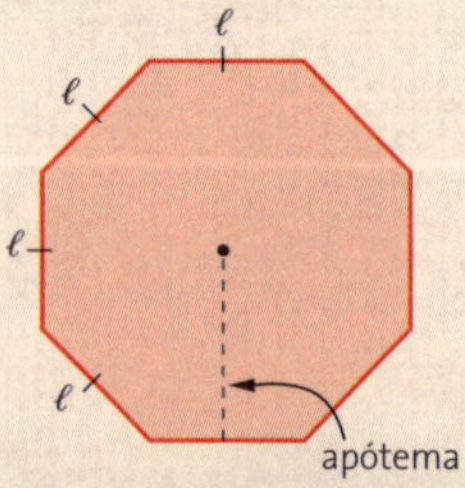

n: lados

p: semiperímetro

$$A = \frac{n\ell a}{2}$$

$$A = pa$$

Trapézio

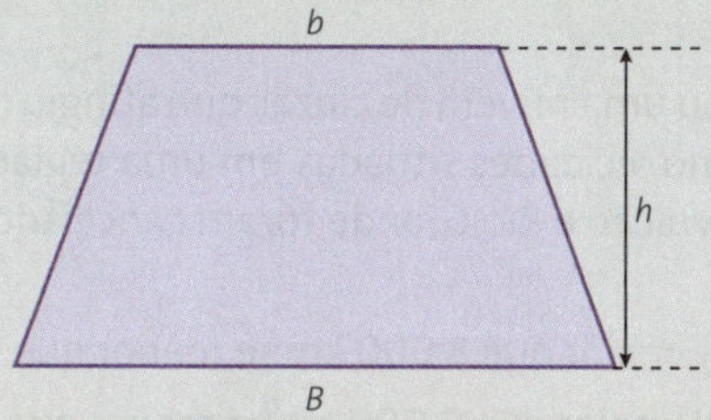

$$A = \frac{(B + b)h}{2}$$

Losango

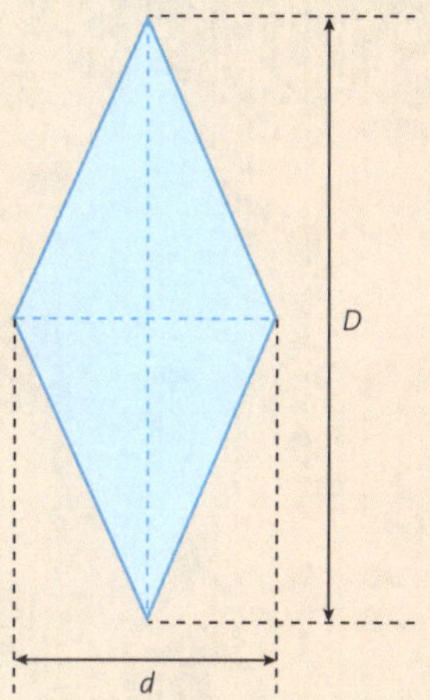

$$A = \frac{D \cdot d}{2}$$

Hexágono

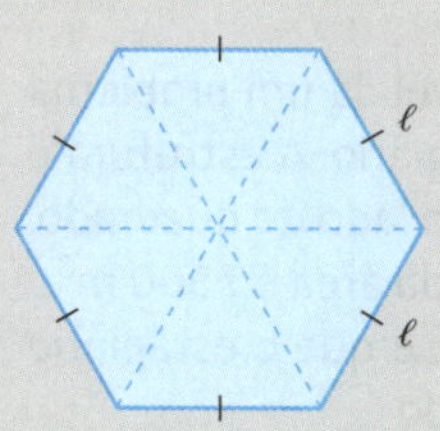

$$A = \frac{3\ell^2\sqrt{3}}{2}$$

Círculo

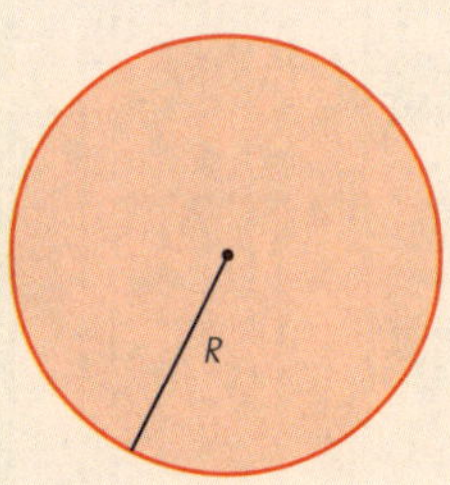

$A = \pi R^2$

Setor circular

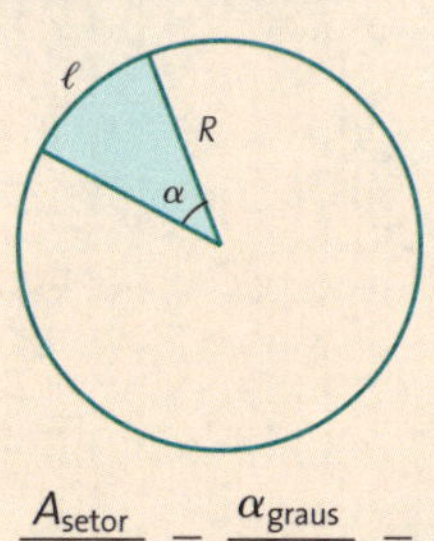

$$\frac{A_{setor}}{\pi R^2} = \frac{\alpha_{graus}}{360°} = \frac{\alpha_{rad}}{2\pi} = \frac{\ell}{2\pi R}$$

Razão de semelhança

Duas figuras geométricas semelhantes com razão de semelhança k entre suas grandezas lineares têm áreas com razão de semelhança k^2.

Exercícios

1. (Unicamp-SP) Um vulcão que entrou em erupção gerou uma nuvem de cinzas que atingiu rapidamente a cidade de Rio Grande, a 40 km de distância. Os voos com destino a cidades situadas em uma região circular com centro no vulcão e com raio 25% maior que a distância entre o vulcão e Rio Grande foram cancelados. Nesse caso, a área da região que deixou de receber voos é:

   a) maior que 10 000 km^2.

   b) menor que 8 000 km^2.

   c) maior que 8 000 km^2 e menor que 9 000 km^2.

   d) maior que 9 000 km^2 e menor que 10 000 km^2.

2. (Unirg-TO) Em uma determinada construção o engenheiro responsável dá um problema de cálculo de área de uma estrutura para ser resolvido por seu estagiário. A estrutura é representada na figura ao lado. O problema consiste em determinar o lado do quadrado. Este quadrado está circunscrito por uma circunferência cuja medida da área é 7 500 m^2. Sabendo-se que os lados do quadrado tangenciam a circunferência, e que o estagiário resolveu corretamente o problema. Então, o valor do lado do quadrado é: (considere $\pi = 3$)

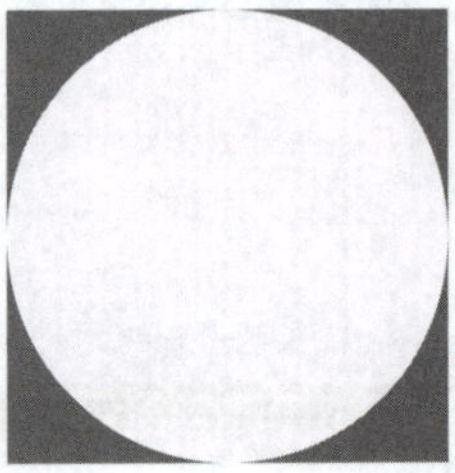

   a) 25 m.

   b) 50 m.

   c) 75 m.

   d) 100 m.

3. (UFRN) A figura ao lado representa uma área quadrada, no jardim de uma residência. Nessa área, as regiões sombreadas são formadas por quatro triângulos cujos lados menores medem 3 m e 4 m, onde será plantado grama. Na parte branca, será colocado um piso de cerâmica. O proprietário vai ao comércio comprar esses dois produtos e, perguntado sobre a quantidade de cada um, responde:

a) 24 m^2 de grama e 25 m^2 de cerâmica.
b) 24 m^2 de grama e 24 m^2 de cerâmica.
c) 49 m^2 de grama e 25 m^2 de cerâmica.
d) 49 m^2 de grama e 24 m^2 de cerâmica.

4. (IFPE) O SBT, em parceria com a Nestlé, criou um novo programa de perguntas e respostas chamado *Um milhão na mesa*. Nele, o apresentador Silvio Santos faz perguntas sobre temas escolhidos pelos participantes. O prêmio máximo é de R$ 1 000 000,00 que fica, inicialmente, sobre uma mesa distribuídos em 50 pacotes com 1 000 cédulas de R$ 20,00 cada um. Cada cédula de R$ 20,00 é um retângulo de 14 cm de base por 6,5 cm de altura.

Reprodução/Casa da Moeda do Brasil/Ministério da Fazenda

Colocando todas as cédulas uma ao lado da outra, teríamos uma superfície de:

a) 415 m^2.
b) 420 m^2.
c) 425 m^2.
d) 455 m^2.
e) 475 m^2.

5. (UEL-PR) Sabendo-se que o terreno de um sítio é composto de um setor circular, de uma região retangular e de outra triangular, com as medidas indicadas na figura ao lado, qual a área aproximada do terreno?

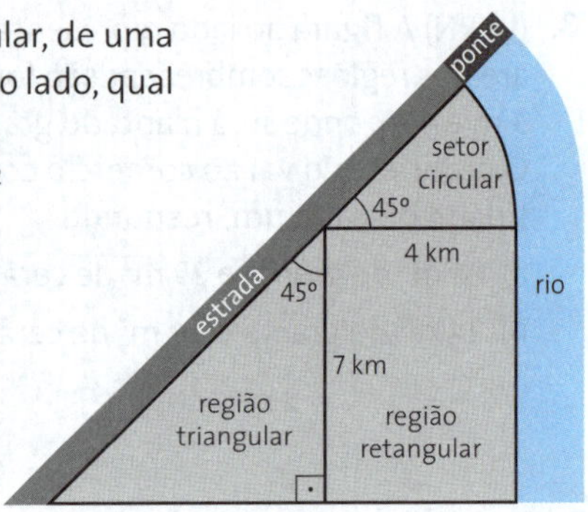

a) $38{,}28 \text{ km}^2$
b) $45{,}33 \text{ km}^2$
c) $56{,}37 \text{ km}^2$
d) $58{,}78 \text{ km}^2$
e) $60{,}35 \text{ km}^2$

6. (FGV-SP) Cada um dos 7 círculos menores da figura a seguir tem raio 1 cm. Um círculo pequeno é concêntrico com o círculo grande, e tangencia os outros 6 círculos pequenos. Cada um desses 6 outros círculos pequenos tangencia o círculo grande e 3 círculos pequenos.

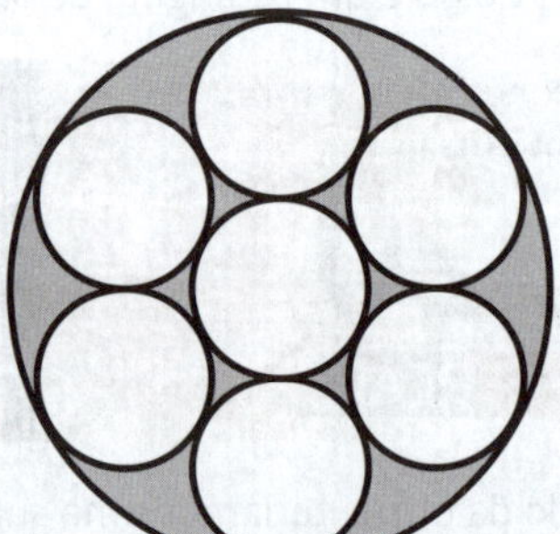

Na situação descrita, a área da região sombreada na figura, em cm^2, é igual a:

a) π.
b) $\frac{3\pi}{2}$.
c) 2π.
d) $\frac{5\pi}{2}$.
e) 3π.

7. (UPM-SP) Na figura, os catetos do triângulo medem 3 e 4 e o arco de circunferência tem centro A. Dentre as alternativas, fazendo $\pi = 3$, o valor mais próximo da área assinalada é:

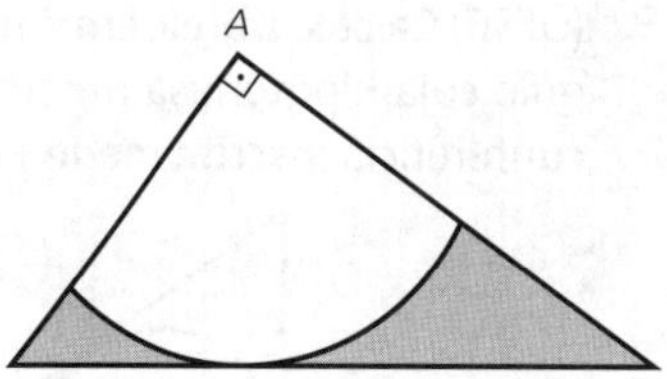

a) 3,15. b) 2,45. c) 1,28. d) 2,60. e) 1,68.

8. (PUC-RJ) A área de um triângulo retângulo é 30 cm^2. Sabendo que um dos catetos mede 5 cm, quanto vale a hipotenusa?

a) 5 cm b) 8 cm c) 12 cm d) 13 cm e) 25 cm

9. (UFSC) Calcule a área, em cm^2, de um triângulo retângulo cuja hipotenusa mede 10 cm e cujo raio da circunferência inscrita mede 1 cm.

10. (FGV-SP) O monitor de um *notebook* tem formato retangular com a diagonal medindo d. Um lado do retângulo mede $\frac{3}{4}$ do outro. A área do monitor é dada por:

a) $0{,}44d^2$.
b) $0{,}46d^2$.
c) $0{,}48d^2$.
d) $0{,}50d^2$.
e) $0{,}52d^2$.

11. (Unifor-CE) Uma casa ocupa a quarta parte de um terreno, como mostra a figura ao lado. O restante do terreno é usado como quintal. O proprietário deseja pavimentar o quintal com certo piso, que é vendido em caixa que comporta 1,5 m^2 de piso. Quantas caixas deverão ser compradas pelo proprietário para pavimentar o quintal?

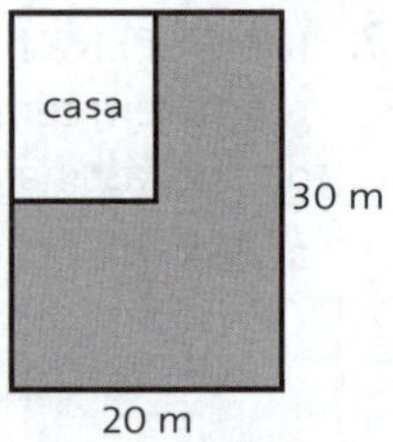

a) 100
b) 200
c) 250
d) 300
e) 350

12. (ESPM-SP) Um escritório possui duas salas quadradas cujos lados medem números inteiros de metros. Se a diferença entre suas áreas é de 11 m^2, a soma dessas áreas é igual a:

a) 57 m^2.
b) 59 m^2.
c) 61 m^2.
d) 63 m^2.
e) 65 m^2.

13. (Uece) Dois vértices não consecutivos de um quadrado são respectivamente os centros de dois círculos cuja medida dos raios de cada um deles é 2 m. Se a medida do lado do quadrado é 2 m, então a medida da área, em m^2, da região comum aos dois círculos é:

a) $2\pi - 2$. b) $2\pi - 4$. c) $4\pi - 2$. d) $4\pi - 4$.

14. (FGV-SP) Na figura abaixo, o ângulo $\hat{A}$ do triângulo ABC inscrito na circunferência é reto. O lado $\overline{AB}$ mede 4, e o lado $\overline{AC}$ mede 5.

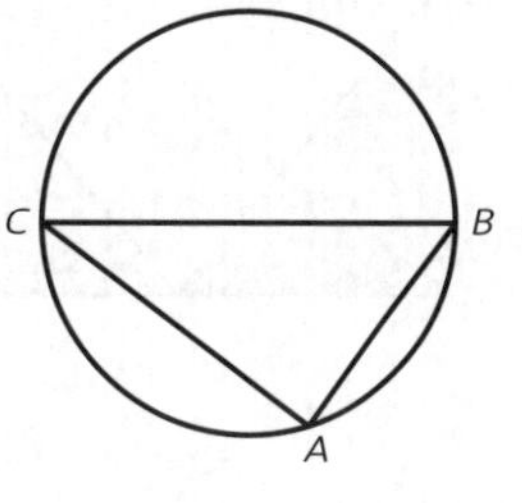

A área do círculo da figura é:

a) $9,75\pi$. b) 10π. c) $10,25\pi$. d) $10,50\pi$. e) $10,75\pi$.

15. (ESCS-DF) Na figura ao lado, o círculo está inscrito no quadrado formado pelos segmentos de extremos nos pontos médios dos lados do quadrado *ABCD*. Se a medida de *AB* é igual a *x*, então a expressão que permite calcular, em função de *x*, a área sombreada é:

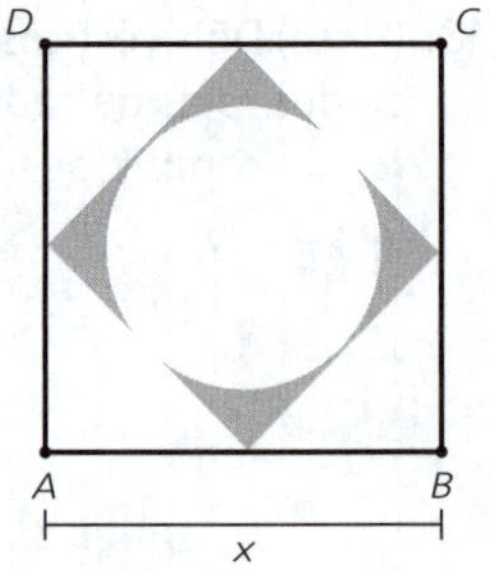

a) $\frac{x^2}{2} - \pi \cdot \frac{x^2}{8}$.

b) $\frac{x^2}{2} - \pi \cdot \frac{x^2}{2}$.

c) $2x^2 - \pi x^2$.

d) $x^2 - \pi x^2$.

e) $x^2 - \pi \cdot \frac{x^2}{2}$.

16. (UEPB) A figura seguinte apresenta um retângulo *ABCD* e um triângulo equilátero *ECD*.

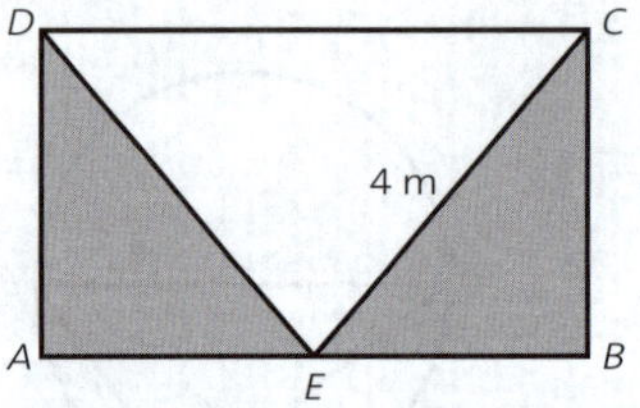

A área da região sombreada será:

a) $\frac{5\sqrt{3}}{2}$ m².

b) $2\sqrt{3}$ m².

c) $3\sqrt{3}$ m².

d) $5\sqrt{3}$ m².

e) $4\sqrt{3}$ m².

Texto para as questões **17** e **18**.

Planta do Centro de Diagnóstico por Imagens, com destaque do equipamento de ressonância magnética na sala de exames.

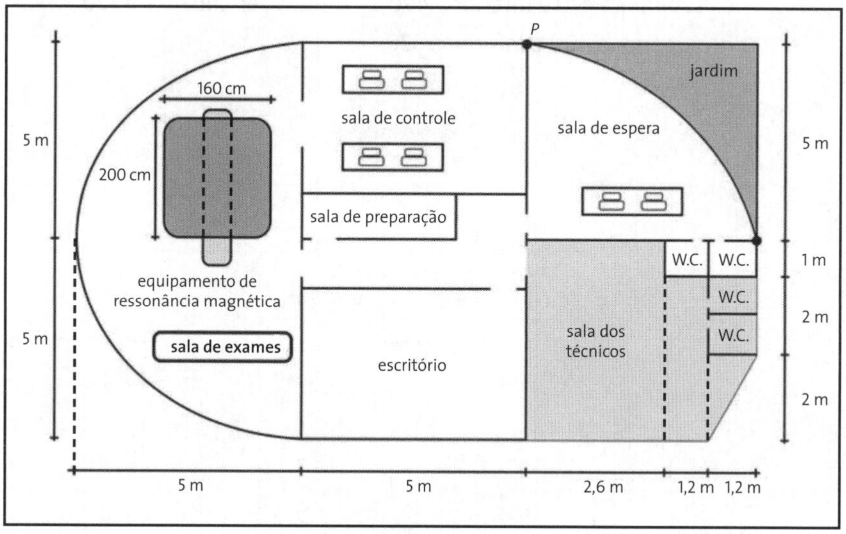

Figura I

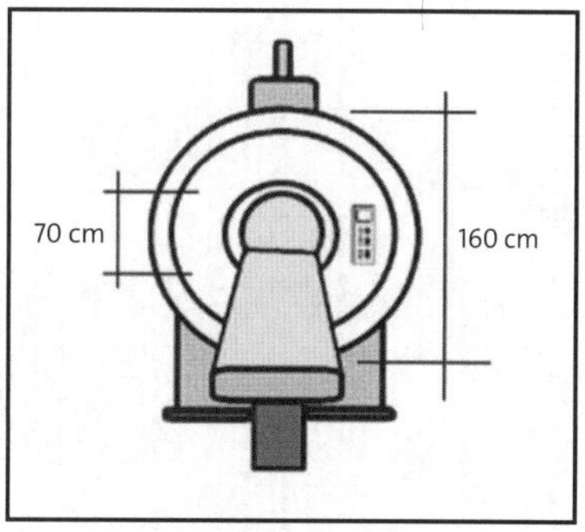

Figura II

Na figura **I**, uma planta de um centro de diagnóstico por imagens (CDI), os desenhos das paredes circulares são semicircunferências de raio igual a 5 m. Na figura **II**, está representado um esquema do equipamento de ressonância magnética instalado na sala de exames. O equipamento, constituído por um tubo circular homogêneo com diâmetro externo de 160 cm e interno de 70 cm e com comprimento de 2 m, é apoiado em uma base e fixado no teto por um suporte e tem como suplemento uma maca. Na figura **II**, a base, o suporte e a maca estão representados em cor cinza.

17. (ESCS-DF) Com base nos dados apresentados no texto e na figura **I**, e sabendo-se que o arco de circunferência, que é a fronteira entre a sala de espera e o jardim, passa pelos vértices *P* e *Q* do quadrado de lado 5 m, verifica-se, após os cálculos, que a área do jardim é igual a:

a) $\left(5\pi - \frac{5}{4}\right) m^2$.
b) $5(\pi - 5)\ m^2$.
c) $25\left(1 - \frac{\pi}{4}\right) m^2$.
d) $5\pi^2\ m^2$.
e) $\frac{25}{4}\pi\ m^2$.

18. (ESCS-DF) Considere que tenha sido colocado piso de porcelanato na sala dos técnicos, não incluídos os banheiros (*w. c.*), ao preço de R$ 35,00 o metro quadrado. Nessa situação, o custo do piso colocado, em reais, desprezando-se a espessura das paredes, foi:

a) inferior a 445.

b) superior a 445 e inferior a 470.

c) superior a 470 e inferior a 490.

d) superior a 490 e inferior a 520.

e) superior a 520.

19. (Unifor-CE) Considere três circunferências com raios medindo 5 cm, 4 cm e 3 cm respectivamente. Se elas são traçadas de forma que cada uma delas é tangente exterior às outras duas, como mostra a figura ao lado, então podemos afirmar que o valor da área do triângulo formado pelos centros dessas circunferências é:

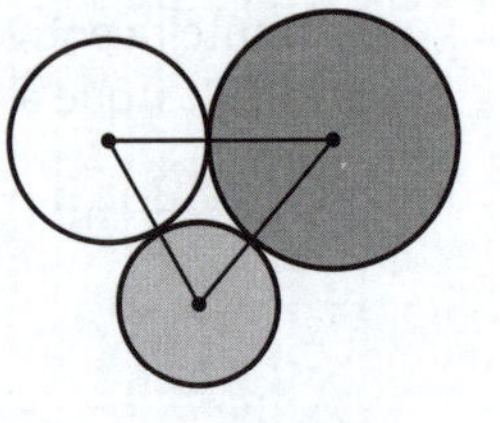

a) $2\sqrt{5}$ cm^2.

b) $8\sqrt{5}$ cm^2.

c) $12\sqrt{5}$ cm^2.

d) $2\sqrt{3}$ cm^2.

e) $5\sqrt{3}$ cm^2.

20. (Unifacs-BA) A figura representa uma montagem feita com três semicircunferências de raio $r = 4$, simulando nuvens na pintura de um painel.

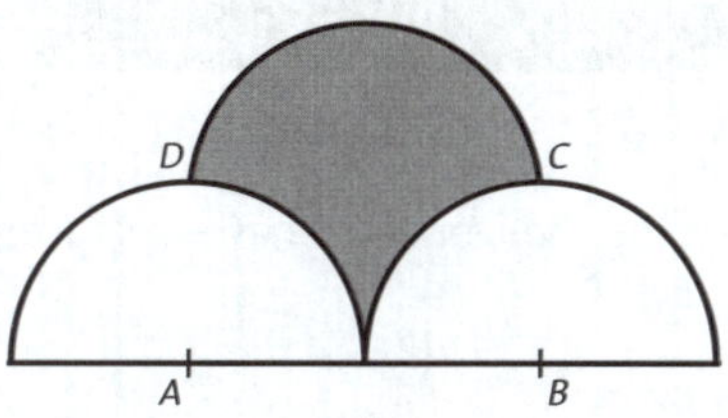

Sabendo-se que os pontos *A* e *B* são centros de duas dessas semicircunferências e que os pontos *A*, *B*, *C* e *D* são vértices de um retângulo, conclui-se corretamente que a parte da nuvem pintada de cinza mede, em unidades de área:

01) $32 - 8\pi$. 02) 16. 03) $16 + 4\pi$. 04) 32. 05) $64 - 8\pi$.

21. (Uerj) Na fotografia ao lado, observam-se duas bolhas de sabão unidas. Quando duas bolhas unidas possuem o mesmo tamanho, a parede de contato entre elas é plana, conforme ilustra o esquema:

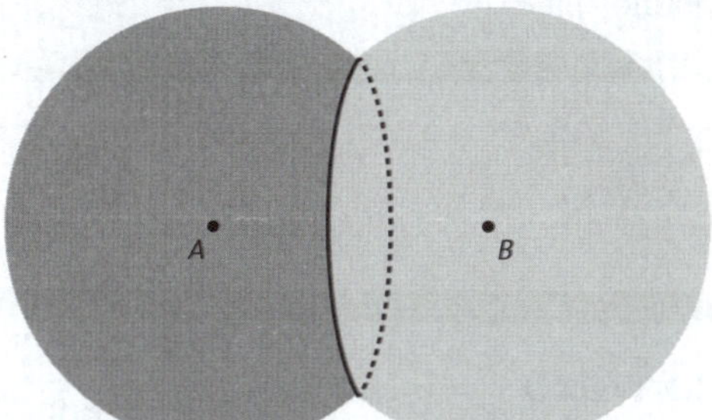

Considere duas bolhas de sabão esféricas, de mesmo raio *R*, unidas de tal modo que a distância entre seus centros *A* e *B* é igual ao raio *R*. A parede de contato dessas bolhas é um círculo cuja área tem a seguinte medida:

a) $\frac{\pi R^2}{2}$. b) $\frac{3\pi R^2}{2}$. c) $\frac{3\pi R^2}{4}$. d) $\frac{4\pi R^2}{3}$.

POLIEDROS, PRISMAS E PIRÂMIDES

Poliedros

União de um número finito n ($n \geqslant 4$) de regiões poligonais planas — as faces — e a região do espaço limitado por elas.

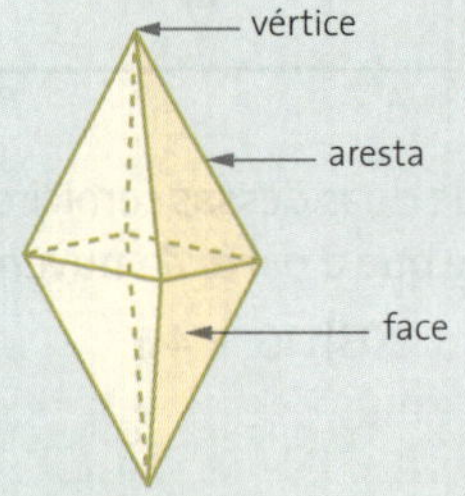

Elementos dos poliedros

Face (F)
Região poligonal plana.

Aresta (A)
Lado de uma região poligonal comum a exatamente duas faces.

Vértice (V)
Ponto comum a três ou mais arestas.

Classificação dos poliedros

Convexo
Um poliedro é convexo quando um segmento de reta que liga dois de seus pontos está sempre contido nele.

Não convexo
Um poliedro é não convexo quando um segmento que liga dois de seus pontos nem sempre está totalmente contido nele.

Relação de Euler

Relaciona o número de vértices (V), arestas (A) e faces (F) de um poliedro convexo.

$V - A + F = 2$

Soma dos ângulos das faces de um poliedro convexo

$S = (V - 2) \cdot 360°$

Poliedros regulares

Um poliedro convexo é regular quando todas as faces são regiões poligonais regulares e congruentes e em todos os vértices concorre o mesmo número de arestas.

- Tetraedro ($n = 3$)
- Octaedro ($n = 3$)
- Icosaedro ($n = 3$)
- Cubo ($n = 4$)
- Dodecaedro ($n = 5$)

Propriedade
Considerando um poliedro regular em que n é o número de lados de cada face e p é o número de arestas que concorrem em cada vértice, temos

$2A = nF = pV$.

Poliedros de Platão

- Todas as faces têm o mesmo número de arestas.
- Em todos os vértices concorrem o mesmo número de arestas.
- Aplica-se a relação de Euler.

Classes

- Tetraedros
- Hexaedros
- Octaedros
- Dodecaedros
- Icosaedros

Prismas

Poliedros convexos formados por duas faces congruentes contidas em planos paralelos distintos, chamadas bases, e pelas faces laterais que são paralelogramos determinados, cada um deles, por dois lados correspondentes nas duas bases e dois lados comuns a outras duas faces laterais.

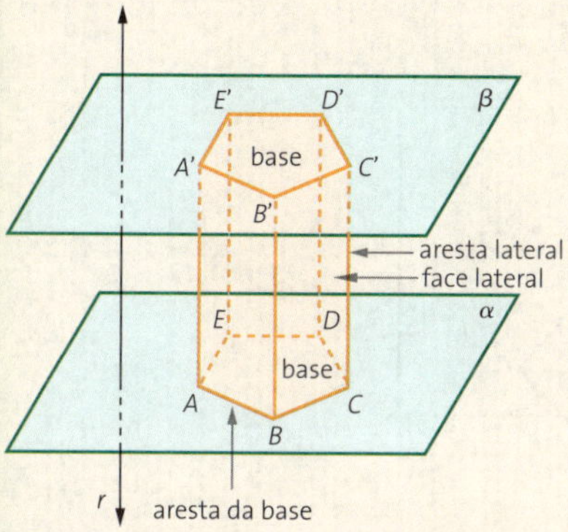

Prisma regular

Prisma reto cuja base é uma região poligonal limitada por um polígono regular.

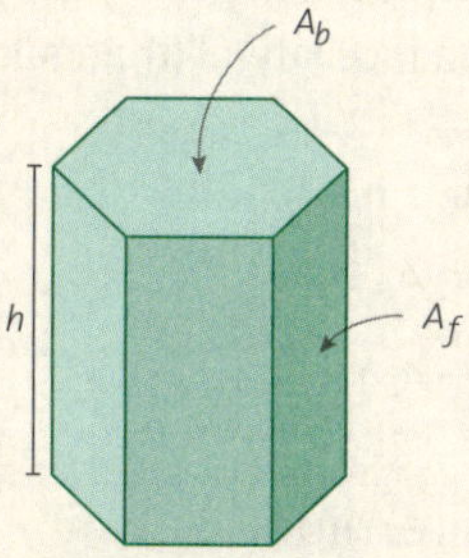

- $\boldsymbol{A_b}$: área da base (polígono de *n* lados)
- $\boldsymbol{A_f}$: área de uma face lateral (retângulo)
- ***h***: altura
- **área lateral**: $A_\ell = n \cdot A_f$
- **área total**: $A_t = A_\ell + 2A_b$
- **volume**: $V = A_b \cdot h$

Paralelepípedo retângulo

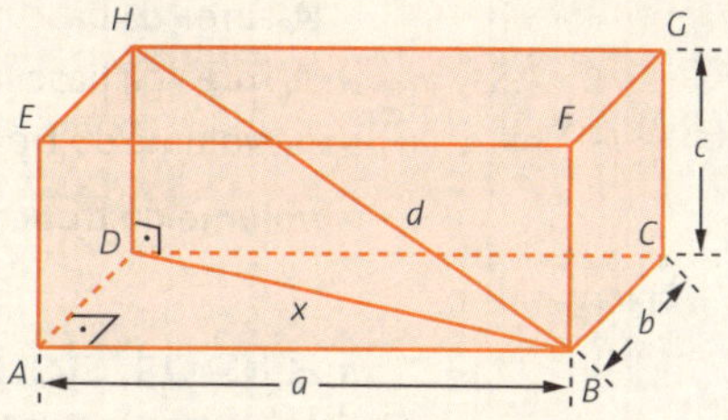

- **área total**: $A_t = 2(ab + ac + bc)$
- **volume**: $V = A_b h = abc$
- **diagonal**: $d = \sqrt{a^2 + b^2 + c^2}$

Cubo

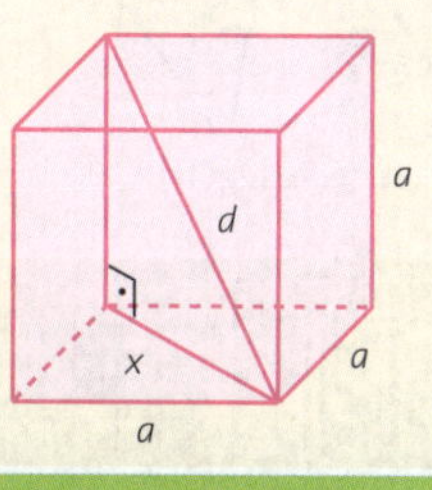

- **área total**: $A_t = 6a^2$
- **volume**: $V = A_b h = a^3$
- **diagonal**: $d = a\sqrt{3}$

Pirâmides

Poliedros convexos formados por uma face convexa, chamada base, e por faces laterais que são triângulos determinados, cada um deles, por um lado da base e pelo vértice da pirâmide.

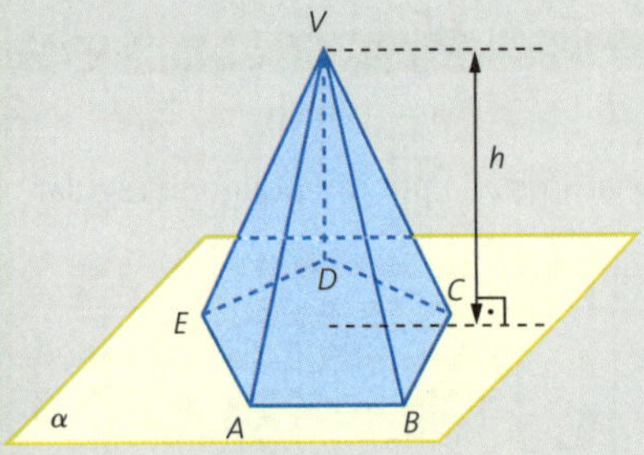

Pirâmide regular

Pirâmide reta cuja base é uma região poligonal limitada por um polígono regular.

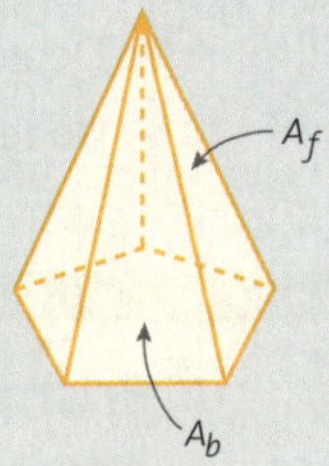

- $\boldsymbol{A_b}$: área da base (polígono de n lados)
- $\boldsymbol{A_f}$: área de uma face lateral (triângulo)
- $\boldsymbol{h}$: altura
- **área lateral**: $A_\ell = n \cdot A_f$
- **área total**: $A_t = A_\ell + A_b$
- **volume**: $V = \dfrac{1}{3} A_b h$

Tronco de pirâmide

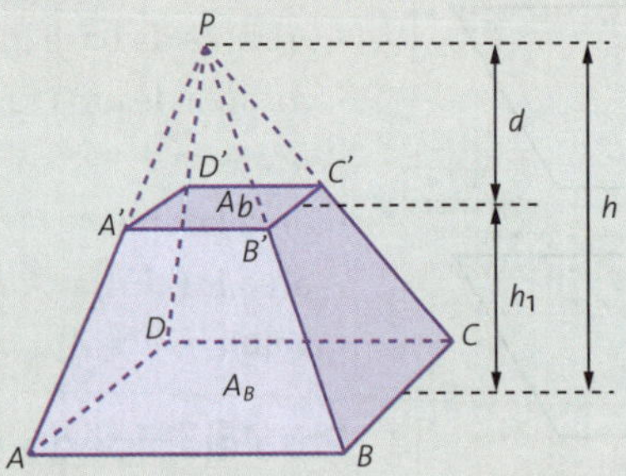

- $\boldsymbol{A_B}$: área da base maior
- $\boldsymbol{A_b}$: área da base menor
- $\boldsymbol{h_1}$: volume do tronco
- **volume do tronco**: $V = \dfrac{h_1}{3}\left(A_B + \sqrt{A_B A_b} + A_b\right)$

Caso particular: tetraedro regular

O tetraedro regular é uma pirâmide formada por quatro regiões triangulares congruentes e equiláteras. Nele qualquer face pode ser considerada base.

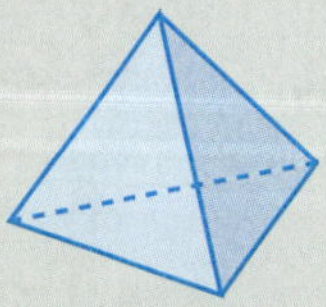
Tetraedro regular

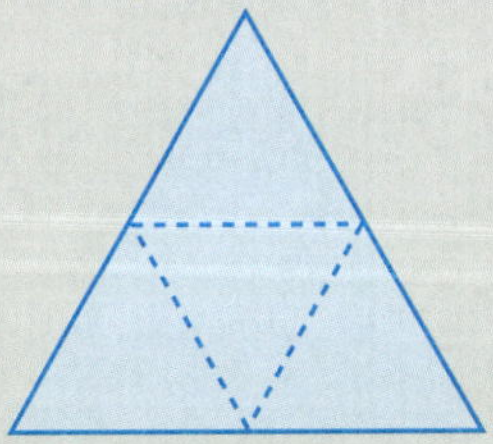
Planificado

Exercícios

1. (UPE) Um poliedro convexo possui 8 (oito) faces, todas triangulares. Nestas condições, assumindo que tal poliedro exista, o número esperado de vértices para este será:

a) 10. b) 9. c) 8. d) 7. e) 6.

2. (Unirio-RJ) Um geólogo encontrou, numa de suas explorações, um cristal de rocha no formato de um poliedro, que satisfaz a relação de Euler, de 60 faces triangulares. O número de vértices deste cristal é igual a:

a) 35. b) 34. c) 33. d) 32. e) 31.

3. (PUC-PR) O tetra-hexaedro é um sólido convexo limitado por 4 faces triangulares e 6 hexagonais, todas regulares. O número de arestas e vértices desse sólido é:

a) $A = 21$ e $V = 13$.
b) $A = 24$ e $V = 16$.
c) $A = 48$ e $V = 40$.
d) $A = 32$ e $V = 24$.
e) $A = 34$ e $V = 24$.

4. (PUC-RS) Um poliedro convexo possui duas faces pentagonais e cinco quadrangulares. O número de vértices deste poliedro é:

a) 4. b) 6. c) 8. d) 9. e) 10.

5. (UEA-AM) Certa empresa fabrica xarope de açaí, acondicionado em vasilhames na forma de um paralelepípedo retângulo de dimensões 8 cm, 10 cm e 20 cm (medidas internas).

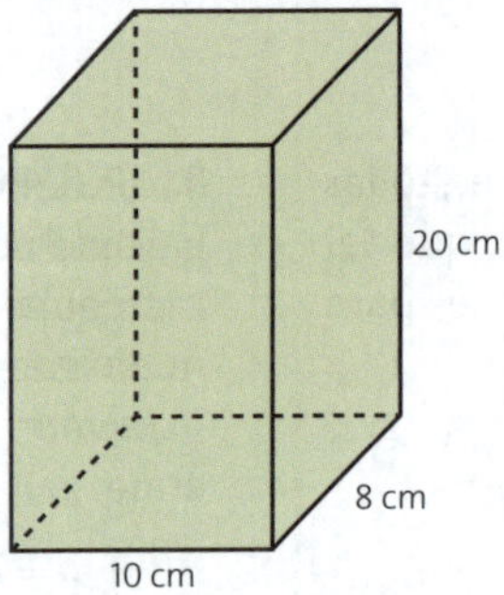

(figura fora de escala)

Cada vasilhame custa para a empresa R$ 0,30. O valor exato gasto com vasilhames pela empresa para acondicionar 9 600 cm^3 do xarope é:

a) R$ 0,60. b) R$ 1,20. c) R$ 1,80. d) R$ 12,00. e) R$ 18,00.

6. (Cesgranrio-RJ) Um poliedro convexo tem 14 vértices. Em 6 desses vértices concorrem 4 arestas, em 4 desses vértices concorrem 3 arestas e, nos demais vértices, concorrem 5 arestas. O número de faces desse poliedro é igual a:

a) 16. b) 18. c) 24. d) 30. e) 44.

7. (PUCC-SP) O poliedro regular que possui 20 vértices, 30 arestas e 12 faces denomina-se:

a) tetraedro.
b) icosaedro.
c) hexaedro.
d) dodecaedro.
e) octaedro.

8. (IFSP) Fernando pretende abrir um aquário para visitação pública. Para tanto, pretende construí-lo com a forma de um bloco retangular com 3 m de comprimento, 1,5 m de largura e 2 m de altura. Assim sendo, o volume desse aquário será de:

a) $6,5\ m^3$.
b) $7,0\ m^3$.
c) $8,5\ m^3$.
d) $9,0\ m^3$.
e) $10\ m^3$.

9. (Uerj) Considere a estrutura da figura abaixo como um poliedro de faces quadradas formadas por 4 cubos de arestas iguais, sendo V o número de vértices distintos, F o número de faces distintas e A o número de arestas distintas.

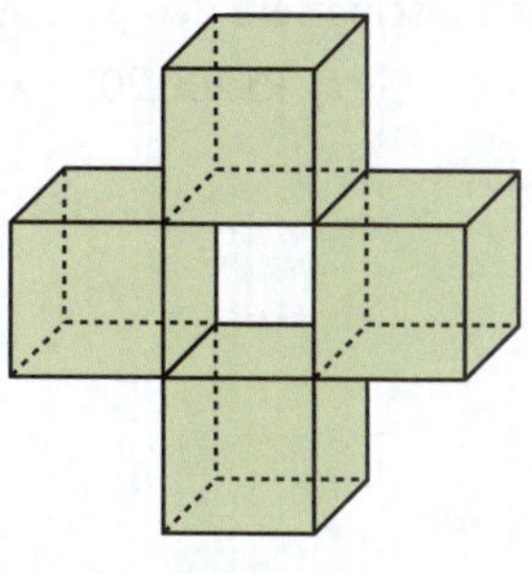

Se V, F e A são, respectivamente, os números de vértices, faces e arestas desse "poliedro", temos que $V + F$ é igual a:

a) $A - 4$.
b) $A + 4$.
c) $A - 2$.
d) $A + 2$.
e) A.

10. (ESPM-RJ) Uma parede retangular medindo 3 m de altura por 6 m de comprimento tem uma janela que mede 2 m de comprimento e 1,5 m de altura. Essa parede será revestida com azulejos quadrados de 20 cm de lado. Desprezando-se os vãos entre um azulejo e outro e sabendo-se que cada caixa de azulejos contém 30 peças, o número mínimo de caixas que devem ser compradas é:

a) 13.
b) 10.
c) 9.
d) 15.
e) 11.

11. (PUC-MG) Um dos quartos de certa residência tem 4 m de comprimento por 3 m de largura e suas paredes têm 3 m de altura. Para se acarpetar o piso, a mão de obra é R$ 300,00 e o material sai por R$ 32,00 o metro quadrado; a pintura do teto e das paredes, contando-se o material necessário e a mão de obra, sai por R$ 8,00 cada metro quadrado. Nessas condições, para se acarpetar o piso e se pintar as paredes e o teto desse quarto, serão necessários:

a) R$ 684,00.
b) R$ 868,00.
c) R$ 1 116,00.
d) R$ 1 210,00.

12. (UFGD-MS) Uma piscina de ladrilhos quadrados tem 6 ladrilhos de profundidade, 16 ladrilhos de largura e 30 ladrilhos de comprimento. Um conjunto de 16 ladrilhos justapostos tem área igual a 1 m^2. Cada 1 000 litros de água custa R$ 2,36; então, o custo para encher a piscina será de:

a) R$ 206,80.
b) R$ 106,80.
c) R$ 106,20.
d) R$ 104,20.
e) R$ 108,80.

13. (IFMG) Uma barra de doce tem forma de um paralelepípedo reto retângulo cuja área total é 208 cm^2. Sabendo-se que suas dimensões são proporcionais aos números 2, 3 e 4, então, o volume da barra, em dm^3 é:

a) 192. b) 19,2. c) 1,92. d) 0,192.

14. (UEPB) Um recipiente cúbico medindo 1 m de lado está totalmente cheio de água. Se no seu interior são lançados 200 cubinhos de aço medindo 4 cm de lado, a quantidade de água, em litros, transbordante, causada pela imersão dos cubinhos é:

a) 12,6 litros.
b) 12,5 litros.
c) 12,8 litros.
d) 13 litros.
e) 12,4 litros.

15. (UEPB) Se um prisma hexagonal regular de altura 6 cm possui volume igual a $1728\sqrt{3}$ cm^3, é verdadeiro afirmar que:

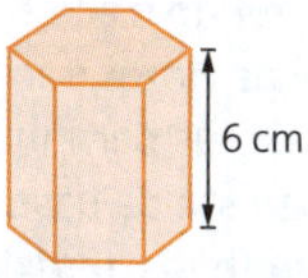

a) a área lateral é igual à metade da área da base.
b) a área lateral é igual à área da base.
c) a área lateral é igual ao dobro da área da base.
d) a área lateral é igual ao quádruplo da área da base.
e) a área lateral é igual ao triplo da área da base.

16. (IFSP) Em uma gráfica, há uma pilha de papel no formato A4 com 1 m. O papel A4 tem a forma retangular com 21 cm de largura por 30 cm de comprimento. Assim sendo, o volume ocupado pela pilha de papel é de:

a) 630 cm^3.
b) 51 cm^3.
c) 151 cm^3.
d) 51 000 cm^3.
e) 63 000 cm^3.

17. (Unisc-RS) Uma barra de chocolate, na forma de paralelepípedo retângulo, de dimensões 60 cm, 40 cm e 5 cm, é derretida para fazer chocolate com crocante. Para isso, ao chocolate derretido é acrescentado 25% do seu volume em castanhas, nozes e açúcar caramelizado. Com essa mistura, quantas barrinhas na forma de prismas hexagonais, de aresta da base medindo 2 cm e altura 10 cm, podem ser feitas aproximadamente?
(Considere $\sqrt{3} = 1{,}73$.)

a) 144
b) 115
c) 114
d) 867
e) 864

18. (Fuvest-SP) Os vértices de um tetraedro regular são também vértices de um cubo de aresta 2. A área de uma face desse tetraedro é:

a) $2\sqrt{3}$.
b) 4.
c) $3\sqrt{2}$.
d) $3\sqrt{3}$.
e) 6.

19. (IFPE) Lúcia pediu a seu pai, o Sr. Paulo, para montar um aquário em seu quarto. Os dois foram a uma loja especializada e compraram os equipamentos necessários. As dimensões do aquário eram: 1,2 m de largura, 0,6 m de comprimento e 0,65 m de altura. Depois que o aquário estava com água, o Sr. Paulo percebeu que tinha esquecido de colocar um castelo de pedra para enfeite. Com cuidado, ele colocou o castelo dentro do aquário e percebeu que o nível da água subiu 15 cm. Lembrando-se de suas aulas de Matemática, ele resolveu calcular o volume do castelo. Depois de efetuados os cálculos, ele percebeu que o volume do castelo era, em dm^3:

a) 1,08.
b) 10,8.
c) 108.
d) 1 080.
e) 10 800.

20. (Unifor-CE) Uma pirâmide regular de altura 12 cm tem como base um quadrado de lado 10 cm. Sua área lateral, em centímetros quadrados, é:

a) 360.
b) 260.
c) 180.
d) 100.
e) 65.

21. (Udesc) O volume de uma pirâmide reta, cuja base é a face de um cubo de aresta 12 cm, é igual a um nono do volume desse cubo. A altura dessa pirâmide é:

a) 8 cm.
b) 3 cm.
c) 5 cm.
d) 4 cm.
e) 12 cm.

22. (UPM-SP) Uma barraca de lona tem forma de uma pirâmide regular de base quadrada com 1 metro de lado e altura igual a 1,5 metro. Das alternativas abaixo, a que indica a menor quantidade suficiente de lona, em m^2, para forrar os quatro lados da barraca é:

a) 2.
b) 2,5.
c) 4,5.
d) 3,5.
e) 4.

23. (FGV-SP) Uma pirâmide cuja base é um quadrado de diagonal igual a $2\alpha\sqrt{2}$ cm tem o mesmo volume de um prisma cuja base é um quadrado de lado α cm. A razão entre as alturas do prisma e da pirâmide é:

a) $\frac{4}{3}$.
b) $\frac{3}{2}$.
c) $\frac{1}{3}$.
d) $\frac{3}{\alpha}$.
e) 4α.

24. (FEI-SP) A base de uma pirâmide é um quadrado com 24 cm de perímetro. Sabe-se que a razão entre a medida da altura da pirâmide e a medida da aresta da base é igual a $\frac{2}{3}$. Nestas condições, o volume desta pirâmide é de:

a) 96 cm^3.
b) 48 cm^3.
c) 144 cm^3.
d) 28 cm^3.
e) 36 cm^3.

25. (UFF-RJ) A grande pirâmide de Quéops, antiga construção localizada no Egito, é uma pirâmide regular de base quadrada, com 137 m de altura. Cada face dessa pirâmide é um triângulo isósceles cuja altura relativa à base mede 179 m. A área da base dessa pirâmide, em m^2, é:

a) 13 272.
b) 26 544.
c) 39 816.
d) 53 088.
e) 79 432.

26. (Insper-SP) Em uma pirâmide quadrangular regular, a área lateral é o dobro da área da base. Nesse caso, cada face lateral forma com o plano da base um ângulo que mede:

a) 15°.
b) 30°.
c) 45°.
d) 60°.
e) 75°.

27. (Ufla-MG) Dobrando a figura plana nas linhas tracejadas, é possível construir um octaedro regular de volume igual a:

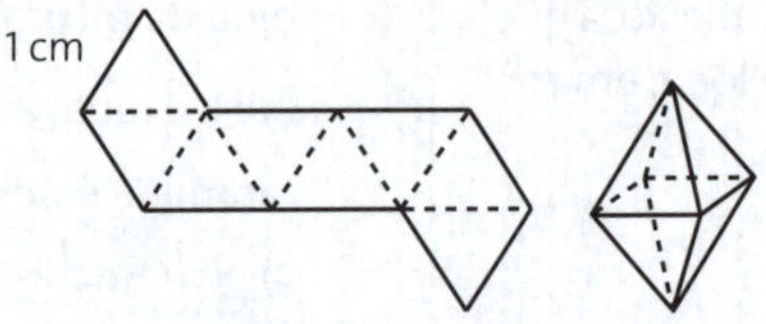

a) $\frac{\sqrt{2}}{3}$ cm³.
b) $\frac{\sqrt{3}}{2}$ cm³.
c) $\frac{\sqrt{2}}{6}$ cm³.
d) $\sqrt{3}$ cm³.
e) $\frac{2\sqrt{2}}{3}$ cm³.

28. (UFRN) Nas faces de um cubo de aresta L, são coladas pirâmides de altura também L e bases iguais às faces do cubo. O volume do sólido obtido é:

a) $6L^3$.
b) $5L^3$.
c) $4L^3$.
d) $3L^3$.

29. (UFSC) Em uma pirâmide quadrangular regular a aresta lateral mede 5 cm e a altura mede 4 cm. O volume, em cm^3, é:

30. (UEG-GO) Uma barraca de lona, em forma de pirâmide de base quadrada, tem as seguintes medidas: base com 3 metros de lado e laterais triângulos com 2,5 m de altura. A lona utilizada na construção da barraca, nas laterais e na base, perfaz um total de:

a) 9 m^2.
b) 15 m^2.
c) 20,5 m^2.
d) 24 m^2.
e) 39 m^2.

31. (UFSC) A base quadrada de uma pirâmide tem 144 m^2 de área. A 4 m do vértice traça-se um plano paralelo à base e a seção assim feita tem 64 m^2 de área. Qual a altura da pirâmide?

CORPOS REDONDOS

Cilindro

A superfície do cilindro é formada por duas partes planas, que são as bases, e uma parte não plana, "arredondada", que é sua superfície lateral.

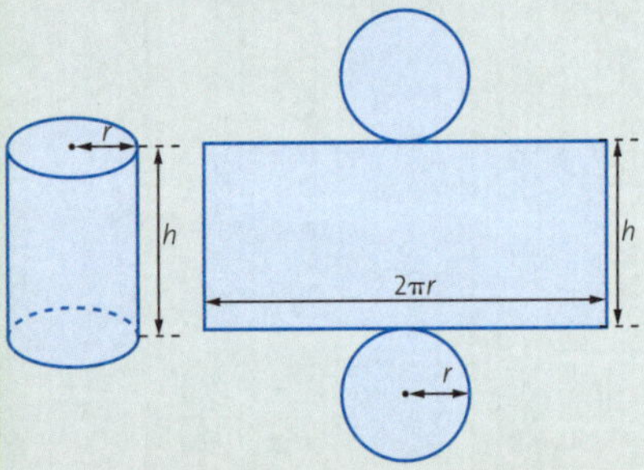

Área da superfície de um cilindro reto

- **área lateral**: $A_\ell = 2\pi rh$
- **área de uma base**: $A_b = \pi r^2$
- **área total**: $A_t = A_\ell + 2A_b = 2\pi r(h + r)$

Volume do cilindro

$V = A_b h = \pi r^2 h$

Cilindro equilátero

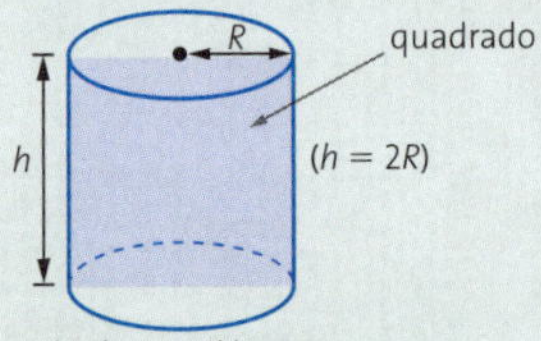

Cilindro equilátero

Cone

A superfície do cone é formada por uma parte plana, a região circular, que é sua base, e uma parte não plana, "curva", "arredondada", que é sua superfície lateral.

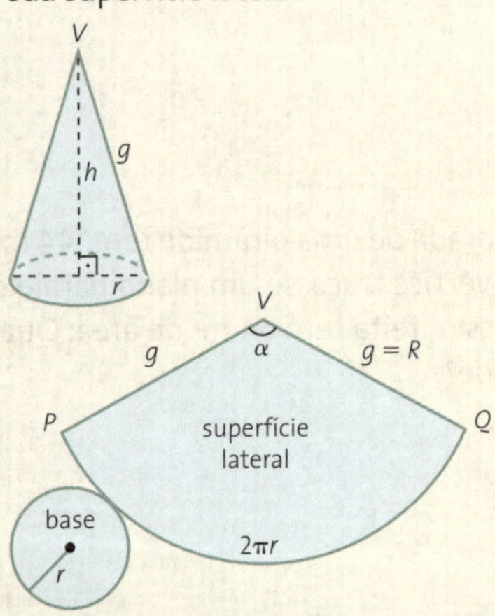

Cálculo da medida da geratriz

$g^2 = h^2 + r^2$

Área da superfície de um cone reto

- **área lateral**: $A_\ell = \pi rg$
- **área da base**: $A_b = \pi r^2$
- **área total**: $A_t = A_\ell + A_b = \pi r(g + r)$

Volume do cone

$$V = \frac{1}{3} A_b h = \frac{\pi r^2 h}{3}$$

Cone equilátero

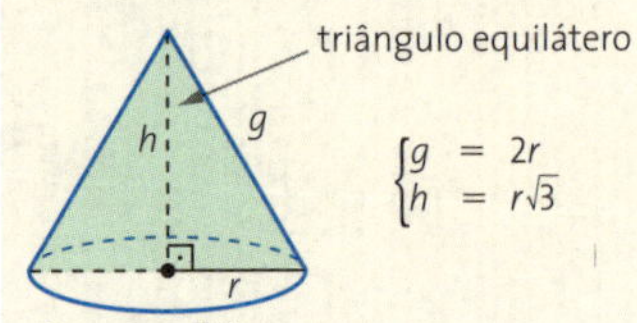

$$\begin{cases} g = 2r \\ h = r\sqrt{3} \end{cases}$$

Cone equilátero

$g = 2r$

Tronco de cone reto

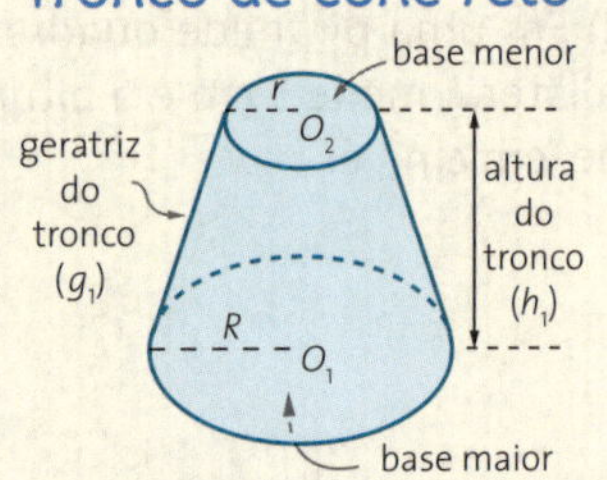

- **área lateral**: $A_\ell = \pi g_1(R + r)$
- **volume**: $V = \frac{\pi h_1}{3}(R^2 + Rr + r^2)$

Esfera

A esfera de centro C e raio R é o conjunto de todos os pontos do espaço que estão a uma distância menor ou igual a R do ponto C.

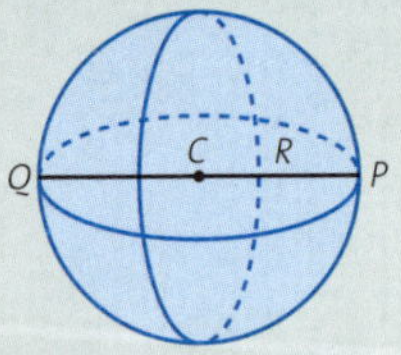

C: centro da esfera
$\overline{CP}$: raio da esfera
$\overline{PQ}$: diâmetro da esfera
R: medida do raio da esfera

Área da superfície esférica

$A = 4\pi R^2$

Volume da esfera

$$V = \frac{4}{3}\pi R^3$$

Exercícios

1. (IFSC) A lata abaixo deverá ser produzida a partir de uma chapa de metal que possui 0,8 g por centímetro quadrado de área.

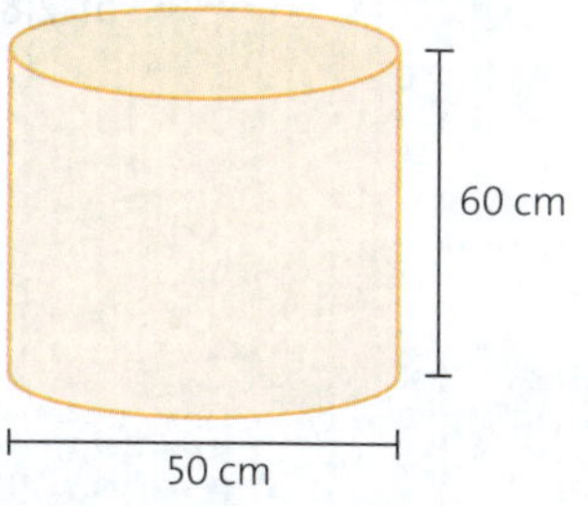

Sabendo que essa lata não possui tampa, é correto afirmar que a massa de cada lata desse tipo será de:

a) $2\,900\pi$ g. b) $5\,250\pi$ g. c) $10\,400\pi$ g. d) $13\,000\pi$ g. e) $8\,240\pi$ g.

2. (UCS-RS) A água colhida por um pluviômetro cilíndrico de 40 cm de diâmetro, durante uma chuva torrencial, é depois colocada em um recipiente também cilíndrico, cuja circunferência da base mede 24π cm. Qual é a altura que a água havia alcançado no pluviômetro, se no recipiente ela alcançou 200 mm de altura?

a) 1,2 cm b) 12 cm c) 3,6 cm d) 7,2 cm e) 72 cm

3. (Uece) A superfície lateral de um cone circular reto, quando planificada, torna-se um setor circular de 12 cm de raio com um ângulo central de 120 graus. A medida, em centímetros quadrados, da área da base deste cone é:

a) 144π. b) 72π. c) 36π. d) 16π.

4. (IFSC) Dado um copo em forma de cilindro e outro de forma cônica, de mesma base e altura. Se eu encher completamente o copo cônico com água e derramar toda essa água no copo cilíndrico, quantas vezes terei que fazê-lo para encher completamente esse copo?

a) Apenas uma vez.
b) Duas vezes.
c) Três vezes.
d) Uma vez e meia.
e) É impossível saber, pois não se sabe o volume de cada sólido.

5. (UEG-GO) Uma coluna de sustentação de determinada ponte é um cilindro circular reto. Sabendo-se que na maquete que representa essa ponte, construída na escala 1 : 100, a base da coluna possui 2 cm de diâmetro e 9 cm de altura, o volume, em m^3 de concreto utilizado na coluna, é:
(Use $\pi = 3{,}14$.)

a) 2,826. b) 28,26. c) 282,6. d) 2 826.

6. (Unimontes-MG) A figura abaixo representa um galpão de base circular e suas medidas estão nela representadas.

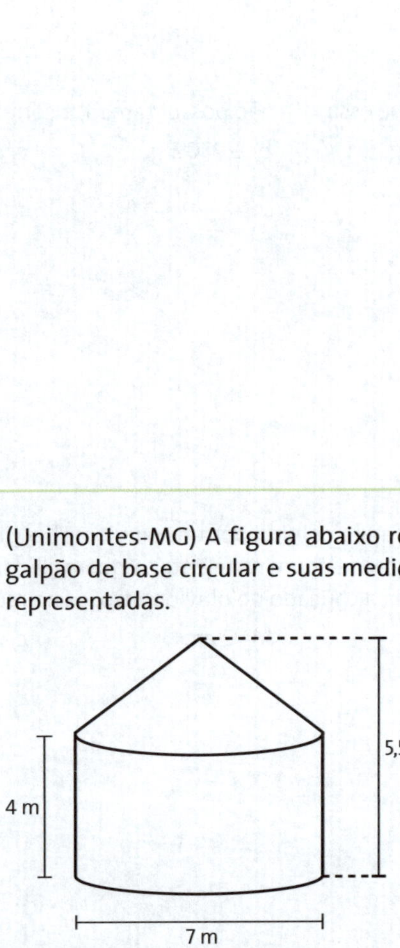

Quantos metros quadrados de telhado, aproximadamente, foram gastos para cobrir esse galpão?

a) $42{,}5\ m^2$ b) $41\ m^2$ c) $42\ m^2$ d) $41{,}5\ m^2$

7. (UFCG-PB) Um funil de laboratório, cujo interior está coberto por um filtro de papel, tem o formato de um cone circular reto com 12 cm de altura e 9π cm^2 de área da base. Colocou-se nesse funil uma mistura química a ser filtrada, enchendo-o até a altura de 9 cm. O volume dessa mistura, em cm^3, é de:

a) 24π.
b) 16π.
c) $\frac{\pi}{16}$.
d) $\frac{243}{16}$.
e) $\frac{243\pi}{16}$.

8. (Ufam) Um tanque cônico tem 4 m de profundidade e seu topo circular tem 6 m de diâmetro. Então, o volume máximo, em litros, que esse tanque pode conter de líquido é:
(Use $\pi = 3{,}14$.)

a) 24 000.
b) 12 000.
c) 37 860.
d) 14 000.
e) 37 680.

9. (UFRRJ) Na famosa cidade de Sucupira, foi eleito um monumento de concreto com pedestal em forma de uma esfera de raio igual a 5 m, em homenagem ao anti-herói “Zeca Diabo”. O cidadão “Nezinho do Jegue” foi informado de que, apesar de o preço do metro cúbico do concreto ser 260 reais, o custo total do concreto do pedestal, feito com dinheiro público, foi de 500 mil reais. Nezinho do Jegue verificou, então, que houve um superfaturamento:
Obs.: Considere $\pi = 3{,}14$.

a) menor que 50 mil reais.
b) entre 50 e 200 mil reais.
c) entre 200 e 300 mil reais.
d) entre 300 e 400 mil reais.
e) acima de 400 mil reais.

10. (FGV-SP) Um reservatório tem a forma de uma esfera. Se aumentarmos o raio da esfera em 20%, o volume do novo reservatório, em relação ao volume inicial, aumentará:

a) 60%.
b) 63,2%.
c) 66,4%.
d) 69,6%.
e) 72,8%.

11. (UEG-GO) Um fabricante de bolas deseja adquirir uma caixa de forma cúbica para acondicionar uma bola de volume V_b. A razão entre os volumes dessa bola e do menor cubo possível para acondicioná-la é:

a) $\frac{\pi}{4}$.
b) $\frac{\pi}{5}$.
c) $\frac{\pi}{3}$.
d) $\frac{\pi}{6}$.

12. (Vunesp-SP) Para confeccionar um porta-joias a partir de um cubo maciço e homogêneo de madeira com 10 cm de aresta, um marceneiro dividiu o cubo ao meio, paralelamente às duas faces horizontais. De cada paralelepípedo resultante extraiu uma semiesfera de 4 cm de raio, de modo que seus centros ficassem localizados no cruzamento das diagonais da face de corte, conforme mostra a sequência de figuras.

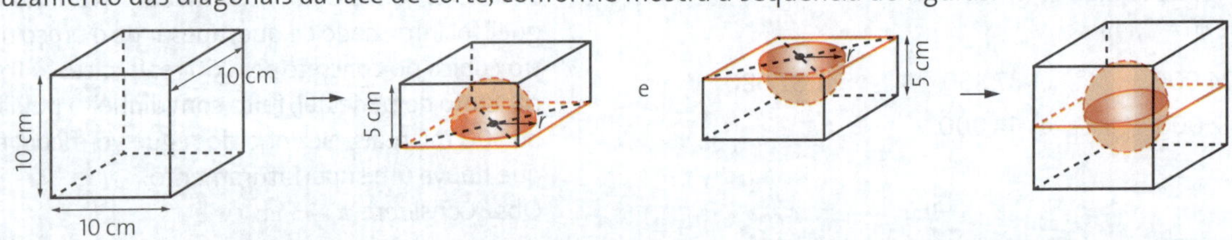

Sabendo que a densidade da madeira utilizada na confecção do porta-joias era de 0,85 g/cm³ e admitindo $\pi \simeq 3$, a massa aproximada do porta-joias, em gramas, é:

a) 636.
b) 634.
c) 630.
d) 632.
e) 638.

13. (UFRN) A figura 1 ao lado representa o Globo Terrestre. Na figura 2, temos um arco *AB* sobre um meridiano e um arco *BC* sobre um paralelo, em que *AB* e *BC* têm o mesmo comprimento. O comprimento de *AB* equivale a um oitavo $\left(\frac{1}{8}\right)$ do comprimento do meridiano.
Sabendo que o raio do paralelo mede a metade do raio da Terra e assumindo que a Terra é uma esfera, pode-se afirmar que o comprimento do arco *BC* equivale a:

Figura 1

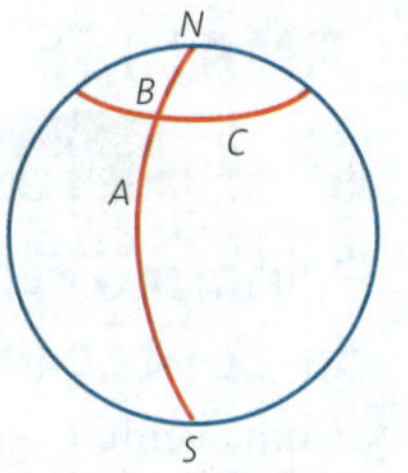

Figura 2

a) metade do comprimento do paralelo.
b) um quarto do comprimento do paralelo.
c) um terço do comprimento do paralelo.
d) um oitavo do comprimento do paralelo.

14. (Ufal) A cúpula de uma catedral tem a forma de uma semiesfera (sem incluir o círculo da base) com diâmetro medindo 50 m. O exterior da cúpula será restaurado ao custo de R$ 800,00 por metro quadrado. Quanto custará a restauração? Dado: use a aproximação $\pi \simeq 3{,}14$.

a) 3,14 milhões de reais
b) 6,28 milhões de reais
c) 7,28 milhões de reais
d) 8,14 milhões de reais
e) 262 milhões de reais

ANÁLISE COMBINATÓRIA

Princípio fundamental da contagem

Se um evento é composto de duas etapas sucessivas e independentes de tal maneira que o número de possibilidades na 1ª etapa é *m* e para cada possibilidade da 1ª etapa o número de possibilidades na 2ª etapa é *n*, então o número total de possibilidades de o evento ocorrer é dado pelo produto $m \cdot n$.

Observação

O produto do número de possibilidades vale para qualquer número de etapas independentes.

Fatorial

$n! = n \cdot (n-1) \cdot (n-2) \cdot ... \cdot 3 \cdot 2 \cdot 1$, para $n \geqslant 1$

Observações

- *n* é inteiro positivo
- $0! = 1$
- $1! = 1$

Permutação simples

$P_n = n!$

Permutação com repetição

$$P_n^{\alpha, \beta, \gamma} = \frac{n!}{\alpha!\,\beta!\,\gamma!}$$

Arranjos simples

$$A_{n,p} = \frac{n!}{(n-p)!}$$

Combinações simples

$$C_{n,p} = \frac{n!}{p!(n-p)!} \text{ ou } C_{n,p} = \frac{A_{n,p}}{p!}$$

Propriedade

$C_{n,p} = C_{n,n-p}$

Números binomiais

$$\binom{n}{p} = \frac{n!}{p!(n-p)!}, \text{ para } n \geqslant p, n \in \mathbb{N}$$

Propriedades

- $\binom{n}{0} = 1$
- $\binom{n}{n} = 1$
- $\binom{n}{1} = n$
- $\binom{n}{n-1} = n$
- $\binom{n}{p} = \binom{n}{n-p}$

Triângulo de Pascal

$$\binom{0}{0} \qquad = 1$$

$$\binom{1}{0}\binom{1}{1} \qquad = 1\ 1$$

$$\binom{2}{0}\binom{2}{1}\binom{2}{2} \qquad = 1\ 2\ 1$$

$$\binom{3}{0}\binom{3}{1}\binom{3}{2}\binom{3}{3} \qquad = 1\ 3\ 3\ 1$$

$$\binom{4}{0}\binom{4}{1}\binom{4}{2}\binom{4}{3}\binom{4}{4} \qquad = 1\ 4\ 6\ 4\ 1$$

$$\vdots \quad \vdots \quad \vdots \quad \vdots \quad \vdots$$

$$\binom{n}{0}\binom{n}{1}\binom{n}{2}\binom{n}{3} \dots \binom{n}{n} = 1 \quad \dots \quad n$$

Propriedades

- $\binom{n}{a} = \binom{n}{b} \Leftrightarrow \begin{cases} a = b \\ a + b = n \end{cases}$
- Relação de Stifel: $\binom{n-1}{p-1} + \binom{n-1}{p} = \binom{n}{p}$
- $\binom{n}{0} + \binom{n}{1} + \binom{n}{2} + \binom{n}{3} + \dots + \binom{n}{n-1} + \binom{n}{n} = 2^n$

Binômio de Newton

$$(x+y)^n = \binom{n}{0}x^n + \binom{n}{1}x^{n-1}y + \binom{n}{2}x^{n-2}y^2 + \dots + \binom{n}{k}x^{n-k}y^k + \dots + \binom{n}{n}y^n$$

Termo geral de $(x + y)^n$

$$T_{k+1} = \binom{n}{k}x^{n-k}y^k$$

Exercícios

1. (Ufpel-RS) Com o objetivo de manter a democracia e preservar a autonomia escolar, a Secretaria Municipal de Educação de um município realizou eleição para compor as equipes diretivas das escolas. Essas equipes devem ser compostas por um diretor, um vice-diretor e um coordenador. Considerando que, numa determinada escola, um grupo composto por 10 pessoas resolveu participar desse processo e que qualquer uma delas pode ocupar qualquer cargo, é correto afirmar que o número de equipes que se pode formar com esse grupo é:

   a) 210. b) 720. c) 30. d) 140. e) 120.

2. (PUC-RJ) Rebeca tem uma blusa de cada uma das seguintes cores: branco, vermelho, amarelo, verde e azul. Ela tem uma saia de cada uma das seguintes cores: branco, azul, violeta e cinza. De quantas maneiras Rebeca pode se vestir sem usar blusa e saia da mesma cor?

   a) 14 b) 18 c) 20 d) 21 e) 35

3. (Uece) A senha de um cartão eletrônico possui sete caracteres, todos distintos, sendo quatro algarismos e três letras maiúsculas, intercalando algarismos e letras (por exemplo, 5C7X2P8). Sabendo que são disponibilizados 26 letras e 10 algarismos, o número de senhas distintas que podem ser confeccionadas é:

   a) 66 888 000.
   b) 72 624 000.
   c) 78 624 000.
   d) 84 888 000.

4. (ESPM-SP) Com os algarismos 1, 2, 3, 4 e 5 podemos formar 60 números naturais de 3 algarismos distintos. Desse total, a quantidade dos que são divisíveis por 6 é:

   a) 10. b) 12. c) 5. d) 8. e) 7.

5. (Uerj) Um sistema luminoso, constituído de oito módulos idênticos, foi montado para emitir mensagens em código. Cada módulo possui três lâmpadas de cores diferentes — vermelha, amarela e verde. Observe a figura:

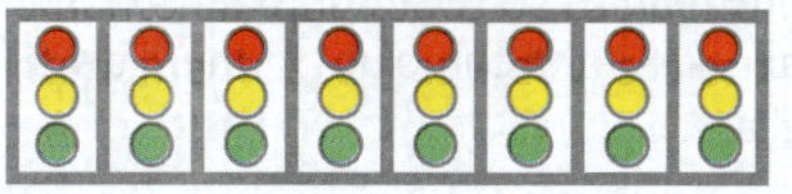

Considere as seguintes informações:

- Cada módulo pode acender apenas uma lâmpada por vez.
- Qualquer mensagem é configurada pelo acendimento simultâneo de três lâmpadas vermelhas, duas verdes e uma amarela, permanecendo dois módulos com as três lâmpadas apagadas.
- Duas mensagens são diferentes quando pelo menos uma das posições dessas cores acesas é diferente.

Calcule o número de mensagens distintas que esse sistema pode emitir.

6. (ESPM-RS) Usando-se apenas as letras *A*, *B*, *C* e *D* e os algarismos do sistema decimal de numeração, o número de placas de automóveis usadas no Brasil (exemplo: BBA 0557) possíveis de serem formadas é no máximo igual a:

a) 120 000.
b) 240 000.
c) 360 000.
d) 480 000.
e) 640 000.

7. (FGV-SP) Usando as letras do conjunto $\{a, b, c, d, e, f, g, h, i, j\}$, quantas senhas de 4 letras podem ser formadas de modo que duas letras adjacentes, isto é, vizinhas, sejam necessariamente diferentes?

a) 7 290
b) 5 040
c) 10 000
d) 6 840
e) 11 220

8. (Unifacs-BA) Para ter acesso a determinado *site* na internet cada pessoa deve cadastrar uma senha numérica de quatro dígitos e, por questão de segurança, recomenda-se que ela seja periodicamente modificada. Para alterar sua senha atual, um indivíduo decide manter os mesmos algarismos das unidades e dos milhares, que são respectivamente iguais a 5 e 9, e continuar essa senha como um número divisível por 3. Assim, o número total de escolhas possíveis para a nova senha é igual a:

01) 26. 02) 27. 03) 32. 04) 33. 05) 38.

9. (PUC-RS) Nas Olimpíadas PUCRS 2009, foram inscritas 12 equipes de futsal feminino. O número de resultados diferentes para os dois primeiros colocados é:

a) 6. b) 12. c) 66. d) 132. e) 264.

10. (FGV-SP) Preparando-se para a sua festa de aniversário de sessenta anos, uma senhora quer usar três anéis de cores diferentes nos dedos das mãos, um anel em cada dedo. De quantos modos diferentes pode colocá-los, se não vai pôr nenhum anel nos polegares?

11. (UPM-SP) Os números dos telefones de uma cidade são constituídos de 6 dígitos. Sabendo que o primeiro dígito nunca pode ser zero, e se os números dos telefones passarem a ser de 7 dígitos, o aumento possível na quantidade de telefones será:

a) $81 \cdot 10^3$.
b) $90 \cdot 10^3$.
c) $81 \cdot 10^4$.
d) $81 \cdot 10^5$.
e) $90 \cdot 10^5$.

12. (UFRN) Um fenômeno raro em termos de data ocorreu às 20h02min de 20 de fevereiro de 2002. No caso, 20:02 20/02 2002 forma uma sequência de algarismos que permanece inalterada se reescrita de trás para a frente. A isso denominamos capicua. Desconsiderando as capicuas começadas por zero, a quantidade de capicuas formadas com cinco algarismos não necessariamente diferentes é:

a) 120.
b) 720.
c) 900.
d) 1 000.

13. (FGV-SP) Uma pessoa vai retirar dinheiro num caixa eletrônico de um banco mas, na hora de digitar a senha, esquece-se do número. Ela lembra que o número tem 5 algarismos, começa com 6, não tem algarismos repetidos e tem o algarismo 7 em alguma posição. O número máximo de tentativas para acertar a senha é:

a) 1 680.
b) 1 344.
c) 720.
d) 224.
e) 136.

14. (UFU-MG) Um programa de computador, utilizando apenas os algarismos 1, 2, 3 e 4, gera aleatoriamente senhas de exatamente dez dígitos. Dentre todas as senhas possíveis geradas por esse programa, a quantidade daquelas em que o algarismo 4 aparece exatamente uma vez é igual a:

a) $4^{10} - 3^9$.
b) $4^{10} - 3^{10}$.
c) $10 \cdot 3^9$.
d) $10 \cdot 4^9$.

15. (UCS-RS) Em uma prova, as seis primeiras questões eram do tipo C/E, em que o candidato devia optar entre *certo* ou *errado* para sua resposta. Nas outras quatro questões, o candidato devia escolher, entre três alternativas, a verdadeira. Quantas sequências de respostas são possíveis na resolução da prova?

a) $(6 \cdot 2)^2$

b) $(6 \cdot 2) + (4 \cdot 3)$

c) $6^2 \cdot 4^3$

d) 10^{2+3}

e) $2^6 \cdot 3^4$

16. (PUC-RJ) Em uma sorveteria, há sorvetes nos sabores morango, chocolate, creme e flocos. De quantas maneiras podemos montar uma casquinha, com dois sabores diferentes, nessa sorveteria?

a) 6 maneiras

b) 7 maneiras

c) 8 maneiras

d) 9 maneiras

e) 10 maneiras

17. (UPM-SP) Um juiz dispõe de 10 pessoas, das quais somente 4 são advogados, para formar um único júri com 7 jurados. O número de formas de compor o júri, com pelo menos um advogado, é:

a) 70. b) 7^4. c) 120. d) 4^7. e) 140.

18. (Uece) Dentre um grupo de dez trabalhadores, deseja-se formar comissões, cada uma delas constituída de no mínimo duas pessoas e no máximo cinco pessoas. O número de comissões que podem ser formadas é:

a) 50. b) 120. c) 252. d) 627.

19. (Udesc) Uma turma de 25 alunos precisa escolher 6 representantes. Sabe-se que 28% dos alunos desta turma são mulheres, e que os representantes escolhidos devem ser 3 homens e 3 mulheres. Assim, o número de possibilidades para esta escolha é:

a) 28 560.
b) 851.
c) 13 800.
d) 1 028 160.
e) 5106.

20. (UFU-MG) O câncer de mama é o segundo tipo de câncer mais comum e o que mais mata mulheres no mundo. Pesquisadores da Universidade de Brasília (UnB) investigam propriedades antitumorais de extratos vegetais produzidos a partir de plantas da Amazônia, como a *Cassia Ocidentalis*. Suponha que no laboratório de farmacologia da UnB trabalhem 10 homens e 4 mulheres. Necessita-se formar uma equipe composta por 4 pessoas para dar continuidade às pesquisas e nela pretende-se que haja pelo menos uma mulher. Nessas condições, o número total de maneiras de se compor a equipe de pesquisadores é igual a:

a) 641.
b) 826.
c) 791.
d) 936.

21. (Udesc) Doze equipes participarão de um torneio internacional de vôlei; os participantes foram divididos em dois grupos de seis equipes cada. A fase classificatória deste torneio prevê a realização de dois turnos. No primeiro turno, cada equipe jogará contra os adversários do seu próprio grupo e, no segundo, as equipes enfrentarão os times do outro grupo. Ao término da fase de classificação, os dois primeiros colocados de cada grupo avançarão para a fase final, que será disputada em turno único, num só grupo, com cada classificado jogando contra todos os outros times. O time que obtiver a primeira colocação na fase final será declarado campeão do torneio. De acordo com este regulamento, o total de jogos realizados durante o torneio é igual a:

a) 102.
b) 66.
c) 77.
d) 72.
e) 108.

22. (Unifor-CE) Em uma *pet-shop*, existem 5 gaiolas dispostas uma ao lado da outra. Em cada uma destas gaiolas, será colocado apenas um dos seguintes animais: 1 cachorro, 1 gato, 1 rato, 1 periquito e 1 canário. De quantas maneiras diferentes poderá ser feita a distribuição destes animais nas gaiolas, de modo que os pássaros fiquem em gaiolas vizinhas?

a) 6
b) 8
c) 24
d) 48
e) 120

23. (UPE) Seguindo a etiqueta japonesa, um restaurante tipicamente oriental solicita aos seus clientes que retirem seus calçados na entrada do estabelecimento. Em certa noite, 6 pares de sapato e 2 pares de sandália, todos distintos, estavam dispostos na entrada do restaurante, em duas fileiras com quatro pares de calçados cada uma. Se esses pares de calçados forem organizados nessas fileiras de tal forma que as sandálias devam ocupar as extremidades da primeira fila, de quantas formas diferentes podem-se organizar esses calçados nas duas fileiras?

a) 6!
b) $2 \cdot 6!$
c) $4 \cdot 6!$
d) $6 \cdot 6!$
e) 8!

24. (UPM-SP) Sabendo-se que um anagrama de uma palavra é obtido trocando-se a ordem de suas letras, sem repeti-las, e considerando-se a palavra MACK, a quantidade de anagramas que podem ser formados com duas, três ou quatro letras dessa palavra, sem repetição de letras, é:

a) 60.
b) 64.
c) 36.
d) 48.
e) 52.

25. (FGV-SP) O número de permutações da palavra ECONOMIA que não começam nem terminam com a letra O é:

a) 9 400.
b) 9 600.
c) 9 800.
d) 10 200.
e) 10 800.

26. (FGV-SP) Colocando em ordem os números resultantes das permutações dos algarismos 1, 2, 3, 4, 5, que posição ocupará o número 35 241?

a) 55ª
b) 70ª
c) 56ª
d) 69ª
e) 72ª

27. (Unifacs-BA) Considere-se que os lados dos quadrados, na malha, representam trechos de ruas de uma cidade e que uma pessoa esteja na esquina *A*, de duas dessas ruas tentando chegar a um restaurante na esquina *B*, passando por *C*, pelo menor trajeto possível. Nessas condições, sabendo-se que ela só pode andar ao longo dos lados dos quadrados, pode-se afirmar que o número de caminhos diferentes que podem ser percorridos é:

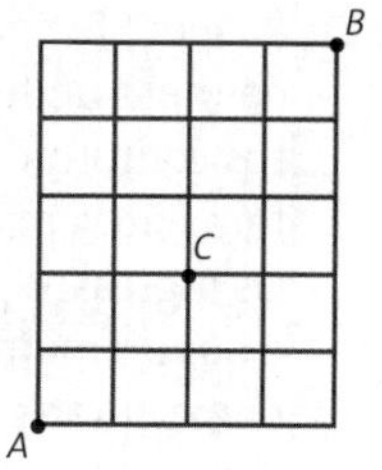

01) 16. 02) 20. 03) 46. 04) 60. 05) 189.

28. (UFRN) A figura ao lado mostra um quadro com sete lâmpadas fluorescentes, as quais podem estar acesas ou apagadas, independentemente umas das outras. Cada uma das situações possíveis corresponde a um sinal de um código. Nesse caso, o número total de sinais possíveis é:

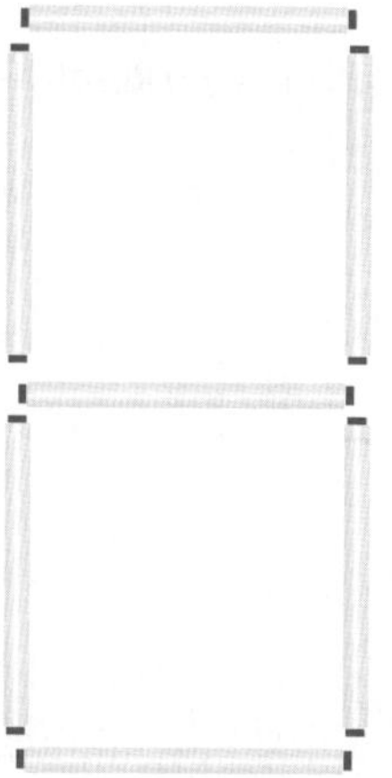

a) 21. b) 42. c) 128. d) 256.

29. (Insper-SP) Em cada ingresso vendido para um *show* de música, é impresso o número da mesa onde o comprador deverá se sentar. Cada mesa possui seis lugares, dispostos conforme o esquema ao lado. O lugar da mesa em que cada comprador se sentará não vem especificado no ingresso, devendo os seis ocupantes entrar em acordo. Os ingressos para uma dessas mesas foram adquiridos por um casal de namorados e quatro membros de uma mesma família. Eles acordaram que os namorados poderiam sentar-se um ao lado do outro. Nessas condições, o número de maneiras distintas em que as seis pessoas poderão ocupar os lugares da mesa é:

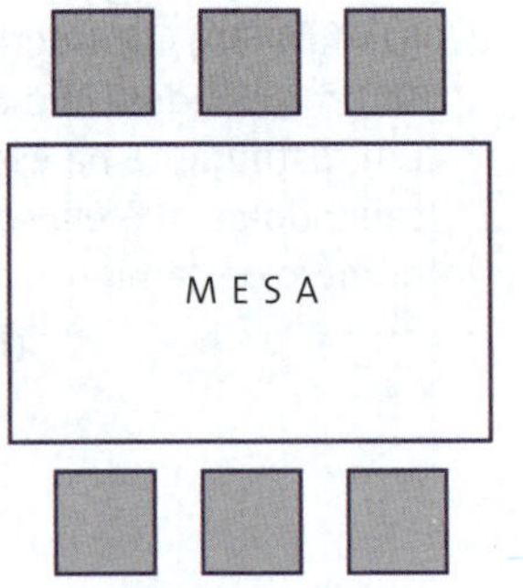

a) 96. b) 120. c) 192. d) 384. e) 720.

30. (ITA-SP) Resolva a equação $\binom{15}{x-1} = \binom{15}{2x+1}$.

31. (Unifor-CE) Por uma das propriedades do triângulo de Pascal, o valor da soma

$$\binom{50}{20} + \binom{50}{21} + \binom{51}{22} + \binom{52}{23} \text{ vale:}$$

a) $\binom{53}{23}$.

b) $\binom{52}{21}$.

c) $\binom{52}{22}$.

d) $\binom{51}{22}$.

e) $\binom{51}{21}$.

32. (UEL-PR) No cálculo de $(x^2 + xy)^{15}$, o termo em que o grau de x é 21 vale:

a) $484x^{21}y^{21}$. b) $1\,001x^{21}y^9$. c) $1\,008x^{21}y^8$. d) $1\,264x^{21}y^9$. e) $5\,005x^{21}y^9$.

33. (ITA-SP) A expressão $(2\sqrt{3} + \sqrt{5})^5 - (2\sqrt{3} - \sqrt{5})^5$ é igual a:

a) $2\,630\sqrt{5}$. b) $1\,584\sqrt{15}$. c) $2\,690\sqrt{5}$. d) $1\,604\sqrt{15}$. e) $2\,712\sqrt{5}$.

PROBABILIDADE

Experimento aleatório

Qualquer experimento cujo resultado depende exclusivamente do **acaso**.

Espaço amostral (Ω)

Conjunto formado por todos os resultados possíveis de um experimento aleatório.

Evento

Qualquer subconjunto do espaço amostral.

Observações

- Quando um evento é formado apenas por um elemento do espaço amostral, ele é chamado **evento elementar**.
- Quando um evento coincide com o espaço amostral, ele é chamado **evento certo**.
- Quando um evento é vazio, ele é chamado **evento impossível**.
- Quando a intersecção de dois eventos é o conjunto vazio, eles são chamados **eventos mutuamente exclusivos**.

Cálculo de probabilidades

$$p(A) = \frac{\text{número de elementos de } A}{\text{número de elementos de } \Omega} = \frac{n(A)}{n(\Omega)}$$

ou

$$p(A) = \frac{\text{número de resultados favoráveis}}{\text{número total de resultados possíveis}}$$

Observações

- $0 \leq p(A) \leq 1$
- $p(A) = 0$, o evento A é o evento impossível, e não há possibilidade de que ele venha a ocorrer.
- $p(A) = 1$, o evento A é o evento certo, e há certeza de que ele ocorrerá.
- Quando todos os eventos elementares (subconjuntos unitários) têm a mesma probabilidade de ocorrer, eles são chamados **eventos equiprováveis**.

Probabilidade do evento complementar

Sejam A e $\overline{A}$ eventos complementares, temos:

$p(\overline{A}) = 1 - p(A)$

Probabilidade da união de dois eventos

$p(A \cup B) = p(A) + p(B) - p(A \cap B)$

Probabilidade condicional

$$p(A / B) = \frac{p(A \cap B)}{p(B)} \Leftrightarrow p(A \cap B) = p(A / B) \cdot p(B)$$

Eventos independentes

$p(A \cap B) = p(A) \cdot p(B)$

Observação

Dois eventos A e B são dependentes quando $p(A \cap B) \neq p(A) \cdot p(B)$.

Exercícios

1. (UFS-SE) Se sortearmos ao acaso um dia da semana, qual a probabilidade de obtermos um dia cujo nome começa com a letra *S*?

a) $\frac{1}{7}$ b) $\frac{2}{7}$ c) $\frac{3}{7}$ d) $\frac{4}{7}$ e) $\frac{5}{7}$

2. (PUC-RS) Um baralho comum de 52 cartas tem três figuras (valete, dama e rei) de cada um dos quatro naipes (paus, ouros, espadas e copas). Ao se retirar uma carta do baralho, a probabilidade de ser uma carta que apresente figura de paus é:

a) $\frac{1}{52}$. b) $\frac{3}{52}$. c) $\frac{7}{52}$. d) $\frac{12}{52}$. e) $\frac{13}{52}$.

3. (PUC-RS) Considere uma área muito visitada do MCT, Museu de Ciências e Tecnologia da PUC-RS, relacionada a interações vivas.
Em um recipiente existem 12 aranhas, das quais 8 são fêmeas. A probabilidade de se retirar uma aranha macho para um experimento é:

a) 4. b) $\frac{1}{4}$. c) $\frac{1}{3}$. d) $\frac{1}{2}$. e) $\frac{2}{3}$.

PUC/2009

4. (Unir-TO) Uma determinada fábrica de vassouras produz 120 unidades, sendo 60 no período matutino e 60 no vespertino. Das 60 produzidas no período matutino, cinco apresentaram algum defeito, enquanto das 60 produzidas no período vespertino, seis apresentaram defeito. Com intuito de realizar um controle de qualidade, o gerente da fábrica, no final de cada período, recolhe duas vassouras aleatoriamente. Nesse sentido, a probabilidade de as vassouras recolhidas:

a) serem perfeitas é igual em ambos os períodos.

b) no período da tarde serem perfeitas é maior que 0,9.

c) no período da manhã serem perfeitas é de, aproximadamente, 0,84.

d) no período da manhã serem perfeitas é de, aproximadamente, 0,7.

5. (UEG-GO) O gráfico ao lado mostra a evolução da taxa de desemprego nos meses de junho de 2002 a 2011, para o conjunto das seis regiões metropolitanas brasileiras abrangidas pela pesquisa. Escolhendo aleatoriamente um dos anos descritos no gráfico utilizado, a probabilidade de que no ano escolhido a taxa de desemprego, no mês de junho, seja superior a 9,3% é igual a:

a) $\frac{3}{5}$.   b) $\frac{1}{6}$.   c) $\frac{2}{5}$.   d) $\frac{4}{6}$.

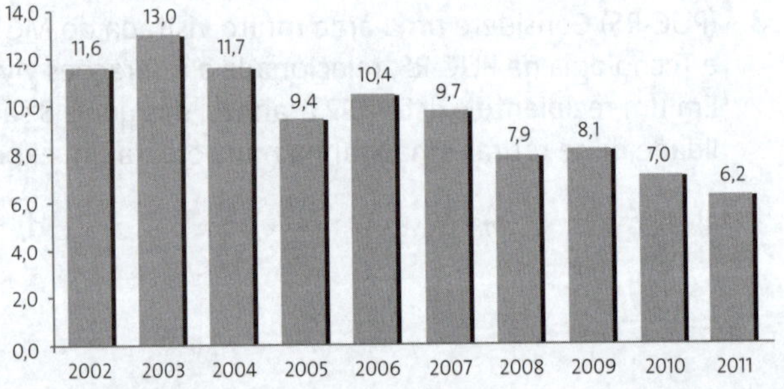

Disponível em: <www.ibge.gov.br>. Acesso em: 12 ago. 2011.

6. (FGV-SP) Em um grupo de 300 pessoas sabe-se que:
- 50% aplicam dinheiro em poupança;
- 30% aplicam dinheiro em fundos de investimento;
- 15% aplicam dinheiro em poupança e fundos de investimento simultaneamente.

Sorteando uma pessoa desse grupo, a probabilidade de que ela não aplique em poupança nem em fundos de investimento é:

a) 0,05.
b) 0,20.
c) 0,35.
d) 0,50.
e) 0,65.

7. (Ufla-MG) Em um espetáculo de dança, há quatro atores e quatro atrizes. Dois dos atores e duas das atrizes trabalham em uma mesma novela. Um sorteio é realizado entre eles para formar os quatro casais. A probabilidade de que, em dois dos casais, os pares trabalhem na mesma novela é:

a) $\frac{1}{6}$.
b) $\frac{1}{2}$.
c) $\frac{1}{12}$.
d) $\frac{1}{8}$.

8. (UEMS) Uma concessionária *A* tem em seu estoque 25 carros de um modelo *B*. A tabela abaixo divide os 25 carros disponíveis em tipo de motor e cor.

Motor	Cor			
	Branca	Preta	Prata	Vermelha
1.0	2	2	5	1
1.6	1	1	4	1
2.0	2	2	3	1

Um carro do modelo *B* foi comprado nessa concessionária. Dado que esse carro é de cor prata, qual a probabilidade que seu motor seja 1.0?

a) $\frac{5}{12}$
b) $\frac{5}{10}$
c) $\frac{5}{25}$
d) $\frac{5}{22}$
e) $\frac{5}{6}$

9. (UFRN) Escolhe-se, aleatoriamente, um número inteiro dentre os números naturais de 1 até 100. A probabilidade de que, pelo menos, um dos dígitos do número escolhido seja 3 é:

a) $\frac{1}{100}$.
b) $\frac{19}{100}$.
c) $\frac{15}{100}$.
d) $\frac{11}{100}$.

10. (Uerj) Na tabela abaixo, estão indicados os preços do rodízio de *pizzas* de um restaurante.

Dias da semana	Valor unitário do rodízio (R$)
Segunda-feira, terça-feira, quarta-feira e quinta-feira	18,50
Sexta-feira, sábado e domingo	22,00

Considere agora outro cliente que escolheu aleatoriamente dois dias de uma mesma semana para comer pizzas nesse sistema de rodízio, pagando também um rodízio em cada dia. Calcule a probabilidade de que o valor total gasto pelo cliente nesses dois dias seja o mínimo possível.

11. (EsPCEx-SP) A probabilidade de se obter um número divisível por 2 na escolha ao acaso de uma das permutações dos algarismos 1, 2, 3, 4, 5 é:

a) $\frac{1}{5}$.   b) $\frac{2}{5}$.   c) $\frac{3}{4}$.   d) $\frac{1}{4}$.   e) $\frac{1}{2}$.

12. (UPE) Para se ter ideia do perfil dos candidatos ao curso de Odontologia em um vestibular, 600 estudantes candidatos a esse curso foram selecionados ao acaso e entrevistados, sendo que, entre esses, 260 eram homens. Descobriu-se que 140 desses homens e 100 das mulheres entrevistadas já estavam cursando o Ensino Superior em outra instituição. Se um dos 600 estudantes entrevistados for selecionado ao acaso, a probabilidade de ele ser uma mulher que, no momento da entrevista, não estava cursando o Ensino Superior é igual a:

a) 0,12.   c) 0,40.   e) 0,42.
b) 0,57.   d) 0,70.

13. (UPM-SP) Sempre que joga, um time tem probabilidade $\frac{2}{3}$ de vencer uma partida. Em quatro jogos, a probabilidade de esse time vencer, exatamente dois deles, é:

a) $\frac{4}{27}$.
b) $\frac{16}{81}$.
c) $\frac{8}{27}$.
d) $\frac{4}{81}$.
e) $\frac{16}{27}$.

14. (UFG-GO) Segundo uma pesquisa realizada no Brasil sobre a preferência de cor de carros, a cor prata domina a frota de carros brasileiros, representando 31%, seguida pela cor preta, com 25%, depois a cinza, com 16% e a branca, com 12%. Com base nestas informações, tomando um carro ao acaso, dentre todos os carros brasileiros de uma dessas quatro cores citadas, qual a probabilidade de ele não ser cinza?

a) $\frac{4}{25}$
b) $\frac{4}{17}$
c) $\frac{17}{25}$
d) $\frac{37}{50}$
e) $\frac{17}{21}$

15. (FASM-SP) O jornal *Folha de S.Paulo*, em 14 de março de 2012, publicou o artigo ao lado sobre cigarros.
Suponha que todos os maços de cigarros de 2010, qualquer que seja a marca, tenham as mesmas dimensões e que em uma caixa seja colocado um maço de cada uma dessas marcas (com sabor ou tradicional). Dos cigarros com sabor, sabe-se que 57,5% são sabor menta e 7,5% sabor canela. Se uma pessoa retirar ao acaso dois maços de cigarros, um após o outro, sem reposição, a probabilidade de sair um maço de cigarros de menta e um de canela, em qualquer ordem, é:

a) $\frac{1}{244}$.
b) $\frac{1}{582}$.
c) $\frac{1}{723}$.
d) $\frac{1}{946}$.
e) $\frac{1}{1230}$.

Editoria de Arte/Folhapress

16. (FGV-SP) Num departamento de uma empresa há 5 funcionários: Alberto, Bernardo, César, Dolores e Eloísa. Dois funcionários são sorteados simultaneamente para formarem uma comissão. A probabilidade de que Eloísa seja sorteada, e César não, vale:

a) $\frac{3}{10}$.   b) $\frac{4}{11}$.   c) $\frac{5}{12}$.   d) $\frac{6}{13}$.   e) $\frac{7}{14}$.

17. (Uespi) Uma gaveta contém 6 meias azuis e 4 meias pretas. Escolhendo, aleatoriamente, 4 meias da gaveta, qual a probabilidade de elas formarem um par de meias azuis e outro de meias pretas?

a) $\frac{1}{9}$ b) $\frac{1}{7}$ c) $\frac{2}{7}$ d) $\frac{3}{7}$ e) $\frac{1}{5}$

18. (FMABC-SP) Em um Posto de pronto atendimento de certo hospital, os jalecos dos médicos plantonistas costumam ficar guardados em um mesmo armário que dispõe de apenas 8 cabides fixos, cada um dos quais pode acomodar um único jaleco. Supondo que, num momento em que todos os cabides desse armário estivessem desocupados, quatro médicos neles pendurassem aleatoriamente seus respectivos jalecos, a probabilidade de que todos os jalecos fiquem juntos, um ao lado do outro, é:

a) $\frac{1}{14}$. b) $\frac{1}{7}$. c) $\frac{3}{14}$. d) $\frac{2}{7}$. e) $\frac{5}{14}$.

19. (Favip-PE) Se a probabilidade de chover amanhã é de 30%, e o mesmo ocorre com cada um dos dois dias seguintes a amanhã, qual a probabilidade percentual de chover em ao menos um dos três dias?

a) 65,4% b) 65,5% c) 65,6% d) 65,7% e) 65,8%

20. (UPM-SP) Para um evento literário, 12 mulheres e 14 homens são convidados. A editora patrocinadora irá sortear, sucessivamente, 2 livros, um por convidado. Se todos os convidados têm a mesma chance de serem sorteados, assinale, dentre as alternativas abaixo, o valor mais próximo da probabilidade de que 2 mulheres sejam premiadas.

a) 55% b) 17% c) 20% d) 44% e) 24%

21. (ITA-SP) Dois atiradores acertam o alvo uma vez a cada três disparos. Se os dois atiradores disparam simultaneamente, então a probabilidade de o alvo ser atingido pelo menos uma vez é igual a:

a) $\frac{2}{9}$. b) $\frac{1}{3}$. c) $\frac{4}{9}$. d) $\frac{5}{9}$. e) $\frac{2}{3}$.

Desafio

Theo Szczepanski/
Arquivo da editora

1. (OBM) Se $0° < x < 90°$ e $\cos x = \frac{1}{4}$, podemos afirmar que:

a) $30° < x < 40°$.

b) $40° < x < 50°$.

c) $50° < x < 60°$.

d) $60° < x < 75°$.

e) $75° < x < 90°$.

2. (OBM) Uma potência perfeita é um número inteiro da forma a^b, a e b inteiros, $b > 1$. Seja $f(n)$ a maior potência perfeita que não excede n. Por exemplo, $f(7) = 4$, $f(8) = 8$ e $f(99) = 81$. Sorteando ao acaso um número inteiro k com $1 \leqslant k \leqslant 100$, qual a probabilidade de $f(k)$ ser um quadrado perfeito?

a) 64%

b) 72%

c) 81%

d) 90%

e) 96%

3. (OBM) De quantos modos podemos distribuir 10 bolas brancas e 8 bolas vermelhas em cinco caixas iguais, de modo que em cada caixa haja pelo menos uma bola e que em cada caixa haja um número diferente de bolas brancas?

a) 330 b) 348 c) 512 d) 676 e) 900

4. (OBM) Quantos números de quatro algarismos distintos não têm 1 nas unidades, nem 2 nas dezenas, nem 3 nas centenas, nem 4 nos milhares?

a) Menos de 1 000.
b) Mais de 1 000 e menos de 2 000.
c) Mais de 2 000 e menos de 3 000.
d) Mais de 3 000 e menos de 4 000.
e) Mais de 4 000.

5. (OBM) Um painel luminoso é formado por 10 círculos grandes. Dentro de cada círculo há quatro lâmpadas: uma amarela, uma verde, uma vermelha e uma azul. De quantos modos podemos acender o painel de modo que pelo menos uma lâmpada de cada cor fique acesa? Cada círculo pode ter de zero a quatro lâmpadas acesas, ou seja, é permitido duas lâmpadas acesas no mesmo círculo.

a) $(2^{10} - 1) \cdot 4$ b) $(2^4 - 1) \cdot 10$ c) $2^{10} - 1$ d) $2^4 - 1$ e) $2^{10} - 2^4$

6. (OBM) Arnaldo, Bernaldo, Cernaldo e Dernaldo embaralharam as 52 cartas de um baralho e distribuíram 13 cartas para cada um. Arnaldo ficou surpreso: "Que estranho, não tenho nenhuma carta de espadas". Qual a probabilidade de Bernardo também não ter cartas de espadas?

a) $\frac{39!}{26!\,52!}$ b) $\frac{26!}{13!\,39!}$ c) $\frac{39!\,39!}{26!\,52!}$ d) $\frac{26!\,26!}{13!\,39!}$ e) $\frac{39!\,13!}{52!}$

7. (OBM) O maior inteiro positivo n tal que $(2\,011!)!$ é divisível por $((n!)!)!$ é:

a) 3. b) 4. c) 5. d) 6. e) 7.

8. (OBM) Dizemos que duas retas ou segmentos de retas são reversas quando não existe um plano que contém ambas as retas ou segmentos de retas. De quantas maneiras podemos escolher três arestas de um cubo de modo que quaisquer duas dessas arestas são reversas?

a) 6 b) 8 c) 12 d) 24 e) 36

9. (OBM) Quantos números inteiros e positivos menores do que 1 000 000 existem cujos cubos terminam em 1?

a) 1 000 b) 10 000 c) 50 000 d) 100 000 e) 500 000

10. (OBM) Há 1 002 balas de banana e 1 002 balas de maçã numa caixa. Lara tira, sem olhar o sabor, duas balas da caixa. Seja p a probabilidade de as duas balas serem do mesmo sabor e seja q a probabilidade de as duas balas serem de sabores diferentes. Quanto vale a diferença entre p e q?

a) 0
b) $\frac{1}{2\,004}$
c) $\frac{1}{2\,003}$
d) $\frac{2}{2\,003}$
e) $\frac{1}{1001}$

11. (OBM) Uma colônia de amebas tem inicialmente uma ameba amarela e uma ameba vermelha. Todo dia, uma única ameba se divide em duas amebas idênticas. Cada ameba na colônia tem a mesma probabilidade de se dividir, não importando sua idade ou cor. Qual é a probabilidade de que, após 2 006 dias, a colônia tenha exatamente uma ameba amarela?

a) $\frac{1}{2^{2\,006}}$
b) $\frac{1}{2\,006}$
c) $\frac{1}{2\,007}$
d) $\frac{1}{2\,006 \cdot 2\,007}$
e) $\frac{2\,006}{2\,007}$

12. (OBM) O triângulo aritmético de Fibonacci é formado pelos números ímpares inteiros positivos a partir do 1, dispostos em linhas com ordem crescente em cada uma delas e pulando para a linha seguinte. A linha n possui exatamente n números. Veja as quatro primeiras linhas.

Linha 1: 1
Linha 2: 3 5
Linha 3: 7 9 11
Linha 4: 13 15 17 19
⋮

Em qual linha aparecerá o 2 013?

a) 45 b) 46 c) 62 d) 63 e) 64

13. (OBM) Oito dos vértices de um dodecaedro regular de aresta 1 são vértices de um cubo. Qual é o volume desse cubo?

a) $\frac{1+\sqrt{5}}{2}$ b) $\sqrt{5}$ c) $\frac{3+\sqrt{5}}{2}$ d) $1+\sqrt{5}$ e) $2+\sqrt{5}$

14. (OBM) José tem três pares de óculos, um magenta, um amarelo e um ciano. Todo dia de manhã ele escolhe um ao acaso, tendo apenas o cuidado de nunca usar o mesmo que usou no dia anterior. Se no dia primeiro de agosto ele usou o magenta, qual a probabilidade de que dia 31 de agosto ele volte a usar o magenta?

15. (OBM) Cinco inteiros positivos a, b, c, d, e maiores que 1 satisfazem as seguintes condições:

$$\begin{cases} a(b + c + d + e) = 128 \\ b(a + c + d + e) = 155 \\ c(a + b + d + e) = 203 \\ d(a + b + c + e) = 243 \\ e(a + b + c + d) = 275 \end{cases}$$

Quanto vale a soma $a + b + c + d + e$?

a) 9 b) 16 c) 25 d) 36 e) 49

16. (Obmep) Dois amigos partem ao mesmo tempo do ponto P e se afastam em direções que formam um ângulo de 60°, conforme mostra a figura ao lado. Eles caminham em linha reta, ambos com velocidade de 6 km/h. Qual será a distância entre eles 1 minuto após a partida?

a) 80 m b) 90 m c) 95 m d) 100 m e) 105 m

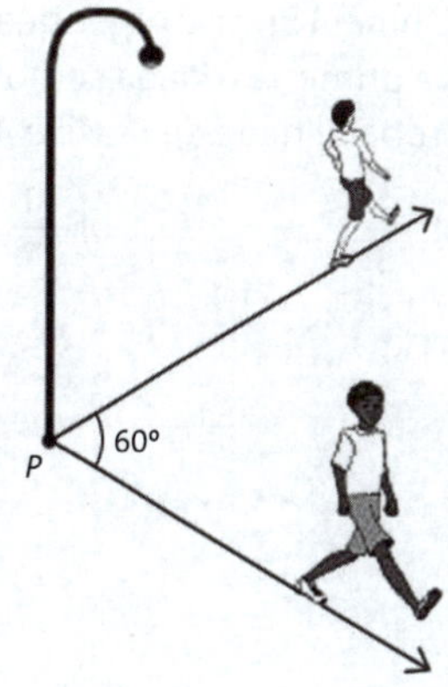

17. (Obmep) Uma formiguinha quer sair do ponto A e ir até o ponto B da figura I andando apenas pelos lados dos quadradinhos na horizontal ou na vertical para baixo, sem passar duas vezes pelo mesmo lado. A figura II mostra um possível trajeto da formiguinha.

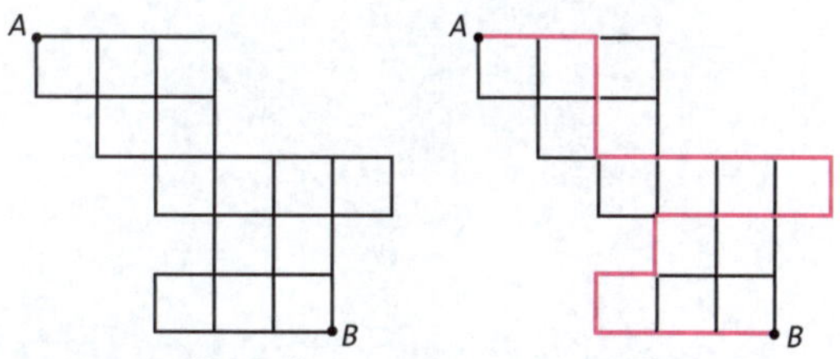

Figura I Figura II

De quantas maneiras ela pode ir de A até B?

a) 120 b) 240 c) 360 d) 480 e) 720

18. (Obmep) Brasil e Argentina participam de um campeonato internacional de futebol no qual competem oito seleções. Na primeira rodada serão realizadas quatro partidas, nas quais os adversários são escolhidos por sorteio. Qual é a probabilidade de Brasil e Argentina se enfrentarem na primeira rodada?

a) $\frac{1}{8}$ b) $\frac{1}{7}$ c) $\frac{1}{6}$ d) $\frac{1}{5}$ e) $\frac{1}{4}$

19. (Obmep) Um dado foi construído usando a planificação da figura ao lado. Qual é a probabilidade de obtermos dois resultados diferentes quando jogamos esse dado duas vezes?

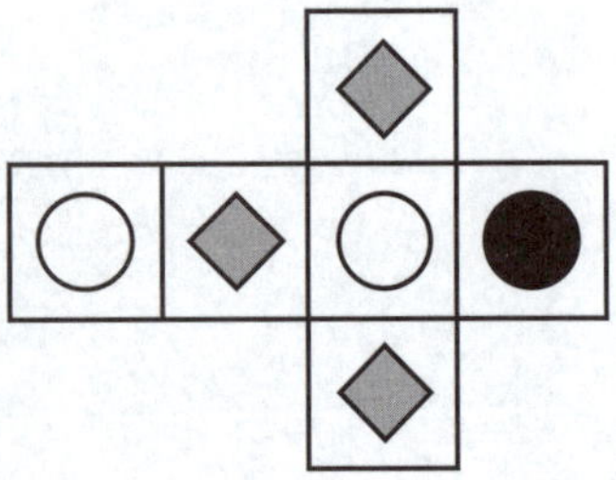

a) $\frac{1}{2}$ b) $\frac{11}{18}$ c) $\frac{2}{3}$ d) $\frac{5}{6}$ e) $\frac{31}{36}$

20. (OCM-PB) Usando duas cores é possível pintar um quadrado 2×2 de apenas 6 maneiras diferentes mostradas abaixo usando as cores cinza e preta:

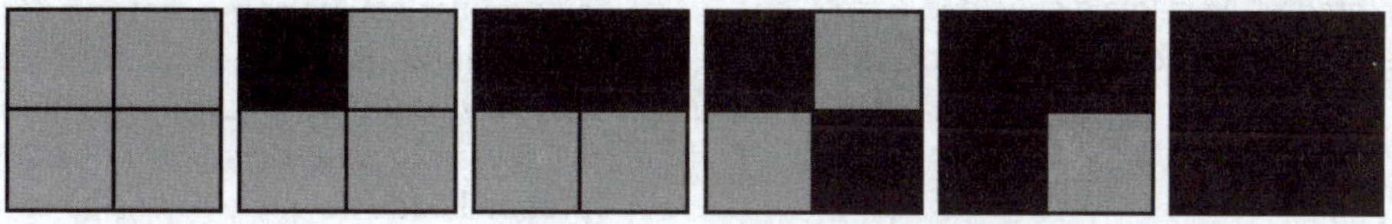

De quantas maneiras diferentes podemos pintar o quadrado da mesma forma, com 3 cores diferentes?

a) 6 b) 9 c) 12 d) 18 e) 24

21. (OMRN) A Mega-sena consiste de um jogo promovido pela Caixa Econômica Federal onde um apostador, quando faz uma aposta simples, escolhe aleatoriamente seis entre os números de 01 a 60, conforme ilustra o cartão de apostas ao lado.
A cada sorteio a Caixa Econômica Federal sorteia exatamente (aleatoriamente) 6 dos 60 possíveis números. Diante do exposto existem $\binom{60}{6} = 50\,063\,860$ possibilidades de sorteio.
Acertar a sena com uma única aposta simples seria tão difícil quanto apostar que num lançamento de n moedas honestas uma pessoa apostasse que todas sairiam com cara voltadas para cima. Sabendo que $\log 2 = 0{,}30$ e que $\log 50\,063\,860 = 7{,}5$, podemos afirmar que n é igual a:

a) 25. b) 23. c) 19. d) 17. e) 31.

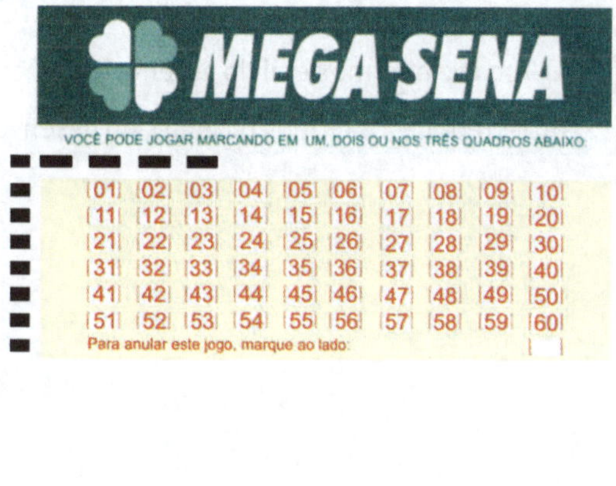

Banco-OMRN/2013

22. (OPM-PB) Uma pequena loja confecciona cubos de papelão com faces coloridas. As cores das faces dos cubos são diferentes. Se a loja dispõe de 06 (seis) cores, quantos cubos distintos ela pode produzir?

23. (OPM-PB) Senhor Ptolomeu estava no centro da cidade e precisou ligar para um amigo. Daí, percebeu que seu celular estava com a bateria descarregada e resolveu ligar usando um telefone público. Mas não lembrava o último algarismo do número do telefone de seu amigo. Se ele só tem duas unidades, qual a probabilidade de que ele consiga conversar com seu amigo, tentando ligar do telefone público?

24. (OPM-SP)

a) Escreva o termo geral do desenvolvimento de $\left(\sqrt{5} + \sqrt[3]{13}\right)^7$.

b) Determine os termos racionais no desenvolvimento do binômio anterior.

25. (OPM-PB) Mostre que para todo inteiro $n > 1$, $n + 1$ divide $\binom{2n}{n}$.

26. (OMRN) Uma sala de aula tem 30 estudantes: 15 rapazes e 15 garotas. As cadeiras da sala são arrumadas em 5 filas e 6 colunas. Pretende-se sentar os estudantes de modo que nenhum rapaz esteja imediatamente em frente, imediatamente atrás ou imediatamente ao lado de outro rapaz. O mesmo deve ocorrer entre as garotas. De quantos modos os estudantes podem ocupar as cadeiras da sala?

27. (Omerj) Após passar por diversas etapas em um programa de auditório, Larissa foi convidada para sortear o seu prêmio (um carro zero quilômetro). O sorteio é realizado com uma roleta circular, dividida em 6 setores de mesma área: três estão marcados como "Carro", dois como "Perde" e um como "Gire novamente". Para descobrir qual prêmio ganhará, Larissa deve girar a roleta.
Se a roleta parar em "Carro", Larissa ganha o carro; se ela parar em "Perde", Larissa volta para casa sem nada; se a roleta parar em "Gire novamente", ela deve girar a roleta outra vez (não há limite no número de repetições permitidas). Qual é a probabilidade de Larissa ganhar o carro?

28. (OMRN) Paulinho arremessa aleatoriamente uma moeda comum onde numa face possui "cara" e na outra "coroa", por várias vezes. A cada lançamento ele anota o resultado num papel e ele promete parar a brincadeira quando ocorrerem duas "caras" consecutivas. Qual a probabilidade de que Paulinho faça exatamente 10 lançamentos até parar com a brincadeira?

29. (OPM-PB) Mostre que $4 \cos 20° - \dfrac{1}{\cos 80°}$ é um número inteiro.

30. (Omerj) Dado que $(\text{sen } 1°) \cdot (\text{sen } 3°) \cdot (\text{sen } 5°) \cdot \ldots \cdot (\text{sen } 89°) = \dfrac{1}{2^n}$, determine *n*.

31. (OPM-SP) Observando a figura ao lado, mostre que:

$(\text{sen } 1°) + (\text{sen } 2°) + \ldots + (\text{sen } 9°) < \dfrac{\pi}{4}$.

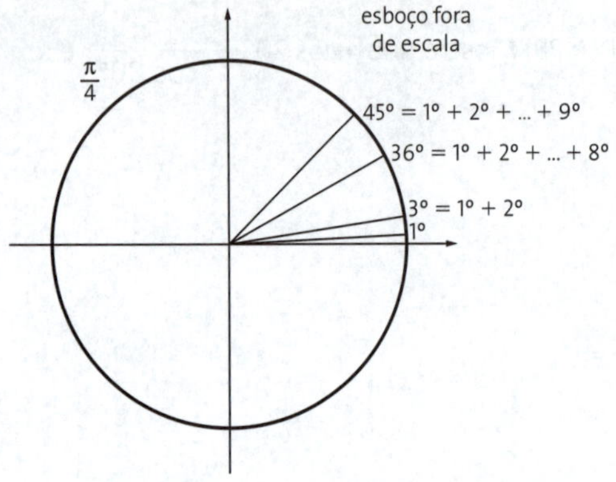

32. (OMRN) Prove que $1 - \text{cotg } 23° = \dfrac{2}{1 - \text{cotg } 22°}$.

33.(OIM-ING) Um círculo de vértices P, Q e R está inscrito numa circunferência, conforme ilustra a figura ao lado. Se $PQ = 4$ cm, $QR = 6$ cm e $PR = 8$ cm, qual a medida do raio do círculo indicado na figura?

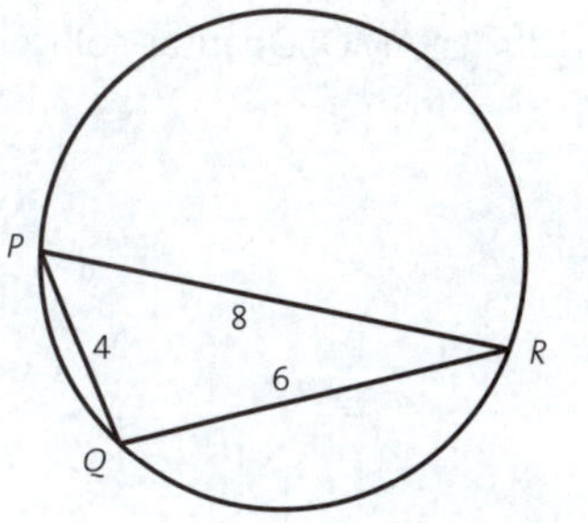

a) $\frac{16}{15}\sqrt{15}$ cm b) $\frac{1}{2}\sqrt{16}$ cm c) 10 cm d) $4\sqrt{6}$ cm e) 18 cm

34.(OIM-ING) O retângulo $ABCD$ está inscrito num círculo como ilustra a figura ao lado. Sabendo que $AB = 5$, $BC = 12$ e med(BÔA) $= \theta$. Podemos afirmar que sen θ é igual a:

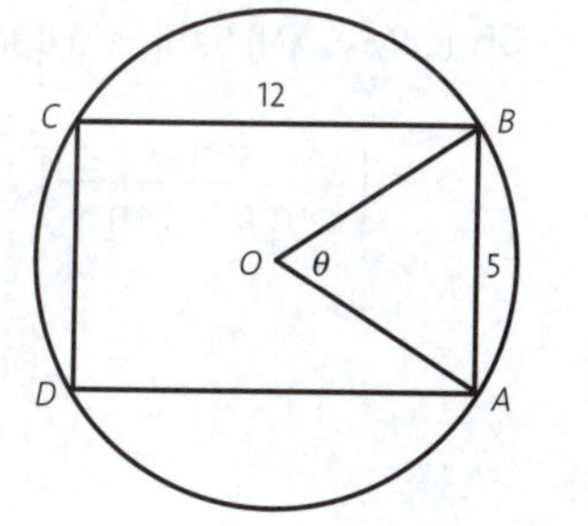

a) $\frac{120}{169}$. b) $\frac{60}{169}$. c) $\frac{5}{13}$. d) $\frac{10}{13}$. e) $\frac{12}{13}$.

35. (USAMO) Quantas soluções possui a equação sen $(2\,002 \cdot x) = \text{sen}\,(2\,003 \cdot x)$ no intervalo $[0, 2\pi]$?

36. (OIM-CAN) Sabendo que sen α + sen β + sen $\gamma = 0$, determine:

$$S = \left(\frac{\text{sen}\,\alpha}{\text{sen}\,\beta + \text{sen}\,\gamma}\right)^{2\,008} + \left(\frac{\text{sen}\,\beta}{\text{sen}\,\alpha + \text{sen}\,\gamma}\right)^{2\,008} + \left(\frac{\text{sen}\,\gamma}{\text{sen}\,\alpha + \text{sen}\,\beta}\right)^{2\,008}.$$

37. (AHSME) *ABCD* é um quadrado e *M* e *N* são pontos médios de *BC* e *CD*, respectivamente. Então:

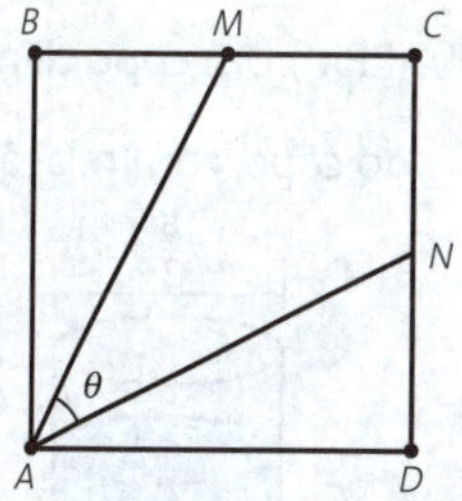

a) $\text{sen } \theta = \dfrac{\sqrt{5}}{5}$.

b) $\text{sen } \theta = \dfrac{3}{5}$.

c) $\text{sen } \theta = \dfrac{\sqrt{10}}{5}$.

d) $\text{sen } \theta = \dfrac{4}{5}$.

e) $\text{sen } \theta = \dfrac{1}{5}$.

---

38. (AIME) Resolva o sistema $\begin{cases} 2a + b + c + d + e = 6 \\ a + 2b + c + d + e = 12 \\ a + b + 2c + d + e = 24 \\ a + b + c + 2d + e = 48 \\ a + b + c + d + 2e = 96 \end{cases}$.

39. (RPM) Um copo cilíndrico de altura h e diâmetro $\frac{h}{2}$ tem água até uma altura $\frac{3h}{4}$. Calcule o ângulo de inclinação do copo, com relação à horizontal, de modo que a queda de água seja iminente.

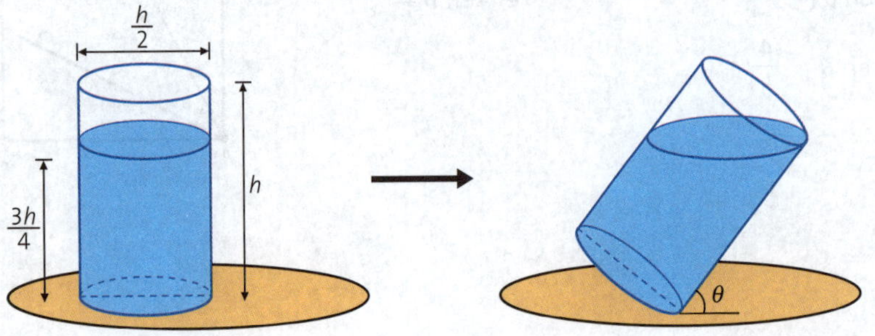

Respostas

Vestibular em foco

Trigonometria em triângulos quaisquer

1. b
2. a) 3, 5 e 7.
   b) $\theta = 120°$
3. c
4. a
5. a
6. c
7. e
8. a
9. c
10. c
11. d
12. a

Ciclo trigonométrico e funções trigonométricas

1. 02
2. a
3. d
4. c
5. e
6. d
7. e
8. e
9. b
10. a
11. b
12. d
13. c
14. a
15. d
16. b

Relações trigonométricas

1. a
2. e
3. b
4. 15
5. c
6. a
7. b
8. d
9. a
10. b

Matrizes

1. a
2. e
3. e
4. e
5. b
6. c
7. c
8. b
9. d
10. d
11. *AB*

Determinantes

1. e
2. e
3. c
4. d
5. a
6. b
7. b
8. b
9. a
10. d

Sistemas lineares

1. d
2. a
3. d
4. b
5. c
6. d
7. d
8. c
9. 05
10. b

Circunferência

1. a
2. a
3. c
4. b
5. a
6. a
7. b
8. a
9. b
10. d
11. a

Áreas: medidas de superfície

1. b
2. d
3. a
4. d
5. d
6. c
7. e
8. d
9. 11 cm^2
10. c
11. d
12. c
13. b
14. c
15. a
16. e
17. c
18. e
19. c
20. 04
21. c

Poliedros, prismas e pirâmides

1. e
2. d
3. b
4. e

5. c
6. a
7. d
8. d
9. b
10. a
11. c
12. c
13. d
14. c
15. b
16. e
17. a
18. a
19. c
20. b
21. d
22. d
23. a
24. b
25. d
26. d
27. a
28. d
29. 24 cm^3
30. d
31. 6 m

Corpos redondos

1. a
2. d
3. d
4. c
5. b
6. c
7. e
8. e
9. d
10. e
11. d
12. d
13. d
14. a

Análise combinatória

1. b
2. b
3. c
4. d
5. 1 680 mensagens.
6. e
7. a
8. 03
9. d
10. 336 modos diferentes.
11. d
12. c
13. b
14. c
15. e
16. a
17. c
18. d
19. a
20. c
21. d
22. d
23. b
24. a
25. e
26. b
27. 04
28. c
29. c
30. $S = \{5\}$
31. a
32. e
33. c

Probabilidade

1. c
2. b
3. c
4. c
5. a
6. c
7. a
8. a
9. b
10. $\frac{2}{7}$
11. b
12. c
13. c
14. e
15. a
16. a
17. d
18. a
19. d
20. c
21. d

Desafio

1. e
2. d
3. a
4. c
5. a
6. d
7. d
8. b
9. d
10. c
11. c
12. a
13. e
14. $p = \frac{1 + 2^{-29}}{2}$
15. d
16. d
17. e
18. b
19. b
20. d
21. a
22. 30
23. $\frac{1}{5}$
24. a) $T_{p+1} = \binom{7}{p} \cdot 5^{\frac{7-p}{2}} \cdot 13^{\frac{p}{3}}$

    b) 11 375
26. $2 \cdot (15!)^2$
27. $\frac{3}{5}$
28. $p = \frac{17}{512}$
30. $n = 44{,}5$
33. a
34. a
35. Duas soluções.
36. $S = 3$
37. b
38. $S = \{(-25, -19, -7, 17, 65)\}$
39. $\theta = 45°$

Significado das siglas

AHSME	American High School Mathematics Examination (Exame Norte-americano de Matemática do Ensino Médio)
Aime	American Invitational Mathematics Examination (Exame Norte-americano de seleção de Matemática)
Cesgranrio-RJ	Centro de Seleção de Candidatos ao Ensino Superior do Grande Rio (Rio de Janeiro)
ESCS-DF	Escola Superior de Ciências da Saúde (Distrito Federal)
EsPCEx-SP	Escola Preparatória de Cadetes do Exército (São Paulo)
ESPM-RJ	Escola Superior de Propaganda e Marketing (Rio de Janeiro)
ESPM-RS	Escola Superior de Propaganda e Marketing (Rio Grande do Sul)
ESPM-SP	Escola Superior de Propaganda e Marketing (São Paulo)
Fasm-SP	Faculdade Santa Marcelina (São Paulo)
Fatec-SP	Faculdade de Tecnologia (São Paulo)
Favip-PE	Faculdade do Vale do Ipojuca (Caruaru, Pernambuco)
FEI-SP	Centro Universitário da Faculdade de Engenharia Industrial (São Paulo)
FFFCMPA-RS	Fundação Faculdade Federal de Ciências Médicas de Porto Alegre (Rio Grande do Sul)
FGV-SP	Fundação Getúlio Vargas (São Paulo)
FMABC-SP	Faculdade de Medicina do ABC (São Paulo)
Fuvest-SP	Fundação Universitária para o Vestibular (São Paulo)
IFMG	Instituto Federal de Educação, Ciência e Tecnologia de Minas Gerais
IFPE	Instituto Federal de Educação, Ciência e Tecnologia de Pernambuco
IFSC	Instituto Federal de Educação, Ciência e Tecnologia de Santa Catarina
IFSP	Instituto Federal de Educação, Ciência e Tecnologia de São Paulo
Insper-SP	Instituto de Ensino e Pesquisa (São Paulo)
ITA-SP	Instituto Tecnológico de Aeronáutica (São Paulo)
OBM	Olimpíada Brasileira de Matemática
Obmep	Olimpíada Brasileira de Matemática das Escolas Públicas
OCM-PB	Olimpíada Campinense de Matemática (Paraíba)
OIM-ING	Olimpíada Internacional de Matemática (Inglaterra)
OIM-CAN	Olimpíada Internacional de Matemática (Canadá)
Omerj	Olimpíadas de Matemática do Estado do Rio de Janeiro
OMRN	Olimpíada de Matemática do Rio Grande do Norte
OPM-PB	Olimpíada Pessoense de Matemática (Paraíba)
OPM-SP	Olimpíada Paulista de Matemática (São Paulo)
PUC-MG	Pontifícia Universidade Católica de Minas Gerais
PUC-PR	Pontifícia Universidade Católica do Paraná
PUC-RJ	Pontifícia Universidade Católica do Rio de Janeiro
PUC-RS	Pontifícia Universidade Católica do Rio Grande do Sul
PUCC-SP	Pontifícia Universidade Católica de Campinas (São Paulo)
RPM	Revista do Professor de Matemática
UCS-RS	Universidade de Caxias do Sul (Rio Grande do Sul)
Udesc	Universidade do Estado de Santa Catarina
UEA-AM	Universidade do Estado do Amazonas

Uece	Universidade Estadual do Ceará
UEG-GO	Universidade Estadual de Goiás
UEL-PR	Universidade Estadual de Londrina (Paraná)
UEMS	Universidade Estadual de Mato Grosso do Sul
UEPB	Universidade Estadual da Paraíba
UEPG-PR	Universidade Estadual de Ponta Grossa (Paraná)
Uerj	Universidade do Estado do Rio de Janeiro
Uesc-BA	Universidade Estadual de Santa Cruz (Bahia)
Uespi	Universidade Estadual do Piauí
Ufal	Universidade Federal de Alagoas
Ufam	Universidade Federal do Amazonas
UFC-CE	Universidade Federal do Ceará
UFCG-PB	Universidade Federal de Campina Grande (Paraíba)
Ufes	Universidade Federal do Espírito Santo
UFF-RJ	Universidade Federal Fluminense (Rio de Janeiro)
UFGD-MS	Universidade Federal da Grande Dourados (Rio Grande do Sul)
UFG-GO	Universidade Federal de Goiás
UFJF-MG	Universidade Federal de Juiz de Fora (Minas Gerais)
Ufla-MG	Universidade Federal de Lavras (Minas Gerais)
UFPB	Universidade Federal da Paraíba
UFPE	Universidade Federal de Pernambuco
Ufpel-RS	Universidade Federal de Pelotas (Rio Grande do Sul)
UFRGS-RS	Universidade Federal do Rio Grande do Sul
UFRJ	Universidade Federal do Rio de Janeiro
UFRN	Universidade Federal do Rio Grande do Norte
UFRRJ	Universidade Federal Rural do Rio de Janeiro
UFS-SE	Universidade Federal de Sergipe
UFSC	Universidade Federal de Santa Catarina
Ufscar-SP	Universidade Federal de São Carlos (São Paulo)
UFSM-RS	Universidade Federal de Santa Maria (Rio Grande do Sul)
UFTM-MG	Universidade Federal do Triângulo Mineiro (Minas Gerais)
UFU-MG	Universidade Federal de Uberlândia (Minas Gerais)
UFV-MG	Universidade Federal de Viçosa (Minas Gerais)
Uneb-BA	Universidade do Estado da Bahia
Unesp-SP	Universidade Estadual Paulista "Júlio de Mesquita Filho" (São Paulo)
Unicamp-SP	Universidade Estadual de Campinas (São Paulo)
Unicid-SP	Universidade Cidade de São Paulo
Unifacs-BA	Universidade Salvador (Bahia)
Unifesp	Universidade Federal de São Paulo
Unifor-CE	Fundação Edson Queiroz Universidade de Fortaleza (Ceará)
Unimontes-MG	Universidade de Montes Claros (Minas Gerais)
Unirg-TO	Universidade Regional de Gurupi (Tocantins)
Unirio-RJ	Universidade Federal do Rio de Janeiro
Unisc-RS	Universidade de Santa Cruz do Sul (Rio Grande do Sul)
UPE	Universidade de Pernambuco
UPM-SP	Universidade Presbiteriana Mackenzie (São Paulo)
USAMO	USA Mathematical Olympiad (Olimpíada de Matemática dos Estados Unidos da América)
USS-RJ	Universidade Severino Sombra (Rio de Janeiro)
Vunesp-SP	Fundação para o Vestibular da Unesp (São Paulo)